ASIE MINEURE

DEPUIS LES TEMPS LES PLUS ANCIENS

JUSQU'A LA BATAILLE D'ANCYRE, EN 1402

PAR

M. PH. LE BAS

MEMBRE DE L'INSTITUT

TERMINÉE PAR M. CHÉRON

PROFESSEUR DE RHÉTORIQUE

PARIS

FIRMIN DIDOT FRÈRES, FILS ET Cie, ÉDITEURS

IMPRIMEURS DE L'INSTITUT DE FRANCE

RUE JACOB, 56

M DCCC LXIII

L'UNIVERS

HISTOIRE ET DESCRIPTION
DE TOUS LES PEUPLES

ASIE MINEURE

PARIS,
TYPOGRAPHIE DE FIRMIN DIDOT FRÈRES, FILS ET CIE,
RUE JACOB, N° 56.

L'UNIVERS,

ou

HISTOIRE ET DESCRIPTION

DE TOUS LES PEUPLES,

DE LEURS RELIGIONS, MŒURS, COUTUMES, etc

ASIE MINEURE,

PAR M. PH. LE BAS,

MEMBRE DE L'INSTITUT.

LIVRE PREMIER.

L'ASIE MINEURE AVANT LA DOMINATION PERSANE

CHAPITRE PREMIER.

APERÇU GÉOGRAPHIQUE.

Située à l'extrémité la plus occidentale du continent asiatique, l'Asie Mineure est une vaste péninsule qui, se prolongeant entre les flots de la Méditerranée et ceux de la mer Noire, du golfe d'Issus à Trapézonte, s'avance comme un immense promontoire à la rencontre du continent européen. Pour nous, c'est la première étape de l'Orient, comme, pour les Asiatiques, la Grèce est la sentinelle avancée de l'Occident.

L'Asie Mineure et la Grèce! deux noms inséparables en effet! Deux éléments contraires forcés de vivre ensemble! deux mondes ennemis qui se touchent, et de si près qu'à la hauteur de l'Hellespont et du Bosphore de Thrace on prendrait leurs limites pour les deux rives d'un même fleuve!

Là, en dépit de toutes les démarcations géographiques, en dépit de toutes les oppositions de race, de langage, de religion et de mœurs, le vœu de la nature a été plus fort que les préjugés des hommes. Bon gré, malgré, l'Asie Mineure et la Grèce étaient destinées à être les provinces d'un même empire.

Mais ce n'est pas sans secousses qu'elles en sont venues là. Depuis trois mille ans, c'est-à-dire depuis la guerre de Troie, que de luttes terribles! que de flots de sang versé! Dans cette union

1re *Livraison.* (ASIE MINEURE.)

forcée, tantôt c'est l'Europe, tantôt c'est l'Asie qui tient le premier rang et qui donne le mouvement à ce vaste corps. Depuis bientôt quatre cents ans les Turcs sont maîtres de ces deux contrées ; mais avant la conquête ottomane l'élément européen avait presque toujours lutté avec bonheur et prévalu pendant un si grand nombre de siècles que la chrétienté s'était habituée à regarder l'Asie Mineure comme une partie intégrante de la Grèce. Alors l'Anatolie était la Grèce d'Asie ; aujourd'hui, malgré les fréquentes tentatives de ses enfants, la plus grande partie de la Grèce est encore la Turquie d'Europe. Pour combien de temps? Dieu seul le sait ; mais chaque jour la civilisation européenne fait un pas de plus en avant pour regagner ce qu'elle a perdu.

Position géographique. — Située à peu près sous la même latitude que l'Espagne, l'Italie et la Grèce, l'Asie Mineure est bornée : au nord, par la mer Noire ; à l'ouest, par la mer de Marmara et l'Archipel ; au midi par la Méditerranée proprement dite. Ainsi entourée d'eau de trois côtés, elle est fortement rattachée, vers l'est, au continent asiatique, où elle a pour limites l'Euphrate à sa naissance, qui la sépare de l'Arménie et de la Mésopotamie, et la chaîne de l'Amanus, qui, pour toute issue vers la Syrie, ne lui ouvre que les portes Ciliciennes.

De l'orient à l'occident, son étendue est de 90 myriamètres environ ; du nord au midi sa plus grande largeur approche de 64. Ce sont à peu près les dimensions de la France.

Montagnes et plateau central. — Rien de plus accidenté que le relief du sol de l'Asie Mineure, dont l'intérieur, comme celui de la grande Asie, est occupé par un vaste plateau, couvert de lacs et de steppes. Légèrement incliné de l'est à l'ouest, ce plateau central s'abaisse vers les trois mers en diverses pentes plus ou moins abruptes, dont quelques-unes, telles que la chaîne du Taurus, se relèvent tout à coup et atteignent à la hauteur des grandes montagnes.

Ainsi donc un plateau central entouré de montagnes qui le séparent des rivages de la mer Noire, de l'Archipel et de la Méditerranée telle est la charpente de l'Asie Mineure, contrée âpre et sauvage à l'intérieur autant que fertile et riante dans ces délicieux bassins qui viennent aboutir aux trois mers.

Après la chaîne du Taurus, qui forme l'escarpement méridional de la péninsule et dont les points culminants, couverts de neiges éternelles, ont une élévation de 2,500 à 3,000 mètres, les principales montagnes qu'on doit considérer comme des ramifications de cette chaîne sont : au sud, l'Amanus qui commence en Cilicie par delà le golfe d'Issus, ne laissant que deux issues étroites pour pénétrer en Syrie, les *portes syriennes* et les *portes amanides*, se prolonge au nord vers l'Euphrate, qui l'interrompt, et se joint à l'Anti-Taurus au nord d'Arsamota ; au nord, l'Anti-Taurus, d'une plus grande élévation, qui s'étend jusqu'au mont Capotès sur les frontières de l'Arménie, et le Paryadrès, qui appartient au système caucasique, montagnes âpres et nues, couvertes de neige même jusque pendant les chaleurs de l'été.

Parmi les montagnes moins élevées ou entièrement isolées se distinguent : le mont Ida, dans la Troade ; les deux Olympe, l'un dans la Bithynie au-dessus de la ville de Prusa, l'autre dans le pays des Galates, non loin d'Ancyre ; le Mésogis, le Tmolus, le Sipyle et le Mimas, en Lydie ; le Latmus et le Phœnix, en Carie. le Dædala, le Cragus, le Massicytus et le Climax, en Lycie ; le Sardemisus en Pisidie ; le Dindymus et le Cadmus, en Phrygie ; l'Olgassys, l'Adorcus et le Magaba, en Galatie ; l'Arganthonius en Bithynie, le Cytorus, en Paphlagonie ; dans le Pont, le Techès et enfin en Cappadoce le mont Argée, le géant de l'Asie Mineure, volcan éteint, dont la cime dépasse de plus de 4,000 mètres le niveau de la mer. Une foule d'autres volcans éteints, mais d'une plus petite dimension, entourent le plateau central, qu'ils ont enveloppé jadis d'une ceinture de feu.

Dans son ensemble, la péninsule est plusieurs fois traversée, au nord comme au midi, par plusieurs chaînes de montagnes qui tantôt s'abaissent, tantôt se relèvent, mais qui toujours semblent courir de l'est à l'ouest et s'échelonnent en gradins superposés, allant de la côte au plateau central, qu'ils supportent comme autant de contre-forts. Il en résulte que le pays présente l'aspect le plus varié, celui d'une succession non interrompue de montagnes et de vallées groupées autour d'une haute plate-forme, d'où un grand nombre de cours d'eau descendent à la mer.

Configuration bizarre, riche en détails pittoresques, mais vicieuse, au point de vue politique, par le manque d'unité, et peu faite pour favoriser le développement d'une grande nation. Ici encore la nature a été plus forte que l'homme. Abandonnée à ses propres ressources, l'Asie Mineure a toujours été divisée en une foule de petits États rivaux dont aucun n'a pu constituer pour elle une de ces nationalités vivaces qui résistent à la conquête ou du moins qui lui survivent. En d'autres termes, l'Asie Mineure est un pays dont les habitants n'ont jamais été un peuple; et voilà pourquoi elle est restée sans autre nom qu'un nom géographique, l'Asie Mineure.

Promontoires. — Les côtes de l'Asie Mineure offrent un grand nombre de caps qui pour la plupart ont été illustrés par de grands faits historiques. Les plus importants sont :

Sur le Pont-Euxin et sur la Propontide le mont sacré (*Hiéron Oros*), le Zephyrium, le Jasonium et l'Heraclium, dans le Pont; le Syrias ou Lepté et le Carambis, en Paphlagonie; le Posidium (*Baba*), le Promontoire-Noir, l'Acritas et le Posidium (*Bozburun*), en Bithynie; sur l'Hellespont : l'Abarnos, le Trapèze, le Dardanis ou Dardanium et le Rhœteum, en Mysie; sur la mer Égée et sur la mer Icarienne : le Sigeum, le Cané et l'Hydra, également en Mysie; le Melæna l'Argennum, le Coryceum, le Myonnesus et le Mycale ou Trogylium, en Lydie; le Posidium, et le Triopium, en Carie; sur la mer intérieure : l'Aphrodisium et le Cynossema ou Onugnathos, en Carie; le Pedalium, le Sanctum, le Chelidonium, en Lycie; le Leucolla, en Pamphylie; l'Anemurium, les promontoires Mylæ, Sarpedonia, Zephyrium ou Corycium et Januaria, en Cilicie.

Le grand développement de côtes que présente l'Asie Mineure, ses golfes, dont plusieurs, comme celui d'Iasos, offrent de nombreux ports et même des rades assez vastes et assez sûres pour offrir un asile à des flottes entières, lui ont donné dans l'antiquité une grande importance maritime, et pourraient de nos jours en faire une puissance redoutable si les Turcs, dépouillant enfin leur indolence et leur apathie, devenaient une nation intelligente et active, ou s'il entrait dans les décrets de la Providence que cette terre privilégiée fût rendue à la race hellénique, qui y a si longtemps répandu les bienfaits de la civilisation.

Fleuves et rivières. — L'Halys est le fleuve le plus considérable de la péninsule. Il prend sa source dans les hautes montagnes de Ghémi, entre Sivas et Erzeroum, et dirige immédiatement son cours vers l'ouest-sud-ouest. Après avoir couru longtemps dans cette direction, il tourne vers le nord-ouest, non loin de Césarée, puis au nord, et enfin au nord-est jusqu'à la mer Noire, où il vient verser ses eaux par deux embouchures très-rapprochées. Il coule ainsi, dans sa plus grande étendue, au sein des terres élevées qui font partie du plateau central et qui appartenaient jadis à la Cappadoce. Dans la mer Noire, se jettent également le Thermodon après avoir arrosé l'ancienne terre des Amazones, l'Iris; le Parthénius, qui servait de limite entre la Paphlagonie et la Bithynie; le Sangarius, qui a sa source dans les sommités du plateau phrygien, où il décrit une vaste courbe qui enveloppait l'ancienne Pessinonte. Après avoir reçu quelques petits affluents, le Sangarius s'avance directement à l'ouest; mais, rencontrant bientôt les fortes assises du mont Olympe, il tourne brusquement au nord-est, puis au nord jusqu'à son embouchure dans la mer Noire.

Les cours d'eau qui viennent aboutir à la Propontide sont d'une moindre importance; mais leurs noms célèbres par l'antiquité rappellent des souvenirs classiques. Tels sont le Rhyndacus et le Maestus, qui, après avoir arrosé les vallées de la Mysie et de la Bithynie, se réunissent avant de se perdre dans la mer de Marmara; l'Æsèpe, dont parle Homère, et le Granique, dont le nom est inséparable de celui d'Alexandre.

Dans le bassin de la mer Égée viennent déboucher le Simoïs et le Scamandre, filets d'eau immortalisés par le poëte; le Caïque, l'Hermus, le Caystre et le Méandre. Ces différents fleuves sont beaucoup moins rapides que la plupart des autres rivières de la péninsule, et il s'est formé à leurs embouchures des atterrissements qui n'ont pas cessé de s'accroître. Déjà sensibles dans la plaine de Troie, en partie formée par les alluvions du Simoïs, ces terres fluviales deviennent plus considérables à l'embouchure de l'Hermus dans le golfe de Smyrne, à celle du Caystre, au-dessus de l'ancienne Éphèse, et surtout dans les plaines marécageuses où vient se dégorger le Méandre.

Dans la Méditerranée proprement dite se jettent le Xanthus, torrent qui traverse la Lycie; le Kataractès, le Cestrus, l'Eurymédon, le Mélas, qui sont les principales artères de la Pamphylie; puis le Calycadnus et plus à l'est encore le Cydnus ou rivière de Tarse.

La partie du bassin de l'Euphrate qui longe l'Asie Mineure ne compte que peu de rivières assez importantes pour être mentionnées, à moins de donner ce nom au *Kumer-Sou*, qui va se jeter dans l'Euphrate un peu au-dessus de Kemakh, et au Tokmah-Sou, qui rejoint le fleuve non loin de Malatiah.

Une circonstance digne de remarque, c'est qu'à l'exception de l'Euphrate, qui marque la limite de l'Asie Mineure, aucun fleuve de quelque importance ne coule dans la direction de l'orient, tandis que des hauteurs du plateau central et des sommités des montagnes qui l'entourent une grande quantité de cours d'eau descendent à l'occident, au midi et au nord dans la direction des trois mers. Ce trait saillant est de nature à donner une idée encore plus nette du relief général de la péninsule, car il démontre deux choses évidentes : d'un côté qu'en partant des rivages de la mer Noire et de la Méditerranée le sol va toujours en s'élevant vers le centre, ce qui donne naissance aux versants du nord et à ceux du midi; de l'autre côté que, des rivages de l'Archipel à l'Euphrate, c'est-à-dire de l'occident à l'orient, dans toute la longueur du pays, les terres suivent également une ligne d'ascension graduelle, et que le plateau central lui-même est incliné dans le même sens.

Ainsi penchée vers l'Europe, dont les eaux l'enveloppent de trois côtés, l'Asie Mineure tourne le dos au continent asiatique, comme si elle refusait de lui appartenir. Ce n'est donc pas sans raison que dès le début nous n'avons voulu voir en elle qu'un appendice de l'occident et le complément naturel d'un empire voisin, l'empire de Constantinople. Cela est si vrai que, quoique subjuguée à plusieurs reprises par les Asiatiques, elle n'est jamais demeurée longtemps tout entière sous leur domination, tant que cette domination, comme celle des Turcs depuis quatre cents ans, ne s'est pas étendue sur la Grèce.

Climat, nature du sol et productions. — D'après les contrastes variés que présente la superficie de l'Asie Mineure, on se fait aisément une idée de la variété qui doit régner dans son climat, ou plutôt dans ses différents climats, car chaque région a le sien et souvent quelques heures de marche suffisent pour faire passer le voyageur de la température du midi à celle du nord, comme cela arrive lorsqu'on traverse le défilé qui descend des plaines glaciales de la Cappadoce aux régions brûlantes de la côte qui avoisine la Syrie.

Dans la partie la plus haute et la plus froide de la péninsule, non loin des rivages de la mer Noire, les hivers durent huit mois, et la neige rend toutes communications impossibles pendant une grande partie de l'année. Mais il suffit de descendre à la côte pour trouver dans les environs de Trébizonde une température qui permet la culture de la vigne et de l'olivier.

Personne n'ignore ce que les anciens ont dit de la douceur enchanteresse du ciel de l'Ionie, ce paradis terrestre où les rigueurs de l'hiver sont inconnues et où les ardeurs de l'été sont tempérées par le zéphyr. Les vents du midi qui soufflent pendant les trois derniers mois de l'année amènent des pluies abondantes qui ravivent la verdure et lui conservent jusqu'à la fin de décembre toute la fraîcheur de la végétation du printemps. A Smyrne, pendant les plus grands froids, le thermomètre se maintient encore à 10 degrés centigrades et, même dans le mois de janvier, il s'élève quelquefois jusqu'à 26. Dès les premiers jours de février, vous voyez les amandiers en fleurs, et déjà les roses vous enivrent de leurs parfums.

Mais à peine a-t-on remonté des vallées supérieures de l'Hermus et du Méandre aux premières plaines du plateau phrygien que le climat a subi des modifications sensibles. A mesure que l'on avance à l'est les étés deviennent plus courts et la température plus froide. Un seul fait donnera une idée de la différence des saisons aux deux extrémités de la péninsule, sous une même latitude : dans l'Ionie, la moisson se fait en mai ; dans les vallées les plus chaudes de l'Euphrate elle n'a lieu qu'au mois de juillet.

Le sol de l'Asie Mineure, principalement dans la région du nord, est très-riche en productions minérales. D'anciennes mines d'argent, maintenant abandonnées, mais dont Homère a fait mention, ont été reconnues sur la côte de la mer Noire, à l'orient de l'Halys, non loin de Tiréboli. Aujourd'hui encore, sous le gouvernement indolent des Turcs, les mines renommées de Gumisch-Khaneh, au sud de Trébizonde, fournissent une quantité considérable d'argent, de l'or et du plomb. Le sel que la nature a répandu à profusion sur la surface du pays est également l'objet d'une exploitation assez active. Mais la péninsule recèle dans son sein une foule d'autres richesses minérales que la main des habitants ne sait pas en extraire. La chaîne entière du Taurus, par exemple, ne forme pour ainsi dire qu'une seule masse de marbre, jadis exploitée par les Romains dans les riches carrières de Synnada. Le cinabre de la Paphlagonie, les cristaux de roche des montagnes du Pont, l'alun des provinces intérieures ont également été mis à profit par le commerce de l'antiquité.

Une autre source de richesse, et la plus grande de toutes, c'est la fécondité merveilleuse du sol, qui, pour produire, demande à peine le secours de la charrue. A l'exception des plus hautes plaines du plateau central, qui n'ont jamais présenté que des landes arides ou d'immenses pâturages, toutes les autres régions abondent en terres cultivables, et des forêts épaisses recouvrent les flancs des plus hautes montagnes, ceux même du plateau central. Quant aux vallées qui, dans toutes les directions, s'étagent entre ces forêts et les mers environnantes, ce sont autant de jardins que l'antiquité ne laissait pas dépérir, comme le font les Turcs aujourd'hui.

Nulle contrée au monde n'est plus fertile que les riches campagnes de la Bithynie et de l'Ionie, ou que les plaines méridionales, situées entre le mont Taurus et la mer de Chypre, ou même que la zone alpestre baignée par les eaux de la mer Noire. Les plaines déjà élevées de la Phrygie, qui marque la transition entre les douces vallées de l'Archipel et les régions plus froides du plateau cappadocien, sont encore richement dotées. Le pays qui entoure Kutahia, l'un des plus beaux de la péninsule, produit en abondance du froment, de l'orge, des fruits, des légumes. La température y est déjà trop rigoureuse pour l'oranger, l'olivier et le figuier ; mais le raisin, le pastèque et tous les fruits de la zone tempérée y sont excellents. L'Asie Mineure, comme on sait, est le pays des fruits par excellence. Les îles et la côte ionienne donnent à profusion les fruits dorés et parfumés des climats chauds ; ceux des climats tempérés viennent avec non moins d'abondance dans les parties intérieures et dans toute la zone du nord. Dans aucun pays la vigne ne mûrit d'aussi bons raisins. Aussi presque tous les côteaux de la péninsule, rivalisant avec les côteaux de Smyrne, sont-ils couverts de riches vignobles. Sur les bords du Pont comme en Ionie, la vigne serpente autour des arbres et forme au-dessus de la tête du voyageur de gracieux berceaux qui lui rappellent l'Italie et quelques provinces du midi de la France.

L'opium, si chéri des Orientaux, est l'objet d'une culture très-étendue dans toutes les vallées de l'Archipel. Sans valoir celui de la Perse, de l'Inde ou de la Chine, l'opium de l'Asie Mineure est cependant estimé dans le commerce et il est devenu pour le gouvernement turc une source de grands profits. La Bithynie est renommée pour ses mûriers, et la ville de Brousse est le centre des plus belles fabriques de soie. L'olivier, qui est pour ainsi dire dans sa patrie au sein des vallées de l'Archipel, prospère également sur les bords de la mer de Marmara et jusque sur les rives de la mer Noire, depuis Sinope jusqu'à Trébizonde. On l'a trouvé à l'état sauvage dans les vallées de la Cilicie. Comme au temps de Virgile, le safran parfume encore le pied du mont Tmolus (1). Le cotonnier foisonne dans les campagnes de Smyrne, et on le rencontre aussi dans la plaine de Troie. Enfin le dattier lui-même fut autrefois cultivé dans l'Ionie, ainsi que le constate un passage de Pausanias (2); et sur quelques points, d'ailleurs assez rares, de la côte méridionale on voit se dresser le palmier, qui s'ombrage sous son élégant parasol.

Malheureusement les Turcs n'ont pas su profiter des dons de la nature, et autant le sol est fécond en Asie Mineure, autant la culture y est négligée. En leur double qualité de peuple nomade à l'origine et de peuple conquérant ensuite, les Ottomans ont toujours conservé de l'aversion et presque du mépris pour l'agriculture. Quant aux paysans grecs, relativement plus nombreux et dont les terres sont en beaucoup moins mauvais état que celles des paysans turcs, leur titre de sujets (raïas) et les malheureuses conséquences qu'il entraîne ne leur ont guère permis jusqu'ici de songer à acquérir au delà du nécessaire.

Le passage suivant, tiré de *la Correspondance d'Orient* de MM. Michaud et Poujoulat (3), donne une idée de l'état de l'agriculture en Asie Mineure. Il y est question d'une ferme turque, située sur les bords de l'Hellespont, dans une contrée d'élite relativement aux provinces de l'intérieur.

« Le Tchiflick, ou la ferme turque, offre en général un aspect triste, et quoiqu'habité il laisse dans l'esprit les impressions que donne la solitude. On n'y voit qu'un maître qui commande et des esclaves qui obéissent en silence. Ce qui manque surtout à ces fermes d'Orient, c'est une fermière qui veille au soin de la basse-cour et de l'étable, une fermière qui soit comme la providence du foyer domestique, et qui fasse régner autour d'elle l'ordre, la propreté et l'économie. L'agriculture et la vie des champs exigent des soins et des travaux qui sont le partage naturel des femmes; or, ces soins et ces travaux des champs ne sont pas toujours compatibles avec la vie solitaire et inactive des harems. Les femmes musulmanes, retirées dans un coin du Tchiflick, ne s'occupent de rien, et sont là comme des recluses ou des étrangères dont la présence n'anime jamais les travaux de la moisson ni les autres occupations champêtres. On est obligé d'envoyer des femmes grecques, des mercenaires, qui ne prennent qu'un faible intérêt à la surveillance de la maison, et ne portent qu'une attention indifférente sur tout ce qui les environne. Ce que j'ai vu dans le Tchiflick de Bergassi a confirmé une remarque que j'avais déjà faite : c'est que la religion musulmane n'encourage pas l'agriculture. Le prophète de la Mekke n'avait fait ses lois que pour des hordes nomades, et non pour les paisibles habitants des campagnes; il avait réservé les encouragements pour ceux qui ravagent la terre, et n'avait guère songé à ceux qui la cultivent. Le Koran, qui est la règle de tout chez les musulmans, s'est contenté de dire aux laboureurs que le ciel récompenserait leurs travaux, ce que la nature leur avait dit avant lui et mieux que lui.

« Depuis que nous sommes en Asie, nous admirons à chaque pas tout ce que la nature a fait pour la prospérité du pays, et nous déplorons tout ce que font de leur côté l'ignorance et la barbarie pour détruire ou neutraliser les bienfaits du ciel. Le Tchiflick qui nous a reçus à des terres d'une immense étendue; les champs et les domaines qui en dépendent suffiraient, avec une médiocre culture, à l'approvisionnement et aux besoins d'une cité : mais la plus grande partie du territoire est inculte; le reste est négligé et mal cultivé. Une population active et industrieuse manque partout à cette terre féconde. Les Turcs ont une répugnance presque invincible pour toute espèce de travail, et particulièrement pour ce qui a rapport à l'agriculture. Parmi les autres peuples qui habitent ces contrées, il en est pourtant deux auxquels les travaux et les mœurs agricoles sont encore plus étrangers qu'aux musulmans; je ne crois pas qu'un Israélite ait manié une pioche ou conduit une charrue depuis que le peuple d'Israël a perdu les riches vallées d'Éphraïm et les fertiles plaines

---

(1) *Nonne vides croceos ut Tmolus odores Mittit.*, Virg., Georg., I, 56.

(2) Τοῦ δὲ ἐν Ἰωνίᾳ τῶν φοινίκων καρποῦ πεπανώτερον. Paus., IX, 19.

(3) T. II, p. 58.

de Saron. D'un autre côté, les Arméniens, qui se livrent à toutes sortes de métiers dans les villes, ne s'occupent point des soins de la culture ni des travaux de la campagne ; ainsi les Grecs sont les seuls par qui la terre soit remuée et fertilisée. Tout le pays qui borde l'Hellespont, notamment, n'est cultivé que par des Grecs sous l'indolente surveillance des Turcs. »

Ainsi des quatre races civilisées qui habitent l'Asie Mineure, une seule cultive la terre : la race grecque, courbée sous le joug de la servitude, exposée à de nombreuses avanies, et souvent placée dans le voisinage de deux peuples nomades, encore à demi sauvages, les Turcomans et les Kurdes, qui aux entraves du despotisme turc viennent encore ajouter le fléau du brigandage. Faut-il s'étonner après cela si l'agriculture est tombée en décadence et si, par un contre-coup inévitable, le pays s'est dépeuplé d'une manière effrayante.

Population. — Huit millions d'habitants, tel est le chiffre approximatif de la population de l'Asie Mineure, contrée non moins grande que la France. Nous disons le chiffre approximatif, parce qu'en Turquie, où il n'y a pas d'état civil, la statistique ne saurait, dans cette question, asseoir ses calculs sur une base solide. Cependant, d'après les conjectures les plus probables, le chiffre de huit millions peut être adopté pour moyenne. Ce n'est pas le quart du nombre des habitants que le pays pourrait nourrir et qu'il a déjà nourris dans les anciens temps.

Dans les provinces d'Europe, les Turcs sont moins nombreux que les chrétiens ; ici c'est le contraire qui a lieu. Les Grecs, les Arméniens et les Juifs de l'Asie Mineure ne comptent guère que pour trois millions, tandis que les musulmans paraissent compléter les autres cinq millions. Dans ce dernier chiffre est comprise la population nomade des Turcomans et des Kurdes, ce qui réduit encore le nombre des Turcs sédentaires, qui peut-être ne dépasse pas quatre millions.

Plus tard, en temps et lieu, nous reviendrons sur ce sujet et sur tout ce qui concerne les musulmans. Aller plus loin dans cette introduction, ce serait anticiper sur l'ordre chronologique ; et maintenant que le lecteur a jeté un coup d'œil sur la géographie de la péninsule asiatique, hâtons-nous d'arriver à l'histoire des événements dont elle a été le théâtre.

CHAPITRE II.

ORIGINE DU NOM D'ASIE MINEURE

ORIGINE DU NOM D'ASIE. — « La plupart des Grecs, dit Hérodote (1), affirment que l'Asie tire son nom d'Asia, femme de Prométhée. Les Lydiens revendiquent aussi l'honneur d'avoir donné à l'Asie le nom qu'elle porte, et soutiennent qu'il vient non de la femme de Prométhée, mais d'Asias, fils de Cotys et petit-fils de Manès, auquel l'Asiade, l'une des tribus de Sardes, a également emprunté le sien. » Cette prétention des Lydiens est celle qui offre le plus de vraisemblance. Bien avant Hérodote, Homère avait chanté les *prairies d'Asias* baignées par les eaux du Caystre (2), et au temps où écrivait Strabon le nom de prairie d'Asias était encore donné à un lieu célèbre, situé dans la partie méridionale de la plaine du Caystre, entre le Tmolus et le Mésogis, où l'on montrait les tombeaux des héros Cystrius et Asias (3). Enfin, au septième siècle avant J.-C., le poëte élégiaque Callinus, parlant de l'invasion des Cimmériens qui avait eu lieu un siècle auparavant, disait qu'ils avaient eu à combattre les Esionéens, auxquels ils avaient pris la ville de Sardes, et l'opinion de Strabon, auquel nous devons ce document, nous apprend que, suivant Démétrius de Scepcis, le poëte, qui écrivait dans le dialecte ionique, avait désigné les Asionéens sous le nom d'Esionéens (4) ; car il est possible, ajoutait-il, que la Méonie ait été appelée Asie (5).

Un savant dont le nom fait autorité en géographie historique, M. Vivien de Saint-Martin (6), pense, non sans beaucoup de probabilité, que l'origine première

---

(1) Liv. I, ch. 45.
(2) *Il.*, ch. II, v. 461 et suiv.
(3) Strabon, liv. XIV, ch. I, §. 45.
(4) Λέγεσθαι Ἠσιονεῖς τοὺς Ἀσιονεῖς.
(5) Strabon, liv. XIII, ch. 4, §. 8.
(6) *Histoire des découvertes géographiques*, t. II, p. 162 et suiv.

du nom d'Asie remonte à une tribu détachée de la grande nation scythique des Ases qui, plus de 1300 ans avant notre ère, se serait établie sur les bords du Caystre. Ce qui est certain, c'est que le nom d'Asie existait dans cette contrée antérieurement à Homère, et qu'au temps d'Hérodote les Grecs l'appliquaient déjà à tout le continent. Mais comment ce nom, ainsi restreint dans le principe à une petite région, a-t-il pu s'étendre en quelques siècles à une des trois grandes divisions du monde connu des anciens? Le docteur Cramer, auteur d'une savante description de l'Asie-Mineure (1), conjecture avec vraisemblance que les Grecs ioniens, lors de leur première arrivée, au onzième siècle, sur les bords du Méandre et du Caystre, où ils vinrent fonder plusieurs colonies, trouvant le nom d'Asie attaché au pays, l'adoptèrent et le communiquèrent à leurs compatriotes d'Europe. Ceux-ci apprirent ainsi à appliquer ce nom d'abord à la région maritime, qui leur était le mieux connue, puis de proche en proche aux cantons intérieurs et finalement à l'ensemble des pays situés à l'orient de la mer Égée. M. Vivien de Saint-Martin fait judicieusement remarquer à cette occasion que « cette extension d'un nom particulier à la totalité d'une grande région n'a rien qui ne soit dans l'ordre nécessaire des choses. L'histoire de la géographie en offre de nombreux exemples. Les deux plus frappants sont ceux d'Europe et d'Afrique, le premier, sorti d'un canton presque ignoré de l'ancienne Thrace, au fond de la mer Égée, le second d'un petit pays voisin de Carthage, destinés l'un et l'autre à grandir rapidement à mesure que l'homme connut mieux la terre qu'il habite (2). »

ORIGINE DU NOM D'ASIE MINEURE. — A l'époque où écrivait Hérodote on divisait déjà le continent de l'Asie en deux parties bien distinctes, à chacune desquelles on donnait une dénomination différente. Toute la partie comprise entre la mer Égée et le cours de l'Halys s'appelait l'Asie inférieure, et tous les pays situés au delà de ce fleuve recevaient le nom d'Asie supérieure(1). Les Romains, à leur tour, maîtres de la première de ces deux contrées, qui devint une de leurs provinces, donnèrent exclusivement le nom d'Asie à la partie en deçà du Taurus (2), exceptant ainsi les provinces comprises entre le Taurus et la mer de Chypre, qu'ils avaient laissées au pouvoir des rois de Syrie après la guerre contre Antiochus (3). Ptolémée fait de l'Asie proprement dite une des divisions de la grande Asie (4), et y comprend les deux Mysies, la Troade, l'Eolide, l'Ionie, la Carie, la Doride, la Ly-

(1) « Pendant qu'Harpagus subjuguait l'*Asie inférieure*, Cyrus de sa personne portait la guerre dans l'*Asie supérieure*, qu'il rangea tout entière sous sa puissance. » Hérod. liv. I, ch. 177.

(2) « Aujourd'hui, dit Strabon (c'est-à-dire au premier siècle de notre ère), on donne à ce qui est situé en deçà du Taurus le nom d'Asie, qui est celui de tout le continent. Dans cette Asie, en commençant par l'orient, sont compris les Paphlagoniens, les Phrygiens, les Lycaoniens, puis les Bithyniens, les Mysiens et la contrée connue sous le nom d'Épictète, après laquelle viennent la Troade, l'Hellespontie; ensuite du côté de la mer les Éoliens et les Ioniens, peuples grecs, les Cariens et les Lyciens, et au milieu des terres les Lydiens. » Strabon, liv. XII, ch. 1.

(3) Voyez le traité conclu avec Antiochus dans Tite-Live, liv. XXXVIII, ch. 38. — « Antiochus le Grand ayant été vaincu dans une guerre opiniâtre, nos ancêtres lui permirent de régner jusqu'au mont Taurus, et l'Asie, dont ils le privèrent, fut ajoutée au royaume d'Attale. » Cicéron, *pour P. Sextius*, 27, trad. de Guéroult. « Si Antiochus, ce puissant roi d'Asie, lorsque Scipion, vainqueur, lui eut commandé de borner sa domination au mont Taurus, lorsqu'il lui eut enlevé toute cette partie de l'Asie (*omnem hanc Asiam*) qui forme aujourd'hui la province romaine (*quæ est nunc nostra provincia*), disait, etc. » *pour le roi Déjotarus*, 13; trad. de M. J. Naudet. — Dans son discours *pour L. Flaccus*, 27, Cicéron semble réduire l'Asie à quatre contrées la Phrygie, la Mysie, la Carie et la Lydie; mais il est évident qu'il n'a d'autre but dans ce passage que d'affaiblir l'autorité des témoins de la province d'Asie invoqué, contre son client, en leur opposant les proverbes peu honorables auxquels avaient donné lieu chez les Grecs eux-mêmes les Phrygiens, les Mysiens, les Cariens et les Lydiens.

(4) *Géogr.*, liv. V, ch. 2.

(1) *A geographical and historical description of Asia Minor*, Oxford, 1832, 2 vol., in-8°; t. I, p. 2.

(2) Ouv. cit. t. II, p. 161.

ASIE MINEURE

ASIE MINEURE

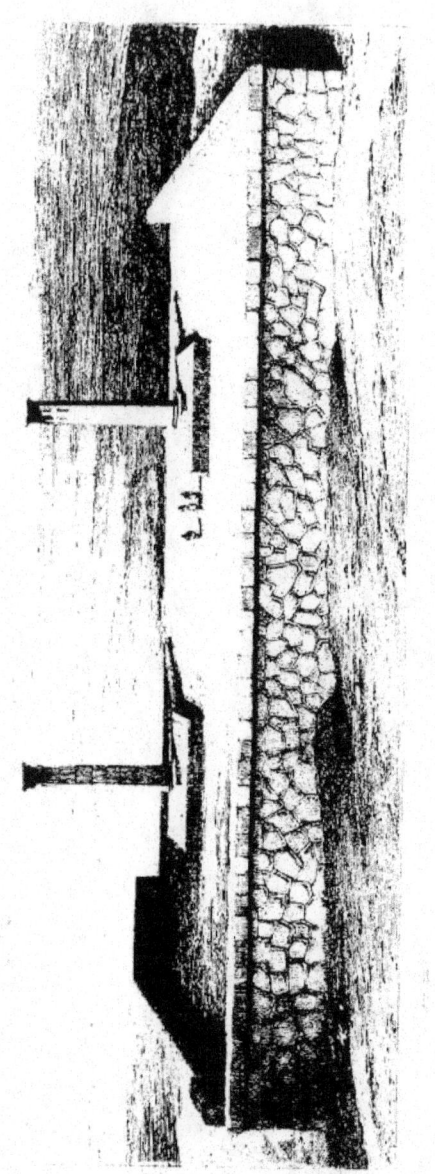

ASIE MINEURE

ASIE MINEURE

die ou Méonie, la grande Phrygie et les îles adjacentes au littoral de ces différentes contrées. Pour Varron (1) le mot Asie a une double acception; il désigne tantôt tout le continent asiatique, tantôt la province romaine.

Ce n'est que vers le quatrième ou le cinquième siècle de notre ère que le nom d'Asie Mineure commence à être usité dans le langage géographique. C'est dans Paul Orose (2) qu'il paraît pour la première fois.

« L'Asie Mineure, dit Isidore de Séville, qui écrivait vers la fin du sixième siècle, est bornée à l'orient par la Cappadoce et de tous les autres côtés par la mer; au nord par le Pont-Euxin, au couchant par la Propontide, au midi par la mer d'Égypte. Elle comprend la Bithynie, la Phrygie, la Galatie, la Lydie, la Carie, la Pamphylie, l'Isaurie, la Lycie et la Cilicie (3). » Enfin, au milieu du dixième siècle Constantin Porphyrogénète, dans son traité des *Thèmes ou provinces de l'empire grec* (4), s'exprime en ces termes : « Le thème anatolique est ainsi nommé, non parce qu'il est situé à l'extrême orient, mais parce qu'il est au levant par rapport à nous, qui habitons Byzance, et par rapport à l'Europe. Pour ceux qui habitent la Mésopotamie, la Syrie et la grande Asie, où habitent les Indiens, les Éthiopiens et les Égyptiens, il est occidental intermédiaire (5) et appelé Asie Mineure. » C'est de l'épithète d'anatolique qu'est venu le nom moderne de l'Asie Mineure, *Anatolie*, *Natolie* et sous la forme turque *Anadoli*, et qui a aujourd'hui beaucoup plus d'extension qu'au temps de Constantin Porphyrogénète.

Ainsi, dans l'acception où l'ont pris Paul Orose et Isidore de Séville, le nom d'Asie Mineure s'applique aux pays compris entre le cours de l'Halys et la mer Egée; mais dans son sens le plus large il s'étend jusqu'aux rives occidentales de l'Euphrate. C'est de la contrée renfermée dans ces limites que nous allons nous efforcer de retracer l'histoire.

CHAPITRE III.
L'ASIE MINEURE CONQUISE PAR LES ROIS D'ÉGYPTE.

CONQUÊTE DE L'ASIE MINEURE PAR SÉSOSTRIS. — Plusieurs siècles avant que le nom d'Asie fût connu, les pays qu'il désigna plus tard furent le théâtre de grands événements qui, sans les annalistes égyptiens, seraient restés ensevelis dans la nuit des temps. Un conquérant parti des bords du Nil les soumit à sa puissance, et y laissa des traces éternelles de son passage.

« Sésostris, dit Hérodote (1), qui écrivait pour ainsi dire sous la dictée des prêtres égyptiens, dont les annales remontaient à la plus haute antiquité, Sésostris est le premier qui, s'embarquant sur une flotte composée de vaisseaux longs, partit du golfe Arabique, et soumit les peuples habitant les côtes de la mer Érythrée. Après cette expédition, de retour en Égypte, il se mit à la tête d'une armée nombreuse, et fit une invasion sur le continent, soumettant par la force de ses armes toutes les nations qu'il trouva sur son chemin. Dans le cours de ses conquêtes, toutes les fois qu'il avait eu à se mesurer contre des peuples valeureux et combattant avec énergie pour leur liberté, il faisait élever sur leur territoire, quand il s'en était rendu maître, des colonnes portant une inscription qui contenait son nom, celui de sa patrie et le détail des forces qu'il avait été obligé d'employer pour les soumettre. Mais, lorsqu'il n'avait eu affaire qu'à des peuples qui s'étaient rendus sans combat et qu'il avait aisément soumis, il faisait graver, à la suite de l'inscription dont je viens de parler, un emblème de la lâcheté de ces peuples.

---

(1) *Asia* dicitur modis duobus, nam et *Asia* quæ non Europa, in qua etiam Syria, et Asia dicitur prioris pars Asiæ in qua est Ionia ac provincia nostra. *De ling. lat.*, lib. V, §. 16, ed C. O. Müller.

(2) *Adversus Paganos historiarum lib. VII.* « Asia regio, vel, ut proprie dicam, *Asia minor*, absque orientali parte quæ ad *Cappadociam Syriamque progreditur*, undique circumdata est mari. » Lib. I, ch. 2.

(3) *Isid. Hisp. episc. Orig.*, lib. XIV, c. 3, §. 38, ed. Lindemann.

(4) Liv. 1, *th.* I.

(5) Cette seconde épithète vient sans doute de ce que le thème ne contenait plus que quatre provinces de l'intérieur, la Phrygie, la Pamphylie, la Lycaonie et la Pisidie.

(1) Hérodote, liv. II, ch. 102 et suivants.

« La plupart de ces monuments ne subsistent plus. J'en ai cependant vu moi-même dans la Syrie Palestine sur lesquels étaient gravés l'inscription et le symbole de faiblesse dont j'ai parlé. On voit aussi dans l'Ionie deux figures de Sésostris, sculptées dans la pierre, l'une sur le chemin qui va d'Éphèse à Phocée et l'autre sur celui de Sardes à Smyrne. Chacune représente un homme de la grandeur de quatre coudées plus une spithame, tenant une lance dans sa main droite et un arc de la gauche. »

Un témoignage précieux confirme ces curieux documents. L'un des deux bas-reliefs dont parle Hérodote a été retrouvé près de Nymphi, à six heures de Smyrne, non loin de la route qui conduit de cette ville à Sardes, et il est de tout point conforme à la description qu'en donne le père de l'histoire (1).

« Sésostris, continue Hérodote, traversa ainsi tout le continent : passant ensuite de l'Asie en Europe, il soumit les Scythes et les Thraces.

« Le pays habité par ces peuples est, suivant mon opinion, le point le plus éloigné que l'armée égyptienne atteignit, puisqu'on y voit encore des colonnes élevées par elle, et qu'on n'en trouve plus au delà. A partir de ce point, Sésostris revint sur ses pas. »

Écoutons maintenant Diodore, qui paraît avoir soumis à une sorte de critique les différentes traditions relatives au conquérant égyptien, choisissant les faits qui lui paraissaient les plus probables et les plus conformes aux indices qui subsistaient encore de son temps.

« Ses préparatifs ainsi faits, il porta la guerre chez les premiers Éthiopiens qui habitent au midi de l'Égypte. Il les vainquit et força la nation à lui payer un tribut annuel en bois d'ébène, en or et en dents d'éléphant.

« Il fit ensuite équiper pour une expédition sur la mer Érythrée une flotte de trois cents navires et fut le premier des Égyptiens qui construisit des vaisseaux longs. Cette flotte s'empara de toutes les îles qui se trouvent dans ces parages et fit la conquête des pays situés sur les côtes de la mer jusqu'à l'Inde, tandis que lui-même à la tête de son armée de terre, soumettait toute l'Asie. Ainsi non-seulement il porta ses armes dans les contrées dont Alexandre de Macédoine se rendit maître longtemps après, mais il se fit voir encore dans des lieux que ce dernier roi n'atteignit pas.

« Après avoir achevé de ranger sous son empire l'Asie et la plus grande partie des îles Cyclades, Sesoosis entra en Europe et pénétra dans la Thrace, où il fut sur le point de perdre son armée par le manque de vivres et la difficulté des lieux. Ayant donc pris cette contrée pour terme de son expédition, il fit placer sur plusieurs points, comme monuments de ses conquêtes, des colonnes qui portaient en caractères égyptiens, de la classe de ceux que l'on nomme sacrés, une inscription conçue en ces termes : *Le roi des rois, seigneur des seigneurs Sesoosis a, par la force de ses armes, soumis cette province*. On y avait de plus gravé un emblème de force et de virilité dans les pays dont les peuples s'étaient défendus vaillamment, et un emblème de faiblesse et de pusillanimité chez les nations qui s'étaient montrées sans valeur et sans courage. Dans quelques régions Sesoosis fit aussi sculpter sur les roches sa propre image armée d'un arc et d'une lance. Elle avait quatre coudées et quatre palmes de hauteur, comme sa taille naturelle.

« Enfin, ayant terminé, dans l'espace de neuf années, cette grande expédition, où il se montra humain et modéré à l'égard de ses nouveaux sujets, il se borna à imposer aux nations conquises l'obligation de lui envoyer tous les ans, en Égypte, des présents réglés d'après les facultés de chacune. Réunissant ensuite autour de lui la foule de captifs qu'il avait faits et les nombreuses dépouilles enlevées aux vaincus, il revint dans sa patrie après avoir accompli des entreprises plus grandes que celles de tous les rois qui l'avaient précédé. »

CAUSES DE LA RETRAITE DE SÉSOSTRIS. DOMINATION DES SCYTHES EN ASIE MINEURE. — On le voit, le récit de Diodore ne diffère pas essentiellement de celui d'Hérodote. Tous deux attestent le passage victorieux de Sésostris en Asie Mineure, et assignent pour terme à ses expéditions vers le nord les pays occupés par les Scythes. Mais ni l'un ni l'au-

---

(1) *Voy.* Pl. 1.

tre n'indique le motif de sa retraite. Trogue-Pompée, seul nous la fait connaître, sans doute d'après des traditions moins partiales que celles qui avaient été communiquées à Hérodote et à Diodore « Sésostris, dit Justin, l'abréviateur de Trogue-Pompée, Sésostris fut le premier qui déclara la guerre aux Scythes. Il leur envoya d'abord des ambassadeurs pour les sommer de lui obéir. Mais, déjà instruits par par leurs voisins de l'approche de l'ennemi, ils répondirent aux ambassadeurs « que le chef d'une nation si riche était « bien insensé de venir combattre une « nation pauvre lorsqu'il devait avoir « plus à craindre que les autres, étant « plus riche qu'eux ; que les chances « de la guerre étaient douteuses, les pro- « fits de la victoire nuls, et les dangers « manifestes ; que, pour eux, ils n'atten- « draient pas, puisqu'ils pouvaient espé- « rer de si riches dépouilles, que l'en- « nemi entrât sur leurs terres ; qu'ils « marcheraient au-devant du butin qui « s'offrait gratuitement à eux. » L'effet suit bientôt la menace. Informé de leur course rapide, le roi prend la fuite, abandonne ses troupes et ses bagages et se réfugie en tremblant dans ses États. Les Scythes, que des marais empêchent de pénétrer en Égypte, reviennent sur leurs pas, soumettent l'Asie et lui imposent un tribut modique, moins comme un fruit de leur victoire que comme un monument de leur puissance. Pendant quinze cents ans l'Asie paya le tribut. Ce fut Ninus, roi d'Assyrie, qui l'en affranchit (1). »

DATE DE L'EXPÉDITION DE SÉSOSTRIS. — A quelle époque faut-il placer ce grand événement, dont l'authenticité ne saurait être révoquée en doute ? Tout porte à croire, quelque surpris qu'on en puisse être, qu'il remonte à la seconde moitié du vingt-huitième siècle avant notre ère, et en voici la preuve. Volney, d'après des calculs dont on ne saurait contester l'exactitude, a fixé à l'année 1237 l'avénement de Ninus au trône d'Assyrie, et à l'année 1232 le commencement de la dynastie des Héraclides en Lydie avec Agron, fils de Ninus. C'est donc dans la cinquième année de son règne que Ninus conquit la Lydie et expulsa les Scythes de cette contrée. Si au chiffre 1232

on ajoute les 1500 années qu'avait duré la première domination des Scythes en Asie Mineure, on remonte jusqu'à l'année 2732, date qui n'excède que de quinze ans celle que M. Bunsen, d'après les monuments égyptiens, assigne à l'avénement de Sésostris (2717). Sans doute cette différence doit s'accroître encore, car la retraite de Sésostris ne dut avoir lieu que quelques années après le commencement de son règne ; mais d'un autre côté il est plus que probable qu'il ne faut pas prendre à la rigueur le nombre de 1500 fourni par Trogue-Pompée. Nous avons donc là un curieux synchronisme, premier jalon très-important, et les assertions d'Hérodote et de Trogue-Pompée (1) se trouvent confirmées tout à la fois par la chronologie et par le bas-relief de Nymphi, qui semble avoir résisté aux ravages du temps pour prouver la véracité du père de l'histoire (2).

L'ASIE MINEURE RECONQUISE PAR RHAMSÈS III. — Du reste, Sésostris ne fut pas le seul roi égyptien qui soumit l'Asie Mineure à ses armes. Quand Germanicus, l'an 19 de notre ère, vint en Égypte contre la volonté de Tibère, et qu'il visita les ruines de Thèbes, les caractères égyptiens tracés sur des monuments d'une structure colossale frappèrent son attention. Un vieux prêtre, qu'il pria de les lui expliquer, lui dit qu'on lisait sur ces inscriptions « que jadis la ville avait contenu sept cent mille hommes en âge de faire la guerre ; qu'à leur tête le roi Rhamsès avait conquis la Libye, l'Éthiopie, la Médie, la Perse, la Bactriane, la Scythie ; que tout le pays qu'habitent les Syriens, les Arméniens, les Cappadociens et tout ce qui s'étend de la mer de Bithynie à celle de Lycie avaient appartenu à son empire (3). » Ce Rhamsès ne peut-être que Rhamsès III, le véritable Rhamsès-Meïamoun, qui, d'après les calculs de M. Bun-

---

(1) Justin, II, ch. 3.

(1) *Voy.* encore Manéthon, *Fragmenta Historicorum græcorum*, publiés par M. Ch. Müller dans la collection des Classiques grecs de MM. Didot, vol. II, p. 560, col. 1.

(2) Par là encore se trouve confirmée l'ingénieuse conjecture de Volney, qui fait Ninus postérieur au temps de Sésostris.

(3) Tacite, *Annales*, liv. II, ch. 60.

sen, commença a regner en 1297, et dont les bas-reliefs du palais ou temple de Médineh-Tabou à Thèbes retracent encore aujourd'hui les victoires (1). Mais à dater du règne de son fils Rhamsès IV, les pharaons tombèrent dans une inaction qui dut leur faire promptement perdre les conquêtes de Rhamsès III; et, suivant toute probabilité, les Scythes rentrèrent bientôt sur le territoire asiatique, dont ils avaient été momentanément expulsés.

CHAPITRE IV.

L'ASIE MINEURE SOUS LA DOMINATION SCYTHIQUE. — LES AMAZONES.

LA DOMINATION DES SCYTHES PROUVÉE PAR LES TRADITIONS SUR LES AMAZONES. — C'est sans doute à cette longue domination des Scythes en Asie Mineure, ou plutôt aux incursions fréquentes qu'ils firent dans cette contrée fertile et qui ne furent interrompues momentanément que par l'expédition de Rhamsès III, qu'il faut rattacher les nombreuses traditions relatives à l'établissement des Amazones dans le Pont, en Cappadoce, en Lycie, etc. Fréret (2) a fort bien prouvé que ces traditions, quelque fabuleuses qu'elles soient, étaient trop anciennes et trop universellement reçues pour ne pas avoir quelque fondement historique; que, s'il est impossible d'admettre qu'il ait jamais existé des sociétés politiques de femmes guerrières, ennemies des hommes jusqu'à les bannir entièrement ou du moins à ne les souffrir que comme des esclaves destinés à leurs plaisirs (3), il n'est pas sans exemple dans l'histoire que des peuples barbares aient emmené avec eux leurs femmes dans leurs expéditions à main armée (4); que telle aura été la composition des armées des Scythes qui envahirent l'Asie à différentes époques, mais que l'amour du merveilleux dont furent toujours possédés les écrivains grecs, même des siècles les plus éclairés, les aura empêchés de faire mention des hommes; qu'enfin il est constant qu'au temps d'Hérodote, d'Hippocrate et de Platon il y avait encore dans la Scythie, à l'orient du Tanaïs, une tribu de Sauromates où les femmes accompagnaient les hommes à la chasse et à la guerre, et que les Scythes donnaient le nom d'*aorpata* (tueuses d'hommes ou ennemies des hommes) à ces femmes sauromatides, qui se nommaient elles-mêmes *amazones* ou *héroïnes*.

La question ainsi posée, et sans prétendre nier en aucune façon le caractère religieux que les mythologues reconnaissent aux Amazones et le rôle qu'ils leur assignent dans le symbolisme antique (1), rappelons sommairement, en

____

(1) Voy. Champollion-Figeac, *Univers pittoresque, Égypte*, p. 154 et suiv.

(2) *Mémoires de l'Académie des Incriptions et Belles-Lettres*, t. XXI, p. 106-119.

(3) Voy. les preuves données par Fréret, p. 114 et suiv.

(4) « Chez les Sauromates, dit Hérodote, liv. IV, ch. 21, les femmes s'exercent à tirer de l'arc comme leurs maris, qu'elles accompagnent à la chasse et à la guerre. Les filles ne peuvent se marier qu'après avoir tué quelque ennemi dans les combats. » Hippocrate, *de Aere et Locis*, dit aussi que les filles sauromatides tirent de l'arc et vont à la guerre comme les hommes; que c'est seulement après avoir tué trois ennemis qu'elles ont droit de se marier; que pour les femmes elles sont dispensées de porter les armes, si ce n'est en certaines occasions. Enfin, Platon (*Lois*, liv. VII) assure que de son temps on voyait encore vers les bords du Pont-Euxin des milliers de femmes guerrières, nommées Sauromatides, qui partageaient avec leurs maris les fatigues et les périls de la guerre.

(1) Voyez, sur le mythe des Amazones, Goropius Becanus, *Origines Antwerpianæ, sive Cimmeriorum Becceselana novem libris complexa, Atuatica, Gigantomachia, Niloscopium, Cronia, Indo Scythica, Saxonia, Goto-Danica, Amazonica, Venetica et Hyperboreat*. Antwerpiæ, 1569, in-f° (Jean van Gorp, l'auteur de ce livre singulier, prétendant que la langue flamande ou teutonique était celle d'Adam); *Petri Petiti de Amazonibus Dissertatio*, Amst., 1687, in-8°; Guyon, *Histoire des Amazones anciennes et modernes*, Paris, 1740, in-12; Taylor, *Lectiones Lysiacæ*, c. 3; Bœttiger, *Vasen-Gemælde*; Millin, *Monuments inédits*, t. 1, p. 337-345, et *Galerie Mythologique*, t. 2. p. 190 et suiv.; Visconti, *Museo Pio Clementino*, t. 5, pl. XXI; la *Symbolique* de Creuzer, t. 2, Ire partie, p. 85-91 de la traduction française par M. Guigniaut, et p. 979-990; l'*Encyclopédie* de Ersch et de Gruber, f. 3 p. 317 et suiv.; Stackelberg, *Der Apollo Tempel zu Bassæ in Arcadien*, Rom. 1826; in-f°; Ph. Le Bas;

les coordonnant autant que cela est possible, les différentes traditions que l'antiquité nous a conservées sur les expéditions auxquelles ces femmes guerrières ont pris part en Asie Mineure, puisque ces premières données, quelque vagues et quelque incertaines qu'elles soient, peuvent aussi être regardées comme les premières lueurs du flambeau de l'histoire, et renferment un fond de vérité dont la critique la plus sévère doit tenir compte.

ÉTABLISSEMENT DES AMAZONES SUR LE THERMODON. — « A la suite de troubles intérieurs, deux jeunes Scythes, issus de la race royale, chassés de leur pays par la faction des grands, entraînèrent à leur suite une nombreuse jeunesse et vinrent s'établir en Cappadoce près du fleuve Thermodon, dans les plaines de Thémiscyre. Après s'y être enrichis, pendant une longue suite d'années, des dépouilles des peuples voisins, ils furent surpris et mis en pièces par ces nations, qui se liguèrent contre eux (1). »
« Or, les Scythes du Thermodon étaient, comme ceux qu'attaqua plus tard Cyrus, gouvernés par des reines; et les femmes partageaient avec les hommes l'autorité et le service militaire (2). » Celle qui était alors revêtue du souverain pouvoir, Marpesia, repousse l'ennemi et l'attaque bientôt à son tour. Fière de ce succès, « elle imagine de former une armée composée entièrement de femmes; et, après l'avoir exercée aux travaux de la guerre, elle s'en sert pour soumettre quelques peuplades limitrophes. Ayant ainsi accru la renommée de ses talents et de sa gloire, elle entreprit de nouvelles expéditions contre d'autres nations voisines; et, le succès couronnant ses entreprises, elle se prétendit la fille de Mars, contraignit les hommes à filer la laine et les assujettit aux travaux domestiques qui partout ailleurs sont le partage des femmes. Elle fit des lois qui attribuaient à son sexe exclusivement toutes les fonctions militaires et ne laissaient en partage aux hommes que les emplois les plus vils et l'esclavage (1). » C'est alors qu'elles prirent le nom d'Amazones, non pas de la prétendue coutume qu'elles auraient adoptée de se brûler la mamelle droite, afin que la protubérance du sein ne les gênât pas dans les combats (2), mais bien du pouvoir exclusif qu'elles s'étaient arrogé (3).

« Enfin cette même reine, si célèbre par les qualités de son esprit et ses talents militaires, bâtit, à l'embouchure du Thermodon, dans le Pont-Euxin, une grande ville nommée Thémiscyre, et y fit élever un palais magnifique. Du reste, dans toutes ses expéditions, elle se montra très-amie de l'ordre et de la discipline militaire, et fut la première qui étendit jusqu'au Tanaïs les conquêtes des Ama-

(1) Diodore de Sicile, *ibid*, traduction de Miot.
(2) Les Grecs qui ont imaginé cette fable pour expliquer le nom des Amazones d'après leur propre langue (ἀ privatif, et μαζός, *mamelle*) ne s'y conformaient nullement dans les nombreuses représentations qu'ils nous ont laissées des luttes de ces héroïnes contre les Athéniens.
(3) Homère, en leur donnant l'épithète d'ἀντιάνειραι, *égales ou semblables aux hommes*, ne savait sans doute pas que cette épithète reproduisait jusqu'à un certain point le sens de leur nom. Fréret, dans le mémoire cité plus haut, fait dériver (p. 116) le nom des Amazones de deux mots calmouques : *émé* ou *aëmé*, femme, et *tzaïné* ou *saïné*, qui signifie la perfection d'une chose, son excellence, sa bonté; ainsi *amazon*, selon la prononciation grecque, et *aëmé tzaïné*, suivant celle des Tartares, pourra signifier une héroïne, *femina excellens*. Franc. Foris Otrokoksi, dans ses *Origines Hungaricæ*, p. II, ch. 14, nous apprend que, sur les frontières de la Hongrie, *Am' azzon*, signifie une forte femme, (*viraginem robustamque mulierem*). Klaproth (sur le voyage de J. Potocki, t. II, p. 75) dérive ce mot du persan et de l'arménien *Hemeh-zen* (toutes femmes), mais il fait observer que ces noms peuvent tout aussi bien venir du slave-russe *Same-zony* (seules femmes). De ces trois dernières étymologies on pourrait déduire que par leur langue les Scythes se rattachaient à la famille indo-européenne.

Monuments d'antiquité figurés, recueillis en Grèce par la commission de Morée, Paris, 1837 in-8°, p. 9 et suiv.; F. G. Bergmann, *Les Amazones dans l'Histoire et dans la Fable*, Colmar, s. d., in-8°; et M. Dubois de Montpéreux, *Voyage autour du Caucase*, etc., p. t. I, 130, IV, 326, 352, 392 et V, 176.
(1) Justin, liv. II, ch. 4.
(2) Diodore de Sicile, liv. II, ch. 45.

zones sur les nations voisines. Enfin, après un grand nombre de belles actions, on dit qu'elle périt héroïquement les armes à la main dans un combat où elle s'était distinguée par la plus brillante valeur.

« La fille de cette reine (que Justin appelle Orithye) lui succéda ; elle se montra jalouse d'imiter les talents de sa mère et la surpassa même en beaucoup de choses. Elle voulut que, dès leur enfance, les jeunes filles se livrassent à la chasse et que chaque jour elles fussent occupées d'exercices militaires ; elle institua des sacrifices solennels à Mars et à Diane, surnommée Tauropole ; elle porta ses armes au delà du Tanaïs, et soumit les peuples de ces contrées jusqu'à la Thrace. De retour dans sa patrie, où elle rapporta de riches dépouilles, elle bâtit des temples aux deux divinités dont nous venons de parler, gouverna ses sujets avec douceur, et s'acquit l'affection de tous. Elle entreprit ensuite une expédition d'un côté opposé, s'empara d'une grande partie de l'Asie, et étendit son empire jusqu'en Syrie. Après sa mort, celle qui lui tenait de plus près par la naissance occupa le trône, et sa postérité continua suivant le même ordre de succession.

« Toutes ces reines gouvernèrent avec beaucoup de gloire, et accrurent sans cesse l'éclat et la puissance de la nation. Enfin, à la suite d'une longue série de générations, la renommée de la valeur des Amazones s'était répandue dans toute la terre habitable. On dit qu'Eurysthée, au nombre des travaux qu'il prescrivit à Hercule, fils de Jupiter et d'Alcmène, lui imposa la tâche de s'emparer de l'Amazone Hippolyte, et d'en rapporter la ceinture (1). »

Hercule, accompagné de tous les Argonautes, au dire d'Hellanicus (2), dirigea la navigation de ses vaisseaux sur la mer à laquelle il donna le nom de Pont-Euxin. « Il débarqua à l'embouchure du Thermodon, et vint camper dans les environs de la ville de Thémiscyre. Il commença par faire la demande de la ceinture qu'il était chargé de rapporter,

et, cette demande ayant été rejetée, il en vint aux mains avec les Amazones. Parmi celles-ci les guerrières d'un rang inférieur chargèrent la troupe des soldats qu'Hercule avait amenés à sa suite ; mais les plus illustres des Amazones l'attaquèrent lui-même, et un combat acharné eut lieu. La première qui se présenta dans la lice se nommait Aëlla (la *Tempête*), et avait reçu ce nom de la rapidité de ses mouvements ; mais elle trouva un ennemi encore plus actif qu'elle-même. La seconde Philippis, frappée dès le premier choc d'un coup mortel, fut tuée immédiatement. Prothoé, qui, suivant la renommée, avait, dans sept défis, vaincu son adversaire, succéda à ses compagnes et succomba ainsi qu'une quatrième, nommée Éribée. Celle-ci, fière de la valeur qu'elle avait déployée à la guerre, se vantait de n'avoir besoin du secours de personne : orgueilleuse confiance qu'elle démentit en tombant sous le fer d'un plus vaillant. Après elle Céléno, Eurybie et Phœbé, suivantes de Diane à la chasse et habiles dans l'art de lancer les flèches, manquèrent cependant le but unique qu'elles avaient à frapper, et, quoiqu'elles se couvrissent réciproquement de leurs boucliers, furent toutes jetées sur la poussière. Déjanire, Astérie, Marpé et Tecmessie, qui se présentèrent ensuite au combat, ne purent également soutenir l'effort du bras d'Hercule. Alcippe eut le même sort, Alcippe, qui avait juré de rester toujours vierge et qui sut garder son serment, mais non défendre sa vie. Enfin Mélanippe, qui commandait l'armée des Amazones, admirée de tous pour sa grande valeur, perdit alors le commandement et ses sujets ; car Hercule, ayant fait tomber sous ses coups les plus illustres Amazones et mis en fuite la foule des autres, dont le grand nombre fut égorgé, réduisit la nation à un état de faiblesse dont elle ne put se relever. Il rendit la liberté à Mélanippe en acceptant d'elle pour rançon la ceinture qu'il avait demandée (1). »

Qu'y a-t-il d'historique dans cette dernière partie du récit de Diodore ? Rien sans doute que quelque vague souvenir des premières luttes que les Grecs

---

(1) Diodore de Sicile, liv. II, ch. 45 et 46.
(2) Cité par le scoliaste de Pindare, Nem. III, v. 54.

(1) Diod. de Sicile, liv. IV, ch. 16.

soutinrent avant la guerre de Troie contre les Scythes qui dominaient en Asie, luttes qu'attestent les mythes relatifs à la toison d'or, à la construction des murs de Troie et à l'expédition des Argonautes. Tout le reste n'est peut-être qu'un résumé des *Amazonia* attribués à Homère (1), de l'*Amazonide* d'Onasus (2), ou de celle de Possis de Magnésie (3). On ne peut se défendre d'y reconnaître tous les caractères de la poésie épique : les défis guerriers, les rapports des personnages mis en scène avec les dieux, cette confiance dans leur propre valeur qui rend plus glorieuse encore pour le héros du poëme la victoire qu'il remporte sur eux.

Du reste, on peut voir encore une preuve de l'établissement des Scythes sur les côtes du Pont-Euxin à une époque antérieure à la guerre de Troie dans ce passage de Pindare : *Les Amazones conduisaient les troupes des Syriens armés de lances surmontées d'un large fer*. Si, comme le suppose Strabon (4), Pindare entend parler des Syriens établis dans la Thémiscyre, comme cette contrée dépendait des Arméniens, qui étaient des Leucosyriens établis au delà de l'Halys, il s'ensuivrait qu'à l'époque reculée où se place le mythe des Amazones cette partie du littoral septentrional de l'Asie Mineure était sous la domination des Scythes.

ORIGINE DES SAUROMATES. — Suivant Hérodote (5) les Grecs, vainqueurs des Amazones, embarquèrent leurs prisonnières sur trois vaisseaux ; celles-ci, lorsqu'on fut en pleine mer, attaquèrent leurs vainqueurs et les taillèrent en pièces ; mais, comme elles n'entendaient rien à la manœuvre des vaisseaux et qu'elles ne savaient faire usage ni du gouvernail, ni des voiles, ni des rames, elles se laissèrent aller au gré des flots et des vents, qui les portèrent à Cremnes sur le Palus-Mæotide. Descendues de leurs vaisseaux, elles s'avancèrent dans le pays, et s'étant emparées du premier haras qu'elles rencontrèrent, elles montèrent à cheval et pillèrent les terres des Scythes royaux. Ceux-ci, à la vue de ces ennemis inconnus, les prirent pour une troupe de jeunes guerriers ; mais après un combat où quelques Amazones restèrent sur la place, ils furent détrompés et parvinrent à s'allier avec elles. Elles consentirent à se marier avec les jeunes gens qu'on leur avait opposés ; mais, ne pouvant se résigner à la vie sédentaire des femmes scythes, qui ne sortaient point de leurs chariots, elles engagèrent leurs époux à traverser le Tanaïs avec leurs troupeaux pour s'établir à l'orient de ce fleuve. Telle fut l'origine des Sauromates, qui conservaient encore au temps d'Hérodote leurs anciennes coutumes. Les femmes y montaient à cheval et allaient à la chasse, tantôt seules, tantôt avec leurs maris. Elles les accompagnaient à la guerre et portaient les mêmes vêtements qu'eux ; une fille ne pouvait s'y marier qu'elle n'eût tué un ennemi.

Fréret regarde tout ce récit comme un de ces romans dont Hérodote égaye de temps en temps sa narration pour amuser ses lecteurs, et il faut convenir que ses objections ne sont pas dépourvues de solidité ; mais depuis que les voyageurs nous ont mieux fait connaître les parties du monde ancien dont a parlé le père de l'histoire, beaucoup de ces prétendues fictions qu'on lui reproche se sont trouvées confirmées ; et il ne faut pas perdre de vue que ce qu'il nous apprend des femmes sauromatides est confirmé par Hippocrate et par Platon. Fréret lui-même le reconnaît. Il y a donc dans cette tradition, quelque peu vraisemblables qu'en soient les détails, un fond de vérité qu'on ne saurait contester.

THÉSÉE ENLÈVE ANTIOPE. — Nous arrivons à une époque de l'histoire des Amazones qui a soulevé des critiques plus sévères encore, même de la part des écrivains anciens : leur prétendue expédition contre Athènes. Au dire de Plutarque (1), Thésée fit le voyage du Pont-Euxin. « Ce fut, dit-il, selon Philochore et quelques historiens, pour accompagner Hercule à son expédition contre les Amazones, et ce héros, pour

(1) Suidas, in v. Ὅμηρος.
(2) Scoliaste d'Apollonius de Rhodes sur les v. 1209 et 1236 du ch. I.
(3) Athénée, *Deipnos*, liv. VII, ch. 12, p. 296, D.
(4) Liv. XII, p. 544.
(5) Livre IV, ch. 110 et suiv.

(1) Vie de Thésée, liv. ch. 26.

prix de sa valeur, lui donna Antiope, leur reine. Mais la plupart des écrivains, entre autres Phérécyde, Hellanicus et Herodote, prétendent qu'il y alla seul et qu'il fit cette Amazone prisonnière. Ce récit est le plus vraisemblable; car on ne dit pas que de tous ceux qui allèrent avec lui à cette expédition aucun autre que lui ait pris une Amazone. Bion même prétend qu'il l'enleva par surprise. » Telle fut, suivant l'opinion le plus généralement admise dans l'antiquité, la cause de l'invasion des Amazones en Attique.

INVASION DES AMAZONES EN ATTIQUE. — « Les Amazones, qui avaient survécu à la défaite que leur avait fait essuyer Hercule s'étaient de toute part réunies sur les bords du Thermodon et se mirent en mouvement pour venger sur les Grecs les pertes qu'ils leur avaient fait essuyer. Elles en voulaient surtout aux Athéniens, parce qu'ils retenaient captive leur reine, nommée Antiope ou Hippolyte. Les Scythes s'étant joints aux Amazones pour prendre part à cette expédition, une nombreuse armée se ressembla; les Amazones se mirent à sa tête, passèrent le Bosphore Cimmérien et s'avancèrent ensuite par la Thrace. Enfin, après avoir traversé une grande partie de l'Europe, elles arrivèrent dans l'Attique, et vinrent camper dans le pays qui, d'après elles, a pris le nom d'Amazoneum. Thésée, instruit de l'invasion des Amazones, réunit en corps d'armée les citoyens de l'Attique et marcha contre ces ennemis, accompagné de l'Amazone Antiope, dont il avait eu un fils nommé Hippolyte. Le combat s'engagea, et Thésée remporta la victoire. Une partie des Amazones resta sur la place, et le reste fut chassé de l'Attique. Les Amazones qui avaient échappé à la mort renoncèrent à leur patrie, et de retour en Scythie se marièrent avec les habitants du pays (1). »

« Comment croire, dit le judicieux Strabon, entre autres objections qu'il oppose au mythe des Amazones (2), comment croire que soit une armée, soit une tribu, soit une cité, composée de femmes sans hommes, aura pu non-seulement se perpétuer dans son propre district, mais envahir des pays étrangers, et qu'après avoir subjugué ses voisins, ne se contentant point de parcourir tout ce qui s'appelle maintenant l'Ionie, elle aura envoyé un corps de troupes au delà des mers jusque dans l'Attique? C'est comme si l'on disait qu'au temps où l'on vit de tels événements les hommes étaient des femmes et les femmes étaient des hommes. » Il aurait pu ajouter : comment croire au voyage de plus de 600 lieues qu'on leur fait entreprendre pour venir attaquer Thésée? En effet elles partent des côtes méridionales de la mer Noire, et, sans s'inquiéter des fleuves nombreux qu'elles auront à traverser, des montagnes qu'elles auront à franchir, la contournent dans son entier et descendent par la Thrace jusqu'en Attique. Il est bien vrai que la route serait diminuée de plus de moitié si dans leur itinéraire on substituait le Bosphore de Thrace au Bosphore Cimmérien, que Diodore aura peut-être substitué à l'autre pour rendre encore plus merveilleuse cette incroyable expédition. C'est, en effet, la route directe pour qui, partant des côtes de la Cappadoce, se rend en Grèce par la voie de terre. Cette expédition, réduite à ces proportions, n'aurait plus autant d'invraisemblance, surtout si l'on n'y voit qu'une invasion des Scythes, venant, selon l'usage, accompagnés de leurs femmes, qui, comme plus tard celles des Cimbres et des Teutons, les suivaient au combat et partageaient leurs dangers (1). Il est certain que non-seulement Diodore, mais tous les ora-

(1) Diodore de Sicile, liv. IV, ch. 28.; cf. Plutarque, *Vie de Thésée*, ch. 26.
(2) Livre XI, p 504.

(1) C'est aussi l'opinion de Dugas Montbel, *Observations sur l'Iliade*, p. 161 et suiv. « Je pense, dit-il, que ce qui a donné lieu à ces fables des Amazones ce sont les incursions en Asie Mineure que firent les Scythes des Palus-Méotides, qui, ainsi que tous les peuples nomades, allaient à la guerre avec leurs femmes et leurs enfants. Comme dans les batailles les femmes montraient autant de courage et souvent plus de fureur que les hommes, le souvenir de leurs actions resta dans la mémoire des peuples, et, la vérité s'altérant par la tradition, on supposa qu'il existait des nations où les femmes seules marchaient au combat; de là il était naturel de conclure qu'elles seules aussi possédaient la puissance et l'autorité. »

teurs attiques, qui dans leurs panégyriques d'Athènes ou dans leurs oraisons funèbres n'oubliaient jamais de mentionner cette guerre parmi les titres de gloire de leur patrie, donnent les Scythes pour auxiliaires aux Amazones (1). Les artistes les imitèrent moins sans doute par amour de la vérité qu'à cause du parti qu'ils pouvaient tirer de l'opposition des sexes. Réduite à ces proportions cette tradition n'a plus rien d'extraordinaire, et paraît même tout aussi admissible que l'expédition des Gaulois venant par les rives du Danube piller le temple de Delphes, expédition qu'on pourrait fort bien regarder aussi comme fabuleuse si elle n'appartenait pas à des temps où l'histoire n'est plus enveloppée de ténèbres. Cette invasion scythique était d'ailleurs attestée par un grand nombre de monuments qui indiquaient en quelque sorte la direction qu'elle avait suivie. Indépendamment de l'Amazonium d'Athènes, il existait à Mégare, à Chéronée des tombeaux d'Amazones, et même en Thessalie, à Scotusse et à Cynocéphale; ce qui prouverait encore qu'elles n'avaient pas traversé ces contrées sans combattre.

L'AMAZONE PENTHÉSILÉE VIENT AU SECOURS DE TROIE. — Malgré tant de défaites successives les Amazones, suivant Homère, étaient encore puissantes à l'époque du siége de Troie. Le poëte les place à l'orient du fleuve Sangarius et de la Phrygie; Bellérophon avait triomphé d'elles en Lycie (2); plus tard Priam les avait combattues comme allié des Phrygiens, qu'elles attaquaient (3). Quintus de Smyrne, dans le poëme où il continue Homère, reproduit une tradition dont fait aussi mention Diodore de Sicile (4) et d'après laquelle Penthésilée, qui se disait fille de Mars et régnait sur ce qui restait des Amazones, forcée de quitter sa patrie, où elle avait, non à dessein, tué sa sœur à la chasse, et animée d'ailleurs d'une haine violente contre les Grecs, vint, des bords du Thermodon, offrir, suivie d'une troupe nombreuse, ses services à Priam quelque temps après la mort d'Hector, et succomba elle-même glorieusement sous les coups d'Achille (1).

L'historien par trop crédule des Amazones, l'abbé Guyon, regardant comme dignes de foi les fables que contiennent les Héroïques de Philostrate, en a tiré un épisode où les Amazones sont re présentées faisant une expédition maritime contre l'île d'Achille pour venger la mort de Penthésilée et piller le temple de ce héros, puis repoussées par un prodige et déchirées à belles dents par leurs coursiers (2). Mais cet épisode, par lequel il termine le récit des événements auxquels ces héroïnes ont pris part, est une pure invention de rhéteur, et ne mérite pas de trouver place parmi les traditions mythologiques qui peuvent venir en aide à l'histoire.

INVASION DES AMAZONES DE LIBYE. — Le même auteur, qui prête une confiance si complaisante aux contes fantastiques de Philostrate, ne croit pas devoir adopter ce qui est rapporté dans le troisième livre de Diodore de Sicile sur les Amazones d'Afrique. Voici le passage contre lequel il s'élève.

« Suivant ce que rapportent les mythographes, dit Diodore (3), Myrina, après avoir soumis la plus grande partie de la Libye, passa en Égypte et de là porta ses armes chez les Arabes, en détruisit un grand nombre, et ravagea ensuite la Syrie; mais les Ciliciens étant venus au-devant d'elle avec de magnifiques présents et consentant à obéir à ses lois, elle leur laissa la liberté pour prix de leur soumission volontaire : c'est de là qu'ils ont pris et conservé la dénomination d'Éleuthéro-Ciliciens. Après avoir vaincu, malgré leur valeur et leur résistance, toutes les nations qui habitent le mont Taurus, Myrina descendit vers la mer en traversant la grande Phrygie et étendit ses conquêtes sur

---

1 Isocrate, *Panég.*, 19, *Panath.*, 78; Lysias *Épitaph.*, 3, etc.
(2) Il., VI, 186.
(3) Il., III, 185-189.
(4) Liv. II, ch. 46, cf. Pausan., I, 15.

(1) Voyez, sur Penthésilée, Quintus de Smyrne, ch. I, v. 18 et suiv.; Lycophron, *Cassandra*, v. 997; Justin, liv. II. ch. 4; Ovide, Her., XXI, 118; Dictys de Crète, I, 2; II, 13; Hygin, F. 112 et 225; Servius sur Virgile, En., I, 491; Pausanias, V, II, 2; X, 31.
(2) Guyon, *Histoire des Amazones*, 2e partie, p. 81-89.
(3) Livre III, ch. 55.

tout le littoral jusqu'au Caïque, qu'elle prit pour terme de son expédition. Dans les pays que ses armes lui avaient soumis, elle fit choix des sites les plus convenables pour y fonder des villes, en bâtit plusieurs, dont une seule porta son nom, et donna ceux des Amazones qui occupaient les principaux commandements dans son armée aux autres villes, telles que Cymes, Pitane, Priène : celles-ci furent élevées sur les bords de la mer; mais elle en fit construire un plus grand nombre dans l'intérieur des terres... Vers le temps où ces événements avaient lieu, Mopsus de Thrace, chassé de sa patrie par le roi Lycurgue, entra avec une armée, composée de ceux qui avaient été exilés comme lui, dans les pays dont les Amazones s'étaient emparées. Il avait pour allié le Scythe Sipylus, également banni de la Scythie limitrophe de la Thrace. Une bataille eut lieu : Sipylus et Mopsus furent vainqueurs, et la reine des Amazones, Myrina, fut tuée avec un grand nombre de ses guerrières. Plusieurs autres combats se succédèrent, et la victoire continuant à se déclarer pour les Thraces, les Amazones qui survécurent à ces défaites prirent le parti de retourner en Libye. »

N'y a-t-il donc rien de vrai dans tout ce récit? J'ai peine à le croire. Ne pourrait-on pas admettre que les conquêtes de Sésostris ou de Rhamsès III, se confondant dans le souvenir des peuples avec quelque grande invasion des Scythes, auront donné lieu à cette tradition en apparence si incroyable ? Ce serait encore un exemple de ces traditions renversées que Volney et Niebuhr ont signalées dans l'histoire primitive des peuples.

VILLES DE L'ASIE MINEURE QUI ATTRIBUAIENT LEUR FONDATION AUX AMAZONES. — Ce qu'on ne saurait révoquer en doute c'est que l'antiquité attribuait aux Amazones la fondation d'Éphèse et de son temple de Diane, celle de Smyrne, de Thyatire, de Myrine, de Cymée, de Paphos, de Magnésie, de Sipyle, d'Amise, d'Amastris, de Sinope, de Pitane, de Priène, de Myrlée, d'Anæa, etc. (1). Toutes se glorifiaient de cette origine à laquelle leurs médailles font fréquemment allusion. Certes cette preuve n'est pas sans valeur; Strabon lui-même en tient compte.

Que conclure de ces différentes traditions? que le souvenir des invasions des Scythes en Asie Mineure s'était conservé dans la mémoire des peuples contre lesquels ils avaient eu à lutter; mais que ceux-ci, frappés de la part énergique que les mâles épouses de ces conquérants prenaient à leurs exploits et du contraste qu'elles offraient avec leurs propres femmes, qui, comme toutes les femmes de l'Orient, vivaient renfermées dans le gynécée, se livrant tout entières aux travaux domestiques, oublièrent bientôt les hommes qu'accompagnaient ces héroïnes pour ne plus se rappeler que les guerrières dont l'apparition avait si vivement parlé à leur imagination. Rien donc que de très-vraisemblable dans l'occupation de l'Asie Mineure par les Scythes pendant une longue suite d'années, jusqu'au jour où les armes victorieuses de Ninus les repoussèrent, pour longtemps, au delà du Caucase.

Avant de nous occuper de ce grand événement, qui changea la face de l'Asie Mineure, il ne sera pas inutile de donner un aperçu des principales divisions géographiques de l'Asie Mineure et de rechercher quels étaient les peuples qui les occupaient soit à l'époque de l'invasion des Scythes, soit pendant leur domination.

CHAPITRE V.

DIVISIONS GÉOGRAPHIQUES DE L'ASIE MINEURE.

Les géographes ne sont pas d'accord sur l'ordre à suivre dans l'énumération des différentes contrées que renferme cette vaste péninsule, qui dans sa plus grande extension a pour limites au nord le Pont-Euxin, à l'ouest la mer Égée, au sud la mer intérieure et l'Euphrate à l'est. Strabon, partant de la Cappadoce, décrit successivement le Pont, la Paphlagonie, la Bithynie, la Galatie, la Lycaonie, l'Isaurie, la Pisidie, puis, remontant en Mysie, passe successivement en revue la Phrygie, l'Éolide, la Lydie, l'Ionie, la Carie, la Lycie, la Pamphylie et la Cilicie. Scylax et Scym-

---

(1) Pierre Petit, *De Amazonibus*, ch. 30 et suiv.; Guyon, ouvr. cité, p. II, p. 105-149.

nus de Chios, partant de la Colchide, font le tour de la péninsule depuis le Pont jusqu'à la Cilicie; Pomponius Méla et Pline, au contraire, commencent par la Cilicie et contournent l'Asie Mineure jusqu'au Phase. Enfin, Ptolémée n'admet que sept grandes divisions, c'est-à-dire autant qu'il y avait de provinces de son temps, et les range dans l'ordre suivant :

1° Pont et Bithynie;
2° Asie proprement dite comprenant : la petite Mysie ou Mysie sur l'Hellespont, la petite Phrygie ou Troade, la grande Mysie, l'Eolide, l'Ionie, la Carie sur la mer de Myrto, la Doride, la Lydie ou Méonie, la Carie, la grande Phrygie, les îles de l'Hellespont, celles de la mer Icarienne, celles de la mer de Myrto;
3° La Lycie;
4° La Galatie, dans laquelle il insère la Paphlagonie, une partie de la Lycaonie, la Pisidie et l'Isaurie;
5° La Pamphylie avec la Phrygie pisidienne, la Cilicie Trachée et une partie de la Pisidie;
6° La Cappadoce y compris le Pont de Galatie, le Pont Polémoniaque, le Pont Cappadocien, une partie de la Lycaonie, la petite Arménie.
7° La Cilicie.

M. Cramer (1), suivant l'exemple de d'Anville, partage l'Asie Mineure en trois zones parallèles contenant chacune quatre sections. La première zone, celle du nord, contient, en allant de l'ouest à l'est, 1° la Mysie avec les contrées voisines de l'Hellespont et la Troade, 2° la Bithynie, 3° la Paphlagonie, 4° le Pont. La seconde comprend : 1° la Lydie avec les villes ioniennes et les îles, 2° la Phrygie et la Lycaonie, 3° la Galatie, 4° la Cappadoce et la petite Arménie; la troisième 1° la Carie et les îles voisines de cette contrée, 2° la Lycie, 3° la Pamphylie et la Pisidie, 4° la Cilicie.

Cette disposition est assurément plus méthodique; mais elle n'est pas entièrement satisfaisante. Elle offre l'inconvénient de rapprocher des contrées très-éloignées en sautant brusquement de l'est à l'ouest, pour passer d'une zone à l'autre. On en peut dire autant de l'ordre suivi par M. Boeckh dans les tomes 2 et 3 de son Recueil d'inscriptions grecques (1), où il range les contrées de l'Asie Mineure ainsi qu'il suit : 1° Carie, 2° Lydie, 3° Mysie, 4° Bithynie, 5° Phrygie, 6° Galatie, 7° Paphlagonie, 8° Pont, 9° Cappadoce, 10° Lycie, 11° Pamphylie 12° Pisidie et Isaurie, 13° Cilicie; et de celui qu'a adopté M. Forbiger dans le tome II de son Manuel de géographie ancienne (2) et d'après lequel ces différentes contrées sont ainsi classées : 1° Mysie, 2° Lydie, 3° Carie, 4° Lycie, 5° Pamphylie, 6° Cilicie, 7° Cappadoce, 8° Lycaonie et Isaurie, 9° Pisidie, 10° Phrygie, 11° Galatie, 12° Bithynie, 13° Paphlagonie, 14° Pont.

Comme toute classification géographique des différentes parties d'une contrée doit avoir surtout pour objet de faciliter l'étude de la carte qui en reproduit la configuration, il convient que cette classification les rapproche autant qu'il est possible et permette de passer sans interruption de l'une à l'autre comme dans une sorte de voyage. Il faut aussi qu'elle soit conforme à l'histoire et vienne en aide aux études ethnographiques. C'est pour atteindre ce but que nous avons cru devoir tracer à nos lecteurs l'itinéraire suivant (3) :

1° Pont; | principal siége des po-
2° Paphlagonie (4); | pulations scythiques.

(1) *Geographical and historical description of Asia Minor*, by J. A. Cramer; Oxford, 1832, 2 vol. in-8°.

(1) *Corpus inscriptionum græcarum*, edidit Aug. Boeckh, Berolini, 1828-1853, 3 vol. in-fol.

(2) *Handbuch der alten Geographie aus den Quellen bearbeitet von Albert Forbiger*; Leipzig, 1744, 3 vol. in 8°.

(3) La meilleure carte de l'Asie Mineure est la carte en six feuilles qu'a publiée M. Kiepert à Berlin en 1844, et sur la construction de laquelle il vient de publier un savant mémoire; Berlin, 1854, in-8°. On peut aussi consulter avec fruit celle qui est jointe à l'ouvrage de M. Tchihatcheff, portant pour titre : *Asie Mineure description physique, statistique et archéologique de cette contrée*. Le premier volume, contenant la Géographie physique comparée, a seul vu le jour; Paris, Gide et Baudry, 1853, gr. in-8°.

(4) Une partie considérable des populations de la Paphlagonie appartenait à la race sémitique.

3° Bithynie;
4° Mysie;
5° Lydie;
6° Phrygie;
7° Carie; } dont les habitants appartenaient à la race thracique.

8° Lycie;
9° Pisidie et Pamphylie;
10° Isaurie et Lycaonie;
11° Cilicie;
12° Cappadoce; } peuplées par la race sémitique.

I. Le Pont, qui ne prit ce nom et ne devint un État important qu'après Alexandre, appartenait dans l'origine à la Cappadoce et s'appelait *Cappadoce Pontique*. C'était toute cette partie de la côte du Pont-Euxin qui s'étend depuis l'Arménie jusqu'à l'Halys et a pour limite au sud le Paryadrès. C'est dans cette contrée que se trouvait la plaine de Thémiscyre, arrosée par le Thermodon, où, suivant la tradition, s'établirent les Amazones.

II. La Paphlagonie était bornée au nord par le Pont-Euxin, à l'est par l'Halys, à l'ouest par le Parthénius et au sud par le mont Olgassys.

III. La Bithynie, comprise entre le Parthénius et le Rhyndacus, avait pour limites à l'ouest la Mysie, au nord la Propontide et le Pont-Euxin, à l'est la Paphlagonie et au sud cette partie de la Phrygie qui prit plus tard le nom de Phrygie Epictète.

IV. La Mysie, séparée à l'est de la Bithynie par le Rhyndacus, était bornée au nord par la Propontide et par l'Hellespont, à l'ouest par la mer Égée et au sud par le Caïque et le mont Temnus, qui formaient sa frontière du côté de la Lydie. C'est sur la côte occidentale que s'élevait Troie, qui domina quelque temps sur une partie de l'Asie Mineure.

V. La Lydie, appelée d'abord Méonie, n'avait pas, ainsi que le remarque Strabon (1), de limites bien déterminées. Elle était baignée à l'ouest par la mer Égée, confinait au nord à la Mysie, à l'est à la Phrygie, au sud à la Carie. Ses plaines étaient réputées les plus fertiles du monde (2).

VI. La Phrygie, dont plus tard la partie orientale fut envahie par des peuplades celtiques et reçut d'elles le nom

(1) Liv. XII, p. 564 et 571.
(2) Strabon, liv. XIII, p. 625.

de Gallo-Grèce ou de Galatie, occupait le centre de l'Asie Mineure. Elle confinait, avant ce démembrement, au nord à la Bithynie, à la Paphlagonie et à la Cappadoce Pontique, à l'est à la Cappadoce, dont elle était séparée par l'Anti-Taurus; au sud à la Carie, à la Pisidie et à la Lycaonie. « Ceinte de tous côtés de chaînes de montagnes, la Phrygie ne présente que des terrains brûlés. Les productions végétales y sont peu abondantes; elles consistent en orge et en froment. L'aspect général du pays est sauvage et triste (1). » Cependant Homère dit qu'on y cultivait la vigne (2).

VII. La Carie, bornée à l'ouest et au sud par la mer, au nord, suivant les uns par le mont Mesogis, suivant d'autres par le Méandre, avait pour limites au nord-est le mont Cadmus et à l'est le mont Dædala, qui la séparaient, le premier de la Phrygie, le second de la Lycie.

VIII. La Lycie formait une presqu'île sur la côte méridionale de l'Asie Mineure. Elle avait pour limites à l'ouest la Carie, au nord la Phrygie et la Pisidie, à l'est la Pamphylie et au sud la mer intérieure. Elle s'appela d'abord Milyade, nom qui plus tard ne désigna plus que la partie septentrionale comprise entre le mont Masicyton et la Phrygie. C'était un pays d'une grande fertilité, ce qui, dit Strabon (3), l'exposa à être souvent envahie et disputée comme un prix appartenant au plus fort.

IX. La Pisidie était bornée au nord et à l'ouest par la Phrygie et la Lycie, à l'est par la Cilicie et la Lycaonie et au sud par la Pamphylie. Quant à la Pamphylie, c'était cette côte étroite longeant le golfe auquel elle avait donné son nom et qui formait sa limite au sud ; à l'ouest, elle était bornée par le mont Climax de Lycie, au nord par la Pisidie et à l'est par le fleuve Mélas, qui la séparait de la Cilicie Trachée.

X. L'Isaurie, petit pays peu connu et entièrement couvert de montagnes, avait pour limites à l'est la Lycaonie, au nord

(1) Fellows, *Nouvelles Annales des voyages*, t. 82, p. 185.
(2) Il l'appelle ἀμπελόεσσα, *Iliade*, ch. III, vers 184.
(3) Livre XII, p. 573.

la Phrygie, à l'ouest la Pisidie et au sud la Cilicie Trachée. Elle appartenait à la Lycaonie, qui ne commence à nous être connue que du temps de la domination des Perses. Cette dernière contrée était une suite de plaines montueuses, froides et nues, où l'eau était fort rare et qui cependant nourrissait de nombreux troupeaux. Elle était bornée à l'ouest par l'Isaurie, au nord par la Phrygie à l'est par la Cappadoce et au sud par la Cilicie Trachée.

XI. La Cilicie, au sud-est de la péninsule, était comprise entre les monts Taurus et Amanus et la mer intérieure. Elle avait pour limites à l'ouest la Pamphylie et la Pisidie, dont elle était séparée par le fleuve Mélas, au sud par la la mer intérieure, à l'est par la Syrie et au nord par le Taurus, qui la séparait de la Cappadoce. La nature l'avait divisée en deux parties bien distinctes; celle de l'ouest, âpre et montagneuse, s'appelait pour ce motif Trachée ($\tau\rho\alpha\chi\varepsilon\tilde{\iota}\alpha$), et celle de l'est, presque toute en plaines, avait reçu pour cette raison le nom de Pédiade ($\pi\eta\delta\iota\dot{\alpha}\varsigma$).

XII. La Cappadoce, au nord de la Cilicie, était la contrée la plus orientale de l'Asie Mineure, et formait pour ainsi dire l'isthme de la grande presqu'île asiatique, lequel était resserré au sud par le golfe d'Issus jusqu'à la Cicilie Trachée, et au nord par le Pont-Euxin entre Sinope et la côte des Tibarènes. Ses bornes, si l'on en détache la Cappadoce Pontique, étaient, dans les temps les plus anciens, au nord l'Anti-Taurus, à l'ouest l'Halys et la Lycaonie, au sud le Taurus et à l'est le cours supérieur de l'Euphrate, qui la séparait de l'Arménie.

Nous nous bornons quant à présent à cette énumération sommaire. Plus loin quand nous traiterons de chacune de ces contrées en particulier, nous parlerons avec tous les détails convenables de leur condition physique, de leurs différentes subdivisions, et de leur organisation politique aux différentes époques de leur histoire.

CHAPITRE VI.

POPULATIONS PRIMITIVES DE L'ASIE MINEURE.

Les plus anciens habitants de l'Asie Mineure paraissent avoir été de race sémitique. A cette population primitive vinrent se joindre de bonne heure, du côté du nord, des peuplades scythiques parmi lesquelles on connaît les Macrons, les Chalybes, les Drilles, les Tibarènes, les Mariandyniens, les Halizones (Alazones ou Amazones), etc., et du côté de l'est des Phéniciens et des Syriens qui se mêlèrent à leurs devanciers de même race. C'est à cette seconde branche qu'appartiennent les Cappadociens, les Ciliciens, les Pamphyliens, les Pisidiens, les Paphlagoniens et même, suivant toute vraisemblance, les Solymes et les Milyens, les plus anciens habitants de la Lycie. Enfin la race indo-européenne eut aussi ses représentants dans les Thraces et dans les Pélasges, d'où les Mysiens ou Teucriens, les Méoniens appelés plus tard Lydiens, les Bithyniens, les Cariens et les Phrygiens tiraient leur origine.

L'Halys et le Taurus, à quelques exceptions près, marquaient la limite de ces trois races bien distinctes.

Homère, la plus ancienne autorité que nous puissions consulter sur les populations primitives de l'Asie Mineure, ne nomme dans le dénombrement des auxiliaires asiatiques de Priam (1) que les Pélasges, les Paphlagoniens, les Halizones, les Mysiens, les Phrygiens, les Méones, les Cariens et les Lyciens; ailleurs il fait mention des Céteiens (2), des Solymes (3), des Ciliciens (4) et des Lélèges (5); mais il passe sous silence les Pamphyliens, les Bithyniens, les Mariandyniens, les Pisides, les Chalybes, les Milyes et les Cappadociens.

Faut-il conclure du silence d'Homère que les peuples dont il ne parle point n'habitaient pas encore les contrées auxquelles ils ont donné leur nom. Nous ne le pensons pas, et nous admettons avec

---

(1) Il., ch. II, vers 840-877.
(2) Od., ch. XI, vers 521.
(3) Il., ch. VI, vers 184.
(4) Ibid., vers 396 et 415.
(5) Il., ch. X, vers 429.

Strabon (1) que, si Homère s'est tu à leur égard, c'est qu'il n'entrait point dans son sujet de les mentionner. Dira-t-on qu'il ne connaissait pas le Mélès, qui coule près de Smyrne, ni Smyrne elle-même, laquelle, suivant l'opinion la plus générale, a été sa patrie, parce qu'il n'a rien dit ni de Smyrne ni du Mélès? Ce serait une supposition inadmissible.

§ 1. POPULATIONS SCYTHIQUES.

Les Tibarènes, les Chaldes, Chalybes ou Halizones (Alazones, Amazones), les Mosynœques, les Byzères ou Boussères, les Sannes, nommés plus tard Macrons, étaient des populations sauvages, habitant les montagnes qui séparaient la Cappadoce proprement dite de la Cappadoce Pontique. Tous avaient les mœurs des peuplades nomades, et conservaient l'empreinte de leur origine scythique (2). Les Tibarènes, que Denys le Périégète (3) place entre les Mosynœques et les Chaldes, étaient, suivant lui riches en bétail. « Ceux que l'on connaît aujourd'hui sous le nom de Chaldes, dit Strabon (4), s'appelaient anciennement Chalybes. Ce sont ces Chalybes qu'Homère, dans le dénombrement (5), appelle du nom d'Halizones; et qu'il représente venant *d'Alybé, de ce pays lointain où naît l'argent, sous la conduite d'Odius et d'Epistrophus;* soit que les copistes aient substitué le nom d'*Alybe* à celui de *Chalybé,* soit que le peuple fût anciennement appelé *Alybes* au lieu de *Chalybes;* car il ne fut pas plus difficile alors de changer le nom de *Chalybes* en celui d'*Alybes* qu'il ne l'est aujourd'hui de le changer en celui de *Chaldes,* d'autant plus que les noms propres sont très-sujets à s'altérer, surtout parmi les peuples barbares. » Ce peuple n'avait d'autres ressources pour subsister que la pêche et l'exploitation des mines (6). C'est vraisemblablement de chez eux que les Grecs, dans les temps les plus anciens, tiraient l'acier dont ils faisaient usage; car ils avaient donné à ce métal le nom de ce peuple (χάλυψ.) Il est probable aussi, d'après le passage d'Homère cité plus haut, qu'ils avaient des mines d'argent (1). Les Mosynœques ou Heptacomètes étaient la plus sauvage de toutes ces tribus. Ils n'avaient pour habitation que des arbres ou des tourelles faites de bois, auxquelles ils donnaient le nom de Mosynes et d'où ils attaquaient les passants. Ils se nourrissaient de fruits ou de la chair des animaux sauvages (2).

Les Caucones, voisins des Mariandyniens, passaient aux yeux de quelques-uns pour être d'origine scythique. D'autres les regardaient comme une peuplade sortie de la Macédoine et d'autres comme des Pélasges (3).

Nous mentionnerons encore les Hénètes, peuple qui n'existait plus du temps de Strabon ; mais dont l'existence est attestée par Homère (4), et que quelques-uns regardaient comme un peuple limitrophe des Cappadociens, qui avait fait partie des expéditions des Cimmériens antérieures à la guerre de Troie. C'était peut-être encore une tribu scythique.

Malgré les nombreuses invasions qui ont si souvent changé la face de l'Asie Mineure et modifié les éléments de sa population, ces différentes tribus, protégées par leurs montagnes et par leur pauvreté, se sont presque toutes maintenues dans les contrées où les plus anciens documents historiques nous les représentent. « On peut dire que, depuis les plus anciens temps jusqu'à notre époque, rien n'est changé dans l'état des montagnards de la côte pontique auxquels l'antiquité assignait une origine scythique. Tels les a mentionnés Homère, à qui était arrivé un lointain écho de leur nom, tels, bien avant le chantre d'Achille, les a connus la géographie de Moïse, tels depuis lors et à des époques

---

(1) Liv. XII, p. 554.
(2) Voy. M. Vivien de Saint-Martin, *Histoire des découvertes géographiques,* t. 2, p. 180-182.
(3) Vers 767.
(4) Liv. XII, p. 549.
(5) *Iliade,* ch. II, v. 856-857.
(6) Strabon, *ibid.,* p. 549.

(1) M. Hamilton (*Researches in Asia Minor,* etc., t. I, p. 259) a retrouvé des mines d'argent abandonnées à environ trois milles anglais de Tirebol (l'ancienne Tripolis) ; ce sont sans doute celles des Chalybes.
(2) Strabon, *ibid*
(3) Strab, liv. XII, p. 542.
(4) *Le vaillant Pylœmène conduisait les Paphlagoniens du pays des Hénètes,* Il., ch. II, vers 851-852.

diverses les ont représentés les poëmes argonautiqnes, Hérodote, Xénophon, Strabon et les autres historiens ou géographes d'un âge plus rapproché; tels les voyageurs nous les dépeignent encore aujourd'hui : ce sont les mêmes traits, les mêmes mœurs, à peu près la même barbarie et en partie les mêmes noms. Ici donc les observations modernes viennent éclaircir, en les complétant, les notions anciennes. Ainsi nous savons ce que les anciens ignoraient, que ces peuplades grossières, qui se prolongent le long de la côte jusque vers les bouches de l'Halys, appartiennent à la race arménogéorgienne. Un voyageur récent (1) a cru reconnaître le nom des *Chalybes*, renommés dès la plus haute antiquité pour leur habileté à travailler les métaux, dans celui de *Koulp* que porte encore une des exploitations métallifères les plus renommées de l'Arménie centrale; et les *Tibareni*, tribu voisine des Chalybes, en même temps que leur nom se retrouve dans le *Tubal* caucasique de la géographie de Moïse, vivent encore dans le nom même de la division occidentale de la Géorgie, *Iméreth* (2). Quelque éloignée que l'analogie paraisse, au premier coup d'œil, à qui n'a pas étudié de près la loi de la transformation des mots dans ces langues du Caucase, les *Sanni* ou *Tzanni* se retrouvent sous les noms à peine altérés de *Djanik*, *Dchanni*, *Ichanethi* et *Soanes*, répandus le long de la côte sud-est de la mer Noire jusqu'aux pentes occidentales du massif caucasien (3). Enfin la dénomination de *Keldir*, que conserve encore aujourd'hui une des agrestes vallées de ce pays sauvage (4), nous retrace à la fois et le nom de *Caldi*, sous lequel les Chalybes sont souvent désignés, et celui de *Chaldia*, tel que l'écrit au dixième siècle Constantin Porphyrogé-

nète intermédiaire entre l'ancienne géographie et la géographie moderne (1). »

§ 2. POPULATIONS SÉMITIQUES.

CAPPADOCIENS. — L'origine sémitique des Cappadociens est prouvée par le nom de Leuco-Syriens ou Syriens Blancs qu'on leur donnait dans l'antiquité pour les distinguer de ceux qui existaient au delà de l'Amanus et qui avaient le teint hâlé (2), nom que les Grecs leur conservèrent, mais en en restreignant l'application aux habitants des côtes de la mer Noire.

Strabon fixe ainsi qu'il suit les limites des Cappadociens parlant la même langue : du côté du midi, la partie du mont Taurus connue sous le nom Taurus Cilicien; du côté de l'orient, l'Arménie, la Colchide ainsi que les peuples situés entre ces deux pays et qui parlaient une langue différente ; au nord, le Pont-Euxin jusqu'à l'embouchure de l'Halys; et à l'ocident, la nation des Paphlagoniens et celle des Galates établis dans la Phrygie jusqu'aux Lycaoniens et à ceux des Ciliciens qui occupaient la Cilicie Trachée (3).

CATAONIENS. — Les Cataniens, dans l'opinion de l'antiquité, formaient un peuple à part; mais comme ils avaient le même langage et les même mœurs (4) que les Cappadociens, on doit admettre qu'ils appartenaient comme eux à la race sémitique.

CILICIENS. — Les Ciliciens, au dire d'Hérodote (5), s'étaient d'abord appelés *Hypachæi*, nom qui offre une physionomie grecque, mais dont l'histoire nous laisse complètement ignorer l'origine. Quant à celui de Ciliciens qu'ils prirent plus tard, ils le tenaient, suivant la tradition, d'un Phénicien Cilix, fils d'Agénor, d'où l'on peut conjecturer que dans l'opinion des Grecs ce peuple appartenait à la famille syrienne ou phénicienne L'etymologie appuie cette conjecture. Le nom du pays qu'ils habitèrent définitivement se dérive de l'hébreu *hhalek* ou *khu-*

---

(1) M. Dubois de Montpéreux, *Voyage autour du Caucase*, t. IV, p. 138 et 139; cf. t. II, p. 74. Voyez aussi Am. Jaubert, *Voyage en Arménie et en Perse*, p. 103.

(2) Voy. Brosset, *Aperçu général de la langue géorgienne*, dans le *Nouveau journal Asiatique*, t. XIV, p. 372 (1834).

(3) Dubois de Montpéreux, ouvr. cité, t. III, p. 10.

(4) D'Anville, *Géographie ancienne abrégée*.

(1) Vivien, de Saint-Martin, *Histoire des découvertes géographiques des nations européennes*, t. II, p. 181 et suiv.

(2) Strabon, liv. XII, p. 144.
(3) Strabon, liv. XII, p. 533.
(4) Strabon, *ibid*.
(5) Liv. VII, ch. 81.

lek (1), pierre, caillou (pluriel *kalekhim*), et désigne la nature du sol de la partie la plus montagneuse à laquelle les Grecs donnaient l'épithète de *Trachée*, τραχεῖα, âpre, et même le nom de *Trachiotide*, τραχειῶτις (2), d'où ses habitants étaient appelés *Trachiotes*, Τραχειῶται.

C'est, suivant toute vraisemblance, des Ciliciens du Taurus que descendaient les Ciliciens de la Mysie dont parle Homère (3) ; car on retrouvait chez les uns et chez les autres des noms de lieu semblables, tels que Thébé et Lyrnessos. Forcés sans doute d'abandonner, après la guerre de Troie, le territoire dont ils s'étaient emparés sur les bords du golfe d'Adramytte, les Ciliciens de Mysie rentrèrent dans leur mère-patrie, et de là cette tradition d'après laquelle ils seraient allés s'établir en Syrie et auraient enlevé la Cilicie aux Syriens (4).

PAMPHYLIENS. — Toujours enclins à adopter les étymologies qui flattaient le plus leur amour-propre national, les Grecs voyaient dans le nom de ce peuple l'indice d'un assemblage de populations diverses (5). Selon Hérodote ils descendaient des fugitifs qui, après la guerre de Troie, suivirent Amphiloque et Chalcas (6) et dont le plus grand nombre se fixa en Pamphylie sous la conduite de Mopsus, tandis que d'autres se répandirent en Cilicie, en Syrie et même jusqu'en Phénicie (7). Ce qu'il y a de certain, c'est qu'à l'époque où écrivait Strabon, les Pamphyliens tenaient encore beaucoup des Ciliciens (8) dont l'origine sémitique ne saurait être contestée. On est donc en droit de croire qu'ils appartenaient à la même famille et que la tradition rapportée par Hérodote n'a d'autre fondement historique que le retour d'une immigration cilicienne dans les contrées d'où elle était partie.

SOLYMES. — Les Lyciens passaient pour le même peuple que les Solymes (9).

(1) Comparer le latin *silex et calx* et le grec χάλιξ.
(2) Strab., liv. XIV, p. 668.
(3) Il., ch. VII, vers 395-397.
(4) Strabon, liv. XIII, p. 627.
(5) De πᾶν, *tout*, et de φῦλον, *tribu*.
(6) Hér., liv. VII, ch. 92.
(7) Strab., liv. XIV, p. 668.
(8) Strab., liv. XII, p. 570.
(9) Strabon, liv. XII, p. 573.

Mais Homère (1) les distingue ; car il fait partir de Lycie Bellérophon pour aller guerroyer contre *les illustres Solymes*, et c'est en combattant contre cette race belliqueuse qu'il fait mourir Isandros, fils de Bellérophon (2). De toute antiquité, dit Hérodote (3), les Lyciens sont connus pour être originaires de Crète ; car il est certain que cette île fut autrefois occupée entièrement par des barbares. Dans la guerre qui éclata entre les deux fils d'Europe, Sarpédon et Minos, pendant qu'ils se disputaient la royauté, Minos vainqueur chassa de l'île Sarpédon et son parti. Ceux-ci passèrent alors en Asie, et vinrent habiter le territoire de Mylias, celui positivement que les Lyciens occupent aujourd'hui, et qui autrefois s'appelait ainsi. Les Milyens ont aussi porté le nom de Solymes ; mais pendant le temps que Sarpédon régna dans cette contrée ils prirent celui de Termiles, sous lequel les Lyciens sont encore connus des peuples qui leur sont limitrophes. Enfin, lorsque Lycus, fils de Pandion, fut à son tour chassé d'Athènes par son frère Égée, et vint se réfugier chez les Termiles, près de Sarpédon, les Termiles finirent par adopter le nom de Lyciens (4). Ils sont gouvernés par des lois empruntées en partie des Crétois, en partie des Cariens. »

Il résulte de ces traditions que les aborigènes de la Lycie furent les Solymes, qui prirent ensuite, on ne sait à la suite de quel événement, le nom de Milyens, qui ne fit cependant jamais oublier celui pour lequel ils avaient été désignés dans le principe. Repoussés dans les montagnes vers le milieu du quinzième siècle (5), par l'invasion crétoise à laquelle la tradition donnait Sarpédon pour chef, les Milyens abandonnèrent leur territoire aux conquérants qui y conservèrent le nom de Termiles ou Tremiles qu'ils avaient apporté de Crète, mais qui le changèrent dans le siècle suivant, vers 1340, contre celui de Lyciens, lorsque la colonie athénienne de Lycus fut devenue

(1) Il., ch. VI, vers 184.
(2) *Ibid.*, vers 204.
(3) Liv. I, ch. 73.
(4) Cf. Hér., liv. VII, ch. 92.
(5) Voy. Petit-Radel, *Synchronismes des temps héroïques*, etc., LVI, 25.

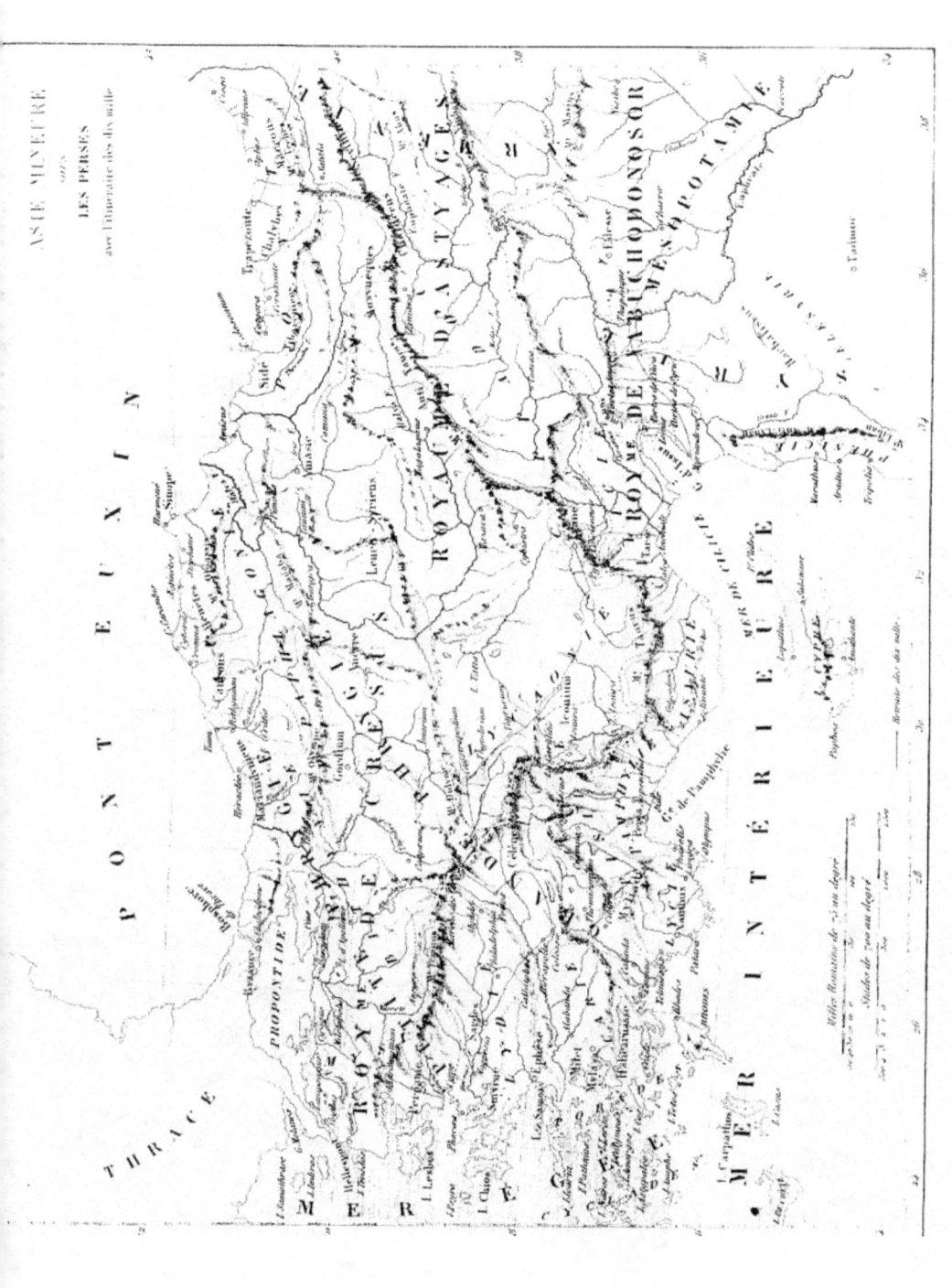

prépondérante dans cette contrée. Quant aux Milyens, ils donnèrent leur nom à la contrée qui leur avait servi de retraite, et elle le portait encore du temps des Romains.

Il est, du reste, hors de doute que les Cabaliens, peuple voisin de la Milyade, étaient regardés, du temps de Strabon, comme les descendants des Solymes d'Homère (1); qu'à Cibyra, la ville la plus importante de la contrée, on parlait encore à cette époque la langue des Solymes et trois autres idiomes, le grec, le pisidien et le lydien (2); que les habitants de Termissos, en Milyade, s'appelaient Solymes, et qu'une colline proche de cette ville portait le nom de Solymos (3). Or, nous savons, par Chœrilos (4), que les Solymes, qui faisaient partie de l'armée de Xerxès, parlaient la langue phénicienne; on doit donc en conclure qu'ils étaient d'origine phénicienne; mais ce serait prendre un rêve pour la réalité que d'adopter l'opinion de Josèphe, reproduite par Eusèbe (5), laquelle suppose un rapport entre ce peuple et les Juifs uniquement à cause de la similitude des deux noms *Solymi* et *Hierosolyma*.

ARIMES. — C'était sans doute aussi une population sémitique que ces Arimes dont parle Homère (6), et que les uns placent aux environs de l'antre Corycien, dont les montagnes avaient pris d'eux le nom d'*Arima*; les autres en Cilicie, d'autres en Syrie, d'autres encore dans la Catacécaumène. Strabon regarde cette dernière opinion comme la plus vraisemblable (7), car c'était chez eux que le géant Typhée gisait renversé, fable qui a tiré probablement son origine des éruptions volcaniques de la contrée dont il s'agit. Quoi qu'il en soit, le nom seul de ce peuple, qui offre un rapport si frappant avec celui d'Aram, ne permet pas de douter de leur origine. Et ce rapprochement n'a pas échappé à Strabon. Il est des auteurs, dit-il (1), qui entendent, par les Arimes, les Syriens que l'on nomme aujourd'hui Araméens.

§ 3. POPULATIONS THRACIQUES.

BITHYNIENS. — Les Bithyniens étaient regardés communément comme originaires de la Mysie et tenaient leur nom des Bithyniens et des Thyniens, deux peuples de la Thrace qui vinrent s'établir parmi eux. A l'époque où Strabon écrivait, il existait encore dans la Thrace un peuple nommé Bithyniens, et la côte près d'Apollonie et de Salmydessos portait encore alors le nom de Thynias (2). Les Bébryces, qui avaient devancé ces deux peuples dans la Mysie, étaient aussi tenus pour des Thraces (3).

MARIANDYNIENS. — On ignorait l'origine des Mariandyniens; mais comme, soit pour la langue, soit pour tout le reste, on ne remarquait entre eux et les Bithyniens aucune différence sensible, il y a tout lieu de croire que c'était aussi un peuple thracique (4).

MYSIENS. — Les Mysiens avaient une origine commune avec les Thraces. Ce qui le prouve, suivant Strabon (5), c'est que le détroit entre Byzance et Chalcédoine s'était dans les temps anciens appelé Bosphore mysien, avant de s'appeler Bosphore de Thrace. C'était une opinion généralement reçue dans l'antiquité, qu'ils étaient de la même famille que les Mœsiens du bas Danube. Quoi qu'on ait pu dire, il paraît certain qu'ils étaient déjà établis en Asie Mineure à l'époque de la guerre de Troie, car Homère (6) cite, parmi les auxiliaires des Troyens, les braves Mysiens venus de la fertile Ascanie, c'est-à-dire du pays voisin du lac Ascanie, appelé plus tard lac de Nicée. Hérodote (7) en fait, il est vrai, une colonie de Lydiens; mais cela ne contredit en rien leur origine thracique, puisqu'il est incontestable que les Mysiens, les Lydiens et les Cariens sortaient d'une tige commune. On sait,

---

(1) Strabon, liv. XIII, p. 630.
(2) Id., liv. XIII, p. 631.
(3) Id., ib., p. 630.
(4) Cité par Eusèbe, *Prépar. évang.* liv., IX, ch. 9.
(5) L. c.
(6) *Il.*, ch. II, vers 783.
(7) Strab., liv. XIII, p. 262 et 627.

(1) Strab., liv. XIII, p. 262, c. 627.
(2) Id., liv. XII, p. 541.
(3) Ibid.
(4) Ibid., p. 542.
(5) Ibid., p. 566 et 571.
(6) *Il.*, ch. XIII, v. 792.
(7) Liv. VII. ch. 74.

en effet, que ces trois peuples offraient ensemble des sacrifices à Zeus Karios dans le territoire de Mylasa (1) Suivant l'usage, des noms propres se rattachaient à cette tradition : Lydos et Mysos, disaient les Cariens, étaient frères de Carès (2). Ajoutons que, d'après le témoignage de Xanthos le Lydien et de Ménécrate d'Élée, le dialecte des Mysiens (3) était un mélange de lydien et de phrygien, μιξολύδιον καὶ μιξοφρύγιον.

LYDIENS. — Il est certain que la Lydie avait dans l'origine porté le nom de Méonie, et une partie de cette contrée s'appelait encore Mysie au temps de Strabon (4), qui nous apprend que les noms de Mysiens, *Mœones* ou *Meones*, désignaient un même peuple (5); ce qui serait encore une preuve du rapport intime qui existait entre les Lydiens et les Mysiens. Il est bien vrai que des savants (6), s'appuyant sur des autorités respectables, attribuent aux Lydiens une origine purement sémitique; mais ces deux opinions si différentes peuvent se concilier. Pour cela, il suffit, comme le pense M. Vivien de Saint-Martin (7), d'admettre dans la population lydienne deux éléments distincts, l'un thracique, c'est le plus ancien, représenté par les Mœones, l'autre plus moderne, se rattachant à la souche araméenne et ayant apporté avec lui le nom de *Loud*, sous lequel disparut le nom antérieur de Méonie.

PHRYGIENS. — Suivant ce que les Macédoniens rapportent, dit Hérodote (8), les Phrygiens portèrent le nom de Briges (Βρίγες) pendant tout le temps qu'ils demeurèrent en Europe et habitèrent dans le voisinage de la Macédoine. En passant en Asie, ils changèrent également de contrée et de nom, et prirent celui de *Phryges* (Φρύγες).

Le nom de *Briges*, dont celui de *Phryges* n'était qu'une légère modification, qui consistait uniquement dans la substitution de la labiale aspirée à la douce qui lui correspond, paraît, comme on l'a déjà remarqué, avoir été très-répandue dans les contrées qu'occupa sur l'ancien continent la race indo-européenne. En Thrace les Bryces, en Macédoine les Bryges, en Germanie les Bructères, dans le Pont les Bébryces (1), en Gaule les Latobriges, les Nitiobriges et les Allobroges ou Allobryges, dans l'île de Bretagne les Brigantes (2), et enfin dans les Alpes les Brigianes, offrent dans leurs noms, en apparence si divers, un radical commun qui indique d'une manière certaine une commune origine. Tous les peuples que nous venons d'énumérer doivent donc avoir appartenu à une même souche, à une même immigration qui, à une époque dont la date nous est inconnue, couvrit une partie de l'Europe, et étendit des ramifications jusqu'en Asie Mineure.

Mais à quelle famille humaine se rattachent ces différentes peuplades? Le nom qu'elles portent toutes, plus ou moins modifié, peut mettre sur la voie d'une solution satisfaisante. Juba, roi de Mauritanie, un des plus savants historiens de l'époque d'Auguste, affirmait que le mot Βρίγα avait chez les Lydiens le sens d'*homme libre* (3). C'est aussi la signification qu'a dans le haut-allemand le mot *frig*, le mot *frija* dans le gothique, et le mot *frei* dans l'allemand moderne. D'un autre côté, nous apprenons par les Védas que les Ariens, peuple de l'Inde auquel appartient probablement la littérature sanscrite la plus ancienne, avaient pour adversaires le peuple des Brighous établi sur l'Indus; que ces Brighous appartenaient comme les Ariens à une race sacerdotale (4) et étaient, ainsi que les Phrygiens d'Homère, d'excellents cavaliers. Comme ces deux races furent souvent divisées d'intérêt, on peut conjecturer qu'à la suite d'une de ces luttes, les Brighous, chassés du haut Hindoustan, vinrent s'établir dans les

---

(1) Hom., ch. I, v. 171, et Strab., liv. XIV, p. 659.
(2) Hér. *loc. cit.*
(3) Voy. Strab., liv. XII, p. 572.
(4) Id., ibid., p. 628.
(5) Ibid., 549.
(6) Voy. Théod. Mencke, *Lydiaca*; Berolini, 1843, in-8°.
(7) *Hist. des découv. géogr.*, t. II, p. 168.
(8) Hér., liv. VII, ch. 73.

(1) On trouvait aussi des Bebryces en Gaule.
(2) L'Hibernie et la Gaule occidentale avaient aussi leurs Brigantes.
(3) Voy. Hésychius, au mot Βρίγες.
(4) Ce fut un Brighou qui promulgua les lois de Manou, et la célèbre guerre dans laquelle succombèrent les Kchatryas fut provoquée par les Brighous.

différentes contrées où nous retrouvons leur nom, et notamment en Thrace, d'où ils passèrent en Asie Mineure (1) à une époque bien certainement antérieure à la guerre de Troie (2). Strabon le dit en termes exprès (3).

Ce qui prouve encore l'origine indo-européenne de ces peuples, ce sont les inscriptions gravées sur les tombeaux des rois de Phrygie (4). Sans doute aucune d'elles n'a pu être encore parfaitement déchiffrée; mais dans le petit nombre de mots qu'on y lit distinctement, on retrouve des éléments du plus ancien alphabet grec, et parmi un certain nombre de mots barbares, des mots entièrement grecs, tels que ΜΙΔΑΙ FANAKTEI Μίδα ἄνακτι, ΕΔΑΕ ou ΕΔΑΕΣ pour ἔδαισαν, et enfin ΜΑΤΕΡΕΖ et ΜΑΤΕΡΑΝ μα-τέρες, ματέραν. Il est donc très-probable que, comme le pense le docteur Cramer (5), la langue des Bryges importée de Thrace ou de Macédoine était ce qu'on pourrait nommer un dialecte de l'ancien pélasge; mais que dans la suite des temps elle dut se mêler avec les idiomes asiatiques parlés plus anciennement en Asie Mineure, de manière à en faire une langue barbare inintelligible aux Grecs du siècle de Xénophon et de Platon.

Enfin, ce ne peut être par un pur effet du hasard qu'on retrouve, en Europe et en Asie, deux monts Olympe et deux Mygdonies, ainsi que le nom d'Odryse

(1) Cette conjecture a pour elle l'autorité du savant Eugène Burnouf, qui assimilait les Phrygiens de l'*Asie Mineure* aux Brighous de l'Inde.

(2) *Autrefois*, dit Priam dans Homère (*Il.*, ch. III, vers 187), *j'allai dans la Phrygie fertile en vignes; là je vis la foule des Phrygiens habiles à diriger les coursiers...: Ils avaient posé leur vaste camp sur les rives du Sangarios; et je me trouvai avec eux comme allié, quand vinrent les belliqueuses Amazones.*

(3) *Ce qu'on rapporte des Phrygiens et des Mysiens*, dit-il (liv. XII, p. 572), *doit avoir eu lieu avant la guerre de Troie.*

(4) Voy. Leake, *Tour in Asia Minor*, p. 23 de l'éd. in-8°, 1824; Texier, *Asie Mineure*, t. I, pl. 56 et 59, et p. 154-158. Notre planche 12 offre un dessin du plus célèbre de ces monuments.

(5) *Asia Minor*, t. II, p. 5.

désignant en Thrace une peuplade longtemps puissante, et en Bithynie un des affluents du Rhyndacus.

CARIENS. — Les Cariens se prétendaient autochthones (1) : mais suivant la tradition la plus généralement répandue, ils n'étaient sans doute qu'un rameau détaché de la souche des Léléges (2); ce qui expliquerait l'opinion de ceux qui confondent ces deux peuples en un seul. Après avoir longtemps occupé les îles, ils s'étaient, avec l'aide des Crétois, emparés de la côte sud-ouest de l'Asie Mineure et d'une partie de l'intérieur des terres, dont ils avaient chassé ou soumis les anciens possesseurs, qui étaient pour la plupart des Léléges et des Pélasges (3). La guerre était leur occupation favorite. On leur attribuait l'invention des anses de cuir ajoutées aux boucliers, des figures dont on les ornait, et des panaches dont on surmontait les casques (4).

Nous avons vu, plus haut, que les Cariens parlaient la même langue que les Lydiens et les Mysiens, auxquels ils étaient unis par des liens de parenté religieuse. Or, suivant Philippos de Théangéla, auteur d'une histoire de Carie (5), le fond de l'idiome des Cariens était hellénique, et si Homère leur donne l'épithète *barbarophones*, c'est uniquement parce qu'ils avaient une prononciation rude et grossière; qu'ils parlaient mal le grec, et non pas parce qu'ils parlaient une langue barbare (6).

§ 4. PÉLASGES-LÉLÉGES.

PÉLASGES. — Tous les documents historiques ou poétiques relatifs aux Pélasges s'accordent pour les présenter comme une nation nombreuse et considérable (7). C'était un peuple navigateur très-porté aux émigrations. De très-bonne heure, dans le courant des dix-neuvième et dix-huitième siècles avant

(1) Hérodote, liv. I, ch. 171.
(2) Voy. Strab., liv. XII, p. 573.
(3) Id., liv. XIV, p. 661.
(4) Voy. Anacréon et Alcée, cités par Strabon, *ibid.*, et Hérodote, liv. I, ch. 171.
(5) Voy. Athénée, *Deipnosoph.*, liv. VI, p. 272.
(6) Strab., *loc. cit.*
(7) Strab., l. XIII, p. 619-621.

notre ère, suivant la chronologie de Larcher, ils occupèrent la côte de l'Ionie, à partir du promontoire de Mycale, ainsi que les îles adjacentes, et leur puissance, qui prit un grand accroissement, ne commença à déchoir et même à disparaître presque entièrement qu'à l'arrivée des Éoliens et des Ioniens en Asie. Homère (1) nous les peint comme d'habiles lanciers, venant de la fertile Larissa au secours de Priam, sous la conduite d'Hippothoos et de Pylæos, tous deux fils du Pélasge Léthos, fils de Teutamos.

LÉLÉGES. — Les Léléges, qu'on a faussement identifiés aux Pélasges, appartenaient cependant à la même souche, et ont formé avec eux la population primitive de la Grèce. Les Grecs, qui n'étaient jamais embarrassés pour expliquer l'origine des peuples, supposaient qu'un certain Lélex autochthone avait été le premier roi de la Laconie (2), et qu'un autre Lélex, fils de Neptune et de Libye, fille d'Épaphus, était venu d'Égypte dans la Mégaride (3) ; ce qui indique peut-être uniquement que les plus anciens habitants de ces deux contrées étaient des Léléges. Navigateurs et pirates comme l'indique symboliquement le père donné par la tradition au Lélex de la Mégaride, ils occupèrent de bonne heure les îles de la mer Égée et les côtes de l'Asie Mineure, depuis la Carie jusqu'au golfe d'Adramytte. Quelques Léléges étaient même venus anciennement se mêler aux Pisidiens (4) et se fixer parmi eux, attirés par la conformité des mœurs ; mais c'était surtout dans la contrée qui reçut plus tard le nom de Carie qu'ils s'étaient plus généralement établis, et quelques écrivains anciens les confondaient même avec les Cariens. Remarquons toutefois qu'Homère les distingue : *Du côté de la mer,* dit-il (5), *campaient les Cariens, les Pæones armés d'arcs, les Léléges et les Caucones,* ce qui prouve que les Léléges et les Cariens étaient deux peuples différents. Soumis sans doute par les Cariens, les Léléges continuèrent à habiter parmi leurs

(1) *Il.,* ch. II, v. 840-843.
(2) Pausanias, liv. III, ch. 1.
(3) Id., liv. I, ch. 39 et 44.
(4) Strab., liv. XII, p. 570.
(5) Il., ch. X, vers 428-429.

vainqueurs, mais en qualité de serfs et dans une condition que Philippos de Théangéla, qui avait écrit l'histoire de ces deux peuples (1), assimilait à celle des Hilotes chez les Lacédémoniens et des Pénestes chez les Thessaliens (2). Cet état de choses existait encore quand les colonies ioniennes arrivèrent en Asie (3). Mais des monuments restèrent pour rappeler l'antique indépendance des Léléges. Dans le territoire de Milet, qui, avant de porter ce nom, était connu sous le nom de Lélégide, on voyait encore, au temps de Strabon (4) des lieux désignés sous le nom d'habitations des Léléges, et dans plusieurs endroits de la Carie on trouvait des tombeaux des Léléges et quelques fortifications abandonnées qui conservaient le nom de lélégiennes (5)

(1) Voy. p. 27, note. 5.
(2) Athénée, liv. VI, p. 271 B.
(3) Pausan., liv. VII, ch. 2.
(4) Liv. VII, p. 321, et XIII, p. 611.
(5) Une de ces fortifications existe encore dans le voisinage d'Iasos. M. Texier (*Asie Mineure*, t. III, pl. 147-148) en a donné plusieurs vues, dont notre planche 9 reproduit les deux principales. Le savant voyageur y voit un camp retranché : « J'avais, dit-il (t. III, p. 142), observé près de la nécropolis d'Iasos certaines constructions d'un appareil colossal, dont je n'avais pas parfaitement déterminé la nature. C'était un reste de tour avec un pan de muraille que je ne pouvais rattacher à aucun ensemble lorsque les officiers de la *Mésange*, ayant été chasser fort loin de la ville, me dirent avoir suivi pendant plusieurs kilomètres une muraille encore parfaitement intacte et défendue de distance en distance par des tours demi-circulaires. En examinant le terrain, je m'aperçus que les constructions dont j'ai parlé étaient les amorces de cette muraille. Mais je ne reconnus aucunement comment elles s'étaient rattachées aux constructions helléniques ou romaines de l'ancienne Iassus.

« Je commençai donc avec les officiers une reconnaissance des lieux indiqués. A peine eûmes-nous fait quelques pas dans les taillis, que nous reconnûmes un mur bâti de pierres colossales et qui se prolongeait à perte de vue à travers la vallée. Toutes les tours sont tournées vers l'est ; c'est donc le terrain qui se trouve entre la muraille et la mer qui devait être défendu. Or ce terrain, qui fut battu en tout sens par l'équipage de la *Mésange*, ne présente partout qu'une nature agreste et primitive, où la présence de l'homme

Strabon (1) place avant la guerre de Troie les invasions des Pélasges, des Caucones et des Léléges. Leur passage d'Europe en Asie a dû, en effet, précéder cette époque, car Homère (2) les fait venir au secours des Troyens, non d'outremer, mais d'Asie Mineure.

CHAPITRE VII

COLONIES ET ROYAUMES FONDÉS EN ASIE MINEURE PENDANT LA DOMINATION DES SCYTHES.

Il y a tout lieu de croire que la domination des Scythes en Asie Mineure ne fut jamais un état de choses permanent; car rien, dans les souvenirs de ne se décèle nulle part. Partout le terrain est couvert de rochers qui s'élèvent en pivot, et dans tout cet espace on n'aperçoit pas une seule pierre taillée. Il est donc impossible de définir pour quel usage a été bâtie cette muraille, puisque jamais elle ne put servir d'enceinte à une ville. Les murs ont trois mètres d'épaisseur; la hauteur moyenne des assises est de plus d'un mètre. Les tours sont percées de cinq fenêtres étroites et couronnées par des plates-bandes. Elles sont éloignées les unes des autres d'environ 100 mètres. Dans cet espace, le mur forme entre chaque tour deux ressauts, dans lesquels s'ouvrent des poternes qui prennent la courtine en enfilade. Dans l'espace de 1,000 mètres, j'ai compté dix-sept poternes, qui sont toutes tournées du côté du sud, ce qui prouve qu'il y avait de fréquentes communications entre l'intérieur et l'extérieur de l'enceinte. Dans tout le parcours que j'ai suivi, je n'ai vu qu'une seule grande porte placée dans un angle rentrant du mur. À côté de la porte sont des ouvertures longues et étroites, destinées à donner issue aux eaux.

« Les tours sont massives jusqu'à 4 mètres de hauteur, niveau des fenêtres. La plus grande hauteur actuelle des murailles ne dépasse pas 6 mètres des escaliers en partie conservés conduisaient sur les plates-formes, et enfin de grandes portes donnaient accès dans l'intérieur des tours. Nous n'avions dans l'endroit aucun indigène pour lui demander des renseignements sur le parcours de ce gigantesque ouvrage, qui paraît antérieur aux migrations helléniques. Je ne doute pas néanmoins que ce ne soient les constructions dont parle Strabon. » Voyez aussi l'explication que donne M. Texier des planches 147-149.

(1) Liv. XII, p. 572.
(2) Il., ch. X, vers 429, et ch. XX, vers 96.

cette époque, si l'on excepte quelques établissements fixes sur les côtes de la mer Noire, n'indique qu'ils aient fondé un empire durable dans cette vaste péninsule. Des incursions plus ou moins fréquentes, de grandes *razzias*, à la suite desquelles ils reportaient dans leurs camps le butin qu'ils avaient fait sur les pays envahis par eux, voilà sans doute à quoi se bornait cette suprématie que les historiens leur attribuent. Il est même probable que leurs invasions dans les contrées occidentales devinrent plus rares à mesure que la civilisation y pénétra et que des États plus ou moins bien organisés s'y formèrent.

De bonne heure, cette riche et fertile contrée attira les peuples de l'âge héroïque, avides d'aventures et de richesses, et surtout ceux qui s'étaient établis à l'occident de la mer Égée, aussi la tradition dans la longue énumération des colonies pélasgiques ou helléniques établies en Asie Mineure remonte-t-elle jusqu'au dix-neuvième siècle avant notre ère. Sans accepter comme certaines et à l'abri de toute critique les dates assignées à ces événements par plusieurs érudits, nous croyons devoir les mentionner ici, parce qu'elles prouvent que, dès les temps les plus reculés, des rapports existèrent entre les contrées qui bordent à l'est et à l'ouest le bassin de la mer Égée et de la mer de Chypre.

1845 av. J. C. (1). Fondation de Tarse et d'Antioche par une troupe d'Argiens qu'Inachus envoie à la recherche d'Io, enlevée par des Phéniciens (2).

1780 — Colonie argienne à Sinope, fondée par Apis, surnommé Inachus (3).

(1) Nous avons réduit de quatre-vingt-six ans les dates adoptées par M. Raoul-Rochette dans son *Histoire de l'établissement des colonies grecques*, différence qui existe entre l'année 1270, qu'il assigne à la prise de Troie, et l'année 1148 où Ératosthènes place cet événement.
(2) Ouvr. cit., t. I, p. 141.
(3) Ib., p. 161.

1740 av. J.-C.	Colonie de Macar à Lesbos (1).	
1707 —	Colonie de Leucippe, fils de Macar, à Rhodes (2).	
1659 —	Colonie des Caucons (3) et des Arcadiens (4) en Bythinie et en Lycaonie (5).	
1648 —	Colonie de Xanthos à Lesbos et dans l'Asie Mineure (6).	
1444 —	Colonie de Teucer dans la Troade (7).	
1443 —	Colonie de Dardanos dans la même contrée (8).	
	Colonies en Asie Mineure occasionnées par l'invasion de Deucalion :	
	Près de Cyzique, sur les bords de l'Æsèpe (9) ;	
	à Cymes (10) ;	
	à Larisse, dans la Troade (11) ;	
	à Larisse, près du Tmolus (12) ;	
	à Tralles (13) ;	
	à Smyrne (14) ;	
	a Atramyttion (15) ;	
	à Thébé (16) ;	
	à Antandros (17) ; sur les bords du Rhyndacus (18) ;	

		à Dascylium (1).
1410 (?) av. J.-C.		Colonie d'Arcadiens à Æzani, en Phrygie (2).
1381 —		Colonies argiennes de Persée à Tarse (3).
1329 —		Colonies crétoises à Milet (4), en Lycie (5), en Troade (6), en Ionie (7).
1310 —		Colonie pélasgique et achéenne de Triopas, à Cnide (8).
1290 —		Colonies de Phorbas, fils de Triopas, à Rhodes (9).
1284 —		Émigration des Tyrrhéniens en Italie (10).
1283 —		Établissement des Cariens et des Léléges dans l'Asie Mineure (11).
1276 —		Émigrations de Pélops en Grèce (12).
1268 —		Lycus et Bellérophon en Lycie (13).

Sans doute, toute cette partie de l'histoire pour l'Asie Mineure, comme pour la Grèce, ne peut être considérée que comme purement légendaire ; mais une sage critique a reconnu depuis longtemps que tout n'est pas invention dans ces récits du premier âge, et qu'il est impossible de n'y pas admettre un fond historique (14).

(1) Ouv., cit. p. 181.
(2) Ib., p. 338.
(3) Ib., p. 261.
(4) Ib., p. 264.
(5) Ib., p. 265.
(6) Ib., p. 183.
(7) Ib., p. 266.
(8) Ib. p. 257.
(9) Ib., p. 277.
(10) Ib., p. 280.
(11) Ib., p. 281.
(12) Ib., p. 281.
(13) Ib., p. 282.
(14) Ib., p. 285.
(15) Ib., p. 289.
(16) Ib., p. 290.
(17) Ib., p. 290.
(18) Ib., p. 291.

(1) Ouv. cit. p. 293.
(2) Ib., p. 333.
(3) Ib., t. II, p. 124.
(4) Ib., p. 137.
(5) Ib., p. 140.
(6) Ib., p. 145.
(7) Ib. p. 161.
(8) Ib., t. I, p. 334.
(9) Ib., p. 37.
(10) Ib., p. 352.
(11) Ib., p. 378.
(12) Ib., p. 287 et 345.
(13) Ib., t. II, p. 189.
(14) Voyez le Mémoire de Fréret *sur l'étude des anciennes histoires, et sur le degré de certitude de leurs preuves.* Acad. des inscriptions et belles-lettres, t. VI, p. 143. M. Voyez aussi Petit-Radel, *Examen analytique et tableau comparatif des synchronismes de*

Nous n'entrerons ici dans le détail d'aucune de ces traditions dont le récit trouvera mieux sa place dans l'histoire particulière de chacune des contrées auxquelles elles se rapportent. Bornons-nous à remarquer ici, avec un docte Anglais, « qu'il n'y a guère de travail plus pénible et moins fructueux que celui de peser les arguments à l'aide desquels on cherche à prouver ou à combattre les anciennes traditions historiques, et d'observer les oscillations de la balance à mesure qu'on jette une nouvelle hypothèse sur l'un ou l'autre des deux plateaux. Aucune d'elles, considérée en elle-même, ne paraît suffisamment empreinte du cachet de la vérité pour convaincre un historien scrupuleux, et leur nombre ne peut pas suppléer à leur insuffisance individuelle. Cependant d'autres motifs semblent permettre de croire qu'elles ne sont pas entièrement dépourvues d'une base historique. Aucun renseignement distinct ne nous fût-il parvenu sur certains personnages ou certains événements, nous ne pourrions pas douter qu'à une époque bien antérieure à celle que représentent les poëmes homériques, des migrations n'aient eu lieu de diverses contrées de l'Orient sur les rivages de la Grèce. Pendant la même période, les contrées occidentales de l'Asie ne devaient pas être, nous avons du moins de fortes raisons de le croire, dans un état plus calme et plus réglé (1). »

De grands événements, en effet, s'étaient accomplis dans cette contrée. Dès le quinzième siècle avant notre ère, la Lydie et la Mysie sont soumises à un même roi Manès ou Mæon, qui y établit le culte de Cybèle et d'Atys; puis, peu de temps après, ce royaume se divise en deux États distincts. Vers la même époque, Troie est fondée et devient la capitale d'un royaume qui domine bientôt sur une partie de la Mysie. Les Pélasges occupent toute la côte de l'Ionie, les Cariens et les Léléges le littoral, auquel les premiers donnent leur nom. La Lycie ne reste point étrangère à ce grand mouvement; la royauté s'y organise et s'y défend non sans efforts contre les populations primitives, qu'elle a refoulées dans les montagnes, et contre les Scythes eux-mêmes. Voilà des faits généraux qu'on ne saurait nier et qui justifient l'opinion émise plus haut que, depuis le dix-neuvième siècle jusque vers le milieu du seizième, les Scythes ne purent que ravager temporairement la partie occidentale de l'Asie Mineure.

En fut-il de même des côtes de la mer Noire, et surtout du plateau de la Cappadoce? on ne saurait l'affirmer. Il est même probable que ce dernier pays, riche en pâturages, beaucoup moins peuplé et par conséquent moins bien défendu que les autres, dut être plus longtemps occupé par ces peuples nomades. C'est surtout qu'ils devaient avoir leur siége principal quand ils furent expulsés de l'Asie par Ninus en 1232 (1).

CHAPITRE VIII.

L'ASIE MINEURE SOUS LA DOMINATION DES ROIS D'ASSYRIE.

L'expulsion des Scythes fit passer l'Asie Mineure sous le joug des rois d'Assyrie. En effet, parmi les différentes nations de l'Asie que Ninus soumit alors à son empire, Ctésias, ainsi que nous l'apprend Diodore de Sicile (2), comptait la Pamphylie, la Lycie, la Carie, la Phrygie, la Mysie et la Lydie, auxquelles le conquérant ajouta plus tard la Troade, la Phrygie sur l'Hellespont, les côtes de la Propontide, de la Bithynie, et la Cappadoce. Son fils Agron, qu'il fit roi de Lydie et qui devint le chef d'une dynastie qui remplaça celle des Atyades, resta sans doute paisible possesseur des contrées que la volonté paternelle l'avait appelé à gouverner. Le royaume de Troie fut maintenu, mais sans doute comme tributaire.

Sémiramis, qui succéda à Ninus (3), consolida les conquêtes de ce roi. Sur

---

l'histoire des temps héroïques de la Grèce. Discours préliminaire, et M. Duruy, *Histoire grecque*, p. 13 et suiv.

(1) Thirlwald, *Histoire de la Grèce ancienne*, ch. 3.

(1) M. Clinton (*Fasti Hellenici*, ann. 711, t. I, p. 172) fixe à l'an 1230 ou 1231 le commencement de la domination assyrienne, d'où l'on peut inférer que le savant chronologiste adopte les calculs de Volney.

(2) Liv. II, ch. 2.

(3) Suivant Philon de Byblos (*Fragm. hist. gr.*, t. III, p. 563), elle était contemporaine de la guerre de Troie, où régnait peu

plusieurs points de l'Asie Mineure on retrouvait encore, au temps de Strabon, la trace des grands travaux exécutés par cette reine et qui portaient encore son nom. Ainsi, la ville de Zéla dans le Pont était bâtie sur la *levée de Sémiramis* (1). Il en était de même de Tyane en Cappadoce (2).

Mais les successeurs efféminés de Ninus et de Sémiramis se laissèrent bientôt enlever une à une toutes les provinces à l'ouest de l'Halys, qui devint la limite de leur empire. Les satrapes qu'ils y avaient établis se rendirent indépendants, tout en reconnaissant nominalement leur suzeraineté : les rois de Troie eux-mêmes devaient être dans ce cas ; c'est du moins ce qu'on peut conclure d'un passage de Platon : « Les habitants d'Ilion, dit-il, comptant sur la puissance de l'empire d'Assyrie, fondé par Ninus, avaient par leurs entreprises téméraires attiré la guerre devant Troie ; car ce qui restait de ce grand empire avait encore de quoi se faire respecter ; et les Grecs de ce temps-là le redoutaient, comme plus tard leurs descendants redoutèrent le grand roi ; d'autant plus qu'ils avaient fourni contre eux un sujet d'accusation aux Assyriens, en saccageant pour la seconde fois Troie, qui était une ville de leur domination (3). »

Diodore (4), de son côté, rapporte une tradition d'après laquelle les Assyriens auraient envoyé au secours de Troie, assiégée par les Grecs, un secours de vingt mille hommes et de deux cents chars de guerre, sous la conduite de Memnon, fils de Tithon, gouverneur de la Perse. Ce qui paraît certain, c'est que la Cilicie, la Cappadoce et la Paphlagonie, c'est-à-dire toutes les contrées orientales, restèrent plus longtemps que toutes les autres soumises à l'autorité des rois d'Assyrie. Elles l'étaient encore au huitième siècle.

« Sennachérib, dit Eusèbe sur la foi d'Alexandre Polyhistor (5), ayant appris que les Grecs avaient pénétré en Cilicie pour y faire la guerre, marcha contre eux et leur livra bataille. Après avoir perdu un grand nombre des siens, il défit les ennemis ; et, en souvenir de sa victoire, fit élever son image sur le lieu même, et ordonna qu'on retraçât sur le monument en lettres chaldéennes l'éloge de son courage et de sa valeur, pour que la mémoire en fût transmise aux siècles à venir. Il fonda aussi Tarse, sur le plan de Babylone, et il l'appela Tharsis. » A cette époque, les Assyriens étaient également maîtres de l'île de Cypre, dont les destinées semblent avoir été longtemps inséparables de celles de la Cilicie. C'est ce que prouve la stèle du roi Sargon ou Sar-goun, prédécesseur de Sennachérib, trouvée dans les ruines de l'antique ville de Citium et conservée aujourd'hui au musée de Berlin (1). L'inscription cunéiforme qui l'accompagne ne peut laisser aucun doute à cet égard. Enfin la Paphlagonie était encore une satrapie de l'empire d'Assyrie quand Ninive fut détruite de fond en comble. On en trouve la preuve dans Diodore. Lorsque Sardanapale, assiégé dans son palais, se vit exposé aux plus grands dangers, « il se détermina à envoyer ses fils, au nombre de trois, et ses deux filles, avec une partie de ses trésors, en Paphlagonie, près de Cottas, gouverneur de cette province, et de tous ses sujets le plus affectionné à sa personne (2). »

Il est hors de doute que, dès l'époque de la conquête de Ninus, des rapports durent s'établir entre les Grecs asiatiques et les rois d'Assyrie, et que ces rapports ne furent jamais interrompus, s'il est vrai, comme tout porte à le croire, surtout depuis les découvertes récentes faites à Ninive, s'il est vrai, dis-je, que les arts de l'Asie Mineure se développèrent en grande partie sous l'influence de l'art assyrien (3). Vers la fin du sep-

---

de temps auparavant : ce qui vient encore à l'appui de la date assignée au règne de Ninus.

(1) Strab., liv. XII, p. 539.
(2) Ibid., p. 537.
(3) Platon, *Lois*, liv. III, ch. 22, trad. de M. Cousin.
(4) Liv. II, ch. 22.
(5) *Chronicon bipartitum;* Venetiis 1818,

t. I, p. 43. Voyez aussi le passage d'Abydène cité par Eusèbe.

(1) Il en existe un plâtre au Musée impérial du Louvre. Voyez la description qu'en donne M. de Longpérier (*Notice des antiquités assyriennes du Musée du Louvre*, par M. Ad. de Longpérier, 3ᵉ éd., nᵒ 617, p. 145).
(2) Diodore de Sicile, liv. II, ch. 26.
(3) Voy. M. de Longpérier, ouvr. cité, p. 16.

tième siècle avant notre ère, le frère d'Alcée, Antiménidas, s'était distingué par ses exploits dans l'armée babylonienne et avait rapporté dans sa patrie de glorieuses récompenses de sa valeur : « Tu es venu des extrémités de « de la terre, lui disait le poëte, avec un « glaive à la poignée d'or, pour avoir, « comme auxiliaire, soutenu, dans l'in- « térêt des Babyloniens, un glorieux « combat, et les avoir délivrés d'un « grand danger, en tuant un adversaire « haut de cinq coudées royales moins « une palme (1). »

CHAPITRE IX.

EXPÉDITION DES ARGONAUTES.

CARACTÈRE HISTORIQUE DE CETTE EXPÉDITION —Trente ans environ avant la conquête assyrienne, vers 1264 (2), une entreprise toute nationale mit la Grèce en rapport avec l'Asie Mineure. Malgré les fables qui défigurent cette tradition, on est d'accord aujourd'hui pour y retrouver les traces d'un grand événement historique. Si on la dépouille du merveilleux dont la poésie s'est plu à l'entourer, on y reconnaît le souvenir des entreprises commerciales des Grecs vers la mer Noire; et elle n'offre plus que le caractère d'une expédition maritime qui devait avoir un but très-important. Les Grecs eux-mêmes l'ont envisagée sous ce point de vue.

VÉRITABLE BUT DE L'EXPÉDITION. —Ce fut pour purger les mers des pirates qui rendaient le commerce impraticable, que, suivant l'historien grec Clidème (3), fut entreprise l'expédition des Argonautes. Peu de temps temps auparavant la mer Égée était infestée par des forbans de toute race, Phéniciens, Cariens, Athéniens surtout. Minos les poursuivit avec vigueur, les chassa de toutes les îles où ils s'étaient établis, battit les Athéniens, et leur imposa un tribut dont ils ne furent délivrés que par Thésée. Puis, il fit des lois maritimes que les Grecs adoptèrent, et dont la principale disposition défendait de mettre en mer aucune embarcation montée de plus de cinq hommes. Probablement cette loi fut peu respectée, car il fut permis à Jason de faire un armement plus considérable pour courir les mers et les délivrer des corsaires, et un autre historien, Charax (1), atteste que la flotte de Jason se composait d'un grand nombre de vaisseaux.

Les Argonautes se chargèrent de faire, pour les mers du nord de la Grèce et pour le Pont-Euxin, ce que Minos avait déjà fait pour la mer Égée et les Cyclades; mais, comme dans toutes ces entreprises de l'âge héroïque, ceux qui devaient chasser les pirates se firent pirates eux-mêmes, et les Argonautes, oubliant leur mission, allèrent ravir les trésors du roi de la Colchide. On sait quelle était et quelle est encore la richesse métallique de ces contrées : « On prétend, dit Strabon (2), que dans le territoire des Soanes (3) les torrents charrient de l'or (4), et que ces barbares les recueillent par le moyen d'une certaine espèce de claies ou avec des toisons (5) : c'est le fondement du mythe de la Toison d'or (6). »

DOUBLE VOYAGE DE JASON. — « Il paraît que Jason fit deux voyages. Le premier ne fut sans doute entrepris que dans l'intention de reconnaître les lieux et ne produisit pas de grands établissements; mais la renommée lui attira, à son retour, de nombreux com-

---

(1) Voyez les *Poetæ lyrici-græci*, publiés par Bergk ; p. 713, 2ᵉ éd·

(2) Les historiens varient sur la date de cette expédition selon l'année à laquelle ils fixent la prise de Troie. L'opinion la plus généralement admise, c'est qu'elle précéda cet événement de quatre-vingts ans environ. C'est celle que nous avons suivie.

(3) Plutarque, *Vie de Thésée*, ch. 19.

(1) Cité par Eustathe, dans son *Commentaire sur Denys le Périégète*, vers 688, et par les autres scoliastes de cet auteur.

(2) Liv. XI, p. 499.

(3) Peuples de la Colchide, voisins de Dioscurias.

(4) Voyez Denys le Périégète, v. 649; Appien, *Guerre de Mithridate*, § 101.

(5) Voyez Réaumur, *Acad. des inscript. et belles-lettres*, vol. XLVI, p. 480, 481.

(6) Voyez encore Pline, *H. N.*, liv. XXIII, ch. 3; Arrien, *Périple du P. E.*, p. 6, et Stuck., *Comment.*, p. 28; Eustathe, *sur Denys le Périégète*, vers 688. Sur l'origine de la fable de la Toison d'or, consultez Méziriac, *Commentaire sur les Héroïdes d'Ovide*, t. II, p. 35 et suiv.

pagnons. Cette inquiète curiosité, qui était comme un des traits caractéristiques du génie national des Grecs, semble plus particulièrement distinguer l'époque dont nous parlons. Jason se vit bientôt à la tête de forces considérables avec lesquelles il retourna dans la Colchide. C'était l'opinion de Tacite (1) et de Trogue Pompée (2); et il est fâcheux que l'abréviateur de ce dernier ne nous ait transmis que peu de détails sur cette seconde expédition. Cependant le peu qu'il en donne suffit pour nous faire entrevoir et le but qu'elle s'était proposée et le succès qui la couronna. *Il assigna*, dit Justin, *aux peuples qu'il avait amenés une grande partie des terres qu'il conquit.* Ainsi Jason forma des colonies, non-seulement sur les rivages et dans les îles des mers qu'il parcourut, mais encore dans l'intérieur des terres, afin de protéger les différentes routes du commerce que cette expédition avait pour objet d'établir entre les Grecs et les Barbares (3). »

LES ARGONAUTES EN ASIE MINEURE. — Il ne peut entrer dans le plan de cet ouvrage de suivre minutieusement les Argonautes dans leur expédition; nous n'insisterons que sur les épisodes de ce voyage, qui les mirent en rapport avec l'Asie Mineure.

Jason, suivant la tradition, emmenait avec lui cinquante chefs dont les plus illustres étaient Thésée, Pirithoüs, Castor et Pollux, Méléagre, Pélée, le poëte Orphée et le médecin Esculape.

Partis d'Iolcos, ville maritime de la Thessalie, les Argonautes doublèrent le mont Athos et dépassèrent l'île de Samothrace (4). Ils abordèrent ensuite à Lemnos, alors dépeuplée d'hommes (5), et qu'ils repeuplèrent sans doute, car plus tard Strabon (6) assurait que la postérité de Jason était établie à Lemnos (7). Surpris ensuite par une tempête, ils furent jetés sur le cap Sigée, en Troade, et forcés de débarquer. Là, Hercule, auquel le roi Laomédon promet de donner pour prix du service qu'il réclame de lui des juments qui n'avaient jamais été vaincues à la course, délivre la Troade d'un monstre marin qui la désolait; puis il se rembarque avec ses compagnons (1).

Ils abordèrent ensuite dans le pays des Doliens, où régnait Cyzicos, qui les reçut avec bienveillance. Partis de nuit, ils furent, sans s'en apercevoir, ramenés dans ces lieux par les vents contraires. Les Doliens, croyant que c'étaient les Pélasges, leurs ennemis habituels, qui venaient les attaquer, allèrent à leur rencontre, et ils se livrèrent combat sans se reconnaître. Les Argonautes en tuèrent un grand nombre, entre autres Cyzicos, et ne reconnurent leur erreur que quand le jour fut venu. Affligés de cet événement, ils coupèrent leurs cheveux et firent à Cyzicos des funérailles magnifiques (2). On est autorisé à croire qu'ils formèrent sur le territoire de Cyzique quelque établissement, car l'historien Néanthès (3) parle de monuments qui y avaient été fondés par eux.

Du territoire de Cyzique ils allèrent aborder en Mysie au fond du golfe Cianique, où ils fondèrent la ville de Cios sur un fleuve du même nom. Là, suivant la fable Hylas, fils de Thiodamas et le bien-aimé d'Hercule, ayant été puiser de l'eau, fut ravi par les nymphes du mont Arganthonius. Polyphème, l'ayant entendu appeler à son secours, tire son épée et court sur ses pas, le croyant emmené par des brigands; il rencontre Hercule, lui fait part de l'événement; et, tandis qu'ils cherchent tous deux Hylas, le vaisseau part. Polyphème, resté dans ces lieux, fonda la ville de Cios, dont il fut roi, et Hercule s'en retourna à Argos (4).

(1) *Annal.*, liv. VI, ch. 34.
(2) Justin, *Epitom.*, liv. III, ch. 3.
(3) Raoul Rochette, *ouvr. cité*, t. II, p. 199 et suiv.
(4) Diod. de Sic., liv. IV, ch. 42.
(5) Apollodore, *Bibl.*, liv. I, ch. 9, § 17.
(6) Liv. I, p. 45.
(7) Voyez encore les autres preuves données par M. Raoul Rochette, *ouvr. cité*, t. II, p. 201.

(1) Diod. de Sic., l. c.
(2) Apollodore, *Bibl.*, l. c., § 18.
(3) Cité par Strabon, liv. I, p. 45.
(4) Apollodore, l. c., § 19. Strabon prétend que ce fut Cios, qui, au retour de la Colchide, bâtit la ville à laquelle il donna son nom. C'est aussi l'opinion d'Eustathe mais la tradition adoptée par Apollodore, et confirmée par Antoninus Libéralis, ainsi

C'est aussi aux Argonautes que paraît devoir être attribuée la fondation de la ville de Pythiopolis, qui prétendait avoir été bâtie par Thésée, pendant son séjour en Bithynie, sans doute après que la flotte eut quitté Cios, tradition rapportée fort au long par Plutarque sur la foi de Ménécrate, qui s'était particulièrement occupé de l'histoire de Nicée (1).

De là ils abordèrent dans le pays des Bébryces (la Bithynie), où Pollux tua le roi Amycus, qui l'avait défié au combat du ceste (2). Puis la tempête les jeta sur les côtes de la Thrace, à Salmydessos, où ils délivrèrent Phinée de la persécution des Harpyes. En récompense, il leur enseigna le moyen de traverser sûrement les roches Symplégades (3), et ils continuèrent leur route en côtoyant le rivage méridional du Pont-Euxin.

Tout le long de ces côtes on retrouve des traces de leur passage. Une ville située aux environs d'Héraclée portait le nom des Tyndarides, auxquels Arrien en attribue l'origine (4). Les villes de Tion, de Sésamos, attribuaient aussi leur fondation à ces héroïques aventuriers (5). Sinope elle-même, qui depuis dut tant d'éclat à ses rapports avec Milet, comptait parmi ses fondateurs les trois Argonautes Autolycus, Phlogius et Déiléon.

Nous ne suivrons pas les hardis navigateurs jusque sur les côtes de la Colchide, ni dans leur fabuleux retour. Nous avons voulu seulement constater que cette grande entreprise avait établi des liens entre les Grecs et une partie du littoral de l'Asie Mineure; ce qu'ils racontèrent de ce pays privilégié, à leur retour, dut rendre bien plus facile l'expédition que la Grèce entreprit contre la ville de Troie.

que par Nymphodore et par Charis, cités par le scoliaste d'Apollonius de Rhodes (sur le liv. IV, vers 470), parait, avec raison, à M. Raoul Rochette mériter la préférence.

(1) Raoul Rochette, *ouvr. cité*, t. II, p. 203. Voyez sur cette ville, qui porta aussi le nom d'Ἑρμοῦ οἰκία, le chapitre qui sera consacré à l'histoire des villes de la Mysie.

(2) Apollodore, l. c., § 20.

(3) Id., ib., § 21 et suiv.

(4) *Périple du Pont-Euxin*, p. 14, éd. Stuck.

(5) Raoul Rochette, *ouvr. cité*, t. II, p. 204 et suiv.

CHAPITRE X.

GUERRE DE TROIE (1).

De toutes les guerres que la Grèce eut à soutenir, celle qui a laissé les plus grands souvenirs, est sans aucun doute la guerre de Troie. Malgré les différences que présentent les diverses traditions relatives à cet événement, bien que la poésie en ait dénaturé les incidents par des détails merveilleux, il offre une

(1) Les sources anciennes pour la guerre de Troie étaient nombreuses. Indépendamment des documents qu'on pouvait et qu'on peut encore puiser dans Homère, Hérodote, Thucydide, Diodore de Sicile, etc., il existait un grand nombre d'ouvrages spéciaux dont malheureusement nous ne possédons plus que des fragments qui ont été recueillis dans la collection des Historiens grecs publiée par MM. Didot. En voici les titres :

Τρωϊκά de Denys de Milet, *Hist. gr. fr.*, t. II, p. 5, 6 *b*; d'Hellanicus, t. I, p. 61, 126.

de Palæphate, t. II, p. 338 *b*.

d'Idoménée de Lampsaque, t. II, p. 484, 18.

d'Hégésianax ou Céphalion, t. III, p. 69,1.

de Métrodore de Chios, t. III, p. 205, 14.

d'Abas, t. IV, p. 277, 2.

de Démétrios d'Ilion, t. IV, p. 381.

de Théodore d'Ilion, t. IV, p. 513.

Ἰλίου Περιήγησις de Polémon, t. III, p. 124, 31.

Γενεαλογία τῶν ἐπὶ Ἴλιον στρατευσάντων Ἑλλήνων καὶ βαρβάρων de Damastes de Sigée, t. II, p. 64.

Νεῶν κατάλογος du même, t. II, p. 64; et d'Apollodore, t. I, p. 453, 151.

Τρωϊκὸς διάκοσμος d'Apollodore, t. I, p. 459, 176.

Περὶ τῆς ἐν Ἰλίῳ θυσίας de Dicéarque. t. II, p. 241, 19.

Δαρδανικά, poème épique d'Hégémon d'Alexandria Troas, t. IV, p. 412.

On peut encore consulter les mémoires suivants : *Examen du sentiment ordinaire sur la durée du siége de Troie*, par l'abbé Bannier, *Acad. des inscript. et belles-lettres*, t. V, p. 53; *Sur la durée du siége de Troie*, par le même, t. VI, p. 425; *Sur l'époque de la prise de Troie*, par Fréret, *ib.*, t. XIV. p. 401, M; *Différence des traditions sur Hélène et sur la guerre de Troie*, par Burigny, *ib.*, t. XXIX, p. 45 H.

physionomie trop historique, pour qu'il soit permis de le ranger au nombre des fables créées uniquement par la brillante imagination des Grecs.

HISTOIRE DU ROYAUME DE TROIE. — A l'époque où les Grecs vinrent l'attaquer, le royaume de Troie avait déjà plus de trois cents ans d'existence. Il devait sa fondation à Teucer, qui, vers 1500, vint de Crète ou de Phrygie s'y établir ; et c'est de lui que les habitants prirent le nom de Teucriens (*Teucri*). Son successeur fut Dardanus. Venu de la Samothrace, vers 1480, il épousa la fille et l'héritière de Teucer, et devint ainsi le chef d'une seconde dynastie. Il avait apporté avec lui le Palladium, à la conservation duquel étaient attachées les destinées de l'État. Dardanus étendit les limites du royaume ; et c'est de lui que les habitants tirèrent le nom de Dardaniens (*Dardani*), sous lequel ils sont fréquemment désignés par les poëtes. Il laissa la couronne (1445) à son fils Érichthonios, qui, durant un long règne, maintint la paix et se procura des richesses considérables par l'exploitation des mines.

Le fils d'Erichthonios, Tros (1370), dont le nom fut aussi donné à ses sujets, qui s'appelèrent Troyens (*Troes*, *Trojani*), bâtit la capitale, Troie, et par là prépara la chute de cette ville et celle de l'empire. Il avait invité tous les princes voisins aux fêtes par lesquelles on devait célébrer la consécration de la nouvelle cité : Tantale, roi de Sipyle, en Méonie (Lydie), fut seul excepté. Il s'en vengea en enlevant le fils de Tros, le beau Ganymède (1).

La guerre à laquelle cet événement donna lieu, et dans laquelle périt Tros, fut terminée (1320) par son fils Ilos. Celui-ci déploya tant d'énergie, qu'il s'empara de Sipyle, et força son ennemi, ainsi que Pélops, fils de ce dernier, à s'enfuir en Grèce, où la race des Pélopides, grâces aux richesses que son auteur avait emportées d'Asie (2), devint bientôt puissante et conserva le souvenir de cet outrage. Ilos donna à la ville le nom d'Ilion. Son fils Laomédon (1270) bâtit la citadelle de Troie, Pergame, avec le secours d'Apollon et de Neptune (sans doute avec les trésors de leurs temples), et refusa à ces deux divinités le salaire convenu. Ici la fable reprend ses droits : Neptune pour se venger inonda le pays, et un monstre marin dévora hommes et troupeaux. Un oracle déclara que le fléau ne cesserait que lorsque le roi aurait exposé sa fille Hésione enchaînée à un rocher pour servir de proie au monstre. C'est là que la trouva Hercule lorsqu'il passa sur les côtes de l'Asie avec les Argonautes. Il tue le monstre et la délivre (1).

Laomédon, pour prix de cette victoire, s'était engagé à lui donner des juments, qu'il refusa ensuite de lui livrer. Hercule, alors associé à l'expédition de Jason, n'avait pu obtenir immédiatement une juste satisfaction de cette insulte ; mais à son retour en Grèce, après la perte d'Hylas, il saisit un moment favorable et mit en mer, dans le dessein d'aller attaquer Ilion, une flotte composée, suivant quelques écrivains, de dix-huit vaisseaux.

Ayant débarqué dans la Troade, il se mit à la tête de ses plus braves guerriers, et marcha avec eux sur la ville, laissant le commandement de ses vaisseaux à Oïclès, fils d'Amphiaraos. Laomédon, surpris par l'apparition imprévue de l'ennemi, et pressé par le temps, ne put songer à lever une armée régulière ; mais rassemblant à la hâte ce qu'il put de troupes, il se mit à leur tête et se porta sur les vaisseaux d'Hercule, espérant, s'il parvenait à les incendier, finir promptement la guerre. Oïclès, ayant sous ses ordres les Grecs chargés de la défense de la flotte, marcha au-devant de Laomédon, et fut tué dès le premier choc. Le reste de ses soldats, repoussé jusque sur les vaisseaux, y arriva cependant assez à temps pour mettre à la voile et s'éloigner de

---

(1) Suivant Homère, Ganymède fut enlevé par Jupiter.

(2) « Ceux qui connaissent par tradition la partie la plus claire de l'histoire des Péloponnésiens, rapportent que Pélops, le premier, ayant acquis de l'autorité par les richesses qu'il avait emportées d'Asie, sur des hommes sans ressources, donna, quoique étranger, son nom au pays. » Thuc., liv. I, ch. 9.

(1) Voyez plus haut, ch. XI.

terre. Après ce succès, Laomédon retourna vers la ville, et en vint aux mains avec Hercule; mais il périt dans cet engagement avec quatre de ses fils et la plus grande partie de ses troupes. Hercule, victorieux, prit la ville d'assaut et donna la souveraineté d'Ilion à Podarcès, l'un des fils de Laomédon, dont il avait eu à se louer (1), et dont les Troyens payèrent la rançon ; ce qui, suivant les Grecs, grands amateurs d'étymologies, lui fit donner le nom de Priam (2).

Priam (1224) releva Troie, l'embellit et la fortifia au moyen d'une enceinte de murs solides. Il trouva, pour achever ces travaux, des ressources dans les mines d'or découvertes près d'Abydos (3). Devenu puissant et maître d'un royaume qui s'étendait depuis Abydos jusqu'à l'Hermus (4), comptant des rois parmi ses tributaires (5), il se crut assez fort pour se venger des Grecs. Il équipe donc une flotte et en donne le commandement à son fils Alexandros ou Pâris, avec ordre d'aller en Grèce et d'en ramener Hésione, qu'Hercule avait emmenée et mariée à Télamon. Pâris, au lieu de se conformer aux instructions de son père, enlève par forme de représailles Hélène, femme de Ménélas, roi de Sparte : par là il réveille la haine des Pélopides, et donne lieu à la guerre de dix ans qui devait amener la chute de Troie.

CAUSES DE LA GUERRE DE TROIE. — Un motif plus important encore, un motif plus national que la haine de deux familles, paraît avoir porté les Grecs à cette grande entreprise. L'expédition des Argonautes leur avait révélé toute l'importance du commerce de la mer Noire, et ils ne pouvaient s'assurer de ce commerce, dont les Troyens étaient maîtres, qu'en détruisant l'empire de ces derniers. Troie était d'ailleurs le plus puissant rempart des Pélasges sur les côtes de l'Asie : la renverser, c'était porter le dernier coup à cette vieille race à laquelle les Hellènes disputaient depuis deux siècles l'orient de l'Europe, où ils l'avaient trouvée établie; de là ce choc de la Grèce, pauvre et encore barbare, contre l'Asie riche et déjà civilisée.

LÉGENDE DE LA GUERRE DE TROIE. — A défaut d'une histoire exacte, pour laquelle les données nous manquent, contentons-nous ici de résumer la légende de cette lutte.

A la nouvelle de l'outrage fait à l'un des Atrides, toute la Grèce, de la Crète à la Macédoine, s'était émue et avait pris les armes, sous la conduite de ses rois. Si quelque prince se refuse à entrer dans la confédération, il est bientôt entraîné par l'éloquence persuasive du vieux Nestor, roi de Pylos, et par les discours insidieux d'Ulysse, roi d'Ithaque. Ils choisissent pour chef Agamemnon, roi de Mycènes, de Corinthe et de Sicyone. Sous les ordres de ce roi des rois se rangent : son frère Ménélas, roi de Sparte ; Achille et son ami Patrocle, à la tête des Myrmidons Thessaliens; les deux Ajax, l'un roi des Locriens, l'autre de Salamine; Diomède, roi d'Argos; Idoménée, de Crète; Philoctète, l'héritier des flèches d'Hercule, et une foule d'autres héros. Après de longs préparatifs, l'armée, forte d'environ cent mille hommes, se rassemble au port d'Aulis, et près de douze cents voiles la transportent sur les rives de la Troade. Troie, protégée par des remparts et par des tours, était défendue par une armée que commandait Hector, le plus vaillant des fils de Priam, et à laquelle s'étaient joints un grand nombre de princes alliés ou tributaires. Assemblée sur le rivage, elle marche au-devant des Grecs, qui la repoussent.

Ce premier avantage ne fut pas décisif, et Thucydide (1) nous en explique la cause : « Après leur arrivée, dit ce judicieux historien, les Grecs gagnèrent une bataille ; le fait est évident, car autrement ils n'auraient pu se construire un camp fortifié de murailles. Cependant on voit que dans cette affaire même ils n'employèrent pas toutes leurs forces, mais que, manquant de vivres, ils se mi-

---

(1) Diod. de Sic., liv. IV, ch. 321.
(2) De πρίαμαι, j'achète. Voyez Apollodore, Bibl., liv. II, ch. 6, § 4, et surtout le Cratyle de Platon.
(3) Strabon, liv. XIV, p. 680.
(4) Id., liv. XIII, p. 586.
(5) Id. ib., p. 574.

(1) Liv. I, ch. 11. Nous reproduisons en partie la traduction de M. A. F. Didot.

rent à cultiver la Chersonèse et piller les villes voisines. Il en résulte que, si les Troyens résistèrent avec tant d'énergie pendant dix ans aux Grecs, dont les forces étaient disséminées, ils n'avaient toujours à combattre que ceux qui restaient dans le camp. Si les Grecs fussent venus abondamment pourvus de vivres; si, tous réunis, ils eussent fait la guerre continuellement sans se livrer au brigandage et à l'agriculture, supérieurs dans les combats, ils auraient aisément pris la ville, puisque même dispersés, ils tenaient bon cependant avec la portion des troupes qui se trouvait présente. S'ils eussent fait avec suite le siége de Troie, ils l'auraient prise en moins de temps et avec moins de peine. »

Les rivalités, les querelles qui s'élevèrent bientôt entre les chefs des Hellènes durent aussi contribuer à retarder le succès. Mais la mort de Patrocle, qui, en combattant revêtu des armes d'Achille, tomba sous les coups d'Hector, fait oublier au fils de Pelée son long ressentiment contre Agamemnon. Couvert d'une nouvelle armure, il reparaît dans les combats. De nombreux Troyens, Hector lui-même, périssent frappés par sa lance. Troie, privée de son plus ferme défenseur, résiste encore, secourue par la reine des Amazones, Penthésilée, et par l'Assyrien Memnon (1). Achille, à son tour, tombe percé d'une flèche que lui lance Pâris.

Enfin, après dix ans d'une opiniâtre résistance, les Grecs s'emparent de Troie par la ruse (2). Ses murs, ses palais, ses temples, sont renversés de fond en comble. Priam est égorgé au pied des autels, et ses fils expirent autour de lui. Hécube et ses filles sont emmenées en captivité. Polyxène est immolée sur le tombeau d'Achille; Andromaque, la veuve d'Hector, est donnée à Pyrrhus; Cassandre à Agamemnon. Énée et Anténor échappent seuls au fer du vainqueur et à l'esclavage. Énée va chercher un asile sur les bords du Tibre; Anténor, avec des Hénètes de la Paphlagonie, dans la haute Italie; Hélénus, en Macédoine; et la Troade, occupée en grande partie par des Phrygiens, reçoit bientôt le nom de Petite Phrygie.

CHAPITRE X.

L'ASIE MINEURE A L'ÉPOQUE DE LA GUERRE DE TROIE (1).

A l'époque de la guerre de Troie, les Grecs n'avaient encore qu'une notion fort imparfaite du pays qui reçut plus tard le nom d'Asie Mineure et qui, pour eux, se bornait au littoral de cette contrée. On n'en sera pas surpris si l'on se rappelle que l'intérieur de la péninsule est occupé par un plateau central, d'un accès difficile, et qui pendant longtemps dut n'être habité que par des peuples nomades voisins de l'état sauvage.

Homère est le seul flambeau qui jette quelques lueurs sur les ténèbres de cette époque; mais Homère chantait la guerre de Troie, sujet déjà assez vaste par lui-même, et il était trop grand poëte pour prendre de l'Asie Mineure autre chose que ce qui rentrait naturellement dans le cadre de sa brillante époque. Aucun poëte ne décrit les lieux avec plus d'exactitude; et sous ce rapport les géographes sont en droit de regretter qu'il n'ait pas laissé une description plus complète et plus détaillée de cette contrée; mais il ne faut pas oublier qu'Homère n'est ni un géographe, ni un historien : c'est un sublime artiste qui, à trois siècles de distance, chante un événement national et nous fait voir de près le théâtre où cet événement s'est passé; son

(1) Voy. plus haut, p. 32.
(2) Virgile, Énéide, ch. II.

(1) Voyez sur la géographie homérique : Aug. Guil. Schlegel, *de Geographia homerica*; Hannover, 1787, in-8°; Schœnnemann, *Commentatio de Geogr. hom.*; Gottingæ, 1787, in-4°; H. Schlichthorst, *de Geographia homerica*; ibid., 1788, in-4°; Ukert, *Ueber Homer's Geographie*; Weimar, 1825, gr. in-8°; W. Voelcker, *Uber Homerische Geogr. und Weltkunde*; Brzoska, *de Geographia mythica*, specim I; Lipsiæ, 1831, in-8°; Hanriot, *Geographia Græcorum antiquissima qualis ab Homero, Hesiodo, Æschylo tradita, ab Hecatæo digesta et concinnata fuerit*; Napoleonopoli Pictavorum, 1853, in-8°, p. 7-25; et surtout M. Vivien de Saint-Martin, *ouvr. cité*, t. II, p. 242-258. C'est ce savant résumé que nous avons eu plus particulièrement sous les yeux.

principal but est de dépeindre des héros et d'immortaliser toute une époque. De là ces détails pittoresques et ces renseignements précis qui abondent sur la Troade ou sur les lieux qui l'environnent et qui deviennent d'autant plus rares et d'autant plus obscurs, que le poëte s'éloigne davantage de son point de départ.

La limite orientale des contrées de l'Asie Mineure dont Homère fait mention est au nord l'Halys et au sud le Xanthus.

Dans le voisinage de la Troade, Homère mentionne les *Ciliciens*, au fond du golfe qui prit plus tard le nom de golfe Adramytique, au nord du Caïque. Au dire de quelques auteurs (1), les Ciliciens de la Troade, obligés de s'expatrier par suite de la chute de Troie, allèrent s'établir à l'autre extrémité de l'Asie Mineure, où ils s'emparèrent sur les Syriens de cette étendue de pays qu'on nomma depuis, d'après eux, la Cilicie : ils ne firent sans doute, comme nous en avons déjà émis l'opinion (2), que retourner dans leur mère patrie. Suivant Homère, à l'arrivée des Grecs, ils obéissaient à deux chefs, Mynès et Aétion, résidant le premier à Lyrnessos (3) et le second à Thébé au pied de la montagne boisée de Placos : ce qui lui avait fait donner le surnom d'Hypoplacie (4). Toutes deux furent ravagées par Achille. Le poëte cite encore, parmi les villes de la Cilicie troyenne, Chrysé, qui avait un port au fond d'un golfe, et Cilla à quelque distance dans les terres. Strabon (5) regarde, comme appartenant aux Ciliciens de la Troade, les Cétéiens, dont le chef Eurypyle fut tué par Néoptolème (6), et les place aux environs du Caïque.

Les *Léléges* étaient, au temps d'Homère, voisins des Ciliciens de la Troade; ils occupaient la côte septentrionale du golfe Adramytique. Leur ville était Pédasos, non loin du Satnioéis, une des rivières qui sortent de l'Ida (7). Pédasos avait été ruinée par Achille, lors de son expédition contre Thébé et Lyrnessos.

L'ancienne ville de Dardanos, à l'entrée de l'Hellespont, était encore, ou du moins avait été, la capitale des Dardaniens au sein desquels était née la dynastie régnante à Troie, et qui, bien que mêlés aux Troyens et souvent confondus avec eux, n'avaient cependant pas cessé de faire un peuple à part (1).

A partir du territoire des Dardaniens, le pays qui s'étend le long de l'Hellespont jusqu'à la Propontide, formait un petit État dont Arisbé semble avoir été la capitale. Arisbé, ville d'origine pélasgique, située sur les bords du Selléis, était la résidence du roi Asios, qui commandait un des corps alliés de Priam et qui régnait encore sur quatre villes hellespontiques, Percote, Praction, Sestos et Abydos (2).

A la suite du territoire du roi d'Arisbé, plus à l'est, sur les rives de la Propontide, et vers les bords du Granique, venait l'Adrestée, petit royaume qui renfermait, outre la ville du même nom, celles d'Apæsos et de Pityéa; Homère place dans l'Adrestée le mont Térée (3). A l'orient de l'Adrestée, dans l'intérieur du pays, était le territoire de Zéléia, que traversait le fleuve Æsépos sorti de la chaîne de l'Ida. Les Zéléiens figuraient parmi les auxiliaires de Troie sous le commandement de Pandaros, fils de Lycaon (4). Homère les appelle Troyens, et dans plusieurs passages il donne à leur territoire le nom de Lycie (5).

Les différents peuples que nous venons de mentionner paraissent avoir été sous la dépendance des derniers rois d'Ilion, « dont la puissance, dit Homère, s'étendait depuis Lesbos, demeure de Macar, jusqu'à la Phrygie et au vaste Hellespont (6). »

Laomédon, un des prédécesseurs de Priam, avait, suivant la tradition, porté

---

(1) Cités par Strabon, liv. XIII, p. 627.
(2) Ch. VI.
(3) *Iliade*, II, 690; IX, 296.
(4) Ib., I, 366; VI, 396, 416; XXII, 479.
(5) Strab., liv. XIII, 615.
(6) *Odyssée*, XI, p. 521.
(7) *Il.*, XXI, 86; VI. 35; XX, 92.

(1) *Il.*, II, 819-823; cf. VII, 348, 368; VIII, 173, 414, etc.
(2) *Il.*, II, 835-839; VI, 13; XII, 97.
(3) *Il.*, II, 828-834
(4) *Il.*, II, 824-827.
(5) *Il.*, II, 826.
(6) *Il.*, II, 105-173.

les armes troyennes au delà de l'Hellespont, en Europe, sur les côtes de la Thrace. Aussi, le poëte range-t-il au nombre des auxiliaires de Troie les Thraces (1), les Cicones (2) et les Péoniens (3).

Les *Mysiens*, qui habitaient sur les bords de la Propontide, vers l'embouchure du Rhyndacus, sont seulement désignés par Homère (4), qui connaissait aussi les Mysiens de la Thrace (5). Parmi les auxiliaires de Priam, le poëte nomme également les Caucones, peuple d'origine pélasgique qui, d'après Strabon, avait sa demeure sur les bords du Pont-Euxin, à l'orient des Mariandyniens (6).

Entre les *Caucones* et les *Mysiens* viennent se placer les *Phrygiens* de l'Iliade, « habitants de la fertile Ascanie, vers les bords du Sangarios (7). » Ce peuple, qui devait plus tard jouer un rôle si important dans l'histoire de l'Asie Mineure, était déjà puissant à l'époque de la guerre de Troie, puisque Priam dut les seconder, comme allié, dans leur lutte contre les Amazones.

Sur la côte du Pont-Euxin, Homère mentionne encore les *Paphlagons*. « Pylémène, au cœur intrépide, commande les Paphlagons, venus du pays des *Énètes*, où naissent les mules sauvages (8); il guide aussi les hommes de *Cytoros*, et ceux qui habitent *Sésame*, et les guerriers qui possèdent les riches demeures aux rives du *Parthénios*; dans *Cromna*, dans *Ægialos*, et sur les hauteurs d'*Érythines*. »

Les *Énètes* habitaient, non loin du Parthénios, le pays qui plus tard reçut le nom de Paphlagonie, après sans doute que les Paphlagons eurent soumis ou absorbé les Énètes, qui, d'après toutes les apparences, occupaient le pays avant eux. Enfin, après les Paphlagons, il cite les *Halizons*. Quoique Homère n'ait pas fait spécialement mention du fleuve Halys, il nous paraît évident qu'il entend ici désigner un des peuples qui habitaient des régions voisines de ce fleuve. Cela est d'autant plus probable, que dans les géographes postérieurs il est question d'un peuple, les Chalybes, dont le nom est identique (1), et qui occupait sur les rives du Pont-Euxin le pays à l'est de l'Halys. Homère ayant désigné leur pays comme une région lointaine où naît l'argent, un savant (2) s'est appuyé sur des ressemblances étymologiques pour voir dans les Halizons du poëte une peuplade sortie de la vallée d'Alazan, située au sein du Caucase (3) et traversée par un fleuve que Strabon désigne sous le nom d'Alazonios; mais, suivant nous, le passage de l'Iliade n'a pas besoin de ce secours pour être compréhensible. À une époque bien postérieure à la guerre de Troie, les Grecs prenaient le fleuve Halys pour la limite naturelle de l'Asie Mineure, et en tout temps la région nord-est de la péninsule en deçà de l'Halys a été renommée pour ses richesses minérales. Quoi d'étonnant après cela, si le poëte appelle le pays des Halizons une région lointaine où naît l'argent (4). Il est douteux que des auxiliaires soient venus de plus loin pour soutenir la cause d'Ilion contre les Grecs.

Homère, ainsi que le fait remarquer Strabon, nomme deux fois les *Amazones*, mais sans déterminer le lieu de leur demeure; il est peu probable cependant qu'il ignorât la tradition qui leur assignait pour siége principal la vallée du Thermodon (5).

Tels sont, en remontant vers le nord, du golfe Adramytique jusqu'au delà de l'Halys, les peuples dont le nom figure dans l'Iliade.

Au sud, en descendant la côte occidentale depuis la Troade jusqu'à la Lycie, le poëme homérique nous montre cette partie du littoral divisée entre trois peuples principaux : les Méoniens, les Cariens et les Lyciens.

Les *Méones* ou Méoniens, d'origine thracique, occupaient, au midi des Cé-

---

(1) *Il.*, II, 844.
(2) *Il.*, II, 846. *Od.* IX, 39 et suiv. et 165.
(3) *Il.*, II, 848 et suiv.; XVI, 287.
(4) *Il.*, II, 858; X, 430.
(5) *Il.*, XIII, 5.
(6) Voyez plus haut, ch. VI.
(7) *Il.*, III, 184 et suiv.
(8) *Il.*, II, 851 et suiv.

(1) Voyez plus haut, ch. VI.
(2) M. Dubois de Montpéreux, *Voyage autour du Caucase*, t. IV, p. 140.
(3) Liv. XI, p. 500.
(4) *Il.*, II, 856.
(5) Voy. plus haut, ch. IV.

ASIE MINEURE

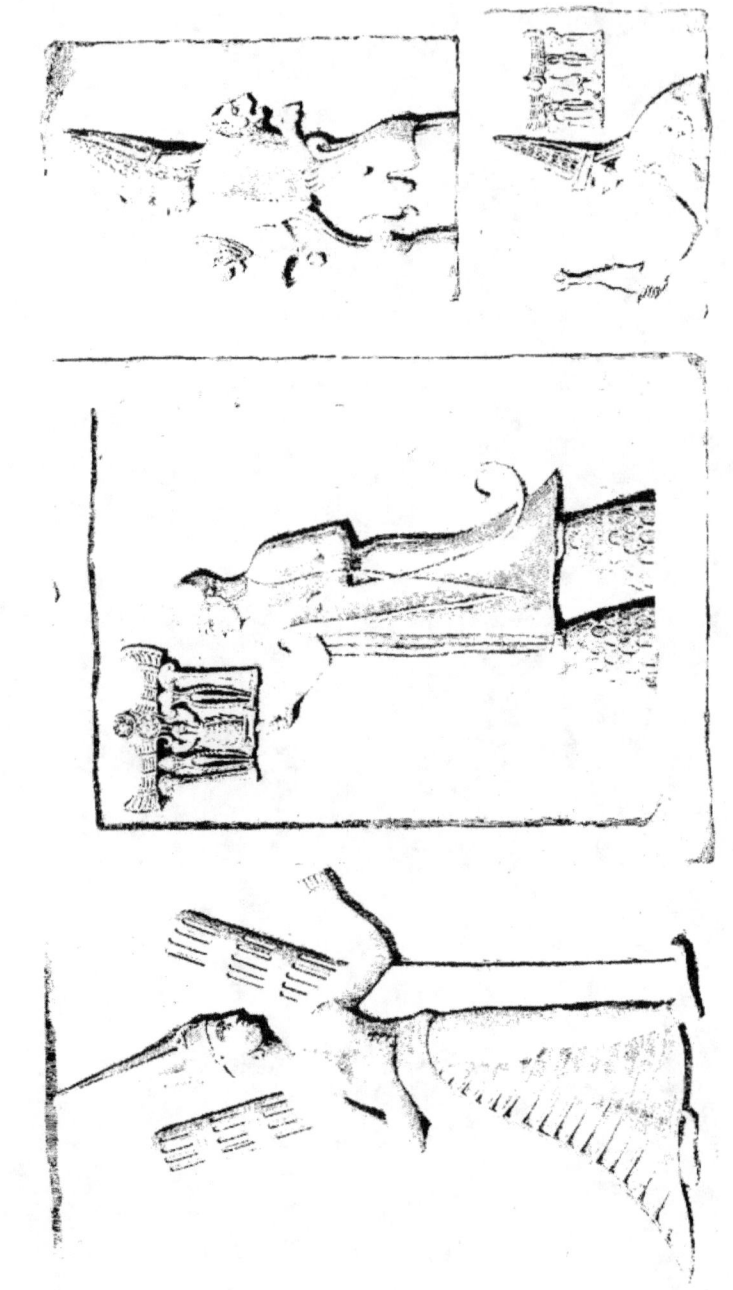

ASIE MINEURE

Bas-relief trouvés dans le roc à Pterium

ASIE MINEURE

Bas relief taillé dans le roc à Ibrium

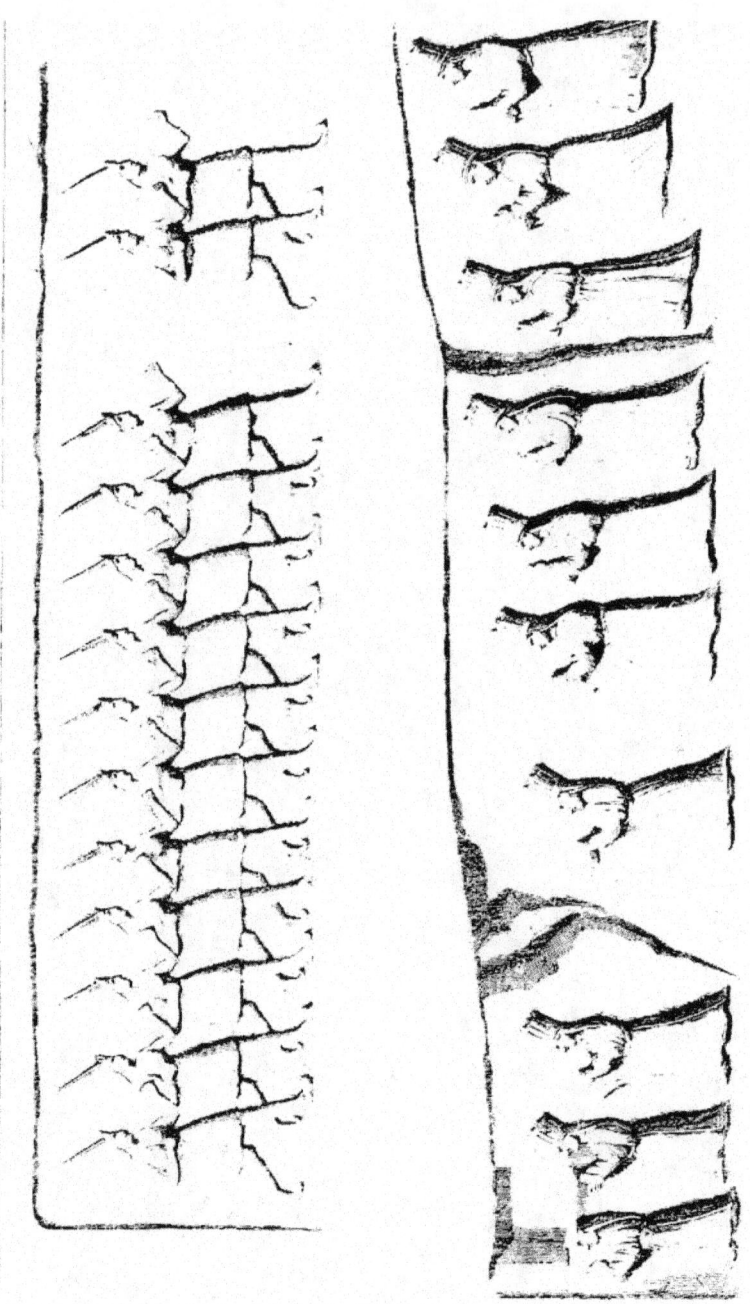

PLATE XIV.

téiens, la contrée qui, dans la suite, devint si célèbre sous le nom de Lydie. Homère décrit avec complaisance le beau pays des Méoniens où il était né peut-être, mais où il avait certainement vécu. Sous son brillant pinceau se colorent le mont Tmolus aux cimes neigeuses, le riant Sipyle dont les vallées solitaires servent de retraites aux nymphes (1), et l'on entend couler l'Hermus aux gouffres tournoyants, le poissonneux Hyllus et le Caïstre qui arrose les prairies d'Asios (2), nom poétique dans lequel, comme nous l'avons dit (3), on a cru reconnaître les traces d'un peuple autrefois nombreux, les Ases, et l'origine même du nom de l'Asie.

Homère parle des villes populeuses de la riante Méonie sans en nommer d'autre cependant que la cité florissante de Hydé, au pied du mont Tmolus (4), située, on le suppose du moins, à l'endroit où devait s'élever un jour la ville de Sardes, capitale de la monarchie lydienne (5).

Il mentionne aussi le lac Gygée, non loin de là (6), et le promontoire de Mima, dont le front battu des vents regarde l'île de Chio (7).

Les *Cariens* habitaient Milet, le mont des Phthires, au front ombragé (8), les rives du *Méandre* et les sommets élevés de Mycale (9); l'Iliade nous les représente sous un jour peu favorable : « Nastès conduit les Cariens au barbare langage (10). » Et dans le même passage : « Amphimaque et Nastès commandent à ces guerriers : Amphimaque et Nastès, superbes enfants de Nomion : Amphimaque marche au combat couvert d'or comme une jeune femme. »

Peu de mots sont consacrés aux *Lyciens*. Homère parle du Xanthe, au cours semé de gouffres, et arrosant les campagnes de la vaste Lycie (11). C'est

(1) *Il.*, II, p. 866; XX, 385; XXIV, 615.
(2) *Il.*, II, 865; XX, 461.
(3) Voy. plus haut, ch. II.
(4) *Il.*, III, 400.
(5) Strab., liv. XIII, p. 626.
(6) *Il.*, II, 859; XX, 391.
(7) *Od.*, III, 172.
(8) *Il.*, II, 866. Suivant Strabon, liv. XIV, p. 635, Hécatée l'identifiait avec le Latmus.
(9) *Il.*, II, 867 et suiv.
(10) Voy. plus haut, ch. VI.
(11) *Il.*, II, 876; V, 479; XVII, 172.

dans la Lycie et non pas dans la Cilicies comme l'ont fait d'anciens commentateurs (1), qu'il faut placer les champs-Aléiens de l'Iliade, où l'illustre Bellérophon errait solitaire et en proie à la douleur (2). Les vaillants *Solymes* résidaient également dans les régions montueuses du nord de la Lycie (3).

Mais c'est dans la Cilicie, au sein de la chaîne volcanique du mont Taurus, que l'on place le plus généralement les rochers d'Arime où se trouvent, suivant Homère, les vastes demeures du géant Typhon (4).

Au nombre des peuples de la Péninsule qui combattaient contre les Grecs dans les rangs de l'armée troyenne, nous avons oublié les *Pélasges* (5) qui avaient pour capitale la fertile Larisse. Spécialement nommé dans l'Iliade, mais sans que sa demeure soit indiquée, ce peuple devait, d'après les apparences, cultiver les basses plaines de l'Hermus, où existait réellement une ville appelée Larisse.

A l'exception de *Lesbos*, aucune des îles qui entourent la Péninsule n'est citée par Homère comme faisant partie de la confédération troyenne. Encore l'île de Lesbos ne joua-t-elle pas un rôle actif dans les démêlés des Grecs avec les Troyens. Tout ce qu'on peut induire du passage suivant de l'Iliade, c'est que cette île avait dépendu jadis du royaume de Priam : « Ta puissance, lui dit Achille, qui lui-même dans les premières années de la guerre avait ravagé l'opulente Lesbos, ta puissance s'étendait depuis Lesbos, demeure de Macar, jusqu'à la Phrygie et au vaste Hellespont (6). »

Dès l'origine, les Grecs s'étaient emparés de la petite île de *Ténédos*, qui touche presque la côte troyenne (7), *Rhodes*, et ses trois villes Lindos, Jalysos et Camiros (8), la petite île de *Symé* (9),

(1) Voy. Strab., liv. XIV, p. 676.
(2) *Il.*, VI, 201.
(3) *Il.*, V, 184.
(4) *Il.*, II, 782.
(5) *Il.*, II, 840; XVII, 301. Voy. Strab., liv. XIII, p. 620.
(6) *Il.*, XXIV, 544; IX, 729; *Odyss.*, XVII, 133.
(7) *Il.*, I, 38, 452.
(8) *Il.*, II, 653—670.
(9) *Il.*, II, 671—675.

voisine de Rhodes, sur la côte de Carie, *Nisyros*, *Carpathos*, *Casos*, *Cos*, et les îles *Calydnes* (1) parmi lesquelles il faut peut-être ranger Léros, Lepsia et Patmos, qui ne sont pas nominativement désignées; et d'autres îles encore avaient fourni contre Troie leur contingent de vaisseaux et de guerriers. Ce n'est que dans l'Odyssée que l'on trouve les noms de *Samos*, de *Chios* (2) et de *Psyrie* (3). L'île de *Chypre* n'avait pas pris part à l'expédition; mais Cinyre, le roi de cette île, instruit des préparatifs des Grecs contre Troie, avait fait présent à Agamemnon d'une riche cuirasse, où l'on voyait « dix rayons d'acier bleuâtre, douze d'or et vingt d'étain, avec trois dragons azurés, qui serpentaient de chaque côté, semblables à l'arc d'Iris que le fils de Saturne traça dans les nuages pour être un signe mémorable aux hommes (4). »

Des nombreux alliés que les Grecs comptaient parmi les insulaires asiatiques et dans les îles de la mer Ionienne et de la mer Égée, on doit conclure avec certitude qu'ils avaient alors la supériorité maritime. Ce qui le prouve encore, et c'est une circonstance digne d'attention, c'est que, pendant toute la durée de la guerre, les Troyens n'ont pas livré à leurs ennemis une seule bataille navale. De même, beaucoup plus tard, à l'époque des croisades, les Sarrasins, envahis par la chrétienté, ne se sont pas sentis assez forts pour transporter sur mer le théâtre de la lutte.

SUPÉRIORITÉ MARITIME DE L'EUROPE SUR L'ASIE. — Ainsi donc, déjà plus de mille ans avant notre ère, la supériorité maritime de l'Europe sur l'Asie était un fait indiqué, qui est devenu encore plus sensible dans la suite. Trois fois l'Asie, représentée par les Phéniciens d'abord, puis par les Carthaginois, puis enfin par les Arabes, a voulu disputer à l'Europe l'empire des mers; trois fois l'Europe a fini par rétablir sa prépondérance, grâce aux Grecs et aux Romains dans l'antiquité, avec l'aide des Normands et de toutes les

(1) *Il.*, II, 676—680.
(2) *Odyss.*, III, 170—172.
(3) *Odyss.*, III, 171. Auj. *Ipsara*.
(4) *Il.*, XI, 20 et suiv.

autres nations chrétiennes à la fin du moyen âge. Vainement, dans les temps modernes, les Turcs ont voulu recommencer la lutte, les victoires de Lépante, de Tchesmé et de Navarin ont définitivement sanctionné le triomphe de l'Occident, dont les vaisseaux sillonnent toutes les mers du globe, couvert de colonies européennes et devenu tributaire.

Cette supériorité maritime de l'Europe sur l'Asie semblait d'ailleurs résulter de la configuration même des deux continents : l'un profond, étendu et formant une masse compacte; l'autre morcelé, découpé et envahi de tous les côtés par les eaux. La différence n'est pas moins tranchée dans le caractère des peuples et des races qui habitent les deux continents : ceux-ci, les Asiatiques, lourds, pesants, immobiles comme le sol auquel ils sont attachés; ceux-là, les Européens, alertes et mobiles comme les flots qui les portent dans tous les pays de la terre; l'Asie, ne connaissant pour ainsi dire pas d'autre levier que la force brutale; l'Europe plaçant la force dans l'intelligence et parvenant ainsi à compenser son infériorité numérique et à lutter contre toutes les puissances de la nature; l'Orient matériel, sensualiste, polygame et servilement attaché à ses codes religieux qui ont la prétention de tout prévoir, de tout réglementer, et dont la lettre l'enchaîne dans les liens du passé, tandis que l'Occident, avide de mouvement et de nouveautés plus encore que de plaisir, s'avance d'épreuves en épreuves, mais aussi de progrès en progrès, vers un avenir meilleur, sans rencontrer d'obstacle invincible dans sa religion, fondée avant tout sur l'Évangile, livre tout moral qui ne s'adresse qu'à l'âme et qui lui-même entretient l'homme dans le sentiment de la perfectibilité.

CHAPITRE XI.

ÉTABLISSEMENT DES COLONIES HELLÉNIQUES SUR LES CÔTES DE L'ASIE MINEURE.

CAUSES DE L'ÉTABLISSEMENT DES COLONIES HELLÉNIQUES. — Les quatre-vingts années qui suivirent la prise de Troie furent remplies en Grèce par des divisions intestines qui déchirèrent les différentes familles dont les chefs avaient pris part à cette grande expédition nationale, et eurent pour principal résultat l'émigration de ceux que des usurpateurs étrangers avaient frustrés de leur patrimoine. Alors furent fondées de nombreuses colonies sur les côtes de la Grande Grèce, dans les îles de la mer Égée et sur le littoral de l'Asie Mineure.

Les révolutions intérieures dont la Grèce fut le théâtre à cette époque ne sont pas l'unique cause du grand mouvement d'expansion que nous venons de signaler ; le caractère national, la position géographique du pays qui fait avant tout des Grecs une nation maritime et commerçante, une population hors de proportion avec l'espace qu'elle occupait, la religion elle-même auxiliaire de la politique, favorisaient ces émigrations et rendaient moins pénible l'abandon de la mère patrie. Les Pélasges, ainsi appelés, dit Strabon, parce qu'ils erraient en tout lieu comme les cigognes (1), avaient, nous l'avons vu (2), donné de bonne heure l'exemple. Les Ioniens et les Doriens héritèrent de cet esprit voyageur de l'antique race à laquelle ils s'étaient substitués.

Aucun peuple de l'ancien monde, ainsi que le fait remarquer Heeren (3), ne conduisit en dehors autant de colonies que les Grecs ; et à l'histoire de ces colonies se rattache en grande partie l'histoire des premières relations commerciales des hommes et de la civilisation du monde.

C'est sur les côtes de l'Asie Mineure que s'établirent les plus anciennes et les plus importantes : ce fut là que se développèrent en même temps les premiers germes du commerce, des beaux-arts, de la poésie épique et de la philosophie.

CARACTÈRE DISTINCTIF DES COLONIES HELLÉNIQUES DE L'ASIE MINEURE. — Quoique filles d'une même mère et sorties d'une patrie commune,

(1) On connait l'étymologie qui fait venir le nom des Pélasges (Πελασγοί) du mot Πελαργός, qui signifie *cigogne*.
(2) Voy. plus haut, ch. VII.
(3) *Manuel de l'histoire ancienne*, p. 171 de la trad. franç. par M. Al. Thurot.

les colonies grecques de l'Asie Mineure se sont toujours divisées en trois groupes principaux, en trois confédérations distinctes, n'ayant qu'une seule religion, ne parlant qu'une même langue si l'on veut, mais dans des dialectes différents et chaque groupe portant un nom à part : Ioniens, Doriens et Éoliens.

Des divisions semblables se retrouvent dans la Grèce continentale, qui, elle aussi, se composait de Doriens, d'Ioniens, d'Éoliens et d'Achéens. Mais en Grèce ces quatre branches de peuples n'avaient pas oublié leur commune origine et se confondaient, sous le nom d'Hellènes. Dans la confédération panhellénique tous se considéraient comme frères : c'est ce dont ne permet pas de douter la tradition vraie ou fausse qu'ils avaient gardée de leur généalogie nationale.

Deucalion, qu'ils faisaient descendre plus ou moins immédiatement de Prométhée et de Japet avait, suivant eux, donné naissance à une fille Protogénie et à deux fils Amphictyon et Hellen. Amphictyon n'aurait pas laissé d'enfants ; mais Hellen donna le jour à trois fils et devint ainsi le père de toute la race hellénique. Ces trois fils furent Doros, Æolos et Xuthos. De Doros descendent directement les Doriens et d'Æolos les Éoliens. Quant aux Ioniens et aux Échéens, ils descendent, mais en seconde ligne seulement, de Xuthos qui eut pour fils Ion et Achæos. Rien, mieux que cet arbre généalogique sans doute fait après coup, ne donne une idée exacte de la mesure dans laquelle entraient l'unité et la variété dans la composition de la nation grecque, divisée en plusieurs groupes conservant des noms particuliers, mais fiers avant tout de leur nom générique. Deux fils, *Doros* et *Æolos* ; deux petits-fils, *Ion* et *Achæos* ; un ancêtre commun, *Hellen* : n'est-ce pas là en cinq mots l'image fidèle de la Grèce, nation fédérative, qui se réunissait dans le *Panéhllenion* et obéissait au conseil des Amphictyons ?

Dans les colonies de l'Asie Mineure les lignes de démarcation ne sont pas moins tranchées, les points de contact ont perdu de leur force. Chaque souche a une tendance à s'organiser en famille fédérative comme la Grèce, mais aux dépens de l'unité nationale, dont les liens sont rompus. Il y a encore une confédération des villes ioniennes, une autre des villes doriennes, et une troisième des villes éoliennes ; il n'y a plus de confédération hellénique. Au Panhellénion s'est substitué quelque chose de brillant encore, mais de moins fort et de moins complet : le *Panionion* ; l'Ionie a remplacé la Grèce.

Ce défaut d'harmonie entre elles, ce manque d'unité, cet affranchissement de la métropole, ont été funestes aux colonies de l'Asie Mineure, qui, de la sorte, se sont privées de la force nécessaire pour assurer leur indépendance politique. Cependant on ne saurait disconvenir qu'en exagérant leur individualité, elles ont gagné d'un côté plus qu'elles ne perdaient de l'autre. Moins enchaînées dans les liens du passé, elles ont pu développer plus librement leur puissance commerciale et donner une impulsion nouvelle à l'esprit humain qui ne demandait qu'à s'épanouir.

PARALLÈLE DES IONIENS ET DORIENS DE L'ASIE MINEURE. — En Asie Mineure, comme en Grèce, les Ioniens ont laissé bien loin derrière eux les Doriens, leurs rivaux, résultat peu surprenant lorsqu'on se rend compte du caractère distinctif de ces deux principales branches de la famille hellénique. Nous disons *principales*, parce qu'elles ont une originalité beaucoup plus fortement accusée que les deux autres dans lesquelles on peut ne voir que deux subdivisions ou deux nuances : les Eoliens, ayant beaucoup de ressemblance avec les Doriens, et les Achéens plus d'affinité avec les Ioniens, leurs frères. Heeren a parfaitement saisi et rendu de main de maître les contrastes frappants qui existent dans la nature de ces deux types de la nation grecque. Nous croyons devoir reproduire ici les traits les plus saillants de cet ingénieux parallèle.

Dès les temps les plus reculés, les Doriens et les Ioniens restèrent séparés par des qualités différentes et particulières, que le progrès général de la civilisation ne put effacer. Le Dorien avait naturellement un caractère sérieux ; et ce caractère se montrait dans sa langue sonore ; dans ses chants, dans ses danses, dans la simplicité de ses mœurs et de ses constitutions politiques. Il tenait fortement aux anciennes coutumes ; et c'est de cette disposition que résultèrent, en grande partie, ses institutions relatives à la vie privée et à la vie publique, telles qu'elles furent ensuite fixées par ses législateurs.

L'agriculture, quoique exercée en général par des esclaves ou des serfs, était sa principale occupation. Chez les Doriens on faisait grand compte des avantages de la naissance et de l'âge. Le gouvernement des villes doriennes fut toujours plus ou moins le gouvernement des familles riches et nobles ; et ce fut une des causes principales de la constance de leurs institutions. La religion était prise au sérieux chez les Doriens plus que chez tous les autres tributs helléniques. Jamais ils n'auraient commencé une entreprise sérieuse avant d'avoir consulté l'oracle.

Une mobilité bien plus grande, une nature bien plus vive, bien plus ardente, distinguaient la race ionienne. Elle tenait beaucoup moins que les Doriens aux anciens usages, et se montrait toute disposée à y renoncer lorsque son amour pour le plaisir y trouvait son compte. Ses occupations principales étaient la navigation et le commerce. Elle aimait le plaisir, et elle le cherchait surtout dans les jouissances de l'esprit et des sens. Elle vivait sans cesse au milieu des fêtes ; sans la danse et sans les chants il n'y avait pas pour elle de bonheur.

La mollesse de son langage semble rappeler les dialectes des peuples de l'océan Pacifique ; mais, ainsi que chez les insulaires de la Polynésie, elle confirme cette remarque, que la mollesse du langage n'annonce pas toujours l'absence du courage guerrier.

Dans ses constitutions politiques, l'hérédité du pouvoir ne fut pas longtemps admise. C'étaient généralement des démocraties tempérées cependant par quelques sages institutions, mais où le peuple avait l'initiative. Dans ces États la tranquillité intérieure, la tranquillité publique, n'était pas une chose sur laquelle on pût longtemps compter ; mais aussi rien de si élevé qu'ils ne crussent pouvoir atteindre, et par cela seul qu'ils le croyaient, il n'était pas rare qu'ils l'atteignissent.

En un mot, il y avait entre les Ioniens

et les Doriens à peu près la même différence qui s'est presque toujours reproduite plus tard, dans le reste de l'Europe, entre les deux types que l'on est convenu d'appeler l'homme du Midi et l'homme du Nord. Remarquons en outre que cette double qualification d'Ioniens et de Doriens date d'une époque moins ancienne que plusieurs savants ne semblent le croire, et très-probablement postérieure au temps de la guerre de Troie. Du moins ces deux noms ne sont-ils pas prononcés une seule fois dans l'Iliade, où les Grecs sont le plus communément appelés Achéens et où figurent déjà, mais dans un sens fort restreint, les noms d'Hellènes et d'Éoliens.

COLONIES CONTEMPORAINES DE LA PRISE DE TROIE. — Quoi qu'il en soit, ce fut moins d'un siècle après la guerre de Troie que les colonies grecques commencèrent à s'établir dans l'Asie Mineure. Alors, et pendant l'espace de plus de cinquante ans, eurent lieu de nombreuses migrations qui furent principalement le contre-coup du retour des Héraclides dans le Péloponèse. Mais, avant de nous occuper des trois grands courants qui entraînèrent une partie de la population hellénique vers l'Asie Mineure, nous devons parler d'un certain nombre de colonies dont l'existence n'est pas aussi généralement admise que celle des Éoliens, des Ioniens et des Doriens, mais qui cependant ne doivent pas être oubliées dans le tableau d'ensemble que nous avons à retracer ici.

La première en date est celle de Syrnos que Podalire, repoussé par la tempête, au retour du siège de Troie, aurait fondée sur les côtes de la Carie (1), et qui serait devenue la métropole de Bybassos, ville de la même contrée. Viennent ensuite celle que Calchas aurait établie à Selgé, en Pisidie, et celles que Mopsos et Amphilochos, chefs des Pamphyliens, après la mort de Chalcas, auraient fondées en Lycie, en Pamphylie et en Cilicie : Phasélis, Lyrnessos, Rhodia, Mallos, Mopsuestia (2).

Après ces colonies, qui remonteraient aux années qui suivirent immédiatement la guerre de Troie, viendraient celle que Pergamos aurait conduite en Asie Mineure après la mort de Pyrrhos, son père, qui l'avait eu d'Andromaque, veuve d'Hector (1), et un certain nombre de colonies argiennes ou lacédémoniennes, dont la date est incertaine, mais que M. Raoul-Rochette suppose avoir été la conséquence de l'état de désordre intérieur où se trouva le Péloponèse après le retour des vainqueurs d'Ilion : Tralles, Athymbra ou Athymbrada, Hydréla, Agorésos, Aspendos, Selgé, Sagalassos, Olba et Soles, dont on peut contester l'origine et la date, mais où certainement l'élément hellénique devint peu à peu dominant (2).

Aucun doute ne peut s'élever sur celles qui vont suivre, et tous les historiens, même les plus sévères, admettent leur point de départ et les causes de leur établissement.

COLONIES ÉOLIENNES. — Les Éoliens précédèrent tous les autres : Oreste le premier avait conçu le projet de cette expédition (3). Le premier essaim partit dès 1124, et fut suivi de plusieurs autres, en 1065, 1031 et 1000. Ils avaient eu successivement pour chefs des princes pélopides : Penthilos, Archélaos, son petit-fils, Graïos, son arrière-petit-fils, Clévas, Doros et Malaos, qui eux aussi descendaient d'Agamemnon.

Les nouveaux venus occupèrent une partie des côtes de la Mysie et de la Carie, et les îles de Lesbos, de Ténédos, et d'Hécatonnèse. Sur la portion du continent dont ils s'étaient emparés, et qui prit dès lors le nom d'Éolide, ils bâtirent douze villes : c'étaient, suivant Hérodote (4), Cymé, qui prenait aussi le nom de Phriconis, Larisse, Néon-Tichos, Temnos, Cilla, Notion, Ægiroessa, Pitané, Ægée, Myrine et Grynée. « Ces onze villes, ajoute-t-il, situées sur le continent, forment l'ancienne Éolie, qui en comptait jadis douze. Une seule, Smyrne, en a été séparée par les Ioniens. Du reste, le sol de l'Éolie est

---

(1) Voyez les fragments de Théopompe *Hist. gr. fr.*, t. I. de la collection Didot; Pausanias, liv. III, ch. 26; Aristid. *in Asclep.*
(2) Voy. Raoul-Rochette, *ouv. cité*, t. II, p. 399.

(1) Raoul-Rochette, *ouv. cité*, t. II., p. 421.
(2) Ibid., p. 423-432.
(3) Strab., liv. XIII, p. 582.
(4) Liv I, ch. 149.

plus fertile que celui de l'Ionie ; mais le climat et la température sont moins beaux. »

Les principaux établissements des Éoliens étaient dans l'île de Lesbos, où ils fondèrent cinq villes, et notamment Mitylène, la plus importante et la plus considérable de toutes les colonies éoliennes.

Toutes ces villes étaient indépendantes et avaient chacune sa constitution intérieure. Dans certains cas, elles se réunissaient pour délibérer sur leurs intérêts communs ; mais elles ne formaient pas une ligue toujours subsistante. Elles paraissent cependant avoir eu un temple commun, celui d'Apollon Grynéen. Mitylène, qu'on peut regarder comme ayant été leur capitale, est la seule qui, par son commerce et sa marine, soit devenue assez riche et assez puissante pour soutenir la comparaison avec les villes de l'Ionie.

Les colonies éoliennes furent en proie à de nombreuses révolutions qu'on essaya souvent d'apaiser en investissant de la dictature, temporaire ou à vie, des magistrats connus sous le nom d'*æsymnètes*. Le plus fameux est Pittacus de Mitylène, l'un des sept sages de la Grèce, qui vivait vers l'an 600 ; il était contemporain d'Alcée et de Sapho.

Les colonies éoliennes conservèrent leur indépendance jusqu'à l'époque de Cyrus, à l'exception de Smyrne qui, vers l'an 600, fut prise et détruite par les Lydiens, et ne fut rebâtie que 400 ans après par Antigone. Au temps de la guerre Médique, les villes de la terre ferme durent subir le joug des Perses, mais non les îles.

En 470, la florissante Mitylène dut elle-même se soumettre à la puissance supérieure des Athéniens dont elle devint tributaire. Vainement elle se révolta, en 428, pendant la guerre du Péloponèse ; elle fut reprise de nouveau par la flotte athénienne.

Un moment, les Éoliens étendirent leurs possessions sur le continent jusqu'au pied du mont Ida. Mais, après l'arrivée des Ioniens et des Doriens, le territoire de l'Éolide se trouva renfermé entre le fleuve Hermus et Cyzique.

COLONIES IONIENNES. — Quoique chassés du Péloponèse à la même époque que les Éoliens, c'est-à-dire au retour des Héraclides, les Ioniens ne parurent en Asie Mineure qu'un demi-siècle environ après leurs devanciers. Avant de s'expatrier, ils avaient trouvé un refuge dans l'Attique, où ils séjournèrent à peu près cinquante ans.

Après ce temps, vers 1044, une partie d'entre eux, accompagnés d'anciens habitants de l'Attique et des pays voisins, viennent débarquer en Asie, sous la conduite de Nélée et d'autres fils de Codros. Bientôt ils sont maîtres des côtes méridionales de la Lydie et des côtes septentrionales de la Carie, empiétant, au nord, sur le territoire des Éoliens et leur enlevant les villes de Magnésie et de Smyrne, et imposant le nom d'Ionie à toute la contrée comprise entre l'Hermus et la ville de Milet inclusivement. Déjà pendant la traversée, ils avaient donné de nouveaux habitants aux Cyclades, peuplées antérieurement par les Cariens, puis par les Crétois. Les îles de Samos et de Chios tombèrent également en leur pouvoir et firent partie intégrante de la confédération ionienne.

« Douze villes formèrent l'association ionienne, et elle ne voulut pas en admettre un plus grand nombre, par le motif, je crois, que du temps où les Ioniens habitaient le Péloponèse, avant d'en être chassés par les Achéens, ils étaient partagés en douze cités. C'est, d'après cette division, que les Ioniens d'Asie se sont bornés à ce nombre. Mais ajoute Hérodote, qui ne peut oublier qu'il est Dorien, c'est une folie de prétendre que ces derniers soient plus Ioniens que les autres, qu'ils soient d'une origine plus noble ; car ils ne se sont formés que par l'accession de divers peuples, tels que les Abantes de l'Eubée, qui n'ont rien de commun avec le nom ionien, et les Minyens d'Orchomène, qui se sont mêlés avec eux, ainsi que les Cadméens, les Dryopes, quelques Phocidiens détachés de leur patrie, les Molosses, les Arcadiens Pélasges, et les Doriens Épidauriens. Quant aux Ioniens sortis du Prytanée d'Athènes, et qui se regardent comme les plus nobles de tous, il faut remarquer qu'ils n'ont point emmené de femmes avec eux dans leur émigration, et qu'ils ne se sont mariés qu'à des femmes cariennes de Milet, dont ils avaient fait périr tous les parents. C'est à la suite de ce massacre que ces Cariennes ont établi entre elles une loi qu'elles jurent d'observer, et qu'elles transmettent sous le même serment à leurs filles. D'après cette loi, elles ne peuvent ni manger avec leurs maris, ni, dans aucun cas, les appeler par leur nom propre. C'est ainsi qu'elles perpétuent la mémoire du crime de ceux qui ne les ont épousées qu'après avoir tué leurs pères, leurs maris et leurs enfants.

« Ces Ioniens se sont donné des rois ; les uns les ont pris chez les Lyciens, qui descendent de Glaucos, fils d'Hippolochos ; les autres chez les Caucones Pyliens, qui sortent de Codros, fils de Mélanthos, quelques-uns dans les deux races indifféremment. Du reste, ils tiennent plus fortement au titre d'Ioniens que les autres peuples qui le prennent aussi ; et, puisqu'il en est ainsi, qu'ils soient, j'y consens, regardés comme les Ioniens (1). »

Parmi les douze villes de la confédération ionienne, on en comptait dix sur la terre ferme et deux dans les îles. C'étaient, sur le continent, en allant du nord au sud : Phocée, Érythres, Clazomène, Téos, Lébédos, Colophon, Éphèse, Priène, Myunte, Milet, et dans les îles, Samos et Chios. Toutes ces villes avaient un temple commun, le *Panionion*, consacré à Neptune sur le promontoire de Mycale, où elles célébraient leurs solennités, dont la plus importante était les Panionies, et délibéraient sur les intérêts de la confédération.

Chaque ville d'ailleurs était indépendante et régie par des lois particulières.

« Les Ioniens, dit Hérodote, ont bâti leurs villes sous le ciel le plus pur et dans le climat le plus heureux. On ne peut comparer à l'Ionie ni les contrées situées au nord ou au midi, ni les pays qui les bornent au levant ou au couchant. Tous sont ou exposés à des froids rigoureux et à des gelées, ou dévorés par la chaleur et la sécheresse. Une douce température règne, au contraire, dans l'heureuse Ionie. »

Les colonies ioniennes maintinrent leur liberté politique jusqu'au temps de la dynastie lydienne des Mermnades, qui les soumit. Après la conquête de Cyrus, dont elles reconnurent le pouvoir et auquel elles payèrent tribut, elles conservèrent leur gouvernement intérieur ; mais les rois de Perse favorisèrent parmi elles l'ambition de quelques hommes qui voulaient se faire tyrans et qui leur promettaient une obéissance plus aveugle : du reste, les Ioniens ne négligeaient aucune occasion de s'affranchir ; aussi leur histoire, dans toute la période suivante, est-elle intimement liée à celle de la Grèce.

Toutes adoptèrent de bonne heure le gouvernement républicain ; mais elles furent asservies, non-seulement à des factions qui usurpèrent l'autorité pour un temps considérable, mais même à des tyrans.

Parmi les villes du continent, Milet, Éphèse et Phocée éclipsèrent leurs rivales.

Milet était la plus commerçante de toutes. Fondée par les Cariens avant l'arrivée des Ioniens, elle ne devint riche et puissante que par l'industrie de ces derniers. Le temps de sa plus grande splendeur dura deux siècles, de 700 à 500 ; et, pendant ce temps, elle fut, après Tyr et Carthage, la plus grande puissance marchande du monde. Mais à cette dernière époque elle prit part à la révolte d'Aristagoras contre les Perses, qui la détruisirent en 496. Ce fut pour elle un coup de mort ; au temps de sa prospérité, son commerce maritime s'étendait principalement jusqu'aux Palus - Méotides, par la mer Noire, dont les bords étaient de tous côtés couverts de ces colonies : suivant quelques auteurs, elle en avait fondé jusqu'à trois cents.

Pour ne citer que la plus faible moitié de ses établissements, voici la nomenclature des comptoirs qu'elle avait répandus autour de l'Asie Mineure (1).

Près de Milet : Jasos, Latmos, Héraclée, Colophon, les îles d'Icare et de Léros.

Au pied de l'Ida : Zéléia, Scepsis.

Sur l'Hellespont ou aux environs : Gargara, Percote, Arisbé, Abydos, Pæsos, Lampsaque, Gergithion, Parion ;

(1) Hérodote, liv. I, ch. 145.

(1) *Voy.* Rambach, *de Mileto ejusque coloniis*; 1790, in-8°.

en Thrace, Cardia, Authia, Limnes et Byzance.

Sur la Propontide ou aux environs : Priapos, Artacé, Colones, Cyzique, Milétopolis, Cios.

Sur la côte méridionale du Pont-Euxin; Héraclée, Tion, Mastya, Sésame, Amastris, Cremna, Cytore, Harméné, Sinope, Corusa, Amisos, Cotyora, Cérasos, Trapézunte.

Sur la côte orientale : Phasis et Dioscurias, qui avec Phanagoria étaient les principaux marchés d'esclaves.

Sur les Palus-Méotides : Panticapée, Cépi, Tanaïs, à l'embouchure du fleuve de ce nom.

Sur la côte septentrionale : Theudosia, Olbia à l'embouchure du Borysthènes, Istros, Tomes, Calatis, Odessos, Dionysopolis, Deultum, Apollonie et Salmydessos, qui existait déjà au temps des Argonautes, mais d'où les Milésiens avaient sans doute chassé les Thraces.

Au moyen de ces colonies Milet avait attiré à elle tout le commerce du nord, en blé, en poissons secs, en esclaves et en pelleteries. Son commerce sur terre suivait la grande route militaire que les Perses avaient tracée jusque fort avant dans l'intérieur de l'Asie. Milet avait quatre ports; et sa puissance maritime était si considérable, que seule elle équipa souvent des flottes de quatre-vingts et de cent vaisseaux de guerre. Aussi, longtemps encore après sa décadence, les Grecs répétaient-ils un proverbe qui avait consacré le souvenir de sa rare activité : Πάλαι ποτ' ἦσαν ἄλκιμοι Μιλήσιοι, *autrefois les Milésiens furent courageux*. La verve comique d'Aristophane fit plus d'une fois rire avec ce proverbe les Athéniens, auxquels il commençait à faire allusion.

Phocée florissait en même temps que Milet; mais elle finit au moment de la domination persane, vers 540. Alors plutôt que de subir le joug humiliant de la servitude, les Phocéens aimèrent mieux abandonner leur patrie, et ils allèrent s'établir en Corse. Une partie d'entre eux seulement se repentit de cette résolution, et, malgré son serment, retourna dans l'Ionie. Le commerce de Phocée s'étendait vers l'occident, comme celui de Milet vers le nord. Ses flottes allaient jusqu'à Gadès (Cadix); e non-seulement elles visitaient les côtes de l'Italie, de la Gaule, et particulièrement de l'île de Corse ; mais elles y établirent même des colonies, telles qu'Aléria en Corse, Élée en Italie, et surtout Marseille, sur les côtes de la Gaule.

Éphèse avait aussi été bâtie par les Cariens : comme la plus grande partie de leur héritage, elle tomba au pouvoir des Ioniens et ne perdit pas au change. Elle maintint son indépendance jusqu'au temps de Crésus, qui s'en empara vers 560. Sa constitution était aristocratique; le gouvernement était dans les mains d'un sénat (γερουσία), présidé par des magistrats nommés *épiclètes* (ἐπίκλητοι). L'ancienne famille royale y conservait pourtant encore quelques priviléges. Éphèse ne fut jamais aussi commerçante que Phocée et Milet. Ce qui lui donnait le plus de célébrité, c'était son temple de Diane, qui fut brûlé par Érostrate, en 355, et reconstruit ensuite avec plus de magnificence. La splendeur d'Éphèse paraît dater de cette époque et est de beaucoup postérieure à celle de Milet et de Phocée; car, du temps des Macédoniens et des Romains, Éphèse était regardée comme la première ville de l'Asie Mineure.

Parmi les villes insulaires, *Samos* tenait le premier rang. On place l'époque de sa plus grande prospérité entre les années 540 et 523, sous la tyrannie de *Polycrate*, qui avait étendu sa domination sur la mer et assujetti les petites îles du voisinage. Mais, en 517, elle fut entièrement dévastée, lorsque Syloson, frère de Polycrate, s'en fut emparé avec le secours des Perses. Hérodote nous a laissé sur cet événement un récit plein d'intérêt que nous reproduisons plus loin. Bientôt après Samos tomba dans la dépendance d'Athènes, qui y introduisit le gouvernement démocratique, en 440, et en fit le dépôt de ses troupes et le rendez-vous de ses flottes, pendant la guerre du Péloponnèse.

Chios égalait presque Samos en richesse et en puissance. Elle eut à subir la domination des Perses ; mais dans la révolte d'Aristagoras, vers l'an 50, elle avait encore assez de ressources pour fournir quatre-vingt-dix-huit vaisseaux de guerre à la flotte des alliés. En 469, après l'invasion de Xerxès, elle succéda à la ligue des Athéniens, dont elle essaya de se détacher dans la guerre du Péloponnèse, en 412. Elle était encore très-puissante alors, et, dit Heeren, on lui doit cet éloge que bien peu d'États ont mérité, c'est qu'elle ne montra point d'insolence dans la prospérité.

Colonies doriennes. La première apparition des Doriens en Asie Mineure eut lieu vers 1050, peu d'années avant l'arrivée des premières colonies ioniennes; mais ce ne fut que plus tard et par des émigrations successives que furent fondés leurs principaux établissements. Il paraît que les Doriens s'étendirent insensiblement du Péloponnèse sur les îles de l'Archipel et jusqu'aux rivages de l'Asie. Vers 1000 avant notre ère, ils occupaient la côte méridionale de la Carie et les îles de Cos et de Rhodes. Sur la terre ferme, ils avaient bâti les deux villes de Cnide et d'Halicarnasse; dans l'île de Rhodes, les villes d'Ialyssos, de Camiros et de Lindos; et enfin la ville de Cos, dans l'île de ce nom.

Ces six colonies doriennes formaient une confédération, semblable à celle des Ioniens, qui se réunissait dans un temple commun, consacré à *Apollon Triopien*. Dans la suite Halicarnasse fut exclue de la communauté; ce qui réduisit à cinq le nombre des villes de la ligue dorienne, qui restèrent indépendantes jusqu'au temps de la domination persane.

Les institutions politiques de ces villes subirent de graves changements. Celle de Cnide, par exemple, passa de l'oligarchie à la démocratie. Halicarnasse fut souvent soumise aux rois de Carie.

Les trois villes de l'île de Rhodes ne paraissent pas avoir acquis un grand développement; mais la ville même de Rhodes, qui ne fut bâtie qu'en 480, après l'invasion de Xerxès en Grèce, finit par s'élever à un assez haut degré de puissance.

Tels étaient les trois groupes de colonies qui, sous un triple aspect, représentaient la Grèce en Asie, faisant revivre sur la terre étrangère les noms du pays natal, de même que plus tard les colonies modernes ont transplanté dans l'Amérique et dans la mer du Sud le nom des principales villes de l'Europe.

Celles que fondaient des exilés étaient tout d'abord indépendantes; mais celles qu'envoyaient les métropoles conservaient presque toutes les lois de la mère-patrie, et recevaient d'elle leurs prêtres et leurs magistrats. Puis venait l'instant où la force manquait à cette dernière pour les dominer : alors elles s'affranchissaient de sa tutelle et se déclaraient indépendantes (1). Ainsi appelées à se constituer chacune un gouvernement propre et une administration particulière, elles multipliaient les expériences, faisaient mûrir les idées politiques, et hâtaient le développement des intelligences en s'appropriant et en perfectionnant ce qu'elles croyaient trouver de meilleur en Asie et en Europe. Aussi ont-elles donné naissance aux plus beaux esprits de la Grèce : Homère, Hérodote, Thalès, Pythagore, Hippocrate, Apelle, Pittacus, Bias, Anacréon, Hippodamos, Anaximandre, Anaximène, Euclide, Anaxagore, Archélaos. Dans l'architecture, elles créèrent l'ordre ionique et l'ordre dorique. Des sept Sages de la Grèce, quatre au moins leur appartiennent; et la philosophie prit son premier essor dans l'Ionie, qui eut la gloire de donner Archelaos pour maître à Socrate.

CHAPITRE XIII.

L'ASIE MINEURE SOUS LA DOMINATION DES ROIS DE LYDIE.

L'affaiblissement successif de la puissance assyrienne fut, on n'en saurait douter, une des causes qui favorisèrent l'établissement des colonies helléniques sur les côtes occidentales de l'Asie. C'est aussi à la décadence de cet empire qu'il faut attribuer le développement que prirent dans l'intérieur de la péninsule la Phrygie et la Lydie, qui, d'États tributaires qu'ils étaient sous Ninus et sous Sémiramis, devinrent peu à peu deux royaumes indépendants. Ce n'est point ici le lieu de reproduire d'une manière suivie ce que l'on sait des destinées de ces deux contrées, dont l'histoire particulière trouvera sa place dans la suite

(1) Sur les rapports des colonies grecques avec leur métropole, voyez mon *Histoire ancienne* t. I, p. 466 et suiv., 4° éd., et l'*Histoire grecque* de M. Duruy, p. 152 et suiv.

de cet ouvrage ; nous n'avons à nous en occuper ici qu'en raison du rôle qu'elles ont joué dans l'histoire générale de l'Asie Mineure.

Lorsque Ninus expulsa les Scythes de la péninsule, la Lydie formait déjà un royaume gouverné par la dynastie des Atyades, qui tirait son nom d'Atys, fils de Manès, et s'éteignit à l'époque de la conquête assyrienne. Elle fut remplacée par la dynastie des Héraclides, dont Agron, fils de Ninus, fut le fondateur et qui dura de 1232 jusqu'à 727 av. J.-C. Sous cette seconde race le royaume des Lydiens paraît s'être accru, comme nous le verrons bientôt, de la Troade et d'une partie de la Mysie. Elle finit avec Candaule, qui fut mis à mort et remplacé par Gygès, avec lequel commence une troisième dynastie, celle des Mermnades.

Sous cette dynastie, la Lydie devint conquérante. Gygès, une fois maître de l'empire, comprit qu'il avait de redoutables rivaux dans les Grecs qui s'étaient établis sur le littoral et surtout dans les Milésiens, qui peu à peu étaient devenus maîtres de la mer et du commerce de l'Asie. Il entreprit donc une expédition contre l'Ionie. Il tourna d'abord ses armes contre Milet. On ignore quel fut le résultat de cette tentative ; mais il est probable qu'elle se termina par un traité de paix ; car nous voyons dans Strabon (1) que les Milésiens obtinrent de Gygès la permission de bâtir Abydos dans la Troade, alors sous la domination de ce roi, ainsi que tout le pays compris entre Pergame et Atarne et où se trouvaient des mines qui étaient la principale source de ses richesses (2).

Gygès fut moins heureux encore contre Smyrne. Il en poussait le siége avec vigueur, et déjà même il était sur le point de s'en rendre maître quand les Smyrnéens reprirent soudainement courage et remportèrent sur lui une victoire signalée (3)

Hérodote, qui fait mention de ces deux guerres sans nous apprendre comment elles se terminèrent, ne parle point de celle que Gygès entreprit contre Magnésie. Nicolas de Damas, auquel on doit la connaissance de ce fait, prétend que le roi de Lydie, en attaquant cette ville, n'avait d'autre but que de venger son favori, le poëte et le musicien Magnès, qui y avait été l'objet d'indignes traitements. Suivant cet historien, la résistance des habitants fut inutile ; et ils durent se soumettre à Gygès, qui, de retour à Sardes, célébra des jeux magnifiques (1).

Ce fut sans doute à la suite de ce succès qu'il s'empara de Colophon ; mais sans pouvoir cependant se rendre maître de la citadelle. Cet échec dut ralentir son ardeur ; car le reste de son long règne n'offre plus aucune entreprise remarquable (2).

Ardys, son fils et son successeur (689 à 640), après une victoire remportée sur les Priéniens, continua la guerre que son père avait commencée contre les Milésiens. Mais une grande calamité mit un terme à cette lutte. Chassés du pays qu'ils habitaient par les Scythes nomades, les Cimmériens se jetèrent sur l'Asie (3). Cette invasion fut moins une conquête suivie de la soumission des villes de la Lydie et de l'Ionie qu'une suite non interrompue d'incursions dont le but était le pillage (4) : toutefois elle laissa un profond souvenir dans la mémoire des peuples qui eurent à en souffrir. Dans cette longue guerre, Sardes fut deux fois prise ; la citadelle seule résista (5). Magnésie sur le Méandre fut détruite de fond en comble (6). Éphèse fut menacée ; mais les chants de Callinus réveillèrent le courage de ses habitants, amollis par les douceurs du climat et la civilisation, suite d'une longue paix. « Jusques à « quand cette indolence, ô jeunes gens, « leur disait-il ? Quand aurez-vous un « cœur vaillant ? Ne rougissez-vous pas « devant vos voisins, de vous abandonner « ainsi lâchement vous-mêmes ? Vous « croyez vivre dans la paix ; mais la « guerre embrasse la contrée tout en- « tière.... Qu'en mourant on lance un « dernier trait. Car il est honorable pour

---

(1) Liv. XIII, p. 590.
(2) Strab., liv. XIV, p. 680.
(3) Pausan., liv. IV, ch. 21.

(1) Nicolas de Damas, *Fragm. hist. gr.*, t. III, p. 395, 62.
(2) Hérod., liv. I, ch. 14.
(3) Hérod., liv. I, ch. 15.
(4) Id., 16, ch. 6.
(5) Hérod., I, 15 ; Strab., liv. XIII, p. 627.
(6) Strab., liv. XIV, p. 647.

« un brave de combattre contre les enne-
« mis pour son pays, pour ses enfants et
« pour sa légitime épouse. La mort vien-
« dra à l'instant que marquera le fil des
« parques. Eh bien! marchez devant
« vous, la lance haute; que votre cœur,
« sous le bouclier, se ramasse en sa
« vaillance au moment où commencera
« la mêlée. Car il n'est pas possible à
« un homme d'éviter la mort décidée
« par le destin; non, eût-il les immor-
« tels mêmes pour ancêtres de sa race.
« Souvent celui qui s'en va pour éviter
« le combat et le retentissement des
« traits, la mort le frappe dans sa mai-
« son; mais il n'y a, dans le peuple,
« nulle affection pour lui, il n'y laisse
« nul regret. L'autre, au contraire, pe-
« tits et grands le pleurent s'il lui arrive
« mal. Oui, la mort d'un guerrier à l'âme
« vigoureuse excite les regrets de la na-
« tion tout entière. Vivant, on l'estime
« à l'égal des demi-dieux. Aux yeux de
« ses concitoyens, il est comme un
« rempart; car il suffit seul à l'œuvre
« de vingt autres (1) ».

« J'aime à croire, ajoute le savant
auquel nous empruntons cette traduction (2), que les Éphésiens n'attendirent
pas jusqu'au dernier moment pour sortir de leur léthargie, et que ces patrio-
tiques accents furent pour quelque
chose dans leur réveil: la muse de Callinus était digne de sauver Éphèse et
l'Ionie. »

La lutte se ralentit sans doute sous le
règne de Sadyatte, fils d'Ardys (640 à
628), peut-être à la suite de la défaite
que Lygdamis, chef des Cimmériens, essuya en Cilicie (3). La Lydie en profita
sans doute pour réparer ses désastres.
Ce qu'il y a de certain c'est que Sadyatte
continua la guerre commencée par Gygès contre Milet; les hostilités duraient
depuis six ans quand il mourut.

Alyatte, son fils (628-571), qui hérita
de cette entreprise, la termina, au bout
de six autres années, par un traité de
paix et d'alliance. Une guerre plus sérieuse qu'il allait avoir à soutenir contre
Cyaxare, le roi des Mèdes, dont les envahissements en Asie Mineure (1) devaient lui causer de vives alarmes, fut,
suivant toute vraisemblance, la principale cause de la facilité avec laquelle
il se prêta à cet accommodement. Voici,
suivant Hérodote (2), ce qui donna lieu
à cette guerre.

Une troupe de Scythes nomades s'é-
tait réfugiée dans la Médie, où Cyaxare
les avait accueillis d'abord comme de
simples suppliants; mais ensuite, les
ayant pris en affection, il finit par leur
confier divers enfants, à qui ils devaient
apprendre à parler leur langue et à tirer
l'arc. Après un certain temps, il arriva
que ces Scythes, qui allaient fréquemment à la chasse, rentrèrent un soir
sans avoir rien tué, et que Cyaxare, naturellement emporté, les voyant revenir
les mains vides, les maltraita rudement.
Indignés d'une injure que leur orgueil ne
put tolérer, les Scythes, après s'être con-
certés, s'en vengèrent d'une manière
barbare. Ils coupèrent en morceaux un
des enfants qu'ils étaient chargés d'é-
lever, et, le préparant ensuite ainsi qu'ils
avaient coutume de faire pour le gibier
qu'ils rapportaient, le présentèrent à
Cyaxare comme leur chasse. Dès qu'ils
lui eurent servi cet affreux repas, ils
s'enfuirent et se réfugièrent à Sardes
près d'Alyatte.

A la suite de cet événement, la guerre
s'alluma entre les Mèdes et les Lydiens,
sur le refus que fit Alyatte de livrer les
Scythes que Cyaxare lui redemandait;
et elle dura cinq années. Les Mèdes et
les Lydiens y furent plusieurs fois alternativement victorieux. Une éclipse de
soleil, qui eut lieu pendant une bataille,
frappa les deux armées de terreur, et on
songea à la paix, qui fut conclue par
l'entremise de Syennésis, le Cilicien, et
du Babylonien Labynète.

Cette guerre terminée, Alyatte tourna
tous ses efforts contre les Cimmériens,
qui avaient recommencé leurs incursions, et peut-être avec l'aide des Scythes

---

(1) Callinus dans les *Poetæ lyrici græci*, publiés par Th. Bergk, 2ᵉ éd.; Lipsiæ, 1853, p. 313.
(2) M. Pierron, *Hist. de la litt. gr.*, p. 107 et suiv.
(3) Strab., liv. I, p. 61.

(1) Les Mèdes étaient, sous Crésus, maîtres de la Cappadoce. Voy. Hér., liv. I, ch. 76. Il est probable aussi que la Cilicie était leur tributaire, id., ib., ch. 74.
(2) Liv. I, ch. 73.

nomades qu'il avait protégés contre Cyaxare, il parvint à les expulser définitivement. Ce qui viendrait à l'appui de cette conjecture, c'est le singulier stratagème auquel il dut la victoire, si toutefois il faut en croire Polyen (1), qui nous en a transmis le souvenir. Comme la figure de ces barbares, dit-il, tenait beaucoup de la bête, Alyatte mêla parmi ses troupes des chiens forts et courageux, et ces animaux, trompés par la ressemblance, se jetèrent sur eux, mirent leur armée en désordre et les obligèrent de prendre la fuite.

Quoi qu'il en soit, délivré de ces redoutables ennemis, il reprit les projets de conquête de sa famille, s'empara de Colophon (2), puis de Smyrne (3), qui suivit le sort de sa métropole, et attaqua Clazomène; mais il ne se tira pas heureusement de cette dernière expédition, où il perdit beaucoup de monde.

S'il faut en croire Nicolas de Damas, qui avait peut-être puisé ce document dans l'histoire de Lydie par Xanthus, Alyatte aurait aussi fait contre les Cariens une guerre pour laquelle son fils Crésus lui aurait conduit des renforts levés à l'aide des sommes empruntées par lui au riche Ionien Pamphaès. Malheureusement, il ne nous apprend pas le résultat de cette entreprise (4).

A Alyatte succéda son fils Crésus (571-557). Avec lui l'histoire de l'Asie Mineure devient moins obscure; avec lui on entre dans les temps historiques dont Hérodote a eu la gloire de conserver le souvenir dans cet immortel monument, et désormais jusqu'à la fin des guerres médiques c'est pour ainsi dire sous la dictée du père de l'histoire que nous raconterons les événements.

Monté sur le trône à l'âge de trente-cinq ans, Crésus fit la guerre aux Éphésiens et tourna ensuite ses armes contre les Ioniens et les Éoliens, tantôt, dit Hérodote (5), alléguant des motifs graves, quand il pouvait en trouver, tantôt se contentant des plus légers.

« Après avoir soumis les Grecs du continent d'Asie, et les avoir rendus tributaires, Crésus songea à construire une flotte pour attaquer ceux des îles. Il s'occupait de cette idée, et déjà les vaisseaux étaient sur le chantier, quand il abandonna son projet, détourné, suivant les uns, par Bias de Priène, suivant d'autres par Pittacus de Mitylène, qui, se trouvant à Sardes, et interrogé par Crésus sur ce que l'on disait de nouveau en Grèce, lui avait répondu en ces termes : « On y fait courir le bruit que » les habitants des îles lèvent dix mille « hommes de cavalerie, et ont le dessein de vous attaquer dans Sardes. » Crésus, prenant ces paroles au sérieux, s'écria : « Puissent faire les dieux que « réellement ces insulaires pensent à venir attaquer avec de la cavalerie les « enfants de la Lydie !... » Alors, celui avec lequel il s'entretenait reprit en ces mots : « O Crésus ! si c'est avec raison qu'une juste espérance du succès « vous fait désirer vivement que les habitants des îles viennent réellement attaquer le continent avec de la cavalerie, que pensez-vous que ces mêmes insulaires doivent de leur côté souhaiter plus ardemment, lorsqu'ils ont appris que vous étiez occupé à faire construire des vaisseaux, que de rencontrer vos Lydiens en mer, et de vous voir ainsi leur offrir vous-même l'occasion de venger les malheurs des Grecs du continent que vous venez de réduire en servitude. » Crésus, frappé de cette réflexion et se laissant aisément persuader par ce discours plein de sens, renonça aux préparatifs maritimes qu'il avait commencés ; il fit même un traité d'hospitalité réciproque avec les Ioniens des îles.

« Dans la suite, Crésus porta la guerre chez les diverses nations qui habitent en deçà du fleuve Halys, et parvint à les subjuguer toutes, à l'exception des Ciliciens et des Lyciens. Voici le nom des peuples qu'il rangea sous son obéissance : les Lydiens, les Phrygiens, les Mysiens, les Maryandiniens, les Chalybes, les Paphlagoniens, les Thraces d'Asie, c'est-à-dire les Thyniens et les Bithyniens, les Cariens, les Ioniens, les Doriens, les Éoliens et les Pamphyliens (1). »

---

(1) Liv. VII, ch. 2.
(2) Polyen, l. c.
(3) Hérod., liv. I, ch. 16.
(4) Nicolas de Damas, fr. 65. t. III p. 397.
(5) Liv. I, ch. 26.

(1) Hérod., liv. I, ch. 27, 28.

CHAPITRE XIV.

LE ROYAUME DE LYDIE CONQUIS PAR CYRUS.

Après tant et de si éclatants succès, Crésus s'estima le plus heureux des hommes; mais la mort de son fils, qu'il perdit dans une grande chasse, vint lui apprendre qu'il n'est pas de félicité sans mélange. Un coup plus terrible devait encore le frapper et lui prouver l'instabilité des grandeurs humaines.

« Il était tout entier à sa douleur quand la chute de l'empire d'Astyage, fils de Cyaxare, renversé par Cyrus, fils de Cambyse, et les progrès des Perses, en occupant la pensée de Crésus d'autres soins, firent taire sa douleur. Il sentait la nécessité d'arrêter les Perses avant qu'ils eussent atteint toute leur grandeur, et voulait, s'il était possible, détruire une puissance qui s'accroissait chaque jour. Ce projet formé, il résolut avant tout d'éprouver les oracles de la Grèce et de la Libye, en envoyant des députés aux plus célèbres, tels que ceux de Delphes, d'Abas en Phocide, de Dodone, d'Amphiaraüs, de Trophonius et des Branchides, dans le pays des Milésiens, tous oracles renommés chez les Grecs. Enfin, il s'adressa aussi à l'oracle d'Ammon, en Libye. Il voulait seulement, par cette première consultation, s'assurer de la science des oracles; et, dans le cas où il serait prouvé qu'ils connussent réellement la vérité, il se proposait d'y recourir une seconde fois pour savoir s'il devait entreprendre la guerre contre les Perses (1). »

Les divers rapports de ses envoyés lui ayant prouvé que de tous ces oracles ceux de Delphes et d'Amphiaraüs étaient les plus véridiques, Crésus songea à se les rendre favorables par les plus somptueux sacrifices et par les plus riches offrandes. Il prescrivit aux députés lydiens, qu'il chargea de les porter, d'interroger les oracles, et de leur demander s'il devait marcher contre les Perses et prendre dans cette guerre des troupes alliées. « Lorsque les députés furent arrivés, ils déposèrent et consacrèrent les présents, puis ils consultèrent les oracles en ces termes : « Crésus, roi de « Lydie et de beaucoup d'autres nations, « persuadé que vos oracles sont les seuls « vrais qui existent parmi les hommes, « vous offre ces présents, hommage « qu'il croit digne de votre science profonde; maintenant il vous interroge : « doit-il faire la guerre aux Perses, et « s'adjoindre, dans cette expédition, des « troupes auxiliaires? » Telle fut la question proposée par les envoyés de Crésus. L'un et l'autre oracle s'accordèrent dans la réponse, et lui prédirent que, s'il faisait la guerre aux Perses, il détruirait un grand empire. Ils lui conseillèrent en même temps de chercher quel était le peuple le plus puissant parmi les Grecs, et d'en faire son allié.

« Les députés rapportèrent cette réponse à Crésus. Il en conçut une joie extrême, ne doutant déjà plus qu'il ne dût renverser la puissance de Cyrus. Il envoya porter de nouveaux dons au temple de Delphes, et, s'étant informé du nombre des habitants, fit présent à chacun de deux statères d'or.

« Après tant de dons répandus libéralement, Crésus consulta l'oracle une troisième fois ; pleinement convaincu de sa véracité, il en usait sans réserve. Il lui fit donc demander si sa monarchie serait de longue durée ; et la Pythie lui répondit en vers :

« Quand un mulet sera devenu roi
« des Mèdes, Lydien aux pieds délicats,
« il te faudra fuir sur les rives de l'Hermus, qui roule de nombreux cailloux ;
« n'essaye pas d'attendre, et ne rougis
« pas alors de paraître sans courage. »

« Cette dernière réponse satisfit encore davantage Crésus, qui, ne concevant pas qu'un mulet pût jamais être roi des Mèdes, en concluait que ni lui ni aucun de ses descendants ne perdrait la couronne. Il s'occupa ensuite de reconnaître quel était le peuple de la Grèce le plus puissant et avec lequel il devait s'allier. Ses recherches lui apprirent que les Lacédémoniens et les Athéniens étaient les deux peuples prépondérants, les uns parmi les Doriens, les autres parmi les Ioniens (1). »

Crésus, s'étant déterminé pour les Lacédémoniens, conclut avec eux une al-

---

(1) Hérod., liv. I, ch. 46.

(1) Hérod., liv. I, ch. 53-55.

liance que la rapidité des événements rendit inutile, et se décida enfin à attaquer les Perses. « O roi, lui disait un « de ses conseillers, les hommes que « vous vous préparez à combattre n'ont « pour vêtements et pour chaussures « que des peaux d'animaux. Ils se nourrissent non de ce qui flatte le goût, « mais de ce qu'ils ont. Ils habitent un « sol ingrat, ne font point usage de vin, « et l'eau est leur unique boisson. Ils ne « mangent ni figues, ni fruits délicats. « Si vous parvenez à les vaincre, que « pourrez-vous leur enlever, puisqu'ils « n'ont rien? Si, au contraire, vous êtes « vaincu, considérez tout ce que vous « risquez. Quand ils auront une fois « goûté des biens dont nous jouissons, « voudront-ils jamais se les laisser ravir ou se laisser chasser? Pour moi, « je rends grâces aux dieux de ce qu'ils « n'ont pas inspiré aux Perses d'attaquer « les Lydiens. »

Mais Crésus ne voulut point écouter de conseils ; il franchit l'Halys, derrière lequel se trouvaient les Syriens-Cappadociens, dont le pays appartenait aux Mèdes. Après avoir passé le fleuve à gué, grâce aux conseils de Thalès de Milet, Crésus arriva dans cette partie de la Cappadoce que l'on nomme la Ptérie. « C'est, dit Hérodote, une contrée d'un très-difficile accès, qui s'étend jusqu'à Sinope, ville située presque sur le Pont-Euxin. Crésus s'y établit, ravagea les possessions des Syriens, et s'empara de la capitale des Ptériens, dont il fit les habitants esclaves. Il prit de même toutes les villes de l'intérieur et des frontières, et finit par transporter en entier la nation syrienne, quoiqu'il n'en eût reçu aucune offense. Cyrus cependant, après avoir rassemblé son armée, et l'accroissant de tout ce qu'il put ramasser sur sa route, marchait à la rencontre des Lydiens. Avant de se mettre en mouvement, il avait envoyé des émissaires dans l'Ionie, pour essayer de la détacher de l'obéissance de Crésus ; mais les Ioniens se refusèrent à ses propositions. Cyrus, ayant néanmoins continué sa route, campa en face de l'ennemi ; et les deux armées, après quelques engagements où elles essayèrent leurs forces, en vinrent aux mains dans les champs de la Ptérie. Le combat fut sanglant, longtemps disputé, et le nombre des morts considérable de part et d'autre. Enfin la nuit qui survint sépara les combattants sans que la victoire se déclarât d'aucun côté.

« Crésus, se reprochant comme une faute de n'avoir pas mis en campagne une armée plus nombreuse (en effet la sienne était inférieure à celle de Cyrus), et voyant le lendemain que l'ennemi ne cherchait pas à l'attaquer de nouveau, se décida à retourner à Sardes. En prenant ce parti, il se mettait en mesure d'appeler les secours que les Égyptiens devaient lui donner, d'après les engagements pris par Amasis, roi d'Égypte, dont il avait recherché l'alliance avant de traiter avec les Lacédémoniens. Il se proposait aussi de recourir aux Babyloniens, qu'il avait également pour alliés, et enfin de sommer les Lacédémoniens d'envoyer à l'époque convenue les troupes qu'ils s'étaient engagés à fournir. Il comptait employer l'hiver à rassembler ces divers secours ; et, après en avoir renforcé l'armée qu'il formerait de son côté, ouvrir la campagne au printemps. Ces projets arrêtés, dès que Crésus fut de retour dans sa capitale, il envoya des courriers à ses alliés. Il fut convenu que toutes les troupes se réuniraient à Sardes dans cinq mois. Quant à l'armée qui venait de se battre avec les Perses, et que le roi avait à sa solde, il la licencia et la dispersa entièrement, ne supposant pas que Cyrus, après le peu de succès du premier combat, songeât à s'approcher davantage.

« Cependant Cyrus, apprenant que Crésus, qui s'était retiré précipitamment à la suite de la bataille donnée en Ptérie, avait, aussitôt après son arrivée à Sardes, résolu de licencier et de disperser ses troupes, vit combien il lui importait de marcher le plus promptement possible sur cette ville avant que les Lydiens pussent rassembler une nouvelle armée. Dès qu'il se fut arrêté à ce dessein, il l'exécuta avec une telle rapidité que, son armée étant entrée en Lydie, ce fut lui-même qui porta à Crésus la nouvelle de sa marche. Crésus, surpris par une invasion si inattendue, dans le désordre où cet événement le jeta, ne put que se mettre à la tête de tous les Lydiens qu'il rassembla à la hâte, et les mener au combat. A cette époque il n'y avait en Asie aucune nation aussi brave et aussi valeureuse que celle des Lydiens; ils combattaient principalement à cheval, armés de lances très-longues, et excellaient dans la cavalerie.

« La bataille se donna dans les plaines vastes et nues qui sont en avant de la ville de Sardes. Après avoir vu la disposition des troupes de Crésus, Cyrus, qui redoutait particulièrement la cavalerie lydienne, eut recours, afin d'en diminuer l'effet, à un moyen qui lui fut suggéré par le Mède Harpagus. Il rassembla tous les chameaux qui se trouvaient à la suite de l'armée pour porter les vivres et les bagages, commanda qu'on mît à terre leurs chargements, et les fit monter par des hommes habillés en cavaliers. Il donna ordre à cette troupe de marcher en avant du reste de l'armée contre la cavalerie de Crésus, plaça son infanterie derrière, et ensuite sa véritable cavalerie. Ces dispositions faites, il recommanda à ses troupes de ne pas épargner les Lydiens, et de ne faire aucun quartier à tout ce qui résisterait; mais en même temps il leur enjoignit surtout de ne point tuer Crésus, lors même qu'il se défendrait après avoir été fait prisonnier. Voici quels étaient les motifs de ces différentes dispositions : il avait rangé ses chameaux en face de la cavalerie, parce qu'il était instruit que les chevaux s'effrayent à l'aspect de ces animaux, et qu'ils ne peuvent en supporter ni la vue ni l'odeur. Par ce stratagème il rendait inutile la cavalerie des Lydiens, qui était leur principale force. Effectivement, dès qu'elle voulut entamer le combat, les chevaux, qui commencèrent à sentir l'odeur des chameaux et à les apercevoir, firent volte-face, et en un moment tout l'espoir de Crésus s'évanouit. Cependant les Lydiens ne montrèrent dans un aussi grand revers aucune faiblesse; et dès qu'ils virent qu'il leur était impossible de contenir leurs chevaux, ils en descendirent, et vinrent à pied attaquer les Perses. Le combat fut long, et la perte considérable des deux côtés. Enfin, les Lydiens, obligés de céder et mis en déroute, se réfugièrent dans les murs de la ville, où ils furent bientôt assiégés par Cyrus.

« Le siége commencé, Crésus, dans l'espoir de le faire traîner en longueur, quoique renfermé dans l'intérieur de ses murailles, envoya de nouveaux émissaires à ses alliés. Par les premiers il avait, comme on l'a vu plus haut, fixé le rendez-vous à cinq mois d'intervalle : les seconds étaient chargés d'annoncer que Crésus, déjà assiégé dans Sardes, avait un pressant besoin des secours les plus prompts.

« Le siège durait depuis quatorze jours, lorsque Cyrus, pour en presser l'événement, fit publier dans son armée qu'il donnerait une grande récompense à celui qui monterait le premier sur les murs de la ville. Encouragés par cette offre, plusieurs tentèrent l'entreprise; mais aucun n'ayant pu réussir, elle était regardée comme abandonnée, lorsqu'un soldat, du pays des Mardes, nommé Hyræade, essaya de monter par un des côtés de la citadelle que les assiégés n'avaient pas songé à garder, n'imaginant pas qu'il fût jamais possible de l'attaquer. En effet, cette partie de l'enceinte, située en face du mont Tmolus sur un terrain coupé entièrement à pic, passait pour inexpugnable. Mais cet Hyræade, ayant vu la veille un soldat lydien descendre de la forteresse par ce même côté pour reprendre son casque, qui, en tombant, avait roulé jusques en bas, et remonter ensuite par le même chemin, réfléchit sur ce qu'il avait vu, et forma le dessein d'en profiter. Il se mit donc à gravir, en marchant sur les traces du Lydien, et quelques autres soldats le suivirent. Bientôt un plus grand nombre de Perses les imitèrent, et, parvinrent sans opposition au sommet de l'escarpement. Sardes fut prise et livrée au pillage.

« C'est ainsi que les Perses devinrent maîtres de Sardes et firent Crésus prisonnier, après un règne de quatorze années et un siége du même nombre de jours; et c'est ainsi que, suivant la réponse de l'oracle, Crésus détruisit un grand empire : c'était le sien. Les Perses, qui avaient fait Crésus prisonnier, le conduisirent à Cyrus, qui donna ordre de l'attacher lui et quatorze autres Lydiens sur un vaste bûcher que l'on venait d'élever, soit qu'il voulût consacrer à quelque dieu ces prémices, soit que ce fût l'accomplissement d'un vœu, soit enfin que, sachant Crésus extrêmement religieux, il l'eût condamné à ce supplice pour voir si quelque démon protecteur le sauverait des flammes. Crésus, sur le bûcher, parvenu au dernier degré de l'infortune, se souvint de ce mot de Solon : « Qu'on ne pouvait appeler heureux aucun homme vivant, » mot qui lui semblait alors inspiré par un dieu ; et, frappé de ce souvenir, après un long silence, tirant du fond de sa poitrine une voix entrecoupée de gémissements, il prononça trois fois tout haut le nom de Solon. Cyrus l'entendit, et ordonna aux interprètes de lui demander quel était celui dont il invoquait le nom. Crésus refusa d'abord de répondre à cette demande ; mais, contraint de parler, il leur dit : « C'est celui dont les « rois, à mon avis, ne payeraient pas « l'entretien trop cher de toutes leurs « richesses. » La réponse ayant paru obscure, les interprètes le pressèrent de s'expliquer ; enfin, après beaucoup d'instances et d'importunités, Crésus s'exprima en ces termes : « Il y a déjà quel- « que temps que Solon l'Athénien est « venu ici. Il vit toute ma prospérité, et « n'en fit aucun cas ; mais il a dans ses « discours prévu tout ce qui m'arrive, « et ce qu'il m'a dit n'est pas plus appli- « cable à moi qu'à tous les hommes, et « surtout à tous ceux qui se figurent « qu'ils sont parfaitement heureux. »

« Pendant que Crésus parlait, déjà le bûcher était allumé, et une partie de ses extrémités brûlait ; mais aussitôt que les interprètes eurent expliqué les paroles du roi de Lydie, Cyrus, ému, réfléchissant qu'homme lui-même il livrait aux flammes un autre homme, dont la prospérité n'avait point été au-dessous de la sienne, et qu'un jour, puisque parmi les mortels nul ne peut se regarder comme à l'abri des revers, les dieux pourraient venger sur lui le sang de Crésus, se repentit de sa rigueur. Il ordonna donc d'éteindre le feu le plus promptement possible, et de faire descendre du bûcher Crésus, ainsi que ceux qui y étaient attachés avec lui ; mais la violence de la flamme, qu'il était impossible de maîtriser, ne permettait pas d'exécuter ses ordres.

« Dans ce moment, si l'on en croit les Lydiens, Crésus, voyant aux efforts que l'on faisait autour de lui pour éteindre le feu que Cyrus avait changé de pensée, s'écria en invoquant Apollon : « Si jamais les dons que je t'ai offerts « ont pu te plaire, parais et sauve-moi de « la mort qui m'environne. » A cette pressante invocation que Crésus, baigné de larmes, adressait au dieu, soudain, quoique le temps fût serein et parfaitement calme, des nuages s'assemblent, un violent orage éclate, et la pluie, tombant à torrents, éteint la flamme. Cyrus, témoin de ce prodige et convaincu que Crésus était un homme pieux que les dieux aimaient, s'approcha de lui au moment où il descendait du bûcher, et lui dit : « O Crésus, quel « homme a pu te persuader d'envahir « mes Etats les armes à la main, et de « te déclarer mon ennemi, au lieu d'ê- « tre mon ami. » « O roi ! répondit Crésus, ce que j'ai fait est la source de « votre prospérité et de mon infortune ; « mais le véritable coupable est ce dieu « des Grecs qui m'a conseillé de prendre les armes : autrement quel est « l'homme assez insensé pour préférer « la guerre à la paix ? Dans la paix les « fils enterrent leurs pères, et dans la « guerre ce sont les pères qui enterrent « leurs enfants ; mais les dieux ont « voulu que les choses fussent ainsi (1). »

CHAPITRE XV.

CONQUÊTE DES COLONIES GRECQUES PAR CYRUS.

Les colonies grecques, invitées par Cyrus dès le début de la guerre à se joindre à lui contre Crésus, avaient, comme nous l'avons vu, refusé de s'allier contre un prince dont la domination était plus apparente que réelle, à un roi trop éloigné d'elles pour qu'elles crussent avoir rien à en redouter. Peut-être aussi espéraient-elles profiter de la lutte pour recouvrer leur ancienne indépendance. La rapidité du triomphe de Cyrus trompa leurs calculs. Après la défaite de Crésus, forcées de faire des avances à leur tour, elles demandèrent à entrer dans l'alliance des Perses ; mais Cyrus leur répondit : « Un certain

(1) Extrait d'Hérodote, liv. I, ch. 76, 77, 79, 80, 81, 84, 86, 87.

ASIE MINEURE.

Tombeau de Midas, à Doganlou.

ASIE MINEURE

« joueur de flûte vit un jour des pois-
« sons dans la mer ; il se mit à jouer,
« espérant qu'au son de sa flûte les pois-
« sons sauteraient à terre. Trompé dans
« son attente, il prend un filet, le lance
« dans l'eau, et en amène sur le rivage
« un grand nombre qui se débattaient.
« Ah ! leur dit-il, puisque vous n'avez
« pas voulu monter quand je vous ai
« invités en jouant de la flûte, il n'est
« plus temps de danser à cette heure(1) ».
Harpagus fut chargé de réaliser l'apo-
logue.

Quand on connut dans les villes d'Ionie la réponse de Cyrus, le premier soin
des habitants fut de réparer leurs murailles et de se convoquer en assemblée
générale au Panionion.

Cette circonstance, rapprochée de la
neutralité gardée par les Grecs pendant
la lutte et de la nature même des propositions qu'ils firent à Cyrus après sa
victoire, permet, suivant nous, de déterminer dans quelle manière et dans
quelles limites les colons grecs accep-
taient la domination barbare. Ils n'é-
taient, à vrai dire, ni sujets, puisqu'ils
possédaient des franchises, ni même
vassaux, puisqu'ils n'avaient pas à fournir de contingents : ils étaient purement
et simplement tributaires. Une concession nominale faite à l'amour-propre
des rois de Lydie et un impôt réel payé
à titre de redevance, voilà à quoi se bornait le sacrifice au moyen duquel les colonies helléniques avaient conservé le
monopole du commerce qui absorbait
toute leur activité en les enrichissant.
A ces conditions, mais pas à d'autres,
le joug de Cyrus leur était aussi indifférent que celui de Crésus. Et ce qui
prouve que chez eux l'amour du gain
n'avait pas étouffé le sentiment de l'indépendance et de la dignité nationale,
c'est qu'ils aimèrent mieux risquer de
se ruiner en résistant que de continuer
à s'enrichir en faisant abdication complète de leur dignité.

Ce qu'il y a de certain, c'est que, dans
l'assemblée générale du Panionion, où
tous les Ioniens se trouvèrent réunis, à
l'exception des Milésiens, qui avaient obtenu pour leur compte ce que demandaient les autres, il fut décidé qu'on résisterait et qu'on enverrait des députés
à Sparte demander des secours. Les
Éoliens, de leur côté, prirent sans doute
une résolution semblable ; car Hérodote
va nous montrer leurs députés agissant
en commun avec ceux des Ioniens.
Pourquoi ceux-ci s'adressaient-ils à
Sparte plutôt qu'à Athènes ? Ne se-
rait-ce pas par suite de l'animosité qui
dut s'établir entre eux et la métropole à
l'époque où ils s'affranchirent de sa tutelle ; animosité qui n'était pas encore
éteinte à cette époque?

Lorsque les envoyés des Ioniens et
des Éoliens furent arrivés à Sparte, ils
firent choix d'un Phocéen nommé Py-
therme pour porter la parole au nom de
tous. Cet orateur, revêtu d'un manteau
de pourpre afin de se faire mieux connaître et d'attirer autour de lui un plus
grand nombre de Lacédémoniens, s'a-
vança au milieu de l'assemblée et fit un
long discours pour déterminer les Spartiates à venir au secours des Grecs d'A-
sie. Mais sa harangue n'eut aucun succès, et les Lacédémoniens n'ayant pas
jugé à propos de se décider en faveur
des Ioniens, les envoyés se retirèrent.
Néanmoins, après les avoir éconduits,
les Lacédémoniens firent partir un vaisseau à cinquante rameurs, sur lequel
s'embarquèrent quelques personnes chargées, à ce qu'on peut croire, d'observer
ce qui se passerait entre Cyrus et les
Ioniens. Ces émissaires, débarqués à
Phocée, envoyèrent à Sardes Lacrimès,
un des plus distingués d'entre eux, déclarer à Cyrus, au nom des Lacédémoniens « qu'il se gardât d'insulter aucune
ville du territoire de la Grèce, ou qu'autrement Sparte saurait y mettre ordre. »

Quand le Lacédémonien eut prononcé
ce peu de mots, on dit que Cyrus, s'a-
dressant aux Grecs qui se trouvaient en
ce moment auprès de lui, demanda :
« Quelles gens sont donc ces Lacédémo-
« niens ? en quel nombre sont-ils pour
« oser parler ainsi? » Après que l'on eut
satisfait à cette question, il se tourna
vers le héraut de Sparte, et lui dit :
« On ne m'a pas appris à avoir peur des
« peuples qui ont au milieu de leurs cités
« une place où ils passent le temps à se
« tromper les uns les autres par de faux
« serments. Allez donc ; et, si je vis, ce
« ne sera pas du malheur des Ioniens

(1) Hérod., liv. I, ch. 141.

« que ces peuples auront à s'occuper, « mais bien du leur. » Dans cette réponse menaçante, Cyrus avait en vue tous les Grecs, qui sont dans l'usage d'avoir des marchés publics où ils vendent et achètent, usage tout à fait étranger aux Perses.

Peu de temps après, Cyrus, ayant remis à Tabalus, Perse de naissance, le gouvernement de Sardes, et donné à un Lydien, nommé Pactyas, la commission de transporter en Perse les trésors de Crésus et de la Lydie, partit pour Ecbatane, où il conduisit avec lui Crésus. Il ne crut pas que la guerre contre les Ioniens méritât ses premiers soins : Babylone, qui n'était pas soumise, l'occupait beaucoup plus. Il méditait en outre, contre les Bactriens, les Saces et les Égyptiens, une expédition à la tête de laquelle il voulait se mettre lui-même, en confiant la guerre d'Ionie à l'un de ses généraux.

Mais à peine Cyrus eut-il quitté Sardes que Pactyas fit révolter les Lydiens contre Tabalus et Cyrus. Il descendit d'abord vers la mer ; et, au moyen de richesses qu'il avait tirées de Sardes, il solda des troupes, et persuada à un grand nombre des habitants des côtes de le suivre. Avec l'armée qu'il forma ainsi, il s'empara de la ville de Sardes, et assiégea la citadelle, où Tabalus s'était retiré.

Dès que Cyrus fut instruit de cet événement, il fit venir Crésus, et lui dit : « Crésus, quelle sera la fin de tout ceci ? « Les Lydiens ne cesseront-ils point de « me susciter de nouvelles affaires et de « s'en attirer à eux-mêmes ? Je le vois, « il eût été mieux de les réduire en es- « clavage. En vérité, il me semble que « je me conduis aujourd'hui comme fe- « rait celui qui, ayant mis à mort le père, « épargnerait les enfants. Je vous ai fait « prisonnier ; je vous emmène avec moi, « vous qui êtes plus qu'un père pour les « Lydiens, et je laisse la ville au pou- « voir de ces mêmes Lydiens. Dois-je « ensuite m'étonner qu'ils se révoltent ? » Ainsi parla Cyrus ; et Crésus, ayant peur que dans son ressentiment il ne donnât l'ordre de détruire Sardes de fond en comble, s'empressa de lui répondre en ces termes : « O roi ! ce que vous dites « est juste, j'en conviens ; cependant ne « vous abandonnez pas à votre colère, « et ne renversez pas une ville antique, « innocente de ce qui s'est passé et de « ce qui se passe actuellement. Ses pre- « miers torts envers vous sont mon ou- « vrage, et j'en porte aujourd'hui la « peine. Ses derniers sont celui de Pac- « tyas, à qui vous aviez confié les ri- « chesses de Sardes. Qu'il en soit puni ; « mais pardonnez aux Lydiens, en pre- « nant cependant des mesures pour « qu'ils ne puissent à l'avenir ni se ré- « volter ni vous inquiéter. Prescrivez- « leur de ne plus conserver d'armes, de « porter des tuniques sous leurs man- « teaux, de chausser des cothurnes. Or- « donnez-leur de faire apprendre à leurs « enfants à jouer de la lyre, à chanter, « ou de les destiner au commerce : bien- « tôt, d'hommes qu'ils sont, vous en « aurez fait des femmes, et vous n'aurez « plus aucune crainte de révolte. »

Cyrus, satisfait de l'expédient proposé par Crésus, modéra sa colère, et consentit à suivre son avis. En effet, il appelle un Mède, nommé Mazarès, et lui enjoint de se rendre à Sardes pour y exécuter ce que Crésus avait proposé. Il lui prescrit aussi de faire vendre à l'enchère, comme esclaves, tous les Lydiens qui avaient marché contre Sardes, et de lui amener Pactyas vivant.

Après avoir donné ses ordres sans discontinuer sa route, Cyrus se hâta de se rendre en Perse. Pactyas, instruit qu'une armée approchait, s'enfuit précipitamment à Cyme. Mazarès, à la tête d'une partie des troupes de Cyrus, arriva à Sardes, et n'y trouvant plus ceux qui avaient pris part à la révolte, commença par forcer les Lydiens à se conformer à la volonté de Cyrus. Ensuite il envoya des messagers à Cyme, demander qu'on lui livrât Pactyas ; mais les habitants, avant de répondre, arrêtèrent d'en référer à l'oracle des Branchides, situé dans le territoire des Milésiens, au-dessus du port de Panorme.

Les députés de Cyme, étant arrivés aux Branchides, demandèrent à l'oracle comment ils devaient en agir à l'égard de Pactyas pour être agréables aux dieux. L'oracle répondit qu'il fallait le livrer aux Perses. Cette réponse rapportée à Cyme, les habitants crurent devoir obéir, et déjà la foule se pressait pour faire livrer Pactyas, lorsque Aristodicos, fils d'Héraclide, un des hommes les plus estimés de la ville, se défiant de cet oracle et doutant que les députés eussent rapporté la véritable réponse, retint ses concitoyens, et leur persuada d'envoyer une seconde députation dont il fit partie.

Aristodicos, arrivé chez les Branchides et choisi pour porter la parole, interrogea l'oracle en ces termes : « Seigneur, un Lydien, nommé Pactyas, « est venu en suppliant parmi nous pour « échapper à la mort violente qui le « menace chez les Perses. Aujourd'hui « les Perses nous le redemandent et or- « donnent de le livrer ; mais, quoique « nous ayons tout à craindre de leur « puissance, nous n'aurons pas le cou- « rage de livrer notre suppliant avant « que vous nous ayez clairement mani- « festé ce que nous devons faire. »

A cette nouvelle demande, l'oracle répondit une seconde fois qu'il fallait livrer Pactyas. Alors Aristodicos exécuta ce qu'il avait projeté, et se mit à faire le tour du temple, chassant tous les oiseaux qui y avaient fait leurs nids. Aussitôt, suivant ce qu'on rapporte, une voix sortie du fond du sanctuaire fit entendre ces mots : « O le plus sacrilége des « hommes! Oses-tu bien commettre un « tel attentat? oses-tu bien chasser de « mon temple mes suppliants. » Et l'on ajoute qu'Aristodicos, sans s'émouvoir, répondit : « Seigneur, comment « pouvez-vous prendre la défense de tels « suppliants, et prescrire en même « temps aux habitants de Cyme de livrer « le leur? » « Oui, reprit la voix, je « vous l'ai prescrit, impies que vous « êtes, mais pour hâter votre perte et « afin que vous ne veniez plus de- « mander à un oracle si l'on doit livrer « ses suppliants. »

Les habitants de Cyme, instruits de ces faits, ne voulant ni risquer de se perdre, comme l'oracle les en menaçait, en livrant leur suppliant, ni s'exposer au danger d'être assiégés par les Perses, envoyèrent Pactyas à Mytilène. Les messagers de Mazarès allèrent l'y réclamer, et les Mytiléniens consentirent à le remettre pour un prix convenu ; mais le marché n'eut pas d'exécution. Dès que les habitants de Cyme eurent connaissance de ce qu'avaient fait les Mytiléniens, ils envoyèrent dans l'île de Lesbos un vaisseau qui porta Pactyas à Chios ; et c'est là qu'arraché du temple de Minerve, gardienne de la citadelle, il fut enfin rendu aux Perses. Les Perses gardèrent Pactyas dans une étroite prison, jusqu'à ce qu'ils pussent le faire paraître en présence de Cyrus.

Mazarès fit ensuite la guerre à ceux qui avaient pris part au siége de la citadelle de Sardes, où s'était retiré Tabalus. Il réduisit aussi les Priéniens en esclavage, et les vendit à l'enchère. D'un autre côté, il fit une incursion dans les campagnes du Méandre, et les ravagea, ainsi que le territoire des Magnésiens, dont il abandonna le pillage à son armée. A la suite de ces diverses expéditions, il mourut de maladie (1).

C'était à son successeur Harpagus qu'était réservée la conquête de l'Ionie. Placé à la tête de l'armée, Harpagus parut bientôt dans l'Ionie, et fit le siége de plusieurs villes au moyen de terrasses. Dès qu'il avait resserré l'ennemi dans l'intérieur de ses remparts, il faisait élever ces terrasses de même hauteur que les murailles, et parvenait ainsi à se rendre maître de la ville. Phocée fut la première qui tomba en son pouvoir.

Lorsqu'Harpagus mena contre eux son armée, et qu'il eut commencé le siége de la ville, il fit dire aux habitants qu'il suffirait qu'ils voulussent, en témoignage de leur soumission, jeter à bas un seul des créneaux de leurs murailles, et consacrer une maison au roi.

Les Phocéens, ne pouvant supporter l'idée de la servitude, répondirent qu'ils désiraient avoir un jour pour délibérer sur cette proposition, et qu'ils feraient connaître ensuite leur décision, mais qu'ils demandaient que, pendant le jour de leur délibération, l'armée ennemie s'éloignât des murs de la ville. Harpagus répondit qu'il savait d'avance quel était leur dessein; que cependant il consentait à se retirer. Dès qu'il eut fait éloigner son armée, les Phocéens se hâtèrent de mettre à la mer les vaisseaux à cinquante rames

(1) Extrait d'Hér., liv. I, ch. 152-161.

qu'ils possédaient, et y firent entrer leurs femmes et leurs enfants. Ils y placèrent aussi leurs meubles et les images des dieux qu'ils tirèrent des temples, ainsi que tous les monuments consacrés, à l'exception de ceux qui étaient en pierre ou en airain ou peints sur les murs; puis, s'embarquant eux-mêmes, ils firent voile vers l'île de Chios, puis vers l'île de Corse. Ainsi les Perses ne s'emparèrent que d'une ville entièrement déserte.

Les habitants de Téos se conduisirent à peu près de même. Lorsqu'Harpagus, au moyen des terrasses qu'il avait élevées à la hauteur des murs de leur ville, fut près de s'en emparer, ils s'embarquèrent également sur leurs vaisseaux, et allèrent dans la Thrace, où ils bâtirent la ville d'Abdère.

Ces deux peuples furent les seuls de toute l'Ionie qui, pour se soustraire à la servitude, abandonnèrent leur patrie. Les autres, à l'exception des Milésiens, soutinrent, comme les Phocéens et les Téiens, des combats contre Harpagus, et déployèrent beaucoup de valeur en défendant leurs foyers; mais ils succombèrent à la fin, et quand leurs villes furent tombées au pouvoir de l'ennemi, ils continuèrent à les habiter, se résignant à passer sous les lois du vainqueur. Quant aux Milésiens, comme Cyrus avait reçu leur serment de fidélité et traité avec eux, leur repos ne fut pas troublé. C'est ainsi que les Ioniens furent asservis une seconde fois. Dès qu'Harpagus se fut rendu maître de toutes les villes du continent, celles des îles dépendantes de l'Ionie, effrayées des progrès des Perses, se soumirent d'elles-mêmes à Cyrus (1).

Les Ioniens eussent évité la servitude s'ils eussent écouté la voix de deux sages. Dans une assemblée générale du Panionion, Bias de Priène avait ouvert un avis plein de sagesse. Il leur conseillait de réunir en une seule flotte leurs vaisseaux, de s'y embarquer tous et de se rendre en Sardaigne, où ils fonderaient une cité unique qui comprendrait toute l'Ionie. Il leur démontrait que ce parti était le seul par lequel ils pussent se soustraire à la servitude et se procurer en même temps une existence heureuse en cultivant une grande île qui leur donnerait une supériorité réelle sur toutes les autres, tandis qu'en s'obstinant à demeurer dans l'Ionie il ne voyait pas de quelle manière ils pourraient y conserver leur liberté. Tel fut l'avis de Bias; et il pouvait encore sauver les Ioniens même après leurs malheurs.

Thalès de Milet leur en avait aussi donné un très-utile avant que l'Ionie fût subjuguée. Il leur proposait de n'avoir qu'un seul conseil général, qu'ils établiraient à Téos, ville située au centre de toute l'Ionie, ce qui n'empêcherait pas cependant que les autres villes ne continuassent à se gouverner intérieurement par leurs lois particulières comme des cités séparées. C'étaient là de sages avis, mais les Ioniens n'en profitèrent pas (1).

Harpagus, après avoir soumis l'Ionie, entreprit une expédition contre les Cariens, les Cauniens et les Lyciens, et y conduisit même des Ioniens et des Éoliens, qu'il avait incorporés dans son armée. Ainsi déjà les Grecs asiatiques subissaient les conséquences de la servitude; ils étaient réduits à combattre contre leurs frères.

Les premiers se soumirent à Harpagus sans avoir fait aucune action d'éclat dans la guerre, à l'exception des Pedasiens, qui arrêtèrent quelque temps Harpagus en fortifiant le mont Lyda. Mais, malgré ces efforts, ils furent soumis avec le temps. Les Cnidiens, colonie lacédémonienne, pendant qu'Harpagus désolait l'Ionie, avaient entrepris de couper l'isthme qui joignait au continent la péninsule où s'élevait leur ville et dont la largeur n'est que de cinq stades. Un grand nombre de Cnidiens se livrait avec ardeur à cet ouvrage, lorsqu'on remarqua que les travailleurs, surtout ceux qui étaient employés à fendre le rocher, se blessaient dans diverses parties du corps, et particulièrement aux yeux, beaucoup plus fréquemment qu'il n'était naturel que cela arrivât; et comme on crut voir dans ces accidents répétés la main de la Divinité, les Cnidiens envoyèrent des députés à Delphes pour savoir de l'oracle d'où venait l'obs-

---

(1) Extrait d'Hér. liv. 1 ch. 164-169.

(1) Hér., liv. I, ch. 170.

tacle qu'ils rencontraient. La Pythie leur répondit en vers trimètres.

« N'essayez pas d'amonceler les terres de l'isthme, ni de le creuser; si Jupiter eût voulu faire une île, il l'eût faite. »

« Sur cette réponse, les Cnidiens cessèrent leurs travaux, et se soumirent sans combat à Harpagus lorsqu'il se présenta avec son armée (1). »

Les Lyciens se défendirent mieux que les Cariens. Lorsqu'Harpagus parut dans les campagnes de Xanthe, ils marchèrent à sa rencontre, et, quoique inférieurs de beaucoup en nombre, ils combattirent avec une grande valeur. Vaincus cependant et obligés de rentrer dans la ville, ils réunirent leurs femmes, leurs enfants, leurs esclaves, avec toutes leurs richesses dans la citadelle, et y mirent ensuite le feu. Après cet acte de désespoir, les habitants de Xanthe, s'étant liés par des imprécations solennelles, recommencèrent le combat, et y périrent tous. C'est ainsi qu'Harpagus se trouva maître de Xanthe, et Caunuim tomba à peu près de la même manière en son pouvoir. Les Cauniens avaient suivi presque en tout l'exemple des Lyciens (1).

Ainsi les Perses, déjà maîtres, avant leur guerre contre Crésus, de toutes les contrées à l'est du fleuve Halys, avaient étendu leur puissance jusqu'aux extrémités occidentales de la péninsule. Les îles seules n'étaient pas soumises. Darius, puissant par la marine phénicienne, devait bientôt les ajouter à sa domination (2).

(1) Hérod., liv. I, ch. 174.

(1) Hérod., liv. I, ch. 176.
(2) Thuc., liv. I, ch. 16.

LIVRE II.

L'ASIE MINEURE SOUS LES ROIS DE PERSE.

CHAPITRE PREMIER.

ORGANISATION POLITIQUE DE L'ASIE MINEURE SOUS LES ROIS DE PERSE.

§ 1. SUBDIVISIONS OU SATRAPIES.

Une seule bataille avait décidé du sort de l'empire des rois de Lydie. « C'est, comme le remarque Heeren (1), le phénomène ordinaire que présentent ces grandes monarchies despotiques qui n'ont d'autre appui que l'armée du despote, et qui s'écroulent dès qu'elle est vaincue. La force qu'acquiert un État par une bonne constitution, source du vrai patriotisme et de toutes les nobles vertus, et qui dans une lutte à peu près égale rend, pour ainsi dire, impossible sa ruine entière, ne pouvait guère exister chez des nations où un despotisme absolu était la forme générale du gouvernement. »

Il est peu vraisemblable qu'un peuple aussi barbare que l'étaient alors les Perses ait pu, dans la période de ses conquêtes, donner une constitution régulière à un empire si vaste et composé d'éléments si divers, et qu'une division exacte par provinces, fondée sur des limites géographiques déterminées, ait pu être l'ouvrage de Cyrus et de son successeur Cambyse, tout entier l'un et l'autre à leurs idées envahissantes. Ce qu'il est permis de croire, d'après les renseignements que nous fournit Hérodote, c'est qu'à mesure qu'une nouvelle contrée était réunie à l'empire elle était placée sous les ordres d'un gouverneur, qui y représentait

(1) *De la politique et du commerce des peuples de l'antiquité*, t. I, p. 152 de la trad. fr.

le grand roi et qui la régissait en son nom. C'est ainsi que nous venons de voir Sardes, c'est-à-dire la Lydie, mise par Cyrus sous le commandement de Tabalus, puis sous celui de Mazarès et enfin sous celui d'Harpagus. Ces gouverneurs imposaient arbitrairement aux peuples des tributs qui, sous le nom de dons ou d'offrandes, étaient présentés au roi et déposés dans son trésor. Mais, par cela même qu'ils étaient imposés arbitrairement, ces tributs étaient souvent onéreux et même vexatoires. De là des révoltes et la nécessité de remédier par une administration plus régulière à un mal sans cesse renaissant.

Ce fut Darius, fils d'Hystaspe, le plus grand des rois de Perse, qui jeta les fondements d'une organisation stable et forma le premier plan d'une division de l'empire en provinces ou satrapies, dont il fixa le nombre à cent vingt-sept (1), et cette division fut maintenue sous ses successeurs (2). L'Asie Mineure formait dix de ces départements; savoir :

1° La Lydie, y compris l'Ionie,
2° La Carie,
3° La Mysie,
4° La Grande Phrygie,
5° La Cappadoce la Lycaonie,
6° La Cappadoce sur le Pont,
7° La Paphlagonie,
8° La Bithynie,
9° La Lycie,
10° La Cilicie.

Passons en revue ces dix provinces, afin de mieux faire ressortir tout l'intérêt que les Perses devaient attacher à leur possession (3).

I. *Satrapies occidentales.*

I. LYDIE (4). — Cette satrapie était la plus riche de l'Asie Mineure, et les Perses la regardèrent toujours comme la première et la plus importante, parce que les Lydiens dominaient lors de la conquête persane. Sardes, capitale et ancienne résidence des rois lydiens, était devenue le séjour des satrapes (1), et même les rois de Perse y résidaient lorsqu'ils venaient en Asie Mineure. Elle était située dans la vaste plaine qu'arrose l'Hermus et défendue par une citadelle très-escarpée, qu'occupait constamment une garnison persane (2).

Un heureux concours de circonstances contribuait à rendre ce pays riche et florissant : sa fécondité extraordinaire, un grand commerce et même une montagne aurifère, le Tmolus. La Lydie était aussi un des entrepôts naturels des denrées asiatiques destinées à l'Europe. Quoique le commerce maritime fût entre les mains des villes grecques du littoral, il est constant que les Lydiens prenaient une grande part au commerce continental. En effet, leur capitale est représentée comme un centre où se réunissaient les Grecs, des Phrygiens et jusqu'à des peuples nomades pour échanger leurs marchandises (3). C'était surtout un des principaux marchés d'esclaves d'où les harems des grands de la Perse tiraient leurs eunuques (4). Les Lydiens sont regardés

---

(1) Voy. Josèphe, *Ant. Jud.*, liv. XI, ch. 4; Esdras, liv. III, ch. 4.
(2) Josèphe, ouvr. cité, liv. XI, ch. 6; Livre d'Esther, ch. I. et VII.
(3) J'emprunte les principaux traits de ce tableau à l'ouvrage du savant Heeren, t. I, p. 162 et suiv. de la tr. fr.
(4) La Lydie, en y comprenant l'Ionie ou la partie littorale, est citée comme satrapie par Xénoph., *Anab* liv. VII, ch. 8; par Arrien, *Exp. d'Alex.*, liv. I, ch. 12, et par Diodore de Sic., liv. XVIII, ch. 5.

(1) Hérod., liv. V, ch. 100; Xénoph., *Anab.*
(2) Arrien, ouvr. cit., liv. I, ch. 17. — Les ruines de cette citadelle qui subsistent encore répondent à l'idée que nous en donnent les historiens anciens.
(3) Étienne de Byzance au mot Ἀσία.
(4) « Un certain Panionius de Chios se livrait à un commerce à la fois atroce et impie : il mutilait tous les enfants d'une figure agréable qui tombaient dans ses mains et les vendait à un très-grand prix, soit à *Sardes*, soit à Éphèse; car chez les barbares on attache une valeur considérable aux eunuques. » Hér., liv. VIII, ch. 105. — Nous ne pouvons nous défendre de remarquer ici que c'est grâce aux éloquentes protestations des philosophes du dix-huitième siècle, aujourd'hui si calomniés, qu'on a renoncé en Italie à préparer, par cette odieuse mutilation, des *soprani* pour le théâtre et même pour la chapelle du pape.

ASIE MINEURE.

comme les premiers, qui aient monnayé l'or et l'argent (1), invention qui ne pouvait émaner que d'un peuple commerçant. Les premiers ils avaient construit des édifices publics destinés à recevoir les étrangers (2) qui affluaient en grand nombre dans leur pays, du moins à en juger par l'usage qui s'était établi chez les jeunes filles lydiennes de se procurer une dot aux dépens de leur chasteté (3).

L'industrie des Lydiens s'était portée de préférence sur les objets de luxe (4). Ils étaient très-habiles à façonner les métaux précieux, dont ils avaient même découvert de nouvelles compositions. Ils faisaient le commerce de l'or en lingots qu'ils vendaient aux Grecs pour en faire les statues de leurs dieux (5). Ils fabriquaient aussi des jouets qu'ils portaient aux Grecs ou que ceux-ci allaient chercher chez eux. L'or se tirait du mont Tmolus, et le fleuve Pactole, qui traversait la ville, entraînait l'or dans son cours, et on lavait les sables qui le contenaient (6). Le trésor des rois lydiens et ensuite celui des rois de Perse étaient remplis de ce sable d'or (7).

La côte de ce riche pays, la riante et fertile Ionie, était réunie à la Lydie dans le cadastre de l'administration persane (1). Favorisées par leur position, les douze villes grecques qu'elle contenait partagèrent, avec les Phéniciens, le privilége d'être les plus grands marchés du commerce asiatique et européen. Leurs ports étaient remplis de bâtiments venus de chez toutes les nations voisines de la Méditerranée. Leurs flottes couvraient la mer Égée. Nous les verrons bientôt jouer un grand rôle dans la lutte des Perses contre les Grecs. Il importait beaucoup à ces derniers de maintenir leur domination sur ces villes, dont ils tiraient la plus grande partie de leur marine ; aussi se décidèrent-ils à leur laisser une apparence de liberté. Toutefois, sans les gouverner directement, ils surent y conserver des partisans.

II. CARIE (2). — A l'exception de quelques résistances partielles, les Cariens s'étaient soumis spontanément à Cyrus (3). C'était une nation guerrière qui se livrait à la navigation et surtout à la piraterie. Les Perses leur laissèrent longtemps leurs chefs ou rois, que nous verrons figurer dans l'armée de Xerxès (4). Plus tard leur pays est désigné comme une province; mais les sa-

(1) Hérod., liv. I. ch. 94.
(2) Id., ib., ib.
(3) Id., ib., ch. 93.
(4) Id., ib., ch. 50 et suiv.
(5) Id., ib., ch. 69.
(6) Id., liv. V, ch. 101.
(7) C'est à ce sable d'or que la famille athénienne des Alcméonides devait son opulence. Alcméon avait cultivé particulièrement l'amitié des députés lydiens envoyés par Crésus pour consulter l'oracle de Delphes, et les avait aidés à remplir leur mission. Crésus, instruit, au retour de ses députés, des services qu'ils en avaient reçus, appela Alcméon près de lui, à Sardes ; il s'y rendit, et le roi lui fit présent de la quantité d'or qu'il pourrait emporter sur son corps en une fois. Alcméon s'habilla, pour recevoir ce don singulier, de façon à en tirer le meilleur parti possible. Il s'était enveloppé d'une ample tunique, munie d'une poche profonde, et avait chaussé les cothurnes les plus larges qu'il avait pu se procurer. On le conduisit, ainsi habillé dans le trésor du roi, où il trouva un amas de paillettes d'or que l'on mit à sa disposition. Il commença à en accumuler autour de ses jambes autant que ses cothurnes purent en contenir; ensuite il en remplit toute la poche qu'il avait pratiquée dans sa tunique. Enfin, après en avoir poudré ses cheveux et fait entrer dans sa bouche tout ce qu'elle put en contenir, il sortit du trésor, traînant avec peine ses cothurnes derrière lui, la bouche pleine et tout le corps boursouflé, et ne ressemblant plus en rien à un homme. Crésus, en le voyant passer dans cet état, ne put s'empêcher de rire ; mais il lui laissa tout ce qu'il avait pu emporter, et lui fit en outre beaucoup d'autres présents, qui n'avaient pas moins de valeur. » Hérod., liv. VI, ch. 125.

(1) Arrien, *Exp. d'Alex.*, liv. I, ch. 142 et suiv.
(2) La Carie est citée comme satrapie par Arrien, liv. I, ch. 17 et 18, et par Diodore de Sic., liv. XVIII, ch. 5. Les gouverneurs de la Carie portent le nom de satrape dans les inscriptions : Voyez mon *Voyage en Grèce et en Asie mineure*. Inscriptions, t. III, nᵒˢ 377-379.
(3) Hérod., liv. I, ch. 174.
(4) Hérodote, liv. VIII, ch. 87, indépendamment d'Artémise, reine d'Halicarnasse, mentionne Damasithyme, roi de Calynda.

trapes qui la gouvernaient accrurent successivement leur puissance, et le pouvoir y redevint héréditaire.

III. MYSIE. — La Mysie, appelée aussi Phrygie sur l'Hellespont (1), surpassait en fertilité l'Ionie, quoique son climat fût moins doux. La possession de ce pays était importante pour les Perses, parce qu'il était la clef de l'Europe, et elle leur devint de plus en plus nécessaire, à mesure qu'ils attachèrent plus de prix à leurs possessions européennes dans leurs guerres avec les Grecs, et qu'ils eurent à craindre des invasions des Hellènes et des Macédoniens en Asie.

II. *Satrapies du plateau central.*

Le plateau de l'Asie Mineure comprenait deux satrapies, la Grande Phrygie et la Cappadoce, séparées par l'Halys.

IV. PHRYGIE (2). La Phrygie, qui comprenait aussi le pays nommé plus tard Galatie, aurait été une des plus grandes satrapies si les Perses, peut-être pour prévenir son développement, n'en eussent détaché quelques districts situés sur la frontière pour les réunir aux satrapies limitrophes. C'est ainsi que vers l'est la Lycaonie (3) fut jointe à la Cappadoce et la Milyade à la Lycie (4).

Les Phrygiens n'étaient pas seulement un des peuples les plus anciens de l'Asie Mineure ; ils avaient été autrefois un peuple puissant et souverain qui paraît avoir occupé la plus grande partie de la péninsule. Ils étaient connus comme peuple agriculteur dès les temps les plus reculés (5), et ils conservèrent cette réputation sous les Perses (1). Ils s'adonnaient avec non moins de zèle à l'élève des troupeaux de brebis (2), dont la laine était recherchée non-seulement pour son extrême finesse, qui égalait celle de la laine milésienne, mais encore pour son beau noir, que l'on comparait à celui des corbeaux (3). Hérodote compte les Phrygiens parmi les peuples les plus opulents de l'Asie Mineure.

Le chef-lieu de cette satrapie était Célènes, ville riche et magnifique, située sur la grande route de commerce qui conduisait de l'intérieur de l'Asie à Milet et à Éphèse, et qui en faisait un des entrepôts du commerce intérieur. Les marchands se dirigeaient de là à Carura, renommée pour ses grands caravansérails (4), et frontière commune de la Carie, de la Phrygie et de la Lydie (5). Célènes était la résidence ordinaire des satrapes persans (6). On y voyait un palais royal, bâti, dit-on, par Xerxès, et plusieurs autres établissements, indépendamment de grands *paradis* ou jardins de plaisance assez vastes pour y tenir de grandes chasses et y faire manœuvrer une armée de douze mille hommes (7).

V. CAPPADOCE. — La Cappadoce était du temps des Perses le nom commun donné aux pays entre l'Halys et l'Euphrate, séparés par le premier de la Phrygie et de la Paphlagonie et par le dernier de l'Arménie. Les auteurs contemporains n'offrent aucune donnée de laquelle on puisse conclure que cette contrée ait formé deux provinces; mais Strabon (8) nous apprend que les Perses

---

(1) Elle est indiquée comme satrapie par Arrien, liv. I, ch. 12 ; par Diodore, liv. XVIII, ch. 5 ; et par Xénophon, *Hist. gr.*, liv. III, ch. 2. et liv. IV, ch. 1, où Pharnabaze est appelé, dans le premier passage, satrape d'Éolide, et dans l'autre satrape de Phrygie, c'est-à-dire de la Phrygie sur l'Hellespont.

(2) La Phrygie est citée comme satrapie par Xénophon, *Anab.*, liv. I, ch. 9, et ailleurs, par Arrien, *Exp. d'Alex.*, liv. I, ch. 25 ; et par Diodore, liv. XVIII, ch. 5.

(3) Xénoph., l. c.

(4) Arrien, liv. I, ch. 24.

(5) Voy. *Bibl. der alten Litteratur und Kunst*, St. VII, *Ined.*, p. 9 et suiv.

(1) Scol. de Théocrite sur l'Id. X, vers 41.
(2) Hérodot., l. c.
(3) Strab., liv. XII, p. 578.
(4) Strab., liv. XII, p. 578. Il les appelle πανδοχεῖα.
(5) La *Carura* de Strabon doit être la Cydraca d'Hérodote, liv. VII, ch. 30 et 31, où se séparaient les routes de Carie et de Lydie, ou de Sardes et de Milet, quand on venait de l'intérieur de l'Asie ; sinon, elle devait être située dans le voisinage.
(6) Voyez dans Hér., liv. VII, ch. 27 et suiv., une preuve de la richesse des habitants de Célènes, à l'époque de l'expédition de Xerxès contre la Grèce.
(7) Xénoph., *Anab.*, liv. , ch. 2.
(8) Strab., liv. XII, p. 534. Outre le passage

l'avaient divisée en deux satrapies : la grande Cappadoce et la Cappadoce sur le Pont.

La grande Cappadoce ou la Cappadoce proprement dite offrit toujours un sol peu favorisé de la nature et sous l'influence d'un climat rude et ingrat. On cultivait du froment dans les terres labourables, mais la majeure partie du pays était couverte de hautes steppes qui servaient de pâturages aux brebis. Le manque presque absolu de bois y rendait très-difficile la construction des maisons; aussi la plus grande partie du pays restat-elle sans villes. Les habitants, qui vivaient en pasteurs sans être nomades, demeuraient dans des bourgs, et la soi-disant capitale Mazaca ressemblait plus à un camp qu'à une ville. Cependant il y avait dans les contrées fertiles deux cités, Comana et Morimena, remarquables par leur constitution religieuse, sur laquelle nous reviendrons ailleurs.

La partie du sud-est, ou la Lycaonie, à laquelle appartenait l'Isaurie (1), était une steppe saline où se couvait un grand lac salé nommé Tatta. L'éducation des bestiaux était presque la seule occupation des habitants (2).

III. *Satrapies septentrionales.*

VI. CAPPADOCE SUR LE PONT (3). — La Cappadoce sur le Pont était, comme la grande Cappadoce, habitée par ce peuple que les auteurs du temps des Perses désignent sous le nom de Syriens blancs; mais en outre on y rencontrait beaucoup d'autres nations, telles que les Chalybes, les Tibarènes et les Mosynœques, venus sans doute des contrées septentrionales, et qui, en partie du moins, continuèrent à mener une vie sauvage et indépendante (4).

La partie orientale de cette contrée était couverte de montagnes et de forêts. On y exploitait les mines de fer (5); mais d'autres parties et surtout

de Strabon, la Cappadoce réunie à la Lycaonie se trouve mentionnée comme satrapie dans Xénophon, liv. VII, ch. 8, § 25, et dans Diodore de Sicile, liv. XVIII, ch. 5.

(1) Voy. Liv. I, ch. 5.
(2) Strab., liv. XII, p. 568.
(3) Voyez plus haut p. 64, note 7.
(4) Voyez liv. I, ch. 6, § 1.
(5) Xénoph., *Anab.*, liv. V, ch. 1.

la plaine de Thémiscyre, ancien séjour des Amazones, étaient couvertes d'arbres fruitiers. On y récoltait du vin et des céréales; et les grandes forêts renfermaient du gibier en abondance. On trouvait sur le littoral des villes commerçantes, fondées par les Grecs, Amisus et Trapezonte, colonies de Milet, destinées surtout à favoriser la navigation sur la mer Noire et le commerce avec les naturels.

Au milieu du pays s'élevait la ville de Comana, qui, comme la Comana de la grande Cappadoce, avait une constitution religieuse qui la soumettait avec tout son territoire à un souverain pontife. C'était aussi un grand centre de commerce.

VII. PAPHLAGONIE.— la Paphlagonie était séparée de la Cappadoce pontique par l'Halys, qui était large de deux stades dans cette partie de son cours et qu'on ne pouvait traverser qu'en bateau (1). La partie orientale avait encore de hautes montagnes, mais la partie occidentale était une grande et belle plaine arrosée par plusieurs fleuves. On y élevait d'excellents chevaux, et la cavalerie paphlagonienne était regardée comme la meilleure de toute l'Asie. Les Paphlagoniens étaient sans doute nominalement soumis aux Perses, et Hérodote (2) les range parmi les peuples tributaires du grand roi; mais ils étaient trop puissants pour que les Perses pussent exercer sur eux une domination absolue. Nous les voyons au contraire, du temps de Xénophon, presque entièrement indépendants, sous la conduite de leurs propres chefs, qui, bien qu'ordinairement alliés avec les Perses, ne se faisaient cependant pas scrupule, dans certaines circonstances, d'embrasser la cause des Grecs. Ils étaient en effet assez puissants pour donner du poids à leur alliance, puisque, s'il faut en croire Xénophon (3), ils pouvaient mettre sur pied une armée de cent vingt mille hommes.

C'est sur les côtes de la Paphlagonie qu'était située Sinope, colonie de Milet, la plus florissante de toutes les villes grecques bâties sur les bords de la mer

(1) Xénoph., *Anab.*, liv. V, ch. 6.
(2) Liv. III, ch. 90.
(3) L. c.

Noire. Quoique formant une république à part, elle fut cependant, du moins à différentes époques, tributaire des Perses.

VIII. BITHYNIE. — La Bithynie est un pays généralement fertile, aussi uni, aussi riche en pâturages que la Paphlagonie, quoique dans la partie occidentale se trouve l'Olympe, montagne élevée et boisée. Les plaines étaient riches en blés, en légumes, en vignes, en sésame, dont on tirait de l'huile, et en troupeaux. Ses vastes forêts, peu éloignées de la côte, fournissaient d'excellents bois de construction qu'employaient surtout les habitants de la colonie grecque d'Héraclée pour la fabrication de leurs navires.

De tous les pays de l'Asie Mineure, la Bithynie est celui qui nous offre le moins de renseignements sur l'époque persane et dont les rapports avec le grand roi soient les plus difficiles à fixer. Hérodote cite bien quelques-uns des peuples qui l'habitaient parmi les tributaires des Perses (1) et parmi leurs auxiliaires (2), mais il est vraisemblable qu'ils n'étaient pas tous traités sur le même pied.

Le principal peuple, les Bithyniens, habitaient la partie occidentale et obéissaient à un satrape qui avait son siége à Dascylium. Les autres tribus qui occupaient la partie occidentale avaient un souverain choisi parmi elles, mais qui était allié et tributaire des Perses. De leur côté les satrapes des provinces limitrophes lui envoyaient des troupes auxiliaires en cas d'attaque, surtout de la part des Grecs.

IV. *Satrapies méridionales.*

Il nous reste à parler de la côte méridionale qui embrassait la Lycie, la Pamphylie avec la Pisidie et la Cilicie. Tous ces pays sont couverts de hautes montagnes; car c'est en Lycie que commence la chaîne du Taurus. La nature de leur sol en avait toujours rendu la conquête difficile; et, quoique les Perses les comptassent parmi leurs provinces, ils n'en firent pas toujours partie.

IX. LYCIE (3). — Les Lyciens étaient le

(1) Liv. III, ch. 90.
(2) Liv. VIII, 75.
(3) Elle est citée comme formant une sa-

peuple le plus civilisé de tous ceux qui occupaient cette côte de l'Asie Mineure. Ils le devaient sans doute à leur position géographique et à la fertilité du sol qu'ils habitaient. Libres avant la période persane, ils succombèrent, non sans une énergique résistance, à l'attaque des capitaines de Cyrus (1). Quoique les historiens anciens ne fassent pas expressément mention d'un satrape de Lycie, les révoltes de ce pays suffiraient seules pour prouver qu'ils firent constamment partie de l'empire (2).

On en peut dire autant des Pamphyliens (3), dont les côtes furent souvent le rendez-vous des flottes et des armées persanes. Les Pisidiens, au contraire, naturellement défendus par les montagnes sur la cime desquelles ils s'étaient établis, s'inquiétaient si peu des Perses que c'était pour ainsi dire un devoir ordinaire des satrapes voisins que de guerroyer avec eux (4).

X CILICIE (5). — La Cilicie, beaucoup plus étendue, se présente sous le même aspect. Elle renfermait au milieu de ses hautes montagnes de grandes plaines et de larges vallées d'une fertilité extrême, qui produisaient en abondance des céréales, des fruits et du raisin. C'est par ces contrées que passait la grande route qui, des montagnes élevées de la Lycaonie, conduisait en Mésopotamie et en Syrie. C'est par cette route que Xénophon, à la suite du jeune Cyrus, entra dans la haute Asie (6).

La Cilicie avait alors son propre souverain, qui, quoique tributaire, portait le titre de roi et qui fut traité en ennemi par Cyrus, jusqu'à ce qu'il se fût décidé à offrir des présents. Quoique les limites de la Cilicie fussent bien déterminées, des postes persans étaient opposés aux postes

trapie avec la Pisidie par Diodore de Sicile, liv. XVIII, ch. 5.
(1) Voy. Liv. I, ch. 14.
(2) Diodore de Sicile, liv. XV, ch. 90.
(3) Diodore de Sicile range la Pamphylie au nombre des provinces maritimes, liv. XVIII, ch. 6.
(4) Xénoph., *Anab.*, liv. I, ch. 2 et 9; liv. II, ch. 5, et liv. III, ch. 2.
(5) Elle est indiquée comme province maritime par Diodore de Sicile, liv. XVIII, ch. 6.
(6) Xénoph. *Anab.*, liv. I, ch. 2.

Ciliciens, et les défilés des frontières étaient défendus par des portes. Néanmoins on trouve en d'autres temps des satrapes dans ce pays (1). Ajoutons que dans les flottes des Perses il y avait continuellement des navires ciliciens, et que Xénophon range toujours ce pays parmi les propriétés de l'empire; d'où il semble résulter que les Perses, au moment de leur première conquête, avaient laissé à la Cilicie, comme à beaucoup d'autres pays, ses souverains et ses constitutions, et que leur domination fut plus ou moins directe et effective suivant les circonstances.

§ II. DIVISIONS OU GRANDES SATRAPIES.

Pour concentrer les fils de cet immense réseau dont il avait enveloppé l'empire, et peut-être aussi pour rendre plus facile la rentrée des impôts et l'action de l'autorité militaire, Darius avait réuni en vingt groupes les cent vingt-sept satrapies de l'empire, et préposé à la tête de chacun de ces grands gouvernements un satrape en chef, sorte de vice-roi, qui en avait le commandement suprême.

L'Asie Mineure formait quatre de ces grandes satrapies, dont Hérodote nous a conservé la liste.

« Les Ioniens et les Magnètes d'Asie, les Éoliens, les Cariens, les Lyciens, les Milyens, les Pamphyliens étaient imposés en commun à quatre cents talents d'argent, et formaient le premier gouvernement.

« Les Mysiens, les Lyciens, les Lasoniens, les Cabaliens et les Hygenniens, qui formaient le second, rendaient cinq cents talents.

« Le troisième, composé des Hellespontiens, situés à la droite du navigateur, des Phrygiens et des Thraces d'Asie, des Paphlagoniens, des Mariandyniens et des Syriens (c'est-à-dire des Cappadociens), était imposé à trois cent soixante talents.

« Les Ciliciens fournissaient trois cent soixante chevaux blancs, un par jour, et cinq cents talents, dont cent quarante étaient employés à payer la cavalerie en garnison dans le pays, et le reste,

(1) Arrien, *Expéd. d'Alex.*, liv. II, ch. 4

trois cent soixante, entrait dans le trésor royal; c'était le quatrième gouvernement (1).

De ces quatre grands gouvernements le plus important était sans aucun doute le premier. Le satrape qui en était investi résidait à Sardes, prenait le titre de satrape de l'Asie inférieure, τῶν κάτω, ou des contrées maritimes, τῶν ἐπιθαλασσίων. L'histoire nous a conservé le nom de quelques-uns d'entre eux : Sous Darius Ier, Orétès (2);
    Artapherne, fils d'Hystaspe (3);
    Mardonius (4);
Sous Xerxès, Hydarnès (5);
sous Artaxerxès Ier, Pissuthnès (6);
sous Darius Nothus, Tissapherne (7);
sous Artaxerxès II, Tithraustès (8).

Ce satrape avait sous ses ordres des lieutenants, qui probablement étaient les chefs des subdivisions composant le gouvernement et même des contrées faisant partie de ces subdivisions. Thucydide en nomme deux, Itagès et Tamos, dont le dernier était particulièrement préposé à l'Ionie, ὕπαρχος Ἰωνίας.

Le satrape chargé du second gouvernement résidait à Dascylium, où se trouvait en abondance tout ce qui pouvait satisfaire le luxe de ces vice-rois (9).

La partie la plus considérable du troisième était la Cappadoce, où, après la conquête, les rois de Perse avaient établi un satrape membre de la race des Achéménides, c'est-à-dire de la race royale (10). Les descendants de ce prince avaient conservé ce gouvernement sous le titre de rois et réunirent, sans doute depuis l'organisation de Darius Ier, plusieurs satrapies limitrophes sous leurs ordres. Du temps de la retraite des Dix Mille, les deux Cappadoces étaient gouvernées par Mithridate, dont le fils Ariobarzane

(1) Hérod., liv. I, ch. 90.
(2) Hérod., liv. III, ch. 127.
(3) Hérod., liv. V, ch. 25.
(4) Hérod., liv. VI, ch. 43.
(5) Hérod., liv. VII, ch. 135.
(6) Thucydide, liv. I, ch. 115, etc.
(7) Thuc., liv. VIII, ch. 5, etc.
(8) Xénoph., *Hist. gr.*, liv. III, ch. 2; Diod. de Sic., liv. XIV, ch. 80.
(9) Xénoph., *Hist. gr.*, liv. IV.
(10) Voy. Vaillant, *Historia Achæmenidarum*.

était satrape de Phrygie du vivant de son père et obtint après la mort de celui-ci tous les pays qui lui avaient été soumis.

La Cilicie, qui formait à elle seule la quatrième vice-royauté, avait pour capitale Tarse, ville considérable, riche et splendide, bâtie sur le Cydnus.

Ainsi Darius avait cherché à combiner les deux grands leviers de l'administration, le morcellement et la centralisation (1). Mais ces vice-rois, investis d'une puissance excessive, ne tardèrent pas à se regarder comme les maîtres des contrées dont l'administration civile et militaire leur était confiée. Profitant de la distance qui les séparait du centre de l'empire et des ressources considérables qu'ils avaient à leur disposition, plusieurs d'entre eux se révoltèrent; d'autres, comme celui de la Cappadoce, se rendirent indépendants et se bornèrent à payer, avec plus ou moins d'exactitude, un tribut, soit en argent, soit en nature; et nul doute que tous n'eussent fini par suivre cet exemple si les Macédoniens n'eussent pas renversé un trône que les cruautés d'Artaxerxès III avaient rendu chancelant, et que Darius Codoman était trop faible pour soutenir (2).

(1) Nous n'ignorons pas que la division en vingt grandes satrapies a été regardée par le savant Heeren comme antérieure à l'organisation en cent vingt-sept départements; mais il nous a été impossible, malgré tout notre respect pour une aussi grande autorité, d'adopter cette opinion. L'histoire prouve, comme on a pu en juger par les faits que nous avons rapportés plus haut, que les deux combinaisons existaient simultanément et qu'elles se maintinrent jusqu'à la chute de l'empire. Sans doute la liste donnée par Hérodote porte l'empreinte d'un premier essai; mais le cadre était tracé et ne dut subir que de légères modifications de détail à mesure que l'autorité du grand roi s'établissait d'une manière plus solide.

(2) Voy. Mém. de l'Acad. des Inscr. et Belles-Lettres, t. 50, p. 48 et suiv.

§ 3. MESURES PRISES PAR LES PERSES POUR ASSURER LEURS COMMUNICATIONS AVEC LES SATRAPES DE L'ASIE MINEURE.

Afin de rendre plus faciles et plus prompts leurs rapports avec les satrapes qui les représentaient en Asie Mineure, les rois de Perse firent ouvrir une grande voie de communication qui conduisait de Suze, la capitale de leur empire, jusqu'à Sardes, chef-lieu de la plus importante des grandes satrapies. Cette entreprise gigantesque dut être réalisée peu de temps après la conquête, sans doute sous le règne de Darius; car elle existait déjà quand Xerxès entreprit de soumettre les Grecs d'Europe et de se venger ainsi de la révolte de l'Ionie, qu'ils avaient favorisée. Voici la description que nous en donne Hérodote en remontant de Sardes, où elle venait aboutir jusqu'au point d'où elle partait.

« Cette route est divisée en stations, à chacune desquelles on trouve des maisons appartenant au roi et de très-belles auberges. La route passe continuellement par des lieux habités : elle est parfaitement sûre. On compte pour traverser la Lydie et la Phrygie vingt stations, qui comprennent quatre-vingt-quatre parasanges et demi. Avant d'atteindre le fleuve Halys, qui sert de limite à la Phrygie, on rencontre des portes par lesquelles il faut nécessairement passer pour le traverser : ces portes sont gardées avec le plus grand soin. Après le passage du fleuve, on entre dans la Cappadoce; puis, jusqu'à la frontière de Cilicie, on compte vingt-huit stations et cent quatre parasanges. Parvenu à cette frontière, on trouve deux autres portes et une double garde à franchir. En continuant à s'avancer, on traverse la Cilicie, qui comprend trois stations, sur une route de quinze parasanges et demi. L'Euphrate, qui sert de limite entre la Cilicie et l'Arménie, ne peut être passé qu'en bateau. On compte en Arménie, sur cinquante-six parasanges et demi, quinze stations dans chacune desquelles il y a garnison. Chacune de ces stations et les quatre fleuves qui arrosent cette contrée ne peuvent être également traversés qu'en bateau. En sortant de l'Arménie, on arrive dans le pays des Matiéniens, où l'on trouve quatre stations : de là on entre dans la province de Cissie, où sont établies onze stations sur quarante-deux parasanges et demi, jusqu'au Choaspe, qu'il faut également passer en bateau, et sur lequel la ville de Suze est bâtie. Il y a donc en tout cent onze stations pour monter de Sardes à Suze.

« Si l'on évalue la longueur de cette route royale en parasanges, en prenant la parasange pour trente stades (comme c'est réellement sa valeur), on trouve de Sardes jusqu'au Memnonium royal treize mille cinq cents stades, ou quatre cent cinquante parasanges (1), et à cent cinquante stades par jour la durée du temps employé à faire la route est juste de 90 jours (2). »

Les messages des rois de Perse étaient transmis par des courriers qui passaient pour les plus prompts que l'on connût. « Il n'en est point, dit Hérodote, qui se rendent avec plus de célérité d'un lieu à un autre au moyen du genre de communication qu'ont inventé les Perses. Voici en quoi il consiste : on établit sur la route à parcourir autant de chevaux et d'hommes que l'on compte de journées de marche à faire. Chaque cheval et chaque homme ne parcourt qu'une de ces journées. Ni la neige, ni la pluie, ni la chaleur, ni la nuit n'empêchent jamais que chacun d'eux ne fasse, le plus vite possible, la course qui lui est assignée. Le premier courrier qui arrive donne au second les ordres dont il est porteur; le second les transmet au troisième et ainsi de suite jusqu'au terme du voyage (3). »

CHAPITRE II.

L'ASIE MINEURE PENDANT LE RÈGNE DE CAMBYSE.

LA SOUMISSION DE L'ASIE MINEURE PRÉPARE LA LUTTE DES GRECS ET DES PERSES. — Nous venons de signaler une des causes qui devaient tôt ou tard amener le morcellement, puis la chute de l'empire des Perses. Un danger plus grand les menaçait encore.

En soumettant l'Asie Mineure à ses armes, le peuple conquérant s'était trouvé en contact avec les Grecs de l'Asie Mineure. Cette nation libre et commerçante, tout en cédant à la nécessité, ne plia jamais constamment sous le joug. Comme la malheureuse Italie, elle était asservie, mais toujours prête à briser ses fers (1). Aussi la verrons-nous se révolter dès que l'occasion s'en présente, prendre part aux guerres des Perses contre les Grecs européens, tantôt comme auxiliaires forcés, tantôt comme adversaires, réglant leurs relations avec le grand roi sur la fortune de la guerre; et, comme chez les Grecs d'Europe ce fut toujours une idée dominante de délivrer leurs compatriotes d'Asie, jamais les prétextes ne leur manquèrent pour combattre les Perses. La lutte se perpétua jusqu'au jour où Alexandre, menant à terme une entreprise commencée par Cimon, continuée par Agésilas, préparée de nouveau par Philippe, renversa du trône le dernier des successeurs de Cyrus, et étendit sur l'Asie occidentale le niveau de la civilisation grecque. Aussi l'histoire de l'Asie Mineure, pendant les deux cents ans que dura la domination persane, ne sera-t-elle presque exclusivement que le récit de ce long antagonisme dont les plus grands historiens de la Grèce, Hérodote, Thucydide et Xénophon, nous ont conservé le glorieux souvenir.

LES GRECS ASIATIQUES FAVORISENT L'EXPÉDITION DE CAMBYSE CONTRE L'ÉGYPTE. — Cyrus, maître de l'empire de Crésus, avait poussé plus loin ses conquêtes et trouva la mort au milieu de ses victoires. Cambyse, son fils et son successeur, héritant de ses projets ambitieux, tourna les yeux vers l'Égypte. Son père avait soumis l'Asie, il voulut conquérir l'Afrique; et quand les richesses de la vallée du Nil ne l'auraient pas attiré, il aurait trouvé dans l'alliance des Égyptiens avec Crésus un légitime motif de guerre. Les Grecs asiatiques, ses nouveaux sujets, ne furent pas ses moindres auxiliaires dans cette aventureuse expédition.

L'Égypte était depuis longtemps connue de ce peuple, qui, depuis plus de cent

---

(1) Environ 572 lieues.
(2) Hérod., liv V. ch. 52.
(3) Hérod., liv. VIII, ch. 98.

(1) *Schiavi si, ma schiavi ognor frementi.*

ans, s'y était établi et y exerçait une grande influence. Voici comment ils y avaient pris pied.

Le roi Psammitichus, exilé pour la seconde fois, et relégué dans les marais, avait appris par la voix d'un oracle « que sa vengeance lui viendrait de la mer, dès qu'il en verrait apparaître des hommes d'airain. » Cette réponse ne lui parut d'abord mériter aucune confiance; cependant peu de temps après des Ioniens et des Cariens qui couraient la mer furent forcés par les vents d'aborder en Égypte. Comme en mettant pied à terre ils étaient couverts de leur armure d'airain, l'Égyptien qui vint dans les marais en porter la nouvelle à Psammitichus et qui n'avait jamais vu d'hommes ainsi armés lui annonça que des hommes d'airain, venus par mer, ravageaient la campagne. Psammitichus, voyant ainsi l'oracle accompli, s'empressa d'accueillir ces Ioniens et ces Cariens, et leur fit de magnifiques promesses pour les déterminer à s'attacher à lui. Ils y consentirent; et avec leur secours et celui des Égyptiens, qui s'étaient joints à son parti, il parvint à renverser les autres rois et redevint maître de toute l'Égypte (vers 650).

Psammitichus fit présent aux Ioniens et aux Cariens, qui l'avaient si bien servi, de diverses portions de terrains, séparées seulement par le Nil, et donna à ces deux établissements le nom de camps. Après leur avoir distribué ces terres, il remplit également les autres promesses qu'il leur avait faites. Enfin, il leur confia des enfants égyptiens pour apprendre la langue grecque; et c'est des Égyptiens instruits de cette manière que descendaient ceux qui plus tard servirent d'interprètes. Ces Ioniens et ces Cariens habitèrent pendant longtemps les terres qu'ils avaient reçues et qui étaient situées vers la mer, un peu au-dessous de Bubaste, près de la bouche Pélusienne du Nil; mais par la suite le roi Amasis les en retira pour les établir à Memphis, et se faire garder par eux contre les Égyptiens mêmes (1).

L'appui de ces redoutables auxiliaires réveilla chez les rois d'Égypte le génie des conquêtes, et rien ne se fit plus sans eux. Suivant toute vraisemblance, leurs rapports avec la mère-patrie ne furent jamais interrompus, et c'est là qu'ils se recrutaient. Cela nous explique comment Apriès, dans sa lutte contre Amasis, avait à son service une armée de trente mille Cariens ou Ioniens (1), dont le valeureux secours ne put cependant le préserver d'une défaite (vers 570).

Amasis, loin d'être défavorable aux Grecs qui avaient défendu contre lui la cause de son prédécesseur, les prit, au contraire, en affection, et leur en donna différentes preuves; entre autres, il concéda la ville de Naucrate aux Grecs qui désiraient se fixer en Égypte. Quant à ceux qui ne voulurent point y transporter leur habitation, mais que le commerce maritime y amenait, il leur assigna des terrains où ils purent élever des autels et des enceintes sacrées pour le culte de leurs dieux. Le monument de ce genre le plus célèbre était le temple connu sous le nom d'Hellenion. Plusieurs villes de l'Asie Mineure contribuèrent en commun à la dépense qu'occasionna la construction de ce sanctuaire. C'étaient, pour les Ioniens, celles de Chio, de Téos, de Phocée et de Clazomène; pour les Doriens, celles de Rhodes, de Cnide, d'Halicarnasse et de Phasélis, et pour les Eoliens celle de Mitylène seule (2).

Pour mieux prouver aux Grecs son affection, Amasis prit une femme parmi eux et épousa la Cyrénéenne Ladice. Il contribua richement au rétablissement du temple de Delphes, qu'un incendie avait détruit (3), et s'unit par les liens de l'hospitalité à Polycrate, tyran de Samos; mais néanmoins il s'empara de l'île de Chypre, qu'il rendit tributaire (4).

On le voit, depuis plus d'un siècle des rapports fréquents existaient entre les Grecs asiatiques et les rois d'Égypte lorsque Cambyse entreprit la conquête de ce pays. Ce fut un Carien qui lui en facilita les voies.

(1) Hérod., liv. II, ch. 152, 154.

(1) Hérod., liv. II, ch. 163.
(2) Hérod., liv. II, ch. 178.
(3) Id., ib., ch. 180.
(4) Id., ib., ch. 182.

Dans le nombre des auxiliaires qu'Amasis entretenait, se trouvait un Grec, nommé Phanès, natif d'Halicarnasse, renommé pour ses connaissances et pour ses talents militaires. Ce Phanès, ayant eu à se plaindre d'Amasis, s'enfuit d'Égypte par mer, dans le dessein d'aller trouver Cambyse. Amasis, qui en fut instruit et qui savait que Phanès, jouissant déjà d'une grande réputation dans ses troupes auxiliaires, était encore parfaitement au courant de l'état de l'Égypte, ordonna de le poursuivre et de l'arrêter. Il fit donc monter sur une trirème le plus fidèle de ses eunuques, qui parvint effectivement à l'atteindre et à s'emparer de lui en Lycie; mais, une fois maître du fugitif, il ne sut pas le ramener en Égypte; Phanès s'échappa après avoir enivré les gardes qu'on lui avait donnés, et réussit à se rendre chez les Perses. Il y trouva Cambyse prêt à marcher en Égypte, mais incertain sur la direction qu'il prendrait et sur les moyens de traverser le désert, où l'on ne trouve point d'eau. Phanès, après l'avoir instruit de tout ce qu'il savait des affaires d'Amasis, indiqua de plus à Cambyse la route qu'il fallait tenir (1).

Nous ne suivrons pas le roi de Perse dans cette expédition : ce n'est pas l'histoire de la Perse que nous écrivons, c'est celle de l'Asie Mineure. Qu'il nous suffise de rappeler que dans son armée figuraient en grand nombre ses nouveaux sujets asiatiques et notamment les Ioniens et les Éoliens (2).

Première tentative des Perses sur Samos. — Pendant que Cambyse poursuivait en Afrique le cours de ses conquêtes, un de ses satrapes s'occupait de lui soumettre l'île de Samos, dont l'acquisition pouvait seule assurer la domination des Perses en Ionie.

Polycrate, qui s'y était emparé du pouvoir absolu en 569, s'était créé une marine redoutable, à l'aide de laquelle il avait fait la conquête des îles voisines et de plusieurs villes du continent. Il osa même attaquer Milet, et ce fut avec succès. Fier d'une puissance parvenue à son comble, il osa lutter contre

(1) Hérod., liv. III, ch. 4.
(2) Id., ib., ch. 1, et liv. II, ch. 1.

Cyrus. La guerre fut longue; mais les Perses, qui n'avaient pas encore conquis la Phénicie, manquaient de marine, et ne purent porter le théâtre de la guerre dans les États de leur adversaire.

Quand Polycrate vit les Perses solidement établis en Asie et prêts à déborder sur l'Afrique, il crut devoir les ménager. C'était d'ailleurs un moyen de se défaire d'un parti qui s'était formé à Samos et qui avait appelé les Lacédémoniens à son secours.

Instruit que Cambyse préparait une expédition contre l'Égypte, il l'engagea à réclamer de lui des secours en hommes. Cambyse se rendit facilement à cette prière, et envoya, en effet, à Samos demander des soldats de marine pour servir contre l'Égypte. Polycrate, en les lui accordant, eut grand soin de choisir, pour composer cette troupe, tous ceux des habitants de Samos qu'il soupçonnait de méditer des projets de soulèvement contre lui, et les fit embarquer sur quarante vaisseaux qu'il fournit à Cambyse, en lui recommandant de ne lui renvoyer jamais les hommes qui les montaient.

Les Samiens qui partirent sur ces vaisseaux n'allèrent point jusques en Égypte; et, parvenus à la hauteur de l'île de Carpathos, ils se donnèrent réciproquement parole de ne pas avancer plus loin. Suivant une autre tradition, arrivés en Égypte, ils y furent retenus, mais parvinrent à s'échapper. Quoi qu'il en soit, il est constant qu'ils revinrent à Samos et que, Polycrate ayant envoyé une flotte à leur rencontre, un combat naval s'engagea; vainqueurs, ils débarquèrent à Samos; mais, vaincus à leur tour dans une bataille qui fut livrée sur terre, ils se déterminèrent à faire voile pour Lacédémone, dont ils implorèrent l'appui.

Les Lacédémoniens se décidèrent à les secourir moins par intérêt pour eux que pour punir les pirateries des Samiens. Secondés par les Corinthiens, ils vinrent assiéger Samos avec une armée considérable, et attaquèrent les murs d'enceinte. Déjà même ils avaient escaladé une tour qui défendait le faubourg du côté de la mer lorsque Polycrate, arrivant lui-même à la tête d'une forte troupe, parvint à les repousser. En même temps un parti considérable, composé d'auxiliaires et d'un assez grand nombre de Samiens, sortit d'une autre tour plus élevée, située sur le dos d'une montagne, et se présenta au combat ; mais, après avoir soutenu pendant quelque temps les attaques des Lacédémoniens, il fut mis en fuite, et ceux-ci, l'ayant poursuivi, lui tuèrent beaucoup de monde (1). Les Lacédémoniens, après avoir fait le siége de Samos pendant quarante jours sans avoir obtenu aucun succès, renoncèrent à leurs entreprises et retournèrent dans le Péloponnèse.

La prospérité de Polycrate semblait à l'abri de toute atteinte, et déjà il méditait la conquête des îles et de toute l'Ionie, et, à l'exemple de Minos, il voulait s'emparer de l'empire de la mer ; mais le moment approchait où il allait expier tout son bonheur passé.

Orétès, établi par Cyrus satrape des provinces maritimes, conçut le projet de s'emparer de Polycrate et de le faire mourir, persuadé que c'était le plus sûr moyen de mettre un terme à ses projets ambitieux, dont il était instruit, et de se rendre enfin maître de Samos. Il avait d'ailleurs à venger une insulte faite à un de ses ambassadeurs, et de plus il était excité par les railleries auxquelles son inaction l'exposait. Un jour, en effet, qu'il se trouvait à la porte de son palais avec un autre Perse nommé Mitrobate, gouverneur de la province dont la Mysie formait la partie la plus importante et dont la ville de Dascylium était la capitale, « ils eurent ensemble une conversation qui dégénéra en dispute : il s'agissait de leur mérite réciproque. Dans la chaleur de la discussion Mitrobate adressa, avec un ton de mépris, ces paroles à Orétès : « C'est bien à
« vous de prétendre vous compter au
« nombre de ce qu'on appelle des hom-
« mes quand vous n'avez pas su en-
« core acquérir au roi cette île de Sa-
« mos qui touche à votre province, et
« qu'il est tellement facile de soumettre
« qu'un des habitants du pays, aidé
« seulement de quinze hommes armés,
« a pu y exciter un soulèvement et
« s'emparer de toute l'autorité. » Ce reproche fut très-sensible à Orétès, et fit naître en lui le désir non pas tant de se venger de celui qui le lui avait adressé que de perdre Polycrate, dont les succès avaient servi de prétexte aux insultes de Mitrobate (1).

Orétès, établi à Magnésie du Méandre, envoya à Samos le Lydien Myrsos en qualité de député. Son message était conçu en ces termes « : Orétès
« à Polycrate. Je sais que vous avez
« formé de grands projets ; mais comme
« je sais aussi que vous n'avez pas l'ar-
« gent nécessaire pour les exécuter, je
« vous offre un moyen d'élever votre
« puissance et en même temps de me
« sauver la vie ; Cambyse menace mes
« jours, et je suis instruit très-positi-
« vement de ses desseins contre moi.
« Je vous propose donc de venir me
« chercher pour me transporter hors
« d'ici, moi et toutes les richesses que
« je possède ; de ces richesses une par-
« tie vous appartiendra, et vous me
« laisserez jouir du reste ; mais avec les
« trésors que je vous abandonne vous
« vous rendrez aisément maître de toute
« la Grèce. Si vous avez des doutes sur
« l'existence de mes biens, vous pouvez
« envoyer ici quelqu'un de confiance à
« qui je les ferai voir. »

Polycrate reçut ce message avec joie, et, toujours avide de richesses, il s'empressa d'envoyer à Orétès Mæandrios, un des principaux citoyens de Samos. Orétès, informé du départ de l'envoyé, fit remplir de pierres huit grandes caisses, et étendre à la surface une couche de lingots d'or. Ces caisses, après avoir été ainsi disposées, furent soigneusement fermées par un grand nombre de nœuds. Dès que Mæandros fut arrivé, on les lui montra ; et lorsqu'on les eut ouvertes devant lui, il retourna rendre compte à Polycrate de sa mission.

Polycrate se détermina donc à partir malgré les avis de plusieurs devins et les instances de ses amis, qui cherchèrent à l'en détourner. Un songe que sa fille avait eu et qui semblait annoncer sa fin prochaine ne l'arrêta pas davantage ; cependant, comme ce songe avait vivement frappé sa fille, elle fit tout ce

---

(1) Hérod., liv. I, ch. 54.

(1) Hérod., liv. 3, ch. 120.

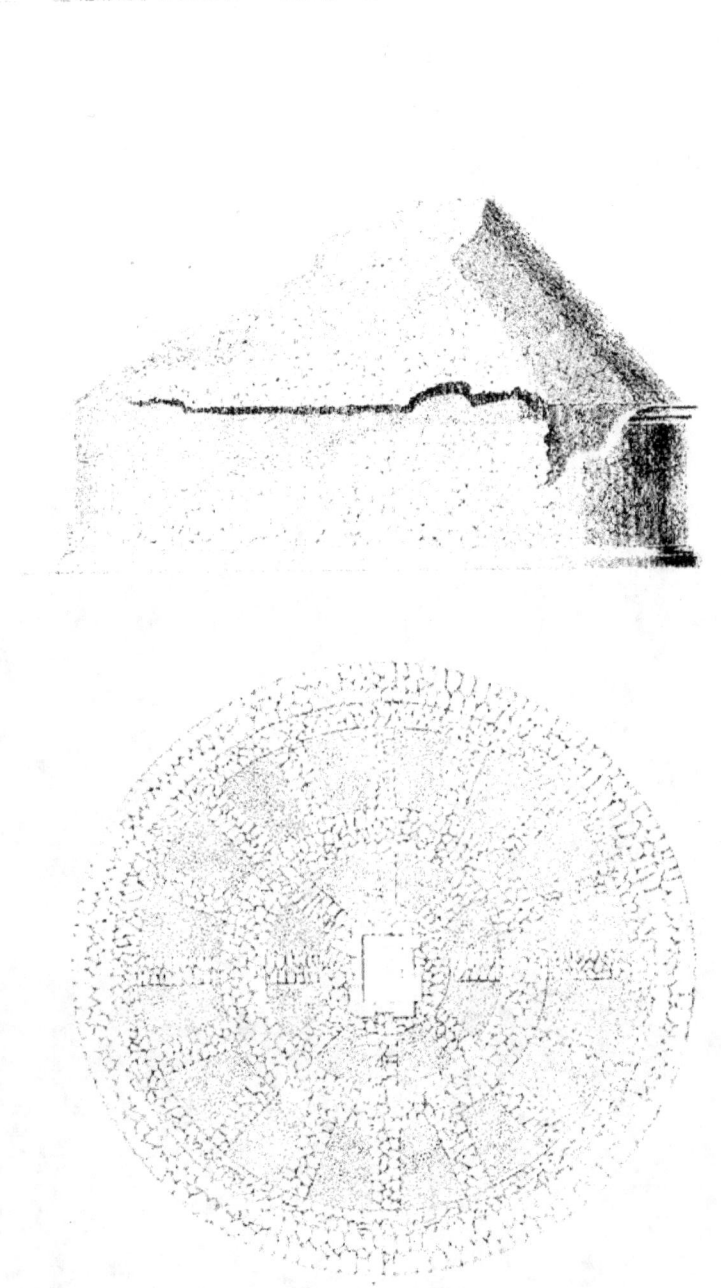

Acropole d'Atramuttion.

ASIE MINEURE.

Temple à Ancyre.

qu'elle put pour l'empêcher de se rendre près d'Orétès, et redoubla ses funestes prédictions au moment même où Polycrate allait s'embarquer : ce fut vainement. Au lieu de céder, il la menaça de la laisser longtemps fille s'il revenait de son voyage. « J'y consens avec joie, « répondit-elle, et je préfère le malheur « de ne me point marier à celui de per- « dre mon père. »

Après avoir ainsi repoussé tous les conseils, il mit à la voile, conduisant avec lui un grand nombre d'amis. A peine arrivé à Magnésie, il fut mis en croix. De tous ceux qui l'avaient accompagné, Orétès ne relâcha que les Samiens en leur disant qu'ils lui devaient des remercîments, puisqu'il les rendait libres; quant aux étrangers et aux serviteurs, il les retint comme esclaves (1).

Mæandrios, à qui Polycrate, en partant, avait confié l'administration de ses États, à peine instruit de la mort du tyran, s'empressa de faire élever un autel à Jupiter libérateur. Ensuite il convoqua une assemblée générale de tous les citoyens, et leur parla en ces termes : « Citoyens, vous savez que le « sceptre et la puissance de Polycrate « m'ont été remis, et qu'il ne tient qu'à « moi de conserver l'empire; mais je ne « ferai pas, quoique j'en aie le pouvoir, « ce que j'ai blâmé dans un autre. J'é- « tais blessé de voir Polycrate gouverner « despotiquement des hommes sembla- « bles à lui, et je le serais de voir tout « autre à sa place : ainsi, maintenant « que Polycrate a rempli sa destinée, je « dépose au milieu de vous l'empire, « et je proclame l'isonomie. Seulement, « comme je crois avoir quelques droits « à une récompense, je demande qu'il « me soit permis de prélever la valeur « de six talents sur les biens que laisse « Polycrate, et que le sacerdoce de Ju- « piter libérateur me soit réservé, à « moi et à mes descendants, comme « fondateur du temple de ce dieu, au « nom duquel je vous rends la liberté. » Telles furent les propositions que Mæandrios faisait aux Samiens, lorsqu'un des citoyens présents, se levant, s'écria : « Tu te fais justice, homme pervers « et réellement indigne de régner sur « nous; mais il faudrait de plus nous « rendre compte des richesses qui sont « passées par tes mains. »

Mæandrios conçut, dès ce moment, que s'il se démettait de l'empire, un autre à sa place rétablirait la tyrannie, et renonça au projet de déposer la puissance. Il se retira donc dans la citadelle, où, sous prétexte de rendre compte de sommes qu'il avait prises, il appela près de lui, l'un après l'autre, les principaux habitants, et les fit arrêter. Puis, comme il était tombé malade, son frère, nommé Lycarète, dans l'espoir qu'il mourrait et pour se rendre maître plus aisément de l'autorité, fit périr tous les prisonniers qui s'étaient refusés à recouvrer leur liberté aux conditions qu'on voulait leur imposer (1).

La mort de Polycrate, les troubles civils de Samos rassuraient désormais les Perses sur les projets ambitieux des Samiens. Darius, en la donnant à Syloson, son ami, allait bientôt la placer entièrement sous sa dépendance.

CHAPITRE III.

AVÉNEMENT DE DARIUS. — CRIMES D'ORÉTÈS. — SON CHATIMENT ET SA MORT. — SYLOSON DEVIENT TYRAN DE SAMOS AVEC L'AIDE DES PERSES. — EXPÉDITION DE DARIUS CONTRE LES SCYTHES.

AVÉNEMENT DE DARIUS. — Après la mort de Cambyse une conspiration ourdie par les principaux Mèdes avait fait monter sur le trône un mage qui se donnait pour Smerdis, frère de Cambyse, que celui-ci, qui voyait en lui un rival, avait fait mettre à mort secrètement. Cet usurpateur jouit pendant sept mois de l'empire, et dans ce court espace de temps, pour mieux affermir sa puissance, il fit, entre autres bienfaits, proclamer dans tous les pays de sa domination et sans doute aussi en Asie Mineure une remise d'impôts et une exemption de tout service militaire pendant trois ans. Aussi à sa mort fut-il regretté par tous les peuples de l'Asie, à l'exception des Perses, qui n'avaient pu voir sans indignation l'empire retomber aux mains des Mèdes. Darius, un des sept plus

(1) Extrait d'Hérod., liv. III, ch. 122-126.

(1) Hérod., liv. III, ch. 142.

grands seigneurs de la Perse, conjurés pour le renverser du trône, fut élu à sa place et signala son avénement par l'organisation que nous avons fait connaître plus haut. Il fallait par des mesures énergiques réparer les vides que les concessions faites par le mage avaient laissés dans le trésor de l'État et les graves atteintes qu'avait reçues l'influence royale.

CRIMES D'ORÉTÈS. — Pendant la révolution qui avait fait passer la puissance entre les mains des mages, Orétès, demeuré à Sardes, loin de rendre aucun service aux Perses, auxquels les Mèdes venaient de reprendre l'autorité souveraine, profita des troubles que cet événement avait amenés pour faire mourir, malgré leur rang et la grande considération dont ils jouissaient en Perse, Mithrobate, gouverneur de Mysie, et son fils Cranaspe, qui, suivant toute vraisemblance, était investi de quelqu'une des satrapies soumises à Mithrobate. Peut-être en agissant ainsi n'était-il que l'instrument de la réaction médique, ou cherchait-il à se faire bien venir du pouvoir nouveau. Ce qui donnerait lieu de le croire, c'est qu'il alla jusqu'à faire assassiner un des courriers de Darius qui lui avait apporté un ordre de rappel. Ainsi déjà les satrapes affectaient dans leur gouvernement une sorte d'indépendance et cherchaient à étendre leur domination.

CHATIMENT ET MORT D'ORÉTÈS. — Lorsque Darius fut monté sur le trône, il songea à punir Orétès de tous les crimes qu'il avait commis, et particulièrement de la mort de Mithrobate et de son fils. Il ne voulut pas cependant, au commencement d'un nouveau règne et lorsque les affaires étaient encore dans une sorte de fermentation, envoyer ouvertement des troupes contre lui, surtout n'ignorant pas qu'Orétès avait de grandes forces à sa disposition. En effet, indépendamment d'un corps de mille Perses qui lui servaient de gardes, il commandait dans les provinces de Phrygie, de Lydie et d'Ionie. Ces motifs déterminèrent Darius à employer un autre moyen; et, ayant appelé auprès de lui les plus distingués d'entre les Perses, il leur tint ce discours : « Qui « de vous me rendra un service pour « lequel il ne faut employer que l'a- « dresse sans violence et sans éclat? « Qui de vous se chargera de m'amener « ici Orétès vivant, ou de m'en défaire? « Vous savez que, loin de servir les « Perses, il leur a nui autant qu'il a « pu ; vous savez qu'il a mis à mort deux « d'entre nous, Mithrobate et son fils ; « que, de plus, il a fait assassiner ceux « que j'avais envoyés pour le rappeler; « enfin, qu'il affecte une insolence qu'il « est impossible de tolérer plus long- « temps, et que la mort seule peut l'em- « pêcher de se porter à de plus grands « excès contre nous. »

Darius ayant fini de parler, trente des personnes qu'il avait rassemblées se levèrent, et chacune d'elles offrit de se charger de la mission. Comme elles se disputaient la préférence, Darius les concilia en ordonnant que le sort prononcerait. Il tomba sur Bagéus. Celui-ci imagina, pour assurer l'exécution de son entreprise, de faire écrire un assez grand nombre de lettres sur divers sujets, et y fit apposer le sceau de Darius. Muni de ces lettres, il partit pour Sardes. Lorsqu'il y fut arrivé, il remit au scribe royal de Sardes, en présence d'Orétès, les lettres qu'il avait apportées avec lui, et lui enjoignit de les lire à haute voix. Il avait remis d'abord les lettres peu importantes afin de sonder les sentiments de la garde persane, et de reconnaître s'il était facile de la détacher d'Orétès. Lorsqu'il vit que ces lettres étaient reçues des gardes avec de très-grandes marques de respect et qu'ils montraient également beaucoup de vénération pour les ordres qu'elles renfermaient, il leur en fit lire une autre qui commençait par ces mots : « Soldats, votre roi Darius « vous défend de servir plus longtemps « de gardes à Orétès. » A cette lecture, la troupe dépose sur-le-champ ses armes; enfin Bagéus, voyant avec quel empressement elle obéissait, s'encourage, et remet au scribe royal une dernière lettre dans laquelle on lisait cet ordre : « Le « roi Darius ordonne aux Perses qui « se trouvent à Sardes de tuer Orétès. » A peine les gardes ont-ils entendu ces mots qu'ils tirent leur cimeterre, et Orétès meurt sous leurs coups. Tous ses trésors furent transportés à Suze (1)

(1) Hérod., liv. III, ch. 127, 128.

SYLOSON DEVIENT TYRAN DE SAMOS AVEC L'AIDE DES PERSES. — « Peu de temps après, Darius s'empara de Samos, et ce fut la première ville, soit grecque, soit barbare, dont il fit la conquête. Voici quelles furent les causes de cette agression. Pendant que Cambyse faisait la guerre en Égypte, un grand nombre de Grecs se rendirent dans cette contrée, les uns vraisemblablement appelés par des affaires de commerce, les autres pour prendre parti dans l'armée, et enfin quelques-uns par curiosité pour visiter le pays. De ces derniers était Syloson, frère de Polycrate, exilé de Samos. Étant à Memphis, il se promenait sur la place publique, enveloppé dans un manteau couleur de feu. Darius, qui servait dans les gardes de Cambyse, et qui n'avait alors aucun nom, eut envie de ce manteau; et, abordant Syloson, lui demanda de le lui vendre: celui-ci, qui vit jusqu'à quel point Darius en était épris, pressé par une sorte d'inspiration, lui répondit : « Je ne vendrais « pas ce manteau pour quelque prix « que ce fût; mais je vous le donne « pour rien, puisque vous désirez si vi- « vement le posséder. » Darius l'accepta, en louant beaucoup un procédé si noble.

« Syloson crut longtemps que le sacrifice qu'il avait fait par pure générosité était entier; mais lorsque Cambyse fut mort, et que la conspiration des sept contre le mage Smerdis eut donné l'empire à Darius, Syloson apprit bientôt que le trône était échu à ce même homme auquel il avait jadis, en Égypte, fait présent de son manteau. Il prit donc le parti de se rendre à Suze, et vint s'asseoir sur le seuil du palais, se vantant, à haute voix, d'être le bienfaiteur de Darius. Un huissier l'entendit et en rendit compte au roi, qui, surpris d'un tel rapport, se demanda : « Quel peut « être ce Grec qui prétend m'avoir « rendu service, et à qui je dois de la « reconnaissance? Depuis le peu de « temps que je suis sur le trône, je ne « connais aucun individu de cette nation « qui m'ait approché, et je n'ai, que « je sache, aucune obligation à des « Grecs. Cependant que l'on fasse en- « trer celui-ci, et que j'apprenne de « lui-même ce qu'il veut dire. » L'huissier ayant introduit Syloson, Darius lui fit demander par un interprète qui il était et pour quelle raison il se disait bienfaiteur du roi. Syloson répondit à ces questions en racontant tout ce qui s'était passé au sujet du manteau, et déclara que c'était lui qui l'avait donné. « O le plus généreux des hommes, s'é- « cria Darius, c'est donc vous qui m'avez « fait un présent dans le temps où je « n'avais aucun pouvoir : il était de peu « de valeur, mais ma reconnaissance « est égale à celle que pourrait exciter « en moi le don le plus précieux qui « me serait fait aujourd'hui. Recevez « donc en échange tout l'or et tout l'ar- « gent que vous pouvez souhaiter, et « puissiez-vous ne jamais vous repentir « d'avoir obligé Darius, fils d'Hys- « taspe. » A ces mots, Syloson répondit : « O roi, ne me donnez ni or « ni argent; mais rendez-moi Samos, « ma patrie, dont un de nos esclaves « est devenu maître depuis que Poly- « crate, mon frère, a été mis à mort par « Orétès. Rendez-moi ma patrie affran- « chie de toute servitude et sans verser « le sang de mes concitoyens. »

« Darius, touché d'une telle requête, fit partir des troupes qu'il mit sous le commandement d'Otanès, auquel il prescrivit d'exécuter tout ce que Syloson lui demanderait de faire. Otanès partit et se dirigea vers la mer, avec des troupes qu'il tint prêtes à embarquer.

« Quand les Perses arrivèrent à Samos, ramenant avec eux Syloson, personne ne songea à leur opposer de résistance, et Mæandrios, ainsi que tous ses partisans, déclarèrent qu'ils étaient prêts à se retirer de l'île sous la garantie d'un traité. Otane accepta cette proposition; le traité fut conclu, et les principaux des Perses, s'étant fait apporter des siéges, vinrent s'établir en toute confiance en face de la citadelle.

« Mæandrios avait un autre frère nommé Chariléos, presque en démence et que l'on avait renfermé dans un souterrain de la citadelle. Lorsque cet insensé vit, au travers des grilles de sa prison, les Perses paisiblement assis, il se mit à pousser de grands cris, et voulut absolument parler à Mæandrios, qui, entendant le bruit qu'il faisait, ordonna qu'on le détachât et qu'on l'amenât. Chariléos, conduit en présence de son frère, lui reprocha sa faiblesse, et fit tous ses efforts pour l'engager à attaquer les Perses. « Comment, lui « disait-il, ô le plus lâche des hommes, « tu n'as pas hésité à me renfermer « dans un cachot, moi qui suis ton « frère et qui ne t'ai jamais fait de mal; « et en voyant les Perses, qui viennent « à main armée te chasser de ta maison, « tu n'as pas le courage de te venger « lorsqu'il est si facile de les surprendre « et de les battre. Mais si tu trembles « devant eux, confie-moi les troupes « étrangères à ta solde, et avec elles je « saurai bientôt punir les Perses d'avoir « osé mettre le pied ici.

« Les reproches de Chariléos firent impression sur l'esprit de Mæandrios, et il se rendit à ses conseils, non pas qu'il fût assez extravagant pour croire que ses troupes pussent l'emporter sur celles du roi, mais par jalousie contre Syloson et pour ne pas lui laisser une ville intacte, dont la conquête ne lui aurait ainsi coûté aucune peine. En irritant, au contraire, les Perses par une résistance inattendue, il était sûr de diminuer considérablement la splendeur du pays, et de ne l'abandonner que dans un état de décadence sensible, prévoyant bien que plus les Perses auraient eu à souffrir dans cette expédition, plus ils maltraiteraient les Samiens. Quant à lui personnellement, il avait une retraite sûre, et pouvait sortir de l'île quand il voudrait : il s'était pratiqué de longue main une galerie souterraine qui conduisait de l'intérieur de la citadelle au rivage de la mer, et il en profita pour partir sur-le-champ de Samos. Après son départ, Chariléos, ayant fait prendre les armes aux troupes étrangères, ouvrit inopinément les portes de la citadelle et fondit sur les Perses, qui, persuadés que tout était convenu, ne s'attendaient nullement à cette attaque. Ces troupes, tombant sur eux, massacrèrent sans peine ceux qui étaient assis paisiblement et parmi lesquels se trouvaient les principaux officiers ; mais pendant ce temps le reste de l'armée des Perses accourut au secours, et les soldats de Chariléos, pressés et repoussés à leur tour, furent contraints de se retirer et de rentrer dans la citadelle.

« Le général des Perses, Otanès, s'était souvenu jusque-là que Darius, en lui remettant le commandement, lui avait ordonné de ne faire périr ou réduire en esclavage aucun des habitants de Samos, et de remettre à Syloson l'île intacte ; mais, témoin des pertes que les Perses venaient d'essuyer, il oublia les instructions qu'il avait reçues, et fit publier dans son armée l'ordre de mettre à mort, sans distinction d'âge, tous ceux qui tomberaient entre les mains des soldats. Il divisa ensuite ses troupes en deux parties ; l'une fut chargée du siége de la citadelle, et l'autre de faire indifféremment main basse sur tous ceux qu'elle rencontrerait, soit dans les asiles sacrés, soit au dehors (1). »

Les Perses, ayant achevé la conquête de Samos, remirent à Syloson l'île presque entièrement dépeuplée. Les cruautés de ce nouveau tyran firent encore périr ou forcèrent à l'exil un grand nombre de Samiens; et c'est de là que vint le proverbe : *Syloson nous a mis au large* (2). Les esclaves admis à repeupler l'île furent inscrits au nombre des citoyens moyennant cinq statères (3). Otanès lui-même, frappé d'un songe qu'il eut et effrayé par une maladie grave dont il fut atteint, rendit à Samos quelques-uns de ses habitants, qu'il fit venir de Lemnos, d'Antandros, de Chalcédoine et de Byzance. Syloson, déjà avancé en âge, ne dut pas survivre longtemps à ces événements. Il eut pour successeur son fils Æacès, que nous allons retrouver bientôt au nombre des officiers de Darius et sous lequel Samos redevint assez forte pour prendre une part active à la révolte de l'Ionie.

EXPÉDITION DE DARIUS CONTRE LES SCYTHES. — Pendant l'expédition navale des Perses contre Samos, une révolte des Babyloniens avait été comprimée grâce au dévouement de Zopyre, un des sept qui avaient détrôné le faux Smerdis. Rentré en possession de Babylone, Darius songea à tourner ses armes contre les Scythes. A cette époque,

---

(1) Hérod., liv. III, ch. 139-141, et 144-147.
(2) Strab., liv. XIV, ch. 1, § 10; Héraclide du Pont, § 10.
(3) Suidas, au mot Σαμίων ὁ δῆμος.

l'Asie florissante regorgeait d'hommes et de richesses. Au sein d'une si grande prospérité, Darius crut le moment venu de tirer vengeance de ce peuple barbare, qui avait jadis occupé et ravagé l'Asie pendant vingt-huit ans. Malgré les conseils d'Artabane, qui s'opposait à cette expédition que la pauvreté des Scythes rendait d'ailleurs peu avantageuse, il donna des ordres pour rassembler une armée de terre et pour équiper une flotte.

Dans cette armée il y avait un grand nombre de Grecs asiatiques mêlés aux troupes persanes; et ce fut un architecte de Samos, Mandroclès, qui construisit sur le Bosphore de Thrace le pont de bâteaux au moyen duquel l'armée des Perses devait passer en Europe.

Darius, ayant quitté Suze, arriva à Chalcédoine sur le Bosphore, au lieu où le pont avait été jeté par Mandroclès. Satisfait des travaux, le roi accorda à Mandroclès de grandes récompenses. De la valeur de ces dons, Mandroclès, à titre de prémices, consacra, dans le temple de Junon, un tableau qui représentait la jonction des rives du Bosphore et le roi Darius, assis sur un trône, faisant passer sous ses yeux son armée, avec cette inscription en vers : « Mandroclès a consacré à Ju-
« non ce tableau en mémoire du pont de
« bateaux qu'il a construit pour joindre
« les rives du Bosphore poissonneux.
« C'est ainsi qu'en réalisant la pensée
« du roi Darius il a mérité pour lui une
« couronne, et assuré aux Samiens une
« gloire immortelle. »

Darius, après avoir magnifiquement récompensé Mandroclès, passa en Europe. Il ordonna en même temps aux Ioniens d'entrer dans le Pont-Euxin, de s'avancer jusques à l'Ister (1), de remonter le fleuve et d'y construire un pont. Les Ioniens, les Éoliens et les Hellespontains étaient chargés de la conduite des vaisseaux. La flotte partit donc des îles Cyanées, fit voile directement pour l'Ister, le remonta pendant deux jours au-dessus de son embouchure, et jeta un pont sur le canal du fleuve, au point où il se partage en plusieurs bouches pour se rendre à la mer.

Cependant Darius, ayant traversé le Bosphore sur le pont de bateaux, continua sa route par la Thrace, et arriva aux sources du Téare, près desquelles il campa pendant trois jours (1).

De là, après avoir soumis les Thraces et les Gètes, Darius se dirigea vers le Danube où il trouva les Ioniens, qui avaient exécuté ses ordres et jeté un pont de bateaux sur le fleuve. Après le passage de l'armée, Darius donna aux Ioniens l'ordre de détruire le pont et de le suivre sur le continent avec toutes les troupes qui se trouvaient embarquées sur la flotte. Les Ioniens allaient obéir, dit Hérodote; mais, d'après le conseil de Coës, qui commandait les Mityléniens, Darius, craignant de s'enlever tout moyen de retraite, consentit à ne pas emmener les Ioniens, et leur confia la garde du pont. Ces derniers ne pouvaient qu'y gagner ; car ils allaient rester pour ainsi dire spectateurs de la lutte, près à ressaisir leur liberté si les chances de la fortune tournaient contre les Perses.

Bientôt les Scythes, reculant toujours devant Darius sans jamais compromettre leur fortune dans un combat, et le voyant engagé dans leurs pays, songèrent à lui couper la retraite. Dans ce but, ils envoyèrent des députés pour conseiller aux Ioniens de détruire le pont.

« Ioniens, leur dirent-ils, si vous
« voulez nous écouter, nous vous ap-
« porterons la liberté. Nous savons que
« Darius vous a ordonné de veiller pen-
« dant soixante jours seulement à la con-
« servation du pont, et que, si après
« cet intervalle de temps écoulé il ne
« reparaît pas, il vous a laissés maîtres
« de retourner dans votre patrie. Voici
« donc ce que vous avez à faire pour
« être entièrement à l'abri de tout re-
« proche de sa part et de la nôtre.
« Attendez que le terme fixé soit expiré ;
« mais, aussitôt qu'il le sera, pro-
« mettez-nous de partir sans hésiter. »
Les Ioniens s'y engagèrent; et les Scythes, après avoir reçu leur parole, s'éloignèrent (2).

RETRAITE DE DARIUS. — Comme les Scythes l'avaient prévu, Darius ne tarda pas à être contraint de chercher son

(1) Le Danube.

(1) Hérod., liv. IV, ch. 89.
(2) Hérod., liv. IV, ch. 133.

salut dans la retraite, et le danger lui parut tel qu'il leva son camp pendant la nuit. Dès que les Scythes en furent informés, ils se mirent à sa poursuite, et, grâce à la rapidité de leurs chevaux, ils arrivèrent avant Darius à l'endroit où les Perses devaient repasser le Danube. Mécontents d'y trouver le pont toujours existant, ils firent un dernier effort pour décider les Ioniens à le détruire.

« Les Ioniens délibérèrent sur cette proposition. Miltiade l'Athénien, tyran de la Chersonèse Hellespontique et qui avait pris le commandement des troupes qu'elle avait fournies à Darius, fut d'avis de faire ce que les Scythes leur conseillaient, et de rendre ainsi, d'un seul coup, la liberté à toute l'Ionie; mais Histiée de Milet fut d'une opinion différente. Il fit remarquer aux autres chefs que chacun d'eux, sous la protection de Darius, jouissait de l'autorité souveraine dans sa patrie, et qu'ils n'avaient plus à espérer, lui de régner à Milet, ni les autres ailleurs, si la puissance de Darius était renversée, puisqu'il était hors de doute que toutes les villes grecques préféraient alors la démocratie à la tyrannie. Ces observations d'Histiée firent revenir à son avis tous ceux qui d'abord s'étaient rangés à celui de Miltiade (1). »

L'histoire nous a conservé les noms de ceux qui donnèrent leurs suffrages dans cette délibération, c'étaient : pour les Hellespontains :

Daphnis, tyran d'Abydos; Hippoclos, de Lampsaque; Hérophante, de Parion; Métrodore de Proconèse; Aristagoras, de Cyzique; Ariston, de Byzance;

pour les Ioniens :

Stratès, tyran de Chios; Æacès, de Samos; Laodamas, de Phocée; Histiée, de Milet;

pour les Éoliens :

Aristagoras, tyran de Cyme.

« Après que tous ces chefs se furent déclarés en faveur de l'opinion d'Histiée, ils mirent en délibération ce qu'il y avait à faire et à répondre ; et il fut arrêté que l'on détruirait le pont du côté des Scythes jusques à une certaine distance, telle qu'une flèche tirée du rivage ne pût y atteindre. Par cette mesure, ils avaient l'air de faire quelque chose de ce qu'ils avaient promis, quoiqu'ils ne fissent réellement rien, et en même temps ils empêchaient les Scythes d'essayer de forcer le pont pour traverser le fleuve ; et, en effet, en rompant une partie de ce pont, ils étaient en droit de répondre qu'ils avaient fait tout ce qui pouvait être au gré des Scythes. Ce subterfuge fut adopté avec le premier avis ouvert par Histiée, que l'on chargea de répondre au nom de tous. Il le fit en ces termes : « Rien ne saurait nous être
« plus avantageux, ô Scythes, que les
« propositions que vous nous apportez ;
« elles ne pouvaient surtout arriver plus
« à propos, et autant tout ce qui nous
« vient de vous nous convient, autant
« nous espérons que ce qui vous viendra
« de nous vous sera également agréable.
« Nous allons donc enlever le pont, et
« nous y travaillerons avec toute l'ardeur
« que nous inspire la volonté d'être
« libres ; mais, pendant que nous serons
« occupés de cette opération, ne devriez
« vous pas, de votre côté, profiter du
« temps qu'elle vous donne pour aller à
« la recherche de l'armée des Perses,
« la joindre, et venger, comme il con-
« vient, sur eux, votre injure et les
« nôtres (1). »

Les Scythes, se fiant pour la seconde fois aux Ioniens, qu'ils croyaient sincères, retournèrent sur leurs pas pour se remettre à la recherche des Perses.

Pendant ce temps Darius, laissant derrière lui à la merci des Scythes une partie de ses bagages, avec les malades et les hommes trop faibles pour le suivre, reprenait en toute hâte le chemin du Danube et, dérobant sa marche aux Scythes, arriva heureusement aux bords du fleuve, où, grâce à Histiée, le pont fut promptement rétabli. Darius, continuant sa retraite par la Thrace, arriva à Sestos dans la Chersonèse ; de là il repassa en Asie sur ses vaisseaux et laissa en Europe une armée, sous les ordres de Mégabase, qui acheva de soumettre les villes de l'Hellespont qui ne s'étaient point encore rangées au parti des Perses.

Ainsi les Perses avaient encore une fois échoué contre les Scythes ; mais la

---

(1) Hérod., liv. IV, ch. 137.

(1) Hérod., liv. IV, ch. 139.

conquête des villes de la Thrace leur fit prendre pied en Europe et tourner leurs regards vers l'Europe.

CHAPITRE IV.
PRÉLUDES DE LA RÉVOLTE DE L'IONIE.

DARIUS RÉCOMPENSE HISTIÉE. — Darius, après avoir repassé l'Hellespont avec précipitation, arriva à Sardes. Il se rappela alors les services que lui avait rendus Histiée, ainsi que les sages conseils de Coès, et les ayant fait venir l'un et l'autre, il leur laissa le choix de ce qu'ils voudraient obtenir. Hystiée, déjà tyran de Milet, se borna à demander qu'on annexât seulement à ses possessions un territoire du pays des Édoniens, en Thrace, où il voulait bâtir une ville. Quant à Coès, comme il n'était encore que simple citoyen, il demanda à être fait tyran de Mitylène. L'un et l'autre obtinrent ce qu'ils avaient désiré (1).

HISTIÉE RAPPELÉ AUPRÈS DE DARIUS. — Quand Histiée eut bâti la ville de Myrcine sur le territoire qui lui avait été concédé et qu'il l'eut entourée de murs, Mégabaze, instruit des travaux qu'il faisait exécuter, s'empressa de se rendre à Sardes, et dit au roi : « Qu'avez-
« vous fait, seigneur, en permettant à
« un Grec, habile et prudent, de pos-
« séder une ville dans un pays de la
« Thrace où il y a des mines d'argent
« et beaucoup de bois de construction ;
« dans un pays environné d'un grand
« nombre de Grecs et de barbares, qui,
« le prenant pour chef, le suivront nuit
« et jour partout où il voudra les mener ?
« Il faut absolument empêcher cet
« homme de continuer son entreprise,
« et n'avoir recours qu'à des moyens
« doux. Mandez-le auprès de vous ; et,
« lorsqu'il sera sous votre main, pré-
« venez, à quelque prix que ce soit, son
« retour parmi les Grecs (2). »

Darius se laissa persuader ; il manda Histiée auprès de lui sous prétexte qu'il avait besoin de ses conseils pour de grands projets qu'il méditait. Il lui persuada de laisser là Milet et sa nouvelle ville de Thrace, et l'emmena avec lui à Suze, après avoir établi Artapherne, son frère de mère, gouverneur de Sardes, et Otanès commandant de l'armée qui occupait les côtes de la mer (1).

Otanès, investi de ce pouvoir, soumit les Byzantins et les Chalcédoniens, s'empara d'Antandros et de Lamponion, et, ayant rassemblé des vaisseaux que lui fournirent les Lesbiens, se rendit maître des îles de Lemnos et d'Imbros (2).

A la suite de ces événements il y eut pendant quelque temps une sorte de suspension des maux de la guerre ; mais elle dura peu, et de nouveaux malheurs sortis de Naxos et de Milet vinrent fondre sur les Ioniens.

EXPÉDITION CONTRE NAXOS. — A cette époque, Naxos était la plus opulente de toutes les îles, et Milet plus florissante qu'elle ne l'avait jamais été. Depuis qu'Histiée était retenu à Suze, cette ville avait pour gouverneur Aristagoras, son gendre et son neveu. Quelques particuliers riches de Naxos, bannis par le peuple, vinrent se réfugier à Milet. Liés avec Aristagoras par les liens de l'hospitalité, ils s'adressèrent à lui, et lui demandèrent des troupes pour les aider à rentrer dans leur patrie.

« Aristagoras réfléchissant que, si ces bannis revenaient à Naxos par son secours, c'était un moyen pour lui de se rendre maître de l'île, et prenant occasion des rapports d'amitié qui existaient entre eux et Histiée, il leur parla en ces termes » : « Je ne puis pas pro-
« mettre de vous donner des forces suf-
« fisantes pour vous ramener dans votre
« patrie contre la volonté de ceux qui
« sont maîtres actuellement de Naxos ;
« car je sais qu'ils ont huit mille ho-
« plites, et disposent en outre d'une
« marine nombreuse. Mais voici un
« moyen que j'imagine : Artapherne, fils
« d'Hystaspe et frère du roi Darius, est
« mon ami. Il commande sur toute la
« côte d'Asie, et a sous ses ordres des
« forces considérables de terre et de
« mer. Je crois que c'est là l'homme
« propre à faire ce que nous désirons. »
Sur cette insinuation, les bannis de Naxos, croyant devoir s'en rapporter à

---

(1) Hérod., liv. V, ch. 2.
(2) Hérod., liv. III, ch. 28.

(1) Hérod., ib., ch. 24-25.
(2) Hérod., ib., ch. 26.

ce qu'Aristagoras jugerait à propos de faire, le laissèrent maître d'offrir des présents à Artapherne, et de s'engager pour eux à subvenir aux frais de l'expédition. Ils avaient, en effet, l'espoir, en revenant à Naxos, de s'indemniser de leurs avances, après avoir forcé les habitants à reconnaître une autorité qu'ils se flattaient même d'étendre sur les autres insulaires; car aucune des Cyclades ne s'était encore soumise à Darius.

« Aristagoras se rendit à Sardes, et dit à Artapherne que Naxos, à la vérité, n'était point une île très-grande, mais qu'elle était agréable à habiter et fertile, d'ailleurs très-voisine de l'Ionie; que les habitants en étaient riches et possédaient de nombreux esclaves. « Je
« pense donc, ajouta-t-il, qu'il vous
« convient d'y envoyer des troupes pour
« y ramener les bannis; et, si vous le
« voulez, je suis prêt à vous remettre
« tout l'argent que vous demanderez
« indépendamment des frais de la guerre,
« qu'il est juste que nous supportions,
« nous qui vous mettons en mouve-
« ment. De plus, c'est un moyen sûr
« d'acquérir au roi non-seulement
« Naxos même, mais encore les îles qui
« en dépendent, telles que Paros, An-
« dros et beaucoup d'autres. De là
« il vous sera facile de vous porter sur
« l'Eubée, île grande et fertile, qui
« n'est point inférieure en étendue à
« celle de Cypre, et dont vous vous
« rendrez maître sans grande peine. »
« On ne peut, lui répondit Artapherne,
« indiquer rien de plus utile aux inté-
« rêts du roi et de sa maison, et tout
« ce que vous me proposez est bien, à
« l'exception cependant du nombre de
« vaisseaux nécessaires à cette entre-
« prise. Au lieu de cent, j'en mettrai à
« votre disposition deux cents, qui
« seront prêts au printemps; mais
« avant d'agir il faut que je demande
« l'autorisation du roi (1) ».

Aristagoras, charmé de cette réponse, retourna satisfait à Milet. Artapherne cependant écrivit à Suze pour donner connaissance des propositions d'Aristagoras, et Darius, les ayant approuvées, on s'occupa des préparatifs.

On mit en mer deux cents trirèmes; et une armée nombreuse, composée de Perses et de troupes auxiliaires tirées de l'Ionie, fut rassemblée. Artapherne en donna le commandement à Mégabate, Perse, de la famille des Achéménides, son neveu et celui de Darius, et l'envoya rejoindre Aristagoras.

Ils s'embarquèrent à Milet; et, pour déguiser leur entreprise, ils allèrent mouiller près de l'île de Chios, d'où ils comptaient tomber sur Naxos et la surprendre; mais un démêlé s'étant élevé entre Mégabate et Aristagoras au sujet d'un capitaine de vaisseau myndien, nommé Scylax, que Mégabate voulait punir pour n'avoir pas placé de sentinelle sur son navire, Mégabate, furieux de voir son autorité méconnue par Aristagoras, avertit secrètement les Naxiens du danger qui les menaçait et fit ainsi manquer l'expédition (1).

ARISTAGORAS SE DÉCIDE A LA RÉVOLTE. IL Y EST EXCITÉ PAR HISTIÉE. — « Aristagoras n'avait pu, comme on le voit, remplir les promesses qu'il avait faites à Artapherne. De plus, pressé tous les jours pour acquitter les subsides que l'armée réclamait et qu'il s'était engagé à payer, il craignait encore la mauvaise humeur de cette armée et le ressentiment de Mégabate. Enfin, prévoyant que la souveraineté de Milet allait lui être enlevée, il ne vit au milieu de tant de sujets de crainte d'autre ressource que dans une révolte ouverte (501). »

« Ce fut, d'ailleurs, vers cette époque qu'arriva de Suze un esclave d'Histiée, chargé d'un message secret qui invitait Aristagoras à se déclarer contre le roi. Histiée, qui tenait beaucoup à faire parvenir cet avis, ne trouvant pas de moyen plus sûr pour le soustraire à l'extrême vigilance avec laquelle les routes étaient observées, avait choisi un de ses esclaves dont la fidélité lui était connue; et, après lui avoir rasé les cheveux, il avait, à l'aide d'une pointe, tracé ses lettres sur la peau de sa tête; il attendit ensuite que les cheveux fussent repoussés, et le fit partir pour Milet, en lui donnant pour toute instruction l'ordre de dire en arrivant à Aristagoras

---

(1) Hérod., liv. V, ch. 30 et 31.

(1) Hérod., ib., ch. 32 et 33.

de lui faire couper les cheveux et d'examiner ensuite sa tête ; les caractères qui y étaient tracés indiquaient, comme on vient de le voir, qu'il fallait exciter une rébellion. Histiée, pour qui le plus grand des malheurs était d'être obligé de résider à Suze, avait imaginé de susciter des troubles dans l'Ionie, dans l'espérance que, si une révolte éclatait, il pourrait être envoyé sur les côtes, au lieu que, tant que Milet serait tranquille, il n'entrevoyait aucun espoir d'y revenir jamais.

« Le messager d'Histiée arriva au moment où Aristagoras formait de son côté des desseins assez d'accord avec l'avis qu'on lui apportait. Aussitôt après l'avoir reçu, il rassembla ceux qu'il avait déjà engagés dans la conspiration qu'il méditait, et leur exposa sa propre opinion, ainsi que le conseil qui lui était venu de la part d'Histiée : tous manifestèrent les mêmes sentiments, et la révolte fut résolue. Hécatée seul, celui qui depuis écrivit l'histoire, pensait qu'il n'était pas raisonnable de déclarer la guerre au roi des Perses ; et, pour appuyer son opposition, il passa en revue tous les peuples qui obéissaient à Darius et les forces qu'il avait sous ses ordres. Cette opinion n'ayant pas prévalu, il en ouvrit une autre, qui avait pour but d'engager les conjurés à aviser du moins au moyen de se rendre maîtres de la mer. Il ajoutait que, connaissant le peu de ressources que Milet pouvait offrir, il ne voyait pas d'autre moyen d'atteindre ce but que de s'emparer des riches trésors du temple des Branchides, consacrés par Crésus ; qu'avec un tel secours on pouvait aisément s'assurer la supériorité sur mer, et que d'ailleurs en s'appropriant tant de richesses c'était prévenir l'ennemi, qui ne manquerait pas de les piller. Le second avis n'eut pas plus de succès que le premier, quoique l'on persistât toujours dans la résolution de se déclarer contre le roi : on chargea même sur-le-champ un des conjurés de se rendre à Myunte, où se trouvait alors la flotte revenant de l'expédition de Naxos, et d'essayer d'y surprendre les chefs qui commandaient les troupes embarquées.

LES VILLES GRECQUES D'ASIE EXPULSENT LEURS TYRANS. — « Iatragoras, désigné pour cette commission, réussit à s'emparer, par ruse, d'Oliate, fils d'Inabolis, tyran de Mylasse ; d'Histiée, tyran de Termère ; de Coës, à qui Darius avait fait présent de la souveraineté de Mitylène ; d'Aristagoras, tyran de Cyme, et enfin de beaucoup d'autres chefs. Après ce succès, Aristagoras se déclara ouvertement, et ne négligea aucun moyen d'animer la rébellion contre Darius. Une de ses premières démarches fut de se démettre, au moins en apparence, de l'autorité tyrannique qu'il exerçait à Milet, et de rendre à la ville l'isonomie, dans la vue d'engager les habitants à le seconder plus volontiers dans ses projets de révolte. Il en agit de même pour le reste de l'Ionie, dont il chassa tous les petits tyrans. Quant à ceux qui avaient été saisis sur la flotte venant de Naxos, comme il voulut faire quelque chose d'agréable aux peuples des villes où ils régnaient, il les leur livra tous, et la tyrannie fut ainsi abolie dans toutes les villes de l'Ionie. Aristagoras demanda qu'à la place des tyrans qu'il avait chassés chaque ville nommât un commandant militaire, et lui-même bientôt après se détermina à s'embarquer sur une trirème pour se rendre à Lacédémone (500) ; car il sentait la nécessité d'engager dans sa cause un puissant auxiliaire (1). »

ARISTAGORAS RÉCLAME LE SECOURS DE SPARTE. — Cléomène régnait alors à Sparte. « Aristagoras apportait avec lui un tableau en airain sur lequel étaient taillés le contour entier de la terre, celui de la mer et le cours de tous les fleuves. Dans la première conférence qu'il eut avec le roi, il s'expliqua en ces termes : « Cléomène, ne soyez pas surpris
« de l'empressement que j'ai mis à me
« rendre ici : je vais vous faire connaître
« quelles sont les conjonctures où nous
« nous trouvons et qui m'y amènent.
« Si c'est pour nous une honte et un
« sujet de douleur de voir les enfants
« de l'Ionie esclaves, eux qui devraient
« être libres, c'en est encore un bien
« plus grand pour vous que pour tout
« autre peuple, pour vous qui êtes à la
« tête de la Grèce entière. Venez donc,

(1) Hérod., liv. V, ch. 35-38.

« au nom des dieux, venez affranchir
« de l'esclavage les Ioniens, nés du même
« sang que vous. Aucune entreprise
« n'est plus facile à exécuter. Les bar-
« bares ont peu de valeur, et vous, au
« contraire, vous l'emportez sur tous
« en vertus guerrières. Ils ne combat-
« tent qu'avec l'arc et le javelot court;
« se présentent dans la mêlée sans
« armes défensives, avec de longues
« chausses qui tombent sur leurs jam-
« bes, et n'ont la tête couverte que
« d'une espèce de bonnet en pointe :
« aussi est-il extrêmement aisé de les
« vaincre. De plus, le pays qu'ils habi-
« tent offre des richesses telles qu'il ne
« s'en présente dans aucun autre : de
« l'or, de l'argent, de l'airain, une va-
« riété infinie d'étoffes et de vêtements,
« des bêtes de somme et des esclaves.
« Tout cela sera à vous du moment que
« vous voudrez vous en saisir. Les con-
« trées habitées par ces divers peuples
« se touchent, comme je vais vous le
« faire voir sur ce tableau. Contigus à
« l'Ionie, on trouve les Lydiens, qui
« possèdent un excellent territoire, re-
« nommé par ses mines d'argent. Après
« les Lydiens, vers l'Orient, sont les
« Phrygiens, qui nourrissent d'im-
« menses troupeaux, et recueillent une
« grande abondance de fruits. A la
« suite des Phrygiens on rencontre
« les Cappadociens, auxquels nous don-
« nons le nom de Syriens. Les Cili-
« ciens leur sont limitrophes, et habi-
« tent les bords de la mer où est située
« l'île de Cypre : ils payent au roi cinq
« cents talents de tribut par an. Après
« les Ciliciens sont les Arméniens, éga-
« lement riches en troupeaux. Les Ma-
« tiéniens confinent aux Arméniens,
« et occupent cette étendue de terri-
« toire que je vous indique. La contrée
« qui touche à la Cilicie est la province
« de Cissie, où se trouve, sur les bords
« du Choaspe, la ville de Suze : elle est
« l'habitation du roi; c'est là qu'il vit
« dans toute sa splendeur, et que ses
« trésors sont renfermés. Maîtres de
« cette ville, vous pourriez le disputer
« en richesses à Jupiter même : et ce-
« pendant, au lieu de tenter cette con-
« quête, vous combattez pour un mor-
« ceau de terrain qui vous est inutile,
« pour fixer les limites étroites de vos
« possessions; vous combattez, dis-je,
« avec des peuples vos égaux en ta-
« lents militaires, avec des Messéniens,
« des Arcadiens, des Argiens, qui ne
« possèdent ni or, ni argent, ni rien
« de ce qui peut faire braver la mort
« au milieu des batailles. Comment
« pouvez-vous préférer ce genre de
« guerre quand il vous est si facile de
« vous emparer de toute l'Asie? » Après
qu'Aristagoras eut fini, Cléomène se
borna à lui dire : « Citoyen de Milet,
dans trois jours je vous répondrai. »

« La conférence n'alla pas plus loin.
Lorsque le jour fixé pour rendre réponse
fut arrivé, et que l'affaire fut remise sur
le tapis, Cléomène demanda à Aristagoras « combien il y avait de chemin
« des bords de la mer d'Ionie à la ville
« que le roi habitait ? » Ici Aristagoras,
quoiqu'il fût un homme réellement habile et très en état de surprendre Cléomène, commit une grande faute; car,
s'il voulait engager les Spartiates à
passer en Asie, il devait soigneusement
leur cacher la vérité. Mais, au lieu de
le faire, il répondit, comme cela est réellement, qu'il y avait trois mois de
chemin. A peine avait-il achevé que
Cléomène, sans lui permettre d'entrer
dans aucun détail de la route, lui dit :
« Citoyen de Milet, avant le coucher du
« soleil vous sortirez de Sparte. Il est
« insensé de venir proposer à des La-
« cédémoniens de s'éloigner de la mer
« à une distance de trois mois de
« route. » En disant ces mots il se retira.

« Aristagoras, prenant alors le costume de suppliant, se rendit à la maison de Cléomène. Admis dans l'intérieur,
il le pria de l'entendre et d'éloigner,
pendant qu'il lui parlerait, un enfant
qui se trouvait présent. Cléomène, qui
avait effectivement près de lui sa fille
unique nommée Gorgo, âgée de huit à
neuf ans, répondit à Aristagoras « qu'il
« pouvait parler librement, et que la
« présence de l'enfant ne devait le
« gêner en rien. » Aristagoras commença donc à lui proposer dix talents
s'il voulait se montrer favorable à ses
propositions. Cléomène refusa, et Aristagoras, augmentant successivement ses
offres, alla jusques à cinquante talents.
La jeune fille, entendant cette propo-

sition, s'écria : « Mon père, cet étran-
« ger te corrompra si tu ne te hâtes
« de sortir d'ici. » Cléomène, charmé
de cet avertissement, passa dans une
autre chambre, et Aristagoras fut obligé
de quitter Sparte sans qu'il lui eût été
permis de donner aucune explication
sur la route à faire pour arriver jusques
à la résidence du roi de Perse (1). »

LES ATHÉNIENS S'ENGAGENT A SOUTENIR LA RÉVOLTE. — Forcé de quitter Sparte, Aristagoras se rendit à Athènes, qui venait de chasser Hippias. Celui-ci, après avoir vainement sollicité le secours des Spartiates, était passé en Asie, et n'avait rien négligé pour calomnier les Athéniens auprès d'Artapherne; il avait mis tout en jeu pour faire tomber Athènes sous la domination de Darius, dans l'espoir d'y rétablir, sous le nom des Perses, son autorité personnelle. Les Athéniens, informés des intrigues d'Hippias, s'étaient empressés d'envoyer des députés à Sardes pour dissuader les Perses d'ajouter foi aux discours des bannis d'Athènes; mais Artapherne leur avait répondu que, si les Athéniens voulaient conserver leur existence, il fallait qu'ils laissassent rentrer Hippias. Dès lors décidés à ne jamais recevoir le fils de Pisistrate, ils avaient reconnu qu'ils n'avaient d'autre parti à prendre que de déclarer ouvertement la guerre aux Perses (2).

C'est au moment où ils prenaient cette résolution et alors qu'ils étaient déjà si mal avec les Perses qu'Aristagoras vint à Athènes. Admis dans l'assemblée du peuple, il répéta ce qu'il avait dit à Lacédémone sur les richesses de tout genre que possédait l'Asie et sur les avantages d'une guerre avec les Perses, qu'on pouvait vaincre avec la plus grande facilité. Il ajoutait que les Milésiens étaient une colonie d'Athènes, et qu'il était naturel que les Athéniens, parvenus à tant de grandeur, veillassent au salut de leur colonie. Enfin, il ne négligea aucun genre de promesses, et parvint enfin à persuader les Athéniens.

Une fois entraînés, les Athéniens décrétèrent que vingt vaisseaux seraient envoyés au secours des Ioniens, et nommèrent, pour commander cette flotte, Mélanthios, un de leurs citoyens les plus distingués (1).

RETOUR DES PÉONIENS EN THRACE. — Aristagoras, parti d'Athènes avant la flotte, revint à Milet, et sans autre but, suivant Hérodote, que de susciter des contrariétés à Darius, mais peut-être aussi, en cas de revers, afin de se préparer des intelligences en Thrace, où déjà Myrcine, la ville d'Histiée, lui offrait un asile assuré, il envoya un émissaire en Phrygie, près d'une peuplade de Péoniens, que Mégabase avait fait esclaves, sur les bords du Strymon, et qui habitaient un territoire de la Phrygie, où ils s'étaient bâti un village. « Péoniens, leur dit cet émissaire, Aris-
« tagoras, tyran de Milet, m'envoie vers
« vous pour vous indiquer une voie de
« salut, si vous voulez suivre ses avis.
« En ce moment toute l'Ionie a secoué
« le joug du roi, et il ne tient plus
« qu'à vous de retourner en sûreté dans
« votre patrie. Il suffit que vous trou-
« viez par vous-mêmes le moyen de vous
« rendre jusqu'à la mer ! Le reste nous
« regarde. »

Les Péoniens accueillirent avec joie cette proposition, et, emmenant avec eux leurs femmes et leurs enfants, s'empressèrent de se rendre au bord de la mer : quelques-uns cependant, effrayés d'une telle résolution, restèrent sur les lieux. Lorsque les Péoniens eurent atteint la mer, ils s'embarquèrent et passèrent dans l'île de Chios. Ils y arrivèrent au moment où un nombreux détachement de cavalerie, envoyé à leur poursuite, se montra sur le rivage; mais, comme ce détachement trouva les Péoniens déjà hors du continent, il ne put que leur adresser, dans l'île de Chios, l'ordre de revenir. Les Péoniens n'ayant pas voulu obéir, les habitants de Chios les transportèrent dans l'île de Lesbos, d'où les Lesbiens les débarquèrent à Dorisque. De là ils retournèrent par terre en Péonie (2).

EXPÉDITION DES IONIENS CONTRE SARDES. — Les Athéniens parurent bientôt avec leurs vingt vaisseaux, aux-

---

(1) Hérod., ib., ch. 49-51.
(2) Hérod., ib., ch. 96.

(1) Hérod., ib., ch. 97.
(2) Hérod., liv. V, ch. 105.

quels s'étaient réunis cinq trirèmes des Érétriens, qui prirent aussi part à cette guerre, non pas à la sollicitation des Athéniens, mais par attachement pour les Milésiens et pour reconnaître les services qu'ils en avaient reçus dans une guerre contre les Chalcidiens. Lorsque le renfort naval d'Athènes et d'Érétrie fut arrivé et que l'on eut réuni les troupes des autres peuples alliés, Aristagoras entreprit sur-le-champ l'expédition qu'il méditait contre Sardes ; mais il ne se mit pas en campagne de sa personne : il resta à Milet, et nomma deux commandants choisis parmi les Milésiens.

La flotte ionienne mit à la voile : parvenus à la hauteur d'Ephèse, les vaisseaux restèrent dans la rade de Coresse. Cependant l'armée, très-nombreuse, s'avançait par terre, sous la direction de guides éphésiens, en remontant le Caystre ; et, après avoir franchi le mont Tmolus, tomba sur Sardes, dont elle s'empara, aucun ennemi n'ayant tenté de s'opposer à sa marche. Elle se rendit donc aisément maîtresse de la ville et de tout ce qui s'y trouvait, à l'exception cependant de la citadelle qu'Artapherne lui-même occupait avec des forces assez considérables (1).

INCENDIE DE SARDES. — La ville, quoique prise, ne resta point au pouvoir du vainqueur. La plupart des maisons de Sardes étaient construites en roseaux ; et le petit nombre de celles qui étaient bâties en briques avait des toits également de roseaux. Le feu fut mis par un soldat à l'une de ces habitations, et gagna si promptement de maison en maison que l'incendie dévora la ville entière. Au milieu des ravages du feu, les Lydiens et ce qui se trouvait encore de Perses dans l'intérieur, enfermés de tous côtés par le feu, qui avait atteint les extrémités de la ville et ne trouvant aucune issue pour en sortir, refluèrent en grand nombre dans la place publique sur les rives du Pactole. Les Lydiens et les Perses, refoulés sur les bords de la rivière, furent, malgré eux, obligés de se défendre; et les Ioniens, voyant d'un côté cette résistance inattendue, et de l'autre le nombre des ennemis qui accouraient s'augmenter sans cesse, cédèrent à la crainte, et se retirèrent sur le mont Tmolus. Ils en partirent dans la nuit pour regagner leurs vaisseaux.

BATAILLE D'ÉPHÈSE. — Cependant toutes les forces des Perses qui se trouvaient en deçà du fleuve Halys s'étaient réunies, et accoururent au secours des Lydiens ; mais, comme les Ioniens avaient déjà quitté Sardes, elles se mirent sur leurs traces, et les atteignirent près d'Ephèse, où elles les trouvèrent rangés en bataille. Le combat s'engagea ; les Ioniens furent vaincus (499), et les Perses leur tuèrent beaucoup de monde. Ceux qui échappèrent à la mêlée se dispersèrent dans les villes (1).

LES ATHÉNIENS ABANDONNENT LES IONIENS. — Les Athéniens, dégoûtés par le mauvais succès de cette guerre à peine commencée, abandonnèrent tout à fait les Ioniens, malgré les sollicitations d'Aristagoras. Privés de ces alliés, les Ioniens ne s'en préparèrent pas moins à continuer la guerre, seul parti qu'ils eussent à prendre après ce qu'ils avaient fait contre Darius. Leur flotte entra donc dans l'Hellespont, et alla s'emparer de Byzance ainsi que de toutes les autres villes de la côte.

LA CARIE ET LES CYPRIENS PRENNENT PART A LA RÉVOLTE. — Après cette expédition, les Ioniens sortirent de l'Hellespont pour venir décider la majeure partie des villes de la Carie à se réunir à eux. La ville de Caune même, qui d'abord en apprenant l'incendie de Sardes avait refusé leur alliance, finit par y entrer.

Des auxiliaires plus importants encore se joignirent à eux. Onésilos avait souvent engagé son frère Gorgos, roi des Salaminiens, à secouer le joug des Perses, et il était devenu plus pressant lorsque la révolte de l'Ionie eut éclaté. N'ayant pu le déterminer, il saisit le moment où Gorgos était sorti de la ville, et, avec l'aide de ses propres partisans, s'empara de l'autorité dans Salamine. Persuadés par lui, tous les Cypriens embrassèrent la cause des Ioniens, à l'excep-

(1) Hérod., liv. IV, ch. 98.

(1) Hérod., liv. V, ch. 99 et 100.
(2) Hérod., ch. 103 et 104.

sion des habitants d'Amathonte. Onésilos, irrité de leur refus, vint mettre le siége devant leurs villes (1).

DARIUS APPREND LA RÉVOLTE DES IONIENS. — Darius apprit tout à la fois que la ville de Sardes avait été prise et incendiée par les Athéniens réunis aux Ioniens, et que l'auteur du complot, celui qui avait tout tramé était Aristagoras de Milet. A cette nouvelle, il se mit peu en peine des Ioniens, sachant bien d'avance qu'ils ne se seraient pas impunément révoltés, mais demanda avec empressement quel peuple c'était que les Athéniens. Lorsqu'on eut satisfait à sa demande, Darius saisit son arc, plaça sur la corde une flèche, et la lança avec force vers le ciel en s'écriant, tandis qu'elle volait dans les airs : « O « Jupiter, fais que je puisse me venger « des Athéniens. » Il ordonna en même temps qu'à chacun de ses repas un de ses serviteurs lui répétât trois fois ces mots : « Seigneur, souvenez-vous des « Athéniens (2). » Darius fit aussi de vifs reproches à Histiée de ce qu'il n'avait pas mieux choisi le gouverneur qu'il avait laissé à Milet ; mais Histiée trouva moyen de l'apaiser et de se faire envoyer par lui en Ionie pour réprimer la révolte. Il lui promettait même d'ajouter à son empire la Sardaigne, alors parfaitement connue des Grecs asiatiques, et où Bias avait proposé aux Ioniens d'aller s'établir quand leur liberté fut menacée par les Perses.

PRÉPARATIFS DES PERSES POUR COMPRIMER LA RÉVOLTE. — Darius, pour en finir plus promptement avec les révoltés et pour les envelopper comme dans un filet, mit quatre armées en en campagne. La première, commandée par Daurisès, gendre du roi, devait se diriger vers l'Hellespont ; la seconde, sous les ordres d'Hymées, devait agir sur la Propontide ; celle du centre était confiée à Otanès et à Artapherne ; et enfin celle du midi, qui avait pour chef Artybius, devait attaquer l'île de Cypre.

L'ILE DE CYPRE RETOMBE SOUS LA DOMINATION DES PERSES. — Pendant qu'Onésilos était occupé du siége d'Amathonte, il reçut la nouvelle de l'arrivée prochaine de l'armée commandée par Artybius. Sur cet avis, il envoya des hérauts pour réclamer les secours des Ioniens. Ils ne se firent point attendre : après une très-courte délibération, les Ioniens mirent en mer une flotte considérable, et arrivèrent en Cypre. Cependant les Perses, qui étaient venus par mer de la Cilicie, débarquèrent, et se rendirent par terre à Salamine, laissant les Phéniciens doubler, avec leurs vaisseaux, le cap nommé les clefs de Cypre.

Les choses en étaient là lorsque les tyrans des diverses cités de l'île, réunis, appelèrent à une conférence les chefs de l'armée ionienne, et leur parlèrent ainsi : « Généraux des troupes ioniennes, « les Cypriens vous laissent libres de « choisir ce que vous préférerez, ou de « combattre les Phéniciens, ou de com- « battre les Perses. Il n'y a pas un « moment à perdre pour quitter vos « vaisseaux et vous ranger en bataille ; « nous vous remplacerons sur la flotte, « et nous irons à la rencontre des Phé- « niciens. Si, au contraire, vous voulez « vous mesurer avec ces derniers, nous « combattrons les Perses ; mais quel que « soit le parti que vous preniez, déployez « tout ce que vous avez de ressources, et « faites que l'Ionie et l'île de Cypre vous « doivent leur liberté. » Les Ioniens répondirent : « Le conseil général de « l'Ionie nous a envoyés pour défendre la « mer, et non pour remettre nos vais- « seaux aux Cypriens, et aller combattre « sur terre les Perses. Nous tâcherons « au surplus, de nous conduire vail- « lamment dans le poste que nous pre- « nons. C'est à vous, de votre côté, à « vous rappeler les maux que vous avez « soufferts comme esclaves des Mèdes. « Ce souvenir doit faire de vous des sol- « dats intrépides (1). »

Peu de temps après, les Perses parurent dans les plaines de Salamine, et les rois de Cypre disposèrent leurs troupes de manière à tenir tête à celles qu'elles allaient avoir à combattre. Onésilos choisit sa place en face d'Artybius (2).

Le combat s'engagea et sur terre et sur mer. Les Ioniens eurent dans cette

---

(1) Hérod., ib., ch. 100 et 102.
(2) Hérod., ib., ch. 103.

(1) Hérod., ib., ch. 108 et 109.
(2) Hérod., ib., ch. 110.

journée une supériorité marquée, et battirent les Phéniciens. Parmi les vainqueurs, les Samiens obtinrent la palme du combat naval; sur terre, les deux armées se chargèrent mutuellement et se mêlèrent: Artybius trouva la mort sur le champ de bataille.

Toutes les troupes cypriennes combattaient vaillamment, lorsque Stésénor, tyran de Curion, trahit son parti, et passa du côté de l'ennemi avec les forces assez considérables qu'il avait sous ses ordres. Cette défection fut imitée par ceux qui montaient les chars de guerre des Salaminiens; ils suivirent l'exemple des Curiens, et cette double trahison donna aux Perses l'avantage sur les Cypriens, dont l'armée fut mise en fuite et perdit beaucoup de monde. Onésilos était au nombre des morts (1).

Les Ioniens, qui avaient combattu sur mer, près de Cypre, apprenant que les affaires d'Onésilos étaient perdues, et que toutes les villes de l'île se trouvaient assiégées par les Perses, à l'exception de celle de Salamine, dont les habitants avaient ouvert les portes à leur ancien roi Gorgos, mirent à la voile sur-le-champ, et revinrent en Ionie. Ainsi les Cypriens, qui avaient joui pendant un an de la liberté, tombèrent de nouveau dans l'esclavage (2).

Succès des Perses sur l'Hellespont. — Pendant ce temps Daurisès, s'étant porté sur les villes de l'Hellespont, s'était rendu maître de Dardanos, d'Abydos, de Percote, de Lampsaque, et de Pæsos. Il marchait de Pæsos sur Paxion, lorsqu'il apprit en route que les Cariens, d'accord avec les Ioniens, s'étaient déclarés en état de rébellion contre les Perses. A cette nouvelle, il rebroussa chemin, et, s'éloignant de l'Hellespont, conduisit son armée en Carie (3).

Les Cariens sont défaits sur le Marsyas. — La marche de Daurisès fut connue des Cariens avant qu'il parût sur leur territoire, et ils eurent le temps de rassembler leurs forces aux Colonnes blanches, près du Marsyas. Pixodaros, fils de Mausole, de la ville de Cindys,

(1) Hérod., ib., ch. 112 et 113.
(2) Hérod., ib., ch. 115 et 116.
(3) Hérod., ib., ch. 116 et 117.

et qui avait épousé la fille de Syennésis, roi des Ciliciens, proposa de faire passer le Méandre à toute l'armée, et de livrer bataille, ayant à dos le fleuve, afin que les Cariens, privés de tous moyens de fuir, se montrassent dans le combat supérieurs à eux-mêmes; mais cet avis ne prévalut pas, et les Cariens crurent qu'il valait mieux que les Perses eussent plutôt qu'eux le Marsyas à dos. Il leur paraissait, disaient-ils, évident que, si les Perses étaient vaincus et obligés de fuir, il ne pouvait en échapper aucun: tous seraient jetés dans le fleuve.

Peu de temps après cette détermination, les Perses parurent, passèrent le Méandre, et en vinrent aux mains avec les Cariens sur les bords du Marsyas. Le combat fut sanglant et dura longtemps. Enfin, le nombre l'emporta, et les Cariens furent vaincus. Les Perses perdirent environ deux mille hommes; mais du côté des Cariens le nombre des morts s'éleva à dix mille.

Ceux d'entre eux qui échappèrent furent poussés à Labranda, dans un vaste bois de platanes, consacré à Jupiter Stratios. Les débris de leur armée s'étant donc rassemblés dans cette enceinte, on délibéra sur le parti à prendre pour le salut commun et sur ce qui était préférable, ou de se rendre volontairement aux Perses, ou d'abandonner tout à fait l'Asie.

Pendant cette délibération, les Milésiens avec d'autres troupes alliées arrivèrent à leur secours; la présence de ces forces décida les Cariens à attaquer de nouveau l'ennemi. Un second combat eut donc lieu, probablement dans les plaines de Mylasse; mais il leur fut plus funeste que le premier: presque tous restèrent sur le champ de bataille, et les Milésiens particulièrement furent les plus maltraités (1).

Les Cariens réparent leurs défaites. — Par la suite, les Cariens, dans une nouvelle action, réparèrent ces deux échecs. Instruits que les Perses marchaient pour s'emparer de leur capitale, ils leur tendirent une embuscade sur le chemin qui mène à Pédase. Les Perses y tombèrent pendant la nuit, et leur armée y fut détruite. Leurs géné

(1) Hérod., ib., ch. 118-120.

raux Daurisès, Amorgès et Sisimacès périrent dans cette rencontre (1).

SUCCÈS DES PERSES SUR L'HELLESPONT ET EN IONIE. — Cependant Hymées, obéissant aux instructions qu'il avait reçues, s'était porté de son côté sur la Propontide, où il avait occupé la ville de Cios dans la Mysie; mais, lorsqu'il sut que Daurisès avait quitté l'Hellespont pour aller faire la guerre aux Cariens, il abandonna la Propontide, et conduisit ses troupes sur l'Hellespont même. Là, il soumit tout ce qu'il y avait d'Éoliens occupant le territoire d'Ilion et les Gergithes, reste des anciens Teucriens; mais au milieu de ces succès, il mourut de maladie en Troade.

A cette même époque Artapherne, gouverneur de Sardes, et Otanès, le quatrième des généraux perses, marchaient pour porter la guerre en Ionie, ainsi que dans la partie de l'Éolie qui lui est limitrophe, et s'emparaient dans la première de Clazomène, et dans la seconde de Cyme (2).

FUITE D'ARISTAGORAS; SA MORT. — Ainsi les villes grecques du littoral de l'Asie Mineure retombaient successivement au pouvoir des Perses. Aristagoras, l'instigateur de la révolte, jugeant la situation perdue, manqua de cœur au moment suprême, et ne songea plus qu'à fuir. Il rassembla donc un conseil à Milet et proposa de se retirer soit en Sardaigne, où l'on pourrait fonder une colonie, soit à Myrcine, qu'Histiée avait commencé à fortifier. Hécatée l'historien déclara qu'il n'était d'avis ni de l'un ni de l'autre de ces deux établissements, qu'il pensait que l'on devait s'occuper de bâtir une forteresse dans l'île de Léros, où ils pourraient, s'ils se voyaient contraints de quitter Milet, rester en sûreté jusqu'à ce que l'occasion se présentât de revenir en force dans leur patrie; mais Aristagoras, qui inclinait particulièrement pour se retirer à Myrcine, prit son parti. Il remit le gouvernement de la ville à Pythagore, un des citoyens les plus distingués, et, après avoir emmené avec lui tous ceux qui voulurent le suivre, fit voile pour la Thrace, où il vint occuper la contrée qu'il s'était proposé d'habiter. Par la suite, il périt dans un combat contre des Thraces, qu'il tenait assiégés dans leur ville et auxquels il avait refusé une capitulation (1).

CHAPITRE VI.

LA RÉVOLTE DE L'IONIE EST COMPRIMÉE.

HISTIÉE S'ENFUIT DE SARDES. — Hystiée, après avoir obtenu de Darius la permission de quitter Suze, s'était hâté de se rendre à Sardes. A son arrivée, Artapherne lui demanda s'il connaissait les causes de la révolte de l'Ionie : il répondit qu'il les ignorait entièrement, et ajouta même qu'il avait été, plus que personne, surpris de l'événement; mais Artapherne, qui savait la vérité, reprit la parole, et lui dit : « Veux-tu, Histiée, savoir comment « les choses ont eu lieu? le voici : tu as « cousu le soulier, et Aristagoras l'a « chaussé. »

Histiée, à qui un homme aussi pénétrant devenait redoutable, s'échappa dès la nuit suivante, et s'enfuit vers la mer. C'était avouer clairement qu'il avait trompé Darius, et qu'il n'avait promis de lui soumettre la grande île de Sardaigne que pour ménager l'occasion de se mettre à la tête des Ioniens dans la guerre qu'ils faisaient contre Darius même (2).

IL PASSE DANS L'ÎLE DE CHIOS. — Histiée, s'étant hâté de passer dans l'île de Chios, y fut d'abord arrêté par les habitants, comme soupçonné de venir, au nom du roi, exciter des troubles parmi eux; mais, dès qu'il se fut expliqué et fait connaître comme ennemi de Darius, on le relâcha immédiatement.

Les Ioniens voulurent alors connaître quelle raison il avait eue pour faire passer à Aristagoras l'avis de se révolter contre le roi, et attirer par là de si grands malheurs sur l'Ionie; mais Histiée déguisa les véritables causes de sa conduite et supposa pour motif que, Darius ayant formé le projet de donner aux Phéniciens l'Ionie à habiter et de

---

(1) Hérod., ib., ch. 121.
(2) Hérod., ib., ch. 122 et 123.

(1) Hérod., liv. V, ch. 124 et 125.
(2) Hérod., liv. I, ch. 1 et 2.

transporter les Ioniens en Phénicie, l'avis envoyé à Aristagoras avait eu pour but de prévenir l'effet de ce dessein. Or, jamais le roi n'avait conçu une telle pensée; mais par cette réponse il augmentait les craintes des Ioniens (1).

SA TRAHISON EST DÉCOUVERTE. — A la suite de cette explication, Histiée envoya un certain Hermippos d'Atarnée porter à Sardes des lettres écrites par lui à quelques Perses déjà mis dans sa confidence. Cet Hermippos, au lieu de rendre les lettres à ceux auxquels elles étaient adressées, les livra toutes entre les mains d'Artapherne, qui en prit lecture. Ainsi éclairé sur tout ce qui se passait, il ordonna à Hermippos de les remettre à leur adresse, d'en prendre les réponses et de les lui apporter. Ceux des Perses dont la trahison était ainsi dévoilée furent mis à mort par l'ordre d'Artapherne, et cet événement excita dans Sardes de grands troubles (2).

REPOUSSÉ DE MILET, IL DEVIENT PIRATE. — Histiée, voyant s'évanouir les espérances qu'il avait fondées sur cette intrigue, pria les habitants de Chios, de le ramener à Milet; mais les Milésiens, déjà charmés d'être délivrés d'Aristagoras, n'étaient nullement disposés à recevoir chez eux un autre tyran après avoir goûté les douceurs de la liberté. Histiée, obligé de recourir à la force, fut blessé à la cuisse dans une tentative de nuit qu'il fit pour pénétrer dans Milet, et contraint de se retirer. Repoussé de sa patrie, il retourna dans l'île de Chios; et, n'ayant pu déterminer les habitants à lui donner des vaisseaux, il passa à Mitylène, où il parvint à persuader aux Lesbiens de lui en confier. Ils mirent en mer huit trirèmes, avec lesquelles Hystiée se rendit à Byzance. Ces bâtiments s'y tinrent en embuscade, s'emparant de tous les navires qui sortaient du Pont-Euxin, à l'exception de ceux dont les équipages consentaient à se ranger du parti d'Histiée (3).

MILET EST MENACÉE PAR TERRE ET PAR MER. — Cependant la ville de Milet était menacée par une expédition formidable de terre et de mer. Les généraux persans avaient réuni toutes leurs troupes pour en former une seule armée, qu'ils dirigeaient contre elle, laissant de côté la conquête des autres villes comme peu importante tandis qu'une flotte, montée par les Phéniciens, les Cypriens récemment soumis, ainsi que les Ciliciens et les Égyptiens, se hâtait de venir l'attaquer par mer (1).

PRÉPARATIFS DE DÉFENSE DES IONIENS. — Informés de ces mouvements, les Ioniens convoquèrent, dans le Panionion, une assemblée composée des députés des différentes villes. Il y fut arrêté qu'on ne formerait point d'armée de terre pour s'opposer à la marche des Perses, et que les Milésiens seraient chargés seulement de défendre leurs murailles; mais qu'on mettrait en mer une flotte, la plus nombreuse possible, en n'exceptant du service aucun vaisseau, et que cette flotte se réunirait, dans le plus court délai, à l'île de Lada, pour défendre Milet par mer. Ces dispositions prises, les Ioniens parurent en mer avec un très-grand nombre de vaisseaux, auxquels s'étaient joints ceux des Éoliens qui habitaient Lesbos (2).

ORDRE DE BATAILLE DES IONIENS. — Voici l'ordre de bataille qu'ils adoptèrent. A l'orient les Milésiens, qui avaient amené quatre-vingts vaisseaux; à leur suite venaient les Priéniens avec douze vaisseaux, et ceux de Myonte avec trois; les Téïens suivaient avec dix-sept vaisseaux; près des Téïens étaient ceux de Chios avec cent vaisseaux; les Phocéens et les Érythréens prenaient rang près de ceux de Chios, les Érythréens avec huit vaisseaux, et les Phocéens avec trois; les Lesbiens avec soixante et dix vaisseaux venaient après les Phocéens; enfin, les Samiens avec soixante vaisseaux fermaient la ligne à l'occident. Le nombre total de ces vaisseaux s'élevait à trois cent cinquante-trois trirèmes (3).

TENTATIVES DES PERSES POUR ROMPRE LA LIGUE DES IONIENS. — Lorsque la flotte des barbares, qui comptait six cents vaisseaux, fut arrivée en face de Milet, et que l'armée de terre

---

(1) Hérod., ib., ch. 2 et 3.
(2) Hérod., ib., ch. 4.
(3) Hérod., ib., ch. 5.

(1) Hérod., ib., ch. 6.
(2) Hérod., ib., ch. 7.
(3) Hérod., ib., ch. 8.

parut, les généraux persans, malgré la supériorité de leur nombre, commencèrent à craindre de n'être point assez forts pour combattre avec avantage d'aussi redoutables adversaires, et ne se croyant pas en mesure de se rendre maîtres de Milet, dès qu'ils n'avaient pas une supériorité certaine sur mer, ils ne voulaient point s'exposer au ressentiment de Darius s'ils venaient à échouer. Ces réflexions les décidèrent à convoquer les divers tyrans de l'Ionie, qui, chassés de leurs États par Aristagoras, s'étaient réfugiés chez les Perses, et se trouvaient alors dans l'armée qui marchait sur Milet. Dès qu'ils furent assemblés, les généraux persans leur parlèrent en ces termes : « Ioniens, « voici pour vous une occasion de ma« nifester votre attachement au roi et « à sa maison. Que chacun de vous « essaye de détacher ses concitoyens, « du reste de la ligue et leur offre les « conditions suivantes : Aucun ne sera « recherché ni maltraité pour avoir pris « part à la rébellion; ni leurs temples, « ni leurs maisons ne seront livrés aux « flammes; ils n'auront pas à suppor« ter un joug plus dur qu'avant la « guerre; mais, s'ils refusent de se « séparer, s'ils veulent tenter les « hasards du combat, vaincus, ils se« ront esclaves, leurs enfants mâles « seront tous faits eunuques, et leurs « filles transportées à Bactre; enfin « leur territoire sera donné à d'autre « nations (1). »

Les anciens tyrans de l'Ionie envoyèrent de nuit des exprès pour faire part à leurs concitoyens de ce qu'ils venaient d'entendre; mais ceux des Ioniens à qui ces propositions parvinrent se refusèrent obstinément à les écouter, parce que chacun d'eux se crut le seul auquel les Perses avaient fait parler (2).

LES IONIENS SE DÉCIDENT A COMBATTRE. — De leur côté les Ioniens, rassemblés sous l'île de Ladé, tenaient diverses conférences, dans l'une desquelles Dionysios, général des Phocéens, leur fit comprendre qu'il ne leur restait plus qu'à vaincre ou à mourir, et leur promit de les conduire à la victoire s'ils se soumettaient à une sévère discipline et acquéraient par des exercices fréquents une grande supériorité de manœuvre. Les Ioniens cédèrent à ces raisons, et se rangèrent sous le commandement de Dionysios.

DÉCOURAGEMENT DES IONIENS. — Investi de l'autorité, le général phocéen occupait chaque jour la flotte à manœuvrer. Après avoir disposé les vaisseaux sur deux rangs en ordre de bataille étroit, il exerçait les rameurs à les faire avancer et à virer de bord pour traverser alternativement les lignes, tandis que la troupe se tenait sur les ponts avec ses armes et prête à combattre. Ces manœuvres duraient une grande partie de la journée, et le reste du temps la flotte se tenait à l'ancre. Quoique de semblables exercices, renouvelés tous les jours, donnassen. beaucoup de fatigue aux Ioniens, ils la supportèrent néanmoins pendant sept jours; mais, au bout de ce terme, peu accoutumés à de si rudes travaux, épuisés de lassitude et dévorés par la chaleur du soleil, ils commencèrent à murmurer. Bientôt personne ne voulut plus exécuter les ordres de Dionysios. L'armée navale descendit dans l'île, y dressa des tentes et refusa de remonter sur les vaisseaux (1).

BATAILLE NAVALE DE LADÉ. — DÉFECTION DES SAMIENS. — La trahison vint bientôt aggraver la position des Ioniens. Les chefs samiens, témoins de l'étrange conduite de la flotte, revinrent sur les propositions qui, au nom des Perses, leur avaient été faites par Æacès, leur ancien tyran; et, réfléchissant aux suites de l'indiscipline qui se manifestait dans l'armée, résolurent d'écouter ces mêmes propositions, qu'ils avaient d'abord rejetées. D'ailleurs, ils voyaient clairement qu'il devenait impossible de l'emporter sur les forces supérieures que le roi de Perse déployait; et qu'en supposant même que l'on battît la flotte qui était actuellement en présence Darius ne manquerait pas d'en envoyer une autre beaucoup plus forte, s'il était nécessaire. Les Samiens se firent donc un prétexte de l'éloignement que les Ioniens montraient pour

(1) Hérod., ib., ch. 9.
(2) Hérod., ib., ch. 9 et 10.

(1) Hérod., ch. 11 et 12.

se soumettre à la discipline, et en profitèrent afin de mettre en sûreté leurs temples et leurs propriétés particulières.

Telles étaient leurs dispositions au moment où la flotte de Darius se mit en mouvement; les Ioniens, pour la recevoir, se rangèrent en bataille et sur un front étroit; les deux flottes s'approchèrent, et le combat s'engagea. Alors les Samiens, suivant ce qui avait était convenu avec Æacès, déployèrent leurs voiles et quittèrent l'ordre de bataille pour se rendre à Samos, à l'exception de onze de leurs vaisseaux, dont les capitaines, malgré les ordres des généraux, restèrent à leur poste et prirent courageusement part à l'action (1).

Les Lesbiens, voyant les Samiens, près desquels ils étaient rangés, prendre la fuite, les suivirent, et la plus grande partie des Ioniens imita successivement cet exemple (2).

CONDUITE VALEUREUSE DES HABITANTS DE CHIOS. — Parmi ceux qui demeurèrent et prirent part au combat, les habitants de Chios furent les plus maltraités. Témoins de la trahison de la plus grande partie de leurs alliés, ils ne voulurent point se rendre coupables de la même lâcheté; et, restés presque seuls, avec un petit nombre d'auxiliaires, ils rompirent à plusieurs reprises la ligne ennemie avec un tel succès qu'ils enlevèrent un grand nombre de vaisseaux. De leur côté ils en perdirent plusieurs, et ramenèrent le reste dans leur île (3).

DENYS DE PHOCÉE SE RETIRE EN SICILE. — Lorsqu'il vit les affaires des Ioniens complétement ruinées, Denys de Phocée fit voile, non pas pour sa ville natale, prévoyant bien qu'elle serait réduite en esclavage comme le reste de l'Ionie, mais vers la Phénicie. Il trouva sur cette côte un grand nombre de vaisseaux marchands qu'il coula à fond; et, s'étant ainsi procuré beaucoup d'argent, il se rendit en Sicile, où il continua le métier de pirate, donnant la chasse aux vaisseaux carthaginois ou thyrrhéniens, et ne ménageant que ceux des Grecs (1).

SIÉGE ET PRISE DE MILET. — Les Perses, après la victoire navale de Ladé, firent, par terre et par mer, le siége de Milet. Ils minèrent les murailles, et employèrent contre elles des machines de guerre de toute espèce; enfin ils s'en emparèrent ainsi que de la citadelle, dans sixième année de la défection d'Aristagoras (494). Tous les habitants furent faits esclaves, et conduits à Suze. Darius, sans leur faire aucun autre mal, les envoya habiter la ville d'Ampé, sur les bords de la mer Érythrée. Quant au territoire de Milet, les Perses se réservèrent pour eux toute la plaine qui est dans le voisinage de la ville, et donnèrent la partie montueuse aux Cariens de Pédase (2).

Maîtres de Milet, les Perses s'emparèrent bientôt de la Carie où une partie des villes se rendit volontairement; le reste fut réduit par la force (3).

DOULEUR DES ATHÉNIENS EN APPRENANT LA PRISE DE MILET. — Dès qu'on apprit à Athènes la prise de Milet, la consternation fut générale. Le poëte Phrynicus ayant pris ce triste événement pour sujet d'une de ses tragédies, tous les spectateurs fondirent en larmes en la voyant représenter. Phrynicus fut même condamné à une amende de mille drachmes *pour avoir rappelé à ses concitoyens des malheurs domestiques* (4). Ces larmes d'Athènes, quoi qu'on ait pu dire, n'effacent pas son lâche abandon. Elles sont honorables sans doute; mais il fallait récompenser, et non punir celui qui les avait fait couler.

ÆACÈS EST RÉTABLI A SAMOS. — Après le combat naval de Lada, Æacès fut ramené à Samos par les Phéniciens. Les Perses récompensaient ainsi le honteux service qu'il venait de leur rendre (5). Son rétablissement fut d'autant plus facile que les habitants les plus influents, à la nouvelle de l'issue du combat et indignés de la conduite d'une

---

(1) Plus tard le peuple de Samos honora la fidélité et le courage de ces capitaines en faisant inscrire leurs noms, avec ceux de leur famille, sur une colonne qui subsistait encore du temps d'Hérodote sur la place publique de la ville.
(2) Hérod., ib., ch. 13 et 14.
(3) Hérod., ib., ch. 15.

(1) Hérod., ib., ch. 17.
(2) Hérod., ib., ch. 18 et 20.
(3) Hérod., ib., ch. 25.
(4) Hérod., ib., ch. 21.
(5) Hérod., ib., ch. 28.

partie de la flotte samienne, avaient résolu de ne pas attendre le retour du tyran et s'étaient réfugiés avec quelques Milésiens dans la ville de Zancle, dont ils se rendirent maîtres (1).

DERNIERS EFFORTS D'HISTIÉE. — Aussitôt qu'Hystiée eut appris à Byzance les tristes événements de Milet, il y laissa un de ses lieutenants, et suivi de ses Lesbiens fit voile pour Chios, dont il s'empara (2). De là avec un grand nombre d'Ioniens et d'Éoliens qu'il rassembla, il entreprit une expédition contre Thasos. Il faisait le siége de la ville lorsqu'il fut instruit que la flotte des Perses avait mis à la voile, de Milet, pour se porter sur les villes de l'Ionie. Aussitôt il se rend à Lesbos avec toutes ses forces. De là, comme il manquait de vivres pour son armée, il passa sur le continent, afin d'enlever les moissons de l'Atarnée et des champs qu'arrose le Caïque. Mais ce pays était alors occupé par le Perse Harpagus, qui avait sous ses ordres une armée considérable. Il attaqua Histiée au moment où il débarquait, tailla en pièces la plus grande partie de ses troupes et le fit lui-même prisonnier. Histiée, espérant que Darius lui pardonnerait en faveur de ses anciens services, se fit connaître; mais Artapherne et Harpagus, jaloux du crédit dont il avait joui autrefois et craignant qu'il ne reprît son ancienne influence auprès de leur maître, s'empressèrent de le faire mettre en croix, et envoyèrent sa tête à Suze. Darius en effet reprocha à ses satrapes de ne pas le lui avoir livré vivant, et ayant ordonné que sa tête fût lavée avec soin, il la fit ensevelir honorablement (3).

LES PERSES S'EMPARENT DES ILES ET DES VILLES DE L'IONIE. — L'armée navale des Perses qui avait passé l'hiver à Milet, ayant mis en mer comme nous venons de le dire, conquit sans difficulté de toutes les îles voisines du continent, telles que Chios, Lesbos et Ténédos. Les Perses soumirent aussi les villes ioniennes de l'Asie et rétablirent leur domination sur l'Hellespont.

A la suite de ces conquêtes les généraux persans ne manquèrent point d'accomplir leurs menaces contre ceux des Ioniens qui avaient pris les armes. Dès qu'ils s'étaient emparés d'une ville, ils faisaient mettre à part tous les enfants d'une figure agréable, mutilaient les mâles pour en faire des ennuques, et envoyaient les plus belles filles au roi; ils mettaient ensuite le feu aux villes et même aux temples qu'elles contenaient. Ainsi l'Ionie, conquise d'abord par Crésus, puis par Cyrus, redevenait pour la troisième fois esclave (1).

RÉORGANISATION DE L'IONIE. — Ces cruelles vengeances se ralentirent bientôt. Dès l'année suivante, les Perses mirent un terme aux hostilités qu'ils exerçaient contre les Ioniens, et commencèrent même à faire quelques dispositions qui leur furent avantageuses. Artapherne convoqua près de lui des députés de toutes les villes de l'Ionie, et les obligea à signer une convention où ils s'engageaient réciproquement à faire juger par des tribunaux les procès qui pourraient s'élever entre les différentes villes, et à cesser de recourir à la force. Ensuite, il fit partager tout le territoire de l'Ionie en parasanges (2), et régla sur cette mesure les contributions à payer au trésor du roi, et cette division du territoire subsistait encore du temps d'Hérodote. Du reste, le montant des impositions fut à peu près ce qu'il était avant la rébellion. Toutes ces mesures étaient propres à maintenir la paix chez les Ioniens. Plus tard Mardonius fit plus encore : au moment de partir pour aller punir Érétrie et Athènes, il chassa tous les tyrans des villes ioniennes et y rétablit la démocratie (3). C'était le plus sûr moyen de prévenir une nouvelle insurrection.

(1) Hérod. ib., ch. 31-32.
(2) Mesure en usage chez les Perses, qui équivalait à trente stades. Voyez p. 69, col. 1.
(3) Hérod., ib., ch. 42 et 43.

---

(1) Hérod., ib., ch. 22 et 23.
(2) Hérod., ib., ch. 26.
(3) Hérod., ib., ch. 27-30.

CHAPITRE VII.

DEPUIS LE COMMENCEMENT DES GUERRES MÉDIQUES JUSQU'AU PASSAGE DE L'HELLESPONT PAR L'ARMÉE DE XERXÈS.

CAUSE DES GUERRES MÉDIQUES. — L'Ionie soumise, Darius songea à se venger des Grecs d'Europe, qui avaient soutenu l'insurrection de leurs frères d'Asie. Cette résolution fut le point de départ d'une lutte qui ne devait finir qu'avec la chute de l'empire des Perses. Certes ce fut un grand spectacle que ce formidable choc de deux mondes, du monde grec et du monde barbare; et l'on conçoit qu'Hérodote, qui naquit au milieu de ces événements extraordinaires (1), ait, comme tous les Grecs avides de merveilleux, cherché les causes de cette guerre jusque dans les temps mythologiques. « La vraie cause, comme le remarque avec raison un habile historien (2), fut la puissance même de la Perse. Cet empire avait alors atteint ses limites naturelles. Partout il était enveloppé par les déserts, la mer, de grands fleuves ou de hautes montagnes. Il ne pouvait plus s'étendre que d'un seul côté au nord-ouest, et de ce côté était un pays renommé, la Grèce, dont l'indépendance irritait l'orgueil du grand roi. Cyrus avait conquis l'Asie, Cambyse une partie de l'Afrique. Darius, pour ne pas rester au-dessous de ses prédécesseurs, attaqua l'Europe. »

La lutte fut rude, et les Perses, après trois attaques durent enfin y renoncer. Dans cette lutte l'Asie Mineure ne joue qu'un rôle secondaire; les deux vrais antagonistes sont la Perse et la Grèce. Nous laisserons donc aux historiens chargés de reproduire les annales de ces deux contrées le soin de raconter les trois phases successives de cette guerre mémorable (3); nous nous bornerons, en les résumant rapidement, à indiquer la part que dut y prendre l'Asie Mineure.

PREMIÈRE EXPÉDITION DES PERSES. — Darius chargea son gendre Mardonius de réaliser ses projets de vengeance et mit sous ses ordres une armée de terre très-forte avec une flotte considérable. Arrivé en Cilicie, Mardonius s'y embarqua, et prit le commandement de la flotte, laissant l'armée de terre s'avancer vers l'Hellespont sous les ordres de ses chefs particuliers. Après avoir côtoyé l'Asie, et achevé de pacifier l'Ionie en y rétablissant le gouvernement démocratique, il mit à la voile pour l'Hellespont, y rassembla un grand nombre de vaisseaux; et, lorsque l'armée de terre fut aussi réunie, la fit transporter en Europe, disposé à subjuguer la Grèce entière (1).

Durant la route il soumit les Thasiens avec sa flotte, et avec son armée de terre il réduisit en esclavage ceux d'entre les Macédoniens qui n'avaient pas encore été soumis. De Thasos il passa le long du continent opposé, et le côtoya jusqu'à Acanthe, d'où il partit pour doubler le mont Athos. Mais là il s'éleva du nord un vent violent et impétueux qui maltraita un grand nombre de vaisseaux et les poussa contre l'Athos. On dit qu'il s'en perdit trois cents et que vingt mille hommes périrent (2).

L'armée de terre ne fut guère plus heureuse que la flotte; car, pendant que Mardonius était campé en Macédoine, les Thraces-Bryges l'attaquèrent durant la nuit, lui tuèrent beaucoup de monde et le blessèrent lui-même. Cependant ils n'évitèrent point l'esclavage; car Mardonius ne quitta pas le pays avant de les avoir subjugués. Mais se trouvant alors trop faible pour continuer sa route il revint honteusement en Asie (492) avec les débris de son armée (3).

DARIUS PRÉPARE UNE SECONDE EXPÉDITION. — Avant d'aller plus loin, Darius voulut s'assurer des véritables résolutions des Grecs et s'ils étaient décidés à faire la guerre ou à se soumettre. Il envoya donc dans plusieurs parties de la Grèce demander en son nom la terre et l'eau, et en même temps il fit partir des courriers qui portaient l'ordre à toutes les villes maritimes de l'Asie

---

(1) En 484.
(2) M. Duruy, *Histoire grecque*, p. 193.
(3) Voyez dans l'*Univers* la *Grèce*, par M. Pouqueville, p. 66-89, et la *Perse*, par M. Dubeux, p. 107-139.

(1) Hérod., ib., ch. 43.
(2) Hérod., ib., ch. 44.
(3) Hérod., ib., ch. 45.

Mineure et de la Thrace payant tribut de construire un grand nombre de vaisseaux longs et de bâtiments propres à embarquer des chevaux (1).

Les villes maritimes obéirent et un assez grand nombre de villes du continent, et toutes les îles firent l'acte de soumission qu'on leur demanda au nom du roi (2). Encouragé par ce premier résultat, Darius fit préparer une expédition plus formidable, mise cette fois sous les ordres du Mède Datis et de son neveu Artapherne. A peine nommés, les nouveaux généraux se rendirent en Cilicie avec une armée de terre nombreuse et parfaitement approvisionnée, et établirent leur camp dans les plaines d'Alée. Bientôt après la flotte composée des vaisseaux fournis pas les diverses nations maritimes soumises au grand roi parut, et avec elle les bâtiments que Darius avait l'année précédente ordonné de préparer et d'équiper. La cavalerie fut embarquée sur ces bâtiments, l'infanterie sur les vaisseaux, et la flotte, composée de six cents trirèmes, mit à la voile pour l'Ionie (3). Cette fois les Perses ne voguèrent pas droit vers l'Hellespont et la Thrace en côtoyant le continent; ils se dirigèrent de Samos à travers la mer Icarienne et les îles dont elle est semée. Nous ne les suivrons pas dans cette campagne, où, heureux d'abord à Érétrie, ils échouèrent à Marathon (490) devant la valeureuse résistance des Athéniens et les habiles combinaisons de Miltiade. Cette fois encore ils durent prendre la fuite et reporter en Asie les débris de leur armée et leur honte (4).

NOUVEAUX PRÉPARATIFS DE DARIUS. SA MORT. — Lorsque Darius reçut la nouvelle du combat de Marathon, sa colère contre les Athéniens ne connut plus de bornes; et, résolu plus que jamais à faire une guerre terrible à la Grèce, il envoya sur-le-champ aux différentes villes de son empire l'ordre de disposer tout ce qui était nécessaire à une nouvelle expédition, exigeant d'elles un bien plus grand nombre de vaisseaux, de chevaux, de vivres et de bâtiments de transport que pour la première. l'Asie se trouva donc pendant trois années de suite agitée sans relâche par l'enrôlement de ses meilleurs soldats et les immenses préparatifs qui se faisaient contre la Grèce; mais dans la quatrième les Égyptiens, soumis par Cambyse, s'étant révoltés contre les Perses, il fallut se décider à agir en Égypte en même temps qu'en Grèce (1).

Au moment où Darius allait diriger ses forces contre Athènes et contre l'Égypte, des querelles sérieuses s'élevèrent tout à coup entre ses fils Artabazane et Xerxès sur l'exercice de l'autorité pendant l'absence de leur père. Démarate, roi détrôné de Sparte, qui s'était réfugié à la cour de Darius, le détermina en faveur de Xerxès. Cette résolution prise, il se mit en marche contre l'Égypte; mais la mort vint le surprendre après trente-six ans de règne (485) et faire passer entre les mains de Xerxès le sceptre de l'empire des Perses (2).

XERXÈS SE DÉCIDE A CONTINUER LA GUERRE CONTRE LES GRECS. — Xerxès, comme par une sorte de pressentiment, était peu disposé à poursuivre la guerre contre les Athéniens, et peut-être se fût-il borné à marcher contre les Égyptiens si Mardonius, pressé sans doute de laver sa honte, ne fût venu ranimer dans le cœur du fils le ressentiment et l'ardeur dont le père était animé. Il n'était pas le seul qui poussât Xerxès à la guerre: il avait un appui dans Démarate, dans les Alévades, famille puissante de Thessalie, qui promettaient de seconder le grand roi avec énergie, enfin dans les Pisistratides, réfugiés à Suze. Ces derniers étaient tout-puissants sur l'esprit de Xerxès grâce à la présence du divin Onomacrite d'Athènes, qui appuyait leurs prières de ses oracles (3).

Le roi céda à tant d'intrigues et de sollicitations; mais il dut d'abord soumettre l'Égypte. Vainqueur des rebelles dans la seconde année qui suivit la mort de Darius (483), il aggrava leur servitude, leur donna pour gouverneur

---

(1) Hérod., ib., ch. 48.
(2) Hérod., ib., ch. 49.
(3) Hérod., ib., ch. 94—95.
(4) *Voy.* Hérod., ib., ch. 95 et suiv.

(1) Hérod., liv. VIII, ch. I.
(2) Hérod., ib., ch. 2—4.
(3) Hérod., ib., ch. 5 et 6.

Achéménès, son frère, et, tout occupé de son expédition en Grèce, revint en Perse (1).

PRÉPARATIFS DE XERXÈS. — Les quatre années qui suivirent la soumission de l'Egypte furent employées tout entières à organiser l'armée que le roi avait rassemblée en fouillant pour ainsi dire tous les recoins du continent (2), ou à réunir ce qui était nécessaire à son entretien; et dans le cours de la cinquième Xerxès entra en campagne à la tête de cet immense rassemblement (3).

Les Perses, comme nous l'avons dit, avaient éprouvé dans la première guerre un grand désastre au mont Athos. Xerxès y fit creuser un canal dont la largeur était telle que deux trirèmes, marchant à la rame, pouvaient y passer de front. Une grande quantité de câbles en papyrus et en écorces d'arbres fut préparée pour la construction des ponts. Il rassembla de plus d'immenses provisions et fit passer en Europe une grande partie des vivres de l'Asie (4).

Tandis que ces immenses préparatifs se faisaient, l'armée de terre, partie de Critalles en Cappadoce, où s'étaient réunies toutes les troupes qui devaient marcher sous le commandement du roi, se rendait à Sardes. Après avoir passé le fleuve Halys, elle entra en Phrygie, froidement accueillie sur son passage, et arriva à Célènes. De là elle se rendit à Colosses, et vint camper à Cydrara sur les frontières de la Phrygie et de la Lydie (5).

En sortant de la Phrygie pour entrer en Lydie, la route se partageait en deux : une, à gauche, conduisait dans la Carie; l'autre, à droite, menait à Sardes. Xerxès suivit cette dernière direction, et, le second jour après son départ de Cydrara, il entra dans la capitale des Lydiens. Arrivé à Sardes, Xerxès envoya en Grèce des hérauts chargés de demander l'hommage de la terre et de l'eau, et il se disposa à partir pour Abydos.

Cependant ceux qui devaient réunir les rives de l'Hellespont pour passer d'Asie en Europe avaient exécuté ce grand ouvrage. A partir d'Abydos et en se dirigeant vers la côte d'Europe les ingénieurs avaient construit deux ponts; mais à peine la communication était-elle établie qu'il survint une tempête terrible qui rompit les câbles et ruina entièrement tous les ouvrages. D'autres architectes furent aussitôt chargés d'en construire deux autres, l'un pour les troupes et l'autre pour les bagages et les bêtes de somme (1).

Lorsque les travaux des ponts et ceux du mont Athos furent terminés, le roi, après avoir passé l'hiver à Sardes, partit au printemps avec toute l'armée pour se rendre à Abydos. Au moment de se mettre en marche, le soleil disparut de la place qu'il occupait dans le ciel, et quoique l'on n'aperçût aucun nuage, et que l'air fût parfaitement serein, la nuit prit la place du jour. Témoin de ce phénomène, Xerxès en conçut beaucoup de trouble, et voulut savoir des mages ce qu'un tel prodige pouvait présager. Les mages répondirent qu'il annonçait aux Grecs la disparition de leurs villes, parce que le soleil était l'astre qui prophétisait aux Grecs les événements futurs, comme la lune les annonce aux Perses. Xerxès, satisfait de cette réponse, ordonna à l'armée de se mettre en marche (2).

DÉPART DE L'ARMÉE PERSANE. — Voici dans quel ordre cette armée s'avançait. Les équipages et les charrois occupaient la tête; ils étaient suivis des troupes tirées de toutes sortes de nations, mêlées ensemble et sans aucune distinction; elles faisaient à peu près la moitié de la totalité de l'armée. Un intervalle succédait, afin de ne point confondre ces troupes avec le corps d'armée où était le roi et qui s'avançait ensuite. Mille cavaliers, choisis dans toute la Perse, marchaient en avant, suivis de mille lanciers, également d'élite, ayant le fer de leurs lances tourné vers la terre. Après eux, on voyait paraître les dix chevaux, nommés les chevaux niséens sacrés, magnifiquement enharnachés (3). A la suite de ces dix chevaux, on voyait le char consacré à Ju-

(1) Hérod., ib., ch. 7.
(2) Hérod., ib., ch. 19.
(3) Hérod., ib., ch. 20.
(4) Hérod., ib., ch. 22—25.
(5) Hérod., ib., ch. 26—30.

(1) Hérod., ib., ch. 31—34.
(2) Hérod., ib., ch. 37.
(3) Ces chevaux étaient ainsi nommés parce

piter, traîné par huit chevaux blancs. Derrière, le conducteur allait à pied, tenant les rênes des chevaux; car il n'était permis à aucun mortel de monter sur ce char. Immédiatement après venait Xerxès, sur un char traîné par des chevaux niséens. C'est dans cet ordre que Xerxès sortit de Sardes. Derrière le roi venaient mille lanciers, choisis entre tous les Perses comme les plus braves et les plus distingués par leur naissance; à leur suite, mille autres cavaliers d'élite; enfin, derrière cette cavalerie, dix mille hommes d'infanterie, choisis sur tous les Perses : mille d'entre eux portaient à l'extrémité inférieure de leurs piques, au lieu d'une pointe de fer, une grenade d'or, et enveloppaient le reste de la troupe; les neuf mille renfermés dans cette enceinte n'avaient à leurs piques que des grenades d'argent. A ces dix mille hommes d'infanterie succédaient dix mille de cavalerie persane. Derrière cette cavalerie, on avait laissé un intervalle de deux stades, après lequel venait le reste des troupes sans distinction de rang (1).

L'armée dirigea sa route de la Lydie sur le Caïque et la Mysie. En partant des bords du Caïque, elle laissa la montagne de Cane à sa gauche, et arriva, par l'Atarnée, dans la ville de Carine. De là, elle traversa la plaine de Thèbes, passant à côté des villes d'Atramyttium et d'Antandros; puis, laissant le mont Ida sur sa gauche, elle entra dans la campagne d'Ilion, où elle fut, la première nuit qu'elle passa au pied de l'Ida, assaillie par un violent orage. Arrivée sur le Scamandre, ce fleuve fut de tous ceux que l'armée avait trouvés sur sa route le premier dont elle épuisa les eaux, et qui ne put suffire à désaltérer les hommes et les animaux. Lorsque Xerxès en eut atteint les bords, il monta dans Pergame, l'ancienne demeure de Priam; et, après avoir examiné ces lieux, sacrifia mille bœufs à Minerve Iliade, tandis que les mages firent des libations aux héros (2). Sans doute il voulait ainsi se rendre propices les dieux de cette Troie dont il allait venger l'antique injure.

La nuit qui suivit ce sacrifice, une terreur panique se répandit dans l'armée; mais, au jour, elle se remit en marche, laissant sur sa gauche les villes de Rhœtium, d'Ophrynéum et de Dardanus, limitrophes d'Abydos, et sur sa droite le pays des Gergithes-Teucriens (1).

PRÉPARATIFS DU PASSAGE EN EUROPE. — Lorsque l'armée fut campée près d'Abydos, Xerxès voulut voir toutes ses troupes. On lui avait préparé pour cette revue un trône en marbre blanc, élevé sur un tertre qui dominait la plaine; et cette construction était l'ouvrage des habitants d'Abydos, qui en avaient reçu l'ordre à l'avance. Xerxès s'assit sur le trône, et, portant ses regards vers le rivage, il put embrasser d'un coup d'œil toute l'armée de terre et la flotte. Il désira aussi voir la représentation d'un combat naval : on le satisfit. Les Phéniciens de Sidon furent vainqueurs (2).

Le même jour, on fit les préparatifs du passage. Le lendemain, les troupes sous les armes avant le lever du soleil attendirent le moment où cet astre paraîtrait : pendant ce temps, on purifiait les ponts avec des parfums de tout genre, et la route était semée de branches de myrte. Aussitôt que le soleil se montra, Xerxès fit, avec une coupe d'or, une libation dans la mer, et, tourné vers l'orient, demanda au dieu de ne rencontrer dans son expédition aucun obstacle capable de l'arrêter avant qu'il eût atteint les dernières limites de l'Europe. Après cette prière, Xerxès lança dans l'Hellespont le vase qu'il tenait en ses mains, un cratère d'or et une épée (3).

CHAPITRE VIII.

DEPUIS LE PASSAGE DE L'HELLESPONT JUSQU'A LA BATAILLE DE PLATÉE.

PASSAGE DE L'HELLESPONT. — Les sacrifices terminés, l'infanterie et

qu'on les tirait d'une vaste pleine de la Médie, appelée la plaine de Nisée, qui nourrissait des chevaux d'une très-haute taille.
(1) Hérod., ib., ch. 40 et 41.
(2) Hérod., ib., ch. 42 et 43.

(1) Hérod., ib., ch. 43.
(2) Hérod., ib., ch. 44.
(3) Hérod., ib., ch. 54.

la cavalerie passèrent sur le pont le plus près de l'Euxin, et les bagages, ainsi que les valets, sur le pont situé du côté de la mer Égée. En avant de l'armée paraissaient dix mille Perses, tous portant des couronnes sur leurs têtes. Venaient ensuite les troupes d'infanterie des diverses nations confondues ensemble. Leur passage occupa le premier jour. Le second, la cavalerie passa la première, et après elle la garde du grand roi portant aussi des couronnes ; à leur suite venaient les chevaux sacrés, le char du soleil, et enfin Xerxès lui-même, entouré de ses gardes et de mille cavaliers ; le reste de l'armée suivait. En même temps les vaisseaux mettaient à la voile et se rendaient sur la côte opposée (1).

CONTINGENT FOURNI PAR L'ASIE MINEURE A L'INFANTERIE DE L'ARMÉE PERSANE. — Quel était le contingent de l'Asie Mineure dans cette expédition gigantesque où l'Asie presque entière allait se ruer sur un coin de l'Europe? Dans l'infanterie figuraient les Paphlagoniens, les Cappadociens, les Phrygiens, les Arméniens, les Lydiens, les Mysiens, les Bithyniens, et jusqu'aux peuplades barbares de la Cappadoce Pontique.

Les *Paphlagoniens* avaient la tête couverte d'un casque en mailles de fer. Leur bouclier était petit, et leur pique de moyenne grandeur. Ils étaient en outre armés de javelots et de poignards, et portaient une chaussure qui embrassait le pied, en montant jusqu'à la moitié de la jambe.

Les *Pigyens*, les *Matiéniens*, les *Mariandyniens* et les *Cappadociens* portaient le vêtement et l'armure des Paphlagoniens. Les Paphlagoniens et les Matiéniens étaient sous les ordres de Dotus, fils de Mégasidrus. Gobrias, fils de Darius et d'Artystona, commandait les Mariandyniens, les Ligyens et les Cappadociens.

Les *Phrygiens* et les *Arméniens* dont l'équipement et le costume différaient peu de celui des Paphlagoniens, étaient sous les ordres d'Artochmès, qui avait épousé une fille de Darius.

Les *Lydiens*, dont les armes étaient assez semblables à celles des Grecs, et les *Mysiens*, qui avaient la tête couverte d'une espèce de casque propre à leur pays, un petit bouclier et des javelots dont l'extrémité était durcie au feu, étaient commandés par Artapherne, fils d'Artapherne, le même qui servait avec Datis lors de la descente des Perses à Marathon.

Les Thraces d'Asie ou *Bithyniens* étaient coiffés d'un bonnet en peau de renard, et portaient une tunique sur laquelle ils jetaient un vêtement peint de diverses couleurs. Ils avaient en outre des bottes de peau de chevreau et étaient armés de javelots et d'un poignard court. Ils avaient pour arme défensive un bouclier. Leur chef était Bassacès, fils d'Artabane.

Les *Pisidiens* (1) portaient de petits boucliers de cuir de bœuf et pour armes deux javelines semblables à celles qui étaient en usage pour la chasse du loup. Leurs casques en airain étaient surmontés d'oreilles et de cornes de bœuf du même métal et avaient de plus un cimier. Leurs jambes étaient enveloppées de bandes d'étoffes teintes en pourpre. Hérodote ne dit pas quel était leur général ; mais il est vraisemblable qu'ils avaient le même chef que les deux peuples qui suivent.

Les *Cabaliens*, connus aussi sous le nom de Lasoniens, avaient le même vêtement et la même armure que les Ciliciens (2).

Les *Myliens* étaient armés de lances courtes et leur vêtement était rattaché avec des boucles. Quelques-uns portaient l'arc lycien et tous avaient la tête couverte d'un casque de cuir. Ils étaient

---

(1) Le nom de ce peuple manque dans Hérodote, dont le texte offre ici une lacune que Wesseling avait proposé de combler par le nom des Chalybes; mais le chapitre où elle se trouve précédant immédiatement ceux qui sont relatifs aux Cabaliens et aux Myliens, peuples du midi de l'Asie Mineure, ma restitution me paraît plus près de la vérité. Remarquez d'ailleurs qu'Hérodote n'indique pas le chef du peuple dont le nom a disparu et qu'on est autorisé à en conclure qu'il marchait sous le même commandant que les Cabaliens et les Myliens, et que par conséquent ce peuple était établi dans leur voisinage.

(2) Hérod., ib., ch. 54 et 55.   (2) Voyez plus bas p. 97.

ainsi que les Cabaliens commandés par Badès, fils d'Hystane.

Hérodote termine son énumération par les peuplades barbares du nord-est.

Les *Mosques* (1), les *Tibaréniens*, les *Macrons*, les *Mosynœques* portaient des casques de bois, de petits boucliers et des lances dont la hampe était courte et le fer très-long. Ils avaient pour chefs, les Mosques et les Tibaréniens, Ariomarde, fils de Darius; les Macrons et les Mosynœques, Artayclès, fils de Chéramis, gouverneur de Sestos.

Les *Mares* portaient des casques d'une forme particulière, de petits boucliers, et étaient armés de javelots. Les *Colches* avaient des casques en bois, des boucliers en cuir de bœuf très-petits, la lance courte et une épée. Ces deux peuples marchaient sous les ordres de Pharandate, fils de Théaspis (2).

CONTINGENT FOURNI A LA FLOTTE. — Les habitants des provinces du littoral servaient sur la flotte. Les *Cypriens* avaient fourni cent cinquante vaisseaux. La coiffure de leurs rois consistait en une mitre roulée autour de la tête. Du reste, ils avaient entièrement le costume grec.

Les *Ciliciens* avaient amené cent navires. Ils portaient tous des casques d'une forme qui était particulière à leur pays, et, au lieu de boucliers, des rondaches de cuir de bœuf cru. Ils étaient vêtus de tuniques de laine et chaque homme avait pour armes deux javelots et une épée.

Cinquante vaisseaux avaient été amenés par les *Pamphyliens*. Leur costume était tout à fait grec.

Les *Lyciens* avaient fourni cinquante navires montés par des hommes qui portaient des cuirasses, des chausses, et pour armes offensives des arcs faits en bois de cornouiller, des flèches de roseau sans plumes et des javelots. Ils avaient, de plus, une peau de chèvre rattachée sur les épaules, et la tête couverte d'une sorte de bonnet orné d'une couronne de plumes; ils étaient en outre armés de poignards et de faux.

(1) Peuples du Caucase qui habitaient les bords du Phase entre la mer Noire et la mer Saspienne.
(2) Hérod., *ib.*, ch. 72-79.

Les *Doriens* d'Asie, dont le vêtement et les armes étaient tout à fait grecs, avaient fourni trente vaisseaux.

Les *Cariens* en avaient conduit soixante-dix. Semblables aux Grecs dans tout le reste de leur équipement, ils étaient en outre armés de faux et de poignards.

Les *Ioniens*, qui ne différaient en rien des Grecs dans leur vêtement et leurs armes, avaient fourni cent vaisseaux.

Les habitants des îles en avaient amené dix-sept. Ces insulaires portaient le costume grec.

Les *Éoliens* avaient fourni soixante vaisseaux. Le costume de ce peuple était aussi le même que celui des Grecs.

Les *Hellespontiens*, à l'exception cependant des Abydéniens, auxquels Xerxès avait donné l'ordre de demeurer pour la garde des ponts, avaient, avec les autres habitants des bords du Pont-Euxin qui se réunirent à eux, fourni cent vaisseaux à la flotte. Ils portaient aussi le vêtement et l'armure des Grecs (1).

FAITS RELATIFS A L'ASIE MINEURE. — Les officiers les plus remarquables employés sur la flotte, et qui servaient sous les ordres des généraux persans, étaient pour l'Asie Mineure : Syennésis, fils d'Oromédon, Cilicien; Cybernisque, fils de Sicas, Lycien; Gorgos, fils de Chersis, et Timonax, fils de Timagoras, l'un et l'autre Cypriens; et les trois Cariens Histiée, fils de Tymnès, Pigrès, fils de Seldome, et Damasithyme, fils de Candaule.

Mentionnons encore Artémise, parce que ce n'est pas sans étonnement qu'on voit une femme prendre les armes. Après la mort de son mari, elle lui avait succédé dans l'autorité souveraine. Elle avait sous ses ordres ceux d'Halicarnasse, de Coos, de Nysiros et de Calydnes, qui montaient cinq vaisseaux armés par elle. De toute la flotte, à l'exception des Sidoniens, ces cinq vaisseaux étaient les plus estimés; et de tous les alliés du grand roi, ce fut elle qui lui donna les meilleurs conseils (2).

Laissons Xerxès poursuivre cette ex-

(1) Hérod., *ib.*, ch. 91-95.
(2) Hérod., *ib.*, ch. 98 et 99.

pédition où d'abord vainqueur aux Thermopyles par la trahison d'Éphialte, et plutôt vaincu que vainqueur, le même jour, au combat naval d'Artémision, il pénétra jusqu'à Athènes restée sans autre défense que quelques vieillards, la livra au pillage, puis aux flammes, et finit par essuyer à Salamine, grâce aux talents de Thémistocle et au patriotisme des Grecs réunis et d'accord cette fois pour la défense de la mère patrie, une éclatante défaite qui le força à fuir honteusement et à regagner en toute hâte l'Asie. Le récit de cette guerre n'appartient pas à notre sujet (1) : bornons-nous à rappeler quelques faits qui intéressent directement l'Asie Mineure.

Parmi les prisonniers faits par les Grecs sur les quinze vaisseaux qu'ils enlevèrent aux Perses pendant qu'il allait mouiller près d'Aphètes, se trouvaient Aridolis, tyran d'Alabanda en Carie, et Penthylus, chef des Paphiens (2), qui tous deux fournirent aux Grecs sur l'armée de Xerxès des renseignements qui ne furent peut-être pas sans influence sur les événements ultérieurs.

Au combat naval d'Artémision, où les Grecs s'emparèrent de trente vaisseaux des barbares, ils firent prisonnier (3) Philaon, frère de Gorgos, roi des Salaminiens de Cypre. Peu après les vaisseaux ciliciens furent attaqués et détruits.

A la bataille de Salamine, au moment où le désordre se mettait dans la flotte de Xerxès, le vaisseau d'Artémise se trouva vivement poursuivi par un vaisseau athénien. Ne voyant aucun autre moyen de lui échapper, elle se détermina à attaquer un des vaisseaux de la flotte des Perses, qu'elle avait devant elle, celui des Calyndiens, et le coula à fond. L'Athénien qui la poursuivait, la voyant tomber sur un bâtiment ennemi, la prit pour un allié ou pour un transfuge, et cessa de lui donner la chasse. Xerxès, persuadé que le vaisseau coulé était grec, s'écria : « Les hommes, aujourd'hui, se sont conduits comme des femmes, et les femmes comme des hommes (1). »

Dans cette bataille qui décida du sort du monde grec, la conduite des Ioniens fut suspectée. Les Grecs n'avaient rien négligé pour les détacher de la cause du grand roi. Après le combat d'Artémision, Thémistocle ayant pris quelques vaisseaux athéniens, les meilleurs marcheurs, s'était rendu dans tous les lieux de la côte où l'on trouvait de l'eau douce, et, espérant que les Ioniens y viendraient les jours suivants, y avait fait graver sur les rochers l'inscription suivante : « Ioniens, vous faites une ac« tion injuste en venant combattre con« tre le pays de vos pères. Quittez donc « les Perses et passez dans nos rangs. « Sinon restez neutres et conjurez les « Cariens de vous imiter. Que si une « absolue nécessité ne vous permet de « prendre aucun de ces deux partis, au « moins, lorsque le combat sera engagé, « laissez-vous vaincre volontairement, « vous souvenant que c'est de nous que « vous tenez votre origine, et que vous « êtes la première cause de l'inimitié qui « existe entre les barbares et nous (2). » Accusés auprès de Xerxès par les Phéniciens, leurs rivaux maritimes, ils durent uniquement à la bravoure que montra l'équipage d'un vaisseau de Samothrace et à l'amitié du Perse Ariaramnès leur réhabilitation dans l'esprit du roi (3).

FUITE DE XERXÈS.— Quand Xerxès consentit à laisser Mardonius en Grèce avec trois cent mille hommes et résolut de ramener le reste de son armée en Asie, ce furent surtout les conseils d'Artémise qui l'y décidèrent. « D'une manière ou « d'une autre, disait-elle, les Grecs se« ront obligés de livrer de nouveaux « combats pour leur propre existence. « Si dans ces combats Mardonius essuie « quelque revers, qui en parlera ? Ils « n'auront vaincu et anéanti qu'un de « vos esclaves. Quant à vous, vous « aurez atteint le but de votre expédi« tion, puisque vous aurez incendié la « ville d'Athènes. » Xerxès accueillit avec joie un avis qui était le fond de sa pensée. Il combla donc Artémise de

---

(1) *Voyez*, dans l'*Univers*, la *Grèce* par Pouqueville, p. 71-84, et la *Perse* par M. Dubeux, p. 111-129.
(2) Hérod., liv. VII, ch. 95.
(3) Hérod., liv. VIII, ch. 11.

(1) Hérod., *ib.*, ch. 97 et 98.
(2) Hérod., *ib.*, ch. 22.
(3) Hérod., *ib.*, ch. 90.

louanges et la chargea de conduire à Éphèse quelques-uns de ses enfants naturels qui l'avaient suivi, et de les remettre à la garde de l'eunuque Hermotimos de Pédasa (1). Sa flotte eut ordre de se rendre sans délai dans l'Hellespont pour garder les ponts qui devaient servir au passage : celle des Grecs les poursuivit jusqu'à Andros.

Thémistocle voulait l'atteindre et brûler ensuite les ponts ; mais l'amiral de Sparte, Eurybiade, représentant que, loin d'enfermer les Perses dans la Grèce, il valait mieux les combattre sur leur propre territoire, l'armée des alliés s'arrêta. Alors Thémistocle fit tenir un avis secret au roi, soit qu'il voulût le décider à hâter sa fuite, soit qu'il songeât, en cas de disgrâce, à se ménager un asile auprès de lui (2).

Xerxès, continuant sa route, arriva au bout de quarante-cinq jours sur les bords de l'Hellespont avec un petit nombre de troupes : le reste avait péri de faim ou de maladie, ou s'était dispersé dans la Macédoine et dans la Thrace. Il passa l'Hellespont sur des barques, une tempête ayant emporté les ponts, prit terre à Abydos, et arriva enfin à Sardes (3).

INACTION DES DEUX FLOTTES. — Pendant ce temps la flotte des Perses se dirigeait vers Cyme où elle passa l'hiver. Quand le printemps s'approcha, elle se réunit à Samos. Encore consternée du grand revers qu'elle venait d'essuyer, elle ne s'éloigna pas de cette île et se contenta de veiller sur l'Ionie, pour prévenir une rébellion. Elle attendait quelque occasion favorable d'agir contre l'ennemi et se tenait à portée d'apprendre des nouvelles de ce que ferait Mardonius (4).

De son côté, la flotte grecque s'était réunie à Égine. Pendant qu'elle s'organisait, des envoyés ioniens arrivèrent. En effet, une conspiration s'était déjà formée à Chios ; et quoique les conjurés ne fussent qu'au nombre de sept, ils avaient résolu de tuer Strattis, tyran de l'île ; mais le complot ayant été découvert par un des conjurés qui les trahit, les six autres, obligés de s'enfuir, s'étaient rendus d'abord à Sparte, et ensuite à Égine, pour engager la flotte grecque à faire voile vers l'Ionie et à lui rendre la liberté. Ils purent à peine obtenir qu'elle vînt jusqu'à Délos. Les Grecs craignaient de s'aventurer plus loin parce qu'ils ne connaissaient qu'imparfaitement les lieux, et parce qu'ils étaient convaincus que tout le pays était occupé par des troupes. Samos leur paraissait aussi loin que les Colonnes d'Hercule. Ainsi, tandis que les barbares n'osaient, par crainte, s'avancer vers l'occident au delà de Samos, les Grecs, malgré les instances des habitants de Chios, n'osaient pas, par le même motif, s'avancer vers l'orient au delà de Délos : la peur défendait, pour ainsi dire, l'espace qui séparait les deux flottes (1).

BATAILLE DE PLATÉE. — Mardonius n'avait pu tenir tout ce qu'il avait promis à Xerxès. Il avait repris Athènes dix mois après que le roi y était entré. Des signaux de feu établis d'île en île avaient appris cette nouvelle à Xerxès qui était encore à Sardes, et lui avaient un instant rendu l'espoir du succès ; mais, après quelques avantages partiels, le lieutenant du grand roi avait perdu la bataille de Platée, où cent dix mille Grecs confédérés avaient défait trois cent mille Perses. Mardonius trouva la mort dans le combat. Artabase, qui lui succéda dans le commandement, se hâta d'atteindre l'Hellespont, traversa la mer à Byzance et rentra en Asie. Tout le reste de l'armée, à l'exception d'environ trois mille hommes, périt dans la bataille (2).

CHAPITRE IX.

BATAILLE DE MYCALE. PRISE DE SESTOS. FIN DES GUERRES MÉDIQUES.

SAMOS ENVOIE DES DÉPUTÉS A LA FLOTTE GRECQUE. — Le jour même où les Perses éprouvaient à Platée un si grand revers, ils en essuyèrent un autre, non moins funeste, à Mycale, en Ionie. Tandis que la flotte grecque, commandée par Léotychidès, se tenait sous Délos,

(1) Hérod., ib., ch. 100-103.
(2) Hérod., ib., ch. 108-110.
(3) Hérod., ib., ch. 113-117.
(4) Hérod., ib., ch. 130.

(1) Hérod., ib., ch. 132 et 133.
(2) Hérod., ib., ch. 136-144 ; liv. IX, ch. 1-66.

des députés de Samos arrivèrent. Hégésistratos, l'un d'eux, affirma que si les Ioniens voyaient seulement paraître la flotte, ils se déclareraient sur-le-champ en rébellion ouverte contre les Perses ; que les barbares n'attendraient pas l'arrivée des vaisseaux grecs, et que, dans la supposition même où ils se détermineraient à les attendre, les Grecs n'auraient jamais une meilleure occasion d'enlever une si belle proie. Enfin, invoquant les dieux qui leur étaient communs, ils les conjuraient de délivrer d'un honteux esclavage des peuples Grecs comme eux, et de chasser les barbares. Rien n'était plus facile : les vaisseaux ennemis marchaient mal et étaient indignes de se mesurer avec ceux des Grecs. Au surplus, dans le cas où l'on soupçonnerait les députés de quelque fraude, ils étaient prêts à se livrer comme otages et à passer sur les vaisseaux grecs.

Léotychidès, avant de leur répondre, fit cette question au député : « Citoyen « de Samos, quel est ton nom ? » « Hégésistratos, » reprit le député. Et Léotychidès, reprenant brusquement la parole, comme pour empêcher Hégésistratos d'ajouter aucun mot de plus : « Eh « bien ! s'écria-t-il, j'accepte le pré- « sage (1), et te prends, citoyen de Sa- « mos, pour *guide de l'armée*. Seule- « ment, toi et tes collègues, avant de « vous éloigner, garantissez-nous, sous « la foi du serment, que les Samiens sont « sincèrement déterminés à s'allier avec « nous et à combattre dans nos rangs. »

A peine avait-il prononcé ces mots, qu'il joignit l'effet aux paroles. Les députés engagèrent leur foi, et confirmèrent, par serment, que les Samiens entraient dans l'alliance des Grecs. Lorsque cette formalité fut remplie, deux d'entre eux mirent à la voile et retournèrent chez eux ; le troisième, Hégésistratos, demeura sur la flotte, pour faire route avec elle, sous l'heureux augure de son nom (2).

LA FLOTTE PERSANE REFUSE LE COMBAT. — Le lendemain, la flotte, faisant voile de Délos pour Samos, vint mouiller à peu de distance du temple de Ju-

(1) *Hégésistratos*, en grec, signifie guide des armées.
(2) Hérod., *ib.*, ch. 90-92.

non, et se prépara au combat. Des que les Perses eurent connaissance de la marche de la flotte grecque, ils mirent aussi leurs vaisseaux en mouvement, et vinrent tous, à l'exception des Phéniciens, qui eurent la permission de se retirer, ranger la côte de l'Ionie ; car, après en avoir mûrement délibéré, ne se jugeant pas aussi forts que les Grecs, ils avaient résolu de ne point accepter de bataille sur mer. Ils firent donc voile pour se rapprocher du continent, dans le dessein de se rallier à une armée de terre qui était à Mycale, et que, d'après les ordres de Xerxès, on avait, pour la défense de l'Ionie, détachée des troupes ramenées de la Grèce. La force de ce corps était de soixante mille hommes ; il était sous les ordres de Tigrane.

Cette résolution ayant été arrêtée, la flotte des Perses quitta sa position, et s'avança, après avoir dépassé le temple des Euménides de Mycale, jusqu'à l'embouchure du Gæson et du Scolopéis. La flotte étant arrivée sur cette côte, les Perses tirèrent leurs vaisseaux à terre, et formèrent autour une enceinte, partie en pierre, partie en bois que leur fournirent des arbres fruitiers qu'ils jetèrent à bas, et renforcèrent ce retranchement avec des palissades de pieux très-pointus. Enfin, ils firent toutes les dispositions nécessaires pour se mettre à la fois en état et de soutenir un siége et de vaincre l'ennemi en bataille rangée.

BATAILLE DE MYCALE. — Les Grecs, informés que les barbares s'étaient jetés sur la côte, le virent avec beaucoup de peine échapper ainsi de leurs mains, et hésitèrent longtemps sur ce qu'ils feraient. Enfin, ils se déterminèrent à faire voile directement vers le continent, et, après avoir préparé les échelles ainsi que tout ce qui est nécessaire dans un combat naval, voguèrent vers Mycale. Lorsqu'ils furent près de terre, à portée de reconnaître le camp ennemi, sans que personne parût vouloir venir les attaquer, et qu'ils virent, au contraire, tous les vaisseaux tirés sur le sable, enfermés dans un retranchement, et beaucoup de troupes en bataille rangées le long de la côte, Léotychidès, longeant le rivage avec son vaisseau, le plus près qu'il lui fut possible, fit faire, par un héraut, une proclamation adressée aux

ASIE MINEURE.

Ioniens. Elle était conçue en ces termes : « Habitants de l'Ionie, que tous « ceux de vous qui peuvent m'entendre « retiennent ce que je vais dire, et ne « craignent pas que les Perses comprennent mes paroles. Lorsque nous en « viendrons aux mains avec l'ennemi, « que chacun de vous se souvienne « avant tout que nous combattons pour « la liberté, et qu'il n'oublie pas ensuite « notre mot de ralliement, *Hébé* (1) ! Que « celui à qui ma voix ne peut parvenir « l'apprenne de ceux qui sont à portée « de m'entendre. » Ainsi, Léotychidès se servait, dans cette occasion, du même stratagème dont Thémistocle avait fait usage à Artémision ; car si la proclamation qu'il faisait allait à son adresse sans que les Perses l'entendissent, elle pouvait déterminer les Ioniens à se déclarer : si, au contraire, elle venait à la connaissance des Perses, elle les mettait en défiance contre les Ioniens.

Cela fait, les Grecs poussèrent leurs vaisseaux vers la terre, descendirent sur le rivage, et se disposèrent au combat.

LES PERSES DÉSARMENT LES IONIENS. — Les Perses, qui avaient entendu la proclamation faite aux Ioniens, commencèrent par désarmer les Samiens qui servaient dans leur armée, et qu'ils soupçonnaient d'intelligence avec les Grecs. Ce soupçon était fondé particulièrement sur ce que, dans le temps où les barbares ramenèrent avec leur flotte les prisonniers athéniens que l'armée de Xerxès avait faits dans l'Attique, les Samiens rachetèrent tous ces prisonniers et leur donnèrent des secours pour retourner à Athènes, rendant ainsi à la liberté cinq cents têtes ennemies de Xerxès. Cette précaution prise, les Perses confièrent la garde des chemins qui conduisaient à Mycale par les montagnes aux Milésiens, comme à ceux qui connaissaient le mieux les pays, et en même temps pour les tenir éloignés du camp. Par là les Perses se mettaient en garde contre ceux des Ioniens qu'ils croyaient disposés à remuer s'ils en trouvaient l'occasion et les moyens.

Quant à eux-mêmes, ils prirent leurs épieux, dont ils se firent, comme de coutume, un retranchement.

LES GRECS APPRENNENT LA VICTOIRE DE PLATÉE. — De leur côté, les Grecs ayant fini de se ranger en bataille s'avancèrent pour charger les barbares. A l'instant où ils se mettaient en mouvement, le bruit se répandit dans toute l'armée que les Grecs avaient vaincu en Béotie les troupes de Mardonius. Dès que la nouvelle fut connue, toute l'armée, sentant doubler son courage, hâta le pas pour marcher à l'ennemi et se battit avec beaucoup de résolution. Les barbares n'en montrèrent pas moins dans cette journée, où le prix de la victoire était la possession des îles et de l'Hellespont.

DÉFAITE DES PERSES. — Les Athéniens, ainsi que les troupes qui se trouvaient de leur côté, et qui formaient à peu près la moitié de l'armée, s'avancèrent le long du rivage par un terrain uni. Les Lacédémoniens et le reste des forces qui les suivaient immédiatement marchèrent par les montagnes et le lit des torrents ; mais, tandis que les Lacédémoniens tournaient par cette manœuvre les barbares, l'autre aile était déjà aux prises avec eux. Tant que les Perses purent maintenir leurs épieux debout, ils repoussèrent toutes les attaques et ne cédèrent point ; mais les Athéniens et ceux qui les suivaient, quoique obligés de soutenir seuls ce combat, auquel les Lacédémoniens ne pouvaient encore prendre part, s'étaient animés réciproquement, et, redoublant d'impétuosité, parvinrent à faire tourner la chance en leur faveur. Les épieux furent renversés, et ils tombèrent tous en une seule masse sur les Perses. Ceux-ci les reçurent avec courage et se défendirent assez longtemps ; enfin, forcés de céder, ils se réfugièrent dans l'enceinte de leur camp. Les Athéniens, réunis aux Corinthiens, aux Sicyoniens et aux Trézéniens, se mirent à la poursuite des Perses et attaquèrent la muraille du retranchement. Bientôt cette muraille fut jetée par terre ; et les barbares, renonçant à se défendre, prirent la fuite, à l'exception des Perses, qui, bien que restés en petit nombre, ne cessèrent de combattre contre les Grecs. Des quatre généraux persans, deux échappèrent par

---

(1) *La jeunesse*. — « C'était un monde jeune qui l'emportait sur un monde vieillissant et épuisé. Les Grecs le sentaient eux-mêmes. » Duruy, *Hist. gr.*, ch. XI, p. 236.

la fuite, et deux, du nombre desquels était Tigrane, furent tués sur le champ de bataille.

Les Perses se battaient encore lorsque les Lacédémoniens parurent avec les troupes qui les avaient suivis, et achevèrent la défaite des barbares.

LES IONIENS SE TOURNENT CONTRE LES PERSES. — Les Samiens qui se trouvaient avec les troupes mèdes et à qui on avait ôté leurs armes, dès qu'ils virent que la victoire balançait entre les deux partis, passèrent du côté des Grecs et vinrent à leur secours. Le reste des troupes ioniennes suivit l'exemple que lui donnaient les Samiens, et, abandonnant les Perses, tourna aussi ses armes contre les barbares.

Quant aux Milésiens, au lieu de guider les Perses dans le chemin par lequel ils auraient pu se retirer en sûreté, ils les ramenèrent par divers détours près des Grecs, et enfin eux-mêmes les attaquèrent en ennemis acharnés et en firent un grand carnage. L'Ionie tout entière se soulevait donc pour la seconde fois contre les Perses.

INCENDIE DU CAMP ET DES VAISSEAUX DES PERSES. — Les Grecs, après avoir taillé en pièces un nombre très-considérable de barbares, mirent le feu aux vaisseaux dont ils avaient auparavant retiré le butin qu'ils rassemblèrent sur le rivage, et incendièrent aussi le retranchement; puis ils remirent à la voile et s'éloignèrent.

LES GRECS DÉLIBÈRENT SUR LE SORT DES IONIENS. — Arrivés à Samos, ils tinrent un conseil dans lequel on discuta le projet de transférer les habitants de l'Ionie, en leur assignant, dans la Grèce, une contrée où ils pourraient s'établir, et d'abandonner ainsi aux barbares l'Ionie proprement dite. Plusieurs de ceux qui délibéraient regardaient en effet comme impossible que la Grèce, se mettant pour toujours à la tête des Ioniens, fut obligée de veiller continuellement à leur défense; mais, en même temps, ils voyaient bien qu'en cessant de les placer sous sa tutelle il n'y avait aucun espoir que ces peuples pussent échapper à la vengeance des Perses. Dans le cours de la délibération, ceux des Péloponésiens qui avaient le plus d'influence ouvrirent l'avis que l'on chassât des villes commerçantes les peuples de la Grèce qui avait pris le parti des Mèdes, et que l'on donnât leur territoire à habiter aux Ioniens. Les Athéniens ne furent pas de l'opinion que l'on transférât les habitants de l'Ionie, et moins encore disposés à laisser statuer sur le sort de leurs propres colonies par les Péloponésiens; et, comme ils persistaient énergiquement dans cette opposition, les Péloponésiens cédèrent sans beaucoup de résistance. Ainsi, on se borna à faire des traités d'alliance avec les Samiens, les habitants de Chios et de Lesbos, et tous les autres insulaires qui avaient servi d'auxiliaires aux Grecs. Ces traités furent confirmés par le serment de se garder réciproquement la foi promise et de ne point se détacher de l'alliance. Les serments donnés et reçus, la flotte remit à la voile pour aller détruire les ponts construits par Xerxès, et qu'elle croyait trouver encore tendus.

FUITE DES PERSES. — Cependant un certain nombre de barbares avaient pris la fuite par les sommets du Mycale pour se réfugier à Sardes où se trouvait encore Xerxès. Dans la route, Masistès, fils de Darius, qui s'était trouvé au combat, avait souvent adressé de sanglants reproches à Artayntès, un des généraux de l'armée. Entre autres injures, il lui avait dit qu'il s'était montré, dans son commandement, plus lâche qu'une femme, et qu'il devait porter la peine de tous les maux qui tombaient sur le roi et sa famille. C'était lui adresser la plus grande insulte que l'on pût faire à un Perse. Artayntès, indigné, tira son cimeterre et s'élança sur Masistès pour le tuer. Comme il faisait ce mouvement, Xénagoras d'Halicarnasse, qui se trouvait par hasard derrière Artayntès, le saisit par le milieu du corps, l'enleva, et, le jetant à terre, donna le temps aux gardes de Masistès de s'avancer à son secours. Xerxès récompensa ce service rendu à sa famille en confiant à Xénagoras le commandement de toute la Cilicie (1).

PRISE DE SESTOS. — Cependant la flotte grecque, partie de Mycale, ayant fait voile vers l'Hellespont, arriva à Abydos, après avoir été retenue par des vents contraires sous le cap de Lecton.

(1) Hérod., ib., ch. 96-107.

Elle trouva les ponts que l'on croyait encore tendus déjà démontés ; et, comme l'objet principal qu'elle s'était proposé était rempli, Léotychidès et les Péloponésiens prirent le parti de retourner dans la Grèce ; mais les Athéniens, sous le commandement de Xanthippos, se déterminèrent à tenter une expédition dans la Chersonèse et vinrent mettre le siège devant Sestos. La place était défendue par le Perse Œobasos, qui avait sous ses ordres une garnison d'Éoliens de la Chersonèse, auxquels s'étaient réunis des troupes persanes et un grand nombre d'auxiliaires.

Le siège se prolongea jusque dans l'automne et les habitants de Sestos furent réduits à de telles extrémités qu'ils firent cuire jusqu'aux courroies de leurs lits.

Lorsque tous les moyens de subsistance furent épuisés, les Perses, avec Œobasos, parvinrent à s'échapper pendant une nuit en se faisant descendre en bas de la muraille, du côté où elle était le moins observée par l'ennemi ; mais, dès que le jour parut, les Chersonésiens restés dans la ville apprirent du haut des tours aux Athéniens ce qui s'était passé et leur ouvrirent ensuite les portes. Une partie des Athéniens prit possession de la ville. Le plus grand nombre se mit à la poursuite des Perses, et, les atteignant près d'Ægos-Potamos, les tua ou les fit prisonniers.

La prise de Sestos assurait aux Athéniens la libre navigation de la mer Noire. Cette expédition terminée, les Athéniens remirent à la voile pour retourner en Grèce. Leurs vaisseaux étaient chargés d'un riche butin, et emportaient les agrès des ponts, qu'ils se proposaient de consacrer dans les temples, comme monument de leur victoire (1). Ce n'était pas sans raison qu'un oracle avait dit : « La mer est l'amie des Grecs. »

FIN DE LA GUERRE. — Ainsi les Perses étaient repoussés, attaqués, vaincus de toutes parts. Xerxès, recueillant les débris de ses armées, alla gémir à Suze sur tant de désastres. A son départ il fit brûler tous les temples des Grecs d'Asie, croyant apaiser ainsi la colère des dieux de la Perse qui venaient de se montrer si contraires.

Telle fut la fin de la seconde guerre des Perses contre les Grecs. Elle avait duré deux ans, « et peut-être, dit Barthélemy, jamais, dans un si court intervalle, il ne se passa de si grandes choses ; jamais aussi de tels événements n'opérèrent de si rapides révolutions dans les idées, dans les intérêts et dans les gouvernements des peuples. »

CHAPITRE X.

LA GUERRE RECOMMENCE. — VICTOIRES DE CIMON.

LA FLOTTE GRECQUE S'EMPARE DE CYPRE ET DE BYZANCE. — Les victoires de Platée et de Mycale ont délivré à tout jamais la Grèce de l'invasion persane. C'est elle qui maintenant va poursuivre les Perses jusqu'en Asie, et désormais les côtes de l'Asie Mineure et l'Asie Mineure elle-même seront le principal théâtre de cette guerre. Toutefois la jalousie de Sparte et d'Athènes compromettra et retardera l'issue de la lutte (1). Il faudra attendre cent cinquante ans pour que la vengeance s'accomplisse.

Maîtres de la mer et de l'Hellespont, les Grecs comprirent qu'il fallait avant tout s'emparer de deux points importants qui étaient encore au pouvoir des Perses, l'île de Cypre et Byzance. De Cypre ils pouvaient observer la Cilicie où se rassemblaient d'ordinaire les armées de terre de la Perse, et la Phénicie dont les navires formaient l'élément le plus redoutable des flottes du grand roi. D'un autre côté, en s'établissant à Byzance, ils achevaient d'expulser les Perses de la Thrace, leur fermaient à jamais l'entrée de l'Europe et s'assuraient la libre navigation de la mer Noire.

Dès l'année qui suivit la prise de Sestos, pendant qu'Athènes, malgré l'opposition de Sparte, achevait de relever ses murailles et de construire le Pirée (477), la flotte grecque, sous les ordres de Pausanias, le vainqueur de Platée, reçut l'ordre de mettre à la voile. Elle se composait de vingt vaisseaux venus du Péloponèse, de trente vaisseaux athéniens sous les ordres d'Aristide et d'un grand nombre d'alliés. Ce fut sur Cypre qu'elle se dirigea d'abord,

(1) Hérodote, *ib.*, ch. 114-121.

(1) Diod., XI, 44, 45.

elle la soumit en grande partie et délivra les villes occupées par des garnisons persanes. Ensuite elle se porta sur Byzance, la réduisit à la suite d'un siége, et chassa les Barbares (1).

L'HÉGÉMONIE PASSE DE SPARTE A ATHÈNES. — Ces succès corrompirent Pausanias; les délices de l'Asie avaient subjugué le Spartiate, qui, dans les champs de Platée, insultait au luxe des Mèdes. De plus il fatiguait les alliés par un despotisme odieux et ses intelligences avec Xerxès ne tardèrent pas à le faire accuser de trahison (2). Sparte le rappela et céda aux Athéniens l'empire de la mer et le soin de continuer la guerre. Cette résolution était due surtout aux instances des alliés et particulièrement des Ioniens qui, charmés de la justice et de la douceur d'Aristide et de Cimon, les avaient demandés pour chefs (3).

Les Athéniens investis de l'hégémonie désignèrent les villes qui devaient fournir des vaisseaux pour continuer la guerre ou résister à de nouvelles attaques et celles qui devaient seulement payer un tribut en argent.

Ce fut alors que s'établit pour la première fois chez les Athéniens la magistrature des hellénotames, chargés de recevoir la contribution en argent, qui d'abord fut fixée à quatre cent soixante talents. Délos servait de trésor public et les assemblées se tenaient dans le temple d'Apollon (4).

VILLES DE L'ASIE MINEURE ALLIÉES D'ATHÈNES. — Quelle était la part de l'Asie Mineure dans cette contribution? Un des plus curieux monuments épigraphiques retrouvés à Athènes depuis la renaissance de la Grèce (5) nous la fait presque entièrement connaître. Ces marbres découverts en déblayant l'acropole d'Athènes appartiennent aux années 440-436, c'est-à-dire à l'époque où le trésor des alliés avait été transporté de Délos à Athènes, et toutes les villes qui y figurent ne sont peut-être pas entrées dans la confédération dès son origine; mais celles de l'Asie Mineure, qui presque toutes sont situées sur le littoral, durent en faire partie de très-bonne heure (1). Voici celles qui s'y trouvent énumérées:

Bithynie:

Chalcédoine,   Artacé,
Astacos,   Cyzique,
Cios,   Harpage,
Dascylion,   Proconnèse,
Besbique,   Rheia;

Mysie:

Priapos,   Astyra,
Parion,   Azeia,
Pæsos,   Dardané,
Lampsaque,   Jelise,
Rheas Oros,   Rhétée,
Percote,   Sigeion,
Palæ Percote,   Gentine
Arisbé,   Berytis,
Abydos,   Neapolis d'Athencs;

Éolide:

Sigé,   Pitane,
Neandria,   Grinion,
Cébrène,   Myrine,
Gargara,   Elæa,
Lamponia,   Cyme;
Parparos,

Ionie:

Phocée,   Notion,
Clazomene,   Colophon,
Ptéléon,   Éphese,
Érythres,   Corissus,
Chalcis,   Pygela,
Téos,   Marathesion,
Acres,   Priène,
Lébédos,   Milet,
Myos,   Latmos,
Dioshieron,   Onarchepitrées;

Carie:

Sarion,   Chersonnèse,
Teichusa,   Jerames,

---

(1) Thucyd., liv. I, ch. 94; Diod. de Sic., liv. XI, ch. 44 et 45.
(2) Thucyd., liv. I, ch. 128-135.
(3) Thucyd., liv. I, ch. 95.
(4) Thuc., liv. I, ch. 96; Diod., liv. XI, ch. 37; Plut., Aristide, ch. 23 et 24; Corn. Nep., Aristide, 2 et 3.
(5) Voyez les *Antiquités helléniques* de M. A. Rizo Rhangabé, Athènes, 1842 et suiv., t. I, p. 236 à 311.

(1) C'est ce qu'on peut affirmer des villes de la Carie et de la Lycie que Cimon, des sa première campagne, décida à se détacher de la domination persane. Voy. p. 106, col. 2.

Chalcetorion,
Pedasa,
Euromos,
Jassos,
Bargylie,
Mylasa,
Idymos,
Isindos,
Madnases,
Caryanda,
Naxia,
Termera,
Myndos,
Syangéla,
Halicarnasse,
Cindia,
Ceramos,
Pactyens,
Amynandées,
Cédrie,
Mydonées,
Cnide,
Codapéens,
Cyrbasa,

Tambactys,
Lepsimandos,
Cylandos,
Elæusa,
Tymnos,
Mæandros,
Clybanées,
Harbissos,
Narisbarées,
Jalyma,
Hessiens,
Ola...
Érinées,
Calynda,
Thraniètes,
Pasanda,
Caunos,
Péliates,
Carbasyanda,
Pyrnos,
Auliates,
Pieresyanda,
Telandos;

Lycie :

Telmissos,
Aulæ,
Crya,
Siudia,

Cyanées,
Thastanes,
Narisbarées;

Pamphylie :

Phasélis,
Hydros.

CIMON CHASSE LES PERSES D'ÉÏON. — D'abord Cimon, à qui tous les alliés s'étaient réunis, fit voile vers la Thrace et chassa d'Éïon, sur les bords du Strymon, des Perses qui s'y étaient maintenus (1), et pendant quelques années la Grèce enrichie par la victoire put réparer ses désastres et accroître ses moyens d'attaque.

Dès lors les Grecs n'ont plus qu'une seule pensée, se venger des Perses et affranchir les Grecs de l'Asie.

Cette résolution fut une des causes qui préparèrent la décadence de la monarchie persane. Elle contraignit Xerxès à porter ses principales forces vers l'Asie Mineure pour défendre cette contrée menacée par ses adversaires; mais comme c'était la province la plus éloignée de l'empire, il rompit en y portant toutes ses troupes l'équilibre de sa puissance, et, dégarnissant ainsi les autres provinces, leur laissa plus de facilité pour secouer le joug ou soutenir les révoltes de leurs satrapes. Si encore par ces mesures l'Asie Mineure avait été sauvée, si l'entrée de l'Asie avait été glorieusement interdite aux Grecs; mais non : il fallut encore s'abaisser à des intrigues et adopter à l'égard des principaux chefs un système de corruption qui ne compensa jamais les sacrifices qu'il exigea.

THÉMISTOCLE BANNI SE RÉFUGIE EN ASIE MINEURE. — Xerxès, persuadé qu'il ne pouvait vaincre les Grecs que par les Grecs eux-mêmes, n'avait rien négligé pour gagner à sa cause Pausanias et Thémistocle lui-même. Ce dernier, accusé par les Spartiates qui, en instruisant le procès de Pausanias, avaient trouvé la preuve qu'il était aussi coupable de médisme, fut banni d'Athènes par un décret d'ostracisme et poursuivi par la haine de ses concitoyens partout où il chercha un asile. Chassé successivement de Corcyre et de la Thessalie, il se vit contraint de se réfugier dans les États du grand roi. Parvenu à Éphèse, il se mit secrètement en route pour la Perse, grâce au stratagème qu'imagina Lysithidès (1), son hôte et son ami (2).

SON ENTREVUE AVEC XERXÈS. — Arrivé à Suze, il fit parvenir cette lettre à Xerxès : « Moi, Thémistocle, je me rends
« auprès de toi. J'ai causé plus de maux à
« ta maison qu'aucun autre Grec, tant
« que j'ai été forcé de me défendre contre
« toi; mais je t'ai fait plus de bien en-
« core, lorsque dans ta retraite il y avait
« sûreté pour moi et danger pour toi. Tu
« me dois déjà beaucoup et je me pré-
« sente aujourd'hui ayant encore de
« grands services à te rendre, poursuivi
« par les Grecs pour être ton ami. Je
« veux après un délai d'un an t'expli-
« quer par moi-même les motifs de ma
« venue (3). »

(1) Thuc., liv. I, ch. 98; Plut., *Cim.*, ch. 7; Corn. Nep., *Cim.*, ch. 2.

(1) Plutarque le nomme Nicogène.
(2) Diod. de Sic., liv. XI, ch. 66; Plut., *Them.*, ch. 26.
(3) Thuc., liv. I, ch. 137. Suivant Thucydide, ce fut au commencement du règne d'Artaxerxès que Thémistocle se réfugia en Asie;

THÉMISTOCLE ENTRE AU SERVICE DU ROI DE PERSE. — Xerxès, admirant la généreuse confiance de Thémistocle, lui permit d'agir comme il l'entendait. Celui-ci pendant l'année de son séjour, apprit tout ce qu'il put de la langue des Perses et des institutions du pays, et, le délai expiré, il se rendit auprès du roi qui, satisfait des explications qu'il reçut de sa bouche, se plût à l'honorer et à le combler de richesses et de faveurs. Il le maria à une femme née en Perse, aussi remarquable par sa naissance et sa beauté qu'estimée pour sa vertu. De plus il fit don à Thémistocle des revenus de trois villes. Magnésie du Méandre, dont il le fit gouverneur et qui rapportait cinquante talents, devait lui fournir le pain; Lampsaque, qu'on regardait comme le plus riche vignoble d'alors, était chargée de son approvisionnement; enfin Myonte, située sur le bord d'une mer poissonneuse, devait subvenir au luxe de ses repas (1). Quelques historiens prétendent même que Percote et Palæscepsis lui furent aussi données pour son habillement et ses meubles de tout genre (2).

IL REFUSE DE COMBATTRE CONTRE LES GRECS. — SA MORT. Ces bienfaits n'étaient pas désintéressés. Le roi de Perse en s'attachant ainsi Thémistocle songeait à opposer un jour aux Grecs l'homme de génie qui leur avait assuré la victoire à Salamine. Pendant quelques années, tout entier aux soins qu'exigeaient les provinces orientales de son empire, il n'eut pas le temps de songer à la Grèce; mais la révolte de l'Égypte soutenue par les Athéniens, les progrès de la flotte de Cimon qui, maîtresse de la mer, venait inquiéter jusqu'aux côtes de la Cilicie, le forcèrent à tout quitter pour se défendre contre ses plus redoutables ennemis. Il fit lever des troupes et expédia des courriers à Magnésie pour porter à Thémistocle l'ordre d'aller prendre le commandement de l'armée persane et de tenir ainsi les promesses qu'il lui avait faites. Suivant la tradition à laquelle nous aimons à nous en tenir, ne fût-ce que pour l'honneur d'un si beau nom, et pour laisser à ce grand homme le mérite de l'expiation (1), Thémistocle n'hésita pas. Pour éviter le déshonneur et ne pas souiller par une trahison la gloire de ses premiers exploits, il fit un sacrifice aux dieux et se donna la mort (2).

REPRISE DES HOSTILITÉS. — Cependant Cimon, ayant donné l'ordre aux vaisseaux des Ioniens de toutes les villes alliées de le joindre, avait réuni sous ses ordres une flotte de trois cents trirèmes.

A la tête de ces forces navales, il se dirigea sur la Carie, et, par sa présence, détermina toutes les villes maritimes de la côte, fondées anciennement par les Grecs, à se détacher immédiatement de la domination des Perses. Quant à celles où se trouvait une population mixte et qui avaient des garnisons persanes, il en fit le siège, et s'en rendit maître de force. Les villes de la Carie soumises, il s'empara de même des villes de la Lycie; et ces nouveaux alliés qui assuraient ses conquêtes lui fournissant encore des vaisseaux, il augmenta de plus en plus sa flotte.

Les Perses, de leur côté, avaient mis sur pied une armée de terre composée de troupes nationales, et rassemblé de nombreux vaisseaux tirés de la Phénicie et de la Cilicie. Tithraustès, fils naturel de Xerxès, commandait toutes ces forces.

COMBAT NAVAL DE CYPRE. — Instruit que la flotte des Perses était dans les eaux de l'île de Cypre, Cimon se porta avec la sienne contre les barbares, et

---

mais, quoique plus voisin des faits que tous ceux qui en ont parlé après lui, il a évidemment commis une erreur chronologique, et nous avons cru devoir préférer à son autorité celle d'Éphore, de Dinon, de Clitarque, d'Héraclide, et de plusieurs autres que cite Plutarque, *Vie de Thémistocle*, ch. 27, et qui s'accordent pour placer l'événement en question à la fin du règne de Xerxès. Voy. les notes de Fischer sur Cornélius Népos, *Vie de Thémistocle*, ch. 9.

(1) Thuc., liv. I, ch. 138; Diod., liv. XI, ch. 57.

(2) Plut., *Thém.*, ch. 29.

(1) Diod. de Sic., liv. XI, ch. 58; Plut., *Thém.*, ch. 38, Corn. Nep., *Thém.*, ch. 9.

(2) Thucydide, liv. I, ch. 138, le fait mourir de maladie; mais n'oublions pas que Thucydide appartenait à la faction aristocratique et que Thémistocle avait toujours favorisé la démocratie.

leur présenta le combat, quoique inférieur en nombre. De part et d'autre on combattit avec la plus brillante valeur; mais enfin la victoire se déclara pour les Athéniens, qui coulèrent à fond un grand nombre de vaisseaux ennemis et en prirent plus de cent avec leurs équipages. Le peu de navires que la fuite déroba à la poursuite du vainqueur se jeta sur les côtes de Cypre. Les hommes qui les montaient descendirent à terre, et les bâtiments abandonnés par leurs défenseurs vinrent tomber au pouvoir des Athéniens.

BATAILLE DE L'EURYMÉDON. — Après cet éclatant succès, Cimon, non content d'une si grande victoire, mit immédiatement à la voile avec toute la flotte pour aller attaquer l'armée de terre des Perses, dont le camp était établi en Pamphylie sur les rives du fleuve Eurymédon. Comme il voulait surprendre les barbares par un stratagème, il fit monter sur les vaisseaux qu'il avait pris les plus braves de ses soldats qu'il fit coiffer de la tiare et revêtir du costume des Perses. Les barbares, à l'approche de la flotte, trompés par la forme des vaisseaux et l'habillement persique des équipages, crurent reconnaître leurs propres trirèmes et ne virent dans les Athéniens que des renforts qui leur arrivaient. Mais Cimon, dès que la nuit fut venue, fit débarquer ses troupes, et, accueilli comme un ami par les Perses, tomba subitement sur leur camp. Un grand désordre se met alors parmi les Perses; les soldats de Cimon en profitent pour massacrer tous les ennemis qui se présentent. Ils pénètrent dans la tente du second général des barbares, Phérédate, neveu du grand roi, et lui donnent la mort. L'attaque est si imprévue que tous les barbares prennent la fuite, les uns sont tués, les autres blessés; leur surprise est telle que la plupart d'entre eux ne reconnaissent pas l'ennemi qui les attaque. Ils ne peuvent croire que ce soient les Grecs, tant ils sont persuadés que Cimon n'a pas d'armée de terre. Ils pensent que les Pisidiens, qui habitent dans le voisinage et sont mal disposés à leur égard, sont venus en force fondre sur eux. Aussi, convaincus qu'ils sont attaqués par des ennemis arrivés de l'intérieur des terres, ils dirigent leur fuite vers la flotte qu'ils supposent amie, et, comme par l'absence de la lune la nuit était fort obscure, ils persistent dans leur erreur et aucun d'eux ne peut discerner la vérité. Le carnage s'accroissait donc par le désordre des barbares, quand Cimon qui, avant l'attaque, avait ordonné à ses troupes de se rallier sur le point où ils verraient allumer un flambeau, se hâta d'élever ce signal, près des vaisseaux, dans la crainte que les soldats ne vinssent à se disperser, emportés par l'ardeur du butin. Tous aussitôt abandonnèrent le pillage, se réunirent autour du flambeau et se rembarquèrent. Le lendemain, après avoir élevé un trophée, ils firent voile vers l'île de Cypre, fiers d'avoir remporté le même jour deux victoires sans exemple, l'une sur mer et l'autre sur terre (1).

INSCRIPTION COMMÉMORATIVE DE LA DOUBLE VICTOIRE DE CIMON. — Plus de cent trirèmes, plus de vingt mille prisonniers, un butin considérable furent le prix de cette double victoire (469). Aussi, les Athéniens, reconnaissants d'un si grand succès, offrirent-ils à Apollon la dîme des dépouilles enlevées à l'ennemi et firent-ils graver sur le monument qu'ils lui consacrèrent l'inscription suivante :

Depuis les temps où la mer a séparé l'Europe de l'Asie, depuis que le cruel Arès exerce ses fureurs dans les villes qu'habitent les mortels, aucun exploit plus glorieux n'a eu lieu parmi les hommes ni sur terre ni sur mer; car ceux qui consacrent cette offrande ont, dans l'île de Cypre, immolé un grand nombre de Mèdes et pris sur mer cent vaisseaux phéniciens remplis de combattants. Doublement frappée par les bras du vainqueur, l'Asie, succombant sous les maux de la guerre, pousse de longs gémissements (2).

LES PERSES ABANDONNENT LA LUTTE. — Cependant quatre-vingts galères phéniciennes n'avaient pu se trouver à la bataille et étaient en ce moment au port de Sydra, sur les côtes de

---

(1) Thuc., liv. I, ch. 100; Diod. de Sic., liv. XI, ch. 61; Ephore, fragm. 126; Phanodème, fr. 27; Plut., *Cim.*, ch. 22 et suiv.; Corn. Nép., *Cim.*, ch. 2.
(2) Diod. de Sic., liv. XI, ch. 62.

la Cilicie. Cimon se porte contre elles en toute hâte, s'en empare et taille en pièces la plus grande partie des équipages.

Abattus par la double défaite qu'ils avaient essuyée à Cypre et sur les bords de l'Eurymédon, désormais sans flotte et sans armée, les Perses renoncèrent à continuer la lutte. Cimon, de son côté, leur porta un dernier coup en expulsant de la Chérsonèse de Thrace les garnisons qu'ils y avaient encore (1).

MORT D'ARTAXERXÈS. — A la suite de ces brillants succès, il y eut comme une suspension d'armes de neuf ans; l'affaiblissement des Perses, l'avénement d'Artaxerxès Ier, que l'assassinat de son père par Artabane avait fait monter sur le trône, événement qui ne put manquer d'occasionner quelques troubles, la révolte de Thasos, les dissensions intestines de la Grèce, en furent les principales causes. Mais, effrayés de l'accroissement que prenait chaque jour la marine athénienne, les Perses pendant cet intervalle s'occupèrent de construire d'autres vaisseaux (2).

LA RÉVOLTE DE L'ÉGYPTE EST RÉPRIMÉE. — L'année qui suivit son avénement au trône (464), Artaxerxès apprit que l'Égypte, assurée de l'appui des Athéniens, s'était révoltée, et qu'après avoir chassé ceux qui levaient les impôts au nom des Perses, elle s'était donné pour roi Inarus. Dès 463 Achéménes fut envoyé par lui avec une armée nombreuse, mais il fut défait par les Athéniens et il fallut lever l'année suivante de nouvelles troupes dont le commandement fut donné à Artabaze et à Mégabaze. Ceux-ci partirent en 461 de la Perse à la tête de plus de trois cent mille hommes et, parvenus en Cilicie, y rassemblèrent une flotte, à laquelle les Ciliciens, les Cypriens et les Phéniciens durent fournir leur contingent. Il leur fallut un an pour mettre fin à la guerre. Les Athéniens, abandonnés des Égyptiens qui firent séparément leur paix avec les Perses, se virent contraints de mettre le feu à leurs vaisseaux pour éviter qu'ils ne tombassent au pouvoir de l'ennemi, et obtinrent des deux satrapes, effrayés de cette énergique résolution, la faculté de sortir librement de l'Égypte. Traversant la Libye, ils vinrent s'embarquer à Cyrène et regagnèrent leur pays (1).

Leur flotte n'était pas entièrement anéantie par ce désastre; car dès l'année suivante recommencent leurs succès maritimes sur les côtes du Péloponèse. Une trêve de cinq ans ayant mis fin à cette lutte, en 450, Athènes put songer à tirer vengeance des Perses.

SECONDE GUERRE DE CYPRE. — Résolus à recommencer la guerre contre les Perses dans l'intérêt des Grecs d'Asie, les Athéniens équipèrent une flotte de deux cents galères et choisirent pour la commander Cimon, auquel on ordonna de faire voile pour l'île de Cypre et d'y attaquer les Perses. Cimon, ayant pris le commandement de cette flotte, abondamment pourvue de provisions en tout genre et montée par des hommes d'une bravoure éprouvée, se dirigea vers Cypre. Artabaze et Mégabaze étaient alors à la tête des forces des Perses. Artabaze, qui avait le commandement en chef, se tenait en station à Cypre avec trois cent galères, et Mégabaze, à la tête des troupes de terre au nombre de trois cent mille hommes, était campé en Cilicie. Cimon se trouvant maître de la mer prend d'assaut Cition et Malos, et traite les vaincus avec humanité. Instruit alors que les vaisseaux des Perses s'avancent de la Cilicie et de la Phénicie pour venir au secours de l'île, il se porte à leur rencontre. Il les atteint en pleine mer, les attaque vivement, leur coule à fond un grand nombre de vaisseaux, en prend cent avec leurs équipages et poursuit le reste jusque sur les côtes de Phénicie. Les Perses qui montent les vaisseaux échappés à cette déroute se jettent à terre dans le lieu où Mégabaze était campé avec son armée; mais les Athéniens qui les poursuivaient, ayant également débarqué, engagèrent un combat dans lequel Anaxicrate, leur commandant en second, périt héroïquement. Enfin les Athéniens vainqueurs, ayant tué un grand nombre d'ennemis, remontèrent sur leurs vaisseaux et mi-

---

(1) Plut., *Cim.*, ch. 14.
(2) Diod. de Sic., liv. XI, ch. 62 et 71.

(1) Thucyd., liv. I, ch. 104, 109 et 110; Diod. de Sic., liv. XI, ch. 75-77.

rent à la voile de nouveau pour retourner dans l'île de Cypre.

L'année suivante, Cimon, toujours général des Athéniens, et resté maître de la mer, rangea facilement sous son obéissance la plupart des villes de Cypre; mais il fut obligé de faire le siége de Salamine, défendue par une garnison persane considérable et bien approvisionnée. Cimon regardait la reddition de cette ville comme très-importante parce qu'elle devait entraîner facilement la possession de la totalité de l'île et frapper d'effroi les Perses, qui, ne pouvant secourir Salamine tant que les Athéniens domineraient les mers, devaient nécessairement tomber dans le mépris du moment où ils abandonneraient leurs alliés. Enfin il jugeait avec raison que le sort de la guerre serait décidé dès que Cypre aurait été soumise par la force des armes ; et c'est effectivement ce qui eut lieu.

LES PERSES DEMANDENT LA PAIX. TRAITÉ DE CIMON. SA MORT. — Artaxerxès, informé des revers que ses troupes avaient essuyés dans l'île de Cypre, ayant consulté ses amis, reconnut qu'il était de son intérêt de faire la paix avec les Grecs. D'après cette résolution, il écrivit à ses généraux et à ses satrapes qui se trouvaient en Cypre de s'accommoder avec les Grecs aux meilleures conditions qu'ils pourraient obtenir. Suivant ces ordres, Artabaze et Mégabaze envoyèrent des députés à Athènes pour porter les premières ouvertures d'un accommodement. Les Athéniens, ayant prêté l'oreille à ces propositions, firent partir avec des pleins pouvoirs une députation à la tête de laquelle était Callias, fils d'Hipponicos, et la paix fut conclue entre eux, y compris leurs alliés et les Perses (449).

Voici quelles étaient les principales conditions de ce traité : à l'avenir les villes grecques de l'Asie devaient se gouverner par leurs propres lois; les satrapes des Perses n'étendraient pas vers la mer leur autorité plus loin qu'à la distance de trois jours de marche; aucun de leurs vaisseaux ne naviguerait entre Phasélis et les Cyanées.

Ces points accordés par les généraux, les Athéniens s'engageaient de leur côté à ne pas faire la guerre dans le pays soumis à la puissance d'Artaxerxès. Le traité fut signé à ces conditions, et les serments ayant été reçus de part et d'autre, les Athéniens retirèrent leurs troupes de Cypre (1).

Cimon survécut peu à cette éclatante victoire ; il mourut de maladie dans l'île de Cypre (2). Mais Athènes était vengée et les Grecs asiatiques, délivrés encore une fois par ses armes, allaient devenir bientôt pour elle de puissants auxiliaires dans sa lutte contre Sparte, sa rivale.

La paix de trente ans conclue par Périclès avec Plistonax (445) recula l'explosion de cet antagonisme que l'invasion de l'Attique par les Péloponésiens avait été sur le point de faire éclater. Athènes en profita pour accroître sa puissance maritime et six ans plus tard la soumission de Samos qui s'était révoltée vint lui assurer l'empire de la mer.

RÉVOLTE DE SAMOS. — Un différend, dit Thucydide, s'était élevé entre Samos et Milet au sujet de Priène ; mais l'objet principal de la contestation paraît avoir été la ville d'Anæa, située sur le continent à l'opposite de Samos (3). La guerre éclata et les Milésiens furent vaincus. Ils invoquèrent alors le secours d'Athènes. Samos était depuis longtemps gouvernée par la faction aristocratique ; Athènes, qui soutenait partout et toujours la cause de la démocratie, se laissa facilement persuader par les instances et les prières des ennemis de l'aristocratie samienne. Un parti qui s'était formé à Samos même seconda la démarche des Milésiens. Enfin Péri-

(1) Diod. de Sic., XII, ch. 3 et suiv.; Plut., Cim., ch. 9. Thucydide ne fait pas mention de cette paix, mais il semble la supposer et même y faire allusion, liv. VIII, ch. 56. Quelques historiens la placent vingt ans plus tôt, en 469, à la suite de la victoire de l'Eurymédon. L'opinion la plus généralement admise la fait conclure en 449. Du reste, on ne saurait la nier : elle est attestée par trop de témoignages, sans compter Diodore et Plutarque. Voy. Isocr., Panég., p. 65; Aréop., p. 156; Lycurgue contre Léocrate, p. 137; Démosth., sur la fausse ambassade, p. 426, etc.

(2). Thuc., liv. I, ch. 112; Diod. de Sic., l. c. Corn. Nep. Cim., ch. 3.

(3) Voy. Thirlwall, A history of Greece, ch. 20, vol. III, p. 49, note 1 de la 1ère édition.

clès, qui commençait à exercer dans sa patrie une influence prépondérante, dut saisir avec empressement l'occasion qui se présentait à lui de satisfaire contre les Samiens ses ressentiments particuliers. Cependant, pour l'honneur de ce grand homme, il faut croire qu'en excitant ses concitoyens à la guerre, il obéit à des motifs politiques et ne suivit pas seulement les mouvements aveugles d'une animosité personnelle : il voulut placer Samos dans une dépendance plus étroite de la république athénienne. Les Samiens reçurent ordre de poser immédiatement les armes et de soumettre à un tribunal athénien le sujet de la contestation. Sur leur refus, Périclès s'avança contre eux avec une flotte de quarante galères. Il ne trouva pas de résistance ; à son arrivée, il établit une constitution démocratique et, pour la garantir contre les partisans de l'oligarchie, il se fit livrer cent otages qu'il déposa à Lemnos ; il leva de plus une contribution assez forte pour payer les frais de l'expédition ; puis, laissant dans la ville une faible garnison, il reprit le chemin d'Athènes.

Cependant, à l'approche de la flotte athénienne, une troupe de Samiens du parti vaincu s'était retirée auprès de Pissuthnès, satrape de Sardes. Après le départ de Périclès, ils se concertèrent avec leur allié et montrèrent beaucoup d'adresse et d'énergie pour réparer leur échec. Avec l'argent que leur fournit Pissuthnès, ils enrôlèrent un corps de sept cents hommes. Une nuit, ils débarquèrent dans l'île, s'assurèrent de la garnison athénienne et des principaux chefs du parti démocratique et renversèrent le gouvernement établi par Périclès. Puis, avant que la nouvelle de cette révolution se fût répandue, ils enlevèrent secrètement leurs otages déposés à Lemnos. Délivrés ainsi de tout obstacle, ils rompirent ouvertement l'alliance de Samos avec Athènes, et livrèrent au satrape les prisonniers athéniens. Ils entraînèrent Byzance dans leur révolte ; mais les secours promis par Pissuthnès et par Byzance ne pouvaient inspirer aux Samiens une confiance légitime, tant qu'Athènes serait en état de diriger contre eux toutes ses forces. Il ne leur restait d'autre chance de succès que d'engager dans leur querelle les Lacédémoniens et leurs alliés. A leur requête, les ennemis d'Athènes se réunirent en assemblée générale ; les Corinthiens votèrent contre les Samiens tandis que plusieurs autres États du Péloponèse penchaient à leur envoyer des secours, et ils posèrent en principe « que tout État a le droit de punir les alliés qui l'offensent. » La demande des Samiens fut rejetée.

Déjà dix généraux Athéniens, au nombre desquels étaient Périclès et le poëte Sophocle, s'étaient mis en mer avec soixante vaisseaux. Une petite escadre fut détachée pour surveiller la flotte phénicienne qui devait venir en aide aux grands de Samos. Quelques vaisseaux allèrent chercher des renforts à Lesbos et à Chios, avec le reste de la flotte ; Périclès et ses collègues battirent soixante-dix galères samiennes qui revenaient de Milet. Bientôt après ils reçurent d'Athènes et des îles alliées un certain nombre de navires et de soldats. L'arrivée de ces renforts leur permit d'entreprendre le siége de la ville et de la bloquer par terre et par mer. Tout l'espoir des Samiens reposait sur la flotte phénicienne ; Périclès marcha à sa rencontre et croisa sur les côtes de Carie. Les assiégés profitèrent de son absence pour faire une sortie qui causa aux Athéniens des pertes considérables. Mais, averti de ce désastre, Périclès revint en toute hâte, et les choses changèrent aussitôt de face. Le blocus fut étroitement resserré. Il dura neuf mois. Les Samiens, malgré la famine et les machines nouvelles dont les assiégeants battaient leurs murailles, se défendirent avec un courage désespéré. La lutte prit un caractère sauvage ; de part et d'autre les prisonniers étaient marqués d'un fer chaud. Après des efforts héroïques, Samos dut enfin capituler : elle ne recevait aucun secours ni du Péloponèse ni de l'Asie ; réduite à ses seules ressources, elle les épuisa complétement. Quand elle fut à la dernière extrémité, elle se rendit (449). Les vaincus furent contraints de détruire leurs fortifications, de livrer leurs vaisseaux et de payer les frais du siége (1).

(1) Thucyd., liv. I, ch. 115-117 ; Diod.,

« Cette guerre dit M. Duruy, tint quelque temps la Grèce en suspens. Elle n'avait point manqué de périls, car les Perses et les Péloponésiens n'attendaient qu'un revers sérieux des Athéniens pour agir ; et Thucydide dit quelque part (1) que Samos fut sur le point de ravir à Athènes l'empire de la mer. Cette île, en effet, avait toujours conservé, de son ancienne prospérité, une marine considérable qui aurait pu devenir le noyau d'une ligue maritime. Si cette guerre eût été moins sérieuse, Périclès n'eût pas eu la présomptueuse légèreté de la comparer au siége de Troie qui, disait-il, avait duré dix ans, tandis que celui de Samos n'avait duré que neuf mois. Nous remarquerons encore plusieurs choses au sujet de cette guerre : d'abord la hâte des dissidents à mêler les Perses à leur querelle, ce qui légitime l'empire d'Athènes en montrant que, sans sa fermeté à tenir ces cités réunies, leurs divisions les eussent bien vite livrées sans défense au grand roi ; ensuite la fidélité des alliés, dont aucun ne broncha, prouve que cet empire n'était point si odieux ; la modération d'Athènes qui n'inflige à Samos vaincue, après une opiniâtre résistance, d'autres conditions que celles imposées déjà à Thasos et à Égine, sans vengeances particulières ; enfin son droit à punir une défection coupable, puisqu'elle n'avait fait, en cette circonstance, qu'appliquer le principe proclamé par Corinthe elle-même, sa rivale et naguère son ennemie, au milieu du congrès des Péloponésiens : *Chaque État confédéré a le droit de contraindre les membres rebelles.* » Il est bon d'insister sur ces faits, car on a bien rarement été juste pour le peuple d'Athènes, pour cette glorieuse démocratie, sans doute quelquefois ingrate, violente et mobile, mais qui a expié ses fautes par son enthousiasme pour tout ce qui était beau et grand, par les chefs-d'œuvre qu'elle a inspirés, par les artistes, les penseurs et les poëtes qu'elle a donnés au monde. Eschyle, Sophocle et Euripide, Phidias et Aristophane, Socrate et Platon, tous, quelques-uns malgré eux-mêmes, plaideront encore pour elle dans la postérité (1). »

EXPÉDITION DE PÉRICLÈS DANS LE PONT-EUXIN. OCCUPATION DE SINOPE. — Périclès avait compris l'utilité des établissements coloniaux pour diminuer, comme on l'a dit, le nombre des pauvres dans la ville, pour occuper au loin, dans l'intérêt du commerce et de la puissance d'Athènes, des positions importantes, pour donner aux citoyens des terres d'un rapport plus certain que celles de l'Attique, exposée, depuis la défection de Mégare, aux ravages des Péloponésiens. L'Attique tirait presque tous ses approvisionnements des immenses et fertiles plaines qui enferment au nord le Pont-Euxin. Périclès, après la réduction de Samos, mit la main sur Byzance, envoya dans la Chersonnèse un millier de colons et releva le mur qui avait été autrefois construit sur l'isthme. Il conduisit dans le Pont-Euxin une flotte nombreuse, afin d'y déployer la puissance d'Athènes et de fortifier son influence dans les villes et parmi les nations établies sur les côtes. L'occasion se présenta d'occuper Sinope. Cette ville, colonie de Milet, était déchirée par les factions. Le parti démocratique avait pris les armes contre le tyran Timésilaos ; comme Milet était trop affaiblie pour intervenir dans cette querelle, les partisans de la liberté invoquèrent la protection des Athéniens. Périclès leur envoya treize vaisseaux sous le commandement de Lamachos. Le tyran fut chassé, avec ses complices. Le parti vainqueur offrit en récompense à six cents Athéniens les biens des exilés (2). Vers le même temps Amisos admit au nombre de ses citoyens un assez grand nombre d'Athéniens pour que, à l'époque de Mithridate, la popu-

de Sic., liv. XII ; Plut., *Périclès*, ch. 25 et 26.

(1) Thucyd., l. VII, ch. 76.

(1) *Histoire grecque*, par M. Victor Duruy, ch. XIII, p. 271.

(2) Plut., *Périclès*, ch. 20 et suiv. M. Raoul Rochette, *Colon. gr.*, t. IV, p. 25, place cette expédition de Périclès dans le Pont-Euxin avant la seconde guerre de Cimon en Cypre ; mais il est plus vraisemblable qu'elle eut lieu seulement après l'occupation de Byzance qui livrait à Athènes les clefs de la mer Noire.

lation de cette ville fût considérée comme originaire de l'Attique.

CHAPITRE XI.

L'ASIE MINEURE PENDANT LA GUERRE DU PÉLOPONÈSE.

RÉVOLTE DES LESBIENS (428). CAPITULATION DE MITYLÈNE (427). — Au commencement de la guerre du Péloponèse, Athènes comptait parmi ses alliés en Asie Mineure la Carie maritime, les Doriens limitrophes de la Carie, l'Ionie, l'Hellespont, toutes les îles situées au levant entre le Péloponèse et l'île de Crète. Chios et Lesbos fournissaient des vaisseaux; les autres alliés de l'infanterie et de l'argent (1). Lesbos ne resta pas longtemps fidèle à l'alliance d'Athènes; elle se révolta en 428. Les Athéniens résolurent de tirer de cette défection une vengeance éclatante. Quoique la peste n'eût pas encore cessé complétement ses ravages, et que l'Attique fût en proie aux continuelles incursions des Péloponésiens, ils envoyèrent contre Lesbos quarante vaisseaux après avoir saisi dans le Pirée douze galères lesbiennes. La révolte était l'œuvre du parti aristocratique qui dominait à Mitylène. Cette oligarchie, qui tenait le peuple dans une étroite soumission et qui interdisait aux citoyens pauvres d'enseigner à leurs enfants les lettres et la musique (2), n'avait accepté la suprématie d'Athènes qu'avec une vive répugnance et seulement par crainte des Perses. Elle réservait pour Sparte toutes ses sympathies. Avant même la guerre de Corcyre elle sollicita l'appui des Lacédémoniens. Secrètement encouragés, les Mityléniens aspirèrent à réunir sous leur domination toute l'île de Lesbos; ils fortifièrent leurs murailles, augmentèrent leur flotte, forcèrent les habitants des villages voisins à s'établir dans leur cité et prirent à leur solde des troupes auxiliaires. Méthymne et Ténédos, qui ne voulaient point se laisser absorber par Mitylène, dénoncèrent à Athènes ces préparatifs qui menaçaient leur indépendance. Une ambassade pacifique invita les Mityléniens à cesser leurs empiétements; elle ne rapporta que des paroles de guerre. Les Lesbiens envoyèrent une députation aux Lacédémoniens pour contracter une alliance avec eux, et les exciter à s'emparer de la suprématie des mers, en leur offrant, pour l'exécution de ce dessein, le secours d'un grand nombre de trirèmes qui les mettraient en état de poursuivre la guerre (1). La ligue du Péloponèse prêta facilement l'oreille à cette proposition, et décréta qu'on donnerait des secours aux Mityléniens. Dans ce péril, Athènes redoubla d'activité et d'énergie. Elle équipa trois flottes et les dirigea, la première vers l'Acarnanie, la seconde vers l'île de Lesbos, la troisième vers les côtes du Péloponèse. Les Mityléniens, battus par Clinippide, se renfermèrent dans leur ville et y soutinrent un siége assez long. Les Lacédémoniens envoyèrent à leur secours quarante-cinq trirèmes sous le commandement d'Alcidas, et firent une nouvelle invasion en Attique; mais cette diversion ne sauva point Mitylène. Le Spartiate Salæthos dirigeait la défense; il fit distribuer des armes au peuple pour une attaque générale des lignes athéniennes; mais la multitude, longtemps opprimée, tourna ses armes contre l'oligarchie, qui avait attiré sur la ville tous les maux de la guerre et de la famine. Mitylène capitula (427) (2).

Ce furent les riches qui livrèrent la ville. Craignant d'être exclus du traité si le peuple négociait directement avec Athènes, ils s'entendirent avec Pachès, qui commandait les troupes assiégeantes, et s'engagèrent à lui ouvrir les portes de Mitylène sous cette condition que tous les citoyens auraient la vie sauve et resteraient en liberté jusqu'à ce que la république eût statué sur leur sort; aussitôt ils envoyèrent à Athènes des députés pour soutenir leurs intérêts ou plutôt des suppliants pour implorer la générosité des vainqueurs. Quelques-uns allèrent s'asseoir au pied des autels; mais on les enleva pour les transporter à Ténédos et plus tard à Athènes. Sa-

---

(1) Thucyd., l. II, ch. 9; Diod. de Sic., l. XII, ch. 42.
(2) Élien, *Histoires variées*, l. IX, ch. 17.

(1) Diodore de Sicile, l. XII, ch. 55.
(2) Thucydide, l. III, ch. 16 et suiv.; Diod. de Sicile, l. XII, ch. 55.

læthos demanda grâce de la vie, promettant de décider les Spartiates à lever le siége de Platée. Mais le peuple n'écouta point ses prières ; il fut condamné à périr, et sa mort fut le prélude d'un massacre général. « Le peuple s'étant assemblé dans Athènes pour délibérer sur le parti qu'il devait prendre à l'égard des Mityléniens, l'orateur Cléon aigrit le ressentiment de l'assemblée, et ouvrit l'avis qu'il fallait passer au fil de l'épée tous les Mityléniens au-dessus de l'âge de puberté, et vendre comme esclaves les femmes et les enfants. Cette proposition fut agréée, et les Athéniens entraînés rendirent, conformément à l'opinion que Cléon avait émise, un décret qui fut envoyé à Mitylène pour faire connaître au commandant de l'armée la volonté du peuple d'Athènes. Le général athénien, Pachès, en faisait la lecture, lorsqu'un autre tout à fait opposé lui fut apporté, et il vit avec joie que les Athéniens s'étaient repentis d'une mesure si violente (1). » La galère qui portait l'ordre du massacre était déjà partie lorsque l'assemblée changea de résolution. Les députés mityléniens équipèrent en toute hâte le vaisseau qui devait communiquer à Pachès le nouveau message ; ils donnèrent l'huile et le vin, et promirent bonne récompense à l'équipage s'il pouvait arriver à temps. Les Mityléniens furent sauvés. Pachès les réunit dans une assemblée générale, leur accorda le pardon de leurs fautes et en même temps les délivra des craintes excessives qui les agitaient. Les Athéniens firent abattre les murailles de Mitylène et distribuèrent à des colons tout le territoire de Lesbos, à l'exception de celui qui appartenait aux Mityléniens (2). Ils divisèrent les terres en trois mille lots, dont un dixième fut consacré aux dieux ; de plus, ils s'emparèrent des villes du continent que Mitylène tenait en son pouvoir. Leur vengeance aurait dû s'arrêter là ; mais les esprits étaient trop irrités, les passions trop furieuses, pour que le peuple sût se contenir dans les bornes d'une sage modération. Les prisonniers qui avaient été transportés à Athènes furent décapités, au nombre d'un peu plus de mille (427).

MORT D'ARTAXERXÈS. — Après le honteux traité qu'il avait conclu avec Athènes à la suite des dernières victoires de Cimon, Artaxerxès s'était flatté de pouvoir jouir du repos que désirait son âme peu énergique. Mais la révolte de Mégabaze vint lui créer de nouvelles sollicitudes. Le satrape vainqueur avait dicté les conditions de la paix et laissé en mourant un parti que l'énergie de ses enfants sut maintenir en opposition permanente contre le roi. Pendant le reste de sa vie, Artaxerxès fut tenu comme en tutelle dans son palais par sa femme Amytis et sa mère Amestris. Privé ainsi de toute initiative, il laissa ses satrapes continuer à leur gré et sans unité la lutte contre les Grecs. Sa mort, en 424, fut suivie de révolutions violentes et rapides.

AVÉNEMENT DE DARIUS II. — Xerxès II et Sogdien furent renversés du trône après un règne éphémère. Darius II, surnommé Nothus, qui leur succéda, n'eut pas plus d'influence sur les affaires. Il régna, mais sans gouverner, sous la tutelle de Parysatis, sa femme, et le pouvoir des satrapes continua à s'accroître. Aussi les verrons-nous bientôt s'allier, pour se maintenir dans leurs gouvernements, d'abord avec les Spartiates, puis avec les Athéniens, oubliant les intérêts de leur maître pour ne plus consulter que les leurs.

PRISE D'ANTANDROS (423). — Malgré la capitulation, malgré le massacre des chefs de l'oligarchie, tous les Lesbiens ne s'étaient pas résignés à subir la domination d'Athènes. « Lorsque les Athéniens eurent soumis Mitylène, les habitants qui avaient réussi à échapper à la prise de leur ville et dont le nombre était considérable, après avoir longtemps médité de rentrer dans Lesbos, se réunirent et s'emparèrent d'Antandros. Maîtres de cette position, ils en sortaient fréquemment pour harceler la garnison athénienne de Mitylène. Blessé de cette audace, le peuple d'Athènes résolut d'envoyer contre eux des troupes, sous le commandement d'Aristide et de Symmaque. Ces deux généraux ayant mis à la voile se rendirent dans Lesbos, et, après quelques assauts donnés sans relâche à la place, s'emparèrent d'Antan-

(1) Diodore de Sicile, l. XII, ch. 55.
(2) Thucydide, l. III, ch. 35.

dros. Une partie des réfugiés périt dans ces attaques, et le reste fut chassé de la ville ; les généraux athéniens laissèrent une garnison, et quittèrent ensuite Lesbos (1). » La soumission de l'île entière semblait assurée pour longtemps.

Par la paix de Nicias (421), Athènes garda son empire, et ses ennemis secrets durent renoncer à leurs espérances ou du moins ajourner tous leurs projets de révolte.

NOUVELLE DÉFECTION DE LESBOS, CHIOS, ÉRYTHRES, ETC., APRÈS L'EXPÉDITION DE SICILE (412). — Le mauvais succès de l'expédition de Sicile changea la face des choses et vint exciter les sujets d'Athènes à la rébellion. Les Ioniens de Milet, de Samos et de Chios avaient fourni des secours aux Athéniens contre Syracuse (2) ; mais, après la destruction de l'armée de Nicias, ils entrèrent dans la coalition générale formée contre les vaincus. Les Lesbiens donnèrent aux Grecs de l'Asie Mineure le signal de la défection : Agis, roi de Sparte, leur envoya pour harmoste Alcaménès, fils de Sthénélaïdas, et leur promit dix vaisseaux ; les Béotiens s'engagèrent à leur en envoyer un nombre égal (3).

Pendant qu'Agis aidait les Lesbiens à secouer le joug d'Athènes, les habitants de Chios et d'Érythres, qui se disposaient aussi à la révolte, s'adressèrent, non pas à lui, mais à Lacédémone.

TISSAPHERNE ET PHARNABAZE RECHERCHENT L'ALLIANCE DES PÉLOPONÉSIENS. — Avec eux venait un envoyé de Tissapherne, satrape des provinces maritimes, qui voulait se concilier les Péloponésiens, et promettait de leur fournir des subsides. Tout récemment le roi venait de lui demander les tributs de son gouvernement, dont il restait encore débiteur, parce que les Athéniens l'empêchaient de se faire payer des villes helléniques. Affaiblir les Athéniens, c'était se faciliter le moyen de faire rentrer ces tributs ; et attirer les Lacédémoniens dans l'alliance du roi, c'était se créer des auxiliaires pour soumettre Amorgès, bâtard de Pissouthnès, qui s'était révolté dans la Carie, et qu'il avait reçu l'ordre d'amener vivant ou de faire périr (1).

Sur ces entrefaites arrivèrent aussi des députés de Pharnabaze, qui demandaient en son nom que les Lacédémoniens envoyassent une flotte dans l'Hellespont, pendant que lui-même s'efforcerait de détacher d'Athènes les villes de son gouvernement.

Comme les envoyés de Pharnabaze et ceux de Tissapherne négociaient ces affaires, chacun séparément, il y eut entre eux une grande rivalité à Lacédémone, où ils tâchaient d'obtenir, les uns qu'on envoyât d'abord les vaisseaux et des troupes en Ionie et à Chios, les autres dans l'Hellespont. Les Lacédémoniens accueillirent d'autant plus favorablement les demandes de Chios et de Tissapherne, qu'elles étaient soutenues aussi par Alcibiade, exilé d'Athènes. Les Lacédémoniens envoyèrent d'abord à Chios un périœque, nommé Phrynis, pour reconnaître s'il y avait autant de vaisseaux que l'annonçaient les députés de cette ville, et si d'ailleurs sa puissance répondait à sa renommée.

LES LACÉDÉMONIENS S'ALLIENT AVEC CHIOS ET ÉRYTHRES. — Sur le rapport de l'émissaire que tout ce qu'on leur avait dit à ce sujet était exact, ils s'allièrent aussitôt avec ceux de Chios et d'Érythres, et décrétèrent d'y envoyer quarante vaisseaux. Les Athéniens s'aperçurent des intrigues de Chios ; ils portèrent plainte et exigèrent des gages de fidélité. On leur livra sept navires. Le peuple, en effet, ignorait le complot qui se tramait, et les oligarques, voyant que la flotte des Péloponésiens tardait à paraître, ne voulaient pas irriter le parti populaire, dévoué aux Athéniens, avant d'avoir obtenu quelque garantie (2). Enfin les Spartiates mirent en mer une flotte commandée par Alcibiade et par Chalcideus. Ces deux généraux interceptèrent tous les bâtiments qu'ils rencontrèrent, de peur qu'on ne sût par eux leur venue ; ils prirent terre d'abord à Corycos sur le continent, et là ils relâchèrent les bâtiments qu'ils avaient

---

(1) Diodore de Sicile, l. XVI, ch. 72 ; cf. Thucydide, l. III, ch. 75.
(2) Thucydide, l. VII, ch. 57.
(3) Thucydide, l. VIII, ch. 5.

(1) Thucydide, l. VIII, ch. 5.
(2) Thucydide, l. VIII, ch. 9.

arrêtés. Après une entrevue avec quelques-uns de leurs partisans de Chios, qui leur conseillèrent de cingler vers leur ville, sans s'y faire annoncer, ils se présentèrent à l'improviste. Le peuple fut dans l'étonnement et la consternation ; mais les oligarques avaient pris leurs mesures pour que le sénat se tînt assemblé. Chalcideus et Alcibiade y ayant annoncé qu'une autre flotte nombreuse allait arriver, détachèrent d'Athènes les habitants de Chios et ceux d'Érythres ; ensuite, avec trois vaisseaux, ils allèrent insurger Clazomènes, dont les habitants passèrent aussitôt sur le continent, où ils fortifièrent leur faubourg pour pouvoir au besoin s'y réfugier, en abandonnant l'îlot où est située la ville (1).

PRÉPARATIFS D'ATHÈNES. — Bientôt parvinrent à Athènes les nouvelles de Chios. Les Athéniens, se voyant menacés déjà d'un péril terrible et manifeste, et pensant que le reste de leurs alliés, après la défection d'une ville si considérable, ne pourrait plus rester tranquille, décrétèrent aussitôt, dans la frayeur du moment, d'équiper une flotte nombreuse, d'y employer mille talents auxquels on s'était abstenu de toucher pendant toute cette guerre, et abrogèrent les peines qui avaient été portées contre celui qui proposerait ou mettrait aux voix d'en faire usage. « Le zèle était extrême ; et dans tous les préparatifs contre Chios on ne faisait rien qu'en grand (2). »

ATHÈNES PERD TÉOS ET MILET. — Cependant le Lacédémonien Chalcideus cingla de Chios contre Téos avec vingt-trois vaisseaux, tandis que l'armée de terre des Clazoméniens et des Érythréens s'avançait le long des côtes. La flotte athénienne, très-inférieure en forces, s'enfuit à Samos ; l'ennemi l'y poursuivit. Les habitants de Téos ne voulurent pas d'abord accueillir l'armée de terre ; mais, après la retraite des Athéniens, ils lui ouvrirent leurs portes. Ils abattirent eux-mêmes le mur que les Athéniens avaient élevé à Téos du côté du continent. Un petit nombre de barbares, sous les ordres de Tagès, lieutenant de Tissapherne, aidèrent les Téiens à démolir cette muraille (1).

Chalcideus et Alcibiade, après avoir poursuivi les Athéniens jusqu'à Samos, se dirigèrent vers Milet pour l'insurger. Alcibiade, par ses liaisons avec les principaux citoyens de cette ville, voulait l'attirer dans le parti de Lacédémone, sans attendre l'arrivée de la flotte péloponésienne. Milet se déclara contre Athènes (412).

ALLIANCE DES LACÉDÉMONIENS ET DU ROI DE PERSE (412). — C'est immédiatement après la révolte des Milésiens que fut conclue, par l'entremise de Chalcideus et de Tissapherne, la première alliance des Spartiates avec le roi de Perse. Thucydide rapporte ainsi le traité : « Les Lacédémoniens « et leurs alliés ont conclu une alliance « avec le roi et avec Tissapherne aux « conditions suivantes : tout le pays et « les villes qui appartenaient au roi et « qui appartenaient à ses ancêtres « seront à lui. Le roi, les Lacédémoniens et leurs alliés empêcheront « en commun les Athéniens de recevoir désormais rien de ce qui leur « revenait de ces villes, soit en argent, « soit sous nulle autre forme. Le roi, les « Lacédémoniens et leurs alliés feront « en commun la guerre aux Athéniens ; « il ne sera permis ni au roi, ni aux « Lacédémoniens, ni aux alliés, de faire « la paix avec les Athéniens sans l'aveu « des deux partis contractants, du roi « d'un côté, et des Lacédémoniens et « de leurs alliés de l'autre. Si des sujets du roi se révoltent contre lui, « ils seront ennemis des Lacédémoniens « et des alliés. Si des sujets de Lacédémone et de ses alliés se révoltent contre eux, ils seront également ennemis « du roi (2). »

HOSTILITÉS EN ASIE MINEURE. RÉVOLUTION DÉMOCRATIQUE A SAMOS. BLOCUS DE CHIOS. — Sparte trahit par ce traité la nationalité hellénique, en livrant au grand roi tous les Grecs d'Asie, même ceux des îles (412). « La lutte, qui naguère était aux limites occidentales du monde grec, allait avoir

---

(1) Thucydide, l. VIII, ch. 14.
(2) Thucydide, l. VIII, ch. 15.

(1) Thucydide, l. VIII, ch. 16.
(2) Thucydide, l. VIII, ch. 18.

l'orient pour théâtre. » Toutes les forces ennemies se portèrent de ce côté. Athènes, que l'on croyait épuisée, y envoya successivement plus de cent galères; mais elle ne put arrêter le progrès de la révolte. Lébedos et Érée, soulevées par les habitants de Chios, entrèrent dans la confédération péloponésienne. Le parti démocratique restait seul fidèle à la cause d'Athènes. Le peuple de Samos, averti par la trahison des nobles de Chios, chassa les siens pour n'être pas forcé de rompre avec la cité, grâce à laquelle le commerce de tous prospérait, et de s'unir à ceux qui venaient de livrer aux Perses la liberté des Grecs asiatiques. Trois vaisseaux, venus d'Athènes, secondèrent l'insurrection du peuple contre les grands; deux cents des plus riches furent mis à mort, quatre cents envoyés en exil; les vainqueurs se partagèrent les terres et les maisons des proscrits. Athènes, en récompense de leur dévouement, leur accorda l'autonomie; ils prirent en main l'administration de la ville et exclurent du gouvernement tous les grands propriétaires, à qui il fut interdit même de s'unir par des mariages avec les familles populaires (1). Samos devint le centre des opérations de la flotte athénienne pendant toute la dernière partie de la guerre du Péloponèse.

Bientôt, après la révolution qui resserra l'alliance des Samiens et des Athéniens, Lesbos rentra dans l'obéissance. Les généraux Léon et Diomédon s'emparèrent de Mitylène. Clazomènes fut reprise à son tour. Chios elle-même fut sur le point de se soumettre. Les Athéniens, qui stationnaient à Ladé avec vingt vaisseaux pour observer Milet, firent une descente à Panorme sur le territoire milésien, tuèrent Chalcideus, le commandant spartiate qui était venu au secours de cette ville, et, le surlendemain, ils revinrent pour élever un trophée que les Milésiens renversèrent, parce qu'il avait été érigé sans qu'on se fût rendu maître du champ de bataille. Léon et Diomédon, commandants de la flotte athénienne de Lesbos, se servaient comme d'un point de départ des îles OEnussæ, en face de Chios, ainsi que de Sidouse,

de Ptéléos, villes fortifiées sur le territoire érythréen, et de Lesbos, pour faire à Chios une guerre maritime; ils avaient comme soldats de marine des hoplites enrôlés, forcés de servir à bord des vaisseaux. Ils descendirent à Cardamylé et à Bolissos, battirent ceux de Chios qui s'étaient avancés contre eux, en tuèrent un grand nombre, et dévastèrent le pays environnant; ils remportèrent encore une autre victoire à Phanæ et une troisième à Leuconion. Après ces événements, les troupes de Chios n'osèrent plus sortir contre l'ennemi, et les Athéniens ravagèrent la campagne qui était florissante et n'avait jamais souffert depuis la guerre médique. « Les habitants de Chios sont en effet, dit Thucydide, après les Lacédémoniens, le seul peuple que je connaisse, qui ait été heureux et sage en même temps : plus leur ville acquérait d'importance, plus ils l'affermissaient par leur modération; et cette révolte même, s'ils paraissent en cela avoir agi contre leur sûreté, ils ne s'y décidèrent qu'après avoir associé à leurs périls des alliés nombreux et braves, et reconnu que les Athéniens eux-mêmes, depuis leurs revers en Sicile, étaient dans une situation fort déplorable. Si même, par un de ces mécomptes qui, dans la vie, sont inhérents à la nature humaine, ils éprouvèrent quelque échec, ce fut avec bien d'autres qu'ils partagèrent l'erreur où ils étaient que la puissance des Athéniens allait bientôt s'écrouler. »

BATAILLE DE MILET. PRISE D'AMORGÈS A IASOS. — Exclus de la mer, les Milésiens voyaient leurs campagnes dévastées : la lutte leur devenait tout à fait désavantageuse. Quelques-uns entreprirent de faire rendre la ville aux Athéniens; mais le moment n'était pas encore venu. Les chefs de l'aristocratie, prévenus de ce projet, avertirent secrètement les Spartiates, et Astyochus, commandant de la flotte péloponésienne, accouru d'Érythres avec quatre vaisseaux, fit avorter la conspiration (1).

Milet persistait dans sa rébellion; les Athéniens résolurent de l'assiéger; une armée de 3,500 hommes vint camper sous ses murs. Les Milésiens, sou-

(1) Thucydide, l. VIII, ch. 21.

(1) Thucydide, l. VIII, ch. 24.

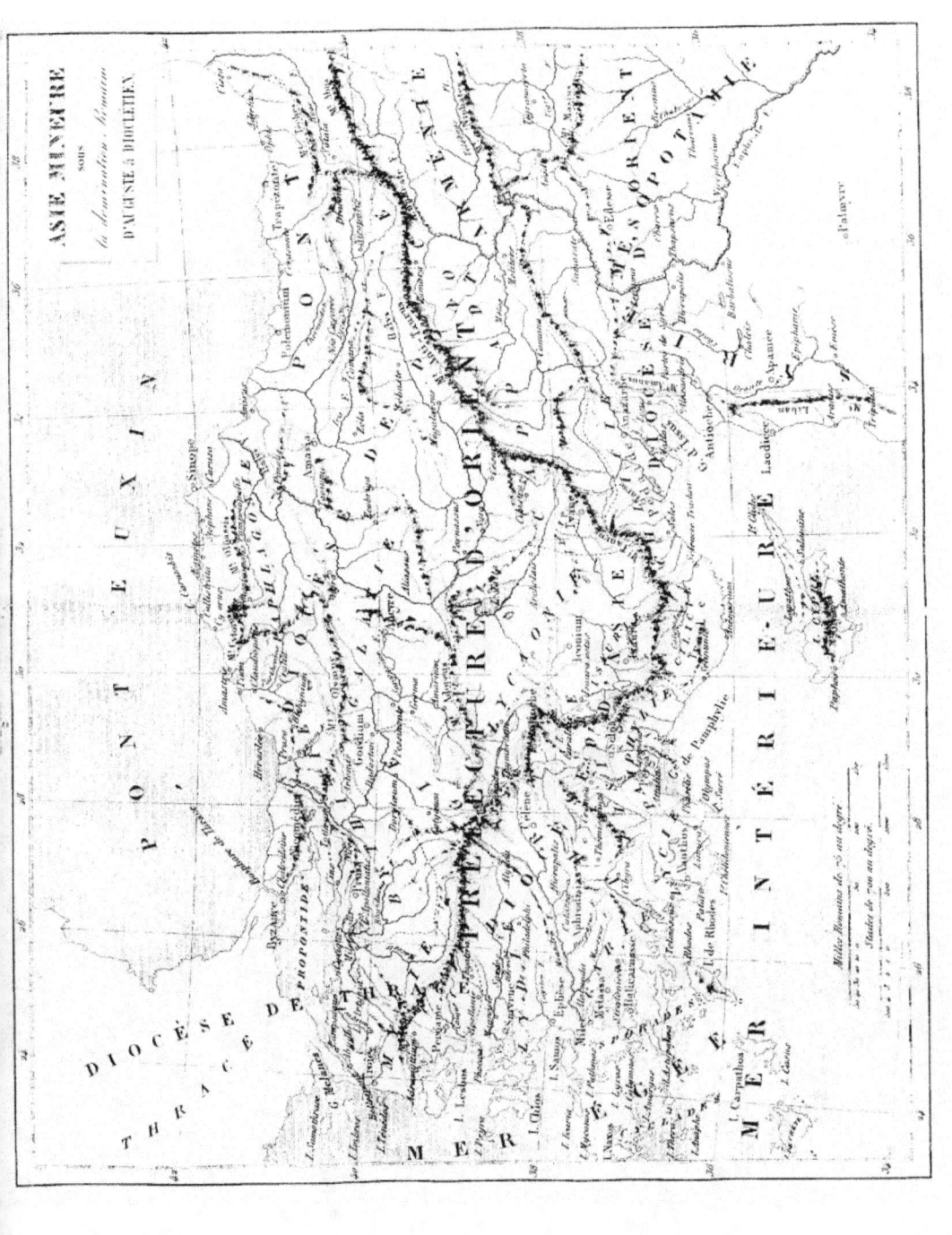

tenus par des troupes lacédémoniennes et par des auxiliaires étrangers sous les ordres de Tissapherne et d'Alcibiade (1), firent une sortie et présentèrent la bataille aux Athéniens et à leurs alliés. Les hoplites d'Athènes mirent en fuite les Péloponésiens et les barbares ; ils érigèrent un trophée, et se préparèrent à enceindre d'une muraille la ville de Milet, persuadés que, s'ils prenaient cette place, les autres villes se rendraient sans difficulté (2). Alcibiade, qui avait assisté au combat, conseilla aux Péloponésiens, s'ils ne voulaient par ruiner leurs affaires en Ionie, de secourir Milet le plus tôt possible et de s'opposer à l'investissement de la place. La flotte du Péloponèse s'approcha en effet pour attaquer les vainqueurs; mais Phrynichos, général des Athéniens, fit embarquer en toute hâte les blessés, les troupes de terre et le matériel de siège, abandonna tout le butin, et cingla vers Samos.

Les Péloponésiens cherchèrent une autre proie : Tissapherne les engagea à faire une descente à Iasos, occupée par son ennemi Amorgès, révolté contre le grand roi. Cette place fut emportée d'assaut. Les Lacédémoniens et leurs alliés prirent vivant Amorgès et le livrèrent à Tissapherne. Ils pillèrent Iasos et y firent un immense butin; car c'était une ville opulente. Ils emmenèrent dans leurs rangs les auxiliaires d'Amorgès. Ils remirent entre les mains du satrape la place et les prisonniers, tant libres qu'esclaves, et se firent payer à raison d'un darique par homme.

SECOND TRAITÉ DES LACÉDÉMONIENS AVEC LE ROI DE PERSE. — Quelque temps après un nouveau traité fut signé entre les Lacédémoniens et les Perses. « Entre les Lacédémoniens et leurs « alliés, d'une part, le roi Darius, les « enfants du roi et Tissapherne, de l'au- « tre, il y aura paix et amitié aux con- « ditions suivantes: ni les Lacédémoniens « ni leurs alliés n'iront faire la guerre « et ne feront de dommage à aucune des « contrées et villes qui appartiennent au « roi Darius, ou qui ont appartenu à son « père et à ses ancêtres. Les Lacédémo- « niens, ni leurs alliés, ne lèveront sur « ces villes aucun tribut. Le roi Darius « ni ceux à qui ce roi commande n'i- « ront faire la guerre, soit contre les La- « cédémoniens, soit contre les alliés des « Lacédémoniens, et ne leur causeront « aucun dommage. Si les Lacédémoniens « ou leurs alliés ont besoin du secours « du roi, ou si le roi a besoin de celui « des Lacédémoniens et de leurs alliés, « tout ce qu'ils feront, d'après un con- « sentement réciproque, sera valable. « Les deux parties contractantes feront « ensemble la guerre contre les Athé- « niens et leurs alliés; et si les deux par- « ties y mettent fin, la paix ne se fera « qu'ensemble. Le roi fournira la dé- « pense pour le nombre de troupes qui, « à sa demande, seront sur son territoire. « Si quelqu'une des villes contractantes « avec le roi marchait contre le pays « du roi, les autres s'y opposeront et « défendront le roi de toutes leurs for- « ces. Si quelqu'un du territoire royal ou « du pays soumis au roi marche contre « le pays des Lacédémoniens ou de leurs « alliés, le roi s'y opposera et les dé- « fendra de toutes ses forces (1). »

Ce traité était loin de satisfaire tous les Spartiates. On trouvait odieux que le roi prétendît posséder encore les pays soumis autrefois à la puissance de ses ancêtres (en effet, d'après le traité, toutes les îles, la Thessalie, la Locride et tout le pays au nord de la Béotie devait rentrer sous la domination du roi de Perse), et qu'au lieu de la liberté, les Lacédémoniens imposassent à des Hellènes le joug médique (2). On demanda des conditions différentes. Tissapherne, indigné, jura de punir l'insolence et la mauvaise foi des Lacédémoniens. Cette querelle devait tourner au profit d'Athènes ; elle fut envenimée par Alcibiade.

RUPTURE DES LACÉDÉMONIENS ET DE TISSAPHERNE. INTRIGUES D'ALCIBIADE AUPRÈS DU SATRAPE. — Malgré le masque dont il s'était couvert à Sparte, Alcibiade n'avait pu tellement dissimuler la légèreté de ses mœurs qu'il ne se brouillât avec le roi Agis ; celui-ci voulut le faire assassiner. Le gouvernement lui-même, par crainte de l'ascendant

(1) Thucydide, L., VIII, ch., 26.
(2) Thucydide, l., ch., 25.

(1) Thucydide, l. VIII, ch. 37.
(2) Thucydide, l. VIII, ch. 43.

qu'il prenait sur les Grecs d'Asie, donna l'ordre de le tuer. Alcibiade, averti, mit sa tête en sûreté. « Il se retira, dit Plutarque, en Asie Mineure, chez Tissapherne, satrape du roi de Perse, et eut bientôt un tel crédit auprès de lui, qu'il devint le premier de sa cour. Ce barbare ne se piquait ni de franchise ni de droiture. Fourbe et dissimulé, la méchanceté dans les autres était un titre à sa prédilection : il admirait donc la souplesse de son nouvel hôte et son extrême facilité à prendre toutes sortes de formes. Alcibiade, il est vrai, savait donner du charme à sa société ; il mettait tant de grâce dans ses entretiens, qu'il n'y avait point de caractère qui put lui résister et qu'il ne parvint à maîtriser, ceux mêmes qui le craignaient et qui étaient jaloux de lui trouvaient dans son commerce de l'attrait et du plaisir. Aussi Tissapherne, quoique d'un naturel sauvage, et plus ennemi des Grecs qu'aucun autre Perse, fut tellement séduit par les flatteries d'Alcibiade, qu'il se livra entièrement à lui, et qu'il le flattait beaucoup plus lui-même qu'il n'en était flatté ; au point que le plus beau de ses domaines, le plus délicieux par l'abondance de ses eaux, par la fraîcheur de ses prairies, par le charme des retraites solitaires qu'on y avait ménagées, par les embellissements qu'on y avait prodigués avec une magnificence royale, il le nomma Alcibiade, nom que tout le monde lui a donné depuis. Alcibiade, qui n'espérait plus de sûreté auprès des Spartiates et qui craignait le ressentiment d'Agis, les décriait auprès de Tissapherne, et le dissuadait de leur donner des secours assez puissants pour détruire entièrement les Athéniens. Il lui conseillait de secourir faiblement les premiers, de laisser les deux peuples s'affaiblir et se miner insensiblement, afin qu'après les avoir épuisés l'un par l'autre il fut facile au roi de les soumettre. Tissapherne suivit ce conseil ; et, comme dans toutes les occasions il montrait son amitié et son admiration pour Alcibiade, celui-ci se vit par là également recherché des deux partis qui divisaient la Grèce. Les Athéniens, qui avaient déjà beaucoup souffert, commencèrent à se repentir des décrets qu'ils avaient portés contre Alcibiade, et lui-même voyait avec peine l'état fâcheux où ils étaient réduits. Il craignait, si Athènes était entièrement détruite, de tomber entre les mains des Spartiates, qui le trahissaient. »

INTRIGUE D'ALCIBIADE AUPRÈS DE L'ARMÉE ATHÉNIENNE DE SAMOS. — « Toutes les forces des Athéniens étaient alors rassemblées à Samos. C'était de là qu'avec la flotte ils faisaient rentrer sous leur obéissance les villes qui s'étaient révoltées, contenaient les autres dans le devoir et pouvaient encore faire tête à leurs ennemis. Mais ils craignaient Tissapherne et les cent cinquante vaisseaux phéniciens dont l'arrivée, qu'on annonçait comme prochaine, ne leur laissait aucun espoir de salut. Alcibiade qui était bien informé de tout, envoya secrètement à Samos vers les principaux Athéniens, et leur fit espérer qu'il leur ménagerait l'amitié de Tissapherne, non, disait-il, dans la vue de faire plaisir au peuple à qui il ne se fiait pas, mais pour favoriser les nobles, si toutefois ils osaient agir en gens de cœur pour réprimer l'insolence de la multitude et sauver la patrie en se rendant maîtres des affaires.

« Ils écoutèrent ses propositions. Le seul Phrynichos, du bourg de Dirades, l'un des généraux, soupçonna, ce qui était vrai, qu'Alcibiade, aussi indifférent pour l'oligarchie que pour la démocratie, voulait seulement, à quelque prix que ce fût, obtenir son rappel, et, en calomniant le peuple, flatter la noblesse et s'insinuer dans ses bonnes grâces. Il s'oppose donc à ce qu'on proposait ; mais son avis n'ayant pas prévalu ; sentant bien que, par son opposition, il s'était fait d'Alcibiade un ennemi déclaré, il fit dire sous main à Astyochos, amiral de la flotte ennemie, de se défier d'Alcibiade, et de le faire arrêter comme trahissant les deux partis. Il ne se doutait pas que, traître, il s'adressait à un traître. Astyochos, qui faisait la cour à Tissapherne, et qui voyait dans quel crédit Alcibiade était auprès de lui, informa celui-ci de l'avis que Phrynichos lui avait fait donner. Alcibiade envoya sur-le-champ à Samos pour accuser Phrynichos qui, voyant tout le monde indigné et soulevé contre lui, et ne trouvant aucun moyen de se tirer d'embarras, voulut remédier à ce mal par un mal plus grand encore. Il dépêcha sans tarder à Astyochos pour se plaindre de ce qu'il avait trahi son secret, et lui offrir de lui livrer les vaisseaux et l'armée des Athéniens. Mais la perfidie de Phrynichos ne fit point de tort à Athènes. Astyochos le trahit une seconde fois, et donna avis du tout à Alcibiade. Phrynichos, qui le pressentit et qui s'attendait à une nouvelle accusation de la part d'Alcibiade, se hâte de le prévenir et de dire aux Athéniens que les ennemis allaient bientôt les attaquer; il les exhorta de se tenir tout prêts sur leurs vaisseaux et de fortifier leur camp. Pendant qu'ils s'y disposaient, il leur vint de nouvelles lettres de la part d'Alcibiade pour les avertir d'observer Phrynichos, qui avait promis de livrer la flotte aux Lacédémoniens. Les Athéniens n'ajoutèrent pas foi à cette accusation; ils crurent qu'Alcibiade, qui savait tous les projets des ennemis, en profitait pour calomnier Phrynichos. Mais quelque temps après, un des gardes frontières, commandés par Hermon, ayant tué Phrynichos d'un coup de poignard qu'il lui donna sur la place publique, les Athéniens, après les informations faites sur la conduite du mort, le condamnèrent comme coupable et décernèrent des couronnes à Hermon et à ses subornés. Les amis qu'Alcibiade avait à Samos étant alors devenus les plus forts, envoient Pisander à Athènes pour y changer la forme du gouvernement, et pour engager les nobles à se saisir des affaires et à détruire l'autorité du peuple. Ils leur faisaient promettre qu'Alcibiade leur procurerait pour cette révolution l'amitié et le secours de Tissapherne (411) (1). »

« Nous ne trouverons de ressources, « dit Pisander, qu'en mettant dans notre « politique plus de modestie, qu'en don- « nant l'autorité à un petit nombre de ci- « toyens; pour inspirer au roi de la con- « fiance, en nous occupant moins dans les « circonstances actuelles de la forme de « notre gouvernement que de notre salut. « Il nous sera facile de changer dans la suite si quelque chose nous déplaît; « mais rappelons toujours Alcibiade, qui « seul peut rétablir nos affaires (1). » Les paroles de Pisander n'eurent pas tout le succès qu'il avait espéré; le peuple d'Athènes ne voulait pas renoncer aux institutions démocratiques; voyant qu'il ne pouvaient arriver à leur but par la persuation, les nobles recoururent à la terreur. Plusieurs chefs populaires furent assassinés. « Personne n'osa plus élever la voix, dit Thucydide; car le moindre signe d'opposition amenait une mort certaine (2). » Le parti oligarchique finit par triompher, renversa le Conseil des Cinq-Cents et proclama une nouvelle constitution. Mais il eut l'imprudence de négliger Alcibiade et la lâcheté de mettre Athènes aux pieds de Sparte. Il négocia la paix; et, pour l'obtenir, il était prêt à livrer aux ennemis la flotte même et les murailles d'Athènes (3). Aussi, lorsque l'armée de Samos apprit la chute du gouvernement populaire, elle fut saisie d'indignation. Deux de ses généraux, Thrasybule et Thrasyle, firent prêter à tous les soldats le patriotique serment de maintenir la démocratie, de pousser avec vigueur la guerre contre les Péloponnésiens et de renverser les tyrans.

« Ce fut alors, dit Thucydide, une grande division entre la ville et l'armée : celle-ci voulant contraindre la ville à conserver l'état populaire, et celle-là voulant contraindre le camp à accepter l'oligarchie. Les soldats formèrent une assemblée dans laquelle ils déposèrent les généraux avec ceux des triérarques qui leur étaient suspects. Ils s'encourageaient entre eux en disant qu'il ne fallait pas s'effrayer si la ville rompait avec eux, que c'était le plus petit nombre qui se détachait du plus grand, et de celui qui avait, à tous égards, les plus grandes ressources. Maîtres de la flotte, ils pouvaient forcer les villes de leur domination à fournir de l'argent, tout aussi bien que s'ils sortaient d'Athènes pour en exiger. Ils avaient Samos, ville puissante; et il leur était bien plus aisé d'ôter à ceux de la ville l'usage de la

---

(1) Plutarque, *Vie d'Alcibiade*; cf. Thucydide, l. VII, 45-54; Diodore de Sicile, l. XIII, ch. 37; Aristote, *Politic.*, l. V, ch. 4.

(1) Thucydide, l. VIII, ch. 53.
(2) Thucydide, l. VIII, ch. 66.
(3) Thucydide, l. VIII, ch. 91.

mer qu'à ceux-ci de les en priver. Que recevaient-ils d'Athènes? Pas même de bons conseils; car, pour de l'argent, loin d'en avoir obtenu d'elle,c'étaient eux qui lui en avaient envoyé. A la ville on avait même poussé le crime jusqu'à violer les lois de la patrie qu'ils allaient, eux, rétablir. Il fallait rappeler Alcibiade, qui leur procurerait l'alliance du roi; et, quel que fût enfin l'événement, ils avaient toujours une flotte assez puissante, et ils étaient en assez grand nombre pour aller, quelque part, conquérir un territoire (1). »

Alcibiade, qui avait été l'instigateur secret de l'émeute aristocratique, n'hésita pas à se ranger, avec l'armée de Samos, du côté de la démocratie. Les soldats le proclamèrent général, et lui ordonnèrent de les conduire à Athènes pour renverser l'oligarchie. « Mais il n'agit pas comme eût pu faire tout autre qui aurait dû son élévation subite à la faveur du peuple; il ne crut pas devoir complaire en tout et ne rien refuser à ceux qui, pendant qu'il était banni et fugitif, lui avaient déféré le commandement d'une flotte et d'une armée nombreuse. Par une conduite digne d'un grand capitaine, il arrêta une démarche précipitée que leur dictait la colère, et prévint la faute qu'ils allaient commettre. Il sauva évidemment la ville d'Athènes. S'ils eussent mis à la voile pour retourner dans l'Attique, aussitôt les ennemis, sans avoir à combattre, se seraient rendus maîtres de l'Ionie entière, de l'Hellespont et de toutes les îles, pendant que les Athéniens, portant la guerre dans leurs propres murs auraient combattu les uns contre les autres. Alcibiade, seul, empêcha ce malheur, et par les discours qu'il tint à toute l'armée, et par les représentations qu'il adressa à chacun en particulier, en leur faisant sentir tout le danger d'un tel projet. Il fut secondé par Thrasybule qui ne le quittait pas, et qui, doué de la voix la plus forte qu'il y eut parmi les Athéniens, retenait par ses cris tous ceux qui voulaient partir. Un second service qu'Alcibiade rendit à sa patrie, et qui ne le cédait à aucun autre, c'est qu'ayant promis de faire tous ses efforts pour déterminer les vaisseaux phéniciens que les Spartiates attendaient du roi de Perse à se réunir à la flotte athénienne ou du moins à ne point se joindre à celle des ennemis, il se hâta d'aller au-devant de ces vaisseaux. Tissapherne, à son instigation, trompa les Lacédémoniens et ne leur amena pas sa flotte qui avait déjà paru auprès d'Aspendos. Mais, dans la suite, Alcibiade fut accusé par les deux partis d'avoir détourné ce secours; les Lacédémoniens surtout lui reprochaient d'avoir conseillé au barbare de laisser les Grecs se détruire les uns par les autres. Il n'était pas douteux que celui des deux peuples auxquel se serait jointe une flotte si considérable aurait enlevé à l'autre la victoire et l'empire de la mer (1). »

TROISIÈME TRAITÉ DE TISSAPHERNE AVEC LES PÉLOPONÉSIENS. — Tissapherne, quelque temps auparavant, avait signé avec les Péloponnésiens, un troisième traité dont voici la teneur : « La troisième année du règne de Da-
« rius, Alcippidas étant éphore de Lacé-
« mone, cet accord a été fait dans la
« plaine de Méandre, entre les Lacédé-
« moniens et leurs alliés d'une part, et,
« de l'autre, Tissapherne, Théramène
« et les enfants de Pharnace, pour les
« intérêts du roi, des Lacédémoniens
« et de leurs alliés. Tout le pays du roi
« qui fait partie de l'Asie restera sous
« sa domination, et il le tiendra sous sa
« volonté. Les Lacédémoniens et leurs
« alliés n'entreront dans le pays du roi
« avec aucune mauvaise intention, ni
« le roi dans le pays des Lacédémoniens
« et de leurs alliés. Si quelqu'un de La-
« cédémone ou d'entre les alliés va sur
« le pays à mauvaise intention, les La-
« cédémoniens et leurs alliés y mettront
« obstacle; et si quelqu'un de la domi-
« nation du roi marche contre les Lacé-
« démoniens pour leur nuire, le roi s'y
« opposera. Tissapherne payera à la
« flotte actuelle le subside convenu, jus-
« qu'à l'arrivée de la flotte du roi. Après
« l'arrivée de la flotte du roi, si les La-
« cédémoniens et leurs alliés veulent
« soudoyer leur flotte, ils en seront les
« maîtres. S'ils veulent recevoir le su-
« bside de Tissapherne, il le leur payera;

---

(1) Thucydide, l. VIII, ch. 76.

(1) Plutarque, *Vie d'Alcibiade*.

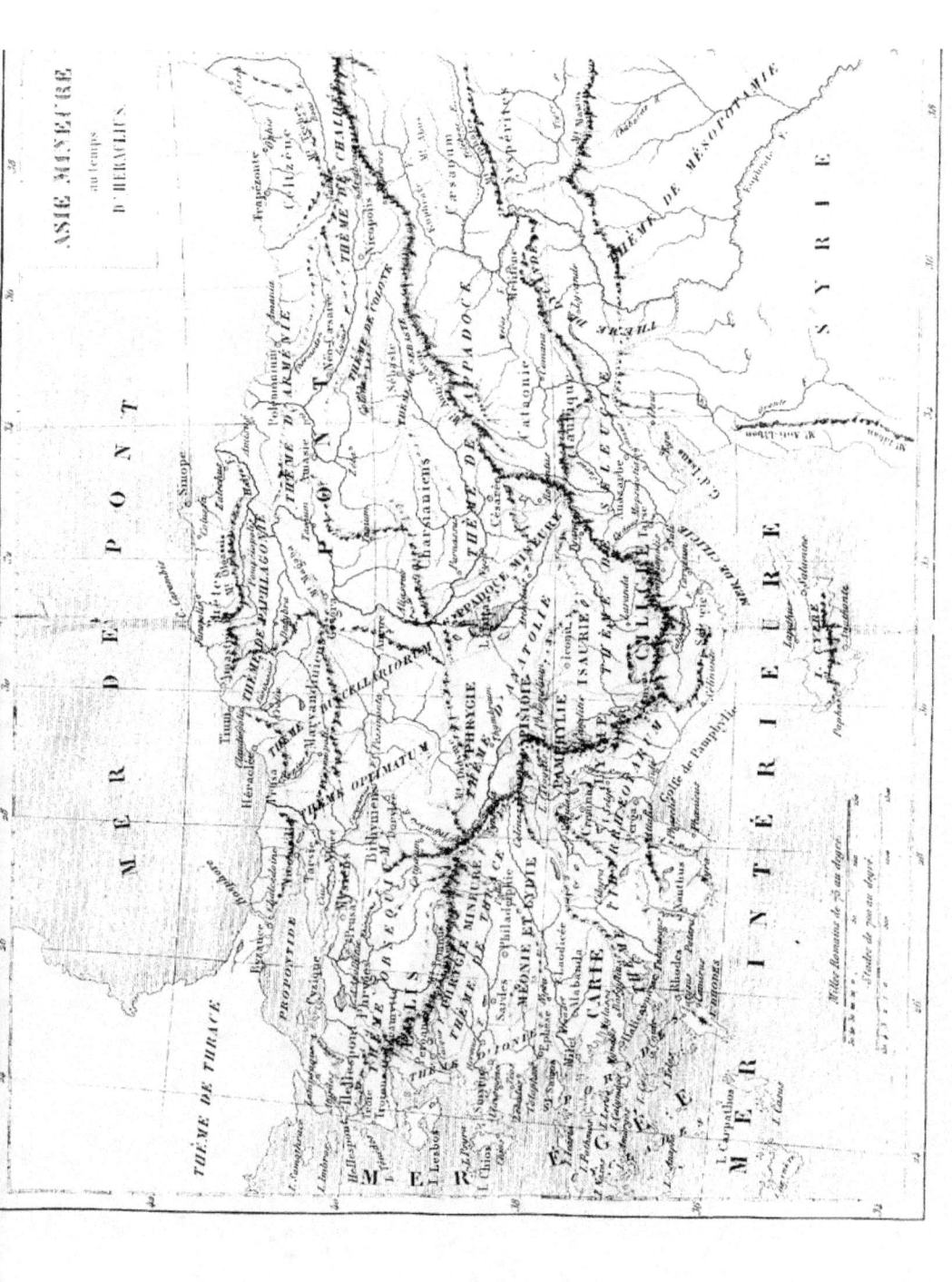

« mais, la guerre terminée, les Lacédé-
« moniens et leurs alliés rembourseront
« à Tissapherne tout l'argent qu'ils en
« auront reçu. Quand les vaisseaux du
« roi seront arrivés, la flotte des Lacé-
« démoniens, celle des alliés et celle du
« roi feront la guerre en commun, sui-
« vant que le jugeront à propos Tissa-
« pherne, les Lacédémoniens et les al-
« liés; et, s'ils veulent faire la paix avec
« les Athéniens, ils le feront d'un com-
« mun accord (1). »

VOYAGE DE TISSAPHERNE A ASPENDOS. — Les conditions de ce traité étaient formelles; Tissapherne les viola sans scrupule; mais il évita de rompre ouvertement avec les Péloponésiens. Accompagné du Spartiate Lichas, il alla trouver à Aspendos la flotte de Phénicie, et laissa auprès de l'armée Tamos, son lieutenant, chargé de payer le subside en son absence. « On parle diversement de ce voyage, dit Thucydide (1), et il n'est pas aisé de savoir à quelle intention Tissapherne se rendit à Aspendos, ni pourquoi, s'y étant rendu, il n'en amena pas la flotte avec lui. Que les vaisseaux de Phénicie soient venus jusqu'à Aspendos au nombre de cent quarante-sept, c'est un fait incontestable; mais par quelle raison ils ne vinrent pas jusqu'à l'armée, c'est sur quoi l'on forme bien des conjectures. Les uns pensent qu'il voulait, comme il en avait formé le dessein, miner les Péloponésiens par son absence; car Tamos, qui était chargé de payer la solde, ne fit que la diminuer au lieu de l'augmenter. D'autres imaginent qu'en faisant venir la flotte phénicienne à Aspendos, il n'avait d'autre objet que de faire des levées d'argent et de la congédier; car il n'avait aucune envie de s'en servir. D'autres encore prétendent que, pour faire taire les réclamations de Lacédémone, il voulait faire dire qu'il n'avait aucun tort et qu'on ne pouvait douter que la flotte, près de laquelle il se rendait, ne fût réellement équipée. Ce qui paraît le plus certain, c'est que ce fut pour consumer les Grecs et tenir leurs opérations en suspens qu'il n'amena pas cette flotte; pour les miner pendant le temps que prenait son voyage et son séjour; pour égaliser les deux partis et ne donner le dessus ni à l'un ni à l'autre; car, s'il eût voulu terminer la guerre, il est clair qu'il le pouvait sans peine. Il n'avait qu'à mener la flotte aux Péloponésiens; il leur aurait sans doute procuré la victoire, puisqu'ils étaient à l'ancre en présence des ennemis, avec des forces plutôt égales qu'inférieures. Ce qui doit convaincre de sa perfide intention, c'est le prétexte qu'il donna de n'avoir pas amené la flotte. Il dit qu'elle était plus faible que le roi ne l'avait ordonné; mais il en aurait d'autant mieux servi ce prince, puisqu'en lui causant moins de dépense, il aurait opéré les mêmes choses. Enfin, quel que fût l'objet de Tissapherne, il fit le voyage d'Aspendos et s'y trouva avec les Phéniciens (1). » C'est là qu'Alcibiade vint le rejoindre, tandis que l'île d'Eubée se révoltait contre Athènes (411).

RÉTABLISSEMENT DU GOUVERNEMENT DÉMOCRATIQUE A ATHÈNES (411). Les Athéniens, malgré la consternation où les jetait ce malheur, ne laissèrent pas d'équiper encore vingt navires. Mais ce désastre parut la condamnation de l'oligarchie. Une assemblée fut convoquée; elle déposa les Quatre-Cents et décréta que le gouvernement serait confié aux Cinq-Mille; que tous ceux qui portaient les armes comme hoplites feraient partie de ce corps; que personne ne recevrait de salaire pour aucune fonction (2). La plupart des Quatre-Cents se réfugièrent à Décélie, auprès des Lacédémoniens. Le peuple décréta aussi le rappel d'Alcibiade et l'envoya prier, ainsi que l'armée de Samos, de prendre part aux affaires.

LA FLOTTE PÉLOPONÉSIENNE PASSE DANS L'HELLESPONT. BATAILLE NAVALE ENTRE SESTOS ET ABYDOS (411). — Cependant Mindaros, commandant de la flotte péloponésienne, persuadé que la flotte de Phénicie ne viendrait pas et que Lacédémone était le jouet de Tissapherne, partit de Milet avec soixante et treize vaisseaux et cingla du côté de l'Hellespont. Le satrape Phar-

---

(1) Thucydide, l. VIII, ch. 58.

(1) Thucydide, l. VIII, ch. 87.
(2) Thucydide, l. VIII, ch. 97.

nabaze l'invitait à s'unir à lui et promettait de soulever contre les Athéniens les villes de son gouvernement (1). Aussitôt que les généraux athéniens eurent connaissance de ce mouvement de l'ennemi, ils firent la plus grande diligence pour le prévenir. Cinquante-cinq galères partirent de Samos ; elles reçurent en route quelques renforts. Les Lacédémoniens, voyant les Athéniens disposés à en venir aux mains, employèrent d'abord cinq jours à des manœuvres, pour instruire ou exercer leurs rameurs, et rangèrent ensuite leur flotte en bataille. Par la position qu'occupaient les deux armées, les Lacédémoniens se trouvaient sur la côte d'Asie, et les Athéniens en face sur celle d'Europe, inférieurs en nombre à leurs ennemis, mais supérieurs par leur expérience de la mer. Les Lacédémoniens avaient placé à leur aile droite les Syracusains que commandait Hermocrate, et s'étaient mis eux-mêmes à la gauche, avec les Péloponésiens, sous les ordres de Mindaros. Quant aux Athéniens, leur aile droite se mit en ligne sous le commandement de Thrasyle, et la gauche sous celui de Thrasybule. D'abord les deux flottes tâchèrent de gagner l'avantage de la position, afin de n'avoir pas contre elles le courant du canal, et passèrent ainsi beaucoup de temps à manœuvrer l'une à l'entour de l'autre, cherchant à se fermer réciproquement l'entrée du détroit, et ne combattant, pour ainsi dire, que pour disputer le champ de bataille. En effet, comme le combat avait lieu entre Abydos et Sestos, il s'ensuivait que le courant du détroit devenait un grand obstacle à vaincre dans cette partie où l'Hellespont est plus étroit ; mais les Athéniens, dont les timoniers étaient beaucoup plus expérimentés et contribuèrent beaucoup à assurer la victoire, eurent l'avantage dans cette lutte.

Les Péloponésiens, à la vérité, étaient supérieurs par le nombre des vaisseaux et par la valeur des guerriers qui combattaient sur les ponts ; mais l'habileté des timoniers athéniens rendait inutile ce double avantage de leurs ennemis. En effet, toutes les fois que les Péloponésiens se portaient en avant avec leurs vaisseaux réunis, les timoniers athéniens disposaient leurs navires de manière que les ennemis n'en pouvaient atteindre aucune des parties latérales et étaient obligés de porter leur choc uniquement sur les saillies des éperons. Mindaros, voyant donc que l'impétuosité d'une attaque en masse ne produirait aucun résultat, ordonna de rompre la ligne, et d'engager le combat par groupes d'un petit nombre de bâtiments, et même de vaisseau à vaisseau ; mais, dans cet ordre de combat, l'adresse des timoniers fut encore très-utile. En détournant habilement leurs navires de la direction des éperons qui les menaçaient, ces navires n'y recevaient aucune atteinte, et, frappant en même temps par le travers les vaisseaux ennemis, ils en percèrent un grand nombre. Bientôt l'ambition de vaincre enflammant d'une égale ardeur les deux partis, le combat devint plus acharné ; et non-seulement les vaisseaux s'attaquèrent par leurs éperons, mais de plus on en vint aux mains sur les ponts des navires, où l'on se battit corps à corps. Dans cette situation, plusieurs vaisseaux que la violence du courant empêchait d'agir se trouvèrent pendant longtemps exposés aux plus grands dangers, sans que la victoire se décidât d'aucun côté. Tandis que l'événement se balançait à peu près, on vit paraître sous un des promontoires voisins vingt-cinq vaisseaux que les alliés des Athéniens leur envoyaient. A cette vue, les Péloponésiens, frappés de crainte, se réfugièrent sous Abydos, poursuivis par la flotte athénienne qui les serrait de très-près. Telle fut l'issue du combat ; les Athéniens prirent huit vaisseaux de Chios, cinq des Corinthiens, deux des Ambraciotes, enfin un seul navire aux Syracusains, aux Palléniens et aux Leucadiens. Ils en perdirent cinq des leurs qui furent entièrement coulés à fond. Après le combat, Thrasybule érigea un trophée sur le promontoire où se trouve le monument d'Hécube, et s'empressa d'envoyer à Athènes annoncer la victoire (1). C'était la première qui con-

(1) Thucydide, l. VIII, ch. 99.

(1) Diodore de Sicile, l. XIII, ch. 38-42 ;

solait Athènes depuis l'expédition de Sicile.

PRISE DE CYZIQUE (411). — Les vainqueurs se dirigèrent vers Cyzique. Cette ville s'était récemment détachée de l'alliance d'Athènes pour passer dans le parti du satrape Pharnabaze et des Lacédémoniens. Comme elle n'était pas fortifiée, les Athéniens s'en emparèrent sans coup férir; ils levèrent sur les habitants une forte contribution; puis ils retournèrent à Sestos (1).

LES HABITANTS D'ANTANDROS CHASSENT LA GARNISON PERSANE. — Les Lacédémoniens étaient fort irrités du mauvais succès de leur entreprise; attribuant leur échec à la perfidie de Tissapherne, ils favorisèrent la révolte d'Antandros contre le satrape. « Pendant que les Péloponésiens étaient dans l'Hellespont, les habitants d'Antandros, qui sont des Éoliens, firent venir par terre, à travers le mont Ida, des hoplites d'Abydos, et les introduisirent dans leur ville. Ils avaient à se plaindre du Perse Astacès, lieutenant de Tissapherne. Les habitants de Délos, que les Athéniens avaient chassés de leur île, étaient venus habiter Atramytion. Astacès, dissimulant la haine qu'il leur portait, invita les principaux d'entre eux à une expédition, les attira, sous de faux semblants d'alliance et d'amitié, et, saisissant le moment où ils prenaient leur repas, il les fit entourer de ses gens et tuer à coups de flèches. Les Déliens, après une telle perfidie, craignaient d'éprouver, de sa part, de nouveaux attentats; et comme, d'ailleurs, il leur imposait des charges qu'ils ne pouvaient supporter, ils chassèrent la garnison qu'il avait mise dans la citadelle. Quand Tissapherne apprit cette nouvelle action des Péloponésiens, qui ne s'étaient pas contentés de ce qu'ils avaient fait à Milet et à Cnide, car ils en avaient aussi chassé les garnisons, il sentit combien il leur était devenu odieux, et il avait à craindre qu'ils ne lui causassent encore d'autres dommages. Il avait été d'ailleurs fort irrité que Pharnabaze pût les gagner en moins de temps et à moins de frais que lui. Il prit donc la résolution de les aller trouver dans l'Hellespont (1). »

NOUVELLE DÉFAITE DES PÉLOPONÉSIENS A DARDANION. — De son côté, Doriée le Rhodien était en marche pour se joindre à Mindaros, qui rassemblait de toutes parts à Abydos les vaisseaux des Lacédémoniens et de leurs alliés. Déjà il approchait du promontoire de Sigée lorsque les Athéniens, postés à Sestos, s'avancèrent au-devant de lui. Il courut se réfugier dans le port de Dardanion, en Troade. Mindaros vint en toute hâte à son secours. Bientôt parut aussi sur le rivage l'armée du satrape Pharnabaze. Les deux flottes se mirent en ligne et les généraux firent hisser le signal du combat. « A l'instant même, à un seul commandement, les trompettes sonnèrent la charge. Comme les rameurs montraient à l'envi la plus grande ardeur et qu'en même temps les timoniers déployaient toute leur habileté dans le maniement du gouvernail, le combat devint terrible. Les soldats placés sur les ponts rivalisaient de courage. Ceux qui se trouvaient à une trop grande distance se servaient sans discontinuer de leurs arcs, et bientôt tout le champ de bataille fut couvert de flèches; ceux qui parvenaient à s'approcher de l'ennemi lançaient leurs javelots. Les premiers tiraient sur les hommes qui montaient les vaisseaux, les seconds ajustaient les pilotes et mettaient tous leurs soins à les atteindre. Lorsque les vaisseaux s'abordaient et s'accrochaient réciproquement, on se défendait à coups de pique; et quelquefois, en sautant à l'abordage sur les trirèmes ennemies, on se battait à l'épée. Suivant les événements du combat et les pertes mutuelles de chaque parti, les clameurs triomphantes des vainqueurs, les cris de ceux qui appelaient au secours ou de ceux qui accouraient, produisaient un bruit confus, dont retentissait tout l'espace où l'action avait lieu. Aussi la victoire resta longtemps incertaine, par l'égal acharnement que mettaient les deux

cf. Thucydide, l. XVIII, ch. 99-106. Les récits de Thucydide et de Diodore ne s'accordent pas entièrement.

(1) Thucydide, l. VIII, ch. 107; Diodore, l. XIII, ch. 40.

(1) Thucydide, l. VIII, ch. 108, 109.

partis : pendant que la fortune tardait ainsi à se décider, Alcibiade, sorti de Samos avec vingt vaisseaux, et faisant voile par hasard vers l'Hellespont, parut en mer. Comme il était encore assez loin du champ de bataille, chacune des deux flottes se flattant que ce renfort venait à son secours, enflammée d'une nouvelle espérance, redoubla d'efforts et d'audace; mais, lorsque les vaisseaux qui arrivaient furent à portée, les Lacédémoniens n'aperçurent aucun de leurs signaux, tandis qu'Alcibiade se hâta de se faire reconnaître aux Athéniens, en ordonnant de hisser un pavillon couleur pourpre au haut du mât de son propre bâtiment. C'était le signal convenu. Dès ce moment, les Lacédémoniens commencèrent à battre en retraite. Les Athéniens les poursuivirent; mais une tempête s'éleva et ralentit le combat. La hauteur des vagues ne permettait pas aux vaisseaux d'obéir au gouvernail, et rendait nulles les attaques des éperons, dont les coups expiraient sans effet. Enfin, les Lacédémoniens parvinrent à se jeter à la côte et se réfugièrent sous la protection de l'armée de terre de Pharnabaze. D'abord les Athéniens essayèrent de séparer du rivage les vaisseaux ennemis, et s'exposèrent dans cette manœuvre à beaucoup de dangers; mais ensuite, maltraités par l'armée persane, ils se décidèrent à retourner à Sestos. Dans cette journée, Pharnabaze combattit avec beaucoup de résolution; il poussa son cheval le plus avant qu'il put dans la mer et entraîna contre les Athéniens son infanterie et sa cavalerie. Les Lacédémoniens lui durent leur salut (1).

ALCIBIADE ARRÊTÉ PAR TISSAPHERNE; IL S'ÉCHAPPE; BATAILLE DE CYZIQUE (410). — Alcibiade, enflé d'un succès si brillant, voulut, par ostentation se montrer, dans tout l'éclat de son triomphe, à Tissapherne qui venait d'arriver en Ionie. Il n'en fut pas reçu comme il l'avait espéré. Tissapherne, dont les Lacédémoniens se plaignaient depuis longtemps, et qui craignait d'être un jour puni par le roi, jugea qu'Alcibiade venait tout à propos; et pour se

défendre par cette injustice contre les accusations des Spartiates, il le retint prisonnier. Mais, au bout de trente jours, Alcibiade, ayant trouvé le moyen de se procurer un cheval, trompa ses gardes, s'enfuit à Clazomène; et, pour se venger de Tissapherne, il fit courir le bruit que c'était lui qui l'avait relâché. Il s'embarque aussitôt, et se rend à la flotte des Athéniens, où il apprend que Mindaros et Pharnabaze étaient ensemble à Cyzique. Alors il excite ses soldats, et leur représente qu'il est pour eux de toute nécessité de combattre leurs ennemis par terre et par mer, et même d'assiéger Cyzique; qu'une victoire complète peut seule leur procurer des vivres et de l'argent. Il les embarque donc; et, ayant jeté l'ancre près de l'île de Proconnèse, il ordonne d'enfermer au milieu de la flotte les vaisseaux légers et de prendre garde que les ennemis n'aient aucune nouvelle de son arrivée. Il survint par bonheur une grande pluie, accompagnée d'éclats de tonnerre et d'une épaisse obscurité qui favorisa son dessein et en cacha les apprêts. Non-seulement les ennemis ne se doutèrent de rien; mais les Athéniens eux-mêmes, qu'il avait fait débarquer beaucoup plus tôt qu'ils ne s'y étaient attendus, s'aperçurent à peine qu'ils étaient partis. Bientôt l'obscurité, s'étant dissipée, laissa apercevoir les vaisseaux des Péloponésiens, qui étaient à l'ancre devant le port de Cyzique. Alcibiade, qui craignait que la vue d'une flotte si nombreuse ne déterminât l'ennemi à gagner le rivage, donne ordre aux capitaines de n'avancer que lentement; et, prenant avec lui quarante galères, il se présente aux ennemis, et les provoque au combat. Trompés par cette ruse, et méprisant leur petit nombre, ils fondent sur les Athéniens et engagent l'action; mais, pendant qu'ils en étaient aux mains, les autres vaisseaux arrivent. Saisis d'effroi à cette vue, les Péloponésiens prennent la fuite. Alcibiade, avec vingt de ses meilleurs vaisseaux, se met à leur poursuite, s'approche du rivage, débarque ses troupes et presse vivement les fuyards, dont il fait un grand carnage. Mindaros et Pharnabaze étant venus à leur secours, il défit complétement ces

---

(1) Diodore de Sicile, l. XIII, ch. 45, 46; Xénophon, *Helléniques*, l. I, ch. 1.

deux généraux. Mindaros fut tué en combattant avec courage, et Pharnabaze prit la fuite. Les Athéniens restèrent maîtres des morts, qui étaient en grand nombre, ainsi que des rames de tous les vaisseaux. Cyzique tomba aussi entre leurs mains : Pharnabaze l'avait abandonnée, et les Péloponésiens, dont le plus grand nombre avait péri dans le combat, ne pouvaient plus la défendre (410) (1). »

DÉCOURAGEMENT DES PÉLOPONÉSIENS. PHARNABAZE RANIME LEUR ARDEUR. — Après la bataille de Cyzique, les Athéniens dominèrent en liberté sur l'Hellespont, et chassèrent les Lacédémoniens de toute cette mer. Ils surprirent une lettre, adressée aux éphores, et qui contenait cette phrase laconique : « Tout est perdu ! Mindaros « est mort ; point de vivres : que « faire? » L'armée péloponésienne s'abandonnait au découragement et au désespoir ; mais le satrape Pharnabaze représenta à ses alliés que tant que l'on aurait des hommes, on ne devait point se laisser abattre pour une perte de quelques vaisseaux, puisqu'on trouverait dans les États du roi de quoi en équiper d'autres. Il fournit à chaque soldat des vêtements et deux mois de solde ; de plus, il arma les matelots et leur confia la garde des côtes de son gouvernement. Sur son invitation, les généraux et les triérarques revinrent des villes où ils s'étaient réfugiés après la défaite de Cyzique, il leur fit équiper à Antandros autant de galères qu'ils en avaient perdu, tira du mont Ida tout le bois nécessaire, et fournit de fortes sommes d'argent. Pendant que l'on construisait la flotte, les Syracusains, qui étaient entrés dans la ligue péloponésienne, aidèrent les habitants d'Antandros à relever une partie de leurs murs et gagnèrent leur affection par le zèle qu'ils mirent à fortifier cette place ; ils reçurent en récompense le droit de cité (2).

ALCIBIADE AFFERMIT LA DOMINATION DES ATHÉNIENS. PRISE DE CHALCÉDOINE, DE SÉLYMBRIE, DE BYZANCE. — « Ceux des Athéniens qui avaient combattu avec Alcibiade à Cyzique furent enflés de cette victoire et en conçurent tant d'orgueil, que, se croyant invincibles, ils dédaignèrent de se mêler avec les autres soldats qui avaient été vaincus plusieurs fois. L'armée de Thrasyle venait encore d'être battue près d'Éphèse, dont les habitants avaient élevé un trophée de bronze à la honte des Athéniens. Les soldats d'Alcibiade le reprochaient à ceux de Thrasyle : ils se vantaient eux-mêmes, relevaient la gloire de leur général, et ne voulaient ni camper ni se trouver avec les autres dans les mêmes lieux d'exercices ; mais Pharnabaze étant tombé sur eux avec un corps nombreux de cavalerie et d'infanterie, pendant qu'ils fourrageaient sur les terres d'Abydos, Alcibiade vint promptement à leur secours avec Thrasyle, mit en fuite les ennemis et les poursuivit jusqu'à la nuit. Alors les deux armées se réunirent ; et, s'étant donné réciproquement des témoignages d'amitié et de satisfaction, elles rentrèrent ensemble dans le camp. Le lendemain, Alcibiade, après avoir élevé des trophées, alla ravager le pays de Pharnabaze, sans que personne osât l'en empêcher. On avait pris un grand nombre de prêtres et de prêtresses ; qu'il renvoya sans rançon. Il alla ensuite assiéger Chalcédoine, qui s'était révoltée contre les Athéniens, et avait reçu une garnison lacédémonienne avec son commandant. Cependant, ayant su que les habitants avaient ramassé et envoyé chez les Bithyniens, leurs alliés, tous les fruits de leurs terres, il se dirige avec un détachement vers leurs frontières, envoie un héraut porter ses plaintes aux Bithyniens, qui, redoutant sa vengeance, lui rendent tout ce qu'ils avaient reçu, et font alliance avec lui. Après cette expédition, il revint devant Chalcédoine et l'enferma d'une muraille qui s'étendait d'une mer à l'autre. Pharnabaze s'approcha pour faire lever le siège ; Hippocrate, qui commandait la garnison, fit de son côté, avec toutes ses troupes, une sortie contre les Athéniens. Alcibiade, ayant disposé les siennes de manière à faire face aux deux armées, obligea bientôt Pharnabaze à prendre honteusement la fuite, et tua Hippocrate

(1) Plutarque, *Vie d'Alcibiade*; Xénophon, *Helléniques*, l. I, ch. 1 ; Diodore de Sicile, l. XVII, ch. 49, 51.

(2) Xénophon *Helléniques*, l. I, ch. 1.

avec un grand nombre des siens. Il s'embarqua ensuite et alla dans l'Hellespont pour y lever des contributions : il prit la ville de Sélymbrie, où il s'exposa mal à propos au plus grand danger. Des habitants qui devaient lui livrer la ville étaient convenus pour signal d'élever à minuit un flambeau allumé ; mais, craignant d'être découverts, parce qu'un de leurs complices avait tout à coup changé, ils furent obligés de prévenir l'heure donnée, et élevèrent le flambeau avant que l'armée fût prête. Alcibiade, prenant avec lui environ trente hommes, et ordonnant aux autres de le suivre le plus tôt possible, court de toutes ses forces vers la ville. La porte s'ouvre, et vingt soldats, armés à la légère, s'étant joints aux trente qu'il avait, il s'avança à grands pas ; mais bientôt il entend les Sélymbriens qui viennent armés à sa rencontre. Voyant, d'un côté, qu'en les attendant il n'avait aucun moyen d'échapper, ne pouvant, de l'autre, se résoudre à fuir, après avoir été jusqu'alors invincible, il s'opiniâtre plus qu'il ne le devait ; et, ordonnant aux trompettes de sonner le silence, il fait crier à haute voix par un de ceux qui étaient auprès de lui que les Sélymbriens ne prennent pas les armes contre les Athéniens. Cette proclamation refroidit l'ardeur des uns pour le combat, parce qu'ils crurent que toute l'armée des Athéniens était dans la ville ; les autres en espérèrent des accommodements plus favorables. Pendant qu'on s'abouche de part et d'autre, l'armée arrive ; Alcibiade, conjecturant avec raison que les Sélymbriens étaient disposés à la paix, craignait que la ville ne fût pillée par les Thraces, qui étaient nombreux, et qui, par attachement pour lui, le servaient avec le plus grand zèle. Il les fit donc tous sortir de la ville, et, touché des prières des Sélymbriens, il ne leur imposa d'autre peine que de payer quelques contributions et de recevoir garnison, après quoi il se retira.

Cependant les généraux qui faisaient le siége de Chalcédoine conclurent un traité avec Pharnabaze aux conditions suivantes : « Qu'il payerait une somme « d'argent convenue, que les Chalcédo- « niens rentreraient sous l'obéissance « des Athéniens, qui, de leur côté, ne « commettraient aucun acte d'hostilité « sur les terres de Pharnabaze ; que « ce satrape ferait conduire au roi en « toute sûreté les ambassadeurs athé- « niens. » Alcibiade étant arrivé, Pharnabaze exigea qu'il jurât aussi l'exécution du traité ; mais Alcibiade ne voulut jurer qu'après lui. Les serments ayant été prêtés de part et d'autre, Alcibiade marcha contre les Byzantins qui s'étaient révoltés, et enferma leur ville d'une muraille. Anaxilaos, Lycurgue et quelques autres ayant offert de lui livrer la ville, s'il voulait la garantir du pillage, il fit courir le bruit que de nouvelles affaires le rappelaient en Ionie. En effet, il mit à la voile en plein jour avec toute sa flotte ; et, revenant la nuit suivante, il débarqua avec ses meilleures troupes, s'approcha des murailles et se tint tranquille. Cependant ses vaisseaux étant entrés dans le port, et en ayant forcé la garde en jetant de grands cris et en faisant un tumulte affreux, cette attaque imprévue étonna les Byzantins, en même temps qu'elle donna aux partisans d'Alcibiade la facilité de livrer la ville aux Athéniens ; car tout le monde s'étant porté vers le port pour s'opposer à la flotte, les murailles étaient restées désertes. L'affaire cependant ne se termina pas sans combat ; car les troupes du Péloponèse, de la Béotie et de Mégare qui étaient dans Byzance mirent en fuite ceux qui étaient débarqués et les obligèrent de remonter sur leurs vaisseaux ; après quoi, se retournant contre les Athéniens qu'ils savaient être dans la ville, ils leur livrèrent un rude combat, dans lequel Alcibiade, qui commandait l'aile droite, et Théramène, qui était à l'aile gauche, remportèrent la victoire. Ceux qui échappèrent au carnage, au nombre de trois cents, furent faits prisonniers (409). Après le combat, il n'y eut pas un seul Byzantin de tué ou de banni ; car on n'avait livré la ville qu'à la condition de respecter la vie et les propriétés des habitants. Aussi Anaxilaos, accusé à Lacédémone d'avoir pris part à cette trahison, ne chercha pas à s'en justifier par une honteuse apologie. Il dit qu'il était Byzantin et non Spartiate et que, voyant en danger, non Lacédémone, mais Byzance, que les Athéniens avaient tellement investie que rien n'y pouvait entrer, et où les troupes du Péloponèse et de la Béotie consommaient le peu de vivres qui y restaient encore, pendant que les Byzantins mouraient de faim avec leurs femmes et leurs enfants, il avait moins livré la ville qu'il ne l'avait délivrée des malheurs de la guerre; suivant en cela les maximes des hommes les plus recommandables de Lacédémone, qui ne trouvaient qu'une cause belle et juste : faire du bien à sa patrie. Les Lacédémoniens applaudirent à cette justification, et le renvoyèrent absous avec ses coaccusés (1). »

CYRUS LE JEUNE NOMMÉ VICE-ROI DES PROVINCES MARITIMES. AMBASSADE ATHÉNIENNE ENVOYÉE AU GRAND ROI (408). — Conformément au traité de Chalcédoine, Pharnabaze conduisit en Perse les ambassadeurs envoyés auprès du roi par les Athéniens. En route, il rencontra les députés lacédémoniens, qui revenaient de Perse. Ils racontèrent, dit Xénophon, qu'ils avaient obtenu du grand roi tout ce qu'ils demandaient ; que Cyrus, fils du roi, avait été investi du commandement de toutes les provinces maritimes, avec ordre de secourir les Lacédémoniens; que ce prince apportait une lettre munie du sceau royal, adressée à tous les habitants de l'Asie Mineure et contenant ces mots entre autres : « J'envoie Cyrus « dans les pays de l'Asie inférieure, pour « être le *caranos* des troupes rassem- « blées dans le Castole. » Or le mot *cara**nos* signifie *souverain*. L'arrivée de Cyrus confirma bientôt cette nouvelle. Les Athéniens n'eurent pas sujet de s'en réjouir. Cyrus était partisan des Spartiates ; il fit dire à Pharnabaze de lui livrer les députés d'Athènes ou de s'opposer à leur retour dans leur patrie. Pharnabaze, obligé de ménager le fils du roi, retint pendant trois ans les ambassadeurs qui s'étaient mis en route sous sa sauvegarde. Enfin, au bout de trois années, il les envoya à Ariobarzane, qui reçut ordre de les accompagner jusqu'à Chios (1). Ce jeune Cyrus, si favorable à la ligue péloponésienne, était le second fils de Darius Nothus. Il fixa sa résidence à Sardes. Nous le verrons bientôt paraître avec éclat dans l'histoire de l'Asie Mineure.

RETOUR D'ALCIBIADE A ATHÈNES (408).—Après ses victoires dans la Propontide, la flotte d'Athènes se partagea en deux divisions ; l'une, sous le commandement de Thrasybule, longea les côtes de Thrace; l'autre, sous Alcibiade, se rendit à Samos et alla rançonner la Carie, qui donna cent talents. « Dans ce retour de prospérité, dit M. Duruy, Alcibiade n'avait pas tout fait. Plutarque ne voit que lui ; il fait son métier de biographe en rapportant tout à son héros. Mais, aux côtés du brillant général, l'histoire montre ses habiles collègues, surtout Thrasybule, le vainqueur de Sestos, et derrière eux le peuple d'Athènes qui, malgré son épuisement et ses discordes, leur a donné les moyens de triompher de la Grèce entière et de la Perse liguées contre lui. Que les services éclatants d'un ambitieux ne fassent pas méconnaître la généreuse constance d'un peuple héroïque. Cependant les Athéniens faisaient déjà ce que fera plus tard son historien pour Alcibiade; ils oubliaient ses trahisons et lui donnaient toute la gloire des récents succès. Il fut proclamé général, et ses amis le pressèrent de venir jouir de son triomphe (2). » Lorsqu'il entra au Pirée, tous ses vaisseaux étaient garnis d'une grande quantité de boucliers et de dépouilles ; à leur suite venaient les galères enlevées à l'ennemi ; mais le plus grand nombre de celles qu'il avait combattues avaient été détruites ; seulement on en portait les enseignes dont le nombre s'élevait à deux cents. « A peine fut-il rendu à terre, que le peuple courut en foule à lui, en poussant des cris de joie. Ils le saluaient tous ; ils suivaient ses pas et lui offraient à l'envi des couronnes; les vieillards le montraient aux jeunes gens. Mais cette allégresse publique était mêlée des larmes que faisait couler le souvenir des malheurs passés, compa-

---

(1) Plutarque, *Vie d'Alcibiade*; Diodore, l. XIII, ch. 66, 67 ; Xénophon, *Helléniques*, l. I, ch. 3.

(1) Xénophon, *Helléniques*, l. I, ch. 4.
(2) Duruy, *Histoire grecque*, p. 384.

rés à la félicité présente. On se disait mutuellement que l'expédition de Sicile n'aurait pas été manquée si on avait laissé à Alcibiade la conduite des affaires et le commandement de l'armée, lui qui ayant trouvé Athènes privée de l'empire de la mer, pouvant à peine sur terre conserver ses faubourgs, déchirée au-dedans par des séditions, l'avait relevée de ses ruines, et, non content de lui rendre sa prépondérance maritime, l'avait fait triompher sur terre de tous ses ennemis. Le peuple s'étant assemblé, Alcibiade comparut devant lui; et, après avoir déploré ses malheurs, après s'être plaint légèrement et avec modestie des Athéniens, il rejeta tout sur sa mauvaise fortune, sur une divinité jalouse de sa gloire. Il parla ensuite avec assez d'étendue des espérances des ennemis, et exhorta le peuple à reprendre courage. Les Athéniens lui décernèrent des couronnes d'or, le déclarèrent généralissime sur terre et sur mer, le rétablirent dans tous ses biens, et ordonnèrent aux eumolpides et aux hérauts de rétracter les malédictions qu'ils avaient prononcées contre lui par ordre du peuple. Tous obéirent, excepté l'hiérophante Théodore, qui dit : Pour moi, je ne l'ai point maudit, s'il n'a fait aucun mal à la ville (1). »

NOUVELLE EXPÉDITION D'ALCIBIADE SUR LES CÔTES DE L'ASIE MINEURE. (407.) Alcibiade ne s'arrêta pas longtemps à Athènes. Il mit à la voile avec cent vaisseaux, et débarqua à Gaurion, dans l'île d'Andros, qui avait secoué le joug des Athéniens. Les Andriens s'opposaient à sa descente ; il les poursuivit, les renferma dans leur ville, en tua un certain nombre, et, avec eux quelques Lacédémoniens ; mais il ne put s'emparer de la place. « Ce fut la première des accusations que ses ennemis intentèrent bientôt après contre lui. S'il y eut jamais un homme victime de sa gloire, ce fut Alcibiade : la grande opinion que ses exploits précédents donnaient de sa hardiesse et de sa prudence le fit soup-

(1) Plutarque, *Vie d'Alcibiade*. Le récit de Xénophon n'est pas tout à fait d'accord avec celui de Plutarque ; il nous montre Alcibiade arrivant avec vingt galères seulement et ne se risquant qu'au milieu d'une escorte d'amis.

çonner d'avoir manqué par négligence ce qu'il n'avait pas exécuté, parce qu'on était persuadé que rien de ce qu'il voulait faire ne lui était impossible. Les Athéniens espéraient aussi de jour en jour apprendre la réduction de Chios et du reste de l'Ionie, et s'indignaient de voir que ces nouvelles n'arrivaient pas aussitôt qu'ils l'avaient espéré. Ils ne voulaient pas réfléchir qu'il faisait la guerre contre des peuples à qui le grand roi fournissait tout l'argent dont ils avaient besoin, tandis qu'il était lui-même souvent obligé de quitter son camp pour aller chercher de quoi payer et faire subsister ses troupes. Il alla en Carie pour y ramasser quelque argent. Antiochos, à qui il avait laissé le commandement de la flotte, était un bon marin, mais un homme étourdi et entreprenant; Alcibiade, lui avait défendu de combattre, quand même il serait provoqué par les ennemis. Mais il eut si peu d'égard à cette défense, et porta si loin la témérité, qu'ayant rempli son vaisseau de soldats, et en prenant un autre de la flotte, il cingla vers Éphèse et passa le long des proues des vaisseaux ennemis, provoquant par des injures et des outrages ceux qui les montaient. Lysandre, qui commandait la flotte péloponésienne, se contenta de détacher quelques galères pour lui donner la chasse. Mais les Athéniens étant venus au secours de leur général, Lysandre fit avancer toute sa flotte, battit celle des ennemis, tua Antiochos, s'empara de plusieurs vaisseaux, fit un grand nombre de prisonniers, et dressa sur-le-champ un trophée. Alcibiade, informé de ce désastre, revint à Samos, et s'étant mis à la tête de toute sa flotte, alla présenter la bataille à Lysandre qui, content de sa victoire, ne sortit pas à sa rencontre.

Il y avait alors dans le camp d'Alcibiade un de ses plus grands ennemis, Thrasybule, qui partit sur-le-champ pour aller l'accuser à Athènes ; et, afin d'irriter ceux des Athéniens qui étaient déjà mal disposés contre lui, il dit au peuple que c'était par un abus odieux de sa puissance qu'Alcibiade avait ruiné les affaires et perdu les vaisseaux ; que, livrant le commandement de la flotte à des hommes que leurs débauches et leurs plaisanteries grossières mettaient en crédit auprès de lui, il allait, loin de tout danger, s'enrichir dans les pays voisins, et s'abandonner aux excès les plus honteux, pendant que l'armée ennemie était tout près de celle des Athéniens. Le peuple ajouta foi à ces accusations ; et, cédant à sa colère ; il nomma dix autres généraux, parmi lesquels était Conon. Alcibiade, informé de cette nouvelle et craignant qu'on ne poussât les choses plus loin encore, quitta tout à fait le camp, et, rassemblant des troupes étrangères, il alla faire la guerre à des peuples de Thrace qui vivaient dans l'indépendance. Il tira de grandes sommes d'argent du butin qu'il y fit, et sa présence mit les Grecs de ces frontières à l'abri des incursions des Barbares (1). »

LYSANDRE. SES INTRIGUES AUPRÈS DE CYRUS LE JEUNE. — Pendant qu'Athènes perdait son meilleur général, Sparte avait à la tête de ses armées un homme qui savait appeler la ruse au secours de la force, et coudre, comme l'on disait, la peau du renard à celle du lion. Lysandre se rendit à Sardes auprès de Cyrus, accompagné des ambassadeurs lacédémoniens. Après avoir exposé au satrape les torts de Tissapherne, ils le prièrent de les seconder de tout son pouvoir. Cyrus répondit qu'il en avait l'ordre du roi ; qu'il n'avait pas lui-même d'intention contraire ; qu'il ne négligerait rien ; qu'il venait avec cinq cents talents ; que, quand les fonds lui manqueraient, il emploierait ceux que son père lui avait donnés pour son usage particulier ; que, si ce n'était pas assez, il mettrait en pièces son trône d'or et d'argent. Après l'avoir loué de son zèle généreux, les Lacédémoniens le prièrent d'assigner une drachme attique à chaque matelot ; ils lui représentaient qu'en accordant ce salaire il déciderait les matelots athéniens à abandonner leurs vaisseaux et diminuerait ainsi sa dépense. « Vous avez raison, leur répli- « qua Cyrus ; mais il m'est impossible « de m'écarter des ordres du roi ; le « traité porte qu'on fournira trente

« mines par mois pour chaque vaisseau « que les Lacédémoniens voudront en- « tretenir. » Lysandre se tut ; mais vers la fin du repas Cyrus, en lui portant une santé, lui demanda quel service il pouvait lui rendre. « C'est, ré- « pondit le Spartiate, d'augmenter la « paie de chaque matelot d'une obole « par jour. » Cyrus éleva dès lors à quatre oboles la solde, qui était de trois auparavant ; il paya de plus l'arriéré et un mois d'avance ; aussi les soldats étaient pleins d'ardeur.

A cette nouvelle, les Athéniens, en proie à l'inquiétude, envoyèrent, par l'entremise de Tissapherne, des ambassadeurs auprès de Cyrus. Le prince, malgré les prières du satrape, refusa de les recevoir. Tissapherne lui opposa vainement les conseils d'Alcibiade et la nécessité de ne laisser prendre la prépondérance à aucun peuple de la Grèce, qui s'affaiblissait par ses dissensions. Cyrus ne voulut rien entendre (1).

CALLICRATIDAS REMPLACE LYSANDRE (406). — Lysandre dut déposer le commandement au bout d'une année. Remplacé par Callicratidas, il fit tout pour se rendre nécessaire ; il organisa dans les villes de l'Ionie une faction qui rêvait le rétablissement des anciennes tyrannies. « Il prévoyait bien que cette oligarchie aurait besoin d'un appui étranger, et il comptait que Sparte le chargerait de soutenir ce qu'il avait élevé. »

LYSANDRE RETOURNE A SPARTE. IL S'ACCUSE A SON INSU. — Au moment de retourner dans sa patrie, Lysandre, qui pendant la durée de son commandement avait commis beaucoup d'actes d'avarice et de cruauté et qui avait tout lieu de croire qu'on en avait instruit ses concitoyens, pria Pharnabaze de lui donner une lettre qui pût lui servir de justification devant les éphores en attestant avec quelle intégrité il avait fait la guerre et avec quelle modération il avait traité les alliés. Il lui demandait d'entrer dans de grands détails sur ces deux points, parce que son témoignage serait d'un grand poids. Pharnabaze le lui promit, et écrivit une longue lettre dans la-

---

(1) Extrait de Plutarque, *Vie d'Alcibiade*, ch. 35 et 36. Voy. aussi Xén., *Hist. gr.*, l. I, ch. 5, § 10-17.

(1) Xénophon, *Hist. gr.* l. I, ch. 5, § 1-9.

quelle il faisait de lui les plus grands éloges; puis il la montra à Lysandre, qui en fut satisfait. Mais au moment de la fermer il en substitua une autre toute cachetée de la même grandeur et si parfaitement semblable qu'on n'aurait pu la distinguer de la première. Il faisait dans celle-ci un exposé exact des exactions et des perfidies de Lysandre. Arrivé à Lacédémone, Lysandre se présente devant le premier magistrat, lui rend compte, comme il l'entend, de sa conduite, et remet à l'appui de ses paroles la lettre de Pharnabaze. Les éphores le font retirer pour en prendre connaissance; et quand ils eurent vu ce qu'elle contenait, ils le rappelèrent et le lui donnèrent à lire. Il s'était accusé lui-même à son insu (1).

EXPÉDITION DE CALLICRATIDAS. — Callicratidas, après avoir reçu la flotte des mains de Lysandre, la renforça de cinquante vaisseaux fournis par les alliés de Chios, de Rhodes, etc. Il se prépara à marcher contre les Athéniens; mais il observa que les partisans de Lysandre n'obéissaient qu'à regret, qu'ils allaient partout publiant que Lacédémone se perdrait à changer ses généraux contre d'ineptes intrigants, et qu'elle s'exposait aux plus grands malheurs en se confiant à des généraux peu habitués à la mer et étrangers à la flotte. Il assembla ceux des Lacédémoniens qui étaient présents et leur adressa ces paroles : « Soldats, je ne demande pas « mieux que de m'en retourner d'où je « viens; qu'on mette à la tête de la « flotte ou Lysandre ou un des plus « habiles, je ne m'y oppose pas. Envoyé « par Lacédémone pour commander les « vaisseaux, je ne dois qu'exécuter « ponctuellement ses ordres. Vous con- « naissez et mes intentions et les re- « proches que l'on fait à notre pays; « ouvrez donc sincèrement l'avis que « vous semble dicter l'intérêt commun ; « dois-je rester ici, ou m'en retourner, « pour informer Sparte des dispositions « de l'armée ? » Tous les opposants gardèrent le silence. On déclara qu'il devait s'acquitter de sa mission. Il se rendit alors auprès de Cyrus et demanda de l'argent pour payer la flotte; il fut renvoyé à deux jours. Ennuyé de ce délai, mécontent de se présenter sans cesse à la porte du prince, il disait que les Grecs devaient rougir de courtiser les Barbares pour de l'argent, et que, s'il rentrait dans sa patrie, il emploierait tous ses efforts à réconcilier Athènes et Sparte. De Milet, il envoya des galères à Lacédémone pour demander des subsides; puis, ayant assemblé les habitants : « Milésiens, « leur dit-il, je suis forcé d'obéir aux « magistrats de Sparte; je vous exhorte « à soutenir franchement cette guerre, « puisque vous habitez au milieu des « Barbares, dont vous avez déjà tant « souffert. Il faut que vous donniez « l'exemple aux alliés; que vous four- « nissiez les moyens de poursuivre « promptement et vivement les ennemis, « en attendant le retour des exprès que « j'ai envoyés demander des fonds à « Lacédémone. Ce qui restait en caisse « Lysandre, avant son départ, l'a « rendu à Cyrus, comme superflu. Ce « prince, chez qui je me suis présenté, « a toujours différé son audience; je ne « puis me déterminer à retourner sans « cesse à la porte du palais. Je vous « promets que, si nous remportons quel- « que avantage jusqu'à l'arrivée des som- « mes que j'ai demandées à Lacédémone, « vous ne vous repentirez pas de votre « zèle. Montrons aux Barbares que, sans « nous prosterner devant eux, nous pou- « vons châtier nos ennemis. » Quand il eut cessé de parler, plusieurs citoyens se levèrent pour appuyer sa demande; ceux même qu'on accusait d'être de la faction de Lysandre, inspirés par la crainte, indiquèrent des moyens de trouver des fonds et s'engagèrent personnellement pour des sommes considérables. Avec cet argent, joint aux cinq drachmes que les habitants de Chios fournirent pour chaque soldat, Callicratidas fit voile vers Méthymne. Il s'en empara grâce à des intelligences pratiquées dans la ville. Il permit le pillage, mais il refusa de vendre les habitants. « Tant « que je commanderai, dit-il, pas un « Grec ne sera réduit en esclavage (1). »

Conon arriva trop tard pour sauver Méthymne. Il fut lui-même forcé de se réfugier dans le port de Mitylène, où

(1) Corn. Nép., *Lysandre*, ch. 4.

(1) Xénophon *Helléniques*, l. I, ch. 6.

la flotte des Péloponnésiens le tint étroitement bloqué. Athènes ignorait le péril de sa flotte; il était urgent de la prévenir, pour qu'elle envoyât des secours. Conon eut recours à un stratagème qui réussit. Il mit en mer deux de ses meilleurs voiliers, les arma, avant le jour, de rameurs choisis sur la flotte, remplit de soldats le fond du vaisseau, et, pour mieux cacher l'équipage, déploya tout ce qu'il avait de peaux et d'autres couvertures. Un jour, sur le midi, voyant que des matelots péloponnésiens, les uns montaient la garde négligemment, les autres se reposaient, il fit sortir du port ses deux galères bien approvisionnées; l'une gagna l'Hellespont, et l'autre la pleine mer. Aussitôt les matelots de sonner l'alarme, de couper les ancres, de quitter précipitamment et en désordre le rivage, où ils étaient en train de prendre leur repas. Ils poursuivent la galère qui avait gagné la pleine mer; ils l'atteignent au soleil couchant, l'attaquent, s'en rendent maîtres, la remorquent et l'amènent à leur flotte avec l'équipage. Celle qui avait pris la route de l'Hellespont parvint à échapper et alla porter à Athènes la nouvelle du blocus (1). Athènes mit aussitôt à la mer une flotte de cent six vaisseaux, auxquels vinrent se joindre ceux de ses alliés.

BATAILLE DES ARGINUSES (406). — Callicratidas, instruit du mouvement des vaisseaux athéniens qui se dirigeaient vers les îles Arginuses, laissa Étéonice avec des forces suffisantes pour continuer le siège, et marcha à la rencontre de l'ennemi. Les îles Arginuses, alors habitées, sont situées entre Mitylène et Cymes, à très-peu de distance du continent. « Les Athéniens, dont la station était peu éloignée, furent promptement informés de la marche des Péloponnésiens; mais la violence des vents ne leur permettant pas d'engager, immédiatement le combat, ils se préparèrent pour le lendemain; les Lacédémoniens en firent autant, quoique dans l'une et l'autre armée les devins consultés eussent défendu d'en venir aux mains. En effet, du côté des Lacédémoniens, la tête de la victime, déposée sur le rivage, avait subitement disparu, emportée par une vague de la mer, et d'après ce prodige le devin prédisait que le commandant de la flotte périrait dans le combat. Mais, suivant ce que l'on rapporte, Callicratidas, en apprenant cette prédiction, s'était borné à dire que, s'il devait mourir en combattant, il ne voyait rien dans cet événement qui pût compromettre la gloire de Sparte. Quant aux Athéniens, Thrasylle, un de leurs généraux, dont le tour de commandement tombait le jour du combat, avait eu dans la nuit précédente un songe prophétique. Il s'était vu à Athènes, au milieu du théâtre rempli de spectateurs, jouant avec six de ses collègues les *Phéniciennes* d'Euripide, tandis que les acteurs qui leur disputaient le prix avaient représenté celle qui a pour titre les *Suppliantes*. Ses collègues et lui avaient remporté la victoire, mais en succombant tous les six, à l'imitation de ce qui avait eu lieu au siège de Thèbes. Le devin, ayant écouté le récit de ce songe, déclara que sept des généraux athéniens recevraient la mort dans le combat qui allait se donner; néanmoins, les victimes ayant en même temps promis la victoire, les généraux qui étaient présents ordonnèrent aux devins de ne parler qu'à leurs collègues absents de la prédiction qui annonçait la mort des sept chefs, et de faire connaître à toute l'armée celle qui promettait la victoire.

« Le général de la flotte lacédémonienne, Callicratidas, ayant rassemblé ses troupes, anima leur courage dans un discours approprié à la circonstance et le termina par ces mots remarquables : « Je suis tellement prêt
« à braver pour ma patrie les périls
« du combat que, bien que les devins,
« en nous annonçant que les victimes
« nous promettaient la victoire, m'aient
« prédit en même temps que je péri-
« rais, je suis résigné à sacrifier ma
« vie; mais, comme je n'ignore pas
« que la mort d'un général jette sou-
« vent des troubles dans une armée,
« dès ce moment je nomme, dans le
« cas où il m'arriverait quelque acci-
« dent pour mon successeur au com-

---

(1) Xénophon, *Helléniques*, l. I, ch. 6, § 1-22.

« mandement Cléarque, qui a déjà « donné des preuves nombreuses de ses « talents militaires et de son expé-« rience. » Par ces nobles paroles Callicratidas excita parmi le plus grand nombre un vif désir d'imiter son dévouement, et il disposa ses troupes à déployer la plus grande valeur.

« De leur côté, les Athéniens, obéissant à la voix des chefs de l'armée, et préparés au combat par leurs exhortations, ne montrèrent pas moins d'ardeur pour remplir les trirèmes et y prendre leurs rangs. L'aile droite de leur flotte était sous les ordres de Thrasylle et de Périclès, fils du célèbre Périclès. Thrasylle distribua ensuite les autres généraux sur toute l'étendue de la flotte, prolongeant le plus qu'il lui fut possible la ligne de ses vaisseaux, afin d'embrasser les îles Arginuses. Callicratidas, s'étant aussi mis en mouvement, se réserva le commandement de l'aile droite, et donna la gauche aux Béotiens, qui étaient sous les ordres de Thrasondas le Thébain; mais, ne pouvant déployer un front égal à celui de l'ennemi à cause des îles qui occupaient un grand espace de la ligne, il se décida à partager ses forces en deux divisions, qui chacune de son côté combattraient séparément. Par suite de cette manœuvre, les témoins du combat eurent le spectacle de quatre flottes se battant à la fois, et réunissant pour ainsi dire sur un seul point à peu près trois cents vaisseaux. Ce fut effectivement le plus grand combat naval de Grecs contre Grecs dont le souvenir se soit conservé.

« Au moment où les généraux des deux flottes ordonnèrent aux trompettes de donner le signal du combat, les soldats y répondirent par le cri de guerre *alala! alala!* Et une clameur épouvantable retentit de toutes parts dans les airs. Bientôt ces vaisseaux, à coups de rames redoublés, ont franchi rapidement l'espace qui séparait les deux armées, et chacun se dispute l'honneur de commencer le premier l'action : l'ardeur était égale des deux côtés. Dans cette foule de combattants, instruits par une longue guerre, la plupart avaient l'expérience des dangers qu'ils allaient affronter, et la victoire devait être disputée avec d'autant plus d'acharnement que tout ce que la Grèce possédait de vaillants guerriers se trouvait en ce moment rassemblé pour décider par les armes ses plus grands intérêts. Tous, en effet, comprenaient parfaitement que les vainqueurs dans la bataille qui allait s'engager seraient les maîtres d'imposer un terme à la guerre. Cependant Callicratidas, averti par les devins de sa mort prochaine, cherchait avec ardeur à trouver du moins un glorieux trépas; il commença donc par se porter sur le vaisseau du général athénien Lysias, et l'atteignant du premier choc, ainsi que plusieurs autres trirèmes qui marchaient de conserve avec ce bâtiment, il le coula à fond ; puis, frappant à coups d'éperons les autres navires, il en mit une partie hors d'état de se diriger, et le reste dans l'impossibilité de continuer la lutte en fracassant les rames qui faisaient mouvoir les bâtiments. Enfin il atteignit d'un choc encore plus violent la trirème que montait Périclès et en déchira le flanc dans plusieurs endroits ; mais, comme, en même temps, la proue de son bâtiment s'était engagée dans les pointes de fer dont l'avant du vaisseau ennemi était armé, les rameurs ne purent le faire reculer. Profitant avec habileté de cette circonstance, Périclès lança sur la trirème de Callicratidas des mains de fer, et amena ainsi cette trirème à portée d'être atteinte. Les Athéniens, l'environnant alors de tous côtés, sautèrent à l'abordage, et s'étant répandus sur le bâtiment, ils égorgèrent tous ceux qui le montaient. C'est dans cette mêlée que Callicratidas, après avoir combattu glorieusement et s'être longtemps défendu, tomba tout criblé de blessures et accablé par le nombre des assaillants. Dès que la nouvelle du malheur arrivé à leur général se fut répandue, les Péloponnésiens, frappés de crainte, commencèrent à faiblir; mais, quoique leur aile droite eût pris la fuite, les Béotiens, qui formaient la gauche, continuèrent à tenir ferme et à se battre avec résolution. Enfin, voyant que la majeure partie de leurs vaisseaux était déjà fort maltraitée et que toute l'armée victorieuse se tournait contre eux, ils furent obligés de

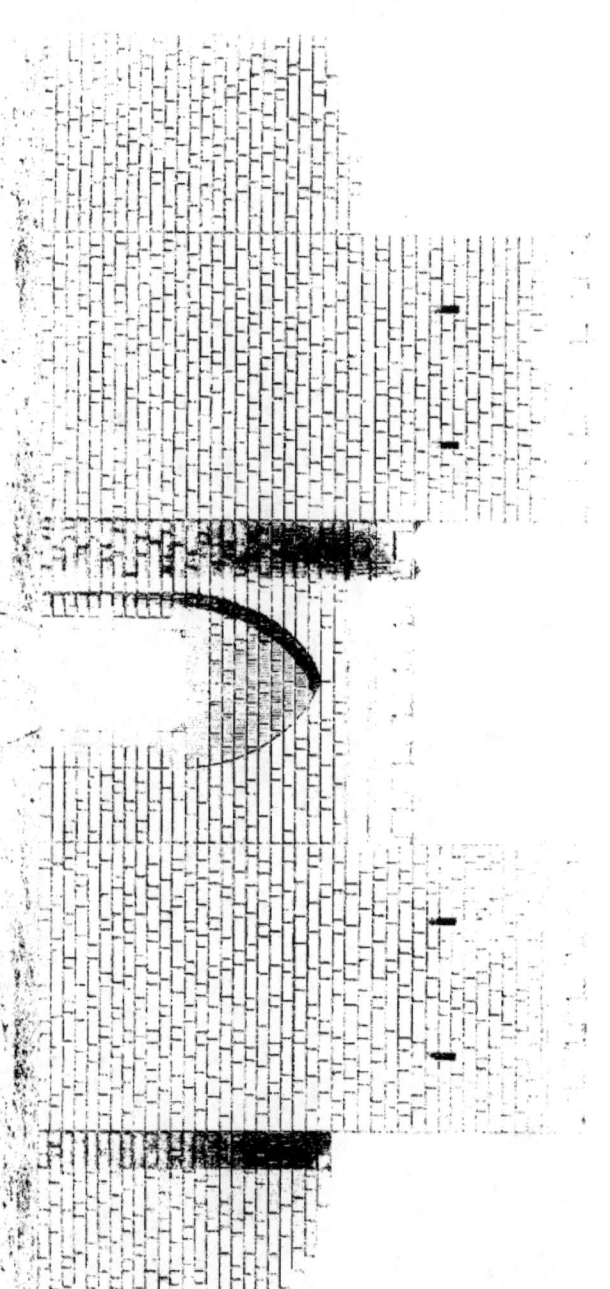

céder. Les Péloponnésiens cherchèrent leur salut les uns dans l'île de Chios, les autres dans le port de Cymes.

« Les Athéniens, en poursuivant les vaincus, couvrirent la mer de cadavres et de débris de vaisseaux naufragés. Ils s'arrêtèrent enfin ; une partie des généraux était d'avis de commencer par enlever les morts, afin de satisfaire les Athéniens, toujours disposés à traiter avec une extrême rigueur les chefs qui abandonnaient sans sépulture les corps des soldats tués à la guerre(1) ; les autres généraux pensaient, au contraire, qu'il fallait sans perdre de temps, se porter sur Mitylène, et en faire le plus promptement possible lever le siège. Pendant que l'on délibérait sur le parti à prendre, une tempête s'éleva avec tant de force, et les trirèmes furent tellement ballottées par les flots que les soldats, fatigués du terrible combat qu'ils venaient de soutenir et du mouvement des vagues furieuses, refusèrent de travailler à l'enlèvement des morts. Enfin, la tempête redoublant de violence, il devint également impossible et de faire voile pour Mitylène et de recueillir les cadavres ; les Athéniens furent obligés par l'impétuosité des vents de retourner aux Arginuses. Ils avaient perdu dans le combat vingt-cinq vaisseaux, et les Péloponnésiens soixante et dix-sept ; de manière qu'après la ruine d'un si grand nombre de bâtiments et la mort des hommes qui les montaient tout le littoral de Cymes et de Phocée était semé de cadavres et des débris de ces nombreux naufrages (2). »

LES PÉLOPONNÉSIENS LÈVENT LE SIÉGE DE MITYLÈNE (406). — Étéonice, averti par un brigantin de l'issue de la bataille des Arginuses, tint cette nouvelle secrète, et annonça même que Callicratidas était vainqueur ; puis, après avoir offert aux dieux des sacrifices d'actions de grâces, il ordonna aux soldats de se tenir prêts pour le départ, aux marchands de charger sans bruit leurs marchandises, à ses galères, secondées par un vent favorable, de prendre la route de Chios. Après avoir brûlé son camp, il gagna Méthymne avec l'armée de terre. Conon, délivré, mit à la voile et vint au-devant de la flotte athénienne, qui se porta sur Mitylène, de là sur Chios, et enfin sur Samos, son quartier général, sans avoir rien fait de remarquable (1).

LES GRECS DE L'ASIE MINEURE FONT RENDRE A LYSANDRE LE COMMANDEMENT. — Après la défaite des Péloponnésiens, des députés envoyés par les habitants des villes de l'Éolide, de l'Ionie et des îles qui étaient dans l'alliance des Lacédémoniens se rassemblèrent à Éphèse, et résolurent d'envoyer à Sparte pour demander que Lysandre fût chargé du commandement de la flotte, alléguant que tant qu'il occupait ce poste les affaires avaient été conduites avec un grand succès et qu'il passait pour être très-supérieur aux autres généraux. Comme les Lacédémoniens ne conféraient pas deux fois cette dignité au même citoyen, ils ne donnèrent à Lysandre que le titre de lieutenant. Aracos eut celui de navarque ; mais on lui prescrivit de suivre en tout point l'avis de Lysandre, qui se trouva le seul chef réel. Il rassembla un certain nombre de vaisseaux, rappela la flotte de Chios et se rendit à Éphèse (2).

De là, il alla demander de l'argent à Cyrus. Le prince répondit qu'il avait employé même au delà des fonds accordés par le roi ; mais, par amitié pour Lysandre, il fournit néanmoins de nouveaux subsides (3).

CYRUS DÉLÈGUE A LYSANDRE LES TRIBUTS DE L'ASIE MINEURE. — Sur ces entrefaites, arriva un courrier qui portait à Cyrus l'ordre de revenir auprès de son père. Il avait tué Autobésace et Mithrée, ses cousins, tous deux fils de la sœur de Darius Nothus, qui avait, ainsi que sa sœur, Artaxerce Longuemain pour père. Ces deux princes, se trouvant un jour à sa rencontre, n'avaient pas caché leurs mains dans les manches de leur robe, honneur, dit

---

(1) Voy. Élien, *Histoires variées*, l. V, ch. 14. Diodore de Sicile, l. XI, ch. 33.

(2) Diodore de Sicile, l. XIII, ch. 97-100. Cf. Xénophon, *Helléniques*, l. I, ch. 6, § 29-35 ; Plutarque, *Vie de Lysandre*, 7.

(1) Xénophon, *Helléniques*, l. I, ch. 6, § 36-38. Diodore de Sicile, l. XIII, ch. 100.

(2) Xén., Hist. gr., liv. II, ch. 1, § 6 et 7.

(3) Id., ib., § 10 et 11.

Xénophon, qui ne se rend qu'au roi. Hiéramène et sa femme, ayant représenté à Darius qu'il se déshonorerait s'il fermait les yeux sur un pareil excès, ce prince, qui d'ailleurs sentait sa fin prochaine, lui envoya des courriers pour lui signifier son rappel (1). Cyrus ainsi rappelé manda Lysandre à Sardes. Il lui défendit de livrer bataille, à moins qu'il ne fût beaucoup plus fort que l'ennemi. Le roi et lui, disait-il, avaient assez d'argent pour armer une flotte puissante. Puis, afin de pourvoir à ses besoins, il lui délégua tous les tributs payés par les villes de son gouvernement; lui fit présent des fonds qui lui restaient, et, après l'avoir assuré de son affection pour les Lacédémoniens et pour lui en particulier, il se dirigea vers la haute Asie (2).

RÉVOLUTION OLIGARCHIQUE A MILET (405).—Vers le même temps, quelques citoyens de Milet, pour satisfaire leur ambition, ayant formé le dessein d'établir l'oligarchie, parvinrent, avec l'aide des Lacédémoniens, à dissoudre le gouvernement populaire, et, après s'être emparés du pouvoir, commencèrent par saisir dans leurs maisons mêmes, pendant les fêtes des Bacchanales, ceux des citoyens qui s'étaient montrés le plus opposés à ce projet; ils en égorgèrent environ quarante. Ensuite, à l'heure où le marché était plein, ils s'y portèrent, et, choisissant dans la foule les trois cents plus riches habitants, ils les massacrèrent. Ces sanglantes exécutions ayant répandu la terreur parmi tous ceux qui avaient montré quelque affection pour la cause populaire, ces derniers, au nombre de mille, redoutant le même sort, prirent le parti de se réfugier auprès du satrape Pharnabaze, qui les accueillit humainement, leur fit distribuer une statère d'or par tête, et leur assigna une résidence (3).

(1) Id., ib., § 8.
(2) Xénophon, *Helléniques*, l. II, ch. 1, § 13 et 14. « Cyrus, dit Diodore de Sicile, rappelé en Perse par son père, confia à Lysandre l'administration des villes qui étaient comprises dans son gouvernement, en ordonnant que les contributions qu'elles payaient fussent mises à la disposition du général lacédémonien. » (L. XIII, ch. 104.)
(3) Diodore, l. XIII, ch. 104.

BATAILLE D'ÆGOS-POTAMOS (405).—Lysandre, après avoir payé ses troupes avec l'argent fourni par Cyrus, fit une expédition en Carie et ruina plusieurs villes alliées des Athéniens. De là, il se rendit à Rhodes, puis il revint le long de l'Ionie vers l'Hellespont. D'Abydos, il marcha contre Lampsaque, ville opulente, dont il s'empara. La garnison athénienne sortit par capitulation; mais les propriétés des habitants furent livrées au pillage. Bientôt parut la flotte d'Athènes, composée de cent quatre-vingts galères; c'étaient toutes les forces de la république. « A la nouvelle de son approche, Lysandre ordonna à ses matelots et à ses pilotes de monter sur leurs galères comme si l'on eût dû combattre dès le point du jour, de s'y tenir sans faire aucun bruit, et d'y attendre ses ordres dans un profond silence. Il fit dire aussi à l'armée de terre de rester tranquillement en bataille sur le rivage. Dès que le soleil parut, les Athéniens firent avancer toutes leurs galères sur une seule ligne, et provoquèrent les ennemis au combat. Les vaisseaux des Péloponnésiens avaient la proue tournée contre l'ennemi, et étaient dès la veille garnis de tout leur équipage; cependant Lysandre ne fit aucun mouvement; au contraire, il envoya des chaloupes aux galères qui étaient les plus avancées, leur fit porter l'ordre de rester en bataille sans se déranger et de se tenir dans la plus grande tranquillité. Le soir, quand les Athéniens se furent retirés, il ne laissa débarquer ses soldats qu'après que deux ou trois galères qu'il avait envoyées à la découverte lui eurent rapporté qu'elles avaient vu les ennemis descendre de leurs vaisseaux. Il fit de même les trois jours suivants. Cette conduite, en laissant croire aux Athéniens que c'était la crainte qui tenait les ennemis dans l'inaction, leur inspira autant de confiance en eux-mêmes que de mépris pour les Lacédémoniens.

« Cependant Alcibiade, qui se tenait dans les places fortes de la Chersonnèse qu'il avait à lui, vint à cheval au camp des Athéniens, et représenta aux généraux qu'ils avaient imprudemment et contre leur sûreté placé leur flotte sur une côte découverte et qui n'avait aucun abri; en second lieu qu'ils avaient eu tort d'abandonner Sestos, d'où ils tiraient leurs provisions, et qu'ils feraient sagement de regagner le plus promptement possible le port de cette ville, pour se tenir plus loin des ennemis, qui, commandés par un seul chef, suivaient une exacte discipline et obéissaient au moindre signal. Mais les généraux athéniens n'eurent aucun égard à ses représentations; et Tydée, l'un d'eux, lui répondit d'un ton insultant que ce n'était pas lui qui commandait, et que l'armée avait ses généraux. Alcibiade, soupçonnant quelque trahison, se retira sans répliquer.

« Le cinquième jour, les Athéniens vinrent encore présenter la bataille aux ennemis; et le soir, quand ils se furent retirés avec cet air de négligence et de mépris qui leur était ordinaire, Lysandre envoya quelques vaisseaux d'observation, avec ordre aux capitaines que, lorsqu'ils auraient vu débarquer les Athéniens, ils revinssent en toute hâte, et qu'arrivés au milieu du détroit, ils élevassent sur leur proue, au bout d'une pique, un bouclier d'airain pour lui donner le signal de faire partir la flotte. Lui-même sur sa galère, parcourant toute la ligne, animait les pilotes et les capitaines, les exhortant tous, soldats et matelots, à tenir chacun leur équipage en bon ordre, et, dès que le signal serait donné, à voguer de toutes leurs forces contre l'ennemi.

« Il n'eut pas plus tôt vu le bouclier élevé sur les galères d'observation que la trompette du vaisseau amiral donna le signal, et que toute la flotte se mit à voguer en bon ordre. L'armée de terre se hâta aussi de gagner le promontoire qui dominait le rivage, pour être spectatrice du combat. Le détroit qui sépare les deux continents n'a de largeur en cet endroit que quinze stades; la diligence et l'activité des rameurs eurent bientôt franchi cet intervalle. Conon fut le premier des généraux athéniens qui, de la côte, vit cette flotte s'avancer à pleines voiles et qui cria qu'on s'embarquât. Plein de douleur à la vue du malheur qui menace la flotte, il appelle les uns, conjure les autres; il force tous ceux qu'il trouve de monter sur les vaisseaux; mais ses efforts et son zèle sont inutiles, les soldats étaient dispersés de côtés et d'autres; ils avaient couru ou acheter des vivres ou se promener dans la campagne. Quelques-uns dormaient dans leurs tentes, d'autres préparaient leur souper; tous, par l'inexpérience de leur chef, étaient bien loin de prévoir le malheur qui les menaçait. Déjà les ennemis venaient sur eux avec impétuosité, en jetant de grands cris, lorsque Conon, se dérobant avec huit vaisseaux, se retire dans l'île de Cypre auprès d'Évagoras (1). Les Péloponnésiens, tombant sur les autres galères, enlèvent celles qui sont vides, et froissent de leur choc celles qui commençaient à s'emplir. Les soldats, qui accouraient pour les défendre, par pelotons et sans armes, sont tués près de leurs vaisseaux; et ceux qui s'enfuient dans les terres sont tués par les ennemis, qui, descendant du promontoire, se mettent à leur poursuite. Lysandre fit trois mille prisonniers, au nombre desquels étaient les généraux. Il s'empara de toute la flotte, excepté de la galère Paralienne et des huit vaisseaux que Conon avait emmenés au commencement de l'action. Lysandre, ayant remorqué les galères captives et pillé le camp des Athéniens, s'en retourna à Lampsaque au son des flûtes et avec des chants de victoire.

« Il venait d'exécuter, sans aucune peine, un des plus grands exploits de cette guerre; il avait, pour ainsi dire, resserré dans l'espace d'une heure le temps le plus considérable et le plus fécond en événements. Il avait mis fin à une guerre signalée par les coups les plus extraordinaires de la fortune, à une guerre qui, ayant eu successivement les formes les plus variées, produit les plus étonnantes vicissitudes, amène un nombre infini de batailles sur terre et sur mer, et enlevé plus de généraux que toutes les guerres dont la Grèce avait été jusqu'alors le théâtre, venait d'être terminée à Ægos-Potamos (2) par la prudence et l'habileté d'un seul homme.

(1) Voy. Isocrate, *Évagoras*, p. 199.
(2) *La rivière de la Chèvre*. Rivière de la Thrace, qui se jette dans l'Hellespont, près de Sestos, et au bord de laquelle était bâtie une ville du même nom dont l'existence à cette époque est attestée par la numismatique.

« Le conseil de guerre ayant prononcé une sentence de mort contre les trois mille prisonniers faits sur les Athéniens, Lysandre appela Philoclès, l'un des généraux, et lui demanda à quelle peine il se condamnait lui-même, pour le décret qu'il avait fait prononcer à Athènes contre les prisonniers grecs. Philoclès, dont le malheur n'avait point abattu le courage, lui répondit avec fierté de ne point accuser des gens qui n'avaient point de juges, et de profiter de la victoire pour traiter les vaincus comme il serait traité lui-même s'il était à leur place. Aussitôt il va se mettre au bain, se couvre ensuite d'un riche manteau, et, marchant le premier au supplice, il montre le chemin à ses concitoyens (1). »
C'est ainsi que, selon l'expression de Xénophon, Lysandre régla les affaires de Lampsaque (2).

LYSANDRE ÉTABLIT L'OLIGARCHIE DANS TOUTES LES VILLES GRECQUES DE L'ASIE MINEURE. — La victoire d'Ægos-Potamos ouvrit aux Lacédémoniens les portes de toutes les villes grecques de l'Asie Mineure qui étaient jusqu'alors restées fidèles à l'alliance d'Athènes. Samos elle-même capitula. Dès lors Sparte exerça sur tout le littoral une domination presque absolue. « Dès qu'un Lacédémonien parlait, dit Xénophon, toutes les villes s'empressaient d'obéir (3). » Athènes avait perdu l'empire de la mer; elle ne tarda pas à succomber, et Lysandre entra dans ses murs : ce fut la fin de la guerre du Péloponnèse (404).

CHAPITRE XII.

EXPÉDITION DE CYRUS LE JEUNE (491).

MORT DE DARIUS NOTHUS. ARTAXERXÈS II LUI SUCCÈDE (404). — Jusqu'ici les seuls souvenirs que le temps nous ait conservés de l'histoire de l'Asie Mineure depuis la fin des guerres médiques nous ont retenus sur le littoral de cette péninsule; le théâtre désormais va s'étendre; et les événements, en nous transportant jusqu'au delà de l'Euphrate, mettront en action tous les peuples de cette contrée et nous les feront mieux connaître.

Quand Darius Nothus mourut en 404, l'année même où Athènes, succombant sous les coups de sa rivale, avait été prise par Lysandre, son fils aîné lui succéda sous le nom d'Artaxerxès II. A cette époque toute l'Asie en deçà de l'Halys était, comme on l'a vu, sous le gouvernement du second fils de Darius, Cyrus le jeune, que son père avait nommé en 407 chef des satrapies maritimes. Darius, avant de mourir, voulut avoir ses deux fils auprès de lui. Cyrus partit donc, comme on l'a déjà vu, pour Suze, accompagné de Tissapherne, qu'il croyait son ami. Mais, après la mort de Darius, Tissapherne, jaloux de Cyrus, dont le pouvoir avait éclipsé le sien, accusa Cyrus auprès d'Artaxerxès, qui venait de monter sur le trône, d'avoir tramé contre lui une conspiration. Cyrus, arrêté pour être mis à mort, ne dut la vie qu'aux instances de sa mère, Parysatis, qui obtint du roi qu'il fût renvoyé dans son gouvernement.

CYRUS FORME LE PROJET DE RENVERSER SON FRÈRE DU TRÔNE. — Indigné de l'outrage qu'il venait de recevoir, Cyrus ne songea plus qu'à se venger. Jeune, plein d'ambition et d'audace, il résolut de renverser son frère du trône, et cette détermination ne contribua peut-être pas faiblement aux efforts qu'il fit pour pacifier les Grecs. Il sentait bien qu'il ne pourrait réussir dans les vastes desseins qu'il méditait qu'en s'assurant l'appui de ces vaillants auxiliaires.

MEURTRE D'ALCIBIADE. — Selon le récit d'Éphore, Alcibiade, instruit par quelques avis du dessein de Cyrus, alla trouver Pharnabaze; et, après lui avoir communiqué tout le détail du complot, il demanda la permission de se rendre auprès d'Artaxerxès, désirant être le premier à découvrir les projets formés contre le roi. Pharnabaze, en écoutant l'avis d'Alcibiade, voulut s'ap-

---

(1) Plutarque, *Vie de Lysandre*, ch. 9-11. Cf. Xénophon, *Helléniques*, l. II, ch. 1, § 22-32, Diodore de Sicile, l. XIII, ch. 105-106. Théop. 8, dans les Fragments des historiens grecs de la collection Didot, t. II, p. 441, n° 5. Cornélius Nepos, *Lysand.*, 1; *Alcib.*, 8; *Conon*, 1-2. Justin, V, 6. Académie des Inscriptions (*mém.*), 28,340; 45,283; 47,244.
(2) Ibid., ch. 2. § 1.
(3) Xénophon, *Helléniques*, l. III, ch. 1.

ASIE MINEURE

Temple d'Apollon Didyme
aux Branchides.

ASIE MINEURE.

Temple de Vénus à Aphrodisias

proprier le mérite de donner à son maître une nouvelle de cette importance et fit partir sur-le-champ des messagers affidés chargés de découvrir à Artaxerxès toute la trame. Cependant Alcibiade, ne recevant de Pharnabaze aucune facilité pour arriver à la résidence royale, partit subitement, dans l'espoir de trouver près du satrape de Paphlagonie les moyens de faire le voyage qu'il méditait; mais Pharnabaze, craignant que la vérité ne parvînt de cette manière aux oreilles du roi, envoya sur les traces d'Alcibiade des sicaires chargés de l'assassiner en route. Ces sicaires joignirent Alcibiade dans un village de la Phrygie (1), où il s'était arrêté. Lorsque la nuit fut venue, ils entourèrent d'un grand amas de bois la maison qu'il habitait et y mirent le feu. Alcibiade, réveillé par les flammes, essaye de se défendre; mais la violence du feu s'augmentant sans cesse, en même temps qu'il était accablé sous les traits qu'on lui lançait de toutes parts, il périt misérablement assassiné (2). Suivant Cornélius Népos et Plutarque (3), Pharnabaze fit périr Alcibiade uniquement pour faire sa cour aux Spartiates. Il est possible que le meurtre de ce grand homme n'ait eu avec la conspiration de Cyrus qu'un rapport de coïncidence. Ce qui est certain, c'est qu'au moment où il fut tué, le frère d'Artaxerxès conspirait avec les Lacédémoniens et préparait une redoutable expédition.

PRÉPARATIFS DE CYRUS; IL ENRÔLE DES MERCENAIRES GRECS. — Sous prétexte que Tissapherne en veut aux villes de l'Ionie, il fait enrôler les meilleurs soldats du Péloponèse et obtient d'autant plus facilement du roi le gouvernement de ces places, qu'il lui envoie exactement les tributs que Tissapherne s'était jusqu'alors appropriés. D'un autre côté, Cléarque, l'un des vainqueurs d'Ægos-Potamos, que Sparte venait de proscrire et qui s'était réfugié auprès de Cyrus, obtint un commandement

dans ses troupes et reçut bientôt de lui de fortes sommes d'argent avec la mission de lever des soldats en Thrace. D'autres capitaines, le Thessalien Aristippe, le Béotien Proxène, Socrate d'Achaïe, Sophénète de Stymphale, lui amenèrent de l'Arcadie et des autres contrées de la Grèce un grand nombre de mercenaires (1).

IL S'ASSURE L'APPUI DE SPARTE. — Il avait aussi envoyé aux Lacédémoniens des députés pour leur rappeler le souvenir des services qu'il leur avait rendus pendant leur guerre contre les Athéniens, et réclamer une utile coopération dans celle qu'il allait entreprendre. Sparte ne resta pas sourde à cet appel et envoya sur-le-champ à Samios, commandant de la flotte lacédémonienne en Asie, l'ordre d'exécuter en tout les ordres de Cyrus. Samios, qui avait sous son commandement vingt-cinq trirèmes, se rendit avec elles à Éphèse, près de Tamos, chef des forces navales de Cyrus, et de là fit voile avec lui vers les côtes de la Cilicie. Les Lacédémoniens ne s'en tinrent pas là. Huit cents hommes d'infanterie, sous le commandement de Cheirisophos, partirent pour aller se réunir à l'armée de Cyrus. L'armée auxiliaire de ce prince se trouva ainsi portée à treize mille hommes. Il avait de son côté appelé des provinces qui composaient son gouvernement environ cent mille Asiatiques. Quand il eut sous sa main des forces aussi imposantes, il songea à réaliser son projet.

MESURES QU'IL PREND AVANT SON DÉPART. — Avant de partir, il confia le gouvernement de la Lydie et de la Phrygie à des Perses qui lui étaient attachés par les liens du sang, et celui de l'Ionie et de l'Éolie ainsi que des places voisines à un de ses affidés, originaire de Memphis. Ensuite, il se mit en mouvement avec toutes ses forces; et, se gardant bien de dévoiler ses desseins, il se dirigea vers la Pisidie et la Cilicie, sous prétexte de chasser de leur territoire les Pisidiens qui méconnaissaient l'autorité du grand roi et contre lesquels il

---

(1) Mélisse, village de Phrygie, entre Synnade et Métropolis. Voy. Athénée, l. XIII, p. 574, v.

(2) Diodore de Sicile, l. XIV, ch. 11.

(3) Corn. Nép., Alc., ch. 10; Plut., Alcib. h. 88.

(1) Les sources pour l'expédition de Cyrus jusqu'à la bataille de Cunaxa sont : Xén., Anab., liv. I, et Diod. de Sic., liv. XIV, ch. 19-24.

avait déjà eu une guerre à soutenir.

Mais d'aussi grands préparatifs n'avaient pu échapper à Tissapherne, dont les yeux étaient ouverts sur tous les mouvements de Cyrus ; les jugeant trop considérables pour une simple expédition contre les Pisidiens, il alla les dénoncer au roi, qui se mit aussitôt en défense.

SON ITINÉRAIRE EN ASIE MINEURE. — Xénophon d'Athènes, qui a écrit l'histoire de cette mémorable expédition, à laquelle il prit une part si glorieuse, nous a fait connaître dans le plus grand détail les différentes étapes des troupes qui suivaient Cyrus. Nous croyons devoir reproduire ici, en l'abrégeant, cette partie de son récit, parce qu'elle contient d'intéressantes notions sur la géographie et sur l'état politique de l'Asie Mineure à cette époque.

Parti de Sardes, Cyrus traversa la Lydie, fit en trois jours vingt-deux parasanges (1), et arriva aux bords du Méandre, où un pont formé de sept bateaux avait été préparé par ses soins. Le fleuve franchi, il fit une marche de huit parasanges dans la Phrygie et arriva à Colosses, ville grande, opulente et bien peuplée. De là il fit vingt parasanges en trois marches et atteignit Célænes, ville importante de la Phrygie. Il avait un palais et un grand parc rempli de bêtes fauves où il pouvait se livrer au plaisir de la chasse à courre. Cyrus y séjourna trente jours pour attendre les renforts qui ne l'avaient pas encore rejoint. Il parcourut ensuite dix parasanges en deux marches pour atteindre Peltes, où il séjourna trois jours. De là il fit douze parasanges en deux marches pour atteindre le Marché des Céramiens, ville située sur les confins de la Mysie ; puis trente parasanges en trois marches, et arriva à Caystropédion, ville bien peuplée, où il séjourna cinq jours. Il devait alors plus de trois mois de solde à ses troupes qui commençaient à murmurer, et il allait se trouver dans une position critique, quand l'arrivée d'Épyaxa, femme du roi de Cilicie Syennésis, vint mettre un terme à ses anxiétés. Elle lui apportait des sommes considérables qui lui permirent de payer à ses troupes la solde de quatre mois.

Il fit ensuite en deux marches dix parasanges et arriva à Thymbrion ; de là, en deux marches de cinq parasanges chacune, il vint à Tiriæon, ville considérable où il demeura trois jours pendant lesquels, à la demande d'Épyaxa, il passa, dans une vaste plaine, la revue de ses troupes. Il fit ensuite vingt parasanges en trois marches et atteignit Iconion, la dernière ville de la Phrygie, où il séjourna trois jours, et en mit cinq à traverser, sur une étendue de trente parasanges, la Lycaonie, dont il permit le pillage aux Grecs parce qu'elle lui était hostile. De là il renvoya Épyaxa en Cilicie par le plus court chemin, sous l'escorte de Ménon le Thessalien et des troupes qu'il commandait ; puis, traversant la Cappadoce, il fit vingt-cinq parasanges en quatre marches et arriva à Dana, ville opulente.

Après y avoir séjourné trois jours, il tenta de pénétrer en Cilicie. Pour y parvenir il faut traverser un défilé (1) qui, bien que praticable aux voitures, est inaccessible à des troupes auxquelles on opposerait la moindre résistance. Instruit que Syennésis se tenait sur les hauteurs pour défendre ce passage, Cyrus s'arrêta un jour dans la plaine ; mais, quand il sut le lendemain que Syennésis s'était retiré pour marcher au devant de Ménon et de Tamos, il pénétra dans le défilé et parvint sans obstacle sur le sommet de la montagne, d'où il aperçut le camp des Ciliciens. De là il descendit dans une plaine vaste et fertile qu'une chaîne de montagnes escarpées, dont les deux extrémités aboutissent à la mer, enveloppe comme d'une fortification naturelle.

ARRIVÉE A TARSE ; SYENNÉSIS CONSENT A L'APPUYER. — Cyrus, traversant cette plaine, fit vingt parasanges en quatre jours, et vint à Tarse où était la demeure royale de Syennésis. Épyaxa y était arrivée cinq jours avant lui. Cyrus, dès qu'il fut entré dans la ville, manda auprès de lui Syennésis. Celui-ci répondit d'abord qu'il ne s'était jamais

---

(1) La parasange équivalait à trente stades. Quatre parasanges représentaient donc cinq de nos lieues.

(1) Les portes de Cilicie, *Pylæ Ciliciæ*, appelées aujourd'hui par les Turcs Gheulek Boghaz.

remis entre les mains de plus puissant que lui; mais enfin, pressé par les sollicitations de sa femme, il consentit à se rendre auprès de Cyrus (1), et, informé du véritable motif de l'expédition, il promit de lui prêter son appui. Il fit même sur-le-champ venir un de ses fils avec une troupe assez nombreuse de Ciliciens pour se joindre à l'armée de Cyrus; mais en même temps, en homme avisé et qui savait se prémunir contre les vicissitudes de la fortune, il dépêcha en secret son autre fils près du roi, afin de l'informer des forces qui s'étaient rassemblées pour menacer son empire, et de lui annoncer en même temps comment il avait été forcé de s'allier avec Cyrus; que du reste il n'avait agi ainsi que dans les intérêts du grand roi, et qu'il abandonnerait Cyrus dès qu'une occasion favorable s'en présenterait.

IL APAISE UNE RÉVOLTE DES AUXILIAIRES GRECS. — Cyrus s'arrêta vingt jours à Tarse pour laisser à ses troupes le temps de se reposer; mais ce délai expiré, quand l'ordre fut donné de marcher en avant, les soldats commencèrent à s'apercevoir que l'expédition était dirigée contre Artaxerxès, et le découragement devint universel. Irrités contre leurs chefs, ils voulurent les massacrer comme des perfides qui les avaient trahis. Cyrus, effrayé de ce danger, leur assura qu'il n'était point question de faire la guerre au roi de Perse, mais seulement au satrape de Syrie, promit d'élever leur solde à une darique et demie par mois et parvint ainsi à apaiser la sédition.

DÉPART DE TARSE; IL FRANCHIT LES PORTES DE SYRIE; ARRIVÉE A CUNAXA. — Au sortir de Tarse, il fit dix parasanges en deux jours et arriva au fleuve Sarus; le lendemain, en une marche de cinq parasanges, on parvint sur les bords du Pyrame. De là on fit quinze parasanges en deux marches pour arriver à Issus où l'on séjourna trois jours, et où l'on fut rejoint par la flotte qui amenait de nouveaux renforts lacédémoniens sous la conduite de Cheirisophos. Là aussi quatre cents mercenaires grecs, au service du satrape de Syrie, passèrent dans les rangs de Cyrus. De là il vint, en une marche de cinq parasanges, au passage qui sépare la Cilicie de la Syrie, qu'il traversa sans rencontrer d'obstacles.

A partir de ce point où Cyrus sort de l'Asie Mineure, nous cesserons d'indiquer jour par jour les étapes de son armée; bornons-nous à dire que, parvenu à Maryandre, ville maritime habitée par les Phéniciens, il se vit abandonné par deux chefs des auxiliaires jaloux de l'influence de Cléarque; qu'arrivé à Thapsaque sur l'Euphrate, il jeta le masque, annonça ouvertement aux chefs et aux soldats qu'il marchait contre son frère; qu'une nouvelle révolte éclata alors et qu'il ne parvint à l'apaiser qu'en faisant de nouvelles promesses : chaque homme en arrivant à Babylone devait recevoir cinq mines d'argent et sa solde entière jusqu'à son retour en Ionie. Dès lors Cyrus ne rencontra plus d'obstacles et parvint sans coup férir à peu de distance de Babylone, dans un lieu appelé Cunaxa.

BATAILLE DE CUNAXA. — MORT DE CYRUS. — Là les deux armées en vinrent aux mains. Les Grecs mirent promptement en fuite tout ce qui se trouvait devant eux. Cyrus et son frère, se rencontrant dans la mêlée, se chargèrent avec fureur, et le roi, blessé d'un coup de javelot, ne dut son salut qu'au dévouement de ceux qui l'entouraient; mais peu après Cyrus succomba, tué par un soldat inconnu, et sa mort entraîna la déroute des siens.

« Ainsi finit Cyrus, dit Xénophon (1); tous ceux qui l'ont intimement connu s'accordent à dire que c'est le Perse, depuis l'ancien Cyrus, qui s'est montré le plus digne de l'empire et qui possédait le plus les vertus d'un grand roi. »

CHAPITRE XIII

RETRAITE DES DIX MILLE (401).

Les Grecs, sous la conduite de Cléarque, poursuivaient encore les barbares qu'ils avaient mis en déroute, quand ils apprirent que l'armée du grand roi pillait leurs tentes. A cette nouvelle, ils font volte-face, et, renversant tout ce qui s'oppose à leur passage, reprennent

---

(1) Xén., *Anab.*, liv. I, ch. 2.

(1) Liv. I, ch. 9, § 1.

leur camp et y passent la nuit. Le lendemain on leur annonce que Cyrus a été tué en combattant, que la bataille est perdue et que le chef des troupes de l'Asie Mineure, Ariée, les attend à quelque distance pour retourner avec eux en Ionie. Bientôt après un Grec de Zacynthe, Phalynos, vient les inviter au nom d'Artaxerxès à reconnaître la loi du vainqueur et à lui rendre leurs armes. *Qu'il vienne les prendre*, lui répondent-ils comme Léonidas aux Thermopyles, mais avec moins de concision; puis ils se mettent en marche, et le soir même ils rejoignent Ariée.

Les deux corps d'armée réunis, les Grecs, Ariée et les principaux de son armée jurèrent de ne se point trahir et de rester fidèles alliés. Les barbares jurèrent de plus qu'ils guideraient loyalement. Le serment fut précédé du sacrifice d'un sanglier, d'un taureau, d'un loup et d'un bélier. Les Grecs trempèrent leurs épées et les barbares leurs piques dans un bouclier plein du sang des victimes. Ensuite on délibéra sur la route que l'on devait suivre pour regagner la mer. On arrêta d'abord qu'on ne reprendrait pas celle par laquelle on était venu, parce qu'elle traversait beaucoup de lieux inhabités où il serait impossible de se procurer des vivres, suivi comme on le serait par des ennemis en force. On décida donc que l'on se dirigerait vers la Paphlagonie, et aussitôt on se mit en marche, mais à petites journées, pour avoir le temps de rassembler des subsistances.

Ici commence cette mémorable retraite (1) où Xénophon joua longtemps

(1) Les sources pour la retraite des Dix-Mille sont : Xén., *Anab.*, liv II,-VII; *Hist. gr.*, liv. III, ch. 1; et *Diod. de Sic.*, liv. XIV, ch. 25-32. Voltaire, dans son *Dictionnaire philosophique* (art. XÉNOPHON), s'est efforcé de renverser les idées généralement admises sur cette page si intéressante de l'histoire. Le récit exact des faits suffit pour prouver le peu de solidité de ses étranges paradoxes. Pour tout ce qui concerne la partie géographique, on peut consulter les *Éclaircissements* du major Rennel, l'article que M. Letronne a consacré à cet ouvrage dans le *Journal des Savants* (1818, p. 3) et les travaux récents résumés par M. Vivien de Saint-Martin *Hist. des Découv. géogr.*, t. II, p. 313-334.

le principal rôle et dont il fut plus tard l'historien. Cette retraite, qui dura seize mois et qui s'accomplit par une marche de six cents lieues à travers des obstacles de tout genre, les déserts, les montagnes, les fleuves, et malgré les attaques sans cesse renouvelées d'armées ou de peuplades ennemies, atteste hautement tout ce que les Grecs, malgré leurs guerres civiles, avaient conservé d'énergie et de force d'âme, tout ce qu'il y avait dans ce peuple d'intelligence, d'aptitude guerrière et d'esprit d'aventure, comme aussi la faiblesse de l'empire des Perses, malgré sa vaste étendue et ses apparentes ressources.

Artaxerxès, instruit de la retraite des Grecs, se hâta de les poursuivre, accompagné de toutes ses forces. Il les eut bientôt rejoints. Mais, à la vue des soixante mille Asiatiques rangés en bataille, soutenus par ces treize mille Grecs encore intacts, qui, dans les longues luttes de la guerre du Péloponèse et dans les combats auxquels ils avaient pris part, avaient acquis en science militaire une supériorité dont il avait déjà pu se convaincre, il crut qu'il serait peu prudent de tenter une seconde fois le sort des armes et il entama des négociations. Les Grecs, par l'organe de Cléarque, répondirent à Tissapherne qui vint leur demander au nom d'Artaxerxès pourquoi ils avaient pris les armes contre ce prince : « Nous ne nous
« sommes point réunis pour faire la
« guerre au roi; et ce n'est point contre
« lui que nous marchions; mais Cyrus,
« tu le sais toi-même, a imaginé différents prétextes pour nous amener jusqu'ici. Quand nous l'avons vu en danger, nous ne pouvions, sans rougir à la face des dieux et des hommes, songer à le trahir, nous qui nous étions laissé précédemment combler de ses bienfaits. Maintenant qu'il est mort, nous ne disputons pas au roi sa puissance, et nous n'avons aucun motif pour ravager son pays, ni pour attenter à sa vie. Nous ne penserons qu'à retourner dans notre patrie si personne ne nous inquiète; mais, si l'on nous fait injure, nous saurons nous défendre avec l'aide des dieux; si l'on nous fait du bien, au contraire, nous

ASIE MINEURE.

Temple de Jove

« ferons tout pour n'être pas vaincus en
« générosité. »

A la suite de cette entrevue, une trêve de trois jours fut d'abord conclue ; puis on convint des articles suivants : le roi s'engageait à laisser aux corps qui se retiraient un libre et tranquille passage dans ses Etats, à leur donner des guides pour les conduire jusqu'à la mer et à leur fournir pendant la route des vivres à prix d'argent. De leur côté, Cléarque et Ariée, au nom des leurs, s'engageaient à ne causer aucun dommage sur les terres qu'ils traverseraient. Ces conditions stipulées, le roi ramena son armée dans Babylone : et les auxiliaires de Cyrus attendirent plus de vingt jours le retour de Tissapherne qui devait venir les rejoindre pour les ramener en Grèce et retourner lui-même dans le gouvernement de Cyrus que le roi lui avait confié.

Ce n'était pas sans de vifs regrets qu'Artaxerxès renonçait à se venger. Aussi Tissapherne, voyant combien était vif le ressentiment qu'il conservait contre les Grecs qui avaient favorisé les projets de son frère, lui promit de les faire tous périr s'il lui était permis d'emmener des forces suffisantes et de pardonner à Ariée qu'il avait su gagner pendant les conférences et dont il devait se servir pour surprendre les Grecs pendant leur marche. Le roi accueillit cette proposition avec joie, et Tissapherne vint rejoindre Cléarque.

On partit. Ariée, suivi de l'armée barbare de Cyrus, accompagnait Tissapherne et campait avec lui ; les Grecs, pleins d'une juste défiance, marchaient séparément sous la conduite de leurs guides. On arriva en trois marches au mur de Médie, que l'on franchit. On passa ensuite le Tigre dont on suivit la rive orientale, puis le Physcus ; et, après une longue marche dans les déserts de la Médie, on parvint au Zabate, le Lycus des Grecs, où l'on fit séjour. Depuis plusieurs jours des avis secrets donnés aux Grecs leur ayant inspiré des soupçons sur les intentions des barbares, Cléarque crut devoir profiter de cet instant pour faire, autant qu'il serait en lui, cesser un état de défiance qui pouvait dégénérer en une guerre ouverte. Il alla donc trouver Tissapherne. Trompé par le satrape qui affecte les sentiments les plus généreux, il décide quatre autres généraux à le suivre auprès de ce satrape, accompagnés de vingt officiers et de deux cents hommes qui les escorteront sous le prétexte d'aller acheter des vivres. Il veut que, convaincus comme lui de ses intentions pacifiques et de la bonne foi de leur guide, ils l'aident à rétablir la bonne harmonie entre les deux armées. A peine arrivés, les cinq généraux sont introduits auprès de Tissapherne. Peu après un drapeau rouge est élevé au-dessus de la tente ; et à ce signal Cléarque et ses quatre collègues sont arrêtés pendant que des assassins auxquels Tissapherne en avait donné l'ordre égorgeaient les officiers restés en dehors et que les soldats tombaient également sous les coups de sicaires apostés pour les tuer. Un seul échappa et, tout blessé qu'il était, vint annoncer dans le camp grec ce qui se passait dans celui des Perses.

A cette nouvelle les soldats, frappés d'épouvante, coururent tous sans ordre prendre les armes. Ils présumaient que leur camp allait être assailli par tous les barbares réunis. Mais ils ne virent venir que le traître Ariée et deux amis de Cyrus, Artaèze et Mithradate, à la tête d'environ trois cents Perses. Dès qu'il put se faire entendre, il leur annonça que Cléarque, convaincu d'avoir violé ses serments, avait subi le châtiment qu'il méritait, et leur enjoignit de livrer leurs armes au roi, puisqu'elles appartenaient à Cyrus, son esclave. Tissapherne espérait sans doute que cette démonstration suffirait auprès d'une armée prise au dépourvu et privée de ses chefs. Mais cette tentative échoua. Cependant les cinq généraux arrêtés avaient été chargés de chaînes et envoyés au roi. Artaxerxès les fit tous mourir. L'histoire nous a conservé leurs noms. C'était, indépendamment de Cléarque, Proxène de Béotie, Ménon de Thessalie, Agias d'Arcadie, et Socrate d'Achaïe.

Privés de leurs principaux chefs, les Grecs se trouvèrent dans un grand embarras. Entourés de nations ennemies, sans vivres, sans guides, sans cavalerie, à plus de dix mille stades de la Grèce, ils ne savaient quel parti prendre. « Or, dit l'historien de cette retraite mémorable, il y avait à l'armée un Athénien, nommé Xénophon, qui ne la suivait ni comme général, ni comme officier, ni comme soldat. Proxène, à qui il tenait par les liens de l'hospitalité, l'avait engagé à venir le trouver, lui promettant de lui concilier les bonnes grâces de Cyrus. » Frappé des dangers qui menacent ses compagnons, il appelle d'abord les officiers de Proxène, leur représente que le seul moyen de salut c'est de faire tête courageusement à l'orage. A sa voix, ils parcourent toute l'armée, appellent à haute voix les généraux qui restaient, et à leur défaut leurs lieutenants, et les officiers qui n'avaient point péri ; et, quand ils sont réunis, Xénophon, invité à parler de nouveau, leur fait un tableau fidèle de leur situation, qui sans doute est difficile, mais qui n'est pas désespérée. Ils ont pour eux leur courage, la justice de leur cause et les dieux vengeurs de la foi violée. Ces paroles raniment l'ardeur commune. On choisit de nouveaux chefs : Timasion le Dardanien succèdera à Cléarque, Xanthiclès d'Achaïe à Socrate, Cléanor d'Orchomène à Agias, Philésios d'Achaïe à Ménon, et Xénophon l'Athénien à Proxène. Ensuite, sur la proposition de Xénophon, on décide que Cheirisophos, comme Lacédémonien, commandera le front, que les deux flancs seront confiés aux deux plus anciens généraux, et que Timasion et Xénophon, comme les plus jeunes, resteront à l'arrière-garde. « Maintenant, « s'écrie alors l'ami de Proxène, partons « et exécutons nos desseins. Que celui « d'entre vous qui veut revoir sa famille « vienne combattre avec courage : c'est « le seul moyen. Que celui qui aime la « vie tâche de vaincre : le vainqueur « donne la mort, le vaincu la reçoit. » Et en parlant ainsi il était couvert, comme le serait encore un Grec de nos jours dans un circonstance pareille, des armes les plus magnifiques qu'il eût pu se procurer, parce qu'il pensait que, si les dieux lui donnaient la victoire, la plus superbe parure convenait au vainqueur, et que, s'il fallait succomber, il ferait bien encore d'en mourir revêtu, après s'être cru digne de la porter.

Avant de se remettre en route, on brûle les voitures, les tentes et tout le superflu des bagages. La vue de l'incendie avertit sans doute Tissapherne que les Grecs ont pris un parti désespéré : il envoie Mithradate pour s'en instruire. « Nous avons résolu, lui répond « Cheirisophos, au nom de ses collègues, « si on nous laisse retourner dans notre « patrie, de ménager le plus possible le « pays que nous aurons à traverser ; et, si « l'on s'oppose à notre marche, de nous « ouvrir un passage les armes à la main. » Mithradate cherche à les dissuader ; mais ils persistent et passent le Zabate, puis se mettent en route, ayant placé les bêtes de somme et tout ce qui les accompagnait au centre du bataillon carré. Tissapherne les suit, sans oser les attaquer de front, redoutant le courage et la fureur aveugle que pouvaient lui opposer des hommes réduits au désespoir. Mais ils sont bientôt inquiétés par Mithradate, leur ancien ami, auquel Tissapherne veut sans doute faire acheter son pardon, et une première escarmouche, dans laquelle Xénophon se laisse emporter par son ardeur, lui fait comprendre qu'il faut que l'armée ait des frondeurs et de la cavalerie. Il organise ces deux corps du mieux qu'il peut et en tire parti le jour même dans un nouvel engagement avec Mithradate qu'il met en fuite.

Ils arrivèrent ensuite sur les bords du Tigre, à Larisse, puis à Mespila, villes grandes mais désertes, autrefois habitées par les Mèdes, et dont les murs avaient cent pieds de hauteur sur cinquante de largeur.

Cinq jours plus tard, toujours poursuivis par Tissapherne qui les harcèle sans cesse, ils parvinrent dans une contrée couverte d'une longue suite de collines élevées d'où ils se virent obligés de débusquer successivement l'ennemi qui les y avait devancés et qui, de ces positions, faisait pleuvoir sur eux une grêle de dards, de pierres et de flèches.

Enfin, les barbares, las de les poursuivre sans pouvoir les entamer, résolurent de tenter un dernier effort. Partis de nuit, ils font croire aux Grecs qu'ils ont renoncé à leurs intentions hostiles, et vont les attendre à deux journées de là sur la crête d'une montagne qui dominait la seule route par laquelle on descendait dans le bassin du Tigre. Xénophon les en chasse, et dès lors Tissapherne, abandonnant la partie, prend avec ses troupes le chemin de l'Ionie.

Les Grecs étaient parvenus aux frontières du pays des Carduques, à l'endroit où la largeur et la profondeur du Tigre rendent le passage de ce fleuve impossible et où l'on ne peut le longer, les montagnes des Carduques tombant à pic dans le fleuve. Les Grecs se résolurent donc à faire route à travers les montagnes. Ils tenaient des prisonniers qu'après les avoir franchies ils pourraient passer le Tigre à sa source en Arménie et même le tourner s'ils le préféraient; mais ils savaient aussi que d'une armée de cent vingt mille combattants, qu'y avait naguère envoyée le grand roi, pas un seul homme n'était revenu.

Ils mirent sept jours à traverser cette contrée difficile, et pendant ce temps ils eurent beaucoup à souffrir des habitants. Ces montagnards étaient à la vérité ennemis du roi, mais non moins jaloux de leur indépendance, exercés à la guerre, d'une force prodigieuse, habiles à se servir de la fronde pour lancer de très-grosses pierres, et à manier des arcs d'une dimension extraordinaire. Avec le secours de ces armes, des hauteurs où ils se plaçaient, ils atteignaient les Grecs, leur tuaient beaucoup de monde et en blessaient un grand nombre; car les flèches qu'ils leur envoyaient ayant plus de deux coudées de long pénétraient à travers les boucliers et les cuirasses, et plus d'une fois les soldats grecs s'en servirent comme de javelots après y avoir ajusté une courroie.

Enfin, à la suite d'une route pénible durant laquelle ils avaient eu sans cesse les armes à la main et avaient souffert plus de maux que toute la puissance du roi et la perfidie de Tissapherne n'avaient pu leur en faire, les Grecs atteignent le fleuve Centrite, qu'ils traversent à gué pour entrer en Arménie, non sans avoir un dernier combat à livrer contre les Carduques, qui les prennent en queue, et une lutte opiniâtre à soutenir contre des Arméniens, des Mygdéniens et des Chaldes qui veulent les attaquer de front et s'opposer à leur passage.

Après trois marches, ils arrivent au Téléboas et pénètrent dans l'Arménie occidentale. Téribaze, satrape de cette province, les accueillit avec bienveillance et s'engagea par un traité à ne leur faire aucun mal, s'ils ne commettaient aucun acte d'hostilité dans son gouvernement. Mais ils apprirent bientôt qu'il avait le projet de les attaquer dans un défilé qu'ils devaient nécessairement passer. Ils le prévinrent, le mirent en fuite et pillèrent son camp. De là on marcha quelques jours dans le désert le long de l'Euphrate qu'on traversa ayant de l'eau jusqu'au nombril.

En continuant leur route à travers les montagnes de l'Arménie, les Grecs se trouvèrent tellement engagés dans les neiges, qu'ils coururent risque de s'y perdre tous. Le vent s'étant élevé, elle tomba en si grande abondance, qu'elle couvrit entièrement la contrée, et qu'il devint tout à fait impossible de reconnaître le chemin ni la situation des lieux. Une consternation générale s'empara alors de toute l'armée, qui ne pouvait songer à retourner en arrière, dans la certitude où elle était de se perdre entièrement, et qui se voyait dans l'impossibilité presque absolue de pousser plus avant.

Cependant la tourmente augmentait; le vent devenait de plus en plus impétueux; la grêle tombait avec une extrême violence, et, frappant les Grecs dans la figure, les força enfin à s'arrêter. Dépourvues des objets les plus nécessaires, les troupes passèrent ainsi en plein air ce jour et la nuit qui le suivit, exposées aux rigueurs de la température, et en proie à des souffrances de tout genre. La neige, qui était tombée sans discontinuer, couvrait entièrement les armes, et l'intensité du froid, que le ciel devenu serein rendait encore plus aigu, avait, pour ainsi dire, paralysé tous les corps. Dès que le jour parut, on trouva la plus grande partie des bêtes de somme mortes sur place, plusieurs hommes expirants, et un assez grand nombre qui jouissaient encore de leurs facultés intellectuelles, mais dont le corps perclus était incapable d'aucun mouvement : quelques-uns aussi avaient perdu la vue, aveuglés par le froid et l'éclat de la neige. Enfin, tous auraient certainement péri, si, après avoir marché encore vingt stades, ils ne fussent arrivés à quelques villages où ils trouvèrent en abondance toutes les choses nécessaires à la vie. Après y avoir séjourné huit jours, les

Grecs se remirent en marche, et atteignirent les bords du Phase. Ils s'y arrêtèrent pendant quatre autres jours, et dirigèrent ensuite leur route à travers le pays des Taones et des Phasians.

Ils y furent attaqués par les habitants de ces contrées ; mais, vainqueurs dans un combat, ils en tuèrent un grand nombre, s'emparèrent de leurs villages où ils trouvèrent des provisions de tout genre, et y demeurèrent pendant quinze jours. De là ils s'avancèrent dans la contrée habitée par les Chaldes, peuple voisin des Chalybes, dont le pays porte encore aujourd'hui le nom de *Keldir* ou *Cheldir*, et ils arrivèrent sur les rives du fleuve Harpasus, large de plus de vingt mètres. Après l'avoir traversé, ils entrèrent, à la suite d'une marche toujours en plaine, chez les Scythins, où ils trouvèrent des ressources abondantes.

En quittant cette fertile contrée, ils arrivèrent à Gymnias, grande ville, riche et bien peuplée. Là, celui qui commandait dans cette province fit un traité avec les Grecs pour les conduire jusqu'à la mer : assurés de ce secours, ils arrivèrent en cinq jours de route à la montagne sacrée nommée Thechès. Parvenus au sommet, les soldats qui étaient en tête de la colonne aperçurent la mer, et, dans leur joie, poussèrent de grands cris qui furent entendus de l'arrière-garde où l'on se figura qu'ils annonçaient quelque attaque inopinée de nouveaux ennemis. Cependant les cris augmentent à mesure qu'on approche. Xénophon, croyant à un danger réel, monte à cheval, prend avec lui la cavalerie, longe le flanc de la colonne et se hâte d'arriver là où il croit que son secours est nécessaire ; mais bientôt il entend les soldats crier : *La mer ! la mer !* et alors arrière-garde, équipages, cavaliers, tout court au sommet de la montagne. Quand les Grecs y furent tous parvenus, ils s'embrassèrent les larmes aux yeux, sautant au cou de leurs généraux et de leurs officiers ; et aussitôt, sans qu'on ait jamais su par qui l'ordre en avait été donné, ils apportent des pierres qu'ils amoncellent, et dressent un trophée, auquel ils suspendent les dépouilles enlevées par eux sur les barbares, voulant laisser à la postérité un monument immortel de leurs fatigues et de leur courage. En même temps ils donnent, de la masse commune, un cheval, une tasse d'argent et une robe persique au barbare qui leur a servi de guide et qui, avant de les quitter, leur indique la route qu'ils devaient prendre pour arriver chez les Macrons.

Parvenus chez ce peuple, ils firent un traité de paix avec lui, et pour la ratification de ce traité reçurent une lance fabriquée à la manière des barbares, et en donnèrent une grecque, suivant l'usage antique que les Macrons tenaient de leurs ancêtres, et qui était pour eux la plus forte garantie de la foi jurée.

Après avoir franchi les frontières de cette contrée, les Grecs arrivèrent dans le pays des Colchidiens, qui se réunirent en force pour les attaquer ; mais ils furent vaincus dans une grande bataille où les Grecs déployèrent toutes les ressources de leur tactique, marchant, non pas sur quatre-vingts files de cent hommes chacune comme quelques-uns paraissent l'avoir cru, mais répartis en quatre-vingts divisions, formées en colonnes, afin d'étendre suffisamment leur front de bataille pour n'être pas débordés et de franchir plus facilement les obstacles naturels de la montagne escarpée qu'ils devaient enlever d'assaut ; soutenant du reste les ailes et le centre par trois corps d'archers et de soldats armés à la légère, au nombre d'environ trois cents hommes chacun, et ayant soin de déborder la ligne ennemie.

A la suite de ce succès, les vainqueurs s'emparèrent d'un plateau dont la position était très-forte, et de là se mirent à ravager les campagnes voisines. Ayant ainsi enlevé un riche butin, ils se reposèrent de leurs fatigues au sein de l'abondance.

Pendant leur séjour en Colchide, les Grecs trouvèrent dans les environs du lieu où ils étaient cantonnés beaucoup d'essaims d'abeilles et un grand nombre de gâteaux de miel ; tous ceux qui en mangèrent éprouvèrent d'étranges symptômes : ils étaient pris de vertiges et de vomissements que suivait une défaillance si grande qu'ils ne pouvaient plus se tenir sur leurs pieds ; n'avaient-ils fait qu'y goûter, ils avaient l'air de gens plongés dans l'ivresse ; ceux qui en avaient pris davantage ressemblaient, les uns à des furieux, les autres à des mourants. Le nombre des gisants était si considérable, qu'on eût cru voir un champ de bataille couvert de cadavres, après une défaite. Durant toute une journée, l'armée consternée contemplait avec effroi la foule de ces malades qu'elle croyait perdus ; mais le lendemain, vers la même heure où le mal les avait saisis, ils commencèrent à reprendre leurs sens, se levèrent fatigués comme le sont des hommes qui ont fait usage d'un remède violent.

Les Grecs, lorsque tous furent rétablis, continuèrent leur route, et arrivèrent à Trapezonte, colonie de Sinope. Ils y séjournèrent trente jours, traités avec la plus magnifique hospitalité par les habitants, et y célébrèrent un grand sacrifice ainsi que des jeux gymniques en l'honneur d'Hercule et de Jupiter Sauveur ; mais, parvenus au bord de la mer, ils n'avaient plus qu'une pensée, trouver des vaisseaux qui les transportassent dans la mère patrie. Quand l'armée se réunit pour délibérer sur la route qui restait à suivre : « Je suis las, disait l'un « d'eux, interprète du sentiment général, « de plier bagage, de marcher, de cou- « rir, de porter mes armes, d'observer « mon rang, de monter la garde, de me « battre. Puisque nous voilà au bord de « la mer, je veux, sans me fatiguer d'a- « vantage, m'embarquer et arriver en « Grèce comme Ulysse, étendu sur le « tillac et dormant. »

On envoya Cheirisophos à Byzance pour en ramener des vaisseaux de transport et des trirèmes. Cheirisophos était l'ami et le compatriote d'Anaxibios, qui commandait alors la flotte lacédémonienne, stationnée à Byzance, et il pouvait mieux que tout autre remplir cette importante mission. Il partit donc sur une céloce, et pendant son absence les Grecs, s'étant procuré chez les Trapezontins deux embarcations à rames, se mirent à faire des excursions par terre et par mer sur les barbares des environs. Ils attendirent ainsi pendant trente jours le retour de Cheirisophos ; mais comme il tardait trop longtemps, et que les vivres commençaient à devenir rares, ils quittèrent Trapezonte, et se rendirent à Cérasonte, autre colonie de Sinope. On y séjourna dix jours ; et l'on y fit la revue et le dénombrement des soldats présents sous les armes. De plus de dix mille, il n'en restait plus que huit mille six cents.

De là les Grecs entrèrent sur le territoire des Mosynœques. Attaqués par ces barbares, ils les défirent dans un combat, et leur tuèrent beaucoup de monde. Les Mosynœques vaincus se réfugièrent dans une espèce de bourgade où ils habitaient des tours de bois de sept étages ; mais les Grecs les y poursuivirent, et, après quelques assauts successifs, s'en rendirent maîtres. Cette bourgade était la métropole de toutes les autres forteresses du même genre, et le roi des Mosynœques y faisait sa demeure, dans la partie la plus élevée. Suivant l'usage qu'ils tenaient de leurs pères, le roi devait habiter pendant toute sa vie ce séjour, d'où il donnait ses ordres à ses peuples. Du reste, les soldats rapportaient qu'ils n'avaient pas encore rencontré dans leur route de nation plus barbare. Selon ce qu'ils en disaient, tous, dès leur plus jeune âge, étaient marqués sur le dos et sur la poitrine par des piqûres que le feu rendait ineffaçables et qui formaient des dessins variés.

Les Grecs employèrent sept jours à traverser cette contrée et arrivèrent dans le pays adjacent que l'on nomme la Tibarène. Ils suivirent cette dernière région pour atteindre Cotyore, colonie des Sinopéens. Partis depuis huit mois, ils avaient fait, en cent vingt-deux marches, dix-huit mille vingt stades (1). Ils séjournèrent cinquante jours dans le voisinage de cette ville, occupés à faire de continuelles incursions sur les confins de la Paphlagonie et chez les diverses peuplades barbares qui les habitaient, afin de s'y procurer les vivres que les Cotyorites se refusaient à leur fournir, même à prix d'argent.

Xénophon, se voyant à la tête d'une armée qui s'était aguerrie par une longue expérience, et sur les bords du Pont-Euxin où déjà tant de colonies helléniques avaient trouvé place et s'étaient enrichies par le commerce, pensa qu'il serait glorieux d'y fonder une ville et d'y accroître encore la puissance des Grecs ; mais l'égoïsme et la jalousie des autres

(1) Plus de 750 lieues, ou 300 myriamètres.

chefs le forcèrent de renoncer à ce dessein.

Enfin, les Héracléotes et les Sinopéens leur envoyèrent des bâtiments de transport sur lesquels ils s'embarquèrent avec leurs bagages. Cependant Cheirisophos rejoignit l'armée à Sinope sans avoir réussi dans sa mission. Du reste, les Sinopéens accueillirent les Grecs avec bienveillance, leur donnèrent l'hospitalité et leur assurèrent les moyens de se rendre par mer à Héraclée où toute la flotte alla mouiller. De là ils continuèrent leur route, les uns par mer, les autres par la Bithynie, où ils éprouvèrent de grandes pertes en se défendant contre les attaques des naturels du pays qui les harcelèrent pendant toute leur marche, et contre la cavalerie de Pharnabaze, satrape de Bithynie. Enfin, ils gagnèrent avec peine Chrysopolis, ville du territoire de Chalcédoine et située en face de Byzance où se trouvait alors Anaxibios.

Pharnabaze, qui attachait une grande importance à voir les Grecs sortir de l'Asie, parce qu'il craignait qu'ils n'entrassent dans son gouvernement, fit prier Anaxibios de les engager à passer en Europe, en leur offrant des conditions avantageuses. Anaxibios se prêta aux desseins du satrape, et, trompée par lui, l'armée passa à Byzance et entra au service du Thrace Seuthès qu'elle remit en possession de son héritage.

Ainsi se termina cette glorieuse retraite, qui révéla au monde oriental la faiblesse de l'empire des Perses et fut comme le signal de sa chute. Vienne le jour où de gré, ou de force, les Grecs obéiront à une volonté unique, et une armée de trente mille hommes, conduite par un jeune roi de vingt-cinq ans, arrachera enfin le sceptre de l'Asie aux mains impuissantes du dernier successeur de Cyrus.

CHAPITRE XIV.

DEPUIS LA RETRAITE DES DIX MILLE JUSQU'A LA PAIX D'ANTALCIDAS (400 — 387).

ÉTAT DE L'ASIE MINEURE APRÈS L'EXPÉDITION DES DIX-MILLE.—Avant de poursuivre plus loin, voyons quel était l'état de l'Asie Mineure au moment où le roi de Perse allait avoir de nouveau à lutter, non plus cette fois contre Athènes, mais contre Lacédémone. Artimas commandait en Lydie, Artacamas en Phrygie, Mithradate en Lycaonie et en Cappadoce, Syennésis en Cilicie, Corylas en Paphlagonie et Pharnabaze en Bithynie (1); l'Éolide (2) et sans doute aussi la Mysie faisaient partie de ce gouvernement. Quant à la grande satrapie des provinces maritimes, c'est-à-dire l'Ionie, la Carie et la Lycie, elle était toujours le partage de Tissapherne, qu'Artaxerxès, en récompense des services importants qu'il venait de lui rendre, avait confirmé dans son gouvernement, en y joignant même celui de Cyrus (3). Ce satrape devenait ainsi vice-roi de l'Asie Mineure, et, comme tel, commandait en chef l'armée royale chargée de veiller à la défense de cette partie importante de l'empire (4).

EFFROI DES VILLES GRECQUES AU RETOUR DE TISSAPHERNE. — Son arrivée jeta l'effroi parmi les satrapes des provinces soumises à ses ordres qui avaient prêté leur appui à Cyrus, et dans les villes qui avaient fourni des troupes à son armée. Les satrapes s'empressèrent donc d'envoyer des députés à Tissapherne pour l'adoucir par leur soumission, et ne négligèrent rien pour se concilier sa faveur. Tamos seul, le plus puissant d'entre eux, auquel Cyrus avait confié le gouvernement de l'Ionie, fit charger ses trirèmes de toutes les richesses qu'il possédait, et s'y embarqua avec ses fils, à l'exception d'un seul, nommé Gaos, que nous verrons plus tard chargé du commandement des armées du roi. Tamos, qui plus que tout autre avait à redouter la vengeance de Tissapherne, mit à la voile et se réfugia avec sa flotte

(1) Xén., *Anab.*, liv. VII, ch. 8.
(2) Xén., *Hellén.*, liv III, ch. 1, § 10. Elle formait une satrapie de second ordre confiée au Dardanien Zénis, sa vie durant, mais sous la dépendance immédiate de Pharnabaze.
(3) Xén., *Hellén.*, liv. III, ch. 1.
(4) Cyrus était satrape des provinces maritimes de la Lydie, de la grande Phrygie et de la Cappadoce; il était en outre caranos ou général en chef de l'armée d'Asie Mineure qui se rassemblait dans les plaines voisines de Castole, ville de la Lydie. Voy. Xén., *Hell.*, liv. I, ch. IV; *Anab.* liv. I, ch. 9, et plus haut p. 127.

près de Psammétichus, qui régnait alors en Egypte. Lié d'amitié avec ce monarque auquel il avait rendu de grands services, il se flattait de trouver dans ses États un port assuré; mais Psammétichus, comptant pour rien et le souvenir de ses services et son caractère sacré de suppliant, le fit égorger sans pitié avec tous ses enfants, et se rendit par ce crime maître de sa flotte et des trésors qu'elle renfermait.

LES VILLES GRECQUES D'ASIE IMPLORENT L'ASSISTANCE DE SPARTE QUI LEUR ENVOIE DES SECOURS COMMANDÉS PAR THIMBRON. — Cependant les villes grecques d'Asie, invitées par Tissapherne à reconnaître son autorité, refusèrent de le recevoir. Tremblant pour leur existence, elles s'empressèrent d'envoyer des députés aux Lacédémoniens, les suppliant, comme libérateurs de la Grèce, de ne pas voir avec indifférence la ruine dont elles étaient menacées. Sparte n'en était plus à s'effrayer d'une telle guerre; la retraite des Dix-Mille ne laissait plus de doute sur l'incurable faiblesse de l'empire persan. On sentait que son dernier jour apppochait. Les Lacédémoniens promirent donc leurs secours, et firent en même temps partir des envoyés chargés de déclarer à Tissapherne qu'il eût à s'abtenir de porter les armes contre les villes grecques; mais déjà celui-ci avait fait marcher des troupes pour attaquer Cymes, en avait dévasté le territoire et enlevé un grand nombre de prisonniers; l'approche seule de l'hiver l'avait déterminé à lever le siége de cette ville, après avoir exigé de très-fortes rançons des prisonniers qu'il consentit à rendre. Décidés à déclarer la guerre au roi de Perse, les Lacédémoniens en confient la conduite à Thimbron, auquel ils donnent le commandement de mille citoyens de Sparte, de quatre mille Péloponésiens, et de trois cents cavaliers athéniens qui avaient servi sous les Trente et qu'on dérobe ainsi à la vengeance de leurs concitoyens. Arrivé en Asie, Thimbron rassembla les troupes grecques du continent et, comme Lacédémonien, fut promptement obéi. Il entra en campagne ayant sous ses ordres plus de sept mille combattants. Après s'être avancé l'espace d'environ cent stades, il arriva à Magnésie, que Tissapherne avait rangée sous son obéissance, surprit la ville, et s'en empara au premier assaut; puis, se portant avec rapidité sur Tralles, il en commença le siége; mais comme cette ville était très-bien fortifiée, il ne put faire aucun progrès, et prit le parti de se retirer sur Magnésie. Tissapherne ayant bientôt paru dans la plaine avec une nombreuse cavalerie, Thimbron, qui redoutait beaucoup cette arme, retourna prudemment à Éphèse.

Mais, quand Xénophon lui eut amené ce qui restait encore des glorieux auxiliaires de Cyrus, il rentra en campagne, prit sans coup férir Pergame, Teuthranie, Halisarne et quelques autres places mal défendues. Puis il vint assiéger Larisse, mais sans succès. Sparte, mécontente, le rappela (1).

IL EST REMPLACÉ PAR DERCYLLIDAS. — (399) Dercyllidas, qu'on lui donna pour successeur, sut joindre à l'habileté de Lysandre une modération que les alliés n'étaient pas accoutumés à rencontrer dans les généraux de Sparte; aussi obtint-il des succès nombreux et éclatants. A peine eut-il pris le commandement de l'armée, qu'il marcha contre les villes de la Troade. Il se rendit maître, dès le premier abord, d'Amaxiton, de Colone et d'Arisbé. Il attaqua ensuite successivement Ilion, Cébrenie, ainsi que toutes les autres villes de cette contrée, et s'empara des unes par la trahison, des autres par la force. Cette expédition terminée, il conclut avec Pharnabaze une trêve de huit mois, alla, secouru par Seuthès, porter la guerre chez les Thraces habitants de la Bithynie, et, après avoir ravagé leur territoire, fit prendre à son armée des quartiers d'hiver (2).

PHARNABAZE OBTIENT POUR CONON LE COMMANDEMENT DE LA FLOTTE PERSANE. — Cependant Pharnabaze, profitant de la trêve conclue avec les Lacédémoniens, se rendit près du roi et lui conseilla d'équiper une flotte et d'en

(1) Xénoph., *Hellén.*, liv. III, ch. 1, § 2-8; Diod. de Sic., liv. XIV, 35-37.
(2) Xén., *Hellén.*, liv. III, ch. 1, § 8-28, ch. 2, § 1-6; Diod. de Sic., liv. XIV, ch. 38.

confier le commandement à l'Athénien Conon : il donnait pour motif de ce choix que Conon était un homme de guerre d'une longue expérience et qui connaissait surtout parfaitement la manière de combattre les ennemis auxquels il aurait affaire. Artaxerxès se rendit à ce conseil, et Pharnabaze, s'étant fait donner une somme de cinq cents talents, se mit en devoir d'équiper la flotte. Il se rendit donc en Cypre où Conon était alors auprès du roi Evagoras, et enjoignit aux rois des diverses villes de l'île de lui fournir cent trirèmes en état de tenir la mer. Ayant eu ensuite quelques conférences avec Conon sur le commandement qu'il lui destinait, il l'établit définitivement général en chef des forces maritimes et lui fit, de la part du grand roi, les plus brillantes promesses. Conon, qui entrevoyait dans l'exercice de ce commandement, s'il réussissait à battre les Lacédémoniens, la possibilité de reconquérir pour sa patrie la suprématie qu'elle avait perdue, et en même temps l'espoir de s'acquérir un grand nom, accepta l'offre qui lui était faite; mais, comme la flotte entière n'était pas encore en état de tenir la mer, il prit avec lui quarante bâtiments déjà prêts et fit voile vers la Cilicie, où il s'occupa des préparatifs nécessaires pour être en mesure d'ouvrir la campagne (1).

TISSAPHERNE CONCLUT UNE TRÊVE AVEC DERCYLLIDAS. — Pendant qu'il se livrait à ces soins, Pharnabaze et Tissapherne, ayant réuni les troupes qui étaient sous les ordres de chacun d'eux, se mirent en mouvement et se dirigèrent sur Éphèse où l'ennemi tenait alors ses forces rassemblées. Leur armée était composée de vingt mille hommes d'infanterie et de dix mille cavaliers. Dercyllidas, instruit de leur arrivée, fit sortir d'Éphèse toutes ses troupes, qui ne s'élevaient pas au delà de sept mille hommes. Quand les deux armées furent en présence, Pharnabaze, qui supportait impatiemment la perte de l'Éolide, fut d'avis qu'on livrât la bataille ; mais Tissapherne, qui se souvenait des auxiliaires de Cyrus et qui croyait que tous les Grecs leur ressemblaient, redoutait un engagement. Au lieu donc de livrer le combat, on en vint à des négociations. Dercyllidas demandait qu'on laissât les villes grecques se gouverner d'après leurs propres lois; Pharnabaze et Tissapherne, au contraire, voulaient que les troupes grecques s'éloignassent du territoire du roi et que les harmostes établis par Sparte renonçassent à leurs gouvernements. On finit par fixer un délai dans l'intervalle duquel Pharnabaze pourrait envoyer prendre les ordres du roi sur la conclusion d'une paix définitive, dans le cas où Artaxerxès voudrait mettre un terme à la guerre; Dercyllidas, de son côté, en profiterait pour faire connaître l'état des choses aux Spartiates. Après la conclusion de cette sorte de trêve, les armées levèrent leur camp de part et d'autre : celle des barbares se retira à Tralles, celle des Grecs à Magnésie du Méandre (1).

AGÉSILAS PREND LE COMMANDEMENT DE L'ARMÉE D'ASIE MINEURE (396). — Cependant, malgré les succès et l'habile politique de Dercyllidas, la guerre languissait, et nulle part il n'était frappé de coups décisifs. L'ambition de Lysandre vint donner une face nouvelle aux affaires. Agésilas, qu'il venait de faire monter sur le trône au préjudice du fils d'Agis, fut chargé de la conduite de la guerre, et Lysandre l'accompagna dans l'espérance de commander sous son nom. Il ne connaissait pas l'énergie et les talents de l'homme qu'il espérait conduire. Agésilas ne tarda pas à lui montrer qu'il voulait et savait être maître.

Après avoir obtenu qu'on lui donnât pour conseil trente Spartiates et le commandement de deux mille néadamodes et de dix mille alliés, Agésilas passa en Asie avec son armée et se rendit à Éphèse (2).

TRÊVE AVEC TISSAPHERNE.—A peine était-il arrivé, que Tissapherne conclut avec lui une trêve qu'il s'engage à observer religieusement. Agésilas jure de son côté qu'il y sera fidèle tant que Tissapherne respectera la foi des traités. Il prévoyait bien que le satrape ne garderait pas sa parole, et en effet, au mépris de la paix,

(1) Diod. de Sic., liv. XIV, ch. 39.

(1) Xén., *Hellén.*, liv. III, ch. 2, § 6-20; Diod. de Sic., liv. XIV, ch. 39.
(2) Xén., *Hellén.*, liv. III, ch. 4, § 1.

Temple à Siam.

Tissapherne fait immédiatement venir de Perse une armée considérable qu'il joint à la sienne. Agésilas, tant que la trêve dure, reste dans l'inaction à Éphèse et s'occupe de rétablir l'ordre dans les villes grecques. Tissapherne, dès qu'il a reçu ses renforts, fait ordonner au roi de Sparte de se retirer de l'Asie et lui déclare la guerre en cas de refus (1).

AGÉSILAS RAVAGE LA PHRYGIE. — Agésilas fait aussitôt des levées dans les villes de l'Ionie, de l'Éolide et de l'Hellespont; et pendant que le satrape, convaincu qu'il va se jeter sur la Carie, s'occupe de couvrir cette province, il réunit ses nouveaux renforts, qui portent le nombre de ses premières troupes à dix mille hommes d'infanterie et à quatre cents chevaux; puis il traverse avec son armée les plaines qu'arrose le Caystre, saccageant tout le territoire qui appartenait aux Perses, et ne s'arrête qu'à Cymes. De ce point il fait pendant la plus grande partie de l'été des excursions dans la Phrygie et dans les campagnes limitrophes qu'il ravage, s'emparant de tout ce qui pouvait subvenir abondamment aux besoins de ses troupes; et, quand l'automne arrive, il retourne à Éphèse (2).

LE ROI D'ÉGYPTE ENVOIE DES SECOURS AUX LACÉDÉMONIENS. — Pendant ce temps les Lacédémoniens avaient envoyé des députés près du roi d'Égypte, Néphérée, pour réclamer son alliance et ses secours; mais, au lieu d'un corps de troupes, ce prince se contenta de donner aux Spartiates tout ce qui était nécessaire pour équiper cent galères, et cinquante mille boisseaux de froment (3).

SUCCÈS MARITIMES DE CONON. — Cependant Pharax, qui commandait la flotte lacédémonienne, ayant levé l'ancre de l'île de Rhodes avec cent vaisseaux, fit voile sur Sasanda, forteresse de la Carie à environ cent stades de Caune. De là il partit pour aller mettre le siége devant cette ville et bloquer Conon, qui s'y trouvait avec quarante vaisseaux; mais Pharnabaze et Artapherne étant venus au secours de Caune avec des forces supérieures, Pharax fut obligé d'en lever le siége et de ramener toute sa flotte vers Rhodes. Conon, profitant de la retraite des Lacédémoniens, rassembla quatre-vingts vaisseaux, se porta sur la Chersonèse de Carie; et, comme dans ce moment les Rhodiens, après avoir repoussé les navires péloponésiens, s'étaient détachés de l'alliance lacédémonienne, toute la flotte de Conon fut reçue dans la ville. En ce moment les vaisseaux lacédémoniens qui transportaient les vivres dont le roi d'Égypte avait fait présent à leur armée, ignorant la défection des Rhodiens, se dirigeaient pleins de confiance vers l'île : les Rhodiens et Conon s'emparèrent aisément de ce convoi, et, l'ayant fait entrer dans les ports de l'île, ramenèrent l'abondance dans la ville (1).

A cette époque Conon fut encore rejoint par quatre-vingt-dix vaisseaux qui lui arrivèrent, dix de la Cilicie, et quatre-vingts de la Phénicie, tous sous le commandement du vice-roi des Sidoniens.

VICTOIRE D'AGÉSILAS DANS LES PLAINES DE SARDES. — Peu de temps après, Agésilas, ayant ramené toute son armée dans les plaines du Caystre et dans les campagnes voisines du mont Sipyle, ruina entièrement les possessions des habitants de cette contrée. Tissapherne, ayant de son côté réuni dix mille chevaux et cinquante mille hommes d'infanterie, se mit à la poursuite des Lacédémoniens et leur tua tous les hommes détachés du corps d'armée qui s'étaient répandus en fourrageurs dans les terres; mais Agésilas, ayant formé son armée en un grand carré, continua à côtoyer les pentes du mont Sipyle, attendant une occasion favorable d'attaquer les ennemis. Par ce mouvement il étendit ses incursions dans la campagne jusqu'aux portes de Sardes, dévastant tous les vergers, et particulièrement le jardin appartenant à Tissapherne, lieu célèbre par la beauté des arbres ainsi que par les autres magnificences qu'il renfermait. Retournant ensuite sur ses pas, Agésilas, lorsqu'il se trouva à moitié chemin entre Sardes et Thybarnes, détacha de nuit Xénoclès le Spartiate avec quatorze cents hommes, chargés d'occuper un lieu boisé et couvert,

---

(1) Xén., Hellén., liv. III, ch. 4, § 5-10.
(2) Xén., Hellén., ibid., § 11-16.
(3) Diod., de Sic., liv. XIV, ch. 79.

(1) Diod. de Sic., ibid.

où ils se mirent en embuscade pour surprendre les barbares. Quant à Agésilas, dès que le jour parut, il continua sa marche. A peine avait-il dépassé le point où l'embuscade était dressée, que la cavalerie barbare tomba en désordre sur son arrière-garde, et l'attaqua vivement; mais, Agésilas faisant brusquement volte-face, un combat très-vif s'engagea avec les Perses. Tandis que l'on en était aux mains, le signal convenu pour avertir les troupes placées en embuscade ayant été levé, les soldats qui étaient cachés se montrèrent, et, entonnant leurs chants de guerre, se jetèrent sur les ennemis. Les Perses, se voyant surpris entre deux attaques, s'épouvantèrent et se mirent sur-le-champ en fuite. Les troupes d'Agésilas les poursuivirent pendant quelque temps, leur tuèrent plus de six mille hommes, firent un grand nombre de prisonniers, et pillèrent leur camp, où des richesses de tout genre étaient entassées. Agésilas se proposait à la suite de sa victoire de porter ses troupes dans les satrapies de l'intérieur; mais, n'ayant pu obtenir dans les sacrifices qu'il ordonna des augures favorables, il ramena ses forces du côté de la mer (1).

TISSAPHERNE EST MIS A MORT. TITHRAUSTÈS LE REMPLACE. — Artaxerxès en apprenant la défaite de ses armées, et que le jour de l'action Tissapherne s'était tenu renfermé à Sardes, fut effrayé des suites de la guerre contre les Grecs, et fit retomber toute sa colère sur le satrape qu'il regardait comme l'auteur de ce désastre. Sollicité, de plus, par sa mère Parisatis, de punir ce général à qui elle ne pouvait pardonner d'avoir dénoncé le projet de son fils Cyrus, Artaxerxès se décida à donner le commandement de son armée à Tithraustès, et lui enjoignit de s'emparer de la personne de Tissapherne. Le roi adresse en même temps des lettres aux satrapes et aux villes pour leur enjoindre d'exécuter tout ce que le nouveau général leur prescrirait. Muni de ces ordres, Tithraustès arriva à Colosses, en Phrygie, où avec le secours d'un certain satrape, natif de Larisse, il surprit Tissapherne dans le bain et lui fit couper la tête qu'il envoya au roi (1).

CONON VA DEMANDER DES SECOURS A ARTAXERXÈS. — Sur ces entrefaites, Conon, ayant formé le projet de se rendre près du roi, laissa pour le remplacer à la tête de la flotte Hiéronymos et Nicodémos, l'un et l'autre Athéniens, et mit ensuite à la voile pour la Cilicie. De là, dirigeant sa route par Thapsaque de Syrie, il s'embarqua sur l'Euphrate qu'il descendit jusqu'à Babylone. Lorsqu'il fut dans cette ville, il se mit en relation avec le roi, et s'engagea envers lui à battre les Lacédémoniens sur mer, si l'on voulait mettre à sa disposition l'argent et toutes les choses nécessaires pour un armement qu'il dirigerait à son gré. Artaxerxès, après avoir donné de grands éloges à son zèle et lui avoir fait de magnifiques présents, établit près de Conon un trésorier chargé de fournir tout l'argent qu'il demanderait. Il lui laissa en même temps la faculté de désigner celui des généraux persans qu'il désirait avoir pour collègue dans le commandement. Conon choisit, et on le conçoit, le satrape Pharnabaze, et partit pour revenir sur les côtes, où il régla toutes choses d'après l'autorité qui lui était confiée (2).

TENTATIVES DE TITHRAUSTÈS AUPRÈS D'AGÉSILAS ET AUPRÈS DES GRECS. — Tithraustès, après le meurtre de Tissapherne, avait envoyé dire à Agésilas que l'auteur de la guerre avait subi le châtiment qu'il méritait; que, d'après les intentions du roi, les villes d'Asie recouvreraient la liberté à la seule condition de payer le tribut ordinaire; mais qu'il devait, lui, retourner à Sparte. Agésilas ayant répondu qu'il ne pouvait rien conclure sans le consentement des magistrats lacédémoniens, il fut convenu qu'il se retirerait sur les terres de Pharnabaze et qu'il recevrait de Tithraustès trente talents pour l'entretien de son armée. La somme reçue, Agésilas se jeta sur la Phrygie.

Tithraustès l'avait prévu, mais peu lui importait, pourvu qu'il éloignât la guerre de ses provinces. « Ces satrapes, jaloux les uns des autres, au grand plai-

---

(1) Xén., *Hellen.*, liv. III, ch. 4, § 20-24; Diod. de Sic., liv. XIV, ch. 80.

(1) Xén., ib., § 25; Diod. de Sic., ib.
(2) Diod. de Sic., ibid.

sir de la cour de Suse, qui eût redouté leur bonne intelligence, réduisaient toute leur administration à lever le tribut, et toute leur politique à tenir leurs provinces en paix : le grand roi ne leur en demandait pas davantage (1). » Cette fois Tithraustès ne s'en tint pas à cette politique égoïste. Ne se sentant pas assez fort pour combattre le roi de Sparte avec ses propres forces, il tenta de ranimer la guerre dans la Grèce et de rendre ainsi le rappel d'Agésilas nécessaire. Un agent qu'il envoie avec cinquante talents reçoit l'ordre de tenter par cet appât les principaux citoyens de chaque ville et d'obtenir d'eux qu'ils s'engagent par serment à susciter la guerre aux Lacédémoniens (2).

ENTREVUE D'AGÉSILAS ET DE PHARNABAZE. — Cependant Agésilas poursuivait sa marche en Phrygie. Il mit tout à feu et à sang, emporta de force une partie des villes et prit les autres par composition. Au milieu de ces succès, le Perse Spithridate, qui avait eu autrefois à se plaindre de Pharnabaze, vient le trouver et lui assure l'alliance de Cotys, roi des Paphlagoniens. Peu de temps après, une entrevue eut lieu entre Agésilas et Pharnabaze. Ce dernier trouva le roi de Sparte, entouré de son conseil des Trente, qui l'attendait assis sur le gazon. Les esclaves du satrape étendirent à terre des coussins pour lui faire un siège délicat à la manière des Perses; mais Pharnabaze, voyant la simplicité d'Agésilas, eut honte de sa mollesse, et, comme lui, quoique vêtu superbement, il s'assit sur la terre nue. Agésilas tente de le détacher de la cause du grand roi et lui promet de le rendre indépendant. « Si le roi, lui « répond Pharnabaze, nomme un satrape « auquel il prétende m'assujettir, je cher- « cherai votre amitié et votre alliance; « mais s'il me confie le commandement « de ses troupes pour vous combattre, « je déploierai toutes mes forces contre « vous. » Satisfait de cette réponse évasive qui ne le laisse pas sans espérance, Agésilas lui promet de sortir de la Phrygie le plus tôt possible et de ne l'attaquer que quand il n'aura plus d'autre ennemi à combattre (3).

(1) Duruy, *Hist. gr.*, p. 434.
(2) Xén., ibid., 26-29; ch. 5, § 1.
(3) Xén., *Hellén.*, liv. IV, ch. 1, § 1-40.

AGÉSILAS SONGE A PÉNÉTRER DANS LA HAUTE ASIE. — Il tint sa promesse et descendit du plateau de la Phrygie dans la plaine de Thèbes. Sparte, pour donner plus d'unité à son action, venait de mettre sous ses ordres la flotte accrue de cent vingt galères; des troupes nombreuses lui arrivaient de toute part. Il songe alors à pénétrer dans la haute Asie le plus avant qu'il pourrait. Mais l'or de Tithraustès avait produit son effet. Une ligue s'était formée contre Sparte et il dut renoncer à ces brillantes espérances (1).

RAPPEL D'AGÉSILAS (394.) — Les Lacédémoniens, voyant les principales villes de la Grèce soulevées contre eux, et la patrie en danger, rappelèrent d'Asie Agésilas et l'armée qu'il commandait. Cette nouvelle affligea vivement Agésilas, qui voyait s'évanouir tant d'espérances et tant de gloire. Néanmoins il convoqua les alliés et leur montra les ordres de Sparte en leur disant qu'il fallait voler au secours de la patrie. « Si « les choses s'arrangent, leur dit-il, « chez, mes amis, que je ne vous ou- « blierai pas; je reviendrai parmi vous « répondre à vos vœux. » Tous se disposèrent à le suivre. Mais, avant de partir, Agésilas nomma Euxène harmoste en chef, et lui laissa quatre mille hommes pour la défense du pays (2).

CONON UNI A PHARNABAZE REMPORTE LA VICTOIRE DE CNIDE. — Conon et Pharnabaze se trouvaient alors dans les eaux de Loryma, ville de la Chersonèse carienne, ayant sous leurs ordres plus de quatre-vingt-dix trirèmes; mais, ayant appris que les forces maritimes des ennemis étaient sur la côte de Cnide, ils se mirent en mesure de les amener à un combat naval. L'amiral lacédémonien Pisandre, quittant alors sa station, mit à la voile avec quatre-vingt-cinq trirèmes et vint mouiller en avant de Physcos. En partant de cette nouvelle station, il tomba dans la flotte du roi, et le combat s'étant engagé avec les vaisseaux de l'avant-garde ennemie, il eut d'abord l'avantage; mais les Perses ayant porté au secours de cette avant-garde toutes leurs trirèmes réunies en ligne, les

(1) Xén., ib., § 41.
(2) Xén., *Hellén.*, liv. IV, ch. 2, § 1-5.

vaisseaux alliés des Lacédémoniens quittèrent le champ de bataille et se dirigèrent vers la côte. Ainsi abandonné, Pisandre, regardant la fuite comme une lâcheté indigne de Sparte, continua à faire face aux ennemis sur le vaisseau qu'il montait, et, après avoir glorieusement combattu et tué beaucoup de monde aux Perses, mourut les armes à la main. Conon poursuivit les Lacédémoniens jusque près de terre et leur prit cinquante trirèmes. Une grande partie des équipages s'étant jetée à la mer gagna la côte à la nage; on fit cependant environ cinq cents prisonniers. Le reste des trirèmes de la flotte lacédémonienne se réfugia dans le port de Cnide (1).

CONON POURSUIT SES SUCCÈS. — Pharnabaze et Conon, à la suite de la victoire de Cnide, se portèrent avec tous leurs vaisseaux sur les villes alliées des Lacédémoniens. Ils commencèrent par détacher de cette alliance les habitants de l'île de Cos et ensuite ceux de l'île de Nisyros et de la ville de Téos. Les habitants de l'île de Chios, après avoir chassé la garnison lacédémonienne, passèrent également dans le parti de Conon, et leur exemple fut suivi par les Mityléniens, les Éphésiens et les Érythréens. Dès que cette grande révolution fut connue, un même empressement à quitter l'alliance des Lacédémoniens se manifesta dans toutes les villes qui étaient sous leur dépendance : les unes, chassant les harmostes et les garnisons lacédémoniennes, rétablirent un gouvernement libre, et les autres s'attachèrent à Conon dont elles reconnurent l'autorité. A partir de cette époque les Lacédémoniens perdirent la suprématie qu'ils avaient sur mer.

Après ce succès, Conon ayant résolu, avec l'assentiment des Perses, de conduire toute sa flotte sur les côtes de l'Attique, mit à la voile, fit route par les Cyclades, qu'il rattacha à son parti, et parut près de l'île de Cythère; il s'en empara dès le premier abord, et, ayant accordé une capitulation aux habitants, il leur donna la liberté de se retirer en Laconie. Conon laissa dans l'île une garnison suffisante et se remit en mer, faisant voile sur Corinthe. Arrivé dans cette ville, il eut une conférence avec le conseil de la ligue, et lui communiqua ses projets : un traité d'alliance fut conclu, et la flotte persane, ayant remis des secours en argent à la confédération, retourna en Asie (1).

IL EST ARRÊTÉ PAR TIRIBAZE (393). — Au commencement de l'année suivante, Conon entra dans le port du Pirée avec quatre-vingts trirèmes, et avec les fonds que lui fournit Pharnabaze releva les remparts d'Athènes et les longs murs. C'était le coup le plus terrible qu'il pût porter aux Lacédémoniens. On eut bientôt lieu de s'en convaincre. Athènes, relevée par les soins de Conon, reprit courage et confiance dans ses destinées ; ses flottes, construites avec l'argent des Perses, couvrirent de nouveau la mer Égée et forcèrent les villes à rentrer dans son obéissance. Aussi Sparte et les satrapes commencèrent-ils à s'effrayer (2). Tiribaze, jaloux des succès de Conon et gagné par les intrigues d'Antalcidas que Sparte avait député près de lui, l'attira à Sardes, et, sous prétexte qu'il employait les forces de la Perse uniquement à ranger des villes sous l'obéissance des Athéniens, le fit arrêter et jeter en prison ; puis, après cette violation du droit des gens, il se rend à la cour du roi de Perse, lui apprend que les Lacédémoniens consentaient à une paix telle qu'il la désirait depuis longtemps, et l'instruit de l'emprisonnement de Conon, qu'il accuse d'abandonner les intérêts de la Perse pour ne servir que ceux de sa patrie.

DÉFAITE ET MORT DE TIMBRON (392.) — Dès que Tiribaze était arrivé à Suse, Artaxerxès avait donné le commandement de ses armées à Struthas, et l'avait envoyé sur les côtes, le chargeant de faire la guerre aux Lacédémoniens avec les forces qu'il pourrait rassembler. De leur côté, les Spartiates, aussitôt qu'ils avaient été instruits de l'arrivée d'un général persan, d'autant plus redoutable à leurs yeux qu'il était fort dévoué aux Athéniens et à leurs alliés, avaient fait passer en Asie Thim-

(1) Diod. de Sic., lib. XIV, ch. 83.

(1) Xén., *Hellén.*, liv. IV, ch. 8, § 1-8; Diod. de Sic., liv. XIV, ch. 84.
(2) Xénophon. *Hellén.*, ib., § 9-16.; — Diod. de Sic., liv. XIV, ch. 85.

Colonne taillée dans le roc à Yporta.

bron, qu'ils avaient nommé commandant de leurs troupes. Celui-ci commença par s'emparer de la forteresse de Jonda et occupa la position de Corésios, colline élevée, distante d'Éphèse de quarante stades. Ensuite, à la tête de huit mille hommes, auxquels il réunit les levées qu'il avait faites à Priène, à Magnésie du Méandre et dans d'autres villes, il entra dans les provinces appartenant au roi de Perse et les ravagea. De son côté, Struthas, ayant sous ses ordres une nombreuse cavalerie composée de barbares, cinq mille hoplites et plus de vingt mille peltastes, vint camper à peu de distance des Lacédémoniens pour observer leurs mouvements. Enfin, Thimbron s'étant éloigné avec une partie de ses forces qui marchaient en désordre et dans une sécurité présomptueuse, Struthas tomba à l'improviste sur lui pendant qu'il était occupé à recueillir un immense butin. Dans le combat qui s'engagea Thimbron fut tué; le plus grand nombre des siens resta également sur la place ou fut fait prisonnier, et quelques-uns seulement parvinrent à se sauver dans la forteresse de Cnididion (1).

RÉVOLUTIONS A RHODES. SPARTE Y ENVOIE DES SECOURS A SES PARTISANS (391). — Pendant ce temps les partisans des Lacédémoniens en Asie ne restaient pas inactifs; ceux de Rhodes, ayant fait soulever le peuple, chassèrent de la ville les citoyens qui s'étaient déclarés en faveur des Athéniens. Ces bannis coururent aux armes pour changer la face des affaires; mais les alliés des Lacédémoniens remportèrent sur eux un avantage important, en tuèrent un grand nombre, et proscrivirent, par un acte public, ceux qui leur avaient échappé par la fuite. Néanmoins, le peuple reprit le dessus et les oligarques firent partir immédiatement des députés pour Sparte dont ils demandèrent le secours (2). Ils représentaient combien il serait impolitique de laisser les Athéniens s'emparer de Rhodes et accroître ainsi leur puissance. Les Lacédémoniens comprirent que Rhodes serait aux Athéniens, si le peuple y dominait; que si les riches y commandaient, cette île serait en leur pouvoir (1). Ils se hâtèrent donc d'envoyer à Rhodes sept trirèmes et trois délégués chargés de prendre la direction des affaires : Eudocimos, Philodicos et Diphridas, particulièrement chargé de passer en Asie pour tenir en respect les villes qui reconnaissaient encore l'autorité de Sparte. Ces commissaires se rendirent d'abord à Samos, et détachèrent la ville de l'alliance des Athéniens. De là ils remirent à la voile et passèrent à Rhodes où ils prirent en main l'autorité.

SPARTE ÉQUIPE UNE NOUVELLE FLOTTE. — Les Lacédémoniens, voyant la tournure favorable de leurs affaires, se décidèrent à agir de nouveau par mer, et, ayant en peu de temps rattaché à leur parti d'anciens alliés, ils parvinrent à réunir une force maritime respectable. Leurs vaisseaux s'étant ainsi montrés à Samos, à Cnide, à Rhodes, ils y levèrent d'excellents soldats de marine et équipèrent richement une flotte de vingt-sept trirèmes (2).

RÉVOLTE D'ÉVAGORAS. — D'un autre côté, Évagoras, qui régnait alors dans Salamine, la plus grande et la plus puissante des cités de Cypre, et qui, soit par ses conseils, soit par ses secours, n'avait pas faiblement contribué au gain de la bataille navale de Cnide, était devenu un objet de crainte pour Artaxerxès. Celui-ci ne lui pardonnait pas d'être monté sur le trône en expulsant un usurpateur phénicien qui avait rempli Salamine de barbares et soumis le reste de l'île à la domination des rois de Perse. Inquiet de la part qu'il avait prise à la guerre où Sparte avait perdu sa prééminence maritime, et redoutant que, fort de son courage et de son génie, il ne lui enlevât ses possessions dans l'île de Cypre, il résolut de lui faire la guerre et consacra plus de cinquante mille talents aux apprêts de cette ex-

---

(1) Xén., ib., § 17-19; Diod. de Sic., liv. XIV, ch. 99.
(2) Diod. de Sic., liv. XIV, ch. 97; Xén., Hellén, liv. IV, ch. 8, § 20.

(1) Xenoph., ibid., § 21.
(2) Diod. de Sic., pass. cit.

pédition (1), qui traîna en longueur comme toutes les expéditions des Perses.

Ainsi menacé et réduit à ses propres forces, Évagoras prend l'initiative. Voyant d'ailleurs le roi de Perse lutter avec impuissance, tantôt contre Athènes et tantôt contre Lacédémone, il entreprit de se rendre indépendant et de soumettre l'île entière à son autorité. C'était de plus, tout à la fois, arrêter, par une puissante diversion, Artaxerxès dans sa guerre contre les Lacédémoniens, et servir efficacement la cause d'Athènes qui en reconnaissance de ses services lui avait élevé une statue à côté de celle de Conon dans le temple de Jupiter sauveur (2). Il s'était donc rendu maître successivement des villes, soit par la force des armes, soit par suite d'accommodements. Cependant les habitants d'Amathonte, ainsi que les Soliens et les Citiens, qui n'avaient pas voulu déposer les armes, envoyèrent des députés à Artaxerxès, pour réclamer ses secours. Ils promettaient que tous les insulaires se lèveraient pour assurer la possession de l'île au grand roi. Artaxerxès, qui ne voulait pas laisser Évagoras étendre trop loin sa puissance, et qui d'ailleurs considérait que Cypre était une position avantageuse, soit pour subvenir aux besoins d'une flotte, soit pour servir en quelque sorte d'avant-poste dans les guerres d'Asie, se décida enfin à agir. Il renvoya donc les députés avec une réponse favorable, et écrivit en même temps aux satrapes des provinces maritimes et aux gouverneurs des villes de faire construire de nouvelles trirèmes, et de préparer avec la plus grande célérité tout ce qui pouvait être nécessaire à l'armement de sa flotte. En même temps il donne à Hécatomnos, dynaste qui commandait en Carie, l'ordre d'attaquer Évagoras (3).

ATHÈNES SECOURT ÉVAGORAS, MAIS SANS SUCCÈS. — Instruite de ces événements, Athènes, obéissant, non à la prudence, mais à un sentiment de générosité qui l'honore, envoya des secours à Évagoras. Téleutias, qui avait remplacé Ecdicos dans le commandement de la flotte envoyée contre Rhodes, rencontre les dix galères que Philocrate conduit au roi de Cypre et s'en empare. En cela, dit Xénophon, les deux partis agirent contre leurs propres intérêts : car les Athéniens, alliés du roi de Perse, envoyaient des secours à Évagoras son ennemi ; et les Lacédémoniens, en guerre avec Artaxerxès, anéantissaient des vaisseaux qui venaient défendre un ennemi de ce prince (1).

EXPLOITS DE THRASYBULE ; SA MORT. — A la suite de cet avantage, Téleutias se dirigea sur Rhodes où son parti l'attendait, et y fit triompher la cause de Sparte. Les Athéniens, persuadés que ces succès rendaient à Lacédémone son ancienne supériorité sur mer, lui opposèrent une flotte de quarante vaisseaux dont le commandement fut confié à Thrasybule, auquel ils devaient l'expulsion des trente tyrans et le rétablissement de la liberté. Ce général ne se dirigea pas sur Rhodes. Il lui semblait difficile de châtier les alliés des Lacédémoniens, retranchés dans des murs et soutenus de la présence de Téleutias ; il craignait en outre, s'il venait à échouer, de nuire aux amis d'Athènes. Il fit donc voile vers l'Hellespont où il s'assura l'appui du roi des Odryses et de Seuthès, et passa à Byzance où il rétablit la démocratie, afferma la perception du dixième qu'on prélevait sur les marchandises qui venaient du Pont-Euxin, s'allia avec Chalcédoine, et s'empara d'une partie de Lesbos ; puis, ayant ainsi accru ses ressources, il songea à ramener sa flotte devant Rhodes. Mais d'abord il se porta sur Aspendos et ordonna à ses trirèmes de jeter l'ancre dans le fleuve Eurymédon. Là il mit une contribution sur les Aspendiens ; mais, quoiqu'ils l'eussent acquittée, ses soldats n'en pillèrent pas moins le territoire de la ville. Irrités de cette injustice, les Aspendiens attaquèrent de nuit les Athéniens, et tuèrent Thrasybule ainsi que quelques autres chefs de l'armée. Les commandants des trirèmes, frappés de terreur, firent promptement remonter à bord toutes les troupes, mirent à la voile et se dirigèrent sur

---

(1) Isocrate, *Éloge d'Évagoras*.
(2) Isocr., *ouvr. cit.*
(3) Diod. de Sic., liv. XIV, ch. 98.

(1) Xén., *Hell.*, ib., § 24.

l'île de Rhodes; mais, comme la ville s'était déjà, ainsi qu'on l'a vu plus haut, détachée de l'alliance d'Athènes, les troupes embarquées sur la flotte se réunirent aux bannis qui s'étaient emparés d'une petite forteresse et firent avec eux la guerre à la ville (1).

PAIX D'ANTALCIDAS. — Instruits de la mort de Thrasybule, les Athéniens envoyèrent pour le remplacer Argyrios, auquel succéda bientôt après Iphicrate, qui, avec l'aide de Pharnabaze, rétablit sur l'Hellespont les affaires des Athéniens un instant compromises par Anaxibios, harmoste d'Abydos. La guerre continua ainsi pendant trois ans sans qu'Athènes pût reprendre le dessus. Sparte, au contraire, avec l'aide de Syracuse, de Tiribaze dont Antalcidas avait su gagner l'esprit dans sa première mission à Suse, et d'Ariobarzane, qui avait toujours été son ami, était parvenue à réunir une flotte de quatre-vingts vaisseaux que commandait ce même Antalcidas; mais la double guerre qu'elle soutenait en Europe et en Asie l'épuisait. Pour rester maîtresse d'asservir la Grèce, elle sacrifia les villes d'Asie, et envoya Antalcidas traiter de la paix à la cour de Suse. Tiribaze fit un appel à tous ceux des peuples belligérants qui voudraient accepter les conditions envoyées par le grand roi. Des députés vinrent de toutes parts; et il leur lut les ordres de son maître. Ils étaient ainsi conçus :
« Le roi Artaxerxès trouve juste que
« les villes d'Asie et les îles de Clazo-
« mène et de Chypre restent dans sa
« dépendance, et que les autres villes
« grecques, grandes et petites, soient
« libres, à l'exception de Lemnos, d'Im-
« bros et de Scyros, qui appartiendront
« comme autrefois aux Athéniens.
« Ceux qui se refuseront à cette paix,
« je les combattrai de concert avec
« ceux qui l'accepteront ; je leur ferai
« la guerre avec mes vaisseaux et avec
« mes trésors (2). »

Presque tous les États grecs acceptèrent ces honteuses conditions que Sparte n'avait pas rougi de solliciter et qui ternissaient pour toujours l'éclat des belles journées de Marathon, des Thermopyles, de Salamine et de Platée. Certes il y avait bien loin du langage d'Artaxerxès II aux termes du traité imposé par Cimon à Artaxerxès Ier. Et cependant depuis 449, dans le duel acharné de la Grèce contre la Perse, la Perse a eu constamment le dessous. La retraite des Dix-Mille, l'expédition d'Agésilas ont prouvé jusqu'à l'évidence la faiblesse de ce colosse aux pieds d'argile. Le traité d'Antalcidas, malgré les avantages qu'il lui assure, ne l'arrêtera pas sur la pente qui le conduit à sa ruine.

CHAPITRE XV.

DEPUIS LA PAIX D'ANTALCIDAS JUSQU'A LA RÉVOLTE DES VILLES MARITIMES (387-361).

GUERRE D'ARTAXERXÈS CONTRE ÉVAGORAS. — Tranquille désormais du côté de la Grèce, Artaxerxès songea dès l'année suivante (386) à punir la révolte d'Évagoras.

Depuis qu'elle avait éclaté il s'occupait des préparatifs de cette expédition et avait rassemblé des forces considérables pour agir sur terre et sur mer. Son armée de terre comptait trois cent mille hommes y compris la cavalerie, et sa flotte consistait en plus de trois cents trirèmes. Il confia le commandement de l'armée de terre à Oronte, son gendre, et celui de l'armée navale à Tiribaze. Ces deux généraux, ayant pris à Phocée et à Cymes le commandement des forces qui devaient agir sous leurs ordres, descendirent en Cilicie, et, ayant fait passer leur armée dans l'île de Chypre, ils se disposèrent à y pousser la guerre avec vigueur (1).

MOYENS DE DÉFENSE D'ÉVAGORAS. — Cependant Évagoras venait de contracter une alliance avec Acoris, roi d'Égypte, ennemi des Perses, et d'obtenir de lui un secours important. Il avait en même temps traité en secret avec Hécatomnos, dynaste de Carie, qui lui fournit pour la solde des troupes auxiliaires une somme considérable. De plus, Évagoras, soit par des négociations secrètes, soit par des démarches

---

(1) Xén., Hell., ib., § 24-30.
(2) Xén., Hell., liv. V, ch. 1, § 31.

(1) Diod. de Sic., liv. XV, ch. 2.

ostensibles, décida également plusieurs autres petits souverains mal disposés pour les Perses à faire dans cette guerre cause commune avec lui. Déjà par lui-même et secondé par son fils Protagoras (1) il s'était rendu maître du plus grand nombre des villes de l'île de Cypre, et dans la Phénicie qu'il avait ravagée il disposait de celle de Tyr qu'il avait prise d'assaut. De plus il avait soulevé la Cilicie (2). Sa flotte se composait de quatre-vingt-dix trirèmes, dont vingt étaient tyriennes et soixante-dix cypriotes. Quant à son armée, elle était composée de six mille hommes de ses propres troupes et d'un plus grand nombre d'auxiliaires fournis par ses alliés ; et comme l'argent ne lui manquait pas, il tenait en outre à sa solde beaucoup de stipendiés. Enfin, le roi des Arabes lui envoya des secours en hommes, et cet exemple fut suivi par quelques autres princes (3).

IL OUVRE LA CAMPAGNE. — Évagoras, ayant ainsi réuni tous ses moyens, et prenant confiance en ses forces, se décida à ouvrir la campagne. Dans le début, comme il avait un grand nombre de bâtiments armés pour la piraterie, il se mit avec eux en embuscade, attendit les navires qui apportaient les vivres aux ennemis, en coula une partie à fond, poursuivit ou dispersa les autres et s'empara même de quelques-uns. Éloignés par cette manœuvre, les marchands n'osèrent plus porter des grains dans l'île de Cypre, où des troupes si nombreuses se trouvaient alors rassemblées ; la disette se fit donc bientôt sentir chez les Perses, et cette disette amena une sédition. Les troupes stipendiées se révoltèrent contre leurs chefs, en tuèrent quelques-uns et remplirent le camp de troubles et de désordres. Ce ne fut même pas sans grand'peine que les généraux, et particulièrement Gaos, fils de Tamos (4) et gendre de Tiribaze,

(1) Isocr., *Éloge d'Évagoras*. Diodore l'appelle Pythagoras, mais l'autorité d'Isocrate, contemporain de ces événements, m'a paru préférable.
(2) Isocr., ib.
(3) Diod. de Sic., ibid., ch. 2.
(4) Voy. plus haut p. 137.

parvinrent à apaiser cette insurrection, en détachant, pour aller dans la Cilicie chercher des vivres, toute la flotte, qui en rapporta une grande quantité. Ainsi l'abondance fut rétablie. Quant à Évagoras, à qui le roi Acoris avait envoyé d'Égypte de nombreux chargements de blé, de l'argent et des provisions de tout genre, il se trouvait suffisamment en mesure de ce côté ; mais, comme il se voyait inférieur de beaucoup en forces navales, il équipa soixante navires de plus, et en demanda cinquante autres à Acoris, qui les lui envoya, de manière qu'il porta sa flotte à deux cents trirèmes. Puis, sachant qu'il avait affaire à un ennemi redoutable, il pourvut avec soin ses bâtiments de tout ce qui leur était nécessaire pour se mesurer contre les Perses ; et, après avoir exercé et éprouvé leurs équipages, il se disposa au combat (1).

COMBAT NAVAL. VICTOIRE DES PERSES. — Lorsque tous ses préparatifs furent terminés, Évagoras, instruit que la flotte royale faisait voile vers Cition, tomba à l'improviste sur les Perses, avec ses vaisseaux en bon ordre, et attaqua ceux des ennemis avant qu'ils eussent pris leurs rangs, ayant ainsi l'avantage de combattre, avec un plan d'attaque arrêté d'avance, des hommes pris au dépourvu. La victoire se déclara donc pour lui dans le commencement de l'action ; et en effet, forçant de voiles avec toutes ses trirèmes contre les navires ennemis dispersés et effrayés, il en détruisit plusieurs, et s'empara de quelques autres. Cependant Gaos et les autres généraux ayant opposé une résistance énergique, le combat reprit avec plus d'acharnement que jamais. Évagoras y eut encore, dans le premier moment, l'avantage ; mais, à la fin, Gaos, tombant sur les Cypriens, qu'il écrasa du poids de ses vaisseaux, et continuant à combattre avec la plus grande valeur, réussit à mettre en fuite Évagoras, qui perdit un grand nombre de ses trirèmes (2).

SIÈGE DE SALAMINE. — Les Perses, vainqueurs dans cette rencontre, réunirent toutes leurs forces à Cition, et,

(1) Diod. de Sic., ibid.
(2) Id., ibid., ch. 3.

Temple de Jupiter à Satsounda.

partant de ce point, vinrent mettre le siége devant Salamine, qu'ils attaquèrent en même temps par terre et par mer. Cependant Tiribaze, à la suite du combat naval, passa en Cilicie, se rendit de là près du roi, lui annonça la victoire que sa flotte venait de remporter, et en obtint deux mille talents pour les frais de la guerre. Mais Évagoras, qui, avant sa défaite sur mer, avait attaqué et battu une partie de l'armée de terre des Perses, et auquel ce succès donnait une grande confiance dans ses forces, perdit cette même confiance après l'échec qu'il venait d'éprouver sur mer, et, dans l'abattement où il était tombé, prit le parti de se renfermer dans la ville de Salamine. Se décidant néanmoins à continuer la guerre, il laissa à son fils Protagoras le commandement de toutes ses armées dans l'île de Cypre, et, prenant dix trirèmes, il s'échappa de Salamine, à l'insu des ennemis, pour se rendre en Égypte. Il y vit le roi, et dans cette entrevue Évagoras l'engagea à continuer vigoureusement contre les Perses une guerre qu'Acoris devait regarder comme une affaire personnelle (1).

ÉVAGORAS NÉGOCIE AVEC LES PERSES. — L'année suivante (385), Évagoras revint en Cypre, apportant avec lui l'argent qu'Acoris lui avait fourni, en moindre quantité qu'il ne l'avait espéré. Il trouva Salamine pressée plus vivement que jamais par les ennemis qui l'assiégeaient ; et bientôt, abandonné lui-même par tous ses alliés, il se vit obligé d'entrer en négociation avec les Perses. Tiribaze, qui en avait le commandement général, répondit à ces ouvertures qu'il ne consentirait à aucune transaction à moins qu'Évagoras ne cédât toutes les villes de Cypre, à l'exception de celle de Salamine, qu'il continuerait à posséder avec le titre de roi, sous la réserve de payer au roi un tribut annuel déterminé, et de consentir à exécuter tout ce que celui-ci lui prescrirait, comme un esclave doit le faire à l'égard d'un maître. Quelque pénible que fût le choix qu'Évagoras avait à faire entre la guerre et des conditions si rigoureuses, il accepta ces dernières, à l'exception cependant de celle qui lui imposait l'obligation de se considérer comme un esclave vis-à-vis d'un maître, déclarant qu'il la rejetait et consentirait seulement à être soumis au roi de Perse comme un roi vassal (1).

TIRIBAZE EST ACCUSÉ DE TRAHISON. — Tiribaze refusa de se relâcher de ses premières propositions ; mais un événement imprévu vint en aide à Évagoras. Oronte, autre général des Perses, jaloux de la gloire de son collègue, écrivit en secret à Artaxerxès pour accuser Tiribaze d'abord de n'avoir pas pris Salamine de vive force, comme il aurait pu le faire, d'avoir au contraire reçu les envoyés de l'ennemi, et d'être entré en négociation avec lui. Il lui reprochait en outre d'avoir contracté, pour son propre compte, une alliance avec les Lacédémoniens, et d'avoir envoyé consulter l'oracle de la Pythie afin d'apprendre si le moment était favorable pour se révolter contre le roi; enfin, et ce qui était l'accusation la plus grave, de s'être assuré le dévouement de tous les chefs de troupes par des dons, des honneurs et de brillantes promesses. Le roi ajoutant foi à ces calomnies donna à Oronte l'ordre de saisir Tiribaze et de le lui envoyer. L'ordre fut exécuté (2).

ORONTE LE REMPLACE. FIN DE LA GUERRE. — Oronte ayant succédé à Tiribaze dans le commandement de toutes les forces employées pour soumettre l'île de Cypre, Évagoras reprit confiance et soutint avec plus de résolution le siège que les Perses avaient mis devant Salamine ; d'un autre côté, Oronte, s'apercevant que ses soldats, mécontents de l'éloignement de Tiribaze, étaient portés à l'insubordination et menaçaient d'abandonner le siège, craignit de pousser les choses à l'extrême. Il se détermina donc à envoyer des négociateurs à Salamine pour traiter d'un accommodement, et, sans doute avec l'assentiment de son maître, offrit la paix aux mêmes conditions qu'Évagoras avait précédemment consenties avec Tiribaze. Ainsi Évagoras se trouva, contre toute attente, délivré de la crainte de voir tomber sa capitale au

---

(1) Id., ibid., ch. 4.

(1) Id., ib., ch. 8.
(2) Id., ibid.

pouvoir des Perses, et obtint la paix, en conservant le titre de roi de Salamine, à la charge d'un tribut annuel et de se soumettre, sans cesser d'être roi, aux ordres de celui des Perses qu'il reconnaissait comme suzerain. De cette manière se termina la guerre de Cypre qui avait duré près de dix années (1), pendant laquelle on en compte à peine deux de combats suivis (2), mais où le roi d'une seule ville avait tenu en échec toutes les forces de l'Asie.

RÉVOLTE DE GAOS. — Cependant le général de la flotte, Gaos, gendre de Tiribaze, craignant que, soupçonné d'avoir participé aux résolutions de son beau-père, il ne se vît exposé à être puni par le roi, ou plutôt encore encouragé par l'exemple d'Évagoras, puissant d'ailleurs par ses richesses et fort de l'appui des commandants des trirèmes qu'il avait gagnés par ses libéralités, se détermina à s'insurger contre le roi. Il se hâta en conséquence d'envoyer des députés au roi d'Égypte Acoris pour contracter avec lui une alliance offensive contre Artaxerxès. Il écrivit en même temps aux Lacédémoniens pour les exciter à s'armer en sa faveur et s'engagea à leur fournir de grosses sommes d'argent. Prodigue de promesses magnifiques, il les flattait, entre autres, de s'unir à eux pour leur faire recouvrer leur antique suprématie sur toute la Grèce. En effet, déjà les Spartiates s'étaient occupés de reconquérir cette supériorité, et les troubles qu'ils avaient excités dans diverses villes prouvaient assez évidemment qu'ils voulaient de nouveau les rendre esclaves. De plus, comme ils s'étaient en quelque sorte déshonorés par le traité conclu entre eux et le grand roi, où ils semblaient avoir livré les Grecs d'Asie, ils se repentaient déjà de ce qu'ils avaient fait, et cherchaient un prétexte plausible de recommencer la guerre contre Artaxerxès. Ils entrèrent donc avec empressement dans l'alliance que Gaos leur proposait (3).

(1) Isocrate en fixe la durée à dix ans, sans doute afin de pouvoir, dans son enthousiasme pour Évagoras, la comparer et la préférer à la guerre de Troie.
(2) Diod. de Sic., ib., ch. 9.
(3) Id., ib., ch. 9.

TACHOS LUI SUCCÈDE (383). — Mais Gaos, ayant été assassiné par quelques hommes apostés, ne put accomplir ses projets. Après sa mort, Tachos, qui lui succéda dans la conduite des affaires, parvint à réunir sous ses ordres une armée, et bâtit par la suite entre Smyrne et Phocée, sur un rocher près de la mer et où se trouvait déjà un temple consacré à Apollon, une ville à laquelle il donna le nom de Leucé. Peu de temps après cette fondation, Tachos étant mort, les Clazoméniens et les Cyméens se disputèrent la possession de la nouvelle ville, et allaient recourir aux armes pour décider la question, quand un ingénieux stratagème en assura la possession aux Clazoméniens (1).

SPARTE RENONCE A LA GUERRE D'ASIE. — Après la mort de Gaos et de Tachos, les Lacédémoniens renoncèrent entièrement à se mêler des affaires d'Asie et tournèrent toutes leurs pensées vers la Grèce. Tantôt séduisant les villes par la persuasion, tantôt les contraignant, par le retour de leurs bannis qu'ils y faisaient rentrer de force, à subir le joug de Sparte, ils tendaient manifestement à recouvrer, avec l'aide du roi de Perse, leur ancienne suprématie, contre la teneur du traité commun à toute la Grèce qu'avait conclu Antalcidas (2).

ARTAXERXÈS SE DISPOSE A FAIRE LA GUERRE AU ROI D'ÉGYPTE. — Après la pacification de l'île de Cypre, Artaxerxès songea a se venger du roi d'Égypte Acoris, qui, après s'être soustrait à la domination des Perses, avait soutenu la révolte d'Évagoras et s'était montré disposé à appuyer celle de Gaos. Suivant l'usage, il fit ses préparatifs avec lenteur, car, s'il faut en croire Diodore, ce fut seulement en 375 qu'il mit à exécution son dessein; voulant joindre à ses troupes asiatiques un grand nombre de troupes étrangères et se mettre en garde contre quelque attaque des Lacédémoniens qui, par leurs intelligences avec Gaos, lui avaient donné le droit de suspecter leur fidélité, il s'occupa de pacifier la Grèce que l'ambition de Sparte avait tenue dans un état de guerre continuelle depuis la paix d'Antalcidas, et Athènes,

(1) Id., ib., ch. 18.
(2) Id., ib., ch. 19.

jalouse de l'accroissement que venait de prendre la puissance de Thèbes, se décida à conclure avec Sparte un traité que les prétentions des deux États sur Corcyre devaient rompre bientôt après (1).

GUERRE D'ARTAXERXÈS CONTRE LE ROI D'ÉGYPTE. — Rassuré de ce côté, Artaxerxès commença la guerre qu'il projetait. Pharnabaze commandait les barbares, et l'Athénien Iphicrate les troupes grecques à la solde des Perses. L'Asie Mineure avait fourni son contingent. Cette guerre, où figurèrent tour à tour les plus grands capitaines de la Grèce, Iphicrate, Chabrias, et Agésilas lui-même, n'eut pas le succès qu'il en attendait. L'Égypte garda son indépendance (2).

TENTATIVES D'ARTAXERXÈS POUR RÉTABLIR LA PAIX PARMI LES GRECS. — Cependant, depuis la paix d'Antalcidas, la Grèce n'avait cessé d'être agitée par des dissensions intestines. En 372, s'il faut en croire Diodore, Artaxerxès fit une nouvelle tentative pour rétablir entre eux la paix. La résistance de Thèbes, qui commençait à prendre le dessus dans les affaires de la Grèce, rendit cette tentative inutile (3). Suivant le même historien, il la renouvela en 369, et sans plus de succès. L'Abydénien Philiscos, envoyé par lui, débarqua en Grèce et trouva cette fois encore tous les peuples disposés à accepter les propositions du grand roi; les Thébains seuls ne voulurent pas consentir à poser les armes. Sur leur refus, Philiscos, désespérant de la pacification générale, retourna en Asie, laissant aux Lacédémoniens deux mille hommes d'élite dont il avait payé la solde d'avance (4).

PÉLOPIDAS A LA COUR DU ROI DE PERSE. — Mais en 367 ce furent les Grecs eux-mêmes qui eurent recours au grand roi. Grâce à deux héros, Épaminondas et Pélopidas, Thèbes, devenue puissante, pensa à s'arroger l'hégémonie dont Sparte avait fait un si funeste usage. Mais Thèbes n'est point une cité maritime, et elle sent qu'elle ne pourra acquérir une puissance durable sur cette Grèce composée presque tout entière d'îles et de péninsules qu'en se créant une marine; or pour cela il faut l'argent du grand roi : Pélopidas lui est envoyé.

Certes ce dut être un agréable spectacle pour ce prince que de contempler à ses pieds les représentants de la Grèce, car l'Arcadie, l'Élide, Lacédémone et Athènes avaient aussi envoyé leurs députés. Pélopidas les effaça tous dès qu'il parut. Le bruit de la victoire de Leuctres l'avait précédé en Asie, et Artaxerxès était fier de voir s'humilier un homme que la guerre avait rendu si grand. Il n'écouta que lui et ne lui refusa rien de ce qu'il demandait. Une paix sera proposée au nom d'Artaxerxès, et les Thébains en seront les arbitres. Mais la paix ne fut pas conclue. Les Thébains exigèrent qu'on leur prêtât serment à eux et au grand roi. Les Grecs s'y refusèrent (1). Les temps étaient passés où le roi de Perse pouvait encore parler en maître.

CHAPITRE XVI.

RÉVOLTE DES SATRAPES ET DES VILLES DE L'ASIE MINEURE.

RÉVOLTE DES VILLES MARITIMES. — (361) On le voit, l'empire des Perses allait s'affaiblissant de jour en jour dans les mains séniles d'Artaxerxès II. Six ans après l'ambassade de Pélopidas, les peuples qui habitaient la côte d'Asie se révoltèrent contre les Perses, et les satrapes ou généraux qui commandaient sur cette même côte, suivant leur exemple, se déclarèrent ennemis d'Artaxerxès. Tachos, roi d'Égypte, se préparait à prendre à son tour l'offensive contre les Perses, faisait équiper une flotte, levait une armée de terre, prenait à sa solde des troupes fournies par quelques villes grecques, et s'était allié avec les Lacédémoniens. Ces derniers en voulaient personnellement à Artaxerxès, qui avait fait comprendre les Messéniens, leurs antiques ennemis, dans la paix générale conclue après la bataille de Mantinée, et à laquelle il avait contribué. Une ligue si formidable devait attirer toute l'attention du grand roi, et il se prépara à une guerre sérieuse; car il n'ignorait pas qu'il aurait

---

(1) Diod. de Sic., l. XV, ch. 38.
(2) Diod., ib., ch. 41-43.
(3) Id., ib., ch. 50.
(4) Xén., *Hellén.*, l. VII, ch. 1.
Diod., ib., l. XVI, ch. 70.

(1) Xén., *Hellén.*, l. VII, ch. 1. Plut., *Vie de Pélop.*, ch. 30.

à la soutenir contre toutes les villes grecques de l'Asie Mineure, contre les Lacédémoniens et contre leurs alliés, les satrapes et les généraux qui commandaient sur les côtes, et qui s'étaient réunis pour l'attaquer.

LES SATRAPES DE L'ASIE MINEURE Y PRENNENT PART.. — Parmi ces derniers, les plus remarquables étaient Ariobarzane, satrape de Phrygie, qui après la mort de Mithridate était devenu maître de son royaume; Mausole, dynaste de Carie, qui possédait un grand nombre de forteresses et de villes considérables dont la métropole était Halicarnasse, capitale de la Carie, ayant une citadelle considérable, et où il résidait; Oronte, satrape de Mysie; et Autophradate, satrape de Lydie. Enfin les peuples d'origine ionienne et autres, tels que les Lyciens, les Pisidiens, les Pamphyliens, les Ciliciens, les Syriens, les Phéniciens et presque toutes les cités maritimes, s'étaient rangés au nombre des ennemis du grand roi. Une défection si générale avait diminué de moitié ses revenus, et ce qui lui restait était insuffisant pour pourvoir aux besoins de la guerre.

ORONTE EST ÉLU CHEF DES RÉVOLTÉS; IL LES TRAHIT. — Les rebelles élurent Oronte pour leur chef; mais aussitôt que ce satrape fut investi du pouvoir et qu'il eut reçu l'argent nécessaire pour assurer pendant une année la solde de vingt mille hommes, il trahit ceux qui avaient mis en lui leur confiance. Comme il se figurait qu'il obtiendrait aisément du roi de magnifiques récompenses et la satrapie générale des provinces maritimes s'il livrait les révoltés aux Perses, il commença par arrêter et traduire devant Artaxerxès ceux qui lui avaient apporté de l'argent, et livra également aux généraux envoyés sur les lieux par le roi un grand nombre de villes avec leurs garnisons composées d'étrangers recrutés par les confédérés (1).

SEMBLABLE TRAHISON EN CAPPADOCE. — L'exemple d'Oronte fut suivi, et une trahison du même genre eut lieu en Cappadoce où la révolte des villes maritimes avait aussi trouvé des imitateurs. Artabane, un des généraux d'Artaxerxès, était entré dans cette province à la tête de forces considérables pour la faire rentrer dans le devoir. Le Carien Datame, qui gouvernait, comme satrape, la partie de cette province habitée par les Leucosyriens, et que l'ingratitude du roi avait jeté dans le parti des rebelles, marcha contre lui, après avoir rassemblé une armée de vingt mille fantassins mercenaires et une cavalerie nombreuse; mais Mithrobarzane, beau-père de Datame, qui commandait cette cavalerie, voulant rentrer en grâce près du roi, et pourvoir à sa propre sûreté, après s'être entendu avec Artabane, déserta une nuit, emmenant toute sa troupe, et se dirigea vers le camp ennemi. En apprenant cette trahison Datame se met à la tête de ses soldats mercenaires et poursuit les transfuges qu'il atteint au moment où ils allaient joindre les ennemis. Il tombe tout à la fois et sur cette cavalerie et sur celle d'Artabane qui était accourue au-devant d'elle, et en fait un grand carnage. De son côté, Artabane, croyant que ce combat n'était qu'une ruse de guerre, donna l'ordre à ses soldats de massacrer tous les cavaliers transfuges qui se présenteraient. Pris ainsi entre deux partis dont l'un l'attaque comme transfuge, et l'autre veut le punir comme traître, Mithrobarzane tombe indistinctement sur les troupes de Datame et sur celles d'Artabane. Dix mille hommes des uns et des autres restèrent sur la place. Ce succès accrut encore la gloire militaire de Datame (1).

DATAME CONTINUE LA RÉVOLTE EN CAPPADOCE. SA MORT. — Artaxerxès savait tout ce que valait un tel capitaine. Déjà Datame s'était distingué dans la guerre contre les Cadusiens, plus tard par la répression de la révolte de Thyos, satrape de Paphlagonie, et par la prise d'Aspis qui s'était rendu maître de la Cataonie. Aussi après la défaite d'Artabane envoya-t-il contre lui Autophradate avec une armée considérable composée de vingt mille cavaliers, cent mille *cardaces* ou fantassins irréguliers (2), trois

---

(1) Diod. de Sic., ib., ch. 91.

(1) Id., ib., ch. 91; Corn. Nép., *Vie de Datame*.

(2) Cette troupe, qui vivait de pillage, rappelle les *Batchi-Bouzouks* de l'armée turque.

mille frondeurs de même espèce, huit mille Cappadociens, dix mille Arméniens, cinq mille Paphlagoniens, dix mille Phrygiens, cinq mille Lydiens, trois mille Aspendiens, deux mille Ciciens, autant de Cariens, trois mille Grecs mercenaires et un très-grand nombre de soldats armés à la légère. Datame n'avait pas la vingtième partie de ces forces; mais il avait pour lui ses talents et la nature des lieux qu'il occupait. Il avait d'abord voulu prévenir son ennemi et lui fermer le passage en s'emparant des portes de Cilicie; mais il ne put rassembler assez promptement son armée. Toutefois il posta si bien le peu de troupes qu'il avait autour de lui que les ennemis ne pouvaient ni l'envelopper ni tenter le passage sans être attaqués en tête et en queue. Malgré les avantages de la position de Datame, Autophradate se décida à l'attaquer. Datame soutint le choc de ses ennemis, et leur tua plusieurs milliers d'hommes; puis, quittant ce poste, il continua à remporter l'avantage parce qu'il n'en venait jamais aux mains qu'il n'eût enfermé l'ennemi dans des défilés, ce que la connaissance des lieux lui rendait facile. Autophradate, convaincu que la longueur de cette expédition serait plus funeste à son maître qu'à Datame, exhorta ce dernier à faire la paix et à rentrer en grâce avec le roi. Quoique Datame regardât cette réconciliation comme peu sûre pour lui, il écouta les propositions d'Autophradate et lui annonça qu'il enverrait des députés à Artaxerxès. La guerre terminée, Autophradate se retira en Phrygie.

Artaxerxès, voyant qu'il ne pouvait se défaire de Datame par la force des armes, résolut de le faire périr dans des embûches. Datame évita la plupart de ses piéges; mais il fut enfin surpris par Mithridate, fils d'Ariobarzane, qui, ayant feint d'être en révolte contre le roi, s'allia avec lui et l'assassina un jour par trahison (1).

TRAHISON DE RHEOMITRÈS. — Pendant que ces événements se passaient, Rhéomithrès, envoyé par les rebelles en Égypte près du roi Tachos, et en ayant reçu cinq cents talents avec cinquante vaisseaux longs, revenait en Asie et abordait à Leucé. Arrivé dans cette ville, il appela près de lui plusieurs des principaux chefs de l'armée insurgée, les fit arrêter, charger de chaînes, les envoya à Artaxerxès, et pour prix de cette trahison, quoiqu'il fût lui-même un rebelle, il obtint de faire sa paix avec le roi (1).

MORT D'ARTAXERXÈS. — Peu de temps après mourut Artaxerxès après un règne de quarante-six ans (358). Témoin de la rivalité de ses deux fils Darius et Ochus, et craignant de voir se renouveler la guerre civile qui avait menacé de renverser son trône, il avait déclaré roi Darius, alors âgé de vingt-cinq ans, et lui avait permis de porter la tiare droite. Mais Darius, excité par Tiribaze, conspira contre son père et fut mis à mort. Son supplice délivra Ochus d'un concurrent redoutable; toutefois il craignait encore Ariaspe, son frère aîné, le seul fils légitime qui restât à Artaxerxès, et Arsème, celui de ses frères illégitimes que son père aimait le plus tendrement. Il effraye le premier par de faux rapports, lui fait croire que son père veut le condamner à une mort ignominieuse, et le jette dans un tel désespoir que le malheureux prince s'empoisonne.

Quant au second, il le fait assassiner. Artaxerxès ne peut résister au chagrin que lui cause la fin tragique de ses deux fils, et il meurt de douleur dans la quatre-vingt-quatorzième année de son âge (2).

AVÉNEMENT D'ARTAXERXÈS III OCHUS. — Devenu roi par le meurtre de ses deux frères, Ochus ne se croit pas affermi sur le trône tant qu'il restera un seul membre de la famille royale. Il périra donc, et le massacre d'innombrables victimes peut seul rassurer son ambition (3). Mais son règne ne sera pas plus tranquille que celui de son père. Il débute par une guerre contre les Cadusiens, peuple voisin de la mer Caspienne, et doit la victoire à la valeur de Codoman, qu'il nomme, en récompense de ce service, satrape d'Arménie et qui

---

(1) Corn. Nép., *Vie de Datame.*

(1) Diod. de Sic., liv. XV, ch. 92.
(2) Plut., *Artax.*, ch. 30.
(3) Justin. *Hist.*, liv. X, ch. 3; Valère Maxime, liv. IX, ch. 2; Quinte-Curce, liv. X, ch. 8.

régnera un jour sur la Perse, mais qui en sera le dernier roi.

BYZANCE, RHODES, COS ET CHIOS SECOUENT LE JOUG D'ATHÈNES. — A peine délivrée par un traité avec les Thébains de la guerre qu'avaient soulevée les troubles survenus dans l'île d'Eubée, Athènes avait été contrainte de reprendre les armes et de recommencer une lutte dont les côtes de l'Asie Mineure devaient être encore une fois le théâtre.

Grâce aux succès de Conon, d'Iphicrate, de Timothée et de Chabrias, Athènes avait relevé sa marine et retrouvé des alliés qui avaient reçu ce titre par crainte ou l'avaient repris pour mettre leur commerce sous la protection de la première puissance maritime de la Grèce. Timothée seul, digne fils de Conon, avait, dit-on (1), soumis soixante-cinq villes assez importantes pour avoir chacune des représentants au congrès qui se tenait à Athènes.

Ce seul fait prouverait qu'Athènes avait dessein de mieux traiter ses alliés ; mais ces dispositions bienveillantes ne durèrent pas longtemps : le peuple revint bientôt à ses anciennes habitudes. Quand la force de Lacédémone eut été brisée par Épaminondas, l'énergie de Thèbes s'éteignit au sein de la victoire, et Athènes, qui était restée le plus souvent en dehors de ce conflit, s'éleva de nouveau sur les ruines de ces deux États. Dès lors elle ne garda plus de ménagement avec les alliés.

La démocratie, mais non plus la démocratie brillante de l'époque de Périclès, réglait toujours les destinées de la ville de Minerve. Elle était alors dirigée par un homme qui aurait fait honte à Cléon lui-même. A force de déprédations et de rapines Charès, ce nouveau favori de la multitude, était parvenu à se former un parti puissant. Soixante talents qu'il avait enlevés du temple d'Apollon à Delphes furent employés par lui à donner aux Athéniens de splendides festins (2). Mais Charès n'était pas homme à s'appauvrir pour le plaisir du peuple : afin de se dédommager de ses dépenses, il voulut mettre les villes alliées au pillage, et les exactions les plus tyranniques pesèrent de nouveau sur les sujets d'Athènes. Ils se plaignirent ; on leur répondit par de nouvelles violences. Forcés de se faire justice eux-mêmes, ils se soulevèrent et proclamèrent leur indépendance (357). Byzance, Rhodes, Cos et Chios, qui déjà en 364, et sans doute en haine du joug athénien, s'étaient montrées favorables au projet conçu par Épaminondas d'assurer aux Thébains l'empire de la mer (1), formèrent une ligue redoutable, soutenue par Mausole, satrape de Carie.

CHARÈS ET CHABRIAS SONT ENVOYÉS CONTRE LES RÉVOLTÉS. — Athènes envoya contre eux Charès et Chabrias avec des forces considérables. Les deux généraux mirent à la voile et se dirigèrent vers Chios, qui la première avait donné le signal de l'insurrection. Elle avait déjà reçu les secours de Rhodes, de Cos et des Byzantins, et tout y était prêt pour la résistance. Les généraux athéniens n'en résolurent pas moins de l'attaquer par terre et par mer. Charès, qui commandait les forces de terre, s'avança contre les murs de la ville, et cet assaut fut repoussé. Chabrias, de son côté, pénétra avec la flotte dans le port et engagea avec les ennemis un combat très-acharné ; mais le vaisseau qu'il montait, ayant été fracassé par les éperons des navires ennemis, fut mis hors de combat, et les autres, pour échapper à une perte certaine, s'éloignèrent aussitôt. Chabrias, préférant une mort honorable à une défaite ignominieuse, resta sur son navire et aima mieux se faire tuer que de reculer (2).

Le sac de Lemnos par les confédérés ne fit que rendre la guerre plus active. Aussi, l'année suivante, Athènes aux soixante vaisseaux commandés par Charès crut-elle devoir en ajouter soixante autres sous la conduite d'Iphicrate et de Timothée. Pour arrêter les progrès des ennemis, qui, après avoir ravagé Lemnos et Imbros, s'étaient portés

---

(1) Eschine, *sur les prévarications de l'ambassade*, § 24.
(2) Théopompe cité par Athénée, *Deipnosoph.*, liv. XII, ch. 43.

(1) Diod. de Sic., liv. XV, ch. 78 et 79.
(2) Diod. de Sic., liv. XVI, ch. 7; Cor. Nép., *Chabrias*, ch. 4.

avec des forces considérables sur Samos, dont ils assiégeaient la capitale, ils cinglèrent vers Byzance, qu'ils menacèrent. Les alliés les y suivirent, et toutes les forces maritimes des deux partis se trouvèrent ainsi réunies dans l'Hellespont. Malgré une tempête violente qui s'éleva, Charès voulut engager le combat; mais Timothée et Iphicrate s'y refusèrent, ne voulant pas exposer la flotte à un danger inévitable : Charès prit de là prétexte pour les accuser de trahison. Athènes, toujours disposée à soupçonner ses grands hommes, les destitua et les condamna à une amende (1).

CHARÈS SE MET A LA SOLDE D'ARTABAZE, RÉVOLTÉ CONTRE LE ROI DE PERSE. — Débarrassé de deux généraux dont la réputation et les talents lui portaient ombrage, Charès, resté seul chargé du commandement de l'armée athénienne, ne songea plus qu'à satisfaire son avidité. Riche de ses rapines, il négligea les affaires de la guerre, ne vivant qu'au milieu des festins et du luxe, entouré de parasites et de chanteuses (2). Une pareille existence devait épuiser promptement ses ressources; et se voyant dans l'impossibilité de payer ses troupes, il songea à s'en procurer les moyens. Laissant donc de côté la guerre sociale, qui ne lui présentait que des difficultés et peu de profit, il eut recours à un procédé plus sûr et plus expéditif, mais aussi plus digne d'un chef de bande que d'un général d'Athènes.

Artabaze, satrape d'Ionie, s'était révolté contre le grand roi et n'était pas assez fort pour résister aux soixante-dix mille hommes que les satrapes, chargés de châtier sa rébellion, avaient réunis contre lui. Charès se mit à sa solde avec toutes ses troupes. En reconnaissance d'un si grand service, Artabaze lui fit présent d'une somme considérable qui lui permit de pourvoir à la solde et à la subsistance de son armée. Athènes d'abord approuva la conduite de son général; mais le roi de Perse, irrité de cette violation des traités, ayant fait déclarer aux Athéniens que s'ils ne rappelaient

leurs troupes il porterait à leurs ennemis le secours d'une flotte de trois cents vaisseaux, ils crurent prudent d'abandonner Artabaze, de faire la paix avec les alliés, dont ils durent reconnaître l'indépendance (355) (1).

Telle fut la honteuse issue de cette guerre sociale, qui enleva à Athènes d'importantes possessions et qui devait lui être si fatale en annulant les forces qu'elle aurait pu opposer utilement aux projets ambitieux de Philippe, roi de Macédoine.

ARTABAZE SECOURU PAR LES THÉBAINS. — Privé du secours d'Athènes, Artabaze, quoique resté seul et sans appui, ne renonça pas à la lutte qu'il avait engagée et songea à s'assurer de nouveaux auxiliaires. Il se tourna vers les Thébains, qu'il réussit à entraîner dans son parti, et qui lui envoyèrent cinq mille hommes sous le commandement de Pamménès (353). Ce secours rétablit les affaires d'Artabaze, et Pamménès, dans deux rencontres, battit l'armée des satrapes (2).

ARTABAZE SE RÉFUGIE EN MACÉDOINE. — Mais deux ans plus tard les Thébains, épuisés par la guerre de Phocide, envoyèrent des députés au roi de Perse pour lui demander quelques secours pécuniaires. Artaxerxès les accueillit avec empressement, et leur accorda en pur don trois cents talents (3); mais sans doute ils se crurent obligés par la reconnaissance à rappeler les auxiliaires d'Artabaze, qui, voyant ainsi la fortune changer encore une fois, se réfugia en Macédoine, où il trouva un asile auprès de Philippe, qui déjà laissait voir ses projets contre les Perses (4).

LA RÉVOLTE CONTINUE. — Son départ et celui de Memnon, qui lui aussi s'était révolté contre Ochus et comme lui avait cherché un refuge chez le roi de Macédoine, ne mirent pas un terme à la révolte, qui pour avoir duré si longtemps devait avoir des intelligences au dehors, peut-être avec Philippe de Macédoine, et de nombreux partisans en Asie, voire même jusqu'à la cour du roi de

---

(1) Diod. de Sic., liv. XVI, ch. 21; Corn. Nep., *Thimoth.*, ch. 3.
(2) Théopompe cité par Athénée, liv. XII, chap. 43.

(1) Diod. de Sic., liv. XV, ch. 22.
(2) Diod., *ibid.*, ch. 24.
(3) Le même, *ibid.* ch. 40.
(4) Cf. Diod., *ibid.*, ch. 52.

Perse. Si l'Assuérus du livre d'Esther, appelé Artaxerxès dans la version grecque des Septante, est, comme il est très-vraisemblable, Artaxerxès III Ochus (1), bien que cette opinion n'ait pas encore été proposée et que quelques-uns aient vu dans ce roi Darius, d'autres Xerxès et d'autres encore Artaxerxès Longue-Main, il se pourrait que le premier ministre Aman, accusé, d'après le texte des Septante, d'être Macédonien (2) et d'avoir voulu faire passer l'empire des Perses à la Macédoine (3), ait été dans le complot et ait dû sa chute à la découverte de ses desseins criminels bien plus encore qu'à la résistance de Mardochée. Si cette conjecture était admise, on s'expliquerait bien mieux les nombreux massacres ordonnés par le grand roi après la chute d'Aman; car on pourrait y voir non un acte de vengeance assez peu probable dirigée contre les ennemis des Juifs, mais un châtiment infligé aux partisans de la révolte et s'étendant jusque sur leurs familles; ce qui surprendrait peu de la part d'Ochus, qui, comme nous l'avons vu plus haut, n'avait pas craint, pour se raffermir sur le trône, de faire mettre à mort tous les membres de la famille royale.

MENTOR DE RHODES, SATRAPE DES PROVINCES MARITIMES, MET FIN A LA RÉVOLTE. — Quoi qu'il en soit, la révolte durait encore en 349; et Artaxerxès III, après avoir, avec le secours des Grecs d'Europe et des Grecs d'Asie, fait rentrer dans le devoir la Phénicie, l'île de Chypre et l'Égypte (4), chargea Mentor de Rhodes, qui lui avait rendu de grand services dans cette guerre, d'achever la soumission des insurgés d'Asie Mineure. Pour le rendre plus puissant, il le nomma, quoique Grec, satrape des provinces maritimes et généra. en chef des troupes avec un pouvoir absolu, faveur dont l'histoire ne nous avait encore offert aucun exemple, si l'on excepte le commandement offert par Xerxès à Thémistocle.

Revêtu d'une si grande autorité, Mentor, frère de Memnon et beau-frère d'Artabaze, intercéda pour eux près du roi, qu'il décida à leur remettre les peines qu'ils avaient encourues et à leur pardonner. Dès qu'il eut obtenu leur grâce, il les appela auprès de lui avec toute leur famille. Artabaze avait onze fils; Mentor pourvut à leur avancement et les nomma aux postes les plus distingués de l'armée. Il se mit ensuite en campagne contre les rebelles et commença par attaquer Hermias, tyran d'Atarnée, qui tenait sous son obéissance un grand nombre de villes et de places fortes. Il s'empara, non par les armes, mais par la ruse, de toutes les villes des rebelles et acquit ainsi de nouveaux droits à la faveur du roi (1); mais ces révoltes continuelles minaient de plus en plus la puissance des Perses, et le moment approchait où elle allait s'écrouler.

PROJETS DE PHILIPPE CONTRE LA PERSE TENTATIVE SUR PÉRINTHE ET BYZANCE. — Le séjour d'Artabaze et de Memnon auprès de Philippe avait dû achever d'éclairer le roi de Macédoine sur la facilité avec laquelle la Grèce, une fois réunie sous un seul chef, pourrait se venger des Perses et conquérir leur empire. Aussi, quand l'occupation des Thermopyles lui eut assuré l'entrée de la Grèce centrale (346) et qu'en se faisant déclarer protecteur de Mégare il se fut ouvert l'accès du Péloponnèse (344), il se porta sur Périnthe et Byzance, dont la possession devait lui permettre de pénétrer sans obstacle en Asie Mineure par la Propontide et le Bosphore (340). Les Périnthiens lui opposèrent une vigoureuse résistance; mais, malgré leurs généreux efforts, la reddition de la ville était devenue imminente, quand des secours inattendus vinrent leur rendre la confiance. Le bruit de l'accroissement extraordinaire de la puissance de Philippe s'était répandu en Asie, et le roi de Perse, à qui cette puissance commençait à devenir suspecte, écrivit aux

---

(1) C'est une question que je me propose d'examiner et de résoudre dans un mémoire particulier destiné au Recueil de l'Académie des Inscriptions et Belles-Lettres.

(2) Ἀμὰν Ἀμαδάθου Μακεδών, ταῖς ἀληθείαις ἀλλότριος τοῦ τῶν Περσῶν αἵματος. Esther, ch. VIII, v. 13.

(3) ᾠήθη, λαβὼν ἡμᾶς ἐρήμους, τὴν τῶν Περσῶν ἐπικράτησιν εἰς τοὺς Μακεδόνας μετάξαι. Ibid.

(4) Diod. de Sic., Liv. XVI, ch. 40-51.

(1) Diod. de Sic., ibid., ch. 52.

satrapes des provinces maritimes d'employer toutes leurs forces pour venir en aide à Périnthe. A la réception de ces ordres, les satrapes s'étaient empressés d'y faire passer un nombre considérable de mercenaires avec de l'argent, des vivres, des armes et des munitions de guerre. Les Byzantins de leur côté envoyèrent aux assiégés leurs meilleurs soldats, commandés par les chefs les plus habiles. Périnthe se défendit donc avec une nouvelle ardeur ; et Philippe, désespérant de s'en emparer aussi promptement qu'il l'avait espéré, se décida à partager ses forces en deux divisions égales. Il en laissa une sous les ordres de ses meilleurs lieutenants pour continuer le siége ; et, se mettant lui-même à la tête de l'autre, il tomba à l'improviste sur Byzance (1).

Cette attaque imprévue au moment où la ville était dégarnie de ses meilleures troupes, qu'elle avait envoyées à Périnthe, jeta les Byzantins dans le plus grand embarras. Ils résistèrent cependant. De leur côté, les Athéniens, que Philippe avait trompés par un simulacre de paix, déclarèrent qu'il avait rompu le traité par cette tentative et envoyèrent immédiatement une flotte au secours de la ville assiégée, d'abord sous les ordres de Charès, puis sous ceux de Phocion, dont les habiles manœuvres sauvèrent la Thrace et Byzance (2). D'un autre côté, les habitants des îles de Chios, de Cos et de Rhodes, qui ne redoutaient plus Athènes, s'allièrent avec elle et réunirent leurs vaisseaux à la flotte athénienne pour protéger les Byzantins. Effrayé de cette ligue puissante qui se formait contre lui, Philippe se décida à lever le siége de Byzance et à conclure un nouveau traité de paix avec les Athéniens et les autres peuples grecs (3).

(1) Diod., *ibid.*, ch., 76.
(2) Plut., *Phoc.*, ch., 14.
(3) Diod. de Sic., liv. XVI, ch. 76 et 77.

PHILIPPE EST ÉLU GÉNÉRALISSIME DES GRECS CONTRE LES PERSES. — SA MORT. — Mais trois ans plus tard (338), quand la victoire de Chéronée eut mis la Grèce aux pieds de Philippe, le roi de Macédoine, pour faire oublier aux Grecs leur défaite, veut les entraîner sur ses pas à la conquête de l'Asie. Dans ce dessein, il fait répandre le bruit qu'il avait formé le projet d'attaquer les Perses et de tirer enfin vengeance de la profanation qu'ils avaient commise dans les temples des Hellènes ; et, pour donner en même temps une preuve de condescendance aux peuples qu'il voulait gagner à sa cause, il convoque une assemblée générale à Corinthe, afin de délibérer en commun sur les moyens les plus sûrs d'exécuter heureusement ce grand dessein. Là Philippe exposa devant le congrès, le plan de cette expédition ainsi que les brillantes espérances de succès qu'elle présentait, et entraîna facilement l'assemblée à son avis (1).

Élu généralissime des Grecs qui devaient prendre part à cette entreprise nationale, il ordonna de grands préparatifs, régla le contingent que chaque ville devait fournir et retourna en Macédoine. Déjà Philippe avait ordonné à Attale et à Parménion de passer en Asie à la tête d'une partie de l'armée avec mission de rétablir la liberté dans toutes les villes grecques de cette contrée (336), quand le poignard d'un assassin vint terminer ses jours (2). Pausanias, son meurtrier, obéit-il à l'impulsion des Perses ou des Athéniens ? était-il l'instrument de la vengeance d'Olympias et même d'Alexandre, ou ne fit-il qu'assouvir un ressentiment particulier ? On ne le sait ; mais, quoi qu'il en soit, l'œuvre de Philippe ne devait pas rester inachevée, son successeur était Alexandre.

(1) Le même, *ibid.*, ch. 76.
(2) Le même, *ibid.*, ch. 91-94.

LIVRE III.

L'ASIE MINEURE SOUS ALEXANDRE ET SOUS SES SUCCESSEURS.

CHAPITRE I.

CONQUÊTE DE L'ASIE MINEURE PAR ALEXANDRE.

AVÉNEMENT D'ALEXANDRE. — Le 6 du mois d'hécatombéon de la première année de la cent sixième olympiade (1), au moment où le temple de Diane à Éphèse venait d'être incendié par Érostrate, les mages qui se trouvaient alors dans cette ville se répandirent dans les rues en se frappant le visage et en s'écriant que ce jour avait enfanté pour l'Asie le fléau le plus redoutable : Olympias venait de donner le jour à Alexandre (2).

Bien jeune encore, le fils de Philippe comprit toute la grandeur du dessein que méditait son père. Un jour que le roi était absent, des ambassadeurs d'Artaxerxès III vinrent à la cour de Macédoine. Alexandre ne les quitta pas un instant et les charma par sa politesse. Au lieu de leur faire des questions frivoles ou puériles, il s'informa de la distance où la Macédoine était de la Perse et des chemins qui conduisaient aux provinces de la haute Asie ; il leur demanda comment le roi se comportait envers ses ennemis, enfin quelles étaient la force et la puissance des Perses, et les ambassadeurs, pleins d'admiration, ne purent s'empêcher de dire que cette habileté de Philippe qu'on vantait si fort n'était rien en comparaison de la vivacité d'esprit et des grandes vues de son fils (3).

SUITES DE LA MORT DE PHILIPPE. — La mort de Philippe ébranla l'édifice qu'il avait si laborieusement construit, et avant de songer à l'Asie son jeune successeur dut recommencer une lutte sinon plus longue, du moins plus terrible encore. Sous prétexte de venger la mort de son père, il se défait sans scrupule de tous ceux qui lui portent ombrage. Mais là n'était pas pour lui le plus grand danger : la Grèce, qui ne s'était soumise qu'à regret à la suprématie de Philippe, oublia Chéronée, et refusa de reconnaître un roi de vingt ans à peine pour son généralissime. Ce qui lui donnait surtout cette audace, c'est que le bruit commençait à se répandre que les nations voisines de la Macédoine se préparaient ouvertement à une défection générale et que déjà les barbares des contrées septentrionales étaient en mouvement.

ALEXANDRE FAIT ASSASSINER ATTALE. — L'orage paraissait imminent et inévitable ; mais Alexandre le prévint par son adresse et son infatigable activité. Il ne rappelle pas les troupes que son père avait envoyées en Asie sous la conduite de Parménion et d'Attale ; mais, comme il sait que ce dernier s'est concilié l'amour des soldats par sa conduite généreuse, qu'il songe à venger Cléopâtre, sa sœur, qu'Olympias a forcée à se pendre après avoir tué dans ses bras l'enfant qu'elle avait eu de Philippe, que déjà même il s'est lié contre lui avec les Athéniens par l'intermédiaire de Démosthène, il envoie auprès de lui Hécatée, un de ses amis les plus dévoués, avec ordre de le lui amener vivant, ou s'il ne le peut, de le faire assassiner le plus promptement possible. Hécatée obéit, et, réunissant ses troupes à celles de Parménion, il réussit par le meurtre d'Attale autant que par l'adresse avec laquelle il gagne Parménion à ramener complétement dans le devoir l'armée d'Asie, qui se montrait déjà disposée à l'insurrection (1).

---

(1) 19 juillet 356 av. J.-C.
(2) Plut., *Vie d'Alex.*, ch. 3.
(3) Id., *ibid.*, ch. 5.

(1) Diod. de Sic., l. XVII, ch. 2 et 5.

MORT D'OCHUS. — ARSÈS LUI SUCCÈDE. — Alexandre laissa en Asie ce corps d'observation. Il suffisait pour assurer plus tard le libre passage de son armée, et n'avait rien à craindre en ce moment des Perses, tout entiers à leurs révolutions intestines.

Ochus, devenu odieux à ses sujets par ses cruautés et ses violences, avait été empoisonné par un de ses généraux, l'eunuque Bagoas, qui avait placé sur le trône Arsès, le plus jeune des fils du roi, dont il venait de se défaire, et fait mourir tous les autres, afin de tenir plus facilement sous sa dépendance un prince adolescent et isolé (336) (1). Il était toujours temps pour Alexandre d'attaquer un pareil adversaire. Ce qu'il fallait d'abord, c'était de ne laisser derrière soi aucun ennemi à craindre.

LA GRÈCE EFFRAYÉE NOMME ALEXANDRE GÉNÉRALISSIME. — La Grèce, voyant Alexandre menacé au nord, était au moment de prendre les armes. Alexandre la prévient et déconcerte par sa promptitude les projets de défection. Il s'assure le concours des Thessaliens, arrive aux Thermopyles à la tête d'une armée nombreuse, et, après y avoir fait reconnaître sa suprématie par les Amphictyons, il paraît tout à coup sous les murs de Thèbes, où son arrivée répand l'effroi et la consternation. Les Athéniens eux-mêmes lui envoient une députation. Alexandre les accueille avec bienveillance, se rend à Corinthe, où il avait convoqué l'assemblée de tous les délégués de la Hellade et s'y fait nommer généralissime des Grecs dans la guerre projetée contre les Perses (2). Les Lacédémoniens seuls lui refusèrent leur suffrage. « Nos ancêtres, lui répondirent-ils, nous ont appris non à obéir, mais à commander (2). »

VICTOIRES D'ALEXANDRE AU NORD DE LA MACÉDOINE. — La Grèce était pacifiée; mais les barbares remuaient sur les frontières du nord. Il vole à leur rencontre, franchit l'Hémus, bat les Thraces indépendants, les Triballes, les Gètes, les Celtes eux-mêmes, qu'il rencontre sur les bords du Danube; revient vers le sud, bat les Taulantiens et les Illyriens, et se dispose à rentrer en Macédoine après avoir rangé sous ses lois toutes les contrées voisines de son royaume (1) et s'être assuré chez ces peuplades guerrières des secours utiles pour la réalisation de ses projets contre les Perses, que les événements survenus en Asie rendaient de plus en plus imminente.

DARIUS SUCCÈDE A ARSÈS. — Arsès, indigné des crimes de Bagoas, avait manifesté l'intention d'y mettre un terme. Bagoas le prévint, trama contre lui un nouveau complot et le tua avec ses enfants. La famille royale étant entièrement éteinte, et personne ne se présentant pour occuper le trône dans l'ordre naturel de succession, Bagoas y fit monter un de ses amis, Darius Codoman, arrière-neveu d'Ochus, qui n'avait pas tardé à le punir de tant de meurtres en le forçant à boire le poison que déjà il lui destinait à lui-même. Darius, comme nous l'avons déjà dit, s'était distingué par sa bravoure dès l'avénement d'Ochus dans la guerre contre les Cadusiens, et la fortune semblait ainsi opposer à Alexandre un rival digne de lui. Il voulait transporter dans la Macédoine le théâtre de la guerre, et dans ce dessein il avait fait construire un grand nombre de trirèmes, mis sur pied une armée considérable et choisi pour les commander les meilleurs généraux de l'empire (2).

MEMNON TENTE INUTILEMENT DE PRENDRE CYZIQUE. — Mais il fallait avant tout repousser hors de l'Asie l'avant-garde macédonienne, qui s'y maintenait depuis quelques années dans la Phrygie hellespontique; il fallait avant tout la chasser de Cyzique, qu'elle avait occupée et dont le port facilitait ses communications avec l'Europe en la rendant maîtresse de la Propontide. Memnon de Rhodes, renommé par ses talents militaires, est chargé de cette expédition. Il entre en campagne à la tête de cinq mille mercenaires grecs, franchit l'Ida, et arrive inopinément sous les murs des Cyzicéniens; mais il échoua

(1) Diod., *ibid.*, ch. 5.
(2) Diod. de Sic., *ibid.*, ch. 4.
(3) Arr., liv. I, ch. 1.

(1) Arr., liv. I, ch. 11-; 6; Diod. de Sic., *ibid.*, ch. 8.
) Diod. de Sic., *ibid.*, ch. 5-7.

dans cette entreprise et dut se borner à ravager les environs (1).

SES SUCCÈS CONTRE PARMÉNION ET CALAS. — Pendant ce temps, Parménion, qui avait pénétré jusqu'en Éolide et avait pris d'assaut la ville de Grynium, dont il avait fait vendre les habitants comme esclaves, était revenu mettre le siége devant Pitane; mais Memnon, paraissant à l'improviste, jeta la terreur parmi les Macédoniens et les força à se retirer. D'un autre côté, Calas, à la tête d'un corps de Macédoniens et de troupes soldées, ayant engagé, dans la Troade, un combat avec les Perses, infiniment supérieurs en nombre, fut battu et dut se rapprocher de la côte (2). Bientôt après Parménion revint en Macédoine (3).

NOUVELLE RÉVOLTE DES GRECS. RUINE DE THÈBES. — Les succès de Memnon et la position difficile où se trouvaient les Macédoniens en Asie rendaient l'intervention d'Alexandre nécessaire; et nul doute qu'il ne se fût mis en marche immédiatement si de nouvelles préoccupations ne l'eussent retenu quelques mois encore en Europe. Il était encore chez les Triballes quand il apprend tout à coup la nouvelle de sa mort avait été répandue en Grèce, et que de toute part on s'y soulevait contre lui. Les exilés de Thèbes avaient été rappelés; la garnison macédonienne s'était vue expulsée de la Cadmée, et l'on invoquait l'appui des confédérés et surtout celui d'Athènes. Une révolte générale était imminente; mais il n'y eut point d'ensemble dans les opérations, et les secours n'étaient pas encore prêts que Thèbes avait succombé sous les coups d'Alexandre, accouru en toute hâte à la tête de trente mille hommes et de trois mille cavaliers. Après de vaines tentatives pour faire rentrer les Thébains dans le devoir par les voies d'accommodement, il fallut frapper un grand coup. Thèbes, prise d'assaut, est rasée jusqu'au sol, et tous ses habitants sont vendus au nombre de trente mille (1).

ALEXANDRE ÉPARGNE ATHÈNES. — Cet acte de rigueur jeta la terreur parmi les Grecs. Athènes elle-même envoie une ambassade au vainqueur, qui demande d'abord qu'on lui livre les orateurs qui ont animé le peuple contre lui. Les Athéniens, au lieu de les livrer, députent de nouveau vers lui pour apaiser son courroux et le supplier d'épargner leurs concitoyens. Le temps de la vengeance était passé. Alexandre, n'obéissant plus qu'à ses instincts généreux, accueille cette demande, soit qu'il voulût ne laisser aux Grecs aucun prétexte de mécontentement au moment où il allait passer en Asie, soit par égard pour la ville d'Athènes qu'il veut se rendre favorable, parce qu'elle peut seule proclamer dignement sa gloire (2).

DÉPART D'ALEXANDRE POUR L'ASIE. — Ne craignant plus rien désormais des Grecs, il rentre en Macédoine et rassemble en conseil les chefs les plus distingués de son armée, les instruit de ses plans, leur donne ses instructions et par ses discours enthousiastes allume dans tous les cœurs le désir des combats. La guerre est résolue : il offre de magnifiques sacrifices aux dieux; confie le gouvernement de la Macédoine à Antipatros, général habile et ami fidèle, auquel il laisse douze mille fantassins et quinze cents cavaliers, et lui-même il rassemble l'armée qu'il destine à le suivre (3). Avant son départ il distribue les revenus de son domaine à ses amis. Perdiccas lui ayant demandé ce qu'il se réservait, il répondit : « L'espérance ! « Eh bien, reprit Perdiccas, nous la par- « tagerons avec toi, puisque nous par- « tagerons tes travaux (4). » Cela fait, Alexandre se met en marche au commencement du printemps de la troisième année de la cent onzième olympiade

---

(1) Diod. de Sic., *ibid.*, ch. 7.
(2) Id., *ibid.*
(3) Diod., *ibid.*, ch. 16, le fait assister à la délibération des généraux macédoniens qui précéda le départ d'Alexandre pour l'Asie; et ce fut lui, au témoignage d'Arrien, qui commanda la flotte sur laquelle l'armée macédonienne traversa le détroit d'Abydos.

(1) Diod. de Sic., *ibid.*, ch. 8-14; Arr., liv. I, ch. 7-9 ; Plut., *Alex.*, 11-12.
(2) Diod., *ibid.*, ch. 15. Arr., liv. I, ch. 10 et 11 ; Plut., *Alex.*, ch. 13.
(3) Diod. de Sic., *ibid.*, ch. 16 et 17; Arr., liv. I, ch. 2.
(4) Plut., *Alex.*, ch. 15.

Temple d'Auguste à Ancyre.

(334). En vingt jours il arrive à Sestos. Les Perses, dont la flotte était maîtresse des mers depuis que la puissance d'Athènes était déchue, auraient pu lui fermer le passage de l'Hellespont; mais leur négligence fut telle qu'il traversa paisiblement le détroit avec cent soixante trirèmes chargées de vivres et de munitions et portant soixante-dix talents.

Il aborde a Abydos — L'Hellespont heureusement franchi, Alexandre y lança son javelot en signe de prise de possession, et sauta le premier à terre. D'Abydos il se rendit avec toute son armée dans la plaine de Troie, y fit des sacrifices à Minerve-Iliade, consacra à la déesse ses propres armes et enleva en échange celles qu'on prétendait y avoir gardé depuis la prise de Troie et qu'il fit porter désormais devant lui les jours de bataille. Ensuite il couronna le tombeau d'Achille, et Héphestion celui de Patrocle. « Heureux Achille, s'écria Alexandre, d'avoir eu Homère pour héraut de sa gloire (1). » Puis il passe en revue son armée.

Revue de son armée. — Ses ressources étaient loin d'être proportionnées à la grandeur de son entreprise. Son armée, suivant Diodore (2), comptait douze mille Macédoniens, sept mille alliés, cinq mille mercenaires, tous sous les ordres de Parménion; cinq mille Odryses, Triballes ou Illyriens, mille archers, connus sous le nom d'Agrianes; en tout trente mille hommes d'infanterie. La cavalerie se composait de quatre mille cinq cents hommes, savoir : cinq cents Macédoniens sous les ordres de Philotas, fils de Parménion, quinze cents Thessaliens, commandés par Calas, fils d'Harpalos, six cents cavaliers grecs, conduits par Érigyos, et enfin neuf cents éclaireurs de Thrace et de Péonie. C'était cette petite armée qui devait conquérir l'Asie; mais cette armée était commandée par Alexandre.

Alexandre se met en marche.

(1) Diod., *ib.*, ch. 17; Arr., liv. I, ch. 11.
(2) *Ibid.*, ch. 17. Arrien lui donne trente mille hommes d'infanterie et plus de cinq mille hommes de cavalerie. Suivant ceux qui lui accordent le plus de troupes, il avait trente-quatre mille hommes de pied et quatre mille chevaux. Voy Plut., *Alex.*, ch. 15.

les Perses vont l'attendre derrière le Granique. — D'Ilion Alexandre tourne vers Arisbé, où campait l'armée. Le lendemain, laissant derrière lui Percoté et Lampsaque, il vint camper sur les bords du Practios ou Prosaction, qui, descendant du mont Ida, va se perdre dans la mer entre l'Hellespont et la Propontide; de là il passe par Colones, arrive à Hermoté. En avant de l'armée marchent des corps d'éclaireurs sous la conduite d'Amyntas.

Les généraux de l'armée des Perses campaient près de la ville de Zéléia avec la cavalerie persique et l'infanterie grecque à la solde de Darius. A la nouvelle du passage d'Alexandre, ils tinrent conseil. Memnon, de Rhodes, qui connaissait la faiblesse et l'indiscipline des Perses, opina pour ne point hasarder la bataille contre les Macédoniens, supérieurs en infanterie. Il était d'avis de se retirer en détruisant tous les fourrages, d'incendier toutes les moissons et de ne pas même épargner les villes de la côte, de manière à priver Alexandre de tout moyen de subsistance : c'était le le plus sûr moyen de le forcer à battre en retraite. Mais son avis ne prévalut pas. Les satrapes refusèrent de ruiner eux-mêmes leurs provinces, et vinrent attendre Alexandre derrière le Granique (1).

Bataille du Granique (21 mai 334). — Le lieu était désavantageux pour les Macédoniens : il leur fallait traverser sous les coups de l'ennemi un fleuve rapide, profond, encaissé dans un lit hérissé de rochers et semé de bancs de sable; mais Alexandre, regardant comme d'un mauvais présage de reculer la première fois qu'il apercevait l'ennemi, s'élança suivi de sa cavalerie; et les Perses, au lieu de le charger sur-le-champ, donnèrent à ses cavaliers le temps de se reformer et à la phalange celui de passer le fleuve. Il y eut alors une mêlée sanglante : la supériorité de la tactique et de la discipline assura la victoire à Alexandre, qui toutefois faillit périr de la main de Spithridate et ne dut son salut qu'au courage de Clitos.

Les Grecs mercenaires seuls retardèrent sa victoire; ils périrent tous, s'il

(1) Arr., livre I, ch. 12-13.

faut en croire Arrien (1), à l'exception de deux mille, qui furent faits prisonniers et envoyés comme esclaves en Macédoine, parce que, désobéissant aux lois de leur patrie, ils s'étaient réunis aux barbares contre les Grecs. Toutefois leur résistance fit comprendre à Alexandre que de ce côté viendrait le plus grand obstacle à ses desseins. Aussi son premier soin fut-il de fermer à Darius le chemin de la Grèce pour l'empêcher d'y recruter des soldats.

PERTES DES DEUX ARMÉES. — Cette bataille coûta aux vaincus dix mille hommes d'infanterie, deux mille de cavalerie, et dans ce nombre plusieurs généraux, Mithrobarzane, gouverneur de la Cappadoce; Spithridate, satrape de Lydie; Mithridate, gendre de Darius, et Pharnace, frère de sa femme. Arsitès, gouverneur de la Phrygie hellespontique, s'enfuit en Phrygie et s'y donna la mort de désespoir.

La perte des Macédoniens ne fut que de soixante-dix cavaliers, de trente fantassins et de vingt-cinq des *compagnons* d'Alexandre, qui périrent au premier choc. Il fit élever par les mains de Lysippe une statue de bronze à chacun de ces derniers et en fit décorer la ville de Dion, d'où elles furent plus tard enlevées par les Romains (2).

ALEXANDRE ORGANISE LA PHRYGIE HELLESPONTIQUE. — La conquête de l'Asie Mineure devait être le fruit de la victoire du Granique; car depuis bien longtemps les peuples qui l'habitaient étaient disposés à secouer le joug des Perses. Alexandre profita de ses avantages avec habileté. D'abord, dans l'espoir de se concilier l'affection des Grecs et de s'assurer leur appui en les associant à sa gloire, il envoie à Athènes trois cents boucliers pris sur l'ennemi pour être consacrés dans le temple de Minerve avec cette inscription : *Alexandre, fils de Philippe, et les Grecs, les Lacédémoniens exceptés, ont enlevé ces dépouilles sur les Barbares qui habitent l'Asie.* Ensuite, afin d'assurer la tranquillité de la province qu'il va laisser derrière lui, il en nomma Calas satrape, sans augmenter les impôts qu'elle payait à Darius. En même temps il envoie Parménion s'emparer de Dascylion, chef-lieu de cette grande satrapie (1).

Il se dirige ensuite vers Sardes. Une partie de son armée, divisée en plusieurs corps, remonte le Macestos et ses affluents jusqu'au pied de la chaîne du Temnos, qui lie le mont Ida à l'Olympe, franchit cette chaîne, descend dans la vallée du Caïcos, puis dans celle de l'Hermos (2). Lui-même, longeant parallèlement la côte, qu'il ne perd jamais complétement de vue pour rester en communication avec sa flotte, parvient aux bords du golfe de Smyrne, campe sur les ruines de l'ancienne ville, et, frappé sans doute de l'importance qu'aurait une cité bâtie au fond du golfe et dont la citadelle dominerait le Pagos, il en ordonne la fondation (3), que devaient réaliser plus tard Antigone et après lui Lysimaque. (4).

SARDES SE REND. — Il n'était plus éloigné de Sardes que de soixante-et-dix stades, lorsque Mithrène, gouverneur de la place, accompagné des premiers de la ville, vint à sa rencontre; il lui apportait des trésors et les clefs de la citadelle. Alexandre campa aux bords de l'Hermos, que vingt stades séparent de la ville. Il détacha Amyntas pour prendre possession de la place, et retint Mithrène auprès de lui avec honneur. Il rend la liberté aux habitants de Sardes et de la Lydie, et leur permet de se gouverner par leurs anciennes lois. Ensuite il monta à la citadelle, que les Perses avaient occupée, et la trouva extrêmement fortifiée. En effet, elle s'élevait sur une hauteur inaccessible, escarpée, ceinte d'une triple muraille. Il ordonna d'y élever un temple et un autel à Jupiter Olympien, sur l'emplacement même de l'ancien palais des rois de Lydie. De

---

(1) *Anab.*, liv I, ch. 15-16.
(2) Vell. Paterc., liv. I, ch. 2 ; Plin., N. H., liv. XXXIV, ch. 19 et 20.

(1) Arr., liv. I, ch. 17.
(2) Voy. Félix de Beaujour, *Voyage militaire dans l'empire Ottoman*, t. 2, p. 268. L'auteur confond évidemment le Macestos avec le Rhyndacos, qui aurait beaucoup trop éloigné Alexandre de la côte.
(3) Pausan., liv. VII, ch. 5.
(4) Strabon, liv. XIV, p. 646.

plus, il accorda le droit d'asile au temple de Diane Coloéné, en grande vénération chez les Lydiens (1).

Laissant à Pausanias, un de ses hétaires, la garde de la citadelle, et à Nicias le soin de répartir et de percevoir les tributs, il établit Asandros gouverneur de la Lydie et du reste de la province, avec le nombre d'hommes et de chevaux nécessaires pour la maintenir sous sa dépendance. Afin de ne pas ralentir la marche de son armée, il charge Alexandre, fils d'Aéropos, de conduire dans le pays soumis à Memnon, auquel Darius venait de confier le gouvernement des provinces maritimes, toutes les troupes du Péloponnèse et des alliés, à l'exception des Argiens, qu'on laisse en garnison dans Sardes. (2) Mithrène, en récompense de sa trahison, obtint quelque temps après le gouvernement de l'Arménie (3).

ALEXANDRE A ÉPHÈSE. — Cependant, la nouvelle de la victoire du Granique s'étant répandue en Ionie, les troupes étrangères en garnison à Éphèse prirent la fuite sur deux trirèmes dont elles s'emparèrent.

Alexandre arriva le quatrième jour dans cette ville (4), ramenant avec lui ceux de ses partisans qu'on en avait bannis, et, ayant aboli l'oligarchie, rétablit le gouvernement démocratique. Il assigna à Diane les tributs que l'on payait aux barbares. Affranchi de la crainte qu'inspiraient les oligarques, le peuple demande la mort de ceux qui ont donné entrée à Memnon dans sa retraite, pillé le temple de Diane et brisé la statue de Philippe dans son enceinte; mais Alexandre empêche les recherches et les supplices; il prévoyait que, abusant bientôt de son pouvoir, le peuple se tournerait non-seulement contre les coupables, mais contre les innocents, pour satisfaire sa vengeance ou son avidité. Et certes, de tous les titres d'Alexandre à la gloire, sa conduite à Éphèse ne fut pas le moindre.

Sur ces entrefaites arrivent des députés de Magnésie et de Tralles, pour offrir leurs villes à Alexandre. Il y envoie Parménion avec deux mille cinq cents hommes d'infanterie étrangère, autant de Macédoniens et deux cents cavaliers du corps des hétaires. Il détache vers les villes de l'Éolide et de l'Ionie encore au pouvoir des barbares Alcimalos, avec un pareil nombre de troupes, et l'ordre de détruire partout l'oligarchie et de relever la démocratie, de rendre aux peuples leur ancienne constitution, et d'abolir les tributs qu'ils payaient aux barbares. Ensuite il sacrifie à Diane, accompagne la pompe avec toutes ses troupes sous les armes en ordre de bataille, et le lendemain il se met en marche vers Milet avec le reste de l'armée (1) et chemin faisant consacre à Minerve le temple que Priène avait élevé à cette déesse (2).

SIÉGE DE MILET. — Parvenu devant Milet, il s'empare de la ville extérieure, abandonnée sans défense, y place son camp, résolu de cerner la ville intérieure par une circonvallation. Hégésistratos, qui commandait la place, avait d'abord écrit à Alexandre pour offrir de la lui rendre; mais, reprenant courage à la nouvelle de l'arrivée prochaine de l'armée des Perses, il ne pense plus qu'à la garder.

Cependant Nicanor, qui commandait la flotte des Grecs, prévint les Perses, et trois jours avant qu'ils se présentassent mouilla près de l'île de Ladé, voisine de Milet, avec cent soixante voiles. Les Perses arrivèrent trop tard, et, trouvant la position occupée par Nicanor, se retirèrent sous le promontoire de Mycale, quoique bien supérieurs en nombre, puisque leur flotte était de quatre cents navires.

Parménion conseillait à Alexandre

---

(1) Tacite, *Ann.*, liv. III, ch. 63; Strab., liv. XIII, p. 626.
(2) Arr., liv., I, ch. 17.
(3) Quinte-Curce, liv. V, ch. 1.
(4) M. Félix de Beaujour, ouvr. cit., p. 268, suppose que, pour se rendre à Éphèse, Alexandre avec une partie de l'armée passa par l'ancienne Smyrne, tandis que Parménion se dirigeait avec le reste des troupes par la plaine Cilbanienne; mais la tradition rapportée par Pausanias ne peut pas se placer ici, car il est peu probable qu'Alexandre ait fait ce détour pour se rendre de Sardes à Éphèse. Voyez plus haut, p. 170.

(1) Arr., liv. I, ch. 17 et 18.
(2) *Corp. inscr. gr.*, n° 2904.

de tenter le sort d'un combat naval. Alexandre s'y refuse. Ce serait une grande imprudence que d'attaquer avec des forces inégales une flotte si nombreuse, de compromettre des soldats encore inhabiles à la manœuvre avec les hommes les plus exercés sur la mer, les Cypriens et les Phéniciens! Comment risquer avec des barbares, sur un théâtre aussi incertain, la valeur éprouvée des Macédoniens? Une défaite navale suffirait pour effacer la réputation de ses armes, et la nouvelle de ce revers ébranlerait la Grèce. C'est sur le continent qu'il faut vaincre les Perses (1).

PRISE DE MILET. Sur ces entrefaites, Glaucippos, un des premiers citoyens de la ville, député vers Alexandre par le peuple et par les troupes qui défendaient la place, lui annonce que les Milésiens offrent d'ouvrir également leur port et leurs murs aux Perses et aux Macédoniens s'il promet de lever le siège à cette condition. Alexandre lui ordonne de se retirer sans délai et d'annoncer aux Milésiens qu'ils auront bientôt à le combattre dans leur ville. On approche les machines des remparts; une partie du mur est ébranlée, l'autre renversée, et Alexandre pénètre avec ses troupes par la brèche, sous les yeux mêmes des Perses, devenus témoins passifs, à Mycale, de la détresse de leurs partisans et de leurs alliés. Nicanor, apercevant de Ladé les mouvements d'Alexandre, côtoye le rivage et, occupant le port à l'endroit où son ouverture se rétrécissait, y range de front ses galères, les proues en avant, et interdit ainsi aux Perses l'entrée de la rade, aux Milésiens tout espoir de secours. La garnison persane, ne voyant plus aucun espoir de salut, s'enfuit ou est faite prisonnière. Maître de la place, Alexandre reçoit dans ses troupes trois cents mercenaires grecs, qui s'étaient distingués par leur courageuse résistance, et donne la vie ainsi que la liberté à tous les Milésiens qui avaient échappé au glaive.

La flotte des Perses était encore intacte et mouillée à Mycale, et cherchait toutes les occasions d'engager un combat naval. Vaincue dans un petit engagement, elle se retira sans avoir pu rien entreprendre contre Milet. Alexandre, de son côté, résolut de dissoudre la sienne, soit que les fonds lui manquassent pour l'entretenir, soit qu'il reconnût son infériorité, soit enfin qu'il ne voulût pas disséminer ses forces. Il prévoyait d'ailleurs que, tenant l'Asie par ses troupes de terre et maître des villes maritimes, il obtiendrait facilement que celles-ci fermassent leurs ports à la flotte des Perses et qu'ainsi la sienne deviendrait inutile, tandis qu'il conserverait toujours la possibilité de recevoir par cette voie de nouveaux renforts (1).

MEMNON EST NOMMÉ GÉNÉRAL EN CHEF DES PERSES. — Cependant Darius, à la nouvelle de la défaite de ses troupes sur les bords du Granique, avait compris que, pour résister à cette invasion de la Grèce entière, il ne pouvait mieux faire que de mettre un Grec à la tête de ses armées. Memnon, pendant la retraite, avait envoyé au roi sa femme et ses enfants, comme autant d'otages. Darius, désormais sûr de sa fidélité, lui confie le gouvernement en chef de toutes les provinces maritimes, avec des pouvoirs très-étendus; et Memnon va se renfermer, avec tout ce qui reste de l'armée des Perses, dans la ville d'Halicarnasse, d'où il reste toujours en communication avec la mer et dont la forte citadelle lui permet d'opposer à Alexandre une longue et opiniâtre résistance (2).

ALEXANDRE MARCHE SUR HALICARNASSE — De son côté, Alexandre faisait arriver par mer, sous les murs de cette ville, les machines de guerre et toutes les subsistances nécessaires pour le siège, et s'avançait lui-même à la tête de son armée sur la Carie, dont il voulait se rendre maître avant de venir assiéger Memnon. Il marcha probablement sur deux colonnes, dont l'une dut longer le golfe de Myunte et, franchissant le prolongement occidental du Latmos, se diriger par la vallée d'Euromos jusqu'à la presqu'île que borne au nord le golfe d'Iasos, tandis que l'autre, commandée par lui-même, pénétrait dans la vallée du Marsyas jusqu'à Alabanda, gagnait la plaine de Mylasa en traversant la vallée d'Alinda, les défilés du Latmos et

---

(1) Arrien, livre, I ch. 18

(1) Arr., ibid., ch. 19 et 20.
(2) Arr., ibid., ch. 20

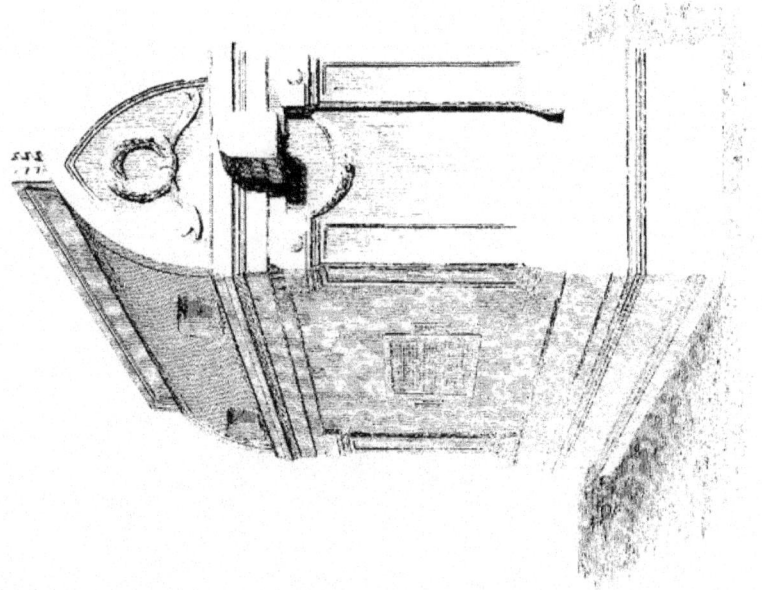

2. Intérieur du Pétuaire de Iulipoetlia

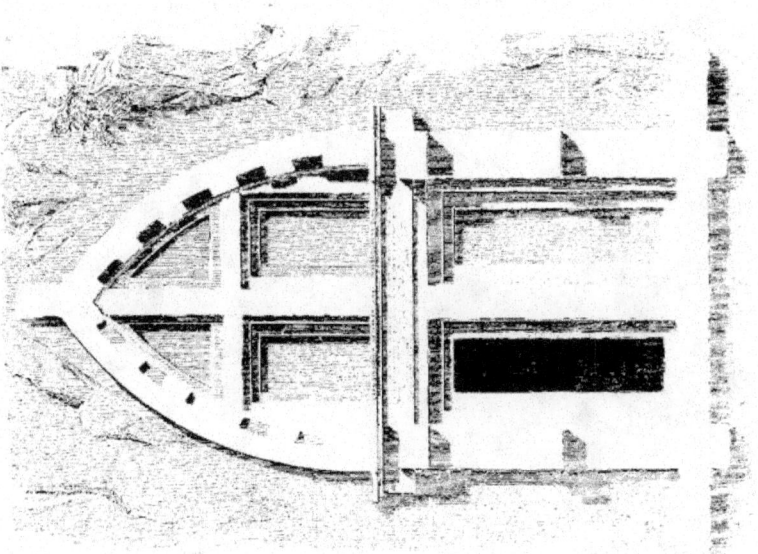

1. Intérieur de Claudio-Aerelia

la voie sacrée de Labranda. Dès qu'il fut devant Alinda, la seule place forte qu'eût conservée Ada, reine de Carie, après avoir été dépouillée de ses États par Pixodaros, le plus jeune de ses frères, cette princesse vint à sa rencontre, lui livra la ville qui lui servait de refuge et l'adopta pour fils. Alexandre, touché de ses malheurs, lui fournit les moyens de recouvrer ses États et, par l'accueil favorable qu'il lui fit, se concilia l'affection des Cariens, sans doute mécontents de Pixodaros, qui, se sentant trop faible, après avoir dépossédé sa sœur, avait trahi la cause nationale et livré la Carie au Perse Othontobatès, envoyé comme satrape par le grand roi et dont il avait fait son gendre (1). Bientôt même toutes les villes de cette contrée s'empressent de lui envoyer des députations, chargées de lui offrir des couronnes d'or, et promettent de le seconder dans toutes ses entreprises (2).

SIÉGE D'HALICARNASSE. — Maître de toutes les villes situées entre Milet et Halicarnasse (3), Héraclée du Latmos, Euromos, Alabanda, Alinda, Mylasa, Iasos et Bargylia, et sûr de ses communications avec les lieutenants qu'il a laissés dans les provinces déjà conquises, dont la possession le rend maître de tout le littoral occidental depuis la Propontide jusqu'au golfe d'Iasos, Alexandre vient camper à cinq stades d'Halicarnasse. Cette ville était défendue par sa position sur un plateau élevé; elle l'était surtout par Memnon, qui, ayant, suivant toute vraisemblance, succédé à Mentor dans le gouvernement des provinces maritimes, l'avait depuis longtemps fortifiée avec tous les secours de l'art. La garnison était nombreuse, composée de Grecs mercenaires et de Perses; on pouvait aussi compter sur les équipages de la flotte que Memnon tenait renfermée dans le port. Dès le premier jour Alexandre s'approche des murs avec son armée du côté de la porte de Mylasa; les assiégés font une sortie, mais ils sont promptement rejetés dans la place.

IL ATTAQUE INUTILEMENT MYNDOS. — Peu de jours après, Alexandre, avec une partie de l'armée, tourne la ville du côté de Myndos, pour s'assurer si l'attaque des remparts ne serait pas plus facile sur ce point, et s'il ne serait pas possible de tenter un coup de main sur la ville de Myndos; car une fois maître de cette place, située à l'extrémité occidentale de la presqu'île, il attaquerait avec bien plus d'avantage les murs d'Halicarnasse (1). Quelques-uns des habitants lui avaient promis de la lui livrer s'il s'y présentait pendant la nuit. Arrivé à l'heure convenue, il n'aperçoit aucun signal. Comptant sur la trahison, il n'avait amené ni machines ni échelles : il ordonne donc à sa phalange de miner le mur. Une tour est renversée sans mettre le mur à nu. Les Myndiens, que ceux d'Halicarnasse ont secourus par mer, se défendent avec courage, et Alexandre, déçu dans ses espérances, doit revenir devant Halicarnasse.

Le récit qu'Arrien nous a transmis de ce siége mémorable offre trop d'intérêt pour que nous ne croyions pas devoir l'adopter de préférence à celui de Diodore. On reconnaîtra sans peine qu'il a été puisé aux meilleures sources et qu'il doit s'appuyer sur la narration d'un témoin oculaire, c'est-à-dire de Ptolémée ou d'Aristobule, qui ne quittèrent point Alexandre durant son expédition d'Asie, et qui, hommes de guerre eux-mêmes, devaient reproduire les faits militaires avec plus d'exactitude et de vérité que tout autre (2).

« Les assiégés avaient creusé autour de leurs murs un fossé large de trente coudées, profond de quinze (3). Alexandre le fait combler, afin de faire approcher les tours en bois du haut desquelles on pouvait lancer des traits sur les assiégés qui occupaient les remparts de la ville, et les autres machines qui devaient battre le mur en brèche. Déjà le fossé avait été

---

(1) Arr., liv. I, ch. 23.; Strab., liv. XIV, p. 656.
(2) Diod. de Sic., liv. XVII, ch. 24
(3) Arr., liv. I, ch. 20 : "Ὅσαι δὲ ἐν μέσῳ πόλεις Μιλήτου τε καὶ Ἁλικαρνασσοῦ, ταύτας ἐξ ἐφόδου λαβών.

(1) Arr., ibid.
(2) Le récit de Diodore, liv. XVII, ch. 24-27, quoique très-développé aussi, est moins clair et moins précis que celui d'Arrien. Il est peut-être plus dramatique, mais certainement beaucoup moins vrai.
(3) 14 mètres 6 décimètres sur 7 mètres 3 décimètres.

rempli non sans peine (1), et l'on commençait à amener les tours, quand les Halicarnasséens exécutèrent de nuit une sortie pour brûler et les tours et les autres machines qu'on avait déjà approchées ou qui étaient au moment de l'être ; mais ils sont repoussés avec perte dans la ville par les Macédoniens qui veillaient à la garde des machines et par ceux que le tumulte réveille et qui accourent sur les lieux. Dans cet engagement les assiégés ont cent soixante-dix hommes tués et les assiégeants seize seulement, mais trois cents blessés, parce que, dans un combat de nuit, ils n'avaient pu se mettre à couvert des traits (2). Les travaux reprirent à la suite de ce succès. Deux tours furent renversées ainsi que le mur qui les reliait ; et déjà une troisième était ébranlée quand quelques jours après un nouvel engagement eut lieu (3).

« Deux hoplites macédoniens du corps de Perdiccas, qui campaient sous la même tente, faisaient à l'envi, tout en buvant, le récit pompeux de leurs mutuelles prouesses. Piqués d'honneur et échauffés aussi par le vin, ils prennent les armes de leur propre mouvement et marchent sur le fort qui défend la ville du côté de Mylasa plutôt pour faire montre de leur bravoure que pour tenter avec l'ennemi un combat trop inégal. A la vue de ces deux soldats qui s'avancent témérairement vers le mur, quelques assiégés sortent et accourent au-devant d'eux. Les premiers qui les approchent sont tués, ceux qui les suivent de plus près percés de traits ; mais enfin le nombre et l'avantage du lieu l'emportent. Attaqués de haut et sur leur droite, ce qui ne leur permet pas d'opposer leur bouclier aux coups, ils tombent frappés à mort. En même temps accourent d'autres soldats de Perdiccas et d'autres Halicarnasséens. Un combat terrible s'engage au pied des murailles, et les Macédoniens forcent leurs ennemis à se renfermer de nouveau dans la ville. Peu s'en fallut qu'elle ne fût prise ; car dans ce moment les murailles étaient mal gardées ; et la brèche dont nous avons parlé eût offert un accès facile si l'armée eût donné tout entière (1).

« Effrayés du danger qu'ils viennent de courir, les assiégés se hâtent d'élever derrière le mur renversé un ouvrage de brique en demi-lune. Le grand nombre des travailleurs permit d'achever promptement ce travail. Le lendemain Alexandre fait avancer ses machines sur ce point. Les assiégés font une nouvelle sortie, et tentent d'y mettre le feu. Un des remparts mobiles les plus voisins du mur et une tour en bois furent incendiés, et les autres eussent eu le même sort si Philotas et Hellanicos, à qui la garde en était confiée, n'étaient parvenus à en écarter les ennemis, qui, à la vue d'Alexandre qui s'approche, abandonnent les torches dont ils s'étaient fait un moyen de défense, jettent même presque tous leurs armes et courent se renfermer dans leurs murailles. Là ils avaient l'avantage de la position ; car ils pouvaient attaquer sur sa droite et de front l'ennemi combattant du haut des machines, qu'ils dominaient ; et même du haut de ce qui restait des tours auxquelles se rattachait le mur déjà renversé, ils frappaient en flanc et presque en queue ceux qui venaient assaillir le nouvel ouvrage.

« Quelques jours après, comme Alexandre faisait avancer de nouveau ses machines contre la muraille de briques, bâtie en dedans de la ville, toute la ville fait une sortie, les uns du côté de la brèche où Alexandre donnait en personne, et les autres du côté du Tripylon, d'où les Macédoniens s'attendaient moins à une attaque. Une partie lance

---

(1) Le texte d'Arrien porte deux fois dans ce passage οὐ χαλεπῶς ; mais j'ai peine à croire que cette leçon soit la bonne. On ne comble pas *facilement* un fossé profond, on ne repousse pas une sortie de nuit *facilement* ni surtout sans perte. Je serais donc porté à croire qu'il faut lire οὐκ ἀλύπως, dans l'un et l'autre passage, et surtout dans le dernier, pour qu'Arrien, qui donne le chiffre des pertes faites de part et d'autre, chiffre assurément assez élevé, ne soit pas en contradiction avec lui-même. Je dois cependant reconnaître qu'Arrien emploie assez fréquemment cette locution, sans songer qu'en rendant si facile tout ce que fait Alexandre il diminue beaucoup le mérite des exploits de son héros.

(2) Arr., liv. I, ch. 20.
(3) Id., *ib.*, ch. 21, § 7 et suiv.

(1) Id., *ib.*, ch. 21, § 1-6.

sur les machines des torches et toutes les matières qui peuvent accélérer l'incendie. Les troupes d'Alexandre repoussent le choc avec violence, font pleuvoir du haut des tours une grêle de traits et rouler d'énormes pierres sur l'ennemi, qui est mis en fuite et chassé dans la ville. Le carnage fut proportionné au nombre et à l'audace des assaillants. Les uns furent tués en combattant les Macédoniens corps à corps, les autres près du rempart, dont les ruines embarrassaient le passage, déjà trop étroit pour une si grande multitude, et que sa chute ne permettait plus de franchir que très-difficilement.

« Ceux qui s'étaient avancés par le Tripylon furent repoussés par Ptolémée, garde du corps d'Alexandre. Pour comble de malheur, dans leur retraite, comme ils se pressaient en foule sur un pont très-étroit qu'ils avaient jeté sur le fossé, le pont se rompit sous le poids dont il était encombré, et ils périrent, les uns en tombant dans le fossé, les autres écrasés par les leurs ou accablés d'une grêle de traits. Le plus grand carnage fut aux portes, que l'excès du trouble avait fait fermer trop précipitamment. Craignant que les Macédoniens, mêlés aux fuyards, n'entrassent avec eux dans la ville, ils laissèrent dehors une partie des leurs, qui furent tués au pied des remparts. La ville allait être prise si Alexandre, dans le désir de la sauver et de l'amener à une capitulation, n'eût fait sonner la retraite. Le nombre des morts fut de mille du côté des assiégés et de quarante environ du côté des Macédoniens, parmi lesquels on eut à regretter Ptolémée et plusieurs officiers distingués (1).

« C'est alors que les généraux persans Othontopatès et Memnon, considérant que l'état des choses ne leur permettait plus de soutenir un long siége, que les remparts étaient ou renversés ou ébranlés, que la plupart des soldats avaient été tués dans les sorties ou mis par leurs blessures hors de combat, résolurent, après avoir mûrement délibéré, d'abandonner entièrement la ville après l'avoir incendiée. En conséquence ils mirent le feu à une tour de bois qu'ils avaient dressée en face des machines de l'ennemi, aux portiques qui leur servaient de magasins d'armes et aux maisons voisines des remparts. Tout s'embrase, et la flamme qui s'élance de la tour et des portiques, agitée par les vents, étend au loin l'incendie. Les assiégés se réfugient partie dans la citadelle de l'île d'Arconnesos, en dehors du port, partie dans celle qui portait le nom de Salmacis.

« Alexandre, instruit de ce désastre par des transfuges qui s'y étaient soustraits et apercevant ce vaste incendie, donne ordre aux Macédoniens, quoiqu'au milieu de la nuit, d'entrer dans la ville, de massacrer les incendiaires et d'épargner ceux qui se seraient retirés dans leurs maisons. Au lever de l'aurore, apercevant les deux forts occupés par les Perses et par les Grecs mercenaires, il renonce à les assiéger et parce qu'il prévoyait que, défendus par leur position, ils résisteraient longtemps, et parce que d'ailleurs la ruine totale de la ville rendait cette prise moins importante. Ayant donc enseveli ses morts, il donne ordre à ceux qui avaient l'intendance des machines de les conduire à Tralles, laisse pour veiller sur la ville et sur le reste de la Carie trois mille hommes et deux cents chevaux, sous les ordres de Ptolémée, fils de Lagos, et se remet en marche après avoir confié à Ada la satrapie de la Carie (1). »

En même temps il renvoie en Macédoine pour y passer l'hiver ceux de ses soldats qui s'étaient mariés avant leur départ. Il en confie le commandement à Ptolémée, fils de Séleucos, qui doit les lui ramener avec toutes les recrues qu'il pourra lever, tant en cavalerie qu'en infanterie. Cléandros ira faire des levées dans le Péloponnèse; et Parménion, à la tête des hétaires, des cavaliers thessaliens et d'autres auxiliaires, reconduira les bagages à Sardes, d'où il pénétrera dans la grande Phrygie qui confine aux provinces déjà conquises.

Sûr que la reddition des deux citadelles n'est plus qu'une affaire de temps, Alexandre, sans s'éloigner des côtes, dont il doit continuer à s'assurer la possession pour rendre inutile la flotte ennemie, pénètre, en quittant la Carie, chez

---

(1) Arr., liv. I, ch. 22.

(1) Arr., liv. I, ch. 23.

les Lyciens. Il commence par prendre d'assaut Hyparna, place fortifiée, défendue par des mercenaires, qui capitulent et se retirent. A son entrée dans la Lycie, Telmissos se rend par composition ; il passe le Xanthe et occupe Pinara, Xanthos, Patara, avec trente autres villes de moindre importance, qui se livrent à lui.

Quoiqu'au milieu de l'hiver, il s'avance vers la Milyade, qui, bien que faisant partie de la grande Phrygie, avait été réunie par Darius à la Lycie. Là des envoyés des Phasélites vinrent demander l'amitié d'Alexandre et lui offrir une couronne d'or. Beaucoup d'autres encore de la Lycie inférieure députèrent auprès de lui pour solliciter son alliance. Il ordonne aux Phasélites et aux autres Lyciens de remettre leurs villes à ceux qu'il enverrait pour les recevoir, et toutes sont remises. Bientôt après il se rend à Phasélis, et, secondé par les habitants, il assiége la forteresse des Marmaréens (1).

SIÉGE ET PRISE DE MARMARA. — Cette place avait été bâtie sur un roc escarpé, à l'extrême frontière de la Lycie, et les Pisidiens, de cette position formidable, faisaient de fréquentes incursions sur le territoire des Phasélites. Ils avaient attaqué l'arrière-garde d'Alexandre et lui avaient fait de nombreux prisonniers. Irrité de cette provocation et désirant délivrer Phasélis d'un voisinage aussi incommode, Alexandre n'épargne aucun soin pour forcer la place. Les Marmaréens résistèrent avec valeur ; cependant, comme le roi, pendant deux jours de suite, avait fait donner l'assaut et paraissait disposé à continuer ainsi jusqu'à ce qu'il se fût rendu maître de la position, les anciens proposèrent aux plus jeunes d'égorger d'abord les femmes, les enfants et les vieillards et de gagner ensuite les montagnes en traversant le camp ennemi les armes à la main. Cette proposition est agréée. Chaque habitant rassemble sa famille dans sa maison et y attend avec fermeté le sort qui lui est réservé ; mais les jeunes gens, ne voulant pas souiller leurs mains du meurtre de leurs parents, se contentent de mettre le feu à la ville ; et s'élançant, de nuit, dans le camp des Macédoniens,

(1) Arr., liv. I, ch. 24.

se réfugient dans les montagnes (1).

IL FRANCHIT LE DÉFILÉ DU CLIMAX ET ENTRE EN PAMPHYLIE. — En quittant la Phasélide, Alexandre fait marcher une partie de son armée sur Pergé par les montagnes où les Thraces s'ouvrent un chemin difficile, mais plus court, pendant que lui-même conduit le reste des troupes le long des côtes par le défilé resserré entre le mont Climax et la mer. Ce défilé est inondé quand soufflent les vents du midi. Alexandre, sans attendre que les flots se soient entièrement retirés sous l'action du vent du nord, le franchit, ses soldats ayant, un jour tout entier, de l'eau jusqu'à la ceinture (2).

TRAITÉS AVEC ASPENDOS. — Au moment où il sortait de Pergé, des plénipotentiaires d'Aspendos vinrent à sa rencontre pour lui soumettre leurs villes en le priant de n'y point mettre de garnisons. Il y consentit ; mais il exige qu'on lui remette cinquante talents, pour le payement de ses troupes, et qu'on lui livre les chevaux qu'Aspendos fournissait en tribut à Darius. Ces conditions acceptées, il marche sur Sidé, où il jette une garnison. Il remonte ensuite au nord vers Syllion, place forte, défendue par des barbares et par des mercenaires.

Chemin faisant, il apprend que les Aspendiens ne tiennent aucun de leurs engagements ; qu'ils ont fermé leurs murs aux envoyés macédoniens et mis leur ville en état de défense. Il tourne aussitôt vers Aspendos. Cernés par toute son armée, les Aspendiens lui députent de nouveaux négociateurs. Alexandre, que la position de la ville obligerait à un long siège, ajoute aux conditions déjà imposées que les Aspendiens livreraient en otages les principaux de la ville, payeraient cent talents au lieu de cinquante, reconnaîtraient un satrape nommé par Alexandre et se soumettraient à un tribut annuel (3). Ces conditions acceptées, il se remet en marche et remonte la vallée de l'Eurymédon, dans la direction de Selgé (4),

(1) Diod. de Sic., liv. XVII, ch. 28.
(2) Arr., liv. I, ch. 26 ; Plut., *Alex.*, ch. 17 ; Strab., liv. XIV, p. 666.
(3) Arr., *ibid.*, ch. 27.
(4) Arrien le fait retourner à Pergé ; mais

pour se rendre en Phrygie, où Parménion doit avoir déjà fait des progrès.

SIÉGE DE PEDNILESSOS — Sa route le conduisit près de Pednilessos (1), occupée par des barbares d'origine pisidienne. Cette ville était bâtie sur une montagne escarpée et inaccessible, qui s'étendait jusqu'à la route. En face s'élevait une autre montagne non moins abrupte, de sorte que le chemin, ainsi encaissé, formait un défilé qu'il était très-facile de fermer en gardant les hauteurs avec les moindres forces; ce que les Pednilesséens ne manquèrent pas d'exécuter en apprenant l'arrivée d'Alexandre.

A la vue de cet obstacle, les Macédoniens campent comme ils peuvent. Alexandre pensait qu'en voyant ces dispositions les barbares ne conserveraient pas toutes leurs troupes dans le défilé, mais que la plupart se réfugieraient dans la ville, ne laissant que quelques hommes sur les hauteurs. L'événement justifia son attente. Alexandre, prenant avec lui les troupes les plus légères, s'empare du passage et vient camper sous les murs de la ville (2).

ALLIANCE AVEC SELGÉ. — Là il reçut les députés de Selgé, qu'il avait laissée sur sa gauche en remontant la vallée de l'Eurymédon, persuadé, sans doute, que les Selgiens, en guerre depuis longtemps avec les Pednilesséens, ne s'opposeraient pas, quoique très-belliqueux, au passage d'une armée qui marchait contre leurs anciens ennemis. Introduits auprès d'Alexandre, les députés lui demandent son amitié. Le conquérant fait alliance avec eux, et n'eut pas depuis d'auxiliaires plus dévoués (3).

PRISE DE SAGALASSOS. SOUMISSION DE LA PISIDIE. — Comme le siège de Pednilessos paraissait devoir traîner en longueur, il marche sur Sagalassos, ville assez grande, habitée par des Pisidiens, aussi distingués par leur bravoure entre les autres peuplades de cette nation que les Pisidiens l'étaient eux-mêmes entre tous les autres peuples. Une partie des Pednilesséens étaient venus se joindre à eux. Mais ces barbares, combattant nus contre des hommes armés de toute pièce, ne purent résister à la phalange. Cinq cents environ tombent percés de coups; le plus grand nombre doit son salut à la légèreté de sa fuite et à la connaissance des lieux. Alexandre ne laisse point de relâche aux fuyards et s'empare de leur ville. Sûr de Selgé et maître de Sagalassos, il marche contre le reste des Pisidiens, emporte d'assaut une partie de leurs places et force les autres à capituler (1).

La soumission de la Pisidie était pour Alexandre d'une importance extrême: en le rendant maître des nombreux défilés de cette contrée montagneuse, elle assurait ses communications avec le plateau de la Phrygie, déjà occupé par son lieutenant Parménion, permettait à son armée, quand elle reviendrait sur les côtes méridionales de recevoir par la voie la plus courte les renforts qui lui arriveraient d'Europe ou de la Lydie et de la Mysie; et déjà en possession du littoral, il pourrait bientôt conquérir le reste de la péninsule, qui devait devenir la base de ses opérations contre le reste de l'empire des Perses.

ALEXANDRE ENTRE EN PHRYGIE; CÉLÆNES SE REND A LUI. — Les défilés franchis, il pénètre en Phrygie, près du lac d'Ascagne, et au bout de cinq marches il arrive devant Célænes. Cette ville était bâtie sur un rocher à pic et gardée par une garnison de mille Cariens et de cent Grecs, sous le commandement d'Atizyès, satrape de Phrygie. Ils députent vers Alexandre et promettent de se rendre s'ils ne sont pas secourus à un jour fixé. Alexandre accepte, parce que la position inaccessible de la citadelle eût exigé un siége trop long et que le succès pour lui dépend de la rapidité des mouvements. La ville dut se rendre. Alexandre y laisse quinze cents hommes

---

il est probable que les copistes ont confondu Σέλγη et Πέργη à cause de la similitude des désinences.

(1) Et non pas Telmissos ou Termessos, comme le porte Arrien, ce qui eût forcé Alexandre à revenir sur ses pas et à s'écarter considérablement de sa route. Du reste ce ne sont pas les seules difficultés que soulève cette confusion de noms, sur laquelle je me propose de revenir dans un mémoire spécial.

(2) Arr., liv. I, ch. 27, 28.

(3) Arr., liv. I, ch. 28.

(1) Arr., ibid. Pednilessos fut sans doute de ce nombre, bien qu'Arrien ne la nomme pas.

de garnison, et nomme satrape de Phrygie Antigone, fils de Philippe, qui doit jouer un si grand rôle après la mort du conquérant.

ILS S'AVANCE JUSQU'A GORDION. — Par la prise de Célænes Alexandre s'est assuré une importante voie de communication, la vallée du Méandre, qui le met directement en rapport avec Milet. Mais ce n'est pas assez; il faut aussi qu'il ait à sa disposition la vallée de l'Hermos; il faut aussi assurer ses communications avec le Pont-Euxin et avec ses satrapes du nord-ouest par la vallée du Sangarios, et tel est sans doute le but de sa marche vers Gordion, où Parménion a reçu l'ordre de venir le rejoindre avec son armée et les renforts arrivés de la Macédoine (1). Là il tranche d'un coup d'épée les innombrables courroies qui formaient le fameux nœud gordien, et accomplit ainsi en les éludant les oracles qui promettaient la possession de l'Asie à celui qui dénouerait ce nœud. (2).

SOUMISSION DE LA PAPHLAGONIE ET DE LA CAPPADOCE. — Le lendemain, après avoir sacrifié aux dieux pour les remercier de l'heureuse inspiration qu'ils lui ont envoyée, il part pour Ancyre, d'où il pénétrera en Cappadoce, et, une fois maître de tout le plateau central, il reviendra à la côte méridionale, en franchissant les Portes Ciliciennes. A Ancyre des députés paphlagoniens viennent lui soumettre leur pays et proposer une alliance sous la condition qu'il n'entrera pas sur leur territoire. Alexandre ordonne qu'ils obéissent désormais à Calas, satrape de la Phrygie hellespontique; et, marchant vers la Cappadoce, il soumet une grande partie du pays qui s'étend en deçà et au delà du fleuve Halys et donne à cette nouvelle conquête Sabictas pour satrape (3).

IL PÉNÈTRE EN CILICIE. — Il se dirige ensuite vers les Portes Ciliciennes. Arrivé au camp de Cyrus le Jeune, et voyant le passage bien gardé, il y laisse Parménion à la tête de l'infanterie pesamment armée; lui-même, à l'entrée de la nuit, prend avec lui les troupes légères et s'avance vers le défilé pour surprendre ceux qui le gardaient. Son audace fut heureuse, bien qu'elle eût été découverte. A la nouvelle de son approche le poste est abandonné, et le lendemain avec le jour il franchit le passage avec toute son armée et descend dans la Cilicie (1).

Chemin faisant, il apprend que le satrape Arsamès, qui d'abord avait voulu conserver la ville de Tarse au grand roi, ne songeait qu'à l'abandonner sur le bruit de son arrivée, et que les habitants craignaient qu'il ne pillât la ville en la quittant. Alexandre aussitôt hâte sa marche à la tête de sa cavalerie et de ses troupes légères. Certain de son approche, Arsamès s'enfuit sans avoir ruiné la ville (2).

DIVERSION TENTÉE PAR MEMNON. — Ce fut sans doute en arrivant à Tarse qu'Alexandre apprit les graves dangers qui avaient menacé ses derrières depuis qu'il était parti de la Carie. Memnon, auquel Darius avait fait passer des sommes d'argent considérables dans l'île de Cos, en lui confiant une autorité sans bornes, avait résolu de porter la guerre en Macédoine et en Grèce, afin de forcer ainsi les agresseurs à abandonner l'Asie pour venir défendre leur propre territoire, ou du moins à diminuer considérablement leurs forces pour y envoyer des secours. Après avoir réuni sa flotte, au nombre de trois cents navires, et levé un corps nombreux de mercenaires, il avait commencé par opérer sur les îles afin de s'assurer un point d'appui. Chios avait été prise par trahison, toutes les villes de Lesbos soumises, à l'exception de Mitylène, dont il avait dû faire le siége. A la nouvelle de ces premiers succès, la plupart des Cyclades lui avaient envoyé des députés, et, comme peu après le bruit s'était répandu que Memnon devait bientôt se présenter avec sa flotte devant l'île d'Eubée, ceux des Grecs qui favorisaient le parti des Perses, excités par leurs magistrats, que Memnon avait achetés, s'étaient préparés à faire une utile diversion (3).

MORT DE MEMNON. — En apprenant

(1) Arr., liv. I, ch., 29; Plut., *Alex.*, ch. 18.
(2) Arr., liv. II, ch. 3.
(3) Arr., *ibid.* ch., 4.

(1) Arr., *ibid*.
(2) Arr., *ibid*.
(3) Arr., liv. II, ch. 2; Diod. de Sic., liv. XVII, ch. 29.

le danger qui le menaçait, Alexandre se trouva dans une grande perplexité, et le coup qu'il en ressentit ne contribua peut-être pas moins que ses fatigues et que son bain dans le Cydnos à la maladie qui mit peu de temps après ses jours en danger ; mais la nouvelle qu'il reçut peu après que Memnon, affaibli par les infirmités et atteint d'un mal sans remède, avait cessé de vivre (1) dut, autant que le talent du médecin Philippe, hâter son entière guérison. Sans doute Autophradate et Pharnabaze, que Memnon en mourant avait investis de son autorité, étaient parvenus à prendre Mitylène, à occuper les Cyclades, à faire rentrer Ténédos dans le devoir ; mais ces avantages éphémères se trouvaient largement compensés par la mort du seul adversaire que pût craindre Alexandre ; d'ailleurs les mesures prises par Antipatros avaient éloigné la flotte persane des côtes de la Grèce. Rien n'était donc plus compromis, et le conquérant pouvait librement poursuivre ses glorieux desseins.

CONQUÊTE DES VILLES DE CILICIE. — Rendu à la santé, Alexandre envoie Parménion occuper les défilés qui séparent la Cilicie de la Syrie. Lui-même sort de Tarse, et un jour de marche le porte à Anchialon. De là il passe à Soles, y jette une garnison, et, prenant avec lui toute sa cavalerie et toutes ses troupes légères, attaque les Ciliciens des montagnes, les réduit dans l'espace de sept jours, soit de force, soit par composition, et rentre à Soles (2).

ALEXANDRE APPREND L'ENTIÈRE SOUMISSION DE LA CARIE. — C'est en rentrant à Soles qu'Alexandre reçut une nouvelle qui devait le rassurer entièrement sur l'avenir. Ptolémée et Asandros avaient défait Othontopatès, qui occupait la citadelle d'Halicarnasse ; Myndos, Caunos, Théra, Callipolis s'étaient rendues. La conquête de Cos et du Triopion avait suivi ce succès. Alexandre, dans sa joie, sacrifie à Esculape, conduit la pompe aux flambeaux avec toute son armée, fait célébrer des jeux et établit la démocratie à Soles (3).

(1) Diod. de Sic., ib., ch. 31 ; Arr., l. c.
(2) Arr. liv. II, ch. 5.
(3) Id., ibid.

IL SE PRÉPARE A PÉNÉTRER EN SYRIE. — Alexandre charge ensuite Philotas de conduire la cavalerie vers le fleuve Pyramos, par la plaine d'Aléa, et tourne vers Tarse avec son infanterie. Il arrive à Mégarse, où il sacrifie à Minerve, puis à Mallos, où il honore la tombe d'Amphilochos comme celle d'un héros. Bientôt après il apprend que Darius avec toute son armée est campé à Sochos, à deux jours de marche des défilés qui ouvrent l'entrée de la Syrie. Aussitôt il se porte vers ces défilés, et, les ayant franchis en deux jours, va camper près de la ville de Myriandre (1).

BATAILLE D'ISSOS. — L'Athénien Charidème avait inutilement conseillé à Darius de demeurer au centre de son empire, lui garantissant la victoire s'il mettait sous ses ordres une armée de cent mille hommes, dont le tiers serait composé de mercenaires grecs : il avait payé de sa vie l'audace de cet utile conseil. N'osant plus désormais confier à un Grec la défense de sa cause, le roi de Perse s'était décidé à descendre lui-même vers le littoral de l'Asie pour tenter en personne les hasards d'un combat qui pouvait décider du sort de sa monarchie (2).

Il avait d'abord choisi pour asseoir son camp une plaine immense de l'Assyrie, où ses troupes innombrables et sa cavalerie pouvaient se développer avec avantage. Amyntas, fils d'Antiochos, qui, par haine particulière contre Alexandre, s'était enfui de Macédoine et réfugié auprès de Darius, avait conseillé au roi de ne pas abandonner cette position, et Darius s'y était maintenu quelque temps ; mais Alexandre ayant été retenu successivement dans Tarse par la maladie, dans Soles par les jeux qu'il y fit célébrer en apprenant les succès d'Asandros et de Ptolémée en Carie, et dans les montagnes de la Cilicie par son expédition contre les barbares, le roi de Perse, prenant le change sur les motifs de ce retard, crut qu'Alexandre effrayé de son approche n'osait pousser plus loin, et se décida à marcher au devant de lui.

Il franchit donc le pas Amanique, et,

(1) Arr., ibid., ch. 6.
(2) Diod. de Sic., liv. XVII, ch. 30.

laissant imprudemment Alexandre derrière lui, il marche sur Issos, s'en empare et fait périr cruellement les malades que l'armée macédonienne y avait laissés. Le lendemain il s'avance aux bords du Pinaros, qui se jette dans le golfe d'Issos, persuadé que son ennemi se cache dans les montagnes.

Instruit de ce mouvement, Alexandre envoie des éclaireurs à la découverte, et convaincu, sur leur rapport, que Darius est venu se livrer à lui dans une position désavantageuse, il revient sur ses pas à la faveur de la nuit, et au lever de l'aurore fait repasser à ses troupes les portes de Syrie. A mesure que le terrain s'élargit il développe ses corps en phalange, appuyant sa droite aux montagnes et sa gauche au rivage. Pendant ce temps la cavalerie se forme rapidement derrière l'infanterie, et dès qu'on est en plaine l'armée se range en ordre de bataille (1).

« A l'aile droite, qui longe les montagnes, il place l'infanterie sous les ordres de Nicanor, fils de Parménion, et qui se compose de deux corps d'élite, l'agéma et les hypaspistes; à leur gauche se déploie le corps de Cœnos, puis celui de Perdiccas touchant à la grosse infanterie, placée au centre. La gauche, s'appuyant à la mer, est formée par les troupes d'Amyntas, ayant à leur droite celles de Ptolémée. Toute l'aile gauche est sous le commandement de Ptolémée, qui a l'ordre de ne pas s'écarter du rivage, de peur d'être cerné par les barbares, qui, à l'aide de leurs troupes innombrables, pourraient facilement envelopper la phalange macédonienne.

« Darius, informé qu'Alexandre s'avance en ordre de bataille, fait traverser le Pinaros à trente mille chevaux et à vingt mille fantassins armés à la légère, pour avoir la facilité de ranger le reste de son armée. Il range en face de la phalange macédonienne trente mille mercenaires grecs pesamment armés, soutenus sur les flancs par soixante mille Cardaces armés de la même manière; car le terrain ne permettait pas d'opposer un front plus large à la simple phalange. Vers les hauteurs, à sa gauche, il place vingt mille hommes, partie en face de l'aile droite d'Alexandre, partie sur son flanc droit et sur ses derrières, disposition forcée par la conformation des montagnes, qui s'arrondissent sur ce point et offrent l'aspect d'un golfe. Le reste de ses six cent mille combattants forment, rangés par nations, derrière les Grecs soldés, une masse aussi nombreuse qu'inutile.

Alexandre, dès que la plaine commence à s'élargir, développe près de lui à l'aile droite la cavalerie des hétaires, des Thessaliens et des Macédoniens, et fait filer à la gauche, vers Parménion, celle de Péloponnésiens et des autres alliés.

« Darius, de son côté, dès que son armée est rangée en bataille, rappelle la cavalerie qui avait franchi le fleuve pour masquer ses dispositions; il en détache la majeure partie contre Parménion du côté de la mer, où cette arme peut combattre avec avantage, et fait passer le reste à sa gauche vers les hauteurs : mais jugeant que la difficulté des lieux lui rendra ce secours inutile, il en rejette la plus grande partie sur la droite, et, suivant l'antique usage des rois de Perse, il se place lui-même au centre de l'armée.

« Alexandre, voyant presque toute la cavalerie des Perses se porter du côté de la mer sur Parménion, qui n'avait à leur opposer que la cavalerie des Péloponnésiens et des alliés, détache aussitôt vers son aile gauche les chevaux thessaliens et les fait filer sur les derrières pour qu'ils ne soient point aperçus de l'ennemi. En avant de la cavalerie de l'aile droite, Protomachos et Ariston conduisent l'un les éclaireurs, l'autre les Péones; Antiochos, à la tête des archers, couvre l'infanterie; enfin les Agrianes, quelques chevaux et quelques archers font face à la montagne qui s'étend derrière l'aile droite. Cette aile se trouve ainsi en former deux, dont l'une était opposée à Darius, placé au delà du fleuve avec le gros de son armée, et l'autre regardait l'ennemi qui tournait l'armée macédonienne sur les hauteurs. A l'aile gauche, en avant de l'infanterie, marchaient les archers crétois et les Thraces commandés par Sitalcès, précédés de la cavalerie et des étrangers soldés qui forment l'avant-garde :

(1) Arr., liv. II., ch. 6-8.

Ruines d'un Palais des Sultans des Seljoukides à Konnieh

« Comme la droite de son armée avait moins de front que la gauche des Perses, qui pouvaient facilement la tourner, Alexandre la renforce, en masquant cette manœuvre par deux compagnies d'hétaires, et comme les ennemis postés sur les flancs de la montagne ne descendaient point dans la plaine, il les repousse sur le sommet avec un détachement d'Agrianes et d'archers, se contente de leur opposer trois cents cavaliers et fait passer sur le front de l'aile droite le reste des troupes opposées d'abord à ces barbares, donnant ainsi à cette partie de son armée un développement plus étendu que celui des Perses qu'elle avait à combattre.

« L'ordre de bataille ainsi réglé, Alexandre s'avance lentement et faisant des haltes fréquentes, comme s'il ne voulait rien précipiter. De son côté, Darius ne quitte point les bords escarpés du fleuve où il était placé; il a même fait défendre par des palissades les rives d'un facile accès, et semble annoncer ainsi aux Macédoniens qu'il prévoit déjà sa défaite.

« Dès que les armées sont en présence, Alexandre, à cheval, parcourt les rangs, encourage ses troupes, appelle par leur nom et avec éloge les principaux chefs, les ilarques, les moindres officiers et même les étrangers distingués par leurs grades ou par leurs exploits : tous, d'un cri unanime, demandent à fondre sur l'ennemi.

« Alexandre continue de s'avancer lentement, de peur qu'une marche trop rapide ne jette du désordre dans sa phalange; mais parvenu à la portée du trait, les premiers qui l'entourent et lui-même à la tête de l'aile droite courent à toute bride vers le fleuve pour effrayer les Perses par l'impétuosité du choc, en venir plus tôt aux mains, et se garantir ainsi de leurs flèches. En effet, au premier choc, la gauche de l'ennemi cède et laisse un brillant avantage aux Macédoniens.

« Dans ce mouvement rapide, au moment où Alexandre s'élançait dans le fleuve, en venait aux mains avec l'ennemi rangé devant lui et le mettait en déroute, la phalange s'était rompue, et une partie avait suivi l'aile droite; mais le centre n'avait pu marcher avec la même promptitude ni maintenir son front et ses rangs, arrêté par l'obstacle que présentaient les bords escarpés du fleuve. Les Grecs à la solde de Darius en profitent et tombent sur la phalange entr'ouverte. Le combat devient plus acharné. Les mercenaires de l'armée persane s'efforcent de rejeter les Macédoniens dans le fleuve et de reprendre leurs rangs rompus par les fuyards; les Macédoniens, de leur côté, s'obstinent à conserver l'avantage qu'Alexandre a obtenu et à maintenir l'honneur de la phalange, jusque-là réputée invincible. La rivalité des Grecs et des Macédoniens redouble l'acharnement. Ptolémée, fils de Séleucos, après des prodiges de valeur, et cent vingt autres Macédoniens de distinction tombent frappés à mort; mais bientôt l'aile droite d'Alexandre, après avoir renversé tout ce qu'elle rencontre devant elle, se retourne sur les Grecs à la solde de Darius, les écarte des bords du fleuve, les tourne, les attaque en flanc et en fait un horrible carnage.

« Cependant la cavalerie persane, placée en face des Thessaliens, avait, sans les attendre, passé le fleuve à bride abattue et était tombée sur leurs escadrons. De part et d'autre on combattit avec acharnement, et les Perses ne cédèrent que lorsqu'ils virent Darius abandonner le champ de bataille et ses mercenaires grecs taillés en pièces. Alors la déroute fut générale. La cavalerie des Perses souffrit beaucoup dans cette fuite. Tous se précipitent en foule dans les défilés et tombent écrasés sous les pieds des chevaux, qu'effraye le tumulte et qui succombent sous le poids de l'armure de leurs cavaliers. Les Thessaliens pressent vivement les fuyards, et le carnage de la cavalerie égale celui de l'infanterie.

« Dès que Darius avait vu son aile gauche enfoncée par Alexandre, il s'était enfui sur un char, qu'il ne quitta point tant qu'il courut à travers la plaine; mais arrivé dans des gorges difficiles, il abandonna son char, son bouclier, sa robe de pourpre, son arc même, et s'enfuit à cheval. La nuit le déroba aux poursuites d'Alexandre, qui l'eût pris si avant de courir sur ses traces il n'eût attendu que sa phalange ébranlée eût repris ses rangs, que les Grecs mercenaires fussent terrassés et la cavalerie persane mise en déroute. On évalue à cent mille morts la perte de l'armée de Darius, et suivant Ptolémée, fils de Lagos, qui accompagnait Alexandre dans sa poursuite, on traversa des ravins comblés de cadavres.

« Quand on s'empara du camp de Darius, on y trouva la mère, la femme, la sœur et un fils jeune encore de ce roi, deux de ses filles et quelques femmes des principaux de son armée, toutes les autres avaient été conduites à Damas avec les bagages, le trésor royal moins trois mille talents gardés dans le camp, et l'appareil somptueux que les rois de Perse traînaient à leur suite quand ils faisaient la guerre. Parménion, envoyé dans cette ville, y recueillit toutes les richesses du vaincu.

« Le lendemain Alexandre, quoique souffrant encore d'une blessure qu'il avait reçue à la cuisse, visita les blessés, fit inhumer les morts avec pompe, en présence de son armée rangée en bataille, dans le plus grand appareil, fit l'éloge des actions héroïques dont il avait été le témoin ou que la voix de toute l'armée publiait, et honora selon leur mérite et leur rang ceux qui s'étaient distingués (1). »

Les dangers pour les hommes ordinaires se présentent surtout après le succès. Un autre qu'Alexandre n'aurait pu résister au désir d'accabler sur-le-champ Darius pour aller jouir de sa victoire dans les capitales de la Perse; mais Alexandre sait qu'après avoir frappé un si grand coup il peut impunément laisser Darius errer dans la haute Asie. Avant tout il veut l'isoler de la mer Égée de la Grèce, qui lui fournit ses meilleurs soldats : aussi après Issos, continuant le plan qu'il a suivi depuis le commencement de la guerre, il traverse la Cœlé-Syrie et se dirige sur la Phénicie, d'où il ira conquérir l'Égypte, et achever ainsi de détruire la puissance maritime des Perses.

FAITS RELATIFS A L'ASIE MINEURE DEPUIS LA BATAILLE D'ISSOS JUSQU'A LA MORT D'ALEXANDRE. — Ici nous devons l'abandonner, car la conquête de l'Asie Mineure par les armes macédoniennes entre seule dans le sujet que nous avons à traiter. Contentons-nous de rappeler les faits relatifs à l'histoire de cette contrée qui eurent lieu depuis le jour où le conquérant pénétra en Syrie jusqu'à celui où la mort vint le frapper au milieu de ses exploits.

Après la victoire d'Issus, Balacros, fils de Nicanor, est nommé satrape de la Cilicie. La ville de Soles obtient la remise des cinquante talents qui lui restaient encore à payer, et ses otages lui sont rendus (1). Soles se montra reconnaissante. Pendant le siége de Tyr, trois galères de Soles et de Mallos vinrent avec dix de Lycie et celles de Rhodes grossir la flotte d'Alexandre (2).

En Égypte, Alexandre apprend par Hégélochos, qu'il avait laissé en Mysie pour y rassembler une armée navale et qui vient le rejoindre avec ses vaisseaux, que Ténédos a de nouveau secoué le joug des Perses, qu'elle avait été contrainte de subir; que Chios a chassé les tyrans qui lui avaient été imposés par Autophradate et Pharnabaze, et fait prisonnier Pharnabaze lui-même; qu'Amphotère avait été envoyé par lui à Cos avec soixante vaisseaux et que les habitants de cette île s'étaient empressés de le recevoir (3).

A son retour en Phénicie, Alexandre fait quelques changements dans les satrapies de l'Asie Mineure. Ménandre est envoyé comme satrape en Lydie, et Philoxène est chargé de percevoir les impôts dans l'Asie en deçà du Taurus (4).

Après la bataille d'Arbelles, Ménès est envoyé vers les côtes de la Syrie, de la Phénicie et de Cilicie, en qualité de satrape, chargé du commandement de la flotte et de maintenir libres les communications par mer avec la Macédoine (5). Plus tard il reçoit l'ordre de fournir des bâtiments de transport à la cavalerie thessalienne et aux autres alliés qui désirent retourner dans leur patrie (6). Par cette mesure Alexandre

---

(1) Arr., liv. II, ch. 8-12.

(1) Arr., liv. II, ch. 12.
(2) Arr., liv. II, ch. 20.
(3) Arr., liv. III, ch. 2.
(4) Arr., liv. III, ch. 6.
(5) Arr., liv. III, ch. 16.
(6) Ibid. ch., 19.

faisait arriver plus promptement au centre de ses nouveaux États les renforts que lui envoyait soit la Grèce, soit l'Asie Mineure elle-même, et parvenait ainsi à combler les vides de son armée. C'est ainsi que peu de temps avant sa mort Philoxène lui amène une armée de la Carie et Ménandre une autre de la Syrie (1). L'Asie Mineure, devenue grecque, devait le tribut de son sang au chef des Grecs, qui l'avait affranchie du joug des barbares et qui, s'il ne la rendait pas indépendante, lui assurait du moins les bienfaits de la civilisation.

ORGANISATION DE L'ASIE MINEURE SOUS ALEXANDRE. — Comme nous l'avons vu plus haut, Alexandre, à mesure qu'une nouvelle contrée était conquise, remplaçait le satrape qui la gouvernait pour le roi de Perse par un de ses officiers, auquel il conservait le même titre. Rappelons sommairement comment ces gouvernements avaient été répartis et comment ils l'étaient encore dans le temps qui précéda immédiatement la mort du conquérant de l'Asie :

Phrygie hellespontique et Paphlagonie, Calas (2);
Cappadoce occidentale, Sabictas (3);
Grande Phrygie, Antigone, fils de Philippe (4);
Lydie et Ionie, Ménandre (5);
Carie, Ada (6), puis Philoxène (7);
Lycie et Pamphylie, Néarchos, fils d'Androtinos (8);
Pisidie et Isaurie, Balacros, fils de Nicanor (9);
Cilicie, Ménès, (10).

(1) Arr., liv. VII, ch. 23.
(2) Arr., liv. I, ch. 17.
(3) Arr., liv. II, ch. 4.
(4) Arr., liv. I, ch. 29.
(5) Arr., liv. I, ch. 17; liv. III, ch., 6 et liv. VII, ch. 23; *Corps. inscr. gr.*, n° 3561.
(6) Arr., liv. I, ch. 23.
(7) Aristot., *OEcon.*, liv. II, ch. 32; Arr., liv. VII, ch. 23.
(8) Arr., liv. III, ch. 6.
(9) Arr., liv. II, ch. 12. D'abord satrape de Cilicie, il avait été sans doute nommé plus tard satrape de Pisidie, quand Ménès reçut la satrapie de Syrie, de Phénicie et de Cilicie. Diod. de Sic., liv. XVIII, ch. 22.
(10) Arr., liv. III, ch. 16.

CHAPITRE II.

DEPUIS LA MORT D'ALEXANDRE JUSQU'A LA MORT D'ANTIPATROS (323-418).

PARTAGE DES PROVINCES D'ASIE MINEURE APRÈS LA MORT D'ALEXANDRE. — Après la mort d'Alexandre (323), les plus anciens de ses amis et de ses gardes songèrent à se partager les différentes satrapies de l'empire. Perdiccas, investi de la régence en Asie, réunit en conseil tous les chefs de l'armée, et dans la répartition qu'il fit des provinces assigna celles de l'Asie Mineure ainsi qu'il suit (1) :

A Philotas, la Cilicie (2); — à Eumènes, la Paphlagonie, la Cappadoce et toutes les contrées voisines qu'Alexandre, pressé par le temps, n'avait pu soumettre dans le cours de ses campagnes contre Darius (3); — à Antigone, la grande Phrygie (4); — à Néarchos, la Lycie et la Pamphylie (5); — à Asandros, la Carie (6); — à Ménandre, la Lydie (7); — à Léonnatos, la Phrygie hellespontique (8).

(1) Diod. de Sic., liv. XVIII, ch. 3; Dexippe d'Athènes, *Hist. gr. fr.*, t. III, p. 968; Porphyre de Tyr, *ibid.*, p. 994; Justin, liv. XIII, ch. 4.
(2) Il y a plus d'une erreur dans Diodore relativement à cette répartition des satrapies : au chap. 12 il désigne Philotas comme satrape de la Phrygie hellespontique; mais au ch. 14 il la rend à Léonnatos. Justin donne aussi la Cilicie à Philotas, liv. XIII, ch 4.
(3) Diod. de Sic., liv. XVIII, ch. 3.
(4) *Id., ibid.*
(5) Diod. de Sic., liv. XXIII, ch. 3, réunit au gouvernement d'Antigone la Pamphylie et la Lycie; mais, d'après Trogue Pompée, Néarchos les avait conservées. Voy. Justin, liv. XIII, ch 4. Il est probable que pendant les expéditions maritimes de Néarchos l'administration de cette satrapie fut momentanément confiée à Antigone.
(6) Diod. de Sic., l. c., et Justin la donnent à Cassandros; mais il est certain qu'il y a une confusion de noms et qu'il faut lire Asandros comme dans Dexippe. La Carie revenait de droit au vainqueur d'Othontopatès, qui la conserva, comme nous le verrons, au partage d'Antipatros en 320.
(7) Diod., l. c., la donne à Méléagre, mais il faut lire Ménandre avec Justin, l. c.; c'était à Ménandre qu'elle avait été confiée par Alexandre. Voy. *Hist. gr. fr.*, t. III, p. 668.
(8) Diod. de Sic., liv. XVIII, ch. 3. Calas, à

Il y a tout lieu de croire que la satrapie de Pisidie et d'Isaurie, dont la vacance n'était pas encore connue (1), fut, un peu plus tard, confiée par Perdicas à son frère Alcétas (2).

Ainsi presque tous les satrapes nommés par Alexandre était maintenus. Les trois changements opérés, Léonnatos dans la Phrygie hellespontique, Eumènes en Cappadoce et Philotas en Cilicie, n'avaient été probablement nécessités que par la mort des titulaires. C'était une mesure sage que de ne rien changer à l'organisation des provinces ; car il fallait avant tout maintenir les peuples dans l'obéissance, et personne n'en était plus capable que ceux qui depuis la conquête tenaient en main l'autorité militaire. La révolte des Grecs établis par Alexandre dans les satrapies de l'Asie supérieure ne tarda pas à prouver qu'avant d'innover il fallait avant tout maintenir l'édifice tel que l'avait élevé la main du maître.

D'autres dangers le menaçaient. Les Rhodiens avaient chassé la garnison macédonienne ; les Athéniens faisaient à Antiparos la guerre connue sous le nom de guerre Lamiaque, et plusieurs peuples grecs s'étaient unis à eux. Instruit que Cratère lui a été donné comme collègue dans la régence pour l'Europe, Antipatros s'empresse de lui écrire en Cilicie où, peu de temps avant de mourir, Alexandre l'avait envoyé avec les vétérans congédiés du service actif (3). Il le presse de lui faire passer des renforts. Il écrit en même temps à Léonnatos, satrape de la Phrygie hellespontique, pour en obtenir du secours. Cette double démarche réussit. De plus, Ptolémée, satrape d'Égypte, qui sait que Perdiccas se dispose à l'attaquer, sentant que l'appui d'Antipatros peut lui devenir nécessaire, contracte une alliance avec lui et s'engage à lui prêter aide et assistance (4).

qui Alexandre l'avait confiée, avait peut-être trouvé la mort dans sa guerre contre Bias, roi des Bithyniens. Voy. les *Fragments de Memnon*, *Hist. gr. Fr.*, III, p. 537, 20.

(1) Voy. col. 2.
(2) Voy. p. 186, col. et p. 1, 189, note (2).
(3) Diod. de Sic., liv. XVIII, ch. 4, en porte le nombre à 10,000. Il l'élève à 30,000 au ch. 22.
(4) Diod. de Sic., liv. XVIII, ch. 22, 24 et 25.

SOUMISSION DE LA CAPPADOCE. — Pendant ce temps Perdiccas cherchait à étendre sa puissance en Asie. Toutes les provinces de l'Asie Mineure n'étaient pas encore soumises aux Macédoniens. Ariarathès, satrape de Cappadoce, ne s'était pas déclaré pour Alexandre à l'arrivé du conquérant en Asie ; et celui-ci, tout occupé de combattre Darius, avait remis à un autre temps la conquête de cette contrée et s'était contenté de la soumission de quelques cantons de l'ouest. Ariarathès en profita pour affermir son pouvoir dans la Cappadoce, dont il resta maître et se déclara roi après avoir accumulé des richesses considérables et mis sur pied une armée nombreuse, composée de troupes nationales et étrangères. Perdiccas ne pouvait laisser subsister cet État indépendant au milieu des provinces asiatiques de l'empire macédonien. Il vint donc avec l'armée royale attaquer Ariarathès, qui, à la tête de trente mille hommes d'infanterie et de quinze mille cavaliers, se croyait en état de lui résister. Mais, vaincu dans une bataille rangée, le roi de Cappadoce fut fait prisonnier et mis en croix ainsi que toute sa famille, après avoir essuyé les plus cruels traitements. Perdiccas, vainqueur, accorda la vie au reste des ennemis, rétablit l'ordre dans la Cappadoce et en remit le gouvernement à Eumènes, auquel elle avait été attribuée dans le partage de la succession d'Alexandre (1).

PERDICCAS PASSE EN PISIDIE. — PRISE DE LARANDA. — Perdiccas s'avança ensuite dans la Pisidie, où il avait le dessein de détruire deux villes, l'une habitée par les Larandéens, l'autre par les Isauriens. Du vivant d'Alexandre, ces deux villes s'étaient révoltées et venaient d'assassiner Balacros, fils de Nicanor, qu'Alexandre avait nommé commandant militaire et satrape du pays. Laranda fut emportée dès les premières attaques ; tous les hommes adultes y furent passés au fil de l'épée, le reste des habitants fut vendu comme esclaves et la ville ruinée de fond en comble.

RÉSISTANCE HÉROÏQUE D'ISAURA. — Isaura, plus grande, plus forte et

(1) Diodore, liv. XVIII, ch. 16.

Sarcophage de Marthe des Pauvres d'Antoniaume

Église de Pérignac.

défendue par une population très-brave, résista avec vigueur ; et à la suite de deux jours d'assauts continuels, où ils avaient perdu beaucoup de monde, les assiégeants songèrent à se retirer ; car les habitants, abondamment pourvus d'armes et de munitions, bravaient courageusement les plus grands périls, et couraient tous au-devant de la mort pour défendre leur liberté. Le troisième jour néanmoins, beaucoup d'entre eux ayant péri et le petit nombre des survivants ne leur permettant plus de veiller à la garde de leurs murailles, les courageux Isauriens prirent une résolution héroïque. Convaincus que les forces qui leur restaient étaient insuffisantes pour la défense de la cité, ils ne purent supporter l'idée de livrer et la ville et eux-mêmes à un ennemi implacable, qui se vengerait d'eux par des supplices infamants, et se déterminèrent à périr dans la nuit d'une mort honorable. Ils renfermèrent d'abord les femmes et les enfants dans leurs maisons ; puis ils y mirent le feu, et dès que les flammes s'élevèrent dans les airs ils s'empressèrent d'y jeter leurs trésors.

Frappées de surprise à ce spectacle extraordinaire, les troupes de Perdiccas prennent les armes, et, environnant la ville, tentent d'y pénétrer de vive force ; mais les habitants, qui occupaient les murs, repoussèrent les attaques des Macédoniens, auxquels ils firent éprouver de si grandes pertes que Perdiccas et ses troupes s'éloignèrent à quelque distance. Alors les Isauriens se jetèrent tous dans les flammes, faisant de leurs maisons en cendres le tombeau commun d'eux et des leurs. Dès que le jour fut revenu, Perdiccas entra dans la ville, qu'il abandonna au pillage et où ses soldats, après avoir éteint le feu, recueillirent une grande quantité d'or et d'argent, comme on devait s'y attendre, Isaura ayant joui pendant longtemps d'une grande prospérité (1).

PROJETS AMBITIEUX DE PERDICCAS. — Après avoir ainsi affermi la puissance des Macédoniens en Asie Mineure, Perdiccas crut que le moment était venu pour lui de s'emparer de l'autorité suprême. Dans les premiers moments qui suivirent la mort d'Alexandre, regardant comme utile à ses intérêts de faire cause commune avec Antipatros, que le conquérant avait laissé pour commander en Europe, il lui avait, pour sceller cette alliance, demandé la main de sa fille Nicée ; mais quand il se vit solidement établi, ayant à sa disposition les troupes royales avec la tutelle de Philippe Arrhidée et du fils de Rhoxane, il aspira à la royauté pour lui-même, et rien ne lui coûta pour atteindre ce but. Cynané, sœur d'Alexandre, née de Philippe et d'une femme d'Illyrie, était venue en Asie avec sa fille Eurydice et avait été accueillie dans le camp des Macédoniens avec de grandes acclamations. Perdiccas, redoutant son influence, la fit périr, et ce meurtre souleva aussitôt une sédition, qu'il ne parvint à apaiser qu'en donnant Eurydice pour épouse à Arrhidée (1) ; mais il eut dès lors dans la nouvelle reine une rivale de pouvoir, qui lui suscita mille obstacles. Pour réparer cet échec, il fit une alliance secrète avec Olympias, depuis longtemps ennemie d'Antipatros, et promit d'épouser Cléopâtre, autre sœur d'Alexandre. Il espérait qu'en entrant ainsi dans la famille royale il déciderait les Macédoniens à lui décerner la couronne. Mais ses desseins n'échappèrent pas à Antigone, satrape de Phrygie, intimement lié avec Antipatros. Perdiccas, voyant en lui un ennemi d'autant plus redoutable qu'il jouissait de la plus grande influence parmi les chefs de l'armée, résolut de s'en défaire et l'accusa calomnieusement de divers crimes. Antigone, dont le caractère se distinguait par un mélange de prudence et d'audace, déclara qu'il entendait se défendre publiquement des accusations portées contre lui, et en même temps se prépara à la fuite. S'embarquant de nuit sur un vaisseau athénien, il passa d'Asie en Europe avec Démétrios, son fils, et quelques amis et vint rejoindre Antipatros, auquel Cratère avait quelques mois auparavant amené de Cilicie dix mille vétérans de l'armée d'Alexandre et d'autres secours avec lesquels il l'avait aidé à terminer la guerre Lamiaque (2).

---

1) Diod. de Sic., liv. XVIII, ch. 22.

(1) Arr., *De rebus post Alexandrum*, p. 243 de l'Arrien de la Collection Didot, § 23.
(2) Diod. de Sic. liv. XVIII, ch. 23.

LIGUE CONTRE PERDICCAS (321). — Ainsi Perdiccas, loin de se délivrer d'un adversaire qui lui portait ombrage, l'avait donné pour auxiliaire à Antipatros, qui pouvait déjà compter sur l'appui de Cratère et qui n'était pas le seul rival qu'il eût à craindre. La puissance de Ptolémée, qui s'était allié avec Antipatros, commençait aussi à lui devenir suspecte; et il résolut de passer en Égypte, afin de ne laisser derrière lui aucun ennemi lorsqu'il transporterait la guerre en Macédoine, pour y réaliser ses projets ambitieux (1).

EUMÈNES EST CHARGÉ PAR PERDICCAS DE DÉFENDRE L'ASIE MINEURE. — Eumènes, qui s'était prononcé pour lui et qui lui devait la possession tranquille de sa satrapie de Cappadoce, reçoit en outre le gouvernement de la Carie, de la Lycie et de la Phrygie hellespontique (2), c'est-à-dire de la plus grande partie du littoral, et doit, avec des forces considérables, observer, du côté de l'Hellespont, les mouvements de l'ennemi et s'opposer à son passage (3). On lui donne pour auxiliaires Alcétas, frère de Perdiccas, qui, suivant toute vraisemblance, lui avait confié le gouvernement de la Pisidie et de la Pamphylie (4) après la soumission de ces provinces, et Néoptolème, satrape d'Arménie, qui commandait la phalange macédonienne. Clitos reçoit le commandement de la flotte, et la Cilicie, enlevée à Philotas, est confiée à Philoxène (5).

PERDICCAS MARCHE CONTRE PTOLÉMÉE. — Ces mesures prises, Perdiccas, selon son usage, emmenant avec lui Philippe Arrhidée, se met à la tête de l'armée, quitte la Pisidie et marche sur l'Égypte.

ANTIPATROS PASSE EN ASIE. — SON PLAN DE CAMPAGNE. — Arrivé avec son corps d'armée sur l'Hellespont, Eumènes, avant tout, se renforce d'un corps de cavalerie qu'il fait venir de Cappadoce; mais, malgré ses efforts Cratère et Antipatros parviennent à faire passer leur armée d'Europe en Asie, obtiennent

(1) Diod. de Sic., liv. XVIII, ch. 25.
(2) Justin, liv. XIII, ch. 6.
(3) Diod. de Sic., l. c.
(4) Cf. Diod., l. XVIII, ch. 22 et ch. 44.
(5) Justin, l. c., Diod. de Sic.; ib., ch. 29.

d'Alcétas qu'il restera neutre et traitent en secret avec Néoptolème, qu'ils gagnent à leur cause et qui bientôt, quand sa trahison est découverte, se voit obligé d'en venir aux mains avec Eumènes. Dans le combat qui s'engage il perd presque tout son monde et court lui-même risque de la vie. Ce qui reste de ses troupes passe dans les rangs de son adversaire. Parvenu, non sans peine, à se sauver avec trois cents cavaliers, il rejoint Antipatros, qui met aussitôt en délibération le plan de campagne à suivre. Il est décidé que l'armée se partagera en deux corps; que l'un, commandé par Antipatros, marchera sur la Cilicie pour combattre Perdiccas, tandis que l'autre, sous les ordres de Cratère et de Néoptolème, attaquerait Eumènes, et, après l'avoir battu, viendrait rejoindre Antipatros; qu'alors toutes les forces tirées d'Europe, réunies à celles de Ptolémée, pourraient se mesurer avec celles de Perdiccas et les vaincre.

VICTOIRE D'EUMÈNES SUR CRATÈRE. — Lorsque Cratère et Néoptolème arrivèrent en Cappadoce, Eumènes était préparé à les recevoir, et la bataille ne tarda pas à se livrer. Eumènes avait eu soin de cacher à ses troupes qu'elles allaient combattre contre Cratère, parce que ce général était aimé des Macédoniens et que l'influence de son nom eût peut-être amené la désertion dans leurs rangs. Il poussa la précaution jusqu'à ne placer aucun Macédonien dans le corps de troupes qu'il opposa à l'aile commandée par Cratère et qu'il composa uniquement de cavalerie étrangère, commandée par Pharnabaze, fils d'Artabaze. Après de grands efforts de courage, le général macédonien tomba dans la mêlée, et toute la cavalerie lui passa sur le corps sans le reconnaître. En même temps, Eumènes avait combattu à l'autre aile et corps à corps avec Néoptolème, qu'il tua après avoir lui-même reçu plusieurs blessures. La cavalerie seule avait engagé le combat; et lorsqu'elle eut vu tomber ses deux généraux, elle ne résista plus, et s'enfuit avec l'infanterie. Eumènes, après avoir enseveli les morts, fit proposer par des hérauts à l'armée ennemie de se joindre à lui, en donnant à ceux qui le désireraient la permission de se retirer. Les

Macédoniens acceptèrent, et purent se répandre dans les bourgs voisins; mais, après s'être approvisionnés, ils allèrent joindre Antipatros; et Eumènes, retenu par ses blessures, ne put les poursuivre. Antipatros, ayant recueilli les débris de l'armée qui venait d'être défaite par Eumènes et les ayant fait reposer, s'avança dans la Cilicie avec son armée, et se hâta de la conduire à Ptolémée (1).

MORT DE PERDICCAS. — Ces secours devenaient inutiles. Perdiccas venait de périr sur les bords du Nil, assassiné par les principaux chefs de son armée, qui avaient conspiré contre lui et offert après sa mort la régence d'Asie à Ptolémée; mais celui ci, content de son partage et ne voyant que trop les dangers du poste qu'on lui offrait, n'eut garde de l'accepter, et fit tomber le choix de l'armée sur Python et sur cet Arrhidée qui avait été chargé de conduire pompeusement en Égypte les restes mortels d'Alexandre.

Peu de jours après on apprit la victoire d'Eumènes en Cappadoce et la fin de Cratère. Eumènes, déclaré ennemi public, est aussitôt condamné à mort avec cinquante des chefs des plus distingués de son armée, et Antigone reçoit l'ordre de le combattre.

ANTIPATROS EST NOMMÉ RÉGENT (320). — Arrhidée et Python, nommés tuteurs des rois en remplacement de Perdiccas et de Cratère, quittèrent les rives du Nil, et avec toute l'armée qui était sous leurs ordres arrivèrent à Triparadisos, dans la haute Syrie. Là Eurydice s'immisça ouvertement dans les affaires publiques, et contraria tous les projets que formaient les régents. Python et Arrhidée, mécontents de ces intrigues et voyant que de jour en jour les Macédoniens se montraient plus disposés à obéir aux ordres de la reine, convoquèrent une assemblée générale et abdiquèrent la charge qui leur avait été donnée. Les Macédoniens procédèrent alors à une nouvelle élection, et leur choix tomba sur Antipatros, auquel ils conférèrent le pouvoir souverain. Peu de jours après sa nomination, le nouveau régent arriva à Triparadisos, et fit arrêter Eurydice, qui s'était mise

(1) Diod. de Sic., liv. XVIII, ch. 30-33; Justin, liv. XIII, ch. 8; Plut., *Eum.*, ch. 6 et 7.

à la tête d'une insurrection, ainsi que tous les Macédoniens qui s'étaient déclarés contre lui. Ces mesures vigoureuses excitèrent de grands troubles dans les deux armées; mais Antipatros parvint à les apaiser.

NOUVEAU PARTAGE DES SATRAPIES. — Il procéda ensuite à un nouveau partage des satrapies, et dans ce partage les satrapies de l'Asie Mineure furent ainsi distribuées :

Philoxène conserva la Cilicie;
Antigone, la grande Phrygie et la Lycie;
Asandros, la Carie;
Nicanor obtint la Cappadoce;
Clitos, la Lydie;
Arrhidée, la Phrygie hellespontique.

Le commandement de l'armée royale fut d'ailleurs confié à Antigone avec l'injonction de soumettre Eumènes et Alcétas; mais Antipatros, qui soupçonnait ses projets ambitieux, lui adjoignit comme lieutenant son fils Cassandre. Ces dispositions terminées, Antipatros, avec son armée, se mit en marche pour la Macédoine, s'entourant avec soin de tous les membres de la famille royale qu'il avait pu réunir, du roi Philippe Arrhidée, dont il avait la tutelle, de Thessalonice et de l'ambitieuse Eurydice, qu'il avait su intimider et déterminer au repos (1).

ANTIGONE ENTRE EN CAMPAGNE CONTRE EUMÈNES. — Resté en Asie avec la mission de faire la guerre à Eumènes, Antigone, ayant, au commencement du printemps, tiré de leurs quartiers d'hiver les troupes qui devaient servir sous ses ordres, les réunit en corps d'armée et ouvrit la campagne.

EUMÈNES COMPRIME LA RÉVOLTE DE PERDICCAS. — Eumènes était toujours en Cappadoce; mais un des chefs militaires les plus distingués de son armée, nommé Perdiccas, s'était révolté contre lui, et, après trois jours de marche, avait pris position avec les soldats qu'il avait entraînés dans sa défection et dont le nombre s'élevait à trois mille hommes d'infanterie et cinq cents de cavalerie. Eumènes s'était alors décidé à envoyer contre lui Phœnix, de Ténédos, à la tête de quatre

(1) Diod. de Sic., liv. XVIII, ch. 29.

mille hommes d'élite d'infanterie et de mille chevaux. Phœnix, après une marche de nuit par un chemin plus court, tomba à l'improviste sur les révoltés, les surprit endormis, fit Perdiccas prisonnier, et se rendit maître de toutes les troupes que celui-ci commandait. Les chefs de la sédition sont mis à mort sur l'ordre d'Eumènes, qui incorpore dans son armée les simples soldats, dont il gagne les cœurs par sa clémence et son humanité.

EUMÈNES EST VAINCU PAR ANTIGONE (319). — Cependant Antigone, avant de commencer les hostilités, était parvenu à gagner Apollonidès, un des généraux de cavalerie d'Eumènes, et à lui persuader de passer dans son camp à la première rencontre. Assuré de la trahison de ce chef, Antigone vint avec toutes ses forces présenter la bataille à Eumènes, qu'il trouva dans la Cappadoce, au milieu d'un pays de plaines favorable pour les combats de cavalerie, et s'empara de toutes les hauteurs qui dominaient ces plaines. Son armée était alors forte de plus de dix mille hommes d'infanterie, dont la moitié consistait en Macédoniens, renommés par leur bravoure, de deux mille chevaux et de trente éléphants. De son côté, Eumènes n'avait pas moins de vingt mille hommes d'infanterie et de cinq mille chevaux.

Le combat s'engagea bientôt; mais au milieu de l'action Apollonidès, avec la cavalerie sous ses ordres, s'étant, suivant sa promesse, séparé du gros de l'armée pour passer à l'ennemi, Antigone remporta une victoire complète sur les troupes d'Eumènes, leur tua environ huit mille hommes, et s'empara de tous leurs bagages.

EUMÈNES SE RENFERME DANS NORA. — A la suite de cette défaite, Eumènes avait eu d'abord le dessein de se retirer en Arménie, espérant déterminer un certain nombre des habitants à entrer dans son parti; mais, prévenu par l'active poursuite de l'ennemi et voyant d'ailleurs qu'une grande partie de ses troupes était passée dans l'armée d'Antigone, il n'eut que le temps de se renfermer dans Nora.

Cette place, de peu d'étendue, n'avait pas plus de deux stades de circuit; mais elle était merveilleusement disposée pour la défense. Elle était bâtie au sommet d'un rocher très-élevé, et la nature des lieux ainsi que les travaux des hommes avaient contribué à la rendre inexpugnable. Elle renfermait en outre de grands magasins de blé, de bois et des munitions de tout genre pouvant fournir pendant plusieurs années aux besoins des hommes obligés d'y chercher un asile. Le nombre des partisans dévoués à Eumènes et qui, par affection, avaient résolu de mourir avec lui en s'exposant aux derniers dangers était d'ailleurs peu considérable et s'élevait à peine, tant en infanterie qu'en cavalerie, à six cents hommes (1).

PROJETS AMBITIEUX D'ANTIGONE. — Cependant l'ambition d'Antigone, qui avait accru son armée de toutes les troupes d'Eumènes et s'était rendu maître des revenus de ses satrapies ainsi que de tous ses trésors, n'était pas encore satisfaite. Il ne voyait plus en Asie personne qui pût lui disputer le premier rang, et, quoiqu'il continuât pour le moment à se montrer l'ami d'Antipatros, il formait déjà le dessein, dès qu'il se serait solidement établi, de se rendre indépendant de l'autorité de ce dernier et de celle des rois (2). Il commença par bloquer les réfugiés dans la forteresse de Nora, au moyen d'un double mur de circonvallation, défendu par des fossés pallissadés; puis il demanda à Eumènes une entrevue.

NÉGOCIATIONS INFRUCTUEUSES AVEC EUMÈNES. — Dans la conférence qui eut lieu, Antigone, après avoir rénoué avec Eumènes l'ancienne amitié qui les unissait, lui proposa d'entrer dans ses vues et de faire cause commune à l'avenir. Eumènes, qui dès les premières ouvertures saisit vivement les avantages de ce rapide changement de fortune, exigea de l'amitié d'Antigone des concessions plus étendues que sa position actuelle ne semblait lui en donner le droit. Il voulait d'abord qu'on lui rendît les satrapies qui lui avaient été assignées dans l'origine et qu'on annulât l'arrêt prononcé contre lui en Égypte. Antigone

(1) Diod. de Sic., liv. XVIII, ch. 41; Plut., *Eum.*, ch. 9 et 10.
(2) Id., *ibid*.

Ruines d'une Basilique à Eyinou

se borna à promettre qu'il en référerait à Antipatros ; et, après avoir laissé des troupes suffisantes pour continuer le blocus de Nora, il se remit en marche dans le dessein de combattre Alcétas, frère de Perdiccas, et Attale, maître de toute la flotte.

EUMÈNES ENVOIE DES DÉPUTÉS A ANTIPATROS. — Après le départ d'Antigone, Eumènes envoya auprès d'Antipatros des députés chargés de traiter d'un accommodement. En faisant cette démarche, Eumènes était loin de céder à un abattement d'esprit ; il faisait preuve, au contraire, d'une rare prévoyance. Il pressentait que la fortune allait amener sous peu, soit d'un côté, soit de l'autre, de grands changements, et il s'apprêtait à en profiter. Il voyait en effet que les rois macédoniens, l'imbécile Arrhidée et Alexandre IV, encore en bas âge, ne possédaient qu'une vaine apparence de pouvoir, et qu'un grand nombre d'hommes doués de talents supérieurs se préparaient à succéder partout à leur autorité méconnue. Il se flattait donc que beaucoup d'entre eux auraient besoin de lui tant à cause de son excellent jugement et de ses connaissances militaires que de cette fidélité à sa parole dont il avait donné tant de preuves éclatantes. En attendant il prenait les mesures propres à conserver en bonne disposition les troupes qu'il avait sous ses ordres (1).

ANTIGONE DÉFAIT ALCÉTAS A CRÉTOPOLIS. — Alcétas et Attale, derniers restes du parti de Perdiccas, contre lesquels marchait Antigone, se trouvaient encore à la tête de forces assez considérables pour balancer la fortune et la faire pencher en leur faveur. Se dirigeant donc sur la Pisidie, où l'armée d'Alcétas était établie (2), Antigone, par une marche forcée, franchit en sept jours et autant de nuits un intervalle de deux mille cinq cents stades, et atteint enfin Crétopolis. Ayant ainsi dérobé sa marche aux ennemis, Antigone, avant qu'ils soient instruits de son arrivée, a le temps d'occuper quelques hauteurs et plusieurs positions avantageuses. Alcétas, dès qu'il est informé de la présence de l'ennemi, s'empresse de ranger ses troupes en bataille, et, se portant vivement avec son avant-garde sur la cavalerie qui s'était emparée des hauteurs, entreprend de la chasser de ses positions. Alors s'engage un combat très-animé, et un grand carnage a lieu de part et d'autre ; mais Antigone, qui avait six mille hommes de cavalerie, les lance sur la phalange pour couper la retraite à l'avant-garde de l'ennemi, qui pouvait tenter de se replier sur elle.

Ce mouvement est heureusement exécuté, et le corps détaché que commandait Alcétas en personne, abandonné au milieu des ennemis qui l'entouraient, vit bientôt que sa ruine était inévitable. Ce ne fut qu'après de longs efforts pour assurer son salut et après une perte considérable d'hommes qu'Alcétas parvint à se rejeter dans les rangs de la phalange, qui s'ouvrit pour le recueillir.

Antigone, ayant alors fait descendre des hauteurs qu'il occupait ses éléphants et toute son armée, jeta la terreur parmi les ennemis, de beaucoup inférieurs en nombre. Alcétas en effet, y compris ses alliés, ne comptait dans ses rangs que seize mille hommes d'infanterie et neuf cents chevaux ; et Antigone, au contraire, réunissait sous ses ordres plus de quarante mille hommes d'infanterie et sept mille de cavalerie, indépendamment de ses éléphants. Ainsi, tandis que ces animaux faisaient front aux ennemis, la cavalerie nombreuse d'Antigone, qui s'était répandue dans la plaine, les entourait de toutes parts en même temps que son infanterie, si supérieure en nombre, composée d'ailleurs d'hommes d'une bravoure à toute épreuve, conservant de plus l'avantage de la position, les pressait vivement. La confusion et le désordre se mirent donc promptement dans l'armée d'Alcétas, la vigueur et la rapidité de l'attaque ne lui ayant pas permis de ranger convenablement sa phalange. Enfin la déroute devient bientôt complète. Attale, Docimos, Polémon et beaucoup d'autres des meilleurs généraux se rendirent prisonniers, et ce ne fut pas sans

---

(1) Diod. de Sic., ib., ch. 42.

(2) On peut avec beaucoup de vraisemblance induire de cette circonstance et de la fidélité que lui conservèrent les Pisidiens que son frère Perdiccas, après la prise de Laranda, l'avait nommé satrape de cette province.

peine qu'Alcétas, avec ses propres gardes, quelques serviteurs et les Pisidiens qui avaient combattu sous ses ordres, parvint à gagner la ville de Termessos, où il se réfugia. Antigone accorda une capitulation au reste de l'armée vaincue, en incorpora les débris dans les rangs de la sienne, et par cette conduite pleine d'humanité augmenta considérablement ses forces. Quant aux Pisidiens, dont le nombre s'élevait encore à peu près à six mille hommes, tous remarquables par leur valeur et leur force corporelle, ils restèrent fidèles à Alcétas, qui depuis longtemps avait su les gagner par sa libéralité, l'encouragèrent à reprendre confiance en lui-même et promirent de ne jamais l'abandonner, quels que fussent les événements.

SIÉGE DE TERMESSOS. — MORT D'ALCÉTAS. — Cependant Antigone s'était approché de Termessos avec toute son armée, et, ayant établi son camp à peu de distance des murs, fit demander qu'on lui livrât Alcétas. Les plus jeunes d'entre les habitants de la ville s'y refusèrent constamment, malgré les avis des anciens; mais un jour qu'ils étaient sortis de la ville pour combattre, les anciens assassinèrent Alcétas et envoyèrent son cadavre à Antigone, qui, d'après une convention secrète conclue avec eux, ménagea la ville et se retira. La jeunesse, irritée de cette trahison, sortit de Termessos, et se jetant dans les montagnes s'y forma en bandes armées (1).

CHAPITRE III.

DEPUIS LA MORT D'ANTIPATROS JUSQU'A LA MORT D'EUMÈNES (318-315).

MORT D'ANTIPATROS. — En s'éloignant de la Pisidie, Antigone avec toute son armée se mit en marche pour la Phrygie. Arrivé à Crétopolis, il y fut joint par Aristodème de Milet qui venait lui annoncer la mort d'Antipatros et l'informer que l'autorité suprême et la tutelle des rois étaient passées entre les mains du Macédonien Polysperchon (318).

ANTIGONE ASPIRE AU POUVOIR SUPRÊME. — Dès que le bruit de la mort

(1) Diod de Sic., liv. XVIII, ch. 44-47.

d'Antipatros s'était répandu en Asie, de grands mouvements, précurseurs d'un changement complet dans les affaires, avaient commencé à se manifester : tous les hommes qui, dans cette vaste contrée, exerçaient quelque autorité ne songèrent plus qu'à agir uniquement dans leurs intérêts particuliers. Le plus important et le premier de tous ces chefs, Antigone, dont l'ambition, depuis ses victoires sur Eumènes et sur Alcétas, n'avait plus aucune borne, uniquement occupé de l'espoir de saisir le pouvoir absolu dans toute son étendue, résolut de ne plus reconnaître ni l'autorité des rois ni celle de leurs tuteurs. Il se voyait à la tête d'une armée plus puissante que la leur et en état de se rendre maître de tous les trésors accumulés en Asie; car personne n'était plus capable de s'opposer à ses prétentions. En effet à cette époque il comptait sous ses ordres soixante mille hommes d'infanterie, dix mille de cavalerie, trente éléphants; et à ces forces déjà si nombreuses il se flattait d'en ajouter encore d'autres, l'Asie pouvant au besoin lui fournir des ressources presque inépuisables pour subvenir à la solde des troupes étrangères qu'il voudrait appeler sous ses enseignes.

ANTIGONE PROPOSE A EUMÈNES DE S'ALLIER AVEC LUI. Antigone comprenait que pour réaliser ces vastes projets nul appui ne lui était plus nécessaire que celui d'Eumènes qui pouvait lui être plus utile encore dans le conseil que sur le champ de bataille. Il fit donc venir près de lui Hiéronymos, ami et compatriote d'Eumènes, et, après l'avoir gagné par de riches présents, le renvoya comme député à Eumènes pour proposer à celui-ci d'oublier la guerre qu'ils s'étaient faite en Cappadoce, et l'inviter à s'allier avec lui, lui faisant entrevoir, pour résultat de cette alliance, des richesses beaucoup plus considérables que celles qu'il avait possédées, un gouvernement plus étendu, le premier rang entre ses amis et enfin l'exercice en commun de l'autorité souveraine. En même temps qu'Antigone faisait faire ces démarches près d'Eumènes, il rassemblait ses divers partisans dans un grand conseil. Après leur avoir communiqué tous ses desseins, il gagne les plus marquants d'entre eux en assignant aux uns des satrapies, aux autres des commandements militaires; enfin, en faisant briller aux yeux de tous de grandes espérances, il les décide à seconder son projet de parcourir l'Asie entière, d'en chasser tous les satrapes qui y avaient été établis et de distribuer à ses amis et à ses alliés tous les gouvernements et tous les commandements militaires (1).

ARRHIDÉE S'OPPOSE AUX PROJETS D'ANTIGONE. — SA TENTATIVE SUR CYZIQUE. — Tel était l'état des choses en Asie Mineure lorsque Arrhidée, satrape de la Phrygie hellespontique, ayant eu connaissance des projets d'Antigone, jugea avec raison qu'il importait beaucoup à la sûreté de son gouvernement de placer de bonnes garnisons dans les principales villes. Or, de toutes ces villes la plus considérable et la plus avantageusement située était Cyzique. Arrhidée se mit donc en marche pour l'occuper à la tête d'un corps de troupes composé de plus de dix mille hommes soldés, de mille Macédoniens, de cinq cents archers ou frondeurs perses et de huit cents chevaux. Ce corps était en outre parfaitement approvisionné en flèches, en armes de trait de toute nature, et suivi d'un train de catapultes, de balistes et autres machines propres à faire la guerre de siège. Arrhidée parut inopinément avec tous ces moyens sous les murs de Cyzique, et, ayant trouvé d'abord une grande partie de la population répandue dans la campagne, il commença immédiatement les opérations du siège, espérant par la terreur qu'elles inspireraient déterminer les habitants à recevoir une garnison. Les Cyzicéniens, surpris par une attaque aussi imprévue, ayant une partie de leur population dispersée et en moindre nombre encore dans l'intérieur de la place, se trouvaient tout à fait dépourvus des moyens propres à soutenir un siège. Cependant, résolus à défendre leur liberté, ils recourent à la ruse. Ils commencent par envoyer ostensiblement une députation près d'Arrhidée pour l'engager à lever le siège, en lui offrant de mettre la ville entièrement à sa disposition, et de consentir à tout ce qu'il exigerait, si ce n'est à recevoir garnison ; mais en même temps, et dans le plus grand secret, ils rassemblent toute leur jeunesse, et l'arment, choisissant pour la commander ceux de leurs concitoyens les plus propres au service militaire : ils parviennent ainsi à garnir leurs murailles de troupes suffisantes pour les défendre. Puis, comme Arrhidée insiste plus fortement que jamais pour faire admettre une garnison, les députés répondent que cette proposition serait immédiatement déférée à l'assemblée du peuple, qui en déciderait. Le satrape accorde le délai nécessaire pour cette délibération, et les Cyzicéniens en profitent pour perfectionner leurs moyens de défense.

LEVÉE DU SIÈGE. — C'est ainsi qu'Arrhidée, joué par ce stratagème et ayant laissé échapper l'occasion, se vit trompé dans ses espérances. Et en effet les Cyzicéniens, habitant une ville forte par sa position, facile à garder du côté de terre, située comme elle était dans une presqu'île, et maîtres d'ailleurs de la mer, se défendirent sans peine contre leurs ennemis. Ils firent en outre venir de Byzance des soldats, des armes ainsi que tout ce qui pouvait leur être nécessaire pour repousser des assiégeants ; enfin, ces ressources leur arrivant avec autant de promptitude que d'abondance, leurs espérances se ranimèrent, et ils se disposèrent à braver courageusement tous les dangers d'un siège. Bientôt aussi, ayant mis en mer leurs vaisseaux longs, ils se montrèrent le long des côtes, y recueillirent la partie de leur population qui était éparse dans les champs et la ramenèrent dans la ville. Dès ce moment, ne manquant plus de soldats, ils eurent tout l'avantage ; et après avoir tué beaucoup de monde aux ennemis, ils les forcèrent à lever le siège. Dupe du stratagème des Cyzicéniens, Arrhidée regagna sa satrapie sans avoir réussi dans son expédition (2).

ARRHIDÉE PERSISTE DANS SA RÉSISTANCE A ANTIGONE. — Antigone se trouvait à Celænes lorsque la nou-

(1) Diod. de Sic., liv. XVIII, ch. 47 et 50.

(2) Diod. de Sic., liv. XVIII, ch. 15.

velle du siége de Cyzique lui parvint, et il crut facile de tirer parti du danger que courait cette ville pour se l'attacher et la faire servir à ses projets. Sans perdre de temps, il prend sur toute son armée un corps d'élite, composé de vingt mille hommes d'infanterie et de trois mille de cavalerie, et, se mettant à leur tête, il marche en toute hâte au secours des Cyzicéniens ; mais il arriva trop tard, et ne réussit qu'à manifester sa bonne volonté pour la ville, sans atteindre le but principal de son entreprise, qui était d'occuper militairement la place. Il envoya cependant des députés à Arrhidée pour lui reprocher, d'abord de s'être permis de faire le siége d'une ville grecque alliée et qui ne s'était rendue coupable d'aucun tort ; puis, passant à de plus sérieuses récriminations, il l'accusait de s'être ouvertement révolté et d'avoir voulu convertir son gouvernement en principauté indépendante. Enfin il lui prescrivait de sortir immédiatement de sa satrapie, où il ne garderait qu'une seule ville pour fournir à son entretien et dans laquelle il se tiendrait à l'avenir en repos. À la réception de ce message. Arrhidée, indigné de l'arrogance du langage des députés, répondit qu'il ne sortirait pas de son gouvernement ; qu'il continuerait à placer des garnisons dans les villes qu'il lui conviendrait d'occuper ; enfin qu'il était résolu à se défendre les armes à la main contre Antigone. En conséquence de cette réponse, Arrhidée, s'étant assuré de diverses positions, mit en campagne une partie de son armée sous le commandement d'un de ses généraux, auquel il donna l'ordre d'entrer en relation avec Eumènes, de faire lever le siége de la forteresse où celui-ci s'était réfugié, et, après l'avoir ainsi tiré de la position dangereuse où il se trouvait, de lui proposer d'entrer dans son alliance (1).

ANTIGONE S'AVANCE EN LYDIE. — Cependant Antigone, qui voulait ne pas perdre un moment pour attaquer Arrhidée, fit marcher contre lui un corps de troupes en état de le combattre ; et, se mettant lui-même à la tête d'une autre colonne suffisamment forte, il s'avança sur la Lydie, d'où il projetait de chasser Clitos, qui en était le satrape. Dès que ce dernier eut avis de l'arrivée prochaine d'Antigone, il plaça dans les villes de son gouvernement de fortes garnisons, et s'embarqua pour passer en Macédoine, où il se proposait de dénoncer aux rois et à Polysperchon les audacieuses entreprises d'Antigone, sa révolte ouverte, et de demander des secours.

De son côté, Antigone s'était déjà emparé d'Éphèse à l'aide de quelques intelligences qu'il s'était ménagées dans la ville. A peine en était-il maître qu'Eschyle le Rhodien entra dans le port avec quatre vaisseaux chargés de six cents talents d'argent envoyés de la Cilicie en Macédoine pour le service des rois. Antigone s'empara de cette somme, alléguant qu'elle lui était nécessaire pour payer la solde des troupes étrangères. Cette dernière action rendit évident pour tous qu'il n'agissait plus que dans son intérêt personnel et qu'il s'était ouvertement déclaré contre les rois. En effet, il continua à s'emparer de toutes les villes à sa convenance, employant contre les unes la force des armes et contre les autres divers moyens de séduction (1).

EUMÈNES SORT DE NORA. — Mais rien n'est sûr encore tant qu'il n'aura pas pour lui Eumènes ; et voilà pourquoi il l'avait fait solliciter d'entrer dans son parti. Cette proposition fut acceptée par Eumènes, qui commençait à désespérer de son salut. Seulement, comme la formule de serment qui lui avait été apportée ne le liait qu'à Antigone, sans respect pour la famille royale, Eumènes la change et fait adopter le changement par les Macédoniens envoyés pour traiter avec lui et restés fidèles à la famille d'Alexandre. Le siége de la forteresse est levé. Sauvé contre tout espoir, Eumènes, à la suite de ce traité, demeure quelque temps en Cappadoce, y rassemble autour de lui ses anciens amis, recueille dans les campagnes où ils étaient errants les soldats qui avaient jadis servi avec lui, et déploie une telle activité qu'il réunit promptement un grand nombre de partisans, prêts à partager ses espérances et à faire de nou-

(1) Diod. de Sic., ibid., ch. 52.

(1) Diod. de Sic., liv. XVIII, ch. 52.

veau la guerre sous ses ordres. C'est ainsi qu'il parvint, en peu de jours, à se trouver à la tête de plus de deux mille hommes de bonne volonté, indépendamment des cinq cents qui avaient été assiégés avec lui dans la forteresse de Nora; car il prévoyait bien qu'Antigone ne voudrait pas d'un traité qui maintenait les droits des rois à la fidélité de celui dont il espérait s'assurer l'entier dévouement: et, en effet, il envoya l'ordre de continuer le siége; mais quand l'ordre arriva il n'était plus temps : Eumènes songeait déjà à rentrer en campagne (1).

IL SE DÉCLARE CONTRE ANTIGONE. — Les choses en étaient là quand Eumènes reçut du régent Polysperchon une lettre que celui-ci lui écrivait au nom des rois et dans laquelle il l'engageait fortement à rester en guerre avec Antigone et à persévérer dans son dévouement pour la cause royale, soit qu'il lui convînt de se rendre en Macédoine, où il agirait de concert avec lui, soit qu'il préférât demeurer en Asie, où il recevrait des troupes et l'argent nécessaire pour être en état de rentrer en campagne contre Antigone, dont la défection était devenue évidente pour tous. Il ajoutait que, dans tous les cas les rois lui rendraient la satrapie dont Antigone l'avait dépouillé et tous les autres priviléges dont il jouissait dans le principe. Il terminait en assurant Eumènes que, si la guerre rendait nécessaire un plus grand déploiement de forces, il était prêt à quitter lui-même la Macédoine avec les rois et à venir le joindre en Asie, suivi de toute l'armée royale. On lui faisait don, en outre, de cinq cents talents pour l'indemniser de ses pertes, et à la lettre de Polysperchon étaient joints des ordres des rois qui prescrivaient aux commandants militaires et aux trésoriers de la Cilicie de lui compter ces cinq cents talents et toutes les sommes qu'il leur demanderait, soit pour lever et solder les troupes, soit pour d'autres besoins du service. Trois mille Macédoniens de l'ancienne garde d'Alexandre, connus sous le nom d'Argyraspides, furent joints à l'armée d'Eumènes avec ordre de lui obéir comme au général en chef des forces d'Asie.

(1) Diod. de Sic., liv. XVIII, ch. 53, Plut.; *Eum.*, ch. 12.

De telles mesures ne pouvaient que maintenir Eumènes dans les sentiments qu'il avait manifestés jusqu'à ce jour, et plus que jamais il résolut de braver tous les dangers pour sauver les rois (1).

EUMÈNES PASSE EN CILICIE. — Cette résolution prise, Eumènes, ayant donné l'ordre à tous ses partisans de se mettre en mouvement, quitte la Cappadoce à la tête seulement d'environ cinq cents hommes de cavalerie et d'un peu plus de deux mille d'infanterie. Le temps lui manquait pour attendre ceux qui ne l'avaient pas encore rejoint. Il devait faire hâte, pressé comme il l'était par la marche d'un corps considérable de troupes qu'Antigone avait détaché, sous les ordres de Ménandros et d'autres généraux, pour empêcher Eumènes de se maintenir dans la Cappadoce, du moment où il s'était déclaré contre Antigone. Mais ce corps de troupes, éloigné de trois jours de marche, ayant laissé échapper le moment favorable, ne put que se mettre à la poursuite d'Eumènes, et n'étant pas parvenu à l'atteindre, fut obligé de rentrer en Cappadoce.

Pendant ce temps Eumènes, dirigeant sa marche par des chemins plus courts et ayant rapidement franchi le Taurus, arrivait en Cilicie. Dès qu'il y fut, les chefs du corps des argyraspides, Antigènes et Teutamos, obéissant aux ordres qu'ils avaient reçus des rois, s'empressèrent d'aller à une grande distance, suivis de leurs amis, au-devant d'Eumènes, l'accueillirent avec le plus vif empressement, le félicitant d'avoir si miraculeusement échappé aux dangers de tout genre qu'il avait courus et lui promettant de le seconder avec zèle dans ses entreprises (2).

RUSE D'EUMÈNES POUR S'ASSURER L'OBÉISSANCE DE SES TROUPES. — Mais prévoyant bien que les Macédoniens n'obéiraient qu'avec répugnance à un étranger, il commence par déclarer qu'il ne prendra pas les cinq cents talents qui devaient lui être comptés; que, n'ayant pas le projet d'afficher l'éclat qui accompagne ordinairement le pouvoir absolu, un si magnifique présent ne lui

(1) Diod. de Sic., liv. XVIII, ch. 58 ; Plut., *Eum.*, ch. 13.
(2) Diod. de Sic., liv. XVIII, ch. 59.

est nullement nécessaire; d'ailleurs, ajoutait-il, ce n'était pas de son plein gré qu'il occupait les emplois qu'on lui avait confiés; il ne les avait acceptés que par obéissance pour les rois, qui le forçaient à se charger d'un si grand fardeau. Déjà usé par de nombreuses et pénibles campagnes, il n'était plus, disait-il encore, en état de supporter les fatigues de la guerre. Enfin il représentait qu'il n'avait aucun droit à l'exercice de la puissance, lui que sa qualité d'étranger écartait d'une autorité qui ne devait appartenir qu'à ceux que leur naissance avait faits Macédoniens.

Après avoir ainsi préparé les esprits, Eumènes prétendit avoir eu pendant son sommeil une vision extraordinaire, qu'il croyait devoir communiquer à tous: Alexandre lui était apparu revêtu de tous les insignes de la royauté et assis sur son trône dans une tente magnifique, lui annonçant que, s'ils tenaient conseil dans une tente semblable, il y serait toujours présent pour les guider dans leurs desseins et dans leurs entreprises. Il n'en fallut pas davantage; il fut arrêté sans retard, sur la proposition d'Eumènes, qu'on prendrait dans le trésor royal la somme nécessaire à la fabrication d'un trône d'or, sur lequel seraient déposés le diadème, le sceptre, la couronne et les autres ornements royaux, et que chaque jour tous les chefs de l'armée viendraient, après avoir brûlé l'encens devant ce trône, se ranger alentour, pour prendre séance et y rendre leurs décrets au nom du roi, comme s'il était vivant et présidait encore aux destins de la monarchie. Eumènes, dans ces délibérations, n'avait qu'une simple voix comme tous les autres chefs, et, par la bienveillance et la modestie qu'il manifestait dans tous ses discours, il parvint facilement à écarter l'envie et à se concilier l'affection de tous, en même temps que, par le culte superstitieux qu'il venait de ranimer envers Alexandre, il avait rempli d'espérance toutes les âmes, qui ne doutaient plus du succès, puisqu'un dieu était devenu le chef de l'armée (1).

EUMÈNES FAIT LEVER DE NOUVELLES TROUPES. — Ces mesures prises, Eumènes songea à renforcer son armée, trop faible encore pour lutter contre les forces considérables de son adversaire. Ayant fait choix parmi ses amis des hommes les plus intelligents, Eumènes leur confia de fortes sommes d'argent, et les chargea de faire des levées nombreuses d'hommes, auxquels il assigna une solde élevée. De ces émissaires, les uns se répandirent promptement dans la Pisidie, la Lycie et dans les provinces voisines, où ils remplirent avec zèle leur mission; d'autres allèrent dans la Cilicie, la Cœlé-Syrie, la Phénicie et quelques-uns même jusque dans les villes de l'île de Cypre; et le bruit de cette levée d'hommes ainsi que de la supériorité du salaire s'étant répandu, un grand nombre de soldats appartenant à des villes grecques vinrent volontairement s'offrir et s'enrôler pour l'armée royale. De cette manière furent réunis en peu de temps plus de dix mille hommes d'infanterie et deux mille de cavalerie, indépendemment du corps des argyraspides et des troupes qu'Eumènes avait amenées avec lui (1).

TENTATIVE DE PTOLÉMÉE ET D'ANTIGONE CONTRE EUMÈNES — Inquiet de l'accroissement extraordinaire que prenait la puissance d'Eumènes, Ptolémée, ayant conduit sa flotte à Zéphyrion, dans la Cilicie, envoya de là près des chefs des argyraspides divers émissaires chargés de les séduire et de les détourner du parti d'Eumènes, de cet Eumènes contre lequel tous les Macédoniens avaient naguère porté une sentence de mort. Il fit en même temps une démarche semblable auprès des commandants de la garnison du château de Cyinda pour les conjurer de ne pas délivrer d'argent à Eumènes, leur promettant l'impunité et les assurant qu'ils ne courraient aucun risque à le refuser. Mais ces démarches n'eurent point de succès, et personne n'osa désobéir aux ordres écrits donnés, au nom des rois, par Polysperchon, leur tuteur, et par Olympias, mère d'Alexandre, ordres authentiques, qui prescrivaient d'obéir en tout à Eumènes comme au chef de l'armée, investi de l'autorité souveraine par le monarque.

Antigone, de son côté, n'était pas moins que Ptolémée mécontent des pro-

---

(1) Diod. de Sic., liv. XVIII, ch. 60 et 61.

(1) Diod. de Sic., liv. XVIII, ch. 62.

grès d'Eumènes et de la grande puissance dont celui-ci se trouvait revêtu. Il voyait clairement que Polysperchon lui avait ainsi suscité un rival redoutable, et qui pouvait l'arrêter dans le parti qu'il avait pris de se déclarer contre les rois. Il comprit donc combien il était important pour lui d'agir en secret contre Eumènes, et fit choix de Philotas, un de ses amis, pour conduire cette intrigue. Il lui donna une lettre pour les argyraspides et les autres Macédoniens qui servaient en ce moment avec Eumènes. Il le fit de plus accompagner de trente Macédoniens connus pour leur esprit actif et surtout beaux parleurs : il leur avait particulièrement recommandé de se lier avec les chefs des argyraspides, Antigènes et Teutamos, et de s'entendre avec eux pour ourdir une conjuration contre Eumènes. Philotas pouvait en outre faire à ces deux chefs de magnifiques offres d'argent, et leur promettre les plus importantes satrapies ; enfin, ces nombreux émissaires ne devaient négliger aucun moyen d'entrer en relation avec les plus notables soldats du corps des argyraspides et de les corrompre à prix d'argent pour les engager à conspirer. Ces efforts furent encore impuissants. Teutamos, il est vrai, se laissa séduire et entreprit même d'entraîner son collègue Antigènes ; mais celui-ci s'y refusa, et fit même changer de sentiment à Teutamos, lui remontrant qu'il était bien plus conforme à leurs intérêts de laisser vivre Eumènes que de défendre Antigone (1).

Malgré toutes ces tentatives et tous les périls qui l'environnaient, Eumènes, ayant réussit à rassembler des forces considérables, s'avança vers la Phénicie, où il réunit une flotte respectable, au moyen de laquelle ses communications avec la Macédoine étaient assurées aussi bien que le transport des troupes envoyées par Polysperchon pour combattre Antigone (2). Mais avant qu'elle fût en état de prendre la mer, un désastre imprévu vint la rendre inutile.

ANTIGONE S'ALLIE AVEC CASSANDRE. — Polysperchon était bien loin d'exercer paisiblement le pouvoir en Europe. A la mort d'Antipatros, Cassandre, son fils, irrité de s'être vu préférer un étranger par son père, résolut de reprendre de vive force l'autorité dont il se voyait dépouillé et chercha à mettre Antigone dans ses intérêts. Antigone, charmé d'occuper Polysperchon en Europe, promit à Cassandre de lui fournir des forces de terre et de mer, se croyant plus sûr, en créant d'aussi terribles embarras à son rival, de poursuivre la conquête de l'Asie et d'y fonder partout son autorité (1). La guerre ne tarda pas à s'engager, la Grèce en fut théâtre, et Athènes cette fois encore y joua un grand rôle. Polysperchon n'y fut pas heureux. Craignant qu'Antigone, maître déjà d'Éphèse et d'une partie du littoral, ne vînt en Europe s'unir à Cassandre, auquel il avait déjà envoyé trente-cinq vaisseaux longs et quatre mille hommes (2), il fit partir sa flotte sous les ordres de Clitos, satrape de Lydie, qui, comme on l'a vu, était venu l'instruire des projets ambitieux d'Antigone, et lui donna l'ordre de croiser dans l'Hellespont, de s'opposer au passage des forces ennemies et de rallier Arrhidée, qui s'était réfugié à Cios en Bithynie avec un corps de troupes.

VICTOIRE ET DÉFAITE NAVALES DE CLITOS.—Clitos, arrivé dans l'Hellespont, s'assura des villes de la Propontide et avait déjà réuni à ses forces les troupes d'Arrhidée lorsqu'il rencontra dans ces mêmes parages Nicanor, qui commandait la flotte de Cassandre, qui, renforcée des vaisseaux fournis par Antigone, se composait de plus de cent navires. Un combat s'engage entre les deux flottes non loin de Byzance. Clitos, vainqueur, coule bas dix-sept navires ennemis et en prend quarante avec leurs équipages. Le reste de la flotte vaincue se réfugie à Chalcédoine.

Mais Antigone, par la supériorité de ses talents militaires, répare bientôt le désastre que vient d'essuyer son allié. Il tire de Byzance pendant la nuit un certain nombre de vaisseaux de transport, sur lesquels il embarqua des archers, des frondeurs et autres gens de trait ou armés à la légère, et leur fait immédiatement traverser la Propontide. Arrivés avec le jour sur la rive opposée, ces troupes attaquent à l'improviste celles

(1) Diod. de Sic., liv. XVIII, ch. 62.
(2) Diod. de Sic., ibid., ch. 63.

(1) Diod. de Sic., liv. XVIII, ch. 54.
(2) Diod., ibid., ch. 68.

de Clitos, descendues à terre, où elles étaient campées, et répandent la terreur chez l'ennemi. En peu d'instants la peur met le trouble partout, et le désordre s'accroît encore au milieu des efforts que font les soldats de Clitos pour regagner les vaisseaux et de l'embarras que leur causent leurs bagages et la multitude de prisonniers qu'ils traînent avec eux. Antigone cependant se hâtait d'équiper ses vaisseaux longs; et ayant placé sur les ponts ses meilleurs soldats d'infanterie, il leur recommanda de combattre sans défiance, certains que la victoire leur resterait. En effet, Nicanor avait fait voile, toujours pendant la nuit, avec les vaisseaux qui lui restaient et les hommes qui les montaient; et à peine le jour commençait-il à paraître qu'il attaqua soudain les ennemis, déjà en désordre, et dès le premier choc il mit leurs vaisseaux en fuite. A l'exception du vaisseau que montait le commandant de la flotte, tous les autres tombèrent au pouvoir de l'ennemi (1).

ANTIGONE MARCHE CONTRE EUMÈNES. — Fier de ce succès, Antigone cherche à en profiter pour s'assurer l'empire de la mer et une autorité sans partage sur toute l'Asie. Pour atteindre ce but, il tire de son armée un corps d'élite, composé de vingt mille hommes d'infanterie et de quatre mille de cavalerie, et le conduit en Cilicie, espérant atteindre et battre Eumènes avant qu'il eût rassemblé des forces plus considérables (316). Mais Eumènes était déjà en Phénicie. Instruit de l'arrivée d'Antigone, il gagne les satrapies de l'Asie Supérieure, où Antigone le suit (2). Les deux armées se rencontrèrent enfin dans la Gabiène; et, après beaucoup de marches et de contre-marches où les deux chefs cherchèrent à se tromper mutuellement, ils se livrèrent, dans la Parétacène, une bataille qui fut sans résultat, bien que la perte d'Antigone eût été plus forte que celle d'Eumènes. Antigone se retira en Médie pour y passer l'hiver. Il chercha, mais vainement, à surprendre son rival : Eumènes sut déjouer toutes ses ruses.

VICTOIRE ET MORT D'EUMÈNES. — A la fin de l'hiver les deux armées se rencontrèrent, et il se livra une bataille décisive. Eumènes enfonça l'ennemi. Antigone était battu; mais il avait eu l'adresse de s'emparer de tous les équipages de l'armée ennemie. Cet événement amena la perte d'Eumènes. Les Macédoniens, en effet, pour ravoir leurs bagages, traitèrent secrètement avec Antigone, et lui livrèrent Eumènes, que bientôt après il fit mourir (315). Avec Eumènes périt le plus fidèle et le plus ferme soutien de la famille d'Alexandre (1).

CHAPITRE IV.

DEPUIS LA MORT D'EUMÈNES JUSQU'AU TRAITÉ DE 311.
(315-311.)

RETOUR D'ANTIGONE. SÉLEUCOS SE RÉFUGIE AUPRÈS DE PTOLÉMÉE. — Délivré par la mort d'Eumènes du plus redoutable de ses adversaires, Antigone se défait bientôt après de Python, dont l'influence lui porte ombrage, se rend à Ecbatane, où il prend des sommes considérables dans le trésor royal, pénètre en Perse, où il se fait reconnaître souverain de l'Asie, parvient à Suze, dont il met encore le trésor à contribution, et par ses richesses s'élèvent bientôt à vingt-cinq mille talents. L'année suivante il songe à les faire transporter sur les bords de la mer : il fait donc préparer un grand nombre de chars et de chameaux et, suivi de cet immense convoi, il se dirige sur Babylone, où il est accueilli somptueusement par Séleucos, satrape de la Babylonie. Celui-ci cependant se refuse à lui rendre aucun compte pour cette province, qu'il tient des Macédoniens comme une récompense des services qu'il a rendus à Alexandre; mais craignant le sort de Python, il s'enfuit secrètement auprès de Ptolémée, qui, sur les projets ambitieux d'Antigone, envoie auprès de Cassandre et de Lysimaque pour les mettre en garde contre l'ennemi commun et les enga-

(1) Diod. de Sic., liv. XVIII, ch. 72.
(2) Diod. de Sic., ibid., ch. 73.

(1) Diod. de Sic., liv. XIX, ch. 12-16, 29-35, 39-44.

ger à entrer avec lui dans une ligue contre cet ambitieux.

Antigone, qui avait prévu quelle serait la conduite de Séleucos, députe, de son côté, auprès de Cassandre et de Lysimaque, protestant du désir qu'il a de garder fidèlement l'amitié qui jusque-là avait existé entre eux. Puis il se met en marche avec toute son armée et se dirige sur la Cilicie. Arrivé à Mallos, il partage son armée en divers corps pour la mettre en quartiers d'hiver, et s'empare dans Cyinda de dix mille talents, indépendamment des revenus annuels, montant à onze mille talents, que l'on tenait à sa disposition. Ainsi Antigone était devenu formidable et par la grande force de son armée et par ses énormes richesses (1).

LIGUE CONTRE ANTIGONE. — Antigone quittait ses quartiers d'hiver pour s'avancer vers la haute Syrie lorsque des envoyés de Ptolémée, de Lysimaque et de Cassandre se présentèrent à lui. Introduits dans un conseil réuni pour écouter leurs propositions, ils demandèrent que la Cappadoce et la Lycie fussent remises à Asandros, la Phrygie hellespontique à Lysimaque, la Syrie à Ptolémée et la Babylonie à Séleucos. Ils réclamaient en outre le partage des trésors dont Antigone s'était emparé à la suite de sa victoire sur Eumènes. Ils déclaraient que, dans le cas où ces justes demandes seraient rejetées, ceux qui les lui adressaient se déclareraient contre lui et se réuniraient pour l'attaquer en commun. Antigone répondit avec hauteur que, déjà tout prêt à la guerre, il ne le redoutait pas. A la suite de cette inutile démarche, Ptolémée, Lysimaque et Cassandre conclurent un traité d'alliance, mirent des troupes sur pied et se disposèrent à entrer en campagne.

PRÉPARATIFS D'ANTIGONE. — De son côté Antigone, ne se dissimulant pas l'importance de la lutte qu'il allait avoir à soutenir, appela au secours de ses armes les nations, les villes et les souverains dont il pouvait réclamer l'appui. Agésilas est envoyé près des rois de Cypre, Idomenée et Moschion à Rhodes, Aristodème de Milet dans le Péloponnèse pour gagner Polysperchon et son fils Alexandre et pour y lever des mercenaires. En même temps il détache un corps de troupes pour faire le siége de la ville d'Amisos, chasser les troupes qu'Asandros, satrape de Carie, avait fait pénétrer dans la Cappadoce et observer l'Hellespont pour s'opposer au débarquement de celles que ce satrape essayerait d'appeler d'Europe en Asie. Maître de l'Asie, pour se maintenir en communication avec ses lieutenants, il fait établir de tous côtés sur les montagnes des signaux de nuit et organise un service de courriers qui portent partout ses ordres avec la plus grande célérité. (1)

Comprenant bien que dans cette lutte formidable, où il allait se trouver aux prises avec l'Asie et l'Europe, il ne pouvait se passer d'une marine, il força les Phéniciens à lui construire des vaisseaux et établit cinq chantiers dont trois à Tripolis, à Byblos et à Sidon, un quatrième dans la Cilicie, où l'on employait les bois tirés du mont Taurus, et enfin un cinquième dans l'île de Rhodes, où les matériaux devaient arriver par mer. (2) Cypre ne lui fournit aucun secours : quatre des villes de l'île s'étaient déclarées pour lui ; mais les rois les plus puissants avaient fait alliance avec Ptolémée (3).

Pendant qu'Antigone se livrait à ces soins, tout en pressant le siége de Tyr, Séleucos, venant d'Égypte, parut à l'improviste conduisant une flotte de cent vaisseaux équipés avec une magnificence vraiment royale et faisant voile dans le plus bel ordre. L'apparition de cette flotte jeta le découragement dans toutes les villes alliées et parmi tous ceux qui avaient pris le parti d'Antigone ; car il était évident que les ennemis, maîtres comme ils l'étaient de la mer, allaient porter le ravage chez tous les peuples qui s'étaient déclarés pour Antigone. Celui-ci s'efforça de leur rendre la confiance, et leur promit que dans le cours de l'été il met-

(1) Diod. de Sic., liv. XIX, ch. 46-48, 55-56.

(1) Diod. de Sic., liv. XIX, ch. 57.
(2) Diod. de Sic., ibid., ch. 58.
(3) Diod. de Sic., ibid., ch. 59.

trait en mer cinq cents vaisseaux. (1)

SES SUCCÈS EN PHÉNICIE ET EN ASIE MINEURE. — Pour être maître de toute cette partie des côtes de la Méditerranée, il fit une expédition contre Joppé et Gaza, qu'il soumit, et revint poursuivre le siége de Tyr. Cependant Ptolémée, son neveu, qu'il avait envoyé en Cappadoce, avait forcé Asclépiodore, lieutenant d'Asandros, à lever le siége d'Amisos, et s'était emparé de toute la satrapie; après ce premier succès, Ptolémée s'était avancé dans la Bithynie, avait surpris Zibétès, roi de cette contrée, assiégeant Astacos de Chalcédoine, l'avait amené à se désister de cette entreprise et à faire un traité d'alliance avec lui. De là il avait marché sur l'Ionie et la Lydie, conformément aux lettres qu'il avait reçues d'Antigone et qui lui prescrivaient de se transporter le plus promptement possible dans ces provinces maritimes, où, suivant toute apparence, Séleucos conduirait la flotte des confédérés. En effet, lorsque Ptolémée parut, déjà Séleucos avait commencé le siége d'Érythres; mais, à peine informé de l'approche des ennemis, il s'était rembarqué sans avoir rien fait (2).

IL S'ASSURE DES ALLIÉS EN GRÈCE ET EN MACÉDOINE. — Pendant que Ptolémée rétablissait ainsi l'autorité d'Antigone sur le littoral de l'Asie Mineure, Aristodème de Milet, ayant mis à la voile, avait abordé en Laconie, où, avec l'assentiment des Lacédémoniens, il avait fait une levée de huit mille hommes. Il réussit également à contracter, au nom d'Antigone, un traité d'alliance avec Polysperchon son fils Alexandre et à déterminer ce dernier à traverser la mer pour se rendre en Asie près de son nouvel allié.

CASSANDRE EST DÉCLARÉ ENNEMI PUBLIC. — Arrivé auprès d'Antigone, Alexandre expose dans une assemblée de l'armée et des nouveaux auxiliaires qui viennent de s'y réunir les crimes dont Cassandre s'est rendu coupable pour assouvir son ambition : Olympias mise à mort (315) sous le prétexte de venger l'assassinat d'Eurydice et d'Arrhidée (317); Rhoxane et Alexandre IV retenus captifs à Amphipolis; Thessalonice, sœur d'Alexandre le Grand, contrainte à l'épouser; Olynthe rendue à ses anciens habitants, les ennemis les plus acharnés des Macédoniens; enfin Thèbes rebâtie. Antigone, profitant de l'indignation des assistants, propose un décret qui déclare Cassandre ennemi public s'il ne consent pas à renverser les villes qu'il vient de rétablir, à tirer de prison le roi et sa mère pour les remettre entre les mains des Macédoniens, et enfin à obéir aux ordres d'Antigone, nommé commandant général de l'armée et régent du royaume. Le même décret déclare que toutes les villes grecques seront libres, et que dans aucune on ne mettra garnison. Par ce décret il se flattait d'engager les Grecs dans son parti et de ramener les satrapes qui le soupçonnaient de vouloir enlever la royauté au fils d'Alexandre, en prenant aussi ouvertement le parti du roi et en faisant la guerre pour défendre sa cause. Le décret est adopté; et Antigone, après avoir donné au fils de Polysperchon une somme de cinq cents talents, le renvoie dans le Péloponnèse; puis il met à la voile pour Tyr, qu'il tient bloquée pendant un an et un mois, et la force enfin à se rendre (1).

PLAN DE CAMPAGNE DES CONFÉDÉRÉS. — Ptolémée, instruit en Égypte du décret rendu contre son allié, combattit Antigone avec les mêmes armes et s'empressa de rendre un décret qui reconnaissait à la Grèce le droit de se gouverner par ses propres lois. C'était se jouer indignement du beau nom de liberté; mais il comprenait, comme son rival, de quelle importance il était de se concilier la faveur des Grecs. Il contracta ensuite un traité d'alliance avec Asandros, satrape de Carie depuis le partage de 323 et qui, alors très-puissant malgré l'insuccès de son expédition contre Amisos et contre la Cappadoce, tenait un assez grand nombre de villes sous son autorité. De plus, quoiqu'il eût déjà envoyé trois mille hommes dans l'île de Cypre pour soutenir les rois qui s'étaient déclarés en sa faveur, il y fit encore passer dix

---

(1) Diod. de Sic., liv. XIX, ch. 58.
(2) Diod. de Sic., ibid., ch. 60.

(1) Diod. de Sic., liv. XIX, ch. 61.

mille hommes de troupes de terre sous la conduite de l'Athénien Myrmidon et cent vaisseaux sous les ordres de Polyclétos, tous deux sous le commandement de son frère Ménélas. Arrivés dans l'île de Cypre, où ils rallièrent la flotte de Séleucos, ils tinrent conseil avec ce dernier sur ce qu'il convenait de faire. Il fut décidé que Polyclétos avec cinquante vaisseaux se rendrait dans le Péloponnèse pour y combattre Aristodème, lieutenant d'Antigone, et ses alliés Polysperchon et Alexandre ; et que Myrmidon, à la tête des troupes étrangères, passerait en Carie pour soutenir Asandros, attaqué par Ptolémée, neveu d'Antigone. Séleucos et Ménélas restèrent dans l'île de Cypre pour soumettre, avec l'aide du roi Nicocréon et des autres alliés, ceux qui s'étaient prononcés pour leur ennemi, et bientôt ils furent entièrement maîtres de cette position si importante pour la guerre maritime.

ANTIGONE ORGANISE SA FLOTTE. — De son côté Antigone ne restait pas inactif. Quelques mois auparavant Thémison lui avait amené de l'Hellespont et de Rhodes quarante vaisseaux ; bientôt après Dioscoridès, son neveu, lui en avait conduit quatre-vingts de ces mêmes stations. Déjà cent vingt navires, construits sur les chantiers de la Phénicie, étaient prêts ; et la flotte d'Antigone se trouvait ainsi composée de cent quarante vaisseaux de guerre, dont quatre-vingt-dix à quatre rangs de rames, dix à cinq, trois à neuf, dix à dix et trente non pontés. Le reste devait consister en trirèmes. Cinquante vaisseaux sont envoyés dans le Péloponnèse, le reste, sous le commandement de Dioscoridès, devait croiser dans les mers voisines, veiller à la sûreté des villes alliées et faire entrer dans le parti d'Antigone les îles qui ne s'étaient pas encore déclarées pour lui (1).

VICTOIRE DE POLYCLÉTOS. — Polyclétos, arrivé à Cenchrée, apprit qu'Alexandre, gagné par les offres de Cassandre, qui lui avait cédé le commandement de l'armée dans le Péloponnèse, venait d'abandonner le parti d'Antigone. Il ne se crut pas assez fort, après cette défection, pour rien entreprendre, et, virant de bord, se rendit dans la Pamphylie, d'où il se dirigea sur la ville d'Aphrodisias en Cilicie. Là il apprit que Théodotos, qui commandait une division de la flotte d'Antigone, parti de Patare en Lycie, traversait ces mers avec des vaisseaux tirés de Rhodes et dont il avait pris les équipages en Carie ; que Périlaos, autre lieutenant d'Antigone, suivait la côte avec une armée de terre pour protéger la marche de cette escadre. En conséquence Polyclétos se porta sur ces deux généraux. Mettant à terre ses troupes de débarquement, il les plaça dans une position favorable, où l'armée ennemie devait nécessairement passer, et lui-même vint avec sa flotte mouiller derrière un promontoire qui le dérobait aux yeux de la flotte de Théodotos. Le corps que commandait Périlaos tomba le premier dans l'embuscade qui lui avait été dressée, et dans le combat qui s'engagea Périlaos avec une partie des siens fut fait prisonnier, et le reste périt les armes à la main. Théodotos avec sa flotte voulut venir au secours de l'armée de terre ; mais Polyclétos, tombant tout à coup avec les siens, rangés dans un ordre parfait, sur des ennemis effrayés et en désordre, s'empara facilement de leurs vaisseaux et de la plupart des hommes qui les montaient. Théodotos lui-même, blessé grièvement, fut fait prisonnier et mourut quelques jours après. Polyclétos, après cet avantage décisif, fit voile d'abord pour l'île de Cypre, et vint ensuite débarquer à Péluse.

ENTREVUE SANS RÉSULTAT D'ANTIGONE ET DE PTOLÉMÉE. — C'était un grave échec pour Antigone, qui venait ainsi de perdre deux généraux et une grande partie de sa flotte. Les négociations pour le rachat de Périlaos et des autres prisonniers amena une entrevue entre Ptolémée et Antigone ; mais, celui-ci ayant refusé les propositions d'accommodement qui lui étaient faites, elle n'eut aucun résultat, et la guerre continua avec la même ardeur, moins par de grandes armées, il est vrai, que par les tentatives que faisait chacun des deux partis pour soulever les sujets et les alliés de l'autre (1). Ils

(1) Diod. de Sic., liv. XIX, ch. 62.

(1) Diod. de Sic., liv. XIX, ch. 64.

semblaient vouloir s'affaiblir mutuellement plutôt que se détruire. Du reste, cette tactique était peut-être une suite nécessitée de l'éloignement des généraux confédérés dont les possessions étaient séparées par l'immense gouvernement d'Antigone.

ÉCHECS ESSUYÉS PAR CASSANDRE. — Aristodème voyant le parti d'Antigone en Grèce affaibli par la défection d'Alexandre, était passé en Étolie et avait gagné cette population guerrière à la cause de son maître. L'assassinat d'Alexandre, qui eut lieu quelque temps après à Sicyone, et l'alliance de Cassandre avec les Acarnanes maintinrent jusqu'à un certain point l'équilibre. Mais Cassandre, à peine de retour en Macédoine, ayant appris que les villes de Carie qui s'étaient déclarées pour Ptolémée et Séleucos étaient en ce moment exposées à tous les malheurs de la guerre malgré les efforts d'Asandros et de Myrmidon pour s'opposer aux attaques de Ptolémée, neveu d'Antigone, s'empressa d'y faire passer un corps de troupes sous la conduite de Prépélaos. Dès que celui-ci eut opéré sa jonction avec Asandros, instruit que Ptolémée venait de faire rentrer ses troupes dans leurs quartiers d'hiver et qu'il était occupé à rendre les derniers devoirs à son père, il détacha un corps de huit mille hommes d'infanterie et de deux mille chevaux sous les ordres d'Eupolémos, pour aller surprendre l'ennemi aux environs de la ville de Laprima, dans la Carie. Mais Ptolémée, informé de cette expédition par des transfuges, tira immédiatement de leurs garnisons huit mille trois cents hommes et six cents chevaux; puis, attaquant à l'improviste, au milieu de la nuit, les ennemis, qu'il surprit dans le sommeil et se gardant mal, il fit Eupolémos prisonnier et força tout son corps d'armée à se rendre.

Cassandre n'était pas plus heureux sur mer. Aristotélès, envoyé par lui avec vingt vaisseaux pour se réunir à Seleucos, dont la flotte était mouillée devant Lemnos, ne put décider cette île à abandonner la cause d'Antigone et dut entreprendre le siège de la ville. Séleucos, prévoyant sans doute que ce siége serait long, mit à la voile pour se rendre à Cos et de là venir en aide à Asandros et à Prépélaos; mais Dioscoridès, amiral de la flotte d'Antigone, informé de son départ, s'empressa d'aborder à Lemnos, chassa Aristotélès de l'île et lui enleva la majeure partie de ses vaisseaux avec leurs équipages (1).

ANTIGONE OPPOSE DÉMÉTRIOS, SON FILS, A PTOLÉMÉE. — Ce fut alors qu'Antigone, qui venait enfin de forcer Tyr à capituler, voyant que Cassandre songeait à l'attaquer en Asie, se décida à marcher à sa rencontre; mais comme il soupçonnait que Ptolémée d'Égypte, à la nouvelle de son départ, tenterait de pénétrer en Syrie, il laisse pour observer ses mouvements Démétrios, son fils, à la tête d'une armée composée, pour l'infanterie, de dix mille soldats étrangers, deux mille Macédoniens, cinq cents Lyciens ou Pamphyliens et quatre cents archers ou frondeurs perses, avec cinq mille cavaliers et quarante éléphants. Lui-même se met en marche avec le reste de l'armée. D'abord il voulut franchir le Taurus; mais la neige et le froid, qui lui firent perdre beaucoup de monde, le forcèrent à retourner en Cilicie et à attendre un moment plus favorable. Ayant enfin passé cette montagne, il arriva en Phrygie, où il distribua ses troupes après leur avoir assigné des quartiers d'hiver. Peu de temps après, il ordonna à la flotte de Phénicie de se mettre en mouvement. Medios, qui la commandait, rencontra en mer trente-six vaisseaux de Pydna, et, à la suite d'un combat naval, parvint à les faire tous prisonniers (2).

VICTOIRE DE LYSIMAQUE. — Jusqu'alors Lysimaque n'avait pris aucune part à la guerre que ses alliés soutenaient contre Antigone. Il se préparait sans doute à franchir l'Hellespont, quand son redoutable adversaire, pour le retenir en Europe, suscita contre lui Istros, Odessos et Callatia, villes grecques établies sur le littoral occidental du Pont-Euxin, qui chassèrent ses garnisons, et entraînèrent dans leur alliance les Thraces et les Scythes limitrophes, sûres d'être appuyées par deux corps de troupe qu'Antigone envoyait à leur

(1) Diod. de Sic., liv. XIX, ch. 66-68.
(2) Diod. de Sic., ibid., ch. 69.

secours l'un par mer, sous les ordres de Lycon, et l'autre par terre sous la conduite de Pausanias. Mais Lysimaque, après avoir défait les Scythes et les Thraces et écrasé Seuthès, roi des Odryses, qui voulait s'opposer à son passage, marche contre Pausanias, qu'il trouve engagé dans des défilés, le bat dans un combat où Pausanias lui-même est frappé à mort, fait un grand nombre de prisonniers, et incorpore dans ses propres troupes ceux qui ne se rachètent pas (1).

ANTIGONE SOUMET LA CARIE. — Cette expédition de Pausanias prouve qu'Antigone, depuis son arrivée en Phrygie, avait promptement repris sa prépondérance en Asie Mineure et sans doute détaché Asandros de ses adversaires. Ce qui est certain, c'est que celui-ci se vit dans la nécessité de faire la paix avec Antigone. Aux termes du traité il s'engageait à devenir son allié, à faire passer toutes ses troupes à son service, à évacuer toutes les villes grecques qu'il avait occupées et qui désormais devaient être autonomes. Pour garantie de sa foi il avait donné son frère Agathon en otage ; et en retour de ses engagements avait été confirmé par Antigone dans la satrapie qu'il avait gouvernée jusqu'alors. Mais peu de jours après, se repentant des concessions qu'il avait faites, Asandros délivra son frère par ruse et envoya une députation à Ptolémée et à Séleucos pour leur déclarer qu'il était toujours prêt à marcher le plus tôt possible à leur secours. Indigné de ce manque de foi, Antigone pénètre en Carie par différents points. Pour assurer l'indépendance des villes grecques, il met sa flotte sous les ordres de Médios et un corps d'armée sous ceux de Docimos, qui tous deux se montrent bientôt dans le voisinage de Milet, emportent d'assaut la citadelle et appellent les citoyens à la liberté. Pendant ce temps Antigone lui-même se rend maître de Tralles, puis se porte sur Caunos, et, ayant fait venir sa flotte dans ces parages, s'empare de la ville à l'exception de la citadelle, qu'il fait investir. D'un autre côté, Ptolémée, son neveu, avec un corps de troupes convenable, est envoyé contre la ville d'Iasos et la force à rentrer dans le parti d'Antigone (1). La soumission de ces villes dut achever de ranger la Carie sous l'obéissance d'Antigone. Asandros trouva peut-être la mort dans cette guerre ; car l'histoire n'en fait plus mention.

ENTREVUE SANS RÉSULTAT DE CASSANDRE ET D'ANTIGONE. — Pendant que ces événements se passaient en Asie Mineure, Télesphoros, envoyé par Antigone dans le Péloponnèse avec une flotte de cinquante vaisseaux et des troupes, rendit la liberté à toutes les villes où Alexandre avait laissé des garnisons, à l'exception de Sicyone et de Corinthe, que Polysperchon occupait avec des forces considérables, conservant ainsi les clefs du Péloponnèse. En outre, Philippe, lieutenant de Cassandre, avait défait complétement les Épirotes et les Étoliens et enlevé par là de valeureux alliés à la cause ennemie. Ainsi se trouvait compensée l'entière soumission de la Carie par Antigone. Celui-ci, voyant donc son parti affaibli en Grèce, se décida à se rendre sur l'Hellespont pour avoir avec Cassandre une conférence où l'on devait traiter de la paix. Mais on se sépara sans avoir rien conclu, aucune des deux parties n'ayant voulu accepter les conditions proposées par l'autre.

CASSANDRE ASSIÉGE ORÉOS. — Fier de ses succès récents et abandonnant tout espoir de conciliation, Cassandre ne songea plus qu'à affaiblir de plus en plus ses ennemis en Grèce. Presque tout le Péloponnèse, il est vrai, Corinthe et Sicyone exceptées reconnaissait l'autorité d'Antigone, et dans la Grèce du milieu les Étoliens et les Béotiens réclamaient ses secours ; mais il possédait toujours Athènes et l'Eubée, où Antigone, n'occupait que la ville d'Oréos. Cassandre dirigea sur ce point ses premiers coups. Après plusieurs attaques poussées avec vigueur, cette petite place était sur le point d'être emportée d'assaut lorsque Télesphoros venant du Péloponnèse parut avec vingt vaisseaux qui portaient mille hommes de débarquement, en même temps que Médios arrivait en hâte d'Asie Mineure avec cent autres vaiseaux pour secourir les Oréitains. Ces deux généraux, trouvant les vaisseaux de Cassandre dans

---

(1) Diod. de Sic., liv. XIX, ch. 73.

(1) Diod. de Sic., liv. XIX, ch. 75.

le port, y mirent le feu. Quatre vaisseaux furent brûlés; le reste de la flotte courait risque d'être détruit, lorsque Cassandre reçut d'Athènes un secours inattendu. Un combat naval s'engage, et l'avantage, peu important, il est vrai, reste à la flotte de Cassandre. Médios retourna en Asie et laissa Télesphoros en observation (1).

ANTIGONE FORCE CASSANDRE A RETOURNER EN MACÉDOINE. — Mais bientôt il fallut lever le siège. Antigone, résolu à frapper de plus grands coups en Europe, envoie sous les ordres de Médios une nouvelle flotte de cinquante vaisseaux portant cinq mille hommes d'infanterie et cinq cents chevaux. A cette flotte se joignent dix vaisseaux des Rhodiens, qui viennent de contracter une nouvelle alliance avec Antigone. Le but de l'expédition, dont le commandement est confié à Ptolémée, neveu d'Antigone, est d'achever l'affranchissement des villes de la Grèce. Ptolémée débarque à Aulis, où il est rejoint par un renfort de Béotiens au nombre de deux mille deux cents hommes d'infanterie et de treize cents de cavalerie. Il rappelle d'Oréos les vaisseaux qui s'y trouvaient et fortifie la ville de Salganée, où il réunit toutes ses forces; car il espère se rendre prochainement maître de Chalcis, la seule ville d'Eubée qui tînt encore pour Cassandre. Cassandre, craignant pour cette importante possession, abandonne le siége d'Oréos et marche pour la défendre. Alors Antigone rappelle Médios en Asie, s'avance avec son armée vers l'Hellespont suivi de sa flotte, qui longe la côte, comme s'il avait l'intention de passer en Europe. Par cette diversion il espérait ou que Cassandre, restant en Eubée, lui livrerait ainsi la Macédoine sans défense, ou que, tremblant pour la sûreté de son royaume, il abandonnerait les affaires de la Grèce. Cassandre, comprenant son dessein, laisse Plistarque, son frère, en Eubée avec des forces suffisantes pour y maintenir des garnisons, et, s'étant mis lui-même en mouvement avec toute son armée, il prend Oropos de vive force, et, après avoir fait entrer les Thébains dans son alliance, conclut une trêve avec le reste des Béotiens. Ensuite, ayant mis Eupolémon à la tête des troupes qu'il laisse en Grèce, il se dirige sur la Macédoine, où il veut arriver à temps pour prévenir une descente des ennemis.

Cependant Antigone s'était établi sur la Propontide, et avait envoyé des députés aux Byzantins pour leur proposer à s'allier avec lui; mais Lysimaque les ayant décidés à rester neutres, Antigone reconnut l'impossibilité d'un invasion en Macédoine, et, pressé d'ailleurs par la saison qui s'avançait, se décida à mettre ses troupes en quartier d'hiver dans les différentes villes de la côte (1).

SUCCÈS DE PTOLÉMÉE, NEVEU D'ANTIGONE. — Toutefois en forçant Cassandre à quitter l'Eubée il avait atteint un des deux buts qu'il se proposait, et cette diversion porta ses fruits. En effet, à peine Cassandre était-il parti que Ptolémée s'empara de Chalcis. Malgré l'importance de cette position, il n'y laissa pas de garnison, afin de faire voir à tous qu'Antigone voulait sincèrement, comme il l'avait annoncé, rendre la liberté aux Grecs. Ensuite il attaqua Oropos, qu'il rendit aux Béotiens, fit alliance avec Érétrie et Carystos, et conduisit son armée dans l'Attique, où les Athéniens forcèrent Démétrios de Phalère, qui y commandait pour Cassandre, à conclure un traité avec Antigone. De là Ptolémée passe en Béotie, prend la Cadmée et met Thèbes en liberté, soumet plusieurs villes de la Phocide, chassant toutes les garnisons que Cassandre y avait laissées, pénètre dans la Locride et vient mettre le siège devant Opunte, qui tenait encore pour son ennemi (2).

INVASION DU SATRAPE D'ÉGYPTE EN CILICIE. — En Asie, Antigone était moins heureux. Le satrape d'Égypte, Ptolémée, n'avait pu, il est vrai, prêter aucun secours à ses alliés; mais les guerres où les intrigues d'Antigone l'avaient engagé avaient accru sa puissance. Les Cyrénéens soulevés avaient été ramenés dans le devoir, la soumission de l'île de Cypre avait été achevée, et le commandement général de l'île confié par lui à Nicocréon. S'embarquant

(1) Diod. de Sic., liv. XIX, ch. 75.

(1) Diod. de Sic., liv. XIX, ch. 77.
(2) Diod. de Sic., liv. XIX.

ensuite pour la Syrie, il y avait pris deux villes ; de là s'étant jeté sur la Cilicie, il s'était emparé de Mallos et avait fait vendre tous ses prisonniers. Enfin, après avoir ravagé le territoire environnant et enrichi ses soldats d'un immense butin, il était retourné à Cypre sans avoir rencontré Démétrios, fils d'Antigone, accouru trop tard au secours de la Cilicie.

BATAILLE DE GAZA. — L'ascendant qu'Antigone venait de prendre en Europe, où presque toute la Grèce lui était soumise, l'accroissement de sa puissance en Asie Mineure ne permettaient pas de le laisser poursuivre tranquillement ses avantages. Aussi Ptolémée, qu'encourageaient ses succès récents et qu'excitait d'ailleurs Séleucos, ennemi acharné d'Antigone, se décida-t-il à entreprendre un coup décisif contre l'armée qu'il avait en Syrie. En conséquence, il leva une armée de dix-huit mille hommes de pied et de quatre mille chevaux, prit le chemin de la Syrie et alla camper non loin de l'ancienne Gaza, où Démétrios avait rassemblé ses troupes (1). Ce jeune homme, en qui l'on voyait déjà se manifester de grands talents, se défiait cependant de lui-même et n'osait prendre sur lui de livrer bataille à de vieux généraux expérimentés ; d'ailleurs le conseil que son père lui avait laissé n'était pas d'avis qu'on en vînt aux mains. Mais les soldats qu'il avait convoqués dans une assemblée générale, voyant son indécision, lui crièrent d'avoir bon courage et de les mener à l'ennemi. La bataille se livra près de Gaza (312). Malgré les efforts de Démétrios et des siens, Ptolémée remporta la victoire ; il fallut battre en retraite. Toutefois cette marche se fit en bon ordre, et Démétrios, sans avoir été entamé, arriva à Azotos en Palestine, puis retrograda jusqu'à Tripolis et de là en Cilicie, où il appela près de lui toutes les garnisons des villes et des forteresses assez éloignées de l'ennemi pour être dégarnies sans danger (2).

SÉLEUCOS RECOUVRE SA SATRAPIE.

(1) Il avait dans son armée mille Lyciens et Pamphyliens. Diod. de Sic., liv. XIX, ch. 82.
(2) Diod de Sic., ibid., ch. 81-85.

— La retraite de Démétrios permit à Ptolémée de poursuivre ses succès. Sidon lui ouvrit ses portes, et Tyr elle-même, après quelque résistance, tomba en son pouvoir. Alors Séleucos, jugeant que l'occasion était favorable pour recouvrer sa satrapie, obtint de Ptolémée un secours de huit cents hommes de pied et de deux cents chevaux. Suivi de cette faible troupe, mais comptant sur l'oracle d'Apollon, qui lui a prédit dans le temple des Branchides qu'il serait un jour roi, et fortifié dans ses espérances par une apparition d'Alexandre qui a confirmé cette prédiction, il se met en marche, arrive à Carrhes en Mésopotamie et joint à ses soldats les Macédoniens qui s'y étaient établis. Sa petite armée se grossit encore sur sa route à travers les provinces qu'il avait administrées pendant quatre ans avec beaucoup de douceur. Enfin il arrive à Babylone, dont une partie des habitants se rangent de son côté, se rend maître de la citadelle, que gardait Diphilos, et délivre ceux de ses amis et de ses enfants qui y avaient été emprisonnés après sa fuite.

Bientôt Nicanor, gouverneur de la Médie, vient l'attaquer. Séleucos marche à sa rencontre, le surprend au milieu de la nuit, répand le trouble dans son camp, tue plusieurs de ses chefs, et cet échec entraîne la défection d'une partie des troupes. Séleucos se trouve alors à la tête d'une armée assez considérable pour qu'il puisse se rendre maître de la Médie et de la Susiane (1).

SUCCÈS D'ANTIGONE EN SYRIE. — Cependant en Syrie les affaires d'Antigone prenaient une meilleure tournure. Ptolémée, instruit que Démétrios était parti de Cilicie et marchait sur la haute Syrie, avait envoyé contre lui le Macédonien Cillès ; mais celui-ci fut surpris par Démétrios, ses troupes furent battues, et lui-même fut fait prisonnier. Démétrios se hâta d'annoncer ce succès à son père, qui était alors à Célænes en Phrygie. Antigone, réjoui de cette nouvelle, se mit à la tête d'un corps d'armée, quitta la Phrygie et, passant le mont Taurus, vint rejoindre son fils. Ptolémée, ne jugeant pas prudent de tenir tête à un ennemi bien supérieur en nombre, quitta la

(1) Diod. de Sic., liv. XIX, ch. 90-92.

Syrie et la Phénicie après avoir brûlé les villes les plus considérables, et rentra en Égypte avec tout le butin qu'il avait enlevé (1).

IL ENVOIE SON FILS CONTRE SÉLEUCOS. RETOUR DE DÉMÉTRIOS EN ASIE MINEURE. — Antigone, après son départ, reprit la Syrie, la Judée et la Phénicie, et au retour de Démétrios, qu'il avait envoyé contre les Arabes-Nabatéens, il songea à arrêter les progrès de Séleucos en Orient. Comme Séleucos était alors en Médie, Démétrios put entrer facilement dans Babylone, le gouverneur que Séleucos y avait laissé s'étant, à son approche, retiré, avec la plus grande partie des habitants, dans les marais de l'Euphrate ou au delà du Tigre. Des deux châteaux de Babylone l'un se rendit; mais l'autre opposa une résistance opiniâtre; et le temps fixé par Antigone pour le retour de son fils étant arrivé, Démétrios se vit contraint de partir sans avoir pu s'en rendre maître, et, laissant à Archélaos, un des principaux officiers de son armée, mille chevaux et cinq mille fantassins pour continuer le siége, il emmena avec lui le reste de l'armée en Asie Mineure (2).

NOUVEAUX ÉCHECS DE CASSANDRE EN GRÈCE. — Les affaires de Cassandre pendant ce temps n'avaient pas fait de progrès en Grèce. La trahison de Télesphoros, qui, jaloux du neveu d'Antigone, avait vendu ses vaisseaux, pillé le temple d'Olympie, et, se servant de cet argent pour solder des troupes mercenaires, s'était mis à faire la guerre pour son compte, avait bien un instant compromis la cause d'Antigone dans le Péloponnèse; mais Ptolémée, paraissant tout à coup avec son armée, forcée par cet événement de lever le siége d'Opunte, avait repris l'Élide, dont Télesphoros s'était rendu maître, et forcé celui-ci à restituer au dieu d'Olympie les richesses dont il l'avait dépouillé (3). Quelque temps auparavant les Corcyréens avaient chassé d'Apollonias et d'Épidamne les garnisons que Cassandre y avait mises (4). Cassandre, à la suite d'une victoire que les Acarnanes, ses alliés, remportèrent sur Alcétas, roi d'Épire, parvint, il est vrai, à reprendre Apollonias; mais à peine fut-il de retour en Macédoine que les Apolloniates expulsèrent de nouveau la garnison qui leur avait été imposée (1).

TRAITÉ DE 311. — Fatigués de ces longues et inutiles hostilités, les deux partis se décidèrent à faire la paix. Un traité fut conclu (311). Cassandre était reconnu comme régent et commandant de l'armée en Europe jusqu'à l'époque où Alexandre IV aurait atteint l'âge de régner; Lysimaque conservait la Thrace, Ptolémée l'Égypte et les villes adjacentes situées soit en Libye, soit en Arabie; enfin Antigone eut sous son autorité l'Asie entière. Les Grecs furent déclarés libres encore une fois et maîtres de se gouverner par leurs propres lois (2). Il n'était fait aucune mention de Séleucos dans ce traité : ses confédérés l'abandonnaient, et Antigone se flattait de lui enlever la haute Asie; mais Séleucos était plus que jamais affermi dans son gouvernement. Démétrios en pillant ce pays avait fait le plus grand tort à la cause de son père et attaché plus que jamais les habitants à leur satrape : aussi Séleucos, à sa rentrée dans Babylone, n'avait-il pas eu de peine à en chasser le peu de troupes que l'envahisseur y avait laissées, et dès ce moment il avait établi son autorité sur des bases si solides que rien ne fut plus capable de l'ébranler (3).

Ainsi la ligue n'avait pas atteint son but puisqu'Antigone avait conservé et même étendu sa puissance. La guerre devait donc inévitablement recommencer. Aussi les quatre années qui précédèrent la reprise des hostilités (311 — 308) doivent-elles n'être considérées que comme une trêve durant laquelle chacun fit à l'envi des infractions au traité en cherchant à accroître sa domination.

CHAPITRE V.

DEPUIS LE TRAITÉ DE 311 JUSQU'A LA BATAILLE D'IPSOS (311 — 301).

CASSANDRE SE DÉFAIT D'ALEXANDRE IV. — Cependant les Macédo-

---

(1) Diod. de Sic., liv. XIX, 93.
(2) Diod. de Sic., ibid., ch. 94-100.
(3) Diod. de Sic., ibid., ch. 87.
(4) Diod. de Sic., ibid., ch. 78.

(1) Diod. de Sic., liv. XIX, ch. 88 et 89.
(2) Diod. de Sic., ibid., ch. 105.
(3) Diod. de Sic., ibid., ch. 200.

niens, lassés de toutes ces guerres, suscitées par des ambitions rivales, pretendaient qu'il était temps de faire monter sur le trône le jeune Alexandre IV, qui avait atteint sa quatorzième année, de le retirer de la captivité où il vivait pour l'initier au gouvernement des affaires et d'exécuter ainsi le traité. Cassandre, qui aurait vu par là toutes ses espérances ruinées, fit assassiner secrètement (311) par la main de Glaucias, leur geolier, le jeune roi et Rhoxane, sa mère (1). Ce ne devaient pas être les dernières victimes.

Il est probable qu'il ne faisait qu'exécuter une clause secrète du traité. La mort du jeune roi ne favorisait pas moins les desseins d'Antigone, de Lysimaque et de Ptolémée que ceux de Cassandre. « Dès lors, dit Diodore, Cassandre, Lysimaque, Ptolémée et Antigone se trouvèrent tout à coup délivrés de la crainte de voir un roi réclamer un jour toute la succession d'Alexandre. Ils conçurent dès ce moment l'espérance de régner eux-mêmes en souverains sur les nations et les villes qui entraient dans leur partage, et ils considérèrent les pays qui leur étaient soumis comme leur appartenant par droit de conquête. » Cela explique comment il n'est fait mention dans l'histoire d'aucune entreprise des confédérés pour punir le crime de Cassandre.

Sans doute de ces trois généraux Antigone était celui dont la mort du fils d'Alexandre favorisait le moins les desseins. Le jeune prince pouvait lui être encore utile pour se conserver un parti en Macédoine et, avec l'aide de ce parti, chasser Cassandre du royaume, dès que, maître de l'Orient, il pourrait tourner ses armes contre l'Occident, sauf à se défaire plus tard de ce fantôme de roi. Mais, comme on l'a judicieusement conjecturé (2) d'après deux passages, l'un d'Arrien (3), et l'autre de Polyen (4), Antigone était alors

(1) Diod. de Sic., liv. XIX, ch 105; Justin, liv. XV, ch. 2. — Pausan., liv. IX, ch. 7, § 2, prétend qu'ils furent empoisonnés.
(2) Voy. Droysen, *Geschichte der Nachfolger Alexanders*, p. 399 et suiv.
(3) Arr., *Ind.*, ch. 43
(4) Polyen, *Strat.* liv. IV, ch. 9, n° 1.

engagé en personne dans une guerre contre Séleucos, que le traité de 311 avait, il est vrai, sacrifié, mais qui, étant parvenu à faire tête à l'orage, n'avait pu manquer de recevoir des secours de Ptolémée, qui, ainsi que lui, voyait dans Antigone son plus redoutable adversaire. Dans une pareille situation Antigone ne put qu'accepter les faits accomplis.

DÉFECTION DE PTOLÉMÉE, NEVEU ET LIEUTENANT D'ANTIGONE. — Plusieurs faits prouvent encore qu'Antigone était alors retenu dans la haute Asie et que ses armes n'y étaient pas heureuses. C'est en effet à cette époque que son lieutenant en Grèce, Ptolémée, irrité de n'avoir pas obtenu les honneurs qu'il croyait avoir mérités par ses services, et peut-être aussi gagné par les intrigues des autres confédérés, abandonna le parti de son maître et conclut un traité d'alliance avec Cassandre. Ptolémée s'était empressé de faire passer des troupes à Phœnix, l'un de ses amis les plus dévoués, auquel il avait laissé, pendant son absence, le gouvernement de la Phrygie hellespontique, et lui avait transmis l'ordre de garder soigneusement les forteresses du pays et de ne plus reconnaître l'autorité d'Antigone.

INVASION DE PTOLÉMÉE D'ÉGYPTE EN CILICIE. — D'un autre côté, comme, suivant les conventions du traité conclu entre les divers successeurs d'Alexandre, il avait été stipulé que les villes grecques recouvreraient leur liberté, Ptolémée d'Égypte, accusant Antigone d'avoir conservé des garnisons dans quelques-unes de ces villes, se préparait à lui déclarer la guerre. Il fit en effet passer dans la haute Cilicie une armée sous le commandement de Léonidas, qui s'empara des villes de cette province qu'Antigone avait en sa possession ; en même temps il envoya des députés dans celles qui reconnaissaient l'autorité de Cassandre et de Lysimaque, pour les engager à faire cause commune avec lui et à s'opposer à ce qu'Antigone devînt trop puissant (310).

ANTIGONE REVIENT EN ASIE MINEURE. — Le danger était pressant. Antigone, qui sans doute était alors en marche pour rentrer en Asie Mineure après son infructueuse campagne contre Séleucos, prit immédiatement des mesures pour le conjurer. Il détacha sur l'Hellespont Philippe le plus jeune de ses fils, avec un corps de troupes, pour combattre Phœnix et les autres révoltés, et fit en outre occuper la Cilicie par l'aîné. Démétrios conduisit cette expédition avec une grande vigueur, battit les lieutenants de Ptolémée d'Égypte, et reprit possession des villes qu'ils avaient enlevées à son père (1).

POLYSPERCHON VEUT FAIRE MONTER SUR LE TRÔNE HERCULE, FILS D'ALEXANDRE ET DE BARSINE. — Cependant le bruit de la mort d'Alexandre IV commençait à se répandre. Polysperchon, qui était toujours dans le Péloponnèse, accusa publiquement de ce crime Cassandre, auquel il était plus que jamais opposé. A l'instigation ou du moins avec le consentement d'Antigone, qui peut-être lui avait promis de l'aider à rétablir son ancienne autorité dans la Macédoine, il fit revenir de Pergame, où il avait été élevé, Hercule, fils de Barsine et d'Alexandre le Grand, qui était alors âgé de dix-sept ou dix-huit ans (2), dans l'intention de le faire monter sur le trône de son père avec l'aide des nombreux partisans que la famille royale avait conservés en Macédoine. Mais, comme ses troupes étaient trop peu nombreuses pour réaliser une pareille tentative et comme sans doute Antigone, occupé de ressaisir son ascendant en Asie Mineure, ne pouvait alors lui fournir aucun secours, il gagna par les plus brillantes promesses les Étoliens et plusieurs villes grecques, et il se trouva bientôt à la tête d'une armée de plus de vingt mille hommes d'infanterie et de mille cavaliers, ayant à sa disposition des sommes considérables, particulièrement fournies par les Macédoniens qui favorisaient ses desseins (3).

SUCCÈS DE PTOLÉMÉE D'ÉGYPTE EN ASIE MINEURE. — Malgré cette utile diversion, les affaires d'Antigone étaient toujours fort compromises en Asie Mineure. Pour enlever à Ptolémée la possession de Cypre, d'où ses incursions en Cilicie devenaient si faciles, il avait traité secrètement avec Nicocréon, roi de Paphos, auquel le satrape d'Égypte avait confié le gouvernement de l'île ; mais Ptolémée, instruit de cette trahison, avait fait mettre à mort les coupables par deux de ses affidés, secondés par Ménélas, son lieutenant dans Cypre (1). Tranquille de ce côté, il se mit en mer avec des forces considérables, et vint débarquer près de Phasélis. Il en fit le siège, et finit par s'en rendre maître; puis, pénétrant dans la Lycie (309), il emporta d'assaut Xanthos, défendue par une garnison qu'y avait mise Antigone. Il se dirigea ensuite sur Caunos, qui lui ouvrit ses portes, et s'empara également des deux forteresses de cette ville, où se trouvaient des garnisons. L'une, l'Héracléion, dut être enlevée de vive force; les troupes renfermées dans l'autre, le Persicon, la lui livrèrent elles-mêmes. Il exécutait ainsi l'article du traité qui ordonnait la délivrance des villes grecques. A la suite de ces succès, il fit voile pour l'île de Cos. Il y fut rejoint par Ptolémée, neveu d'Antigone, qui, sur son invitation, avait quitté Chalcis avec toute son armée. Mais bientôt s'apercevant que ce nouvel arrivé voulait le supplanter, il le força à boire de la ciguë ; et, ayant séduit par de brillantes promesses les troupes qui l'avaient suivi, il les incorpora dans sa propre armée (2).

TRAHISON DE POLYSPERCHON. — MORT D'HERCULE. — Pendant le cours de ces événements, Polysperchon, à la tête d'une armée nombreuse, conduisait Hercule en Macédoine pour y prendre possession du trône paternel. Cassandre, s'étant mis en mouvement pour s'opposer à cette entreprise, marcha contre Polysperchon, qui s'était avancé jusqu'à Stymphée, et les deux armées campèrent à peu de distance l'une de l'autre. Dans cet état de choses, Cassandre, s'apercevant que ses troupes voyaient sans répugnance ce retour d'un autre roi, craignit que les Macédoniens, pour qui le nom d'Alexandre avait tant de prestige, n'abandonnassent sa cause pour

---

(1) Diod de. Sic., liv. XX, ch. 19.
(2) Justin, liv. XV, ch. 2, ne lui en donne que quatorze. Voy. Droysen, ouvr. cité, p. 22 et 402.
(3) Diod. de Sic., liv. XX, ch. 20.

(1) Diod. de Sic., liv. XX, ch. 21.
(2) Diod. de Sic., ibid., ch. 27.

embrasser celle du jeune roi. Il se hâta donc d'envoyer à Polysperchon des députés chargés de lui représenter que par la restauration qu'il voulait accomplir il ne ferait que se donner un maître auquel il serait forcé d'obéir en tout, tandis que, en s'unissant à Cassandre et en se défaisant sur-le-champ du jeune prince, il pourrait être sûr de rentrer en Macédoine dans toutes les dignités et tous les avantages dont il y avait joui précédemment ; que de plus on mettrait sous ses ordres une armée pour reprendre possession du Péloponnèse, et qu'enfin il partagerait l'autorité souveraine et recevrait tous les honneurs qu'il pourrait ambitionner. Séduit par ces pompeuses promesses, Polysperchon conclut en secret un traité avec Cassandre. Fidèle à sa parole, il fit en effet périr le jeune roi, et se déclara ensuite ouvertement pour le parti de Cassandre ; mais ce meurtre ne fut utile qu'à Cassandre ; car, malgré les trois mille cinq cents hommes qu'il fournit à Polysperchon et auxquels se joignirent tous les hommes de bonne volonté qui s'attachèrent à sa fortune, Polysperchon, abandonné, sans doute après sa trahison, des Étoliens et de ses autres alliés, essaya vainement de traverser la Béotie pour gagner le Péloponnèse ; arrêté dans sa marche par les Béotiens et les Péloponnésiens, il fut obligé de retourner sur ses pas ; et, dès lors privé de toute influence, le vieux général acheva dans l'oubli une vie jusque-là honorable et qu'il venait de souiller par un crime (1).

Ptolémée passe en Grèce. — Son retour en Égypte. — Cependant Ptolémée, dont l'armée s'était renforcée de celle du neveu d'Antigone, était venu de Cos assiéger Halicarnasse ; mais cette place, défendue à temps par Démétrios (2), avait repoussé son attaque, et Ptolémée avait dû se retirer à Myndos. De là il se dirigea sur la Grèce avec une flotte considérable (308). Dans le trajet il aborda à Andros, chassa la garnison qui occupait la capitale de cette île et rendit la liberté aux habitants. De là s'étant porté sur l'isthme, il s'empara de Sicyone et de Corinthe, qu'il fallait avant tout faire rentrer dans le devoir. Mais les Péloponnésiens, auxquels il avait demandé de lui fournir des vivres et de l'argent, n'ayant rien fait de ce dont ils étaient convenus, le roi, irrité de ce manque de foi, renonça à délivrer des villes qui ne voulaient pas être libres ou qui plutôt se souciaient peu de changer de maître, et fit la paix avec Cassandre à la condition que chacun d'eux garderait sous son autorité les villes dont il se trouverait en possession. D'après ce traité, Ptolémée, ayant mis une garnison dans Sicyone et dans Corinthe, retourna en Égypte (1), où le rappelait d'ailleurs l'alliance que venait de conclure Agathocle, vainqueur des Carthaginois, avec Ophellas, tout-puissant alors à Cyrène (2)

Meurtre de Cléopatre, sœur d'Alexandre. — Malgré l'assassinat d'Alexandre IV et d'Hercule, la famille royale n'était pas encore entièrement éteinte. Indépendamment de Thessalonice, femme de Cassandre, il restait une sœur d'Alexandre, Cléopâtre, fille de Philippe et alors veuve d'Alexandre 1er d'Épire, qui s'était retirée à Sardes. Cassandre, Lysimaque, Antigone et Ptolémée aspiraient à sa main, séduits par l'éclat de sa naissance. Chacun d'eux se flattait qu'une tel mariage obtiendrait le suffrage des Macédoniens et que cette union royale serait le moyen le plus certain de s'emparer de l'autorité suprême. Ennemie déclarée d'Antigone et portée par ses inclinations personnelles à accueillir la recherche de Ptolémée, elle se disposait à quitter Sardes pour aller le rejoindre en Égypte ; mais le gouverneur de Sardes, ayant reçu d'Antigone l'ordre de la retenir, s'opposa à son départ, et bientôt après, sur un autre ordre, il la fit assassiner par quelques-unes des femmes de sa suite. Antigone, ne voulant pas qu'on pût l'accuser de ce meurtre, fit punir du der-

(1) Diod. de Sic., liv. XX, ch. 28.
(2) Plut., Démét., ch. 17. Le biographe place cette délivrance d'Halicarnasse immédiatement après le retour de Démétrios en Asie Mineure, à la suite de son expédition contre Séleucus ; mais je pense avec M. Droysen qu'elle ne peut trouver sa place qu'ici.

(1) Diod. de Sic., liv. XX, ch. 37.
(2) Diod de Sic., ibid., ch. 38-42.

nier supplice les femmes de Cléopâtre, comme ayant d'elles-mêmes attenté à la vie de leur maîtresse, et donna l'ordre d'enterrer le corps de cette princesse avec une pompe royale (1).

ANTIGONE SONGE A S'EMPARER DE CYPRE. — Ptolémée s'était retiré en Égypte ; mais les garnisons qu'il avait placées dans les provinces maritimes de l'Asie Mineure restaient toujours maîtresses des places qu'elles occupaient. La possession de l'île de Cypre permettait à Ptolémée de les ravitailler et de les maintenir au complet. Antigone ne pouvait donc espérer de reconquérir les villes que son rival lui avait enlevées tant qu'il ne l'aurait par chassé de cette position importante. Ses intrigues avec Nicocréon ayant échoué, il eut recours à la force ouverte. Démétrios, son fils, qui, parti d'Éphèse avec une armée nombreuse et une flotte considérable, venait de s'emparer d'Athènes et de Mégara, qu'il avait délivrées de leurs garnisons macédoniennes, sous le prétexte, tant de fois invoqué, de rendre la liberté aux villes grecques, fut tout à coup rappelé par lui avec ordre de faire voile pour l'île de Cypre et d'y commencer le plus tôt possible la guerre contre les lieutenants de Ptolémée, établis dans cette île. Démétrios obéit, et, arrivé dans la Carie, chercha de là à déterminer les Rhodiens à s'allier avec lui dans la guerre qu'il allait entreprendre contre le satrape d'Égypte ; mais ceux-ci s'y refusèrent, déclarant qu'ils préféraient rester en paix avec tout le monde (2).

SIÉGE DE SALAMINE PAR DÉMÉTRIOS. — De Carie Démétrios se rendit en Cilicie, où il réunit les vaisseaux et les troupes qui lui étaient nécessaires, et fit voile pour l'île de Cypre. Il avait sous ses ordres quinze mille hommes d'infanterie et quatre cents de cavalerie. Débarqué sur le rivage voisin de Carpasie, il dirigea ses premières attaques sur les villes de Carpasie et de Céranie, dont il se rendit maître ; puis, laissant un corps de troupes suffisant pour la garde de ses vaisseaux, il marcha, à la tête de toute son armée, contre Salamine. Ménélas, frère de Ptolémée et établi par lui commandant général de l'île, se trouvait alors dans cette dernière ville, où il avait rassemblé toutes les troupes tirées des garnisons des forteresses. Mais lorsqu'il sut que les ennemis n'étaient plus qu'à soixante stades de distance, il sortit de Salamine à la tête de douze mille hommes d'infanterie et de huit cents chevaux. Peu de temps après, une bataille s'engagea, et l'armée de Ménélas, mise en déroute, fut forcée de fuir. Démétrios la poursuivit jusque sous les murs de la place, et fit près de trois mille prisonniers. Ménélas, vaincu, ayant fait transporter sur les murailles de Salamine les machines de guerre et les approvisionnements en armes de trait, distribua ses soldats sur les créneaux, prêt à défendre la ville et à soutenir le siége dont elle était menacée ; il fit aussi partir pour l'Égypte des courriers chargés d'annoncer les revers qu'il venait d'éprouver et de demander à son frère tous les secours nécessaires pour rétablir dans l'île ses affaires, qui venaient de recevoir une si rude atteinte (1).

Démétrios, de son côté, fit examiner la situation de la place, se fit instruire des forces de la garnison ; et, voyant qu'il n'avait pas assez de machines, il fit venir d'Asie des ouvriers habiles, une grande quantité de fer et de bois et prépara tout ce qui était nécessaire pour l'attaque d'une ville si importante. Ce fut alors qu'il fit construire la fameuse machine nommée hélépole. Il forma le siége. Après quelques jours d'attaque, les assiégeants étaient parvenus à abattre une partie de la muraille, et la prise de la ville était imminente, quand les assiégés incendièrent au milieu de la nuit une partie des machines et l'hélépole elle-même (2). Démétrios n'en continua pas moins le siége.

VICTOIRE NAVALE DE DÉMÉTRIOS — Bientôt après arriva Ptolémée avec une flotte importante et une armée nombreuse. Démétrios sortit à sa rencontre, après avoir fait garder l'entrée du port de Salamine par dix vaisseaux afin

---

(1) Diod. de Sic., liv. XX, ch. 37.
(2) Diod. de Sic., ibid., ch. 45-46.

(1) Diod. de Sic., liv. XX, ch. 47.
(2) Diod. de Sic., ibid., ch. 48.

que la flotte de Ménélas ne put en sortir. Habilement secondé par Thémison de Samos, Hégésippe d'Halicarnasse et Plistias de Cos, il remporta une victoire éclatante. Cette bataille fut peut-être la plus considérable et la plus sanglante dont l'histoire fasse mention (306). Ptolémée, renonçant à l'espoir de conserver Cypre, ne se sauva qu'avec huit galères; tout le reste fut pris ou coulé bas; et Ménélas se vit forcé de se rendre avec la ville, sa flotte et son armée (1).

Antigone était en Syrie quand il apprit la victoire de son fils. Transporté de joie, il ceignit sa tête du diadème, prit le nom de roi, et permit à son fils d'en faire autant. De son côté, Ptolémée, qui, malgré la défaite qu'il venait d'essuyer, ne se croyait pas inférieur en puissance, ceignit aussi le bandeau royal, et se fit proclamer roi. Tous les autres héritiers de la puissance d'Alexandre, Lysimaque, Séleucos, etc., imitèrent cet exemple. Cassandre seul ne s'attribua jamais le titre de roi (2).

CAMPAGNE MALHEUREUSE D'ANTIGONE EN ÉGYPTE. — Pour profiter de la victoire que son fils venait de remporter, Antigone réunit en Syrie les troupes de son fils à celles qu'il avait rassemblées, et, ayant ainsi sous ses ordres une armée de près de cent mille hommes, il résolut de faire une invasion en Égypte. Tandis qu'il en prenait le chemin par terre, Démétrios le suivait par mer avec sa flotte. Mais l'Égypte était bien défendue, et cette expédition manqua. Il fallut battre en retraite (3).

ANTIGONE DÉCLARE LA GUERRE AUX RHODIENS. — Pour se consoler de cet échec et pour achever d'enlever à Ptolémée l'empire de la mer, Antigone songea à s'emparer de l'île de Rhodes, autre garde avancée de l'Asie Mineure méridionale. Rhodes persistait dans sa neutralité, mais inclinait pour Ptolémée, parce que c'était avec l'Égypte qu'elle faisait son principal commerce, et qu'elle devait, pour ainsi dire, toute son existence à ses relations avec ce royaume. Déjà peu de temps avant la bataille navale de Cypre,

Démétrios, comme nous l'avons vu, avait engagé les Rhodiens à s'allier à lui et à lui fournir des secours; mais comme ils s'y étaient refusés, Antigone avait détaché un de ses généraux avec une escadre, en lui intimant l'ordre de capturer tous les navires marchands qui se rendraient en Égypte ou qui en viendraient. Les Rhodiens firent alors escorter leurs bâtiments, et repoussèrent de vive force les attaques du lieutenant d'Antigone. Celui-ci, indigné, les menaça de les punir. En vain les Rhodiens tentèrent de l'apaiser : Antigone se montra inflexible, et fit sur-le-champ partir Démétrios avec des forces imposantes pour soumettre l'île à sa puissance. Les Rhodiens alors consentirent à s'unir à lui contre les Égyptiens ; mais, comme Démétrios exigeait qu'on lui livrât cent otages et que sa flotte fut reçue dans les ports de l'île, les Rhodiens, comprenant qu'il voulait les traiter comme il avait traité Cypre, se préparèrent à une vigoureuse résistance, et en même temps envoyèrent des députés à Ptolémée, à Lysimaque et à Cassandre pour réclamer d'eux des secours.

DÉMÉTRIOS ASSIÉGE RHODES. — LEVÉE DU SIÈGE. — Parti de Loryma en Carie, où il avait réuni toutes ses forces, Démétrios se porta sur l'île de Rhodes. Descendu à terre, il ravagea la campagne et les faubourgs, et assiégea la ville par terre et par mer. Le siège dura un an. Des deux côtés on se signala par des prodiges de bravoure. Deux fois Démétrios parvint à renverser les murailles ; mais il ne put entrer dans la ville : il fut délogé et chassé des positions dont il s'était emparé. L'énergique patriotisme des Rhodiens ne se ralentit pas un seul instant. Pendant que citoyens et étrangers, hommes libres et esclaves combattaient sur les murailles, des croiseurs intrépides interceptaient les convois de vivres destinés à ravitailler l'ennemi, et, de leur côté, allaient jusque dans les ports de la Carie, de la Lycie et de la Cilicie capturer les vaisseaux des pirates dont Démétrios s'était fait des auxiliaires. Les rois dont ils avaient imploré l'assistance, Ptolémée surtout, leur faisaient passer fréquemment des renforts et des grains. Enfin, dans un dernier assaut, une des

---

(1) Diod. de Sic., liv. XX, ch. 49-52.
(2) Diod. de Sic., liv. XX, ch. 47.
(3) Diod. de Sic., liv XX, ch. 73-76.

divisions de Démétrios venait d'être repoussée, après avoir pénétré dans la ville par une brèche, et tous les soldats qui la composaient avaient été tués ou pris, quand un événement imprévu vint lui fournir un prétexte pour entamer des négociations avec les Rhodiens et pour se conformer aux injonctions de son père, qui, depuis quelque temps, le pressait de faire tout pour conclure la paix avec ses intrépides ennemis. Des députés de la ligue étolienne, que ne cessait pas d'inquiéter Cassandre, arrivèrent au camp pour implorer ses secours et le presser d'entrer en accommodement avec les Rhodiens, afin de pouvoir tourner tous ses efforts contre le maître de la Macédoine. Les Rhodiens, épuisés par une longue résistance, et cedant aux conseils de Ptolémée, qui, tout en leur envoyant des subsistances et un renfort de trois mille hommes, les avait fait engager à s'arranger avec Antigone aux meilleures conditions possibles, se montrèrent disposés à accepter un accommodement, pourvu qu'il fût raisonnable. Aussi, le traité fut-il bientôt conclu. Démétrios leva le siège (304), et se dirigea sur la Grèce pour la délivrer de l'oppression de Cassandre (1).

DÉMÉTRIOS DÉLIVRE LA GRÈCE. — En Grèce Démétrios fut plus heureux (303). Il sauve Athènes assiégée, chasse Cassandre de l'Attique, le poursuit jusqu'aux Thermopyles, et, l'ayant vaincu, il s'empare d'Heraclée. Il passe ensuite dans le Péloponèse, enlève Sicyone, que défendait encore Philippe, lieutenant de Ptolémée; Corinthe, occupée par Prépélas, lieutenant de Cassandre; Orchomène d'Arcadie, dont Polysperchon avait confié la défense à Strombichos, se fait proclamer chef de tous les Grecs par les États de la Grèce assemblés dans l'Isthme et nommer commandant d'une armée destinée à conquérir la Thrace et la Macédoine.

NOUVELLE LIGUE CONTRE ANTIGONE. — Cassandre, effrayé, s'adresse à Lysimaque et envoie des ambassadeurs à Séleucos et à Ptolémée, qui acquiescent à ses propositions d'alliance, et une nouvelle ligue est conclue entre les

(1) Diod. de Sic., liv. XX, ch. 71-78; 91-99.

quatre rois (302). Assuré de leur appui, Cassandre ne jugea pas convenable d'attendre l'attaque de l'ennemi, et se décida à le prévenir en entrant le premier en campagne, après avoir fait les dispositions qui lui parurent les meilleures. Il confia à Lysimaque une partie de son armée, dont il le déclara commandant général; et, se plaçant à la tête du reste de ses troupes, il se mit en marche pour la Thessalie, où il se proposait de joindre et de combattre Démétrios et les Grecs.

OPÉRATIONS DE LYSIMAQUE EN ASIE MINEURE. — Lysimaque, avec le corps qu'il avait sous ses ordres, passa d'Europe en Asie Mineure, et déclara libres les habitants de Lampsaque et de Parion, qui s'étaient volontairement rangés dans son parti; il fit ensuite le siège de Sigée, dont il se rendit maître, et y laissa une garnison. Après ces premiers succès, il détacha Prépélas avec un corps de six mille hommes d'infanterie et mille de cavalerie, le chargeant de soumettre les villes de l'Éolide et de l'Ionie, et se réserva en personne le soin d'entreprendre le siège d'Abydos, pour lequel il fit de grands préparatifs; mais les assiégés ayant reçu du côté de la mer de nombreux secours en hommes, envoyés par Démétrios, Lysimaque abandonna son entreprise pour se porter sur la Phrygie; il la soumit, et vint faire le siège de la ville de Synnada. Pendant ce siège, Lysimaque gagna Docimos, un des lieutenants d'Antigone, le décida à faire cause commune avec lui et à lui livrer Synnada, ainsi que diverses forteresses où les trésors de Démétrios avaient été déposés.

Cependant Prépélas, que Lysimaque avait détaché dans l'Éolie et l'Ionie, s'étant emparé d'Adramyttion, vint mettre le siège devant Éphèse, dont les habitants effrayés lui ouvrirent les portes. En possession de cette ville, Lysimaque laissa la liberté aux Éphésiens; mais il brûla tous les vaisseaux qui se trouvaient dans le port, pour ôter, pendant une guerre dont l'issue était encore incertaine, une ressource de plus à des ennemis qui à cette époque étaient entièrement maîtres de la mer. A la suite de ces événements, Lysimaque fit entrer dans son parti les Téiens et les Colophoniens ; mais les habitants d'Érythres et de Clazomènes, ayant reçu des secours par mer, il ne put s'emparer de ces villes, et se borna à faire ravager leur territoire. Après cette expédition il marcha sur Sardes. Arrivé sous les murs de cette ville, il réussit à séduire Phœnix et Docimos, lieutenants d'Antigone, qui, abandonnant le parti de leur maître, livrèrent la place, à l'exception cependant la citadelle, où se maintint Philippe, un des amis d'Antigone, qui resta fidèle à la cause de son roi (1).

ANTIGONE SE HATE DE RENTRER EN ASIE MINEURE. — En apprenant l'invasion de Lysimaque et la défection de plusieurs de ses généraux, Antigone quitta la Syrie, où il faisait célébrer des jeux solennels, et se mit immédiatement en marche à la tête de son armée, pour aller, par le chemin le plus court, à la rencontre des ennemis. Arrivé à Tarse, en Cilicie, il tira du château de Cynda l'argent nécessaire pour payer à ses troupes trois mois de solde d'avance, et y prit en outre une somme de trois mille talents qu'il emporta avec lui, afin de ne pas manquer d'argent pour les besoins de la guerre. Il passa ensuite le Taurus, atteignit la Cappadoce, et fit rentrer promptement dans son ancienne alliance les villes de la Phrygie supérieure et de la Lycaonie, qui s'en étaient séparées. Dès que Lysimaque fut instruit du mouvement des ennemis et sut qu'ils s'approchaient, il tint un conseil où il mit en délibération ce qu'il y avait de mieux à faire dans une conjoncture si périlleuse. Le conseil fut d'avis qu'il ne fallait pas risquer une bataille avant que Séleucos fût arrivé des satrapies de l'Asie supérieure, et que jusque-là il convenait d'occuper seulement de fortes positions et d'attendre, dans un camp défendu par un fossé et un retranchement palissadé, l'attaque des ennemis. Cette proposition fut adoptée, et l'on s'empressa de la mettre à exécution.

LYSIMAQUE BAT EN RETRAITE. — Antigone s'approchait cependant de plus en plus ; et, rangeant ses troupes en bataille en face de l'armée de Lysimaque,

il le provoqua au combat; mais, personne n'ayant osé répondre à son appel, il s'empara de quelques points par lesquels devaient nécessairement passer les convois destinés aux ennemis, et Lysimaque, craignant que le manque de vivres ne le forçât à se rendre, leva son camp dans la nuit, et le transporta à quatre cents stades plus loin, aux environs de Doryléon. Là il trouvait des vivres en abondance, et une rivière qui coulait dans le voisinage pouvait servir à la défense de l'armée et la mettre en sûreté. Lysimaque fit donc tracer son camp dans cette position, qu'il fortifia par un fossé profond et un triple retranchement palissadé (1).

ANTIGONE LE POURSUIT. — IL RENONCE A LA POURSUITE. — Instruit de la retraite des ennemis, Antigone se mit à leur poursuite et s'approcha de la position qu'ils occupaient ; mais comme ils refusèrent d'en sortir pour combattre en ligne, il prit la résolution de bloquer leur camp, et fit venir une grande provision d'armes de trait pour entamer un siége en règle. Alors eurent lieu quelques escarmouches sur les bords du fossé, les troupes de Lysimaque cherchant à incommoder à coups de flèches les travailleurs ennemis ; et dans ces divers engagements les troupes d'Antigone eurent tout l'avantage. Quelque temps après, quand les ouvrages entrepris par les assiégeants se trouvèrent presque terminés, comme les vivres commençaient déjà à manquer aux assiégés, Lysimaque, profitant d'une nuit orageuse, abandonna son camp, et se retira dans la partie montueuse du pays, pour y établir ses quartiers d'hiver. Dès que le jour fut venu, Antigone, s'étant aperçu de la retraite des ennemis, s'avança sans hésiter dans la plaine, et se précipita sur leurs traces ; mais des pluies abondantes étant survenues, le terrain, qui était argileux, fut promptement détrempé et converti en une boue épaisse, dans laquelle un assez bon nombre de bêtes de somme ou de trait et quelques hommes même périrent : en un mot, toute l'armée ayant à lutter contre les plus grandes fatigues pour pénétrer plus avant, le roi se décida, tant pour donner quelque repos

(1) Diod. de Sic., liv. XX, ch. 107.

(1) Diod. de Sic., ch. 108.

à ses troupes que pour les soustraire aux rigueurs de l'hiver qui s'approchait, à abandonner la poursuite des ennemis et à diviser son armée pour lui faire prendre des quartiers d'hiver dans les meilleures positions qu'il pût choisir.

RAPPEL DE DÉMÉTRIOS EN ASIE MINEURE. — Peu de temps après, apprenant que Séleucos, avec une puissante armée, descendait des satrapies de l'Asie supérieure, Antigone prit le parti d'envoyer quelques hommes de confiance en Grèce, pour ordonner à Démétrios de venir avec toutes ses forces le rejoindre le plus promptement possible; car il commençait à craindre que tous les rois, se réunissant contre lui, ne l'obligeassent à une affaire décisive avant qu'il eût pu rappeler les troupes qu'il avait encore en Europe. A son exemple, Lysimaque partagea également son armée en plusieurs corps, et leur assigna des quartiers d'hiver dans la campagne de Salonie, ville de Bithynie. Il tira d'ailleurs des vivres en abondance d'Héraclée, dont les habitants lui étaient dévoués depuis le mariage qu'il avait contracté avec leur reine Amestris, fille d'Oxyarte et nièce du roi Darius, femme en premières noces de Cratère (1).

DÉMÉTRIOS TRAITE AVEC CASSANDRE, ET RENTRE EN ASIE. — Quand Démétrios reçut les ordres de son père qui lui prescrivaient de ramener sans délai en Asie Mineure les troupes qu'il commandait, son armée et celle de Cassandre étaient en présence depuis quelques jours dans le voisinage de Larysse en Thessalie, sans oser en venir aux mains, attendant avec anxiété des nouvelles de l'Asie, où il semblait que la lutte allait se décider. Obligé d'obéir, Démétrios se hâta de s'accommoder avec Cassandre, mais à cette condition toutefois que le traité ne serait définitif qu'après avoir été ratifié par Antigone, qu'il savait bien disposé à terminer la guerre par les armes et non par des négociations. Cet arrangement conclu, il mit à la voile, vint aborder devant Éphèse, et, après son débarquement, ayant placé son camp près des murs de la ville, il accorda une capitulation à la garnison que le lieutenant de Lysimaque y avait mise,

la remplaça par une autre prise dans son armée, et s'avança vers l'Hellespont, où il reprit Lampsaque, Parion et quelques autres places qui avaient fait défection. Ensuite, il se porta vers l'embouchure du Pont-Euxin, vint s'établir dans les environs d'un temple appartenant aux Chalcédoniens, et y laissa un détachement de trois mille hommes, avec trente vaisseaux pour défendre cette position et s'opposer au passage des troupes que Cassandre tenterait sans doute d'introduire en Asie. Cela fait, il répartit le reste de son armée entre plusieurs villes du littoral, où elle prit ses quartiers d'hiver. Dans le même temps, Mithridate, roi de Pont et d'une partie de la Cappadoce, et dont les possessions s'étendaient jusqu'en Mysie, soupçonné d'être entré dans l'alliance de Cassandre fut mis à mort à Cios, où il régnait depuis trente ans (1). Son fils Mithridate II, qui lui succéda, dut perdre les établissements de son père en Bithynie et en Mysie, mais se maintint en Paphlagonie et en Cappadoce et agrandit même plus tard ses États, sans doute à la faveur des guerres qui suivirent la bataille d'Ipsos (2).

CASSANDRE ENVOIE PLISTARQUE AU SECOURS DE LYSIMAQUE. — Cassandre, après le départ de Démétrios, ayant repris possession des villes de la Thessalie qui lui avaient été enlevées, fit partir son frère Plistarque avec douze mille hommes et cinq cents chevaux pour porter en Asie des secours à Lysimaque. Arrivé, à l'embouchure du Pont-Euxin, Plistarque trouva la côte occupée par le corps d'armée et l'escadre que Démétrios y avait postés. Renonçant alors à tenter le passage sur ce point, il revint à Odessos, sur les côtes de la Mœsie, dans le dessein de s'y embarquer pour se rendre à Héraclée de Bithynie, où Lysimaque avait une partie de son armée; mais, comme il n'y trouva pas de moyens de transport suffisants pour recevoir toutes ses troupes, il les partagea en trois détachements, qu'il mit successivement en mer. Le premier arriva heureusement à Héraclée; le second fut pris

(2) Diod. de Sic., liv. XX, ch. 109.

(1) Diod. de Sic., liv. XX, ch. 111.
(2) Voy. Droysen, ouvrage cité, t. I, p. 532 et suiv.

par les croiseurs de Démétrios, et le troisième, sur lequel il s'embarqua, fut assailli par une tempête si furieuse que tous ses vaisseaux se perdirent avec leurs équipages. Lui-même n'atteignit le rivage que soutenu par quelques débris de son navire, et fut porté à demi mort à Héraclée, d'où il alla rejoindre Lysimaque dans son quartier d'hiver (1).

PTOLÉMÉE REPREND LA SYRIE. — Pendant ce temps Ptolémée profitait de l'absence d'Antigone pour recouvrer la Phénicie, la Palestine et la Cœlé-Syrie, à l'exception des villes de Tyr et de Sidon, où Antigone avait laissé de bonnes garnisons. Il faisait le siège de cette dernière quand on vint lui annoncer qu'Antigone avait défait Séleucos et Lysimaque, qui avaient été forcés de se réfugier dans Héraclée, et qu'il marchait à grandes journées sur la Syrie, pour venir au secours de Sidon. Sur ce faux avis, il fit une trêve de quatre mois avec les Sidoniens, et retourna en Égypte pour en ramener toutes ses forces contre son redoutable ennemi.

SÉLEUCOS FAIT SA JONCTION AVEC LYSIMAQUE. — Au lieu d'éprouver une défaite, les adversaires d'Antigone venaient d'opérer leur jonction. Séleucos était arrivé en Cappadoce, à la tête d'une armée de vingt mille fantassins, de douze mille cavaliers, avec trois cents éléphants et plus de cent chars armés de faux (2). Une action générale devenait imminente. Ce fut à Ipsos (3), dans la Phrygie, non loin de Synnada, que les deux armées se rencontrèrent (301). Antigone avait soixante-dix mille fantassins, six mille cavaliers, soixante-quinze éléphants. L'armée des alliés comptait soixante-quatre mille hommes d'infanterie, onze mille cinq cents chevaux, quatre cents éléphants et cent vingt chars (4).

BATAILLE D'IPSOS. — MORT D'ANTIGONE. — Dès que le combat fut engagé, Démétrios, ayant à ses côtés Pyrrhos, fils d'Éacide, roi d'Épire, qui devait un jour devenir si célèbre, et qui ne le quitta pas durant toute la bataille (1), chargea, à la tête de sa cavalerie d'élite, contre Antiochos, fils de Séleucos, et combattit avec tant de valeur, qu'il rompit les ennemis et les mit en fuite; mais, s'étant laissé emporter à la poursuite des fuyards, il ne retrouva plus de passage lorsqu'il revint pour se rallier à son infanterie; les éléphants des ennemis avaient rempli l'espace resté libre.

Alors Séleucos, voyant l'infanterie d'Antigone dégarnie de sa meilleure cavalerie, ne voulut pas la charger, mais feignit de vouloir l'attaquer tantôt d'un côté, tantôt d'un autre, afin de l'effrayer et de lui donner le temps de passer dans ses rangs. Ce fut, en effet, ce qui arriva; la plus grande partie de cette infanterie, s'étant détachée du corps de bataille, vint volontairement se rendre à lui, et le reste fut mis en déroute. Dans le même instant, une division d'infanterie de l'armée de Séleucos se détacha par son ordre, et alla fondre sur Antigone, qui soutint pendant quelque temps leur choc, espérant voir son fils accourir à son secours; mais enfin, accablé de traits et percé de coups, il tomba mort (2). Parvenu à l'âge de quatre-vingt-un ans (3), le vieux général, abandonné par la fortune, ne pouvait avoir une plus belle fin.

Le succès de cette journée décisive fut dû, moins à la manœuvre imprudente de Démétrios, qu'à la supériorité en nombre et peut-être en intelligence des éléphants de Séleucos et de Lysimaque (4). Quoi qu'il en soit, cette bataille, en faisant disparaître le plus redoutable et le plus puissant des cinq prétendants qui aspiraient à régner sur l'empire d'Alexandre, n'avait pas rendu la paix à l'Asie Mineure. Cassandre, Ptolémée, Séleucos et Lysimaque, en s'unissant contre Antigone, avaient été poussés, non par des sentiments d'amitié réciproque, mais par la crainte que leur inspirait un rival capable de leur tenir

---

(1) Diod. de Sic., liv. XX, ch. 112.
(2) Diod. de Sic., liv. XX, ch. 113.
(3) Appien, *Syr*., ch. 55. Plut. *Pyrrh*. ch. 4.
(4) Plut., *Démétr*., ch. 28.

(1) Plut., *Pyrrh*., ch. 4.
(2) Plut., *Démétr*., ch. 29.
(3) Hieronym., cité par Lucien, *Macrob*., § 11. Appien, *Syr*., ch. 65.
(4) Diod. de Sic., *Fragm. Vat.* Voy. *Histoire des éléphants*, par le général Armandi, Paris, 1843, p. 65 et suiv.

tête à tous et par l'intérêt de leur propre conservation (1). Ce rival renversé, de nouvelles rivalités vont se produire et l'Asie Mineure sera fréquemment le théâtre de ces nouvelles luttes.

CHAPITRE VI.

DEPUIS LA BATAILLE D'IPSOS JUSQU'A LA MORT DE LYSIMAQUE.
(301-281).

PARTAGE DES ÉTATS D'ANTIGONE. — Les vainqueurs, après la défaite d'Antigone, se partagèrent les dépouilles du vaincu. Lysimaque ajouta à son gouvernement l'Asie Mineure jusqu'au Taurus, à l'exception de la partie sud-ouest de la Cappadoce et peut-être même de la Grande-Phrygie, qui, avec le reste des États d'Antigone, ce qui subsistait du trésor de Cyinda et le titre de roi, demeurèrent à Séleucos, par qui elles avaient été occupées quand il était descendu de la haute Asie pour se joindre à Lysimaque contre l'ennemi commun (2). Seulement, on donna la Cilicie à Plistarque, frère de Cassandre (3), sans aucun doute pour récompenser les services qu'il avait rendus dans la dernière guerre d'Asie. Ptolémée, qui n'avait pas assisté à la bataille, ne reçut pas d'accroissements de territoire, mais garda l'Égypte et la Cyrénaïque, ainsi que la Phénicie, la Judée et la Cœlé-Syrie, qui devait devenir plus tard un sujet de contestation entre ses successeurs et ceux de Séleucos (4). Quant à Cassandre, aucune part ne lui avait été faite; mais quelque article secret lui abandonnait vraisemblablement l'Eubée et tout ce qu'il pourrait conquérir dans le Péloponnèse et dans la Grèce centrale; d'ailleurs, le lot échu à son frère Plistarque était déjà pour lui une récompense.

Ainsi, l'empire d'Alexandre, d'abord si divisé, puis réduit à cinq grands royaumes avant la bataille d'Ipsos, n'en présente plus désormais que quatre. La Macédoine et la Grèce, la Thrace et l'Asie Mineure, la Syrie et l'Asie supérieure, et l'Égypte. Bientôt ils seront réduits à trois par la mort de Lysimaque, et seront reportés à quatre après l'établissement du royaume de Pergame; mais l'on ne verra plus, comme cela avait eu lieu jusqu'alors, un seul des généraux d'Alexandre ambitionner tout son héritage. Ces divers États se maintiendront jusqu'au jour, où après bien des vicissitudes, ils deviendront la proie des Romains.

ÉTAT DE L'ASIE MINEURE APRÈS LA BATAILLE D'IPSOS. — L'Asie Mineure jusqu'en 320 avait formé six ou sept satrapies qui depuis avaient été successivement absorbées par Antigone. Après Ipsos, ainsi que nous venons de le voir, l'ancienne répartition des provinces de cette contrée n'avait pas été rétablie; Lysimaque, qui seul d'abord avait soutenu la dangereuse lutte engagée contre le dominateur de l'Asie, et Séleucos, qui en avait décidé le succès, se les étaient réparties comme les membres d'un vaste corps (1), n'exceptant que la Cilicie, qui devait former comme un État neutre entre deux alliés qui, trop voisins, auraient été bientôt tentés de devenir rivaux. C'est sans doute pour le même motif que les deux rois, tout-puissants après leur victoire, laissèrent quelques autres parties de l'Asie Mineure aux dynasties qui s'y étaient maintenues jusqu'alors comme tributaires ou s'y étaient rendues indépendantes : l'Arménie, la Cappadoce, proprement dite, la Cappadoce Pontique et la Bithynie; mais de ces divers États les deux premiers étaient soumis à l'influence de Séleucos, tandis que Lysimaque exerçait une certaine prépondérance sur les deux autres, dont le dernier surtout était englobé dans ses États asiatiques (2).

SITUATION DE DÉMÉTRIOS APRÈS LA BATAILLE D'IPSOS. — Démétrios, de tout l'empire de son père ne conservait plus que Sidon, Tyr, Cypre, les îles de la mer Égée et quelques postes dans le Péloponnèse; mais il lui restait son génie, qui n'était jamais plus fécond en ressources que dans le malheur, et

---

(1) Diod. de Sic., *Fragm. Vat.*
(2) Appien, *Syr.* ch. 55.
(3) Plut., *Démétr.*, ch. 31.
(4) Polyb., liv. V, ch. 67; liv. XXVIII, chap. 17. Diod., *Fragm. Vat.*

(1) Plut., *Démétr.*, ch. 30.
(2) Voy. Droysen., *Hist. des Succ. d'Alex.*, t. I, p. 546 et 547.

son caractère, auquel les revers rendaient toute son énergie; il lui restait ses forces maritimes, auxquelles aucun des rois confédérés ne pouvait en opposer de semblables; il lui restait enfin sa chère Athènes, pour qui il avait tant fait, Athènes où il avait laissé ses trésors, sa femme Déidamie et une partie de ses vaisseaux. De cette importante position, comme point central, il pouvait rester maître de la mer et ajouter de nouvelles possessions à celles qui étaient encore en son pouvoir.

DÉMÉTRIOS OCCUPE ÉPHÈSE. — C'est dans cette espérance qu'après sa défaite il s'était réfugié à Éphèse, qui tenait encore pour lui et qui offrait à sa flotte un excellent port, d'où il pouvait diriger des expéditions contre les flottes ennemies. C'était d'ailleurs un lieu de débarquement très-favorable pour venir plus tard, si la fortune lui rendait ses faveurs, attaquer ses vainqueurs dans l'Asie Mineure elle-même, dont la possession était si nécessaire à qui voulait, comme lui, devenir roi de la mer. Il n'était suivi dans sa retraite que de cinq mille hommes de pied et de quatre mille chevaux, et à son arrivée à Éphèse on s'attendait que, dans le besoin d'argent où se trouvaient lui et les siens, il ne respecterait pas les trésors du temple; mais il n'en fut rien. Suivant Plutarque (1), il voulut épargner à ses soldats un sacrilége; il est beaucoup plus probable qu'il voulut s'assurer, par cet acte de modération, la sympathie et la fidélité des Éphésiens, et se réserver pour l'avenir d'aussi importantes ressources. Il s'embarqua donc immédiatement, laissant à Éphèse une partie de ses troupes, sous les ordres de Diodoros, un de ces trois frères qui, du temps d'Alexandre, avaient assassiné le dynaste laissé par le conquérant dans cette ville (2). Ensuite il leva l'ancre, non sans avoir remis aux commandants des navires des dépêches cachetées qu'ils ne devaient ouvrir que dans le cas où une tempête viendrait à disperser la flotte, et qui leur prescrivaient les points sur lesquels ils devaient se diriger. D'Éphèse il vint en Carie avec ses vaisseaux et le reste de son armée (1), peut-être pour occuper encore quelque point important de littoral, tel qu'Halicarnasse (2), que son père avait enlevé à Asandros. Quel qu'ait été le résultat de cette entreprise, il se dirigea immédiatement vers la Cilicie, où se trouvait sa mère Stratonice, s'empara d'une partie des trésors que son père y avait laissés, se rendit à Salamine qu'occupaient encore ses frères (3), et revint dans la mer Égée, où il apprit que Diodoros traitait avec Lysimaque, et avait promis de lui livrer Éphèse moyennant cinquante talents. Il retrograde aussitôt, fait aborder secrètement à la côte le reste de ses vaisseaux, et lui-même, avec le fidèle Nicanor, entre dans le port avec une trirème, où il se tient caché. Nicanor fait demander une entrevue à Diodoros. Il voulait, disait-il, s'entendre avec lui sur le parti à prendre au sujet de la garnison, qui, dévouée au roi, ne verrait pas d'un œil tranquille rendre la ville à l'ennemi, et c'était pour le délivrer de cette situation pénible qu'il désirait l'entretenir. Diodoros, avec une faible suite, vint sur une barque trouver Nicanor; mais à peine était-il arrivé le long de la trirème, que Démétrios s'élance sur la barque, le précipite lui et les siens dans la mer, se rend en hâte à Éphèse, y prend toutes les dispositions nécessaires, et revient aussitôt en pleine mer (4), mettant le cap sur Athènes.

IL EST REPOUSSÉ D'ATHÈNES. — Parvenu à la hauteur des Cyclades, il rencontra des ambassadeurs athéniens qui venaient le prier de s'éloigner de leur ville, parce que le peuple avait décrété qu'il ne recevrait aucun des rois dans ses murs. Ils lui apprenaient en même temps qu'ils avaient envoyé à Mégare sa femme Déidamie, avec le cortége et les honneurs dus à son rang. Démétrios, indigné de cette lâche conduite d'un peuple qui naguère lui avait élevé des autels et décerné des honneurs

---

(1) Plut., *Démétr.*, ch. 30.
(2) Polyen, *Strat.*, liv. VI, ch. 49.

(1) Polyen, liv. IV, ch. 7, n° 4.
(2) Cette conjecture, émise par M. Droysen, ouvrage cité, t. 1, p. 541, a beaucoup de vraisemblance.
(3) Diod. de Sic., liv. XXI, *Frag.* 1.
(4) Polyen, *Strat.* liv. IV, ch. 7, n° 4.

réservés aux dieux seuls, était trop faible alors pour songer à s'en venger. Il se borna à leur redemander ses vaisseaux, qu'ils lui rendirent. Dès qu'il les eut reçus, il fit voile pour l'isthme, où il trouva ses affaires dans la plus mauvaise situation. Ses garnisons avaient été chassées des villes qu'elles occupaient ou avaient passé dans le parti des ennemis. Ainsi s'évanouissait cette brillante espérance de faire d'Athènes la capitale d'un empire grec qui embrasserait la Grèce, le Péloponnèse et les îles et auquel viendraient bientôt s'ajouter la Thessalie, la Macédoine, et bien d'autres conquêtes. Il n'était plus qu'un vaincu, un fugitif (1); mais ce fugitif était le *Preneur de villes*, le Poliorcète, le plus brave et le plus hardi capitaine de ce temps.

DÉMÉTRIOS RAVAGE LA CHERSONÈSE DE THRACE. — Bien loin de plier sous le nouveau coup qui vient de l'atteindre, Démétrios se redresse et tente de nouveau la fortune. Il laisse en Grèce son jeune ami Pyrrhos, qui ne l'a point abandonné dans le malheur, et fait voile avec sa flotte vers la Chersonèse de Thrace. Lysimaque, qui n'avait pas de flotte, et qui était encore en Asie Mineure, ne pouvait défendre ses États d'Europe. Déjà en rivalité avec Séleucos, il n'en reçoit aucun secours, et Démétrios peut librement s'emparer de ses villes, ravager son territoire et fixer près de soi les troupes qui l'accompagnent, en attirer même de nouvelles par l'appât du butin. Une circonstance inattendue vint encore donner à ses affaires une tournure plus favorable.

SÉLEUCOS DEMANDE A DÉMÉTRIOS LA MAIN DE SA FILLE STRATONICE. — La mésintelligence n'avait pas tardé à se mettre entre les vainqueurs. La crainte du pouvoir excessif qu'exerçait alors Séleucos, maître d'une partie de l'Asie Mineure, de la Syrie, de la Phénicie et de la haute Asie, avait amené un rapprochement entre Lysimaque et Ptolémée. Lysimaque aimait Amastris, noble persane, qu'il avait, après Ipsos et quand il eut tout réglé dans ses nouveaux états, conduite à Sardes, où il avait passé l'hiver auprès d'elle (1). Sacrifiant à la raison d'État ses affections particulières, il la quitta pour épouser Arsinoé, fille de Ptolémée (2). De son côté, Seleucos ne pouvait voir sans inquiétude le rapprochement de ses deux puissants rivaux. Il chercha donc à s'assurer aussi un allié. Son choix ne pouvait hésiter qu'entre Cassandre et Démétrios; mais Cassandre était trop loin, et de plus décidé à enlever tôt ou tard la Cilicie à Plistarque, frère de ce prince, Séleucos n'aurait pu contracter avec lui qu'une alliance éphémère. D'ailleurs, se décider pour Cassandre c'était porter Démétrios, mortel ennemi de celui-ci, à embrasser le parti de Ptolémée et de Lysimaque, qui, pour s'assurer l'appui de sa flotte, lui auraient volontiers abandonné la Grèce et les îles (3). Il fixa donc son choix sur Démétrios et lui envoya demander en mariage sa fille Stratonice (4).

Démétrios, pour qui c'était un bonheur inespéré que de devenir le beau-père de Séleucos, mit aussitôt à la voile avec toute sa flotte pour conduire sa fille en Syrie.

DÉMÉTRIOS S'EMPARE DE LA CILICIE. — Forcé de prendre terre pendant la traversée, il relâcha en Cilicie. Plistarque, effrayé de ce débarquement, et ne se sentant pas assez fort pour résister, abandonne sa satrapie, s'enfuit auprès de son frère Cassandre et se plaint à lui de ce que Séleucos s'était réconcilié avec l'ennemi commun sans l'agrément des autres rois (5). Démétrios, instruit de son départ, fait prendre terre à toute son armée, près de Cyinda. Il y trouve douze cents talents qui restaient du trésor de son père, s'en empare, occupe le pays, remet à la voile pour la Syrie, et vient débarquer à Rossos, sur le golfe d'Issos. Séleucos l'y attendait. Leur première entrevue fut franche, sans aucune défiance et vraiment digne de rois. Séleucos traita d'abord Démétrios dans sa tente, au milieu de son camp; et

---

(1) Droysen, ouvrage cité, t. I, p. 543.

(1) Memnon., *Fragm. des Hist. Gr.*, t. III, p. 530.
(2) Pausan., liv. I, ch. 7, §. 2.
(3) Droysen, ouvrage cité, p. 557.
(4) Plut., *Démétr.*, ch. 39.
(5) Plut., *Démétr.*, ch. 31.

Démétrios le reçut à son tour sur sa galère à treize rangs de rames. Ils passaient tous les jours ensemble à s'entretenir, au milieu des fêtes, sans armes et sans gardes, jusqu'au moment où Séleucos, ayant épousé Stratonicé, la conduisit à Antioche dans l'appareil le plus magnifique. Démétrios alors revint en Cilicie, dont il acheva la soumission, sans doute avec l'assentiment de son gendre, qui espérait en obtenir plus tard la cession, et, une fois solidement établi, il envoya sa femme Phila, sœur de Cassandre, en Macédoine, pour détruire les accusations de Plistarque (1), et vraisemblablement aussi préparer un traité d'alliance qui, moyennant l'abandon de l'Eubée et du nord de la Grèce, le reconnaîtrait libre possesseur de la Cilicie (2). Il dut en conséquence de ce traité rappeler les troupes qu'il avait encore en Grèce, sous les ordres de Pyrrhos, dont la sœur Déidamie, qu'il avait aussi épousée, vint le rejoindre en Cilicie et mourut bientôt après.

IL ÉPOUSE UNE SŒUR DE PTOLÉMÉE SOTER. — Ce fut alors que, s'étant réconcilié avec Ptolémée par l'entremise de Séleucos, il fut convenu qu'il épouserait Ptolémaïs, fille de ce roi; et Pyrrhos, l'ami fidèle et dévoué de Démétrios, fut envoyé comme otage en Égypte (3). Ptolémée, par cette union, prévenait une alliance offensive et défensive entre Démétrios et Séleucos, et Démétrios, de son côté, se mettait en garde contre les vues ambitieuses de ce dernier, qui ne pouvait le voir d'un œil tranquille se consolider dans la possession de Cypre, de Tyr, de Sidon et de la Cilicie surtout, d'où il pouvait lui fermer l'accès de l'Asie Mineure.

MENACÉ PAR SÉLEUCOS, DÉMÉTRIOS, POUR LUI RÉSISTER, CHERCHE A RÉTABLIR SA PUISSANCE EN GRÈCE. — Séleucos ne tarda pas à démasquer ses projets, et bientôt il demanda à son beau-père de lui céder la Cilicie pour une certaine somme d'argent; et, comme Démétrios refusait, il lui déclara qu'il exigeait aussi l'évacuation des villes de Tyr et de Sidon par ses troupes (1). Démétrios, sans s'effrayer de ses menaces, répondit hardiment que, quand il aurait perdu mille batailles d'Ipsos, il n'achèterait pas à ce prix l'amitié de Séleucos, et renforça aussitôt les garnisons qu'il avait dans ces deux villes. Mais, sentant bien qu'il ne pourrait se maintenir longtemps en Asie contre un roi dont l'empire s'étendait depuis les Indes jusqu'à la mer de Syrie, il jeta de nouveau les yeux sur la Grèce, dont la possession pouvait seule lui permettre de soutenir avantageusement la lutte.

IL DÉLIVRE ATHÈNES. SES SUCCÈS DANS LE PÉLOPONÈSE. — Athènes, à la suite d'une sédition, était tombée sous le joug du tyran Lacharès. Démétrios vient l'assiéger avec une flotte nombreuse (296). Il s'en rend maître, lui pardonne ses torts passés, en chasse l'usurpateur et rétablit la démocratie; mais il y laisse une garnison pour s'assurer sa fidélité. Il entre ensuite dans le Péloponèse et bat deux fois les Spartiates conduits par leur roi Archidamos.

Tout semblait se disposer pour rétablir sa puissance en Grèce, quand il apprit que Lysimaque, profitant de son éloignement, lui avait enlevé ses villes d'Asie, et que Ptolémée, allié aussi peu sûr que Séleucos, s'était emparé de l'île de Cypre, à l'exception de la seule ville de Salamine, où ses enfants et sa mère étaient assiégés. Déjà il songeait à la retraite, quand tout à coup la fortune fit luire à ses yeux de nouvelles espérances (2).

IL SE FAIT PROCLAMER ROI DE MACÉDOINE. — Cassandre était mort en 297, et l'aîné de ses trois fils, Philippe, qui lui succéda, n'avait occupé que peu de temps le trône de Macédoine. Les deux autres, Antipatros et Alexandre, ne purent s'accorder au sujet de la succession (295). Thessalonicé, leur mère, favorisait le plus jeune; Antipatros la tua de sa main, et son frère appela à son secours, contre le parricide, Démétrios, qui n'avait pas encore évacué le Péloponèse, et Pyrrhos, qui

(1) Plut., *Démétr.*, ch. 32.
(2) Voy. Droysen, *ouvr. cité*, p. 558.
(3) Plut., *Pyrrh.*, ch. 4.

(1) Plut., *Démétr.*, ch. 32.
(2) Plut., *Démétr.*, ch. 33-35.

venait de monter sur le trône d'Épire. Pyrrhos, arrive le premier, chassa Antipatros, et Alexandre était déjà affermi sur son trône quand Démétrios survint. Alexandre ne pouvait que redouter la présence de cet auxiliaire dangereux : il lui tendit des embûches ; mais Démétrios le prévint en le faisant assassiner et se fit proclamer roi de Macédoine par les troupes de sa victime (294).

Il se prépare a reconquérir l'Asie Mineure. — Il ne tarda pas à agrandir son royaume, et il tenait sous sa puissance, outre la Macédoine, la Thessalie, une grande partie du Péloponèse, Mégare, Athènes, la Béotie, Corcyre et l'Étolie. Ces vastes possessions ne suffirent bientôt plus à cet esprit ambitieux, et, bien que Pyrrhos fût devenu pour lui un rival redoutable, il songea à reconquérir l'empire que son père avait possédé en Asie. Ses préparatifs n'étaient pas au-dessous de ses projets et de ses espérances. Il avait déjà rassemblé une armée de quatre-vingt-dix-huit mille hommes de pied et d'environ douze mille chevaux. Une flotte de cinq cents vaisseaux était prête à mettre à la voile.

Séleucos, Lysimaque et Ptolémée se liguent contre lui. — Jamais depuis Alexandre on n'avait vu un armement aussi considérable. Séleucos, Lysimaque et Ptolémée s'en émurent. Ils se liguèrent contre Démétrios et déterminèrent Pyrrhos à embrasser leur cause. Lysimaque envahit la Macédoine par la Thrace, Pyrrhos par l'Épire. Ptolémée, de son côté, débarque en Grèce et soulève les villes. Abandonné de ses troupes, Démétrios s'enfuit dans la Grèce centrale, puis dans le Péloponèse, où il rejoint son fils Antigone Gonatas ; mais, sans songer à s'y défendre, il rassembla tout ce qu'il avait encore de vaisseaux, y fit embarquer ses troupes, réduites à douze mille hommes de pied et à quelque cavalerie, et fit voile pour l'Asie Mineure, dans le dessein d'enlever à Lysimaque la Carie et la Lydie (1).

Démétrios, forcé de s'enfuir, revient en Asie Mineure. — Dé-

(1) Plut., *Démétr.*, ch. 36-46.

barqué à Milet (287), il se met bientôt en marche pour aller provoquer les villes à la défection. La plupart se rendirent volontairement ; il en surprit plusieurs de force, et notamment la ville de Sardes. Mais Agathoclès, fils de Lysimaque, étant arrivé avec une nombreuse armée, Démétrios gagna la Phrygie, dans la pensée que, s'il pouvait s'emparer de l'Arménie, il ferait facilement révolter la Médie, et pourrait se rendre maître des provinces de la haute Asie, où, en cas de revers, il trouverait des retraites sûres.

Agathoclès le poursuit. — Agathoclès le suivit de près, et, dans les escarmouches qui eurent lieu fréquemment, Démétrios obtint constamment l'avantage. Alors Agathoclès prit le parti de lui couper les vivres, et bientôt il le mit dans un grand embarras. La famine augmentait chaque jour. Pour comble de malheur, en franchissant le Lycos il manqua le gué, et, malgré l'habileté de la manœuvre par laquelle il opposa sa cavalerie au courant pour faciliter le passage de l'infanterie (1), la rapidité des eaux entraîna un grand nombre de ses soldats. Enfin la contagion vint se joindre à la famine et lui enleva encore huit mille hommes. Forcé de battre en retraite, il rétrograda jusqu'à Tarsos, et défendit qu'on fît le moindre dégât dans le pays, qui, pendant les dix années de son absence, était passé sous la dépendance de Séleucos. Il voulait ne donner à ce prince aucun prétexte de se déclarer son ennemi. Mais la disette à laquelle ses soldats étaient réduits rendit impossible l'observation de cette défense. Que faire dans cette situation difficile ? Tenter de pénétrer en Arménie ? Agathoclès, pour lui fermer toute retraite, avait fortifié tous les passages du mont Taurus. Revenir à Éphèse ? La trahison venait de la livrer à Lysimaque (2). Réduit à cette extrémité, Démétrios écrit à Séleucos pour lui peindre sa triste fortune et faire un appel à sa compassion.

Séleucos marche contre Démé-

(1) Polyen, *Stratag.*, liv. IV, ch. 7, § 12.
(2) Polyen, *Stratag.*, liv. IV, ch. 19. Frontin, liv. III, ch. 3, § 7.

TRIOS. — Séleucos, touché de cette lettre, ordonne à ses généraux de faire à Démétrios un accueil digne de son rang et de fournir à ses troupes toutes les provisions qui leur seraient nécessaires; mais bientôt Patroclès, un de ses amis les plus fidèles, lui représenta qu'il était contraire à ses intérêts de laisser séjourner dans ses États un prince qui avait toujours été le plus violent et le plus entreprenant de tous les rois, et qui se trouvait d'ailleurs en ce moment dans cet état désespéré qui rend souvent audacieux et injustes les caractères les plus modérés. Frappé de ces conseils, Séleucos se mit en marche pour la Cilicie avec une nombreuse armée. Démétrios, étonné d'un changement si subit, se retire dans les lieux les plus forts du mont Taurus, et de là envoie des députés à Séleucos pour le prier de consentir à ce qu'il fasse la conquête de quelques nations barbares, alors indépendantes, afin de pouvoir, après tant de fuites, passer en repos dans cet asile ce qu'il lui restait de jours à vivre. En cas de refus il lui demandait de nourrir au moins son armée pendant l'hiver dans le lieu où il se trouvait et de ne pas l'exposer, en le chassant ainsi, nu et dénué de tout, à devenir la proie de ses ennemis.

DÉMÉTRIOS OBTIENT ENCORE QUELQUES SUCCÈS. — Séleucos, à qui toutes ces prières étaient suspectes, lui accorda seulement de passer, s'il le voulait, deux mois d'hiver dans la Cataonie, à condition qu'il donnerait pour ôtages les principaux de ses amis; en même temps il fit fermer par des murailles tous les passages des montagnes qui conduisaient dans la Syrie. Démétrios, cerné de toute part comme une bête fauve, se vit obligé d'employer la force. Il courut le pays, le pilla, et, toutes les fois qu'il fut attaqué par Séleucos, il eut l'avantage sur lui. Un jour même que Séleucos avait lancé contre lui ses chars armés de faux, il les repoussa, les mit en fuite, chassa ceux qui défendaient les passages de la Syrie et en resta maître (1).

IL TOMBE MALADE. SES TROUPES L'ABANDONNENT. — Ce succès ra-

nima son courage et la confiance de ses troupes. Déjà il se préparait à tout risquer en livrant bataille à Séleucos, qui se trouvait lui-même alors fort embarrassé. En effet, soit crainte, soit défiance, il avait renvoyé les secours que Lysimaque avait mis à sa disposition, et, réduit à ses seules forces, il n'aurait osé hasarder le combat contre un aventurier dont il redoutait les résolutions désespérées et l'étrange fortune, qui, dans ses vicissitudes capricieuses, l'élevait tout à coup de la situation la plus déplorable à la plus grande prospérité.

Mais, épuisé par les efforts inouïs de l'année précédente, Démétrios fut atteint tout à coup d'une maladie qui lui enleva toutes ses forces et ruina entièrement ses affaires. Pendant les quarante jours qu'elle dura, la plus grande partie de ses soldats passa dans les rangs ennemis ou se débanda. A peine rétabli (mai 286), il rassemble le peu de troupes qui lui sont restées fidèles, et, s'étant mis en marche, fait croire aux ennemis qu'il se dirige vers la Cilicie; mais, décampant de nuit, sans faire sonner aucune trompette, il prend une autre route, franchit le mont Amanos et ravage le pays que domine cette montagne jusqu'à la Cyrrhestique. Aussitôt Séleucos se met à sa poursuite et vient camper près de lui. Alors Démétrios, ayant levé son camp pendant la nuit, marche vers celui de Séleucos pour surpendre le roi et l'enlever durant son sommeil. Séleucos, averti par deux transfuges étoliens du danger qu'il courait, se lève sans tarder, plein de surprise, fait sonner la charge et ordonne d'allumer des feux devant toutes les tentes. Pendant qu'il se chaussait, il dit tout haut à ses amis : « Nous avons affaire à une dangereuse bête. » Démétrios, jugeant par le tumulte du camp ennemi soudainement éclairé que la ruse était découverte, se retira précipitamment (1).

Le lendemain, à la pointe du jour, Séleucos lui ayant présenté la bataille, Démétrios, à la tête d'une des ailes de son armée, chargea les ennemis et les mit en fuite; mais l'autre aile, qui

(1) Plut., *Démétr.*, ch, 47, 48.

(1) Plut., *ib.*, ch. 48-49. Polyen, *Stratag.*, liv. IV, ch. 9, § 2.

était commandée par un de ses lieutenants, attirée dans un chemin creux où elle perdait tous ses avantages, tomba bientôt dans le découragement. A cette nouvelle, Séleucos prend avec lui les plus braves de ses hypaspistes, place devant eux huit éléphants, s'avance ainsi le long du défilé, et, se montrant tout à coup aux soldats mercenaires de Démétrios, met pied à terre, jette son casque et leur crie : « Jusques à quand « serez-vous assez insensés pour de- « meurer avec un chef de brigands « qui meurt de faim, tandis que vous « pouvez recevoir votre solde au ser- « vice d'un roi opulent, et prendre part, « non à une royauté qui n'existe qu'en « espérance, mais à une royauté réelle ? » Il ajoute que ce n'est que pour ménager leur sang, et non pour épargner Démétrios, qu'il a si long temps différé le combat. Tous à l'instant jettent leurs dards et leurs épées, le proclament leur roi et se rangent sous ses drapeaux (1).

IL EST FORCÉ DE SE RENDRE A SÉLEUCOS. — Démétrios, bien qu'il sentît que ce dernier revers était plus terrible que tous les autres, se roidit contre la fortune et tenta encore de se relever. Quittant la route battue, il s'enfuit en Cilicie par les portes Amaniques, et gagna, suivi d'un petit nombre d'amis et de serviteurs, un bois épais où il passa la nuit, résolu, s'il lui était possible, de prendre, par les montagnes, la route de la Carie, pour se rendre à Caunes, où se trouvaient ses chantiers et ses arsenaux ; de là il longerait la côte, dans l'espoir de rencontrer ses vaisseaux. Mais, quand il sut qu'il n'avait pas même de provisions pour la journée, il dut songer à d'autres desseins. Alors un de ses amis, Sosigènes, qui avait conservé quatre cents pièces d'or dans sa ceinture, vint les lui offrir. Avec cette somme on pouvait redescendre jusqu'à la mer, et, dès que la nuit survint, ils se dirigèrent vers ce but en suivant la crête des montagnes. Mais Séleucos, voulant éviter que son ennemi ne se glissât furtivement en Syrie, avait fait occuper les portes Amaniques par un corps d'armée, sous la conduite de Lysias,

avec l'ordre d'allumer un grand nombre de feux sur les hauteurs qui dominent le défilé. Démétrios, voyant qu'il avait été prévenu, revint au lieu qu'il avait quitté, avec une suite affaiblie par la désertion. Ceux qui restaient auprès de lui avaient perdu tout espoir, et bientôt un d'eux ne craignit pas de dire qu'il fallait se rendre à Séleucos (1). A ce cri de désespoir, Démétrios tira son épée et allait se donner la mort, si ses amis ne l'en eussent empêché. Enfin, cédant à leurs conseils, il envoya annoncer à Séleucos qu'il se mettait à sa discrétion (286).

SÉLEUCOS LE RETIENT CAPTIF. — Séleucos, en recevant son envoyé, dit aux officiers qui l'entouraient : « Ce n'est « pas la bonne fortune de Démétrios qui « le sauve, c'est la mienne qui ajoute « à tant d'autres faveurs celle de pou- « voir montrer à son égard ma bonté « et mon humanité. » Aussitôt il ordonne de dresser pour Démétrios une tente royale et de tout préparer pour lui faire une magnifique réception. Séleucos avait auprès de lui Apollonidès, ancien ami de Démétrios ; il l'envoya aussitôt vers lui comme le messager qui pouvait lui être le plus agréable, et lui recommanda de l'engager à prendre courage et de lui rappeler qu'il venait auprès d'un ami et d'un gendre. Les courtisans, dès qu'ils connurent les sentiments du roi, vinrent, d'abord en petit nombre, puis en foule, au-devant du prisonnier. Ce fut bientôt à qui lui ferait le plus d'accueil. Mais cet empressement changea bientôt en jalousie la compassion que ses malheurs avaient inspirée. Des envieux et des méchants en prirent occasion pour changer les dispositions favorables du roi, en lui faisant craindre qu'aussitôt que Démétrios serait arrivé il ne vît dans son camp des mouvements séditieux.

Cependant Apollonidès était arrivé plein de joie auprès de Démétrios, et ceux qui l'avaient suivi, survenant l'un après l'autre, portaient au héros malheureux les paroles les plus flatteuses de la part de Séleucos. Déjà Démétrios ne doutait plus de la bonne foi du roi de Syrie et s'abandonnait aux plus douces espérances, quand tout à coup il voit

---

(1) Plut., *Démétr.*, ch. 49, Polyen, *ib.* § 3.   (1) Plut., *ibid.* Polyen, *ib.*, 4.

arriver Pausanias avec un corps d'environ mille hommes, tant fantassins que cavaliers, qui, entourant Démétrios et écartant tous ceux qui étaient autour de lui, conduisit ce prince, non pas auprès de Séleucos, mais à Apamée, dans la Chersonèse de Syrie, où il devait être enfermé, sous bonne garde, jusqu'à la fin de ses jours. Séleucos, pour atténuer ce que ce manque de foi avait d'odieux, embellit, autant qu'il lui était possible, la prison de son captif; il lui promit même qu'à l'arrivée d'Antiochos et de Stratonice il négocierait avec lui un accommodement (1). Il avait intérêt à ménager cet habile capitaine, qui était encore dans la force de l'âge et dont il pouvait plus tard se faire un utile auxiliaire.

MORT DE DÉMÉTRIOS. — En effet, la captivité de Démétrios, en délivrant Séleucos du plus redoutable adversaire qu'il eût à craindre, le laissait en présence de Lysimaque, dont les exploits d'Agathoclès avaient consolidé et étendu la puissance en Asie Mineure, et qui venait tout récemment d'enlever la Macédoine à Pyrrhos, qu'il avait contraint de se retirer en Épire. Quel contre-poids à opposer à un rival si redoutable! Le fils de Démétrios, qui conservait encore la Hellade et le Péloponèse, serait peu disposé à seconder le geôlier de son père; mais, si la liberté était rendue à celui-ci, tous deux seraient engagés par la reconnaissance à lui prêter un appui qui pouvait rendre la lutte décisive. Antigone s'engageait même à lui abandonner tout ce qu'il possédait en Grèce et s'offrait comme ôtage s'il consentait à délivrer l'illustre captif. Un grand nombre de villes et de princes firent des démarches dans le même but. Lysimaque seul, qui voyait bien le danger dont il était menacé, fit proposer à Séleucos des sommes considérables (2) s'il voulait faire périr Démétrios, cet aventurier dont l'ambition avait été funeste à tant de rois. Séleucos répondit avec indignation qu'il ne consentirait jamais à se souiller du meurtre d'un parent qui s'en était remis à sa bonne foi, et écrivit de nouveau à Antiochos pour hâter son arrivée. Il voulait que Démétrios fût redevable à l'époux de sa fille de son retour à la liberté et de son rétablissement sur le trône. Mais ce généreux dessein ne reçut pas son exécution. Démétrios, qui avait cherché dans les plaisirs l'oubli de ses infortunes, mourut, des suites de ses débauches (283), dans la troisième année de sa captivité (1).

LA GUERRE ÉCLATE ENTRE SÉLEUCOS ET LYSIMAQUE. — Sa mort fut comme le signal de la guerre qui ne pouvait manquer d'éclater tôt ou tard entre Séleucos et Lysimaque. Ce dernier, cédant aux instigations de sa femme Arsinoé, avait fait mettre à mort son fils aîné Agathoclès, qui devait un jour lui succéder. La veuve d'Agathoclès, Lysandra, et le frère de celle-ci, Ptolémée, surnommé la Foudre (Κεραυνός), se réfugièrent auprès de Séleucos et l'engagèrent à les venger en déclarant la guerre à Lysimaque. Ils n'étaient pas les seuls qui l'en pressassent; Philétère, à qui Lysimaque avait confié la garde de ses trésors, renfermés dans la citadelle de Pergame, craignant que la haine d'Arsinoé, à laquelle il était en butte, ne lui fût aussi fatale qu'à Agathoclès, réussit à soustraire Pergame à la domination du roi de Thrace, et écrivit à Séleucos qu'il était prêt à se donner à lui avec toutes les richesses sur lesquelles il veillait (2). Cet exemple fut sans doute suivi par d'autres, car Lysimaque se hâta de passer en Asie pour commencer lui-même la guerre. A cette nouvelle, Séleucos, à qui la mort récente de Ptolémée Soter ne laissait plus rien à craindre, du moins pour le moment, du côté de l'Égypte, entra en campagne, à la tête d'une armée nombreuse d'Asiatiques et de Macédoniens, et avec un train considérable d'éléphants. La conquête de l'Asie Mineure dut lui être facile; car Lysimaque, à la nouvelle des révoltes qui éclataient de tous côtés, fut contraint de rétrograder jusqu'à l'Hellespont. Il ne paraît pas d'ailleurs que Séleucos ait pris la voie la

(1) Plut., Démétr., ch. 5o et 51.
(2) Deux mille talents, suivant Diodore de Sicile.

(1) Plut., Démétr., ch. 51 et 52. Diod. de Sic., liv. XXI, § 19. Dion Chrysost., XLIV, p. 598.
(2) Pausan., liv. I, ch. 10. Strab., liv. XIII, p. 625.

plus directe pour atteindre son adversaire ; il semble, au contraire, qu'il ait traversé lentement l'Asie Mineure et qu'il l'ait formellement soumise, afin de n'avoir plus ensuite qu'à en venir aux mains avec Lysimaque, non plus pour la possession de l'Asie Mineure, mais pour celle de ses États d'Europe. Il s'arrêta devant Sardes, où commandait Théodotos, chargé de la garde d'une partie des trésors du roi de Thrace. Ne pouvant forcer la place, qui était bien défendue, il fit publier qu'il donnerait cent talents à quiconque lui apporterait la tête de Théodotos. Celui-ci trouva plus commode de les gagner lui-même en ouvrant les portes de la ville au roi de Syrie (1). Les villes grecques et les îles, mécontentes du gouvernement de Lysimaque, embrassèrent, tout porte à le croire, la cause de son antagoniste (2). Partout les partisans de Séleucos (3) prirent le dessus. Lysimaque recula jusque dans la Phrygie hellespontique, et les deux armées ne se rencontrèrent que dans la plaine de Cyros (4).

BATAILLE DE CYROPÉDION. — MORT DE LYSIMAQUE. — On vit alors les deux derniers et les plus vaillants des capitaines d'Alexandre, âgés, l'un, Lysimaque, de quatre-vingts ans (5), et l'autre, Séleucos, de soixante-dix-sept, combattre encore avec toute l'ardeur de la jeunesse et se disputer l'honneur de la dernière victoire.

(1) Polyen, *Stratag.*, liv. IV, ch. 9, § 4.
(2) P. e. Lemnos. Voy. Athen., liv. IV, p. 255.
(3) Σελευκίζοντες. Polyen, liv. VIII, ch. 57. Cf. liv. VI, ch. 12.
(4) Les textes anciens ne sont pas d'accord sur le nom de cette plaine. Porphyre de Tyr (*Excerpt. Euseb.*, ed. Scaliger, p. 63) l'appelle Κύρου πεδίον; Strabon, liv. XIII, p. 629, Κύρου πεδίον. La position n'en a pas encore été déterminée sûrement. Voy W. Smith, *a Dictionary of Greek and Roman Geography*, au nom CYRI CAMPUS.
(5) Justin, liv. XVII, ch. 1, ne lui en donne que soixante-quatorze; mais comme en 334 il était regardé comme trop jeune pour les emplois importants dont il fut revêtu, je pense, avec M. Droysen, que le témoignage d'Hiéronyme (cité par Lucien, *Macrob.*, ch. II), qui le fait mourir octogénaire, doit être préféré à celui de Justin.

Ce fut Séleucos qui l'emporta. Lysimaque tomba frappé par Malacon d'Héraclée (281), et sa mort mit fin à son empire et à sa race (1). Son corps resta sur le champ de bataille et ne fut enlevé que par Thorax de Pharsale, ou, suivant d'autres, par son propre fils Alexandre, qui avait obtenu du vainqueur la permission de lui rendre les derniers devoirs. Longtemps on le chercha en vain; son chien, resté auprès de son cadavre pour en écarter les oiseaux de proie et les bêtes féroces, le fit seul découvrir (2). Transportés dans la Chersonèse de Thrace, puis à Lysimachie, ses restes furent déposés dans l'enceinte sacrée qui fut depuis appelée de son nom.

CHAPITRE VII.

L'ASIE MINEURE PENDANT LA SUPRÉMATIE DES ROIS DE SYRIE, ET LEUR ANTAGONISME CONTRE LES ROIS D'ÉGYPTE ET DE PERGAME JUSQU'AU RÈGNE D'ANTIOCHOS III. (281-223.)

SÉLEUCOS REVIENT EN EUROPE. — SA MORT. — La mort de Lysimaque laissa Séleucos maître de presque tout l'empire d'Alexandre. Aussitôt après sa victoire, voulant achever la soumission de l'Asie Mineure, qu'il venait d'enlever à son rival avec la Thrace et la Macédoine, il se hâta d'envoyer, dans toutes les villes de la Phrygie et dans celles qui avoisinent l'Hellespont, Aphrodisios, qu'il chargea d'y faire reconnaître sa puissance (3). Rapproché, par la victoire, de sa patrie, qu'il n'avait plus revue depuis qu'il l'avait quittée à la suite d'Alexandre, il résolut d'y aller passer le peu de jours qui lui restaient encore à vivre. Avant donc confié à son fils Antiochos le gouvernement de l'Asie, il traversa l'Hellespont et descendit à Lysimachie. A peine débarqué, l'oracle qui lui avait ordonné de ne jamais revenir

(1) Memnon, liv. XIII, ch. 9, dans *Hist. Gr. Fragm. IV*, p. 532; Justin, *l. c.*, et Pausan., liv. I, ch. 10, § 5.
(2) Appien, *Syr.*, ch. 64.
(3) Memnon, *de Rebus Heracl. Fr. IX*, t. III, p. 332 des *Fragm. Hist. Gr.* de la Collect. Didot.

en Europe reçut son accomplissement. Pendant qu'il s'informait de l'origine d'un autel, élevé, disait-on, par les Argonautes sur les bords du détroit, il tomba sous le poignard de Ptolémée Céravnos, qui payait ainsi par un lâche assassinat l'hospitalité que le roi de Syrie lui avait généreusement donnée.

Ainsi finit ce prince, après trente et un ans de règne. Il avait survécu à tous les successeurs d'Alexandre, et était sans contredit le plus habile et le plus puissant des souverains qui se disputèrent l'empire du monde après la mort du conquérant (1).

Succès et fin de Ptolémée Céravnos. — Son meurtrier, rentré à Lysimachie, y ceignit le diadème, et, suivi d'une brillante troupe de satellites, sans doute composée des courtisans de Lysimaque, auprès desquels il s'était fait un mérite d'avoir vengé la mort de leur roi (2), se rendit en toute hâte auprès de l'armée, qui, contrainte, par la nécessité, le reconnut pour roi. Vraisemblablement afin d'accroître ses ressources et de se ménager une retraite en cas d'insuccès en Europe, il s'empara, à l'aide de ses troupes, d'un certain nombre de places en Asie Mineure, ou du moins s'en assura l'alliance; on sait, en effet, que peu de temps après, dans la guerre maritime qu'il eut à soutenir contre Antigone, fils de Démétrios, qui lui disputait la possession de la Macédoine, il dut surtout la victoire aux galères à cinq, à six et même à huit rangs de rames que la ville d'Héraclée sur le Pont avait mises à sa disposition (3).

Délivré pour le moment de ce rival, il lui en restait deux autres : Pyrrhos, roi d'Épire, qui, ayant déjà été maître de la Macédoine, songeait à en faire de nouveau la conquête ; et Antiochos, qui réclamait les droits de son père, dont il avait aussi à venger la mort. Ptolémée les désintéressa tous deux en fournissant au premier des troupes pour passer en Italie, et cédant au second toutes ses possessions en Asie Mineure; mais, un an plus tard, il perdit la vie dans un combat contre les Gaulois, qui venaient d'envahir la Grèce, et Antigone remonta sur le trône de son père.

Antiochos s'efforce de faire rentrer l'Asie Mineure sous sa puissance. — Cependant Antiochos, après avoir rendu les derniers devoirs à son père, dont Philétère, par une politique habile, avait racheté le cadavre à grand prix et lui avait renvoyé les cendres (1), dut songer à conserver l'empire que la mort de Séleucos avait fait passer entre ses mains. Quand, après de nombreux combats, il eut recouvré la plupart des provinces qui s'étaient soustraites à son autorité, il dut songer à l'Asie Mineure. Il envoya donc Patroclès, avec une armée imposante, dans les contrées en deçà du Taurus, et donna pour lieutenant à ce général Hermogénès, d'Aspendos. Patroclès, traversant la Phrygie, se porta aussitôt contre les villes qui méconnaissaient le pouvoir de son maître, et notamment contre Héraclée, qui se hâta de lui adresser une ambassade et parvint à l'apaiser. Héraclée rentrée dans le devoir, l'armée du roi de Syrie se dirigea vers la Bithynie (279).

Avant de dire quelle fut l'issue de cette tentative du roi de Syrie contre la Bithynie, jetons un coup d'œil rapide sur l'histoire de cette contrée jusqu'à l'époque où nous sommes parvenus.

Aperçu de l'histoire de Bithynie jusqu'à 278. — La Bithynie eut de bonne heure des chefs indigènes qui la gouvernaient sous la souveraineté du roi de Perse et sous l'autorité immédiate d'un satrape (2). Lorsqu'Alexandre entreprit de renverser le trône de Darius, les Bithyniens, qui se trouvaient sur la gauche de la route du conquérant, furent affranchis par ses victoires de la domination des Perses, sans avoir à subir celle des Macédoniens. Ils étaient alors gouvernés par Bas, fils de Botiras et petit-fils de Dædalsès, contemporain des campagnes de Dercyllidas en Asie Mineure, et qui le premier avait secoué le joug du grand roi.

Quand Alexandre eut confié à Calas le gouvernement de la Phrygie helles-

---

(1) Appien, *Syr.*, ch. 42 et 43. Memn., *ibid.*, *Fr. XII*, p. 134. Pausan., liv. I, ch. 16.
(2) Justin, liv. XVII, ch. 2.
(3) Memnon, *ouvr. cit., Fr. XIII.*

(1) Appien, *Syr.*, ch. 43.
(2) Voy. Sévin, *Mém. de l'Acad. des inscr. et belles-lettres*, t. XVI, p. 335.

pontique, ce dernier, qui ne voulait pas laisser sur ses derrières une population fière de sa longue indépendance, songea à conquérir la Bithynie. Il se dirigea donc vers ce pays à la tête d'une armée aguerrie ; mais Bas ne l'attendit pas ; il marcha à sa rencontre, lui fit essuyer une sanglante défaite, et mit ainsi son pays à l'abri de l'invasion macédonienne (1). Alexandre avait de trop grands desseins pour songer immédiatement à tirer vengeance de cet échec, et il remit à d'autre temps la soumission des Bithyniens. Bas conserva donc le pouvoir jusqu'à sa mort (326).

Son fils Zipœtès (326—278) ne fut pas moins heureux que lui. Tandis que les successeurs d'Alexandre se disputaient le riche héritage du conquérant, Zipœtès resta paisible possesseur de son royaume. La sécurité dont il jouissait lui inspira même l'amour des conquêtes, et il voulut mettre la main sur quelques villes grecques du littoral. Nous avons vu plus haut (2) comment Ptolémée, neveu d'Antigone, l'arrêta dans l'exécution de ses projets ambitieux, et comment un traité conclu avec lui permit à Antigone de porter ses armes dans des contrées plus importantes (315). Mais ce traité ne tarda pas à être violé. La ligue qu'Antigone forma à cette époque contre Cassandre et celle qui ne tarda pas à se former contre lui-même détournèrent pour un temps son attention et celle de Lysimaque des nouvelles tentatives de Zipœtès contre Chalcédoine (3), qui ne dut la conservation de son indépendance qu'aux instantes sollicitations des Byzantins. Cependant, après la mort d'Antigone, Lysimaque, qui avait obtenu dans le partage des dépouilles du vaincu toute la partie occidentale de l'Asie Mineure jusqu'au Taurus (4), songea sérieusement à y joindre la Bithynie. Il la fit attaquer successivement par deux de ses lieutenants ; mais l'une et l'autre de ces tentatives fut sans succès. Un de ses deux généraux fut tué dans la bataille que lui livra Zipœtès, et l'autre fut repoussé bien loin du territoire bithynien (1). Ces désastres successifs ne rebutèrent pas Lysimaque, qui entra lui-même en Bithynie avec une nouvelle armée ; mais Zipœtès obtint encore l'avantage (2). Il est probable cependant que, malgré ses trois victoires consécutives, il n'aurait pu résister longtemps encore à l'un des plus vaillants capitaines d'Alexandre, si celui-ci n'eût dû réunir toutes ses forces à celles de Séleucos et de Ptolémée pour résister à l'ambitieux Démétrios, qui, devenu roi de Macédoine, se préparait à reconquérir l'Asie Mineure à la tête d'une armée formidable (3). Ce fut sans doute à cette époque que Zipœtès, enorgueilli par le succès de ses armes et désormais tranquille possesseur de ses États, prit le titre de roi et jeta les fondements de sa capitale. C'est, en effet, à l'année 288, où Démétrios fit ses préparatifs de descente en Asie, que l'on fixe le commencement de l'ère de Bithynie (4).

Cependant sa puissance ne tarda pas à porter ombrage au roi de Syrie, et c'était surtout contre lui qu'était dirigée l'expédition confiée à Patroclès. Cette fois encore Zipœtès échappa au danger qui le menaçait.

Attirés dans des embuscades, Patroclès et ses troupes trouvèrent la mort dans le combat, après avoir vendu chèrement leur vie (5).

LUTTE D'ANTIOCHOS CONTRE LES ROIS DE BITHYNIE. — Antiochos ne fut pas découragé par cet échec, non plus que par celui qu'il essuya lui-même, s'il faut en croire Memnon (6). Il fit de nouveaux armements maritimes, non

---

(1) Βᾶς... ὃς καὶ Κάλαν τὸν Ἀλεξάνδρου στρατηγὸν, καίτοι γε λίαν παρεσκευασμένον πρὸς τὴν μάχην κατηγωνίσατο, καὶ τῆς Βιθυνίας παρεσκεύασε τοὺς Μακεδόνας ἀποσχέσθαι. Memnon, *Fragm. XX*, t. III, p. 537 des *Fragm. Hist. Gr.* de la Collection Didot.
(2) P. 198.
(3) Plut., *Quest. Gr.*, 45.
(4) Voy. p. 214, col. I.

(1) Ζιποίτης, λαμπρὸς ἐν πολέμοις γεγονὼς, καὶ τοὺς Λυσιμάχου στρατηγοὺς τὸν μὲν ἀνελὼν τὸν δὲ ἐπὶ μήκιστον τῆς οἰκείας ἀπελάσας ἀρχῆς. Memnon, *Fragm. XX*.
(2) Ἀλλὰ καὶ αὐτοῦ Λυσιμάχου, εἶτα καὶ Ἀντιόχου, τοῦ παιδὸς Σελεύκου, ἐπικρατέστερος γεγονώς, κ. τ. λ. Memnon, *ibid.*
(3) Voy. p. 218, col. 1.
(4) Voy. Visconti, *Icon. gr.*, t. II, p. 179.
(5) Memnon, *ouvr. cité*, *Fragm. XV*, t. III, p. 535.
(6) *Fragm. XX*

plus cette fois contre la Bithynie seulement, mais aussi contre Antigone, roi de Macédoine, qu'il regardait comme un usurpateur de ses droits, et qui s'était allié le nouveau roi de Bithynie pour résister à son puissant anatagoniste.

Zipœtès venait de mourir (278) et avait laissé le trône à son fils aîné Nicomède, qui, ne reculant pas devant un crime pour asseoir plus fermement sa puissance, ordonna le massacre de ses frères (1). Un seul échappa, Zipœtès (2), qui souleva une partie de la Bithynie et mit en danger le pouvoir de celui qui avait voulu lui donner la mort. Ainsi menacé par ce redoutable adversaire, et dans la crainte d'une nouvelle attaque du roi de Syrie (3), Nicomède invoqua et obtint l'appui des Héracléotes, que Zipœtès avait récemment attaqués sans succès (4). Il s'allia aussi Byzance, Tios, Chalcédoine, Cios et quelques autres villes du littoral de l'Europe et de l'Asie Mineure. Bientôt les deux flottes furent en présence; mais aucune n'osa attaquer, et elles se retirèrent sans combat (5). Peut-être Antiochos avait-il été instruit des négociations de Nicomède avec les Gaulois, dont le nom à cette époque inspirait partout la terreur, et ne se souciait-il pas de tenter la fortune contre des ennemis supérieurs en force et en courage à son armée composée d'Asiatiques. Quoi qu'il en soit, Nicomède, délivré de ce danger, ne s'occupa plus que de combattre son frère, et, pour le combattre plus sûrement, il songea à recruter son armée d'auxiliaires capables de lui assurer la victoire.

NICOMÈDE, ROI DE BITHYNIE, APPELLE LES GAULOIS A SON SECOURS.— A cette époque, Léonor et Luthar, deux chefs des Gaulois qui venaient d'envahir la Macédoine et la Grèce, se détachant de l'armée principale, avaient pénétré dans la Thrace, où ils s'étaient emparés de la Chersonèse et de Lysimachie. Le voisinage de l'Asie, qu'ils apercevaient sur le rivage opposé, et ce qu'ils entendaient dire de ses richesses, leur donnait le vif désir d'y passer; mais ils n'avaient aucun moyen de traverser le détroit, quand ils virent tout à coup arriver au milieu d'eux les ambassadeurs de Nicomède. Ce prince leur proposait de les prendre à sa solde. Les Gaulois acceptèrent avec empressement, et Nicomède leur fournit une flotte (1). Débarqués en Asie Mineure, ils mirent bientôt la fortune du côté de celui dont ils avaient embrassé la défense. Zipœtès, vaincu, dut abandonner la Bithynie, qui rentra tout entière sous la domination de Nicomède (2).

ÉTABLISSEMENT DES GAULOIS EN ASIE MINEURE. — « Un si grand service méritait une grande récompense : le roi de Bithynie concéda aux Gaulois des terres considérables sur la frontière méridionale de ses États (3). » Sa générosité pourtant n'était pas exempte de calcul : il espérait, par là, donner à son royaume une population forte et belliqueuse du côté où il était le plus vulnérable, et élever en quelque sorte une barrière qui le garantirait des attaques de ses voisins de Pergame et de Syrie. Mais Nicomède n'avait pas bien réfléchi au caractère de ses nouveaux colons, en les plaçant si près de ces villes de l'Eolide et de l'Ionie, merveilles de la civilisation antique, où le génie des Hellènes se mariait à toute la délicatesse de l'Asie. Aussi à peine furent-ils arrivés dans leurs concessions qu'ils commencèrent à piller et bientôt à envahir le littoral de la Troade. Léonor et Luthar étaient morts ou avaient été dépouillés du commandement, et leurs armées, fondues ensemble et augmentées de renforts tirés de la Thrace, s'étaient formées en trois hordes, sous les noms de Tectosages, Télistoboïes et Trocmes.

---

(1) Memnon, *ouvr. cité*, Fr. XX, t. III, p. 537.
(2) Tite-Live, liv. XXXVIII, ch. 16. Le nom de ce prince est diversement écrit dans les manuscrits de Tite-Live : *Zybœas*, *Zybœtas*. Avec Memnon, Fr. *XVII*, nous lui conservons le nom de son père, comme l'ont fait les plus récents éditeurs de Tite-Live.
(3) Memnon, Fr. *XVIII*, t. III, p. 535.
(4) Memnon, Fr. *XVII*, ibid.
(5) Memnon, Fr. *XVIII*, ibid.

(1) Memnon, Fr. *XIX*; Tite-Live, *l. c.*
(2) Tite-Live, *l. c.*
(3) « In auxilium a Bithyniæ rege vocati, regnum cum eo, parta victoria, diviserunt. » Justin, liv. XXV, ch. 2.

Pour éviter tout conflit et tout sujet de querelle dans la conquête qu'elles méditaient, ces trois hordes, avant de quitter la frontière bithynienne, distribuèrent l'Asie Mineure en trois lots, qu'elles se partagèrent à l'amiable (1) : les Trocmes eurent l'Hellespont et la Troade ; les Télistoboïes, l'Éolide et l'Ionie ; et la contrée Méditerranée qui s'étendait à l'occident du mont Taurus appartint aux Tectosages (2). »

CONQUÊTES ET RAVAGES DES GAULOIS. — Tous alors se mirent en mouvement, et la conquête fut bientôt achevée. Une horde gauloise établit sa place d'armes sur les ruines de l'ancienne Troie (3), et *les chariots amenés de Tolosa stationnèrent dans les plaines qu'arrose le Caystre* (4).

« L'histoire ne nous a pas laissé la narration détaillée de cette conquête ; mais que l'imagination se représente d'un côté la force et le courage physiques à l'un des plus hauts degrés de la civilisation, de l'autre ce que la culture intellectuelle produisit jamais de plus raffiné ; alors elle pourra se créer le tableau des calamités qui débordèrent sur l'Asie Mineure. Devant la horde tectosage la population phrygienne fuyait comme un troupeau de moutons et courait se réfugier dans les cavernes du mont Taurus ; en foule les femmes se tuaient à la seule nouvelle de l'approche des Gaulois ; trois jeunes filles de Milet prévinrent ainsi par une mort volontaire les traitements horribles qu'elles redoutaient. Une poëtesse, sans doute milésienne comme elles, a consacré quelques vers à la mémoire de ces touchantes victimes ; ces vers sont placés dans leur bouche ; elles-mêmes s'adressent à leur ville natale et semblent lui reprocher avec tendresse de n'avoir point su les protéger

« O Milet ! ô chère patrie ! nous sommes
« mortes pour nous soustraire aux outra-
« ges des barbares gaulois, toutes trois
« vierges et tes citoyennes. C'est Mars,
« c'est l'impitoyable dieu des Gaulois qui
« nous a précipitées dans cet abîme de
« malheurs ; car nous n'avons point at-
« tendu l'hymen impie qu'il nous prépa-
« rait ; et, si nous sommes mortes sans
« avoir connu d'époux ici-bas, du moins
« chez Pluton nous avons trouvé un pro-
« tecteur (1). »

« Du reste, il ne faut entendre ici par le mot conquête ni l'expropriation des habitants, ni même une occupation du sol tant soit peu régulière. Chaque horde se tenait retranchée, une partie de l'année, soit dans un camp de chariots, soit dans une place d'armes ; le reste du temps elle faisait sa tournée par le pays, suivie de ses troupeaux, et toujours prête à se porter sur le point où quelque résistance se serait montrée. Les villes lui payaient tribut en argent, les campagnes en vivres ; mais à cela se bornait l'action des conquérants : ils ne s'immisçaient en rien dans le gouvernement intérieur de leurs tributaires. Pergame put conserver ses chefs absolus ; les conseils démocratiques des villes d'Ionie purent se réunir en toute liberté comme auparavant (2), pourvu que les subsides ne se fissent pas attendre et que la horde fût entretenue grassement. Cette vie abondante et commode, sous le plus beau climat de la terre, dut attirer dans les rangs gaulois une multitude d'hommes perdus de tous les coins de l'Orient, et beaucoup de ces aventuriers militaires dont les guerres d'Alexandre et de ses successeurs avaient infesté l'Asie. Cette hypothèse peut seule rendre compte des forces considérables dont les hordes se trouvèrent tout à coup disposer, puisque, si l'on en croit Tite-Live, elles

---

(1) Anyté, Ep. XVII, Anth. Lips., t. I, p. 133. Anth. Pal. VIII, 492.

(2) C'est sans doute en se plaçant à ce point de vue que Memnon (*Fr XIX*, 4, t. III, 546. a dit, en parlant de l'établissement des Gaulois en Asie Mineure : « L'introduction de ces barbares en Asie fut avantageuse sous quelques rapports aux peuples de ce pays. Les rois successeurs d'Alexandre s'épuisaient en efforts pour anéantir le peu qu'il restait d'États libres ; les Gaulois s'en montrèrent les protecteurs et raffermirent les intérêts démocratiques. »

---

(1) « Cum tres essent gentes... in tres partes, qua cuique populorum suorum vectigalis Asia esset, diviserunt. » Tite-Live, t. XXXVIII, ch. 16.
(2) *Id., ibid.*
(3) Strab., liv. XIII, p. 591.
(4) Callimaque, *Hymne à Diane*, v. 257.

rendirent tributaires jusqu'au roi de Syrie lui-même (1).

ILS SONT DÉFAITS PAR ANTIOCHOS. — « Il se peut que le roi de Syrie, Antiochos, ait, dans le fort de leurs succès, consenti à leur payer tribut pour les provinces et les villes qui reconnaissaient encore son autorité ; du moins ne s'y résigna-t-il pas longtemps, car c'est de lui que partirent les premiers coups. Il vint attaquer à l'improviste, au nord de la chaîne du Taurus, la horde tectosage (2). » Suivant toute vraisemblance, les deux armées se rencontrèrent sur les confins de la Cappadoce ou de la Phrygie (3).

L'armée des Gaulois, composée de braves guerriers, était plus nombreuse que celle d'Antiochos. Ce prince, voyant devant lui une phalange épaisse et serrée qui était protégée par un front de bataille composé d'hommes portant des cuirasses d'airain, et avait vingt-quatre rangs d'hoplites de profondeur, vingt mille hommes de cavalerie aux deux ailes, au centre quatre-vingts quadriges armés de faux et autant de biges, commença à désespérer de vaincre de tels ennemis, d'autant plus qu'il n'avait à leur opposer que des troupes rassemblées à la hâte, dont la plus grande partie n'était qu'armée à la légère. Déjà même il songeait à entrer en accommodement et à faire la paix aux conditions les plus avantageuses, quand un de ses généraux, Théodotas de Rhodes, homme de cœur et habile tacticien, lui déclara qu'il ne souffrirait pas que, lui présent, il doutât du succès. Il y avait seize éléphants dans l'armée d'Antiochos. Théodotas ordonna qu'on les dérobât autant qu'il serait possible à la vue des ennemis, mais qu'au moment où, la trompette ayant donné le signal du combat, on en viendrait aux mains, que la cavalerie ennemie se mettrait en mouvement et que les rangs de la phalange, venant à s'entr'ouvrir, vomiraient les chars armés de faux sur l'armée syrienne, on lâchât quatre de ces animaux sur chaque division de la cavalerie ennemie et les huit autres contre les chars. Par ce moyen, disait-il, les chevaux effrayés se rejetteront sur l'ennemi et le mettront en désordre. Ce fut précisément ce qui arriva. Les Gaulois et leurs chevaux, qui n'avaient point encore vu d'éléphants, furent si effrayés de ce spectacle inattendu, que, malgré l'éloignement où se trouvaient encore ces animaux, au seul bruit de leurs cris, à la vue de leurs défenses dont la blancheur se détachait plus éclatante sur la couleur noire de leurs corps, et de leur trompe élevée et menaçante prête à saisir tout ce qui se présenterait devant elle, les Gaulois prirent la fuite en désordre avant d'être arrivés à la portée du trait, se perçant mutuellement de leur lance et foulés aux pieds par la cavalerie qui se rejette sur eux. D'un autre côté, les chevaux qui traînent les chars, non moins épouvantés par les éléphants, ne tiennent plus de route certaine ; ils renversent leurs conducteurs, qui sont mis en pièces sous le tranchant des faux. Les éléphants les poursuivent sans relâche, les écrasent sous leurs pieds, les lancent en l'air avec la trompe, les percent de leurs défenses, et font remporter à Antiochos une victoire complète. La plupart des Gaulois périrent dans le combat ; quelques-uns furent faits prisonniers ; le reste en petit nombre se sauva dans les montagnes. Antiochos fut assez sage pour ne pas s'enorgueillir d'un succès dont il n'était redevable qu'à la terreur panique de ses ennemis ; aussi, quand ses soldats vinrent lui offrir des couronnes et lui décerner le surnom de Callinique (1) : « Nous devrions plutôt, leur dit-il, rougir d'une victoire dont le mérite n'appartient qu'à seize brutes. » Et, persistant dans ces sentiments, il voulut que sur le trophée on se bornât à graver la figure d'un éléphant (2).

---

(1) « Tantus terror eorum nominis erat, multitudine etiam magna sobole aucta, ut Syriæ ad postremum reges stipendium dare non abnuerint. » Tite-Live, l. c.

(2) Amédée Thierry, *Hist. des Gaulois*, t. I, p. 169 et suiv.

(3) La date de cette bataille est incertaine, mais on peut la rapporter avec assez de vraisemblance à l'année 275 av. J.-C. C'est l'opinion de Heeren.

(1) Καλλίνικος, *glorieux vainqueur*.

(2) Lucien, *Zeuxis*, § 8 et suiv. Appien, *Syr.*, ch. 65, se borne à mentionner cette victoire. Voyez encore Am. Thierry, ouvr. cité,

LES GAULOIS SE RÉFUGIENT SUR LES BORDS DE L'HALYS. — Refoulés par Antiochos, auquel sa victoire mérita le surnom de *Soter* (1), que l'histoire lui a conservé, les Gaulois se réfugièrent dans la partie de la Phrygie voisine de l'Halys dont ils avaient fait, dès l'origine, leur principal établissement (2). Ce fut sans doute pour les forcer à s'y maintenir, et pour protéger contre les nouveaux envahissements de cette peuplade guerrière les villes de l'ouest et celles du midi, que, suivant l'ingénieuse conjecture de M. Droysen (3), les rois de Syrie et les dynastes de Pergame fondèrent un certain nombre de places fortes dont le nom rappelait que leurs premières garnisons étaient d'origine macédonienne (4).

COMMENCEMENTS DU ROYAUME DE PERGAME. — Le moment est venu de résumer en peu de mots l'histoire de ces dynastes de Pergame dont le pouvoir commençait à prendre un développement fait pour inquiéter les rois de Syrie.

Pendant la guerre de Séleucos contre Lysimaque, Philétéros, lieutenant de ce dernier, et chargé par lui de garder une partie de ses trésors dans la citadelle de Pergame, avait abandonné son ancien maître (5), et, favorisé par le roi de Syrie, qui était intéressé à soutenir sa révolte, il s'était déclaré indépendant (283). Pergame devint dès lors une ville florissante.

Philétéros ne possédait d'abord que Pergame et son territoire. La victoire de Séleucos le délivra du châtiment que lui réservait Lysimaque; mais il avait tout à redouter du roi de Syrie : son puissant protecteur pouvait être tenté de réunir cet État naissant à ses vastes possessions. Heureusement pour Philétéros, Séleucos fut assassiné par Ptolémée Céraunos, et son successeur Antiochos eut assez d'embarras au sein de ses États pour oublier Philétéros. Celui-ci, du reste, comme nous l'avons vu, avait eu soin de gagner la bienveillance d'Antiochos en lui renvoyant les cendres de son père.

GUERRE D'ANTIOCHOS CONTRE PERGAME. — En 263, Philétéros, qui, grâce à son habile politique, avait su se maintenir vingt ans maître paisible de Pergame, était mort et avait transmis le pouvoir à son neveu Eumènes. Celui-ci, plus ambitieux et plus énergique, profita sans doute des trésors que lui avait légués son oncle pour se créer une armée et étendre ses États (1). Il appela ainsi sur lui l'attention du roi de Syrie, qui, craignant pour ses possessions en Asie Mineure le voisinage de cet État naissant, sur lequel il prétendait, non sans raison, avoir des droits (2), passa le Taurus et s'avança jusqu'en Lydie contre celui qu'il devait regarder comme un satrape révolté. Mais il y avait alors dans le monde grec tant de soldats à vendre qu'Eumènes, riche comme il l'était, avait pu facilement acheter de nombreux mercenaires. Ses alliances avec tous les princes voisins augmentèrent encore ses ressources, et, quand Antiochos vint l'attaquer, Eumènes le battit près de Sardes (3), et le força à se renfermer dans Éphèse, où il mourut l'année suivante (4). A la

---

p. 173 et 174, 3ᵉ éd. Flathe, *Hist. de la Macéd.*, t. II, p. 203. Droysen, *Hist. des succ. d'Alex.*, t. II, p. 232 et suiv. Armandi, *Hist. milit. des éléph.*, p. 69 et 70.

(1) *Sauveur*, ὃς καὶ Σωτὴρ ἐπεκλήθη Γαλάτας ἐκ τῆς Εὐρώπης ἐς τὴν Ἀσίαν ἐμβαλόντας ἐξελάσας, App., *Syr.*, ch. 65.

(2) « Sedem autem ipsi sibi circa Halyn flumen ceperunt. » Tite-Live, liv. XXVIII, ch. 16.

(3) *Ouvr. cité*, t. II, p. 234.

(4) P. e. Δοκιμεῖς Μακεδόνες, Πελτηνοὶ Μακεδόνες, etc. Voyez l'énumération de ces villes, *ouvr. cité*, t. II, p. 666 et suiv.

(5) Strab., XIII, p. 623.

(1) Strab., liv. XIII, p. 624.
(2) Voyez plus haut.
(3) Strab., *loc. cit.*
(4) Georges le Syncelle, *Chronogr.*, p. 274, et t. I, p. 521 de l'éd. de Bonn. Suivant l'historien Phylarque, cité par Pline, *Hist. Nat.*, liv. VIII, ch. 42, Antiochos Soter serait mort dans un combat contre les Gaulois, et son cheval l'aurait vengé en emportant dans un précipice le chef gaulois Centarète, qui lui avait donné la mort, tradition qui semblerait confirmée par Élien, *H. A.*, liv. VI, ch. 44. Solin, ch. 45, § 13, raconte l'anecdote d'une façon un peu moins vraisemblable encore, et fait tuer Antiochos par le cheval du chef gaulois qu'il avait tué de sa main. Mais l'histoire ne mentionne pas une seconde

suite de cette importante victoire Eumènes s'empara d'une partie de l'Éolide (1).

RÉVOLTE DE PTOLÉMÉE, FILS D'ANTIOCHOS Ier. — Suivant toute vraisemblance, l'expédition d'Antiochos en Asie Mineure n'avait pas eu seulement pour motif le désir d'arrêter les progrès des dynastes de Pergame; elle avait été surtout nécessitée par la révolte de Ptolémée, l'un de ses fils, le plus jeune sans doute, auquel il avait confié la viceroyauté de ses possessions en Asie Mineure. Ce prince s'était d'abord montré reconnaissant de la confiance que lui avait témoignée son père et l'avait prouvé par un rare exemple de munificence, dont Pline (2) nous a conservé le souvenir. Antiochos, atteint d'une maladie dangereuse, avait été sauvé par le célèbre Érasistratos, le même qui avait autrefois si puissamment contribué à son mariage avec sa belle-mère Stratonice. Ptolémée, dans la joie de cette nouvelle cure, avait, pendant la célébration des fêtes de Cybèle, donné publiquement cent talents au médecin qui lui avait conservé un père (3). Mais plus tard, à l'instigation d'un certain Timarchos, tyran de Milet, et peut-être mécontent de la préférence accordée à son frère aîné, il s'était proclamé indépendant et même roi (1). Antiochos, faisant taire la voix du sang pour n'écouter que la raison d'État, le fit périr, ainsi que nous l'apprend l'abréviateur de Trogue Pompée (2); mais l'insuccès de ses guerres contre Pergame ne lui permit pas de frapper également le perfide conseiller qui avait porté son fils à oublier ses devoirs. Son successeur devait se charger de sa vengeance.

ANTIOCHOS II DÉLIVRE MILET DE SON TYRAN. — Antiochos II, son fils et son héritier (261—246), sans doute après les premiers soins donnés à la consolidation de son pouvoir, vint en Asie avec une armée, assiégea et prit Milet, qu'il délivra de son tyran. Les Milésiens, dans l'enthousiasme de leur gratitude, le décorèrent du surnom de Θεὸς, *Dieu*, comme si un dieu avait pu seul briser leurs chaînes (3). En outre, pour prévenir désormais toute nouvelle tentative d'insurrection et pour se faire de l'amour de ses sujets d'Asie Mineure un rempart contre les envahissements

---

guerre d'Antiochos contre les Gaulois, et je m'étonne que M. Clinton, *Fasti Hellenici*, vol. III, p. 310, ait préféré l'autorité de Phylarque à celle du Syncelle, qui s'accorde beaucoup mieux avec la suite des événements. On peut voir d'ailleurs, sur le degré de confiance que méritaient les écrits de Phylarque, ce qu'en dit Polybe, liv. II, ch. 56-63.

(1) Strab., XIII, p. 624.

(2) Liv. VII, ch. 37, et XXIX, ch. 1, sect. 3.

(3) « Cleombroto Geo Ptolemæus rex Megalensibus sacris donavit c talentis, servato Antiocho rege. » Plin., VII, l. c. Hardoin propose de changer Cleombroto en Erasistrato, correction d'autant plus acceptable qu'Érasistratos était de Céos, et que, suivant Pline, au livre XXIX, *l. c.*, ce fut à Érasistratos que Ptolémée fit un aussi riche présent : « Erasistratus... Antiocho rege sanato, c talentis donatus est a rege Ptolemæo, filio ejus. » Ce nom de Ptolémée, sans autre exemple dans la famille des Séleucides, a surpris plus d'un érudit; mais il ne serait pas impossible qu'Antiochos Ier, qui avait des vues ambitieuses sur l'Égypte, eût donné à son second fils le nom de Ptolémée, déjà cher aux Égyptiens, afin de faciliter un changement de dynastie, s'il parvenait à renverser Ptolémée Philadelphe.

(1) C'est le titre que lui donne Pline, *pass. cit.*

(2) Prologue du liv. XXVII: « Ut in Syria rex Antiochus, cognomine Soter, altero filio occiso, altero nuncupato Antiocho, decesserit. Ut in Asia filius Ptolemæi (lis. Antiochi avec Visconti, *Icon. gr.*, t. II, p. 288 et suiv., not. 3) regis, socio Timarcho, desciverit a patre. » Il est évident que le rédacteur de ce prologue a ici interverti l'ordre des événements. Il serait possible cependant que dans Trogue Pompée les motifs du châtiment de Ptolémée n'aient été rapportés qu'après la mention de sa mort. La correction de Visconti n'est pas adoptée par M. Droysen, t. II, p. 290, note 44. Ce savant historien confond le Ptolémée fils d'Antiochos II avec le Ptolémée bâtard de Philadelphe; mais les deux passages de Pline cités col. 1, note 3, et le texte d'Appien rapporté ci-dessous, note 3, ne peuvent laisser de doute sur la nécessité du changement proposé par Visconti.

(3) Ὅτῳ Θεὸς ἐπώνυμον ὑπὸ Μιλησίων γίγνεται πρῶτον, ὅτι αὐτοῖς Τίμαρχον τύραννον καθεῖλεν. Appien, *Syr.* 65. Du mot πρῶτον on doit, ce me semble, conclure que le renversement de la tyrannie de Timarchos fut un des premiers actes du règne d'Antiochos II.

des dynastes de Pergame, il accorda l'autonomie aux Ioniens (1).

C'est encore dans les premières années du règne d'Antiochos II qu'eut lieu l'intervention de ce roi dans le débat survenu entre les Samiens et les habitants de Priène au sujet des limites de leurs territoires, débat au sujet duquel l'autorité de Lysimaque avait été précédemment invoquée (2).

PTOLÉMÉE II LUI ENLÈVE PRESQUE TOUTES SES POSSESSIONS EN ASIE MINEURE. — Mais Antiochos II ne resta pas longtemps tranquille possesseur de ces contrées. A l'instigation de sa femme Laodicé et de sa sœur Apamée, il entreprit contre Ptolémée Philadelphe une série de guerres (3) dont les événements nous sont inconnus, mais qui eurent pour résultat de lui faire perdre une grande partie de ses États d'Asie Mineure, et notamment la Pamphylie, la Lycie et la Carie (4). La durée assez prolongée de la domination égyptienne dans ces provinces est attestée par les noms d'un certain nombre de villes, telles que Bérénice, Philadelphie, Arsinoé en Cilicie, Ptolémaïs en Pamphylie, Arsinoé en Lycie, dont la fondation ne saurait être placée à une autre époque (5). On retrouve encore des preuves de cette occupation du sud-ouest de l'Asie Mineure par les troupes du roi d'Égypte dans quelques inscriptions grecques (6).

L'IONIE EST AUSSI CONQUISE PAR LE ROI D'ÉGYPTE. — L'Ionie fut aussi envahie par les Egyptiens. Smyrne résista (1), mais Magnésie du Sipyle fut prise et occupée par un des lieutenants de Ptolémée, Callicratidas de Cyrène, à la faveur d'un stratagème dont Polyen nous a conservé le souvenir. Comme le siége traînait en longueur, il demanda au commandant du fort d'accorder un asile à quatre de ses soldats dont la vie était en danger ; ce qui lui fut accordé. Il mit en conséquence sur quatre lits différents les prétendus malades, revêtus de leurs cuirasses et ayant des armes près d'eux ; puis, recouvrant le tout d'un manteau, il fit porter chaque lit par quatre hommes et fit ainsi entrer dans le fort vingt soldats vigoureux qui tuèrent la garde des portes et l'aidèrent à s'emparer de la place (2).

On peut en outre affirmer que Priène et Samos reconnurent l'autorité du roi d'Égypte ; car la guerre ayant, comme on doit le présumer, interrompu les opérations des arbitres qu'Antiochos II avait envoyés pour fixer les limites des terres appartenant à l'une et à l'autre, ce n'est plus à ce prince qu'elles s'adressèrent, mais à Ptolémée, qui délégua, pour les mettre d'accord, un agent spécial nommé Antiochos ou Métiochos (3). La ville d'Ephèse avait aussi été prise par les troupes de Philadelphe, et le commandement en avait été confié à un bâtard de ce prince (4), nommé Ptolémée comme son père ; mais il n'en resta pas longtemps maître. Les mercenaires thraces qui devaient composer en grande partie la garnison, et avaient été sans doute gagnés par les partisans du roi de Syrie, se soulevèrent contre lui et le contraignirent à chercher un asile dans le temple de Diane, où ils lui donnèrent la mort, ainsi qu'à sa courtisane Iréné qui l'y avait suivi (5).

(1) Τῶν γὰρ Ἰώνων κινηθέντων ἐπ' αὐτοὺς (τοὺς Ἰουδαίους) καὶ δεομένων τοῦ Ἀγρίππα ἵνα τῆς πολιτείας ἣν αὐτοῖς ἔδωκεν Ἀντίοχος, ὁ Σελεύκου υἱωνός, ὁ παρὰ τοῖς Ἕλλησι Θεὸς λεγόμενος, μόνοι μετέχωσιν, κ. τ. λ. Josèphe, *Ant. Jud.*, liv. XII, ch. 3, § 2. M. Droysen, *ouvr. cit.*, t. II, p. 299 et suiv., place, selon moi, cet événement beaucoup trop tard.

(2) *Corp. Inscr. Gr.*, 2095.

(3) Voy. saint Jérôme, *Comm. sur Dan.*, XI, 6 : *Adversus Ptolemæum Philadelphum... gessit bella quam plurima.*

(4) C'est ce qu'atteste un passage célèbre de l'idylle XVII de Théocrite, consacrée à la louange de Ptolémée Philadelphe, v. 88 et suivants :

Παμφύλοισί τε πᾶσι καὶ αἰχμηταῖς Κιλίκεσσι,
Σαμαίνει Λυκίοις τε φιλοπτολέμοισί τε Καρσί.

(5) Droysen, *ouvr. cit.*, t. II, p. 289.
(6) Voy. entre autres *C. Inscr. Gr.*, n° 2905.

(1) Voy. *Corp. Inscr. Gr.*, n° 3137.
(2) Polyen, *Stratag.*, liv. II, ch. 27, § 1.
(3) *Corp. Inscript. Gr.*, n° 2905 ; Le Bas, *Voyage archéol. — Inscript.*, t. III, n° 193.
(4) M. Droysen, *ouvr. cit.*, t. II, p. 290 et 298, l'identifie, ainsi que je l'ai déjà dit, avec le Ptolémée fils d'Antiochos Ier, mis à mort par son père ; mais je ne puis me ranger à son avis ; les textes cités plus haut, p. 229, note 1, s'y opposent formellement.
(5) Athén., liv. XIII, ch. 64, p. 593 A.

PAIX. — LE ROI D'ÉGYPTE CONSERVE UNE PARTIE DE L'ASIE MINEURE. — Ce long conflit se termina (vers 248) par une paix qu'Antiochos ne put obtenir qu'au prix de grands sacrifices. Il dut répudier Laodicé pour épouser Bérénicé, fille de Ptolémée (1), sacrifiant ainsi les intérêts et les droits des deux fils qu'il avait eus de son premier mariage (2). En outre le roi d'Égypte conserva Chypre, la Lycie et les villes de Carie (3); mais la Cilicie, la Pamphylie et l'Ionie, occupées par les Égyptiens, furent restituées au roi de Syrie, qui ne les conserva pas longtemps. Éphèse resta au pouvoir des rois d'Égypte (4).

LA GUERRE RECOMMENCE. — LES VILLES DE L'ASIE MINEURE S'INSURGENT. — Ptolémée II ne survécut pas longtemps à la conclusion de cette paix (247), et l'année suivante Antiochos II mourait empoisonné par la jalouse Laodicé (5).

Séleucos Callinicos, qui lui succéda, inaugura son règne par un crime, le meurtre de sa belle-mère Bérénicé et du fils qu'elle avait eu d'Antiochos (6). Ptolémée III Évergète, héritier du trône et de l'ambition de son père, accourut aussitôt pour venger sa sœur (7). La guerre recommença. Beaucoup de villes de l'Asie Mineure, qui appartenaient encore aux rois de Syrie, s'étaient révoltées en apprenant les dangers qui menaçaient Bérénicé et son fils, unirent leurs forces à celles du roi d'Égypte (8) et se soumirent à lui (9). C'étaient surtout les villes du littoral, et notamment celles de la Cilicie et de la Pamphylie qui avaient déjà appartenu à Ptolémée (10); ce qui mit à la disposition de ce dernier une flotte considérable (1). Ptolémée allait conquérir tout l'empire des Séleucides quand des troubles survenus en Égypte le forcèrent d'y retourner (2); mais, avant de partir, il confie la Cilicie, qu'il avait recouvrée, au frère de Séleucos, Antiochos Hiérax (3), auquel il cède aussi toute l'Asie Mineure en deçà le Taurus, voulant par là faire naître entre les deux frères une rivalité à la faveur de laquelle il pourrait un jour reprendre ses projets d'envahissement en Syrie.

SÉLEUCOS II S'ALLIE AVEC ROME. — Séleucos profita de la retraite de son adversaire (4). D'abord il écrit au sénat de Rome pour réclamer l'amitié et l'alliance du peuple romain contre Ptolémée, qui venait de manifester des sentiments hostiles envers Rome en confiant le gouvernement des contrées en deçà de l'Euphrate à ce même Xanthippos qui avait, quelques années auparavant, chassé victorieusement les Romains du littoral de l'Afrique (5). Le sénat accueillit favorablement cette ouverture, et, dans une lettre qui existait du temps de l'empereur Claude (6), il consentit à un traité d'alliance, sous

(1) Saint Jérôme, *Comment. sur Daniel*, ch. XII, § 5.
(2) *Id.*, *ibid.*
(3) C'est ce qui résulte de l'inscription d'Adulis, *Corp. Inscr. Gr.*, n° 8127 A, où sont énumérées les possessions de Ptolémée II.
(4) Voyez Eusèbe, trad. armén., t. I, p. 346, et p. 220, col. 2.
(5) Val. Max., liv. IX, ch. 14, *Ext.*, § 1; Pline, l. VII, ch. 12.
(6) Justin, liv. XXVII, ch. 1, § 1.
(7) *Id.*, § 6.
(8) *Id.*, § 5.
(9) *Id.*, § 8.
(10) Voy. Droysen, *ouvr. cit.*, t. II, p. 342.

(1) *Id.*, *ibid.*
(2) *Id.*, § 9.
(3) Saint Jérôme, *Comm. sur Daniel*, ch. XI : « Ciliciam autem amico suo Antiocho gubernandam tradidit. » Quel était cet Antiochos? Je pense avec Niebuhr, *Kl. Schrift.*, p. 277, et avec M. Droysen, *ouvr. cit.*, t. II, p. 348 et suiv., que c'était Antiochos Hiérax, frère de Séleucos II. Quoiqu'il fût bien jeune encore, son père lui avait confié le gouvernement de l'Asie Mineure. Sans doute, lors de l'invasion de Ptolémée III, il s'était prudemment retiré dans les contrées orientales voisines de la Galatie. Méditant déjà le projet d'attaquer son frère, il pouvait avoir mis le roi d'Égypte dans son secret et obtenu ainsi de ce dernier le gouvernement de la province dont la possession est le plus nécessaire à qui venant de l'Asie Mineure veut envahir la Syrie.
(4) « Vivente adhuc Callinico (Antiochus Hierax), minor natu frater (Cerauni), quietis impatiens, adjutorem favitoremque nactus Alexandrum, qui et urbem Sardes tenebat, et Laodices matris suæ frater erat. » Eusèbe, *Chron.*, trad. arm., vers. lat. d'Ang. Mai, nouv. collect., t. VII, p. 188.
(5) Cette conjecture de Niebuhr, *Kl. Schr.*, t. I, p. 277, nous paraît hors de doute.
(6) Suétone, *Claude*, ch. 25.

cette condition que, si Séleucos rentrait en possession des villes de l'Ionie et de l'Éolide, il exempterait de tout impôt les habitants d'Ilion, issus du même sang que les Romains. Malgré toutes les vicissitudes, ce traité, nous le verrons, subsistait encore à l'avénement d'Antiochos III.

IL ARME CONTRE LES VILLES RÉVOLTÉES. — Cette alliance conclue, Séleucos, avec le secours des villes de l'Ionie restées fidèles à sa cause (1), arme contre les villes rebelles une flotte qui essuie une tempête et est entièrement détruite (2); mais ce malheur releva sa fortune. Les villes d'Asie Mineure, celles de Cilicie avant tout (3), qui l'avaient abandonné pour embrasser la cause de Ptolémée, touchées de son infortune, rentrèrent volontairement sous sa loi (4).

SÉLEUCOS II S'ALLIE AVEC SON FRÈRE CONTRE PTOLÉMÉE III. PAIX. — Il y eut sans doute alors en Ionie un mouvement général provoqué par les villes qui, comme Smyrne, n'avaient pas cessé d'être fidèles au roi de Syrie, et à la faveur duquel plusieurs places, et notamment Magnésie du Méandre et Magnésie du Sipyle, malgré les stratagèmes de Callicratidas, qui y commandait (5), chassèrent les garnisons égyptiennes et s'allièrent aux autres pour soutenir la cause de Séleucos (6). Se sentant ainsi soutenu, le roi de Syrie attaque à son tour Ptolémée; mais il est vaincu et n'a plus d'autre ressource que de recourir à son frère Antiochos Hiérax (7), maître des provinces de l'Asie Mineure en deçà du Taurus (8), auquel il promet d'abandonner en propre toute cette partie de l'Asie. Fort de cette alliance, il menace de nouveau le roi d'Égypte. Celui-ci, qui ne se sent pas de force à lutter contre les deux frères réunis, propose une trêve de dix ans, qui est acceptée (243).

GUERRE DE SÉLEUCOS II ET D'ANTIOCHOS HIÉRAX. — BATAILLE D'ANCYRE. — Antiochos n'avait alors que quatorze ans, mais il était déjà assez vieux pour le crime; et, rompant l'alliance à peine conclue, il songe à se défaire de Séleucos, afin de régner seul. En conséquence il mène contre lui une armée de Gaulois mercenaires (1). Séleucos ne l'attend pas et marche à sa rencontre. Séleucos est vainqueur en Lydie, ce qui le rend maître du littoral (2): mais il ne peut s'emparer ni de Sardes, ni d'Éphèse, fortes positions dont l'une a déjà été remise à son frère (3) et l'autre est encore occupée par une garnison de Ptolémée (4). Antiochos ne se décourage pas; il se rejette sur la Cappadoce (5); mais il y est vaincu par Mithridate IV (6), roi du Pont, époux de sa seconde sœur et qui avait reçu en dot de Callinicos la grande Phrygie (7), qu'il ne veut pas laisser entamer par son beau-frère. Une troisième bataille s'engage dans les plaines d'Ancyre (8), cette fois encore contre Séleucos. La va-

(1) Justin, *pass. cit.*, § 10. « Nec non Galatas auxiliatores habuit. » Eusèbe, *Chron.*, tr. arm., t. I, p. 346.

(2) Droysen, *ouvr. cit.*, t. I, p. 356.

(3) « Antiochus adjutorem favitoremque nactus est Alexandrum, qui urbem Sardes tenebat, et Laodices matris suæ frater erat. » Eusèbe, trad. lat. de la version arménienne, publiée par A. Mai, *Nov. Coll.*, t. VIII, p. 188. C'est sans doute à l'instigation de Laodicé, sa sœur, et mère des deux frères ennemis, qu'Alexandre avait livré Sardes à Antiochos Hiérax. Plutarque nous apprend que cette princesse avait pour le plus jeune de ses fils une préférence marquée et qu'elle le seconda dans sa guerre contre Séleucos: καὶ τὴν μητέρα συλλαμβάνουσαν εἶχεν, *de Frat. Amore*, ch. 18, p. 489 A.

(4) « Duobus præliis Seleucus in Lydia victoriam nactus est, ita tamen ut neque Sardes caperet neque Ephesum, quam urbem Ptolemæus præsidio insidebat. » Eusèbe, *Chron.*, ibid.

(5) Voy. Justin, *pass. cit.*

(6) C'est ce qui résulte de ce passage d'Eusèbe: « Deinde in Cappadocia atque adversus Mithridatem, novo prælio coorto, tum militum ejus viginti millia cæsa sunt, tum ipse profligatus evanuit. » *Ibid.*

(7) Justin, liv. XXXVII, ch. 5, § 3; Eusèbe, *Chron.*, ibid.

(8) Trog. Pomp., *Prol. du liv.* XXVII, et Polyen, *pass. cit.*, note 9.

(1) Droysen, *ouvr. cit.*, p. 353 bis.
(2) Justin, liv. XXVII, ch. 2, § 1.
(3) Voy. Droysen, *ouvr. cit.*, t. II, p. 354.
(4) *Ibid.*, § 3.
(5) Polyen, *Stratag.*, l. II, ch. 27, § 2.
(6) Voy. l'alliance conclue par Smyrne et Magnésie, en *Corp. Inscr. Gr.*, n° 3137.
(7) Ἱέραξ, l'Épervier.
(8) Voy. plus haut.

leur des Gaulois assure la victoire à Antiochos (vers 242). Dans cette bataille, où Séleucos perdit vingt mille hommes (1), sa fidèle Mysta fut prise par les ennemis ; mais, comme elle avait cru devoir déposer ses habits royaux et se revêtir des haillons de l'esclavage, elle fut vendue avec les autres captives. Menée à Rhodes avec d'autres esclaves, elle se fit connaître. Les Rhodiens la rachetèrent, et, l'ayant parée magnifiquement, la renvoyèrent à Antioche (2).

FUITE DE SÉLEUCOS. — RÉVOLTE DES GAULOIS. — ANTIOCHOS SE RACHÈTE. — Cependant Séleucos, forcé de battre en retraite, ne doit son salut qu'à un déguisement qui dérobe sa fuite à ses ennemis (3). Il avait d'ailleurs pris soin de faire répandre le bruit de sa mort. A cette nouvelle, Hiérax dépose la pourpre, se couvre de vêtements de deuil et se tient renfermé dans son palais (4) ; et bientôt, apprenant que Séleucos est arrivé sain et sauf à Antioche, il ordonne à toutes les villes de son gouvernement de faire aux dieux des sacrifices d'actions de grâce (5). Peut-être cette conduite, que vante Plutarque comme un exemple d'amour fraternel, n'avait-elle d'autre but que d'arrêter, par la crainte du retour prochain de Séleucos, la sédition qui venait d'éclater parmi les Gaulois. Persuadés que son frère n'était plus, ils voulaient se délivrer de lui. La race des Séleucides détruite, l'Asie Mineure leur serait devenue une proie plus facile. Antiochos, voyant sans doute que sa ruse demeurait sans effet, et qu'il y allait pour lui de la vie, se racheta à prix d'or et s'allia avec ses mercenaires (6).

SUITE DE LA GUERRE DES DEUX FRÈRES. — Assuré de l'appui des Gaulois, Antiochos parcourt à leur tête la grande Phrygie, dont il accable les habitants de tributs (7).

Mais Séleucos ne pouvait laisser son frère tranquille possesseur de ses États au delà du Taurus. Revint-il en personne ou envoya-t-il une armée sous la conduite d'un de ses généraux, c'est ce qu'on ne saurait affirmer ; mais ce qui paraît constant, c'est que la guerre recommença. Livré par trahison aux barbares, Antiochos Hiérax s'échappe, vient à Magnésie, réunit des forces auxquelles se joignent des secours envoyés par Ptolémée, et remporte une victoire (1) à la suite de laquelle il épouse la fille de Ziélas, roi de Bithynie (2). Mais bientôt après il est battu (3) et se réfugie auprès du roi de Cappadoce, allié, comme nous l'avons vu, à sa famille (4).

Un fait conservé par Polyen (5) semble se rapporter à cette guerre : « Les généraux de Séleucos, Achæos et Andromachos, à la tête d'une armée nombreuse, avaient suivi Antiochos au delà des montagnes d'Arménie et l'attaquèrent vivement. A la fin, Antiochos, blessé, fut obligé de battre en retraite et de se réfugier sur un plateau élevé dont les versants furent occupés par l'ennemi, qui y campa sans ordre. Antiochos fit aussitôt répandre le bruit qu'il était mort dans le combat, et, pendant la nuit, il fit occuper les hauteurs par un corps assez considérable. Le lendemain ses soldats envoyèrent deux ambassadeurs, Philétère, officier crétois, et Dionysios de Lysimachie, demander qu'on leur permît d'enlever le corps d'Antiochos, sous la condition qu'eux et les leurs se rendraient et livreraient leurs armes. Andromachos répondit qu'on n'avait point encore découvert le corps du prince, mais qu'ils pouvaient le chercher parmi les prisonniers, que peut-être il s'y trouverait, mort ou vif ; que, du reste, il donnerait les ordres nécessaires pour recevoir la soumission des troupes d'Antiochos. Il envoya, en effet, quatre mille hommes disposés, non à combattre, mais

---

(1) Eusèbe, *ibid.*
(2) Polyen, *Strat.*, liv. VII, ch. 61. Athen., liv. XIII, p. 593, d'après le liv. XIV de Phylarque.
(3) Polyen, *Strat.*, l. IV, ch. 9, § 6.
(4) Plut., *Apophth.*, 101 A, et *de Fraterno Amore*, 489 A.
(5) Plut., *de Amore Fraterno*, pass. cit.
(6) Justin, liv. XXVII, ch. 2.
(7) Eusèbe, *Chron.*, ibid., p. 189.

(1) « Crastinaque die, Ptolemæi, auxiliis fretus, prælium felici marte conseruit. » Id., *ibid.*, p. 189 de la tr. d'A. Mai.
(2) Id.: « Zielæ filiam nuptiis sibi copulavit. » *Ibid.* — (3) Id., *ibid.*
(4) Voy. p. 232, col. 2, et Justin, liv. XXVIII, ch. 3, § 7.
(5) *Strat.*, liv. IV, ch. 17.

à emmener des prisonniers. Quand ils furent parvenus sur la pente de la montagne, les troupes qui s'étaient emparées des hauteurs fondirent sur eux et en firent un grand carnage; Antiochos reprit ses vêtements royaux et se montra vivant et victorieux.

On peut croire que ce fut dans cette circonstance qu'Andromachos fut fait prisonnier, et qu'Antiochos garda auprès de lui cet adversaire redoutable jusqu'au jour où il dut se réfugier en Égypte, et même qu'il l'y emmena à sa suite. On peut croire aussi qu'après ce succès, qui doubla peut-être ses forces, il rentra en Phrygie, emmenant avec lui de nouveaux renforts gaulois, non plus cette fois pour lutter contre son frère, mais contre un rival non moins redoutable pour lui que Callinicos.

VICTOIRE D'EUMÈNES, DYNASTE DE PERGAME, SUR ANTIOCHOS HIÉRAX. — Pendant que les deux frères s'épuisaient dans une lutte criminelle, Eumènes, dynaste de Pergame, avait jugé l'occasion favorable pour s'emparer de l'Asie Mineure, restée sans maître. Il marche au-devant d'Antiochos et des Gaulois, et (241), avec ses forces intactes (1), il défait aisément une armée lasse encore de ses derniers combats (2). L'histoire ne nous dit pas ce que devint Antiochos à la suite de cette bataille; mais il est assez probable que, fécond en ressources, comme il l'était, il trouva moyen de dérober sa fuite au vainqueur et de se retirer à travers les montagnes auprès du roi de Bithynie, son beau-père.

Ainsi l'Asie Mineure était devenue comme une proie que se disputaient à l'envi les rois de Syrie, d'Égypte et de Pergame, secondés par les Gaulois, soldats de celui qui les payait le mieux, et au milieu de tant d'ennemis elle n'avait pas un seul défenseur (3).

GUERRE D'ATTALE Ier, DYNASTE DE PERGAME, CONTRE LES GAULOIS — Eumènes, malgré sa victoire, ne s'était sans doute pas trouvé assez puissant pour porter un dernier coup aux Gaulois Tectosages, loin de ses États et de ses moyens de renforts. Ils continuèrent donc à remplir l'Asie Mineure de l'effroi de leur nom. Peut-être même continua-t-il aussi à leur payer un tribut; mais dès lors il travaillait à réunir contre eux, dans une ligue commune, toutes les cités de la Troade, de l'Éolide et de l'Ionie. La mort le surprit au milieu de cette généreuse tentative, dont il légua l'accomplissement à Attale Ier, son cousin et son successeur (241).

Le premier acte de ce prince fut de refuser aux Gaulois Tolistoboïes le tribut qu'on leur avait payé jusque-là (1). Quoique les esprits dussent être préparés à cette mesure décisive, lorsqu'on apprit que la horde gauloise marchait vers Pergame, le zèle des villes liguées se ralentit, et les soldats d'Attale eux-mêmes furent saisis de frayeur. Pour ranimer leur confiance, il imagina un stratagème tout à la fois bizarre et ingénieux. Il fit préparer un sacrifice dont il confia le soin à un devin chaldéen, probablement d'intelligence avec lui. Suivant l'usage, il ouvrit le corps de la victime, et appliqua sur un des lobes du foie sa main droite, dans le creux de laquelle il avait tracé, de droite à gauche, le mot νίκη (*victoire*) avec une préparation de noix de galle. Le prêtre, s'étant approché pour examiner les entrailles, pousse une joyeuse exclamation à la vue du prétendu prodige, et le montre aux troupes, dont l'enthousiasme ne connaît plus de bornes. Tous demandent à grands cris qu'on les conduise sans différer contre les barbares (2). Attale cède à leurs vœux et remporte une éclatante victoire (3), 239 av. J.-C.

LES GAULOIS SONT DÉFAITS ET REFOULÉS EN GALATIE. — « C'est ce qu'attendait l'Ionie pour se déclarer. Les Tolistoboïes, battus en plusieurs rencontres, furent chassés au delà de la chaîne du Taurus, et les Trocmes, après s'être défendus quelque temps dans la

---

(1) Eusèbe, *Chronic.*, ibid., et Strab., liv. XIII, p. 626.
(2) Justin, *ibid.*, ch. 3, § 1 et suiv. Cf. Strab., liv. XIII, p. 624. Il place la bataille près de Sardes.
(3) Justin, liv. XXVII, ch. 3, § 5.

(1) « Primus Asiam incolentium abnuit (stipendium) Attalus. » Tite-Live, l. XXXVIII, ch. 16.
(2) Polyen, *Stratag.*, liv. IV, ch. 19.
(3) « Signis collatis superior fuit. » Tite-Live, *ibid.*

Troade, allèrent rejoindre leurs compagnons à l'orient des montagnes. Poursuivies, si l'on peut dire, traquées par toute la population de l'Asie Mineure, les deux hordes furent poussées, de proche en proche, jusque dans la haute Phrygie, où elles se réunirent aux Tectosages. Ceux-ci, comme on l'a vu (1), habitaient depuis trente-cinq ans la rive gauche de l'Halys, et Ancyre était leur capitale. Les Tolistoboïes se fixèrent, à l'occident, autour du fleuve Sangarius, où, plus tard, la ville de Pessinunte devint leur chef-lieu. Quant aux Trocmes, ils occupèrent depuis la rive droite de l'Halys jusqu'aux frontières du royaume de Pont, et construisirent, pour quartier général de leur peuplade, un grand bourg qu'ils nommèrent Tav et les Grecs Tavia (2). La totalité du pays que possédèrent les trois hordes fut appelée par les Grecs Galatie, c'est-à-dire terre des Gaulois.

« Ainsi finit dans l'Asie Mineure la domination de ce peuple en qualité de conquérant nomade; une autre période d'existence commence maintenant pour lui. Renonçant à la vie vagabonde, il va se mêler à la population indigène, mélangée elle-même de colons grecs et d'Asiatiques. Cette fusion de trois races inégales en puissance et en civilisation produira une nation mixte, celle des Gallo-Grecs, dont les institutions civiles, politiques et religieuses porteront la triple empreinte des mœurs gauloises, grecques et phrygiennes. L'influence régulière que les Gaulois sont destinés à exercer dans l'Asie Mineure, comme puissance asiatique, ne le cèdera point à celle dont ils ont été dépouillés, et nous les verrons défendre presque les derniers la liberté de l'Orient contre les armes romaines.

ATTALE PREND LE TITRE DE ROI. — « Les victoires rapides et inespérées d'Attale causèrent, en Orient comme en Occident, un enthousiasme universel; son nom fut révéré à l'égard de celui d'un dieu ; on fit même courir une prétendue prophétie qui le désignait depuis longtemps sous le titre d'envoyé de Jupiter (2). Lui-même, dans l'ivresse de sa joie, prit le titre de *roi*, qu'aucun de ses prédécesseurs n'avait encore osé porter (1). On dit aussi qu'il mit au concours parmi les peintres et les sculpteurs de la Grèce et de l'Asie le sujet de ses batailles, et que sa libéralité fut un vif encouragement pour les arts (2). Il eut aussi la vanité de triompher en même temps sur les deux rives de la mer Égée, dans les deux Grèces, en consacrant un de ces monuments à Pergame (3), tandis qu'il envoyait à Athènes un bas-relief qui représentait sa victoire, et fut suspendu au mur méridional de la citadelle. Au rapport d'un témoin oculaire (4), ils existaient encore plus de trois siècles après (5). »

PROGRÈS D'ATTALE EN ASIE MINEURE. — Attale, fier de ses succès, médita de plus grandes entreprises. Profitant de la captivité de Séleucos II chez les Parthes et de l'état d'affaiblissement où se trouvait le royaume de Syrie par suite de l'antagonisme constant de ce prince et de son frère, il s'empara des provinces situées en deçà du Taurus (6).

MORT D'ANTIOCHOS HIÉRAX. — Cependant Antiochos Hiérax, dont l'ambition s'indignait d'un aussi long repos, était revenu en Phrygie, et, secondé par le roi de Bithynie, s'était avancé jusqu'en Lydie. Mais, battu à Choloé, il fut encore une fois contraint de se retirer (229). Ziélas, roi de Bithynie, fut tué dans sa retraite par les Gaulois (7). L'année suivante, une seconde tentative d'Antiochos

---

(1) Voy. plus haut, p. 228.
(2) Diod. de Sic., l. XXXIV, ch. 8. Pausan., liv. X, ch. 15, § 3.

(1) « Victis deinde uno prælio Gallis, regnum adscivit novum. » Tite-Live, liv. XXXIII, ch. 21. Strabon, liv. XIII, p. 624.
(2) Pline, liv. XXXIV, ch. 8.
(3) Pausan., liv. I. ch. 4, § 6.
(4) Id., *ibid.*, ch. 25, § 2.
(5) Amédée Thierry, *Hist. des Gaulois*, t. I, p. 180-182.
(6) Polybe, liv. IV, ch. 48.
(7) Prol. du liv. XXVII de Trogue Pompée : « Utque Galli Pergamo victi ab Attalo Zielam Bithynum occiderint, » passage qui me paraît devoir être lu ainsi : « Utque Galli Pergamo [auxiliantes victum] ab Attalo Zielam Bithynum occiderint, » et alors il pourrait se concilier avec ce qu'Athénée, liv. II, p. 586, raconte, d'après Phylarchos, de la mort de Ziélas : Φύλαρχος... ἐν οἷς ὁ λόγος ἐστὶν αὐτῷ περὶ Ζήλα τοῦ Βιθυνῶν βασιλέως, ὃς ἐπὶ ξενίᾳ καλέσας τοὺς τῶν Γαλατῶν ἡγεμόνας ἐπιβουλεύσας αὐτοῖς καὶ αὐτὸς δι-

fut encore plus malheureuse. Attale le poursuivit jusqu'à l'Hellespont, et il alla chercher un asile dans la Thrace, dont plusieurs points étaient occupés par les troupes égyptiennes (1). De là sans doute il vint, toujours accompagné de son prisonnier Andromachos, se réfugier auprès de Ptolémée.

ANTIGONE DOSON ENVAHIT LA CARIE. MORT D'ANTIOCHOS HIÉRAX. — Ici les données éparses de l'histoire deviennent de plus en plus contradictoires. Suivant Justin (2), Ptolémée, loin d'accueillir Antiochos avec amitié, le retint dans une étroite prison ; mais, aidé par une courtisane qu'il aimait, le captif s'en échappa en trompant ses gardes, et mourut dans sa fuite, assassiné par des brigands. Suivant la version arménienne de la Chronique d'Eusèbe (3), il s'enfuit en Thrace, poursuivi par Attale, et mourut en Carie, à la suite d'un combat, dans la première année de l'olympiade CXXXVIII (228 av. J.-C.).

Il paraît difficile de concilier des traditions aussi opposées. Essayons de le faire. Un mot de la Chronique d'Eusèbe peut nous mettre sur la voie : c'est celui du lieu où elle place la mort d'Antiochos Hiérax : *la Carie*.

Si c'est en Carie qu'Antiochos Hiérax trouva la mort dans une bataille, quel motif avait pu l'y amener? contre quel ennemi avait-il eu à y combattre? Niebuhr le premier (4) a reconnu dans un passage du Prologue du livre XXVIII de Trogue Pompée la preuve d'une expédition que fit Antigone Doson en Asie dans les premières années de son règne, et qui eut pour résultat la soumission de la Carie (5). Cette expédition, comme le remarque le savant critique, est encore indiquée par le fragment suivant du livre XX de Polybe (1) : « Antigone, tuteur de Philippe, après la mort de Démétrius (229), faisait voile pour je ne sais quelle expédition, quand, par le travers des côtes de Labryna, à l'extrémité de la Béotie, un reflux extraordinaire vint surprendre ses vaisseaux et les laissa à sec sur le rivage... Mais la mer revint ; ses navires furent remis à flot et il poursuivit sa course vers l'Asie. » Cette expédition, toute soudaine qu'elle était, avait été prévue par Ptolémée III, qui avait envoyé au-devant d'Antigone une flotte qui le rencontra dans les parages de l'île d'Andros. Quoique vaincu dans un combat naval (2), Antigone n'en poursuivit pas moins sa route et débarqua sur les côtes de la Carie, dont il s'empara.

Évidemment cette expédition fut entreprise à la faveur des guerres d'Antiochos Hiérax contre son frère et contre les rois de Pergame, guerres dont le théâtre fut presque toujours l'intérieur de l'Asie Mineure, et qui par conséquent détournaient l'attention de toutes les parties belligérantes des événements qui auraient pu se passer sur les côtes du sud-ouest. Elle devait avoir surtout pour objet de menacer Ptolémée III, qui s'était déclaré chef de la ligue achéenne, et qui, fidèle à la politique égyptienne, se montrait toujours disposé à soutenir les ennemis de la Macédoine. On peut donc supposer que Ptolémée, à la nouvelle de cette invasion, rassembla des troupes pour

---

φθάρη. Du reste, dans le passage de Trogue Pompée, l'insertion du mot *auxiliantes* me paraît d'autant plus probable que nous voyons encore, quelques années plus tard, des Gaulois à la solde d'Attale. Voy. p. 242., col. 1.

(1) Eusèbe, *Chron.*, trad. arm., p. 189 de la vers. lat. d'Ang. Mai.
(2) Justin, liv. XXVII, ch. 3, § 10-12.
(3) Trad. lat. d'Aug. Mai, p. 189.
(4) *Kleine Schriften*, t. I, p. 395 et suiv. M. Droysen a adopté l'opinion de Niebuhr, *ouvr. cit.*, t. II, p. 425, note 36.
(5) « Qui Thessaliam in Asiam Cariam subegit, » passage où Niebuhr, avec beaucoup de vraisemblance, propose de lire : *et in Asia Cariam*.

(1) *Fr.*, *V*. § II.
(2) Prol. du liv. XXVII de Trogue Pompée : « Ut Ptolemæus... et Antigonum Andro prælio navali Oprona vicerit. » Au lieu de ces derniers mots, qui n'offrent pas de sens, M. Droysen corrige, *ouvr. cit.*, t. III, p. 363, note 54', *pervicerit*. Du reste, il place à tort cette bataille en 244, sous Antigone Gonatas. La mention qu'en faisait Trogue Pompée dans son livre XXVII prouve bien qu'il s'agit ici non d'Antigone Gonatas, mais bien d'Antigone Doson, quoique Plutarque, *Vie de Pélopidas*, ch. 2, semble placer cet événement sous le premier : Ἀντίγονος ὁ γέρων ὅτε ναυμαχεῖν περὶ Ἄνδρον ἔμελλεν. Encore peut-on objecter que, s'il eût voulu parler du premier, il eût dit ὁ πρεσβύτερος, et non pas ὁ γέρων.

la repousser, et en confia le commandement à Antiochos Hiérax, réfugié depuis peu auprès de lui, à Antiochos, dont le courage et le génie militaire était devenu célèbre ; que cet audacieux aventurier partit aussitôt, laissant en Égypte son prisonnier Andromachos (1), et vint débarquer en Carie ; que là enfin il livra à Antigonos la bataille où il trouva la mort. Il ne serait même pas invraisemblable que, fait prisonnier, il soit parvenu, grâce à une de ses anciennes maîtresses qui séjournait alors dans cette contrée, à s'échapper de sa prison, laissant au Selgéen Logbasis, son ancien hôte, le soin de veiller sur sa fille Laodicé, qui depuis épousa Achæos (2), et que dans sa fuite il ait succombé sous les coups d'une bande de brigands. Cette conjecture, à laquelle l'une et l'autre tradition fournit son contingent, est, ce me semble, d'une assez grande probabilité, et je la crois plus satisfaisante que celles qui ont été proposées par M. Flathe (3) et par M. Droysen (4).

ANTIGONE ÉVACUE LA CARIE. — Quoi qu'il en soit, Antigone ne dut pas rester longtemps maître de la Carie. Sparte venait de reprendre son influence, grâce au génie de Cléomènes, et la ligue achéenne menacée avait cherché un appui dans le roi de Macédoine, qu'elle avait nommé généralissime des troupes de terre et de mer. Mais Cléomènes, de son côté, s'était adressé au roi d'Égypte, Ptolémée Évergète, qui, redoutant le rapprochement des Macédoniens et des Achéens, avait accueilli favorablement les ouvertures du roi de Sparte et promis des secours. Toutefois les secours ne vinrent pas. Antigone, instruit de ces négociations, s'était sans doute résigné à un grand sacrifice, et, par un traité secret, avait dû consentir à évacuer la Carie, sous la condition que Ptolémée abandonnerait la cause du réformateur spartiate (1). Or, comme Cléomènes fut en effet abandonné, on peut présumer qu'Antigone avait été fidèle à sa promesse. La bataille de Sellasie, où succomba Cléomènes, ayant eu lieu en 222, on peut fixer à l'année précédente l'évacuation de la Carie ; mais il est probable qu'Antigone y avait laissé des partisans, ce qui expliquerait la facilité avec laquelle, environ vingt ans plus tard, Philippe III en fit de nouveau la conquête.

SÉLEUCOS SOTER FRANCHIT LE TAURUS. — SA MORT. — ANTIOCHOS III LUI SUCCÈDE. — ATTALE EST REPOUSSÉ PAR ACHÆOS. — Séleucos III avait succédé à son père, mort en 226. Instruit des envahissements d'Attale et d'Antigone en Asie Mineure, il s'empressa d'aller défendre de ce côté les intérêts de sa couronne. Il franchit donc le Taurus, accompagné d'Achæos, son cousin (2) et son lieutenant, et suivi d'une nombreuse armée ; mais il périt bientôt, traîtreusement assassiné par le Gaulois Apatourios et par Nicanor (223).

Achæos, en parent fidèle, vengea aussitôt la mort de Séleucos par celle d'Apatourios et de Nicanor, et montra, dans la conduite de l'armée comme dans celle des affaires publiques, autant de grandeur que de sagesse. Bien que les circonstances fussent favorables et que l'amour des peuples pût l'aider à monter sur le trône, il conserva le pouvoir au successeur de Séleucos, Antiochos III, frère de ce prince, et, se portant par-

(1) Il était encore prisonnier du roi d'Égypte vers 216. Voy. p. 239, col. 2.
(2) Polybe, liv. V, ch. 74. Il est bien vrai que l'historien dans ce passage dit qu'Antiochos, père de Laodicé, femme d'Achæos, était mort en Thrace ; mais évidemment la mémoire de Polybe l'a égaré dans cette circonstance comme au ch. 22 du livre VIII, où il fait de Laodicé non plus la fille d'Antiochos Hiérax, mais de Mithridate IV, roi de Pont, ce qui est une erreur incontestable, puisqu'il est hors de doute, par le témoignage même de Polybe, liv. V, ch. 43, que Laodicé, fille de Mithridate IV, fut épousée par Antiochos III au commencement de son règne. M. Droysen, *ouvr. cit*, t. II, p. 425, note 37, me paraît avoir confondu la mort d'Antiochos Hiérax avec celle d'Antiochos Soter.
(3) Il le fait mourir en Thrace, après une bataille livrée en Carie au roi Attale.
(4) *Ouvr. cit.*, t. II, p. 425, il conjecture qu'il succomba en Thrace sous les coups des Gaulois. L'autorité de Polybe, qu'il invoque ici, n'a aucune valeur. Voy. note 2.

(1) Droysen, *ouvr. cit.*, t. II, p. 543.
(2) Il était fils d'Andromachos, frère de Laodicé, épouse de Séleucos II. Polybe, liv. VIII, ch. 23.

tout avec activité, il reprit tout le pays jusqu'au Taurus. Poussant plus loin ses succès, il renferma Attale dans Pergame (1), et reçut, en récompense de ces importants services, le titre de dynaste de l'Asie en deçà du Taurus (2).

CHAPITRE VIII.

L'ASIE MINEURE DEPUIS LE COMMENCEMENT DU RÈGNE D'ANTIOCHOS III JUSQU'À LA MORT D'ACHÆOS (223-214).

LA RÉVOLTE DE MOLON ET D'ALEXANDRE EN PERSE ET EN MÉDIE EST COMPRIMÉE PAR ANTIOCHOS III. — Dès qu'il fut monté sur le trône, Antiochos III s'occupa de choisir les lieutenants qui devaient le représenter dans les provinces dépendantes de la Syrie. Il confia à Achæos, comme nous l'avons déjà vu, l'Asie en deçà du Taurus, et nomma en outre Molon satrape de Médie, et Alexandre, frère de Molon, satrape de la Perse (3). Mais, peu de temps après, ces deux derniers, méprisant la jeunesse du roi, et comptant sur l'alliance du roi d'Égypte, ainsi que sur la complicité d'Achæos, se déclarèrent indépendants et rois des contrées dont le gouvernement leur avait été confié. Cette révolte ne resta pas longtemps impunie ; Antiochos marcha en personne contre eux, et, après une glorieuse campagne, défit les rebelles qui, perdant tout espoir, se donnèrent la mort (4). Mais quand il leur eut nommé des successeurs sur la fidélité desquels il pouvait compter, il ne voulut pas quitter la haute Asie sans avoir intimidé les rois indépendants de ces contrées, qui, soit volontairement, soit par contrainte, avaient prêté leur appui à Molon. Il pénétra donc en Atropatène (la Géorgie actuelle). Le vieux roi de cette contrée, Artabazane, fut si effrayé de l'approche d'Antiochos, à la tête de son armée, qu'il envoya faire sa soumission et conclut la paix aux conditions que le roi de Syrie jugea à propos de lui imposer (1).

PROJETS D'ANTIOCHOS CONTRE L'ÉGYPTE. — Tranquille du côté de l'Orient, Antiochos songea à assurer ses autres frontières. Ptolémée III était mort (222), et avait eu pour successeur son fils, Ptolémée IV, surnommé Philopator. Ce prince était pour Antiochos un voisin dangereux. Maître de la Cœlésyrie et de Chypre, le roi d'Égypte menaçait sur terre et sur mer le roi de Syrie; il était également voisin des dynastes de l'Asie Mineure et des îles, ayant en son pouvoir les places, les lieux et les ports les plus importants du rivage qui s'étend de la Pamphylie jusqu'à l'Hellespont. Il occupait aussi toute la contrée voisine de Lysimachie, et enfin d'Ænos et de Maronée, où il avait des garnisons, il surveillait la Thrace et la Macédoine (2). Mais, pour conserver un aussi vaste empire, il fallait un prince plus énergique que le successeur efféminé d'Évergète. Antiochos le comprit et tenta de reprendre la Cœlésyrie. Il voulait d'ailleurs se mettre à l'abri de ce côté avant de se tourner vers l'Asie Mineure, où Achæos, qui avait entamé des négociations avec le roi d'Égypte, pouvait, d'un moment à l'autre, devenir pour lui un ennemi plus dangereux encore que Ptolémée IV.

ACHÆOS PREND LE DIADÈME. — Achæos, d'abord si modéré, n'avait pu, après ses victoires sur Attale, et quand il fut rentré en possession de tous les pays qu'avaient perdus les Séleucides au delà du Taurus, résister à la tentation du pouvoir (3). Il était devenu le plus redoutable et le plus puissant des princes et des dynastes en deçà du Taurus (4), et une circonstance remarquable venait de lui donner la preuve de sa haute influence (220).

LES BYZANTINS RECHERCHENT L'APPUI D'ACHÆOS DANS LEUR GUERRE CONTRE LES RHODIENS ET CONTRE PRUSIAS. — Épuisés par les lourds tributs qu'ils devaient payer aux Gaulois,

---

(1) Polybe, liv. IV, ch. 48.
(2) Id., liv. IV, 2, et V, 40.
(3) Id., liv. V, ch. 40.
(4) Id., ibid., ch. 40-54.

(1) Polybe, ibid., ch. 55. — (2) Id., liv. V, ch. 34. Cf. C. I. Gr., 5127, A, et Fr. Lenormant, Trans. of the Royal soc. of Lit., vol. VI, new series. — (3) Polybe, liv. IV, ch. 48.
(4) Id. liv. IV, ch. 48.

qui s'étaient établis en Thrace depuis la catastrophe de Delphes, les Byzantins avaient d'abord envoyé des ambassadeurs auprès des Grecs pour leur demander des secours en argent; mais, comme la plupart n'avaient répondu que par un refus, ils s'étaient vus contraints de prélever un droit sur tous les vaisseaux qui se rendaient dans le Pont-Euxin.

Cet impôt, fort onéreux pour les villes commerçantes, parut à toutes une exigence intolérable; d'une commune voix elles reprochèrent aux Rhodiens, qu'on regardait alors comme les maîtres de la mer, de souffrir une pareille innovation. Les Rhodiens, arrachés à leur sommeil par l'étendue de leurs propres pertes et de celles de leurs voisins, s'assurèrent d'abord quelques alliés et envoyèrent aux Byzantins des députés pour réclamer auprès d'eux l'abolition de l'impôt; mais les Byzantins, convaincus plus que jamais de la justice de leur cause par la discussion publique qu'avaient eue leurs chefs avec les ambassadeurs, se refusèrent à toute concession. On déclara aussitôt la guerre à Byzance, et on sollicita le roi de Bithynie, Prusias, déjà aigri contre les Byzantins, de prendre part aux hostilités (1).

Prusias saisit avec empressement l'occasion que lui fournissaient les Rhodiens de se venger; il les invita à se charger de la guerre maritime, promettant de faire par terre tout le mal possible à Byzance.

Les Byzantins de leur côté songèrent à s'assurer des auxiliaires; ils députèrent auprès d'Attale et d'Achæos pour solliciter leurs secours. Attale était bien disposé; mais, resserré par Achæos dans les limites des États de ses ancêtres, il ne pouvait peser beaucoup dans la balance. Achæos, tout-puissant alors, promit de leur prêter main-forte, et par là il donna tant de confiance aux Byzantins qu'il inspira de crainte aux Rhodiens et à Prusias (2).

Les Byzantins luttèrent d'abord avec énergie. Vainement Prusias leur enleva la partie de la Mysie qu'ils occupaient depuis longtemps; vainement une flotte rhodienne vint les bloquer et s'opposer au passage de tout vaisseau faisant voile vers la mer Noire, les Byzantins ne se découragèrent pas et envoyèrent de nouveau réclamer d'Achæos les secours qu'il leur avait promis (1).

FIN DE LA GUERRE. — Les Rhodiens, voyant bien que, ce qui encourageait surtout les Byzantins dans leur persistance, c'était l'appui qu'ils attendaient d'Achæos, ne négligèrent rien pour leur enlever toute espérance à cet égard. Ils savaient que le père de ce prince, Andromachos, était retenu à Alexandrie, et qu'Achæos désirait ardemment son retour; ils resolurent donc d'envoyer demander à Ptolémée de leur remettre son captif. Le roi d'Égypte résista d'abord, car Andromachos pouvait lui être utile dans ses débats avec Antiochos; mais, désirant complaire aux Rhodiens, puissance maritime qu'il avait intérêt de ménager, il se rendit enfin à leurs vœux et livra Andromachos aux ambassadeurs, pour le remettre de sa part à Achæos. Grâce à cette adroite conduite et à quelques honneurs qu'ils décernèrent à Achæos, les Rhodiens enlevèrent aux Byzantins leur plus ferme espérance. Ceux-ci, devenus trop faibles pour prolonger le conflit, se hâtèrent de renoncer à leurs prétentions et conclurent avec les Rhodiens et avec Prusias un traité moins onéreux qu'ils n'auraient pu le craindre (2). Achæos, tout en renonçant à les soutenir les armes à la main, ne manqua sans doute pas de contribuer par des négociations à leur assurer les meilleures conditions possibles; car par là il accroissait encore son importance.

ACHÆOS SONGE A S'EMPARER DE LA SYRIE. — Parvenu à ce degré de puissance, l'ambitieux Achæos ne s'arrêta pas. Profitant de l'expédition d'Antiochos contre Artabazane, et persuadé que ce prince y trouverait la mort, ou que, s'il n'y mourait pas, la distance à laquelle il se trouverait lui permettrait, à lui, d'envahir la Syrie avant le retour du roi, et, à l'aide de partisans sur lesquels il croyait pouvoir compter, de s'emparer promptement du trône, il franchit les frontières de la Lydie avec son armée. Parvenu à Laodicée, en Phrygie, les conseils de l'exilé Gar-

---

(1) Polybe, liv. IV, ch. 46 et 47.
(2) Id., ib., ch. 48.

(1) Polybe, ibid., ch. 50.
(2) ibid., ch. 51-52.

syéris le décidèrent (219) à ceindre le diadème sans plus attendre. Il ne craignit même pas de se faire saluer roi et de se donner ce titre dans les lettres qu'il écrivait aux villes soumises à son autorité.

SES TROUPES REFUSENT DE LE SUIVRE. IL LES CONDUIT EN PISIDIE. — Devenu roi, Achæos continua sa marche vers la Syrie, et déjà il était proche de la Lycaonie quand ses troupes, apprenant ses desseins contre leur roi légitime, se refusèrent d'aller plus loin. Antiochos, en effet, était de retour en Syrie, et à peine arrivé il avait envoyé des députés à Achæos pour lui reprocher son usurpation et lui faire savoir que ses liaisons avec Ptolémée et ses criminelles intrigues ne lui étaient pas restées inconnues. Achæos dut donc renoncer à son projet, et, pour mieux prouver à son armée qu'il n'avait eu nullement l'intention d'envahir la Syrie, il se détourna de la route qu'il suivait et entra en Pisidie (1).

Il y était d'ailleurs appelé par une de ces guerres de ville à ville si fréquentes chez les Grecs et surtout en Asie Mineure, guerre dont Polybe nous a transmis le curieux récit, que nous croyons devoir reproduire ici, parce que, indépendamment des faits qu'il contient, il fournit aussi d'utiles renseignements géographiques sur une province de l'Asie Mineure moins connue que la plupart des autres.

ACHÆOS SOUTIENT LES PEDNILESSÉENS EN GUERRE CONTRE SELGÉ. — « Les Pednilesséens, assiégés et vivement pressés par les Selgéens, avaient adressé des députés à Achæos pour lui demander du secours. L'accueil favorable qu'il fit à leur prière et l'espoir de sa protection, qu'il leur promit, les encouragea à se défendre énergiquement. Achæos, fidèle à ses engagements, envoya aux Pednilesséens, sous la conduite de Garsyéris, un renfort de six mille fantassins et de cinq cents cavaliers. Instruits de l'approche de ces troupes, les Selgéens embusquèrent dans les défilés du mont Climax la plus grande partie de leurs forces, occupèrent la route qui conduisait à Saporda et rompirent tous les chemins d'alentour. Garsyéris, qui avait fait invasion dans la Milyade et était venu camper près de Crétopolis, s'apercevant que les lieux étaient ainsi gardés et qu'il était impossible d'aller plus avant, eut recours à la ruse pour sortir de cette position difficile. Il leva son camp et battit en retraite, comme s'il renonçait à secourir les assiégés parce qu'il se voyait prévenu. Les Selgéens, convaincus aussitôt qu'il abandonnait son entreprise, regagnèrent les uns leur camp, les autres leur ville; car le temps de rentrer la moisson approchait. Alors Garsyéris, revenant rapidement sur ses pas, arrive aux défilés, et, les trouvant abandonnés, il y place des postes, sous le commandement de Phayllos. Lui-même, avec son armée, marche sur Pergé, d'où il envoie des députés solliciter l'appui des autres peuples de la Pisidie et de la Pamphylie, et, leur représentant combien les Selgéens étaient à craindre pour eux, il les excite à s'allier avec Achæos et à venir en aide aux Pednilesséens.

« Dans le même temps les Selgéens avaient détaché contre l'ennemi un de leurs généraux avec des forces suffisantes. Ils se flattaient, grâce à la connaissance qu'ils avaient des lieux, de chasser Phayllos de la forte position qu'il occupait; mais ils échouèrent dans cette entreprise et perdirent même beaucoup de monde dans les défilés. Ils n'en persistèrent qu'avec plus d'ardeur dans les travaux du siège. Cependant les Etennéens, qui habitaient les montagnes au-dessus de Sida, envoyèrent à Garsyéris huit mille hoplites, et les Aspendiens quatre mille. Les Sidètes, par dévouement pour Antiochos, et plus encore par haine pour les Aspendiens, ne fournirent aucun secours. Garsyéris, à la tête de ces renforts et de ses propres troupes, marcha sur Pednilessos, persuadé que son arrivée ferait lever le siège. Trompé dans son attente, il vint camper à quelque distance de l'ennemi, et, comme les Pednilesséens souffraient d'une grande disette, Garsyéris, désirant faire pour eux tout ce qui était possible, choisit deux mille hommes, confia à chacun d'eux un médimne de blé, et leur donna l'ordre de pénétrer de nuit dans la place. Mais les Selgéens s'en aperçurent et marchèrent à

---

(1) Polybe, liv. V, ch. 57.

leur rencontre. Ainsi prévenus dans leur tentative et empêchés par le fardeau qu'ils portaient, les soldats de Garsyéris furent presque tous tués, et le blé tomba au pouvoir de l'ennemi. Enorgueillis de ce succès, les Selgéens entreprirent d'assiéger tout à la fois la ville et le camp de Garsyéris ; car ils se distinguaient surtout à la guerre par leur audace et par l'imprévu de leurs résolutions. Laissant donc une garde suffisante dans les retranchements, ils cernèrent le camp ennemi par beaucoup de côtés et l'attaquèrent résolûment. En présence du péril qui le menace tout à coup, Garsyéris, qui voyait déjà sur quelques points ses retranchements forcés, et qui craignait une défaite complète, fit sortir ses cavaliers par un endroit qui n'était pas gardé. Les Selgéens, n'attribuant cette retraite qu'à la crainte du danger et à l'épouvante, n'en tinrent aucun compte et ne s'y opposèrent pas. Mais la cavalerie, arrivant par un détour sur leurs derrières, les chargea vigoureusement. En même temps, encouragée par cette diversion, l'infanterie de Garsyéris, qui déjà tournait le dos, fit volte-face contre les Selgéens, qui la serraient de près. Enveloppés de tous côtés, les Selgéens finirent par prendre la fuite. Les Pednélisséens, de leur côté, firent une sortie et détruisirent ceux de leurs ennemis qui étaient restés dans les retranchements. Les vaincus se dispersèrent dans toutes les directions ; il n'en périt pas moins de deux mille. Quant à ceux qui échappèrent, ils se retirèrent, tous les alliés chez eux, et les Selgéens dans Selgé, à travers leurs montagnes.

« Garsyéris leva aussi son camp afin de poursuivre l'ennemi. Il voulait franchir les défilés et s'approcher de Selgé avant que les fuyards pussent s'arrêter et délibérer sur sa prochaine arrivée. Il parut donc bientôt devant cette ville avec son armée. Les Selgéens, qui ne comptaient guère sur leurs alliés à cause de leur désastre commun, consternés eux-mêmes par un si grand malheur, craignaient fort pour leur patrie et pour leurs personnes. Ils se réunirent donc en assemblée et résolurent d'envoyer comme ambassadeur un de leurs citoyens, Logbasis, qui avait des droits particuliers à la bienveillance d'Achæos (1). Mais Logbasis, loin de répondre à la confiance de ses concitoyens, s'entendit secrètement avec Garsyéris, et le pria d'annoncer promptement à Achæos qu'il s'engageait à lui livrer la ville. Garsyéris accueillit avec ardeur cette espérance, et députa vers Achæos pour lui apprendre ce qui se passait et l'engager à venir. Toutefois il conclut une trêve avec les Selgéens, mais différa sans cesse d'en venir à un traité, élevant chaque jour sur les détails quelque discussion nouvelle, afin de laisser à Achæos le temps d'arriver, et à Logbasis le loisir de communiquer avec lui et de préparer sa trahison.

« Bientôt, les entretiens se multipliant entre les soldats des deux armées, ceux du camp s'habituèrent à venir chercher des provisions dans la ville. Cette confiance des Selgéens devait leur être funeste.

« Achæos arriva au moment marqué, et les Selgéens qui conférèrent avec lui conçurent l'espoir du traitement le plus doux. Logbasis alors, tout en cachant peu à peu dans sa demeure des soldats qui passaient du camp dans la ville, conseilla aux Selgéens de ne point négliger l'occasion, mais bien plutôt, puisqu'ils voyaient Achæos animé d'intentions si favorables, de prendre enfin un parti et de convoquer le peuple pour délibérer sur un traité définitif. Le peuple se réunit aussitôt, et on appela à la délibération jusqu'aux sentinelles, afin de décider ce qu'on avait à faire.

« Logbasis, après s'être concerté avec les ennemis sur le moment d'éclater et avoir disposé la troupe rassemblée dans sa demeure, prit lui-même des armes et en donna à ses fils. Achæos, de son côté, marche sur la ville avec la moitié de ses forces, et Garsyéris, à la tête du reste, gagna Cesbédion. C'était un temple de Jupiter qui dominait Selgé et lui servait de citadelle. Mais un pâtre s'aperçut par hasard de ces mouvements et en donna avis à l'assemblée. Aussitôt les uns coururent vers Cesbédion, les autres à leurs postes, la multitude furieuse à la maison de Logbasis. Sa trahison était évidente : une partie monta sur

(1) Voyez plus haut, p. 237, col. 1.

les toits, une autre brisa les portes, et Logbasis fut massacré avec ses enfants et tous ceux qui étaient chez lui. Alors, promettant la liberté aux esclaves, les Selgéens se divisèrent pour défendre les positions avantageuses. Garsyeris, à la vue de Cesbédion occupé, renonça à son dessein, et Achæos ayant pénétré jusqu'aux portes, les assiégés firent une sortie où ils lui tuèrent sept cents Mysiens et repoussèrent le reste. Après cet échec, Garsyeris et Achæos se retirèrent dans leur camp. Mais les Selgéens, qui craignaient une sédition au dedans et les attaques de l'ennemi campé sur leurs têtes, envoyèrent vers Achæos leurs vieillards avec les insignes des suppliants, et terminèrent la guerre aux conditions suivantes : ils devaient donner sur-le-champ quatre cents talents et rendre les prisonniers pednélisséens; ils payeraient en outre trois cents autres talents dans quelque temps. C'est ainsi, ajoute Polybe, que, par leur audace, les Selgéens sauvèrent leur patrie des dangers dont la menaçait la perfidie de Logbasis, et qu'ils se montrèrent dignes de la liberté, dignes enfin de leur parenté avec les Lacédémoniens (1). »

ACHÆOS REVIENT A SARDES. — Achæos ne quitta la Pisidie qu'après l'avoir pillée et avoir regagné la confiance de ses soldats en les enrichissant (2). Il soumit aussi la Milyade et une grande partie de la Pamphylie, puis se hâta de revenir à Sardes (3). Attale, qui n'attendait qu'une occasion favorable pour venger ses défaites passées, avait profité de son absence pour ressaisir une partie de son ancienne puissance, et il était temps d'arrêter ses progrès.

SUCCÈS D'ATTALE PENDANT L'ABSENCE D'ACHÆOS. — En effet, tandis qu'Achæos était occupé du siége de Selgé, Attale, à la tête des Gaulois Tectosages que, sur leur réputation de courage, il avait appelés d'Europe (4), avait parcouru toutes les villes de l'Eolide et celles des pays voisins qui s'étaient livrées par crainte à Achæos. La plupart se donnèrent à lui volontairement et même avec reconnaissance ; quelques-unes seulement ne cédèrent qu'à la force. Les premières qui se soumirent furent Cymes, Smyrne et Phocée; puis Æges et Tennis en firent autant. Effrayés de son approche, les habitants de Téos et de Colophon envoyèrent à leur tour des ambassadeurs pour remettre entre ses mains leurs personnes et leur ville. Il les admit aux mêmes conditions que par le passé, reçut des otages et traita avec une indulgence particulière les députés de Smyrne pour prix de la fidélité que cette ville lui avait montrée. De là continuant sa marche, il traversa le Lycos, atteignit les frontières des Mysiens, et arriva bientôt devant Carse. Sa présence frappa de terreur cette ville et la garnison de Didyma-Teiché. Il reçut l'une et l'autre de ces places des mains de Thémistocles, à qui Achæos en avait confié la garde. De là il ravagea le territoire d'Apia (1), franchit le mont Pélécas et vint camper sur les bords du Mégistos (2), probablement sur le plateau d'Æzani. Peut-être voulait-il de cette position attendre le moment favorable pour fermer le passage à Achæos, quand celui-ci abandonnerait la Pisidie, et venger par une attaque soudaine les défaites qu'il lui avait fait essuyer.

ATTALE RECONDUIT SES AUXILIAIRES GAULOIS SUR LES BORDS DE L'HELLESPONT. — Pendant qu'Attale était ainsi campé sur les bords du Mégistos, survint une éclipse de lune. Les Gaulois, qui conduisaient à leur suite dans des chariots leurs femmes et leurs enfants, et se plaignaient depuis longtemps des fatigues de la marche, considérèrent cet accident comme un mauvais augure, et refusèrent d'aller plus avant. Bien qu'il n'eût tiré que

---

(1) Polybe, liv. V, ch. 72-76. Ici et plus bas j'ai fait usage, à quelques légères modifications près, de la traduction de Polybe due à mon ami et ancien élève M. Félix Bouchot.
(2) Polybe, liv. V, ch. 57.
(3) Id., ibid., ch. 77.
(4) Id., ibid., ch. 111. Il est proba-

ble qu'il les avait déjà à sa solde en 229. Voy. plus haut, p. 235, col. 2, note 6.

(1) Ville de la Phrygie qui appartint plus tard au *Conventus juridicus* de Synnada avec Eucarpia, Dorylée, Midæa et Julia-Gordi. L'emplacement en a été retrouvé en 1843, par l'auteur de cet ouvrage.
(2) Le même que le Rhyndacos. Voy. le Schol. d'Apollonius de Rhodes, I, 1165.

peu de services de soldats qui marchaient à part, campaient isolément et étaient d'une désobéissance et d'un orgueil intolérables, le roi s'inquiéta beaucoup de cette résistance. Il craignait d'un côté que, s'unissant à Achæos, ils n'attaquassent ses domaines ; et de l'autre il s'inquiétait de l'opinion qu'on aurait de lui, s'il faisait envelopper et massacrer des troupes qu'on croyait n'être venues en Asie que sur sa parole. Aussi, profitant du prétexte qu'ils lui donnaient, il promit aux Gaulois de les conduire aux lieux d'où il les avait tirés, de leur distribuer des terres fertiles où ils demeureraient, de leur accorder par la suite tout ce qu'ils demanderaient de juste et de possible. Il mena donc les Tectosages jusqu'à l'Hellespont ; et après avoir témoigné sa bienveillance aux habitants de Lampsaque, d'Alexandrie et d'Ilion (1), qui lui étaient restés fidèles, il se rendit à Pergame avec son armée (2).

ILS SONT DÉFAITS PAR PRUSIAS. — Avant d'aller plus loin, devançons un peu les événements et disons quel fut le sort de ces Gaulois. Arrivés sur les bords de l'Hellespont, ils s'étaient mis à dévaster les villes de ce littoral et avaient fini par assiéger les Iliens. Mais les habitants d'Alexandrie de Troade envoyèrent aussitôt contre eux quatre mille hommes, sous la conduite de Thémistas, qui délivra Ilion et contraignit les Gaulois à sortir de la Troade. Ils se jetèrent alors sur le territoire d'Abydos, occupèrent Arisbé, et de cette position tentèrent de s'emparer, par ruse ou par force, de toutes les places de ce pays. Le roi de Bithynie, Prusias, voyant le danger qui le menaçait, s'avança contre eux, leur livra bataille, les tua presque tous dans la mêlée, s'empara de leur camp, massacra leurs enfants et leurs femmes, et livra leurs bagages à la merci de ses soldats (216). Cet exploit glorieux délivra l'Hellespont d'un danger imminent et apprit aux barbares à ne plus passer aussi facilement d'Europe en Asie (3).

NOUVELLE GUERRE D'ACHÆOS CONTRE ATTALE. — Cependant de retour à Sardes, Achæos avait recommencé la guerre contre Attale et l'avait poursuivie sans relâche. Il menaça même Prusias, qui depuis sa victoire devait porter ombrage au dominateur ambitieux de l'Asie Mineure. Il était ainsi devenu plus redoutable que jamais aux peuples qui habitaient en deçà du Taurus (1), et nouait déjà de nouvelles intrigues avec le roi d'Égypte (2), quand Antiochos songea enfin à le punir (3). La paix qu'il venait de conclure avec Ptolémée IV, à la suite de la bataille de Raphia (217), lui laissait la libre disposition de toutes ses forces. Il les tourna contre le satrape rebelle.

ANTIOCHOS III VIENT EN ASIE MINEURE POUR PUNIR ACHÆOS. — SIÈGE DE SARDES. Antiochos, après avoir employé l'hiver en préparatifs, franchit le Taurus au commencement du printemps (216), fit alliance avec Attale, roi de Pergame, contre l'ennemi commun, et commença la guerre (4). Achæos fut pressé si vivement, qu'il dut abandonner la campagne et se renfermer dans Sardes, dont Antiochos forma immédiatement le siége. « Autour des murailles se multipliaient sans relâche les combats et les escarmouches. Nuit et jour les soldats renouvelaient, de part et d'autre, les embuscades, les ruses, les attaques de toutes sortes. On en était à la seconde année du siége, lorsqu'enfin le Crétois Lagoras trouva le moyen d'y mettre un terme. Cet habile homme de guerre avait souvent observé que les places les plus fortes sont d'ordinaire les plus facilement prises et le sont en général par les endroits les mieux fortifiés. L'histoire de Sardes elle-même n'en offrait-elle pas déjà un exemple ? Aussi, plus il voyait tous les autres généraux de l'armée syrienne convaincus qu'on devait renoncer à emporter d'assaut une place qu'ils regardaient comme imprenable, et se borner à un blocus pour la réduire par la famine, plus il en examinait les murailles avec un zèle infatigable. Enfin, il s'aperçut un jour que le mur qui regar-

---

(1) Voy. M. Boeckh, sur le n° 3595 du *Corp. inscr. gr.*
(2) Polybe, liv. V, ch. 77 et 78.
(3) Id., *ibid.*, ch. 111.

(1) Polybe, liv. V, ch. 77.
(2) Id., *ibid.*, ch. 66.
(3) Id., *ibid.*, ch. 87.
(4) Ib, *ibid.*, ch. 107.

dait la ville et qui était bâti sur un rocher très-élevé n'était pas gardé, ou du moins était souvent désert. Il alla donc pendant la nuit explorer la muraille, et chercha avec soin en quel endroit on pouvait en approcher et y poser des échelles. Il découvrit enfin que l'escalade était praticable par un des rochers, et il courut aussitôt communiquer au roi son dessein.

« Antiochos accueillit avec une vive joie l'espérance que lui donnait Lagoras, l'exhorta fort à poursuivre son œuvre et promit de lui prêter tout l'appui qui serait en son pouvoir. Lagoras pria le roi d'engager l'Étolien Théodotos et Dionysios, capitaine des gardes, à entrer dans ses desseins, et de les lui adjoindre, tous deux lui semblant avoir l'adresse et l'audace nécessaires pour réaliser son projet. Antiochos, sans tarder, mit ces hommes à sa disposition, et Lagoras, Théodotos et Dionysios, après avoir concerté entre eux toutes les mesures à prendre, n'attendirent plus pour agir que l'époque du mois où la nuit, vers le matin, serait sans lune. Ce moment arrivé, ils choisirent, dès la veille au soir, dans toute l'armée, quinze soldats des plus vigoureux et des plus braves qui devaient porter les échelles, monter à l'escalade de concert avec eux, et partager enfin tous leurs périls. Ils en prirent trente autres chargés de demeurer à distance comme réserve, et qui, aussitôt que Lagoras et ses compagnons auraient franchi le mur et gagné la porte la plus proche, essayeraient en dehors d'en briser les gonds et les joints, tandis qu'eux-mêmes, en dedans, feraient tomber le levier et les barres. Deux mille hommes, en outre, devaient suivre ces trente soldats, entrer avec eux dans la ville, et s'emparer de l'esplanade qui environnait le théâtre et d'où l'on n'avait rien à craindre ni des troupes renfermées dans la citadelle, ni de celles qui occupaient la ville. Enfin, pour empêcher que ce choix fait parmi les troupes ne fît soupçonner la vérité, Lagoras eut le soin de répandre le bruit que les Étoliens attendus par Achæos devaient, par un défilé, pénétrer dans Sardes, et que les soldats d'élite, désignés par lui, étaient appelés à repousser cette prochaine irruption. »

PRISE DE SARDES. — « Tout étant prêt, quand la lune eut disparu, Lagoras et sa troupe s'approchèrent doucement des murs avec les échelles et allèrent se cacher sous une pointe de rocher qui faisait saillie sur le fossé. A la pointe du jour, les sentinelles furent levées en cet endroit, comme de coutume : alors Achæos envoya une partie de ses forces à leurs postes, et réunit le reste dans l'hippodrome en ordre de bataille, sans que personne eût l'idée de la présence de Lagoras. Mais, quand les deux premières échelles furent dressées, et que Dionysios et Lagoras commencèrent à monter, un mouvement inusité et un grand tumulte se firent dans le camp : car, si pour ceux qui étaient dans la ville, et pour Achæos retenu dans la citadelle, Lagoras et ses compagnons restaient inaperçus, grâce à la position qu'ils avaient choisie, la hardie escalade de ces braves était visible pour le camp entier. Parmi les soldats, les uns admiraient tant d'audace, les autres en attendaient les suites avec quelque crainte, et tous étaient debout partagés entre l'étonnement et la joie. A la vue de cette agitation, le roi, afin de porter ailleurs l'attention de l'armée et celle de l'ennemi, donna ordre à ses troupes d'avancer, et les dirigea sur la porte opposée à celle que devait attaquer Lagoras, et qu'on appelait la porte de Perse. Achæos, de son côté, frappé du mouvement qui avait lieu chez l'ennemi, ne savait à quoi l'attribuer et était fort incertain sur ce qu'il devait faire. Enfin, il envoya quelques détachements vers la porte menacée ; mais, comme il fallait descendre par une pente étroite et très-roide, le secours arriva tard. Ariobaze, qui commandait la ville, s'était déjà rendu à la même porte, dès qu'il avait aperçu Antiochos, sans cependant avoir soupçonné un seul instant quelque ruse. Il plaça une partie de ses soldats sur les murs, et lança l'autre au dehors, en l'engageant à repousser l'ennemi, qui déjà était proche, et à en venir hardiment aux mains avec lui.

« Cependant Lagoras, Théodotos, Dionysios et leurs gens avaient franchi les rochers défendant la ville, et étaient parvenus à la porte que ceux-ci dominaient. Les uns tinrent énergiquement tête aux ennemis qui se présentèrent ;

les autres brisèrent les leviers. Aussitôt, les trente placés en réserve se précipitèrent de leur côté sur la porte et la rompirent en dehors. Les portes voisines furent bientôt ouvertes, et les deux mille hommes de réserve, se jetant dans la ville, s'emparèrent, comme on était convenu, de l'esplanade qui entourait le théâtre. A cette vue, les assiégés se passent les uns aux autres l'ordre de marcher contre les assaillants, et quittent les murailles à la porte de Perse, où d'abord ils s'étaient portés avec Ariobaze. Mais dans leur retraite la porte était restée ouverte, et quelques hommes d'Antiochos, en poursuivant les fuyards, pénétrèrent dans les murs. Sans tarder, bon nombre de soldats entrèrent à la suite de leurs camarades, et brisèrent les portes les plus prochaines. Ariobaze et ses troupes, après avoir quelque temps combattu, se réfugièrent à la hâte dans la citadelle. Quant à Théodotos et à Lagoras, ils demeurèrent sur les lieux voisins du théâtre, observant tout ce qui se passait avec autant d'attention que de prudence, tandis que le reste des troupes envahissait Sardes de toutes parts et la soumettait à Antiochos. Ainsi livrée en proie à ces soldats qui égorgeaient les habitants ou brûlaient les maisons, ne songeant qu'à piller et à faire du butin, la ville fut entièrement saccagée et tomba au pouvoir d'Antiochos (1). »

PTOLÉMÉE IV TENTE DE DÉLIVRER ACHÆOS. — En apprenant que Sardes était prise et qu'Achæos était étroitement bloqué dans la citadelle, Ptolémée comprit qu'il allait perdre un allié aussi intelligent qu'audacieux, et qui, dans le cas où la guerre recommencerait avec la Syrie, pouvait faire en sa faveur une si utile diversion. Il songea donc à le délivrer, persuadé qu'une fois libre il reprendrait l'offensive contre Antiochos et parviendrait peut-être à le repousser et à ressaisir son ancienne puissance dans les provinces en deçà du Taurus. Ces derniers événements de l'usurpation d'Achæos se rattachent trop directement à l'Asie Mineure; et Polybe les a racontés avec trop d'intérêt pour que nous nous contentions de les indiquer sommairement. Nous croyons donc devoir, à l'exemple de Rollin, reproduire ici, avec tous ses curieux détails, le récit de l'historien grec.

« Il y avait à la cour d'Alexandrie un Crétois, nommé Bolis, qui depuis longtemps occupait le rang de général, et qui passait pour un homme d'une intelligence rare, d'un grand courage, et à nul autre second dans l'art de la guerre. Sosibios, confident des desseins du roi d'Égypte, sut le gagner en quelques entrevues ; et, aussitôt qu'il se fut assuré sa bienveillance et son amitié, il lui communiqua ses desseins : il lui dit qu'il ne pourrait en nulle circonstance complaire à Ptolémée d'une manière plus certaine qu'en imaginant un moyen de sauver Achæos. Bolis répondit qu'il y réfléchirait, et ils se séparèrent. Après deux ou trois jours de réflexion, il revint trouver Sosibios, et lui déclara qu'il prenait sur lui cette affaire. Il avait habité Sardes assez longtemps, et connaissait parfaitement les localités ; d'ailleurs Cambylos, chef des Crétois au service d'Antiochos, n'était pas seulement pour lui un compatriote, mais encore un parent et un ami. Or, Cambylos et ses troupes étaient préposés à la garde d'un des ouvrages avancés placés derrière la citadelle, en un endroit qui ne pouvait recevoir aucune fortification, et qui n'était protégé que par la présence continuelle de Cambylos et de ses gens. Sosibios accueillit avec joie ces paroles, persuadé d'avance, ou bien qu'il n'était pas possible qu'Achæos échappât aux armes d'Antiochos, ou que, dans le cas contraire, nul ne saurait mieux s'acquitter de cette mission que Bolis, dont l'ardeur répondait à la sienne. L'affaire fit de rapides progrès. Sosibios remit à Bolis assez d'argent pour qu'il ne lui en manquât pas dans son entreprise, et lui promit des récompenses magnifiques, s'il réussissait. Enfin, par une peinture exagérée des bienfaits dont le comblerait le roi, si Achæos était sauvé, il éveilla en lui les plus grandes espérances. Dès lors, prêt à agir, Bolis, sans tarder davantage, se mit en mer, muni de lettres de recommandation et de dépêches secrètes pour Nicomachos, à Rhodes, lequel par son amour et son dévouement semblait avoir

(1) Polybe, liv. VII, ch. 15-18.

pour Achæos un cœur de père, et aussi pour Mélancomas, qui commandait à Éphèse pour le roi d'Égypte. C'était par eux qu'Achæos était en rapport avec Ptolémée, et qu'il entretenait en général ses intrigues au dehors.

« Bolis se rendit à Rhodes, puis à Éphèse, fit part de ses desseins à Nicomachos et à Mélancomas, et, les trouvant disposés à l'appuyer, envoya un de ses officiers, Arianos, dire à Cambylos qu'il venait d'Alexandrie pour lever des mercenaires, mais qu'il désirait s'entretenir avec lui de quelques affaires importantes, et qu'il le priait de fixer l'heure et le lieu d'un rendez-vous où ils pourraient se voir sans témoins. Arianos fut bientôt rendu près de Cambylos, lui remit les lettres de son maître, et Cambylos, se prêtant à tout ce qu'on lui demandait, indiqua l'heure et l'endroit où l'on devait se rencontrer pendant la nuit, et fit repartir Arianos. Cependant, Bolis, avec l'astuce raffinée d'un Crétois, pesait soigneusement toutes les chances de succès et combinait ses artifices. Le jour de l'entrevue arrivé, il donna à Cambylos la lettre dont on l'avait chargé pour lui, et sur cette lettre ils discutèrent en vrais Crétois. Il ne fut question ni de sauver Achæos en danger, ni de la fidélité à garder envers ceux qui s'en étaient remis à leur parole; ils ne songèrent qu'à leur sûreté et à leurs propres intérêts. Aussi, ces deux hommes, dont le cœur était également perfide, furent-ils bientôt d'accord. Il fut convenu qu'ils se partageraient d'abord les dix talents remis par Sosibios; puis, qu'ils instruiraient Antiochos de leur dessein, et s'engageraient à lui livrer Achæos, s'il voulait les soutenir, et s'ils recevaient, en outre, de l'or sur-le-champ, et, pour l'avenir, des promesses répondant à leurs services. Cette résolution adoptée, Cambylos prit sur lui ce qui se rapportait à Antiochos; quant à Bolis, il promit d'envoyer, quelques jours plus tard, Arianos auprès d'Achæos avec des lettres de Nicomachos et de Mélancomas, et pria son complice de veiller à ce que le messager pût entrer dans la citadelle et en sortir en toute sûreté. Si Achæos approuvait ces projets d'évasion et répondait à Nicomachos et à Mélancomas, Bolis se chargerait de mener à bien l'entreprise, et se joindrait à Cambylos. Après s'être ainsi partagé les rôles, ils se séparèrent et allèrent s'occuper chacun de ce qui venait d'être arrêté.

« A la première occasion favorable, Cambylos courut avertir le roi de ses projets. Cette communication si précieuse et si inespérée causa une grande surprise à Antiochos : tantôt, n'écoutant que sa joie, il promettait tout; tantôt, incrédule, il multipliait les questions sur les ressources, sur les moyens dont Cambylos et Bolis pouvaient disposer; enfin, se fiant en leur parole, et convaincu que c'étaient les dieux eux-mêmes qui conduisaient cette entreprise, il supplia sans relâche Cambylos de l'achever. Cependant Bolis poursuivait l'intrigue auprès de Nicomachos et de Mélancomas, et ceux-ci, croyant que tout se passait dans l'ordre, remirent aussitôt à Arianos, pour Achæos, des lettres écrites, suivant la coutume, en signes de pure convention, où ils engageaient le prince à avoir pleine confiance en Bolis et en Cambylos. Grâce à ces caractères énigmatiques, celui qui se serait rendu maître d'une de ces lettres n'eût pu en savoir le contenu. Arianos, introduit dans la citadelle par Cambylos, remit à Achæos la missive de Nicomachos, et, en homme qui depuis l'origine s'était trouvé mêlé à toute cette affaire, il lui donna les détails les plus circonstanciés. Questionné à plusieurs reprises sur différents points, sur Sosibios et sur Bolis, sur Nicomachos et sur Mélancomas, et principalement sur Cambylos, il répondit à cet interrogatoire avec d'autant plus de naturel et d'aisance qu'il ne connaissait pas les menées de Cambylos et de Bolis. Achæos, doublement rassuré par le langage de cet officier et par la correspondance de Nicomachos et de Mélancomas, leur écrivit à son tour et remit sa réponse à Arianos. Des lettres furent ainsi souvent échangées. Enfin, Achæos, qui n'avait plus d'autre espoir de salut, s'en rapporta entièrement à Nicomachos et le pria de lui envoyer Arianos et Bolis, à la faveur d'une nuit sombre, afin qu'il pût s'enfuir sous leur conduite. Le dessein d'Achæos était, après avoir échappé aux dangers qui l'entouraient, de se jeter à l'improviste en Syrie. Il espérait beaucoup, en se montrant tout à coup aux Syriens, tandis que le roi était encore sous les murs de Sardes, causer dans le pays une grande agitation, et trouver un favorable accueil à Antioche, en Cœlésyrie et en Phénicie.

« Achæos, tout entier à ces espérances et à ces calculs, attendait avec impatience l'arrivée de Bolis. Mélancomas et Nicomachos eurent à peine reçu d'Arianos la lettre d'Achæos, qu'excitant en termes pompeux le courage de Bolis, et lui promettant les plus belles récompenses s'il réussissait, ils l'envoyèrent auprès de ce prince. Bolis fit avertir secrètement Cambylos de son arrivée par Arien, qu'il avait dépêché en avant, et se rendit durant la nuit au lieu convenu. Ils consacrèrent un jour entier à leur entrevue, y déterminèrent toutes les mesures à prendre, et la nuit suivante ils entrèrent dans le camp. Voici quel était leur projet : Si Achæos sortait seul ou accompagné d'un unique serviteur avec Bolis et Arianos, il ne devait être guère à craindre, et rien n'était plus facile que de s'emparer de sa personne; si au contraire il était suivi d'une escorte, l'entreprise devenait délicate, d'autant plus que les traîtres voulaient le livrer vivant à Antiochos, car c'était là en quoi consistait surtout la grandeur du service dont ils voulaient mériter le prix. Il fallait donc qu'Arianos, après avoir fait sortir Achæos, le précédât de quelques pas, comme ayant une connaissance plus exacte des lieux par lesquels il était tant de fois venu, et que Bolis le suivît afin de pouvoir, dès que l'on serait arrivé au lieu où l'embuscade serait disposée par Cambylos, mettre la main sur lui : c'était le seul moyen d'empêcher Achæos de s'échapper dans les bois à la faveur de la nuit, ou bien, dans son désespoir, de se précipiter du haut des rochers; le seul, enfin, de le faire tomber vivant, comme on le désirait, entre les mains de son rival. On adopta ce plan, et bientôt Bolis se rendit chez Cambylos. Celui-ci, dans le courant même de la nuit, le conduisit secrètement auprès d'Antiochos, qui se trouvait seul dans sa tente. Le roi lui fit le plus gracieux accueil, confirma les engagements qu'il avait contractés, et encouragea les deux traîtres à ne plus différer l'accomplissement de leur dessein. L'entrevue terminée, ils retournèrent dans le camp. Vers le matin, Bolis monta avec Arianos à la citadelle et y entra avant que le jour eût paru.

« Achæos reçut Bolis avec empressement et affabilité, et l'interrogea longuement sur les détails de l'entreprise. Il trouva en lui un homme dont le langage et toute la personne étaient à la hauteur d'une si lourde affaire. Tantôt l'espoir d'être bientôt sauvé lui causait une vive joie; tantôt aussi il était effrayé, inquiet, en songeant aux conséquences du bon ou du mauvais succès. Comme il avait une rare sagacité et une grande expérience, il résolut de ne pas accorder d'abord toute sa confiance à Bolis. Il lui fit donc entendre qu'il ne lui était pas possible pour le moment de sortir, mais qu'il enverrait avec lui trois ou quatre de ses amis, et dès qu'ils auraient vu Mélancomas, il se mettrait en mesure de tenter une évasion. Ainsi Achæos prenait, pour se garantir d'une trahison, toutes les précautions possibles; mais il ne songeait pas qu'il agissait en Crétois avec des Crétois. Bolis avait prévu tous les obstacles qui pouvaient se présenter. Achæos, quand arriva la nuit où il avait promis de faire partir ses amis avec Arianos et Bolis, envoya ces derniers à la porte de la citadelle, en leur recommandant d'y attendre ceux qui devaient les suivre. Bolis obéit, et Achæos, dans l'intervalle, étant allé communiquer à sa femme son dessein, employa quelque temps à ranimer, par ses consolations et par la peinture de ses espérances, Laodicé, que l'idée d'une entreprise aussi inattendue avait mise hors d'elle-même; puis il se joignit à ses quatre amis, à qui il avait donné des habits d'une certaine élégance, tandis que lui-même en avait revêtu de très-simples. Puis il se mit en marche après avoir recommandé à un de ceux qui le suivaient de répondre seul à toutes les questions que pourraient lui faire Arianos ou Bolis; de demander seul ce dont il serait besoin, et de dire que ses autres compagnons étaient barbares.

« Lorsqu'ils eurent rejoint Bolis et Arianos, celui-ci, comme ayant une connaissance suffisante de ces localités, se plaça à la tête de la troupe. Bolis, fidèle à son premier plan, fermait le cortége, soucieux et embarrassé. Bien que Crétois et par là même habile à deviner tout ce qui devait perdre autrui, il ne pouvait, dans l'obscurité, distinguer Achæos ni même savoir s'il était présent. Mais la pente était rapide, et le plus souvent difficile ; elle offrait çà et là des endroits glissants et dangereux, et quand on arrivait à quelqu'un de ces mauvais passages, on soutenait ou attendait Achæos. Ses compagnons, par un effet de l'habitude, ne pouvaient se défendre de ces marques de respect, et par là Bolis reconnut bientôt qui était Achæos. Lors donc qu'on fut parvenu au lieu fixé par Cambylos, il donna le signal par un coup de sifflet. Aussitôt les gens apostés en embuscade arrêtèrent les amis d'Achæos, et Bolis lui-même se saisit du prince, qu'il étreignit dans ses vêtements, où il tenait ses mains cachées. Il craignait qu'en se voyant ainsi trahi, le prince ne cherchât à se donner la mort ; et, en effet, il avait sur lui un poignard tout prêt pour réaliser ce dessein. Entouré de tous côtés, Achæos resta au pouvoir de ses ennemis et fut immédiatement conduit auprès d'Antiochos. Le roi, que l'issue de cette affaire préoccupait vivement, en attendait le résultat avec impatience ; et, après avoir congédié les courtisans admis à sa table, il était resté seul éveillé dans sa tente, avec deux ou trois gardes du corps. Lorsque Cambylos entra et fit asseoir par terre Achæos garrotté, l'effet produit sur Antiochos par ce spectacle inattendu fut tel, qu'il demeura longtemps sans voix, et qu'enfin, s'associant à la douleur d'Achæos, il se prit à pleurer. C'est que, sans doute, il songeait combien sont inévitables et imprévus les coups de la fortune. Il avait devant lui cet Achæos qui, fils d'Andromachos et neveu de Laodicé, femme de Séleucos, avait épousé Laodicé, fille d'Antiochos Hiérax (1), et s'était rendu maître absolu de toute l'Asie en deçà du Taurus. Cet homme, naguère si puissant, au moment où, aux yeux de son armée et de celle de l'ennemi, il semblait occuper la ville la plus forte du monde, se voyait tout à coup prisonnier et étendu à terre, chargé de chaînes, sans que personne, autre que les traîtres eux-mêmes, connût cette trahison.

« Le matin, quand les courtisans, suivant l'habitude, se rassemblèrent chez le roi et virent quel spectacle s'offrait à eux, ils éprouvèrent la même impression qu'Antiochos ; leur surprise était si grande, qu'ils ne pouvaient croire à une semblable capture. Cependant le conseil fut rassemblé, et on délibéra longuement sur la peine qu'il fallait infliger au prisonnier. On fut d'avis de mutiler Achæos, de lui couper ensuite la tête et de mettre en croix son corps, enfermé dans une peau d'âne. Lorsque cette exécution eut eu lieu et que les troupes syriennes apprirent la mort d'Achæos, l'enthousiasme et la folle joie de toute l'armée furent tels, que Laodicé, qui seule connaissait l'évasion de son mari, soupçonna d'avance son malheur à la seule vue du mouvement et de l'agitation qui régnaient dans le camp. Un messager vint bientôt l'instruire de la fin d'Achæos et lui ordonner de prendre ses dispositions pour quitter la citadelle. A cet ordre, ce ne fut d'abord dans la bouche de tous les soldats que gémissements confus et que plaintes ardentes, moins encore par l'amour qu'ils portaient à Achæos que par la surprise où les plongeait un événement si étrange et si soudain ; mais ils ne tardèrent pas à se trouver, quoique derrière leurs murailles, dans un cruel embarras. Achæos mort, Antiochos tourna toute son attention du côté de la citadelle, convaincu que ceux qui y étaient enfermés et la garnison surtout lui fourniraient quelque occasion favorable pour s'en emparer. La division, en effet, se mit parmi les assiégés : ceux-ci se prononcèrent pour Ariobaze, ceux-là pour Laodicé ; et suspects les uns aux autres, ils ne tardèrent pas à livrer au roi la citadelle.

« Telle fut la fin d'Achæos, qui, après avoir pris toutes les précautions que la prudence lui dictait, mourut cependant sous les coups des scélérats en qui il s'était fié. Il laissa ainsi, ajoute Polybe, deux grandes leçons à la postérité : il enseigna par l'une à n'accorder

(1) Et non pas de Mithridate roi de Cappadoce, comme le dit ici Polybe. Voy. plus haut, p. 237, col. 1, n° 2.

facilement notre confiance à personne, par l'autre à ne pas nous enorgueillir de la prospérité et à prévoir tous les malheurs attachés à la nature humaine (1). »

ATTALE ACCROIT SA PUISSANCE PENDANT LES GUERRES D'ANTIOCHOS DANS L'ASIE ORIENTALE. — Après cet événement (214) qui le laissait maître de la plus forte place de l'Asie Mineure et de toutes les provinces qu'Achæos y retenait sous sa domination, il est probable qu'Antiochos s'occupa de rétablir son pouvoir dans cette contrée, non sans avoir récompensé le dévouement qu'Attale avait montré pour sa cause. Quelle fut la récompense? L'histoire se tait à cet égard, mais il est vraisemblable que ce dut être la reconnaissance d'Attale comme roi et la cession d'une certaine étendue de territoire (2). Ce qu'il y a de certain, c'est que, après le supplice d'Achæos, Antiochos ne dut pas s'arrêter en Asie Mineure, car peu de temps ensuite on le voit apaiser la révolte de Xerxès, petit roi d'Armosate en Mésopotamie (3) de 212 à 207, en guerre avec Arsace III, roi des Parthes, qui s'était emparé de la Médie, puis, secondé par ce prince, tourner infructueusement ses armes contre les Bactriens, et enfin (206) tenter contre l'Inde une expédition sans succès (4).

ATTALE S'ALLIE AUX ROMAINS ET AUX ÉTOLIENS EN GUERRE AVEC PHILIPPE III. — Pendant cette absence prolongée d'Antiochos, Attale dut reprendre tout ce qu'Achæos lui avait enlevé, si Antiochos ne le lui avait point rendu à son départ de Sardes. Nous le voyons en effet disposer alors d'une flotte et d'une armée assez considérables. Aussi les Romains et les Étoliens en guerre avec l'ambitieux Philippe III, roi de Macédoine, recherchèrent-ils son alliance (5).

ATTALE ACHÈTE ÉGINE AUX ÉTOLIENS. — IL Y JOINT SA FLOTTE A CELLE DE SULPICIUS. — Attale, effrayé de l'ambition de Philippe, qui, fort de son alliance avec Annibal (1), se croyait capable de tenir tête aux Romains et voulait rétablir la puissante domination de la Macédoine sur la Grèce entière pour l'étendre ensuite sur l'Asie Mineure et même sur l'Égypte, sentit la nécessité de le tenir éloigné de ses États et accepta avec empressement la proposition qui lui était faite d'entrer dans la ligue formée contre ce prince (211) (2). Il envoie donc des auxiliaires aux Étoliens, qui, en reconnaissance de ce secours, le nomment stratège, quoique absent (3). De Pergame Attale se rend à Égine, qu'avec le consentement du proconsul Sulpicius il avait achetée trente talents des Étoliens, lesquels, réunis aux Romains (4), s'en étaient rendus maîtres après en avoir chassé la garnison macédonienne (5). Il y fait sa jonction avec Sulpicius, et tous deux y prennent leurs quartiers d'hiver (6). Philippe, instruit de l'arrivée d'Attale, s'était rendu à Chalcis, en Eubée, pour lui fermer l'entrée des ports et l'accès des côtes (7). Mais, au printemps, Attale et Sulpicius font voile vers Lemnos avec leurs flottes réunies. Celle du proconsul se composait de vingt-cinq quinquerèmes et celle du roi de Pergame de trente-cinq. De là ils cinglent vers Péparèthe, dont ils occupent les ports et ravagent les campagnes (8). de Péparèthe les deux confédérés passent à Nicée, puis se dirigent vers l'Eubée pour assiéger la ville d'Oréos. La trahison de l'officier qui y commandait au nom de Philippe la leur

---

(1) Polybe, liv. VIII, ch. 18-24.
(2) Après la défaite d'Antiochos à Magnésie, il est dit, dans le traité de paix imposé par les Romains à ce prince, que les villes grecques autrefois tributaires d'Attale le seraient aussi d'Eumènes, son successeur.
(3) Polybe, ibid., ch. 25.
(4) Id., ibid., ch. 27-31, et Justin, 41, 5.
(5) Id., liv. IX, ch. 31; liv. X, ch. 41 et 42.

(1) Polybe, liv. VII, ch. 9.
(2) Tite-Live, liv. XXVI, ch. 24.
(3) Id., liv. XXVII, ch. 30.
(4) Polybe, liv. IX, ch. 42-51.
(5) Voy. Polybe, liv. XXII, ch. 8, §§ 10 et 9, et mon *Explication d'une inscription grecque de l'île d'Égine* dans les Nouvelles Annales de l'Institut de correspondance archéologique, t. II, p. 598-603, et p. 130-134 du tirage à part.
(6) Tite-Live, liv. XXVII, ch. 33.
(7) Id., ibid., ch. 30.
(8) Id., liv. XXVIII, ch. 5. Cf. Polybe, liv. X, ch. 42.

livre. Après ce premier avantage, Attale prend la ville d'Opunte, et la livre au pillage. Pendant qu'il met à contribution les principaux habitants, Philippe survient, et son attaque est tellement soudaine que, sans un détachement de Crétois qui étaient allés au fourrage assez loin de la ville et qui aperçurent l'ennemi, Attale eût pu être surpris et fait prisonnier. Mais, averti par eux, il s'enfuit précipitamment vers la mer et s'embarque. Il se retire d'abord à Oréos; mais instruit que Prusias, roi de Bithynie, a envahi ses États, il oublie tout (207) et repasse en Asie (1).

FIN DE LA PREMIÈRE GUERRE DE MACÉDOINE. — ATTALE, PRUSIAS ET LES ILIENS SONT COMPRIS DANS LE TRAITÉ DE PAIX. — C'était à l'instigation de Philippe que Prusias avait fait cette diversion; aussi le roi de Macédoine, quand il conclut la paix avec P. Sempronius (205), fit-il comprendre dans le traité son fidèle et utile allié. Les Romains, de leur côté, donnèrent la même preuve d'intérêt au roi de Pergame (2). Ils étendirent cette faveur aux habitants d'Ilion. Pourquoi? L'histoire ne le dit pas, mais on peut s'en rendre compte. Dès le temps de la première guerre punique, la croyance à la descendance troyenne des Romains était déjà populaire chez ce peuple (3). Il devait donc porter à Ilion, patrie d'Énée, une affection toute particulière, et nous avons vu plus haut que, dès le règne de Seleucos II, il était intervenu en leur faveur (4). Mais était-ce là le seul motif de la bienveillance qu'il témoignait aux Iliens dans cette circonstance? J'ai peine à le croire. Un événement récent devait avoir appelé l'attention de Rome sur le berceau des aïeux de leur premier roi, et rendu nécessaire son intervention en leur faveur. Il se pourrait que Prusias, en envahissant les États d'Attale, fût venu jusqu'à Ilion, qu'il en fût emparé et qu'il y eût laissé, quand il se retira devant l'armée pergaménienne commandée par son roi, une garnison qui occupait encore cette place lorsque fut conclue la paix de 205. Faire comprendre Ilion dans le traité, c'était obliger Prusias à l'évacuer. Nous verrons plus loin Ilion recevoir des Romains de nouveaux témoignages d'affectueuse protection.

LES ROMAINS DEMANDENT A ATTALE L'IMAGE DE LA MÈRE DES DIEUX CONSERVÉE A PESSINUNTE. — Ce fut en cette même année que les Romains envoyèrent une ambassade au roi de Pergame pour réclamer de lui un service qui devait, dans l'opinion du sénat, ranimer la confiance des citoyens. Annibal était encore dans le Bruttium, et les livres sibyllins, récemment consultés, avaient annoncé que, quand un ennemi étranger porterait la guerre en Italie, il ne pourrait en être chassé que lorsque la mère Idéenne, Cybèle, aurait été apportée de Pessinunte à Rome. On résolut donc de s'adresser à Attale pour obtenir de lui ce précieux talisman. Le roi de Pergame accueillit avec empressement les députés romains, les conduisit à Pessinunte, et leur remit la pierre qui, suivant le dire des habitants, n'était autre que la Mère des dieux. Ce qu'il y a de plus important pour nous à tirer de ce fait, attesté d'ailleurs par de nombreux témoignages (1), c'est qu'à cette époque les États d'Attale s'étendaient jusqu'aux frontières orientales de la Grande Phrygie, d'où résulte un nouveau degré de certitude pour des conjectures que nous avons émises plus haut sur l'extension prise par la puissance du roi de Pergame après le départ d'Antiochos.

PHILIPPE SONGE A RECOMMENCER LA GUERRE. — La paix qui suivit la première guerre des Romains contre Philippe ne pouvait être une paix durable. Philippe le sentit et voulut se préparer à recommencer la lutte avec plus d'avantage. Il envoie secrètement en Afrique quatre mille Macédoniens à Annibal, car il tient à se ménager ce puissant allié; et, voyant les Romains entièrement occupés de leur lutte contre Carthage, il cherche à en profiter pour éten-

---

(1) Tite-Live, liv. XXVIII, ch. 6 et 7.
(2) Id., liv. XXIX, ch. 12.
(3) Duruy, *Hist. rom.*, t. I, p. 115, note.
(4) Voy. plus haut p. 232 col. 1.

(1) Tite-Live, liv. XXIX, ch. 10 et 11. Les autres textes sont indiqués, dans mes notes sur ce passage, dans le *Tite-Live*, de la collection Nisard, t. II, p. 783.

dre sa puissance à l'orient de ses États.

L'année même où la paix avait été conclue (205), Ptolémée Philopator était mort perdu de mollesse et de débauches, et son fils Ptolémée V, Épiphanes, âgé de cinq ans, lui avait succédé. A cette nouvelle l'ambition d'Antiochos se réveille. Il se ligue avec Philippe III, et tous deux, d'après les clauses de leur traité, devaient s'emparer des États de Ptolémée et se les partager (1). Philippe devait avoir la Carie et l'Égypte, et Antiochos tout le reste (2).

Les troubles survenus en Égypte à la suite de la mort de Ptolémée IV semblaient favoriser ces desseins ambitieux. Mais en présence des dangers qui les menaçaient, les habitants d'Alexandrie envoyèrent aux Romains des députés pour les prier de servir de tuteurs au jeune prince, en exécution du testament de son père (3), et de prendre en main la défense de l'Égypte. Cette demande plut aux Romains : ils cherchaient un prétexte pour recommencer la guerre contre Philippe, dont les rapports avec Annibal n'avaient pu leur échapper. Ils envoient donc en Orient trois ambassadeurs (201), C. Claudius Néron, M. Æmilius Lépidus et P. Sempronius Tuditanus (4), pour y annoncer la défaite d'Annibal et des Carthaginois à Zama, s'assurer le concours de la marine rhodienne dans le cas d'une nouvelle guerre contre les Macédoniens, s'opposer aux projets ambitieux d'Antiochos et de Philippe sur l'Égypte, et prendre en main la tutelle du jeune roi. L'histoire ne nous a rien appris du résultat de cette ambassade en ce qui concerne Antiochos ; mais on peut présumer que ce prince, qui ne se sentait pas alors assez fort ni pour prêter son appui à Philippe, ni pour envahir l'Égypte avant d'avoir recouvré la Cœlésyrie, crut devoir céder aux injonctions des Romains et renouvela même avec eux le traité conclu autrefois avec Séleucos. Ce qui vient à l'appui de cette conjecture, c'est que, comme on le verra plus bas, Rome, en 198, le considérait encore comme son allié et avait pour lui les égards que commande un pareil titre.

PRISE DE CIOS. — Tranquille du côté de l'Étolie et de Rome, le roi de Macédoine, avant de réaliser ses ambitieux projets sur la Carie, qui deviendra pour lui une base d'opérations contre l'Égypte, songe à remplacer la flotte qu'il avait été forcé de brûler, en 214, sur les bords de l'Aoüs. A la faveur des troubles civils de l'Égypte et des intelligences qu'il a su se créer dans ce pays (1), il s'empare de cette partie du littoral de la Thrace voisine de la Chersonnèse, qui était encore occupée par des garnisons égyptiennes (2). Il se rend ainsi maître de l'Hellespont, et peut s'emparer des forces navales de toutes les villes maritimes, secondé sans doute par Prusias, son gendre, dans l'intérêt duquel il enlève aux Étoliens la ville de Cios au sud-est de la Propontide, malgré la vive résistance de ses habitants (203), et s'y livre à tous les excès. Mais par là il anime contre lui les Rhodiens (3).

MÉCONTENTEMENT DES RHODIENS. — Jusqu'alors la fortune avait merveilleusement servi Philippe dans ses rapports avec Rhodes. Mais les choses changèrent bientôt de face. Un député qu'il avait envoyé dans cette île faisait un jour sur le théâtre l'éloge de son maître et vantait sa grandeur d'âme. Il disait que, déjà presque maître de Cios, il consentait à l'épargner, en considération des Rhodiens ; qu'il voulait ainsi répondre aux calomnies de ses ennemis et prouver à la ville l'estime qu'il faisait d'elle. Sur ces entrefaites, un homme qui venait de débarquer se présenta au prytanée et annonça la prise de Cios et les cruautés du roi. La nouvelle fut aussitôt portée dans le théâtre par le prytane, et d'abord le peuple, rassuré par le langage de l'ambassadeur, refusa d'y ajouter foi ; mais, dès que le doute ne fut plus permis, l'indignation fut à son comble. A partir de ce moment, le peuple

---

(1) Polybe, liv. XV, ch. 20.
(2) Id., liv. III, ch. 2. Tite-Live, l. XXXI, ch. 14.
(3) Valère Maxime, liv. IV, ch. 4.
(4) Justin, liv. XXX, ch. 2 et 3. Cf. Tite-Live, liv. XXXI, ch. 2 ; Polybe, XVI, 24 et 34

(1) Polybe, liv. XVI, ch. 21.
(2) Id., liv. XVIII, ch. 4, 5 et 6.
(3) Id., liv. XV, ch. 21 et suiv.

rhodien regarda Philippe comme un ennemi et, ne voulant plus entendre prononcer son nom, ne songea désormais qu'à la vengeance (1). Une occasion ne tarda pas à se présenter.

PHILIPPE S'EMPARE DE THASOS ET DE SAMOS. — Philippe, sorti de l'Hellespont avec la flotte qu'il avait dû y rassembler et sur laquelle il avait embarqué son armée, vint aborder en plein jour à Thasos, et, trompant la bonne foi des habitants, les réduisit en esclavage, quoiqu'ils fussent ses alliés (2). Puis il s'empare violemment de Samos, dont il fait le centre de toutes ses opérations navales, et où doivent se réunir les bâtiments qu'il a fait construire sur les côtes de la Thrace, de l'Hellespont et de la Propontide, pour y être ensuite équipés et armés en guerre (3).

EXPÉDITION DE PHILIPPE EN CARIE. — Cette expédition ne nous est connue que par des fragments épars de Polybe, dont l'ordre chronologique n'a pas été jusqu'ici fixé d'une manière certaine. On la place communément en 201, après l'attaque de Pergame et les batailles navales de Ladé et de Chios; mais il semble beaucoup plus vraisemblable d'admettre qu'elle a précédé ces événements. Philippe a des vues ambitieuses sur l'Égypte, et, aux termes de son traité d'alliance avec Antiochos, la Carie doit entrer dans sa part du butin. Il est donc important pour lui de s'en emparer avant tout; car une fois maître de cette position si importante pour une guerre maritime, il pourra de là lutter contre les Rhodiens qui le menacent, prévenir, en attaquant Pergame, leur alliance avec Attale, et, délivré de ces deux ennemis, réaliser, d'accord avec Antiochos, la conquête de l'empire des Ptolémées. Il vient donc, tout porte à le croire, débarquer sur la côte occidentale de la presqu'île d'Halicarnasse, et, ne pouvant tenter immédiatement le siége de Myndos qui entraînerait trop de longueur, il va attaquer le château fort de Candasa (4), dont on ne connaît pas la position, mais qui pourrait bien avoir occupé l'emplacement où se trouve aujourd'hui le village de Kadé-Kalési, à six kilomètres environ au sud de Myndos.

Après plusieurs tentatives inutiles contre cette place, que défendait la force de sa position, Philippe se retire, ravageant les châteaux forts et les villages des environs.

IL S'EMPARE DE PRINASSOS, PAR STRATAGÈME, ET ÉTEND SES CONQUÊTES JUSQU'AU MÉANDRE. — De là il se dirigea avec sa flotte sur Prinassos (1), qui doit avoir été située sur une des baies de la côte septentrionale de la presqu'île, et il vint camper devant cette ville. Là il prépare à la hâte tout ce qui est nécessaire à un siége et commence par creuser des mines. Mais comme le terrain, tout composé de roches, rendait ses efforts impuissants, il eut recours à un stratagème. Ses mineurs, couverts de mantelets, faisaient beaucoup de bruit pendant le jour comme s'ils travaillaient à la mine; et la nuit, par son ordre on apportait de loin une assez grande quantité de terre, que l'on accumulait à l'entrée même de la tranchée. Il voulait par là frapper les assiégés de terreur. D'abord, cependant, ils soutinrent le siége avec bravoure; mais lorsque Philippe leur envoya dire que déjà on avait sapé deux arpents de leurs murs, et qu'il leur eut fait demander ce qu'ils aimaient le mieux, périr sous les ruines de leur ville quand les étais de la mine auraient été brûlés, ou sortir de la place la vie sauve, ils se laissèrent tromper par ces paroles et se rendirent (2).

Il pénètre ensuite dans le golfe Bargyliétique ou Jasique (3), dont les rades nombreuses offriront de sûrs abris à sa flotte. Il s'empare successivement de Bargylie, où il établit son quartier général (4), et d'Iassos (5), la plus orientale des villes du golfe. Maî-

---

(1) Polybe, liv. XV, ch. 23.
(2) Id., ibid., ch. 25.
(3) Id., liv. XVI, ch. 2, § 9.
(4) Id., ibid., ch. 41, Fragm. VI, et

ch. 11. Voy. Étienne de Byzance, au mot Κάνδασα.
(1) Polybe, liv. XVI, ch. 11.
(2) Id., ibid., ch. 16; Polyen, liv. IV, ch. 18.
(3) Id., ibid., ch. 82.
(4) Ib., ibid., ch. 23.
(5) Id., ibid., ch. 12. Cf. liv. XVII, ch. 2.

tre des places qui bordent le golfe, il s'avance vers Pédasa (1), pénètre dans l'intérieur des terres, soumet Mylassa à un tribut (2), et s'empare d'Euromos (3). Descendant alors au sud, il enlève aux Rhodiens la Pérée (4), située en face de leur île, et apprenant sans doute que, malgré la rapidité de ses opérations, des négociations sont entamées entre Attale et les Rhodiens, qu'Attale fait des préparatifs pour venir l'attaquer sur terre, il prend les devants, remonte au N. E., s'empare d'Alabanda (5), pénètre dans la vallée du Méandre et occupe Magnésie (6).

EXPÉDITION INFRUCTUEUSE CONTRE PERGAME. — De Magnésie, par une marche rapide, Philippe arriva sur le territoire de Pergame. Parvenu sous les murs de cette ville et se croyant déjà maître d'Attale, il commit des cruautés de tout genre; mais il exhala sa rage plus encore contre les dieux que contre les hommes. Comme dans toutes les escarmouches la garnison de Pergame l'avait sans cesse fait reculer devant la position qu'elle occupait, et comme, grâce aux mesures prises par Attale en apprenant l'arrivée de son ennemi, il ne pouvait se ravitailler dans la campagne, il se rejeta sur les temples des dieux et sur leurs enceintes sacrées. Il ne se borna pas à brûler, à saccager les temples et les autels, il en brisa même les pierres pour qu'il fût impossible d'en relever les ruines. Après avoir ravagé le Nicéphorion ou temple de Minerve Victorieuse, coupé le bois sacré qui l'entourait et détruit la haie qui lui servait de clôture, il se dirigea vers Thyatire; puis, revenant sur ses pas, il envahit la plaine de Thèbes dans l'espoir d'y ramasser un riche butin. Mais, trompé dans son attente, il envoya d'Hiéracomé à Zeuxis, qui gouvernait la Lydie pour Antiochos, des députés qui l'invitèrent, en son nom, à lui fournir du blé et à exécuter enfin le traité que son maître avait conclu avec lui. Mais Zeuxis, qui ne craignait rien tant que de voir s'accroître la puissance de Philippe en Asie Mineure, ne répondit pas à son appel (1), et force lui fut de rétrograder.

BATAILLE NAVALE DE LADÉ. — Dès qu'il est éloigné, Attale se hâte de rappeler sa flotte de l'île d'Égine. Philippe de son côté, à peine de retour en Carie, s'embarque et fait voile à la rencontre des Rhodiens, avant qu'ils aient eu le temps de se réunir aux Pergaméniens. Il les rencontra non loin de Ladé, île voisine de Milet et déjà célèbre par la défaite que les Ioniens y essuyèrent en 494. Alors s'engage un combat dont aucun document historique ne nous a transmis la description, mais où, malgré les prétentions ultérieures des Rhodiens, l'avantage resta en réalité à Philippe (2).

PHILIPPE ASSIÉGE CHIOS. — Après ce combat et la retraite des Rhodiens, alors qu'Attale était encore réduit à l'inaction, Philippe eût évidemment pu se rendre à Alexandrie. Qui donc, se demande Polybe, l'arrêta dans sa course? La nature même de l'esprit humain, se répond l'historien. Beaucoup d'hommes, ajoute-t-il, désirent à distance des choses impossibles, séduits par l'espérance, toujours plus forte que la raison; mais quand ils approchent de l'objet souhaité, ils abandonnent tout à coup leurs desseins, étourdis, aveuglés par la grandeur des obstacles qui s'offrent alors à leurs regards (3). D'ailleurs la flotte d'Attale, il le prévoyait bien, allait prochainement se réunir à celle des Rhodiens, et laisser de telles forces derrière soi eût été une grande imprudence. Non content de la possession de Samos, il veut y joindre celle de Chios, convaincu que, maître de ces deux positions, il n'aura plus rien à craindre de ses en-

---

(1) Cf. Polybe, liv. XVII, ch. 2; et sur la position de cette ville dans le voisinage de Mylassa, voy. Cramer, *Asia Minor*, t. II, p. 182.

(2) Polybe, liv. XVI, ch. 24, § 6.

(3) Cf. Polybe, liv. XXII, ch. 2, et liv. XVIII, ch. 27.

(4) Voy. Polybe, liv. XVII, ch. 2 et 6, et Tite-Live, liv. XXXII, ch. 33 et 34.

(5) Cf. Polybe, liv. XVI, ch. 24.

(6) Cf. *ibid*.

(1) Polybe, liv. XVI, ch. 1. Cf. Tite-Live, liv. XXXI, ch. 46, et liv. XXXII, ch. 33 et 34.

(2) Polybe, liv. XVI, ch. 16. Suivant Tite-Live, liv. XXXI, ch. 14, Philippe aurait eu le dessous à Ladé comme à Chios.

(3) Polybe, *ibid.*, ch. 1, *a* et *b*.

nemis, ou du moins pourra ne les combattre que quand il jugera l'occasion favorable. Il vient donc bloquer le port de Chios et commence le siége de cette ville. Mais elle lui oppose une vive résistance, et les deux flottes confédérées arrivent bientôt en vue de l'île. Comme le siége traînait en longueur, et que les ennemis le menaçaient de près d'un grand nombre de vaisseaux pontés, déjà à l'ancre devant l'île, Philippe ne savait quel parti prendre et n'était pas sans inquiétude pour l'avenir. Enfin, les circonstances ne lui laissant même plus le choix de rester ou de partir, il se retira avec sa flotte, contre l'attente des ennemis. Il s'était ainsi hâté de s'éloigner dans l'espérance de devancer l'ennemi, et de parvenir sans danger, en longeant les côtes jusqu'à Samos. Ses calculs furent complétement déjoués. Attale et Théophiliscos, l'amiral rhodien, l'eurent à peine vu s'éloigner que, saisissant avec ardeur cette occasion désirée, ils se hâtèrent de le poursuivre (1). Le récit de la bataille entre les deux flottes est un des plus remarquables de ceux que Polybe nous ait transmis. Nous le reproduirons donc ici dans son entier, parce qu'il contient le tableau animé d'une lutte dont les résultats devaient être de la plus haute importance pour l'Asie Mineure, et qu'il fournit de plus, sur la marine militaire des Grecs, des notions pleines d'intérêt et qu'on rechercherait vainement ailleurs.

BATAILLE DE CHIOS. — « Convaincus que Philippe n'avait pas entièrement renoncé au siége de Chios, les confédérés ne partirent pas ensemble ; mais une course rapide les eut bientôt portés tous deux auprès de Philippe. Attale se jeta sur l'aile droite de la flotte macédonienne, qui formait l'avant-garde, et Théophiliscos sur la gauche. Philippe, surpris, donna aussitôt le signal à l'aile droite de tourner la proue vers l'ennemi et d'engager hardiment le combat ; puis il se retira avec quelques navires près de petites îles situées au milieu du détroit, afin d'y attendre l'issue de la bataille. Le nombre de ses vaisseaux était de cinquante-trois bâtiments de guerre, d'un certain nombre de navires non pontés et de cent cinquante avisos garnis d'éperons. Il n'avait pas eu le temps d'équiper tous les navires réunis à Samos. Les ennemis en avaient soixante-cinq de guerre, y compris ceux qu'avaient envoyés les Byzantins, neuf trihémiolies, ou galères à trois rangs et demi de rames, et trois trirèmes.

« Le vaisseau monté par Attale commença le combat, et tous les autres, sans même attendre le signal, se heurtèrent. Attale, aux prises avec une octorème, lui porta un coup terrible au-dessous du niveau de l'eau, et la coula, malgré les efforts de ceux qui la montaient. La décarème de Philippe, qui était vaisseau amiral, tomba au pouvoir de l'ennemi par un étrange incident. Une trihémiolie s'était approchée d'elle, et en la heurtant avec force, au milieu de la coque, au-dessous du banc des rameurs qu'on appelle thranite, y demeura attachée, le pilote n'ayant pu ralentir la marche impétueuse de son navire. La décarème, à laquelle était liée la trihémiolie, se trouva fort gênée dans ses manœuvres. A peine pouvait-elle remuer, lorsque deux navires à cinq rangs de rames se précipitèrent sur elle, la percèrent de leurs éperons des deux côtés, et l'écrasèrent avec les hommes qu'elle contenait. Parmi eux était Démocrates, amiral de Philippe. Cependant deux frères, Dionysidoros et Dinocrates, amiraux d'Attale, dans un combat livré par l'un d'eux à une autre galère à sept rangs de rames, et par l'autre à une octorème, n'éprouvaient pas des chances moins bizarres. Dinocrates, en se heurtant contre une octorème, avait reçu un coup au-dessus de l'eau, grâce à la construction du vaisseau ennemi, dont l'éperon était fort élevé, et il l'avait à son tour frappé au-dessous de la flottaison ; mais comme, malgré ses efforts pour se retirer de la blessure qu'il lui avait faite, il ne pouvait y réussir, et que les Macédoniens combattaient avec beaucoup de courage, il courait un véritable danger. Par bonheur Attale vint à son secours, sépara les deux vaisseaux en tombant sur celui de l'ennemi, et Dinocrates se vit miraculeusement sauvé. L'équipage de l'octorème périt brave-

(1) Polybe, liv. XVI, ch. 2.

ment, le fer à la main, et le bâtiment seul tomba au pouvoir du vainqueur. Dionysidoros, de son côté, vigoureusement lancé pour frapper de l'éperon un navire, avait manqué son coup, et, en passant près de l'ennemi, avait perdu le côté droit de ses rames; les poutres même qui portaient les tours s'étaient brisées. Aussitôt il fut cerné de toutes parts, et, au milieu des cris et du tumulte, tout l'équipage périt avec le bâtiment. Dionysidoros, seul avec deux hommes, gagna à la nage une trihémiolie qui venait à son secours.

« Partout ailleurs le combat était égal. La supériorité que le nombre des avisos donnait à Philippe était compensée chez Attale par celui des vaisseaux de guerre. Cependant, à l'aile droite des Macédoniens, les affaires prenaient alors une telle tournure, que si, pour le moment, la victoire était encore indécise, Attale semblait pouvoir compter plus que l'ennemi sur le succès.

« Les Rhodiens, qui, en sortant du port de Chios, étaient d'abord, nous l'avons dit, à une grande distance des Macédoniens, les avaient bientôt rejoints, grâce à l'avantage que leur donnait sur eux la vitesse de leurs bâtiments. Ils commencèrent par se jeter, en les prenant en poupe, sur les navires qui fuyaient, et en brisèrent les rames. Mais, quand les autres navires de Philippe, pour défendre ceux qui étaient compromis, se retournèrent, et que la partie de la flotte rhodienne qui était restée en arrière eut rejoint Théophiliscos, les deux flottes, rangées sur une ligne, la proue en avant et s'excitant par des cris et par le son de la trompette, en vinrent hardiment aux mains. Si les Macédoniens n'eussent placé les avisos au milieu des vaisseaux de guerre, le combat eût eu un prompt dénoûment. Mais cette disposition gêna beaucoup les Rhodiens. L'ordre de bataille avait été rompu par le premier choc, et toute la flotte combattait pêle-mêle. Or, les Rhodiens ne pouvaient ni pénétrer à travers les vaisseaux ennemis, ni faire manœuvrer les leurs, ni profiter enfin de leurs avantages, au milieu de ces avisos qui venaient tantôt frapper leurs rames et les entamer, tantôt choquer leurs proues et leurs poupes; les mouvements des rameurs et des pilotes étaient ainsi sans cesse contrariés. Toutes les fois qu'un engagement avait lieu de front, les Rhodiens l'emportaient par une manœuvre fort habile : abaissant autant que possible la proue de leurs navires, ils recevaient des coups au-dessus du tirant d'eau et en portaient à l'ennemi au-dessous de la flottaison, lui faisant ainsi des blessures sans remède. Mais ils ne recouraient que rarement à cet artifice. Ils évitaient les combats de ce genre, à cause du courage que mettaient les Macédoniens à se défendre, du haut de leurs ponts, quand la lutte était réglée. Courant de préférence au milieu des navires macédoniens, ils en brisaient les rames et rendaient par là tout mouvement impossible ; ils se portaient à gauche, se jetaient à la proue de tel vaisseau, frappaient tel autre dans le flanc au moment où il se tournait, entamaient l'un, enlevaient à l'autre quelque partie de ses agrès. Une foule de bâtiments macédoniens périrent de cette manière.

« L'épisode le plus intéressant de la bataille fut le combat de trois quinquérèmes rhodiennes : l'une, qui était le vaisseau amiral, portait le général en chef Théophiliscos ; l'autre, le triérarque Philostratos ; la troisième avait pour pilote Autolicos et était montée par Nicostratos. Cette dernière, s'étant violemment heurtée contre un bâtiment ennemi, y avait laissé son éperon : la galère macédonienne coula à fond avec son équipage ; mais Autolicos, dont la mer envahissait le navire par la proue, après avoir bravement résisté aux ennemis qui l'entouraient, finit par tomber blessé dans les flots, et ses hommes moururent tous l'épée à la main. Théophiliscos, à cette vue, se hâta d'accourir avec trois quinquérèmes; et s'il ne put sauver celle d'Autolicos, déjà pleine d'eau, il perça du moins deux galères et en précipita les équipages à la mer. Aussitôt, cerné par une foule de bâtiments légers et de vaisseaux pontés, il perdit à son tour la plus grande partie de ses hommes, qui firent des prodiges de valeur, reçut trois blessures, et après avoir par son audace couru les plus grands dangers, ne parvint qu'avec peine, et grâce à

Philostratos, qui se jeta résolûment dans la mêlée, à conserver son navire. Rendu à sa flotte, Théophiliscos lutta avec une nouvelle ardeur contre l'ennemi, affaibli sans doute par ses blessures, mais plus entreprenant encore et plus redoutable, soutenu qu'il était par la force de son âme généreuse. Ainsi la bataille se trouvait alors divisée en deux combats, séparés par un vaste intervalle. L'aile droite de Philippe, qui, sans cesse fidèle à son premier plan, tendait vers la terre, se trouvait assez près des côtes de l'Asie; l'aile gauche, qui avait fait une conversion pour soutenir l'arrière-garde, combattait contre les Rhodiens, non loin de Chios.

« A l'aile droite Attale était déjà certain de la victoire, et il se dirigeait vers les îles où Philippe attendait l'issue de la bataille. Tout à coup il aperçut une de ses galères à cinq rangs de rames hors du champ de bataille, fort endommagée et déjà presque coulée par l'ennemi. Il courut à son secours avec deux quatrirèmes; et, comme le vaisseau macédonien, virant de bord, prit le chemin du rivage, il se mit à le poursuivre, entraîné par le désir de s'en emparer. Déjà il était fort éloigné des siens, quand Philippe, voyant ce qui se passait, prit à la hâte quatre galères à cinq rangs, trois trihémiolies et tous les avisos disponibles, coupa à Attale tout retour vers son armée et le força, dans sa terreur, à se faire échouer. Attale se retira avec ses équipages à Érythres, et Philippe demeura maître du vaisseau et du bagage royal. Attale, en effet, dans ce moment suprême, avait eu recours à la ruse. Il s'était empressé de répandre sur le tillac tout ce qu'il avait de plus magnifique, et les Macédoniens qui montèrent les premiers sur le navire, à la vue des coupes nombreuses, des vêtements de pourpre et de tout l'attirail de la richesse, sans s'occuper de poursuivre le roi, se livrèrent au pillage. Grâce à cet artifice, Attale put se retirer sans péril à Érythres.

« Philippe, vaincu dans la bataille générale, mais animé par l'échec que venait d'essuyer Attale, gagna sur le champ la haute mer, réunit au plus vite ses vaisseaux épars, et exhorta ses soldats à avoir bonne espérance puisqu'ils étaient déjà certains de la victoire. Et, en effet, la plus grande partie de l'armée pouvait avec quelque raison croire qu'Attale était mort, à la vue de Philippe emmenant avec lui le navire royal. Mais Dionysidoros, qui soupçonnait la vérité, levant un signal, rassembla ses vaisseaux et gagna sans danger un des mouillages de la côte asiatique. En même temps, les Macédoniens, opposés aux Rhodiens et fort maltraités par eux, se retirèrent du combat et peu à peu battirent en retraite, sous prétexte de porter du secours au reste de la flotte. Pour les Rhodiens, traînant à leur suite quelques vaisseaux et en laissant d'autres qu'ils déchirèrent à coups d'éperon, ils se dirigèrent vers Chios.

« Philippe perdit avec Attale quatre navires à dix, neuf, sept et six rangs de rames; dix vaisseaux pontés, trois trihémiolies, vingt-cinq avisos et leurs équipages; et avec les Rhodiens, dix vaisseaux pontés, quarante avisos environ; deux quadrirèmes et sept avisos tombèrent au pouvoir de l'ennemi avec leurs équipages. La perte d'Attale fut d'une trihémiolie, de deux quinquérèmes et de son vaisseau royal. Les Rhodiens virent couler deux de leurs quinquérèmes et une trirème; mais aucun navire ne leur fut enlevé. Ils ne comptèrent que soixante morts. Attale n'en eut que quatre-vingts; mais, du côté de Philippe, il périt trois mille Macédoniens et six mille alliés. Deux mille Macédoniens et alliés et sept cents Égyptiens demeurèrent captifs.

« Telle fut l'issue de la bataille de Chios. Mais Philippe s'attribua la victoire pour deux raisons : d'abord il avait forcé Attale à s'échouer et s'était rendu maître de son vaisseau; ensuite, en s'établissant au promontoire Argenne, ne semblait-il pas être demeuré vainqueur sur les débris mêmes du combat. Le lendemain, par une conduite conforme à ses prétentions, il se mit à recueillir les restes des vaisseaux et à enlever du champ de bataille ceux de ses soldats qu'il put reconnaître. Il voulait ainsi en imposer au vulgaire. Quant à avoir réellement vaincu, les Rhodiens et Dionysidoros lui prouvèrent bientôt qu'il ne le pensait pas lui-même. Tandis que le roi se livrait à ces soins,

Dionysidoros et les Rhodiens s'avancèrent d'un commun accord contre lui ; ils eurent beau ranger leurs vaisseaux en bataille, personne ne se présenta à eux, et ils retournèrent à Chios. Philippe, qui n'avait jamais fait, ni sur terre ni sur mer, des pertes aussi considérables, avait l'âme pénétrée de douleur, et son courage était abattu. Mais il s'efforça de ne pas trahir son émotion au dehors, bien que les circonstances ne lui permissent guère d'avoir un tel empire sur sa tristesse. Et, en effet, sans parler de la défaite elle-même, la vue seule des suites de la bataille était bien faite pour effrayer les regards. Après un tel massacre, la mer fut d'abord couverte de morts, de sang, d'armes et de débris, et les jours suivants les rivages n'offraient aux yeux que des monceaux affreux de ces restes sanglants, épouvantable spectacle qui remplissait d'effroi et Philippe et les Macédoniens.

« Théophiliscos ne survécut qu'un jour à la bataille. Il écrivit aux Rhodiens un rapport sur cette affaire, et mourut des suites de ses blessures, après avoir mis à sa place Cléonée. Théophiliscos était un homme dont la bravoure dans les combats et la sagesse dans les conseils sont dignes de mémoire. S'il n'avait pas osé en venir aux mains avec Philippe, ses concitoyens et les autres peuples, intimidés par l'audace du prince, eussent négligé l'occasion de le vaincre. En ouvrant les hostilités, il força sa patrie à profiter des circonstances favorables, et contraignit Attale à ne plus différer sans cesse de préparer activement la guerre, et à la faire avec énergie et courage. Aussi, ce ne fut que justice quand les Rhodiens lui rendirent, après sa mort, des honneurs assez éclatants pour exciter au dévouement envers la patrie et leurs contemporains et leurs descendants (1). »

PHILIPPE, VAINCU DEVANT CHIOS, SE RETIRE EN CARIE. — « L'hiver approchant, Philippe se hâta de retourner dans le golfe d'Iassos, pour y mettre à l'abri les restes de sa flotte, et vint se reposer de ses fatigues à Bargylie. Cependant les Rhodiens et Attale, loin de licencier leurs vaisseaux. en complétaient les équipages, surveillaient plus que jamais les côtes, et jetaient par là le roi dans un grand embarras. Il flottait incertain entre mille pensées. S'il ne voulait pas quitter Bargylie, dans la prévision d'un nouveau combat naval, il était, d'une autre part, fort inquiet sur le sort de la Macédoine, et hésitait à demeurer plus longtemps en Asie ; ce qu'il craignait surtout, c'étaient les Étoliens et les Romains, car il n'ignorait pas que des ambassades avaient été envoyées de tous côtés contre lui à Rome, depuis que la guerre contre Carthage avait pris fin. Par suite de ces difficultés il était réduit, s'il n'agissait pas, à vivre de brigandages et de rapines. Il pillait et volait les uns, violentait les autres ; quelquefois aussi il employait les caresses, contre son habitude, pour remédier à la famine qui désolait son armée. On lui fournissait tantôt de la viande, tantôt des figues, tantôt un peu de blé. C'étaient Zeuxis, ou les habitants de Mylassa, ou ceux d'Alabanda et les Magnésiens qui lui procuraient surtout ces ressources. S'ils les lui offraient, il ne manquait pas de les flatter ; sinon, il devenait furieux et leur tendait des embûches. Il finit même, avec l'aide d'un certain Philoclès, par organiser un complot contre la ville de Mylassa ; mais l'imprudence même de l'entreprise la fit échouer. Il désola aussi la campagne des Alabandiens, comme il eût fait d'un territoire ennemi, parce qu'il lui fallait avant tout, disait-il, fournir des subsistances à ses troupes. Il reçut des Magnésiens des figues, au lieu de blé qu'ils n'avaient pas ; et, devenu maître de Myunte, qu'il avait sans doute laissé sur sa gauche dans son expédition contre Pergame, il la leur donna en retour de leurs figues (1). »

PHILIPPE REVIENT EN MACÉDOINE. — Cependant Philippe, fatigué de la vie d'aventures qu'il menait depuis deux ans, songeait à quitter la Carie. Ce n'était pas sans grands efforts qu'il parvenait à ravitailler son armée, et l'on cessera de s'étonner qu'il ait récompensé par le don d'une ville un présent

---

(1) Polybe, liv. XVI, ch. 29. Cf. Tite-Live, liv. XXXI, ch. 14.

(1) Polybe, liv. XVI, ch. 24.

d'une aussi mince importance qu'une provision de figues, si l'on songe qu'il semble résulter d'un fragment de Diodore de Sicile que l'année 200 fut année de disette (1). On comprendra alors facilement que le service rendu par les Magnésiens au roi de Macédoine tirait de cette circonstance une valeur bien au-dessus de celle qu'il aurait eue dans des années ordinaires. La rareté des grains avait eu sans doute pour cause une grande sécheresse et une chaleur excessive, à la faveur desquelles la récolte des figues avait été précoce et abondante. Mais on ne peut nourrir longtemps une armée avec des fruits secs, et force fut à Philippe d'abandonner la Carie et de retourner dans ses États.

Il ne pouvait ignorer d'ailleurs qu'un nouvel orage s'amoncelait sur sa tête, qu'une guerre plus terrible encore que la première se préparait contre lui à l'instigation des Romains. Laissant donc en Carie son lieutenant Dinocrate avec une petite armée composée de Macédoniens, d'Agrianes et de Thessaliens et disséminée dans les villes et dans les forts de la Carie et de la Pérée (2), il avait remis en mer, poursuivi par Attale et par les Rhodiens, auxquels il échappa et qui vinrent mouiller à Égine (3).

ATTALE ENGAGE LES ATHÉNIENS A ENTRER DANS LA LIGUE CONTRE PHILIPPE. — Instruit de l'arrivée du roi de Pergame, le peuple athénien envoya des députés auprès de lui pour le remercier de ses récents exploits et le prier de venir à Athènes délibérer sur les mesures à prendre dans les circonstances présentes. Quelques jours après, ce prince, instruit que les ambassadeurs romains étaient descendus au Pirée, et jugeant nécessaire de s'entendre avec eux, mit à la voile vers l'Attique. Le peuple, à peine instruit de sa prochaine arrivée, régla par des décrets l'accueil somptueux qu'on devait lui faire, et l'ordre des cérémonies qui auraient lieu

(1) Diod. de Sic., liv. XXVIII, fr. V : σπανίζων τροφῆς οὐ διέλιπε τὴν ὑπ᾽ Ἀτταλον χώραν ληλατῶν.
(2) Cf. Tite-Live, liv. XXXIII, ch. 18.
(3) Tite-Live, liv. XXXI, ch. 14.

durant son séjour. Attale, descendu au Pirée, passa les premiers jours avec les ambassadeurs romains, et sa joie fut grande de les entendre rappeler leur ancienne alliance, et de les trouver disposés à recommencer la guerre contre Philippe. Le lendemain il se dirigea vers Athènes avec les Romains et les archontes athéniens, au milieu d'un immense cortège; les magistrats, les chevaliers, et même tous les citoyens avec leurs femmes et leurs enfants se portèrent à sa rencontre; et quand cette foule l'eut reçu dans son sein, l'enthousiasme populaire pour les Romains, et surtout pour Attale, se manifesta avec une ardeur sans pareille. A son entrée par la porte Dipyle, il trouva rangés sur son passage les prêtres et les prêtresses. On lui ouvrit ensuite tous les temples, et les dieux eux-mêmes, ajoute Tite-Live (1), semblèrent sortir de leurs sanctuaires pour venir le recevoir. Près des autels étaient disposées des victimes qu'on le pria d'immoler. Enfin, Athènes lui décerna des honneurs tels qu'elle n'en avait jamais accordés à aucun de ses anciens bienfaiteurs : ainsi elle donna à une de ses tribus le nom d'Attale, et plaça le nom de ce prince parmi ceux de ses héros éponymes.

Les Athéniens convoquèrent ensuite l'assemblée et y appelèrent Attale. Il refusa d'y assister, parce que, disait-il, il lui serait pénible de venir rappeler ses bienfaits au peuple qu'il avait obligé; on n'insista pas, mais on le pria de faire par écrit les communications qu'il croirait utile de faire en ces conjonctures. Il y consentit, et les magistrats portèrent sa lettre à l'assemblée. En voici le résumé : rappel des services qu'il avait rendus à Athènes, énumération des combats livrés à Philippe, exhortation à prendre les armes contre ce prince. Attale finissait en protestant avec serment que, s'ils ne consentaient pas sans délai à s'associer courageusement à la haine que les Rhodiens, les Romains et lui avaient vouée aux Macédoniens, et demandaient plus tard, après avoir laissé échapper l'occasion favorable, à participer aux bénéfices d'une paix que d'autres auraient faite, ils pourraient alors ne pas atteindre

(1) Tite-Live, liv. XXXI, ch. 15.

le but qu'ils se proposeraient dans l'intérêt de leur patrie. A la seule lecture de cette lettre, la multitude se montra prête à voter immédiatement la guerre, autant par conviction que par amour pour le roi de Pergame. Mais quand les députés rhodiens parurent dans l'assemblée, et qu'ils eurent appuyé par de nouveaux arguments les conseils d'Attale, la foule ne balança plus, et la guerre fut déclarée à Philippe. La réception faite aux Rhodiens fut également magnifique; on leur décerna la couronne de la valeur, et on leur donna le droit de cité, pour avoir, entre tant d'autres services, rendu, avec les équipages qui les montaient, les vaisseaux que Philippe avait enlevés aux Athéniens. Les députés rhodiens se rembarquèrent aussitôt sur leur flotte et se rendirent à Céos, d'où ils continuèrent leur course vers leur île, à travers les Cyclades qui toutes, à l'exception de Cythnos, Andros et Paros, occupées par des garnisons macédoniennes, entrèrent dans l'alliance contre Philippe. Attale, de son côté, revint à Égine (1).

PHILIPPE ÉTEND SES POSSESSIONS EN THRACE. — Cependant Philippe, de retour en Macédoine, loin de s'effrayer de la lutte dont les Romains le menacent, envoie Philoclès, l'un de ses généraux, avec deux mille hommes d'infanterie et deux cents chevaux, ravager les terres des Athéniens; puis voulant, on peut le supposer, accroître sa puissance en Thrace afin de se ménager le chemin de l'Asie (2), il met sa flotte sous la conduite d'Héraclide, son conseiller le plus intime (3), auquel il ordonne de faire voile pour Maronée. Lui-même se dirige par terre sur cette ville, avec deux mille hommes de troupes légères et deux cents cavaliers, et l'emporte dès le premier assaut. Il prend ensuite Ænos, que la trahison de Ganymède, lieutenant du roi d'Égypte, lui livre après un siége pénible. Il s'empare successivement de plusieurs autres villes et s'avance dans la Chersonnèse, où Éléonte et Alopéconnèse lui ouvrent leurs portes.

Gallipolis et Madytos se soumirent également; mais lorsque, franchissant l'Hellespont, il veut se rendre maître d'Abydos, il rencontre une résistance qui l'oblige à en faire le siège dans les règles (1).

IL ASSIÉGE ABYDOS. — Il entoure la place d'un fossé et d'un retranchement, et l'attaque à la fois par mer et par terre. A ne considérer que la grandeur des préparatifs et la variété des ruses déployées de part et d'autre, ce fait d'armes n'eut rien de remarquable; mais la valeur des Abydéniens et leur merveilleuse résolution ont rendu ce siége à jamais mémorable. Bien qu'ils n'eussent reçu d'Attale, de Rhodes et de Cyzique que des secours insignifiants (2), les assiégés, assurés en leurs forces, résistèrent d'abord avec une heureuse énergie aux attaques de Philippe : ils coulaient à fond, sous le poids des projectiles, les machines qui s'approchaient par mer de leurs murs, ou bien ils les détruisaient par le feu. A peine l'ennemi pouvait-il dérober ses vaisseaux aux dangers qui les menaçaient. Du côté de la terre, ils résistèrent aussi pendant quelque temps aux tentatives du roi, avec le ferme espoir de l'emporter sur lui. Mais, lorsque le mur extérieur, sourdement sapé, s'abîma, et que les Macédoniens, par des tranchées souterraines, s'approchèrent d'une muraille intérieure, élevée en face de la première pour la remplacer, alors ils envoyèrent Iphiades et Pantaenotos offrir à Philippe de leur rendre la ville, s'il consentait à laisser partir sains et saufs les soldats qu'Attale et les Rhodiens leur avaient envoyés, et s'il permettait aux hommes libres de sortir avec les vêtements qu'ils portaient, pour se retirer où bon leur semblerait. Mais Philippe répondit qu'ils n'avaient qu'à se rendre à discrétion ou à combattre vaillamment; et les députés retournèrent dans Abydos (3).

« Les Abydéniens, instruits de la ri-

___

(1) Tite-Live, liv. XVI, ch. 25 et 26. Cf. Polybe, liv. XXXI, ch. 14 et 15.
(2) Polybe, liv. XVI, ch. 29.
(3) Diod. de Sic., liv. XXVIII, fr. II et IX.

(1) Tite-Live, liv. XXXI, ch. 16.
(2) Tite-Live, l. c. : « Attalus trecentos tantum milites in præsidium, Rhodii quadriremem unam ex classe, quum ad Tenedum staret, miserunt. » Pour Cyzique, voyez plus bas.
(3) Polybe, liv. XVI, ch. 30.

gueur de Philippe, se réunirent dans une assemblée générale, et délibérèrent en hommes animés par le désespoir. Ils résolurent d'affranchir les esclaves, en qui ils trouveraient des défenseurs dévoués; de réunir les femmes dans le temple de Diane, et les enfants avec leurs nourrices dans le gymnase; de transporter l'or et l'argent sur la place publique, et de déposer dans la quadrirème des Rhodiens et dans la trirème de Cyzique leurs effets les plus précieux. Ces résolutions prises et aussitôt exécutées, ils convoquèrent une nouvelle assemblée où ils choisirent cinquante citoyens des plus considérables, déjà vieux, mais encore assez forts pour accomplir la mission dont on allait les changer. Ils leur firent prêter le serment, devant tous les citoyens, d'égorger les femmes et les enfants, de brûler le vaisseau de Rhodes et celui de Cyzique, et de jeter l'or et l'argent dans la mer, si l'ennemi s'emparait de la seconde muraille. Enfin, ils s'engagèrent, en présence de leurs prêtres, à vaincre l'ennemi ou à mourir. Ils immolèrent ensuite quelques victimes, et forcèrent les prêtres et les prêtresses, la main sur les entrailles des brebis, à lancer des imprécations contre quiconque serait parjure. Dès lors ils cessèrent de combattre les mines de Philippe par des contre-mines, et ne songèrent plus, si leur dernière enceinte croûlait, qu'à lutter sur la brèche et à périr (1).

« Le mur tomba en effet. Fidèles à leur serment, les Abydéniens, debout sur la brèche, combattirent avec tant de courage, que Philippe, qui cependant jusqu'à la nuit avait sans cesse remplacé les soldats fatigués par des troupes fraîches, quitta la place, désespérant du succès. Non-seulement les assiégés placés au premier rang luttaient hardiment, montés sur les cadavres des ennemis, non-seulement ils les attaquaient l'épée et la lance à la main, sans reculer devant aucun danger, mais ces armes émoussées devenaient-elles inutiles, leur étaient-elles arrachées de vive force, se ruant alors sur les Macédoniens et combattant corps à corps, ils abattaient les uns de leurs propres armes, brisaient les sarisses des autres, et, munis de ces tronçons, ils les frappaient avec les pointes des lances au visage, partout enfin où ils étaient quelque peu découverts, si bien qu'ils jetaient les Macédoniens dans un complet découragement. Le combat finit au déclin du jour, la plupart des Abydéniens étant morts à leurs postes, les autres épuisés par la fatigue et les blessures. Quelques vieillards, pour sauver leur vie, trahirent la noble et généreuse pensée de leurs concitoyens. Ils résolurent, au lieu de tuer les femmes et les enfants, d'envoyer vers Philippe, au retour du jour, leurs prêtres et leurs prêtresses avec des bandelettes pour implorer sa clémence et lui livrer la ville (1). »

Philippe, maître d'Abydos, trouva les trésors amoncelés par les habitants et s'en empara sans peine; mais l'énergique résolution de ces hommes qui se tuaient eux, leurs femmes et leurs enfants, plutôt que de survivre à leur ville natale, le remplit de terreur et de pitié! Il tenta vainement d'arrêter ces morts volontaires : l'amour de la patrie fut plus fort que sa tardive clémence (2).

LES AMBASSADEURS ROMAINS DÉCLARENT LA GUERRE A PHILIPPE. — Cependant Attale, instruit du siège d'Abydos, s'était rendu à travers la mer Égée jusqu'à Ténédos, et Marcus Æmilius, le plus jeune des ambassadeurs romains, était venu trouver Philippe avant qu'il n'y fût encore entré dans cette ville. Admis auprès du roi, il lui déclare, au nom du sénat, qu'il venait l'engager à ne faire la guerre à aucun peuple grec, à ne pas se mêler des affaires d'Égypte et à rendre compte de ses attaques contre Attale et contre les Rhodiens; qu'à cette condition la paix subsisterait; que sinon il aurait la guerre avec Rome. Comme Philippe lui répondait que les Rhodiens l'avaient attaqué les premiers, « Et les Athéniens, dit Marcus en l'interrompant, et les Cianiens (3), et les Abydéniens! quel est celui de ces peuples qui ait pris l'initiative de l'attaque (4)? »

La prise d'Abydos fut, pour les Ro-

(1) Polybe, liv. XVI, ch. 31.
(2) Id. ib. ch. 34.
(3) Voy. plus haut, p. 251, col. 2.
(4) Id., ibid.

maias, le signal d'une nouvelle guerre dont il n'entre pas dans notre plan de raconter les phases diverses. Nous nous bornerons à ceux de ces événements auxquels les rois de Pergame prirent une part active, c'est-à-dire ceux qui se rapportent à la guerre maritime.

OPÉRATIONS MARITIMES D'ATTALE PENDANT LA SECONDE GUERRE DE MACÉDOINE. — SIÉGE ET PRISE D'ANDROS. — La flotte romaine, partie de Corcyre, au commencement de la première campagne, sous les ordres du légat L. Apustius, doubla le cap Malée et fit sa jonction avec Attale à la hauteur du promontoire Scylléon, voisin d'Hermione. D'Hermione elle vint au Pirée, d'où elle fit voile vers Andros. Là elle jeta l'ancre dans le port de Gaurion. On fit alors sonder les dispositions des habitants pour s'assurer s'ils aimaient mieux livrer volontairement leur ville que de soutenir un assaut. Ils répondirent qu'une garnison macédonienne occupait la citadelle et qu'ils n'étaient point leurs maîtres. Aussitôt on débarqua les troupes et toutes les machines nécessaires à un siège ; puis Attale et le légat romain, chacun d'un côté différent, s'approchèrent de la place. La citadelle tint deux jours, grâce à sa position plus qu'au courage de ses défenseurs, et le troisième elle se rendit. Les Romains la cédèrent au roi de Pergame, et se réservèrent le butin. Attale, craignant de ne se trouver maître que d'une île déserte, persuada à tous les Macédoniens et à la plupart des habitants d'y rester (1). C'était s'assurer pour sa flotte une seconde station non moins importante qu'Égine.

PRISE DE SCIATHOS ET D'ACANTHE. — D'Andros on passa à Cythnos, dont on fit inutilement le siége, et qu'on abandonna bientôt, comme trop peu importante pour s'y arrêter longtemps. Ensuite on vint à Sciathos, où l'on se procura du blé et des vivres, puis on fit voile vers Cassandrée ; mais la flotte, assaillie par une tempête, fut dispersée et ne se rallia qu'à grand'peine. Après une vaine tentative contre la ville que défendait une forte garnison macédonienne, ils se rembarquèrent, passèrent Canastræon dans la Pallène, doublèrent le cap Toron et se portèrent sur Acanthe. La campagne fut ravagée et la place elle-même prise et pillée. Là s'arrêtèrent leurs courses : déjà la flotte regorgeait de butin ; ils regagnèrent Sciathos et de là l'Eubée (1).

PRISE D'ORÉE. — La flotte y resta, tandis que dix vaisseaux légers entraient dans le golfe Maliaque pour se concerter avec les Étoliens sur les opérations de la guerre. Ceux-ci demandèrent à Attale, d'après les conditions du traité d'alliance, un secours de mille fantassins ; mais Attale s'y refusa, parce que les Étoliens avaient, eux aussi, montré quelque répugnance à se mettre en campagne pour ravager la Macédoine, lorsque Philippe incendiait les temples et les habitations des environs de Pergame, tandis que, par cette utile diversion, ils auraient pu le forcer à revenir défendre ses États. Les Romains, de leur côté, promirent beaucoup aux Étoliens, qui se retirèrent avec des espérances, mais non avec des secours. Apustius et Attale retournèrent sur leur flotte, et vinrent assiéger Orée avec d'autant plus de confiance que, après la prise d'Andros, ils avaient été rejoints par vingt vaisseaux rhodiens, sous le commandement d'Acésimbrotos. Pendant le siège, qui fut long et difficile, Apustius s'empara de Larissa Crémasté, moins la citadelle, et Attale d'Ægéléon. Ensuite ils revinrent devant Orée, qui se rendit après une résistance énergique. Attale eut pour sa part la ville, et les Romains les prisonniers (2). Ainsi le roi de Pergame obtenait, comme récompense de sa coopération, une forte position dans cette île d'Eubée dont la possession, depuis longues années, avait été convoitée par tous les peuples et par tous les rois qui aspiraient à la domination de la Grèce.

ATTALE REVIENT EN ASIE. — L'équinoxe d'automne approchait, époque redoutable pour ceux qui naviguent dans ces parages. Les vainqueurs, voulant éviter les tempêtes de l'hiver, retournèrent au Pirée. Attale y resta pendant la célébration des mystères de Cérès, auxquels il assista, et aussitôt après

---

(1) Tite-Live, liv. XXXI, ch. 45.

(1) Tite-Live, liv. XXXI, ch. 45.
(2) Tite-Live, ib., ch. 46.

la fête, il partit pour l'Asie laissant la plus grande partie de sa flotte et de son armée à Égine, à Andros et à Orée, et renvoya les Rhodiens dans leur patrie (1).

ANTIOCHOS ENVAHIT LE ROYAUME D'ATTALE. — AMBASSADE D'ATTALE A ROME. — L'année suivante (198), Antiochos voulant faire une utile diversion en faveur de Philippe, son allié, envahit les États d'Attale. Celui-ci se hâta d'envoyer à Rome des ambassadeurs, qui furent introduits dans le sénat par les consuls. Là ils exposèrent que leur maître avait toujours aidé les Romains de sa flotte et de toutes ses troupes de terre et de mer, docile aux injonctions des consuls; « mais, ajoutèrent-ils, il crai-
« gnait que le roi Antiochos ne lui permît
« plus de rendre les mêmes services.
« Son royaume, dégarni de flottes et
« d'armées, avait été envahi par le mo-
« narque syrien : aussi conjurait-il les
« Pères conscrits de lui envoyer des ren-
« forts pour protéger ses États, s'ils vou-
« laient se ménager la coopération de sa
« flotte dans la guerre de Macédoine;
« sinon il demandait la permission de
« rappeler ses forces de terre et de mer
« pour se défendre. » Le sénat fit répondre aux ambassadeurs « que, si le roi Attale avait mis ses armées et sa flotte à la disposition des généraux romains, on lui en savait gré; que si on ne pouvait envoyer des secours à Attale contre Antiochos, allié et ami du peuple romain, on ne songeait pas non plus à retenir son contingent, si ses intérêts le réclamaient ailleurs; que Rome, en acceptant les secours de ses alliés, leur laissait toujours le droit d'en régler l'usage et de fixer l'époque où devait commencer et finir leur coopération; que toutefois une députation irait annoncer au roi Antiochos que les troupes d'Attale ainsi que sa flotte devaient seconder les opérations de l'armée romaine contre Philippe, leur ennemi commun; qu'Antiochos ferait une chose agréable au peuple comme au sénat en respectant les États d'Attale et en cessant toute hostilité, car il était convenable que deux rois alliés du peuple romain fussent en paix l'un avec l'autre (2). »

(1) Tite-Live, liv. XXXI, ch. 47.
(2) Id. liv. XXXII, ch. 8.

ANTIOCHOS SE RETIRE. — ATTALE ACHÈVE LA CONQUÊTE DE L'EUBÉE. — L'ambassade eut lieu, on n'en saurait douter, et Antiochos, qui venait d'ailleurs d'apprendre l'invasion de la Palestine et de la Cœlé-Syrie par Scopas, général de Ptolémée, se hâta d'obtempérer au désir des Romains et d'abandonner l'Asie Mineure pour venir défendre la Syrie menacée. Attale restait donc maître de ses mouvements. Aussi, peu de temps après, deux flottes partirent d'Asie, l'une de vingt-quatre quinquérèmes, commandées par Attale, et l'autre de vingt vaisseaux pontés fournis par les Rhodiens et sous les ordres d'Acésimbrotos. Elles opérèrent leur jonction avec la flotte romaine à la hauteur d'Andros, firent voile vers l'Eubée, et en deux jours s'emparèrent successivement de Chalcis et de Carystos, complétant ainsi la conquête de l'île où Attale, comme nous venons de le voir, possédait déjà Oréos.

LES ACHÉENS ENTRENT DANS LA LIGUE. — De là, doublant le cap Sunion, elles abordèrent à Cenchrées, l'un des entrepôts de Corinthe (1), où la flotte romaine était mouillée (2). Leur présence en ce lieu décida les Achéens à entrer dans la ligue contre Philippe. Corinthe, qu'on avait promis de rendre, fut assiégée par le consul L. Quinctius, du côté de Cenchrées, et du côté de Léchæon par Attale, qui avait fait traverser l'isthme à son armée. Mais la résistance de la garnison macédonienne fut opiniâtre, et il fallut renoncer à l'entreprise. On congédia les Achéens et l'on se remit en mer : Attale fit voile vers le Pirée, les Romains vers Corcyre (3).

ATTALE ASSISTE A L'ENTREVUE DE FLAMININUS AVEC PHILIPPE. — Vers la fin de l'année 198, des ambassadeurs du roi Attale vinrent déposer au Capitole une couronne d'or du poids de deux cent quarante-six livres et remercier le sénat de ce que les envoyés romains avaient obtenu la retraite d'Antiochos. Le roi de Pergame témoignait encore plus efficacement sa gratitude en restant sur le théâtre de la guerre. Flamininus, dans cette campa-

(1) Tite-Live, liv. XXXII, ch. 16 et 17.
(2) Id., ib., ch. 21.
(3) Id., ib., ch. 23.

gne, quoiqu'il eût échoué devant Corinthe, avait réparé cet échec par la prise d'Élatée. Il venait d'établir ses quartiers d'hiver en Phocide et en Locride, quand Philippe, effrayé du vide qui se faisait autour de lui, lui fit demander une entrevue. Le consul y consentit sans peine et voulut que son fidèle allié le roi de Pergame et Dionysodoros, un des lieutenants de ce prince, fussent au nombre des témoins qui y assistèrent (1).

PRÉTENTIONS DES ALLIÉS DE ROME. — RÉPONSE DE PHILIPPE. — Titus, après les premiers pourparlers, engagea chacun de ses alliés à exposer les réclamations qu'il croyait avoir à faire. Dionysodoros, au nom d'Attale, demanda que Philippe rendît les vaisseaux capturés sur ce prince à la bataille de Chios et les équipages qui les montaient, qu'il rétablît dans leur ancienne splendeur les temples de Vénus et le Nicéphorion, qu'il avait détruits. Acésimbrotos, amiral des Rhodiens, réclama la Pérée, dont Philippe les avait dépouillés en envahissant la Carie; il le somma de retirer ses garnisons d'Iassos, de Bargylie et d'Euromos; de replacer Périnthe dans la position où elle était autrefois à l'égard de Byzance; d'abandonner Sestos, Abydos et tous les ports de l'Asie. Les Étoliens, de leur côté, entre autres prétentions, demandaient que Cios fût évacuée et rendue à leur ligue (2). Philippe répondit que, s'il avait fait la guerre aux Cianiens, ce n'était pas pour son propre compte, mais comme allié de Prusias, qui la leur faisait; que, pour Attale et pour les Rhodiens, il ne leur devrait rien, puisque c'étaient eux qui avaient commencé la guerre; que cependant, si Flamininus l'ordonnait, il rendrait la Pérée aux Rhodiens, à Attale ses vaisseaux et les prisonniers. « Je ne puis, ajouta-t-il, rétablir « le Nicéphorion détruit, ni l'enceinte « du temple de Vénus; mais j'enverrai « des plantes et des jardiniers pour veiller « à la culture de ces lieux désolés et à la « croissance des arbres coupés (3). »

LES NÉGOCIATIONS SONT ROMPUES. — LA GUERRE RECOMMENCE. — ENTREVUE AVEC NABIS. — La nuit vint interrompre cette négociation, qui fut reprise le lendemain. Mais Philippe ne voulut faire aucune nouvelle concession, et Titus vint annoncer aux ambassadeurs que le roi consentait à rendre aux Rhodiens la Pérée, mais non Iassos et Bargylie, et que le seul dédommagement qu'il voulait accorder à Attale, c'était de lui rendre ses vaisseaux et tous les captifs faits dans les deux batailles navales de Ladé et de Chios (1).

Dans de pareilles dispositions de part et d'autre, la paix était impossible, et la guerre recommença (2). Philippe, afin de pouvoir la soutenir avec moins de désavantage, avait cherché à se faire un allié de Nabis, tyran de Lacédémone, en lui cédant la ville d'Argos. Une fois maître de cette ville, Nabis oublia de qui il la tenait et à quelles conditions il l'avait reçue. Il dépêcha donc à Élatée, vers Quinctius, et vers Attale à Égine, où ce roi suivant l'usage avait établi ses quartiers d'hiver. Il espérait qu'en abandonnant ouvertement son allié, il pourrait s'entendre avec eux. Quinctius, afin d'enlever encore à Philippe cette ressource, accepta le rendez-vous et invita Attale à quitter Égine pour le rejoindre à Sicyone. Attale était déjà arrivé quand le consul survint. Mais apprenant que ce dernier voulait se rendre à Argos auprès de Nabis, il lui représenta que c'était au tyran à venir trouver le général romain, et non pas au général à se transporter auprès du tyran. L'entrevue eut lieu, en effet, entre Sicyone et Argos. Attale s'y montra habile politique et parvint à la faire échouer (3).

ATTALE A SICYONE. — Du lieu de l'entrevue, Attale revint à Sicyone. Cette ville avait déjà eu à se louer du roi de Pergame. Dans des circonstances difficiles, forcés d'engager un champ consacré à Apollon, ils s'étaient adressés à ce prince, qui avait racheté

---

(1) Polybe, liv. XVII, ch. 1 et 2. Cf. Tite-Live, ib., ch. 32.
(2) Polybe, liv. XVII, ch. 2. Tite-Live, ib. ch. 33.
(3) Polybe, ib., ch. 6. Tite-Live, ib. ch. 33.

(1) Polybe, ibid., ch. 8. Tite-Live, ibid., ch. 35.
(2) Appien, Macédon., fr. VI. Plut., Flamininus, ch. 9.
(3) Tite-Live ibid., ch. 39 et 40.

le territoire sacré moyennant une somme considérable, et, en témoignage de leur gratitude, les Sicyoniens lui avaient érigé une statue de dix coudées de haut (1). Cette fois encore il ne se montra pas moins libéral envers eux que par le passé : il leur fit don de dix talents d'argent et de dix mille médimnes de blé. Sicyone reconnaissante lui éleva une statue d'or, et institua un sacrifice annuel en son honneur (2).

ATTALE TOMBE MALADE. — Au commencement du printemps, Quinctius mande Attale à Élatée. Il voulait, secondé par lui, engager les Béotiens dans l'alliance commune contre Philippe. Dans la réunion qui eut lieu à Thèbes pour cet objet, Attale prit le premier la parole ; mais, trop âgé et trop faible pour supporter les efforts qu'exige un discours soutenu, il se tut tout à coup et tomba sans connaissance. On s'empressa de le relever et de l'emporter : il avait une partie du corps paralysé. L'alliance conclue, Quinctius resta à Thèbes le temps nécessaire pour être rassuré sur l'accident d'Attale. Lorsqu'il eut la certitude que la vie du roi n'était pas en danger et que cette attaque le priverait seulement de l'usage de ses membres, il le laissa achever son rétablissement et retourna à Élatée (3).

BATAILLE DE CYNOSCÉPHALES. — LES RHODIENS TENTENT DE REPRENDRE LA PÉRÉE. — A l'aide du mot de *liberté* qu'il prononçait partout, Flamininus gagna les Thébains à la cause de Rome, et quand il eut ainsi réduit Philippe à ses seules forces en armant contre lui tous les Grecs, il le battit à Cynoscéphales (197) et le réduisit à demander la paix.

Ce n'était pas seulement en Europe que la fortune se déclarait contre le roi de Macédoine. Vers l'époque où la victoire de Cynoscéphales constata la supériorité de la légion romaine sur la phalange macédonienne, les Rhodiens tentaient de reprendre la Pérée, antique possession de leurs ancêtres que Philippe leur avait enlevée et dont tout récemment encore ils avaient réclamé en vain la restitution. Pour atteindre ce but, ils avaient envoyé dans cette contrée le stratège Pausistratos avec huit cents hommes d'infanterie achéenne et environ dix-neuf cents auxiliaires. A la tête de ces forces Pausistratos s'empara de Tendéba, position très-avantageuse, sur le territoire de Stratonicée. Il avait su dérober sa marche aux Macédoniens qui occupaient le pays, et reçut bientôt un secours de mille fantassins achéens et de cent chevaux. Cependant Dinocrates, lieutenant de Philippe, voulant reconquérir le fort de Tendéba, vint s'établir dans le fort Astragon, également situé sur le territoire de Stratonicée, appela sous ses drapeaux toutes les garnisons dispersées dans les différentes places du voisinage, ainsi que les auxiliaires thessaliens qui se trouvaient à Stratonicée même, et prit la route d'Alabanda, où étaient les ennemis. Les Rhodiens ne refusèrent pas le combat. Le premier jour, les deux armées se rangèrent en bataille sur les bords du Marsyas, dont les eaux étaient alors très-basses et qui les séparait l'une de l'autre. Après avoir lancé quelques traits de part et d'autre, elles rentrèrent dans leur camp. Le lendemain elles reparurent dans le même ordre et engagèrent une lutte plus acharnée qu'on n'aurait pu l'attendre de leur petit nombre, car il n'y avait pas, de part et d'autre, plus de trois mille fantassins et d'environ cent cavaliers. Les Achéens franchirent les premiers le torrent et fondirent sur l'aile gauche des Macédoniens, composée d'Agrianes. L'armée presque tout entière les suivit au pas de course. L'action fut longtemps indécise ; enfin les Achéens, qui étaient au nombre de mille, ainsi que leurs antagonistes, firent reculer ceux-ci, et bientôt toute l'aile droite plia à son tour. Au milieu de la confusion générale. Les Macédoniens tournèrent le dos, se débarrassèrent de leurs armes, et, courant de toute leur vitesse, ils s'enfuirent dans la direction de Bargylie. C'est là aussi que Dinocrates se réfugia. Les Rhodiens les poursuivirent tant qu'il fit jour, après quoi ils regagnèrent leur camp. Il est assez

---

(1) Polybe, *ib.*, ch. 17.
(2) Polybe, *ib.*, Tite-Live, *ib.* ch. 40.
(3) Tite-Live, liv. XXXIII, ch. 2.

probable que, si les vainqueurs eussent marché droit sur Stratonicée, ils auraient pu reprendre cette ville sans combat; mais ils laissèrent échapper cette occasion en perdant leur temps à reconquérir les forts et les bourgs de la Pérée. Durant cet intervalle la garnison de Stratonicée se rassura; bientôt même Dinocrates et les débris de son armée entrèrent dans la ville. Dès lors le siége et les assauts furent sans résultat : Stratonicée ne put être reprise qu'un peu plus tard par le roi Antiochos (1).

MORT D'ATTALE. — SON ÉLOGE. — Peu de temps après, Attale, qu'on avait transporté de Thèbes à Pergame, mourut (197) à l'âge de soixante-onze ou soixante-douze ans (2) après en avoir régné quarante-quatre (3). Il emportait avec lui la consolation d'avoir énergiquement préparé l'anéantissement de la puissance macédonienne, à laquelle la bataille de Cynoscéphales venait de porter le dernier coup. La fortune, dit Tite-Live, d'accord ici avec Polybe, n'avait donné à ce prince que des richesses sur quoi fonder l'espoir de régner; mais l'usage à la fois judicieux et noble qu'il en fit, justifia cet espoir d'abord à ses propres yeux, puis aux yeux des autres. Vainqueur des Galates, le peuple le plus brave et le plus redouté de l'Asie, il prit le titre de roi et se montra toujours, par sa grandeur d'âme, au niveau de sa haute fortune. Il gouverna ses sujets avec une admirable équité; il fut d'une fidélité à toute épreuve envers ses alliés, bienveillant et généreux pour ses amis. Sa femme et ses quatre enfants (4) lui survécurent, et il leur laissa un trône si bien affermi, que le pouvoir passa sans entraves jusqu'à ses petits-enfants. Enfin, ajoute Polybe, il mourut occupé de la plus belle des œuvres, combattre pour la liberté de la Grèce (5).

(1) Tite-Live, liv. XXXIII, ch. 18.
(2) Suivant Tite-Live, *ibid.*, ch. 21.
(3) Suivant Polybe, liv. XXII, ch. 24.
(4) Strab., liv. XIII, p. 624 : Κατέλιπε δὲ τέτταρας υἱοὺς ἐξ Ἀπολλωνίδος Κυζικηνῆς γυναικός, Εὐμένην, Ἄτταλον, Φιλέταιρον, Ἀθήναιον.
(5) Polybe, liv. XVIII, ch. 24, et liv. XXII, 3. Tite-Live, pass. cit.

ATTALE, HOMME DE LETTRES ET PROTECTEUR DES SCIENCES ET DES ARTS. — « Ce prince, dit l'abbé Sévin dans ses savantes recherches sur les rois de Pergame (1), joignait aux vertus militaires et politiques du savoir et des connaissances. Il avait même laissé des ouvrages de sa façon. Dans l'un d'eux, suivant le témoignage de Strabon (2), il s'étendait fort au long sur la description d'un sapin qui, par sa grosseur et sa beauté, passait en ce genre pour une des plus étonnantes productions de la nature. On ne sait point aujourd'hui quel était le titre de cet écrit. Strabon n'a pas eu soin de nous en instruire. Pline (3) ne marque pas non plus dans lequel des livres composés par Attale il avait puisé une particularité assez singulière : c'est que la prononciation de certains mots empêchait la morsure du scorpion. Il résulte de tout ceci que les travaux littéraires de ce prince roulaient principalement sur l'histoire naturelle. Il y a beaucoup d'apparence néanmoins que d'autres sujets avaient occupé sa plume : j'en juge par un morceau de Lysimachos, intitulé *Des connaissances et de l'érudition d'Attale*, morceau dont Athénée (4) nous a conservé le souvenir, et qui était peu digne de voir le jour, par les flatteries basses et serviles que l'auteur y avait répandues (5). Ce Lysimachos ne serait-il pas un de ces écrivains que le roi de Pergame avait chargés de travailler à l'histoire de sa vie? Le fait est attesté par Pausanias (6), qui regrette, dans le même endroit, la perte de ces divers monuments. *Il est arrivé de là*, dit-il, *que les belles actions d'Attale sont aujourd'hui ensevelies dans les ténèbres de l'oubli.*

(1) *Mém. de l'Acad. des inscr. et belles-lett.*, t. XII, p. 236 et suiv.
(2) Liv. XIII, p. 603 A.
(3) Liv. XXVIII, ch. 5, § 2. — L'Attale dont parle Pline pourrait bien ne pas être Attale Iᵉʳ, mais plutôt Attale III, prince superstitieux et insensé auquel de pareilles idées pouvaient venir dans l'esprit. Ph. L.
(4) Athén., liv. VI, p. 252 C.
(5) Οὗτος δ' ὁ ἀνὴρ καὶ περὶ τῆς Ἀττάλου παιδείας συγγέγραφε βίβλους, πᾶσαν κολακείαν ἐμφαινούσας.
(6) Liv. I, ch. 6, § 1.

« La bienveillance dont il honora les gens de lettres méritait un peu plus d'attention de la part de ceux qui se distinguèrent dans les siècles suivants. Jamais prince ne protégea les sciences plus efficacement. Arcésilas ressentit, en différentes occasions, les effets de sa générosité, et on voit dans Diogène Laërce (1) une épigramme de ce philosophe en l'honneur de son bienfaiteur. Cet auteur assure de plus (2) qu'Attale fit présent à Lacydès du jardin où s'assemblaient ses disciples. Il lui offrit même, ajoute Diogène, des établissements considérables à Pergame; mais le philosophe répondit que les images des rois ne doivent être regardées que de loin. Il paraît cependant que quelques savants, moins délicats que Lacydès, vécurent à la cour de ce prince. Athénée (3) en fournit la preuve. Le poëte Ctésiphon, selon lui, avait l'intendance des domaines qu'Attale possédait dans l'Éolide. »

FONDATION DE LA BIBLIOTHÈQUE DE PERGAME. — « Mais de tous les services qu'Attale rendit à la république des lettres, le plus important, sans contredit, est la fondation de la fameuse bibliothèque de Pergame. La gloire de l'avoir commencée lui appartient. C'est du moins la conséquence qui peut se tirer de quelques passages des anciens. Si l'on en croit Varron (4), les rois d'Égypte, dont une si grande entreprise avait excité la jalousie, défendirent l'exportation du papyrus. Alors se fit la découverte du vélin. Or, saint Jérôme (5) la place sous le règne d'Attale, et il n'est pas seul de ce sentiment. Tzetzès (6) avance la même chose, ainsi qu'un écrivain anonyme dont Saumaise rapporte les paroles dans ses Exercitations sur Pline (7). L'un et l'autre font honneur de cette invention à Cratès le Grammairien, contemporain d'Attale et son ambassadeur à Rome.

« Non content de protéger les lettres, il aima passionnément les beaux-arts. On lit dans Pline (1) que ce prince acheta cent talents un tableau du peintre Aristide. Le même auteur (2), et Vitruve (3) avant lui, rapportent qu'Attale avait fait bâtir un superbe palais dans la ville de Tralles. On convient encore que la manière d'employer l'or dans les tapisseries lui appartient en propre (4). Enfin, ses grandes qualités le mirent fort au-dessus de ses prédécesseurs, et aucun de ceux qui lui succédèrent ne remplit le trône ni avec plus de gloire, ni avec plus de sagesse. »

ÉLOGE D'APOLLONIS, FEMME D'ATTALE. — Attale avait eu une épouse digne de lui, Apollonis (5), dont Polybe (6) a fait un éloge qui mérite d'être reproduit ici : « Apollonias (7), femme d'Attale et mère d'Eumènes, était de Cyzique. Elle a plus d'un titre à notre attention et à nos louanges. Tirée d'une condition obscure pour monter sur le trône, elle garda jusqu'à la mort le rang suprême, non par les séductions d'une courtisane, mais grâce à sa sagesse, à la dignité sans fierté de son caractère et à sa vertu accomplie. Déjà, par ces qualités, elle est digne d'une honorable mémoire. Ajoutons que, mère de quatre enfants, elle conserva pour eux une tendresse, une bienveillance inaltérable qui n'eut pour terme que sa vie; et cependant elle survécut longtemps à Attale. Du reste, Eumènes et son frère, quand ils se rendirent avec elle à Cyzique (8), conquirent l'affection générale par les honneurs et les marques de déférence dont ils entourèrent leur mère. La conduisant entre eux par la main, ils parcoururent avec elle, en grande pompe, les temples et les au-

---

(1) Liv. IV, segm. 30.
(2) Liv. IV, segm. 60.
(3) Liv. XIV, p. 697. C. D.
(4) Cité par Pline, liv. XIII, ch. 21.
(5) Epist. ad Chrom.
(6) Chil. XII, vers 345-348. Hist. 405.

(1) P. 669.
(2) Liv. XXXV, ch. 36, 37.
(3) Liv. XXXV, 49, 3.
(4) Liv. II.
(5) Pline, liv. XXXIII, 19, § 5.
(6) Polybe la nomme Apollonias; mais son véritable nom est Apollonis, comme le prouve une inscription de Téos publiée pour la première fois dans mon VOYAGE ARCHÉOLOG. — Inscript., t. III, p. 88. C'est aussi celui que lui donne Strabon, liv. XIII, p. 624 et 625.
(7) Liv. XXIII, fr. 18.
(8) Pour conclure la paix avec Prusias, Voy., plus loin, à l'année 179.

tres monuments de la ville. Tous ceux qui assistaient à ce spectacle voyaient avec bonheur une telle piété filiale et la vantaient hautement. On se rappelait Cléobis et Biton, dont on comparait la conduite à la leur ; et ce qu'il y avait de plus brillant dans le zèle des deux frères d'Argos était compensé par l'éclat de la dignité royale. »

C'est cette même Apollonis qui remerciait souvent les dieux, non de l'avoir placée sur un des trônes les plus florissants de l'Asie, mais de ce que les plus jeunes de ses enfants faisaient les fonctions de gardes auprès de leur frère aîné, et de ce que celui-ci, sans armes, marchait en sûreté au milieu de ses frères armés de lances et d'épées (1). Aussi avait-elle reçu de ses sujets le surnom de *Pieuse* (2) et était-elle honorée, comme déesse, à Téos (3), d'un culte particulier auquel on associa plus tard Stratonicé (4), fille d'Ariarathe, roi de Cappadoce, et femme d'Attale II (5). De plus on avait donné son nom à une ville de la Lydie (6).

EUMÈNES II SUCCÈDE A ATTALE. — Attale Ier eut pour successeur Eumènes II, son fils, qui, persévérant dans la politique prudente de ses devanciers, devait agrandir encore le royaume paternel, grâce à la puissante protection des Romains, dont il resta l'allié fidèle jusque vers la fin de son règne. Il trouva d'ailleurs dans ses trois frères Attale, Athénée et Philétæros, d'utiles et intelligents auxiliaires qui lui étaient unis moins encore par les liens du sang que par ceux de l'amitié la plus dévouée.

TRAITÉ DE ROME AVEC PHILIPPE. — IL DOIT ÉVACUER LES VILLES DE CARIE. — Cependant dix commissaires envoyés de Rome étaient venus régler, de concert avec Flamininus, les clauses du traité de paix accordé à Philippe. Une des conditions de ce traité était que toutes les cités grecques d'Europe et d'Asie seraient libres et autonomes ; que Philippe retirerait ses garnisons des places dont il s'était rendu maître, et, notamment en Asie, d'Euromos, de Pédasa, de Bargylie, d'Iassos, de Myrina et d'Abydos. Quant à Cios, Quinctius devait écrire à Prusias, roi de Bithynie, pour lui faire connaître la volonté du sénat (1).

CLAUSES RELATIVES AU ROI DE PERGAME. — Il fut en outre défendu expressément au roi de Macédoine d'entrer en guerre avec le nouveau roi de Pergame.

Eumènes fut maintenu en possession de l'île d'Égine et obtint, en outre, les éléphants de Philippe ; enfin les Rhodiens eurent Stratonicée de Carie et d'autres villes qu'avait occupées le roi de Macédoine (2). La majorité des dix commissaires romains envoyés en Grèce pour régler avec Flamininus les conditions de la paix voulaient en outre maintenir le roi de Pergame dans la possession des villes d'Orée, d'Érétrie et probablement de Chalcis, lesquelles, comme on l'a vu plus haut, avaient été abandonnées à Attale Ier, comme sa part dans les conquêtes faites en commun sur Philippe et sur ses alliés. Mais Quinctius s'y refusa, et le sénat confirma sa décision (3). Eumènes perdait ainsi la possession de l'Eubée, que l'occupation de ces places semblait lui avoir assurée. La station d'Égine, dont il restait maître, ne pouvait compenser cette perte.

CHAPITRE X.

GUERRES D'ANTIOCHOS AVEC ROME ET AVEC LE ROI DE PERGAME, JUSQU'A LA BATAILLE DE MAGNÉSIE.

196—190.

ANTIOCHOS SE PRÉPARE A FAIRE LA GUERRE AUX ROMAINS. — L'issue de la bataille de Cynoscéphales, en contraignant Philippe à demander la paix aux Romains, avait délivré Rome et les

---

(1) Plut., *De fratr. amor.*, ch. 5.
(2) Inscript. citée plus haut.
(3) Θεᾶς Ἀπολλωνίδος, ibid.
(4) Ibid.
(5) Strab., liv. XIII, p. 624.
(6) Située à 300 stades au sud-ouest de Pergame, entre cette dernière et Sardes. Voy. Strab., *ibid.*, p. 626, et Cramer, *Asia Minor*, t. I, p. 427.

(1) Polybe, liv. XVIII, ch. 30 ; Tite-Live, liv. XXXIII, ch. 30.
(2) Tite-Live, *ib.*
(3) Polybe, liv. XVIII, ch. 30, § 10, et Tite-Live, *ibid.*, ch. 34.

Attalides de leur ennemi le plus déclaré ; ils allaient avoir à combattre un adversaire plus redoutable encore. Déjà avant la paix l'orage s'amoncelait en Syrie, et Quinctius s'était hâté de traiter, parce qu'il avait acquis la certitude qu'Antiochos se préparait à passer en Europe et à y porter la guerre (1). Cette prévision avait été pour beaucoup dans les clauses du traité conclu avec le Macédonien, et dans la précaution que Rome avait prise d'occuper l'Acrocorinthe et de se réserver la garde de Chalcis et de Démétriade (2).

IL ENVOIE UNE AMBASSADE A ROME. — En effet, Antiochos, rentré dans ses anciennes conquêtes et prévoyant que, Philippe vaincu, lui seul pourrait rallier sous son sceptre tous les éléments épars du monde hellénique et le défendre contre l'ambition envahissante des Romains, se préparait avec ardeur à une lutte prochaine, convaincu que Rome ne permettrait ni ses envahissements en Asie ni l'accomplissement de ses vues ultérieures sur l'Europe (3). D'abord, et dans l'espoir de détourner l'attention de Rome, il envoie au sénat romain une ambassade pour protester de la fidélité avec laquelle il observe les anciens traités qui unissent les rois de Syrie à la république. Comme on était encore à Rome incertain sur l'issue de la guerre contre Philippe, on crut devoir faire aux envoyés du Syrien l'accueil le plus favorable (4); mais ces ménagements dictés par la politique ne trompèrent pas Antiochos.

IL CHERCHE A S'ASSURER L'APPUI DES ROIS DE L'ASIE MINEURE. — Persuadé que tôt ou tard une rupture est inévitable, il traite avec les différents rois de l'Asie Mineure et veut les associer à ses projets. Il pensait sans doute et avec raison que, si les rois de Cappadoce, de Pont, de Pergame et de Bithynie réunissaient leurs forces aux siennes, et si avec leur secours il parvenait à s'établir en Grèce, où Philippe, malgré ses pertes récentes, ne pourrait manquer de lui prêter son appui, Rome se verrait contrainte d'abandonner ses desseins et le laisserait seul possesseur des débris de l'empire d'Alexandre, qu'il lui deviendrait facile de reconstituer et même d'étendre. Mais les Romains, éloignés comme ils l'étaient, parurent aux rois de l'Asie moins redoutables que le voisinage d'Antiochos, et aucun de ces princes n'accueillit les propositions du roi de Syrie, le roi de Cappadoce excepté, auquel il donna une de ses filles en mariage (1).

EUMÈNES REFUSE DE S'ALLIER A ANTIOCHOS. — Il avait offert son autre fille à Eumènes, celui de tous les princes asiatiques dont l'alliance lui paraissait le plus désirable : en effet, Eumènes avait une flotte nombreuse et bien équipée, une armée aguerrie qui avait déjà plus d'une fois combattu auprès des Romains et qui avait dû se former à cette savante école. Mais le roi de Pergame, qui comprenait bien que les avances d'Antiochos n'avaient d'autre mobile que l'intérêt, ne crut pas devoir les accueillir; et comme ses deux frères Attale et Philétæros s'en étonnaient : « Tout annonce, leur répondit-
« il, que le roi de Syrie prendra bientôt
« les armes contre les Romains. D'abord on combattra de part et d'autre
« à armes égales, mais enfin la valeur
« et la discipline assureront l'avantage
« à ce peuple belliqueux. S'il triomphe,
« mon royaume n'en sera que mieux
« affermi. Que si, au contraire, Antio-
« chos a le dessus, ou ce puissant voi-
« sin me dépouillera de tous mes États,
« ou, s'il me laisse régner encore, je
« devrai lui obéir comme à un maî-
« tre (1). »

ANTIOCHOS CHERCHE A S'EMPARER DES PLACES QUE PTOLÉMÉE POSSÈDE EN CILICIE ET EN CARIE. — Antiochos n'en persévéra pas moins dans ses projets. Et d'abord, pour se mettre à l'abri d'une attaque du côté de l'Égypte, il commence par réduire toutes les villes de la Cœlé-Syrie qui reconnaissaient la domination de Ptolémée. Ensuite il revint prendre à Antioche ses quartiers d'hiver; mais il n'en dé-

---

(1) Tite-Live, liv. XXXIII, ch. 13.
(2) Id., ibid., ch. 31.
(3) Appien, Syr., ch. 2.
(4) Ibid., ch. 20.

(1) Appien, Syr., ch. 5.
(2) Appien, Syr., ch. 5 ; cf. Tite-Live, liv. XXXV, ch. 13.

ploya que plus d'activité pour rassembler toutes les forces de son royaume, et pour armer puissamment sur terre et sur mer. Dès l'ouverture de la campagne, il donne ordre à ses deux fils, Adryès et Mithridate, de prendre les devants par terre, à la tête d'une armée, et de l'attendre à Sardes. Il partit ensuite lui-même avec une flotte de cent vaisseaux pontés, et plus de deux cents brigantins ou autres bâtiments légers, dans le double dessein de faire, en longeant la Cilicie et la Carie, quelques tentatives sur les places soumises à Ptolémée, et de prêter à Philippe, qui n'était pas encore entièrement vaincu, l'appui de son armée et de sa flotte (1).

Opposition des Rhodiens. — En cette occasion, les Rhodiens, qui, par plus d'une entreprise hardie sur terre et sur mer, avaient prouvé leur fidélité envers le peuple romain et leur attachement aux intérêts de toute la Grèce, en donnèrent le plus éclatant témoignage. Sans s'effrayer de la guerre formidable qui les menaçait, ils envoyèrent des ambassadeurs vers Antiochos jusqu'à Néphélide, promontoire de Cilicie, pour lui signifier que, s'il passait outre, ils iraient à sa rencontre, non par aucun sentiment de haine personnelle contre lui, mais pour l'empêcher de joindre ses forces à celles de Philippe et de mettre obstacle à la liberté que les Romains voulaient rendre à la Grèce. Antiochos était alors occupé au siége de Coracésion. Quoiqu'il eût repris Zéphyrion, Soles, Aphrodisias, Corycos et même Sélinunte, après avoir doublé le cap Anémurion, autre promontoire de Cilicie; quoique toutes ces places et les autres forts de la même côte se fussent rendus par crainte ou volontairement, Coracésion seule lui avait fermé ses portes et l'arrêtait contre son attente. Ce fut là qu'il donna audience aux députés des Rhodiens ; et, bien que leur mission fût de nature à blesser la fierté royale, il sut réprimer les mouvements de sa colère, et répondit « qu'il enverrait à Rhodes une ambassade chargée de renouveler les traités conclus par ses ancêtres et par lui-même avec cette république et de dissiper les alarmes que son arrivée inspirait aux Rhodiens ; qu'il n'avait le projet de causer aucun dommage ni aux Rhodiens, ni à leurs alliés; qu'à l'égard des Romains, la preuve qu'il ne songeait nullement à rompre avec eux, c'était l'ambassade qu'il venait de leur envoyer, la réponse amicale du sénat et les décrets honorables qu'il avait rendus en sa faveur. »

Les ambassadeurs d'Antiochos arrivaient, en effet, de Rome. Mais pendant qu'ils faisaient leur rapport au roi, en présence des Rhodiens, survint la nouvelle de la victoire décisive de Cynoscéphales. Ce succès, en mettant Rhodes en sûreté du côté de la Macédoine, lui fit naître le dessein d'envoyer sa flotte au-devant du roi de Syrie. Ce projet, il est vrai, resta sans exécution ; mais du moins ils se firent un devoir de mettre à couvert des entreprises d'Antiochos les cités libres alliées de Ptolémée ; ils y réussirent, soit par des secours effectifs, soit par des avis donnés à propos qui firent échouer les tentatives des ennemis; et leur active surveillance assura aux villes de Caunes, de Myndos, d'Halicarnasse et de Samos, la conservation de leur liberté (1).

Antiochos est sommé par Rome d'évacuer les villes d'Asie. — Cependant Flamininus venait de proclamer aux jeux Isthmiques l'indépendance de toutes les villes grecques d'Europe et d'Asie, et cette déclaration avait été accueillie avec le plus ardent enthousiasme. Il donna ensuite audience aux envoyés des rois, des peuples et des républiques. Hégésianax et Lysias, qu'Antiochos avait expédiés auprès de lui, à la nouvelle de la défaite que Philippe avait essuyée, furent introduits les premiers de tous. Ils tinrent à peu près le même langage qu'ils avaient déjà tenu à Rome et n'inspirèrent pas plus de confiance. Le sénat ne pouvait se dissimuler qu'un prince comme Antiochos, parvenu au sommet de la puissance et fier de l'étendue de ses États, ne pourrait rester inactif, et que bientôt il

---

(1) Tite-Live, liv. XXXIII, ch. 19.

(1) Tite-Live, liv. XXXIII, ch. 20 ; cf. Polyb., liv. XVIII, ch. 24, § 11.

chercherait à réaliser ses desseins ambitieux (1).

On signifia aux envoyés du roi, non plus en termes ambigus, comme on avait cru le devoir faire alors, que le conflit avec Philippe n'était pas encore décidé, mais de la manière la plus claire et la plus positive, que leur maître eût à évacuer toutes les villes d'Asie qui avaient appartenu à Philippe ou à Ptolémée, et à respecter les cités libres, surtout celles qui étaient grecques ; avant tout, on lui défendit de passer en Europe ou d'y envoyer des troupes (2).

IL ASSIÉGE SMYRNE ET LAMPSAQUE. — Ainsi menacé, Antiochos n'en persista qu'avec plus d'ardeur dans sa résolution. Parvenu avec sa flotte devant Éphèse, depuis longtemps au pouvoir des rois d'Égypte, il en fit le siége. Il convoitait ardemment cette place à cause de sa belle position. C'était, en effet, comme une citadelle qui menaçait et par terre et par mer l'Ionie et les villes de l'Hellespont ; elle pouvait aussi lui servir de rempart contre les attaques de l'Europe (3). Il s'en empara (4), y passa l'hiver, puis, au retour du printemps, entreprit de replacer sous sa dépendance toutes les cités de l'Asie qui lui avaient appartenu. Il pensait que les villes situées en plaine, ne pouvant compter ni sur leurs remparts, ni sur la force de leurs armes, ni sur le nombre de leurs défenseurs, accepteraient le joug sans difficulté. Mais Smyrne et Lampsaque voulaient rester libres, et il était à craindre que, s'il tolérait leurs prétentions, l'exemple de Smyrne ne devînt contagieux pour les villes de l'Éolide et de l'Ionie, comme celui de Lampsaque pour les places de l'Hellespont. Il envoya donc d'Éphèse assiéger Smyrne, et donna ordre aux troupes qui occupaient Abydos de n'y laisser qu'une faible garnison et de marcher sur Lampsaque. Non content d'employer la force pour intimider les habitants, il recourt aussi à la douceur et à la persuasion : ses envoyés font sentir aux assiégés la témérité d'une résistance inutile, et les exhortent à une soumission qui leur vaudra bientôt l'obtention de tout ce qu'ils demandent ; ils leur représentent que l'honneur du roi exige qu'ils paraissent tenir leur liberté de son consentement, et non pas avoir profité d'une occasion favorable pour la conquérir. De leur côté, les habitants répondaient « qu'Antiochos ne devait ni s'étonner ni s'irriter de ce qu'ils ne pouvaient se résigner à voir différer l'instant où ils jouiraient de la liberté (1) ; » et, quand ils virent que leurs représentations étaient sans effet, ils envoyèrent auprès du vainqueur de Philippe pour réclamer son intervention (2).

IL PASSE EN EUROPE. — Smyrne investie, le roi en personne part d'Éphèse avec sa flotte, gagne l'Hellespont et débarque son armée devant Madytos, dont il forme le siége. Elle se rend, et sa soumission est suivie de celle des autres villes de la Chersonnèse. Antiochos parut ensuite avec toutes ses forces de terre et de mer devant Lysimachie, qu'il trouva déserte et presque entièrement ruinée, et il songea à relever cette place que sa position devait rendre si utile pour lui pendant la guerre qu'il méditait (3).

Cependant Ptolémée Épiphanes, mécontent de ce qu'Antiochos lui avait enlevé la Cœlé-Syrie, la Cilicie et l'importante position d'Éphèse, envoya des ambassadeurs à Rome pour se plaindre de cette infraction aux traités. Le sénat, qui avait cru devoir temporiser jusque-là, saisit avec empressement cette occasion et fit partir des députés qui, sous prétexte de réconcilier les deux rois, se rendraient compte des intentions et des préparatifs du Syrien et s'y opposeraient autant qu'il serait possible. Le chef de cette légation était L. Cornélius (4).

SON ENTREVUE AVEC LES COMMISSAIRES ROMAINS. — L. Cornélius s'arrêta à Sélymbrie ; tandis que trois

---

(1) Appien, *Syr.*, ch. 2.
(2) Tite-Live, liv. XXXIII, ch. 34 ; cf. olybe, liv. XVIII, ch. 30.
(3) Polybe, liv. XVIII, ch. 32, §§ 1 et 2.
(4) Id., *ibid.*, § 3. Προχωρούσης τῷ Ἀντιόχῳ κατὰ νοῦν τῆς ἐπιβολῆς.

(1) Tite-Live, liv. XXXIII, ch. 38.
(2) Appien, *Syr.*, ch. 2.
(3) Tite-Live, liv. XXXIII, ch. 38. Appien, *Syr.*, ch. 1.
(4) Appien, *Syr.*, ch. 2 et 3.

des dix commissaires chargés par Rome de conclure un traité avec Philippe et d'en surveiller l'exécution se rendaient à Lysimachie : c'étaient P. Vilius et L. Térentius, particulièrement envoyés auprès d'Antiochos, qu'ils n'avaient pas trouvé en Syrie (1), et qui arrivaient de Thasos, et enfin P. Lentulus, qui revenait de Bargylie, après avoir assisté à l'évacuation des places de la Carie que Philippe avait dû abandonner (2). Cornélius vint les rejoindre à Lysimachie, et peu après Antiochos, qui était en Thrace, se rendit de son côté dans cette ville. Dans l'entrevue qui eut lieu peu de temps après, les esprits ne tardèrent pas à s'aigrir.

Griefs des Romains. — Les envoyés ne dissimulèrent pas au roi que toutes ses démarches, depuis le moment où il avait quitté la Syrie avec sa flotte, déplaisaient gravement au sénat, et ils exigèrent, comme chose équitable, qu'il restituât à Ptolémée toutes les villes qui avaient appartenu à ce prince. « Car, ajoutaient-ils, pour celles qui avaient fait partie des possessions de Philippe, et dont Antiochos s'était rendu maître en prenant occasion de la guerre survenue entre ce prince et les Romains, le sénat ne pouvait souffrir que les armées de Rome eussent affronté tant de périls et enduré tant de fatigues sur terre et sur mer, pour qu'Antiochos recueillît tous les fruits de la guerre. Encore qu'on eût pu fermer les yeux sur son arrivée en Asie, comme sur un fait indifférent, son passage en Europe avec ses forces réunies de terre et de mer n'était-il pas aux yeux de tout homme raisonnable une déclaration de guerre? Apparemment il le nierait, entrât-il même en Italie; mais Rome n'entend pas qu'il lui soit loisible d'en agir ainsi (3). »

Réponse d'Antiochos. — Le roi répondit que d'abord il ne savait à quel titre les Romains venaient lui disputer les villes asiatiques; qu'il s'étonnait fort que les Romains s'inquiétassent à ce point de ce que devait faire Antiochos et qu'eux-mêmes songeassent si peu à limiter leurs progrès sur terre et sur mer. « L'Asie, disait-il, n'a aucun rapport avec les Romains; et ils ne sont pas plus en droit de s'enquérir de la conduite d'Antiochos, dans cette contrée, qu'Antiochos de s'occuper de la conduite des Romains en Italie. Quant à Ptolémée, loin de lui enlever des villes, comme on vient de s'en plaindre, Antiochos lui est uni par des liens d'amitié, et s'occupe même de les resserrer par une alliance de famille. Il ne serait pas plus exact de dire qu'Antiochos ait profité des revers de Philippe pour le dépouiller; et, s'il est passé en Europe, ce n'est certes pas pour combattre les Romains, mais pour s'assurer la Chersonnèse, qu'il regarde comme faisant partie de ses domaines, puisqu'elle avait appartenu à Lysimaque, et qu'après la défaite de ce prince, tous ses États avaient été dévolus à Séleucus par le droit de la guerre. Ptolémée d'abord et Philippe ensuite, en s'emparant de plusieurs places de la Thrace et de la Chersonnèse, se sont manifestement emparés du bien d'autrui. C'est pour rétablir l'ancien état de choses qu'Antiochos est passé en Europe. Il veut relever Lysimachie, détruite récemment par une invasion des Thraces, afin de la donner à son fils Séleucos et d'en faire le siége de la puissance de ce prince (1). »

L. Cornélius demanda alors qu'on fît venir dans la réunion les députés de Lampsaque et de Smyrne, et qu'on leur permît de parler. Parménion et Pythodoros représentaient les habitants de Lampsaque, et Cœranos ceux de Smyrne. Comme ils s'exprimaient avec une grande hardiesse, le roi, fatigué de voir qu'il semblait rendre compte de sa conduite à ses adversaires sous le patronage des Romains, interrompit brusquement Parménion : « C'en est assez, dit-il, ce n'est pas au tribunal des Romains, mais à celui des Rhodiens, que je consens à soumettre ces débats. » A ces mots on leva la séance (2).

Retour d'Antiochos en Asie. — Il se dirige sur l'Égypte. — Ces confé-

---

(1) Tite-Live, liv. XXXIII, ch. 35.
(2) Polybe, liv. XVIII, ch. 31 et 33.
(3) Polybe, liv. XVIII, ch. 34; et Tite-Live, liv. XXXIII, ch. 39.

(1) Polybe, liv. XVIII, ch. 34; Tite-Live, liv. XXXIII, ch. 40; Appien, Syr., ch. 3.
(2) Polybe, liv. XVIII, ch. 35.

rences furent interrompues par le bruit qui se répandit de la mort de Ptolémée. On consentit, de part et d'autre, à un délai. L. Cornélius voulait avoir le temps d'arriver en Égypte pour prévenir les troubles qu'occasionnerait peut-être l'avénement d'un nouveau roi, et Antiochos, de son côté, espérait pouvoir, à la faveur des circonstances, réduire l'Égypte en son pouvoir. Il prit donc congé des Romains; et laissant son fils Séleucos, à la tête de ses troupes de terre, continuer le rétablissement des murailles de Lysimachie, il prit avec toute sa flotte la route d'Éphèse; mais, en partant, il envoya des ambassadeurs donner à Quinctius de fausses assurances de sa modération, et longea les côtes de l'Asie. Arrivé en Lycie, il apprit à Patares que Ptolémée vivait encore, et renonça à son dessein de passer en Égypte. Cependant il continua de faire voile vers l'île de Cypre. Mais à peine eut-il doublé le promontoire de Chélidonion, qu'une révolte éclata parmi ses rameurs et le retint quelque temps en Pamphylie, sur les rives de l'Eurymédon. Il en partit enfin; mais à la hauteur des rochers qui se trouvent à l'embouchure du Saros, il fut assailli par une violente tempête qui faillit le faire périr avec tous ses vaisseaux; plusieurs furent jetés à la côte, plusieurs engloutis avec tout leur équipage. Il y perdit quantité de matelots et de simples soldats, et même quelques-uns de ses courtisans les plus distingués. Après avoir recueilli les débris de son naufrage, comme il ne se trouvait plus en état de faire aucune tentative sur l'île de Cypre, il revint à Séleucie avec une armée beaucoup moins nombreuse que celle qu'il avait en partant, y fit mettre sa flotte à sec, et comme l'hiver approchait, alla passer cette saison à Antioche (1).

LA GUERRE DE ROME AVEC ANTIOCHOS DEVIENT IMMINENTE. — ON SONGE AVANT TOUT A DÉTRUIRE LA PUISSANCE DE NABIS. — EUMÈNES SECONDE LES ROMAINS DANS CETTE GUERRE. — De retour à Antioche, le roi de Syrie n'y resta pas dans l'inaction. Il entretint une correspondance active avec Annibal, qui, constant dans sa haine contre Rome, cherchait à l'associer à ses ressentiments et lui offrait l'appui de sa longue expérience militaire. Ces menées n'étaient pas ignorées du sénat romain, auquel les commissaires de la république, à leur retour, avaient annoncé qu'on était menacé d'avoir avec Antiochos une guerre non moins dangereuse que celle qu'on avait eu à soutenir contre Philippe. Mais, comme rien ne faisait prévoir qu'Antiochos, retiré dans ses États, pût être redoutable pour le moment, on songea avant tout à anéantir un ennemi capable d'un jour à l'autre d'annuler les résultats que les armes romaines avaient obtenus dans la Grèce en la dérobant à la domination de Philippe. Cet ennemi, c'était Nabis, tyran de Lacédémone, qui du haut de la citadelle d'Argos dominait tout le Péloponnèse et pouvait rallier à sa cause les Étoliens, animés d'un vif ressentiment contre Rome. Seulement on laissa à Quinctius la liberté de choisir le moment où il serait convenable de l'attaquer (1).

La guerre ne tarda pas à éclater, et Eumènes, scrupuleux observateur de ses engagements envers Rome, vint à la tête de sa flotte seconder les opérations de Quinctius contre Nabis, auquel s'étaient réunis les Étoliens (2). Les Rhodiens suivirent son exemple. Aussi le roi de Pergame et eux furent-ils compris dans la trêve, puis dans la paix que Quinctius conclut avec Nabis, qu'il crut devoir ménager, de peur de se voir réduit à sacrifier Sparte, cette ville si riche en grands souvenirs (3). Eumènes, congédié, rentra dans ses États, et Quinctius revint triompher à Rome (4).

ANNIBAL SE RÉFUGIE AUPRÈS D'ANTIOCHOS. — Cette guerre terminée, il ne restait plus qu'à combattre Antiochos. Déjà, avant qu'elle ne fût engagée, Annibal, forcé de s'enfuir de Carthage, avait fait voile vers Antioche (194). Là ayant appris que le roi venait d'en partir, il remit en mer pour

---

(1) Tite-Live, liv. XXXIII, ch. 41; Appien, *Syr.*, ch. 4.

(1) Tite-Live, liv. XXXIII, ch. 44 et 45.
(2) Id., liv. XXXIV, ch. 26.
(3) Id., *ibid.*, ch. 35 et 49.
(4) Id., *ibid.*, ch. 52.

aller le rejoindre à Éphèse. Antiochos flottait encore dans l'irrésolution et hésitait à déclarer la guerre aux Romains : il avait même envoyé des ambassadeurs à Quinctius pour traiter de la paix, mais cette démarche était demeurée sans résultat (1). L'arrivée d'Annibal mit un grand poids dans la balance et décida le Syrien : il venait d'ailleurs d'apprendre que les Étoliens s'étaient détachés de l'alliance romaine, et il espérait pouvoir compter sur leur concours, s'il venait un jour à prendre la Grèce pour base de ses opérations contre Rome (2).

PLAN DE CAMPAGNE D'ANNIBAL. — Animé de ces intentions hostiles, il ne pouvait prendre conseil d'un capitaine plus expérimenté. Annibal n'avait toujours qu'un seul et même avis : l'Italie devait être le théâtre des opérations ; l'Italie fournirait à un ennemi étranger des vivres et des soldats. Si on ne cherchait pas à la soulever, si le peuple romain était libre de faire la guerre hors de l'Italie avec les forces et les ressources de l'Italie, il n'y avait ni roi ni peuple en état de résister à ses armes. Il demandait qu'on lui confiât cent vaisseaux pontés, dix mille hommes d'infanterie et mille chevaux. Avec cette flotte, il ferait voile d'abord pour l'Afrique. Il avait grand espoir de parvenir à soulever les Carthaginois. S'il les voyait hésiter, il irait aborder sur quelque point de l'Italie pour exciter la guerre contre les Romains. Le roi devait avec le reste de ses forces se transporter en Europe, se cantonner dans quelque partie de la Grèce, et, sans passer en Italie, se tenir toujours prêt à effectuer le passage, ce qui suffirait pour tenir les Romains en haleine par la crainte de la guerre (3).

NOUVELLE AMBASSADE D'ANTIOCHOS A ROME. — Cependant une année s'écoula avant que Antiochos prît aucun parti. Il était revenu en Thrace et continuait à s'y établir solidement, délivrant tous les Grecs soumis aux Thraces et comblant de bienfaits les Byzantins, dont leur position à l'embouchure du Pont rendait l'alliance très-désirable pour lui. Il cherchait aussi à s'assurer, comme auxiliaires, les Gallo-Grecs de la Thrace et de l'Hellespont. Puis, revenu à Éphèse, il envoya à Rome une ambassade solennelle à la tête de laquelle était Ménippos et dont faisaient encore partie Lysias et Hégésianax (1). De nouvelles incertitudes s'étaient-elles emparées de son esprit, ou, avant de prendre définitivement les armes, voulait-il constater hautement que le droit était pour lui, ou se proposait-il seulement de seconder les intentions du sénat? On l'ignore. Ce qu'on peut conjecturer avec assez de vraisemblance, c'est qu'indépendamment de leur mission officielle, les ambassadeurs devaient, sous prétexte de faire reconnaître, même à Rome, le droit d'asile du temple de Bacchus à Téos, assurer au roi des auxiliaires dans les différentes villes de la Crète et de la Grèce (1). Le premier prit la parole devant Quinctius et les dix commissaires qui, comme on l'a déjà vu, lui avaient été adjoints pour régler les affaires de la Grèce, et qui déjà avaient eu des pourparlers avec le roi, soit en Asie, soit à Lysimachie. Il ne prévoyait pas, disait-il, qu'aucun obstacle pût s'opposer à leur mission, puisqu'ils n'étaient venus que pour solliciter l'amitié du peuple romain. Or, ajoutait-il, il y a trois espèces de traités par lesquels les rois et les républiques peuvent s'unir : la première

(1) Tite-Live, liv. XXXIV, ch. 25.
(2) Id., liv. XXXIII, ch. 48 et 49.
(3) Id., liv. XXXIV, ch. 60.

(1) Appien, *Syr.*, ch. 6.
(2) Cette conjecture se fonde sur quelques inscriptions que Chandler, le premier, a copiées à Téos, et auxquelles l'auteur de ce livre a eu le bonheur d'en ajouter beaucoup d'autres, découvertes par lui dans son voyage en Asie Mineure. *Voy. Corp. insc. gr.*, nos 3045-3057, et Le Bas, VOYAGE ARCHÉOL., *Inscriptions*, t. II, nos 60-85. Ménippos est expressément nommé dans celles de ces inscriptions qui reproduisent l'acte de reconnaissance du droit en question envoyé par les Romains. *Voyez* M. Bœckh sur le n° 3045 du *Corpus*. Un autre envoyé d'Antiochos, Agésandros, est mentionné dans les décrets des Rhauciens, des Polyrrhéniens et des Éleuthernæens, *Corp. insc. gr.*, nos 3048-3051. Ph. Le Bas, VOYAGE ARCHÉOL., *Inscr.*, t. II, nos 71, 62 et 62.

consiste dans les lois que le vainqueur dicte au vaincu : dans ce cas, le vainqueur, devenu l'arbitre de la destinée des vaincus, règle en souverain maître ce qu'il veut bien leur laisser, et ce qu'il leur enlève. La seconde a lieu entre deux ennemis qui, n'ayant pas obtenu d'avantages l'un sur l'autre, traitent de la paix et font alliance sur le pied d'égalité : dans ce cas, les parties contractantes se rendent réciproquement leurs conquêtes et rentrent, suivant leurs anciens droits et priviléges, en possession de tout ce que la guerre leur avait enlevé, ou s'arrangent entre elles à l'amiable. La troisième, enfin, se produit entre deux puissances qui, sans avoir jamais été ennemies, s'unissent par des liens d'amitié et par un traité d'alliance : dans ce cas, il ne s'agit ni de dicter ni de recevoir des lois, car il ne peut en être ainsi que de vainqueur à vaincu. C'est précisément la position d'Antiochos ; aussi a-t-il lieu de s'étonner que les Romains veuillent lui dicter des lois et lui désigner les villes d'Asie dont ils exigent la liberté et la franchise, celles qu'ils ne soumettent qu'au tribut, celles, enfin, dont ils interdisent l'entrée au roi et à ses garnisons. Certes on a bien pu imposer ainsi la paix à Philippe, ennemi de Rome ; mais ce n'est pas ainsi qu'on doit conclure un traité d'alliance avec Antiochos, avec un prince ami des Romains (1). »

Quand Ménippos eut terminé ce résumé spécieux du droit international, Quinctius, chargé de faire une réponse conforme à la dignité et aux intérêts du peuple romain, parla en ces termes : « Puisque vous voulez faire des distinctions, et que vous énumérez les différentes espèces de traités possibles, je vais, à mon tour, vous faire connaître deux conditions sans lesquelles votre maître, dites-le-lui bien, ne doit espérer aucune alliance avec le peuple romain : la première, c'est que, s'il désire voir cesser notre intervention dans les affaires d'Asie, il renonce lui-même à toute vue sur l'Europe ; la seconde, que, s'il ne se renferme pas dans les limites de l'A-

____
(1) Tite-Live, liv. XXXIV, ch. 57.

« sie et qu'il passe en Europe, il laisse
« aux Romains le droit de maintenir
« les alliances qu'ils ont déjà en Asie
« et d'en contracter de nouvelles. » —
« Mais on ne saurait, s'écria aussitôt
« Hégésianax, entendre sans indigna-
« tion la défense faite au roi Antiochos
« de visiter les villes de la Thrace et de
« la Chersonnèse, si glorieusement
« conquises par son bisaïeul Séleucos,
« après la défaite et la mort du roi
« Lysimaque, et reprises depuis sur
« les Thraces, qui s'en étaient emparés,
« ou repeuplées avec non moins de
« gloire par Antiochos, qui y avait
« rappelé des habitants et avait relevé
« à grands frais les édifices tombés en
« ruines ou dévorés par l'incendie.
« Dépouiller Antiochos de ces posses-
« sions ainsi acquises, ainsi recouvrées,
« est-ce donc la même chose que de
« fermer l'Asie aux Romains, qui n'y
« ont jamais rien possédé? Antiochos
« recherche l'amitié des Romains ;
« mais il veut obtenir un traité hono-
« rable, et non des conditions flétrissan-
« tes. » — « Eh bien ! reprit Quinc-
« tius, puisqu'il s'agit d'honneur, et
« que ce doit être la seule ou du moins
« la principale règle de conduite pour
« le premier peuple du monde, comme
« pour un si grand monarque, lequel
« est le plus honorable d'exiger l'af-
« franchissement de toutes les villes
« grecques, dans quelque pays qu'elles
« se trouvent, ou de vouloir les sou-
« mettre à l'esclavage et au tribut ? Si
« Antiochos se fait un titre de gloire
« de replacer sous son joug des villes
« que le droit de la guerre avait don-
« nées à son bisaïeul, mais que son
« aïeul et son père n'ont jamais songé
« à revendiquer comme leur propriété,
« les Romains aussi croient leur cons-
« tance et leur bonne foi intéressées à
« ne point abandonner le patronage
« de la liberté grecque, dont ils ont
« consenti à se charger. De même
« qu'ils ont affranchi la Grèce des chaî-
« nes de Philippe, ils veulent aussi af-
« franchir du joug d'Antiochos les villes
« grecques d'Asie. Ce ne fut pas pour
« devenir esclaves des rois que des colo-
« nies ont été envoyées dans l'Éolide
« et l'Ionie ; ce fut pour augmenter la
« population grecque et propager par

« toute la terre le nom du plus ancien
« des peuples (1). »

Hégésianax fut ébranlé ; il ne pouvait nier que la cause de la liberté ne fût plus honorable que celle de l'esclavage. «Pourquoi tous ces détours? s'écria enfin « P. Sulpicius, le plus âgé des dix com- « missaires. Choisissez l'une des deux « conditions que Quinctius vient de « vous énoncer si nettement, ou cessez « de parler d'alliance. » — « Mais, dit « Ménippos, nous ne voulons ni ne pou- « vons accepter aucun pacte qui dé- « membre les États d'Antiochos. » Le lendemain, Quinctius introduisit dans le sénat toutes les députations de la Grèce et de l'Asie, et pour leur faire connaître les dispositions du peuple romain et celles d'Antiochos à l'égard des cités grecques, il exposa les demandes qu'il avait notifiées aux ambassadeurs et les prétentions du roi. Il les chargea donc d'annoncer à leurs concitoyens que le peuple romain saurait montrer pour défendre leur liberté contre Antiochos, s'il refusait de quitter l'Europe, la même valeur et la même bonne foi qu'il avait déployées contre Philippe. Alors Ménippos conjura instamment Quinctius et le sénat de ne point adopter à la hâte une détermination qui allait bouleverser le monde ; de prendre pour eux-mêmes et d'accorder à son maître le temps de réfléchir. Il ajouta qu'Antiochos ferait de sérieuses réflexions, quand il connaîtrait les conditions, et qu'il obtiendrait sans doute quelques changements, ou qu'il céderait pour le maintien de la paix. Tout fut donc ajourné. On résolut d'envoyer en ambassade auprès du roi les mêmes personnages qui étaient allés le trouver à Lysimachie : c'étaient P. Sulpicius, P. Villius et P. Ælius (2).

A peine étaient-ils en route que des ambassadeurs de Carthage vinrent annoncer qu'Antiochos, comptant sur les services d'Annibal, se disposait sérieusement à la guerre; que le Tyrien Ariston avait été envoyé d'Éphèse à Carthage par Annibal avec la mission secrète de chercher à soulever les membres de la faction Barcine contre les Romains. Leur exposé fit craindre au sénat romain d'avoir à combattre à la fois Antiochos et Annibal, qui les avait déjà mis dans un si grand danger (1). D'un autre côté, l'Étolie devenait de plus en plus menaçante. Toutefois, dans une situation aussi compliquée et aussi difficile, on ne crut devoir prendre aucune résolution décisive avant le retour de Sulpicius et de ses collègues.

EXPÉDITION D'ANTIOCHOS EN PISIDIE. — De son côté, Antiochos, afin d'ôter aux Romains tout motif de s'immiscer dans les affaires d'Orient, avait, dans l'hiver de l'année 193, marié sa fille Cléopâtre à Ptolémée-Épiphanes, roi d'Égypte, et lui avait donné en dot la Cœlé-Syrie, la Phénicie, la Judée et Samarie, afin de l'engager dans ses intérêts et de n'avoir rien à craindre, de ce côté, quand il descendrait dans l'arène avec les Romains (2). L'union s'était accomplie à Raphia, où il avait conduit sa fille; de là il était retourné à Antioche, d'où, prenant par la Cilicie et traversant le mont Taurus, il arriva enfin à Éphèse vers la fin de la saison. Au commencement du printemps, il envoya son fils Antiochos en Syrie, pour garder les frontières de ses États et prévenir les troubles qui pourraient s'élever en son absence. Ensuite il se mit en campagne, avec toutes ses forces de terre, dans le dessein d'aller réduire les Pisidiens qui habitent aux environs de Sida. Dans le même temps, les ambassadeurs romains, P. Sulpicius et P. Villius, envoyés auprès d'Antiochos, avec l'ordre de passer d'abord chez Eumènes, arrivèrent à Élée, d'où ils se rendirent à Pergame. Eumènes désirait la guerre, et par plus d'une considération ; il employa donc ce qu'il avait de crédit et d'adresse pour animer les Romains à combattre Antiochos (3).

CONFÉRENCE DE VILLIUS AVEC ANNIBAL. — Sulpicius resta malade à Pergame. Villius, ayant appris qu'Antiochos était encore occupé à son expé-

---

(1) Tite-Live, liv. XXXIV, ch. 58.
(2) Tite-Live, *ibid.*, ch. 59.

(1) Tite-Live, liv. XXXIV, ch. 60.
(2) Appien, *Syr.*, ch. 5; saint Jérôme, *Comm.* sur le ch. XI de Daniel, et Josèphe, *Ant. jud.*, liv. XII, ch. 3.
(3) Tite-Live, liv. XXXV, ch. 13. Appien, *Syr.*, ch. 3.

18.

dition de Pisidie, continua sa route pour Éphèse, et s'arrêta quelques jours dans cette ville. Il profita de cette occasion pour avoir quelques conférences avec Annibal et lui persuader qu'il n'avait rien à craindre des Romains. Toutes ces entrevues furent sans résultat; mais elles rendirent Annibal suspect à Antiochos, et lui firent perdre tout crédit sur l'esprit de ce prince (1).

ENTREVUE D'ANNIBAL ET DE SCIPION L'AFRICAIN. — Ici trouve place une tradition intéressante : P. Scipion l'Africain était, dit-on, au nombre des ambassadeurs qui s'étaient rendus à Éphèse. Dans un entretien qu'il eut avec le Carthaginois, il lui demanda quel était de tous les généraux celui qu'il plaçait au premier rang : — « Alexandre, » répondit Annibal. — « Et au second rang ? » Pyrrhus. » — « Et au troisième ? » — « Moi-même. » — « A quel rang vous placeriez-vous donc, dit Scipion en riant, si vous m'aviez vaincu ? » — « Avant Alexandre, avant Pyrrhus et avant tous les autres, » repartit Annibal. Scipion, ajoute la tradition, fut touché de cette louange imprévue qui le mettait ainsi hors de toute comparaison (2).

VILLIUS VA TROUVER ANTIOCHOS A APAMÉE. — Cependant Villius étant venu d'Éphèse à Apamée, Antiochos l'y rejoignit, et dans les entrevues qu'ils y eurent se renouvelèrent les débats qui avaient eu lieu à Rome entre Quinctius et les ambassadeurs syriens. Elles furent rompues par la mort du jeune Antiochos, que son père, comme on l'a vu, avait envoyé récemment en Syrie. L'envoyé romain, par un sentiment de convenance, se retira à Pergame, et Antiochos, renonçant à son expédition de Pisidie, revint à Éphèse et chargea Minion, son principal confident, de reprendre les conférences avec les envoyés romains, qui furent rappelés de Pergame (3).

ENTREVUE DE SULPICIUS AVEC MI-

(1) Tite-Live, liv. XXXV, ch. 14.
(2) Tite-Live, ibid. Plutarque, dans la vie de Pyrrhus, raconte aussi cet entretien. Suivant lui, Annibal mit Pyrrhus au premier rang, Scipion au second, et lui-même se plaça au troisième.
(3) Id., ibid., ch. 15.

NION. — Sulpicius, déjà rétabli, se rendit à Éphèse avec son collègue, et l'on entra en pourparlers. Ici Tite-Live place deux discours qui peuvent n'être pas ceux qui furent prononcés alors, mais qui reproduisent trop fidèlement les dispositions des deux partis en présence, pour que nous ne croyions pas devoir les reproduire. « Romains, » dit Minion, qui avait préparé son discours, « vous
« faites valoir un noble motif : l'affran-
« chissement des cités de la Grèce, je
« le sais ; mais votre conduite n'est pas
« d'accord avec vos paroles. Vous avez
« imposé à Antiochos des conditions
« différentes de celles que vous obser-
« vez vous-mêmes. Smyrne et Lampsa-
« que sont-elles en effet plus grecques
« que Naples, Rhégion, que vous avez
« soumises au tribut, qui vous four-
« nissent des vaisseaux, aux termes des
« traités ? Pourquoi, tous les ans, en-
« voyez-vous à Syracuse et dans les
« autres villes grecques de la Sicile un
« préteur investi du commandement
« militaire, avec les haches et les fais-
« ceaux ? Tout ce que vous pouvez dire,
« c'est que vous les avez soumises par
« la force des armes et que vous leur
« avez dicté ces conditions. C'est aussi
« la réponse qu'Antiochos peut vous
« faire au sujet de Smyrne, de Lamp-
« saque et des cités de l'Ionie ou de
« l'Æolide. Elles ont été vaincues et
« assujetties au tribut par ses ancêtres;
« il ne fait que revendiquer ses anciens
« droits. Veuillez donc lui faire une
« réponse, si ce débat est de bonne foi,
« et si on ne cherche pas un prétexte
« de guerre. » Sulpicius répliqua :
« Puisque Antiochos n'a rien de mieux
« à dire en sa faveur, au moins a-t-il
« montré quelque pudeur en faisant
« présenter ces observations par un au-
« tre. Y a-t-il, en effet, quelque chose
« de commun entre les cités que vous
« assimiliez tout à l'heure ? Rhégion
« Naples et Tarente n'ont pas cessé de-
« puis leur soumission de reconnaître
« nos droits sur elles : ces droits ont
« toujours été les mêmes ; nous les
« avons exercés sans aucune
« interruption ; et nous ne leur deman-
« dons que ce qu'elles doivent en vertu
« des traités. Jamais aucune tentative
« n'a été faite soit par elles, soit par

« quelque puissance du dehors, pour
« changer cette situation. Pouvez-vous
« dire qu'il en soit de même des villes
« d'Asie? Depuis qu'elles sont tombées
« au pouvoir des ancêtres d'Antiochos,
« sont-elles restées continuellement
« dans la dépendance de la couronne
« de Syrie? N'est-il pas vrai que les
« unes ont appartenu à Philippe, les
« autres à Ptolémée, et que d'autres
« enfin ont joui, pendant plusieurs an-
« nées, d'une liberté que personne ne
« leur contestait? Si, parce que des cir-
« constances malheureuses les ont for-
« cées jadis de plier sous le joug, vous
« vous croyez, après tant de siècles,
« en droit de les asservir, qu'avons-nous
« gagné à affranchir la Grèce de la do-
« mination de Philippe? Ses descen-
« dants ne seront-ils pas fondés à ré-
« clamer Corinthe, Chalcis, Démétriade
« et toute la Thessalie? Mais qu'ai-je
« besoin de plaider la cause des cités
« asiatiques! C'est à leurs députés à la
« défendre; le roi et nous, nous les
« écouterons (1). »

ON SE SÉPARE SANS AVOIR RIEN
DÉCIDÉ. — On fit alors appeler les députations des villes asiatiques. Eumènes
avait préparé leur réponse par ses instructions; car il se flattait de voir ajouter à ses États tout ce qu'on démem-
brerait de l'empire d'Antiochos. Le
grand nombre des députés, les plaintes
qu'ils firent entendre, leurs justes réclamations mêlées à des demandes injustes,
firent dégénérer la discussion en une al-
tercation bruyante. Aussi les envoyés
romains, qui n'avaient cédé sur aucun
point et n'avaient rien obtenu, retournèrent à Rome aussi incertains qu'ils
étaient venus (2).

ANTIOCHOS SE RÉSOUT A FAIRE LA
GUERRE AUX ROMAINS. — Après le
départ de Sulpicius et de ses collègues, Antiochos agita dans un conseil la
question de la guerre. Tous ses courtisans à l'envi cherchaient à exciter son
animosité contre Rome. L'Acarnanien
Alexandre, naguère ami de Philippe,
qu'il venait de quitter pour s'attacher
à la cour d'un roi plus opulent, prétendait qu'il ne s'agissait plus de savoir

si on ferait la guerre ou non, mais où
et comment on la ferait. Nabis, les
Étoliens, Philippe lui-même, n'attendaient que la présence du roi pour
reprendre les armes et attaquer les Romains : Philippe surtout, dont il connaissait la fierté, et qui, semblable au
lion captif dans une cage ou chargé de
chaînes, nourrissait dans son cœur une
violente rage; Philippe qui, pendant sa
lutte avec les Romains, n'avait cessé de
demander aux dieux la coopération
d'Antiochos. Ce vœu une fois exaucé, il
n'hésiterait pas un seul instant à secouer
le joug. Point de retards. Le succès
était à ce prix. La victoire était assurée
si l'on prévenait les Romains, en s'emparant des positions avantageuses, et si
l'on envoyait sur-le-champ Annibal en
Afrique, pour y opérer une diversion (1).

Annibal, devenu suspect depuis son
entrevue avec Villius, n'avait pas été appelé à ce conseil. Il voulut connaître la
cause de sa disgrâce; et quand il l'eut
apprise, il dit au roi : « Antiochos, j'a-
« vais à peine neuf ans lorsque mon
« père Hamilcar, partant pour l'Espa-
« gne, offrit un sacrifice à Jupiter. Il me
« conduisit à l'autel et me fit jurer que
« je ne serais jamais l'ami des Romains.
« C'est pour obéir à ce serment que j'ai
« fait trente-six ans la guerre : c'est ce
« serment qui, malgré la paix, m'a
« chassé de ma patrie; c'est ce serment
« qui m'a conduit, proscrit, à ta cour.
« Pour y rester fidèle, si tu trompes
« mon espoir, je parcourrai le monde
« entier. J'irai, partout où je pourrai
« trouver des armes et des soldats, sus-
« citer des ennemis au peuple romain.
« Je hais les Romains et j'en suis haï :
« j'en jure par les dieux et par Hamil-
« car. Si donc tu penses à faire la
« guerre aux Romains, compte-moi au
« nombre de tes meilleurs amis; que
« si, au contraire, quelque motif te
« portait à faire la paix, prends conseil
« de tout autre que de moi. » Le roi fut
tellement frappé de ce discours, qu'il rendit à Annibal toute sa confiance, et le
conseil se sépara après avoir décidé la
guerre (2).

(1) Tite-Live, liv. XXXVI, ch. 16.
(2) Tite-Live, ibid., ch. 17.

(1) Tite-Live, liv. XXXVI, ch. 18.
(3) Id., ibid., ch. 19.

ROME, DE SON COTÉ, SE PRÉPARE A LUTTER CONTRE ANTIOCHOS. — A Rome on parlait bien des dispositions hostiles d'Antiochos, mais on ne faisait encore aucun préparatif : on attendait le retour de l'ambassade. Elle arriva enfin, et déclara qu'il n'y avait aucun motif pressant de faire la guerre, si ce n'était contre Nabis, qui violait chaque jour les traités en cherchant à reprendre les villes maritimes du Péloponnèse. Le préteur Atilius fut envoyé, à la tête de la flotte, pour protéger les alliés de Rome. Mais bientôt il fallut reconnaître que c'était contre Antiochos que devaient se tourner tous les efforts. Attale, frère d'Eumènes, arriva à Rome et annonça qu'Antiochos, appelé par les Étoliens, avait franchi l'Hellespont à la tête d'une armée, et que les Étoliens faisaient leurs préparatifs pour être sous les armes à son arrivée en Grèce. La nouvelle était inexacte ; néanmoins, en reconnaissance de cette preuve de dévouement, on vota des remercîments pour Eumènes et pour Attale, que l'on combla d'égards et de présents (1). Mais si Antiochos n'était point encore en Europe, la guerre n'en était pas moins imminente, et Rome ne négligea rien pour que l'issue en fût digne d'elle (2).

ANTIOCHOS PASSE EN EUROPE. — Pendant que les Romains donnaient tous leurs soins aux préparatifs de la guerre, Antiochos, de son côté, ne restait point dans l'inaction. Trois villes l'occupaient encore, Smyrne, Alexandrie de Troade et Lampsaque ; jusque-là il n'avait pu ni les réduire par la force des armes, ni les gagner par la voie des négociatons ; et, sur le point de passer en Europe, il ne voulait pas laisser ces embarras derrière lui (3). Mais ces villes persistèrent dans leur résistance, et force lui fut de songer au départ.

Avant de mettre à la voile, il alla dans la ville d'Ilion offrir un sacrifice à Minerve ; de là il revint joindre sa flotte et partit avec quarante vaisseaux pontés, soixante découverts et deux cents bâtiments de transport chargés de toutes sortes de provisions et de machines de guerre (1).

ANTIOCHOS EN GRÈCE. — Il n'entre pas dans notre plan de raconter au long les différents événements de l'expédition d'Antiochos en Grèce ; cependant, comme elle eut pour résultat d'amener les Romains en Asie Mineure, il ne sera peut-être pas hors de propos d'en donner ici un aperçu sommaire.

A peine Antiochos était-il débarqué, que les Étoliens accoururent se réunir à lui. Il n'avait cependant, au dire de Polybe (2), que dix mille hommes de pied, cinq cents chevaux et six éléphants (3). C'eût été trop peu contre la Grèce, et c'était Rome qu'il attaquait ! Les confédérés lui décernèrent le commandement et lui donnèrent pour conseil trente d'entre eux. Mais il sollicita vainement les Achéens, que Quinctius retint dans l'alliance romaine. Son premier exploit fut la conquête de l'Eubée, qui ne lui coûta que peu d'efforts. Les troupes d'Eumènes, qui y occupaient Salganée, furent bientôt forcées de capituler (4). Les Épirotes et les Éléens lui offrirent leur alliance. Il vint lui-même conclure à Thèbes un traité plus important avec les Béotiens. Les Thessaliens se présentèrent aussi. Annibal, introduit dans le conseil pour la première fois, représente que ces petits peuples seront toujours les alliés de ceux qui seront le plus près d'eux, et que c'est avec Philippe de Macédoine que de communs intérêts rendront une alliance durable. On approuva son avis, mais sans le suivre (5). Quelques villes prises en Thessalie, les prisonniers renvoyés sans rançon afin de se concilier les esprits, sont le prélude d'entreprises plus importantes. Phères, Cyphara, Metropolis,

---

(1) Tite-Live, l. XXXVI, ch. 20, 22 et 23.
(2) *ibid.*, ch. 24 et 41.
(3) Id., *ibid.*, ch. 42.

(1) Tite-Live, liv. XXXVI, ch. 43. Cf. Polybe, liv. III, ch. 3.
(2) Tite-Live, pass. cit. plus haut. Il suit ici les données de Polybe. Cf. liv. XXXVI, ch. 19.
(3) Valérius d'Antium, beaucoup moins digne de foi que Polybe, lui donnait une armée de 60,000 hommes. *Voy.* Tite-Live, pass. cit.
(4) Tite-Live, liv. XXXV, ch. 44-51. Cf. Polybe, liv. XX, ch. 1 et 2.
(5) Id., liv. XXXVI, ch. 5-8.

sont soumises. Antiochos assiége Larisse; mais il est forcé de se retirer, et Appius Claudius, détaché par le général romain M. Bibius, établit dans la ville une garnison romaine (1).

Après cet échec il se retire à Démétriade, puis retourne à Chalcis, où, à l'âge de cinquante ans, il devient éperdument amoureux d'une jeune fille et fait célébrer son mariage avec autant de sécurité que s'il n'avait pas été en guerre, et en guerre contre les Romains (2)!

Cependant le moment décisif approchait. Le consul Manius Acilius Glabrion venait de débarquer en Grèce avec deux mille cavaliers, vingt mille fantassins et quinze éléphants. La face des affaires changea sur-le-champ. Les siéges levés, les garnisons asiatiques chassées des villes qu'elles occupaient, les troupes d'Antiochos forcées de battre en retraite, ses convois interceptés ou forcés de rétrograder en Asie, tout annonce au monarque syrien qu'il a maintenant en Grèce des adversaires redoutables (3).

BATAILLE DES THERMOPYLES. — FUITE D'ANTIOCHOS. — En un instant Antiochos se vit dépouillé de ses conquêtes, séparé de la plus grande partie de ses soldats, privé de ses renforts, qui tardaient à arriver d'Asie, et abandonné de ses alliés. Pour défendre l'entrée de la Grèce, il s'empara des Thermopyles, mais non pas, dit Tite-Live, avec la courageuse résolution de Léonidas. Le consul Glabrion vint camper à quelque distance; et comme les Étoliens, sur l'ordre d'Antiochos, s'étaient emparés des sentiers, en occupant le sommet du mont OEta, il envoya Caton et Flaccus par des chemins différents pour tourner la position de l'armée syrienne. En même temps il commença lui-même l'attaque. Son armée formait le coin, à cause de la nature des lieux, et ses premières attaques furent aisément repoussées. Les Syriens, protégés par leur position et par leurs travaux de défense, résistèrent d'abord victorieusement aux efforts de Glabrion; mais, quand ils virent descendre du haut de la montagne, en poussant de grands cris, Caton et ses soldats qui, plus heureux que Flaccus, chassaient devant eux les Étoliens, leur courage les abandonna, en même temps que l'ardeur de leurs ennemis augmentait. Bientôt la déroute fut complète. Dès que le roi eut tourné la tête pour fuir, il s'en alla sans arrêter avec six cents chevaux jusqu'à Élatée, de là à Chalcis, puis à Éphèse. La victoire des Thermopyles (191) n'avait coûté que deux cents hommes aux Romains; elle en coûtait à Antiochos dix-mille, tant tués que faits prisonniers. Philippe, roi de Macédoine, alors allié des Romains, acheva de leur soumettre les villes de l'Étolie (1).

Pour ajouter aux désastres du roi, au moment même où Acilius gagnait la bataille des Thermopyles, une flotte syrienne apportant des renforts au roi était attaquée et vaincue par le préteur Atilius, à la hauteur de l'île d'Andros (2).

LA GUERRE RECOMMENCE EN ASIE. — Cependant les Romains se préparaient, par l'accomplissement de devoirs religieux, à une nouvelle guerre contre Antiochos (3). Antiochos, au contraire, tranquille à Éphèse, où il avait emmené sa jeune épouse, croyait n'avoir plus de guerre à soutenir contre les Romains, et était bien loin de penser qu'ils songeassent à venir le chercher jusqu'en Asie. La plupart de ses confidents l'entretenaient dans cette sécurité, soit par aveuglement, soit par flatterie. Annibal seul, alors plus en crédit que jamais auprès du roi, lui tenait un tout autre langage. « Il s'étonnait beaucoup plus de ne pas voir encore les Romains en Asie, qu'il ne doutait de leur arrivée prochaine. Il leur était plus facile de passer de Grèce en Asie, qu'il ne l'avait été pour eux de passer d'Italie en Grèce, et Antiochos offrait à leur ambition un appât bien plus séduisant que les Étoliens. Les Romains n'étaient pas moins puissants sur mer que sur terre; déjà leur

---

(1) Tite-Live, liv. XXXVI, ch. 9-10.
(2) Id., *ibid.*, ch. 11. Cf. Polybe, *ibid.*, ch. 8; Appien, *Syr.*, ch. 16. Dion Cassius, fr. 224 éd. Gros, t. II, p. 23, et Aurél. Vict., *de Vir. ill.*, ch. 54.
(3) Tite-Live, liv. XXXVI, ch. 14.

(1) Tite-Live, liv. XXXVI, ch. 15-21. Cf. Polybe, *ibid.*, ch. 8.
(2) Id., *ibid.*, ch. 20.
(3) Tite-Live, liv. XXXVI, ch. 36.

armée navale croisait à la hauteur du promontoire Malée; et, suivant un rapport qu'il croyait fidèle, ils avaient envoyé d'Italie une nouvelle flotte et un nouveau général commencer les opérations. Le roi devait donc cesser de se flatter d'une paix qui n'était qu'illusoire. C'était en Asie qu'il lui faudrait bientôt disputer aux Romains, sur terre et sur mer, la possession de l'Asie même, et il n'avait d'autre alternative que d'enlever l'empire à cette nation qui prétendait asservir le monde entier, ou de perdre lui-même sa couronne. » Antiochos reconnut enfin la sage prévoyance d'Annibal et le dévouement sincère qui lui suggérait ces conseils; il fit donc voile vers la Chersonnèse, avec ceux de ses vaisseaux qui étaient prêts et équipés, afin de défendre ce pays contre les Romains, s'ils prenaient la route de terre. En même temps il donne ordre à Polyxénidas d'armer et de mettre en mer le reste de sa flotte, et envoie des bâtiments d'observation autour des îles, pour épier les moindres mouvements de l'ennemi (1).

Bientôt l'amiral romain C. Livius vint aborder au Pirée, où il trouva l'ancienne flotte. A la hauteur de Scyllée il rencontra Eumènes avec trois vaisseaux. Ce prince était resté assez longtemps à Égine, ne sachant s'il devait retourner dans ses États, pour les défendre contre Antiochos, ou ne pas se séparer un seul instant des Romains, puisque sa fortune était attachée à la leur. Du Pirée Livius vint mouiller à Délos avec une flotte de cent vaisseaux et plus (2).

BATAILLE NAVALE DE CORYCOS. — DÉFAITE DE LA FLOTTE D'ANTIOCHOS. — Polyxénidas, instruit, par les bâtiments d'observation qu'il avait disposés de distance en distance, que la flotte romaine était en rade à Délos, en fit donner avis au roi. Aussitôt ce prince, laissant de côté les affaires qui l'avaient conduit dans l'Hellespont, retourna précipitamment à Éphèse, avec ses vaisseaux armés d'éperons, et tint conseil pour décider si l'on pouvait sans danger tenter la fortune d'un combat naval. Polyxénidas fut d'avis de ne point temporiser.

« Il fallait, disait-il, brusquer le combat, avant que la flotte d'Eumènes et celle de Rhodes eussent opéré leur jonction avec les Romains. Ainsi les vaisseaux du roi n'auraient pas même le désavantage du nombre, supérieurs comme ils l'étaient par leur légèreté et par la variété de leurs ressources. Les bâtiments romains, d'une construction lourde et grossière, ne se manœuvraient qu'avec peine, et, de plus, la nécessité d'apporter des provisions en pays ennemi ajoutait encore à leur pesanteur. La flotte d'Antiochos, au contraire, qui n'avait autour d'elle que des côtes amies, n'avait à bord que des armes et des soldats; et la connaissance des parages, des côtes et des vents ne pouvait manquer de leur donner l'avantage sur un ennemi chez qui le défaut de ces notions devait causer beaucoup de trouble. » Cet avis entraîna le conseil; celui qui l'avait ouvert devait d'ailleurs le mettre en exécution. Deux jours furent consacrés aux préparatifs; le troisième on mit à la voile avec cent vaisseaux de moyenne grandeur, dont soixante-dix étaient pontés et les autres découverts. La flotte royale fit route vers Phocée. A la nouvelle de l'approche de la flotte romaine, le roi, qui ne devait pas prendre part au combat naval, gagna Magnésie près du Sipyle, pour y rassembler des troupes de terre. La flotte vint mouiller vers Cyssonte, port des Érythréens, où elle pouvait attendre la flotte ennemie avec plus d'avantage. Les Romains, retenus quelques jours à Délos par les vents du nord, partirent enfin dès qu'ils le purent pour Phanes, port de l'île de Chios, s'approchèrent de la ville capitale, y prirent des provisions et passèrent à Phocée. Eumènes, qui s'était rendu à Élée pour y chercher sa flotte, vint peu de jours après, avec vingt-quatre vaisseaux pontés et un plus grand nombre qui ne l'étaient pas, joindre à Phocée les Romains, qui se préparaient à livrer bataille. A son départ de cette ville, la flotte combinée, forte de cent cinq vaisseaux pontés et d'environ cinquante non pontés, fut d'abord poussée à la côte par les vents du nord qui la prenaient en flanc, et les bâtiments furent obligés de marcher un à un; mais dès que la violence du vent

---

(1) Tite-Live, liv. XXXVI, ch. 41.
(2) Id., ibid., ch. 42.

se fut calmée, on s'efforça de gagner le port de Corycos, au-dessus de Cyssonte (1).

« Polyxénidas, informé de l'approche des ennemis, saisit avec joie l'occasion de combattre. Il déploie son aile gauche vers la pleine mer, prescrit à l'aile droite de se développer du côté de la terre, et s'avance ainsi au combat. A la vue de cette ordonnance, le général romain fait carguer les voiles, abaisser les mâts, et attend les vaisseaux qui venaient après lui. Dès qu'ils sont trente de front, voulant en opposer un nombre égal à la gauche des ennemis, il leur commande de hisser les petites voiles et de gagner le large; puis il ordonne à ceux qui le suivaient de se rapprocher de la cote où était rangée la droite de Polyxénidas. Eumènes était à l'arrière-garde; mais au bruit de la manœuvre, il fait force de voiles et de rames pour se trouver en ligne. Déjà les deux flottes étaient en présence, lorsque trois vaisseaux d'Antiochos, apercevant deux bâtiments carthaginois à l'avant-garde de la flotte romaine, se détachent pour les attaquer. La partie n'était pas égale : deux des premiers entourent un des Carthaginois et le désemparent de ses rames des deux côtés; ensuite les Syriens viennent à l'abordage, culbutent ou tuent l'équipage, et se rendent maîtres du navire. L'autre, qui avait combattu à force égale, voyant le premier au pouvoir des ennemis, pour ne pas être enveloppé lui-même par les trois bâtiments syriens prend la fuite et va se replacer à l'arrière-garde. Livius, alors enflammé d'indignation, s'avance contre les ennemis avec la galère amirale, qu'il montait. Aussitôt les deux vaisseaux qui s'étaient réunis contre les Carthaginois, viennent à sa rencontre, dans l'espoir d'obtenir le même succès. Mais Livius ordonne aux rameurs d'abaisser leurs rames des deux côtés, pour donner plus de stabilité à sa galère, d'accrocher, avec les corbeaux, les bâtiments ennemis qui venaient fondre sur eux; et, maintenant qu'ils vont combattre de pied ferme, les exhorte à se souvenir qu'ils sont Romains et à ne pas regarder comme des antagonistes redoutables les vils esclaves d'un roi. Les deux galères qui venaient de s'emparer sans peine d'un vaisseau, furent à leur tour et bien plus facilement encore mises hors de combat et capturées par un seul.

« Déjà les flottes entières étaient aux prises, et la mêlée était devenue générale. Eumènes, qui n'était arrivé qu'après le commencement du combat, voyant le désordre que Livius avait mis dans l'aile gauche des ennemis, alla fondre sur leur aile droite, qui se défendait encore avec des chances égales.

« Quelques moments après la déroute commença par l'aile gauche. Dès que Polyxénidas s'aperçut de l'avantage marqué que la valeur des soldats romains leur donnait sur les siens, il fit carguer les petites voiles et chercha son salut dans une fuite précipitée et sans ordre. La division de droite, engagée avec Eumènes, ne tarda pas à suivre l'exemple de son chef. Les Romains, secondés par ce prince, s'acharnèrent à la poursuite des Syriens et firent force de rames, dans l'espoir de harceler leur arrière-garde. Mais quand ils virent que la légèreté des vaisseaux ennemis ne permettait pas aux bâtiments romains de les atteindre, chargés comme ils l'étaient de provisions, ils s'arrêtèrent enfin. Treize vaisseaux syriens, avec les troupes et les équipages qu'ils avaient à bord, furent capturés et dix autres coulés à fond. Toute la perte de la flotte romaine se réduisit à celle du navire carthaginois que les deux syriens avaient enlevé dès le commencement de l'action. Polyxénidas, en fuite, ne s'arrêta que dans le port d'Éphèse. Les Romains passèrent ce jour-là dans la rade de Cyssonte, d'où la flotte d'Antiochos était venue à leur rencontre; le lendemain, ils continuèrent à poursuivre l'ennemi. A moitié chemin environ, ils rencontrèrent la flotte des Rhodiens forte de vingt-cinq vaisseaux pontés, sous la conduite de Pausistratos. Avec ce renfort, ils poursuivirent l'ennemi jusqu'à Éphèse, et se tinrent en ligne à l'entrée du port. Contents d'avoir arraché aux vaincus l'aveu de leur faiblesse, ils congédièrent Eumènes et les Rhodiens. Pour eux, faisant voile vers l'île de Chios, après avoir côtoyé Phœ-

---

(1) Tite-Live, liv. XXXVI, ch. 43.

niconte, port des Erythréens, ils restèrent la nuit à l'ancre, et le lendemain débarquèrent dans l'île et entrèrent dans la ville. Livius y donna quelques jours de relâche à ses équipages, et se remit en mer pour gagner Phocée. Il y laissa quatre quinquérèmes pour protéger la ville, et se rendit à Cannes sur les côtes de l'Æolide avec le reste de sa flotte; et, comme l'hiver approchait, il fit mettre ses vaisseaux à sec et traça l'enceinte d'un camp naval (1). »

L. SCIPION EST ENVOYÉ EN ASIE POUR COMBATTRE ANTIOCHOS. — Malgré ce brillant avantage, le sénat, l'année suivante (190), donna un soin tout particulier aux préparatifs de la guerre contre Antiochos. Les deux nouveaux consuls, L. Cornélius Scipion, frère de l'Africain, et C. Lélius désiraient la province de Grèce. Tous deux, pour terminer le différend, s'en rapportèrent à la décision du sénat. On s'attendait à des discussions animées, lorsque Scipion l'Africain déclara que, si Lucius, son frère, obtenait le département de la Grèce, il irait lui servir de lieutenant. Cette déclaration fut reçue avec enthousiasme et trancha la question. On voulut voir si le roi Antiochos trouverait, dans Annibal vaincu, plus de ressources que le consul et les légions romaines dans l'Africain vainqueur (2). Lucius fut autorisé, dès son arrivée dans sa province, à passer avec son armée en Asie, s'il le jugeait utile aux intérêts de la république. Aux deux légions alors en Grèce, on en adjoignit plusieurs autres avec de nombreux renforts. L. Æmilius, chargé du commandement des forces navales, devait partir pour l'Asie avec vingt vaisseaux longs et tous les alliés qui les montaient; il devait de plus en lever lui-même mille autres et deux mille fantassins, et aller remplacer L. Livius alors à la tête de la flotte. En outre, le sénat donna l'ordre de construire trente quinquérèmes et vingt trirèmes; car le bruit s'était répandu qu'Antiochos équipait une flotte plus considérable encore que la première (1).

ANTIOCHOS SE PRÉPARE A LA RÉSISTANCE. — Antiochos, en effet, depuis sa défaite à Corycos, avait eu tout l'hiver pour rassembler de nouvelles forces de terre et de mer, et s'était attaché surtout à réparer sa flotte, afin de ne pas perdre entièrement la possession de la mer. Il faisait réflexion qu'il avait été vaincu en l'absence des Rhodiens. Que, s'ils prenaient part à une nouvelle action (et sans doute ils se garderaient bien d'arriver trop tard une seconde fois), il lui faudrait un plus grand nombre de vaisseaux pour opposer à ses ennemis des forces égales. Dans cette intention, il avait envoyé Annibal en Syrie, pour en faire venir la flotte phénicienne, et recommandé à Polyxénidas de prendre occasion de son insuccès pour apporter plus d'ardeur dans la réparation de ses anciens navires et dans la construction des nouveaux. Pour lui, il prit ses quartiers d'hiver en Phrygie, rassemblant des secours de tous côtés; il envoya même jusque chez les Gallo-Grecs, plus belliqueux que le reste des Asiatiques, et dont la race, qui s'était maintenue jusqu'alors dans toute son énergie et dans toute sa rudesse natives, conservait encore le fougueux courage des Gaulois. Il avait laissé son fils Séleucos en Æolide, à la tête d'une armée, pour contenir les villes maritimes qu'Eumènes, du côté de Pergame, et les Romains, du côté de Phocée et d'Erythres, cherchaient à détacher de sa cause. Vers le milieu de l'hiver, Eumènes, avec deux mille hommes de pied et cent chevaux, se rendit à Cannes, où la flotte romaine hivernait. Sur son rapport qu'on pouvait faire un butin considérable sur le territoire ennemi, aux environs de Thyatire, Livius, cédant à ses instances, lui confia cinq mille hommes. Peu de jours après, l'expédition revint chargée de riches dépouilles (2).

PHOCÉE SE DÉTACHE DES ROMAINS. — Cependant une sédition venait

---

(1) Tite-Live, liv. XXXVI, 45. Cf. Appien, *Syr.*, ch. 22.
(2) Tite-Live, liv. XXXVII, ch. 1. Cf. Appien, *Syr.*, ch. 21.

(1) Tite-Live, liv. XXXVII, ch. 4. Cf. Appien, *Syr.*, ibid.
(2) Tite-Live, liv. XXXVII, ch. 8.

d'éclater à Phocée, par les intrigues de quelques factieux dévoués aux intérêts d'Antiochos. On mettait en avant plusieurs griefs : les quartiers d'hiver de la flotte, le tribut de cinq cents toges et de cinq cents tuniques, imposé par les Romains à la ville, et surtout la disette de blé, qui obligea enfin la flotte et la garnison à sortir de la ville. Leur départ délivra de toute crainte les factieux qui, dans les assemblées, s'efforçaient de rattacher le peuple à la cause du roi. Le sénat et les premiers citoyens voulaient qu'on restât fidèle aux Romains ; mais les factieux l'emportèrent (1).

LIVIUS ASSIÉGE SESTOS. — Les Rhodiens, qui avaient à cœur de réparer leurs lenteurs de la campagne précédente, se mirent en mouvement dès l'équinoxe du printemps, et envoyèrent le même Pausistratos à la tête d'une flotte de trente-six voiles. Déjà Livius, parti de Cannes avec trente vaisseaux et sept quadrirèmes amenés par Eumènes, cinglait vers l'Hellespont, afin de tout disposer pour le passage de l'armée, qu'il présumait devoir arriver par terre. Il relâcha d'abord au port dit des Achéens (2) ; de là il remonta vers Ilion (3), y offrit un sacrifice à Minerve, et reçut dans cette ville, avec bienveillance, les députations d'Éléonte (4), de Dardanos (5) et de Rhætéion (6), qui venaient mettre leurs villes sous sa protection. De là il se porta vers l'entrée de l'Hellespont ; et, laissant dix vaisseaux en croisière devant Abydos, passa en Europe avec le reste de sa flotte pour assiéger Sestos ; car Antiochos avait fortifié ces deux places avant l'ouverture de la campagne (1). Déjà ses soldats s'approchaient des murailles, lorsqu'une troupe fanatique de prêtres de Cybèle parut aux portes avec tout l'appareil religieux de leur culte : ils s'écrient que, ministres de la déesse, ils viennent, par son ordre, prier les Romains d'épargner la ville et les remparts. On respecta la sainteté de leur caractère, et bientôt le sénat en corps, avec les magistrats, sortit pour rendre la ville. La flotte passa ensuite du côté d'Abydos. Livius fit d'abord sonder les dispositions des habitants ; mais, tout dans leurs réponses annonçant des intentions hostiles, on se décida à commencer le siège (2). »

DESTRUCTION DE LA FLOTTE RHODIENNE. — Pendant que ces événements se passaient dans l'Hellespont, l'amiral du roi, Polyxénidas, qui était un exilé rhodien, apprit que ses compatriotes avaient mis leur flotte en mer, et que Pausistratos, qui la commandait, avait, en haranguant le peuple, parlé de lui avec hauteur et mépris. La vengeance devint son idée fixe : jour et nuit il ne songeait plus qu'aux moyens de rétorquer par des faits les pompeuses paroles de son ennemi. Il lui dépêcha donc un émissaire, connu de tous deux et lui fit dire « que Polyxénidas pouvait rendre un grand service à Pausistratos et à sa patrie, si on le laissait agir, et, que Pausistratos, de son côté, pouvait mettre un terme à son exil. Pausistratos, surpris de cette ouverture, voulut savoir comment un tel dessein pourrait se réaliser, et, sur la demande

---

(1) Tite-Live, liv. XXXVII, ch. 9.
(2) Ce port, situé à l'embouchure du Simoïs, devait son nom à la tradition d'après laquelle l'armée grecque y avait abordé en venant faire le siège de Troie. Voy. Strab., liv. XIII, p. 595 ; Pline, IV, 12-26, et V, 30 ou 33.
(3) Il s'agit ici de la ville nommée *Ilium recens*, aujourd'hui Hissardgik, que les Romains considéraient comme ayant succédé à l'ancienne Troie, mais qui était réellement située plus près du rivage. Les Romains, nous l'avons vu, ne l'en regardaient pas moins comme leur berceau.
(4) Ville située presque à l'extrémité de la Chersonnèse de Thrace.
(5) Ville de la Troade, à cent dix stades de l'ancienne Dardanie. Hérod., liv. VII, ch. 43 ; Thuc., liv. VIII, ch. 104 ; Strab., liv. XIII, p. 587 et suiv.
(6) Ville et promontoire de la Troade, sur l'Hellespont. Hérod., liv. VII, ch. 43.

On y voyait le tombeau d'Ajax. Choiseul-Gouffier croit avoir retrouvé l'emplacement de cette ville, sur une petite colline près de l'Hellespont, là où se trouve aujourd'hui le village d'It-Guelmes-Kelie. *Voy. de Gr.*, t. II, p. 444.
(1) Appien, *Syr.*, ch. 21.
(2) Tite-Live, liv. XXXVII, ch. 29. Cf. Polyb., liv. XXI, ch. 2, § 4. Appien, *Syr.*, ch. 23.

le l'agent, il promit d'en seconder l'exécution et de garder le silence. L'émissaire ajouta alors que Polyxénidas lui livrerait la flotte en totalité ou en grande partie, et que, pour prix d'un tel service, il ne demandait qu'à rentrer dans sa patrie. C'était une promesse tellement importante, que Pausistratos ne put ni y croire entièrement ni la repousser avec dédain. Il gagna Panormos, ville située sur le territoire samien (1), et s'y arrêta pour examiner le projet qu'on lui avait soumis. Il ne se laissa persuader que lorsque Polyxénidas eut écrit, en présence d'un envoyé à lui, qu'il ferait tout ce qu'il avait promis, et qu'il eut fait remettre à l'amiral rhodien ses tablettes revêtues de son sceau. Ce gage, pensa Pausistratos, était comme un lien qui enchaînait le traître. Il n'était pas possible qu'un homme dépendant du roi s'exposât à donner contre lui-même des preuves signées de sa propre main. On concerta ensuite le plan de la prétendue trahison. Polyxénidas promit de négliger tous ses préparatifs, de diminuer le nombre de ses rameurs et de ses équipages, de mettre à sec une partie de ses vaisseaux, sous prétexte de les faire radouber ; d'en envoyer d'autres dans les ports voisins ; de n'en tenir qu'un petit nombre à flot dans le port d'Éphèse, afin de les exposer, s'il fallait sortir, à un combat inégal. La négligence que Polyxénidas s'engageait à montrer pour sa flotte, Pausistratos, se fiant aux promesses du traître, l'apporta, à partir de ce moment, dans toutes ses dispositions. Il envoya une partie de ses bâtiments à Halicarnasse pour y prendre des vivres, une autre à Samos, et se tint prêt lui-même à agir dès le premier signal donné par le traître. Polyxénidas ajouta par sa dissimulation aux illusions de Pausistratos : il mit à sec quelques navires, fit réparer les chantiers comme s'il voulait en retirer d'autres à terre, et rappela ses rameurs de leurs quartiers d'hiver, non à Éphèse, mais à Magnésie (1), où il les réunit secrètement (2).

Le hasard voulut qu'un soldat d'Antiochos, venu dans ces parages pour des affaires personnelles, fût arrêté comme espion, conduit à Panormos, auprès du commandant rhodien, et interrogé sur ce qui se passait à Éphèse. Soit crainte, soit manque de fidélité à son parti, il dévoila tout le stratagème. « La flotte entière, dit-il, était dans le port équipée et prête à agir ; tous les rameurs avaient été cantonnés à Magnésie ; il n'y avait de mis à sec qu'un petit nombre de vaisseaux ; la vue des chantiers était interdite au public, et jamais les travaux de la marine n'avaient été poussés avec plus d'activité. » Ce rapport, tout exact qu'il était, ne put détromper un esprit prévenu de vaines espérances. Polyxénidas, après avoir pris toutes ses mesures, rappelle la nuit ses rameurs de Magnésie, remet promptement à flot les vaisseaux qu'il avait tirés à terre, se tient tout le jour dans le port, moins pour faire ses dispositions que pour dérober le départ de sa flotte ; puis il appareille, après le coucher du soleil, avec soixante-dix vaisseaux pontés, et, malgré le vent contraire, arrive au port de Pygéla (3) avant le jour. Pour mieux masquer son plan, il y reste en repos le reste de la journée, et, la nuit, gagne la partie de la côte qui appartenait aux Samiens. De là il détache sur Palinure (4) un chef de pirates, nommé Nicandros, à la tête de cinq vaisseaux pontés, avec ordre de couper à travers les champs pour se rendre, par

(1) Les Samiens possédaient une partie de la côte, depuis Mycale jusqu'à Éphèse, et ce territoire était appelé de la Σαμία γῆ, *Samia terra*, ou simplement Σαμία, *Samia*. Les limites de cette contrée au sud furent, entre les Samiens et les habitants de Priène, le sujet d'interminables contestations sans cesse soumises à l'arbitrage de la puissance qui dominait en Asie Mineure. *Voy.* plus haut, p. 230, col. 1.

(1) Probablement Magnésie du Méandre, et non pas Magnésie du Sipyle, comme le porte le texte de Tite-Live un peu plus loin. Cette dernière était trop éloignée de la mer, pour que Polyxénidas y envoyât ses rameurs et qu'il pût les en rappeler dans l'espace d'une nuit.
(2) Tite-Live, liv. XXXVII, ch. 10.
(3) Ville sur la côte de l'Ionie, au sud-ouest d'Éphèse.
(4) Position inconnue, mais qui devait être peu distante d'Éphèse et située sur la côte.

le chemin le plus court, jusqu'à Panormos et prendre les ennemis en queue. Pour lui, il partage sa flotte en deux escadres pour garder des deux côtés l'entrée du port, et à cet effet il se dirige sur Panormos. Pausistratos, à cette attaque imprévue, éprouva d'abord un moment d'hésitation; mais bientôt, en vieux capitaine, il prend son parti, et, persuadé qu'il lui sera plus facile de repousser les ennemis par terre que par mer, il envoie rapidement deux corps de troupes sur les deux promontoires qui, projetés en avant comme deux cornes, fermaient le port. Il se flattait de prendre ainsi les Syriens entre deux décharges de traits et de les repousser sans peine. Mais l'apparition subite de Nicandros, qui s'avançait du côté de la terre, le forçant à changer de manœuvre, il donne aux siens l'ordre de se rembarquer. Tous aussitôt, soldats et matelots, saisis d'un même effroi, se jettent précipitamment à bord des vaisseaux, pour y trouver un refuge contre les ennemis qui les investissent du côté de la terre et du côté de la mer. Pausistratos, n'ayant plus d'autre moyen de salut que de forcer l'entrée du port et de gagner la pleine mer, s'il était possible, n'eut pas plus tôt vu tous les siens rembarqués qu'il leur ordonne de le suivre, et s'avance le premier, à force de rames, vers l'entrée du port. Mais, au moment où il va franchir la passe, Polyxénidas vient le cerner avec trois quinquérèmes. Le vaisseau qu'il montait, percé par les proues ennemies, est coulé à fond, et l'équipage accablé de traits. Pausistratos lui-même périt en combattant avec valeur. Le reste de ses vaisseaux fut pris, partie devant le port, partie dans le port même, partie enfin par Nicandros au moment où ils cherchaient à s'éloigner de la côte. Cinq vaisseaux rhodiens et deux de l'île de Cos parvinrent seuls à s'échapper en se faisant jour à travers la flotte ennemie, grâce à la terreur inspirée par les feux qu'ils portaient à leurs proues, au bout de deux longues perches, dans des vases de fer. Les trirèmes d'Érythres, ayant rencontré non loin de Samos les galères de Rhodes, qu'elles venaient renforcer, reprirent la route de l'Hellespont pour rejoindre la flotte romaine.

Succès de Séleucos. — Vers le même temps, Séleucos reprit Phocée, dont une porte lui fut ouverte par trahison, et la terreur de ses armes obligea Cyme et d'autres villes du même littoral à se déclarer en sa faveur (1).

Cependant les Abydéniens, après avoir résisté plusieurs jours, grâce à la garnison qui défendait les murs de leur ville, cédant enfin aux fatigues du siége, avaient, avec le consentement de Philotas, commandant des troupes royales, envoyé leurs magistrats pour traiter avec Livius des articles de la capitulation. Ce qui empêchait de conclure, c'est qu'on n'était pas d'accord sur la question de savoir si la garnison syrienne pourrait sortir avec ou sans armes. On débattait encore ce point, lorsque la nouvelle de la défaite des Rhodiens vint arracher à Livius la proie qu'il croyait déjà tenir. Il craignit, en effet, que Polyxénidas, fier d'un si important succès, ne surprît la flotte romaine stationnée près de Cannes, et partit aussitôt abandonnant le siége d'Abydos et la garde de l'Hellespont. Eumènes, de son côté, se rendit à Élée (2). Livius, avec toute sa flotte, augmentée de deux trirèmes de Mitylène, fit voile pour Phocée; mais, apprenant que cette place était défendue par une forte garnison, et que Séleucos campait à peu de distance, il ravagea tout le littoral, fit de nombreux prisonniers, et se rembarqua précipitamment avec son butin, ne s'étant arrêté que le temps nécessaire pour attendre Eumènes et sa flotte; puis il prit la route de Samos.

Nouveaux armements des Rhodiens. — A Rhodes la nouvelle de la défaite de Pausistratos répandit tout à la fois l'épouvante et le deuil. Outre leurs vaisseaux et leurs soldats, les Rhodiens avaient aussi perdu la fleur et l'élite de leur jeunesse, une foule de nobles ayant tout quitté pour suivre

(1) Tite-Live, liv. XXXVII, ch. 11. Cf. Polyb., liv. XXI, ch. 2, § 5, et Appien, *Syr.*, ch. 24 et 25.

(2) Cette ville, que Strabon range parmi les villes æoliennes, avait un port où hivernaient les vaisseaux des rois de Pergame.

Pausistratos, qui jouissait dans sa patrie d'une considération bien méritée. Mais bientôt songeant qu'ils n'avaient été vaincus que par ruse, et que c'était un de leurs concitoyens qui les avait attirés dans ce piége, ils n'écoutèrent plus que leur ressentiment. Ils mirent en mer sur-le-champ dix vaisseaux, et peu de jours après dix autres, et en confièrent le commandement à Eudamos (1), dont les talents militaires étaient inférieurs à ceux de Pausistratos, mais qui, moins impétueux, agirait sans doute avec plus de prudence.

POLYXÉNIDAS TENTE VAINEMENT D'EMPÊCHER LES ROMAINS ET EUMÈNES DE JOINDRE LEURS FLOTTES A CELLE DES RHODIENS. — Les Romains et le roi Eumènes relâchèrent d'abord à Érythres, y passèrent une nuit, et le lendemain arrivèrent à Corycos, promontoire du pays de Téos (2). De là ils se disposèrent à passer sur le territoire samien, et sans attendre le lever du soleil qui eût permis aux pilotes de juger de l'état du ciel, ils partirent à tout hasard. Au milieu de la traversée, le vent du sud-sud-ouest sauta au nord, bouleversa la mer et souleva une violente tempête (3).

Polyxénidas, pensant que les ennemis prendraient la route de Samos pour rejoindre la flotte rhodienne, partit d'Éphèse et fit une première halte à Myonnésos (4). De là il vint s'embosser dans le voisinage de l'île Macris (5), afin de surprendre au passage les vaisseaux qui pourraient s'écarter du gros de la flotte ou de tomber à propos sur l'arrière-garde. Voyant la flotte dispersée par la tempête, il crut d'abord le moment favorable; mais bientôt la violence croissante du vent et l'agitation plus furieuse des flots l'empêchèrent d'atteindre les ennemis; il se rejeta vers l'île d'Æthalie (1), afin de pouvoir les attaquer le lendemain, lorsqu'ils arriveraient de la haute mer sur Samos. Les Romains, qui étaient en petit nombre, abordèrent le soir à un port désert du territoire de Samos, et le reste des bâtiments, après une nuit de tourments en pleine mer, vint mouiller dans le même refuge. Là, ayant appris des habitants de la campagne que la flotte royale était à l'ancre devant l'île d'Æthalie, ils tinrent conseil pour savoir s'il fallait en venir aux mains sans différer ni attendre la flotte rhodienne. On prit le parti d'attendre, et l'on regagna Corycos. Polyxénidas, de son côté, après une station inutile, retourna à Éphèse.

LA FLOTTE ET L'ARMÉE SYRIENNES D'ÉPHÈSE REFUSENT LE COMBAT SUR TERRE ET SUR MER. — Alors, la mer étant libre, les vaisseaux romains passèrent à Samos. Ils y furent rejoints peu de jours après par la flotte rhodienne, et pour faire voir qu'ils n'avaient attendu que ce renfort, ils firent voile aussitôt vers Éphèse, afin d'engager le combat ou de forcer l'ennemi, en cas de refus, à confesser sa faiblesse, aveu qui devait faire une vive impression sur l'esprit des alliés. Ils se mirent donc en bataille à l'entrée du port; mais voyant que personne ne se montrait, ils se partagèrent en deux divisions : l'une resta à l'ancre à l'entrée du port; l'autre alla mettre à terre les soldats d'embarquement. Ces troupes ravagèrent toute la campagne, et déjà elles revenaient chargées d'un immense butin, lorsque le Macédonien Andronicos,

---

(1) D'après les ch. 23 et 24 de Tite-Live, Eudamos eut plus tard sous ses ordres Pamphilidas, que Polybe, liv. XXI, ch. 5, désigne comme le successeur de Pausistratos.

(2) Sur la côte méridionale de la presqu'île de Clazomènes.

(3) Tite-Live, liv. XXXVII, ch. 12. Cf. Polyb., liv. XXI, ch. 2, ch. 5, § 6; et Appien, *Syr.*, ch. 25.

(4) *Voy.* la description de Myonnésos, plus bas, p. 295.

(5) Ou Icaria, nommée par les marins Macris à cause de sa forme. Tite-Live, liv. XXXVII, ch. 28.

(1) Quelle était cette île d'Æthalie? On a pensé que ce pouvait être Chios, qui, en effet, porta autrefois ce nom. (Voyez Étienne de Byzance). Mais il y a une impossibilité matérielle à ce qu'il soit ici question de Chios. La violence du vent du nord, qui continuait à souffler, n'aurait pas permis à Polyxénidas de s'élever d'Icarie jusqu'à Chios. Je crois donc que c'est une des îles de ce groupe situé entre Icarie et Samos, et auquel on donnait le nom de *Corasiæ insulæ*, et probablement la moins petite, qui se trouve au centre.

qui commandait la garnison d'Éphèse, fit une sortie au moment où elles approchaient de la ville, leur enleva une grande partie de leur butin et les obligea de regagner la mer et leurs navires. Le lendemain, les Romains, après avoir dressé une embuscade au milieu de la route, se mirent en marche vers la ville, pour attirer Andronicos hors des murs ; mais on soupçonna leur piége : personne ne se hasarda à sortir, et les Romains retournèrent à leurs vaisseaux. Voyant alors que sur terre, comme sur mer, les ennemis refusaient le combat, ils firent voile vers Samos, d'où ils étaient partis. De là le préteur envoya deux trirèmes des alliés d'Italie et deux des Rhodiens, sous les ordres d'Épicrates de Rhodes, pour garder le détroit de Céphallénie. Ces parages étaient infestés par les pirateries du Lacédémonien Hybristas, qui, à la tête de la jeunesse céphalénienne, interceptait les convois d'Italie (1).

LES CONFÉDÉRÉS SE DÉCIDENT A UNE EXPÉDITION CONTRE PATARES. — Au Pirée, Épicrates rencontra L. Æmilius Régillus, qui venait prendre le commandement de la flotte. A la nouvelle de la défaite des Rhodiens, Régillus, n'ayant avec lui que deux quinquérèmes, ramena en Asie Épicrates et ses quatre vaisseaux. Il fut aussi accompagné par des navires athéniens non pontés. Il traversa la mer Égée et aborda à Chios. Le Rhodien Timasicrates, parti de Samos avec deux quadrirèmes, arriva aussi dans cette île pendant la nuit. Amené devant Æmilius, il déclara qu'on l'avait envoyé défendre cette côte contre les vaisseaux du roi, qui sortaient fréquemment des ports de l'Hellespont et d'Abydos et intercéptaient les convois. Æmilius, en passant de Chios à Samos, rencontra deux quadrirèmes de Rhodes, envoyées par Livius, et le roi Eumènes avec deux quinquérèmes. Arrivé à Samos, il reçut la flotte des mains de Livius, offrit, selon l'usage, un sacrifice, et tint conseil. Livius fut interrogé le premier. « Personne, dit-il, ne pouvait donner un avis plus sincère que celui qui conseillait à un autre ce qu'il eût fait lui-même à sa place. Il avait eu le dessein de gagner Éphèse avec toute sa flotte, d'y conduire des bâtiments de transport chargés de sable et de les couler bas à l'entrée du port. C'était une barrière d'autant plus facile à élever, que cette entrée était, comme toute l'embouchure du fleuve, longue, étroite et peu profonde. Ainsi il empêcherait les ennemis de se mettre en mer, et rendrait leur flotte inutile (1). » Cet avis ne fut goûté de personne. Eumènes demanda ce qu'on ferait après avoir fermé le port par ce moyen. « S'éloignerait-on avec la flotte, devenue libre, pour porter secours aux alliés et répandre la terreur chez les ennemis? Ou bien toute la flotte n'en resterait-elle pas moins là pour bloquer le port? Si l'on s'éloignait, nul doute que les ennemis ne parvinssent à renflouer les navires submergés et à déblayer le port plus facilement encore qu'on ne l'aurait comblé. Si, au contraire, il fallait, malgré tout, rester là, à quoi bon fermer le port? Les ennemis, à l'abri de tout danger, dans une rade sûre et au sein d'une ville opulente, recevant de l'Asie tout ce qui leur était nécessaire, passeraient la saison en repos ; tandis que les Romains, en pleine mer, à la merci des flots et des tempêtes, privés de tout, seraient condamnés à une surveillance assidue : ce serait se lier les mains à soi-même et se mettre dans l'impuissance d'agir au lieu de bloquer les ennemis. » Eudamos, commandant de la flotte rhodienne, montra aussi de la répugnance pour l'avis proposé, mais sans en ouvrir un autre pour son propre compte. Le Rhodien Épicrates conseilla d'abandonner pour le moment Éphèse et d'envoyer une partie des vaisseaux en Lycie pour s'assurer de Patares, capitale du pays et l'un des ports de construction du roi de Syrie. Cette expédition aurait deux résultats très-importants : l'un, de permettre aux Rhodiens, par la pacification des contrées voisines de leur île, de concentrer toutes leurs forces sur une seule guerre, la guerre contre Antio-

(1) Tite-Live, liv. XXXVII, ch. 13. Cf. Appien, *Syr.*, ch. 25.

(1) Tite-Live, liv. XXXVII, ch. 14.

chos; l'autre, de bloquer la flotte qui s'équipait en Lycie, et de l'empêcher de faire sa jonction avec Polyxénidas. Ce parti parut le plus sage. Toutefois on arrêta que Régillus, avec toute sa flotte, se présenterait devant le port d'Éphèse pour jeter l'épouvante chez l'ennemi (1).

LIVIUS, CHARGÉ DE L'EXPÉDITION, ATTAQUE INUTILEMENT PHŒNICONTE ET RENONCE A ATTAQUER PATARES. — C. Livius, chargé de l'expédition de Lycie, partit avec deux quinquérèmes romaines, quatre quadrirèmes de Rhodes et deux bâtiments de Smyrne non pontés. Il avait ordre de relâcher d'abord à Rhodes, et de concerter toutes ses opérations avec les Rhodiens. Les villes qui se trouvèrent sur sa route, Milet, Myndos, Halicarnasse, Cnide, Cos, mirent le plus grand zèle à exécuter ce qu'on leur prescrivit. Arrivé à Rhodes, Livius exposa l'objet de sa mission, et demanda conseil. Son plan fut unanimement approuvé, et renforçant alors son escadre de trois trirèmes, il fit voile vers Patares. D'abord un vent favorable le porta vers cette ville, et il se flattait que, dans le premier moment de surprise, quelque mouvement pourrait éclater; mais tout à coup le vent tourna et souleva les flots en deux courants contraires. Cependant on parvint à gagner la terre à force de rames; mais il n'y avait aux environs aucune rade sûre, et on ne pouvait mouiller dans un port ennemi, par une mer grosse et aux approches de la nuit. On prit donc le parti de longer les murs de la place, et de gagner le port de Phœniconte (2), situé à environ deux milles de distance, et où la flotte pouvait être à l'abri de la violence des vagues; mais ce port était dominé par des rochers escarpés, dont les habitants de Phœniconte se rendirent maîtres à l'aide des soldats de la garnison.

Livius, malgré le désavantage et la difficulté des lieux, envoya d'abord contre eux les auxiliaires d'Issa (1) et les troupes légères de Smyrne. Ce détachement, tant qu'on se battit à coups de traits, et que le petit nombre des assaillants fit de l'action moins un combat qu'une escarmouche, soutint énergiquement la lutte; mais, lorsque les ennemis survinrent en plus grand nombre et que les habitants se précipitèrent en masse hors des murs, Livius craignit que ses auxiliaires ne fussent enveloppés et que ses vaisseaux ne fussent attaqués aussi du côté de terre. Pour prévenir ce danger, il arme à la hâte soldats, troupes de marine, rameurs, et les conduit tous au combat. La lutte n'en fut pas moins douteuse; et l'on perdit dans cette simple rencontre, outre un assez grand nombre de soldats, L. Apustius, un des légats du consul chargé de la guerre d'Asie. A la fin pourtant, les Lyciens furent mis en fuite et repoussés jusque dans la place; mais la victoire avait coûté cher aux Romains, qui se rembarquèrent. De là ils partirent pour le golfe de Telmissos, qui touche d'un côté a la Lycie, de l'autre à la Carie; et renonçant à toute tentative sur Patares, Livius congédia les Rhodiens. Pour lui, il longea la côte d'Asie et passa en Grèce pour conférer avec les Scipions, qui se trouvaient alors dans le voisinage de la Thessalie, et de là repasser en Italie.

ÆMILIUS MARCHE DE NOUVEAU CONTRE PATARES. — IL REVIENT A SAMOS. — En apprenant que Livius avait renoncé à l'expédition de Lycie et qu'il était parti pour l'Italie, Æmilius, que la tempête avait repoussé d'Éphèse et forcé de retourner à Samos, crut qu'il était honteux pour les Romains d'avoir échoué devant Patares, et résolut d'aller attaquer cette place avec toutes ses forces. Après avoir passé devant Milet et longé la côte des alliés, la flotte entra dans le golfe de Bargylie, et fit une descente près d'Iassos, qu'occupait une garnison royale. Les Romains commencèrent par ravager le territoire voisin. Ensuite on fit sonder par des

---

(1) Tite-Live, liv. XXXVII, ch. 15.
(2) Port de Lycie dont la position répond exactement à la baie de Kalamaki. Voy. Beaufort, *Caramanie*, p. 7, et Cramer, *Asia Minor*, t. II, p. 251.

(1) Île et ville d'Illyrie, alliées des Romains.

émissaires les dispositions des magistrats et des principaux citoyens ; et sur leur réponse que la ville n'était pas en leur pouvoir, l'assaut fut résolu. Mais les exilés d'Iassos, qui se trouvaient alors sur la flotte romaine, vinrent tous en corps conjurer les Rhodiens de ne pas laisser détruire une ville voisine de leur patrie qui leur était unie par les liens du sang, et qui n'avait pas mérité un pareil sort. « La seule cause de leur exil était, disaient-ils, leur fidélité à la cause des Romains; leurs compatriotes, restés dans l'intérieur de la ville, étaient enchaînés par la violence de ces mêmes forces royales qui les avaient expulsés de leur patrie ; mais les sentiments de tous les citoyens d'Iassos étaient les mêmes au dedans comme en dehors, et tous ne formaient qu'un vœu, celui d'échapper au despotisme du roi. » Touchés de ces prières, et secondés par Eumènes, les Rhodiens, à force de faire valoir, tantôt les liens de parenté qui les unissaient aux habitants d'Iassos, tantôt l'oppression déplorable où les tenait la garnison royale, réussirent enfin à faire lever le siège. Æmilius s'éloigna donc ; et, longeant la côte d'Asie, qui ne présentait plus d'ennemis, il relâcha à Lorymos, port situé en face de Rhodes. Là sa conduite excita, de la part des tribuns militaires, des murmures secrets qui parvinrent bientôt à ses propres oreilles. On lui reprochait d'éloigner la flotte d'Éphèse et de négliger une guerre qui lui avait été confiée, pour laisser derrière lui des ennemis libres d'agir impunément contre tant de villes alliées du voisinage. Ces plaintes firent impression sur Æmilius : il appela les Rhodiens, s'informa d'eux si le port de Patares pouvait contenir toute la flotte ; et, comme leur réponse négative lui offrait un prétexte d'abandonner l'entreprise, il ramena ses vaisseaux à Samos (1).

SÉLEUCOS ATTAQUE LES ÉTATS D'EUMÈNES ET INVESTIT PERGAME. — Pendant ce temps Séleucos, fils d'Antiochos, qui avait tenu tout l'hiver son armée dans l'Æolide, tantôt secourant ses alliés, tantôt ravageant les peuples qu'il ne pouvait attirer dans son parti, résolut d'entrer sur le territoire d'Eumènes, occupé loin de ses États, à menacer les côtes de la Lycie avec les Romains et les Rhodiens. Il marche d'abord sur Élée, enseignes déployées ; et sans s'arrêter au siége de cette place, il en dévaste le territoire, et dirige son armée vers Pergame, capitale et rempart du royaume d'Eumènes. Aussitôt Attale prend position en avant de la place ; et par des courses de cavalerie et de troupes légères, harcèle l'ennemi plutôt qu'il ne le combat ; enfin, convaincu par diverses escarmouches qu'il n'était pas en état de lui tenir tête, il se renferme dans la ville, dont Séleucos entreprend le siége en forme. Vers le même temps, Antiochos, parti d'Apamée, vint camper d'abord à Sardes, puis à la source du Caïque, à proximité du camp de son fils, avec une armée nombreuse composée de diverses nations. La portion la plus redoutable de ce mélange confus était quatre mille Gaulois qu'il avait pris à sa solde ; il les envoie, avec un faible détachement, porter au loin le ravage sur le territoire de Pergame.

EUMÈNES REVIENT AU SECOURS DE SA CAPITALE. — Dès que ces nouvelles furent parvenues à Samos, Eumènes, rappelé par le danger à la défense de ses États, reprit avec sa flotte le chemin d'Élée ; il y trouve de la cavalerie et de l'infanterie légère, sous l'escorte desquelles il vole à la défense de sa capitale, avant que les ennemis ne s'aperçoivent de sa marche et ne fassent aucun mouvement. A son arrivée recommencent les escarmouches ; mais Eumènes évite avec soin toute affaire générale et décisive. Peu de jours après, la flotte combinée des Romains et des Rhodiens, partie de Samos pour venir au secours du roi, arrive à Élée.

ANTIOCHOS FAIT DES PROPOSITIONS DE PAIX. — EUMÈNES LES FAIT REPOUSSER. — A la nouvelle de ce débarquement, de la réunion de tant de flottes dans le même port, de l'entrée du consul en Macédoine, et des préparatifs qu'il faisait pour franchir l'Hellespont, Antiochos ne

(1) Tite-Live, liv. XXXVII, ch. 17.

crut pas devoir attendre, pour demander la paix, qu'il fût pressé par terre et par mer. Il vint donc occuper une hauteur en face d'Élée, y laissa toute son infanterie, descendit avec sa cavalerie, forte d'environ six mille chevaux, dans la plaine et presque sous les murs de la place, et envoya un héraut annoncer à Æmilius qu'il désirait faire des propositions de paix (1).

Æmilius tint un conseil de guerre où Eumènes fut appelé de Pergame, et où les Rhodiens furent admis. Ces derniers penchaient pour la paix; mais Eumenes représenta que, dans les conjonctures où l'on se trouvait, il n'était ni honorable de traiter, ni possible de rien conclure. « En effet, « dit-il, pouvons-nous avec honneur « recevoir des conditions de paix, resserrés dans des murailles et assiégés « comme nous le sommes? Et quelle « force aura un traité négocié sans « l'aveu du consul, sans l'autorité du « sénat, sans l'ordre du peuple romain? « Je te le demande, Æmilius, une « fois la paix faite, retourneras-tu en « Italie et y remèneras-tu ta flotte et « ton armée? Ou bien attendras-tu « l'agrément du consul, la décision du « sénat ou l'ordre du peuple? Il te « faudra donc rester en Asie, et, re- « nonçant à toute expédition, ramener « tes troupes dans leurs quartiers d'hiver, où la nécessité de les approvisionner achèvera de ruiner les villes « alliées; puis, si tel est l'avis de ceux « qui en sont les arbitres, recommencer sur nouveaux frais une guerre « que, si nous continuons à la pousser « avec vigueur, nous pouvons, avec la « protection des dieux, terminer avant « l'hiver. » Cet avis l'emporta, et l'on répondit au roi de Syrie qu'avant l'arrivée du consul on ne pouvait écouter aucune proposition.

ANTIOCHOS CONTINUE SES HOSTILITÉS. — IL RAVAGE LA TROADE ET ASSIÉGE ADRAMYTTE. — Antiochos, voyant sa tentative sans succès, ravagea le territoire d'Élée et de Pergame, laissa son fils Séleucos devant la place; de là, traversant par les terres d'Adramytte, où il exerça les mêmes hostilités, il entra dans les riches plaines de Thèbes, que les chants d'Homère ont rendue célèbre (1), et aucune contrée de l'Asie n'offrit à ses troupes un aussi riche butin. Mais Æmilius et Eumènes, ayant doublé la côte d'Adramytte, arrivèrent bientôt au secours de la place (2).

ARRIVÉE A PERGAME D'UN RENFORT D'ACHÉENS SOUS LA CONDUITE DE DIOPHANES. — Le hasard voulut que dans ce même temps mille fantassins et cent cavaliers achéens, conduits par Diophanes, vinrent aborder à Élée (3); ils y trouvèrent des officiers, envoyés par Attale, qui les introduisirent dans Pergame à la faveur de la nuit. C'étaient tous de vieux soldats expérimentés, et, leur commandant s'était formé à l'école de Philopœmen, le plus grand capitaine que la Grèce eût alors.

DIOPHANES BAT SÉLEUCOS ET LE FORCE A ABANDONNER LE TERRITOIRE DE PERGAME. — Diophanes prit deux jours pour faire reposer ses hommes et ses chevaux, et pour reconnaître les postes ennemis, et savoir sur quel point et à quelle heure ils se montraient et se retiraient. C'était jusqu'au pied de la colline où est située la ville que s'avançaient les soldats du roi, et comme personne ne sortait de la place, pas même pour lancer de loin quelques traits sur les gardes avancées, ils avaient toute liberté d'étendre leurs ravages sur leurs derrières. Depuis que la crainte avait obligé les troupes d'Attale de se renfermer dans l'enceinte des murailles, celles de Séleucos en avaient conçu un mépris qui les jeta dans la plus profonde sécurité. La plupart des chevaux n'étaient ni sellés ni bridés; il ne restait qu'un petit nombre de soldats sous les armes et dans les rangs. Tout le reste, épars dans la campagne, se livrait aux jeux et aux divertissements de la jeu-

(1) Tite-Live, liv. XXXVII, ch. 18.

(1) *Voy.* Hom., *Il.*, I, 566.
(2) Polyb., liv. XXI, ch. 8; Tite-Live, liv. XXXVII ch. 19.
(3) Cf. Polyb., liv. XXI, ch. 7. Appien, *Syr.*, ch. 26.

nesse, ou cherchait l'ombre des arbres pour y prendre de la nourriture ou du repos. Diophanes, ayant observé ce désordre du haut des murs de Pergame, ordonne aux siens de prendre les armes et de se tenir prêts à exécuter ses ordres. Il va trouver Attale, et lui communique son dessein de hasarder une sortie sur les postes ennemis. Attale n'y consentit qu'avec peine, inquiet de voir mille fantassins et cent cavaliers attaquer quatre mille hommes de pied et trois cents chevaux. L'Achéen sortit donc et fit halte à peu de distance des postes ennemis, attendant l'occasion favorable. Cette démarche parut aux habitants de Pergame un acte de démence, plutôt que d'audace, et les ennemis, dont les Achéens attirèrent un moment l'attention, ne leur voyant faire aucun mouvement, ne rabattirent rien de leur indolence ordinaire; ils insultèrent même à cette poignée d'hommes qui osait se montrer devant eux. Diophanes tint quelque temps sa troupe immobile, comme si elle ne fût sortie que par curiosité; mais, dès qu'il voit les Syriens dispersés en désordre, il ordonne à son infanterie de le suivre à pas redoublés; et, se plaçant lui-même à la tête de son escadron de cavalerie, il fond à bride abattue sur les postes ennemis, et, les attaque brusquement au milieu des cris poussés en même temps par ses fantassins et par ses cavaliers. Cette charge imprévue jette l'épouvante parmi les hommes et même parmi les chevaux qui s'effarouchent, et, rompant leurs liens, redoublent le désordre et la confusion. Peu d'entre eux tiennent ferme; mais on ne peut ni les seller, ni les brider, ni les monter, tant était grande la terreur causée par ce petit nombre d'Achéens. En même temps l'infanterie, qui s'avance en bon ordre, tombe sur les ennemis épars, et à moitié engourdis de sommeil, en fait un grand carnage, et met le reste en déroute. Diophanes les poursuit dans leur fuite précipitée, aussi loin qu'il le peut sans danger, et rentre dans Pergame, après avoir ainsi couvert de gloire le nom achéen aux yeux des habitants, qui tous, hommes et femmes, avaient du haut des murailles contemplé le combat (1).

Le jour suivant, les troupes du roi revinrent se poster à plus de cinq cents pas de la ville, mais avec plus d'ordre et de circonspection. De leur côté, les Achéens sortirent à la même heure et s'avancèrent jusqu'au même endroit que la veille. Les deux partis restèrent plusieurs heures sous les armes, chacun attendant que l'autre engageât l'action. Enfin, vers le coucher du soleil, au moment de rentrer dans le camp, les Syriens, levant leurs enseignes, se mettent en marche, et défilent plutôt en ordre de marche qu'en ordre de bataille; Diophanes reste dans sa position, tant que les ennemis sont en vue; ensuite il tombe sur leur arrière-garde avec la même impétuosité que la veille, et cette seconde charge y porte tant d'épouvante, de confusion, que personne n'ose faire volte-face pour tenir tête à l'ennemi, qui le presse l'épée dans les reins; et tous sont vivement repoussés dans leur camp et dans le plus grand désordre. Cette attaque audacieuse des Achéens força Séleucos à sortir du territoire de Pergame.

ANTIOCHOS REVIENT A SARDES. — LES ROMAINS RAVAGENT LES DÉPENDANCES DE PHOCÉE. — Antiochos, informé qu'Eumènes et les Romains étaient venus au secours d'Adramytte, renonça au siége de cette ville, et se contenta d'en ravager les campagnes. De là il va s'emparer de Pérée, colonie de Mitylène, puis emporte d'emblée Cotton, Corylène, Aphrodisie et Créné (2), et retourne à

(1) Tite-Live, liv. XXXVII, ch. 20; cf. Appien, *Syr.*, ch. 26.
(2) Tous ces noms de villes, à l'exception de celui d'Aphrodisie, sont inconnus ou ont été altérés par les copistes. Ce qui paraît constant c'est que ces villes étaient situées à une certaine distance de la côte entre Adramytte et Thyatire. Peut-être la dernière était-elle Germé, qui se trouve dans la direction qu'Antiochos a dû suivre, à l'est de Pergame, et formant la première station au nord de Thyatire. Peut-être aussi Aphrodisias n'est-elle autre qu'Apollonia, qui, suivant Strabon, se trouvait à l'est de Pergame, sur la route de Sardes, Voy. Strab., XIII, p. 629; Xén., *Anab.*, liv. VII, ch. 8, § 82; Plin. liv. V, ch. 32.

Sardes par Thyatire. Séleucos resta sur la côte, d'où il tenait en échec quelques villes et en couvrait d'autres. Les Romains, accompagnés d'Eumènes et des Rhodiens, se dirigèrent sur Mitylène, puis revinrent à Élée, d'où ils étaient partis. De ce point la flotte combinée fait voile pour Phocée, aborde à l'île de Bacchion (1), qui commande la place ; et, moins scrupuleux que la première fois, les alliés pillent les temples et les statues de prix dont l'île était ornée ; ensuite ils investissent la ville et se partagent les points d'attaque ; mais voyant que sans machines, sans armes de siége et sans échelles, ils ne pouvaient s'en rendre maîtres, et qu'un renfort de trois mille hommes, envoyé par Antiochos, venait d'entrer dans la place, ils abandonnèrent le siége et se retirèrent dans l'île, sans avoir fait autre chose que de ravager tous les environs de la place (2).

LES CONFÉDÉRÉS S'AVANCENT A LA RENCONTRE DE LA FLOTTE SYRIENNE COMMANDÉE PAR ANNIBAL. — On décida ensuite qu'Eumènes retournerait dans ses États préparer au consul et à l'armée romaine tout ce qui était nécessaire pour le passage de l'Hellespont : que la flotte des Romains et celle des Rhodiens rentreraient à Samos, et y stationneraient pour être à portée d'observer tous les mouvements de Polyxénidas, s'il venait à sortir d'Éphèse. Eumènes revint donc à Élée, les Romains et les Rhodiens à Samos. A peine rentrés dans le port, ils apprirent qu'une flotte arrivait de la Syrie, sous le commandement d'Annibal. Ils détachèrent aussitôt treize de leurs vaisseaux et deux quinquérèmes, l'une de Cos, l'autre de Cnide, et les dirigèrent vers Rhodes avec ordre d'y stationner. Deux jours avant qu'Eudamos arrivât de Samos avec la flotte, treize vaisseaux étaient partis de Rhodes, sous les ordres de Pamphilidas, pour combattre la flotte syrienne. Après s'être renforcés de quatre autres navires qui gardaient la Carie, ils allèrent faire lever aux troupes du roi le siége de Dédale (3) et de quelques autres forts de la Pérée (1). Eudamos reçut aussitôt l'ordre de se remettre en mer. On ajouta à sa flotte six bâtiments non pontés. Il repartit donc ; et faisant force de voiles, il rejoignit près du port de Mégisté (2) l'escadre qui l'avait devancé. De là ils firent route ensemble jusqu'à Phasélis ; où ils jugèrent à propos d'attendre l'ennemi (3).

BATAILLE NAVALE DE SIDA. — La ville de Phasélis, située sur les confins de la Lycie et de la Pamphylie, s'avançait au loin dans la mer : c'était le premier point qu'on apercevait en allant de Cilicie à Rhodes, et il permettait de découvrir fort au loin les vaisseaux. C'était pour ce motif qu'on avait fait choix de cette station, car on était sûr de s'y trouver sur le passage de la flotte ennemie. Mais, ce qu'on n'avait pas prévu, l'insalubrité du lieu, les chaleurs du milieu de l'été et des émanations pestilentielles développèrent bientôt le germe de plusieurs maladies, surtout parmi les rameurs. La crainte de la contagion hâta le départ. La flotte longeait le golfe de Pamphylie, et était parvenue à l'embouchure de l'Eurymédon, lorsqu'on apprit d'Aspendos que l'ennemi était déjà à la hauteur de Sida. La marche des Syriens avait été retardée par les vents étésiens, qui, contre l'ordinaire, soufflaient à cette époque, où règnent habituellement les vents d'est. Les Rhodiens avaient trente-deux quadrirèmes et quatre trirèmes. La flotte royale était forte de trente-sept vaisseaux de premier ordre, dont trois heptères, quatre hexères et dix trirèmes.

Les Syriens découvrirent aussi les ennemis d'un point où ils étaient en observation. Le lendemain, dès l'aurore, les deux flottes sortirent du port pour combattre sans différer, et ce jour-là même. Les Rhodiens n'eurent pas plutôt

---

(1) Dans le golfe de Smyrne.
(2) Tite-Live, liv. XXXVII, ch. 21.
(3) Fort de Carie.

(1) Quelques manuscrits, au lieu de *parva castella*, portent *perea castella*, ce qui a fait croire à Gronove qu'il faut lire *Pereæ*. Sur la Pérée, territoire situé vis-à-vis de Rhodes, voy. plus haut, p. 253, 263, 266, et plus bas ch. 12 *ad fin*.
(2) Petite île voisine des côtes de la Lycie. Voy. Strab., liv. XIV, p. 666.
(3) Tite-Live, liv. XXXVII, ch. 22.

doublé le cap de Sida, qui se prolonge dans la mer, qu'ils furent en vue des ennemis et les aperçurent eux-mêmes. L'aile gauche de la flotte royale, qui s'étendait vers la pleine mer, était commandée par Annibal, la droite par Apollonios, un des courtisans du roi. Déjà leurs vaisseaux étaient en ligne. Les Rhodiens étaient disposés en colonne, ayant à leur tête le vaisseau amiral d'Eudamos; à l'arrière-garde était Chariclitos. Pamphilidas commandait le centre. Eudamos, voyant la flotte ennemie rangée en ordre de bataille et prête à engager l'action, prit le large et ordonna à ceux qui le suivaient de marcher de front en conservant leur rang. Cette manœuvre produisit d'abord quelque confusion; car il n'avait pas suffisamment calculé ses distances et ne s'était pas assez éloigné pour laisser au reste de ses vaisseaux la liberté de se développer du côté de la terre; et par un mouvement précipité, il se trouva lui-même avec cinq navires seulement en présence d'Annibal. Les autres, qui avaient ordre de se reformer en ligne, ne pouvaient le faire. Ceux de l'arrière-garde n'avaient pas du côté de la terre l'espace nécessaire pour agir; et, pendant qu'ils s'agitaient en désordre, l'aile droite était déjà aux prises avec Annibal (1).

DÉFAITE DES SYRIENS. — Mais cette confusion ne dura qu'un instant. Les Rhodiens avaient de bons navires et étaient d'habiles marins : ils se rassurèrent. Une partie de leurs vaisseaux gagna rapidement le large, et laissèrent à ceux qui venaient derrière la liberté de se former du côté de la terre. Bientôt heurtant de leurs éperons les galères ennemies, ils défonçaient leurs proues, brisaient leurs rames ou passaient lestement entre les rangs pour les attaquer en poupe. Ce qui effraya surtout les Syriens, ce fut de voir une de leurs heptères coulée bas au premier choc par un bâtiment rhodien beaucoup plus petit. Dès lors la déroute de l'aile droite des ennemis ne parut plus douteuse. Du côté de la haute mer, Annibal pressait Eudamos, qui, supérieur à tout autre égard, avait le désavantage du nombre, et allait être entouré,

si le signal de la galère amirale n'eût fait accourir tous les vaisseaux vainqueurs à l'aile droite. Alors Annibal et sa division prirent la fuite. Les Rhodiens ne purent les poursuivre, les rameurs étant en grande partie malades et incapables de supporter longtemps la fatigue. Mais, de la haute mer où ils s'étaient un moment arrêtés pour prendre un peu de nourriture et réparer leurs forces, Eudamos aperçut les ennemis qui remorquaient avec des barques découvertes leurs vaisseaux brisés et rompus; vingt, au plus, s'éloignaient sans avaries. A cette vue, commandant le silence du haut de sa galère amirale : « Levez-vous, dit-il, et « venez jouir d'un beau spectacle! » Tous les équipages furent bientôt sur pied, et en voyant le désordre et la fuite de l'ennemi, ils demandèrent tous, comme d'une seule voix, à le poursuivre. La galère d'Eudamos était criblée de coups; il chargea donc Pamphilidas et Chariclitos de la poursuite, en leur recommandant de ne pas trop s'exposer. Ceux-ci donnèrent quelque temps la chasse aux fuyards. Mais quand ils virent Annibal se rapprocher de la côte, ils craignirent que le vent, en les poussant contre la terre, ne les livrât aux ennemis, et retournèrent auprès d'Eudamos, ramenant avec eux une heptère mise hors de combat au premier choc, et la traînèrent à grand'peine jusqu'à Phasélis. De là ils regagnèrent Rhodes, oubliant la joie de leur victoire pour se reprocher mutuellement de n'avoir pas, lorsqu'ils le pouvaient, coulé bas ou pris la flotte ennemie tout entière. Annibal, consterné de sa défaite, n'osait plus doubler la côte de Lycie, malgré le vif désir qu'il avait de rejoindre la flotte du roi. Pour lui en ôter même la possibilité, les Rhodiens dépêchèrent Chariclitos avec vingt vaisseaux éperonnés vers Patares et le port de Mégisté. Eudamos eut ordre de retourner à Samos auprès des Romains, avec les sept plus gros bâtiments de la flotte qu'il avait commandée, et d'employer toute son éloquence et tout son crédit pour les décider à faire le siége de Patares (1).

Ce fut un grand sujet de joie pour les

---

(1) Tite-Live, liv. XXXVII ch. 23.

(1) Tite-Live, liv. XXXVII, ch. 24.

Romains que la nouvelle de cette victoire, et, bientôt après, l'arrivée des Rhodiens. On se flattait que, délivrés de toute inquiétude du côté de Phasélis, les Rhodiens assureraient la liberté des mers dans ces parages; mais le départ d'Antiochos, qui avait quitté Sardes, fit craindre pour les villes maritimes, et empêcha les vainqueurs de s'éloigner de l'Ionie et de l'Æolide. Ils se bornèrent donc à détacher Pamphilidas avec quatre vaisseaux pontés vers la flotte en croisière devant Patares.

ANTIOCHOS CHERCHE EN VAIN A ATTIRER PRUSIAS DANS SON PARTI. — Antiochos, non content de rappeler les garnisons des villes placées à sa portée, avait envoyé à Prusias, roi de Bithynie, des ambassadeurs avec des lettres, où il signalait avec force les vues ambitieuses qui conduisaient les Romains en Asie. « Ennemis de la royauté, ils venaient renverser tous les trônes, pour dominer sans rivaux sur l'univers entier. Déjà Philippe et Nabis avaient succombé; c'était maintenant à lui qu'ils en voulaient. Si leurs armes ne rencontraient point d'obstacles, ils réduiraient tous les rois de proche en proche, comme un incendie qui, dans son cours destructeur, dévore tout ce qui se trouve sur son passage. Ses États subjugués, ils passeraient en Bithynie, puisque Eumènes s'était soumis de lui-même à une servitude volontaire. » Prusias était ébranlé; mais bientôt les lettres du consul, et surtout celles de son frère Scipion l'Africain, dissipèrent toutes ses irrésolutions. Ce dernier lui rappelait l'usage constant où était le peuple romain de respecter la majesté des rois ses alliés, et citait les exemples qui lui étaient personnels, celui de Massinissa surtout, pour engager Prusias à se rendre digne de l'amitié des Romains. Mais ce qui acheva de décider le roi, ce fut l'arrivée de C. Livius, qui, l'année précédente, avait commandé la flotte. Cet ambassadeur lui fit sentir jusqu'à quel point les Romains avaient plus de chances de victoire qu'Antiochos et combien une alliance, à leurs yeux, serait plus sacrée et plus respectable (1).

ANTIOCHOS VEUT A SON TOUR TENTER LES HASARDS D'UN COMBAT NAVAL. — IL ASSIÉGE NOTION, QU'ÆMILIUS VIENT SECOURIR AVEC LES RHODIENS. — Antiochos, frustré de l'espoir d'attirer Prusias dans son parti, se rendit de Sardes à Éphèse pour inspecter la flotte qu'on y équipait depuis quelques mois (1), plutôt par l'impuissance où il se voyait de tenir tête sur terre à l'armée romaine et aux deux Scipions, qui la commandaient, que par le souvenir des succès qu'il avait pu obtenir sur mer, ou par l'espoir d'en obtenir dans la suite. Ce qui lui donnait pourtant quelque lueur d'espérance, c'était la nouvelle que la plus grande partie de la flotte rhodienne était occupée devant Patares, et qu'Eumènes, avec toute la sienne, était allé dans l'Hellespont au-devant du consul. Le piège tendu aux Rhodiens, et leur défaite à Panormos qui en avait été la suite, ajoutaient encore à sa confiance. Encouragé par ces réflexions, il fait partir Polyxénidas, avec ordre de tenter à tout prix le hasard d'un combat naval, pendant qu'il conduirait en personne son armée à Notion. Cette place, soumise aux Colophoniens, dominait la mer et était située à deux milles environ de l'ancienne ville de Colophon. Il avait fort à cœur de se rendre maître de cette dernière place, si voisine d'Éphèse qu'il ne se pouvait faire aucun mouvement sur terre ou sur mer qui échappât à l'attention de ses habitants, lesquels en donnaient sur-le-champ avis aux Romains. Il se flattait que ceux-ci, à la première nouvelle du siège, feraient voile de Samos pour voler à la défense d'une ville alliée, et que ce mouvement offrirait à Polyxénidas quelque occasion favorable. Il se décide donc à en former le siège, pousse des lignes de circonvallation jusqu'à la mer, élève des mantelets et des tranchées; et, sous l'abri de la tortue, gagne le pied des murailles, qu'il commence à battre à coups de bélier. Alarmée du péril qui la menace, Colophon envoya une députation à Samos, pour implorer la protection du préteur et du peuple romain. Æmilius lui-même ne se voyait pas sans dépit retenu à Samos.

---

(1) Tite-Live, liv. XXXVII, ch. 25. Cf. Polyb., liv. XXI, ch. 9. Appien, *Syr.*, ch. 23.

(1) Cf. Polyb., pass. cit.

Il était bien éloigné de croire que Polyxénidas, qu'il avait déjà défié deux fois en vain, osât venir lui présenter le combat; et il regardait comme une honte que la flotte d'Eumènes aidât le consul à transporter ses légions en Asie, tandis qu'il était lui, comme enchaîné devant Colophon pour secourir, peut-être inutilement, cette ville assiégée. Mais Eudamos, qui l'avait déjà retenu au moment où il voulait partir pour l'Hellespont, joignit, pour le retenir, ses instances à celles de tous ses officiers. Ils lui représentaient « qu'il était bien plus avantageux de faire lever le siège d'une ville amie, ou de vaincre pour la seconde fois une flotte déjà vaincue, et d'enlever sans retour à l'ennemi l'empire de la mer, que de trahir les alliés, de livrer à Antiochos toute l'Asie, les terres et les mers, et de quitter son poste pour se rendre dans l'Hellespont où la flotte d'Eumènes était suffisante (1). »

EXPÉDITION DES ROMAINS CONTRE TÉOS. — POLYXÉNIDAS TENTE DE LES Y BLOQUER. — Comme les Romains commençaient à manquer de vivres, ils partirent de Samos, et se disposèrent à en aller prendre à Chios, dont ils avaient fait leur magasin. C'était là que se rendaient tous les convois expédiés de l'Italie. Arrivés à l'extrémité opposée de Samos, du côté du nord, en face de Chios et d'Érythres, ils allaient franchir le détroit, lorsque le préteur apprit par une lettre qu'il était arrivé une grande quantité de blé d'Italie à Chios, et que le mauvais temps avait retenu les vaisseaux chargés de vin. On l'informait en même temps que les Téiens avaient fourni largement aux besoins de la flotte royale, et lui avaient promis cinq mille mesures de vin. Sur ces avis, le préteur, quittant sa route, prend celle de Téos dans le dessein de se faire donner de bonne grâce les provisions préparées pour les Syriens, ou de traiter les habitants en ennemis. A peine les proues étaient-elles tournées du côté de la terre, qu'on aperçut quinze voiles aux environs de Myonnésos. D'abord le préteur les prit pour une division de la flotte royale et se mit à leur donner la chasse; mais on reconnut bientôt que c'étaient des brigantins et des barques de pirates. Ces brigands, après avoir pillé la côte de Chios, revenaient chargés de butin, lorsqu'ils aperçurent de la haute mer la flotte romaine, dont la vue leur fit prendre la fuite. Comme leurs bâtiments étaient d'une construction plus légère et taillés pour la course, que d'ailleurs ils étaient plus près de la terre, ils se réfugièrent à Myonnésos avant que les Romains pussent les joindre. Le préteur, comptant les enlever dans le port même, continua de les poursuivre sans trop connaître les lieux. Myonnésos est un promontoire entre Téos et Lébédos. Le rocher qui forme ce cap s'élève en cône sur une base assez large. Du côté du continent on n'y arrive que par un étroit sentier. Du côté de la mer, des rochers minés par les flots en ferment l'entrée : en plusieurs endroits ces rochers surplombent au-dessus de la mer, et se projettent plus loin que les vaisseaux qui sont en rade (1). Le préteur n'osa s'y aventurer, pour ne pas s'exposer aux coups des pirates, postés sur les hauteurs, et resta tout le jour en observation. Vers la nuit enfin, il s'éloigna sans avoir pu rien tenter et arriva le lendemain à Téos; il jeta l'ancre dans le port Géræstique, situé derrière la ville, et fit une descente pour ravager les environs (2).

Les Téiens, témoins de ces dévastations, envoyèrent aux Romains une députation avec les bandelettes et les voiles des suppliants. Les députés voulurent justifier leurs concitoyens de tout acte, de tout propos hostile à l'égard des Romains; mais le préteur les accusa d'avoir donné des vivres à la flotte ennemie et spécifia même la quantité de vin promise à Polyxénidas. « S'ils voulaient, ajouta-t-il, approvisionner de même la flotte romaine, il rappellerait ses soldats de leurs campagnes; sinon, il allait les traiter en ennemis. » En apprenant cette triste réponse, les magistrats assemblèrent le peuple,

---

(1) Tite-Live, liv. XXXVII, ch. 26.

(1) Cette description de Myonnésos est encore aujourd'hui d'une admirable exactitude.

(2) Tite-Live, liv. XXXVII, ch. 27.

pour décider ce qu'il y avait à faire.

Le hasard voulut que ce jour-là Polyxénidas, instruit de tous les mouvements des Romains depuis leur départ de Samos, vint lui-même mouiller en face de Myonnésos, dans un port retiré de l'île Macris. De là il observait de près les mouvements de l'ennemi et conçut d'abord l'espoir d'écraser la flotte romaine par une manœuvre semblable à celle qui lui avait livré la flotte rhodienne. En effet, la disposition des lieux était à peu près la même : les promontoires, en se rapprochant, resserraient tellement l'ouverture du port Géræstique, qu'à peine deux navires pouvaient en sortir de front. Polyxénidas avait l'intention de s'emparer la nuit de cette entrée, de placer dix vaisseaux auprès de chaque promontoire, pour prendre des deux côtés l'ennemi en flanc, lorsqu'il tenterait de sortir du port, et d'aller avec le reste de sa flotte, comme il l'avait fait à Panormos, débarquer ses soldats pour surprendre les Romains à la fois par terre et par mer. Le projet eût réussi, si les Téiens, en se soumettant aux exigences du préteur, n'eussent déterminé les Romains à passer dans le port situé en avant de la ville, pour y être plus à portée de recevoir les vivres. D'ailleurs, le Rhodien Eudamos avait, dit-on, fait remarquer l'incommodité de l'autre port, à l'occasion d'un accident arrivé à deux galères, dont les rames s'étaient embarrassées et brisées dans cette passe étroite. Ce qui décida aussi le préteur à transporter sa flotte, ce fut la crainte d'être attaqué du côté de la terre par Antiochos, dont le camp était peu éloigné (1).

BATAILLE NAVALE DE MYONNÉSOS. — La flotte passa donc en avant de la ville. Dans l'ignorance où l'on était du voisinage des ennemis, soldats et matelots débarquèrent pour recevoir les provisions et le vin destinés à chaque vaisseau. Personne ne soupçonnait le voisinage des ennemis, lorsque, vers midi, un villageois, amené au préteur, lui annonça qu'une flotte stationnait depuis deux jours à l'île Macris, et qu'il venait de voir une partie des vaisseaux appareiller. Frappé de cet avis, Æmilius fait sonner la trompette pour rappeler à bord ceux qui pourraient se trouver dispersés dans la campagne, et envoie les tribuns à la ville pour enjoindre aux soldats et aux matelots de rentrer dans leurs navires. Dès que tous sont à leur poste, le préteur, sorti le premier du port avec la galère amirale, prit le large et rangea les autres en ligne à mesure qu'elles arrivaient, tandis qu'Eudamos et les siens se tenaient près de terre, pour empêcher le désordre et faire sortir chaque navire à mesure qu'il était prêt. Ainsi les premiers prirent leurs rangs sous les yeux du préteur, et les Rhodiens formèrent l'arrière-garde. L'armée navale, en ordre de bataille, comme si elle eût été en présence des ennemis, s'avança en pleine mer. Elle était parvenue entre les promontoires de Myonnésos et de Coryeos, lorsqu'elle aperçut les Syriens. La flotte royale, dont les vaisseaux étaient rangés deux à deux sur une longue file, vint déployer son front de bataille en face des Romains, donnant à son aile gauche l'étendue nécessaire pour envelopper la droite de l'ennemi. Eudamos, qui était à l'arrière-garde, aperçut cette manœuvre; et jugeant que la flotte romaine ne pouvait se développer sur une assez vaste étendue pour n'être pas tournée par sa droite, s'y porte rapidement, de toute la vitesse de ses galères, les plus légères de toute la flotte, et, comblant le vide de la droite, oppose son vaisseau amiral à celui que montait Polyxénidas (1).

DÉFAITE DES SYRIENS. — Déjà l'engagement était devenu général. Les Romains avaient quatre-vingts navires, y compris les vingt-deux des Rhodiens. La flotte ennemie était forte de quatre-vingt-neuf bâtiments, dont trois à six et deux à sept rangs de rames, tous du premier ordre. Les Romains l'emportaient sur les Syriens par la force de leurs vaisseaux et le courage de leurs soldats; les Rhodiens, par la légèreté de leurs galères, l'expérience de leurs pilotes et l'adresse de leurs rameurs. Mais ce qui causa le

---

(1) Tite-Live, liv. XXXVII, ch. 28.

(1) Tite-Live, liv. XXXVII, ch. 29.

plus d'épouvante aux ennemis, ce fut les bâtiments rhodiens portant des feux à leur proue. Cette invention, qui avait été leur seul moyen de salut à Panormos, contribua surtout en cette occasion à leur assurer la victoire; car, à la vue de ces feux menaçants, les vaisseaux d'Antiochos détournaient la proue pour se dérober à leurs atteintes; et, sans pouvoir faire eux-mêmes usage de l'éperon, prêtaient le flanc au choc de l'ennemi. Ceux d'entre eux qui tentaient l'abordage se voyaient aussitôt couverts de flammes, et songeaient moins à combattre qu'à se garantir de l'incendie. Toutefois ce qui décida la victoire, ce fut, comme à l'ordinaire, la valeur des soldats. En effet, les Romains, après avoir enfoncé le centre des ennemis, tournèrent ses lignes et vinrent prendre en queue les vaisseaux syriens qui tenaient tête aux Rhodiens, et en un moment les galères d'Antiochos, enveloppées au centre et à l'aile gauche, furent coulées à fond. L'aile droite, encore intacte, était plus effrayée du désastre de la gauche que de son propre péril. Mais dès qu'elle vit les autres vaisseaux investis, et la galère amirale qui fuyait toutes voiles dehors, sans s'inquiéter des autres vaisseaux, elle mit aussitôt toutes voiles dehors, et s'enfuit vers Éphèse à la faveur du vent qui l'y portait. Les Syriens perdirent dans ce combat quarante-deux navires, dont treize restèrent au pouvoir des ennemis, et le reste fut coulé à fond ou devint la proie des flammes. Les Romains n'en eurent que deux brisés et quelques autres endommagés; une seule galère rhodienne fut prise. Telle fut l'issue du combat naval livré à la hauteur de Myonnésos (1).

Pendant cette bataille décisive qui préparait la ruine d'Antiochos, L. Æmilius Régillus voua aux dieux de la mer un temple que le censeur M. Æmilius Lépidus consacra onze ans plus tard. On lisait au-dessus de la porte une inscription en vers saturnins dont voici le sens : *Voulant décider une grande querelle,*

(1) Tite-Live, liv. XXXVII, ch. 30. Cf. Polyb., liv. XXI, ch. 9. Pour le nombre des vaisseaux et les détails du combat, Appien, *Syr.*, ch. 29, diffère un peu de Tite-Live.

soumettre les rois, conquérir la paix, le sénat fit partir L. Æmilius Régillus, fils de M. Æmilius. Sous ses auspices, sous son commandement, sous son heureuse conduite, entre Éphèse, Samos et Chios, en présence d'Antiochus lui-même, de toute son armée, de sa cavalerie, de ses éléphants, le onzième jour avant les calendes de janvier, la flotte du roi Antiochus fut vaincue, dispersée, écrasée, anéantie; le même jour et au même lieu furent pris treize vaisseaux longs, avec tous les navires alliés. Après ce combat le roi Antiochus et son royaume tombèrent au pouvoir du peuple romain. En mémoire de cet événement L. Æmilius a voué ce temple aux dieux lares de la mer (1).

ANTIOCHOS RENONCE A L'EMPIRE DE LA MER ET ÉVACUE SES POSSESSIONS EN EUROPE. — Antiochos, effrayé de cette défaite qui lui ôtait l'empire de la mer, désespéra de conserver ses possessions éloignées, et rappela la garnison de Lysimachie pour ne pas l'y laisser surprendre par les Romains, démarche funeste, comme l'événement le prouva. Rien n'était plus facile, en effet, que de défendre Lysimachie contre un coup de main, et même de soutenir un siége pendant l'hiver entier, de réduire aux abois les assiégeants eux-mêmes, en gagnant du temps, et de faire à l'occasion des tentatives pour négocier la paix. Mais, quand il vit les événements tromper son attente, les Romains le vaincre sur mer, Philippe lui-même les seconder en Grèce, Annibal rester bloqué en Pamphylie, il se crut victime de la vengeance d'un dieu et perdit pour ainsi dire l'esprit. En vain les habitants de Lysimachie vinrent le supplier de ne pas les abandonner, il fit évacuer à la hâte cette ville, qui renfermait ses magasins, ses arsenaux, ses trésors, et laissa libre le passage de l'Hellespont. Non content de livrer Lysimachie aux ennemis, il leva le siége de Notion et se retira à Sardes. De là il envoya des ambassadeurs vers Ariarathe, roi de Cappadoce, pour obtenir de lui des secours, et fit lever des troupes de tous les côtés, n'ayant plus d'autre

(1) Tite-Live, liv. XL, ch. 52.

plan que de livrer bataille aux Romains sur terre.

LE SIÉGE DE PHOCÉE EST REPRIS PAR LES ROMAINS. — Æmilius Régillus, après sa victoire, alla se montrer avec sa flotte devant Éphèse ; et, content d'avoir arraché à l'ennemi un dernier aveu de sa renonciation à l'empire de la mer, il remit à la voile pour Chios. Dès qu'il y eut réparé ceux de ses bâtiments que le combat avait endommagés, il envoya L. Æmilius Scaurus avec trente galères, dans l'Hellespont, pour transporter les troupes consulaires en Asie, et congédia les Rhodiens, après avoir partagé le butin avec eux et orné leurs vaisseaux des dépouilles navales. Mais ces actifs insulaires ne le quittèrent que pour aller encore aider le consul à effectuer le passage de ses troupes ; et ce ne fut qu'après ce nouveau témoignage de zèle qu'ils reprirent la route de Rhodes.

La flotte romaine passa de Chios à Phocée. Cette ville était située au fond d'un golfe, et sa forme était oblongue. Ses murailles embrassaient une enceinte de deux mille cinq cents pas, et, se rejoignant aux deux extrémités, formaient une sorte de coin étroit, nommé Lampter (1), et large de douze cents pas : de là s'avançait dans la mer une langue de terre de mille pas, qui coupait le golfe par la moitié. Le filet étroit qui l'attachait au continent formait, à droite et à gauche, deux ports parfaitement sûrs. Celui du sud portait le nom de Naustathmos (2), parce qu'il était assez spacieux pour recevoir un grand nombre de vaisseaux ; l'autre était auprès du Lampter même (3).

REDDITION DE PHOCÉE. — La flotte romaine se mit à l'abri dans ces ports, et avant de tenter l'escalade ou de commencer les travaux de siége, le préteur voulut faire sonder les dispositions des principaux habitants et des magistrats. Les trouvant inébranlables dans leur résistance, il donna l'assaut sur deux points à la fois. L'un de ces points était dégarni de maisons ; des temples en occupaient une partie. On se servit d'abord du bélier, et l'on abattit les murs et les tours de ce côté ; puis, comme les habitants y accouraient en foule pour repousser l'attaque, on mit aussi le bélier en mouvement de l'autre côté. Déjà la brèche était ouverte sur les deux points. Les Romains s'y précipitèrent au milieu des décombres, tandis que d'autres tentaient d'escalader les murs. Partout ils rencontrèrent une résistance opiniâtre de la part des habitants, qui semblaient mettre tout leur espoir dans leurs armes et leur courage plutôt que dans leurs remparts. Le préteur, alarmé du péril que couraient ses soldats, fit sonner la retraite pour ne pas les exposer imprudemment à la fureur d'un ennemi égaré par le désespoir. La suspension du combat ne fut pas, pour les assiégés, un moment de repos ; de toutes parts ils coururent réparer leurs brèches et relever les murs abattus. Ils étaient occupés de ces travaux, lorsque survint un envoyé du préteur, qui, blâmant leur résistance, leur représenta que les Romains prenaient plus d'intérêt qu'eux-mêmes à la conservation de leur ville, et leur offrit, s'ils voulaient renoncer à leur aveuglement, la faculté de se rendre aux conditions qu'ils avaient précédemment obtenues de C. Livius (1). Les assiégés prirent cinq jours pour se consulter. Dans l'intervalle ils firent demander des secours à Antiochos ; mais ayant appris, par les députés chargés de cette mission, qu'ils ne devaient rien attendre de ce côté, ils ouvrirent leurs portes, sous la réserve qu'aucun acte d'hostilité ne serait exercé dans la ville. Les Romains y entrèrent enseignes déployées, et le préteur enjoignit par une proclamation d'épargner un peuple dont la soumission était volontaire. Mais on se récria de toutes parts contre cet ordre, et les soldats se dispersèrent dans la ville pour piller. Æmilius les arrêta d'abord, leur remontrant qu'on ne devait piller que les villes prises d'assaut ; que, dans ce cas même, c'était au général à décider du pillage, et non pas au soldat. Mais, quand il vit que la fureur et la cupidité les rendaient sourds à sa voix, il envoya

---

(1) De λαμπτήρ, phare.
(2) De ναῦς, vaisseau, et σταθμός, station.
(3) Tite-Live, liv. XL, ch. 3.

(1) Ni Tite-Live ni Polybe ne nous font connaître ces conditions.

des hérauts par la ville pour recommander à tous les citoyens libres de se rassembler dans la place publique, où ils trouveraient auprès de lui aide et protection contre la violence. Dans tout ce qui dépendit de lui il se montra fidèle à sa parole. Il rendit aux habitants leur ville, leur territoire, leurs lois; et, comme l'hiver approchait, il choisit les ports de Phocée pour y faire hiverner sa flotte (1).

L'ARMÉE ROMAINE PASSE EN ASIE. — Ce fut vers ce temps que le consul, qui avait franchi les limites du territoire d'Ænos et de Maronée, apprit la défaite de la flotte royale à Myonnésos et l'évacuation de Lysimachie. Cette dernière nouvelle lui fut encore plus agréable que celle de la victoire navale, surtout lorsque, en arrivant à Lysimachie, au lieu de se voir exposé à la disette et aux fatigues d'un siége, comme il s'y attendait, il trouva une ville abondamment remplie de toutes sortes de provisions, qui semblaient préparées pour son armée (2). Il y séjourna quelque temps pour laisser arriver les bagages et les malades, qui s'étaient arrêtés çà et là dans toutes les places fortes de la Thrace. Quand tout le monde eut rejoint, il se remit en marche pour la Chersonnèse et arriva sur l'Hellespont, où, grâce aux préparatifs faits par le roi Eumènes pour le passage, les troupes franchirent le détroit sans obstacles, et chacun aborda de son côté, sans confusion, comme sur un rivage ami. On fit une halte sur les bords de l'Hellespont pour attendre P. Scipion, qui, en sa qualité de Salien, avait dû rester à Rome pour la procession solennelle des boucliers sacrés (3).

ANTIOCHOS PROPOSE LA PAIX. — Antiochos, retiré dans Sardes, où il perdait son temps dans l'inaction, eut à peine appris le passage de l'Hellespont par Lucius et par Publius, que, hors de lui, consterné et désespérant de tout, il résolut d'envoyer des députés pour traiter de la paix. Il choisit Héraclides de Byzance, et le fit partir avec ces instructions : qu'il renoncerait à Lampsaque, Smyrne et Alexandrie de Troade, causes de la guerre; et même que, si les Romains voulaient détacher de son royaume quelques villes de l'Æolide et de l'Ionie qui avaient suivi leur parti, il y consentait; qu'enfin il rembourserait aux Romains la moitié des frais de la guerre. Telles étaient les conditions ostensibles qu'Héraclides devait communiquer au conseil; mais il en avait de confidentielles pour P. Scipion. Héraclides, à son arrivée sur l'Hellespont, trouva les Romains campés à la place même où ils s'étaient arrêtés après leur débarquement. Il se réjouit d'abord de cette circonstance : il trouvait favorable à sa mission cette immobilité de l'ennemi, qui n'avait encore rien tenté depuis son passage en Asie. Il ne voulut se présenter au consul qu'après avoir vu P. Scipion; c'était l'ordre de son maître. Il attendait beaucoup de ce grand homme, qui, déjà rassasié de gloire et naturellement généreux, semblait devoir se montrer moins inflexible; d'ailleurs son fils, fait prisonnier dans la campagne précédente ou au début de celle-ci, au moment même où il s'éloignait des côtes de la Grèce (1), avait été traité par Antiochos avec autant d'égards et de distinction que si ce roi avait été en paix avec les Romains et en relation particulière d'hospitalité avec les Scipions. Dès que Publius fut arrivé, Héraclides se rendit auprès du consul et lui demanda audience (2).

PRÉTENTIONS DES ROMAINS. — LES NÉGOCIATIONS SONT ROMPUES. — Là il exposa les concessions que le roi était disposé à faire; il finit en exhortant les Romains à la modération, en les invitant à se souvenir de la fragilité des

---

(1) Tite-Live, liv. LX, ch. 32.
(2) Antiochos les y avait laissées en quittant la ville. Cf. Appien, *Syr.*, ch. 28 : Οὔτε μετενεγκών, ὅσος ἦν ἐν αὐτῇ σῖτος σεσωρευμένος πολύς, ἢ ὅπλα, ἢ χρήματα, ἢ μηχαναί· οὔτε ἐμπρήσας· ἀλλ' ὑγιεῖς ἀφορμὰς τοσάσδε τοῖς πολεμίοις καταλιπών.
(3) Tite-Live, liv. LX, ch. 33. Cf. Appien, *Syr.*, ch. 29.

(1) Dion Cass., liv. I-XXXVI, fr. 225, t. II, p. 23, éd. Gros. Diodore de Sicile, liv. XXIX, fr. 5, dit qu'il avait été fait prisonnier dans l'île d'Eubée.
(2) Polybe, liv. XXI, ch. 10. Tite-Live, liv. XL, ch. 34. Cf. Appien, *Syr.*, ch. 29. Diod. de Sic., liv. XXIX, fr. 4.

choses humaines et à ne pas accabler des ennemis dans le malheur. Ils devaient borner leur empire à l'Europe, c'était encore une assez belle part. Voulaient-ils enlever au roi quelque partie de l'Asie, pourvu que les limites fussent bien déterminées, Antiochos était prêt à faire ce sacrifice à l'ambition romaine, par amour pour la paix. Ces offres sur lesquelles l'ambassadeur fondait de si grandes espérances parurent peu de chose aux Romains. Ils exigeaient que le roi leur remboursât intégralement les frais d'une guerre qu'il avait suscitée, que ses garnisons évacuassent l'Ionie et l'Æolide, et même qu'il rendît la liberté à toutes les villes d'Asie, comme les Romains l'avaient rendue à toute la Grèce; ce qui ne pouvait avoir lieu que moyennant l'abandon, par le roi, de toute l'Asie en deçà du mont Taurus (1).

ANTIOCHOS CHERCHE A GAGNER SCIPION L'AFRICAIN. — IL ÉCHOUE ET SE PRÉPARE A LA GUERRE. — A cette réponse dont les exigences dépassaient de beaucoup ses pouvoirs, l'ambassadeur se retira sans rien conclure et ne reparut plus dans le conseil. Mais, suivant ses instructions, il essaya de gagner P. Scipion. A la première occasion, il l'entretint de ses instructions confidentielles. Le roi promettait à Scipion de lui rendre son fils sans rançon; il lui remettrait une somme d'argent considérable et partagerait avec lui toutes les richesses de son empire, si par son entremise il obtenait la paix telle qu'il l'avait proposée. Publius répondit qu'il acceptait l'offre que le roi lui faisait au sujet de son fils, et qu'il lui aurait une vive reconnaissance d'accomplir sa promesse; mais il ajouta qu'Antiochos s'était étrangement abusé pour le reste. S'il avait offert ces conditions alors qu'il était maître de Lysimachie et de l'entrée de la Chersonnèse, peut-être aurait-il pu réussir. Si même chassé de ces positions, mais encore en armes sur l'Hellespont et se montrant décidé à empêcher le passage des Romains, il eût envoyé une ambassade avec un semblable traité, ses propositions eussent été probablement écoutées. Mais, après avoir laissé passer les légions en Asie, après avoir, coursier dompté, reçu le frein et le cavalier qui lui serre les flancs, venir offrir la paix à des conditions égales, c'était s'exposer à échouer dans ses offres et à voir son espoir trompé. Il engageait donc Antiochos à mieux apprécier sa position et à réfléchir plus sagement sur les circonstances présentes. Du reste, pour reconnaître le service que le roi voulait lui rendre en délivrant son fils, il lui donnerait un conseil digne d'un tel bienfait : c'était de déposer les armes et de consentir à tout. Héraclides, après cette conversation, partit et alla rendre au roi compte de sa mission. Antiochos, convaincu qu'on ne saurait jamais lui imposer des conditions plus dures, même après une défaite, ne songea plus à la paix et se prépara de toutes ses forces à la guerre (1).

LE CONSUL L. SCIPION S'AVANCE EN ASIE. — IL EST REJOINT PAR EUMÈNES. — Le consul, après avoir pris toutes les mesures propres à assurer l'exécution de ses desseins, quitta les côtes de l'Hellespont, se rendit d'abord à Dardanos, puis à Rhætéion, dont les habitants vinrent en foule au-devant de lui. De là il s'avança jusqu'à Ilion, campa dans la plaine que commandaient ses remparts, entra dans la ville, et monta jusqu'à la citadelle où il offrit un sacrifice à Minerve, divinité tutélaire de ces lieux, au milieu de l'empressement des Iliens, des égards et des honneurs prodigués par eux à leurs descendants, et des transports des Romains, qui se réjouissaient de voir le berceau de leur nation (2).

(1) Polybe, liv. XXI, ch. 11. Tite-Live, liv. XL, ch. 35. Cf. Appien, pass. cit.

(1) Polybe, liv. XXI, ch. 12; Tite-Live, liv. XL, ch. 36. Cf. Appien, *Syr.*, ch. 29, et Justin, liv. XXXI, ch. 7 et 8. Ce dernier met dans la bouche de Scipion une réponse beaucoup plus arrogante et beaucoup moins vraisemblable que celle qui lui est prêtée par Polybe et par son imitateur Tite-Live.

(2) Justin, liv. XXX, ch. 8, raconte avec de plus amples détails l'arrivée des Romains à Ilion. « Les Iliens, dit-il, allèrent au-devant de l'armée, conduite par les deux Scipions, et pourvurent à tous leurs besoins. Ils se félicitaient comme des pères qui revoient leurs enfants après une longue séparation.

De là il arriva en six jours de marche à la source du Caïcos. Il y fut rejoint par Eumènes. Ce prince avait d'abord voulu ramener sa flotte de l'Hellespont dans le port d'Élée, où elle devait hiverner ; mais, retenu quelques jours par des vents contraires qui ne lui permettaient pas de doubler le promontoire Lecton (1), il avait débarqué, et dans la crainte de manquer au début des opérations, il s'était, par les chemins les plus courts, rendu au camp romain, avec un corps de troupes peu considérable. Puis il partit pour Pergame, afin d'expédier les provisions nécessaires à l'armée ; et, quand il eut livré des blés aux envoyés du consul, il revint au camp. On y prépara des vivres pour plusieurs jours ; et l'armée se disposa à marcher contre l'ennemi avant que l'hiver ne la condamnât à l'inaction.

ANTIOCHOS SE PRÉPARE AU COMBAT. — Le roi était campé aux environs de Thyatire ; là, sur la nouvelle que Publius Scipion était malade et s'était fait transporter à Élée, il lui envoya des députés pour lui remettre son fils (2). Cette prévenance si douce pour le cœur d'un père produisit sur la santé du malade un effet très-salutaire. Après avoir satisfait aux premiers transports de la tendresse paternelle : « Allez, dit-il « aux envoyés, allez assurer le roi de « toute ma reconnaissance : je ne puis « en ce moment lui en donner d'autre « preuve que de lui conseiller de ne « point tenter le sort d'une bataille,

Les Romains, visitant la ville, se croyaient dans une nouvelle Rome ; ils ne cessaient de contempler les temples et les statues des divinités et des héros qui avaient été l'objet de la vénération de leurs ancêtres. Les Iliens, de leur côté, se trouvaient heureux de voir leurs descendants, vainqueurs de l'Occident et de l'Afrique, venir revendiquer l'Asie comme un royaume qui avait appartenu à leurs aïeux, et dans leur ravissement ils disaient « qu'on eût dû désirer la ruine de Troie, puisque cette cité devait un jour renaître si florissante. »

(1) Ce promontoire, dont il est souvent parlé dans l'Iliade, était formé par la pointe occidentale de la chaîne de l'Ida. C'est aujourd'hui le cap Baba ou Santa-Maria.
(2) Cf. Paul Orose, *Hist.*, liv. IV, ch. 20. Aurélius Victor, *de Vir. ill.*, ch. 54.

« avant qu'il ait appris mon retour au « camp. » Scipion, sans doute, en donnant pour réponse ce conseil à Antiochos, n'avait d'autre but que d'engager le roi à prendre le temps de la réflexion et à conclure la paix avant de s'engager dans une lutte inégale. Plus tard, à Rome, on devait s'en faire un grief contre lui (1).

FORCES RESPECTIVES DES DEUX ARMÉES. — Antiochos avait soixante-dix mille hommes d'infanterie et plus de douze mille chevaux (2). Il avait en outre un grand nombre de chars armés de faux et cinquante-quatre éléphants de la belle race de l'Inde. Mais cette armée était plus remarquable par la richesse et par la variété des costumes que par la bonté de sa composition. Ce qu'il y avait de mieux, c'était une phalange de seize mille hommes armés et organisés à la macédonienne et quatre mille cavaliers galates ; le reste était un mélange de Syriens, de Perses, de Crétois ; de Cappadociens, de Dahes, chacun armé à la mode de son pays et chacun suivant une tactique et une discipline différentes. On y voyait jusqu'à un corps d'archers arabes, montés sur des dromadaires et armés d'épées de six pieds, avec lesquelles ils pouvaient atteindre l'ennemi du haut de leurs montures. Le roi de Syrie espérait peut-être, par cette parade militaire, éblouir et intimider les Romains ; mais il avait affaire à des hommes qui faisaient peu de cas du nombre et moins encore du luxe de leurs ennemis (3).

Les forces de L. Scipion, au contraire, ne consistaient qu'en deux légions romaines, deux corps d'alliés italiens, montant ensemble à dix mille huit cents hommes et environ sept mille hommes donnés par les Achéens, par Philippe et par Eumènes. Le tout pouvait s'élever à trente mille hommes. Ils avaient de plus un train de seize éléphants d'Afrique.

La supériorité numérique de l'armée syrienne pouvait rassurer Antiochos

(1) Voy. Tite-Live, liv. XXXVIII, ch. 51-54, et Appien, *Syr.*, ch. 40.
(2) Il y a plus que de l'exagération, dans Florus, quand il évalue l'armée d'Antiochos à trois cent mille hommes, liv. II, ch. 8.
(3) Armandi, *Hist. mil. des éléph.*, p. 467.

sur l'issue d'un combat; cependant, ébranlé par l'autorité du grand homme qu'il regardait comme sa dernière ressource en cas de revers, il passa le fleuve Phrygios (1), et alla camper sous les murs de Magnésie du Sipyle. Dans cette position, voulant que ses délais n'enhardissent pas les Romains à faire quelque tentative sur son camp, il fit creuser un fossé profond de six coudées et large de douze, le revêtit au dehors d'une double palissade, et éleva sur le revers un mur flanqué de plusieurs tours, d'où il était facile d'écarter l'ennemi, s'il tentait de franchir le fossé (1).

LES ROMAINS VIENNENT CAMPER DEVANT L'ARMÉE SYRIENNE. — PREMIÈRES ESCARMOUCHES. — Le consul, dans la persuasion que le roi était encore à Thyatire, continua sa marche sans s'arrêter, et le cinquième jour arriva dans la plaine d'Hyrcanie (2); mais, apprenant qu'Antiochos en était parti, il suivit ses traces, alla camper en deçà du fleuve Phrygios, à quatre milles de l'ennemi. En ce moment, mille cavaliers gallo-grecs, avec quelques Dahes (3) et des archers de diverses nations, passèrent le fleuve et vinrent fondre sur les postes avancés des Romains. Cette charge imprévue y jeta d'abord le désordre; mais, le combat se prolongeant, les Romains, à portée de leur camp, reçurent du renfort, tandis

que les Syriens, fatigués et inférieurs en nombre, furent forcés à la retraite; ils furent vivement poursuivis, et quelques-uns d'entre eux furent atteints et tués sur les bords du fleuve, avant d'avoir pu le repasser. Deux jours s'écoulèrent ensuite sans qu'aucun des deux partis tentât le passage; le troisième, l'armée romaine se porta tout entière sur l'autre rive, et campa à deux mille cinq cents pas de l'ennemi. Pendant qu'elle était occupée à se retrancher, trois mille hommes d'élite, tant cavaliers que fantassins, vinrent charger avec un bruit épouvantable. Deux mille hommes seulement couvraient les travailleurs; malgré l'infériorité de leurs forces, ils soutinrent d'abord le choc, puis, le combat venant à s'animer, repoussèrent l'ennemi, lui tuèrent cent hommes et lui firent presque autant de prisonniers. Les quatre jours suivants, les deux armées restèrent en présence, chacune rangée en bataille devant les retranchements; le cinquième, les Romains s'avancèrent au milieu de la plaine. Antiochos n'en resta pas moins immobile, bien que les premiers rangs des ennemis ne fussent pas à mille pas de son camp (1).

DE PART ET D'AUTRE ON SE DISPOSE À LIVRER BATAILLE. — Le consul, voyant le roi se refuser au combat, tint conseil le lendemain, pour délibérer sur le parti qu'il aurait à prendre si l'ennemi persistait à éviter tout engagement. « L'hiver approchait : il faudrait donc, ou retenir les soldats sous la tente, ou, si l'on se décidait à rentrer dans ses quartiers d'hiver, ajourner la guerre à la campagne suivante. » Jamais ennemi n'avait inspiré tant de mépris aux Romains. On s'écrie tout d'une voix qu'il faut marcher au combat et profiter de l'ardeur des troupes. Les Romains, voyant, dans tant de milliers d'hommes, moins des guerriers à combattre que de vils troupeaux à égorger, sont prêts à forcer le camp, en dépit des fossés et des palissades, pour peu qu'Antiochos tarde à sortir de ses lignes. Le lendemain, sur le rapport exact de Cn. Domitius, qu'on avait en-

---

(1) D'après les auteurs anciens le Phrygios, nommé aussi Hyllos, est un fleuve d'Ionie qui se jette dans l'Hermos. Voy. Hérod., liv. I, ch. 80, et Strabon, liv. XIII, p. 626. Mais, d'après toutes les relations des voyageurs modernes, on ne trouve pas d'autre cours d'eau que l'Hermos, dans le voisinage de Magnésie du Sipyle. Les Romains, ne connaissant pas le pays et entendant donner à l'Hermos le nom de fleuve Phrygien, puisqu'il prend sa source en Phrygie, lui auront conservé cette dénomination erronée. C'est ainsi qu'ils ont appelé le Caïque, Mysios, parce qu'il a sa source en Mysie. Voy. Leake, *Asia Minor*, p. 267.

(2) Tite-Live, liv. XXXVIII, ch. 37. Cf. Appien, *Syr.*, ch. 30.

(3) Cette plaine était en Lydie entre Thyatire et la source du Caïque. Voy. Strab., liv. XIII, p. 629.

(4) Peuples d'origine scythique et habitant les bords de la mer Caspienne.

(1) Tite-Live, liv. XXXVIII, ch. 38. Cf. Appien, *Syr.*, ch. 30.

voyé sonder le terrain et reconnaître de quel côté on pouvait attaquer les retranchements, le général romain porta son camp en avant. Peut-être L. Scipion voulait-il se hâter de livrer bataille pour échapper à la tutelle de son illustre frère, à qui l'opinion publique en eût attribué toute la gloire (1). Le troisième jour, l'armée se développa au milieu de la plaine, et s'y forma en bataille. De son côté, Antiochos, dans la crainte d'augmenter par de plus longs délais, le découragement des siens et la confiance des ennemis, sortit lui-même de son camp, mais ne s'en éloigna qu'autant qu'il était nécessaire pour annoncer la résolution de combattre.

ORDRE DE BATAILLE DES ROMAINS. — L'armée du consul offrait un aspect presque uniforme en hommes et en armes ; elle était composée, comme nous venons de le dire, de deux légions romaines et de deux divisions d'alliés du nom latin, fortes chacune de cinq mille quatre cents hommes. Les Romains occupaient le centre, les Latins les deux ailes. Les hastats formaient la première ligne, les princes la seconde, et les triaires la dernière. En dehors de cette ligne de bataille, le consul place à l'aile droite, qui ne tire du terrain aucun avantage, et sur un même front, les auxiliaires d'Eumènes, mêlés aux cétrats (2) achéens, formant environ trois mille fantassins; en arrière, près de trois mille cavaliers, presque tous Romains, à l'exception de huit cents fournis par Eumènes, et en troisième ligne cinq cents Tralles et autant de Crétois. L'aile gauche pouvait se passer d'un pareil renfort ; elle était appuyée au fleuve, dont les bords escarpaient la couvrés suffisamment ; cependant on la fit soutenir par quatre escadrons de cavalerie. Telle était la force de l'armée romaine, y compris deux mille volontaires, tant Thraces que Macédoniens, qui furent chargés de la garde du camp. Les seize éléphants d'Afrique furent laissés en réserve derrière les triaires : car, outre qu'on ne pouvait les opposer avec succès à ceux d'Antiochos, même à nombre égal, ils n'auraient pu tenir contre les éléphants indiens, qui leur étaient supérieurs en grosseur comme en courage (1). Domitius avait le commandement de l'aile droite, Eumènes celui de la gauche, et le consul celui du centre (2).

ORDRE DE BATAILLE D'ANTIOCHOS. — Dans l'armée du roi, le centre était occupé par les seize mille hommes composant la phalange. On l'avait formée sur trente deux hommes de profondeur et divisée en dix sections égales, dont chacune présentait un front de cinquante hommes (3). Dans les intervalles de chaque division étaient placés deux éléphants. Deux de ces animaux se trouvaient également sur chacun des flancs de la phalange, en sorte qu'il y en avait vingt-deux dans cette partie de la ligne. Ils

(1) Dans Appien (ch. 30 et 31), le consul ne parait prendre aucune part à tous les préliminaires de la bataille. C'est Domitius seul qui agit, qui décide l'attaque, qui dispose l'armée. Voyant qu'Antiochos reste immobile et semble attendre le retour de P. Scipion, il fait publier par un héraut, de manière à être entendu dans le camp des Syriens, que le lendemain il livrera le combat. Puis il prend le commandement de l'aile droite, donne celui de l'aile gauche à Eumènes, et place le consul au centre.

(2) *Cetrati*, soldats armés d'un petit bouclier de cuir appelé *cetra*.

(1) Tite-Live, liv. XXXVIII, ch. 40, Appien, *Syr.*, ch. 30.
(2) Voy. col. 1, not. 1.
(3) « On remarque, dit Rollin, qu'une des causes de la perte de la bataille fut la manière dont le roi avait rangé sa phalange. C'étaient tous de vieux soldats aguerris, pleins de vigueur et de courage. Il fallait donc, pour en tirer tout le parti possible, leur donner moins de profondeur et plus de front ; au lieu que, les ayant rangés sur trente-deux de profondeur, il en rendait la moitié inutile. Antiochos, en cela, n'avait pourtant fait que suivre la tactique observée par Philippe et par Alexandre. Mais, dans la suite, des généraux habiles réduisirent la phalange à seize, et même jusqu'à huit de profondeur, selon le besoin. » Déjà, six ans plus tôt, la bataille de Cynoscéphales (196) avait prouvé la supériorité de la légion sur la phalange. « Cette bête monstrueuse, dit Plutarque (*Vie de Flamin.*), partout hérissée de fer, et qui renversait tout ce qu'elle trouvait devant elle, ne put résister aux attaques multipliées et inégales de la légion. »

étaient destinés à assurer les flancs des sections et à protéger le front (1). Ils donnaient un aspect imposant à cette masse d'infanterie qui, par la fierté de sa contenance, présentait déjà un aspect formidable. La stature de ces énormes colosses semblait encore rehaussée par les panaches qui flottaient sur leur tête ; chacun d'eux portait sur son dos une tour montée par quatre combattants, sans compter le conducteur (2). A la droite de cette phalange étaient quinze cents cavaliers gallo-grecs, auxquels le roi joignit trois mille cuirassiers qu'on nommait cataphractes (3), et un escadron d'environ mille chevaux appelé agéma (4) : c'était l'élite des Mèdes et des différentes peuplades de cette nation. Sur la même ligne fut postée une masse de seize éléphants pour les soutenir. Du même côté, et sur le prolongement de l'aile droite, était la cohorte royale, à qui ses boucliers d'argent avaient fait donner le nom d'argyraspides (5). Venaient ensuite douze cents cavaliers dahes, ar-

més de flèches, puis quinze cents Crétois et autant de Tralles, armés à la légère, avec deux mille cent archers mysiens ; l'extrémité de l'aile était couverte par quatre mille hommes, tant frondeurs cyrtéens (1) qu'archers élyméens (2). A l'aile gauche, la phalange était soutenue par quinze cents cavaliers gallo-grecs et deux mille Cappadociens de la même arme, qui avaient été envoyés au roi par Ariarathe. Sur la même ligne, on rangea deux mille sept cents auxiliaires de diverses nations, trois mille cataphractes, mille autres à peu près semblables, mais couverts, ainsi que leurs chevaux, d'une armure plus légère. Cette troupe, qui faisait partie de la maison du roi (3), était composée de Syriens, de Phrygiens et de Lydiens. En avant de cette cavalerie étaient rangés les chars à quatre chevaux, armés de faux, et les chameaux qu'on nomme dromadaires. Suivait la foule des auxiliaires, à peu près comme à l'aile droite : d'abord les Tarentins, puis deux mille cinq cents cavaliers gallo-grecs, mille Néo-Crétois, quinze cents Cariens et Ciliciens de la même arme, autant de Tralles, trois mille cétrats, tirés de Pisidie, de Pamphylie et de Lycie ; le même nombre de Cyrtéens et d'Élyméens qu'à l'aile droite, et enfin seize éléphants à quelque distance. Le roi commandait l'aile droite ; il avait confié le commandement de la gauche à son fils Séleucos et à son neveu Antipatros ; le centre

---

(1) Armandi, ouvr. cit., p. 323.

(2) C'est surtout sur l'aspect des éléphants que Florus, liv. II, ch. 8, insiste avec complaisance. Mais, plus curieux des effets oratoires que de l'exactitude historique, il les place sur les flancs du corps d'armée : « Elephantis ad hoc immensæ magnitudinis auro, purpura, argento et suo ebore fulgentibus, aciem utrimque vallaverat. »

(3) Ces combattants étaient, eux et leurs chevaux, couverts, de la tête aux pieds, d'une armure composée d'écailles de fer, de corne ou de toile. Voy. la Tactique d'Arrien.

(4) L'agéma, ἄγημα, qui a beaucoup occupé les commentateurs, paraît avoir été un corps d'élite composé d'infanterie, de cavalerie et d'éléphants qui marchaient devant les rois de Macédoine. Ce nom est dérivé ou d'ἄγω, entraîner, à cause de l'impétuosité de ce bataillon, ou d'ἄγαμαι, admirer, à cause de sa belle tenue. Voy. Polybe, liv. V, ch. 65 ; Appien, Syr., ch. XXXII ; Arrien, liv. III, ch. 2 et 11, etc. ; Quinte-Curce, liv. IV, ch. 15 ; liv. V, ch. 4, et Suidas au mot ἄγημα.

(5) Ces soldats, ainsi nommés de ἄργυρος, argent, et de ἀσπίς, bouclier, portaient des boucliers ornés de lames d'argent, ou d'un autre métal brillant. Voy. Polybe, liv. V, ch. 79 ; Justin, liv. XII, ch. 7. C'est probablement un bouclier de ce genre que nous offre la célèbre mosaïque de Pompée, où,

suivant l'opinion la plus vraisemblable, est représentée la bataille d'Arbelles.

(1) Cyrtæi. Ces peuples nommés aussi par Tite-Live (liv. XLII, ch. 38,) Cyrtii et par Strabon, (liv. XI, p. 523, liv. XV, p. 727), Κύρτιοι ou Κούρτιοι, habitaient en Médie. Ce géographe dit qu'ils étaient habiles frondeurs, mais très-portés au brigandage. Une ressemblance frappante de nom et de caractère ne pourrait-elle pas nous autoriser à croire que leurs descendants sont ces Kurdes terribles dont les hordes vagabondes et spoliatrices infestent la Syrie.

(2) Strabon les place vers la Susiane, et Tacite vers l'Arménie.

(3) Regia ala. C'est peut-être le même corps qu'Appien (Syr., ch. 32) et Arrien (liv. I, ch. 19, et liv. III, ch. 11) nomment Aile royale des amis. Voy. Sainte-Croix, Hist. crit. des Hist. d'Alex.; sect. III, p. 53 et suiv.

était sous les ordres de trois chefs, Minion, Zeuxis et Philippe, maître des éléphants (1).

BATAILLE DE MAGNÉSIE. — Un brouillard qui s'était levé le matin et qui remonta avec le jour répandit une grande obscurité. Le vent du midi fit tomber ensuite une pluie qui inonda toute la plaine. Les Romains en furent peu incommodés, mais les troupes du roi en souffrirent beaucoup. Les premiers occupaient trop peu de terrain pour que l'obscurité empêchât de voir toute l'étendue de leurs lignes, et, comme la plupart étaient pesamment armés, la pluie ne pouvait émousser ni leurs épées, ni leurs piques. Il n'en était pas de même de l'armée du roi ; elle occupait une si grande étendue que du centre on ne pouvait distinguer les ailes, et, à plus forte raison, on ne pouvait s'apercevoir d'une aile à l'autre ; en outre l'humidité avait relâché les cordes des arcs et des frondes, ainsi que les courroies des javelots (2). Les quadriges même armés de faux (3), sur lesquels Antiochos comptait pour rompre la ligne ennemie, ne servirent qu'à porter le désordre dans la sienne. Voici qu'elle en était à peu près la construction : du milieu du timon, en avant du joug, partaient dix pointes d'une coudée de long et en forme de cornes, destinées à transpercer tout ce qu'elles rencontreraient. De chaque côté du joug étaient attachées deux faux en saillie : l'une, à la hauteur du joug, pour trancher tout ce qui se présenterait de côté ; l'autre, plus bas, était inclinée vers la terre, pour atteindre les soldats tombés et ceux qui tenteraient de se glisser dessous ; enfin à chaque extrémité de l'essieu étaient attachées deux faux également disposées en sens contraire. Comme il eût fallu ouvrir la ligne pour donner passage à ces chars, si on les eût placés à

(1) Tite-Live, liv. XLII, ch. 40 ; Appien, *Syr.*, ch. 32.
(2) Florus, liv. I, ch. 8, § 17, en fait aussi la remarque : « Ad hoc imbre, qui, subito superfusus, mira felicitate Persicos arcus corruperat. »
(3) Voy. Q. Curce, liv. IV, ch. 9 ; Xén., *Cyr.*, liv. IV, ch. 1, et *Anab.*, liv. I, ch. 8 ; Diodore de Sic., liv. XVII, ch. 53 ; Scheffer, *de Re vehic.*, liv. II, ch. 15.

14e Livraison. (ASIE MINEURE.)

l'arrière-garde ou au centre, Antiochos les avait rangés, ainsi que nous l'avons dit plus haut, en avant du front de bataille. A cette vue, Eumènes, qui connaissait cette espèce d'armes, et qui savait combien c'est une ressource équivoque lorsqu'au lieu de faire une attaque régulière on se bornait à effaroucher les chevaux, ordonne aux archers crétois, aux frondeurs et à la cavalerie légère, armée de traits, de s'approcher, non pas en masse, mais en se dispersant le plus possible, et de faire pleuvoir de tous les côtés une grêle de traits. Cette pluie meurtrière, accompagnée de cris discordants, effaroucha tellement les chevaux qu'ils prirent le mors aux dents et s'enfuirent au hasard dans la plaine. Les troupes légères, les frondeurs, les Crétois agiles se dérobaient aisément à cette charge tumultueuse, tandis que la cavalerie qui poursuivait les fuyards acheva de répandre le désordre et la terreur parmi les chevaux et les chameaux également épouvantés du bruit confus qui retentissait autour d'eux. On fut donc obligé de faire disparaître les quadriges de l'espace qui séparait les deux armées, et, ce vain épouvantail écarté, le signal fut donné des deux côtés, et le combat s'engagea dans les règles (1).

L'AILE GAUCHE D'ANTIOCHOS EST ROMPUE. — Mais cette première terreur fut bientôt la cause d'une défaite. Les auxiliaires de la réserve, placés à peu de distance, partageant l'épouvante qui avait dispersé les quadriges, prirent eux-mêmes la fuite et laissèrent toute la ligne à découvert jusqu'aux cataphractes. Ceux-ci, attaqués par la cavalerie romaine, qui, grâce à la fuite des auxiliaires, avait pénétré jusqu'à eux sans obstacle, ne purent même en soutenir le premier choc ; les uns se débandent, les autres restent sur la place, embarrassés par la pesanteur de leur armure et de leurs armes. Bientôt l'aile gauche entière est en déroute, et le désordre des auxiliaires, qui se trouvaient entre la cavalerie et la phalange, se communique jusqu'au centre. Les rangs sont rompus, et le mouvement

(1) Tite-Live, *ibid.*, ch. 51. Cf. Appien, *Syr.*, ch. 33.

rétrograde des fuyards empêche l'infanterie de faire usage de ces longues piques que les Macédoniens appelaient sarisses (1). Alors les Romains tombent sur eux à coups de pilum, sans être arrêtés par les éléphants qui sont postés entre chaque ligne; car, depuis les guerres d'Afrique, ils étaient accoutumés à éviter la charge impétueuse de ces animaux, soit en leur perçant de loin les flancs à coups de traits, soit en leur coupant les jarrets lorsqu'il leur était possible de les approcher (2).

L'AILE GAUCHE DES ROMAINS PLIE. — M. ÆMILIUS LA RAMÈNE AU COMBAT. — Déjà la première ligne du centre était enfoncée, et les Romains taillaient en pièces la réserve, qu'ils avaient tournée, lorsqu'ils apprirent la déroute de leur aile gauche et entendirent même les cris d'effroi des fuyards, qui se précipitaient vers le camp. Le consul, croyant cette aile assez couverte par le fleuve, n'avait destiné à la soutenir que quatre escadrons de cavalerie, qui même s'étaient éloignés de la rive pour se joindre au reste de l'armée. Antiochos, de la droite qu'il commandait, remarque ce vide, fond avec ses auxiliaires et ses cataphractes sur le corps des Romains ainsi dégarni, et les attaque de front, les tourne même le long du fleuve, les prend ainsi en flanc, culbute la cavalerie, puis force les corps d'infanterie les plus rapprochés à se débander et à fuir en désordre vers leur camp (3).

La garde du camp était confiée à M. Æmilius, tribun des soldats. Témoin de cette déroute, il court avec sa troupe au-devant des fuyards, les arrête, les ramène au combat en leur faisant honte de cet effroi et de cette lâche désertion, et les menaçant d'une mort certaine s'ils n'obéissaient à ses ordres. En même temps il donne aux siens l'ordre de faire main basse sur les plus avancés, et de contraindre les autres, à grands coups d'épée, à faire volte-face. Placés entre deux périls, les fuyards choisirent le moindre. Cédant à une aussi terrible alternative, ils s'arrêtent d'abord, puis retournent d'eux-mêmes au combat. Cependant Æmilius, avec les deux mille braves qui composent sa troupe, fait vigoureusement tête à Antiochos, qui se précipitait à toute bride sur les fuyards (1).

DÉFAITE D'ANTIOCHOS. — En même temps Attale, frère d'Eumènes, apercevant de l'aile droite, dont la première charge avait mis en déroute la gauche des ennemis, la fuite des Romains à l'autre aile et la confusion qui règne auprès du camp, accourt à temps avec deux cents chevaux. Alors Antiochos, qui voit revenir au combat ceux qu'il poursuivait naguère et des renforts sortir en hâte du camp ou du corps de bataille, tourna bride et prit la fuite à son tour. Vainqueurs aux deux ailes les Romains franchissent les monceaux de cadavres entassés surtout au centre, où le courage de l'ennemi et la pesanteur de ses armes l'avait retenu, et se portent vers le camp ennemi pour le piller. Les cavaliers d'Eumènes, bientôt suivis du reste de la cavalerie, s'élancent à travers la plaine à la poursuite des fuyards et taillent en pièces les premiers qu'ils peuvent atteindre. Mais ce qui fut particulièrement funeste aux Syriens, ce fut cette horrible confusion de quadriges, d'éléphants, de chameaux, et ces flots de fuyards qui, se ruant éperdus et en désordre les uns sur les autres, étaient foulés aux pieds par les animaux. Dans le camp même le carnage fut encore plus horrible que sur le champ de bataille; car ce fut vers le camp que la fuite emporta les premiers fuyards, et, dans l'espérance d'être soutenus par ceux qui en avaient la garde, ils se battirent en désespérés devant les retranchements. Les Romains, qui s'étaient flattés d'emporter le camp du premier choc, irrités de la résistance qu'ils rencontraient devant le retranchement et aux portes, ne les eurent pas plus tôt forcés qu'ils assouvirent leur colère

---

(1) Elles avaient vingt et un pieds de long suivant Polybe et Élien, et vingt-quatre suivant Arrien, et dépassaient l'homme de dix-huit pieds.
(2) Tite-Live, ibid., ch. 43. Cf. Appien, Syr., ch. 35. Il entre dans beaucoup plus de détails sur cette partie de la bataille, qu'il place après la déroute momentanée de l'aile gauche romaine, ce qui ne saurait être admis.
(3) Tite-Live, ibid. Cf. Appien, Syr., ch. 34.

(1) Tite-Live, ibid.; Appien, Syr., ch. 36; Justin. liv. XXXI, ch. 8.

en faisant une plus sanglante boucherie (1).

PERTES DES DEUX ARMÉES. — Antiochos, dit-on, perdit ce jour-là cinquante mille hommes de pied (2) et trois mille chevaux ; on lui prit quatorze cents hommes (3) et quinze éléphants, avec leurs conducteurs. C'en était fait du surnom de Grand qu'on lui avait donné jusqu'alors ; un seul jour l'en avait dépouillé, et les soldats romains purent s'écrier après la bataille : *Fuit rex Antiochus Magnus*, ἦν βασιλεὺς Ἀντίοχος ὁ μέγας (4). Les Romains eurent un assez grand nombre de blessés ; mais leur perte ne s'éleva qu'à trois cents fantassins, à vingt-quatre de leurs cavaliers et à vingt-cinq de ceux d'Eumènes. Dans la journée les vainqueurs pillèrent le camp ennemi et rentrèrent dans le leur avec un riche butin ; le lendemain ils dépouillèrent les morts et rassemblèrent les prisonniers (5).

(1) Tite-Live, *ibid.*, ch. 43. Cf. Appien, *Syr.*, ch. 36.

(2) Appien comprend dans ce nombre les prisonniers, et ajoute que le nombre des morts était difficile à calculer (*Syr.*, ch. 36). Justin compte cinquante mille tués et onze mille prisonniers. Ces rapports semblent exagérés quand on les compare au petit nombre de combattants que perdit l'armée romaine.

(3) Justin, liv. XXXI, ch. 8, porte le nombre des prisonniers à onze mille.

(4) Ces paroles peuvent se prêter à plus d'un sens ; elles peuvent signifier : *Le roi Antiochos le Grand n'est plus ; Antiochos le Grand n'est plus roi*, ou : *Le roi Antiochos a été grand*. C'est sans doute l'un de ces deux derniers sens que les Romains avaient en vue.

(5) Il ne sera pas sans intérêt de reproduire ici les réflexions que cette bataille a suggérées à l'habile tacticien que nous avons déjà cité plus haut. « Tout homme de bon sens, dit-il, qui aurait vu les deux armées avant l'action, aurait facilement deviné de quel côté devait se déclarer la victoire : d'une part, une troupe homogène, disciplinée, aguerrie ; de l'autre, une cohue de nations barbares, ignorant les vrais principes de la guerre et manquant d'ensemble dans l'exécution. On ne se tromperait pas beaucoup en disant que ce fut la multitude des Syriens qui causa leur perte, et l'on pourrait appliquer cette réflexion à presque tous les faits d'armes où des peuples barbares ont eu affaire à la tactique des nations civilisées. Si

FUITE D'ANTIOCHOS. — Antiochos, suivi d'abord d'une faible escorte, fut rejoint dans sa fuite par quelques débris de son armée, et, vers le milieu de la nuit, parvint à Sardes avec cette poignée d'hommes. Mais, en apprenant que

Antiochos se fût contenté de présenter en ligne sa phalange ; s'il eût formé ses ailes avec l'élite de sa cavalerie, le tout soutenu par ce qu'il avait de mieux en troupes légères, en chars et en éléphants, son armée se serait trouvée supérieure en nombre et pas trop inférieure en bonté à celle des Romains. Peut-être aurait-il réussi à les repousser, et, dans tous les cas, il leur aurait fait payer cher la victoire. Il lui serait d'ailleurs resté une forte réserve en hommes, en chevaux et en éléphants, qui auraient pu agir à leur tour et arrêter les vainqueurs au milieu de leurs succès.

« Il commit une grande faute en doublant la profondeur de sa phalange ; car la formation sur trente-deux rendit inutile la moitié de ce corps, qui était l'élite de son armée. On ne donnait, suivant les bonnes traditions, que seize hommes de profondeur à la phalange ; quelquefois même on ne lui en avait donné que douze, et telle fut la disposition qu'adoptèrent les Spartiates à la bataille de Leuctres. Si Antiochos eût suivi cette règle, il aurait au moins doublé le front de son corps de bataille, avantage immense, car cette partie de son armée était ce qu'il avait de mieux à présenter à l'ennemi. La phalange aurait d'ailleurs pu, se trouvant plus libre dans ses mouvements, essayer quelques évolutions pour déconcerter les attaques des Romains, au lieu que, pressée en masse comme elle l'était, elle devait nécessairement être exterminée sans pouvoir se défendre.

La pluie qui tomba par torrents au commencement de l'action fut aussi une des causes de la défaite des Syriens ; car, outre qu'elle détrempa le sol et fit échouer la charge des chars, elle détendit les courroies des arcs et des frondes et rendit inutile cette immense quantité d'archers à pied et à cheval, qui auraient pu faire beaucoup de mal aux Romains. C'est ce que disent positivement Tite-Liv et Aurélius Victor. Mais, indépendamment de cette circonstance, il est hors de doute, et Florus lui-même en fait judicieusement la remarque, il est hors de doute, dis-je, que cette cohue de chars, de chameaux, d'hommes, de chevaux, d'éléphants, agissant en même temps sur le terrain, ne pouvait enfanter que le désordre. » Armandi, ouvr. cité, p. 326-328.

20.

son fils Séleucos et quelques-uns des grands de sa cour s'étaient retirés à Célænes, appelée aussi Apamée, il partit lui-même avec sa femme et sa fille, et prit la route de cette ville, laissant la défense de Sardes à Zénon, et à Timon le gouvernement de la Lydie. Toutefois, malgré la présence de ces deux officiers, les habitants, de concert avec la garnison, envoyèrent des députés au consul (1).

LES VILLES DE L'ASIE MINEURE SE SOUMETTENT AUX ROMAINS. — Spectatrices de cette victoire, les villes de Thyatire et de Magnésie du Sipyle envoyèrent leur soumission. Vers le même temps il arriva de Tralles, de Magnésie du Méandre et d'Éphèse, des députations apportant la soumission de ces villes. Polyxénidas avait quitté Éphèse, à la nouvelle de la défaite d'Antiochos, et conduit sa flotte jusqu'à Patares, en Lycie; mais, dans la crainte d'être attaqué par l'escadre rhodienne, qui croisait à la hauteur de Mégisté, il débarqua et prit la route de Syrie avec un faible détachement. Dès lors les cités de l'Asie s'empressèrent de remettre leur sort à la discrétion du consul et de reconnaître la domination romaine. Déjà le consul était à Sardes; ce fut là que P. Scipion, parti d'Elée, vint le joindre, aussitôt que sa santé lui permit de soutenir la fatigue du voyage.

ANTIOCHOS ENVOIE DES AMBASSADEURS AU CONSUL. — CONDITIONS IMPOSÉES AU ROI. — Bientôt après, un héraut d'Antiochos fut introduit par Scipion l'Africain auprès du consul, et obtint pour son maître la permission d'envoyer des ambassadeurs. Peu de jours après arrivèrent à Sardes Zeuxis, gouverneur de Lydie, et Antipater, neveu du roi. Admis devant le consul, ils invoquèrent la clémence du vainqueur. La réponse des Romains avait été arrêtée d'avance; ce fut l'Africain qui fut chargé de la leur transmettre. Lorsque toutes les chances étaient encore égales et l'issue de la lutte incertaine, on avait écouté les propositions du roi, fixé les bases d'un traité d'égal à égal; vainqueurs aujourd'hui et Antiochos vaincu, les Romains ne changeaient rien à ces conditions (1). Antiochos renoncera à toute possession en Europe et abandonnera toute l'Asie en deçà du Taurus (2). Il livrera ses éléphants et tous les vaisseaux qu'on lui demandera. Il donnera pour les frais de la guerre quinze mille talents euboïques (3), dont cinq cents comptant, deux mille cinq cents lorsque le sénat et le peuple romain auront ratifié la paix, et les douze mille autres en douze payements égaux d'année en année. Il payera aussi quatre cents talents à Eumènes et lui rendra le reste du blé dû à son père. Ces conditions acceptées, il remettra vingt otages au choix des Romains, livrera avant tout Annibal, le plus redoutable obstacle à la paix, l'Étolien Thoas, l'instigateur de la guerre d'Étolie. S'il hésite à accepter ces conditions, qu'il sache qu'il est plus difficile de faire descendre aux rois les premiers degrés du trône que de les en renverser pour jamais (4).

EUMÈNES ET LES AMBASSADEURS D'ANTIOCHOS PARTENT POUR ROME. — Les négociateurs avaient ordre de consentir à toutes les conditions. Il ne fut plus question pour Antiochos que d'envoyer des ambassadeurs à Rome. Le consul distribua ses troupes dans les villes de Magnésie du Méandre, de Tralles et d'Éphèse. Quelques jours après on lui apporta dans cette dernière place une partie du tribut (5), et les

---

(1) Tite-Live, *ibid.*, ch. 44.

(1) On prétendit plus tard, à Rome, que L. Scipion, pour accorder au roi Antiochos une paix plus avantageuse, avait reçu de ce prince six mille livres d'or et quatre cent quatre-vingts livres d'argent de plus qu'il n'en avait fait entrer dans le trésor; son lieutenant, A. Hostilius, quatre-vingts livres d'or et quatre cent trois livres d'argent; et son questeur, C. Furius Aculéon, cent trente livres d'or et deux cents livres d'argent. Tite-Live, liv. XXXVIII, ch. 55.

(2) C'est-à-dire toute l'Asie Mineure, à l'exception de la Cilicie. Les provinces que le traité enlevait aux Séleucides étaient les plus riches et les plus peuplées de l'empire.

(3) 49,200,000 fr. ou 69,991,800 fr. suivant qu'on adopte l'évaluation de Festus ou celle d'Hérodote. Antiochos ne se releva pas du désordre que ce tribut jeta dans ses finances.

(4) Tite-Live, *ibid.*, ch. 45. Cf. Appien, *Syr.*, ch. 38, et Justin, liv. XXXI, ch. 8, § 8.

(5) Appien, *Syr.*, ch. 39.

vingt otages qu'il avait demandés, du nombre desquels était Antiochos, le plus jeune fils du roi. Les ambassadeurs d'Antiochos s'y rendirent aussi avant de partir pour Rome. Eumènes prit en même temps qu'eux la route de cette capitale, et fut suivi par les députations des Rhodiens et de tous les peuples de l'Asie (1).

LE CONSUL MANLIUS REMPLACE L. SCIPION EN ASIE. — Cependant à Rome on venait d'élire deux nouveaux consuls (189), Marcus Fulvius et Cn. Manlius. Il avait été décidé qu'ils tireraient au sort l'Étolie et l'Asie, les deux plus importantes provinces. Celui des deux à qui le sort donnerait l'Asie devait prendre le commandement de l'armée de L. Scipion, et y joindre un renfort de quatre mille hommes d'infanterie romaine et de deux cents cavaliers romains, plus huit mille fantassins et quatre cents cavaliers latins, pour continuer, avec ces forces réunies, la guerre contre Antiochos. Ce fut à Cn. Manlius qu'échut l'Asie. Pendant qu'il faisait ses préparatifs de départ, le bruit se répandit à Rome qu'Antiochos s'était emparé des généraux romains par trahison, qu'il avait pris leur camp d'assaut et anéanti l'armée tout entière ; mais peu de jours après on reçut des nouvelles positives et des dépêches du général qui firent succéder la joie à la crainte. Toutefois on ne changea pas la destination du consul envoyé en Asie ; on ne crut même pas devoir diminuer son armée, dans la crainte d'avoir à combattre les Gallo-Grecs (2).

EUMÈNES EST INTRODUIT DANS LE SÉNAT. — SON DISCOURS. — Peu après, M. Aurélius Cotta, lieutenant de L. Scipion, arriva à Rome avec les ambassadeurs d'Antiochos, Eumènes et les Rhodiens. Cotta exposa d'abord dans le sénat, puis, par ordre des sénateurs, devant l'assemblée du peuple, les détails de la campagne d'Asie. Ensuite Eumènes obtint le premier audience. Il remercia en peu de mots les sénateurs de les avoir délivrés d'un siége, son frère et lui, et d'avoir mis ses États à l'abri des entreprises d'Antiochos. Il les félicita ensuite des avantages obtenus sur terre et sur mer, de la déroute du roi de Syrie, de la prise de son camp, et de son expulsion non-seulement de l'Europe, mais de l'Asie en deçà du Taurus. Quant aux services qu'il avait pu rendre, il désirait que le sénat les apprît de ses généraux et de leurs lieutenants plutôt que de sa propre bouche. Ces paroles eurent l'approbation générale ; on l'invita à dire franchement lui-même ce qu'il se croyait en droit d'attendre de la reconnaissance du sénat et du peuple romain ; car on était disposé d'avance à le récompenser au delà même du prix qu'il pouvait attacher à ses services. A cette assurance bienveillante, le roi répondit que, si d'autres lui laissaient le choix des récompenses, il consulterait volontiers le sénat romain pour se guider par les lumières de cette auguste assemblée, de peur qu'on ne pût l'accuser de montrer trop peu de modération dans ses désirs et trop peu de réserve dans ses demandes ; mais que, le don venant du sénat, le sénat était l'unique arbitre de ce que ses frères et lui avaient à espérer. Le sénat ne se rendit point à ces raisons et le pressa de nouveau de s'expliquer. Après un combat de bienveillance et de modestie qui menaçait de n'avoir pas de fin, Eumènes sortit de la curie. Le sénat persista dans son opinion. Il était impossible, disait-on, que le roi fût venu à Rome sans savoir ce qu'il voulait, ce qu'il avait à demander. Il devait mieux que personne apprécier ce qui était à sa convenance. Il connaissait mieux l'Asie que le sénat. Il fallait donc le rappeler et le contraindre à énoncer ses prétentions et ses sentiments (1).

DISCOURS D'EUMÈNES (2). — Ramené dans le sénat par le préteur et invité à parler, il dit qu'il ne voulait pas entretenir le sénat de ce qui le regardait particulièrement, et que, fidèle à son premier

(1) Tite-Live, ibid., ch. 45. Cf. Appien, Syr., ch. 39.
(2) Tite-Live, ibid., ch. 48-51.

(1) Tite-Live, ibid., ch. 52.
(2) Nous regardons avec d'autant plus de confiance le discours d'Eumènes et celui des Rhodiens comme authentiques qu'ils nous ont été conservés par Polybe, historien positif et consciencieux, et que Tite-Live n'a fait que les reproduire sous une forme plus oratoire.

dessein, il le laissait maître absolu de son sort; qu'il n'avait qu'un sujet de crainte, les Rhodiens; que cela seul le décidait à parler; qu'ils étaient là, en effet, non moins jaloux de défendre les intérêts de leur patrie qu'il pouvait l'être lui-même de maintenir sa propre autorité, et que leur langage exprimait le contraire de leur intention véritable; qu'il était aisé de s'en convaincre. « Ils diront, ajouta-
« t-il, quand on leur donnera audience,
« qu'ils ne sont venus ici ni pour vous
« demander quelque grâce, ni pour me
« faire du tort en quoi que ce soit,
« mais afin de plaider en faveur de la
« liberté des Grecs d'Asie. Ils vous re-
« présenteront que l'affranchissement
« de ces peuples leur est peut-être
« moins précieux qu'il n'est pour vous
« convenable et conforme à vos maxi-
« mes. Voilà les dehors qu'ils prendront
« dans leur langage ; mais, qu'on pé-
« nètre au fond des choses, et on trou-
« vera des arrière-pensées bien oppo-
« sées à leurs paroles. Ces villes une
« fois affranchies, comme ils vous en
« conjurent, vous verrez leur puissance
« grandir, la mienne presque tomber.
« Ce beau nom de liberté détachera de
« mon empire non pas seulement les
« nations qu'il s'agit de rendre à l'in-
« dépendance, mais encore celles qui
« depuis longtemps m'obéissent, et,
« sitôt que vous aurez manifesté vos
« sentiments à cet égard, me les enlè-
« vera pour les leur livrer. Il n'en peut
« être autrement. Ces États libres ne
« seront en apparence que leurs alliés ;
« mais, convaincus qu'ils leur sont re-
« vables de leur indépendance, par re-
« connaissance pour un si grand bien-
« fait, ils seront en définitive à leurs
« ordres. Nous vous prions, Pères cons-
« crits, d'y faire attention; n'allez pas,
« à votre insu, élever quelques-uns de
« vos amis au delà de toute me-
« sure pour abaisser aussi contre toute
« justice la fortune des autres; n'allez
« pas combler de vos bienfaits ceux
« qui ont été jadis vos ennemis, pour
« négliger, sacrifier ceux qui vous fu-
« rent toujours fidèles (1).

« Je suis prêt sur toute autre chose

(1) Polybe, liv. XXII, ch. 2.

« à céder sans dispute à autrui ; mais,
« quand il s'agit de mon amitié et de
« mon dévouement pour Rome, non,
« autant qu'il me sera possible , je le
« déclare, je ne céderai pas. Mon père,
« s'il vivait encore, tiendrait, j'en suis
« certain, le même langage. C'est lui
« qui le premier de tous les Grecs de
« l'Asie et de l'Europe se fit votre ami,
« votre allié, et, jusqu'à sa mort, il
« a noblement, par ses sentiments
« et par sa conduite, gardé sa foi. Il a
« partagé avec vous toutes vos guer-
« res en Grèce ; de tous vos alliés c'est
« lui qui vous a conduit les plus forts
« contingents de troupes de terre et de
« mer, qui vous a fourni le plus de vi-
« vres et de munitions, qui, pour vous,
« a bravé le plus de périls, et, pour
« tout dire, il a fini sa vie à l'œuvre,
« dans la guerre de Philippe, en pres-
« sant les Béotiens d'accepter votre
« alliance. Moi-même, monté sur le
« trône, je n'ai fait que continuer cet
« amour qu'il n'était pas possible de
« surpasser ; mais par mes services je
« l'emporte encore sur lui. Plus de cir-
« constances de nos jours ont servi de
« pierre de touche à mon dévouement
« qu'au sien même. Antiochus me vou-
« lait donner sa fille, s'unir à moi de
« toutes les manières, me remettre sur-
« le-champ toutes les villes qui m'a-
« vaient quitté ! Il me faisait mille pro-
« messes si je consentais à m'associer
« à sa guerre contre Rome ; mais, loin
« d'accepter aucune de ses offres, c'est
« moi qui, parmi tous vos alliés, ai fait
« marcher le plus de vaisseaux et de
« troupes de terre ; moi qui, dans des con-
« jonctures fâcheuses, vous ai donné le
« plus de vivres, et qui , avec vos géné-
« raux, me suis jeté, sans balancer, dans
« les plus grands dangers. Enfin je n'ai
« pas craint de soutenir un siège, enfer-
« mé dans Pergame, et de risquer ma vie
« et mon trône par amour pour vous (1).

« Romains, beaucoup d'entre vous
« ont vu de leurs propres yeux mes
« œuvres, et tous vous savez que je
« ne dis que la vérité. Il est donc juste
« que vous preniez de mes intérêts un
« soin égal à mes droits. Certes vous

(1) Polybe, ibid., ch. 3.

« ne pouvez nous traiter avec moins
« de faveur que tant d'autres rois qui
« vous ont rendu moins de services
« que nos ancêtres et nous. Mais, enfin,
« que viens-je demander, direz-vous?
« Puisque vous exigez que je m'expli-
« que, je dois vous obéir. Si donc, en
« reléguant Antiochos au delà des hau-
« teurs du mont Taurus, votre inten-
« tion a été d'occuper vous-mêmes la
« portion de l'Asie située en deçà,
« j'aime mieux vous avoir pour voi-
« sins que toute autre nation, et je
« regarderai ce voisinage comme le
« plus ferme boulevard de mes États;
« mais, si vous vous proposez d'aban-
« donner ces régions et d'en retirer
« vos troupes, il n'est aucun de vos
« alliés pour qui vous puissiez renon-
« cer à ce prix de la guerre plus jus-
« tement qu'en ma faveur. Mais, dira-
« t-on, rien n'est plus glorieux pour les
« Romains que d'affranchir les villes.
« Oui, sans doute, si elles n'ont ja-
« mais tiré l'épée contre vous avec An-
« tiochos; mais, puisqu'elles l'ont fait,
« n'est-il pas plus digne de votre pru-
« dence et de votre justice d'accorder
« vos bienfaits à des alliés qui ont bien
« mérité de vous que de favoriser des
« ennemis (1)? »

Eumènes crut en avoir assez dit et se retira. Le sénat accueillit les paroles du roi avec une grande bienveillance, et se montra disposé à lui accorder tout ce qui serait en son pouvoir.

Discours des Rhodiens. — On appela immédiatement les Rhodiens; mais, comme un de leurs ambassadeurs n'était pas encore arrivé, on fit entrer les Smyrnéens. Ils rappelèrent dans un long discours le zèle et le dévouement dont ils avaient fait preuve à l'égard de Rome durant la guerre, et c'était, en effet, une opinion généralement accréditée que les Smyrnéens l'emportèrent alors en fidélité sur tous les peuples de l'Asie. On leur donna de grands éloges pour s'être résignés à tout souffrir plutôt que de se soumettre au roi. Puis vinrent les Rhodiens. Le chef de l'ambassade, après avoir en peu de mots rappelé l'origine de leur al-

(1) Polybe, *ibid.*, ch. 4. Cf. Tite-Live *ibid.*, ch. 53.

liance avec les Romains et les services qu'ils leur avaient rendus dans la guerre contre Philippe, et ensuite dans celle contre Antiochos, arriva à la question principale, celle qui concernait leur patrie. Il commença par dire que, une des circonstances les plus pénibles pour eux dans cette ambassade, c'était de voir leurs intérêts, par leur nature même, se heurter contre ceux d'un prince à qui d'ailleurs, dans leurs rapports publics et privés, ils étaient fort unis; mais qu'ils ne voyaient rien de plus beau pour eux-mêmes, de plus convenable pour les Romains, que d'affranchir les villes de l'Asie et de leur rendre la liberté, ce trésor si cher à l'homme.
« Une telle mesure, ajoutèrent-ils, est
« funeste sans doute à Eumènes et à
« ses frères, puisque la monarchie est
« l'ennemie naturelle de toute égalité
« et qu'elle cherche à soumettre à ses
« lois, sinon tous les hommes, du moins
« le plus de peuples qu'il lui est pos-
« sible. Quoiqu'il en soit ainsi, nous
« sommes persuadés que nous parvien-
« drons près de vous à notre but. Ce
« n'est point que nous ayons plus de
« crédit qu'Eumènes; mais nous avons
« évidemment pour nous la justice et
« l'intérêt général. S'il n'y avait d'au-
« tre moyen pour Rome de témoigner
« au prince sa reconnaissance que de
« lui livrer des villes indépendantes,
« la question serait naturellement em-
« barrassante : il vous faudrait ou né-
« gliger un ami véritable, ou manquer
« au devoir et à l'honnête, et du même
« coup obscurcir, effacer même cette
« gloire conquise par tant d'exploits.
« Mais, dès qu'il est possible de conci-
« lier tout, est-il encore permis d'hési-
« ter? Il y a ici, comme sur une table
« somptueuse, le nécessaire pour tous,
« et plus encore; la Lycaonie, la Phry-
« gie jusqu'à l'Hellespont, la Pisidie,
« la Chersonèse et toutes les provinces
« d'Europe qui y touchent, vous pou-
« vez les donner à qui bon vous sem-
« ble. Quelques-uns de ces pays, ajou-
« tés au royaume d'Eumènes, lui fe-
« ront un empire deux fois plus grand
« que le sien! Accordez-lui toutes ces
« provinces, ou plusieurs seulement, et
« ses États ne le céderont à ceux
« d'aucun autre prince. Ainsi, Sé-

« nateurs, il vous est permis d'enri-
« chir magnifiquement vos amis sans
« rien enlever au mérite de votre noble
« entreprise. La fin que vous marquez
« à vos actions est bien autre que celle
« du reste des hommes; d'ordinaire
« ils ne se jettent dans les guerres que
« pour conquérir et gagner des villes,
« des munitions et des flottes. Les
« dieux vous ont épargné cette néces-
« sité en plaçant l'univers sous votre
« obéissance. De quoi donc avez-vous
« besoin? De quoi vous faut-il mainte-
« nant avoir le plus de souci? De cette
« gloire, de cette renommée universelle
« qu'il est difficile d'acquérir et plus
« encore de conserver. Vous allez re-
« connaître la vérité de ce que nous
« vous disons. Vous avez combattu
« Philippe; vous avez tout bravé pour
« rendre la liberté aux Grecs: tel a été
« votre but; telle a été la récompense
« que vous êtes promise de cette
« expédition: il n'y en avait pas d'au-
« tre; et cependant vous en avez plus joui
« que de tous les tributs imposés aux
« Carthaginois; et cela est bien naturel:
« l'argent est une propriété commune
« à tous les hommes; mais la réputa-
« tion, les louanges, les hommages ne
« sont faits que pour les dieux et ceux
« qui leur ressemblent. Oui, votre œu-
« vre la plus belle a été l'affranchisse-
« ment des Grecs. Si vous la complè-
« tez aujourd'hui, cette œuvre, l'édi-
« fice de votre renommée est à jamais
« élevé; sinon votre gloire sera bientôt
« abaissée. Sénateurs, après avoir parti-
« cipé à cette entreprise, et avec vous
« soutenu, pour la poursuivre, de grands
« combats, bravé de véritables périls,
« nous ne voulons pas aujourd'hui trahir
« le devoir d'un peuple ami. Nous n'a-
« vons pas craint, en effet, de vous dire
« franchement la conduite que nous
« croyons la seule vraiment digne de
« vous; nous l'avons fait sans arrière-
« pensée; en hommes qui ne mettent
« rien au-dessus de l'honnête. » Ainsi
parlèrent les Rhodiens, et les sénateurs
rendirent justice à l'élévation et à la sage
mesure de leur langage, qui parut vraiment digne de la grandeur romaine (1).

(1) Polybe, *ibid.*, ch. 5 et 6. Cf. Tite-
Live, *ibid.*, ch. 54.

LE TRAITÉ AVEC ANTIOCHOS EST RA-
TIFIÉ. — NOMINATION DE COMMIS-
SAIRES POUR RÉGLER LES DIFFÉRENDS
DES VILLES ASIATIQUES. — Après les
Rhodiens vinrent les députés d'Antiochos, Zeuxis et Antipatros. Ils s'exprimèrent avec le ton de la prière et de la
supplication, confessèrent l'erreur de
leur maître et conjurèrent le sénat de
consulter plutôt sa clémence que les
torts du roi. Le sénat approuva donc
les conditions de paix réglées par Scipion en Asie. Quelques jours après, le
peuple les ratifia, et les serments nécessaires furent prêtés entre les mains d'Antipatros et rendus par lui. On introduisit
ensuite dans la curie les autres députations venues d'Asie. On ne leur accorda
qu'une courte audience, et on leur fit
à toutes la même réponse: que le sénat
enverrait bientôt des commissaires qui
connaîtraient des différends de ces villes
entre elles. En effet, conformément à
cette promesse, on nomma des députés
à qui on confia le soin de terminer les
affaires de détail. Se réservant ce qu'il
y avait de général, le sénat décida
qu'on remettrait à Eumènes tous les peuples en deçà du Taurus soumis autrefois à Antiochos, à l'exception de la
Lycie et de la Carie jusqu'au Méandre:
ces provinces revenaient aux Rhodiens.
Les villes grecques qui avaient payé tribut à Attale durent continuer de le
payer à Eumènes; celles qui avaient été
tributaires d'Antiochos furent déclarées
libres. On nomma ensuite les dix commissaires romains qui tous se rendirent
en Asie auprès du consul Cnéus Manlius
Vulson (1).

INSTRUCTIONS DONNÉES PAR LE SÉ-
NAT AUX COMMISSAIRES RELATIVE-
MENT A L'EXÉCUTION DU TRAITÉ. —
Avant leur départ ils reçurent du sénat
les instructions qui devaient servir de
base à leurs opérations; elles portaient:
« Qu'Eumènes aurait pour sa part la Lycaonie, les deux Phrygies, la Mysie, les
forêts royales, les villes de la Lydie et de
l'Ionie, à l'exception de celles qui s'étaient
trouvées libres le jour de la bataille
livrée à Antiochos, et nommément Magnésie du Sipyle. Il aurait en outre la

(1) Polybe, *ibid.*, ch. Cf. Tite-Live,
ibid., ch. 55.

Carie, surnommée Hydréla, ainsi que la partie de son territoire qui s'étend vers la Phrygie, et enfin les bourgs et châteaux situés le long du Méandre, à la réserve de ceux qui étaient libres avant la guerre; à la réserve encore, et nominativement, de Telmissos et des retranchements voisins, moins le territoire qui avait appartenu à Ptolémée; que telle devait être la part d'Eumènes; que les Rhodiens auraient la Lycie, à l'exception de Telmissos, des retranchements voisins et du territoire qui avait appartenu à Ptolémée, lequel n'appartiendrait ni aux Rhodiens, ni à Eumènes; que les Rhodiens auraient de plus la partie de la Carie voisine de l'île de Rhodes, au delà du Méandre, les places, bourgs, châteaux et terres qui regardent la Pisidie, à l'exception des villes qui étaient libres la veille de la bataille (1). »

RÉCLAMATION DES RHODIENS EN FAVEUR DE SOLES, EN CILICIE. — Les Rhodiens, après avoir rendu au sénat leurs actions de grâces, réclamèrent en faveur de la ville de Soles, en Cilicie. Ils dirent que les liens du sang qui les unissaient à cette ville leur imposaient de veiller sur elle; que les habitants de Soles, comme ceux de Rhodes, étaient une colonie d'Argos; qu'il y avait ainsi entre eux fraternité; et ils cherchèrent à établir que ce peuple devait, en considération de Rhodes, obtenir des Romains la liberté. Sur cette demande on rappela les députés d'Antiochos; et d'abord ordre leur fut donné que ce prince évacuât toute la Cilicie; mais Antipatros repoussa cette sommation comme contraire aux traités, reprochant aux Rhodiens de vouloir les enfreindre en portant leurs prétentions au delà du mont Taurus, et de ne prétexter l'affranchissement de Soles que pour s'emparer de la Cilicie. Les Rhodiens rappelés, le sénat leur fit connaître la résistance opiniâtre d'Antipatros, ajoutant que, s'ils croyaient l'honneur de leur république intéressé à la délivrance de Soles, il redoublerait d'efforts pour vaincre l'obstination de l'ambassadeur; mais les envoyés de Rhodes renouvelèrent avec plus de chaleur les protestations de leur reconnaissance, et déclarèrent qu'ils aimaient mieux céder à l'orgueil d'Antipatros que de fournir un prétexte à la rupture du traité. Soles resta donc sous la domination du roi (1).

TRIOMPHE NAVAL DE L. ÆMILIUS. — Au moment où les dix députés romains et les autres ambassades s'embarquaient pour l'Asie, les Scipions et Lucius Æmilius, le vainqueur d'Antiochos sur mer, abordèrent à Brindes en Italie. Quelques jours après, ils entrèrent à Rome, où le plus brillant accueil les attendait (2). L. Æmilius, admis dans le sénat, rendit compte de ses exploits sur mer, fit connaître la force des flottes qu'il avait eues à combattre, le nombre des vaisseaux qu'il avait pris ou coulés à fond, et presque tous les sénateurs lui décernèrent le triomphe naval. Dans cette cérémonie il fit porter devant lui quarante-neuf couronnes d'or, trente-quatre mille sept cents tétradrachmes attiques et cent trente et un mille trois cents cistophores, somme bien faible comparativement à la puissance du roi vaincu.

TRIOMPHE DE L. SCIPION. — L. Scipion, qui, pour rivaliser de gloire avec son frère, s'était fait donner le surnom d'Asiatique, rendit aussi compte de sa conduite au sénat et devant le peuple. On comprit toute l'importance d'une guerre où il avait eu à lutter contre les forces réunies de l'Asie, contre les renforts des nations diverses appelées du fond de l'Orient, et on lui décerna les honneurs du triomphe, qui ne fut célébré qu'un an après l'expiration de son consulat. Lucius y fit porter devant lui deux cent trente-quatre drapeaux, cent trente-quatre effigies de villes, douze cent trente et une dents d'éléphants, deux cent trente-quatre couronnes d'or, cent trente-sept mille quatre cent vingt livres pesant d'argent, deux cent vingt-quatre mille tétradrachmes attiques, trois cent trente et un mille soixante-dix cistophores,

---

(1) Tite-Live, *ibid.*, ch. 56.

(1) Polybe, *ibid.*, ch. 7, et Tite-Live, *ibid.*, ch. 56.
(2) Polybe, *ibid.*, ch. 7.

cent quarante mille philippes d'or, quatorze cent vingt-quatre livres d'argent en vases d'argent ciselés et mille vingt-quatre en vases d'or. Les généraux syriens, des lieutenants du roi et des courtisans, au nombre de trente-deux, marchèrent devant le char. Les soldats reçurent chacun vingt-cinq deniers, les centurions le double, les cavaliers le triple. La solde et la ration de blé furent doublés (1).

CHAPITRE XI.

EXPÉDITION DE CN. MANLIUS CONTRE LES GALATES. (189 av. J.-C.)

EXPÉDITION DU PRÉTEUR FABIUS LABEON EN CRÈTE. — Cependant le consul Cn. Manlius était arrivé en Asie (189 av. J.-C.); et le préteur Q. Fabius Labéon, successeur de L. Æmilius, y était venu prendre le commandement de la flotte. Après avoir cherché de quel côté il tournerait ses armes, il se décida, pour ne pas rester inactif, à passer dans l'île de Crète, où grand nombre de prisonniers romains ou italiens étaient réduits en esclavage, et où la ville de Cydonie était en guerre avec Gortyne et Gnosse. Parti d'Éphèse avec sa flotte, il vint aborder au rivage de la Crète, enjoignit aux villes de mettre un terme aux hostilités, de rechercher tout ce qu'il pouvait se trouver de prisonniers dans leurs murs ou dans les campagnes, et de les lui renvoyer avec des ambassadeurs qui traiteraient avec lui des intérêts communs des Crétois et des Romains. Suivant Tite-Live les Crétois ne tinrent pas grand compte de ces ordres, et Gortyne seule rendit ses prisonniers ; mais Valérius d'Antium prétendait que la crainte d'une guerre avec Rome fit rendre quatre mille prisonniers, et que pour ce seul motif Fabius obtint les honneurs du triomphe naval. De la Crète Fabius revint à Éphèse, d'où il détacha trois vaisseaux vers les côtes de Thrace pour chasser d'Ænos et de Maronée les garnisons d'Antiochos et rendre la liberté à ces deux villes (2).

(1) Tite-Live, ibid., ch. 58 et 59.
(2) Id., ib., ch. 60.

MANLIUS PREND SUR LUI D'ATTAQUER LES GALATES. — Nous avons vu plus haut que, malgré l'éclatant succès de Magnésie, on n'avait pas diminué l'armée du successeur de L. Scipion, dans la crainte, ou, pour mieux dire, dans la prévision qu'on aurait à combattre les Galates. Eux seuls, en effet, dans la bataille qui anéantit la puissance d'Antiochos, avaient opposé aux Romains une résistance énergique, et il était facile de prévoir qu'eux seuls, tant qu'ils conserveraient la position qu'ils occupaient sur l'Halys, opposeraient à l'affermissement de la puissance romaine en Asie une résistance non moins opiniâtre que celle qu'on avait rencontrée trente ans auparavant chez les Gaulois Cisalpins. Cependant le sénat, malgré son désir d'en finir avec eux, ne donna pas au consul l'ordre officiel de les attaquer : c'eût été révéler trop manifestement ses projets ultérieurs et décourager prématurément des alliés dont le secours était encore nécessaire. Mais on connaissait Manlius, et l'on était bien convaincu qu'il ne pourrait rester inactif, que les lauriers de L. Scipion troubleraient son sommeil, et qu'il voudrait, comme lui, acquérir des droits aux honneurs du triomphe. On en serait quitte plus tard pour le désavouer si le succès ne répondait pas à son attente, ou si quelques esprits sévères lui reprochaient d'avoir violé le droit des nations (1).

IL HARANGUE SON ARMÉE. — Ce fut au commencement du printemps que le consul Cn. Manlius arriva à Éphèse, où L. Scipion lui remit le commandement de l'armée. Il la passa aussitôt en revue, puis il convoqua les soldats pour les haranguer, loua leur courage, qui dans un seul combat avait terminé la guerre contre Antiochos, et, révélant aussitôt ses desseins, les exhorta à entreprendre une nouvelle campagne, cette fois contre les Galates, pour les punir d'avoir donné des secours au roi de Syrie, ajoutant que c'était une nation tellement indomptable qu'on n'aurait rien gagné à reléguer Antiochos au delà du Taurus tant qu'on ne l'aurait

(1) Voy. plus haut, p. 309, col. 1.

pas mise dans l'impuissance de nuire. Les troupes l'applaudirent avec enthousiasme, persuadées qu'un ennemi qui avait uni ses forces à celles d'Antiochos serait facilement vaincu, réduit à ses propres ressources.

DÉPART DE L'ARMÉE. — Eumènes était alors à Rome; et cependant c'eût été un utile auxiliaire, car il connaissait les lieux et les hommes, et avait grand intérêt à la ruine des Gaulois. Pour suppléer à son absence Manlius fait venir de Pergame Attale, frère du roi absent, l'invite à prendre part à cette guerre, et, sûr de son appui et de celui des siens, il le renvoie préparer les secours qu'il a promis. Peu de jours après, Attale vient rejoindre le consul, déjà parti d'Éphèse, à la tête de mille fantassins et de deux cents cavaliers. Il avait donné ordre à son frère Athénée de le suivre de près avec le reste de l'armée, et laissé la garde de Pergame à ceux qu'il avait crus les plus dévoués à son frère et aux intérêts de l'État. Le consul, après avoir donné à ce jeune prince les éloges que méritait tant de zèle, s'avança avec toutes ses forces et campa sur la rive du Méandre, en attendant les barques dont il avait besoin pour traverser ce fleuve, qui n'était pas guéable (1).

MANLIUS REMONTE LA VALLÉE DU MÉANDRE. — Le fleuve franchi, on arriva à Hiéracomé. De là deux jours de marche amenèrent l'armée romaine jusqu'aux bords de l'Harpasos. Des députés d'Alabanda y vinrent prier le consul de faire rentrer sous leur domination un château qui venait de se soustraire à leur obéissance. C'est là aussi qu'Athénée, frère d'Eumènes et d'Attale, vint amener à Manlius un renfort de mille hommes d'infanterie et de trois cents cavaliers, tous de diverses nations. Le consul, après avoir détaché un tribun des soldats avec quelques troupes pour reprendre le château et le rendre aux Alabandiens, continua sa route et alla camper près d'Antioche, située sur le Méandre. Il y fut rejoint par Séleucos, fils d'Antiochos, qui venait, aux termes du traité conclu avec Scipion, apporter à l'armée romaine le blé que son père s'était engagé à lui livrer.

IL SE DIRIGE VERS LA PISIDIE. — D'Antioche les Romains se dirigèrent sur Gordioutichos (1), et trois jours de marche leur suffirent pour arriver de là à Tabes, sur les frontières de la Pisidie, du côté qui regarde la mer de Pamphylie. La population de ces contrées, autrefois si belliqueuse, ne resta pas dans cette circonstance au-dessous de son antique réputation, et la cavalerie pisidienne chargea vigoureusement les Romains; mais elle dut céder au nombre et regagna précipitamment la ville, qui se vit contrainte d'ouvrir ses portes au vainqueur. On lui imposa une contribution de vingt-cinq talents et de dix milles médimnes de froment (2).

IL PÉNÈTRE DANS LA CABALIE. — Trois jours après on arriva au fleuve Chaos, et de ce point l'armée se porta sur la ville d'Ériza, qu'elle enleva d'emblée. On parvint ensuite auprès du château de Thabusion, qui commande le fleuve Indos, ainsi nommé parce qu'un Indien y avait été précipité par l'éléphant qu'il conduisait. On n'était pas loin de Cibyra, dont le tyran Moagète, qui possédait en outre Sillyon et Téménépolis, fut forcé par les menaces de Manlius à faire sa soumission, et, au prix de dix mille médimnes de blé et de cent talents d'argent, on lui accorda l'amitié du peuple romain (3).

De Cibyra l'armée passa sur le territoire des Sindéens, traversa le Caularos et campa sur les bords de ce fleuve. Le lendemain on longea les marais de Caralis. Près de Mandropolis on fit halte; puis on s'avança jusqu'à Lagon, ville très-opulente, dont les habitants s'enfuirent d'épouvante et qui fut livrée au pillage. De là on se porta aux sources du Lysis, et le lendemain aux rives du Cobulatos.

IL ENTRE EN PAMPHYLIE. — On venait de traverser ce fleuve quand des députés d'Isionda vinrent conjurer Manlius de leur prêter secours contre les Termesséens, qui, avec le secours des Philoméliens avaient désolé leur

(1) Tite-Live, liv. XXXVIII, ch. 12.

(1) Le mur de Gordios.
(2) *Id., ibid.*, ch. 13.
(3) Polybe, liv. XXII, ch. 17. Tite-Live, liv. XXXVIII, ch. 14.

territoire, pillé leur ville et mis le siége devant leur citadelle, où s'étaient réfugiés tous les citoyens avec les femmes et les enfants. Sur leur prière, Manlius, qui se souciait peu de suivre la route la plus directe, pourvu qu'il rendît son expédition plus lucrative, consentit à leur donner assistance. C'était pour lui une occasion naturelle de pénétrer, comme il le désirait, jusqu'en Pamphylie, de franchir le Taurus, et d'amener Antiochos à une entrevue où il s'emparerait de la personne du roi et le mettrait, lui aussi, à rançon (1). Arrivé près de Termesse, il reçut de cette ville cinquante talents, et il conclut amitié avec elle; il en fut de même des Aspendiens. Dès lors il vit accourir dans son camp les députés de toutes les cités de la Pamphylie; il leur fit accepter, dans quelques conférences, toutes les conditions qu'il avait dictées aux autres peuples et délivra Isionda (2).

IL REPREND LA ROUTE DE LA GALATIE PAR LA PISIDIE. — De là il voulait pousser plus loin à l'est et se diriger vers les portes de Cilicie; mais il fut arrêté par l'opposition des dix commissaires qui l'accompagnaient (3), et, à son retour de la Pamphylie, il campa le premier jour au bord du fleuve Tauros, et le lendemain près du bourg de Xyliné-Comé. Il continua ensuite sa route jusqu'à Cyrmasa, où il ramassa beaucoup de butin. La première ville ensuite était Darsa; l'effroi en avait chassé les habitants, qui y avaient laissé d'abondantes provisions dont on s'empara. L'armée était sur les bords des marais voisins de cette ville quand des députés de Lysinoé vinrent remettre cette place entre les mains du consul. Il accepta la capitulation, se jeta sur le territoire de Sagalassos, habité par des Pisides, peuple le plus belliqueux du pays. Il fit un riche butin dans la campagne, en attendant que les habitants de Sagalassos se prononçassent. Bientôt vinrent à lui des ambassadeurs de cette ville; il leur donna audience, et, moyennant une somme de cinquante talents et vingt mille médimnes de blé et vingt mille d'orge, leur accorda l'amitié des Romains (1).

IL REMONTE EN PHRYGIE. — On poussa de là jusqu'aux sources de l'Obrima (2), et l'on campa près d'un bourg appelé Acaridos-Comé. Séleucos y arriva le lendemain d'Apamée. Les malades et les bagages inutiles furent dirigés sur cette dernière ville et conduits par des guides que fournit Séleucos. Le même jour les Romains s'avancèrent jusqu'à la plaine de Métropolis, et le lendemain jusqu'à Diniæ en Phrygie et ensuite jusqu'à Synnada. La crainte avait fait déserter toutes les places d'alentour; elles furent livrées au pillage, et l'armée, chargée de butin, eut peine à faire cinq milles en un jour pour arriver à un lieu nommé Beudos le Vieux. Ensuite on alla camper à Anabura, le second jour près des sources de l'Alandros et le troisième à Abbassos. Là on fit une halte de plusieurs jours, parce qu'on était arrivé sur les frontières des Tolistoboïens (3).

PARVENU AUX FRONTIÈRES DE LA GALATIE, MANLIUS HARANGUE DE NOUVEAU SES SOLDATS. — Parvenu en présence d'un ennemi qui s'était rendu si redoutable en Asie, le consul convoqua ses troupes et les harangua de nouveau. On n'avait eu jusqu'alors que des marches pénibles largement payées par un riche butin; la guerre avec toutes ses vicissitudes allait commencer, et il fallait ranimer le courage des soldats en leur rappelant combien, sous l'influence du climat énervant de l'Asie, les Gaulois avaient dégénéré de la valeur

(1) Cf. Tite-Live, *ibid.*, ch. 45. « Cn. Manlium summa ope tetendisse ut Antiochum, si sui potestatem fecisset, insidiis exceperet; sed illum, cognita fraude consulis, quum sæpe colloquitis petitis captatus esset, non congressum modo, sed conspectum etiam ejus vitasse. »

(2) Polybe, liv. XXII, ch. 18. Tite-Live, *ibid.*, ch. 15.

(3) « Cupientem transire Taurum, ægre omnium legatorum precibus, ne carminibus sibyllæ prædictam superantibus terminos fatales cladem experiri vellet, retentum; admovisse tamen exercitum, et prope ipsis jugis ad divortia aquarum castra posuisse. » *Id., ibid.*

(1) Tite-Live, *ibid.* Polybe, ch. 18.
(2) Un des affluents supérieurs du Méandre.
(3) Tite-Live, *ibid.*

tiochos il avait fait vœu de célébrer en souvenir de sa victoire. C'était un moyen sûr de reconquérir la faveur du peuple, dont le sacrifice de sa fortune lui avait déjà rendu l'estime (1).

ANNIBAL DÉCIDE PRUSIAS A ATTAQUER EUMÈNES. — Antiochos n'avait probablement agi qu'à l'instigation d'Annibal, qui, forcé d'abandonner la cour du roi de Syrie, s'était réfugié auprès de Prusias, roi de Bithynie. L'illustre proscrit se flattait probablement, en attaquant Eumènes au nord et au sud, d'écraser ce puissant auxiliaire des Romains avant que ceux-ci eussent le temps de venir à son secours. Aidé ensuite du roi de Macédoine, des Étoliens et de toutes les populations grecques qui supportaient impatiemment le joug de Rome, il eût pu réaliser son projet favori, et venir attaquer ses adversaires jusques en Italie. Mais la seule présence de l'envoyé romain suffit pour faire taire chez Antiochos toute velléité de résistance aux ordres du vainqueur, et Annibal (2), trompé dans son espérance de ranimer la haine du Syrien contre Rome, concentra toute son action sur Prusias, qu'il trouva disposé à seconder ses ressentiments. Le roi de Bithynie n'avait pu voir que d'un œil d'envie le développement considérable de la puissance d'Eumènes. La réunion de Lysimachie, de la Chersonnèse de Thrace et de la Mysie au royaume de Pergame, allait le resserrer étroitement dans ses États héréditaires et lui interdire toute tentative d'agrandissement. La guerre éclata donc vers l'an 184 av. J.-C., et dura au moins deux ans (3).

STRATAGÈME D'ANNIBAL POUR S'EMPARER D'EUMÈNES. — Eumènes avait d'abord obtenu l'avantage sur terre (4), malgré les secours que Prusias avait reçus du roi de Macédoine. Son armée était composée de soldats aguerris, habilement recrutés dans les contrées les plus belliqueuses de la Grèce. Tout récemment encore, en combattant dans les rangs des Romains, elle venait d'acquérir une nouvelle expérience militaire, et d'y prendre l'habitude d'une discipline plus sévère. Néanmoins, elle ne put l'emporter sur l'habileté et les talents stratégiques d'Annibal, quand ce dernier eut prêté son appui au roi de Bithynie. Cette guerre eut dès lors pour théâtre et la terre et la mer : sur l'un et l'autre élément le Carthaginois fut vainqueur. Différentes batailles furent livrées pendant cette campagne de deux ans; mais l'histoire ne nous a conservé le souvenir que d'une seule. Les deux flottes étaient sur le point d'en venir aux prises : celle du roi de Pergame l'emportait par le nombre des vaisseaux et par celui des équipages qui les montaient. Annibal suppléa par la ruse à l'insuffisance des forces dont il pouvait disposer. Il fit rassembler un grand nombre de vases en terre cuite, et y fit renfermer une quantité considérable de serpents venimeux. Le jour même fixé pour le combat il convoque les chefs de la flotte bithynienne, et leur ordonne de concentrer tous leurs efforts sur le vaisseau d'Eumènes et de se borner à se défendre des autres à l'aide des vases pleins de serpents; il ajoute qu'il trouvera bien le moyen de leur faire connaître le vaisseau que monte le roi, et leur promet une riche récompense s'ils le lui livrent mort ou prisonnier.

Cela fait, quand les deux flottes sont en présence, avant que le signal de l'attaque ne soit donné, Annibal envoie dans une barque un héraut, qui demande à remettre une lettre au roi de Pergame. On le conduit aussitôt auprès de ce prince, et, sa mission remplie, il se retire, instruit de ce qu'il voulait savoir. La lettre ne contenait rien qui prouvât qu'on avait voulu se jouer de celui à qui elle était adressée. Eumènes s'en étonna, et ne put en deviner le motif. Pourtant il n'hésita pas à engager le combat. Aussitôt, les navires bithyniens, d'après les instructions d'Annibal attaquent tous à la fois celui du roi de Pergame, qui, se voyant dans l'impossibilité de soutenir leur choc, chercha son salut dans la fuite, et se retira en toute hâte dans sa station navale voisine de ces parages. Le reste de la flotte pergaménienne n'en pressait qu'avec plus d'ardeur ses ad-

(1) Tite-Live, liv. XXXIX, ch. 22.
(2) Voyez plus bas.
(3) Voy. *Mém. de l'Acad. des Insc. et Belles-Lettres*, t. XII, p. 270.
(4) « Quum Prusias terrestri bello ab Eumene victus esset. » Justin, liv. XXXII, ch. 4.

versaires, qui, ne voyant plus d'autre moyen de résister, lancèrent sur le pont des navires de l'ennemi les vases dont il a été question plus haut. D'abord la vue d'un pareil moyen de défense excita une rire général ; mais bientôt, à la vue des serpents qui s'échappaient des vases brisés, les Pergaméniens, saisis d'effroi, ne songèrent plus qu'à regagner le port (1).

EUMÈNES SOLLICITE LES SECOURS DE ROME. — Cette singulière victoire navale fut suivie de plusieurs autres succès obtenus sur terre (2). Aussi Eumènes, inquiet sur l'issue de la guerre qu'il avait à soutenir contre un si redoutable adversaire, crut devoir recourir à ses puissants alliés ; et, en 183, il envoya à Rome son frère Athénée avec un présent de quinze mille pièces d'or (3). Celui-ci, dans l'audience que lui accorda le sénat, se plaignit vivement de ce que Philippe, contre les termes exprès des traités, non content de secourir Prusias, en guerre avec Pergame, n'avait pas encore évacué les villes de Thrace (4) cédées à Eumènes. On répondit que si au retour l'ambassade pergaménienne ne trouvait pas les prescriptions du sénat exécutées et toutes les villes remises à Eumènes, il ne tolérerait pas plus longtemps cette infraction à ses volontés, et ne souffrirait pas que l'on se jouât de lui plus longtemps (5). En même temps on députa Quinctius Flamininus en ambassade auprès de Prusias (6), pour l'inviter à entrer en accommodement avec Eumènes et lui reprocher l'accueil qu'il avait fait à Annibal, l'ennemi implacable du peuple romain.

---

(1) Corn. Népos, *Hannibal*, ch. 10 et 11; cf Justin, liv. XXXII, ch. 4; Frontin... Gallien...

(2) Corn Népos, *ib.*, ch. 11.

(3) Polyb., liv. XXIV, ch. 1.

(4) Ænos et Maronnée. *Voy.* plus haut.

(5) Tite Live, liv. XXXIX, ch. 46; Polybe, liv. XXIV, ch. 3; cf. Justin, liv. XXXII, ch. 2, Appien, *Maced.*, § 4.

(6) Tite Live, *ibid.*, ch. 51; conf. Polybe, livre XXIV, ch. 1, §. 1. Plut (*Flamin.*, ch. 20) dit que Flamininus fut envoyé en Asie auprès de Prusias et de Séleucus; mais ce dernier nom a été sans doute substitué par inadvertance à celui d'Eumènes.

MORT D'ANNIBAL. — Prusias, intimidé, consentit à tout ce qu'on exigeait de lui, et, allant même au delà de ce qu'on lui demandait, résolut de mettre à mort le héros qui était venu lui consacrer ses services. Annibal habitait alors une petit bourg de la Bithynie appelé Lybissa. Comme il se défiait de la faiblesse de Prusias, et qu'il craignait toujours la haine des Romains, il avait ménagé dans sa demeure sept conduits souterrains, qui de ses appartements allaient tous aboutir, de différents côtés, fort loin du bourg, et qu'on ne pouvait apercevoir du dehors, mais dont le roi avait su pénétrer le secret. Instruit que sa maison est investie et cernée par les satellites de Prusias, Annibal essaye de fuir par une de ces issues secrètes; mais, voyant qu'elle était aussi gardée, il se décida à mourir, se fit donner du poison qu'il tenait depuis longtemps en réserve pour s'en servir au besoin, et le but en maudissant Prusias et en appelant sur sa tête et sur ses États la colère des dieux vengeurs de l'hospitalité trahie (1).

Pour achever sa réconciliation avec Rome, Prusias conclut avec Eumènes un traité de paix et d'alliance (183), et ce fut à cette occasion que le roi de Pergame vint à Cyzique avec ses frères et sa mère, qui, déjà parvenue à un grand âge, avait sans doute désiré revoir une fois encore la ville où elle avait reçu le jour (2). Mais la paix que l'intervention de Flamininus avait rendue au royaume de Pergame ne fut pas de longue durée.

PHARNACE, ROI DE PONT, S'EMPARE DE SINOPE. — EUMÈNES PROTESTE. — Sinope, colonie de Milet, dont le territoire s'étendait jusqu'à l'embouchure de l'Halys, et qui tenait sous sa dépendance Trapezunte, Cotyora et Cérasunte, était à cette époque le principal établissement grec en Paphlagonie, et devait son importance au développement considérable de son commerce. Le roi de Pont, Pharnace Ier, ne put résister à la tentation d'ajouter une ville aussi opu-

---

(1) Tite Live, ibid.; Plut., *Flamin.*, ch. 20 ; Corn. Nép., *Hannibal*, ch. 13; Appien, *Syr.*, ch. 11.

(2) Polybe, liv. XXIII, ch. 16.

lente à ses États héréditaires : il l'attaqua inopinément, et s'en empara de vive force (1). Les Rhodiens protestèrent contre cette conquête, qui portait atteinte à leur prépondérance maritime en leur enlevant un précieux entrepôt sur le Pont-Euxin (2). Prusias ne put voir non plus sans déplaisir l'ambitieux monarque se rapprocher de ses frontières ; et ce fut sans doute d'accord avec lui que le roi de Pergame, son nouvel allié, demanda à Pharnace qu'il eût à évacuer Sinope, sur laquelle il ne pouvait faire valoir aucun droit légitime.

LE DÉBAT EST SOUMIS AU SÉNAT ROMAIN. — Pharnace, qui ne songeait qu'à gagner du temps, traîna les négociations en longueur. Enfin, il fut convenu d'un commun accord qu'on en référerait au sénat romain (3).

De part et d'autre on envoya des députés à Rome. Attale était chargé des intérêts de Pergame. Le sénat donna audience aux ambassadeurs d'Eumènes, de Pharnace et des Rhodiens ; mais il se montra particulièrement favorable aux réclamations du prince pergaménien, et promit d'envoyer des sénateurs qui, en qualité de commissaires, mettraient fin, de manière ou d'autre, au débat survenu entre Eumènes et Pharnace (4). Ces commissaires, à leur retour, firent un rapport où ils signalaient hautement la modération d'Eumènes, l'avarice et l'orgueil intraitable de son ennemi. En même temps arrivaient de nouveaux députés d'Eumènes, de Pharnace et d'Ariarathe, roi de Cappadoce, qui lui aussi avait à se plaindre du roi de Pont. Le sénat, après avoir entendu les deux partis, n'eut pas besoin de longs discours pour se décider : il répondit qu'il enverrait de nouveaux commissaires, afin d'étudier plus à fond le différend des deux princes (5).

(1) Strab., liv., XII, p. 545.
(2) Voy. Tite-Live, liv. XL, ch. 2.
(3) Polyb., liv. XXV, ch. 4 ; cf. Tite-Live, pays. cit.
(4) Polyb., liv. XXIV, ch. 10.; Tite-Live, liv. XL, ch. 2; et Diod. de Sic., liv. XXIX, fr. 1.
(5) Polyb., liv. XXV, ch. 2 ; Tite-Live, ibid., ch. 40.

PHARNACE DÉVASTE LA GALATIE ET ENVAHIT LA CAPPADOCE. — Pharnace, sans s'inquiéter des engagements qu'il avait pris, ne songeait qu'à étendre ses envahissements et sa puissance. Pendant l'hiver il envoie Léocrite, avec dix mille hommes, dévaster la Galatie, et lui-même, au commencement du printemps, rassemble ses troupes pour envahir la Cappadoce. Eumènes, à cette nouvelle, s'indigna fort de voir Pharnace violer ainsi toutes les règles de la bonne foi ; il lui fallut cependant faire comme Pharnace ; et déjà son armée était réunie, lorsque Attale arriva de Rome. Les deux frères, après quelques conférences, se mirent en marche. Ils ne trouvèrent pas Léocrite en Galatie, et reçurent les envoyés de Carsignat et de Gésotore, qui, bien que naguère attachés au parti de Pharnace, demandaient qu'ils les épargnassent, et juraient d'obéir à leurs ordres. Mais les princes pergaméniens refusèrent de les croire, à cause d'une première trahison, et, avec toutes leurs troupes, continuèrent à se diriger vers Pharnace. En cinq jours ils se rendirent de Calpite au fleuve Halys ; six jours après ils atteignirent Parnasse. Là, Ariarathe, roi de Cappadoce, vint unir ses forces aux leurs, et ils envahirent le pays des Mocissens.

ARRIVÉE DES COMMISSAIRES ROMAINS. — A peine leur camp était-il établi, qu'on apprit l'arrivée des commissaires romains, chargés de négocier la paix. Eumènes, qui en fut informé le premier, envoya Attale pour les recevoir, puis il doubla le nombre de ses troupes, et mit tous ses soins à les équiper, afin de faire face aux éventualités de la guerre, et surtout de montrer aux Romains qu'il était par lui-même en état de réduire et de punir Pharnace (1).

Comme les commissaires engageaient Eumènes et Ariarathe à déposer les armes, ces deux princes leur répondirent qu'ils étaient prêts à suivre ce conseil ; mais ils les prièrent de leur ménager, s'il était possible, une entrevue avec Pharnace, afin que, témoins du débat, les Romains vissent plus à découvert la perfidie et la méchanceté du Cappadocien.

(1) Polyb., liv. XXV. ch. 4.

Que si cette entrevue ne pouvait avoir lieu, ils les suppliaient d'examiner l'affaire en juges impartiaux et équitables. Les députés leur promirent de faire pour eux tout ce qui serait juste et praticable ; mais ils les prièrent de faire sortir l'armée pergaménienne du pays, parce que tout cet appareil militaire s'accorderait mal avec leur présence et leurs négociations en faveur de la paix. Eumènes y consentit, et le lendemain ses soldats reprirent le chemin de la Galatie.

PHARNACE REFUSE DE FAIRE LA PAIX. — Les députés alors se rendirent auprès de Pharnace, et lui proposèrent d'abord d'accepter une entrevue avec Eumènes, leur différend pouvant de cette manière arriver plus promptement à une solution. La répugnance de Pharnace à cet égard et bientôt son refus formel donnèrent à penser aux Romains que lui-même reconnaissait ses torts et qu'il se défiait de sa cause. Mais comme ils voulaient absolument mettre fin à cette lutte, ils insistèrent jusqu'à ce qu'il eût promis d'envoyer à Pergame des plénipotentiaires chargés de faire la paix aux conditions qui lui seraient dictées. La conférence ouverte entre les ambassadeurs de Pharnace et ceux des Romains et d'Eumènes, ce dernier se montra disposé à tout sacrifier au désir de rétablir enfin la concorde ; les agents de Pharnace, au contraire, chicanèrent à propos de tout, revinrent sur ce qu'ils avaient accordé, accrurent sans cesse leurs prétentions, changèrent continuellement de pensée ; si bien qu'il fut manifeste que les commissaires perdaient leur peine et que Pharnace n'était nullement disposé à cesser les hostilités. Le colloque fut donc sans résultat. Les députés romains sortirent de Pergame, ceux de Pharnace regagnèrent leurs foyers ; la guerre continua, et Eumènes fit de nouveaux préparatifs (1).

INVASION DE PHARNACE EN BITHYNIE. — PRISE DE TIOS. — Pharnace, de son côté, ne resta pas dans l'inaction, et, pour contraindre Eumènes à diviser ses forces, ordonna à Léocrite d'entrer en Bithynie et de mettre le siége devant la ville de Tios. La garnison, après une longue résistance, consentit à se rendre ; et Léocrite, pour l'y décider, s'engagea à lui accorder la vie sauve et à la faire escorter pour assurer sa retraite. Mais, aussi peu scrupuleux observateur de ses serments que son maître lui-même, il la fit massacrer durant la route (1).

Ce qui donnait tant de confiance à Pharnace, c'est qu'il s'était assuré le concours du satrape d'Arménie et de plusieurs autres princes (2). Il avait en outre conclu secrètement un traité d'alliance offensive et défensive avec le roi de Syrie Séleucos, qui avait succédé à son père en 187, et qui ne songeait qu'à se délivrer le plus promptement possible, et par quelque moyen que ce fût, des lourdes charges que le traité conclu par Antiochos avec les Romains faisait peser sur son royaume, affaibli. Il avait donc levé une armée considérable, et se préparait déjà à franchir le Taurus, quand un remords de conscience le prit ; et il renonça à une démonstration qui pouvait entraîner sa perte (3).

Il est probable que cette résolution soudaine de Séleucos avait encore une autre cause, et qu'elle doit être attribuée surtout à la présence d'une armée pergaménienne en Lycie, où les Rhodiens avaient réclamé l'appui d'Eumènes (4) contre une population toujours révoltée.

PHARNACE DEMANDE UN ARMISTICE. — EUMÈNES ENVOIE SES FRÈRES A ROME POUR HATER LA FIN DE LA GUERRE. — La retraite de Séleucos dut porter un coup terrible à Pharnace. Il demanda une trêve, qui lui fut accordée par ses adversaires, et à la suite de laquelle les différentes parties belligérantes retournèrent dans leurs États. Eumènes, qui relevait d'une maladie grave et qui était alors à Pergame, y apprit d'Attale la conclusion de l'armistice, approuva ce qui avait été fait, et, comme il craignait sans doute encore pour sa vie, résolut d'envoyer à Rome tous ses frères, espérant, par leur entremise, mettre un terme à la

(1) Polyb., ibid., ch. 5.

(1) Diod. de Sic., liv. XXIX, fr. 16.
(2) Voy. Poyb., liv. XXVI, ch. 6.
(3) Id., ibid.
(4) Polybe, liv. XXV, ch. 5, à la fin.

lui était possible de manœuvrer sur ces hauteurs, elle donna la chasse aux Gaulois, que la fuite avait ramenés au bas de la montagne, en tua beaucoup, et fit un grand nombre de prisonniers. Il ne fut pas aisé de déterminer le nombre des morts, parce que l'effroi avait dispersé les fuyards dans les sinuosités des montagnes, et que la plupart se précipitèrent du haut des escarpements dans des vallées profondes, où furent tués dans l'épaisseur des forêts. Suivant l'évaluation la plus modérée, le nombre des Gaulois morts fut de dix mille; mais celui des prisonniers s'éleva à quarante mille, y compris les femmes, les enfants et les vieillards. Le consul, après avoir fait brûler en un monceau les armes des ennemis, ordonna de mettre en commun tout le reste du butin; il en vendit une partie au profit du trésor public, et partagea le reste également entre ses soldats; ensuite il donna publiquement à chacun les éloges et les récompenses qu'il méritait. Attale y eut la part la plus honorable, et cette distinction fut généralement applaudie ; car ce jeune prince avait montré autant de valeur et d'activité dans les périls et dans les fatigues que de modestie après la victoire (1).

ACTE HÉROÏQUE DE CHIOMARA. — Malgré les énormes pertes faites par les Tolistoboïens, quelques-uns parvinrent à trouver leur salut dans la fuite, et de ce nombre fut leur chef Ortiagon, dont Polybe vante les hautes qualités (2). Sa femme, Chiomara, fut moins heureuse et se trouva parmi les prisonnières tombées au pouvoir du vainqueur. Un centurion qui s'était emparé d'elle usa de l'occasion en soldat, et lui fit violence. C'était un homme grossier, également passionné pour la débauche et pour l'argent; mais la cupidité fut la plus forte. Il promit de rendre la captive aux siens moyennant une forte rançon, et, pour ne mettre aucun Romain dans sa confidence, il consentit à ce qu'elle choisît quelqu'un de ses compagnons d'infortune pour aller traiter de son rachat avec ses parents. Rendez-vous fut donné près d'un fleuve : deux amis de la captive, deux seulement, devaient s'y rendre avec de l'or, la nuit suivante, pour conclure l'échange. Par un hasard fatal au centurion, se trouvait précisément dans la même prison un esclave de Chiomara. Elle le choisit, et à la nuit tombante le centurion le conduisit hors des portes. Le lendemain se trouvèrent au rendez-vous les deux parents et le centurion avec sa prisonnière. On lui remet l'or convenu; et pendant qu'il s'assure si la somme est exacte, Chiomara ordonne dans sa langue à l'un de ses deux parents de tuer le centurion au moment où elle lui dirait adieu. Le Gaulois obéit, et coupa la tête du Romain. Chiomara s'en saisit, et l'emporta enveloppée dans sa robe. Introduite près de son mari, elle jette cette tête devant lui, et lui apprend tout à la fois l'outrage et la vengeance. « « O femme! s'écrie Ortiagon surpris, la « fidélité est une belle chose! » — « Oui, « répondit-elle ; mais quelque chose de « plus beau, c'est de pouvoir dire : deux « hommes vivants ne se vanteront pas « de m'avoir possédée. » J'ai eu occasion, ajoute Polybe, de parler à cette femme pendant que j'étais à Sardes, et je n'ai pu me défendre d'admirer sa sagesse et sa grandeur d'âme (1).

GUERRE CONTRE LES TECTOSAGES. — TRAHISON DE LEURS CHEFS. — Restait toute une seconde guerre avec les Tectosages. Le consul, sans perdre de temps, marcha contre eux, et en trois journées arriva à Ancyre, grande ville dont les ennemis n'étaient éloignés que de dix milles.

Les envoyés des Tectosages vinrent trouver le consul dans son camp, et le prier de ne point s'éloigner sans avoir accordé une entrevue à leurs rois, protestant qu'il n'était point de conditions qu'ils n'acceptassent plutôt que de continuer la guerre. On leur donna

---

(1) Tite-Live, ibid., ch. 23. Cf. Appien, Syr. ch. 42.

(2) C'était, dit-il, un homme d'une âme élevée, plein de générosité, de prudence dans les conseils, de politesse dans la conversation.

(1) Polybe, liv. XXII, ch. 21. Tite-Live, ibid., ch. 24. Plut., De la vertu des femmes, ch. 43. Valer. Max., liv. VI, ch. 24. Suidas, au mot Ὀρτιάγων. Flor., liv. II, ch. 11. Aurel. Vict., ch. 55.

rendez-vous pour le lendemain, a une distance égale d'Ancyre et de leur camp. Le consul s'y rendit à l'heure convenue, avec une escorte de cinq cents cavaliers, et revint sans avoir vu paraître aucun Gaulois. Dès qu'il fut rentré, les mêmes envoyés revinrent pour excuser leurs rois, auxquels des scrupules de religion n'avaient pas permis de sortir, et annoncèrent que les premiers de la nation se présenteraient avec de pleins pouvoirs ; de son côté le consul promit d'envoyer Attale pour traiter avec eux. La conférence eut lieu en effet entre les députés gaulois et ce jeune prince, qui avait une escorte de trois cents chevaux, et l'on y arrêta les bases du traité. Mais comme la présence des chefs était nécessaire pour conclure, on convint que le consul et les rois ennemis s'aboucheraient le lendemain. Les tergiversations des Gaulois avaient deux motifs ; le premier, de donner à leurs femmes et à leurs enfants le temps de se mettre en sûreté avec leurs bagages au delà du fleuve Halys, et le second de surprendre le consul lui-même, qui se prêtait à cette entrevue avec trop de confiance. Un corps de mille cavaliers d'élite, et d'une audace à toute épreuve, fut chargé de l'exécution ; et la trahison eût réussi si la fortune ne se fût déclarée en faveur du droit des gens, qu'ils se proposaient de violer. Les tribuns envoyèrent au fourrage et au bois, vers l'endroit où devait se tenir la conférence, dans l'idée que l'escorte du consul suffirait pour protéger l'opération ; cependant, ils eurent la précaution de placer un second poste de six cents chevaux plus près du camp. Le consul, sur la parole d'Attale que les chefs gaulois ne manqueraient pas au rendez-vous, et qu'on pourrait arriver à une solution, se met en route avec le même nombre de cavaliers que la première fois. Mais lorsqu'il eut fait environ cinq milles, et qu'il se trouva près du lieu indiqué, il aperçut tout à coup les Gaulois qui fondaient sur lui à toute bride. Alors il fait halte, anime sa troupe, et soutient d'abord la charge de l'ennemi sans s'ébranler. Bientôt, accablé par le nombre, il recule au petit pas, mais sans tourner le dos ni rompre les rangs ; enfin, lorsque le danger devient pressant, les Romains se débandent et se dispersent ; les Gaulois poursuivent les fuyards l'épée dans les reins, et tuent ceux qu'ils peuvent atteindre. La perte eût été considérable sans les six cents cavaliers destinés à soutenir les fourrageurs. Au cri de détresse de leurs camarades ils poussent leurs chevaux en avant, et volent au secours des fuyards. Alors la chance tourne, la terreur passe des vaincus aux vainqueurs, et les Gaulois sont enfoncés du premier choc. En même temps accourent de tous côtés les fourrageurs ; partout les Gaulois ont des ennemis en tête. Harassés et serrés de près par des troupes fraîches, la fuite n'est pour eux ni sûre ni facile ; aussi n'en échappat-il qu'un très-petit nombre : on ne fit point de prisonniers ; la plupart payèrent de leur vie la trahison dont la conférence n'avait été que le prétexte. Le lendemain l'armée entière, ne respirant que vengeance, arriva en présence de l'ennemi (1).

BATAILLE DU MONT MAGABIS. — DÉFAITE DES TECTOSAGES. — Le consul en personne passa deux jours à reconnaître le mont Magabis, afin que rien n'échappât à ses observations ; le troisième il prit les auspices ; et après avoir offert un sacrifice aux dieux, il partagea son armée en quatre corps, dont deux devaient marcher de front à l'ennemi, tandis que les deux autres iraient le prendre en flanc. Les Tectosages et les Trocmes, l'élite de l'armée gauloise, au nombre de cinquante mille, occupaient le centre. La cavalerie, dont les chevaux étaient inutiles au milieu de ces rochers escarpés, avait mis pied à terre, au nombre de dix mille hommes, et pris poste à l'aile droite ; à la gauche étaient environ quatre mille auxiliaires, sous les ordres d'Ariarathe, roi de Cappadoce, et de Morzias, roi de Paphlagonie (2), qui s'étaient unis aux Gaulois pour défendre l'indépendance de l'Asie antérieure contre l'ambition romaine.

(1) Polybe. *ibid.*, ch. 22 ; Tite-Live, *ibid.*, ch. 25. Cf. Appien, *Syr.*, ch. 42.
(2) Voy. Polybe, liv. XXVI, ch. 5 et 7 ; Strabon, liv. XII, p. 562.

Les dispositions du consul furent les mêmes qu'au mont Olympe; il plaça en première ligne toutes les troupes armées à la légère, à la disposition desquelles on avait eu soin de mettre une provision de traits de toutes espèces. Quand on fut en présence, tout se passa de part et d'autre comme dans le précédent combat, si ce n'est que le courage des Romains était doublé par le succès et celui des Gaulois abattu par la défaite de leurs compatriotes. En effet, quoique les Tectosages n'eussent pris aucune part à la bataille du mont Olympe, ils regardaient comme personnelle la défaite des Tolistoboïens. L'action, engagée de la même manière, eut donc aussi le même dénoûment. Couverts d'une nuée de traits, les Gaulois n'osaient ni s'élancer hors des rangs, de peur d'exposer leurs corps à découvert; et plus ils se tenaient serrés, plus les traits portaient coup. Manlius, persuadé que le seul aspect des drapeaux légionnaires augmenterait leur désordre et achèverait la déroute, fit rentrer dans les rangs les divisions des vélites ainsi que les autres auxiliaires, et avancer le corps de bataille (1).

Les Gaulois, effrayés par le souvenir de la défaite des Tolistoboïens, criblés de traits, qui restent enfoncés dans la plaie, épuisés de lassitude, affaiblis par leurs blessures, ne purent pas même soutenir le premier choc des Romains. Leur fuite se dirigea vers le camp; mais un petit nombre y chercha un asile; la plupart, emportés par l'effroi, se dispersèrent à droite et à gauche, et s'abandonnèrent au hasard. Le vainqueur les poursuivit, l'épée dans les reins, jusqu'au camp, où l'avidité du butin arrêta sa poursuite. Les Gaulois tinrent plus longtemps aux ailes, parce qu'on les joignit plus tard; mais ils n'attendirent pas même la première décharge. Le consul, ne pouvant arracher du camp ennemi les Romains acharnés au pillage, détacha les deux ailes à la poursuite des vaincus. On leur donna quelque temps la chasse; mais on n'en tua guère plus de huit mille dans cette rencontre, qui fut une déroute plutôt qu'un combat; le reste franchit le fleuve Halys, et se déroba ainsi à la poursuite de l'ennemi. La plus grande partie des Romains passa la nuit dans le camp gaulois; le consul ramena les autres dans le sien. Le lendemain il fit la revue des prisonniers; le butin se trouva immense : c'était le fruit des brigandages d'une nation avide, qui depuis tant d'années avait soumis à ses rapines tout le pays situé en deçà du mont Taurus. Les débris de l'armée gauloise, dispersés d'abord, se rassemblèrent ensuite; et se voyant la plupart blessés ou sans armes, et dans un entier dénûment, envoyèrent demander la paix au consul. Manlius leur ordonna de se rendre à Éphèse. Pour lui, comme on était déjà au milieu de l'automne, il se hâta de quitter des contrées où les glaces du mont Taurus faisaient déjà sentir les rigueurs du froid, et ramena son armée victorieuse hiverner le long des côtes (1).

MANLIUS REÇOIT LES FÉLICITATIONS DES ALLIÉS. — Au commencement de l'année 188, Manlius, remplacé comme consul, fut maintenu comme proconsul dans la province d'Asie. Il reçut dans ses quartiers d'hiver, à Éphèse, des ambassades de toutes les villes et de toutes les peuplades en deçà du Taurus, car si la victoire remportée sur Antiochos était plus brillante et plus glorieuse pour les Romains, la défaite des Gaulois était plus agréable aux alliés que celle d'Antiochos. Le despotisme royal avait été plus tolérable que la sauvage domination de ces barbares farouches, qui tenaient l'Asie sous l'empire d'une terreur continuelle et dont les ravages semblaient se répandre sur les campagnes comme un torrent dévastateur. Ils devaient donc la liberté à l'expulsion d'Antiochos, la paix à la soumission des Gaulois, et ils venaient apporter, avec leurs félicitations, une couronne d'or, chacun selon ses moyens. Antiochos et les Gaulois eux-mêmes avaient aussi envoyé des députés pour prendre les conditions du vainqueur, et Ariarathe, roi de Cappadoce, pour s'humilier et pour expier à prix d'argent la double faute dont il s'était rendu

(1) Tite-Live, ib., ch. 26.

(1) Tite-Live, ibid., ch. 27. Cf. Appien, Syr., ch. 42.

coupable en secourant d'abord Antiochos et ensuite les Gaulois. Il fut taxé à six cents talents d'argent. Pour les Gaulois, on leur répondit qu'à l'arrivée d'Eumènes le consul leur ferait connaître sa décision. Les députés des villes reçurent des réponses bienveillantes, et s'en retournèrent plus joyeux encore qu'ils n'étaient venus. Quant aux envoyés d'Antiochos, ils reçurent l'ordre de faire porter les grains et les sommes fixés par L. Scipion dans la Pamphylie, où l'armée romaine allait se rendre. En effet, dès les premiers jours du printemps le proconsul se mit en route, et au bout de huit jours arriva à Apamée. Il y séjourna trois jours, et trois autres jours le conduisirent d'Apamée dans la Pamphylie, où les envoyés du roi de Syrie furent exacts au rendez-vous. Mille cinq cents talents d'argent lui furent comptés, et il les fit transporter à Apamée. Le blé fut distribué aux soldats. De là on marcha sur Perga, la seule ville de ces pays dont la garnison syrienne ne se fût pas retirée. Le commandant vint demander un délai de trente-neuf jours pour prendre les ordres d'Antiochos; il l'obtint, et ce terme expiré, la ville fut évacuée. De Perga, le proconsul détacha son frère L. Manlius avec quatre mille hommes sur Oroandre, pour réclamer le reste des sommes fixées par le traité, et lui-même, à la nouvelle de l'arrivée d'Eumènes et des dix commissaires romains à Éphèse, se fit suivre des envoyés d'Antiochos, et ramena son armée à Apamée (1).

CONCLUSION DÉFINITIVE DU TRAITÉ DE PAIX ENTRE LES ROMAINS ET ANTIOCHOS. — Là, de l'avis des dix commissaires, un traité définitif fut signé avec Antiochos. Il était conçu dans les termes suivants : « Il y aura paix et amitié entre le peuple romain et le roi Antiochos à ces conditions : Le roi ne laissera franchir ses frontières ni celles des pays qui lui sont soumis à aucune armée en guerre avec le peuple romain ou avec ses alliés; il ne lui fournira ni vivres ni aucun autre secours. Les Romains et leurs alliés useront de réciprocité à l'égard d'Antiochos et des peuples sous sa dépendance. Antiochos n'aura point le droit de faire la guerre aux Grecs des îles ni celui de passer en Europe. Il évacuera toutes les villes, campagnes, bourgs et châteaux en deçà du mont Taurus jusqu'aux rives de l'Halys, et depuis la vallée du Taurus jusqu'à la chaîne qui domine la Lycaonie. Il n'emportera point d'armes des places, territoires et châteaux qu'il est tenu d'abandonner, et restituera de bonne foi toutes celles qu'il aurait pu emporter. Il ne recevra dans ses États ni les soldats ni les sujets du roi Eumènes. Tous ceux des habitants des villes détachées de ses États qui se trouvent auprès de lui ou dans l'étendue de son royaume devront revenir à Apamée dans un délai qui sera fixé. Ceux de ses sujets qui se trouvent chez les Romains ou chez leurs alliés seront libres d'y rester ou de retourner dans leur patrie. Il rendra aux Romains et à leurs alliés les esclaves, fugitifs ou prisonniers, et les personnes libres, esclaves ou transfuges. Il livrera tous les éléphants renfermés dans Apamée, et ne pourra s'en procurer d'autres. Il livrera aussi ses vaisseaux longs avec tous leurs agrès, et ne pourra conserver que dix bâtiments pontés, dont aucun ne devra être armé de plus de trente rames ni employer aucune galère dans les guerres où il sera l'agresseur. Il ne naviguera point au delà des promontoires Calycadnos et Sarpédon, si ce n'est pour transporter l'argent, les contributions, les otages qu'il devra fournir ou les ambassadeurs qu'il aura à envoyer. Toute levée de soldats lui est interdite chez les nations soumises au peuple romain ; il ne pourra même recevoir aucun transfuge. Les Rhodiens et leurs alliés jouiront des constructions et édifices qui leur appartiennent dans les États d'Antiochos aux mêmes conditions qu'ils en possédaient avant la guerre. Les créanciers auront la faculté de poursuivre le recouvrement des sommes qui leur sont dues, et chacun aura le droit de rechercher son bien et de le réclamer. Si quelques-unes des places qu'Antiochos doit livrer sont au pouvoir de ceux auxquels il les a données, il sera tenu d'en faire sortir les garnisons et de les rendre en bon état.

(1) Polybe, *ibid.*, ch. 24 et 25. Tite-Live, *ibid.*, ch. 37. Cf. Appien, *Syr.*, ch. 42.

Il payera en douze ans et en douze payements égaux douze mille talents attiques (1) d'argent de bon aloi, chacun du poids romain de quatre-vingts livres, et fournira quinze cent quarante mille boisseaux de blé (2). Il payera en outre au roi Eumènes, dans l'espace de cinq ans, trois cent cinquante talents (3) et cent vingt-sept autres (4) pour le blé dont il reste débiteur, suivant l'estimation qui en sera faite. Il donnera aux Romains vingt otages, qui seront changés tous les trois ans et dont les moins âgés ne pourront être au-dessous de dix-sept ans ni les plus âgés au-dessus de quarante-cinq. Si quelques alliés du peuple romain déclarent la guerre à Antiochos, il aura le droit de repousser la force par la force, pourvu qu'il ne garde point de ville par droit de conquête, ou qu'il ne fasse point d'alliance. Les deux parties termineront leurs démêlés par les voies juridiques, ou, si elles le préfèrent, par la voie des armes. »

On stipula aussi dans ce traité l'extradition d'Annibal, de l'Étolien Thoas, de l'Acarnanien Mnésiloque et des Chalcidiens Euboulides et Philon, et, comme si ce n'était pas encore assez d'humiliation pour Antiochos, on se réserva la liberté de faire les additions, retranchements, ou modifications qu'on jugerait à propos, et cela sans nuire à l'essence du traité (5).

Cn. Manlius, après en avoir juré l'observation, dépêcha Q. Minucius Thermus et L. Manlius pour recevoir le serment du roi. En même temps Q. Fabius Labéon, commandant de la flotte romaine, reçut l'ordre de partir sur-le-champ pour Patare et d'y brûler les vaisseaux d'Antiochos. Cela fait, Labéon soumit Telmissos, où son arrivée subite avait jeté la terreur, et ramena sa flotte en Italie.

DISPOSITIONS PRISES EN FAVEUR DES AMIS ET DES ALLIÉS DES ROMAINS. — Cn. Manlius ayant reçu les éléphants livrés par Antiochos, en fit présent à Eumènes. Il s'occupa ensuite des griefs des villes et des troubles occasionnés par les derniers événements. Ariarathe, grâce à la protection d'Eumènes, dont il venait d'épouser la fille, obtint la remise de la moitié des sommes auxquelles il avait été taxé, et fut reconnu ami du peuple romain. Examen fait des griefs des cités, les dix commissaires réglèrent leur sort : celles qui, bien que tributaires du roi Antiochos, s'étaient déclarées pour le peuple romain obtinrent l'exemption de tout tribut ; celles qui avaient suivi le parti d'Antiochos, ou qui avaient payé tribut au roi Attale, durent toutes payer également tribut à Eumènes. Les Colophoniens de Notion, les Cyméens et les Mylaséniens furent particulièrement dispensés de tout tribut. Les Clazoméniens, outre cette exemption, obtinrent encore l'île de Drymuse, comme gratification, et les Milésiens la restitution de leur territoire sacré, de Milet au temple des Branchides. Ilion fut enrichie du territoire de Rhœtée et de Gergithe, moins comme récompense de services récents qu'à titre de berceau du peuple romain. La même considération valut aux Dardaniens leur liberté. Les habitants de Chios, de Smyrne et d'Erythres, en récompense de l'attachement inviolable qu'ils avaient témoigné aux Romains dans cette guerre, reçurent des terres et des distinctions honorifiques de tous genres. Les Phocéens furent remis en possession du territoire qu'ils occupaient avant la guerre et autorisés à conserver leurs anciennes lois. Les Rhodiens obtinrent la confirmation des priviléges qui leur avaient été attribués par un premier décret : on leur donna la Lycie et la Carie jusqu'au Méandre, à la réserve de la ville de Telmissos. Les États du roi Eumènes furent agrandis de la Chersonnèse d'Europe, de Lysimachie, des châteaux, bourgs et territoires qui avaient appar-

---

(1) L. Scipion dans son traité n'avait exigé que des talents euboïques, dont la valeur était, suivant toute vraisemblance, moindre que celle des talents attiques (*voy*. p. 308. note 2, col. 2). On a pensé que le sénat avait ici ajouté à la condition imposée par le consul, comme cela arrivait quelquefois. Douze mille talents attiques répondaient à 51,744,000 fr.

(2) 46,656 hectolitres.

(3) 1,309,200, si c'étaient des talents attiques.

(4) 547,624 fr.

(5) Polybe, *ibid*., ch. 26. Tite-Live, *ibid*., ch. 38.

tenu à Antiochos ; en Asie il fut remis en possession des deux Phrygies, la Phrygie Hellespontique et la Grande Phrygie, de la Mysie , que lui avait enlevée le roi Prusias, de la Lycaonie, de la Milyade de la Lydie, et nommément des villes de Tralles, d'Éphèse et de Telmissos. La Pamphylie fut l'objet d'une longue discussion entre Eumènes et les envoyés d'Antiochos, attendu qu'une partie de cette contrée était en deçà et l'autre au delà du Taurus. On finit par renvoyer l'affaire au sénat.

RETOUR DE MANLIUS EN EUROPE. — Ces traités et ces décrets ratifiés, Manlius, accompagné des dix commissaires et à la tête de son armée, prit la route de l'Hellespont, où il avait donné rendez-vous aux chefs des Gaulois. Là il leur notifia les conditions qui devaient les tenir en paix avec Eumènes, et dont les principales étaient qu'ils rendraient toutes les terres qu'ils avaient enlevées aux alliés de Rome, qu'ils renonceraient à leur vie nomade et se renfermeraient dans les limites de leur territoire. Il rassembla ensuite des vaisseaux sur toute la côte, les joignit à la flotte d'Eumènes, qu'Athénée, frère de ce prince, avait amenée d'Élée, et repassa en Europe avec toutes ses troupes (1).

LE TRIOMPHE DE MANLIUS RENCONTRE DES OBSTACLES A ROME. — La défaite des Gaulois eut un grand retentissement en Asie, et jeta un nouvel éclat sur le nom romain. Les Juifs, ennemis des rois de Syrie et de leurs alliés, en accueillirent la nouvelle avec enthousiasme. « Judas, dit l'auteur du livre des Machabées, connut alors le nom des Romains. Il sut qu'ils étaient forts et puissants. Il apprit les combats et les grandes choses qu'ils avaient opérées en Galatie, comment ils avaient subjugué les Galates et leur avaient imposé un tribut (2). » A Rome les succès de Manlius rencontrèrent moins de faveur. Admis en présence du sénat, il fit le récit de son expédition, demanda qu'on rendît des actions de grâces aux dieux, et qu'on lui permît d'entrer en triom-

(1) Polybe, *ibid.*, ch. 27. Tite-Live, *ibid.*, ch. 39. Cf. Appien, *Syr.*, ch. 44.
(2) Machab., liv. 1, ch. 8, versets 1 et 2.

phe dans la ville ; mais il trouva une opposition presque unanime chez les dix commissaires qui l'avaient accompagné. Deux d'entre eux, L. Furius Purpuréon et L. Æmilius Paulus, prirent la parole contre lui, et le traitèrent sans nul ménagement. En les adjoignant, disaient-ils, en qualité de commissaires, à Cn. Manlius ou avait eu en vue la conclusion de la paix avec Antiochos, la fixation définitive des conditions du traité dont les bases avaient été jetées par L. Scipion. Cn. Manlius avait tout fait pour troubler cette paix et, si Antiochos lui en eût laissé la possibilité, pour s'emparer traîtreusement de ce roi ; mais celui-ci, qui connaissait la perfidie du consul, avait évité toutes les conférences où il avait tenté de l'attirer. Ne pouvant le faire tomber dans le piège, il avait voulu franchir le Taurus, sans doute pour aller le chercher jusque dans ses États, et n'avait cédé qu'avec peine aux représentations des dix commissaires et aux prédictions de la sibylle, qui n'annonçaient que désastres en dehors de ces limites fatales. Rien n'avait pu l'empêcher cependant d'en approcher avec son armée, d'aller camper sur la crête même de la montagne au point de départ des eaux ; faute de motifs pour attaquer les États d'Antiochos, où il n'avait trouvé partout que la paix, il était allé, par un long détour, chercher les Gallo-Grecs, et sans autorisation du sénat, sans ordre du peuple, il avait porté la guerre chez cette nation. Quel général avait jamais osé prendre sur lui une pareille responsabilité ? Aucune des formalités d'usage n'avait été observée. Une semblable expédition n'était donc pas une guerre publique du peuple romain, mais un véritable brigandage. « Encore, ajoutaient-ils, s'il avait marché droit aux ennemis que lui seul avait choisis ? Mais non : consul mercenaire, il a suivi pas à pas Attale, frère d'Eumènes, dans tous les coins et recoins de la Pisidie, de la Lycaonie et de la Phrygie, cherchant partout des tyrans et des châteaux pour les rançonner. Et cette guerre dont il est si fier, comment l'a-t-il faite ? A-t-il choisi les lieux, les temps ? avait-il un plan de campagne ? Non : il a marché au hasard, n'écoutant que son insatiable avidité. Certes s'il faut remercier les dieux, c'est de n'avoir point fait expier à l'armée par quelque désastre la témérité d'un chef qui foulait aux pieds les lois de sa patrie et le droit des nations ; c'est de nous avoir fait rencontrer non des ennemis, mais des barbares abrutis, qui n'ont pas su profiter de ses fautes et de son imprudence (1). »

RÉPONSE DE MANLIUS AUX ATTAQUES DIRIGÉES CONTRE LUI. — A ces violentes attaques Manlius répondit par un discours qui s'était conservé à Rome et que Tite-Live a reproduit textuellement : il s'efforce d'établir que cette guerre qu'on lui reproche était nécessaire, inévitable, et ne pouvait être différée sans danger pour les alliés de Rome ; puis il ajoute : « Je n'exigerai « pas, sénateurs, que vous jugiez les Gau- « lois d'Asie d'après la barbarie de la « nation des Gaulois et sa haine impla- « cable contre le nom romain. Ne les « appréciez ici que par eux-mêmes. « Plût aux dieux que le roi Eumènes « fût ici, que toutes les villes de l'Asie y « fussent représentées et que vous pus- « siez entendre leurs plaintes plutôt « que mes récriminations. Envoyez, « envoyez des députés à toutes les villes « de l'Asie ; demandez-leur si on ne « les a pas délivrées d'un joug plus « dur en soumettant les Gaulois qu'en « reléguant Antiochos au delà du Tau- « rus. Qu'elles disent combien de fois « leurs campagnes ont été ravagées, « dépouillées, qu'elles disent si elles « pouvaient racheter leurs captifs, si « elles n'entendaient pas souvent par- « ler de sacrifices humains ; si leurs « enfants n'ont pas été immolés aux « dieux de ces barbares. Oui, sachez- « le : vos alliés ont été tributaires des « Gaulois, et, affranchis par vous de la « domination d'un roi, ils n'en auraient « pas moins continué à payer tribut, « si j'étais resté dans l'inaction. L'éloi- « gnement d'Antiochos n'aurait fait « que rendre plus despotique la domi- « nation des Gaulois sur l'Asie, qu'a- « jouter tout ce qui est en deçà du « Taurus à leur empire et non au « vôtre. » Il cherche ensuite à prouver que combattre les Gaulois ce n'était autre chose que continuer et achever la guerre faite à Antiochos, puisqu'ils avaient combattu dans les rangs de ce roi ; que les dieux ont favorisé ses résolutions ; que sans la moindre perte il a vaincu une nation formidable ; et que ce serait méconnaître la protection divine que de lui refuser les honneurs du triomphe (1).

SON TRIOMPHE EST DÉCIDÉ. — L'ENVIE SE TOURNE CONTRE LES SCIPIONS. — Malgré tous ces efforts d'éloquence, l'accusation eût peut-être prévalu sur l'apologie si les parents et les amis de Manlius n'eussent énergiquement protesté. Ils furent secondés par l'autorité des anciens. Ceux-ci représentaient qu'il était sans exemple qu'un général vainqueur, qui avait battu les ennemis, rempli sa mission, ramené son armée, fût rentré dans Rome sans char et sans lauriers, comme le premier citoyen venu. Ces voix austères firent rougir les opposants ; et le triomphe fut voté à une grande majorité (2).

Impuissante contre Manlius, l'envie se rejeta d'abord sur P. Scipion l'Africain. Elle lui reprochait d'avoir été auprès de son frère, pendant la guerre contre Antiochos, non pas un lieutenant, mais un dictateur ; de s'être fait l'arbitre de la paix et de s'être fait payer sa bienveillance pour le roi de Syrie. A ces insinuations P. Scipion opposa un dédain aristocratique. Mais, prévoyant bien que l'issue de cette lutte lui serait défavorable, il se retira à Linternes, où il mourut, en maudissant son ingrate patrie. Sa mort ne désarma pas ses ennemis. Ils se rejetèrent avec une nouvelle ardeur sur son frère, L. Scipion, qui fut accusé de péculat (3) et condamné à une amende, que la vente de ses biens ne put couvrir, preuve certaine de son innocence (4).

TRIOMPHE DE MANLIUS. — Au commencement de l'année suivante (187) Cn. Manlius triompha des Gaulois d'Asie. Il avait cru devoir différer cette cérémonie, dans la crainte de se

(1) Tite-Live, *ibid.*, ch. 44-46.

(1) Tite-Live. *ibid.*, ch. 47-49.
(2) Tite-Live, *ibid.*, 50.
(3) Voyez plus haut, p. 308, note 2, col. 1.
(4) Tite-Live, *ibid.*, ch. 50-60. Appien, *Syr.*, ch. 40.

voir enveloppé dans l'arrêt de proscription qui avait frappé le vainqueur de Magnésie. Il savait que les juges seraient d'autant plus sévères à son égard qu'il avait relâché les liens de la discipline, si rigoureusement maintenue par son prédécesseur. D'ailleurs, les excès commis par ses soldats dans cette province lointaine n'étaient pas les seuls griefs qu'on eût contre lui : on blâmait encore plus ceux auxquels ils se livraient tous les jours sous les yeux de leurs concitoyens. En effet, ajoute Tite-Live, le luxe des nations étrangères n'entra dans Rome qu'avec l'armée d'Asie ; ce fut elle qui introduisit dans la ville les lits ornés de bronze, les tapis précieux, les fins tissus, les guéridons et les buffets, qu'on regardait alors comme des meubles somptueux. Ce fut à cette époque qu'on commença à voir paraître dans les festins des chanteuses, des joueuses de harpe et des baladins pour égayer les convives ; que l'on mit plus de recherche et de magnificence dans les apprêts mêmes des festins, que les cuisiniers, qui n'étaient pour les anciens Romains que les derniers et les moins estimés de leurs esclaves, commencèrent à devenir très-chers, et qu'un vil métier fut regardé comme un art. Et pourtant toutes ces innovations étaient à peine le germe du luxe, qui ne tarda pas à faire tant de progrès.

Dans son triomphe, Cn. Manlius étala deux cents couronnes d'or pesant chacune douze livres, deux cent vingt mille livres d'argent, deux mille cent trois d'or, cent vingt-sept mille tétradrachmes attiques, deux cent cinquante mille cistophores, seize mille trois cent vingt philippes d'or et une grande quantité d'armes et de dépouilles gauloises entassées sur des chariots. Cinquante-deux chefs ennemis marchaient devant le char ; une foule de guerriers de tous grades, ornés de leurs récompenses militaires, venaient à la suite du char, et les chants que faisaient entendre les soldats en l'honneur de leur général attestaient assez la complaisance calculée de ce dernier et prouvaient que son triomphe était plus agréable à l'armée qu'au peuple. Il est vrai aussi que des distributions extraordinaires avaient été faites aux différents grades et aux différentes armes (1).

Manlius, en revenant à Rome, n'avait laissé un seul légionnaire ni en Grèce ni en Asie. « Le sénat tenait ce qu'il avait promis : partout, sur les deux continents et dans les îles, les Grecs étaient libres ; et de tant de conquêtes, Rome ne gardait pas un pouce de terre. La comédie, commencée avec tant de succès par Flamininus, aux jeux isthmiques, était jouée. Mais en se retirant après avoir abaissé tout ce qui avait quelque énergie, les légions laissaient derrière elles dans toutes les villes, dans tous les États, un parti dévoué, qui faisait pour le sénat la police de la Grèce et de l'Asie. Et en face de cette foule de petits princes et de petits peuples, en face de leurs mille rivalités et de leur faiblesse, s'élève la colossale puissance de Rome, avec sa forte organisation militaire et politique, son sénat, si habile, et ses légions, si braves (2). »

CHAPITRE XII.

L'ASIE MINEURE DEPUIS LE TRAITÉ DE PAIX D'ANTIOCHOS AVEC LES ROMAINS JUSQU'A LA MORT D'ARISTONICOS.

187 — 129.

DÉMÊLÉS D'ANTIOCHOS ET D'EUMÈNES. — La paix qui suivit le traité conclu avec Antiochos n'éteignit pas tous les ferments de discorde qui existaient depuis longtemps entre le roi de Syrie et le roi de Pergame. Des contestations s'élevèrent bientôt, sans doute à l'occasion des places qu'Antiochos devait évacuer, et prirent une telle gravité, que Rome dut intervenir. Ce fut le vainqueur de Magnésie, L. Scipion, qui, après sa condamnation et la perte de ses biens, fut chargé de cette mission délicate. De gré ou de force, il termina les différends, et profita de sa présence en Asie pour rassembler des artistes de tous genres et faire contribuer les villes alliées à la célébration des jeux que pendant la guerre contre An-

(1) Tite-Live, liv. XXXIX, ch. 6.
(2) Duruy, *Hist. rom.* t. I, p. 515.

de leurs ancêtres. Voici, en résumé, le discours que lui prête Tite-Live. « Je n'i- « gnore point, soldats, que, de tous les « peuples de l'Asie, les Gaulois sont répu- « tés les plus belliqueux. C'est au milieu « des peuples les plus pacifiques qu'est « venue s'établir cette nation farouche, « après avoir couru le monde entier. Sta- « ture gigantesque, longs cheveux roux, « larges boucliers, épées démesurées, « chants guerriers au moment de char- « ger l'ennemi, hurlements, trépigne- « ments terribles, cliquetis d'armes et « de boucliers heurtés d'après un usage « national, tout semble combiné chez « eux pour inspirer la terreur. Mais lais- « sons ceux qui ne sont pas familiarisés « avec ces allures barbares, les Grecs, les « Cariens, les Phrygiens, s'en effrayer ; « les Romains, faits depuis longtemps « à tout ce bruit, n'y voient plus qu'un « vain épouvantail. Depuis deux cents « ans les Gaulois ont fourni à nos pères « plus de triomphe que le reste de « l'univers. Cette première charge, si « fougueuse et si bouillante, une fois « soutenue, le soleil, la poussière, la soif, « au défaut du fer, les accablent et les « abattent. Ce ne sont pas seulement « nos légions aux prises avec les leurs « qui nous ont appris à les connaître ; « des Romains se sont mesurés corps « à corps avec eux, et M. Manlius seul « les a renversés du haut du Capitole. « Et alors c'étaient de vrais Gaulois « nés en Gaule ; aujourd'hui ce sont « des Gaulois abâtardis, de sang « mêlé, des Gallo-Grecs enfin, comme « on les appelle. Sous ces armures « gauloises ce sont des Phrygiens que « vous allez encore une fois égorger « comme à Magnésie, des vaincus que « des vainqueurs vont écraser. Si j'ai « une crainte, c'est qu'il y ait peu de « gloire à recueillir là où il y aura si « peu à faire. Les Gaulois ne sont « plus ce qu'étaient leurs pères. Forcés « d'émigrer par le manque de terres, « ils ont longé les côtes ardues de l'Illy- « rie, traversé la Péonie et la Thrace en « combattant contre des nations bel- « liqueuses, et sont venus enfin s'établir « ici. Endurcis, éprouvés par mille « privations, ils ont trouvé cette contrée « pour s'y engourdir dans l'abondance. « La fertilité du sol, la beauté du climat, « la douceur des habitants ont adouci « ces mœurs sauvages qu'ils avaient « apportées ici. Par Hercule ! enfants « de Mars, fuyez, fuyez au plus tôt les « séductions de l'Asie ! Ces voluptés « d'un autre ciel énervent les âmes ! « Ce qu'il y a d'heureux, c'est que les « Gaulois, si peu qu'ils soient pour vous, « conservent encore dans l'opinion « des Grecs la réputation de vaillance « qu'ils avaient en arrivant, et ainsi la « victoire vous donnera aux yeux des al- « liés la même gloire que si c'étaient des « Gaulois de la vieille trempe que vous « avez vaincus (1). »

TENTATIVES INFRUCTUEUSES DE NÉ- GOCIATIONS AUPRÈS DES CHEFS GAU- LOIS. — Avant de commencer les hos- tilités, le consul expédia des envoyés à Éposognate, le seul des petits rois de l'Asie qui fût resté attaché à Eumènes et eût refusé des secours à Antiochos contre les Romains.

Ensuite il se remit en marche, arriva le premier jour sur les bords du fleuve Alandros, et le lendemain au bourg appelé Tyscon. Ce fut là qu'il reçut une députation des Oroandes, qui venaient lui demander la paix; on la leur promit moyennant deux cents talents, et sur leur demande on leur accorda la per- mission d'aller prendre de nouvelles instructions. De là Manlius conduisit son armée à Plitende, d'où il alla camper sur les terres des Alyattes. Il y fut rejoint par les députés qui étaient allés conférer avec Éposognate ; ils étaient accompagnés des envoyés de ce prince, qui venaient le prier en son nom de ne point attaquer les Tolisto- boïens, parce qu'il allait lui-même se rendre auprès d'eux et les engager à se soumettre. Le consul y consentit. L'armée prit ensuite sa route à travers le pays nommé Axylos ; cette contrée devait son nom au manque absolu de bois, même d'épines et de toute autre ma- tière combustible; la fiente du bœuf en tenait lieu, comme aujourd'hui encore, aux habitants. Pendant que les Romains étaient campés près de Cuballe, fort de la Gallo-Grèce, la cavalerie ennemie parut tout à coup avec grand fracas, chargea les postes avancés, y jeta le dé-

(1) Tite-Live, *ibid.*, ch. 17.

sordre, et tua même quelques soldats; mais, l'alarme étant parvenue au camp, la cavalerie romaine en sortit par toutes les portes, mit les Gaulois en déroute et leur tua un assez grand nombre de fuyards. Dès lors le consul, voyant qu'il était sur les terres des ennemis, se tint sur ses gardes et eut soin désormais de faire éclairer sa marche (1).

LES PRÊTRES DE CYBÈLE VIENNENT AU-DEVANT DE MANLIUS. — Cependant Manlius s'avança jusqu'au Sangarios, et, comme ce fleuve n'était pas guéable, il y fit jeter un pont qui servit au passage de l'armée. Elle suivait les bords du fleuve lorsque des Galles, prêtres de Cybèle, envoyés de Pessinonte, vinrent trouver Manlius. Ils lui annoncèrent que la déesse prédisait aux Romains puissance et victoire. Le consul les accueillit avec bienveillance, répondit qu'il acceptait l'augure et campa sur le lieu même.

Il arriva peu après à Gordion, qu'ils trouvèrent déserte, mais abondamment pourvue. On y fit une halte. Tandis qu'il était sous les murs de cette ville, des ambassadeurs d'Éposognate vinrent lui apprendre qu'il avait eu une entrevue avec les rois galates, mais qu'ils n'avaient rien voulu entendre, et qu'emmenant avec eux leurs femmes, leurs enfants, leurs troupeaux et tout ce qu'ils avaient pu emporter, ils se dirigeaient vers le mont Olympe, pour se défendre les armes à la main dans une position avantageuse (2).

PLAN DE CAMPAGNE DES CHEFS GALATES. — Les envoyés des Oroandes, qui arrivèrent peu de temps après, donnèrent des nouvelles plus positives encore. Les Tolistoboïens en corps s'étaient réfugiés sur le mont Olympe, les Tectosages sur une autre montagne appelée Magaba ; les Trocmiens avaient mis leurs femmes et leurs enfants en dépôt dans le camp de ces derniers, et résolu d'aller secourir les Tolistoboïens. Ces trois peuples avaient alors pour chefs Ortiagon, Combolamare et Gaulotus. Ce qui leur avait fait adopter ce plan de campagne, c'était l'espoir que, maîtres des plus hautes montagnes du pays, où ils avaient pris soin de transporter toutes les provisions nécessaires pour un séjour prolongé, ils se flattaient de lasser enfin la patience de l'ennemi. Ou il n'oserait pas venir les chercher sur ces hauteurs inaccessibles, ou, s'il en avait l'audace, il suffirait d'une poignée d'hommes pour l'arrêter, et même pour le culbuter; enfin, s'il restait dans l'inaction au pied de ces montagnes glacées, le froid et la faim ne tarderaient pas à l'en chasser. Bien qu'assez défendus par l'élévation des lieux, ils environnèrent d'un fossé et d'une palissade les pics sur lesquels ils s'étaient établis ; mais ils s'inquiétèrent peu de faire grande provision de traits, comptant sur les cailloux que ces montagnes âpres et pierreuses leur fourniraient en abondance (1).

BATAILLE DU MONT OLYMPE. — DÉFAITE DES TOLISTOBOÏENS ET DES TROCMES. — Le consul s'était bien attendu qu'au lieu de joindre l'ennemi corps à corps il aurait à assaillir de loin des positions élevées, et en conséquence il avait fait ample provision de dards, de piques à l'usage des vélites, de balles de plomb et de cailloux propres à être lancés avec la fronde. Pourvu de ces différentes sortes d'armes, il marche vers le mont Olympe et va camper environ à cinq milles de l'ennemi. Dès le lendemain il s'avance avec Attale et quatre cents cavaliers pour reconnaître la montagne et la position du camp gaulois. Mais tout à coup un détachement de cavalerie, deux fois plus fort que son escorte, fond sur lui, le force à tourner bride, lui tue quelques soldats et en blesse un grand nombre. Le troisième jour, il sortit avec toute sa cavalerie pour achever sa reconnaissance, et, comme les ennemis ne paraissaient point hors de leurs retranchements, il fit à loisir le tour de la montagne. Il s'assura que, du côté du midi, il y avait des collines revêtues de terre et qui s'élevaient en pente douce jusqu'à une certaine hauteur ; que, vers le nord, les rochers étaient coupés à pic, et la

---

(1) Tite-Live, ibid., ch. 18.
(2) Polybe, liv. XXII, ch. 20. Tite-Live, ibid. Cf. Florus, liv. II, ch. 11.

(1) Tite-Live, ibid., ch. 19. Cf. Polybe, ch. 21.

position inattaquable, excepté en trois endroits : l'un au milieu de la montagne, où il y avait de la terre végétale ; les deux autres, plus âpres et plus difficiles, au levant d'hiver et au couchant d'été. Ces observations faites, il vint le même jour asseoir son camp au pied de la montagne. Le lendemain, après un sacrifice qui lui garantit tout d'abord la faveur des dieux, il partagea son armée en trois corps et la conduisit à l'ennemi. Lui-même, avec le plus considérable, se dirigea par la pente la moins rapide ; Manlius, son frère, eut ordre de monter, à la tête du second, par le levant d'hiver, tant que le permettrait la nature des lieux et qu'il ne courrait aucun risque ; mais, s'il rencontrait des obstacles insurmontables, il lui était enjoint de ne pas lutter contre les difficultés du terrain, et, sans s'obstiner à forcer une position inexpugnable, de venir, par une marche oblique, le rejoindre. C. Helvius, à la tête du troisième corps, devait tourner insensiblement le bas de la montagne et la gravir par le couchant d'été. Les auxiliaires d'Attale furent également partagés en trois corps ; le consul garda auprès de lui le jeune prince, et la cavalerie, avec les éléphants, fut laissée sur le plateau le plus voisin des hauteurs. Il était enjoint aux principaux officiers d'avoir l'œil à tout ce qui se passerait, afin de porter rapidement du secours partout où il en serait besoin (1).

Les Gaulois, rassurés sur leurs flancs, qu'ils regardaient comme inaccessibles, envoyèrent quatre mille hommes fermer le passage du côté du midi, en occupant une hauteur qui commandait la route et éloignée de leur camp de près d'un mille ; ils croyaient l'opposer comme un fort à l'ennemi. A la vue de ce mouvement les Romains se préparent au combat ; les vélites se portent en avant, à quelque distance des enseignes, avec les archers crétois d'Attale, les frondeurs, les Tralles et les Thraces. L'infanterie légionnaire s'avance au petit pas, comme l'exigeait la roideur de la pente, et ramassée sous ses boucliers, de manière à éviter

(1) Tite-Live, ibid., ch. 20.

les pierres et les flèches, n'ayant pas l'intention d'en venir à un combat corps à corps. Le combat s'engage à coups de traits, d'abord avec un succès égal ; les Gaulois ont l'avantage de la position, les Romains de l'abondance et de la variété des armes dont ils se sont pourvus. Mais l'action se prolonge, et l'égalité cesse de se maintenir ; les boucliers longs et plats des Gaulois ne sont pas assez larges pour couvrir leurs vastes corps, et ils n'ont plus d'autres armes que leurs épées, qui leur deviennent inutiles, puisqu'on ne se bat pas de près. Comme ils n'avaient pas fait provision de cailloux, ils saisissent sans choix les premiers que leur offre le hasard, la plupart trop gros pour être maniables et pour que des mains inexpérimentées puissent les diriger et en assurer la portée. Cependant les Romains font pleuvoir sur eux une grêle meurtrière de traits, de javelots, de balles de plomb, qui les frappent en tous sens, sans qu'ils puissent en éviter les atteintes. Aveuglés par la rage et par l'effroi, ils ne voient plus aucun moyen de défense contre un genre d'attaque auquel ils ne sont point accoutumés ; car, tant que ces peuples se battaient de près, les coups qu'ils recevaient et qu'ils rendaient enflammaient leur courage ; mais lorsque atteints par des flèches lancées de loin, ils ne pouvaient reconnaître la main dont elles partaient, et que, dans leur rage aveugle, ils ne savaient sur qui se venger, ils se précipitaient les uns sur les autres. Ce qui rendait leurs blessures encore plus apparentes, c'est qu'ils se battaient tous nus, et que, ne quittant jamais leurs vêtements que pour combattre, leurs corps étaient blancs et charnus. Ainsi, à raison de leur embonpoint, les plaies étaient plus sanglantes et plus larges, et la blancheur de leur peau contrastait davantage avec les flots de sang noir qui en ruisselaient. Mais cette largeur des plaies ne les effrayait pas ; ils l'agrandissaient eux-mêmes par des incisions lorsque la blessure n'était pas profonde, ils s'en faisaient gloire comme d'une preuve de valeur. Mais, lorsque la pointe d'un dard pénétrait fort avant dans les chairs sans laisser d'ouverture apparente, et qu'ils ne pouvaient arracher le trait, alors, hors d'eux-mêmes et honteux de périr d'une blessure si peu apparente, ils se roulaient par terre avec une rage convulsive. La plupart donc mordent la poussière; d'autres prennent le parti de fondre sur l'ennemi et sont criblés de tous côtés, et, dès qu'ils approchent, les vélites (1) les tuent à coups d'épée. Restaient bien peu de Gaulois sur pied, et ceux-ci même, voyant qu'ils ne pouvaient tenir tête aux troupes légères et que les légions allaient les charger à leur tour, se débandent et regagnent avec précipitation leur camp, qu'un mélange confus de femmes, d'enfants, de vieillards, remplissait déjà de tumulte et de désordre. Les Romains vainqueurs s'emparèrent de la hauteur que les vaincus venaient d'abandonner (2).

Cependant L. Manlius et C. Helvius s'étaient élevés, chacun de son côté, par le travers de la montagne, tant qu'ils avaient trouvé des routes praticables; mais, arrivés à des obstacles qu'ils ne pouvaient franchir, ils tournent vers la partie de la montagne qui seule était accessible, et, commençant, comme de concert, à suivre d'assez près la division du consul, prennent par nécessité le parti que sagement ils auraient dû prendre d'abord. Dès que la tête des colonnes a gagné les hauteurs occupées par la troupe légère, le consul leur ordonne de faire halte et de reprendre haleine; puis, leur montrant ces éminences jonchées de cadavres gaulois, il les exhorte à achever ce que les vélites ont si bien commencé. Toutefois il fait prendre les devants à la troupe légère, qui, loin de perdre son temps pendant que les légions se reposaient, avaient ramassé les traits épars sur les hauteurs, afin d'en avoir une provision suffisante. Déjà les Romains approchaient du camp ennemi lorsque les Gaulois, craignant de n'être pas assez abrités par leurs retranchements, se présentèrent en bataille au-devant de leurs palissades. Mais bientôt, accablés d'une grêle de traits dont aucun ne porte à faux sur des rangs aussi serrés, ils sont obligés d'y rentrer et laissent aux portes une forte garde pour les défendre. Cependant une grêle meurtrière ne cesse de tomber sur la multitude refoulée dans l'enceinte du camp, et elle blesse beaucoup de monde, comme l'annoncent les cris plaintifs des guerriers et les gémissements des femmes et des enfants. Les Gaulois qui en défendent l'entrée sont assaillis par les traits des premiers légionnaires, et ces traits, s'ils ne les blessent pas, traversent leurs boucliers, et, les enchaînant pour ainsi dire les uns aux autres, ne leur permettent pas de soutenir plus longtemps les efforts des Romains (1).

Les Gaulois, voyant les portes du camp abandonnées, n'attendent pas l'irruption des vainqueurs et fuient de toutes parts; ils s'élancent en aveugles dans les routes, praticables ou non; nul précipice, nul obstacle ne les arrête; ils ne redoutent que l'ennemi, et la plupart, roulant dans les abîmes, s'y brisent et y trouvent la mort. Le consul, maître du camp, en interdit le pillage à ses troupes et leur ordonne de s'acharner à la poursuite des Gaulois, afin de mettre le comble à leur épouvante. L. Manlius arrive alors avec l'autre division; il lui fait la même défense et l'envoie poursuivre les fuyards; lui-même, laissant les prisonniers sous la garde de quelques tribuns, part bientôt de sa personne, persuadé que le plus sûr moyen de terminer la guerre c'est de profiter de la consternation des Gaulois pour en tuer ou en prendre le plus qu'il sera possible. A peine était-il parti que C. Helvius survint avec le troisième corps; mais cet officier ne put empêcher ses soldats de piller le camp, et ainsi, contre toute justice, le butin devint le partage de ceux qui n'avaient point pris part au péril. La cavalerie resta quelque temps dans l'inaction, ignorant et le combat et la victoire; mais enfin, poussant ses chevaux autant qu'il

---

(1) Ces sortes de soldats portaient de la main gauche un bouclier de trois pieds, dans la main droite des javelots qu'ils lançaient de loin, et à la ceinture une épée espagnole. S'agissait-il de joindre l'ennemi de près: ils passaient leurs javelots dans la main gauche et tiraient l'épée.

(2) Tite-Live, *ibid.*, ch. 21.

(1) Tite-Live, *ibid.*, ch. 22.

guerre, et désirant surtout les recommander aux amis et aux hôtes qu'il avait à Rome, et appeler sur eux la protection du sénat.

A leur arrivée à Rome, les jeunes patriciens qui avaient vécu dans la société des princes pergaméniens pendant les guerres d'Asie leur firent un accueil empressé ; mais le sénat les traita avec encore plus de magnificence. Il leur assigna une demeure, un appareil splendide, et une députation d'honneur se porta au-devant d'eux. Attale, introduit dans la curie, rappela en un long discours la vieille amitié de sa famille pour les Romains ; puis il accusa Pharnace, et pria les Romains d'aviser à ce qu'il reçût le châtiment qu'il méritait. Les sénateurs répondirent obligeamment qu'ils enverraient bientôt une ambassade, qui, de toute façon terminerait cette guerre (1).

PHARNACE, ATTAQUÉ DE TOUS CÔTÉS, EST RÉDUIT A DEMANDER LA PAIX. — CLAUSES DU TRAITÉ. — Cependant Eumènes et ses alliés Ariarathe et Prusias n'étaient pas restés dans l'inaction, et, prévoyant bien que la force seule pourrait amener Pharnace à mettre bas les armes, avaient rassemblé de nouvelles troupes et combiné un nouveau plan de campagne, qui, suivant toute vraisemblance, transportait le théâtre de la guerre dans les États mêmes de leur ennemi et tendait à l'attaquer tout à la fois par terre et par mer. Afin d'arriver plus sûrement au but, Eumènes avait voulu occuper l'entrée de l'Hellespont, pour fermer le Pont-Euxin à la navigation ; mais les Rhodiens, par leur résistance, le contraignirent de renoncer à ce dessein en rendant tous ses efforts inutiles (2). Sa flotte unie à celle de Prusias n'en vint pas moins mouiller devant Sinope pendant que les armées confédérées pénétraient dans le royaume de Pont.

Pharnace, effrayé d'une invasion si soudaine et si dangereuse, se montra prêt à subir toutes les conditions qu'on lui dicterait, et envoya à ce sujet des députés à Eumènes et à Ariarathe. Ceux-ci agréèrent ses offres de paix, adressèrent sur-le-champ une ambassade à Pharnace, et, après l'échange de quelques députations, la paix fut conclue en ces termes : « Paix perpétuelle entre Eumènes, Prusias et Ariarathe, d'une part, et entre Pharnace et Mithridate, satrape d'Arménie, de l'autre. Pharnace n'entrera en Galatie sous aucun prétexte. Tous les traités de Pharnace avec les Gaulois sont annulés. Il évacuera la Paphlagonie, y rétablira les habitants qu'il en a chassés, et rendra les armes, les machines et autres objets qu'il a enlevés. Il restituera à Ariarathe les terres dont il l'a dépouillé, les biens qu'elles contenaient et ses otages. Il livrera de plus à Eumènes la ville de Tios sur le Pont. Il rendra sans rançon tous les prisonniers et tous les transfuges. De plus, sur le trésor et l'argent qu'il a pris à Morzias, roi de Paphlagonie, et à Ariarathe, il payera aux susdits rois neuf cents talents pour les frais de la guerre. » Les dernières clauses étaient : « Mithridate payera trois cents talents pour avoir fait la guerre à Ariarathe, au mépris des traités conclus avec Eumènes. » Dans ce traité furent compris, parmi les princes d'Asie, Artaxias, gouverneur de la plus grande partie de l'Arménie, et Acusilochos ; parmi ceux d'Europe, le Sarmate Gatalus ; parmi les États libres, les Héracléotes, les Mésembriens, les habitants de la Chersonnèse et ceux de Cyzique. Quant aux otages que Pharnace était tenu de fournir, le traité en déterminait le nombre et la qualité. Dès qu'ils furent arrivés, les armées se retirèrent (1).

Prusias avait sincèrement secondé Eumènes dans cette guerre, où s'étaient trouvés engagés presque tous les princes de l'Asie Mineure. Aussi, le roi de Pergame lui en témoigna-t-il sa gratitude en lui restituant la ville de Tios, que Prusias reçut avec une vivre reconnaissance (2).

LES LYCIENS RÉCLAMENT A ROME CONTRE LA TYRANNIE DES RHODIENS. — L'année qui suivit ce traité (178), une députation des Lyciens vint se plaindre à Rome de la cruauté avec laquelle ils étaient traités depuis dix

---

(1) Polibe, *ib.*, ch. 6.
(2) Polybe, liv. XXVII, fr. 6.

(1) Polybe, liv. XXVI, ch. 6.
(2) Polybe, *ibid.*

aps par les Rhodiens. A l'époque où les dix commissaires romains envoyés en Asie pour régler les affaires des villes grecques, en exécution du traité de l'an 188, les Rhodiens avaient demandé qu'en récompense du zèle et du dévouement dont ils avaient fait preuve envers Rome durant la guerre contre Antiochos, on leur cédât la Lycie et la Carie, qui avaient fourni de nombreux auxiliaires au Syrien. De leur côté, les Iliens avaient demandé qu'on pardonnât aux Cariens et aux Lyciens, en considération de la parenté qui unissait Ilion à la Lycie. Placés entre cette double prière, les commissaires avaient cherché à satisfaire, autant qu'il était possible, le désir des deux peuples. Ils ne prirent à l'égard de la Lycie aucune mesure sévère, et par condescendance pour les Rhodiens, leur firent présent de cette province. Mais cette décision devint la cause d'une grave contestation entre Rhodes et les Lyciens. En effet, les Iliens, après leurs conférences avec les Romains, avaient parcouru les villes des Lyciens, annonçant partout qu'ils avaient désarmé la colère de Rome et rendu la liberté à la Lycie, tandis que les députés rhodiens apportaient dans leur patrie la nouvelle que les Romains donnaient aux Rhodiens la Carie et la Lycie jusqu'au Méandre. Sur la foi des Iliens, les Lyciens envoyèrent des députés à Rhodes pour solliciter son alliance, et, de leur côté, les Rhodiens chargèrent un certain nombre de citoyens d'aller organiser les nouvelles provinces. Aussi, lorsque les Lyciens, introduits dans l'assemblée, parlèrent de paix et d'alliance, le prytane des Rhodiens, se levant tout à coup, expliqua, non sans quelque aigreur, la méprise qui avait lieu. Les Lyciens, indignés, déclarèrent qu'ils étaient prêts à tout braver plutôt que d'obéir à Rhodes (1).

Ils tinrent parole, et opposèrent à la tyrannie de leurs oppresseurs la résistance la plus opiniâtre. Elle durait encore pendant la guerre d'Eumènes contre Pharnace; et elle devait avoir pris alors un caractère tellement grave, que les Rhodiens se virent dans la nécessité d'invoquer les secours du roi de Pergame pour soumettre les révoltés. Les troupes pergaméniennes durent rester dans la Carie, après la conclusion de la paix de 179 ; car postérieurement à cette date les Rhodiens se plaignirent de ce que, loin de servir leur cause, les soldats d'Eumènes avaient ravagé quelques châteaux de la Pérée (1).

Tel était l'état des choses quand les députés des Lyciens arrivèrent à Rome et exposèrent leurs griefs devant le sénat. « Ils avaient été sujets d'Antiochos, disaient-ils ; mais la servitude sous ce prince, comparée à leur situation présente, était une noble indépendance. Ce n'était pas seulement la nation en général, c'étaient aussi les individus qui souffraient, sous des tyrans, un véritable esclavage. Leurs femmes, leurs enfants étaient traités comme eux ; des peines corporelles, le fouet même, leur étaient infligés. Pour comble d'indignité, on ne leur épargnait aucune souillure, aucun déshonneur. On consommait effrontément les actes les plus révoltants pour établir son droit, et pour bien les convaincre qu'il n'y avait pas de différence entre eux et des esclaves achetés à prix d'argent. »

LA RÉPONSE DU SÉNAT MÉCONTENTE LES RHODIENS, ET LA GUERRE DE LYCIE CONTINUE. — Touché de ces plaintes, le sénat donna aux Lyciens une lettre pour les Rhodiens : « Rome n'entendait pas faire des Lyciens les esclaves des Rhodiens, ni placer dans la servitude de qui que ce fût des personnes nées libres ; de ce que les Lyciens avaient été placés sous l'autorité et sous la tutelle des Rhodiens, Rhodiens et Lyciens n'en étaient pas moins deux peuples alliés soumis à la domination du peuple romain (2). »

Cette décision déplut gravement à Rhodes. L'opinion générale fut que les Romains voulaient mettre les Rhodiens aux prises avec les Lyciens, afin d'épuiser leurs trésors et leur matériel de guerre et de les punir ainsi des dispositions favorables qu'ils avaient montrées à Persée en conduisant à ce prince la fille de Séleucos, Laodicé, son épouse, et en réparant leur flotte avec les secours

(1) Polybe, XXIII. 3.

(1) Polybe, liv. XXVII, fr. 6.
(2) Tite-Live, liv. XLI, ch. 6 (10); Polybe, liv. XXVI, fr. 7.

du roi de Macédoine, qui leur avait fourni une grande quantité de bois de construction et avait décerné une bandelette d'or à chacun des matelots qui lui avaient amené son épouse (1).

Néanmoins, le sort des Lyciens ne fut point adouci, et la guerre durait encore en 175 (2); mais malheureusement Tite-Live, qui nous l'apprend, n'entre dans aucun détail sur cette lutte, préoccupé qu'il est des grands événements où la puissance romaine est en jeu.

PRÉPARATIFS DE PERSÉE CONTRE LES ROMAINS. — C'est qu'en effet Rome voyait déjà grossir un nouvel orage; et cette fois encore c'était en Macédoine que les nuages s'amoncelaient.

Philippe avait prêté un loyal concours aux Romains dans leur guerre contre Antiochos; et, en reconnaissance de ce service, Scipion l'avait exempté du tribut qui lui avait été imposé après Cynocéphales. Cependant cette amitié était toute de circonstance : le sénat redoutait Philippe, et à chaque occasion favorisait ses ennemis. Un jour même, au mépris de la dignité royale, il voulut le forcer de comparaître par-devant des commissaires romains, pour s'expliquer sur les plaintes d'une ville de Thrace. Philippe, indigné, ne songea plus qu'à la guerre, et commença en secret ses préparatifs (3).

Philippe avait deux fils, Démétrios et Persée. Le premier, envoyé en otage à Rome, avait gagné l'amitié du sénat, qui le flattait et cherchait à se l'attacher, afin de mettre la désunion entre les deux frères. Cette politique réussit. A peine Démétrios fut-il de retour en Macédoine, que Persée l'accusa d'avoir voulu le faire assassiner. Philippe prévenu contre son fils, le fit empoisonner, et mourut quelque temps après (179), de honte et de chagrin (4).

Arriver ainsi au trône par le meurtre du protégé de Rome, c'était presque se déclarer l'ennemi de cette république. Cependant, Persée commença par demander au sénat la permission de prendre le titre de roi (1); et quand il eut gagné du temps par cette bassesse, il reprit les projets de son père. Partout il cherche des alliés; ses ambassadeurs vont jusqu'à Carthage (2). Que Persée prenne hardiment le rôle d'adversaire de Rome, qu'il l'attaque quand elle n'a pas encore fait ses préparatifs, et tout le monde vaincu et soumis par Rome se soulèvera contre elle. Mais nous verrons bientôt que l'accomplissement d'une semblable tâche était au-dessus des forces de Persée.

EUMÈNES RÉTABLIT ANTIOCHOS ÉPIPHANES SUR LE TRÔNE DE SYRIE. — Tel était l'état des choses quand Antiochos, fils d'Antiochos le Grand, qui avait été longtemps à Rome comme otage, fut rappelé en Syrie par son frère aîné, Séleucos, qui envoyait pour le remplacer son propre fils Démétrios. Il se conformait ainsi aux clauses du traité qui obligeait à changer de temps en temps les otages.

A peine le jeune prince était-il arrivé à Athènes, que Séleucos périt victime des complots d'Héliodore, un de ses courtisans. Celui-ci aspirait au trône; mais Eumènes et Attale l'en chassèrent, pour y faire monter Antiochos. Ils se flattaient par un si grand bienfait de s'en faire une créature; car quelques légers griefs avaient commencé à leur rendre l'amitié des Romains suspecte (3). Ils trouvaient sans doute que Rome leur avait montré bien peu de zèle pendant la guerre qu'ils avaient soutenue contre Pharnace. Mais le moment n'était pas encore venu où ils songeraient à séparer leurs intérêts de ceux de Rome; et leur haine contre Persée assurait aux Romains leur coopération et leur dévouement dans les événements qui allaient s'accomplir.

EUMÈNES VIENT A ROME DÉNONCER LES PROJETS DE PERSÉE. — Persée, qui ne songeait plus qu'à réaliser ses plans de guerre, envoyait ses agents

---

(1) Polybe, liv. XXVII, fr. 7.
(2) « Lycii quoque per idem tempus ab Rhodiis bello vexabantur. Sed externorum inter se bella, quo quæque modo gesta sunt, persequi non operæ est satis superque oneris sustinenti res a populo romano gestas scribere. » Tite-Live, *ibid.*, ch. 25 (30).
(3) Tite-Live, liv. XXXIX, ch. 24-29.
(4) Id, liv. XL, ch. 5-56.

(1) Id., ibid., ch. 58.
(2) Tite-Live, liv. XLI, ch. 22.
(3) Tite-Live, liv. XLI, ch. 20 (25).

non-seulement auprès de toutes les nations de la Grèce, mais même de toutes les villes, et, à force de promesses plutôt que de services, les gagnait à son parti. Les esprits étaient en grande partie favorables à sa cause et plus portés pour lui que pour Eumènes ; et pourtant toutes les villes de la Grèce et la plupart de leurs chefs avaient les plus grandes et les plus réelles obligations à Eumènes, qui se conduisait sur le trône de telle sorte que les villes de ses États n'eussent pas voulu changer leur sort pour celui d'aucune république (1).

Pour hâter l'explosion de la guerre qui ne pouvait manquer d'éclater entre les Romains et Persée, Eumènes se rendit à Rome avec un mémoire où il avait déposé le résultat complet de ses informations sur les préparatifs du Macédonien (2). A son arrivée il reçut le plus honorable accueil. Introduit dans le sénat il avertit l'auguste assemblée qu'elle doit prévenir les entreprises de Persée. Héritier des projets de Philippe, formé à son école, accoutumé dès l'enfance au métier des armes, il exerçait sur les villes de la Grèce et de l'Asie et sur les rois eux-mêmes une influence morale telle que tous recherchaient son alliance. Il a pour lui les Thébains, les Étoliens. Son armée se compose de trente mille hommes de pied et de quinze mille de cavalerie. Il a des approvisionnements pour dix ans ; ses coffres regorgent d'argent à un tel point qu'il a toute prête pour un pareil nombre d'années la solde de dix mille mercenaires, en sus des troupes macédoniennes, et cela non compris le revenu annuel qu'il tire de ses mines royales ; il a entassé dans ses arsenaux des armes pour trois armées de cette force. Et pour se recruter, du jour où la Macédoine lui manquera, il dispose de la Thrace, source inépuisable de soldats. « Si j'ai traversé les mers
« pour venir vous éclairer sur les pro-
« jets de cet ambitieux, c'est que je voyais
« les plus illustres cités de l'Asie mettre
« à chaque instant leurs intentions dans
« un plus grand jour, et prêtes, si l'on
« n'y veillait, à avancer si loin, qu'il
« leur serait impossible, quoi qu'elles en
« eussent, de revenir sur leurs pas ; c'est
« que je comprenais combien la partie
« serait inégale entre vous et lui, lui
« sur le pied de guerre et ne reculant
« devant aucun crime, et vous sur le
« pied de paix, fidèles observateurs des
« traités. Maintenant que j'ai rempli un
« devoir de conscience, il ne me reste
« plus qu'à prier les dieux afin que vous
« preniez la défense et de vos propres
« intérêts et des nôtres aussi, de nous
« qui sommes vos alliés, vos amis, et
« dont l'existence dépend de vous (1) ».

Ce discours produisit son effet sur le sénat. Du reste on ne sut pour le moment rien autre chose que le fait de l'admission du roi dans le sénat, tant on gardait religieusement le silence sur tout ce qui se passait dans cette auguste assemblée. Ce ne fut qu'après la guerre terminée que les paroles prononcées par le roi et la réponse qu'on lui avait adressée transpirèrent dans le public. Le langage arrogant des députés de Persée ne fit qu'exaspérer davantage les sénateurs, déjà prévenus par les rapports d'Eumènes.

INSINUATIONS MALVEILLANTES DES RHODIENS CONTRE EUMÈNES. — Toutes les cités de la Grèce et de l'Asie s'inquiétaient de ce que les députés de Persée, de ce qu'Eumènes avaient fait dans le sénat, et, persuadées que le voyage du roi de Pergame aurait quelque influence sur les résolutions des Romains, la plupart, sous différents prétextes, avaient envoyé des députés à Rome. Il y avait entre autres une députation des Rhodiens. Satyros, qui en était le chef, ne doutant pas qu'Eumènes, en accusant Persée, n'eût pas épargné ses compatriotes, employa le crédit de ses hôtes et de ses amis pour obtenir d'être entendu contradictoirement avec ce prince. Il obtint enfin cette faveur, mais n'en profita que pour faire une sortie violente contre Eumènes et lui reprocher d'avoir soulevé les Lyciens contre Rhodes, et d'être pour l'Asie un dominateur plus tyrannique que ne l'avait été Antiochos lui-même. Ce discours fut très-populaire chez les Asiatiques, où Persée avait déjà de très-nombreux partisans ; mais il déplut au

(1) Tite-Live, liv. XLII, ch. 5.
(2) Id., ibid., ch. 6.

(1) Tite-Live, ibid., ch. 12 et 13.

sénat, et rendit la négociation de Satyros infructueuse pour sa république et pour lui-même. La conspiration de tant de haines contre Eumènes ne servit qu'à lui rendre les Romains plus favorables; aussi lui décerna-t-on les plus grands honneurs, et joignit-on aux riches présents qui lui furent faits le don de la chaise curule et du bâton d'ivoire.

PERSÉE TENTE DE FAIRE ASSASSINER LE ROI DE PERGAME. — Instruit de ce qui venait de se passer à Rome, Persée n'en conçoit que plus de haine contre Eumènes. Il veut que la mort de ce prince soit le prélude de la guerre, et gagne le Crétois Evandre, chef des auxiliaires, ainsi que trois Macédoniens, accoutumés à prêter leurs bras à de pareils forfaits, et les charge de tuer le roi. Il leur donne une lettre pour une femme de distinction, nommée Praxa, à laquelle il était uni par les liens de l'hospitalité, et qui, par son crédit et par sa fortune, tenait le premier rang à Delphes, où il paraissait constant qu'Eumènes se rendait pour offrir un sacrifice à Apollon. Les assassins prennent les devants, et n'ont plus qu'à chercher un lieu favorable. En montant de Cirrha au temple, avant d'arriver aux lieux habités, on trouvait sur la gauche les ruines d'un édifice dont il ne restait plus que les fondements, et le long desquelles on ne pouvait guère passer qu'un à un; à droite, le terrain éboulé laissait un précipice assez profond. Les meurtriers s'embusquent derrière ces décombres, et pratiquent quelques degrés pour se former une sorte de parapet, d'où ils pourront tirer sur le prince, au moment où il viendra à passer. D'abord, en partant du rivage, Eumènes marchait au milieu de ses courtisans et de ses gardes; mais bientôt la route en se resserrant obligea le cortége à se dédoubler pour former une longue file. Parvenu à l'endroit où il fallait passer un à un, le roi entre dans le sentier, précédé du chef étolien Pantaléon, avec lequel il s'entretenait. Tout à coup les conjurés débusquent et font rouler deux pierres énormes, dont l'une frappe Eumènes à la tête, et l'autre lui meurtrit l'épaule, au point de le priver de toute sensibilité. Cette attaque est suivie d'une grêle de cailloux dont la pente du lieu rend l'atteinte plus meurtrière. A la vue du roi étendu par terre, les courtisans et les gardes prennent la fuite; l'intrépide Pantaléon reste seul pour le défendre.

Les brigands, après avoir blessé le prince, n'avaient plus qu'à tourner la masure pour venir l'achever; mais, croyant le meurtre consommé, ils prirent la fuite, et gagnèrent les hauteurs du Parnasse avec une telle précipitation, qu'ils tuèrent un des leurs qui, ne pouvant les suivre dans ces routes escarpées, retardait leur marche et les mettait en danger d'être découverts, s'il venait à être pris. Cependant les courtisans d'abord, puis les gardes et la suite reviennent auprès du roi, et l'enlèvent privé de tout sentiment. Un reste de chaleur et un battement du cœur font juger qu'il vit encore, toutefois sans laisser l'espoir de le conserver. Quelques-uns des gardes se jettent sur la trace des brigands, les poursuivent jusqu'au sommet du Parnasse, mais reviennent après une course aussi fatigante qu'inutile. Le lendemain, dès qu'Eumènes eut repris connaissance, ses amis l'embarquèrent et le transportèrent d'abord à Corinthe, puis à Égine. Là, on pansa ses blessures dans le plus grand secret, sans laisser approcher personne, au point que le bruit de sa mort se répandit jusqu'à Rome et même jusqu'en Asie. Attale y ajouta foi avec une crédulité peu digne de l'amitié fraternelle qui les unissait; il l'annonça à la reine sa belle-sœur et au gouverneur de la citadelle, dans le langage d'un héritier dont les droits à la couronne étaient incontestables. Eumènes dut en être instruit; et, quoique déterminé à dissimuler son mécontentement, il ne put s'empêcher, dans sa première entrevue avec son frère, de lui reprocher sa précipitation à demander la main de la reine (1).

ROME SE PRÉPARE A UNE NOUVELLE GUERRE DE MACÉDOINE. — Cet attentat n'était pas le coup d'essai de Persée. Il avait, disait-on, après la mort de son père, tué sa femme de sa propre main, et commis de nombreux assassinats au

(1) Tite Live, *ibid.*, ch. 15 et 16. Cf. Diod. de Sic., liv. XXX fr. 3. Plutarque, *de l'amour fraternel*, ch. 1.

dedans comme au dehors de ses États. A en croire ses ennemis, il avait fait plus. Tous les généraux romains qui passaient d'Italie en Grèce recevaient l'hospitalité à Brundusium chez le premier citoyen de cette ville, L. Rammius. Persée tenta de le gagner et d'obtenir de lui qu'il empoisonnerait tous ceux qu'il lui désignerait par lettre. Il se chargeait de fournir le poison. Mais Rammius, persuadé qu'il ne tarderait pas lui-même à en connaître les effets, trompa Persée par de vaines promesses et se hâta de dénoncer le fait au sénat romain (1).

Ces révélations et la nouvelle du meurtre tenté sur Eumènes augmentèrent encore l'animosité des Romains contre le fils de Philippe, dans lequel d'ailleurs ils voyaient avec raison le seul obstacle qui pût entraver l'exécution de leurs vues ambitieuses sur la Grèce et sur l'Asie. La guerre fut donc résolue, mais différée jusqu'à l'année suivante. En attendant, on envoya en Asie et dans les îles deux députés qui devaient s'assurer des dispositions des alliés de Rome, resserrer avec eux les liens de l'amitié et s'assurer s'ils n'avaient pas prêté l'oreille aux sollicitations de Persée (2).

ARIARATHE ENVOIE SON FILS A ROME POUR Y ÊTRE ÉLEVÉ. — Cette même année des députés d'Ariarathe, roi de Cappadoce, vinrent à Rome amenant avec eux le fils, encore enfant, de ce roi. Ils annoncèrent que leur maître désirait que ce jeune prince fût élevé à Rome, afin que, dès son enfance il s'habituât aux mœurs romaines et se liât d'amitié avec les Romains eux-mêmes; qu'il les priait, non-seulement de le confier à la garde d'un hôte privé, mais de le placer même sous une sorte de patronage et de tutelle publique. On s'empressa de répondre à ce désir (3).

RAPPORT DES DÉPUTÉS ENVOYÉS DE ROME EN ORIENT. — Cependant Eumènes, qui avait été retenu assez longtemps à Égine par un traitement aussi difficile que dangereux, était revenu en Asie Dès que sa santé le lui permit, il partit pour Pergame, et y pressa ses préparatifs avec toute l'activité qu'on devait attendre de son ressentiment. Ce fut là que les députés romains vinrent le trouver pour le féliciter d'avoir échappé à un si grand péril (1). Puis ils revinrent à Rome et annoncèrent qu'ils s'étaient abouchés avec Antiochos en Syrie, avec Ptolémée à Alexandrie, avec Eumènes à Pergame; que tous ces princes avaient été en butte aux sollicitations des émissaires de Persée, mais qu'ils demeuraient invariables dans leur fidélité, et qu'ils s'étaient engagés à fournir au peuple romain tout ce qu'il leur demanderait; qu'ils avaient aussi visité les villes alliées, qu'elles étaient toutes fidèles, à l'exception de Rhodes où ils avaient trouvé les esprits flottants et pervertis par les conseils de Persée. Pour atténuer l'effet de ce rapport les Rhodiens envoyèrent des députés pour se justifier des accusations portées contre leur république (2).

De jour en jour la guerre devenait plus imminente. Ce n'était pas seulement la ville de Rome et l'Italie, mais tous les rois, toutes les cités de l'Europe et de l'Asie dont l'attention était fixée sur la guerre entre la Macédoine et les Romains. Pour ne parler ici que de l'Asie Mineure, Eumènes, indépendamment de sa vieille haine, se sentait encore stimulé par le souvenir récent de l'attentat de Delphes. Prusias, roi de Bithynie, était résolu à observer la neutralité et à attendre l'événement : Les Romains ne pouvaient trouver juste qu'il portât les armes contre le frère de sa femme; et, par sa sœur, il trouverait grâce auprès de Persée vainqueur. Ariarathe, roi de Cappadoce, outre les secours qu'il avait promis aux Romains en son propre nom, s'associait à tous les projets de guerre et de paix d'Eumènes depuis qu'il était devenu son parent. Telles étaient les dispositions des rois; mais celles des républiques étaient tout opposées, le peuple, presque partout, penchait pour Persée et pour les Macédoniens. Les députés de plusieurs d'entre elles avaient eu des entrevues avec lui dans l'île de Samothrace (3).

(1) Tite Live, liv. XLII, ch. 17.
(2) Id., ibid., ch. 18.
(3) Id., ibid.

(1) Tite Live, liv. XLII, ch. 18.
(2) Id., ibid., ch. 26.
(3) Id., ibid., ch. 25.

Chez les grands, au contraire, on pouvait distinguer des tendances diverses. Les uns avaient pour les Romains un zèle si outré que l'excessive chaleur qu'ils mettaient à le montrer paralysait leur influence. La plupart d'entre eux ne voyaient dans les services qu'ils pouvaient rendre à Rome qu'un moyen de s'élever dans leur patrie. Un autre parti, celui des partisans du roi, était composé de gens que leurs dettes et l'état désespéré de leur fortune poussait dans le torrent qu'il des révolutions et ne penchaient pour Persée que parce qu'ils le savaient plus populaire. Une troisième opinion, celle des âmes honnêtes et sensées, préférait, dans le cas où le choix d'un maître lui appartiendrait, l'autorité des Romains à celle de Persée. Laissés libres arbitres de leur fortune, ils auraient éloigné l'idée de voir l'une des deux puissances s'établir sur les débris de l'autre; ils trouvaient préférable que, sans essayer leurs forces, elles prolongeassent le règne de la paix. Entre ces deux puissances le comble du bonheur pour les républiques serait que l'une protégeât toujours les faibles contre les entreprises de l'autre. Ces derniers observaient silencieux et calmes la lutte des partisans de l'une et l'autre faction (1).

LES CONSULS PROPOSENT AU PEUPLE ROMAIN DE FAIRE LA GUERRE A PERSÉE. — Par l'ordre du sénat, les consuls firent au peuple réuni en comices par centuries la proposition suivante : « Considérant que Persée, fils de Philippe, roi de Macédoine, contrairement au traité fait avec son père et renouvelé avec lui-même depuis la mort de son père, a porté ses armes chez des alliés du peuple romain, a dévasté leurs campagnes et occupé leurs villes; considérant qu'il a conçu des projets de préparatifs de guerre contre les Romains et que, dans cette intention, il a rassemblé des armes, des soldats et des vaisseaux; s'il ne donne pas satisfaction à cet égard, qu'il plaise au peuple que la guerre lui soit faite (2). »

En même temps, des députés avaient été envoyés à Persée pour lui présenter les réclamations de la république et lui annoncer que, s'il n'y faisait droit, toute amitié et toute alliance était rompue. Leur rapport enflamma encore la colère et la haine du sénat contre le roi de Macédoine; partout ils avaient vu les préparatifs de guerre les plus énergiques et n'avaient pu qu'à grand'peine arriver jusqu'au roi, qui s'était montré plein d'arrogance et leur avait, en quelque sorte, intimé l'ordre de sortir de ses États. Il devenait impossible de différer plus longtemps les préparatifs de guerre et ils furent poussés avec activité (1). Le commandement de l'armée de Macédoine fut confié au consul P. Licinius (2) et celui de la flotte au préteur C. Lucrétius.

PERSÉE ENVOIE UNE AMBASSADE A ROME. — Toutefois ni l'armée, ni la flotte n'étaient encore prêtes. On n'avait encore pu envoyer qu'un préteur avec 5,000 hommes; mais sept commissaires précédaient l'armée, et par leur seule présence ils détruisirent les alliances que Persée avait mis sept ans à s'assurer dans la Grèce. Persée se laissa lui-même tromper par de belles paroles. Il envoya à Rome deux ambassades et sollicita de Marcius, le chef des commissaires romains, une trêve que celui-ci s'empressa de lui accorder en lui faisant espérer qu'on lui accorderait la paix (3).

LES RHODIENS S'UNISSENT A ROME CONTRE PERSÉE. — Le sénat ne s'était pas contenté des ressources que pouvaient lui offrir Rome et l'Italie. Une commission avait été envoyée en Asie pour visiter les îles et solliciter les alliés à s'unir aux Romains contre Persée. On attachait surtout une grande importance à l'accession des Rhodiens, qui pouvaient être non-seulement des partisans, mais aussi des auxiliaires utiles et puissants. Ils hésitaient encore. Le prytane Hégésilochos leur prouva que la seule alliance qui pût leur offrir des garanties était celle de Rome. Il fallait donc prévenir les justes demandes de cette république et mettre dans les préparatifs d'une flotte respectable d'autant plus d'empressement et de zèle qu'on réfuterait par là les insinuations mal-

---

(1) Tite Live, liv. XLII, ch. 29 et 30.
(2) Id., ibid.

(1) Tite Live, liv. XLII, ch. 26 et 27.
(2) Id., ibid., ch. 32.
(3) Id., ibid., ch. 47.

veillantes d'Eumènes. Ces sages conseils firent cesser toutes les incertitudes, et quand les commissaires romains arrivèrent on leur montra une flotte de quarante voiles équipée et montée. L'exemple de Rhodes et les actives démarches des commissaires contribuèrent puissamment à ramener les esprits des villes d'Asie (1).

Persée demande aux Rhodiens de rester neutres. — Persée, de son côté, rentré en Macédoine à l'issue de sa conférence avec les Romains, écrivit aux Rhodiens une lettre où il les engageait à demeurer, pour le moment du moins, tranquilles spectateurs des événements, et, si les Romains, au mépris des traités, entreprenaient la guerre contre la Macédoine, à jouer le rôle de médiateurs. « La paix, ajoutait-il, est « avantageuse pour tous, mais elle in-« téresse surtout les Rhodiens. Plus ils « sont jaloux de l'égalité et de l'indé-« pendance, plus ils doivent se montrer « au premier rang pour défendre leur « liberté et celle des autres Grecs. Ils « ne doivent attendre que sujétion et « asservissement, une fois qu'il n'y « aura plus de recours ouvert qu'au-« près de Rome. » Ce langage flattait les sentiments secrets du plus grand nombre; mais la prudence l'emporta, et l'on fit répondre à Persée qu'il devait s'abstenir désormais de rien demander aux Rhodiens qui les exposât à paraître contraires aux désirs de Rome (2).

Eumènes et Attale auxiliaires des Romains dans leur guerre contre Persée. — Persée avait été la dupe de Marcius. A la faveur des négociations entamées, Rome avait poursuivi activement la levée de ses troupes, et, quand tout fut prêt, les députés macédoniens revinrent annoncer à Persée qu'il fallait abandonner tout espoir de paix. C'est alors que Licinius et C. Lucrétius reçurent l'ordre d'entrer en campagne (3). Le consul, débarqué à Apollonie, traversa sans obstacle l'Épire, l'Atha-

manie et les défilés de Gomphi, puis il vint placer son camp près du Pénée. Dans le même temps Eumènes venait mouiller à Chalcis avec ses frères, Attale et Athénée, après avoir laissé son frère Philétère à Pergame, pour veiller à la garde de son royaume. De là il vint trouver le consul avec Attale, conduisant quatre mille hommes de pied et mille chevaux. Il laissait à Chalcis deux mille hommes d'infanterie sous les ordres d'Athénée (1), qui bientôt réunit ses forces à celles de M. Lucrétius pour former le blocus d'Haliarte (2).

En même temps se réunirent à Chalcis les vaisseaux des alliés; deux quinquérèmes de Carthage, deux trirèmes d'Héraclée du Pont, quatre de Chalcédoine, autant de Samos, et cinq quadrirèmes de Rhodes. C. Lucrétius les accueillit toutes avec bienveillance; mais, attendu que sur aucun point la guerre n'était maritime, il les renvoya aux alliés (3).

Discours de Persée a son armée. — Persée n'avait rien négligé pour animer le courage de ses troupes. Les Romains, leur disait-il, n'avaient dans leur armée que des soldats levés à la hâte pour cette guerre, tandis que les Macédoniens avaient appris dès l'enfance le métier des armes et avaient pu, dans des guerres nombreuses et fréquentes, s'endurcir et s'habituer aux fatigues. Les auxiliaires des Romains étaient des Lydiens et des Phrygiens, les plus efféminés de tous les peuples; les siens à lui étaient des Thraces et des Gaulois, les plus valeureuses des nations. Tous les secours qui pouvaient dépendre de la bienveillance des dieux et de la prévoyance de leur roi, ils les avaient complets et en abondance. Il fallait qu'ils retrouvassent le courage de leurs ancêtres, qui, après avoir soumis l'Europe, étaient passés en Asie et s'étaient ouvert un monde inconnu à la renommée (4).

Premiers avantages de Persée. — De son côté le consul tint un conseil pour décider du moment où commen-

---

(1) Polybe, liv. XXVII, ch. 3. Tite Live, liv. XLII, ch. 45.
(2) Polybe, liv. XXVII, ch. 4; cf. Tite Live, liv. XLII, ch. 46.
(3) Id., ibid., ch. 48-50.

(1) Tite Live, liv. XLII, ch. 55.
(2) Id., ibid., ch. 56.
(3) Id., ibid.; cf. Polybe, liv. XXVII, ch. 6.
(4) Tite Live, liv. XLII, ch. 52.

ceraient les hostilités. Pendant la délibération, à laquelle assistaient Eumènes et Attale, un courrier vint précipitamment annoncer que l'ennemi arrivait en force. Aussitôt le conseil est dissous, et l'on court aux armes; mais on détache des troupes d'Eumènes cent cavaliers et autant de fantassins armés de javelots. Persée arrive, vers la quatrième heure, à la distance d'un mille du camp romain, et marche en avant avec sa cavalerie et ses troupes légères, accompagné de Cotys, roi de Thrace, et des autres chefs auxiliaires. Ils n'étaient plus qu'à cinq cents pas du camp, lorsqu'ils aperçurent deux escadrons ennemis, composés, pour la plupart, de Galates sous les ordres de Cassignatus, et environ cent cinquante hommes de troupes légères Mysiens ou Crétois. Aucun des deux partis ne recevant de secours, le combat n'eut d'autre résultat que la mort de trente soldats d'Eumènes et notamment celle de Cassignatus (1).

Quelques jours plus tard un engagement plus général eut lieu où les Galates et les autres troupes d'Eumènes firent preuve de courage, et qui serait devenu une bataille décisive si Persée eût osé faire donner sa phalange. L'avantage cependant resta à Persée et les Romains perdirent dans cette journée deux cents cavaliers et deux mille fantassins, tandis que, de l'aveu même de Tite Live, ils ne tuèrent au roi que vingt hommes de cavalerie et quarante d'infanterie. L'armée romaine, d'après le conseil d'Eumènes, repassa le Pénée (2).

PERSÉE DEMANDE LA PAIX. — Au lieu de poursuivre ce succès, Persée s'arrêta et demanda la paix, sur les mêmes bases que son père l'avait acceptée de Flamininus; mais le consul, tout vaincu qu'il était, resta fidèle aux antiques traditions de Rome. Il répondit que la paix se ferait « si le roi s'en remettait au sénat du soin de délibérer sur les relations de Rome avec la Macédoine et avec son souverain. » Il ne restait plus qu'à remettre tout encore aux chances de la guerre (3).

Licinius après un avantage bien disputé près de Phalanna, où Eumènes et Attale payèrent encore de leur personne, vint établir ses quartiers d'hiver en Thessalie (1). Pendant ce temps Corragus, général d'Eumènes, envahit les Etats de Cotys, auquel le roi de Macédoine enjoignit d'aller repousser l'invasion. Le consul après une vaine tentative sur Gonnos revint à Larisse, et renvoya Eumènes et Attale en Asie (2).

Un nouveau consul A. Hostilius Mancinus vint remplacer Hostilius et le préteur Hortensius succéda à Lucrétius qui s'était fait battre par la flotte macédonienne à la hauteur d'Orée. Le roi n'avait pas obtenu moins de succès en Thrace, où il avait conduit ses troupes au secours de Cotys (3).

AMBASSADES DE PLUSIEURS VILLES D'ASIE A ROME. — La seconde année de la guerre ne fut pas plus brillante pour les Romains que la première. Et cependant de toute part les ambassades affluent à Rome. Des députés de plusieurs villes de la Grèce et de l'Asie s'y trouvèrent en même temps. Les Milésiens, en avouant qu'ils n'avaient encore rien fait, déclarèrent qu'ils étaient prêts à donner tout ce que le sénat exigerait d'eux pour les besoins de la guerre. Les Alabandiens, après avoir rappelé qu'ils avaient élevé un temple à la ville de Rome, et institué des jeux annuels en l'honneur de cette nouvelle divinité, ajoutèrent qu'ils apportaient une couronne d'or du poids de cinquante livres, et trois cents boucliers à l'usage de la cavalerie, qu'ils remettraient aux mains des personnes désignées par le sénat. Ils demandaient à déposer leur offrande au Capitole sur l'autel de Jupiter, et à y faire un sacrifice. Les Lampsacéniens adressèrent la même demande en offrant une couronne de quatre-vingts livres, et ajoutaient que, soumis à Persée, et auparavant à Philippe, ils avaient quitté le parti de Persée à l'arrivée des Romains en Macédoine; pour prix de cette preuve de dévouement et de l'empressement qu'ils avaient toujours mis à fournir aux généraux romains toutes les choses nécessaires, ils ne deman-

(1) Tite Live., liv. XLII; *ibid.*, ch. 57.
(2) Id., *ibid.*, ch. 58-60.
(3) Id., *ibid.*, ch. 62.

(1) Tite Live, liv. XLII. ch. 65-66.
(2) Id., *ibid.*, ch. 67.
(3) Id., liv. XLIII, ch. 4.

daient qu'une faveur, le titre d'alliés de Rome, et si l'on venait à faire la paix avec Persée, l'assurance d'être exceptés du nombre des peuples qui rentreraient sous la domination du roi. On fit aux autres députés une réponse bienveillante. Quant aux Lampsacéniens, le préteur reçut l'ordre de les inscrire sur la liste des alliés du peuple romain. Les Alabandiens furent invités à porter leurs boucliers au consul Hostilius, en Macédoine (1).

L'année suivante ce fut le tour des Pamphyliens, qui apportèrent au sénat une couronne d'or de la valeur de vingt mille philippes et demandèrent à déposer ce don dans le temple de Jupiter et à sacrifier au Capitole, faveur qui leur fut accordée. On accueillit aussi volontiers le vœu qu'ils exprimèrent de renouveler leur alliance avec Rome (2).

EUMÈNES ET HORTENSIUS PRENNENT ABDÈRE. — A la fin de l'hiver de l'année 170 Eumènes vint avec Attale se joindre à l'armée romaine, dont les armes, sous le commandement du nouveau consul, A. Hostilius (3), ne furent pas plus heureuses qu'elles ne l'avaient été sous Licinius. Réuni au préteur Hortensius, le roi de Pergame vint assiéger Abdère, qui leur opposa une vigoureuse résistance, et peut-être ne seraient-ils jamais parvenus à s'en rendre maîtres sans la trahison d'un certain Python, qui occupait un poste d'où dépendait le salut de la ville et qui, séduit par les promesses du roi, livra la place aux Romains (4). Hortensius entré dans Abdère y exerça, sans doute contre ses engagements, des exactions si révoltantes que les Abdéritains vinrent s'en plaindre au sénat (5).

ATTALE OBTIENT DES ACHÉENS LE RÉTABLISSEMENT DES HONNEURS DÉCERNÉS AUTREFOIS A SON FRÈRE. — Attale, qui était resté auprès du consul Hostilius, alla pendant l'hiver s'établir à Élatée (1), et dans le désir de donner au roi son frère une nouvelle preuve de dévouement qui effaçât entièrement l'impression fâcheuse qu'avait pu lui laisser sa conduite après l'attentat de Delphes, employa tous ses soins à le réconcilier avec les Achéens. En 187 (2), l'année même où Séleucos venait de succéder à Antiochos, Eumènes, dans tout l'éclat de sa puissance, voyant l'influence des rois de Macédoine et de Syrie entièrement perdue en Grèce depuis les batailles de Cynocéphale et des Thermopyles, avait, dans l'intention sans doute de se substituer à eux et de se préparer de valeureux auxiliaires si, lui aussi, avait un jour à lutter contre l'ambition romaine, cherché à se créer des partisans chez les Achéens, et leur avait envoyé des ambassadeurs chargés de leur offrir un présent de cent vingt talents dont les intérêts devraient être employés à indemniser les citoyens qui venaient prendre part aux assemblées générales de la nation. Mais Apollonidas de Sicyone fit rejeter cette offre : « Assurément, avait-il « dit, si on regarde qu'à la valeur de « la somme promise, le présent est digne « de l'Achaïe; mais, si l'on considère « l'intention de celui qui l'offre et l'u- « sage auquel on le destine, accepter « une telle largesse serait honteux et « contraire aux lois, puisqu'elles inter- « disent à tout particulier et à tout « magistrat de recevoir un don de la « main d'un prince, sous quelque pré- « texte que ce soit. Que le conseil des « Achéens soit nourri par Eumènes « chaque année, et qu'on délibère sur « les affaires publiques, après avoir, « pour ainsi dire dévoré l'appât jeté « par ce roi, il y a là honte et péril. « Eumènes nous donne aujourd'hui de « l'argent; viendra ensuite le tour de « Prusias et celui de Séleucos! Or, « comme les intérêts des monarchies et « ceux des républiques ne se ressem- « blent guère; comme la plupart de nos « discussions, les plus importantes du « moins, roulent sur nos différends avec « les rois, il faudra nécessairement de

---

(1) Tite Live, liv. XLIII, ch. 6 (8).
(2) Id., liv. XLIV, ch. 14.
(3) Suppl. de Tite Live, liv. XLIII, ch. 4.
(4) Diod. de Sic., liv. XXX, fr. 4, de l'ed. de Wesseling.
(5) Supplém. de Tite Live, liv. XLIII, ch. 5.

(1) Polybe, liv. XXVII, fr. 14.
(2) Sur cette date, voy. Sévin, *Mém. de l'Acad. des inscr. et belles-lettres*, t. XII, p. 278.

« deux choses l'une, ou que nous pla-
« cions les intérêts des rois au-dessus
« de nos avantages particuliers, ou,
« dans le cas contraire, que nous pas-
« sions aux yeux des rois pour des in-
« grats et des traîtres envers ceux qui
« nous payent. Refusez donc cette offre,
« et détestez Eumènes en punition d'une
« pareille pensée ? » « Qu'Eumènes ne
« recherche point l'amitié des Achéens
« au prix de si grandes largesses, s'é-
« tait écrié ensuite l'Éginète Cassan-
« dros; qu'il leur rende plutôt Egine
« que les Étoliens lui ont vendue ! »
A ces mots, l'émotion générale avait été
telle, que les avances du roi de Pergame
avaient été repoussées avec indignation (1) et qu'un décret de l'assemblée
avait aboli les honneurs et les distinctions qui lui avaient été accordées jusque-là dans toutes les villes du Péloponnèse.

Eumènes avait ressenti une profonde
douleur à la nouvelle de cet outrage, et le
temps n'avait pu en effacer en lui le
souvenir. L'impression en était restée
d'autant plus vive qu'il mettait tous ses
soins à la dissimuler. Attale résolut donc
de le délivrer de cette pénible préoccu-
pation, et s'adressa à quelques-uns d'entre les Achéens pour obtenir le rétablissement des statues de son frère et même
des inscriptions gravées sur leurs bases.
Cette démarche obtint le succès qu'il en
attendait (2). Grâce à l'intervention de
Polybe, alors commandant de la cavalerie
achéenne, un nouveau décret fut rédigé qui enjoignait aux magistrats de
rétablir Eumènes dans tous ses honneurs, à l'exception de ceux qui étaient
contraires à la dignité et aux lois des
Achéens (3). Télocrite fut envoyé auprès
d'Attale pour lui porter cet acte si vivement désiré (4).

EUMÈNES ET MARCIUS TENTENT VAI-
NEMENT DE PRENDRE CASSANDRÉE ET
DÉMÉTRIADE — En 169, Eumènes, après
avoir passé l'hiver à Pergame vint rejoindre le préteur C. Marcius sur les
côtes de la Thrace. Il lui amenait d'Élée
vingt vaisseaux pontés et en même temps
arrivaient cinq bâtiments semblables
envoyés par le roi de Bithynie. Ces renforts enhardirent le préteur à faire le
siége de Cassandrée. C. Marcius attaqua
la place par terre, et Eumènes par terre
et par mer; mais tous deux échouèrent, et
ils allaient commencer un siége dans les
règles, quand l'arrivée d'une escadre ennemie les força de s'éloigner. Ils vinrent
ensuite devant Démétriade; mais l'arrivée d'un lieutenant de Persée avec deux
mille hommes d'élite, encouragea les
habitants de cette ville à la résistance.
Le préteur et Eumènes firent le tour
des remparts et examinèrent attentive-
ment la position de la place pour s'assurer s'ils pouvaient l'emporter d'assaut
ou s'ils devaient former un siége. Le
bruit courut alors que Persée, par l'entremise du Crétois Cydas et d'Antima-
chos, qui commandait la garnison de
Démétriade, entama des négociations
avec Eumènes, qu'il savait, au dire de
Valérius d'Antium, mécontent du préteur, qui ne lui avait pas permis de camper avec les Romains. Quoi qu'il en soit,
Démétriade fut abandonnée, et Eumènes, après être allé trouver le consul
Q. Marcius Philippus et l'avoir félicité
de son heureuse entrée en Macédoine,
reprit la route de Pergame, sans consentir à laisser la cavalerie gauloise qu'il
avait amenée (1). Songeait-il déjà à une
défection ou entrevoyait-il que les Romains enfin entrés en Macédoine ne
tarderaient pas à s'en rendre maîtres;
qu'ils achèveraient alors le cercle,
comme l'avait prédit Persée dans sa conférence avec Marcius; que bientôt on
verrait quelqu'un, Prusias ou Ariarathe,
venir dire à Rome qu'en vain elle a fait
reculer Antiochos au-delà du Taurus;
qu'Eumènes tyrannise l'Asie plus que
ne le faisait Antiochos, et que ses alliés
n'auraient jamais de repos tant qu'il y
aurait une cour à Pergame, qui comme
une citadelle formidable menace toutes
les cités voisines (2)? Ce qu'il y a de certain, c'est qu'il laissa auprès du consul
son frère Attale, qui resta constamment
fidèle à la cause de Rome et ne cessa de
lui rendre des services signalés durant

(1) Polybe, liv. XXIII, ch. 8.
(2) Id., liv. XXVII, fr. 14.
(3) Id., liv. XXVIII, fr. 7.
(4) Id., ibid., fr. 10.

(1) Tite Live, liv. XLIV, ch. 10-13.
(2) Id., liv. XLII, ch. 4.

toute la campagne (1). Il se pourrait qu'il jouât alors un jeu double, et qu'il ne fût pas fâché de voir son frère se rendre de plus en plus cher aux Romains, afin de pouvoir au besoin s'en faire un défenseur et un rempart contre le ressentiment du sénat.

PRUSIAS INTERCÈDE A ROME EN FAVEUR DE PERSÉE. — Persée, dans la position difficile où il se trouvait, recourut à l'intervention de Prusias et des Rhodiens auprès du sénat de Rome. L'ambassade du roi de Bithynie et celle de Rhodes vinrent solliciter la paix pour le roi de Macédoine. De la part de Prusias ce fut une prière plutôt qu'une condition imposée. Il protestait de sa fidélité constante envers les Romains et promettait d'y persister tant que durerait la guerre. Toutefois, Persée lui ayant fait demander son intervention pour mettre un terme à la guerre, il lui avait promis d'appuyer sa demande auprès du sénat. Il conjurait donc les Romains d'oublier, s'il était possible, leur ressentiment, et leur offrait ses services en échange d'une réconciliation.

LES RHODIENS INVITENT ROME A FAIRE LA PAIX. — Les Rhodiens, au contraire, rappelèrent d'abord en termes hautains les services qu'ils avaient rendus à Rome; ils revendiquaient pour eux la plus grande partie de la victoire remportée sur Antiochos. Leur amitié avec Persée, ajoutèrent-ils, avait commencé quand la paix régnait entre Rome et la Macédoine. C'était malgré eux qu'ils avaient rompu leurs bonnes relations avec le roi; ils n'avaient rien à lui reprocher, et n'avaient été entraînés dans cette guerre que pour complaire aux Romains. Depuis trois ans ils en éprouvaient tous les inconvénients : leur île, privée de toute communication par mer, voyait son commerce détruit, ses ressources anéanties, et se trouvait réduite à la disette. Ne pouvant supporter plus longtemps tous ces maux, ils avaient envoyé en même temps deux ambassades, l'une à Persée pour lui faire savoir que Rhodes l'invitait à faire la paix avec les Romains, l'autre à Rome pour lui faire la même ouverture. Ils aviseraient ensuite aux mesures qu'ils auraient à prendre à l'égard de ceux qui s'opposeraient à la conclusion de la paix. On peut juger de l'impression qu'un tel discours dut produire sur les fiers patriciens de Rome (1).

RÉPONSE DU SÉNAT. — Au dire de l'historien Claudius Quadrigarius, on ne fit aucune réponse à ce message. On se contenta de lire le sénatus-consulte par lequel le peuple romain rendait la liberté aux Cariens et aux Lyciens, et ordonnait qu'on leur écrivît sur-le-champ pour leur faire connaître cette décision. A la lecture de ce décret, le chef de l'ambassade rhodienne tomba évanoui. Suivant d'autres auteurs, le sénat répondit que le peuple romain, dès le commencement de la guerre avait appris de source certaine les intelligences secrètes qui avaient eu lieu entre les Rhodiens et le roi Persée contre la république romaine; que, si jusqu'à ce jour il était resté encore quelques doutes les paroles des envoyés venaient de les dissiper. « Rhodes, sans doute, ajoutait-on, allait désormais décider, par « un message, de la paix ou de la guerre « dans le monde entier, et les Romains « prendraient ou déposeraient les armes suivant sa volonté : Que les Rhodiens fassent ce que bon leur semblera. Quant au peuple romain, il « espère avoir bientôt vaincu Persée, et il « avisera alors aux moyens de traiter, « après cette campagne, chaque cité suivant ses mérites (2) ».

PERSÉE CHERCHE À GAGNER EUMÈNES. — Cependant on avait hâte à Rome d'en finir avec Persée. On confia donc le soin de la guerre au meilleur général de ce temps, au consul L. Æmilius Paulus; et on nomma pour commandant de la flotte le préteur Cn. Octavius (3). Persée, sentant approcher la crise qui devait amener l'issue de la lutte, tenta un dernier effort auprès de Gentius, roi d'Illyrie, auprès des Rhodiens et surtout auprès des rois Eumènes et Antiochos. « Il y a, disaient ses envoyés, une anti- « pathie naturelle entre une ville libre et « un roi : le peuple romain les attaquait « tous successivement, et son odieuse po-

(1) Tite Live, liv. XLIV, ch. 13.

(1) Tite Live, liv. XLIV, ch. 14.
(2) Id., ibid., ch. 15.
(3) Id., ibid., ch. 17.

« litique s'aidait des uns pour renverser
« les autres. Avec le secours d'Attale ils
« avaient accablé Philippe ; avec l'appui
« d'Eumènes, et même, en partie, avec
« celui de Philippe, ils avaient fait la
« guerre à Antiochos. Ils prenaient maintenant les armes contre lui, Persée,
« contre Eumènes et contre Prusias. En
« effet, une fois le royaume de Macédoine
« renversé, ils n'auraient qu'un pas à faire
« pour entrer dans l'Asie, dont ils avaient
« déjà asservi une partie sous prétexte de
« rendre la liberté aux villes grecques.
« Déjà Eumènes se voyait traité avec
« moins de distinction que Prusias; il
« devait donc prendre des mesures pour
« forcer les Romains à faire la paix avec
« le roi de Macédoine, ou, s'ils persévé-
« raient dans une guerre injuste, il devait
« les regarder comme les ennemis communs de tous les rois.

NÉGOCIATIONS SECRÈTES D'EUMÈNES AVEC PERSÉE. — Cette démarche auprès d'Eumènes cachait, sous le prétexte du rachat des prisonniers, des négociations plus mystérieuses qui rendirent le roi de Pergame odieux et suspect aux Romains. Déjà sa conduite devant Démétriade et ses pourparlers secrets avec des officiers de Persée avaient appelé sur lui les soupçons (1). On prétendait que, si sa flotte s'était un moment réunie à celle du préteur, c'est qu'elle avait été poussée sur les côtes de la Thrace par la force des vents, et que, si elle n'avait fait que se montrer et disparaître (2), c'est que déjà sa fidélité était ébranlée et qu'il songeait à abandonner les Romains, qui ne pouvaient plus compter que sur Attale. On apprit bientôt quels avaient été l'objet et le résultat de ces négociations entre les deux rois.

Eumènes s'était en effet résolu à une entière neutralité ; il ne voulait ni aider Persée à vaincre les Romains, ni continuer à lui faire la guerre d'accord avec eux. Pour devenir l'auxiliaire de Persée il eût fallu qu'il fît taire la haine et le ressentiment qui l'animaient contre lui. Mais tant de générosité était impossible. Eumènes n'aurait pu voir d'un œil indifférent le degré de puissance et de gloire où la défaite des Romains aurait élevé ce rival odieux. Il s'apercevait bien d'ailleurs que, dès le commencement même des hostilités, Persée avait tenté tous les moyens d'obtenir la paix, et que, de jour en jour, à mesure que le danger approchait, la paix devenait de plus en plus l'objet de toutes ses pensées et de tous ses efforts. Les Romains, de leur côté, les généraux, comme le sénat, las d'une guerre qui se prolongeait bien au delà de leurs calculs, n'étaient pas éloignés de mettre fin à une lutte si opiniâtre et si pénible. Bien assuré de ces dispositions des deux partis pour une paix que pouvaient hâter sans lui la lassitude du plus fort et la crainte du plus faible, Eumènes, qui se croyait en position de jouer le rôle de médiateur, avait résolu de faire acheter ses services pour arriver à un accommodement. Il demandait au roi de Macédoine tantôt mille talents pour sa neutralité absolue, tantôt quinze cents pour sa médiation, et offrait sa parole et des otages pour garants de ses promesses. Persée, toujours prompt à s'engager quand la nécessité l'y forçait, était prêt à recevoir les otages, et il était déjà convenu qu'ils seraient envoyés en Crète; mais, lorsqu'il était question de livrer l'argent, ses irrésolutions renaissaient; d'ailleurs il trouvait moins d'avantage dans le premier de ces deux marchés, également déshonorants pour les deux rois, mais encore plus pour celui qui recevait l'argent que pour celui qui le donnait. Il voulait bien consentir à quelques sacrifices pour qu'Eumènes l'aidât à obtenir la paix des Romains ; mais il ne voulait donner l'argent qu'après la conclusion du traité, et, en attendant, il offrait de le déposer dans le temple de Samothrace. Or, cette île étant dans la dépendance du roi de Macédoine, Eumènes faisait observer qu'il était indifférent pour lui que la somme fût à Samothrace ou à Pella, et il voulait avant tout en toucher au moins une partie. De ces tentatives pour se tromper mutuellement, les deux princes ne recueillirent que la honte (1).

Cependant Persée, en acceptant les propositions du roi de Pergame, se serait

(1) Tite-Live, ibid., ch. 24.
(2) Id. ib., ch. 20.

(1) Polyb., liv. XXIX, fr. I. d. e. f. Tite-Live, ibid., ch. 25.

placé dans une alternative également avantageuse : ou, avec son secours, il aurait, à prix d'argent, obtenu une paix qu'il n'aurait pas trop payée d'une partie de son royaume; ou, si Eumènes le trompait, il pouvait tout révéler aux Romains, et exciter contre le traître leur juste indignation (1). Son avarice lui fit perdre ce double avantage. Ce ne fut pas le seul dont elle le priva. Elle lui enleva aussi l'appui de Gentius, roi d'Illyrie, et le secours d'un nombreux corps de cavaliers gaulois (2).

OPÉRATIONS MARITIMES DE PERSÉE. — Déchu des espérances qu'il avait fondées sur Eumènes, Persée fit partir sa flotte pour Ténédos, sous la conduite d'Anténor et de Callippos. Elle avait ordre de croiser ensuite dans les parages des Cyclades et de protéger les navires qui apportaient du blé en Macédoine. Elle trouva, mouillés dans le port, les vaisseaux de guerre des Rhodiens; et, non-seulement elle ne fit subir aux équipages aucun mauvais traitement, mais elle les congédia même avec les plus grands égards.

Ensuite informés qu'il y avait dans la partie opposée de l'île cinquante bâtiments de charge, bloqués à l'entrée du port par les vaisseaux d'Eumènes, les amiraux macédoniens doublèrent en toute hâte l'île, mirent l'ennemi en fuite, dégagèrent les navires, et les expédièrent pour la Macédoine sous l'escorte de dix brigantins, qui avaient ordre de retourner à Ténédos dès qu'ils auraient mis le convoi en sûreté. Neuf jours après ils revinrent trouver la flotte au promontoire de Sigée, d'où elle se porta sur l'île de Subota (3). Le lendemain même de son arrivée, le hasard voulut que trente-cinq de ces vaisseaux qu'on nommait hippagogues (4) fissent voile vers

(1) Polyb., liv. XXIX, fr. h. Tite-Live, ibid., ch. 26.
(2) Tite-Live, ibid., ch. 27.
(3) Tite-Live (liv. XLIV, ch. 28) ajoute : *insula est interjecta Atho et Ellæ*, leçon évidemment fautive. Je crois qu'il faut corriger *Asso* et *Eleæ*. Subota serait alors une île du groupe appelé les Cent-Iles, *Hecatonnesi*, resserré entre l'île de Lesbos et le continent asiatique, au sud du golfe Adramytténique.
(4) Parce qu'ils étaient destinés à transporter la cavalerie.

Phanes, promontoire de l'île de Chios, ayant à bord la cavalerie gallo-grecque qu'Eumènes, peut-être pour éloigner les soupçons que la révélation de ses négociations avec Persée avait dû faire naître chez les Romains, envoyait d'Élée à son frère Attale. Ils devaient de là passer en Macédoine. Dès que la vigie les eut signalés, Anténor fit voile de Subota, et vint à leur rencontre, dans le détroit qui sépare l'île de Chios du promontoire d'Erythres. Les commandants pergaméniens ne s'attendaient à rien moins qu'à voir les Macédoniens croiser dans ces parages. Mais, dès qu'il ne leur resta plus de doute sur ce point, le désordre se mit dans leur flotille, hors d'état de résister par la pesanteur des bâtiments et par l'agitation tumultueuse des Galates. Ceux qui se trouvent plus près du continent gagnent Erythres à la nage, les autres font force de voile vers l'île de Chios, se jettent à terre, et, abandonnant leurs chevaux, fuient précipitamment vers la ville. Mais les brigantins ennemis, abordent sur le point de la côte le plus voisin de la ville, et les Macédoniens atteignent les Galates. Huit cents cavaliers furent tués, et deux cents faits prisonniers. Quant aux chevaux, une partie fut submergée avec les vaisseaux fracassés, ou tuée sur le rivage. Anténor en réserva vingt des plus beaux; et les dix brigantins eurent ordre de les transporter à Thessalonique avec les prisonniers, puis de rejoindre au plus tôt la flotte qui devait les attendre à Phanes. Pour lui, il resta près de trois jours en station à la hauteur de cette ville, et rejoint par les brigantins beaucoup plus tôt qu'il ne l'avait espéré il cingla vers Délos (1). Il y trouva cinq quinquérèmes d'Eumènes et trois commissaires romains, que l'inviolabilité de cette île et de son temple mirent à l'abri de ses attaques.

AMBASSADE DE PERSÉE A RHODES. — Vers ce temps arrivèrent à Rhodes les ambassadeurs de Gentius et de Persée qui venaient presser les Rhodiens de s'unir à eux. Tout concourait à donner du poids à cette mission. Les courses de la flotte macédonienne dans la mer Égée, les cavaliers galates tués à Chios,

(1) Tite-Live, ibid., ch. 28.

l'alliance de Gentius et de Persée. Les partisans du Macédonien parvinrent donc facilement à obtenir pour les deux rois une réponse favorable. Malgré le mauvais résultat de la première tentative faite à Rome, il leur fut déclaré publiquement que la puissante médiation de Rhodes allait mettre fin à la guerre, et qu'ainsi les deux rois devaient, de leur côté, montrer les sentiments de modération propres à hâter la conclusion de la paix (1).

AMBASSADE DES RHODIENS AUPRÈS D'ÆMILIUS PAULUS. — Cependant le consul Æmilius Paulus avait pris le commandement de l'armée romaine et, arrêté son plan de campagne. Il devait attaquer de front la Macédoine, tandis qu'Octavius formerait l'aile droite, et, après avoir chassé la flotte macédonienne de la mer Égée, menacerait les côtes et prendrait Persée en queue, et qu'Anicius envoyé avec deux légions en Illyrie viendrait former l'aile gauche, après avoir vaincu et refoulé Gentius. En même temps l'autre consul Licinius, se tenait sur l'Adriatique prêt à venir avec son armée secourir son collègue, si son appui lui devenait nécessaire (2).

L'expédition d'Anicius fut heureuse, et la nouvelle de la victoire du préteur était parvenue à Rome avant même qu'on y sût que la guerre d'Illyrie était commencée. Trente jours avaient suffi pour faire tomber au pouvoir des Romains la personne du roi, sa famille et son royaume (3). On venait de l'apprendre dans le camp d'Æmilius quand les ambassadeurs de Rhodes se présentèrent devant le consul comme médiateurs de la paix. Ils furent encore plus mal accueillis que leurs devanciers ne l'avaient été par le sénat de Rome. On voulait les chasser sans leur répondre; mais Æmilius leur déclara qu'ils auraient sa réponse dans quinze jours (4). Cette réponse fut la victoire de Pydna, qui anéantit pour toujours la puissance de la Macédoine.

ATTALE, SOLLICITÉ DE TRAHIR SON FRÈRE, EST RAPPELÉ A SON DEVOIR

(1) Polyb., liv. XXIX, fr. 4 et 5. Tite-Live ibid., ch. 29.
(2) Tite-Live, ibid., ch. 32.
(3) Tite-Live, ibid., ch. 30, 32 et 34.
(4) Tite-Live, liv. XLIV, ch. 35.

PAR LE MÉDECIN STRATIOS. — A la suite de cet éclatant succès, de nombreuses ambassades furent envoyées à Rome par les rois et par les villes de l'Asie. Eumènes ne fut pas le dernier à remplir ce devoir; il chargea son frère Attale de le représenter, et ce fut ce prince qui attira plus particulièrement l'attention de tous les Romains. Ceux qui avaient été ses compagnons d'armes pendant la guerre, lui firent un accueil aussi cordial qu'empressé ; il ne venait pas seulement offrir aux Romains de légitimes félicitations sur une victoire à laquelle il avait contribué, il venait aussi se plaindre des attaques des Gaulois, dont un succès récent mettait en danger le royaume de son frère. A ces motifs il joignait l'espoir secret de recevoir du sénat des honneurs et des récompenses qu'il ne pouvait guère obtenir qu'aux dépens de son frère. Il trouvait même parmi les Romains des conseillers perfides qui irritaient sa cupidité. « On faisait à Rome, lui disaient-ils, une grande différence entre Attale et Eumènes; on voyait dans le premier un ami sur lequel on pouvait compter, et dans le second, un allié aussi peu fidèle aux Romains qu'à Persée. Aussi pouvait-il se flatter d'obtenir avec la même facilité ce qu'il demanderait pour lui-même ou contre son frère, tant les sénateurs étaient généralement disposés à tout accorder à l'un et à tout refuser à l'autre. » Attale, sa conduite l'avait déjà prouvé, était un de ces hommes qui désirent tout ce qu'ils croient pouvoir espérer. Mais la prudence d'un ami fidèle mit un frein à sa cupidité, que le succès avait excitée. Cet ami était un médecin nommé Stratios, qu'Eumènes, qui n'était pas sans inquiétude, avait envoyé à Rome pour observer la conduite de son frère, et le rappeler à son devoir s'il le voyait s'en écarter. Attale avait déjà prêté l'oreille à de dangereux conseils et s'y abandonnait imprudemment, lorsque Stratios, saisissant un moment favorable, raffermit sa fidélité fortement ébranlée. « Les au-
« tres États, lui dit-il, ont dû leurs
« accroissements à différentes causes.
« Le royaume de Pergame d'une ori-
« gine récente, ne peut subsister que
« par la concorde de trois frères, dont

« un seul porte le titre de roi et ceint
« le diadème, mais qui tous règnent
« également. Attale, le plus âgé après
« Eumènes, n'est-il pas roi aux yeux de
« tous? Eumènes, vieux et infirme, va
« bientôt lui céder le trône : pourquoi
« vouloir obtenir par la violence un
« rang qui sous peu doit s'offrir à lui? Le
« bon accord et l'union des trois princes
« peuvent seuls leur permettre de faire
« tête aux irruptions des Galates, nou-
« vel orage qui menace leur royaume.
« Si aux ennemis du dehors viennent
« se joindre des dissensions domestiques
« toute résistance est impossible. Quand
« il serait également glorieux pour lui
« de conserver le trône à son frère ou
« de le lui arracher, il y avait plus
« d'honneur à suivre le parti conforme
« aux sentiments de la nature; mais
« l'autre parti serait un attentat exé-
« crable et presque un parricide : com-
« ment balancer un instant (1)? »

Ces représentations l'emportèrent dans l'esprit d'Attale. Admis dans le sénat, il félicita les Romains de leur victoire, exposa modestement les services de son frère et les siens pendant la guerre, et raconta le soulèvement des Gaulois qui venait d'éclater avec une grande violence. Il pria le sénat de leur envoyer une députation dont l'autorité les forçât à déposer les armes. Après ces demandes dans l'intérêt du royaume de Pergame, il sollicita pour lui-même Ænos et Maronée. Ayant ainsi trompé l'espérance de ceux qui s'attendaient à le voir accuser son frère et demander le partage de ses États, il sortit de l'assemblée qui l'avait écouté avec plus de faveur et plus d'intérêt qu'elle n'en avait jamais accordé à aucun roi (2).

Vinrent ensuite les Rhodiens fort inquiets des dispositions de Rome et craignant de voir se réaliser les menaces que leur avait faites Æmilius quand ils étaient intervenus en faveur de Persée (3). Lorsqu'ils demandèrent à être admis dans la curie pour y féliciter le peuple romain de sa victoire et justifier leur république des accusations portées contre elle, le consul leur déclara, au nom du sénat, que l'usage des Romains était de traiter leurs alliés et leurs amis avec tous les égards de l'hospitalité et de les admettre à l'audience du sénat, mais que, pendant la dernière guerre, les Rhodiens ne s'étaient pas conduits de manière à ce qu'on pût voir en eux des amis et des alliés. A ces paroles, ils se prosternèrent tous jusqu'à terre suppliant le consul d'avoir moins égard à des accusations récentes et calomnieuses contre les Rhodiens qu'à leurs anciens services. Aussitôt ils prirent des habits de suppliants et allèrent de maison en maison prier les principaux sénateurs de les entendre avant que de les condamner. Après de longues et instantes prières, ils obtinrent enfin d'être présentés par le consul au sénat. Là ils se prosternèrent et restèrent longtemps dans cette attitude. Le consul les releva et les engagea à parler. Grâce à l'éloquent plaidoyer de l'un des chefs de l'ambassade et surtout à la généreuse intervention de M. Porcius Caton, on fit aux Rhodiens une réponse qui ne leur permettait ni de se regarder comme ennemis, ni de croire qu'ils restaient alliés de Rome. Les Rhodiens eurent ordre pour le moment de rappeler les corps de troupes qu'ils avaient en Lycie et en Carie. Cette nouvelle, toute affligeante qu'elle était, ne laissa pas de causer à Rhodes une grande joie, tant on était heureux d'être délivré de la crainte d'un plus grand mal; car on avait craint la guerre. Aussi fut-il décrété sur le champ qu'on enverrait à Rome une couronne du poids de vingt mille pièces d'or. En même temps Theætétos, commandant de la flotte rhodienne, fut envoyé à la tête d'une ambassade pour solliciter avec de nouvelles instances l'alliance des Romains. Rhodes voulait par là, non pas se créer un appui contre les autres peuples, car elle ne craignait que Rome, mais devenir moins suspecte aux Romains eux-mêmes (1).

RHODES RÉTABLIT SA DOMINATION SUR LES VILLES DE LA LYCIE ET DE LA CARIE. — Il est très-vraisemblable que Theætétos acheva plus tard de ré-

---

(1) Polybe, liv. XXX, ch. 2. Tite-Live, liv. XLV, ch. 19.

(2) Polybe, ibid., ch. 3. Tite-Live, ibid., ch. 20.

(3) Voyez plus haut, p. 347, col. 1.

(1) Tite-Live, liv XLV, ch. 20-25.

concilier sa patrie avec Rome, car nous voyons peu de temps après Rhodes ne rien négliger pour rétablir et pour maintenir sa domination sur les villes du sud-ouest de l'Asie Mineure.

Vers cette époque en effet, les Cauniens s'étaient révoltés contre les Rhodiens ; et les Mylassiens s'étaient rendus maîtres des châteaux dépendant d'Euromos. Mais Rhodes n'était pas abattue au point de ne pas comprendre qu'une fois-la, Lycie et la Carie soustraites à sa domination. les autres contrées soumises à sa puissance ne tarderaient pas à s'affranchir ou à être envahies par les peuples voisins, et qu'alors elle se verrait enfermée dans les étroites limites d'une île stérile qui ne pouvait nourrir une aussi nombreuse population. Elle mit donc sur pied toute sa jeunesse, qui força promptement les Cauniens à rentrer dans le devoir, malgré l'assistance des Cibyrates, que ceux-ci avaient appelés à leur secours. Les Mylassiens et les Alabandéniens, qui, après s'être emparés du territoire d'Euromos, avaient réuni leurs forces pour marcher contre les Rhodiens, furent également défaits aux environs d'Orthosie (1).

ROME CONFIRME RHODES DANS LA POSSESSION DE CALYNDA. — Ce fut vers le même temps que les Calyndiens se révoltèrent contre les Cauniens qui les avaient tenus jusqu'alors sous leur dépendance. Rhodes intervint. A la vue des troupes rhodiennes qui se disposaient à les assiéger par terre et par mer, les Calyndiens avaient d'abord appelé à leur secours les Cnidiens, et, grâce à cet appui, ils avaient résisté quelque temps à leurs ennemis ; mais, inquiets de l'avenir, ils envoyèrent une ambassade aux Rhodiens, et se livrèrent eux et leur ville à leur discrétion. Les Rhodiens alors envoyèrent à Rome une nouvelle ambassade, sous la conduite de Cléagoras, pour demander qu'on les confirmât dans la possession de Calynda, et pour qu'il fût permis à ceux d'entre eux qui avaient des propriétés en Lycie et en Carie, de les conserver aux mêmes conditions qu'autrefois. Ils élevèrent en même temps dans le temple de Minerve une statue colossale du peuple romain, haute de trente coudées Le sénat, sensible à tant de preuves de déférences accéda à toutes leurs demandes. (1).

ENQUÊTE ORDONNÉE PAR ROME EN GRÈCE ET EN ASIE MINEURE. — Cependant Rome, après l'anéantissement de la puissance de Persée, ordonna une enquête en Grèce pour récompenser ses amis et punir ses ennemis. Ces recherches, à force de s'étendre, furent poussées jusqu'en Asie ; et Labéon fut envoyé dans l'île de Lesbos pour y raser Antissa et en transférer les habitants à Méthymne, en punition de ce qu'ils avaient reçu dans leur port Anténor, l'un des lieutenants du roi, et lui avaient fourni des vivres, lorsqu'il croisait avec sa flottille à la hauteur de Lesbos.

FÊTES CÉLÉBRÉES PAR ÆMILIUS. LES ROIS ASIATIQUES Y SONT INVITÉS. — On régla ensuite l'administration de la Macédoine, et après les affaires sérieuses on s'occupa de divertissements. Æmilius préparait depuis longtemps à Amphipolis une fête à laquelle furent invitées les républiques (2) et les rois asiatiques, ainsi que les personnages les plus considérables de la Grèce, et il prouva dans cette circonstance, où l'Europe et l'Asie se trouvèrent réunies, que, s'il savait gagner des batailles, il savait aussi présider à des jeux (3).

LES ROMAINS INTERVIENNENT DANS LE CONFLIT SURVENU ENTRE LES GALATES ET LE ROI DE PERGAME. — Cependant la guerre continuait entre les Gaulois et le roi de Pergame, et Rome, comme nous l'avons vu, avait été invitée par Attale à intervenir dans le conflit. Des commissaires avaient été envoyés par lui, et, pendant qu'Æmilius célébrait sa fête, ils arrivèrent en Asie. L'hiver avait amené une trêve à la faveur de laquelle les Gaulois s'étaient retirés dans leur pays, et Eumènes lui-même était allé prendre ses quartiers d'hiver à Pergame, où il était tombé dangereusement malade ; mais le commencement du printemps avait vu les Gaulois reparaître, ils s'étaient avancés

---

(1) Tite-Live, *ibid.*, ch. 28.

(1) Polybe, liv XXXI, p. 10 et 15.
(2) Entre autres Héraclée. *Voy. Hist. gr. coll. Didot,* t. III, p. 539, 26.
(3) Tite-Live, liv. XLV, ch. 31 et 32.

jusqu'à Symnada, et Eumènes avait concentré à Sardes toutes ses forces. Ce fut près de la première de ces deux villes que les Romains s'abouchèrent avec Solovettius, chef des Gaulois. Attale les avait accompagnés; mais on jugea à propos de ne pas le laisser entrer dans le camp, de peur que la discussion ne devînt trop orageuse. P. Licinius, qui conféra avec le chef des Gaulois, vint rapporter que ses prières n'avaient fait que le rendre plus fier et plus intraitable. Ainsi, tandis que la médiation des ambassadeurs romains suffisait pour faire déposer les armes à des rois puissants, par un contraste des plus étranges, elle n'eut aucune influence sur l'esprit des Gaulois (1). Il est vrai de dire aussi que les rois de Pergame n'étaient plus aux yeux des Romains des amis assez sûrs et assez sincèrement dévoués pour qu'on n'écoutât que les intérêts de leur politique. Peut-être même déjà Rome ne les voyait pas sans une certaine satisfaction perdre de leur influence, prévoyant que le moment n'était pas éloigné où elle leur succéderait en Asie.

PRUSIAS VIENT A ROME AVEC SON FILS IMPLORER L'APPUI DU SÉNAT. — Ce fut vers ces temps-là que le roi de Bithynie, Prusias, vint à Rome avec son fils Nicomède accompagné d'un nombreux cortége. Là, au rapport de Polybe (2), il affecta une bassesse indigne de la majesté royale, et dont il avait déjà fait preuve en venant au-devant des ambassadeurs romains la tête rasée et couverte d'un bonnet d'esclave (3), se disant l'affranchi du peuple romain, et affectant d'en porter les marques distinctives. Dès son entrée dans le sénat, il se prosterna, baisa le seuil de la porte, et appela les sénateurs ses dieux tutélaires. Le reste de son discours, digne d'un pareil début, fut moins flatteur pour ceux auxquels il s'adressait que déshonorant pour celui qui avait la bassesse de le tenir. D'abord il félicita le sénat de sa victoire sur Persée, rappela les services qu'il avait rendus dans cette guerre et demanda la permission de sacrifier à Rome sur le Capitole, et à Préneste dans le temple de la Fortune, afin d'accomplir le vœu qu'il avait fait pour le triomphe du peuple romain. Tant d'abjection n'était pas sans un motif d'intérêt. Il sollicita le renouvellement de l'alliance que Rome avait conclue avec lui et la cession du territoire confisqué sur Antiochos, mais dont les Romains n'avaient pas encore disposé, et que les Gaulois avaient envahi. En outre il recommanda son fils au sénat. Toutes ses demandes furent accueillies, à l'exception de celle qui concernait l'abandon de territoire. On lui répondit à cet égard, comme on le faisait toujours pour éluder les questions embarrassantes ou sur lesquelles on ne voulait pas se prononcer, qu'on enverrait des commissaires pour examiner cette question; que, si le territoire appartenait au peuple romain et qu'on n'en eût disposé en faveur de personne, on le donnerait à Prusias, qui avait si bien mérité un tel présent; mais que, s'il n'avait pas appartenu au roi Antiochos, il n'était pas probable qu'il fût tombé au pouvoir du peuple romain, ou que, s'il avait été donné aux Gaulois, Prusias devrait excuser les Romains de ne pas lui faire une concession qui porterait préjudice à un autre; que le sénat prenait volontiers Nicomède sous sa protection, et qu'il avait déjà prouvé plus d'une fois avec quel intérêt le peuple romain veillait sur les enfants des rois ses amis. On donna ensuite à Prusias ainsi qu'à son fils une brillante hospitalité, et vingt vaisseaux longs, sous la conduite de L. Cornélius Scipion, eurent ordre de le transporter jusqu'à la flotte dont on lui avait fait présent. Après un séjour de trente jours au plus à Rome, il repartit pour son royaume (1).

EUMÈNES VIENT EN ITALIE. LE SÉNAT ROMAIN REFUSE DE LE RECEVOIR. — Prusias venait de s'éloigner, quand on apprit qu'Eumènes arrivait en Italie. L'arrivée d'Eumènes jeta les sénateurs romains dans un grand embarras. Quels que fussent leurs ressentiments à l'égard de ce roi, et quelque inébranlable que fût leur résolution à son égard,

---

(1) Tite-Live, *ibid.*, ch. 34.
(2) Cité par Tite-Live, liv. XLV, 44.
(3) Polybe, liv. XXX, ch. 18.

(1) Tite-Live, *ibid.*, ch. 44.

ils ne voulaient en aucune façon dévoiler leurs sentiments. Si, après avoir montré au monde dans Eumènes le premier et le plus fidèle des amis de Rome, ils l'admettaient à présenter sa défense, et lui faisaient entendre la réponse que leur dictait leur conscience, ils allaient mettre eux-mêmes en lumière l'imprudence qu'ils avaient commise en élevant autrefois si haut un tel homme; et, d'autre part, sacrifier tout au respect humain et lui répondre avec bienveillance, c'était trahir la vérité et les intérêts de la république. Comme de ces deux partis devait résulter pour eux quelque inconvénient, voici l'expédient auquel ils s'arrêtèrent. Sous le prétexte qu'ils étaient fatigués de ces nombreuses visites de rois, ils rendirent un décret par lequel ils interdisaient à tout prince de venir les trouver. Peu après, informés qu'Eumènes avait abordé à Brindes, ils lui envoyèrent le questeur, muni d'un décret, lui dire que, s'il avait besoin du sénat, il n'avait qu'à lui communiquer sa demande, sinon qu'il se remît en mer au plus vite. Eumènes comprit l'intention du sénat : il se borna à répondre qu'il n'avait besoin de rien et se hâta de retourner dans son royaume. Du reste le sénat romain obtenait encore par là un résultat important. Un grand péril menaçait Pergame du côté des Galates, et il était de toute évidence qu'après l'affront fait à Eumènes ses alliés perdraient de leur audace, tandis que les Galates redoubleraient d'ardeur (1).

AMBASSADES DE RHODES ET DES GALATES A ROME. — Vers cette même époque Théætétos, ambassadeur de Rhodes, suivi de Philophron et d'Astymédès, fut introduit dans le sénat et y traita la question d'alliance; mais, au milieu des lenteurs du sénat, il mourut, âgé de près de quatre-vingts ans. Bientôt arrivèrent à Rome les exilés de Caune et de Stratonicée. On leur donna audience, et un décret enjoignit aux Rhodiens de retirer leurs garnisons de ces deux villes. Philophron et Astymédès, après avoir reçu cette réponse, se hâtèrent de retourner à Rhodes, tant ils craignaient que les Rhodiens, en négligeant d'obéir,

ne fournissent une nouvelle cause de griefs (1).

L'année suivante (165 av. J.-C.), les Rhodiens, instruits du décret relatif à Caune et à Stratonicée, et voyant bien que la colère de Rome ne se ralentissait pas, se hâtèrent d'obéir en tout aux injonctions du sénat, et envoyèrent à Rome Aristote pour tenter encore une fois la conclusion d'une alliance. Aristote arriva dans cette ville au commencement de l'été. Introduit presque aussitôt dans le sénat, il lui annonça la prompte obéissance des Rhodiens à ses volontés et chercha par de nombreuses raisons à en obtenir une alliance. Le sénat, dans sa réponse, ne prononça pas une seule fois le mot d'amitié, et déclara qu'il ne convenait pas à sa dignité de s'allier pour le présent avec les Rhodiens (2).

Des députés Galates s'étaient aussi rendus à Rome pour réclamer son appui. Le sénat leur répondit que ce peuple pourrait vivre libre s'il consentait à demeurer dans les limites de ses frontières sans jamais envahir le territoire voisin (3).

Pendant que ces choses se passaient à Rome, Tibérius Gracchus fut envoyé en Asie comme ambassadeur, pour s'assurer des dispositions des rois de Syrie et de Pergame, et se laissa séduire par l'accueil empressé de ces deux princes, qui ne négligèrent rien pour le tromper sur leurs dispositions (4).

PRUSIAS ACCUSE EUMÈNES DEVANT LE SÉNAT ROMAIN. — L'année suivante (164 av. J.-C.) une ambassade de Prusias, roi de Bithynie, vint à Rome accuser le roi Eumènes, et se plaindre qu'il lui eût enlevé quelques provinces. Il le montra empiétant sans cesse sur la Galatie, rebelle aux ordres du sénat, plein d'égards pour ceux de son parti, mais acharné à rabaisser de toutes les manières quiconque aimait Rome et voulait se conduire d'après les volontés du sénat. Quelques envoyés de certaines villes asiatiques accusèrent également le roi de Pergame

(1) Polybe, liv. XXX, ch. 18.

(1) Polybe, ibid., ch. 19.
(2) Polybe, liv. XXXI, ch. 1.
(3) Id., ibid., ch. 2.
(4) Id., ibid., ch. 5.

et firent allusion aux intrigues qu'il entretenait avec le roi de Syrie. Le sénat écouta jusqu'au bout ces plaintes, et, sans les repousser, ne révéla pas non plus ses desseins de vengeance. Il se contenta de persévérer dans ses soupçons contre Eumènes et Antiochos. En attendant il ne cessa pas d'agrandir les Galates et même de les aider à recouvrer leur liberté. Ce fut alors que Tibérius Gracchus revint d'Asie. Mais il ne put communiquer au sénat, sur les projets d'Eumènes et d'Antiochos, des idées plus claires que celles qu'il avait avant son départ. Tant ces rois, par leur bienveillant accueil, avaient su endormir sa prudence (1).

NOUVELLE AMBASSADE DES RHODIENS A ROME. — DISCOURS D'ASTYMÉDÈS. — A la même époque le sénat reçut une nouvelle ambassade des Rhodiens à la tête de laquelle était Astymédès, qui se montra plus modéré et plus habile que dans sa première mission. Laissant de côté d'inutiles récriminations, il dit que sa patrie avait été suffisamment punie et même au delà de son crime. Puis il énuméra rapidement les pertes que Rhodes avait faites ; il rappela qu'elle s'était vu enlever la Lycie et la Carie, dont la conquête lui avait coûté des sommes considérables, en la contraignant trois fois à combattre. Maintenant elle se voyait privée des revenus qu'elle en retirait. « Toutefois, « ajouta-t-il, ce n'est peut-être que « justice : vous nous aviez donné ces « provinces comme récompense de no- « tre dévouement ; aujourd'hui que la « défiance et l'inimitié ont remplacé « notre ancienne union, vous les repre- « nez : cette rigueur est toute natu- « relle. Mais Caune, que nous avons « acheté deux cents talents aux géné- « raux de Ptolémée ! mais Stratonicée, « que nous reçûmes pour prix des ser- « vices rendus à Antiochos et à Séleu- « cos ! chacune de ces deux villes rap- « portait chaque année, à notre trésor, « une somme de cent vingt talents ; « et cependant, pour obéir au sénat, « nous avons renoncé à des avantages « si considérables ! Ainsi, pour un mo- « ment d'erreur, vous avez infligé aux

(1) Polyb., ibid., ch. 6.

« Rhodiens un châtiment plus fort « qu'aux Macédoniens pour une haine « héréditaire. Enfin, pour comble de « malheur, vous avez enlevé à notre port « le plus beau de ses revenus, en dé- « clarant Délos exempte de péage et en « enlevant à notre république le privi- « lége de résoudre par elle-même les « questions qui concernent notre port « et tous les autres intérêts publics. « Qu'en est-il résulté ? C'est que les « droits de péage qui nous donnaient « autrefois un million de drachmes, « sont réduits aujourd'hui à cent cin- « quante mille. Votre colère, Romains, « n'a que trop bien frappé notre ré- « publique au cœur. Si du moins les « fautes et la haine dont vous vous « plaignez venaient de tous, peut-être « auriez-vous raison de nourrir contre « nous un inflexible ressentiment. Mais « vous savez vous-mêmes combien peu « de Rhodiens ont pris part à ces pro- « jets insensés, et que tous les coupa- « bles ont été punis. Pourquoi donc « cet implacable courroux contre des « innocents, tandis qu'envers les autres « peuples vous faites preuve de tant de « douceur et de magnanimité ? Le peu- « ple rhodien, dépouillé aujourd'hui « de ces richesses, de cette liberté, de « ces droits qu'il n'a pas craint jus- « qu'ici de défendre au prix des plus « rudes travaux, vous conjure, par « ma bouche, maintenant que vous « lui avez porté assez de coups, de dé- « poser votre colère et de lui accorder « votre alliance, afin qu'il soit mani- « feste pour tous que vous avez cessé « d'être irrités contre lui, et que vous « êtes revenus à vos anciens sentiments « de bienveillance ! voilà ce qu'il at- « tend de vous, et non des secours d'ar- « mes et de soldats. » Ainsi parla Astymédès : son langage parut parfaitement accommodé aux circonstances. Mais ce qui valut surtout aux Rhodiens la faveur d'obtenir l'alliance qu'ils désiraient si vivement, ce fut la présence de Tibérius Gracchus récemment revenu d'Asie. En attestant que les Rhodiens avaient obéi à tous les ordres du sénat, et que, de plus, tous les fauteurs des dernières dissensions avaient été condamnés à mort, il réduisit au silence ceux des sénateurs qui étaient hostiles à Rhodes, et rendit à cette ville l'alliance de Rome (1).

ATTALE ET ATHÉNÉE VIENNENT DÉFENDRE EUMÈNES DEVANT LE SÉNAT ROMAIN. — C. SULPICIUS EST ENVOYÉ EN ASIE. — Sur ces entrefaites arrivèrent à Rome et se présentèrent dans le sénat Attale et Athénée, frères du roi de Pergame. Prusias, depuis quelque temps, ne se bornait plus à répandre contre Eumènes et Attale de violentes accusations, il excitait même les Galates et les Selgiens, ainsi que plusieurs autres peuples de l'Asie, à suivre son exemple. Aussi Eumènes avait-il envoyé ses frères à Rome pour se disculper. Admis dans le sénat, Attale et Athénée semblèrent, à toute l'assemblée, avoir suffisamment réfuté les griefs des peuples conjurés contre eux; et, non-seulement ils lavèrent Eumènes des reproches dont il était l'objet, mais ils retournèrent en Asie comblés d'honneurs.

Le sénat, toutefois, conserva des soupçons sur Eumènes et Antiochos. Il envoya comme députés C. Sulpicius et Manius Sergius pour sonder leurs dispositions, pour voir s'ils ne faisaient pas contre les Romains quelques préparatifs et s'ils ne tramaient pas de nouvelles manœuvres (2).

C. Sulpicius commit de nombreuses imprudences durant cette ambassade : contentons-nous de citer les édits qu'il publia à son arrivée en Asie dans les villes les plus célèbres, et par lesquels il priait tous ceux qui voulaient accuser le roi Eumènes de venir le trouver dans Sardes au jour qu'il détermina. Il ne manqua pas en effet au rendez-vous, et, pendant dix jours consécutifs, écouta du haut de son tribunal, au gymnase, toutes les plaintes qu'on voulait lui faire entendre. Il se plaisait à recueillir les calomnies, les mensonges les plus injurieux contre le roi, traînant en longueur les accusations comme les affaires. C'était un esprit vain qui comptait se faire un nom par ses différends avec Eumènes, et qui ne prenait pas garde que plus les Romains montraient de sévérité envers ce prince, plus les Grecs s'en rapprochaient.

(1) Polyb., ibid., ch. 7.
(2) Id., ibid., § 9, 2.

COMMISSAIRES ROMAINS EN CAPPADOCE.—AVÉNEMENT D'ARIARATHE VI. — Vers le même temps Ariarathe, roi de Cappadoce, mourut. Ce prince, depuis qu'il avait recherché l'amitié des Romains, avait toujours été leur plus docile et leur plus fidèle allié. Les derniers temps de son règne furent troublés par quelques démêlés avec les Galates de la tribu des Trocmes, qui, ne pouvant entamer ses frontières, essayèrent d'indisposer contre lui le sénat. M. Junius fut envoyé en Cappadoce ; le roi lui fit si bon accueil et se justifia si bien que l'ambassadeur revint à Rome faisant de lui le plus grand éloge (1). Cet Ariarathe eut pour successeur son fils, qui portait le même nom (2). Celui-ci, à peine parvenu au trône, s'empressa d'envoyer une ambassade à Rome pour renouveler l'alliance et porter au sénat l'assurance de son zèle et de son affection. On fit à ses ambassadeurs la réception la plus gracieuse. A leur retour, le roi jugeant, dit Polybe, que son trône était affermi puisqu'il avait obtenu l'amitié des Romains, fit des sacrifices en reconnaissance de cet heureux événement (3).

AFFAIRES DE SYRIE. — MEURTRE D'OCTAVIUS, COMMISSAIRE DU SÉNAT. — AVÉNEMENT DE DÉMÉTRIOS SOTER. — A cette époque survinrent en Syrie des événements dont le contre-coup devait se faire sentir dans les pays voisins. Antiochos Epiphanes était mort (164), laissant pour héritier un enfant de neuf ans que Lysias, son tuteur, fit proclamer sous le nom d'Antiochus V Eupator. A cette nouvelle, le jeune Démétrios, fils de Seleucos IV, qui depuis près de douze ans était retenu à Rome comme otage, demanda au sénat la permission de retourner dans son pays. Quoiqu'il ne manquât pas de bonnes raisons pour appuyer sa demande, le sénat trouva plus avantageux de laisser le royaume aux mains d'un enfant, et résolut même de profiter de la circonstance pour porter

(1) Polyb., l. XXXI, fr. 11.
(2) Ariarathe VI, surnommé Philopator parce que son père ayant voulu abdiquer en sa faveur, il refusa, dit-on, et voulut obéir tant que son père serait vivant. (Diodor. ap. Vales.)
(3) Polyb., ibid., fr. 13.

le dernier coup à la puissance des rois de Syrie. Cn. Octavius, Spurius Lucretius, L. Aurelius furent choisis pour aller mettre ordre aux affaires d'Asie. Comme le bruit courait qu'Antiochos Epiphanes avait rassemblé des éléphants et des navires en plus grand nombre que les traités ne le permettaient, il leur fut ordonné de brûler les vaisseaux et de tuer les éléphants (1). En même temps ils étaient chargés de régler le différend des Galates et du roi de Cappadoce. Le jeune Ariarathe reçut les commissaires romains avec plus d'empressement encore que son père. Instruit qu'ils devaient passer en Syrie, il proposa de les accompagner avec une armée pour les mettre à couvert de toute insulte. Ils n'acceptèrent pas cette offre, se croyant assez protégés par le respect qu'inspirait le nom romain.

En effet, tout tremblait à leur approche. Mais les Syriens ne purent voir sans indignation exécuter les ordres rigoureux du sénat; Octavius, chef de l'ambassade, fut assassiné par un certain Leptines dans le gymnase de Laodicée (2), et l'on soupçonna le régent Lysias d'avoir été l'instigateur de ce meurtre (3).

Vainement il fit faire au commissaire romain des funérailles magnifiques et adressa une ambassade au sénat pour se disculper : ses députés furent renvoyés sans réponse. Sur ces entrefaites, Démétrios, trompant la surveillance dont il était l'objet, s'enfuit d'Italie. Il débarqua d'abord en Lycie, et de là écrivit au sénat qu'il allait venger sur Lysias le meurtre d'Octavius; qu'il respecterait le jeune roi que le peuple romain avait reconnu; en même temps ses amis, qui l'avaient précédé en Syrie, publiaient qu'il venait avec l'aveu du sénat. Il ne trouva aucune résistance.

Lysias fut mis à mort, ainsi que son pupille (4).

Bientôt arriva en Asie une nouvelle ambassade romaine, à la tête de laquelle était Tib. Gracchus. Démétrios ne négligea rien pour gagner l'amitié des ambassadeurs. Il leur envoya d'abord en Cappadoce un de ses affidés : puis deux députations, qui les rejoignirent, l'une dans la Pamphylie, l'autre à Rhodes (1).

En même temps il faisait partir pour Rome une ambassade chargée d'offrir au sénat une couronne de la valeur de dix mille pièces d'or, et de livrer le meurtrier d'Octavius avec un rhéteur du nom d'Isocrate qui avait fait publiquement l'apologie du meurtre. Le sénat après avoir longtemps délibéré, reçut les ambassadeurs, accepta leur couronne, et leur répondit « que le roi leur maître serait ami des Romains tant qu'il leur serait aussi soumis qu'il l'était pendant qu'il demeurait à Rome (2). »

NOUVELLES AMBASSADES D'ARIARATHE, DE PRUSIAS ET D'EUMÈNES AU SÉNAT ROMAIN. — Ariarathe envoya pareillement au sénat une couronne de dix mille pièces d'or. Tiberius Gracchus, qui revenait d'Asie, rendit compte de l'accueil empressé qu'il avait reçu en Cappadoce. Le sénat récompensa le zèle du roi en lui envoyant le bâton d'ivoire et la chaise curule (3).

Vinrent ensuite à Rome de nombreux ambassadeurs du roi de Bithynie et des Galates, qui se plaignirent du roi de Pergame; puis Attale, frère du roi de Pergame, qui parvint à justifier son frère, grâce à l'extrême faveur dont il jouissait lui-même auprès du sénat.

MORT D'EUMÈNES. — ÉLOGE DE CE PRINCE — L'année suivante Eumènes, après un règne de quarante-neuf ans (4), mourut, (159 av. J.-C.). Eumènes, dit Polybe, avait une faible santé, mais il y remédiait par l'énergie de son âme. Le plus souvent il ne céda à aucun des rois ses contemporains, et il excella, il brilla parmi tous dans de graves et importantes entreprises. Il avait reçu de son père un royaume qui se réduisait à quelques places. Il sut en faire un État digne de rivaliser avec les plus puissants de cette époque. Ce fut moins l'œuvre

---

(1) Polyb., *ibid.*, fr. 10. — Appian., *Syr.*, c. 46.
(2) Appian., *Syr.*, ibid.
(3) Polyb., *ibid.*, fr. 17.
(4) Appian., *Syr.*, 47.

(1) Polyb., XXXII, fr. 4.
(2) Id., *ibid.*, fr. 6.
(3) Id., *ibid.*, fr. 5.
(4) Cliton, *Fast. Hellen.*, tome. III, p.406.

de la fortune et du hasard que le résultat de son adresse, de son activité, de sa bravoure personnelle. Sensible à la gloire, c'est lui qui, de tous les princes alors sur le trône, fit le plus de bien aux cités grecques, lui qui combla le plus de ses bienfaits de simples particuliers. Enfin, il avait trois frères que le mérite et l'âge mettaient à son niveau et qu'il sut cependant maintenir dans l'obéissance, jusqu'à s'en faire comme les gardes et les défenseurs de sa royale personne, exemple assez rare d'une parfaite concorde (1) : »

AVÉNEMENT D'ATTALE II. — QUERELLE D'OROPHERNE ET D'ARIARATHE EN CAPPADOCE. — LE DIFFÉREND EST PORTÉ DEVANT LE SÉNAT. — Eumènes eut pour successeur Attale II Philadelphe, son frère, qu'il avait nommé tuteur de son fils, plus tard roi sous le nom d'Attale III, et avec lequel finit le royaume de Pergame (2). A peine sur le trône, Attale II donna une preuve éclatante de son caractère généreux et de son activité par le rétablissement d'Ariarathe.

Ce prince, malgré la protection des Romains, n'avait pu se maintenir sur le trône. Oropherne, qui se donnait pour le fils aîné du dernier roi de Cappadoce, envoyé secrètement dans son enfance à Rome par Antiochide, sa mère, s'était porté tout à coup comme compétiteur à la royauté, à l'instigation de Démétrios, que différentes causes avaient irrité contre Ariarathe; et ainsi soutenu par le roi de Syrie, Oropherne avait renversé son prétendu frère. Celui-ci se rendit aussitôt à Rome vers la fin de l'été (158 av. J.-C.). Quand Julius Sextius fut entré en charge avec son collègue, le roi se présenta devant eux dans l'attitude et sous les vêtements convenables à son triste état. De son côté était arrivé l'ambassadeur de Démétrios, prêt à jouer deux rôles, et également disposé à se défendre contre Ariarathe ou à l'attaquer sans pitié. Oropherne avait aussi envoyé ses ambassadeurs, chargés de porter une couronne aux Romains et de renouveler avec eux l'ancienne alliance, mais surtout de tenir tête à Ariarathe et de l'accuser ou de répondre à ses plaintes. Déjà, dans les entrevues particulières, les envoyés d'Oropherne produisirent plus d'effet qu'Ariarathe, par cela seul qu'ils étaient plusieurs contre un seul et que l'éclat de leur train faisait contraste avec la misère du roi déchu. Mais ils l'emportèrent surtout quand on en vint à une explication publique; car ils osaient tout dire et répondre impudemment à tout sans que leurs mensonges fussent démontrés, faute d'un défenseur qui les réfutât dans l'intérêt d'Ariarathe. A la vue du succès facile qu'obtenait leur perfidie, ils se flattèrent que tout irait bien (1). Ils ne se trompaient qu'à demi; car, grâce à l'appui d'Attale II, Ariarathe rentra bientôt en Cappadoce (2), et Rome, intervenant dans le conflit, ne voulut pas que toute la Cappadoce appartînt à Oropherne, et exigea qu'Ariarathe partageât le royaume avec son prétendu frère, qui (3), du reste, ne conserva pas longtemps le trône (4).

GUERRE ENTRE LES ROIS DE PERGAME ET DE BITHYNIE. — Deux ans plus tard, en 156 av. J.-C., Attale III était en guerre avec Prusias, roi de Bithynie, qui avait envahi ses Etats : surpris par une attaque soudaine, il avait sur-le-champ envoyé son frère Androniscus à Rome, pour invoquer les secours du sénat. Sa position était, en effet, critique : Prusias, vainqueur, en 155 av. J.-C., aux *Têtes de bœuf* (5), avait poussé jusqu'à Pergame, sans songer à assiéger cette ville; il avait célébré dans le temple d'Esculape un sacrifice magnifique. Mais, après avoir immolé les victimes et fait des libations solennelles, il était retourné dans son camp. Le lendemain,

---

(1) Polyb., *ib.*, ch. 23.
(2) Strab., liv. XIII, p. 624.

(1) Polyb., *ibid.*, ch. 20.
(2) Id., *ibid.*, ch. 23.
(3) Appien, *Syr.*, ch. 47.
(4) Polyb. cité par Athénée X, p. 440. Polybe, en 154, mentionne Ariarathe comme roi unique de la Cappadoce, liv. XXXII, ch. 12.
(5) Étienne de Byzance, p. 231, éd. de Berkelius : Βοὸς Κεφαλαὶ τόπος καθ' ὃ ἐπολέμησε Προυσίας πρὸς Ἄτταλον, ὡς Ἐρατοσθένης ἑδδόμῳ Γαλατικῶν. Berkelius conjecture que ce lieu était voisin de la Chalcédonide ou de la Bithynie.

il avait fait marcher ses troupes sur le Nicéphorium (1), détruit tous les temples, ravagé les enceintes consacrées aux dieux et enlevé aux statues et aux images leurs ornements les plus précieux; enfin, il avait dépouillé la statue d'Esculape, admirable chef-d'œuvre de Philomaque, et l'avait emportée avec lui. Puis, sans s'être signalé par un seul trait de courage sous les murs de Pergame, mais, au contraire, par des fureurs lâches et impies envers les hommes et les dieux, il avait conduit ses troupes à Élée. Enfin, comme malgré plusieurs assauts, il ne peut réussir à s'emparer de cette ville, où s'était jeté Sosander, frère de lui du roi de Pergame, il marcha sur Thyatire. Chemin faisant, il pilla le temple de Diane, voisin d'Hiéracomé, saccagea également celui d'Apollon, près de Temnos, et le détruisit par la flamme, puis retourna dans son royaume, après avoir ainsi fait la guerre aux dieux et aux hommes. Mais durant la marche, son armée eut beaucoup à souffrir de la famine et de la dyssenterie. On eût dit, ajoute Polybe, que la colère divine voulait le punir, sans différer, de tant de forfaits.

Cependant Attale, vaincu par Prusias, avait envoyé son frère Athénée à Rome, avec Publius Lentulus, pour instruire le sénat de ses malheurs. Le sénat, lors de l'arrivée d'Andronicus, chargé de lui annoncer la première irruption de Prusias, n'avait songé qu'à se ménager des prétextes pour n'avoir point à intervenir dans le conflit. Et comme Nicomède et Antiphile, députés de Prusias, niaient absolument tous les faits qu'on imputait à ce roi, il n'en avait que moins encore ajouté foi aux accusations d'Attale. Mais, un peu après, instruit plus exactement de l'état des choses, quoique incertain encore sur le fond de la question, il envoya en Asie, comme députés, Lucius Apuléius et Caïus Pétronius, afin d'examiner l'état des affaires entre ces deux princes (2).

Le sénat, après avoir entendu vers la fin de l'hiver, au sujet de Prusias, le rapport de Lentulus, nouvellement arrivé de l'Asie, appela dans son sein Athénée, frère du roi Attale; Athénée n'eut pas à parler longtemps. Le sénat nomma aussitôt des députés, Publius Lentulus, Claudius Centon, Lucius Hortensius et C. Aurunculéius, qu'il fit partir avec lui, et leur donna des instructions pour arrêter les hostilités entre Attale et Prusias (1).

Bientôt revenus d'Asie, Hortensius et Aurunculéius rendirent compte au sénat du peu de cas que Prusias avait fait de ses ordres : ils dirent qu'il les avait, contre le droit des gens, enfermés dans Pergame, et leur avait prodigué les injures et les violences. Le sénat, irrité et indigné à la fois d'une telle insulte, nomma sur-le-champ dix députés, parmi lesquels Lucius Anicius, Caius Fannius et Quintus Maximus, et les fit partir en leur donnant pour instruction de mettre un terme à la guerre et de contraindre Prusias à donner satisfaction (2).

Cependant Attale, au milieu même de l'hiver, réunissait des forces considérables, grâce à Ariarathe et à Mithridate, ses alliés, qui lui avaient fourni de l'infanterie et de la cavalerie, sous la conduite de Démétrios, fils d'Ariarathe. Il était tout entier à ces préparatifs lorsque les députés romains arrivèrent. Ils le virent à Quades, et, après quelques conférences avec lui, se transportèrent auprès de Prusias. Dès la première entrevue, ils lui exposèrent nettement les intentions du sénat. Prusias n'accepta que quelques-unes des conditions, et repoussa les autres; les Romains irrités, après lui avoir déclaré que son alliance avec Rome était rompue, retournèrent auprès d'Attale. Prusias, qui ne tarda pas à se repentir, poursuivit quelque temps les députés de ses prières, mais ne put rien obtenir, et rentra dans son royaume fort embarrassé. Les Romains conseillèrent à Attale de demeurer sur ses frontières avec ses troupes, d'éviter de prendre l'offensive et de se borner à mettre sous bonne garde ses villes et ses villages. Puis ils

(1) Enceinte sacrée voisine de Pergame et où se trouvait un temple de la Victoire.
(2) Polybe, ibid., ch. 25 et 26.

(1) Polyb., liv. XXXIII, ch. 1.
(2) Id., ibid., ch. 5.

se séparèrent ; les uns s'embarquèrent pour aller dire au sénat la désobéissance de Prusias, les autres pour se rendre en Ionie; quelques-uns enfin se dirigèrent vers l'Hellespont et les pays voisins de Byzance. Tous du reste n'avaient qu'un but : c'était de détacher les peuples de l'amitié de Prusias et d'assurer autant qu'il était possible à Attale de nouvelles alliances et de nouveaux renforts.

TRAITÉ CONCLU ENTRE ATTALE ET PRUSIAS. — Sur ces entrefaites, Athénée, frère d'Attale, amena une flotte de quatre-vingts vaisseaux pontés : les Rhodiens avaient fourni cinq galères ; vingt autres navires avaient été donnés par Cyzique, sept par Attale, et le reste par d'autres alliés. Chemin faisant vers l'Hellespont, Athénée, à mesure qu'il passait devant les villes soumises à Prusias, opérait une descente et ravageait les environs. De son côté, le sénat, sur le rapport des députés revenus de Bithynie, envoya immédiatement en Asie trois nouveaux commissaires, Appius Claudius, Lucius Oppius et Aulus Posthumius. Ils mirent fin à la guerre et amenèrent les deux princes à signer le traité suivant (154 av. J. C.) : « Prusias promet de livrer « sur-le-champ à Attale vingt vaisseaux « pontés et de payer cinq cents ta- « lents en cinq ans ; les deux rois gar- « deront leur territoire tel qu'il était « avant le commencement de la guerre. « Prusias réparera le dommage fait au « pays des Méthymnéens, des Égéens, « des Cuméens et des Héracliotes, en « leur donnant vingt talents. » Ces conventions rédigées, Attale ramena ses troupes de terre et de mer dans leurs foyers (1).

GUERRE DE PRIÈNE. — Vers cette époque, Ariarathe solidement rétabli, avait repris les armes ; il marcha tout à coup contre Priène. Les habitants de cette ville avaient reçu en dépôt d'Oropherne, lorsqu'il était sur le trône, quarante talents ; et Ariarathe, un peu plus tard, après avoir recouvré la couronne, leur demanda cette somme. Le Priéniens, ayant refusé de remettre cet argent tant que vivrait Oropherne, Ariarathe ravagea le pays des Priéniens avec l'aide et à l'instigation d'Attale, qui nourrissait contre Priène un ressentiment personnel. Après avoir perdu beaucoup d'hommes et de troupeaux, et vu tomber quelques-uns des leurs jusqu'aux portes de la ville, les Priéniens, incapables de résister plus longtemps, envoyèrent des députés aux Rhodiens, et ensuite aux Romains. Mais Ariarathe ne fit attention à rien, et Priène, qui avait fondé sur ce trésor de grandes espérances, vit son attente cruellement trompée ; car si les Priéniens purent remettre à Oropherne l'or qu'il leur avait confié, ils éprouvèrent, de la part du roi Ariarathe, des dommages considérables (1).

QUERELLE DES RHODIENS ET DES CRÉTOIS. — AMBASSADES A ROME. — L'année suivante (153 av. J.-C.), le sénat reçut une ambassade rhodienne qui venait lui rendre compte d'une querelle survenue entre la république de Rhodes et les Crétois. Car c'était désormais un usage établi de porter devant ce tribunal suprême toutes les contestations qui s'élevaient entre les États. Les deux peuples avaient envoyé demander des secours aux Achéens ; mais ceux-ci avaient déclaré ne pouvoir se prononcer ni pour les uns ni pour les autres sans l'aveu des Romains (2).

Les sénateurs envoyèrent un commissaire chargé de mettre fin à cette guerre. Dans le même temps le jeune Attale, fils du roi Eumènes, vint se recommander à la bienveillance du peuple romain. Il reçut du sénat et des amis de sa famille toutes les marques d'amitié qu'il pouvait en attendre, et on lui rendit des honneurs proportionnés à son âge. Quand il retourna en Asie, toutes les villes grecques où il passa le fêtèrent à l'envi (3).

REVERS ET MORT DE DÉMÉTRIOS SOTER. — Le roi de Syrie envoya aussi son jeune fils à Rome ; mais il ne fut pas si bien reçu. Démétrios, malgré tout ce qu'il avait pu faire, était resté suspect aux Romains. Il avait d'ailleurs beaucoup d'ennemis et parmi ses sujets et parmi ses voisins ; l'espèce de disgrâce

(1) Polybe, *ibid.*, ch. 10 et 11.

(1) Polyb., *ibid.*, ch. 12.
(2) Id., XXXIII, fr. 15.
(3) Id., *ibid.*, fr. 16.

où on le voyait ne pouvait manquer de les enhardir. Oropherne, qui lui devait tout, et qui, chassé de Cappadoce, avait trouvé chez lui un refuge, le récompensa en soulevant contre lui le peuple d'Antioche. Instruit du complot, Démétrios fit saisir Oropherne et le fit enfermer à Séleucie (1). La révolte éclata néanmoins, soutenue par les rois d'Égypte, de Cappadoce et de Pergame.

Héraclides, ancien favori d'Antiochos Epiphanes (2), produisit un prétendu fils de ce prince. C'était un Syrien de basse naissance nommé Bala ; Héraclides lui donna le nom d'Alexandre, le mena à Rome avec Laodice, véritable fille d'Antiochos, le présenta au sénat et à force d'intrigues obtint l'autorisation formelle d'attaquer Démétrios (3). Celui-ci se défendit avec un certain courage ; mais il fut vaincu et périt les armes à la main (4) (152 av. J.-C.).

BITHYNIE. — PRUSIAS DÉTRÔNÉ ET MIS A MORT PAR NICOMÈDE II SON FILS. — Prusias, roi de Bithynie, n'avait rien, dit Polybe (5), qui prévint en sa faveur. Ce n'était par la taille qu'une moitié d'homme, et qu'une femme par le cœur et le courage. Il était lâche, efféminé, débauché, cruel, détesté et méprisé de ses sujets : car les Bithyniens, nation fière et belliqueuse, étaient moins faits que tout autre peuple pour obéir à un pareil maître. Il avait depuis longtemps envoyé à Rome son fils Nicomède dont la popularité lui faisait ombrage ; il résolut enfin de s'en défaire pour laisser son héritage aux enfants qu'il avait eus d'un second mariage. La seule chose qui le retenait, c'est que ce fils passait pour avoir quelque crédit à Rome. Ayant fait partir un certain Ménas avec une petite escadre et deux mille soldats, il le chargea de demander au sénat remise des sommes qu'il avait encore à payer au roi de Pergame, et donna ordre à Nicomède d'appuyer cette demande. L'envoyé avait pour instructions secrètes de l'assassiner s'il ne réussissait pas. La demande fut repoussée, Andronic,

(1) Justin., lib. XXXV.
(2) Appian., *Syr.*, 45, 47.
(3) Polyb., XXXI, fr. 16.
(4) Joseph., XIII, 4, 5. — Justin., *loc. cit.*
(5) Polyb., XXXVII, fr. 3.

ambassadeur d'Attale, ayant démontré que l'indemnité imposée à Prusias, était peu de chose en comparaison du dommage qu'il avait causé.

Cependant Ménas, n'osant ni commettre le meurtre ni retourner auprès du roi sans avoir exécuté ses ordres, prit le parti de tout découvrir à Nicomède ; tous deux se mirent d'accord avec l'ambassadeur d'Attale, et résolurent de faire tourner ce complot contre son auteur. Ils se rejoignirent à Bérénice en Épire. Ce fut là que Nicomède prit les ornements royaux et fut salué roi, d'abord par l'ambassadeur d'Attale, puis par Ménas et les soldats qu'il avait amenés (1).

Attale intervenant comme médiateur, engagea Prusias à céder à son fils une portion de son royaume ; celui-ci répondit qu'il lui donnerait le royaume de Pergame tout entier, et se disposa en effet à l'envahir. Mais Attale et Nicomède le prévinrent. A leur approche les Bithyniens se soulevèrent. Prusias, abandonné de ses sujets, s'enferma dans la citadelle de Nicée avec cinq cents Thraces qu'il avait obtenus du roi Diegylis, son beau-père ; il espérait s'y maintenir jusqu'à l'arrivée des Romains, dont il s'était hâté d'implorer la protection ; mais il se trouva que le préteur de la ville, qui, en l'absence des consuls, devait porter l'affaire au sénat, était des amis d'Attale. Il traîna l'affaire en longueur ; puis, chargé par le sénat de nommer des commissaires pour aller en Bithynie, il choisit trois personnages qui donnèrent lieu à Caton de dire que l'ambassade n'avait ni pieds, ni tête, ni cœur : l'un avait une fluxion aux jambes qui l'empêchait de marcher ; l'autre avait reçu un coup de pierre à la tête, qui l'avait mis dans un état si désespéré qu'on s'étonnait de sa guérison ; le troisième était simple jusqu'à la sottise (2).

Quand les commissaires arrivèrent, Nicomède et son allié s'empressèrent de déclarer qu'ils se soumettaient sans réserve à la volonté du sénat ; mais les principaux d'entre les Bithyniens demandèrent en grâce qu'on ne les remît pas sous l'autorité de Prusias, protestant

(1) Appian., *Bell. Mithrid.*, c. 4 et 5.
(2) Appian., *Bell. Mithrid.*, c. 6. — Plut.

qu'il n'y aurait plus de sûreté pour ceux qui s'étaient prononcés contre lui. Les ambassadeurs se retirèrent sans avoir rien décidé. Prusias se transporta alors à Nicomédie ; mais les habitants ouvrirent leurs portes aux soldats de Nicomède ; le vieux roi fut saisi dans le temple de Jupiter, et mis à mort par l'ordre de son fils (148 av. J.-C.) (1).

FIN DU RÈGNE DE D'ATTALE II. — ATTALE III, SON SUCCESSEUR. — Ce fut sans doute à cette époque que le roi Attale, comme nous l'apprend Strabon (2), fit une expédition en Thrace et s'empara de Diegylis, roi des Cœni (3) et beau-père de Prusias. Il prit aussi une part indirecte à la dernière guerre de Macédoine, ayant envoyé sa flotte croiser sur les côtes pour inquiéter Andriscus et donner au préteur Métellus le temps d'arriver (4). Le reste de son règne ne fournit rien à l'histoire. C'est le privilége des règnes heureux.

Fort de l'amitié des Romains, respecté de ses voisins, populaire dans toute la Grèce et l'Asie, riche au point que son opulence était proverbiale, il vécut encore dix ans, entouré d'artistes et de gens de lettres que sa magnificence attirait auprès de lui. On lui reproche seulement d'avoir dans les derniers temps laissé trop d'empire à Philopémen, un de ses ministres ; à tel point qu'un Romain demandait en plaisantant si le roi avait quelque crédit auprès de Philopémen (5). Il eut pour successeur Attale III, son neveu et son pupille. Celui-ci ne ressembla en rien aux princes de sa famille. On l'accusa d'avoir empoisonné son oncle pour régner plus tôt, et la suite de son règne justifia ce soupçon. Sous prétexte de venger sa mère et sa femme, qui étaient mortes l'une de maladie et l'autre de vieillesse, il fit périr ses plus proches parents et plusieurs des amis de son oncle avec toutes leurs familles. C'est ce qui lui fit donner le surnom ironique de Philométor (aimant sa mère). Ensuite il tomba dans une sorte d'humeur noire, vivant seul, sans prendre aucun soin de sa personne, passant ses journées à jardiner, puis à faire le métier de fondeur en cuivre (1). Il mourut d'une fièvre chaude, après un règne de cinq ans, et institua le peuple romain son héritier (133 av. J.-C.).

TESTAMENT D'ATTALE. — SOULÈVEMENT D'ARISTONIC. — SES PREMIERS SUCCÈS. — C'était la première fois qu'on léguait par testament un royaume à des étrangers (2) : cette nouveauté ne pouvait passer sans trouble.

Vainement les commissaires romains envoyés pour prendre possession essayèrent d'éblouir les Asiatiques en leur promettant la liberté ; ce mot ne produisait plus le même effet qu'au temps de Flamininus. Il se trouva un prétendant pour profiter du mécontentement public (3) : ce fut Aristonic, fils naturel d'Eumènes et de la fille d'un musicien d'Éphèse. Il occupa d'abord la ville de Leucé entre Smyrne et Phocée (4) ; mais les Éphésiens l'en chassèrent après l'avoir défait dans un combat naval près de Cymé (5). Il se retira dans l'intérieur et se fit une armée de gens sans aveu, et d'esclaves révoltés qu'ils appelaient *héliopolites* (6), du nom apparemment de la bourgade qui fut sa première

---

in *Cat. Maj.*, c. 16. — Polybe donne les noms des trois commissaires : M. Licinius, Aulus Mancinus et L. Malleolus. (Polyb., XXXVIII, fr. 11.)

(1) Appian., *Mithr.*, 7.
(2) Strab., XIII, p. 624.
(3) Et. de Byzance, in voc. Kainoi.
(4) Strab., *loc. citat.*, Zonar.
(5) Plut., *Mor. An seni gerenda sit resp?* 16.

(1) Justin., XXXVI, 4.
(2) Mithridate, dans sa lettre à Arsace, roi des Parthes, accuse les Romains d'avoir supposé un faux testament (*voy.* cette lettre dans Salluste, *Fragment.*) ; mais cette accusation n'a pas de valeur venant de la part du plus grand ennemi de Rome. On a remarqué un passage d'Horace qui semble reprocher au peuple romain de s'être acquis cet héritage par fraude :

« ... neque Attali
« Ignotus hæres regiam occupavi. »
(Hor., *Carm.*, II, 18).

Quoi qu'il en soit, il ne reste dans l'histoire aucune trace de brigue secrète ni de sollicitations de la part des Romains. (Rollin, *Hist. Anc.*, l. XIX, art. 3, § 4.)

(3) Freinsheim., *Supplem. in Tit. Liv.* l. LIX, c. 15.
(4) V. plus haut, p. 158, col. 2.
(5) Strab. XIV, p. 646.
(6) Id., *ibid.*

place d'armes; avec cette bande, il s'empara de Thyatires et d'Apollonia à trois cents stades (1) de Pergame. Mynde, Samos, Colophon et plusieurs autres villes tombèrent en son pouvoir malgré les secours qui leur furent envoyés par les rois de Bithynie et de Cappadoce (2). C'était précisément l'année du tribunat de Tibérius Gracchus; les Romains étaient trop occupés de leurs discordes civiles pour intervenir activement dans les affaires d'Asie; c'est ce qui favorisa surtout les progrès d'Aristonic. Blossius de Cumes, proscrit après la mort de Tibérius, vint chercher un refuge auprès de lui.

GUERRE D'ARISTONIC. — MORT DE CRASSUS. — SUCCÈS ET MORT DE PERPERNA. — Quand le calme commença à se rétablir dans Rome, on envoya en Asie cinq commissaires, au nombre desquels était Scipion Nasica, que l'on avait cru prudent d'éloigner pour le soustraire à la haine du peuple. Il mourut presque aussitôt après son arrivée à Pergame (3). L'année suivante (131) le consul Licinius Crassus vint avec une armée (4). Il se rendit agréable par l'affabilité de ses manières et surtout, dit-on, par sa parfaite connaissance de la langue grecque, qui lui permettait de parler à chacun dans son dialecte (5). Les rois de Bithynie, de Cappadoce, de Paphlagonie et de Pont lui fournirent des renforts considérables. Cependant le succès ne répondit pas à ce qu'on attendait. Aristonic, qui avait fait venir des auxiliaires de Thrace et de Grèce, se maintint dans les cantons qu'il occupait.

Comme le consul, ne songeant qu'à faire du butin, passait près de Leucé avec une petite troupe encombrée de beaucoup de bagages, il fut surpris et ses soldats mis en déroute; lui-même, ayant rencontré en fuyant un parti de cavaliers thraces, se fit tuer pour ne pas tomber vivant au pouvoir de l'ennemi. On porta sa tête à Aristonic (6).

A cette nouvelle le nouveau consul M. Perperna se hâta de passer en Asie (130). Aristonic, plongé dans une sécurité dangereuse, fut à son tour attaqué à l'improviste et défait, puis assiégé dans Stratonice, et contraint de se rendre (1). Le réfugié Blossius prévint le châtiment qui l'attendait en se donnant la mort (2). Le consul fit partir Aristonic sur la flotte qui transportait à Rome les trésors d'Attale. Il se préparait lui-même à quitter l'Asie lorsqu'il mourut à Pergame. Aristonic, qui n'avait été épargné que pour servir à orner son triomphe, fut étranglé dans sa prison (3).

FIN DE LA GUERRE. — RÉDUCTION EN PROVINCE ROMAINE. — Avant qu'on ne connût l'issue de cette guerre, le consul de l'année suivante, M. Aquilius, s'était hâté de partir, dans l'espérance de la terminer et d'en recueillir l'honneur; il arriva trop tard. Il restait encore quelques villes à faire rentrer dans le devoir; on l'accuse d'avoir, pour les réduire, empoisonné les sources (4). Il y eut ensuite une enquête dans toute la province pour punir les particuliers ou les villes qui avaient pris les armes contre les Romains, et récompenser les alliés fidèles. Les villes qui s'étaient déclarées pour le prétendant virent leurs priviléges abolis ou diminués. Le sénat avait même résolu de détruire la ville de Phocée; elle ne dut son salut qu'aux instances des habitants de Marseille, qui obtinrent grâce pour leur métropole (5). En revanche, le roi Ariarathe étant mort dans cette guerre, on ajouta au royaume de ses enfants la Lycaonie et quelques cantons de la Cilicie; Mithridate Évergète, roi de Pont, obtint la grande Phrygie, grâce aux instantes recommandations d'Aquilius dont il avait acheté l'amitié à force de présents (6). Le reste du royaume de Pergame fut réduit en province romaine (129 av. J.-C.) sous le nom de province d'Asie.

(1) Environ 40 kilomètres.
(2) Diod. ap. Vales.
(3) Plut., in Tib. Gracch.
(4) T. Liv., *Epit.*, l. LIX.
(5) Aul. Gell., I, 13. Val. Max., VIII, 7.
(6) Justin., XXXVI; Flor., II, 20. Front., *Strat.*, IV., 5.

(1) Justin., XXXVI.
(2) Plut., in Tib. Gracch.
(3) Justin., XXXVI.
(4) Eutrop., lib. IV. Oros., V, 10.
(5) Justin., XLIII, 3.
(6) Justin., XXXVII, 1 et 7.

LIVRE IV.

L'ASIE MINEURE SOUS LES ROMAINS JUSQU'A L'ÉTABLISSEMENT
DU CHRISTIANISME.

CHAPITRE PREMIER.

DEPUIS LA CRÉATION DE LA PROVINCE D'ASIE JUSQU'AU COMMENCEMENT DE LA GUERRE DE MITHRIDATE.

(129-88).

ORIGINE DU ROYAUME DE PONT. — Nous arrivons à l'époque où le royaume de Pont, jusqu'alors à peine connu, sort tout à coup de son obscurité et fixe les regards du monde romain. Ce pays avait toujours eu, sous le gouvernement des Perses, une sorte d'indépendance; il obéissait à une famille de satrapes issus de la race royale des Achéménides. Cette famille, momentanément dépossédée par les Macédoniens, fut restaurée du temps d'Antigone. Ce prince, dit Appien, avait au nombre de ses familiers un certain Mithridate, de la famille royale de Perse. Il lui sembla le voir en songe qui moissonnait un champ d'or, et qui transportait sa récolte dans le Pont. Il résolut de le faire mourir; mais Mithridate s'enfuit avec six cavaliers (1), s'empara d'abord d'une petite forteresse nommée Cimiata sur les confins de la Paphlagonie et de la Cappadoce Pontique (2), et, s'étendant peu à peu, mérita d'être surnommé Clistès, le Fondateur. Son fils Mithridate II régna sur la plus grande partie des deux Cappadoces (3); Mithridate-Ariobarzane, son petit-fils, s'empara d'Amastris. Nous avons vu, au temps de Séleucos II (4), Mithridate IV s'allier avec les Séleucides et étendre son empire jusqu'à la grande Phrygie. Cinquante ans plus tard Pharnace, roi conquérant, menace l'Asie Mineure, est arrêté par l'intervention des Romains, mais conserve la colonie grecque de Sinope dont il fait la capitale de son empire. Enfin Mithridate VI Évergète entre le premier dans l'alliance romaine. Il mourut assassiné par ses courtisans (1).

JEUNESSE DE MITHRIDATE. — Son fils, qu'on appela d'abord Mithridate Eupator et depuis Mithridate le Grand, n'avait alors que onze ans. On assura plus tard que sa naissance avait été annoncée par une comète et son enfance signalée par plusieurs prodiges. Il paraît du moins constant qu'il eut une jeunesse fort extraordinaire. Il avait pour tuteurs les meurtriers de son père, qui essayèrent de le faire périr de diverses manières. Pour échapper à leurs complots, il quitta la ville et passa, dit-on, sept années dans les forêts et les montagnes les plus sauvages, sans dormir une seule nuit sous un toit. Il acquit ainsi une incroyable vigueur : il domptait les chevaux les plus fougueux, maniait toutes les armes avec une adresse sans égale, résistait à toutes les fatigues. On assure même qu'il s'était habitué à supporter tous les poisons, de sorte que plus tard quand il voulut s'empoisonner, il lui fut impossible de mourir de cette manière. Il passait du reste pour très-savant en médecine et on lui attribuait la découverte d'un contre-poison universel. Sa mémoire était prodigieuse : il connaissait vingt-deux langues, et pouvait parler à chacun de ses soldats dans la sienne. Mais à tant de grandes qualités il mêlait un fonds de férocité naturelle que les aventures de sa jeunesse contribuèrent à développer. Froidement sanguinaire, il ne recula jamais devant

---

(1) Appian., *Mithr.*, 9.
(2) Strab., XII, p. 562.
(3) Appian., *Mithr.*, 10. Diod., XX.
(4) V. plus haut, p. 232, col. 2.

(1) Strab., X, p. 477.

aucun crime pour satisfaire sa vengeance ou son ambition (1).

A l'âge de vingt ans, il rentra dans Sinope, fit mettre à mort les assassins de son père, sa mère elle-même soupçonnée d'avoir été leur complice, et son frère, dont il redoutait la rivalité. Tel fut le commencement de son règne.

Pour aguerrir ses troupes, il entreprit d'abord de soumettre les nations scythiques qui habitaient les côtes orientales du Pont-Euxin et qui avaient résisté aux armes d'Alexandre. Il subjugua en effet tout le pays jusqu'au Palus-Méotide (2). Mais bientôt son attention se porta du côté de l'Asie Mineure où les Romains tendaient à s'agrandir tous les jours.

ÉTAT DE L'ASIE MINEURE A CETTE ÉPOQUE. — Outre le royaume de Pont, la péninsule comprenait alors cinq États distincts :

1° Le royaume de Bithynie,

2° celui de Cappadoce ; si bien soumis l'un et l'autre depuis un demi-siècle à l'influence romaine, que les rois, sous le nom d'alliés, étaient pour ainsi dire les lieutenants du sénat ;

3° le petit État de Paphlagonie gouverné de temps immémorial par des dynasties portant le nom héréditaire de Pylémènes, resserré du reste entre la Bithynie et le Pont et déjà entamé par les conquêtes des prédécesseurs de Mithridate ;

4° les Galates ou Gallo-Grecs qui avaient conservé dans leurs montagnes une certaine indépendance. Ils étaient, comme on l'a vu plus haut (3), partagés en trois nations : chacune était gouvernée par quatre tétrarques ; dans chaque tétrarchie il y avait un juge et un général subordonnés au tétrarque et deux lieutenants subordonnés au général. Les douze tétrarques avaient en commun un conseil composé de trois cents personnes, qui se réunissait dans le lieu nommé *Drynemetum*, et avait seul le droit de juger les affaires capitales (4). Telle était la constitution des Galates.

(1) Justin., XXXVII.
(2) Justin., *ibid.*
(3) V. 225, col. 2.
(4) Strab., XII, p. 567.

qui subsista jusque vers les derniers temps de la république romaine.

5° enfin la province romaine, sur l'état et l'organisation de laquelle il est à propos de rechercher quelques éclaircissements.

RÉGIME PROVINCIAL. — PRIVILÉGES TRÈS DIVISÉS. — M. Aquilius, après en avoir achevé la soumission, en fut le premier proconsul : c'est lui qui fut chargé, de concert avec une commission de dix sénateurs, de fixer le *Droit* de la nouvelle province, de lui donner une *Formule* (1). Il ne faut pas entendre par là qu'une législation et une administration uniformes aient été imposées à tout le pays dont le peuple romain s'attribuait le gouvernement. Les Romains, dans toutes les contrées qu'ils réunissaient à leur empire, suivaient les mêmes maximes qu'en Italie : divisant d'intérêts ceux qu'ils voulaient dominer, ils faisaient à chaque ville des conditions particulières selon le plus ou moins de docilité ou d'empressement qu'elle avait montré à se ranger dans l'alliance de Rome. Ainsi dans une même province on trouvait des villes libres, fédérées, tributaires et non tributaires (2). Souvent même il arrivait que certaines familles ou certains individus obtenaient pour prix de leurs services des avantages particuliers, et étaient exempts des charges qui pesaient sur les autres habitants de la même ville (3).

IMPÔTS PROVINCIAUX. — Ces charges étaient de plusieurs sortes. On distinguait d'abord les impôts directs ou tribut (*certum vectigal, tributum* ou *stipendium*), levés sous forme de capitation ou d'impôt foncier, et les impôts indirects tels que les droits d'entrée et de sortie des ports (*portorium*), les

(1) Sigonius, *De Jure Provinciar.*, l. I, c. 10, p. 252, 50.
(2) Id., *ibid.*, c. 1, p. 229, 45.
(3) On peut voir dans Sig. (p. 231) le texte d'un sénatus consulte par lequel un habitant de Clazomène, un Carystien et deux Milésiens sont déclarés amis du peuple romain et exemptés de toute charge pécuniaire ainsi que tous leurs descendants, en récompense des services qu'ils ont rendus dans la flotte au commencement de la guerre sociale.

dîmes (*decumæ*) et le droit d'inscription des troupeaux (*scriptura*); redevances prélevées sur les domaines attribués à l'État (1). Mais il y avait encore deux sortes d'impôts directs : le tribut *ordinaire*, dont le montant, fixé chaque année pour toute la province, était réparti par les soins du questeur ; et les tributs *extraordinaires*, subsides imposés par une loi ou un sénatus-consulte pour subvenir aux besoins de la république ; c'est ainsi, par exemple, qu'on demandait à une province un certain nombre de vaisseaux, de matelots ou de soldats et l'argent nécessaire à leur entretien (2).

ORGANISATION ADMINISTRATIVE ET JUDICIAIRE. — On appelait villes libres celles qui avaient conservé leurs lois et leurs magistrats, et qui n'étaient soumises à aucune contribution, mais simplement à l'obligation d'aider les Romains dans leurs guerres en qualité d'alliées ; les villes fédérées étaient celles qui se gouvernaient elles-mêmes à condition de payer certaines redevances, ou de fournir certains subsides (3).

Toutes les autres, tributaires ou exemptes de tributs, étaient sous l'autorité du proconsul ou du préteur, qui réunissait tous les pouvoirs militaires administratifs et judiciaires. La province était divisée en circonscriptions appelées diocèses, dont le chef-lieu était désigné sous les noms de *forum* ou *conventus*. Le préteur ou le proconsul y venait tenir ses assises à certains jours fixés d'avance, tantôt pour un seul diocèse, tantôt pour plusieurs convoqués au même chef-lieu (4). Il expédiait lui-même certaines affaires et désignait des juges pour siéger en son nom dans les autres, ainsi que cela se pratiquait à Rome (1). Ces juges provinciaux étaient choisis parmi les citoyens et alliés résidant dans la circonscription (2). Nous trouvons dans Pline la liste des diocèses de la province d'Asie tels qu'ils étaient de son temps (3) ; les chefs-lieux étaient : Laodicée, Synnada, Apamée, Alabanda, Sardes, Smyrne, Éphèse, Adramytte et Pergame. Quant aux contributions que fournissait l'Asie, Cicéron nous apprend qu'elles étaient de son temps très-considérables, que cette province passait pour une des plus riches, et que son revenu consistait principalement dans les produits des ports, des pâturages et des dîmes (4).

PREMIÈRE GUERRE DES PIRATES. — PROVINCE DE CILICIE. — La province d'Asie ne s'étendait que jusqu'à la Lycie qui formait un État libre (5). La Pamphilie, la Cilicie et l'Isaurie, situées au delà du Taurus, avaient été après la bataille de Magnésie laissées aux rois de Syrie ; mais à la faveur des discordes sanglantes où s'éteignit la famille des Séleucides, les habitants de ces contrées sauvages avaient repris leur indépendance et s'étaient adonnés à la piraterie. Leurs ravages commencèrent vers le temps de Diodotos Tryphon (6) qui disputa à Démétrios Nicator le trône de Syrie (135 av. J.-C.). Ils arrêtaient les vaisseaux de toutes les nations, et allaient vendre ceux qui les montaient à Délos, où se tenait un des plus grands marchés d'esclaves (7). En 101, sous le cinquième consulat de Marius, le préteur M. Antonius fut chargé de réprimer ces brigandages.

Secondé par quelques alliés, notamment par les Byzantins (8), il donna la chasse aux pirates, détruisit bon nombre de leurs vaisseaux, et les poursuivit dans la Cilicie Trachée (9), où étaient leurs

---

(1) Sig., *De Jure Civ. Roman.*, l. II, c. 4, p. 84, 16.
(2) Id., *De Jure Prov.*, c. 1, p. 230.
(3) Telle était probablement la condition de la tétrapole de Cibyra, petit État fédératif composé de quatre villes et gouverné par une famille de tyrans du nom de Moagète. Manlius, en allant combattre les Galates, traversa ce pays et assujettit le tyran à un tribut. Son troisième ou quatrième successeur fut renversé par Muréna après la première guerre de Mithridate ; et Cibyra devint le chef-lieu d'un diocèse (le même que celui de Laodicée). (Strab., XIII, p. 631.)
(4) Sig., *De Jure Prov.*, l. II, c. 5, p. 236, 16.

(1) Sig., *De Jure civ.*, l. II, c. 18, p. 107.
(2) Id., *ibid.*, c. 10, p. 95, 54.
(3) Pline, V, c. 28.
(4) Cic., *Pro lege Manil.*, VI.
(5) Strab., XIV, p. 664.
(6) Id., *ibid.*, p. 668.
(7) Id., *ibid.*
(8) Tac., *Ann.*, XII, 62.
(9) T. Liv., *Epitom.*, l. LXVIII.

4.

principaux repaires. On peut présumer qu'à partir de cette époque la Cilicie commença à former une province (1), puisqu'on voit en 92 que Sylla y est envoyé après sa préture. Mais cette province ne devint importante qu'après les guerres de Mithridate.

MISÈRE DES PROVINCES. — EXACTIONS DES MAGISTRATS. — CONNIVENCE DES JUGES. — Quant à l'Asie, les déprédations et les violences des agents romains lui rendirent bientôt leur domination odieuse. Les Romains, devenus en un demi-siècle maîtres de tant de contrées opulentes, furent pris d'un goût effréné pour le luxe. Jamais révolution dans les mœurs ne fut plus rapide ni plus funeste au genre humain. Les magistrats, après s'être ruinés en prodigalités insensées pendant leur édilité ou leur préture, allaient refaire leur fortune en province aux dépens de leurs administrés.

Les premiers proconsuls se contentaient du train de maison que la république leur fournissait; et quand ils parcouraient leur province, ils logeaient chez leurs hôtes de famille pour éviter de fouler les alliés. Cette modération fit bientôt place à un véritable brigandage ; les malheureux provinciaux redoutaient l'arrivée du premier magistrat de la province comme la descente d'une armée ennemie.

On fut obligé de bonne heure d'opposer des lois à ces désordres (2) ; mais elles furent impuissantes par la connivence des juges, qui, étant pris exclusivement parmi les sénateurs, se montraient indulgents pour des abus dont ils étaient eux-mêmes appelés à profiter. Quand M. Aquilius retourna à Rome, il y fut suivi par les plaintes de presque toute la province, de sorte qu'on fut obligé de le mettre en jugement. Il fut manifestement convaincu d'avoir reçu de l'argent de toutes mains et abusé pour s'enrichir de l'autorité dont la confiance du sénat l'avait investi ; on cassa même beaucoup de ses actes (1), et notamment on ôta au roi de Pont la Phrygie, qu'il lui avait vendue. Cependant il fut acquitté.

LOI DE CAÏUS GRACCHUS. — TOUTE-PUISSANCE DES PUBLICAINS. — Ce scandale joint à plusieurs autres du même genre autorisa Caïus Gracchus à proposer que les juges fussent pris désormais dans l'ordre équestre (2), et de toutes les lois des Gracques, celle-ci fut la seule qui reçut son plein effet. Mais elle ouvrit la porte à des abus encore plus grands. Comme le revenu des impôts indirects n'avait rien de fixe, on avait pris l'habitude de les affermer tous les cinq ans (3) moyennant une somme payée d'avance à des compagnies de financiers qu'on appelait publicains, qui se chargeaient ensuite, à leurs risques et périls, de tous les embarras de la perception.

Or, ces publicains étaient presque tous de l'ordre des chevaliers ; de sorte que quand cet ordre eut acquis le privilège exclusif de siéger dans les tribunaux, il se trouva à la fois juge et partie dans tous les procès de finances (4). Il est facile de comprendre quelles vexations intolérables furent la suite d'un pareil état de choses. Les préteurs et proconsuls s'entendaient avec les publicains, et livraient les provinces à leur rapacité, afin de s'assurer l'impunité pour tous les excès dont ils se seraient eux-mêmes rendus coupables. Quiconque essayait de résister au torrent s'attirait l'inimitié d'une faction toute-puissante, et s'exposait à une perte presque certaine.

ADMINISTRATION DE MUCIUS SCÉVOLA. — PROCÈS DE RUTILIUS. — Ce fut pourtant ce qu'osa faire Q. Mucius Scévola, envoyé comme proconsul en Asie en l'année 116 ou 115. Il emmena comme lieutenant un homme aussi intègre que lui, M. Rutilius Rufus ; tous deux

---

(1) Sig., *De Jure Prov.*, l. I, c. 11, p. 255, 54.

(2) La première loi contre les concussionnaires fut proposée par le tribun L. Calpurnius Pison en l'an 604 de Rome (150 av. J.-C.). Il fut établi qu'un des préteurs de la ville serait spécialement chargé des procès de concussion (*questiones repetundarum*). (Cic., *in Brut.*)

(1) Appian., *Mithr.*, 57.
(2) Appian., *Civ.*, II, 22.
(3) Sig., *De Jure Civ.*, l. II, c. 4, p. 84.
(4) Diod., ap. Vales., l. XXXVI. Cic., *ad Attic.*, VI, 1.

donnèrent un exemple rarement imité. On les vit parcourir la province avec un équipage qui rappelait la simplicité des anciens temps, payant ce que leurs prédécesseurs s'étaient habitués à prendre, et défendant expressément qu'on fît aucune dépense pour eux et leur suite. Mais ce ne fut pas tout : Scévola se montra impitoyable pour les fraudes des publicains; toutes les fois que des plaintes étaient portées contre eux, il choisissait les juges avec un soin tout particulier et surveillait l'exécution de leurs arrêts. Un esclave qui s'était fort enrichi dans l'emploi de commis principal, et qui était alors même en marché avec son maître pour le rachat de sa liberté, fut trouvé coupable d'un crime capital ; le proconsul le fit mettre en croix. Malheureusement pour les Asiatiques, Scévola ne resta que neuf mois dans la province. Ses administrés reconnaissants, instituèrent une fête annuelle en son honneur (1); le sénat proposa, mais inutilement, son exemple à ses successeurs (2).

Les chevaliers n'osèrent attaquer Scévola; mais vingt ans plus tard ils se vengèrent sur Rutilius, qu'ils eurent l'effronterie d'accuser de concussion. Ce grand homme dédaigna de se défendre. Condamné à une grosse amende, il se trouva trop pauvre pour la payer, et se retira à Mitylène. Quand le bruit se répandit qu'il venait en Asie, toutes les principales villes de la province lui envoyèrent des députés et se disputèrent l'honneur de le recevoir (3).

LES DEUX LOIS SERVILIA. — CONDAMNATION DE CÉPION. — En l'année 106, Servilius Cépion étant consul, parvint à faire passer une loi qui partageait les attributions judiciaires entre l'ordre des sénateurs et celui des chevaliers (4); l'année suivante, s'étant fait battre en Gaule par les Cimbres, il fut traité avec une rigueur extraordinaire, cassé de sa dignité de proconsul, ce qui était sans exemple, et dépouillé de tous ses biens, qui furent vendus à l'encan.

Cinq ans plus tard, Servilius Glaucia, un des pires démagogues de ces temps malheureux, rendit la judicature aux chevaliers.

Enfin, en 95, Cépion fut une seconde fois accusé devant le peuple, jugé et condamné au milieu d'une émeute, et jeté en prison. Ses amis le firent évader ; il se réfugia à Smyrne (1). Tel était le sort de ceux qui entreprenaient de réprimer l'insolence des publicains ou de protéger les sujets et les alliés de Rome.

Les auteurs ne nous ont guère laissé de renseignements particuliers sur la misère des provinces à cette époque; on trouve pourtant le détail suivant dans Diodore de Sicile (2) : lorsque Marius levait de tous côtés des troupes pour la guerre des Cimbres, il en fit demander à Nicomède, roi de Bithynie; Nicomède répondit : « Qu'il ne manquait pas de bonne volonté, mais d'hommes; que bon nombre de Bithyniens avaient été enlevés par les publicains et réduits en servitude »; et le fait se trouva vrai. Si telle était la conduite des publicains dans les États indépendants, on peut se faire une idée de la manière dont ils devaient traiter les provinces abandonnées à leur discrétion. Aussi ne faut-il pas s'étonner qu'après quarante ans de ce régime, l'Asie se soit soulevée au premier signal. On raconte (3) que Mithridate parcourut incognito la Bithynie et la province romaine, observant curieusement la force et l'importance des villes, la configuration du pays et les positions militaires importantes : il dut être témoin de la haine qu'inspirait le nom romain (4) et ce spectacle l'encouragea sans doute dans ses projets belliqueux.

RESSENTIMENT DE MITHRIDATE CONTRE LES ROMAINS. — Il était très-irrité qu'on lui eût enlevé la grande Phrygie, et en avait fait ses plaintes. C'était peut-être à ce sujet qu'il avait envoyé à Rome en l'année 101 une am-

---

(1) Pedian., ad Cic., *Verr.*, II, 21.
(2) Val. Max., VIII, 15.
(3) Cic., *in Brut.*, 30; *de Orat.*, I, 53; *pro Font.*, 13. — *Posidon. ap. Athen.*, IV.
(4) Jul. Obsequens, Cassiodor.

(1) Cic., *pro Balb.*, 28, *in Brut.*, 44; *de Orat.*, 47.
(2) Diod., *Ecl.*, l. XXXVI. — Freinsh., *Suppl. in T. Liv.*, l. LXVII.
(3) Justin., XXXVII.
(4) Trog. Pomp., *ap. Justin.*, XXXVIII, 7.

bassade qui fut insultée par Saturninus et qui ne put obtenir réparation (1). Deux ans après, Marius étant venu faire un voyage en Asie, Mithridate eut avec lui une entrevue et lui exposa ses griefs; Marius lui répliqua insolemment : « Qu'il fallait savoir obéir quand on n'était pas le plus fort (2) ». Mithridate dévora cet affront, mais ne songea plus qu'à se préparer à la guerre.

PARTAGE DE LA PAPHLAGONIE. — Il s'entendit avec Nicomède, roi de Bithynie, pour partager la Paphlagonie, et s'attribua apparemment la partie voisine de la mer; nous verrons qu'il en était encore possesseur quand les hostilités commencèrent. Les Romains ayant témoigné leur mécontentement, il répondit que ce pays avait appartenu à ses ancêtres. Quant à Nicomède, il établit pour roi dans le pays qu'il avait envahi un de ses fils, auquel il fit prendre le nom des Pylémènes (3).

MITHRIDATE ET NICOMÈDE SE DISPUTENT LA CAPPADOCE. — Bientôt après, les deux rois se brouillèrent au sujet de la Cappadoce. Ariarathe VI, mort dans la guerre d'Aristonic, avait laissé six fils; leur mère Laodice en empoisonna cinq; et le dernier aurait eu le même sort si le peuple soulevé n'eût puni cette mère dénaturée. C'était ce sixième fils qui régnait sous le nom d'Ariarathe VII; Mithridate lui offrit son alliance et lui donna en mariage sa sœur Laodice. Au bout de quelques années, il le fit assassiner par un de ses officiers nommé Gordius. Laodice, persuadée que son frère ne l'épargnerait pas elle-même, appela à son secours le roi de Bithynie, qui l'épousa et occupa la Cappadoce. Mithridate y entra à son tour, chassa les garnisons de Nicomède et rendit le royaume à l'aîné de ses neveux. Mais aussitôt qu'il l'eut fait roi, il le pressa de rappeler Gordius de l'exil, dans le dessein de se défaire du fils comme du père. Le jeune prince résista; on allait en venir à une bataille, quand Mithridate appela son neveu à une entrevue, et l'assassina de sa main en présence des deux armées. Puis il mit à sa place son propre fils en lui faisant prendre le nom d'Ariarathe. Les Cappadociens se révoltèrent et rappelèrent le deuxième fils d'Ariarathe VII; mais la révolte fut comprimée; le jeune prince se vit obligé de fuir, et mourut peu de temps après.

Nicomède supposa alors un faux Ariarathe, et envoya à Rome sa femme Laodice pour attester qu'elle avait eu trois fils de son premier mari. Mithridate de son côté envoya Gordius qui soutint que le véritable fils d'Ariarathe était celui que son maître avait placé sur le trône. Le sénat, indigné de tant d'effronterie, leur ordonna à tous deux d'abandonner la Cappadoce. Nicomède fut de plus obligé d'évacuer la Paphlagonie, et ces deux pays furent déclarés libres. Les Cappadociens préférant être gouvernés par un roi, les Romains leur permirent d'en élire un; ils choisirent Ariobarzane, qui fut reconnu comme ami et allié de Rome (92 av. J.-C.) (1).

ALLIANCE DE MITHRIDATE AVEC TIGRANE. — SYLLA EN CAPPADOCE. — Mithridate n'osa résister : il n'était pas encore prêt à engager la lutte. Ce fut alors qu'il s'allia avec Tigrane, roi d'Arménie. Ce royaume, dont il n'a pas encore été fait mention, s'était formé des débris de l'empire des Séleucides. Après la défaite d'Antiochos III, Artaxias et Zadriadris, qui gouvernaient en son nom les provinces situées à l'est du haut Euphrate, se rendirent indépendants, l'un dans l'Arménie proprement dite, au nord des monts Niphates, l'autre dans la Sophène entre les monts Niphates et la chaîne du Masius (2). Les deux royaumes dont ils avaient été les fondateurs, venaient tout récemment d'être réunis en un seul par Tigrane, descendant d'Artaxias. Il y avait même ajouté plusieurs districts de la Mésopotamie et de la Médie Atropatène, et était devenu un des plus puissants monarques de l'Asie (3). Mithridate lui donna une de ses filles en mariage (4), et l'engagea sous main à prendre les armes contre le nouveau roi de Cappadoce.

(1) Diod., *ap. Fulv.*
(2) Plut., *in Mar.*, 53.
(3) Justin., XXXVII.

(1) Justin., XXXVIII.
(2) Strab., XI, p. 531.
(3) Id., *ibid.*, p. 532.
(4) Justin., XXXVIII, 3.

En effet, les troupes arméniennes vinrent au secours de Gordius, qui s'était fait un parti. Il fallut que Sylla, qui venait d'être nommé proconsul de Cilicie, se chargeât de mettre Ariobarzane en possession de son royaume. Il défit Gordius et chassa les Arméniens du pays (1). Pendant qu'il était campé sur les bords de l'Euphrate, il reçut une ambassade des Parthes, la première que ce peuple ait envoyée aux Romains.

RÉVOLTE DE SOCRATE, FRÈRE DU ROI DE BITHYNIE. — INTERVENTION DES ROMAINS. — A peine Sylla était-il éloigné, que Mithras et Bagoas, généraux de Tigrane, rentrèrent en Cappadoce, soumirent tout le pays, et rétablirent le fils de Mithridate. Dans le même temps (91 av. J.-C.), le roi de Bithynie mourut. Il laissait deux fils dont l'aîné, appelé comme lui Nicomède, lui succéda et fut reconnu par les Romains; l'autre, nommé Socrate, se révolta, et avec l'aide de Mithridate s'empara du royaume. Le roi dépossédé alla demander justice à Rome ainsi qu'Ariobarzane (2). Le sénat, au milieu des embarras que lui causait la révolte imminente des Italiens, ne put envoyer d'armée. Il se borna à faire partir pour l'Asie Mineure une commission dont le chef était Manius Aquilius, fils de celui qui avait réduit l'Asie en province. On donna ordre à L. Cassius, préteur d'Asie, de mettre à la disposition des commissaires les quelques cohortes qu'il avait auprès de lui, et l'on réclama l'assistance du roi de Pont (3). Celui-ci n'eut garde de fournir des troupes contre les rois qu'il avait établis; mais il n'essaya pas de les défendre. Socrate se réfugia chez lui; pour s'épargner l'embarras de le livrer ou de le refuser aux Romains, il le fit mettre à mort (4).

TRAITÉ AVEC TIGRANE. — ALLIANCE AVEC LES THRACES ET LES SCYTHES. — AMBASSADE DES ITALIENS. — Cependant ses préparatifs de guerre s'avançaient; le moment approchait où il allait changer d'attitude, et prendre résolument l'offensive. Tigrane conclut avec lui un traité d'alliance offensive. Il fut convenu que dans les conquêtes qu'ils feraient ensemble les villes et les terres appartiendraient à Mithridate, les prisonniers à Tigrane (1); celui-ci les destinait à peupler la ville de Tigranocerte, qu'il avait fondée, et dont il prétendait faire la première ville du monde. En même temps, Mithridate fait alliance avec les Parthes et les Galates; il va chercher des secours jusque chez les nations scythiques de l'Europe et de l'Asie : les Ibères et les autres peuples du Caucase, les Sarmates, les Bastarnes, et plusieurs peuplades de Thrace lui fournissent des troupes ou promettent de le seconder (2). Le moment se trouvait du reste bien choisi pour attaquer les Romains : la guerre sociale était alors dans toute sa force. Les Italiens étaient si exaspérés qu'en l'année 89 ils envoyèrent d'eux-mêmes une députation à Mithridate pour solliciter son alliance et l'appeler en Italie. Il n'osa pas s'engager dans une expédition si lointaine en laissant derrière lui son royaume désarmé (3).

NICOMÈDE ENVAHIT LA PAPHLAGONIE. — AMBASSADE DE PÉLOPIDAS. — Cependant les commissaires, après avoir rétabli les rois de Bithynie et de Cappadoce, les poussaient à attaquer Mithridate en leur promettant qu'ils seraient soutenus. Nicomède se laissa persuader, surtout par besoin d'argent : car il avait promis de grosses sommes aux généraux romains pour son rétablissement, et en avait emprunté d'autres à des particuliers, qui le tourmentaient pour être remboursés (4).

Il entra dans la Paphlagonie maritime, s'avança jusqu'à Amastris, et revint avec un grand butin sans trouver nulle part aucune résistance : car Mithridate avait fait retirer ses troupes afin de mettre tous les torts du côté des ennemis. Il envoya seulement aux généraux romains un ambassadeur nommé Pélopidas qui se plaignit vivement de cette violation

---

(1) Plut., *in Syll.*, 7.
(2) Appian., *Mithr.*, 10. *Memnon.*
(3) Appian., *Mithr.*, 11. *Dio ap. Fulv.*
(4) Trog. Pomp., *ap. Justin.*, XXXVIII, 5.

(1) Freinsheim., *Suppl. in T. Liv.*, l. LXXIV, 15.
(2) Justin., XXXVIII. Appian., *Mithr.*, 15.
(3) Diod., *Eclog.*, l. XXXVII.
(4) Appian., *Mithr.*, 11.

des traités (1). Les ambassadeurs de Nicomède lui répondirent en reprochant au roi de Pont d'avoir fait révolter Socrate, et en dénonçant ses préparatifs de guerre. Les commissaires déclarèrent que Nicomède avait eu tort; mais ils ajoutèrent que la république était intéressée à le protéger, et qu'ils ne souffriraient pas qu'il fût attaqué (2).

LA CAPPADOCE ENVAHIE. — SECONDE AMBASSADE. — Mithridate, regardant cette réponse comme un déni de justice, fit aussitôt envahir la Cappadoce par son fils Ariarathe, qui s'y rétablit sans peine et battit un corps d'armée commandé par Manlius Maltinus, un des commissaires (3). Pélopidas revint alors trouver les commissaires romains; leur déclara que rien n'était arrivé que par leur faute : que leur mauvaise volonté avait mis le roi dans la nécessité de se faire justice à lui-même, qu'ils auraient à en répondre au sénat, auquel le roi allait envoyer des ambassadeurs pour se plaindre de leur conduite (4). Il continua son discours par un tableau menaçant de la puissance de son maître, de l'étendue de son empire, du nombre de ses alliés, et conseilla aux commissaires de ne pas prendre sur eux d'engager la république dans une guerre si redoutable. Les Romains n'étaient pas habitués à un pareil langage. Ils répondirent qu'ils défendaient à Mithridate de se mêler des affaires de Bithynie et de Cappadoce, et qu'ils allaient eux-mêmes rétablir Ariobarzane. L'ambassadeur fut immédiatement renvoyé sous escorte, avec défense de revenir sinon pour apporter la pleine et entière soumission du roi (88 av. J.-C.) (5).

CHAPITRE II.

PREMIÈRE GUERRE DE MITHRIDATE.
(88-84.)

FORCES RESPECTIVES DES DEUX PARTIS. — La guerre se trouvant ainsi

(1) Appian., M., 12.
(2) Id., ibid., 13 et 14.
(3) Justin., XXXVIII. Eutrop., V. Oros., VI, 20.
(4) Appian., Mithr., 15.
(5) Id., ibid., 16.

déclarée sans l'aveu du sénat, les généraux romains distribuèrent toutes leurs forces en trois armées : l'une, commandée par L. Cassius, campa sur les confins de la Bithynie et de la Galatie; la seconde, sous Aquilius, garda la frontière de Bithynie du côté du Pont; la troisième, sous Q. Oppius, proconsul de Cicilie, pénétra en Cappadoce. Chacune de ces trois armées comptait quarante mille fantassins et quatre mille cavaliers : mais sur ce nombre à peine y avait-il quelques cohortes romaines; le reste se composait d'Asiatiques levés et exercés à la hâte. De plus Nicomède mit en campagne son armée, qui montait à cinquante-six mille hommes dont six mille cavaliers; une flotte sous le commandement de Minucius Rufus et de C. Popilius stationnait près de Byzance et gardait l'issue du Pont-Euxin. Telles étaient les ressources des adversaires de Mithridate. Pour lui, il avait tiré de ses propres États deux cent cinquante mille fantassins, et soixante mille cavaliers, trois cents navires pontés, cent galères à deux rangs de rames, et des approvisionnements de toute nature à proportion. Cet immense armement était commandé sous ses ordres par deux frères nommés Archélaüs et Néoptolème, dont il avait éprouvé les talents militaires dans ses campagnes contre les Scythes. Arcathias, un de ses fils, conduisait un corps auxiliaire de dix mille cavaliers arméniens, Dorylaüs un corps d'élite organisé en phalange, Cratère un train de cent trente chariots armés de faux (1).

BATAILLE DU FLEUVE AMNIAS. — L'avant-garde, composée d'infanterie légère, des cavaliers d'Arcathias et de quelques chariots, rencontra Nicomède avec son armée tout entière en Paphlagonie près du fleuve Amnias (2). Les généraux de Mithridate, craignant d'être enveloppés, dirigèrent tous leurs efforts vers une hauteur qui dominait la plaine; ils furent repoussés après un combat opiniâtre; et déjà Nicomède se croyant victorieux les poursuivait, quand le corps d'Archélaüs, qui n'avait pas donné, prit son armée en flanc. Il fallut engager

(1) Appian., Mithr., 17.
(2) Strab., XII, p. 562. — Appien l'appelle Amnios.

un nouveau combat, qui donna le temps aux deux autres généraux de rallier leurs troupes.

Les chariots armés de faux furent lancés avec tant de succès qu'ils mirent en désordre toute l'armée bithynienne ; Néoptolème et Arcathias revenant à la charge achevèrent de l'enfoncer. Nicomède s'enfuit avec quelques débris dans l'intérieur de la Paphlagonie, et alla rejoindre Cassius. Son camp fut mis au pillage (1).

Défaite d'Aquilius. — Dispersion des armées romaines. — Cette victoire éclatante, remportée par une armée inférieure en nombre, sur un terrain désavantageux, sans qu'on pût l'attribuer à aucune faute de l'ennemi, mais seulement à l'habileté des chefs et à la bravoure des soldats, produisit un effet extraordinaire dans toute l'Asie. Mithridate, pour se faire une réputation de clémence, renvoya tous les prisonniers sans rançon, et leur fournit même des secours pour retourner dans leur pays. Après avoir en passant soumis la Paphlagonie et chassé le roi Pylémènes (2), il franchit le mont Scoroba, qui marquait la frontière de la Bithynie (3). Cent de ses éclaireurs sarmates rencontrèrent un détachement de cavaliers bithyniens, les mirent en déroute et firent quelques prisonniers. Aquilius battit en retraite; Néoptolème l'atteignit près de Protopachion, lui mit dix mille hommes hors de combat, en prit trois cents; Mithridate rendit encore la liberté à tous les prisonniers. Aquilius s'étant sauvé du champ de bataille, passa le Sangarius la nuit même, et ne s'arrêta qu'à Pergame. Cassius et Nicomède campés près des *Têtes de Lions*, en Phrygie, enrôlaient des paysans et essayaient de les discipliner à la hâte; mais bientôt, désespérant de tenir tête à l'ennemi avec de pareils soldats, il se séparèrent. Nicomède s'en fut à Pergame et de là partit pour l'Italie. Cassius s'enferma dans Apamée (4)

Soumission de la Bithynie et de la province d'Asie. — Captivité d'Oppius. — Mort d'Aquilius. — Pendant ce temps les villes de la Bithynie ouvraient leurs portes au vainqueur. A son approche la flotte qui gardait le Bosphore se dispersa, et plusieurs des vaisseaux de Nicomède furent même livrés par leurs commandants. Maître de tout le pays jusqu'à l'Hellespont, Mithridate passa en Phrygie et campa au même endroit qu'Alexandre, circonstance qu'il fit lui-même remarquer comme un heureux présage. En Mysie et dans tout le reste de la province romaine, il fut reçu comme un libérateur. Le proconsul Oppius s'était enfermé dans Laodicée du Lycus; les habitants, sur la première sommation, le livrèrent au roi, qui, sans lui faire aucun mal, se contenta de le mener à sa suite pour donner aux peuples de l'Asie le spectacle d'un proconsul romain prisonnier. Aquilius, qui se trouvait malade à Mitylène, fut aussi livré par les habitants; ce fut sur lui que Mithridate assouvit sa vengeance. Il n'y eut pas d'indignités ni de tortures qu'on ne lui fît souffrir: il fut chargé de chaînes, battu de verges, promené sur un âne à travers les villes, et en cet état on le forçait de crier lui-même qu'il était Manius Aquilius, consulaire romain. On l'attacha par une chaîne à un cavalier bastarne d'une taille gigantesque, et il était obligé de le suivre à la course (1). Enfin, arrivé à Pergame, on lui versa de l'or fondu dans la bouche pour insulter à son avidité et à celle de ses compatriotes (2).

Une sorte de vertige s'était emparé de tous les Asiatiques échappés au joug de Rome: on insultait, on bravait ces maîtres sous qui on avait si longtemps tremblé. Les Éphésiens renversèrent toutes les statues consacrées dans leurs temples par les Romains, insulte qui plus tard leur coûta cher. Mithridate était partout salué du nom de Dieu sauveur. Magnésie du Sipyle, seule entre toutes les villes de la province, opposa une résistance opiniâtre. Stratonicée avait aussi fermé ses portes; elle fut frappée d'une contribution de guerre, et reçut garnison. Ce fut dans cette ville que Mithridate rencontra la belle Monime

(1) Appian., M., 18.
(2) Memnon., *ap. Phot.* Eutrop., V.
(3) Appian., 19.
(4) *Id.*, *ibid.*

(1) Athen., V, 13. Plin., XXXIII, 3.
(2) Appian., 20, 21.

qui résista aux tentatives de séduction du roi vainqueur, et qui fut couronnée reine (1).

MASSACRE DES ROMAINS. — Désormais trop avancé pour reculer devant aucune violence, Mithridate résolut de frapper un grand coup qui compromît à jamais avec lui tous ses alliés. Des ordres secrets furent envoyés aux gouverneurs et aux magistrats de toutes les villes, pour qu'à un jour donné tous les Romains et Italiens fussent égorgés. Il était défendu, sous les peines les plus sévères, de donner la sépulture aux morts et de cacher les vivants; on promettait des récompenses à ceux qui les décèleraient : la liberté aux esclaves, aux débiteurs la remise de la moitié de leurs dettes. Cet ordre fut exécuté avec une rage épouvantable. A Éphèse on arracha ces malheureux du temple de Diane et du pied même des autels ; à Pergame on les tua à coups de flèches dans le temple d'Esculape. A Adramytte, quelques-uns essayaient de s'enfuir à la nage, on les poursuivit jusqu'en mer; on jetait à l'eau les petits enfants.

Les Cauniens, autrefois sujets de Rhodes, et à qui le sénat avait tout récemment rendu la liberté, arrachèrent les fugitifs du pied des autels de Vesta, et massacrèrent d'abord les enfants, puis les femmes, puis leurs pères et leurs maris. Ceux de Tralles payèrent, pour faire cette sanglante besogne, un certain Théophile de Paphlagonie, qui enferma les victimes dans le temple de la Concorde où elles furent égorgées. On coupait les mains de ceux qui tenaient embrassées les statues des dieux. Les habitants de Cos furent les seuls qui, tout en reconnaissant Mithridate, épargnèrent les Romains réfugiés dans le temple d'Esculape (2). Quatre-vingt mille personnes périrent dans ce massacre (3).

RÉSISTANCE DES RHODIENS. — Au milieu de la défection générale des sujets et alliés de Rome, les Rhodiens donnèrent un mémorable exemple de fidélité. Ils avaient eu quelques obligations à Mithridate; ils l'avaient déclaré

(1) Plut., *in Lucull.*, 36.
(2) Tac., *Ann.*, IV, 14.
(3) Appian., 22, 23.

ami de leur ville et lui avaient dressé une statue : cependant ils refusèrent d'obéir à ses ordres et de recevoir ses troupes. Avec une modération bien rare, ils laissèrent debout sa statue dans le temps même qu'ils lui fermaient leurs portes (1). Secondés par quelques habitants de Telmissos et des autres villes de Lycie, ils mirent la ville en défense, augmentèrent les fortifications du port, et brûlèrent les faubourgs. Ce fut chez eux que le peu de Romains qui avaient échappé au massacre trouvèrent un asile; de ce nombre étaient le proconsul L. Cassius, et Rutilius, l'ancien lieutenant de Scévola, qui s'enfuit de Smyrne sous un déguisement (2). Le souvenir de son intégrité et de ses vertus contribua sans doute à le sauver.

SIÉGE DE RHODES. — Mithridate, après avoir passé dans l'île de Cos pour s'emparer d'un trésor que les rois d'Égypte y avaient déposé, se dirigea vers Rhodes avec sa flotte. Les Rhodiens sortirent à sa rencontre; mais se voyant très-inférieurs en nombre, ils firent retraite dans le port, où le roi essaya vainement de les forcer. En attendant son armée de terre, il fit débarquer quelques troupes de marine; il y eut plusieurs escarmouches où les Rhodiens eurent constamment le dessus (3). Leurs vaisseaux se tenaient toujours prêts à sortir du port pour attaquer l'ennemi à la première occasion favorable; un navire de charge passant assez près de l'entrée, une birème rhodienne lui donna la chasse; de part et d'autre on vint au secours de ces deux navires, et un combat naval s'engagea où les assiégés eurent l'avantage, grâce à la légèreté de leurs navires (4).

Ils coulèrent plusieurs vaisseaux et prirent une trirème avec tout son équipage, mais perdirent une galère à cinq rangs de rames. Vers le soir, comme on ignorait ce qu'elle était devenue, l'ami-

(1) Cic., *Verr.*, II, 159.
(2) Cic., *pro Rabir.*, 10.
(3) Appian., 24.
(4) Dans le tumulte, un vaisseau de l'île de Chios donna par accident contre la galère royale et faillit la couler. Mithridate irrité fit pendre le commandant et le pilote; et on assure qu'il garda toujours rancune de cette aventure aux habitants de Chios.

ral Damagoras sortit pour la chercher, avec six vaisseaux les plus légers de la flotte. Poursuivis par des forces supérieures, ces six vaisseaux s'éloignèrent, puis à la nuit tombante se retournèrent contre les vaisseaux royaux, en coulèrent deux, et en jetèrent deux à la côte (1). Quelques jours après, les troupes de terre arrivèrent sur des bateaux de transport; un vent violent les poussa contre le rivage au delà de la ville; les assiégés profitèrent de leur désordre pour les attaquer, détruisirent plusieurs embarcations et rentrèrent avec quatre cents prisonniers.

Cependant le siége en règle commença par terre et par mer. Sur l'avis d'un transfuge, les royaux essayèrent de surprendre un côté du mur qui paraissait accessible; ils furent découverts et repoussés. Mithridate comptait beaucoup sur l'effet d'une machine perfectionnée appelée *sambuque*, qui lançait en même temps des béliers contre la muraille, des traits et des projectiles de toute espèce contre ses défenseurs; mais les Rhodiens tinrent bon; la machine, portée sur deux navires, fut détruite; et on assura qu'on avait vu la déesse Isis lancer contre elle des flammes. Le roi, découragé, leva le siége (2).

GUERRE EN LYCIE. — MITHRIDATE SE FIXE A PERGAME. — Ce premier revers fut suivi de plusieurs autres. Magnésie se défendait toujours; ses habitants dans une sortie blessèrent Archélaüs et lui firent perdre beaucoup de monde. Les Lyciens avaient aussi refusé de se soumettre; le roi, étant venu faire le siége de Patare, échoua encore. Comme il avait coupé un bois consacré à Latone, le bruit courut que la déesse lui était apparue en songe et l'avait obligé de s'éloigner (3). Laissant à Pélopidas le soin de réduire ces contrées, il revint à Pergame, où il passa l'hiver, et partagea son temps entre les affaires et les plaisirs. Il travaillait sans relâche à augmenter ses approvisionnements, exerçait ses troupes, en rassemblait de nouvelles, faisait fabriquer des armes et des machines, tout en donnant des fêtes à la belle Monime. Dans une représentation théâtrale où tout le peuple de Pergame était assemblé, on avait monté une machine au moyen de laquelle une statue de la Victoire devait descendre du haut de la scène et déposer une couronne sur la tête du roi; le moment venu, la machine se dérangea; la couronne tomba à terre et se brisa; les assistants furent troublés; le roi lui-même pâlit; on regarda cet accident comme un présage terrible, qui se trouva justifié par la suite des événements (1).

ARCHÉLAÜS EN GRÈCE. — SUCCÈS DE BRUTTIUS SURA. — Les hostilités étaient alors transportées en Grèce. Archélaüs, avec cent vingt mille hommes, avait subjugué les Cyclades et mis à mort tout ce qu'il y avait trouvé de Romains, puis soulevé la plus grande partie des villes grecques. Athènes était son quartier général; il y avait fait transporter le trésor sacré de Délos et y avait établi le tyran Aristion, ancien sophiste, partisan déclaré du roi (2). Les Achéens, les Lacédémoniens, les Béotiens, excepté ceux de Thespies, s'étaient déclarés en sa faveur; une flotte, commandée par Métrophanes, la même qui avait pillé le trésor de Délos, ravageait l'Eubée et les côtes de la Thessalie, où on avait rencontré quelque résistance. Tout à coup, au printemps de l'année 87, cette flotte fut attaquée par Bruttius Sura, lieutenant de C. Sextius, préteur de Macédoine; deux navires furent pris et les équipages passés au fil de l'épée. Bruttius s'empara ensuite de Sciathos, où les Asiatiques avaient mis en dépôt leur butin, prit tous ceux qui s'y trouvaient, fit mettre en croix les esclaves et couper les poignets aux hommes libres. Puis, ayant reçu un renfort de mille hommes, il s'avança jusqu'en Béotie, et osa en venir aux mains avec l'armée d'Archélaüs. On se battit trois jours de suite aux environs de Chéronée sans résultat décisif (3).

ARRIVÉE DE SYLLA EN GRÈCE. — Au moment où l'on avait appris à Rome

(1) Appian., 25.
(2) Id., 26 et 27.
(3) Appian., 27. — Memnon, *Dio ap. I a-les.* — Pausan., lib. I.

(1) Plut., *in Syll.*, c. 30.
(2) Appian. 28.
(3) *Id.*, 29. Plut., *in Syll.*, 31.

24.

les progrès de Mithridate, la guerre sociale était encore loin d'être terminée. Sylla, qui était consul, fut désigné pour aller faire la guerre en Asie aussitôt que les circonstances le permettraient. Dans la nécessité pressante où l'on se trouvait, on fut obligé, pour se procurer de l'argent, de vendre les terrains consacrés dont le revenu était employé depuis le temps de Numa au service des temples du Capitole. On en tira neuf mille livres d'or qui servirent aux premières dépenses (1). Sur ces entrefaites, et pendant que Sylla était encore occupé à combattre les Italiens, Marius, jaloux, excita une émeute dans la ville et se fit déférer par le peuple le commandement de la guerre d'Asie. Ce fut l'occasion de la première guerre civile. Sylla marcha sur Rome avec son armée, y entra de force, fit déclarer Marius et ses principaux adhérents ennemis publics et donna le premier exemple des proscriptions (88). Au commencement de l'année suivante, il s'embarqua avec un peu plus de cinq légions, laissant le champ libre à ses ennemis, qui en profitèrent pour ressaisir le pouvoir. Une fois parti, il eut assez de sagesse ou de grandeur d'âme pour préférer l'intérêt public à ses ressentiments personnels et ne revenir combattre les ennemis du dedans qu'après avoir repoussé ceux du dehors (2). A peine entré en Grèce, il reçut des députations de toutes les villes, que la seule présence d'une armée romaine avait suffi pour faire rentrer dans l'obéissance. Athènes seule resta malgré elle attachée au parti du roi. Le général romain vint mettre le siége à la fois devant la ville et le Pirée (3).

SIÉGE D'ATHÈNES. — LUCULLUS RASSEMBLE UNE FLOTTE. — Ce siége, où l'on déploya de part et d'autre une opiniâtreté extraordinaire, et où l'on mit en œuvre toutes les ressources alors connues de l'art militaire, dura tout l'hiver, et se prolongea jusqu'au 1er mars de l'année suivante (86 av. J. C.) (4). Les Romains avaient d'autant plus de difficultés à vaincre, que l'ennemi était maître de la mer. Lucullus, lieutenant de Sylla, se chargea d'aller chercher des vaisseaux en Égypte, et en Syrie. Il s'embarqua sur un bateau de pêche (1), échappa aux croisières ennemies et aux pirates, aborda dans l'île de Crète, à Cyrène, passa en Égypte, où Ptolémée le reçut magnifiquement, mais sans vouloir lui fournir de secours, parcourut les ports de la Syrie, qui lui fournirent un certain nombre de vaisseaux, relâcha quelque temps à Chypre, et revint enfin à Rhodes, à la tête d'une flotte importante (2).

PRISE D'ATHÈNES. — BATAILLE DE CHÉRONÉE. — Mais à cette époque le siége était terminé. La ville d'Athènes, après avoir enduré toutes les horreurs de la famine, fut mise au pillage et noyée dans le sang (3) (1er mars 86). Le Pirée fut pris d'assaut quelques jours plus tard et livré aux flammes (4). Cependant Mithridate ne se lassait pas d'envoyer renfort sur renfort. Dès le commencement du siége, Dromichétas avait amené un secours considérable (5); Néoptolème, avec un autre corps d'armée, fut battu près de Chalcis par Munatius, lieutenant de Sylla (6). Dans le même temps, Arcathias, fils du roi, à la tête d'une armée bien équipée et avec l'aide des Thraces, envahit la Macédoine presque entièrement dégarnie de troupes, la soumit, et installa partout des gouverneurs au nom de son père. Il se dirigeait vers la Grèce lorsqu'il mourut (7). Ses troupes, conduites par Taxile (8), rejoignirent Archélaüs qui, après avoir défendu le Pirée jusqu'au dernier instant, se retirait vers la Thessalie. En réunissant ces divers corps d'armée, ce général se retrouva à la tête de cent vingt mille soldats. Sylla n'en

---

(1) Appian., 22.
(2) Plut., in Syll.
(3) Appian., 30.
(4) Id., 30-40. Plut., in Syll., 32-36.

(1) Appian., 33. Plutarque le fait partir avec six petits navires; mais il est clair que la mer étant couverte de flottes ennemies, il était plus facile de passer avec un bateau qu'avec une escadre.
(2) Plut., in Lucull., 3.
(3) Id., in Syll., 36.
(4) Appian., 40.
(5) Id., 32.
(6) Id., 34.
(7) Appian., 35.
(8) Plut., in Syll., 37.

avait pas le tiers; mais il sut profiter d'une faute de son adversaire, l'attaqua près de Chéronée dans une position très-désavantageuse, et remporta une victoire signalée. Archélaüs, réfugié à Chalcis, ne parvint à réunir autour de lui que dix mille hommes (1).

CRUAUTÉS DE MITHRIDATE. — MASSACRE DES GALLO-GRECS. — Mithridate fut consterné en apprenant ce désastre. Il sentait que si la fortune lui devenait contraire, ses alliés ne tarderaient pas à l'abandonner. C'est pourquoi il avait pris soin de faire venir à sa cour un grand nombre de personnages d'importance dont il suspectait la fidélité ou dont il voulait se faire des otages. De ce nombre étaient les tétrarques de Galatie. Les soupçonnant à tort ou à raison de conspirer contre lui, il les fit massacrer avec leurs familles, hommes, femmes et enfants; il n'y en eut que trois qui s'échappèrent. Il confisqua leurs biens, envoya dans leur pays un gouverneur nommé Eumènes et y mit des garnisons. Mais les trois chefs qui avaient survécu soulevèrent les habitants des campagnes et chassèrent le gouverneur et ses soldats (2).

MALHEURS DES HABITANTS DE CHIOS. — Les habitants de Chios lui étaient depuis longtemps suspects; bon nombre des plus considérables avaient quitté l'île et s'étaient réfugiés chez les Romains. Il commença par faire vendre les biens de ces émigrés et confisquer tout ce qui avait appartenu aux Romains. Puis un certain Zénobius y fut envoyé avec une flotte et des instructions secrètes: après s'être emparé pendant la nuit des ports et des murailles, il convoqua les habitants, leur ordonna de livrer leurs armes et de donner pour servir d'otages les enfants des principales familles. Au bout de quelques jours arriva une lettre très-menaçante du roi qui leur imposait une contribution de deux mille talents. Pour faire cette somme, il fallut dépouiller les temples et priver les femmes de leurs parures. Enfin, sous prétexte qu'il manquait quelque chose au poids, Zénobius les réunit tous au théâtre, et fit occuper les abords par ses soldats; ou les fit sortir l'un après l'autre en commençant par les plus riches; on les saisit à mesure et on les embarqua, les hommes d'un côté, les femmes et les enfants de l'autre. Toute la population fut ainsi transportée en Colchide (1), sauf un petit nombre, qui, en passant à Héraclée du Pont, furent délivrés par les habitants et restèrent dans cette ville jusqu'à la fin de la guerre (2). La ville de Chios et les terres avoisinantes furent distribuées à des colons venus du Pont.

RÉVOLTE D'ÉPHÈSE. — TROUBLES DE L'IONIE. — CONSPIRATIONS. — Ces violences portèrent leurs fruits. De Chios Zénobius se dirigea vers Éphèse; les Éphésiens ne le laissèrent entrer dans la ville qu'avec un petit nombre de soldats sans armes; la nuit suivante ils se saisirent de sa personne, le firent tuer dans la prison, chassèrent le gouverneur que Mithridate leur avait imposé, et mirent leur ville en état de défense (3). Leur exemple fut imité à Tralles, à Métropolis (4), à Hypépène et dans plusieurs autres villes. Mithridate envoya une armée pour les réduire, et celles qui furent prises furent punies avec la dernière rigueur. En même temps, pour prévenir de nouvelles défections, il proclama dans toutes les villes grecques l'abolition des dettes, l'affranchissement des esclaves, et l'admission au droit de cité de tous les étrangers domiciliés. De la sorte il se fit dans chaque ville un parti puissant composé de gens qui avaient tout intérêt à le soutenir. Mais il est aisé de concevoir quels désordres ces mesures occasionnèrent et combien elles firent de mécontents. Une conspiration fut tramée par des gens admis dans sa familiarité; dénoncés par un de leurs complices, les conjurés expirèrent dans les plus cruels supplices, et un grand nombre d'autres victimes furent sacrifiées aux défiances du roi. Un autre complot, qui fut découvert à Pergame, coûta la vie à quatre-vingts personnes. Bientôt toutes les villes furent remplies

(1) Appian., 41-45. Plut., *in Syll.*
(2) *Id.*, 46.

(1) Appian., 47, 48.
(2) Memnon., *Athen.*, VI, 18.
(3) Appian., 48.
(4) En Phrygie. V. Strab., p. 576.

d'espions, de délateurs et de supplices. On porte à quinze cents le nombre des malheureux qui périrent sur les plus légers soupçons et les témoignages les plus méprisables (1). C'est ainsi que les Asiatiques furent punis par Mithridate lui-même d'avoir trahi pour lui les Romains.

BATAILLE D'ORCHOMÈNE. — PROPOSITIONS DE PAIX. — Cependant ces embarras ne lui faisaient pas oublier les soins de la guerre. En peu de temps il eut formé une nouvelle armée de quatre-vingt mille hommes, que Dorylaüs mena en Grèce; elle fut détruite dans les plaines d'Orchomène (2). Découragé cette fois, il écrivit à Archélaüs de traiter aux meilleures conditions qu'il serait possible. Les premières ouvertures furent bien accueillies de Sylla, qui avait le plus grand intérêt à terminer promptement cette guerre. Depuis près de deux ans les partisans de Marius étaient maîtres de Rome qu'ils avaient remplie de carnage. Flaccus, nommé consul en remplacement de Marius, avait débarqué en Épire avec deux légions, et un décret du sénat qui enjoignait à Sylla de lui remettre le commandement sous peine d'être traité en ennemi. Le général romain eut donc une entrevue avec Archélaüs près de Délium en Béotie (85 av. J. C.).

Archélaüs lui proposa d'abord de laisser Mithridate maître de l'Asie, et lui offrit de la part de son maître des vaisseaux, de l'argent et des troupes autant qu'il lui en faudrait pour aller à Rome terminer la guerre civile (3). Sylla prenant la parole à son tour, après avoir rappelé toutes les perfidies et les cruautés du roi de Pont, conseilla à Archélaüs de songer à ses propres intérêts, et lui fit entendre que sa défection serait libéralement récompensée. Comme le Cappadocien refusait avec indignation : « Si cette trahison te fait horreur, reprit Sylla, comment oses-tu me proposer d'en commettre une plus honteuse? » Il ajouta qu'il consentait à traiter aux conditions suivantes : Mithridate évacuerait la province d'Asie, la Bithynie,

(1) Appian., 49.
(2) Id., 49 et 50.
(3) Plut., in Syll., 44.

la Cappadoce et la Paphlagonie, et se renfermerait dans les limites du Pont; il livrerait aux Romains soixante-dix navires de guerre avec leur équipement, et paierait deux mille talents. — En attendant la réponse du roi, il mena ses troupes chez les Thraces dont il avait à punir les déprédations (1).

FLACCUS DÉPOSÉ ET TUÉ PAR FIMBRIA. — SUCCÈS DE FIMBRIA ET DE LUCULLUS EN ASIE. — Pendant ce temps Flaccus traversait la Macédoine et la Thrace, évitant soigneusement de se rapprocher de Sylla : car il se défiait de ses soldats; déjà un détachement envoyé sur la frontière de Thessalie avait fait défection (2). On lui avait donné pour lieutenant ou plutôt pour conseiller Fimbria, un des plus fameux chefs de la faction de Marius; chemin faisant ils se brouillèrent. Arrivé à Byzance, Fimbria, profitant d'une absence du proconsul, fit révolter l'armée et s'empara du commandement. Flaccus s'enfuit à Chalcédoine et de là à Nicomédie; ses soldats l'y poursuivirent. On le trouva caché dans un puits; on l'en tira pour l'égorger. C'était depuis le commencement des guerres civiles le second exemple d'un consul romain assassiné par ses soldats. Cependant Fimbria se trouvant en Asie poussa les opérations contre Mithridate avec assez de vigueur; il défit dans plusieurs rencontres une armée commandée par son fils, le rejeta lui-même dans Pergame, puis l'assiégea dans la ville maritime de Pitane (3). De ce côté Lucullus, après avoir détaché les habitants de Cos et de Cnide du parti de Mithridate, après avoir chassé la garnison royale de Chios et délivré Colophon de son tyran Epigonos, se trouvait sur les côtes d'Asie à la tête d'une flotte considérable. Fimbria lui écrivit pour l'engager à attaquer Pitane du côté de la mer, dans l'espérance de prendre Mithridate et de terminer ainsi la guerre d'un seul coup. Mais Lucullus ne voulut avoir aucune relation avec lui (4).

CRUAUTÉS DE FIMBRIA. SAC D'I-

(1) Appian., 54, 55. Plut., in Syll., 45.
(2) Id., 51.
(3) Id., 52.
(4) Plut., in Lucull., 6.

LION. — Mithridate se retira à Mitylène. Fimbria, demeuré maître des provinces de terre-ferme, commença à poursuivre avec une extrême rigueur les partisans de Mithridate, et répandit la terreur dans tout le pays. On cite de lui des traits de cruauté qui vont jusqu'à la démence : un jour qu'il avait fait dresser un certain nombre de poteaux sur le lieu de l'exécution, le nombre des condamnés s'étant trouvé moindre, il fit prendre au hasard quelques-uns des spectateurs pour occuper les poteaux vacants (1). A Cyzique où il s'était présenté en ami, il fit mettre en jugement tous les plus riches citoyens pour crime de trahison, et en livra deux au supplice pour intimider les autres qui s'empressèrent de sauver leur vie par le sacrifice d'une partie de leurs biens. Les habitants d'Ilion fermèrent leurs portes à ce brigand; il mit le siège devant leur ville et ravagea la campagne. Comme les Iliens alléguaient qu'ils avaient fait leur soumission à Sylla : « Puisque vous êtes amis des Romains, dit-il, je suis Romain; vous pouvez me recevoir. » Une fois entré dans la ville, il la mit à feu et à sang (2). Strabon raconte le fait un peu différemment : il dit qu'il prit la ville de vive force après onze jours de siège, et qu'il se glorifia d'avoir fait en onze jours autant que les Grecs en dix ans (3). Quoi qu'il en soit, il brûla la ville et fit périr dans les supplices ceux des citoyens qui étaient allés en ambassade auprès de Sylla.

LUCULLUS REJOINT SYLLA. — ENTREVUE DE DARDANOS. — CONCLUSION DE LA PAIX. — Lucullus en longeant les côtes d'Asie rencontra deux fois les vaisseaux du roi : d'abord près du promontoire de Lectum en Troade, puis devant Ténédos, où il mit en fuite la flotte commandée par Néoptolème (4), après quoi il vint rejoindre Sylla. Celui-ci étant à Larisse en Thessalie reçut une ambassade de Mithridate, qui accédait à toutes les autres conditions, mais ne pouvait se résoudre à livrer ses vaisseaux ni à rendre la Paphlagonie; Fimbria lui offrirait, disait-il, de meilleures conditions. Sur ce mot Sylla entra dans une violente colère. « Mithridate, s'écria-t-il, devrait être à mes genoux, trop heureux que je lui laisse cette main droite qui a condamné à mort tant de Romains (1). » Les ambassadeurs effrayés n'osaient répliquer; Archélaüs, qui s'était très-lié d'amitié avec Sylla, l'apaisa, et se chargea d'obtenir la ratification complète du traité. Mithridate voulut avoir lui-même une entrevue avec le général romain. Celui-ci, qui se trouvait alors à Cypsela en Thrace, passa l'Hellespont et vint à Dardanos en Troade; ce fut là que la conférence eut lieu (84 av. J. C.). Le roi s'avança au-devant de Sylla et lui tendit la main; Sylla lui demanda s'il consentait à terminer la guerre aux conditions convenues. Mithridate se plaignit d'abord comme au commencement de la guerre, de ce qu'on lui avait ôté la Phrygie, de ce qu'on avait poussé Nicomède à l'attaquer, assurant que les commissaires romains, par leur avarice et leurs mauvais procédés, avaient causé tout le mal. Sylla l'interrompit : « J'avais entendu dire depuis longtemps, dit-il, que Mithridate était grand orateur; je le reconnais aujourd'hui en voyant avec quelle abondance de paroles spécieuses il sait colorer ses actions les plus injustes (2). » Puis il lui reprocha avec force toutes ses perfidies; et l'ayant obligé d'en convenir, lui demanda une seconde fois s'il s'en tenait aux articles arrêtés avec Archélaüs. Le roi déclara qu'il les acceptait. Alors Sylla lui rendit le salut et l'embrassa. Il fit ensuite approcher les rois Nicomède et Ariobarzane, et les réconcilia avec lui. Mithridate, après avoir retiré toutes ses garnisons, rendu ses prisonniers, payé deux mille talents et livré soixante-dix navires, fit voile vers le Pont (3).

MORT DE FIMBRIA. — Sylla marcha ensuite contre Fimbria qui était campé devant Thyatires. A peine eut-il paru, que la désertion se mit parmi les soldats de Fimbria. En vain celui-ci eut recours

---

(1) Dio ap. Vales.
(2) Appian., 53.
(3) Strab., XIII, p. 594.
(4) Plut., *in Lucull.*, 7.

(1) Plut., *in Syll.*, 47.
(2) *Id., ibid.*, 49.
(3) Appian., 57, 58.

aux prières, aux promesses et aux présents; son armée refusa ouvertement de lui prêter serment. Il envoya alors un esclave pour assassiner Sylla dans son camp; l'esclave fut pris et avoua tout.

Le misérable osa cependant encore demander à Sylla une entrevue; celui-ci envoya dédaigneusement un de ses lieutenants chargé de lui offrir un sauf-conduit jusqu'à la mer. N'osant apparemment s'y fier, il s'enfuit à Pergame, et se tua dans le temple d'Esculape (1). Ainsi finit la guerre. Curion fut envoyé avec quelques troupes pour rétablir les rois de Cappadoce et de Bithynie.

RIGOUREUX TRAITEMENT INFLIGÉ AUX VILLES D'ASIE. — GRANDS TROUBLES. — Restait à distribuer les châtiments et les récompenses. D'après Memnon d'Héraclée, Mithridate avait stipulé que personne ne serait inquiété pour avoir embrassé son parti. Cet article fut à coup sûr bien mal observé. Les Rhodiens, les Magnésiens, les Lyciens, les habitants de Chios et ceux d'Ilion furent déclarés libres; mais tout le reste de l'Asie fut accablé de vexations intolérables.

L'armée entière fut logée chez les particuliers pour y vivre à discrétion : chaque soldat avait droit à seize drachmes par jour (2) et un souper pour autant de personnes qu'il lui plairait, chaque centurion à cinquante drachmes (3) et deux robes, une pour la maison et une pour paraître en public (4). Tous ceux qui étaient connus comme partisans du roi furent ainsi ruinés. Les Éphésiens furent surtout punis avec une rigueur extrême d'avoir abattu les statues des Romains. Leur ville fut réduite à la misère. En même temps Sylla ordonna aux esclaves affranchis par Mithridate d'avoir à retourner chez leurs maîtres (5). Cet édit occasionna de violents désordres. Il y eut des villes qui se révoltèrent; elles furent démantelées, livrées au pillage; dans quelques endroits on vendit les habitants comme esclaves.

CONTRIBUTION DE GUERRE. — MISÈRE DE L'ASIE. — DÉPART DE SYLLA. — Enfin les notables de toutes les provinces reçurent l'ordre de s'assembler à Éphèse. Sylla, après leur avoir adressé un discours plein de colère et d'invectives (1), leur signifia d'avoir à payer cinq années d'impôts. Plutarque évalue cette contribution à vingt mille talents (2). Les villes furent obligées pour l'acquitter de mettre en gage toutes leurs propriétés, jusqu'à leurs portiques, leurs théâtres et leurs murailles. Pour comble de malheurs, la mer et les côtes étaient infestées par les pirates dont le nombre et l'audace croissaient de jour en jour. Mithridate, au lieu de réprimer leurs ravages, avait fait alliance avec eux quand il avait vu ses affaires décliner. Quant à Sylla, il était trop pressé de retourner en Italie pour prendre le temps de les poursuivre (3). Aussitôt la contribution payée, il partit, laissant Muréna en Asie Mineure avec les deux légions de Fimbria.

CHAPITRE III.

DEUXIÈME ET TROISIÈME GUERRES DE MITHRIDATE (84-63).

PRÉLUDES D'UNE NOUVELLE GUERRE. — RÉVOLTE DES COLCHIDIENS. — La paix qui venait d'être conclue ne pouvait être qu'une trêve. Quand même Mithridate aurait eu sincèrement l'intention de l'observer, le mauvais vouloir des généraux romains l'eût forcé de reprendre les armes. Muréna au lieu de pacifier l'Asie ne songeait qu'à renouveler la guerre afin de mériter le triomphe et de s'enrichir. Rentré dans ses États, le roi de Pont eut à combattre les peuples de la Colchide et du Bosphore (4) qui s'étaient soulevés. Les Colchidiens demandèrent pour roi son fils Mithridate et se soumirent dès qu'il le leur eut envoyé. Bientôt soupçonnant le jeune prince d'avoir lui-même provo-

---

(1) Appian., 59, 60.
(2) Plus de 14 francs.
(3) Environ 45 francs.
(4) Plut., in Syll., 50.
(5) Appian., 61.

(1) Appian., 62.
(2) Environ 110 millions de notre monnaie.
(3) Appian., 63.
(4) Il s'agit du Bosphore Cimmérien, aujourd'hui détroit de Iéni-Kalé.

qué la révolte, il se le fit amener chargé de chaînes d'or et ordonna sa mort malgré les services qu'il en avait reçus pendant la guerre. Quant aux habitants du Bosphore, il prépara pour les réduire un armement si considérable qu'on le soupçonna d'en vouloir plutôt aux Romains. En même temps Ariobarzane lui reprochait de détenir encore certaines places de la Cappadoce. Archélaüs, qui avait négocié la paix, était en disgrâce, au point que croyant sa sûreté menacée, il s'enfuit avec sa famille et vint se mettre sous la protection de Muréna qu'il décida à prendre l'offensive (1).

DEUXIÈME GUERRE DE MITHRIDATE. — Muréna, traversant la Cappadoce, envahit le district de Comana du Pont, rançonna le temple célèbre de ce pays, et battit un détachement de cavalerie royale. Comme les ambassadeurs de Mithridate invoquaient la foi des traités, il répondit qu'il ne voyait pas de traité. En effet la paix avait été conclue par simple convention verbale et n'avait pas été ratifiée dans la forme ordinaire (2). Le roi envoya une ambassade porter ses plaintes à Sylla et au sénat. Avant qu'elle ne fût de retour, au commencement de l'année 82, Muréna franchit le fleuve Halys, ravagea librement les provinces du Pont, et vint déposer son butin en Phrygie. Il y trouva Calidius, commissaire du sénat, qui publiquement lui enjoignit de respecter le territoire d'un souverain ami de Rome; mais après un entretien particulier qu'ils eurent ensemble, il recommença ses déprédations. Mithridate prit le parti de les repousser par la force. Gordius tomba sur les pillards et fit beaucoup de prisonniers; le roi lui-même, survenant avec une armée nombreuse, remporta une victoire complète; les débris de l'armée romaine eurent grand' peine à regagner la Phrygie (3). Il célébra ce premier succès par un sacrifice solennel à la manière des anciens rois de Perse. On éleva sur une haute montagne un immense bûcher autour duquel était dressé un repas magnifique pour toute la cour; le repas achevé, on mit le feu au bûcher; la flamme en fut aperçue à une distance de mille stades en mer (1).

Cependant Sylla avait trouvé mauvais qu'on n'observât pas le traité conclu par lui. Il envoya au commencement de l'année suivante (81) Aulus Gabinius, chargé de mettre fin aux hostilités et de réconcilier les rois de Pont et de Cappadoce. Il fut convenu que Mithridate conserverait ce qu'il possédait. Le rétablissement de la paix fut fêté par un grand festin dans lequel, suivant l'usage établi à la cour, Mithridate proposa des prix au plus grand mangeur, au plus grand buveur, au meilleur plaisant. Gabinius fut le seul qui dédaigna de disputer ces prix indignes de la gravité romaine (2). Muréna, laissant la province à M. Minucius, revint à Rome, où il obtint le triomphe, quoiqu'on ne voie pas dans le récit d'Appien par quels exploits il l'avait mérité. Il est vrai que d'après Memnon d'Héraclée, après avoir remis Ariobarzane en possession des terres qu'il réclamait et fondé une ville pour arrêter les incursions de Mithridate, il aurait marché contre Sinope, et aurait pendant plusieurs mois fait la guerre avec des succès balancés (3).

DESTRUCTION DE MITYLÈNE. — La préture de Minucius ne fut signalée par aucun événement remarquable. Son successeur M. Thermus châtia les Mityléniens qui depuis la fin de la première guerre étaient toujours restés en état de révolte. Peu de temps après le départ de Sylla, Lucullus les avait attaqués avec sa flotte et leur avait fait essuyer deux défaites sous les murs de leur ville (4). M. Thermus prit et détruisit Mitylène. Ce fut dans cette expédition que César fit ses premières armes (5).

EXPÉDITION DE SERVILIUS CONTRE LES PIRATES. SOUMISSION DE L'ISAURIE. — L'année suivante (78 av. J.-C.) P. Servilius Vatia fut envoyé

(1) Appian., 64.
(2) Id., ibid.
(3) Id., 65.

(1) Environ 40 lieues. — Appian., 66.
(2) Appian., ibid.
(3) Memnon., ap. Phot.
(4) Plut., in Lucull., 4.
(5) Liv., Epit., lib. 89. Suet., Cæs., 2.

comme proconsul en Cilicie (1) et chargé de combattre les pirates, qui devenaient tous les jours plus redoutables. Les malheurs de la guerre et la désolation de l'Asie avaient jeté dans leurs rangs beaucoup de malheureux qui n'avaient plus d'autre moyen d'existence. La Cilicie-Trachée était leur principal centre : mais toutes les villes maritimes de la Pamphilie et de la basse Cilicie étaient en relation de commerce avec eux. Ils avaient des arsenaux et des chantiers considérables, des forts où ils déposaient leurs prises (2). Réunis en escadres nombreuses sous des chefs réguliers, ils couvraient la mer entre la côte de Cyrène, l'île de Crète et le promontoire de Malée : c'était ce qu'ils appelaient la Mer d'or. Ils descendaient à terre, mettaient à contribution les villes ouvertes et attaquaient même les places fortes. Dans le temps que Sylla était encore en Asie, Jassos, Samos, Clazomène, Samothrace furent ainsi prises et pillées (3). Servilius, après les avoir vaincus non sans peine dans un combat naval, parcourut la Cilicie et la Pamphilie, détruisit Olympe, Phaselis et Corycé sur les côtes, et dans l'intérieur un grand nombre de forts et de bourgades (4). Il pénétra dans l'Isaurie, contrée montagneuse et sauvage où les armées romaines n'avaient pas encore paru, s'empara de la capitale, et soumit les habitants à un tribut ; ce qui lui valut le surnom d'Isauricus (5).

Cependant cette expédition, qui dura trois ans et coûta beaucoup de fatigues, produisit peu de résultats : les pirates reparurent plus puissants et plus hardis que jamais.

CONQUÊTE DU BOSPHORE — INVASION DE TIGRANE EN CAPPADOCE. — Mithridate employa d'abord ses loisirs à guerroyer contre les peuples barbares. Il soumit le Bosphore et en fit un royaume à son fils Macharès. Il fut moins heureux contre les Achéens, habitants du Caucase, qui passaient pour descendre des anciens Grecs. La rigueur du froid et les traits des montagnards lui firent perdre les deux tiers de son armée (1). Peu de temps avant l'abdication de Sylla, il envoya à Rome une ambassade pour demander que le traité de paix fût régulièrement rédigé et signé. Mais Ariobarzane se plaignait encore de quelques empiétements ; Mithridate lui restitua ce qu'il réclamait ; lorsqu'ensuite ses ambassadeurs retournèrent à Rome, Sylla était mort ; ils ne purent même obtenir audience. Ainsi il n'y avait pas à compter sur une paix solide ; le roi de Pont résolut de recommencer la guerre. Poussé par lui, Tigrane envahit encore une fois la Cappadoce, dévasta douze villes d'origine grecque, et emmena les habitants, au nombre de trois cent mille, en Arménie et en Mésopotamie. Tel était l'état des choses au moment où Servilius quittait la Cilicie ; il reçut l'ordre de laisser son armée à Octavius, son successeur. Mithridate de son côté se prépara comme pour une lutte décisive.

PRÉPARATIFS DE GUERRE. — ALLIANCE AVEC SERTORIUS. — La première fois, dit Plutarque, il avait attaqué les Romains avec un appareil imposant, mais dénué de force réelle. Instruit par ses défaites, il s'efforça de remplacer ce vain étalage de puissance par des forces véritables. Il fit forger des épées à la romaine et façonner des boucliers massifs ; il rassembla des chevaux bien dressés plutôt que magnifiquement parés ; les vaisseaux qu'il équipa au lieu de décorations somptueuses ne portaient que des soldats, des armes et de l'argent pour la solde (2). Deux millions de médimnes de blé furent par ses soins déposés dans les villes maritimes (3). Il renouvela ses alliances avec les Scythes et les Thraces d'Europe et d'Asie. Sans charger son armée d'une multitude d'auxiliaires inutiles, il choisit cent vingt mille hommes d'infanterie qu'il forma en corps sur le modèle des Romains, et seize mille cavaliers (4). Enfin deux ré-

---

(1) Cic., *Verr.*, III.
(2) Strab., XIV, p. 664 et 665. — Appian., 93.
(3) *Id.*, 63.
(4) Cic., *Verr.*, I, 21. Sall., *Hist.*, I, 22.
(5) Liv., *Epit.*, lib. 93.

(1) Appian., 67.
(2) Plut., *in Lucull.*, 14.
(3) Appian., 69.
(4) Plut., *ibid.*

fugiés romains du parti de Marius, L. Magius et L. Fannius, lui persuadèrent de faire alliance avec Sertorius, qui, solidement établi en Espagne, tenait en échec toutes les forces de Rome.

Mithridate lui envoya des ambassadeurs. Introduits dans le sénat que Sertorius avait formé autour de lui, ils proposèrent de la part du roi de l'argent et des vaisseaux à condition qu'on lui laisserait la possession de l'Asie. Ils furent bien surpris quand, au lieu d'accepter avec empressement, Sertorius déclara qu'il ne consentirait jamais à amoindrir l'empire romain d'une province (1). Il offrit d'abandonner à Mithridate la Bithynie et la Cappadoce. L'alliance se conclut à ces conditions; il fut convenu que le roi donnerait trois mille talents et quarante navires, et que Sertorius lui enverrait un de ses lieutenants avec quelques troupes (2).

LA BITHYNIE RÉDUITE EN PROVINCE ROMAINE. — TROISIÈME GUERRE DE MITHRIDATE. — Sur ces entrefaites, Nicomède, roi de Bithynie (3), mourut et légua son royaume aux Romains. Junius Silanus, préteur d'Asie, fut chargé de le réduire en province. Le roi de Pont jugea la circonstance favorable pour prendre l'offensive. Au commencement du printemps (74 av. J.-C.), il se mit en campagne, envoya Diophante, un de ses généraux, en Cappadoce, traversa en neuf jours la Paphlagonie et la Galatie, et parut en Bithynie. Les Romains, cette fois, étaient sur leurs gardes : ils avaient envoyé en Asie les deux consuls de l'année. Lucullus, à qui on avait d'abord désigné pour province la Gaule Cisalpine, en apprenant la mort de L. Octavius, proconsul de Cilicie, se fit attribuer cette province et la conduite de la guerre contre Mithridate (4); on mit à sa disposition les quatre légions qui se trouvaient en Asie, et on lui permit d'en lever une cinquième en Italie. Son collègue Aurélius Cotta reçut le commandement de la flotte et fut chargé de défendre la Bithynie.

PREMIERS SUCCÈS DE MITHRIDATE. — COMBAT DE CHALCÉDOINE. — Les commencements furent heureux pour Mithridate. A son approche, les villes de Bithynie s'empressèrent d'ouvrir leurs portes; les habitants d'Héraclée firent périr les publicains qu'on leur avait envoyés pour lever l'impôt. Le sénateur M. Varius, que Sertorius avait envoyé avec le titre de proconsul (1), accompagnait le roi, entrait avec lui dans les villes soumises, à cheval et précédé de ses licteurs, accordait aux unes la liberté, aux autres l'exemption d'impôts (2). Déjà la révolte commençait à gagner la province d'Asie; Mithridate y avait envoyé un de ses lieutenants (3). Le consul Cotta était absolument incapable d'arrêter ses progrès. Il s'était réfugié à Chalcédoine. A l'approche du roi, il fit sortir quelques cohortes sous les ordres de Nudus, commandant de la flotte; ces troupes ne purent tenir devant une armée entière; et comme on avait fermé derrière elles les portes de la ville, elles furent entièrement détruites. Nudus et quelques-uns de ses officiers furent hissés avec des cordes en haut de la muraille. Le même jour la flotte royale força l'entrée du port, y brûla quatre vaisseaux, et emmena les soixante autres qui s'y trouvaient. Trois mille Romains furent tués dans cette journée, entre autres le sénateur L. Manlius; Mithridate ne perdit que vingt soldats bastarnes de ceux qui étaient entrés les premiers dans le port (4).

ARRIVÉE DE LUCULLUS. — Cependant Lucullus s'avançait à la tête de trente mille fantassins et de seize cents cavaliers (5). Son nom était populaire en Asie : c'était lui qui avait été chargé autrefois de répartir la contribution imposée par Sylla; il s'était acquitté de cette mission odieuse avec une modération qu'on n'avait pas oubliée (6). Sa présence contint les sujets de Rome

(1) Plut., in Sertor., 39.
(2) Appian., 68.
(3) D'après Appien (Mithr., 7), c'était le petit-fils de celui qui avait été dépossédé dans la première guerre.
(4) Plut., in Lucull., 9.

(1) Appian., 68.
(2) Plut., in Sertor., 39.
(3) Suet., in Cæs., 4, 74.
(4) Appian., 71.
(5) Id., 72.
(6) Plut. in Lucull., 8.

dans le devoir et prévint un soulèvement général. Il vint camper sur les bords du fleuve Sangarius. Archélaüs lui conseillait de laisser le roi assiéger Chalcédoine et d'opérer une diversion dans le Pont; il répondit qu'il aimait mieux sauver un Romain que de conquérir tout ce qui était aux ennemis (1). Les premiers succès de Mithridate avaient grossi son armée au point qu'il avait autour de lui plus de trois cent mille hommes. Lucullus, pensant qu'il serait impossible de nourrir longtemps une armée si considérable, résolut d'éviter le combat et d'affamer l'ennemi. En effet Mithridate, commençant à sentir la disette, décampa brusquement, et, dérobant sa marche, vint mettre le siège devant Cyzique. Le Romain l'y suivit.

SIÈGE DE CYZIQUE. — La ville de Cyzique était bâtie dans une île de la Propontide, séparée du continent par un étroit canal (2) sur lequel étaient jetés deux ponts. Le roi l'investit de tous les côtés par terre et par mer; mais en même temps il était lui-même comme assiégé dans son camp par l'armée romaine.

Les Cyzicéniens furent d'abord consternés à la vue de l'immense armée du roi. Les barbares en leur montrant les Romains campés sur les hauteurs leur disaient que c'étaient des Arméniens et des Mèdes que Tigrane avait envoyés au secours de Mithridate. Un prisonnier échappé les détrompa (3). Bientôt Lucullus parvint à faire entrer quelques soldats dans la place; leur vue fit reprendre courage aux assiégés. Il avait remarqué une position très-avantageuse d'où il pourrait dominer la campagne et intercepter les convois de l'ennemi; il s'en empara grâce à la trahison de Magius, qui persuada au roi d'en dégarnir les approches (4). Lucullus se vit dès lors si assuré du succès qu'il ne craignit pas de l'annoncer lui-même à ses soldats. Cependant, avec une armée si nombreuse, le roi aurait probablement pu s'ouvrir un passage de vive force; mais il aima mieux s'acharner au siège. Il entoura la ville de retranchements, et fit construire des machines formidables. Au moment de donner l'assaut, il amena au pied des murailles trois mille prisonniers qu'il avait faits, en menaçant de les mettre tous à mort; ces malheureux suppliaient leurs compatriotes de leur sauver la vie en se rendant; Pisistrate, qui commandait dans la place, leur fit répondre qu'ils n'avaient qu'à se résigner à leur sort (1). L'assaut fut donné le même jour sur plusieurs points. Du côté du port une grosse tour s'approcha portée par deux navires; de son sommet on abattit un pont volant par où quatre soldats s'élancèrent sur le rempart; mais ceux qui devaient les suivre hésitèrent; l'occasion fut perdue; les navires durent s'éloigner pour n'être pas incendiés. Du côté de la terre on mit en jeu toutes les machines. Les assiégés se défendirent avec une activité extraordinaire : ils brisaient les béliers avec de grosses pierres, tendaient des lacets de corde pour en détourner le coup ou garnissaient les murs de ballots de laine pour l'amortir; ils opposaient aux projectiles des toiles flottantes; on lançait des traits garnis de matières inflammables; ils les éteignaient avec de l'eau et du vinaigre.

Cependant ils ne purent empêcher l'ennemi d'incendier une partie du rempart qui s'écroula vers le soir; mais la violence du feu rendit la brèche inaccessible et pendant la nuit les assiégés construisirent derrière un nouveau mur (2). Un grand orage survint et mit en pièces les machines des assiégeants. Cet événement fut regardé comme un prodige et attribué à la protection de Proserpine à qui les Cyzicéniens rendaient un culte particulier. Le jour de sa fête était venu pendant le siège, on assura qu'une génisse noire telle qu'on avait coutume d'en immoler à la déesse avait traversé à la nage le bras de mer et était venue d'elle-même s'offrir aux sacrificateurs (3).

Cependant Mithridate ne désespérait pas encore. Il s'était établi sur le mont

---

(1) Plut., *in Lucull.*, 17.
(2) Strab., XII, p. 575.
(3) Plut., *in Lucull.*, 19.
(4) Appian., 72.

(1) Appian., 73.
(2) *Id.*, 74.
(3) *Id.*, 75. Plut., *in Lucull.*, 20.

Dindyme qui dominait la ville (1) et avait entrepris de le joindre aux murailles par une chaussée. En même temps il faisait miner les murs; les assiégés de leur côté faisaient des contre-mines, et ils faillirent un jour surprendre le roi dans une de ces galeries souterraines. Sa cavalerie lui étant inutile, il fit partir tous les chevaux par des chemins détournés du côté de la Bithynie. Mais Lucullus se mit à leur poursuite, les atteignit au passage du Rhyndacus, fit un affreux carnage, prit quinze mille hommes et six mille chevaux. Dans le même temps Eumachos, un des lieutenants du roi, qui parcourait la Phrygie en égorgeant tous les Romains qu'il trouvait, fut defait par Déjotarus, tétrarque des Galates (2). L'hiver était venu; le camp royal était en proie à une affreuse famine. On y vivait d'herbes et de racines; des soldats y mangeaient de la chair humaine. Enfin les assiégés minèrent et détruisirent la chaussée qu'on menait du mont Dindyme à la ville. Découragé par ce dernier échec, le roi abandonna tout. Il s'enfuit la nuit avec la flotte, laissant au reste de ses troupes l'ordre de gagner Lampsaque. Lucullus les poursuivit et les tailla en pièces sur les bords du fleuve Asepos (73 av. J.-C.).

Ainsi finit ce siège plus mémorable encore par ses résultats que par les incidents qui l'avaient signalé : car l'immense armée de Mithridate y fut anéantie, et, comme l'avait prédit Lucullus, sans qu'il en coûtât presqu'aucune perte aux Romains. Les habitants de Cyzique instituèrent pour en perpétuer le souvenir, des jeux solennels qu'ils appelèrent du nom de Lucullus (3).

OPÉRATIONS NAVALES. — DESTRUCTION DE LA FLOTTE ROYALE. — Les débris de l'armée royale s'enfermèrent dans Lampsaque, et y furent aussitôt assiégés ; mais le roi leur envoya des vaisseaux qui enlevèrent les troupes et les habitants. Ensuite il partagea sa flotte en deux, mit cinquante vaisseaux et dix mille hommes sous les ordres de Varius, d'Alexandre le Paphlagonien et de l'eunuque Denys, et lui-même avec le reste gagna Nicomédie. Lucullus se mit aussitôt en mer avec des vaisseaux rassemblés dans la province romaine. Il surprit les trois amiraux dans une petite île auprès de Lemnos, dispersa leur escadre et les prit eux-mêmes vivants. L'eunuque s'empoisonna ; Varius fut mis à mort ; le troisième chef fut réservé pour le triomphe (1). En même temps Triarius et Voconius Barba, envoyés l'un en Phrygie, l'autre dans la Propontide, prennent et saccagent Apamée, Cibotos et Prusa au pied du mont Olympe ; Nicée et Prusiade, abandonnées par les garnisons royales, ouvrent leurs portes sans résistance ; Cotta met le siège devant Nicomédie. Le roi se hâta de fuir avant que Voconius vînt lui fermer la mer. Sa flotte fut tellement maltraitée par les tempêtes qu'il fut réduit à prendre passage sur un petit bâtiment pirate qui le débarqua près d'Héraclée du Pont (2). Il eut la mince consolation de s'emparer de cette ville, qui jusqu'alors était restée indépendante, et qui lui fut livrée par Lamachos, un de ses partisans (3). Enfin il revint à Sinope presque seul, et se rendit à Amisus, d'où il envoya les messages les plus pressants à Tigrane, à son fils Macharès, à tous ceux dont il pensait pouvoir tirer quelque secours. Dioclès, qu'il envoya chez les Scythes avec de riches présents et de grandes sommes d'argent, passa aux Romains.

CAMPAGNE DE LUCULLUS DANS LE PONT. — Bientôt Lucullus entra dans le Pont (72.) Dans ce pays opulent et jusqu'alors épargné par la guerre, l'armée trouva une telle abondance de toutes choses que le butin n'avait plus de valeur : un bœuf se vendait une drachme, un esclave quatre (4). Les Romains assiégèrent Amisus et Eupatoria; celle-ci avait été fondée par Mithridate lui-même au confluent de l'Iris et du Lycus (5). Un autre corps d'armée s'avança dans la

---

(1) Probablement dans l'île. V. Strab., XII, p. 575.
(2) Appian., 75.
(3) *Id.*, 76.

(1) Appian., 77.
(2) Plut., *in Lucull.*, 23.
(3) Memnon.
(4) Plut., *in Lucull.*, 24. Appian., 78.
(5) Strab., XII, p. 556. Maintenant Tchenikeh.

vallée du Thermodon, l'ancien pays des Amazones, et mit le siége devant Themiscyres. Ces trois siéges se prolongèrent d'autant plus que Mithridate, réfugié à Cabira (1) au delà des monts Pariadrès, envoyait incessamment aux assiégés des provisions et des renforts. Les soldats murmuraient de ces longueurs. C'étaient pour la plupart d'anciens légionnaires de Fimbria et de Sylla, accoutumés à la licence et au brigandage; ils trouvaient que cette guerre ne les enrichissait pas assez (2). Ce fut alors qu'ils commencèrent à donner des marques de cette insubordination qui bientôt arrêta le cours des succès de leur général. Lucullus méprisait ces rumeurs. A ceux qui lui reprochaient de ne pas presser assez vivement Mithridate, il répondait qu'il se garderait bien de le poursuivre à outrance : que le roi avait derrière lui des déserts immenses où il pourrait défier toutes les poursuites; qu'il valait bien mieux lui laisser le temps d'amasser de nouvelles forces afin de l'engager à combattre et de trouver quelque occasion de le prendre (3).

CAMPAGNE DE CABIRA.—FUITE DU ROI EN ARMÉNIE.— Au printemps de l'année suivante (71), il se mit en campagne laissant Muréna avec deux légions devant Amisus, franchit les montagnes sans difficulté, grâce à la trahison de Phénix, que Mithridate avait chargé de garder les passages, et descendit dans la plaine de Cabira. Le roi l'y attendait avec quarante mille fantassins et quatre mille chevaux. Dans un premier combat de cavalerie les Romains eurent le dessous; leur commandant nommé Pomponius fut amené blessé à Mithridate. « Si je te fais guérir, lui dit le roi, seras-tu mon ami? — Oui, répondit-il, si tu es l'ami des Romains; sinon, non. » Le roi barbare ne l'en traita pas plus mal, et dit tout haut qu'il fallait respecter le courage malheureux (4). Lucullus n'osait plus se risquer en plaine; un Grec qu'on avait pris en battant les bois le conduisit par les sentiers des montagnes jusqu'auprès de Cabira, où il établit son camp dans une position inattaquable. De part et d'autre on évitait le combat; il se trouva engagé par hasard et les Romains lâchèrent pied. Enhardi par ces succès, le roi résolut d'intercepter les convois de vivres que le général romain faisait venir de la Cappadoce et qui faisaient toute la subsistance de son armée (1). Mais les cavaliers qu'il avait envoyés pour cette expédition attaquèrent les Romains dans une vallée, sur un terrain si désavantageux qu'ils purent à peine combattre et furent mis en déroute. Les premiers fuyards rentrant au camp au milieu de la nuit annoncèrent que la cavalerie était entièrement détruite. Aussitôt Mithridate tout troublé s'apprête à lever le camp. Les courtisans prennent l'alarme, s'empressent de faire charger leurs bagages sur les chariots pour les envoyer en avant; les soldats s'en aperçoivent; à l'instant une confusion inexprimable se répand dans tout le camp; la multitude se presse aux portes, pille les bagages et se disperse dans la campagne (2). Dans ce désordre, Dorylaos, un des généraux, fut massacré pour sa cotte d'armes de pourpre, l'unique objet de valeur qu'il eût sur lui; Herméas le sacrificateur fut écrasé sous les pieds à la porte du camp. Le roi lui-même sortit entraîné par la foule, sans avoir auprès de lui un seul valet ni un seul écuyer. Il ne put même pas se procurer un cheval de son écurie; ce ne fut que longtemps après que l'eunuque Ptolémée, qui le rencontra, descendit de son cheval et l'y fit monter à sa place. Lucullus, instruit de ce qui se passait, sortit de son camp, s'empara de celui de l'ennemi, et envoya sa cavalerie à la poursuite des fuyards. Le roi était pris si un mulet chargé d'or ne se fût trouvé entre lui et les soldats qui le poursuivaient. Pendant que ceux-ci se querellaient, il leur échappa (3). Il arriva avec deux mille cavaliers dans les États de Tigrane.

SOUMISSION DU PONT.—PRISE D'AMISUS. — Lucullus s'empara de Ca-

---

(1) Auj. Turkal.
(2) Plut., in Lucull., 13.
(3) Id., in Lucull., 27.
(4) Appian., 79. Plut., in Lucull., 28.

(1) Appian., 80.
(2) Id., 81. Plut., in Lucull., 17.
(3) Appian., 82. Plut., Lucull., 33.

bira et de plusieurs forteresses. Il y trouva de grands trésors et des prisons remplies d'une foule de Grecs et de parents du roi qu'on y tenait renfermés. On prit aussi une sœur de Mithridate nommée Nyssa. Quant aux autres femmes de sa famille, elles étaient à Pharnacie, ville maritime voisine de Trapézonte (1); croyant tout perdu, le roi dépêcha l'eunuque Bacchus avec ordre de les faire mourir. Parmi elles se trouvait la célèbre Monime. Lorsqu'on lui annonça qu'il fallait mourir, elle détacha son diadème, se le noua autour du cou et se pendit. Le tissu se rompit. « Fatal bandeau, s'écria-t-elle, tu ne me rendras pas même ce service! » Et le jetant avec mépris, elle tendit la gorge à l'eunuque. Il y avait aussi deux sœurs de Mithridate; l'une mourut en accablant son frère d'imprécations, l'autre au contraire en le remerciant d'avoir songé à leur procurer une mort libre et à l'abri de tous les outrages (2). Après avoir suivi les traces du roi jusqu'à Talauries en Cappadoce, Lucullus revint sur ses pas, soumit les Tibaréniens, les Chaldéens du Pont et la petite Arménie. Presque partout les garnisons royales se rendirent. Il alla ensuite presser les sièges d'Amisus et d'Eupatoria (70). Ces deux villes furent prises d'assaut et horriblement saccagées. Amisus était défendue par un très-habile ingénieur nommé Callimaque. Quand il vit les Romains maîtres de la muraille, il mit le feu aux maisons, soit pour couvrir sa fuite, soit pour priver l'ennemi du butin sur lequel il comptait. Heureusement il tomba une grande pluie qui sauva une partie de la ville. Lucullus s'y arrêta plusieurs mois, et prit soin de faire rebâtir la plupart des édifices qui avaient péri (3).

PRISE D'HÉRACLÉE. — Vers le même temps Cotta et Triarius s'emparèrent d'Héraclée après un siège de plus d'un an. Cette malheureuse ville fut cruellement punie de sa défection. Pendant que les Romains au dehors dévastaient son territoire, la garnison que Mithridate avait laissée sous les ordres d'un certain Connacorix rançonnait et maltraitait les habitants. Lorsque Triarius fut venu bloquer le port avec quarante-trois galères, la famine se mit dans la ville et amena bientôt une cruelle épidémie. Quand Connacorix vit ses troupes réduites d'un tiers par le fléau, il entra en accommodement secret avec Triarius, fit embarquer pendant la nuit ses soldats avec leurs bagages, et partit. Les habitants ouvrirent aussitôt leurs portes à Triarius; mais les soldats romains se précipitèrent en furieux, massacrèrent et pillèrent tout. Cotta, qui ne connut la prise de la ville que par le tumulte et les cris des fuyards, survint plein de rage; et peu s'en fallut que les deux armées romaines n'en vinssent aux mains. On convint que le butin serait mis en commun et partagé. Tous les habitants qui n'avaient pas pris la fuite furent tués ou faits prisonniers; on dépouilla les édifices publics et particuliers de tout ce qu'on y trouva de précieux, puis on mit le feu aux maisons, et la ville fut presque entièrement réduite en cendres. Après cet exploit, Cotta renvoya à Lucullus les troupes romaines qu'il avait sous ses ordres, et retourna à Rome avec son butin (1).

MISÈRE DE L'ASIE. — MESURES RÉPARATRICES DE LUCULLUS. — Lucullus passa l'hiver en Ionie, et s'occupa de soulager l'affreuse misère où cette province était plongée depuis quinze ans. Elle ne s'était jamais relevée des exactions de Sylla. Une fois entre les mains des publicains et des usuriers, les malheureux provinciaux avaient vu leur ruine s'aggraver de jour en jour; ils étaient obligés de vendre jusqu'à leurs enfants pour payer des intérêts énormes qui, au moindre retard, se capitalisaient et allaient grossissant leur dette. Le capital primitif était partout doublé ou triplé. La dette commune de

---

(1) Strab., XII, p. 548. D'après Arrien, Pharnacie serait la même ville que Cérasus ou Cérasonte, d'où Lucullus rapporta le cerisier.
(2) Plut., in Lucull., 33.
(3) Id., 37.

(1) Quelque temps après il fut mis en jugement et condamné. Les Héracliotes furent rétablis dans leur ville et le sénat leur accorda la liberté. (Memnon. — Dio, lib. XXXVI.)

vingt mille talents contractée pour acquitter la contribution de Sylla avait été si bien exploitée par les usuriers, qu'après en avoir reçu le double, ils faisaient monter leur créance à cent vingt mille talents. On sait combien la loi romaine était cruelle pour les débiteurs; on l'appliquait dans toute sa rigueur aux malheureux sujets de Rome : ils étaient livrés à leurs créanciers, qui les torturaient avec la dernière inhumanité avant de les vendre comme esclaves. Au reste, on peut juger de l'excès du mal par le seul exposé des mesures que prit Lucullus pour y remédier. 1° Il fixa le taux de l'intérêt à un pour cent par mois; 2° malgré les clameurs des publicains, il ramena toutes les dettes au capital primitif, avec défense de capitaliser les intérêts sous peine de perdre intérêts et capital; 3° il donna droit au créancier sur le quart du revenu du débiteur. Grâce à ces règlements, toutes les dettes furent éteintes en quatre ans. Les villes d'Asie reconnaissantes instituèrent des fêtes *Luculliennes* (1).

PRISE DE SINOPE. — Le printemps venu (69 av. J.-C.), il se mit en campagne, et acheva la conquête du Pont par la prise de Sinope et d'Amasia. Sinope était défendue par une garnison de Ciliciens; Séleucos, leur chef, exerçait une cruelle tyrannie dans la ville, de concert avec l'eunuque Cléocharès. Il obtint d'abord un avantage sur une escadre romaine qui escortait un convoi de vivres; cependant, n'espérant pas résister longtemps, les deux tyrans chargèrent toutes leurs richesses sur des vaisseaux de transport et les envoyèrent à Macharès, roi du Bosphore. Celui-ci venait précisément d'adresser une ambassade à Lucullus pour solliciter sa protection; non content de refuser tout secours aux assiégés, il envoya au général romain les approvisionnements qu'il tenait préparés. Les deux tyrans désespérés s'embarquèrent au milieu de la nuit après avoir donné aux soldats l'ordre de mettre la ville au pillage. Les Romains, attirés par le bruit, entrèrent sans difficulté, passèrent au fil de l'épée tous les Ciliciens qu'ils ren-

(1) Plut., *Lucull.*, 41. Appian., 83.

contrèrent et en même temps bon nombre d'habitants. Il y périt huit mille personnes. Une fois le calme rétabli, Lucullus traita la ville avec douceur et lui donna la liberté; il n'emporta que la statue d'Autolycus, fondateur de la ville, à qui les Sinopiens rendaient un culte particulier (1). Quelque temps après la prise de la ville, arriva une nouvelle ambassade de Macharès avec une couronne de la valeur de vingt mille pièces d'or; Lucullus lui promit de lui faire obtenir l'amitié des Romains.

CAMPAGNE D'ARMÉNIE. — L'Asie Mineure était donc tout entière soumise; mais cette conquête semblait précaire tant que Mithridate était vivant et libre. Lucullus résolut d'aller le chercher jusqu'en Arménie et de châtier Tigrane, qui avait refusé de le livrer. Le monarque arménien avait réuni à ses États la Syrie après la chute du dernier des Antiochos; il se voyait ainsi maître de presque tout l'empire des premiers Séleucides; ses États s'étendaient de la mer Caspienne à la Méditerranée et des sources de l'Euphrate aux déserts de l'Arabie. Dans son orgueil, il se faisait appeler roi des rois et menait à sa suite en qualité de domestiques les chefs de plusieurs nations qu'il avait soumises. Le langage hautain de l'ambassadeur romain l'offusqua (2). Jusqu'alors il avait évité de voir Mithridate, ayant seulement donné des ordres pour qu'il fût logé et traité convenablement dans un des châteaux royaux (3); il le fit venir; les deux rois eurent une explication qui coûta la vie à plusieurs de leurs conseillers; Mithridate partit avec dix mille cavaliers que lui donna son gendre pour tenter de nouveau la fortune dans le Pont. Cependant Lucullus, laissant Sornatius avec six mille soldats pour surveiller les pays conquis, se mit en route pour l'Arménie avec un peu moins de quinze mille hommes. Ce fut sa plus brillante campagne; et ce qu'il y eut de très-remarquable, c'est qu'ayant montré une

(1) Plut., *Lucull.*, 47. — Memnon. — Strab., XII, p. 545.
(2) Plut., *Lucull.*, 42.
(3) Appian., 82.

extrême prudence dans la guerre de Cyzique, ayant miné Mithridate par ses lenteurs, il déploya ici des qualités tout opposées et écrasa Tigrane par la rapidité de ses démarches (1). Il passa par la Cappadoce, ne fit que traverser la Sophène, et pénétra en Arménie avant que Tigrane fût instruit de son départ. Le premier qui annonça au despote l'arrivée des Romains fut puni de mort. Cependant, quand ils commencèrent à menacer Tigranocertes, Mithrobarzanes, un des favoris du roi, se décida à lui déclarer la vérité; il fut envoyé au-devant de l'ennemi avec ordre d'amener le général vivant et d'exterminer le reste; l'avant-garde de l'armée romaine défit ses troupes, et il périt dans le combat. A cette nouvelle Tigrane s'enfuit vers le mont Taurus; il fut atteint par Muréna, qui lui fit essuyer une sanglante défaite pendant que Sextilius dispersait une armée d'Arabes qui venait le rejoindre (2). Lucullus en personne vint assiéger Tigranocertes, et en dévasta les environs dans l'espérance d'attirer le roi à une bataille. En effet, malgré les avis de Taxile, général de Mithridate, malgré les instances du roi de Pont lui-même, qui, au bruit de ce qui se passait, lui envoyait message sur message pour lui recommander de temporiser, quand Tigrane vit près de trois cent mille hommes réunis autour de lui, il voulut absolument livrer bataille. Lucullus, sans interrompre le siége, marcha à sa rencontre avec une poignée de soldats. Leur petit nombre inspira au roi d'Arménie un bon mot célèbre : en les voyant de loin s'avancer dans la plaine, « Pour des ambassadeurs, dit-il, ils sont beaucoup; pour des soldats ils sont bien peu (3). » Le lendemain on en vint aux mains : ce fut une déroute plutôt qu'un combat; l'armée royale fut anéantie. A la suite de cette victoire, Tigranocerte fut prise et pillée; les Grecs et les gens de toute nation que Tigrane y avait transportés par force furent renvoyés dans leur pays avec de l'argent pour payer leur voyage (69).

CAMPAGNE DE L'ANNÉE 68. — RÉVOLTE DES LÉGIONS. — Mithridate se chargea de former une nouvelle armée dont son allié lui abandonna la direction (1). Rendu prudent par tant de défaites, il prit soin d'éviter tout engagement considérable, s'efforçant seulement d'affamer son adversaire; mais Lucullus s'étant dirigé vers Artaxate, capitale du royaume où Tigrane avait ses femmes et ses enfants, il fallut en venir à une bataille. Les Romains remportèrent sur les bords de la rivière Arsanias une seconde victoire aussi complète que la première (2). La conquête de l'Arménie semblait assurée lorsque Lucullus se vit arrêté court par la révolte de ses troupes. Les légions restées dans le Pont, sous la conduite de Sornatius, furent les premières à se déclarer; elles refusèrent de passer en Arménie, et réclamèrent à grands cris leur congé. Celles d'Arménie ne tardèrent pas à les imiter : car Lucullus, avec tant de grandes qualités, n'avait pas l'art de se faire aimer du soldat. A Rome, ses ennemis, qui étaient nombreux, s'agitaient pour lui faire nommer un successeur : ils l'accusaient de perpétuer la guerre pour s'enrichir; ils représentaient que depuis six années il exerçait une autorité sans limites sur toute l'Asie Mineure, et affectaient de voir en lui un nouveau Sylla. L'écho de ces rumeurs parvenait à l'armée et encourageait les mutins. Un des plus turbulents était Clodius, beau-frère du général, le même qui causa depuis tant de troubles à Rome; il s'apitoyait sur les fatigues qu'enduraient les soldats et comparait leur sort à celui des légionnaires de Pompée; il accusait publiquement son beau-frère de s'enrichir aux dépens de l'armée (3). Le froid s'étant fait sentir tout d'un coup avec une rigueur extraordinaire pour la saison, les soldats refusèrent de marcher sur Artaxate. Il fallut les ramener en Mésopotamie, où ils prirent leurs quartiers d'hiver à Nisibe sur les frontières du pays des Parthes.

SUCCÈS DE MITHRIDATE DANS LA

---

(1) Plut., *Lucull.*, 28.
(2) Appian., 84.
(3) Plut., *Lucull.*, 54. Appian., 85.

(1) Appian., 87.
(2) Plut., *Lucull.*, 31. Dio, XXXVI.
(3) Plut., *Lucull.*, 34.

PETITE ARMÉNIE.—Cependant Mithridate était rentré dans la petite Arménie avec quelques troupes. Soutenu par les habitants, que la licence des troupes avait déjà dégoûtés de la domination romaine, il fit de rapides progrès, attaqua Fabius Adrianus, le vainquit deux fois, et aurait même détruit son corps d'armée dans le second combat s'il n'eût été blessé (1). Promptement rétabli, il vint assiéger Cabira, où Fabius s'était réfugié; mais il fut obligé de lever le siège à l'approche de Triarius, qui s'avançait avec des forces supérieures.

BATAILLE DE ZÉLA.—Au printemps de l'année 67, ayant grossi son armée, il revint présenter le combat à Triarius. D'après Appien et Plutarque (2), celui-ci s'empressa de livrer bataille avant l'arrivée de Lucullus, afin d'en avoir tout l'honneur; Strabon raconte au contraire que pour le déterminer à combattre, le roi alla mettre le siège devant une forteresse où les Romains avaient déposé leurs bagages, et que les soldats mutinés contraignirent leur chef à sortir de ses retranchements. Quoi qu'il en soit, il essuya près de Zéla la plus sanglante défaite que les Romains eussent depuis longtemps subie. Entourés par les barbares, rompus et refoulés dans les marais que forme en cet endroit le fleuve Iris, ils laissèrent sur le champ de bataille sept mille des leurs, cent cinquante centurions et vingt-quatre tribuns militaires. Pendant que le roi poursuivait les fuyards, un centurion s'étant mêlé à son escorte lui perça la cuisse d'outre en outre et fut sur-le-champ mis en pièces. Cet incident sauva le reste de l'armée romaine. Mithridate fut emporté sans connaissance du champ de bataille; lorsqu'il revint à lui, il fut très-irrité qu'on eût abandonné la poursuite; il se fit porter le jour même au camp romain et le trouva désert (3).

NOUVELLE RÉVOLTE DES SOLDATS DE LUCULLUS.—DÉSERTIONS.— Lucullus à cette nouvelle se hâta de regagner le Pont; il recueillit les débris de l'armée de Triarius, et le déroba à la fureur des soldats, qui demandaient sa tête (1). Apprenant que Tigrane était en marche avec une grande armée, il résolut d'aller à sa rencontre pour prévenir la jonction des deux rois. Tout à coup on apprit que le peuple lui avait nommé pour successeur Acilius Glabrion et avait ordonné de licencier une partie de l'armée. A l'instant les légions Fimbriennes se révoltèrent. Lucullus courait d'une tente à l'autre, prenant les soldats par la main, les suppliant de patienter; ils lui montraient leur bourse vide et lui disaient d'aller s'enrichir tout seul. Enfin ils consentirent à faire encore une campagne et convinrent de rester sous les enseignes jusqu'à la fin de l'été (2). Avec des troupes ainsi disposées, il était impossible de rien entreprendre : Tigrane ravagea impunément la Cappadoce, et Mithridate rétablit son autorité dans une grande partie de ses États. Les commissaires du sénat, venus pour organiser la province du Pont, qu'ils croyaient entièrement pacifiée, trouvèrent tout dans un affreux désordre (3). Acilius Glabrion, dès qu'il eut mis le pied en Asie, publia que Lucullus était mis en jugement, que ses légions étaient licenciées et que les biens de ceux qui resteraient sous ses ordres seraient confisqués; il ne lui resta que ceux qui n'avaient rien à perdre (4). Clodius ne fut pas le dernier à déserter; il alla rejoindre Marcius Rex, proconsul de Cilicie, se fit donner le commandement de la flotte, et se laissa prendre par les pirates. L'été terminé, tous les Fimbriens partirent le même jour. Ainsi se passa l'année 67.

PUISSANCE ET HARDIESSE DES PIRATES. — Cette même année, le tribun Gabinius, le même qui avait fait envoyer Acilius en Bithynie, fit donner à Pompée, qui était alors l'idole de Rome, le commandement d'une grande expédition contre les pirates, dont il était urgent d'arrêter les progrès. Il n'y avait plus de sûreté en mer pour personne.

(1) Appian., 88.
(2) Appian., 89. Plut., *Lucull.*, 72.
(3) Appian., 89.

(1) Plut., *Lucull.*, 35.
(2) Plut., *Lucull.*, ibid.
(3) Plut., *Lucull.*, ibid.
(4) Appian., 90.

La ville de Rome, qui tirait des provinces d'outre-mer presque toute sa subsistance, se voyait menacée de la famine. On les rencontrait partout depuis les Palus-Méotides jusqu'au détroit de Gadès : car à mesure qu'ils augmentaient en nombre, le théâtre de leurs opérations s'était élargi. Ils avaient battu un préteur de Sicile avec sa flotte (1), ils poussaient même l'insolence jusqu'à descendre en Italie : ils enlevèrent deux magistrats avec leurs licteurs, défirent une flotte consulaire près d'Ostie, et rançonnèrent le port de Gaëte sous les yeux d'un préteur (2). Lorsqu'un de leurs prisonniers déclarait qu'il était Romain, ils feignaient l'étonnement et la crainte, ils se frappaient la cuisse, se jetaient à ses genoux et le priaient de leur pardonner. Le prisonnier se laissait convaincre à cet air d'humilité et de supplication. Les uns lui mettaient des souliers, les autres une toge afin, disaient-ils, qu'il ne fût plus méconnu. Après s'être ainsi longtemps moqués de lui, ils jetaient une échelle au milieu de la mer et lui ordonnaient d'y descendre et de retourner en paix chez lui ; sur son refus, ils le précipitaient eux-mêmes et le noyaient (3).

EXPÉDITION INUTILE DE M. ANTONIUS. — DÉCRET DE GABINIUS. — Dans le temps que Lucullus partait pour l'Asie, M. Antonius, fils de celui qui avait le premier porté la guerre en Cilicie, fut chargé spécialement de poursuivre les pirates, et muni de pouvoirs très-étendus ; il n'en usa que pour rançonner les provinces maritimes, et notamment celles de Sicile et d'Asie ; puis il se fit battre par les Crétois ; ce qui lui valut le surnom ironique de Creticus (4). Gabinius proposa donc de choisir un consulaire (personne n'ignorait sur qui le choix tomberait), de lui donner pour trois ans le commandement en chef de toutes les flottes avec une autorité proconsulaire dans toutes les provinces maritimes jusqu'à cinquante milles de la côte ; le droit de se choisir autant de lieutenants qu'il le jugerait nécessaire, celui de lever des troupes et des subsides chez les nations alliées, de puiser à son gré dans le trésor et dans les caisses des publicains.

EXPÉDITION DE POMPÉE CONTRE LES PIRATES. — La loi passa malgré la résistance des grands (1). Pompée rassembla cent vingt mille hommes, deux cent soixante vaisseaux, et choisit parmi les sénateurs vingt-cinq lieutenants auxquels il distribua les différentes parties de la mer depuis les colonnes d'Hercule jusqu'au Pont-Euxin, de manière à faire une battue générale. Lui-même parcourut la Méditerranée dans toute sa longueur, rejetant les pirates d'une station sur l'autre ; puis il descendit en Cilicie avec une armée complète et des machines. Il n'en eut presque pas besoin : il n'y eut qu'un seul combat, devant Coracésium ; les Ciliciens, épouvantés, se rendirent partout sans résistance, livrèrent leurs armes, leurs vaisseaux, leurs approvisionnements, leurs magasins de toute espèce, leurs captifs, dont un grand nombre passaient depuis longtemps pour morts et trouvèrent en revenant dans leur pays qu'on leur avait dressé des tombeaux. En moins de trois mois tout fut terminé. On avait pris soixante-dix vaisseaux de vive force, trois cents six par reddition, et cent vingt places fortes, villes, bourgades ou châteaux ; environ dix mille pirates avaient péri (2) ; vingt mille furent faits prisonniers. Pompée ne voulant ni les faire mourir ni leur permettre de recommencer le même métier, les transporta loin de la mer en Grèce et en Asie, ou les dispersa dans les villes et les campagnes qui manquaient d'habitants. C'est ainsi que la ville de Soles en Cilicie, récemment détruite par Tigrane, fut repeuplée et relevée de ses

(1) Appian., 93.
(2) Cic., pro leg. Manil., 12.
(3) Plut., in Pomp., 38. — César leur rendit une plaisanterie du même genre. Étant resté vingt jours leur prisonnier, il leur promettait, en causant familièrement avec eux, de les faire pendre comme ils le méritaient. Aussitôt remis en liberté, il équipa quelques vaisseaux à Milet, poursuivit ceux qui l'avaient pris, les prit à leur tour, et leur tint parole. (Plut., in Cæs., 2)
(4) Plut., in Anton., 1. — Appian., de Insul. Eclog. VI.

(1) Appian., 94.
(2) Appian., 96.

ruines. Elle prit le nom de Pompeiopolis (1).

Loi Manilia. — Pompée en Asie. — Après un si éclatant succès, Pompée était à Rome plus populaire que jamais, lorsque le tribun Manilius proposa de lui déférer le commandement de la guerre contre Mithridate, en lui laissant la même autorité absolue que dans la guerre précédente, et en lui donnant plein pouvoir d'accorder la paix ou de faire la guerre à qui il lui plairait. Ce projet, accueilli avec enthousiasme, soutenu par César et Cicéron, fut adopté par les tribus à l'unanimité. Lorsque Pompée apprit le nouvel honneur qu'on lui décernait, il affecta de s'en plaindre et fit reproche à ses amis de ne pas lui laisser un moment de repos. Mais on savait à quoi s'en tenir sur ses véritables sentiments, et cette feinte grossière parut ridicule même à ses amis (2). C'était le plus ambitieux des hommes et le plus jaloux. Arrivé en Asie, il sembla prendre à tâche de défaire tout ce qu'avait fait Lucullus. Les deux généraux eurent une entrevue à Danala en Galatie. Après s'être abordés avec de grandes marques d'estime mutuelle, ils en vinrent aux injures et il fallut les séparer. Lucullus partit pour l'Italie, où Pompée trouva moyen de retarder pendant trois ans son triomphe.

Campagne de Pompée dans le Pont. — Mithridate avait une armée de trente mille fantassins et trois mille cavaliers d'élite. Cependant sa première démarche à l'arrivée de Pompée fut de demander la paix. On lui imposa pour première condition de livrer les transfuges, qui étaient en grand nombre dans son armée. Les soldats en furent informés et prirent l'alarme; il y eut une sorte de sédition dans le camp royal; le roi jura publiquement de ne faire aucune paix avec les Romains et de ne leur livrer personne (3). Les deux armées s'observèrent pendant quelque temps; la première rencontre fut un combat de cavalerie où les Romains eurent l'avantage. Bientôt la rareté des vivres obligea Mithridate de changer de campement et de faire retraite vers la petite Arménie. Il détruisait tout derrière lui dans l'espérance d'affamer son ennemi; mais Pompée se faisait apporter des vivres de la province romaine. Il parvint à pousser le roi dans une impasse et construisit un retranchement de près de vingt milles, garni de tours et de redoutes, au moyen duquel il le tenait comme assiégé. On fut réduit dans le camp royal à manger les bêtes de somme. Cependant Mithridate profita d'une nuit obscure pour s'échapper (1). Le Romain le suivit de près, harcelant son arrière-garde et s'efforçant de l'attirer à une bataille; mais il ne marchait que la nuit et tout le jour se renfermait obstinément dans ses retranchements. Pompée, pour l'obliger à combattre, doubla une marche, le devança et lui barra le passage (2).

Combat de nuit. — Fuite de Mithridate en Colchide. — La nuit suivante l'armée royale en marche trouva devant elle les Romains rangés en bataille; elle fut entièrement défaite; dix mille hommes furent tués, autant furent pris. (66 av. J.-C.). Cette dernière bataille décida du sort de l'Asie Mineure. Mithridate s'enfuit avec huit cents chevaux, et gagna la forteresse de Sinoria (3) où étaient ses trésors. Il distribua à ceux qui l'avaient suivi de larges gratifications; il fit don aussi à chacun de ses amis d'un poison mortel afin qu'aucun d'eux ne tombât vivant malgré soi entre les mains de l'ennemi (4); puis il continua sa course vers l'Arménie. En approchant, il apprit que Tigrane avait mis sa tête à prix. Revenant aussitôt sur ses pas, il alla passer l'Euphrate près de sa source; et, traversant le pays des Ibères qui essayèrent vainement de l'arrêter, gagna la Colchide où il passa l'hiver à Dioscuriade (5).

Fondation de Nicopolis. — Soumission de Tigrane. — Agrandissement du royaume de Cappadoce.

---

(1) Plut., *in Pomp.*, 28. — Strab., XIV, p. 665.
(2) Plut., *in Pomp.*, 30.
(3) Appian., 98. — Dio, lib. XXXVI.

(1) Appian., 99.
(2) Dio, lib. XXXVI. Front., 17, 2.
(3) Strab., XII, p. 555.
(4) Plut., *in Pomp.*, 32.
(5) Appian., 101.

— Pompée, renonçant à le poursuivre au delà du Phase, fonda sur le lieu de sa victoire une ville nommée Nicopolis, où il plaça pour premiers habitants ses infirmes et ses malades, avec un certain nombre de valets d'armée (1). Il entra en Arménie, menant avec lui le fils révolté de Tigrane, qui, vaincu par son père, s'était réfugié au camp romain (2). Le vieux roi s'empressa de faire la soumission la plus humble : il vint lui-même au camp sans escorte se prosterner devant Pompée.

Celui-ci lui imposa une indemnité de guerre de six mille talents (3), et lui prit la Sophène et la Gordyène pour en faire à son fils un royaume indépendant. Trop heureux d'en être quitte à ce prix, Tigrane distribua cinquante drachmes à chaque soldat, mille aux centurions et dix mille aux tribuns militaires. Son fils parut peu satisfait de ce qu'on faisait pour lui ; quelque temps après, instruit que ce jeune ambitieux conspirait contre son père et avait des intelligences avec les Parthes, Pompée le fit arrêter et le réserva pour son triomphe. La Sophène et la Gordyène furent réunies à la Cappadoce ainsi que le district de Castabala en Cilicie (4). Ariobarzane n'avait guère joui de sa royauté : la plus grande partie de son règne s'était passée dans l'exil. A peine fut-il définitivement rétabli qu'il abdiqua en faveur de son fils (5), à qui Pompée promit la protection des Romains.

EXPÉDITION DANS LE CAUCASE.— RÉDUCTION DU PONT EN PROVINCE. —L'année suivante (66), après une expédition plus curieuse qu'utile chez les peuples du Caucase (6), Pompée s'occupa de pacifier et d'organiser sa conquête. Les dernières forteresses occupées par les partisans de Mithridate se rendirent. On y trouva encore un grand nombre de femmes du roi, qui furent renvoyées chacune dans leur famille. Une d'elles nommée Stratonice (7) livra un château où se trouvaient cachés de grands trésors, à condition que Pompée traiterait bien son fils nommé Xipharès ; mais, pour punir sa trahison, Mithridate fit périr ce fils, qui se trouvait avec lui à Panticapée sur le Bosphore (1). Pendant l'hiver, que Pompée passa dans la ville d'Amisus, il reçut les ambassadeurs de tous les rois de l'Asie, et régla le sort des contrées conquises. Le Pont fut réduit en province romaine, sauf les territoires de Pharnacia et de Trapézonte et une partie de la petite Arménie, qui furent donnés à Déjotarus, tétrarque des Galates (2) ; un Pylémène fut rétabli en Paphlagonie (3) ; Archélaüs, fils de l'ancien général de Mithridate, reçut la grande prêtrise de Comana du Pont, cadeau qui valait un royaume (4). Au printemps de l'année 64 le général romain partit pour la Syrie, après avoir, en passant, visité le champ de bataille de Zéla et donné la sépulture aux légions de Triarius (5).

MITHRIDATE RÉFUGIÉ DANS LE BOSPHORE.— SES PROJETS.— Pendant ce temps Mithridate s'était établi dans le Bosphore. Son fils Macharès s'était enfui à son approche, et, se voyant poursuivi, il s'était donné la mort (6). Le vieux roi avait subjugué Panticapée et les autres villes grecques de ces contrées ; il avait fait alliance avec les chefs des peuplades scythiques, et s'était créé dans ces parages ignorés un État qui n'était pas sans puissance. Il envoya une ambassade à Pompée, offrant de payer tribut si on voulait lui rendre le royaume de ses ancêtres : comme on exigea qu'il vînt lui-même s'humilier devant le vainqueur, il ne songea plus qu'à se préparer à de nouveaux combats (7). Après avoir perdu tant d'hommes et tant de provinces, banni de son royaume et relégué à l'extrémité du monde connu, il nourrissait encore les projets les plus hardis et les moins proportionnés à l'état de sa fortune.

---

(1) Appian., 105.
(2) Appian., 104.
(3) Plut., *in Pomp.*, 33.
(4) Strab., XII, p. 534.
(5) Appian., 105. Val. Max. V, 7.
(6) Appian., 103. Plut., *Pomp.*
(7) Plut., *Pomp.*

(1) Appian., 107.
(2) Appian., 114.
(3) Strab., XII, p. 547.
(4) Strab., XII, 557, 558.
(5) Plut., *Pomp.*, 39.
(6) Appian., 102.
(7) Appian., 107.

Il voulait faire le tour du Pont-Euxin, et, soit par le Danube, soit par la Thrace et la Macédoine, gagner les Alpes, se joindre aux Gaulois, avec qui il avait fait alliance, envahir avec eux l'Italie, et la soulever contre les Romains (1). Il enrôlait tout ce qu'il y avait d'hommes valides et écrasait d'impôts le pays soumis à sa domination, enlevant jusqu'aux bœufs de labour pour faire servir leur cuir et leurs nerfs à la construction des machines (2). Il parvint à organiser soixante cohortes de six cents hommes chacune (3), sans compter les auxiliaires irréguliers. Il lui était venu au visage un ulcère qui le rendait si hideux qu'il ne se laissait voir qu'aux trois eunuques chargés du soin de sa personne; cependant les préparatifs continuèrent avec la même activité, tant il avait su communiquer son ardeur à ceux qui le servaient. Mais la masse des troupes était découragée; ses vastes projets épouvantaient les soldats et leur paraissaient inspirés par un désespoir aveugle.

RÉVOLTE DE PHANAGORIE. — DÉSERTIONS. — MORT DE MITHRIDATE. — Au moment où il se disposait à partir, les habitants de Phanagorie, sur le Bosphore, se révoltèrent, s'emparèrent de ses fils, qui étaient dans la citadelle, et les livrèrent aux Romains. L'exemple une fois donné, Chersonèse, Théodosie, Nymphée l'imitèrent. En même temps la désertion se mettait dans l'armée. Le roi fit partir sous escorte plusieurs de ses filles qu'il avait promises à des chefs scythes, ses alliés; l'escorte les livra (4). Enfin son fils Pharnace conspira contre lui. Pour la première fois de sa vie, Mithridate pardonna, et ce fut la cause de sa perte : Pharnace ne se fiant pas à son pardon et connaissant d'ailleurs le mécontentement de l'armée, excita un soulèvement général (5). Le vieux roi, réveillé par le tumulte, sort pour haranguer les mutins : il voit sa garde même se tourner contre lui; son cheval est blessé; il n'a que le temps de fuir; du haut d'une galerie de son palais, il voit Pharnace salué par les soldats qui lui mettent sur la tête une bande de papyrus en guise de diadème (1). Cependant le vieillard tenait à la vie ; il envoya messager sur messager à son fils pour demander un sauf-conduit. Voyant qu'il n'en revenait pas un, il commença à craindre qu'on ne le livrât aux Romains. Il congédia ceux qui lui étaient jusque-là restés fidèles et les engagea lui-même à aller trouver le nouveau roi. Resté seul avec deux de ses filles, il essaya de s'empoisonner avec elles; mais le poison ne pouvait rien sur lui. En ce moment survint un chef gaulois nommé Bituitus; le roi se fit tuer par lui (63 av. J.-C.).

JOIE DES ROMAINS. — LACHETÉ DE PHARNACE. — POMPÉE QUITTE L'ASIE. — Ainsi périt l'ennemi le plus redoutable que les Romains eussent rencontré depuis Annibal. Lorsqu'à Rome on apprit sa mort, le sénat, sur la proposition de Cicéron alors consul, décréta douze jours de supplications (2) solennelles. Pompée était sur les confins de l'Arabie quand la nouvelle lui arriva; ce fut le parricide Pharnace qui s'empressa de la lui faire parvenir. En même temps, pour se rendre agréable aux Romains, il leur livra plusieurs personnes compromises, entre autres ceux qui avaient, vingt-cinq ans auparavant, pris Manius Aquilius (3). Il poussa même la bassesse jusqu'à envoyer le corps de son père. Pompée lui fit donner une sépulture royale à Sinope. Il accorda à Pharnace le titre d'allié de Rome, et lui permit de régner sur le Bosphore, en exceptant toutefois la ville de Phanagorie, qui fut déclarée libre. Castor, qui avait été le premier auteur de la révolte, fut spécialement nommé ami et allié du peuple romain; il épousa la fille de Déjotarus, et devint tétrarque de Galatie (4). Ayant ainsi réglé toutes les affaires d'Orient, Pompée retourna à Rome, où la pompe de son

---

(1) Appian., 109.
(2) Appian., 107.
(3) Id., 108.
(4) Appian., 108.
(5) Id., 110.

(1) Id., 111.
(2) Cic., *de Prov., Cons., ad Att.*, I, 18.
(3) Appian., 113.
(4) Appian., 114; Strab., XII, p. 568. Cic., *pro reg. Dejot.*, 11.

triomphe effaça tout ce qu'on avait vu jusqu'alors.

CHAPITRE IV.

DEPUIS LA FIN DES GUERRES DE MITHRIDATE JUSQU'A LA BATAILLE D'ACTIUM.

(63—30.)

PRÉTURE DE VALÉRIUS FLACCUS ET DE QUINTUS CICÉRON. — Délivrées des maux de la guerre, les provinces continuaient à être désolées par la rapacité des magistrats romains et des publicains. La province d'Asie proprement dite eut pour préteur aussitôt après le départ de Pompée L. Valérius Flaccus, qui fut au bout de l'année accusé de concussion. Cicéron le défendit et le fit absoudre; mais en lisant son plaidoyer, on peut deviner malgré le talent de l'avocat que les plaintes des Asiatiques n'étaient pas sans fondement. On voit Flaccus en pleine paix imposer des subsides extraordinaires pour l'équipement de la flotte (1); on le voit réclamer aux habitants de Tralles une somme de quinze mille drachmes levée plus de vingt ans auparavant au nom de son père (2), sous prétexte de célébrer des jeux en son honneur. Les Tralliens protestaient que Mithridate avait pris cet argent; ils sont néanmoins obligés de le donner (3). Cicéron croit justifier son client en se moquant des accusateurs, en accusant les Grecs de lâcheté, de duplicité, de mensonge : défauts ordinaires des faibles; reproches qu'on a faits de tout temps aux peuples opprimés. Valérius Flaccus eut pour successeur le frère de l'orateur, qui resta trois ans dans la province (4) et ne s'y rendit guère plus populaire. Cicéron ne lui épargna pas les conseils. Nous n'avons que trois de lettres qu'il lui écrivit à cette époque; la première est un magnifique abrégé des devoirs d'un gouverneur de province. Mais Cicéron, malgré toute l'honnêteté de son caractère, n'allait pas jusqu'à sacrifier les relations particulières à l'intérêt des sujets de Rome (1). Il était lié avec tout l'ordre équestre qu'il se flattait d'avoir réconcilié avec le sénat; cette concorde des deux ordres qu'il regardait comme son ouvrage lui était si chère et lui paraissait si précieuse qu'il ne pouvait se résoudre à rien refuser aux chevaliers. Pendant la préture de son frère les publicains qui avaient pris la ferme des revenus d'Asie demandèrent à résilier leurs baux; prétention exorbitante de la part de ces compagnies habituées à s'enrichir aux dépens des provinces. Caton s'y opposa fortement; Cicéron soutint la demande et la fit accueillir (2).

PROCONSULAT DE CICÉRON. — SES OPÉRATIONS MILITAIRES. — Mais nous allons le voir lui-même à l'épreuve. En l'an 51 av. J.-C., il fut envoyé comme proconsul en Cilicie. Cette province moins riche que celle d'Asie fut cependant presque toujours administrée par des consulaires; pour la rendre plus digne des personnages qu'on y envoyait, on y ajouta successivement la Pisidie, la Lycaonie, une partie de la Phrygie, les diocèses de Cibyra, de Synnada et d'Apamée (3). Sous le proconsulat de Lentulus Spinther, en 56 av. J.-C., on y réunit encore l'île de Chypre enlevée à Ptolémée le Jeune (4). A l'époque où Cicéron y fut envoyé, la situation n'était pas sans gravité : les Parthes vainqueurs de Crassus avaient envahi la Syrie et tenaient Cassius, son ancien questeur, assiégé dans Antioche (5); la fidélité des alliés et des sujets de Rome était douteuse; déjà les montagnards étaient en armes (6). Cicéron n'eut jamais de grandes prétentions militaires; heureu-

---

(1) *Pro Flacc.*, 14.
(2) Celui qui fut tué par Fimbria. *Voy. plus haut.*
(3) *Pro Flacc.*, 22.
(4) Cic., *Ep. ad Quint. fratr.*, lib. I, 1.

(1) Ces réflexions et celles qu'on trouvera plus loin sur l'administration de Cicéron en Cilicie sont en grande partie empruntées à une thèse présentée à la Faculté des lettres de Paris par M. d'Hugues, professeur d'histoire. *De Proconsulatu Ciceronis.* Argentorati, ex typis Silbermann, 1859.
(2) *Ad Att.*, I, 17, 18; II, 1.
(3) *Sigon. de Jure Prov.*, lib. I, c. 11.
(4) Appian., *Civ.*, II, 23. Cic., *pro Domo*, 8.
(5) Dio., XL. — Cic., *ad Att.*, Cic., V, 18.
(6) Id., *ad Div.*, XV, 1.

sement il avait pour lieutenants son frère, qui venait de faire l'apprentissage de la guerre sous César en Gaule, et un certain Pomptinius, ancien préteur qui avait obtenu l'honneur du triomphe. Aidé sans doute de leurs conseils, il tira un parti judicieux du peu de forces dont il disposait, et vint camper avec la plus grande partie de ses légions près de Cybistra; position bien choisie d'où il pouvait à la fois protéger les frontières découvertes de la Cappadoce, observer les mouvements de l'ennemi et surveiller les alliés (1). Pendant qu'il attendait dans cette position le roi Déjotarus, qui devait le rejoindre avec toutes ses forces, sa cavalerie, qu'il avait renvoyée en Cilicie, battit un détachement de Parthes qui avait pénétré dans la province. Informé que l'ennemi se portait du côté des monts Amanus, il quitta la Cappadoce, et vint occuper les défilés. Bientôt il apprit que Cassius, sorti d'Antioche, avait remporté un avantage considérable, et que les Parthes avaient repassé l'Euphrate (2).

Délivré de ce danger sérieux, Cicéron tourna ses armes contre les peuplades indociles des monts Amanus, dans l'espérance, comme il le dit lui-même, d'y conquérir « quelque petit bout de laurier, juste assez pour avoir le droit de demander le triomphe (3). » Il ne nous a laissé ignorer aucun détail de sa campagne : le 12 octobre il se mit en marche comme pour regagner le pays plat, puis revint brusquement sur ses pas, divisa son armée en deux corps, Pomptinius dans l'un, Quintus et lui dans l'autre; cerna les montagnards, emporta de vive force après dix heures de combat trois bourgs dont les noms sont Érana, Sépyra et Commorin; enfin mit le siège devant Pindénissum, la principale ville des Eleuthéro-Ciliciens, et s'en empara au bout de quarante-sept jours de travaux. Ses soldats le proclamèrent *imperator*; la peuplade voisine des Tibarans lui envoya des otages (4). C'est à Caton qu'il rend compte de son succès, et il est curieux de voir comment il met en œuvre toutes les ressources de son éloquence pour persuader à l'austère stoïcien de lui faire obtenir l'honneur tant ambitionné.

ADMINISTRATION DE CICÉRON. — Laissant à son frère le soin d'établir les quartiers d'hiver, il revint tenir les assises et diriger l'administration de la province; et c'est assurément la partie de son gouvernement qui lui fait le plus d'honneur. Par son désintéressement, son affabilité, sa justice, il se concilia l'estime et l'affection de ses administrés. Son prédécesseur Appius Claudius Pulcher avait exercé un véritable brigandage : les villes étaient obligées de lui payer des sommes considérables pour être dispensées de loger des soldats (1); l'île de Chypre lui avait ainsi donné jusqu'à deux cents talents (2). Questeurs, lieutenants, préfets imitaient son exemple. Il avait nommé des publicains gouverneurs de villes et leur avait donné des soldats pour contraindre les contribuables (3). Cicéron était incapable de commettre ou de souffrir des excès si criants. Sa conduite personnelle fut un modèle de désintéressement : il fit remise à la province de l'argent que les lois l'autorisaient à prélever pour la dépense de sa maison (4); il ne voulut accepter aucun présent ni des villes ni des rois alliés; il refusa même, malgré son goût pour les honneurs, les statues qu'on voulait lui élever (5); il put enfin se glorifier à juste titre de ce que sa présence ne coûtait pas une obole à la province (6). Il fit plus : il surveilla exactement ses subordonnés, et les obligea d'être aussi honnêtes que lui-même. À l'imitation de Lucullus, il défendit aux créanciers des villes de capitaliser les intérêts des intérêts (7); il révisa les comptes des magistrats locaux qui n'étaient guère moins pillards que les agents de Rome, et les amena à restituer ce qu'ils avaient pris (8); par ces sages

---

(1) *Ad Div.*, XV, 4.
(2) *ad Div.*, V, 20, *ad Div.*, XV, 4.
(3) *Ad Div.*, II, 10.
(4) *Ad Div.*, XV, 4.

(1) *Ad Att.*, V, 21.
(2) Environ dix millions de francs.
(3) Id., *ibid*.
(4) Plut., *in Cic.*
(5) *Ad Att.*, V, 21.
(6) *Ad Att.*, VI, 2.
(7) *Ad Att.*, VI, 1.
(8) *Ad Att.*, VI, 2. — Plut., *in Cic.*

mesures il soulagea les villes obérées. Il rendit la justice d'après les maximes les plus libérales. Les gouverneurs de province comme les préteurs de Rome publiaient à leur entrée en fonctions un édit interprétatif pour fixer leur jurisprudence (1); il fit revivre dans le sien quelques dispositions empruntées à celui de Mucius Scévola; entre autres, celle qui permettait aux Grecs de terminer entre eux leurs différends d'après leurs lois. « Pourquoi leur refuser, dit-il, cette satisfaction? Ils sont charmés d'avoir des juges de leur nation; ils se croient presque indépendants (2). » N'ayant pu se rendre de sa personne dans l'île de Chypre pour tenir les assises, il délégua un certain Volusius, personnage d'une intégrité reconnue (3). En même temps, il rétablissait la sécurité sur les routes, qui étaient infestées de brigands (4); la récolte ayant manqué, il parvint à prévenir les manœuvres des accapareurs, et pourvut à l'approvisionnement des marchés (5). Enfin ce qui le rendit le plus populaire ce fut son extrême affabilité: sa maison était ouverte; il était debout de grand matin, prêt à recevoir gracieusement tous ceux qui se présentaient (6), se prodiguant à tous, comme au temps, dit-il, où il briguait les premières charges (7).

Ainsi il faisait tout ce qui dépendait de lui pour réconcilier les sujets de Rome avec le nom romain. Mais une chose le gênait et détruisait souvent l'effet de ses meilleures intentions: c'était cette foule d'amis puissants qu'il fallait ménager et qu'on s'exposait à mécontenter en combattant les abus. Il avait trouvé la province désolée par les exactions de son prédécesseur; il s'en explique ouvertement à Atticus, et en termes assez forts: cependant il n'entreprend qu'avec des précautions infinies de toucher à ce que ce prédécesseur avait fait; et encore se brouilla-t-il avec lui. Après avoir été victimes de l'avarice des proconsuls, les malheureux sujets de Rome étaient obligés, pour comble de misère et d'abaissement, de baiser la main qui les dépouillait : c'était un usage constant; quand un gouverneur de province retournait à Rome, ses administrés envoyaient une ambassade pour faire son éloge. Les villes de Cilicie avaient donc voté des fonds pour l'ambassade qu'il s'agissait de faire partir en l'honneur d'Appius, et plusieurs se voyaient hors d'état de les fournir; Cicéron leur permit de réduire les sommes votées. Appius en fut très-irrité; l'orateur fut obligé de lui écrire longuement et à plusieurs reprises pour s'excuser (1). Brutus, l'incorruptible Brutus, l'ami d'Atticus et le disciple de Caton, était intéressé dans le trafic des publicains de Cilicie. Il avait recommandé à Cicéron un certain Scaptius, qui vint trouver le proconsul, lui exposa qu'il était créancier de la ville de Salamine en Chypre, et lui demanda comme chose toute naturelle à être envoyé en qualité de préfet avec un corps de cavalerie; Cicéron découvrit qu'il y avait déjà été sous le proconsulat d'Appius, qu'il avait enfermé le sénat de la ville pour le faire souscrire à je ne sais quelle exaction, et l'avait tenu assiégé si rigoureusement que cinq sénateurs étaient morts de faim (2). Cet homme, qui était le prête-nom ou l'associé de Brutus, avait prêté de l'argent aux Salaminiens pour le payement de leurs taxes, au taux de quatre pour cent par mois (3); et comme ce genre d'opérations était formellement interdit par une loi (4), Brutus obtint un sénatus-consulte spécial pour assurer la validité de l'obligation. Cicéron refusa de se prêter à un pareil brigandage; mais il n'eut pas le courage de prendre ouvertement contre ses amis la défense de l'équité; il se borna à laisser l'affaire en suspens; ce n'était que retarder en l'aggravant la ruine des Salaminiens. Cependant Brutus ne fut pas satisfait; il se plaignit avec beau-

(1) *Sigon. de Judic.*, l. I, c. 6.
(2) *Ad Att.*, VI, 1.
(3) *Ad Att.*, V, 11.
(4) *Ad Div.*, II, 9.
(5) *Ad Att.*, V, 21.
(6) Plut., *in Cic.*
(7) *Ad Att.*, VI, 2.

(1) *Ad Div.*, III, 10 et sq.
(2) *Ad Att.*, VI, 1.
(3) *Quaternas centesimas.* V. ce mot. — *Clavis Ciceroniana d'Ernesti*, Index Rerum.
(4) La loi Gabinia. Voy. *Clav. Cicer. Index legum.*

coup d'aigreur. Atticus l'appuya, et osa conseiller à son ami d'envoyer Scaptius en Chypre en qualité de préfet. « Est-ce « bien vous, lui écrit Cicéron, est-ce « vous qui parlez! Me laisseriez-vous « faire une pareille chose? vous dont « l'image se présente à ma pensée tou- « tes les fois qu'il est question d'hon- « neur et de vertu! Vous voulez que « Scaptius soit préfet et que mes soldats « obligent les Salaminiens de lui payer « quarante-huit pour cent (1)! » — Et en parlant de Brutus ; « C'est, dit-il, « pour moi une sensible douleur de « l'avoir fâché ; mais c'en est une plus « grande encore de voir qu'il n'est pas « tel que je l'aurais cru (2). »

Un autre de ses amis, Célius Rufus, qui était édile, le prie tout en badinant de lui procurer des panthères pour ses jeux, c'est-à-dire de mettre en réquisition la population de tout le district de Cibyra pour faire une battue (3). Puis il lui recommande un de ses amis qui a des terres en Cilicie, et sollicite pour lui l'exemption des redevances qu'il payait à certaines villes (4). Enfin il demande au proconsul de faire lever dans sa province une contribution pour les jeux. C'est précisément une des exactions contre lesquelles Cicéron s'élève avec le plus de force dans sa fameuse lettre à son frère (5) : on tirait de l'argent des malheureux provinciaux pour donner des spectacles à Rome. Cette fois encore il se vit dans la nécessité de désobliger un ami. « Grands dieux, s'écrie-t-il, qu'il « est difficile d'être honnête homme, « et plus difficile encore de le paraî- « tre (6)! »

AFFAIRES DE CAPPADOCE. — Une des affaires qui lui causèrent le plus d'embarras fut celle du roi Ariobarzane. Ce roi, qui se parait du titre d'ami des Romains (*Philoromœos*), était réduit à la plus extrême impuissance. Les revenus qu'il tirait de ses États ne suffisaient plus pour payer l'intérêt de ses dettes. D'armée, il n'en possédait point.

Il avait un ennemi infiniment plus riche et plus puissant que lui en la personne du pontife de Comana. Archélaüs, à qui Pompée avait donné la grande-prêtrise, avait quitté sa principauté pour se rendre auprès de Gabinius, proconsul de Syrie, qui méditait une expédition contre les Parthes. Puis les Égyptiens ayant à cette époque chassé Ptolémée Auletès leur roi et couronné sa fille Cléopâtre, Archélaüs se fit agréer comme mari de la jeune reine. Gabinius peu de temps après ramena Ptolémée en Égypte ; Archélaüs fut battu et tué (1) Son fils encore enfant lui avait succédé ; il s'était fait un parti dans le royaume et menaçait de renverser Ariobarzane lorsque Cicéron vint en Asie. Ariobarzane avait apparemment adressé ses plaintes au sénat : on le recommanda au proconsul dans les termes les plus pressants : il était dit « que le sénat et le peuple prenaient le plus grand intérêt à la conservation du roi de Cappadoce (2). » A peine arrivé, Cicéron se mit à sa disposition. Le roi vint le trouver pleurant ; accusa le pontife d'avoir voulu soulever contre lui son propre frère, et demanda des troupes. Cicéron refusa de lui en confier, mais intervint directement et obligea le pontife de s'exiler du royaume (3). Mais ce fut alors que le proconsul commença à se trouver dans la situation la plus fausse : Pompée et Brutus, qui étaient créanciers du roi pour des sommes énormes, l'avaient chargé de leurs intérêts ; de sorte qu'il se vit obligé de persécuter au nom de ses amis ce même homme qu'il protégeait au nom de la république. Brutus fut encore en cette circonstance le plus âpre ; et Cicéron, pour le satisfaire, parvint à force d'obsessions, d'insinuations, de menaces, à arracher au pauvre roi cent talents (4).

Voilà à quel rôle était réduit le plus honnête des proconsuls romains : aussi ne doit-on pas être surpris que le séjour de la province lui fût odieux et qu'il attendît avec impatience la fin de cette espèce d'exil. Sans attendre l'arrivée de son successeur, il laissa la province à

(1) *Ad Att.*, VI, 2.
(2) *Ad Att.*, VI, 1.
(3) *Ad Div.*, VIII, 4, 6.
(4) Ibid., 9.
(5) *Ad Q. fratr.* I, 1.
(6) *Ad Att.*, VI, 1.

(1) Strab., XII, 558.
(2) *Ad Div.* XV, 2.
(3) *Ad Div.* XV, 2, 4.
(4) *Ad Att.* VI, 3.

Célius Caldus, son questeur, et s'empressa de retourner à Rome.

GUERRE CIVILE. — BATAILLE DE PHARSALE. — La guerre civile éclata l'année suivante (49 av. J.-C.). L'Asie Mineure se trouva avec tout l'Orient engagée dans le parti de Pompée. Le consul Lentulus leva en Asie deux légions (1), et une grande quantité d'auxiliaires.

Le Pont envoya des troupes légères, les Galates de la cavalerie : le roi Déjotarus, malgré son grand âge, mena lui-même au camp de Thessalonique une troupe de six cents cavaliers d'élite. La Cilicie, la Cappadoce, la petite Arménie, la Pamphylie, la Pisidie donnèrent chacune leur contingent (2). Sur les quatre divisions navales qui formaient la nombreuse flotte de Pompée, une avait été fournie par les Rhodiens et une autre par les villes maritimes d'Asie. Le sénat de Thessalonique décerna des actions de grâces aux Rhodiens ; il accorda la liberté aux habitants de Phocée pour récompenser en eux le zèle de Marseille leur colonie qui avait seule osé résister à César (3). L'Asie fut mal récompensée de tant de sacrifices : même dans ce temps où l'on avait si grand besoin de l'amitié des alliés, on les traitait sans aucun ménagement; Métellus Scipion, proconsul de Syrie, traversant la province d'Asie pour rejoindre Pompée, désola le pays par les exactions les plus cruelles, et tenta d'enlever le trésor sacré d'Éphèse (4). Bientôt la flotte rhodienne fut détruite par une tempête auprès d'Apollonie; et la bataille de Pharsale ruina les espérances du parti de Pompée (48 av. J.-C.). Le vaincu se rendit d'abord à Mitylène, où sa femme Cornélie l'attendait. Il n'y resta que deux jours, et gagna la Cilicie dans le dessein de se rendre chez les Parthes ; mais ses amis l'en dissuadèrent (5). Rhodes, où il se présenta, lui ferma ses portes. Il s'arrêta dans la petite ville d'Attalie en Pamphylie (6), où se trouvèrent réunis autour de lui une soixan-

taine de sénateurs. Ce fut de là qu'il fit voile vers l'Égypte.

SOUMISSION DE CASSIUS-CÉSAR EN ASIE. — Bientôt César passa en Asie. Il n'avait pas un seul vaisseau, de sorte qu'il était obligé de passer l'Hellespont sur des barques, lorsque survint, dit-on, Cassius avec soixante-dix galères pompéiennes, se rendant auprès de Pharnace, roi du Bosphore, afin de soulever l'Asie. Soit par faiblesse, soit par surprise, ou par crainte de quelque stratagème, ou par terreur superstitieuse, cet homme de guerre, qui avait depuis longtemps fait ses preuves, qui avait montré dans l'expédition de Crassus une prudence et une habileté peu communes, au lieu de s'emparer de la personne de César, se rendit à lui avec toute sa flotte; événement singulier, qui, s'il était bien constaté, pourrait passer pour un des exemples les plus extraordinaires du bonheur qui accompagne certains hommes. Il n'est rapporté que par Appien (1). Les Commentaires n'en font pas mention. A peine César fut-il descendu à Éphèse, qu'il reçut les ambassades suppliantes d'un grand nombre de rois et de villes. Beaucoup de sénateurs du parti vaincu s'étaient aussi réfugiés dans ces provinces, quelques-uns avec l'intention d'y chercher des ressources pour recommencer la guerre. De ce nombre était Ampius Balbus, ancien préteur de Cilicie (2), qui avait mandé à plusieurs autres de venir le rejoindre à Éphèse afin de se saisir ensemble du trésor sacré. L'arrivée de César l'empêcha d'exécuter son projet (3).

On sait avec quelle modération le vainqueur de Pharsale usa de son triomphe. Il pardonna à tous les Romains, remit aux Asiatiques un tiers des impôts de l'année (4), et se contenta de saisir les biens de quelques personnages marquants qui s'étaient particulièrement compromis par leur chaleur pour le parti opposé (5). Il exempta de tout tribut la ville et le territoire d'Ilion en mémoire du Troyen Énée dont sa famille

---

(1) Cæs., *de Bell. Civ.*, lib. III, 4.
(2) Appian., *Bell. Civ.*, II, 49.
(3) Dio, XLI, p. 106. *Eutrop.*, VI, 16.
(4) Cæs., *de Bell. Civ.* III, 33.
(5) Appian., *Civ.* II, 83.
(6) Plut., *in Pomp.*

(1) Appian., II, 88.
(2) Cic., *ad Div*, I, 3; X, 29.
(3) Cæs., *de Bell. Civ.*, III, 105.
(4) Plut., *in Cæs.*
(5) Voy. Strab., XIV, 649.

prétendait particulièrement descendre (1), et accorda la même faveur à la ville de Cnide en Carie, par égard pour Théopompe un de ses amis (2). Il s'arrêta du reste peu de jours en Asie, et se mit avec une dizaine de vaisseaux à la poursuite de Pompée (3).

SERVICES RENDUS PAR LES RHODIENS ET PAR MITHRIDATE DE PERGAME DANS LA GUERRE D'ALEXANDRIE. — Arrivé en Égypte, il y fut retenu plus longtemps qu'il ne l'avait prévu par les charmes de Cléopâtre et par la révolte d'Alexandrie. Dans cette guerre dangereuse, où il eut à se défendre avec une poignée de soldats contre toutes les forces de l'Égypte et la population d'une grande ville, les Rhodiens se signalèrent par leur fidélité et leur courage ; il leur fut redevable de deux victoires navales ; Euphranor leur amiral y périt (4). Un Pergaménien nommé Mithridate lui rendit aussi de grands services. Ce Mithridate était fils de Ménodote, un des principaux citoyens de Pergame, et de la fille d'Adobogion, qui était de la famille des tétrarques Galates. Comme sa mère avait été au nombre des femmes du grand Mithridate, sa famille se plaisait à le faire passer pour un fils du roi de Pont (5). De retour en Asie, César le nomma tétrarque.

GUERRE DE PHARNACE. — Pendant que les Romains guerroyaient sur les bords du Nil, leur empire en Asie Mineure était menacé. Pharnace, fils de Mithridate, à la faveur de la guerre civile, s'était emparé de Phanagorie (6), puis de toute la Colchide ; puis ayant entrepris de reconquérir les États de son père, il avait pris Sinope (7) et plusieurs autres villes appartenant soit au roi Déjotarus, soit à la province romaine, enfin il avait mis le siége devant Amisus (8). Domitius Calvinus, à qui César avait laissé le commandement des provinces d'Asie, marcha à sa rencontre avec une armée composée d'une seule légion de vétérans, la 36°; d'une autre légion levée à la hâte dans la province, et d'auxiliaires galates et cappadociens (1) ; il fut battu près de Nicopolis : la 36° légion se retira seule en bon ordre après avoir perdu deux cent cinquante hommes. Enflé de ce succès, Pharnace envahit la Cappadoce et la Bithynie, chassa les petits princes alliés des Romains, s'empara d'Amisus qu'il livra au pillage, fit vendre tous les habitants en âge de porter les armes, et mutiler les enfants (2). Il fut arrêté dans le cours de ses succès par la révolte d'Asandros, à qui il avait laissé le gouvernement du Bosphore (3). En même temps César accourut. A son approche, Pharnace s'humilia, lui envoya des ambassadeurs avec une couronne d'or, et sa fille, dont il lui offrait assez ridiculement la main. César retint les ambassadeurs, et continua sa marche jusqu'à Zela (4) où il trouva le camp de Pharnace. Le combat ne fut qu'une déroute (5). C'est à l'occasion de cette facile victoire que César écrivit à Rome : « *Veni, vidi, vici*. « Heureux Pompée, s'écria-t-il aussi, d'avoir acquis le surnom de Grand en combattant de pareils ennemis (6) ! » Pharnace s'enfuit à Sinope ; poursuivi par Domitius, il lui livra la ville et partit pour le Bosphore avec une troupe de cavaliers démontés, auxquels il joignit quelques mercenaires sarmates. Il reprit Théodosie et Panticapée, mais fut enfin vaincu par Asandros et périt les armes à la main (7). Mithridate de Pergame fut chargé d'aller combattre Asandros, et César lui donna le titre de roi du Bosphore ; mais il succomba également dans cette expédition (8).

CÉSAR RÈGLE LES AFFAIRES D'ASIE. — DISGRACES DE DÉJOTARUS. — César rétablit les rois dépossédés par Pharnace et remit toutes choses à peu près

---

(1) Strab., XIII, 595.
(2) Plut., *in Cæs*.
(3) Appian., 89.
(4) De Bell. Alexandr., 15.
(5) Strab., XIII, 625.
(6) Appian., *Mithr*., 120.
(7) Id., *ibid*.
(8) Dio, XLII, p. 134.

(1) Bell. Alex., 36.
(2) Appian., *Civ*., II, 91.
(3) Id., *Mithr*., 120. Strab, XI, p. 495.
(4) Dio, XLII, p. 135.
(5) Bell. Alexandr., 53.
(6) Appian., *Civ*., II, 91.
(7) Id., *Mithr*., 120.
(8) Strab., XIII, p. 625.

dans le même état qu'avant la guerre (1). Il donna la grande prêtrise de Comana à Lycomède, qui était de la race des anciens rois de Cappadoce, en ajoutant au territoire sacré un espace de quatre *schœnes* ou 120 stades (2) à la ronde. La ville d'Amisus fut déclarée libre avec un territoire assez étendu (3). Déjotarus fut seul maltraité. Le roi des Galates, comme on l'appelait, était depuis vingt ans le plus puissant prince de l'Asie Mineure. Il avait peu à peu étendu sa domination sur les trois tétrarchies (4), et nous avons vu que Pompée lui avait fait un royaume dans le Pont. Il avait une armée composée de trente cohortes de quatre cents hommes chacune armées à la romaine (5), et d'une assez bonne cavalerie. La défaite de Pompée porta un coup terrible à ses intérêts : car il était étroitement lié avec tous les chefs du parti; il comptait parmi ses amis Cicéron, Caton, Brutus et Pompée lui-même; il accompagna ce dernier dans sa fuite (6) et ne se sépara de lui qu'en Asie. Lorsque César revint d'Égypte, le roi fit ce qu'il put pour s'attirer ses bonnes grâces : déposant les insignes de la dignité royale, il alla au-devant de lui en suppliant, lui offrit son armée et le reçut avec magnificence dans sa résidence de Bloucium (7); Brutus plaida chaleureusement sa cause (8). Cependant César lui ôta la petite Arménie pour la donner à Ariobarzane (9), et plusieurs cantons de la Galatie, qu'il attribua à Mithridate de Pergame et aux autres tétrarques (10). Un peu plus tard, Castor, petit-fils du vieux roi, l'accusa d'avoir voulu assassiner César pendant qu'il était son hôte; il fut défendu par Cicéron, et l'affaire n'eut pas de suite. Nous pouvons croire avec le défenseur que cette accusation était calomnieuse ; mais il faut beaucoup rabattre des louanges que Cicéron donne à son client : Plutarque nous le représente comme un despote inhumain ; il raconte que de plusieurs fils qu'il avait il n'en laissa vivre qu'un qu'il destinait à être son successeur, et égorgea tous les autres (1). Strabon (2) nous apprend qu'il fit aussi périr sa fille et son gendre Saocondarius, et détruisit la forteresse de Gorbéús (3) où ils résidaient. Peut-être était-ce pour se venger de son petit-fils.

César ne demeura en Asie que le temps nécessaire pour y ramasser de l'argent. Il se fit payer les subsides promis à Pompée tant en Bithynie qu'en Asie et dans les autres provinces (4) : très-indulgent pour les personnes, il avait trop besoin d'argent pour ménager les fortunes. Dans le même temps il faisait lever des tributs en Grèce avec une extrême rigueur, et mettait même à contribution les plus riches citoyens de Rome et d'Italie (5). En revanche Appien et Dion assurent qu'il délivra la province d'Asie des vexations des publicains. Le premier, dans une phrase assez obscure (6), semblerait faire entendre qu'il convertit les redevances ou contributions indirectes en tributs fixes ; le second dit positivement qu'il accorda aux Asiatiques le droit de percevoir eux-mêmes la dîme des terres (7). On a seulement droit de s'étonner de ne trouver ailleurs aucune mention d'une réforme si importante.

MORT DE CÉSAR. — LES CONJURÉS EN ASIE. — César survécut moins de quatre ans à son rival : il fut assassiné dans le sénat le jour des ides de mars de l'an 44 av. J.-C. L'Asie fut une des provinces qui eurent le plus à souffrir des suites de cette catastrophe.

---

(1) Dio, XLII, p. 135.
(2) Environ 20 kilomètres.
(3) Dio, 135. — Strab., XII, 547.
(4) Strab., XII, 567.
(5) Cic., *ad Att.*, VI, 1.
(6) Cic. ad Div., II, 37. Plut., *in Pomp.*
(7) Strab., XII, 567. — C'est apparemment le même lieu que Cicéron (*Pro rege Dejot.*, 6) appelle Luceium.
(8) Cic., *ad Att.*, XIV, 1.
(9) Dio, XLII, p. 135.
(10) Cic., *Philipp.*, II, 37.

(1) Plut., *de Stoicor. repugnant.*, 32.
(2) Strab., XII, 568.
(3) Ou *Gorbéonte*, si l'on veut franciser la désinence de ce nom de la manière qui a prévalu pour la plupart des noms analogues tels que Pessinonte, Trapézonte, Phlionte.
(4) Dio, 135.
(5) Corn. Nep., *in Att.*, 7.
(6) Dio, XLII, 122. — Sigonius cite la phrase mais sans l'éclaircir. (Sigon. de J. Prov., I, c. 10.)
(7) Appian., *Civ.*, V, 4.

Quand les meurtriers virent que l'opinion publique se déclarait contre eux, et qu'Antoine était tout-puissant dans Rome, ils abandonnèrent tous la ville, excepté Brutus et Cassius. Plusieurs qui étaient préteurs ou proconsuls désignés, se rendirent dans leurs gouvernements; Tillius Cimber en Bithynie, Trébonius dans la province d'Asie; et, comprenant qu'une guerre civile était inévitable, ils en commencèrent les préparatifs : Cimber équipa une flotte, Trébonius fit des levées d'hommes et d'argent (1). Bientôt Brutus et Cassius furent aussi obligés de quitter Rome, quoiqu'ils fussent préteurs en exercice. Aussitôt après leur départ, les provinces de Macédoine et de Syrie dont ils étaient gouverneurs désignés furent, par décret du peuple, transférées à Antoine et à Dolabella (2). Ce fut le signal de la rupture : Brutus et Cassius résolurent d'occuper leurs provinces malgré le décret.

DOLABELLA EN ASIE. — MORT DE TRÉBONIUS. — Dolabella de son côté partit pour l'Asie dans l'espérance d'en tirer quelque argent avant de se rendre en Syrie (3). Pergame lui ferma ses portes. Il essaya de pénétrer en Bithynie et en Galatie; le roi Déjotarus, qui, à la mort de César, avait ressaisi ses anciennes possessions, le repoussa avec l'aide de Tullius Cimber. Il se présenta devant Smyrne; Trébonius refusa de l'y recevoir. Après avoir inutilement essayé d'attaquer la ville, Dolabella fit mine de se diriger vers Éphèse ; puis, revenant rapidement sur ses pas au milieu de la nuit, il entra dans Smyrne par surprise. Plusieurs quartiers de la ville furent pillés et détruits en cette occasion (4). Trébonius fut pris dans son lit et mis à mort. Les soldats de Dolabella traînèrent dans les rues son corps déchiré et le jetèrent à la mer; sa tête, après avoir été exposée sur son tribunal de préteur, leur servit aussi de jouet. Ainsi périt le premier des meurtriers de César (5). Dolabella, maître de la province, y leva de nouvelles contributions, et envoya L. Figulus acheter des vaisseaux à Rhodes, en Lycie et en Cilicie (1).

SUCCÈS DE CÉCILIUS BASSUS. — CASSIUS EN SYRIE. — Pendant ce temps les choses à Rome avaient changé de face : le sénat, inspiré par Cicéron, déclara Antoine et Dolabella ennemis publics, rendit à Brutus et à Cassius leurs provinces, et ordonna expressément aux gouverneurs de provinces, aux généraux d'armée, aux rois et aux villes alliées de leur obéir en toute chose (2). Armé de ce décret, Cassius descendit en Syrie. Il trouva cette province dans un étrange désordre. César y avait laissé une légion sous les ordres du jeune Sextus Julius son parent, jeune homme sans expérience qui s'aliéna les esprits par son orgueil et sa légèreté. A l'instigation d'un certain Cécilius Bassus, chevalier romain et ancien partisan de Pompée, les soldats se révoltèrent et tuèrent leur général (3); un petit nombre seulement passèrent en Cilicie; Bassus prit le titre de préteur, leva une seconde légion et se fortifia dans Apamée (4). Ces événements s'étaient passés du vivant même de César. Statius Murcus alors préteur d'Asie (5) vint avec trois légions et fut repoussé ; Marcius Crispus, proconsul de Bithynie, se joignit à lui; et tous deux à la tête de six légions tenaient Bassus bloqué lorsque Cassius arriva. Assiégeants et assiégés reconnurent son autorité (6). Sur ces entrefaites, Alliénus traversait la Syrie, menant à Dolabella quatre légions qu'il avait rassemblées en Égypte; Cassius se présentant avec des forces doubles, l'obligea de se rendre (7). Il se trouva ainsi tout d'un coup à la tête de douze légions avec lesquelles il marcha au-devant de Dolabella.

SIÉGE DE LAODICÉE. — MORT DE DOLABELLA. — Celui-ci à son approche s'enferma dans Laodicée de Syrie, ville maritime bien fortifiée du côté de la terre et pourvue d'un bon port par où il espérait recevoir des renforts et au

---

(1) Appian., *Civ.*, III, 2, 6.
(2) Id., *ibid.*, 7, 8.
(3) Id., *ibid.*, 24.
(4) Strab., XIV, 646.
(5) Appian., III, 26. Dio, XLVII, 392.

(1) Id., IV, 60.
(2) Appian., *Civ.*, IV, 58.
(3) Appian., *Civ.*, III, 7, et IV, 58.
(4) Dio, XLVII, p. 228.
(5) Cic., *Philipp.*, XI, 12.
(6) Dio, XLVII, p. 229.
(7) Appian., *Civ.*, III, 78 et IV, 59.

besoin s'enfuir ; Cassius entreprit de fermer l'entrée du port par une jetée (1). Comme il manquait de vaisseaux, il en fit chercher à Rhodes, en Lycie ainsi que dans les villes maritimes de Syrie et de Phénicie, et jusqu'en Égypte. Cléopâtre allégua que son royaume était désolé par la peste et la famine. Les Rhodiens et les Lyciens s'excusèrent avec embarras, en disant qu'ils désiraient rester neutres ; que s'ils avaient fourni des vaisseaux à Dolabella, c'était par déférence pour son titre de proconsul et sans prévoir qu'il s'en servirait pour la guerre (2). Les Phéniciens de Sidon, de Tyr et d'Arados envoyèrent à Cassius tous leurs vaisseaux ; il en reçut aussi de Sérapion, qui commandait en Chypre au nom de la reine d'Égypte, et qui fut plus tard puni de mort pour ce fait (3) : car Cléopâtre, par attachement pour la mémoire de César, favorisait Dolabella ; et peu de temps après, elle lui envoya les vaisseaux qu'elle avait refusés à son ennemi. Cassius, de son côté, vit sa flotte renforcée par celle que Tullius Cimber lui envoya de Bithynie sous le commandement de Turulius. Trois batailles navales furent livrées à l'entrée du port : dans la première, Cassius perdit cinq vaisseaux ; la seconde fois le succès fut douteux ; dans le troisième combat la flotte de Dolabella fut presque détruite et l'entrée du port forcée. Peu de jours après, la place fut livrée par trahison. Dolabella se fit tuer par un de ses esclaves, pour ne pas tomber vivant entre les mains de ses adversaires (4).

Cassius et Brutus en Asie. — Cassius après sa victoire songeait à aller châtier la reine d'Égypte ; mais les nouvelles qui lui arrivèrent d'Italie l'en détournèrent. Il apprit la réconciliation d'Octave et d'Antoine par l'intermédiaire de Lépide, leur triumvirat et les proscriptions qui avaient suivi, la mort de Cicéron et des autres chefs du parti libéral, le jugement par lequel Brutus et lui-même étaient condamnés comme parricides (5). Il entra donc en Cilicie et punit avec une extrême rigueur les habitants de Tarse qui avaient reçu Dolabella et fermé leurs portes à Tullius Cimber (1). Il les taxa à quinze cents talents, qu'il exigea sur-le-champ ; cette malheureuse ville fut réduite à la dernière misère (2). En même temps il envoya un détachement en Cappadoce : Ariobarzane, qui s'était aussi montré hostile fut mis à mort et le pays durement rançonné (3). Brutus, de son côté, après avoir rassemblé tout ce qu'il y avait de troupes en Grèce et en Macédoine, c'est-à-dire plus de huit légions (4), était passé en Asie Mineure et parcourait les provinces du Nord. Procédant avec moins de violence, il s'y fit un grand nombre de partisans, grossit encore son armée, équipa une flotte considérable à Cyzique et en Bithynie (5), et entraîna dans son alliance non sans quelque difficulté le roi Déjotarus, alors âgé de près de quatre-vingt-dix ans (6). Les deux généraux se rencontrèrent à Smyrne. Brutus était d'avis de repasser aussitôt en Europe pour marcher à la rencontre des triumvirs : mais Cassius insista pour réduire les Lyciens et les Rhodiens, qui par leur résistance donnaient un exemple dangereux au reste de l'Asie (7). Ils se partagèrent : Cassius se chargea des Rhodiens et Brutus de la Lycie.

Siège et prise de Rhodes par Cassius. — Le premier réunit toutes ses forces navales à Mynde sur la côte de Carie. Pendant qu'il était occupé à embarquer ses troupes, à compléter ses équipages et à les exercer, il reçut une députation des Rhodiens, qui, cherchant à gagner du temps, proposaient d'en référer au sénat de Rome (8). Ils lui envoyèrent ensuite le rhéteur Archélaüs, qui avait été son maître (9) ; mais Cassius leur déclara qu'il fallait se soumettre ; et le parti qui lui était contraire ayant pris le dessus, les hostilités

(1) Appian., *Cic.*, IV, 62.
(2) Appian., IV, 61.
(3) Appian., V, 9.
(4) Appian., IV, 62. Dio., XLVII, p. 230.
(5) Plut., in Brut.

(1) Dio, XLVII, 231.
(2) Appian., IV, 64.
(3) Id., IV, 63.
(4) Id., IV, 75.
(5) Plut., *in Brut*.
(6) Dio, XLVII, p. 227.
(7) Appian., IV, 65.
(8) Id., *ibid.*, 66.
(9) Id., *ibid.*, 67-70.

commencèrent. Un premier combat naval fut livré en vue de Mynde; les Rhodiens y perdirent cinq navires, dont trois furent pris par les Romains (1). Cassius se transporta aussitôt à Loryma, petite place située sur la côte en face de Rhodes. Les troupes de terre débarquèrent dans l'île sous les ordres de Fannius et de Lentulus; lui-même se présenta devant le port avec quatre-vingts navires. La flotte rhodienne tenta encore un effort, mais fut repoussée, et perdit deux vaisseaux; le siége fut poussé par terre et par mer avec une grande vigueur (2). Déjà les assiégés commençaient à faiblir et des négociations étaient entamées, lorsque Cassius parut tout à coup dans la place sans qu'on pût savoir qui l'y avait introduit (3). Il fit dresser son tribunal sur la place avec un appareil militaire. Comme les habitants épouvantés le saluaient du nom de seigneur et de roi, « Je ne suis, dit-il, ni roi ni seigneur, j'ai puni et j'ai tué celui qui voulait l'être (4). » Il défendit aux soldats de commettre aucun désordre, mais traita lui-même la ville sans pitié. Environ cinquante citoyens furent mis à mort; vingt-cinq autres qu'on ne put découvrir furent bannis. Il fit ensuite main basse sur le trésor public et sur ceux des temples. Enfin il ordonna à tous les habitants, sous peine de mort, de livrer ce qu'ils avaient d'or et d'argent, promettant aux délateurs une récompense, et la liberté s'ils étaient esclaves.

On crut d'abord qu'il s'en tiendrait à la menace : mais deux ou trois exemples jetèrent la terreur dans la ville; chacun s'empressa de déterrer ses trésors (5). Il partit en laissant une garnison sous le commandement de L. Varus. Non content des sommes énormes qu'il avait déjà ramassées, il exigea encore de toute l'Asie le payement immédiat de dix années de contributions. Enfin il envoya Statius Murcus au cap Ténare pour rançonner le Péloponèse en même temps que pour attendre au passage la flotte de Cléopâtre, qui se préparait, disait-on, à rejoindre Octave et Antoine (1).

CONQUÊTE DE LA LYCIE PAR BRUTUS. — SIÉGE ET RUINE DE XANTHE. — Cependant les Lyciens opposaient à Brutus une résistance opiniâtre. Ces peuples étaient organisés en république fédérative. Ils avaient des magistrats communs nommés Lyciarques, et une diète où vingt-trois villes envoyaient des députés; les plus considérables en nommaient trois, les moyennes deux et les plus petites un seul. Les Romains après la guerre de Mithridate, avaient reconnu leur indépendance (2). Brutus essaya d'abord de les gagner en renvoyant sans rançon les prisonniers qu'il avait faits dans les premières rencontres; mais voyant que la douceur était impuissante, il alla mettre le siége devant Xanthe, leur principale ville. Les habitants avaient rasé les faubourgs pour empêcher les assaillants d'y trouver un abri ou des matériaux; et ils avaient creusé autour des murs un fossé profond de cinquante coudées. Brutus ayant partagé son armée en deux parties, dont l'une se reposait pendant que l'autre agissait, poussa les travaux jour et nuit, fit amener de très-loin de quoi combler le fossé, et réduisit bientôt la place à la dernière extrémité (3). Quelques-uns des assiégés ayant essayé de se sauver par le fleuve en nageant entre deux eaux, les Romains tendirent en travers du courant des filets avec des sonnettes qui les avertissaient dès qu'il y avait quelqu'un de pris (4). Les Xanthiens tentèrent alors des sorties, dans l'espérance de détruire les machines de siége : les Romains les laissèrent approcher, puis fondirent brusquement sur eux et les repoussèrent jusqu'aux murs. Ceux de l'intérieur, voyant les ennemis mêlés aux leurs, fermèrent les portes, de sorte que tous ceux qui étaient sortis furent massacrés. Dans une seconde sortie, ils vinrent à bout d'incendier les machines; mais on les poursuivit encore, et la porte étant cette fois

---

(1) Id.; *ibid.*, 71.
(2) Appian., IV, 72.
(3) Id., *ibid.*, 73.
(4) Plut., *in Brut.*
(5) Appian., IV, 73.

(1) Appian., IV, 74.
(2) Strab., XIV, 665.
(3) Appian., *Civ.*, IV, 76.
(4) Plut., *in Brut.*

restée ouverte, environ deux mille Romains entrèrent avec les fuyards. La ville semblait prise, lorsque tout à coup les chaînes rompirent, et la herse s'abattit. Entourés par toute la population en armes, les Romains se firent jour avec beaucoup de peine jusqu'à une place découverte où ils se défendirent quelque temps, puis s'enfermèrent dans un temple.

Pendant ce temps le reste de l'armée attaquait les portes et les murs avec fureur. On n'avait ni échelles ni machines d'aucune sorte. Cependant quelques soldats parvinrent à escalader la muraille et ouvrirent une poterne défendue par d'énormes chevaux de frise. Enfin on enfonça une porte. Quand les habitants virent les Romains maîtres de la ville, saisis d'un transport de désespoir, ils égorgèrent leurs femmes et leurs enfants, mirent le feu à leurs maisons, et se jetèrent au milieu des flammes. La ville entière fut consumée malgré les efforts de Brutus. On ne fit que cent cinquante prisonniers de naissance libre (1). C'était la seconde fois que les Xanthiens donnaient cet exemple extraordinaire d'attachement à la liberté. C'est ainsi qu'ils avaient agi déjà lorsque Harpagus, lieutenant de Cyrus, subjugua l'Asie Mineure (2).

Les villes de Patare et de Myra intimidées par ce terrible exemple, se rendirent. On ne fit aucun mal aux habitants, mais on enleva tout l'argent comme Cassius avait fait à Rhodes.

SÉVÉRITÉ DE BRUTUS. — Après avoir imposé un tribut au reste des Lyciens et remis en liberté ce qui restait de la population de Xanthe (3), Brutus revint en Ionie. Il s'y rendit populaire comme en Bithynie et en Mysie par son intégrité et sa justice; poursuivant avec rigueur les concussionnaires et les agents qui abusaient de leur pouvoir. Un Romain de sa suite, L. Pella, ancien préteur, accusé de concussion par les habitants de Sardes, fut condamné par lui et noté d'infamie. Cassius, moins sévère, lui en faisait des reproches, et lui représentait qu'il était nécessaire dans les circonstances où l'on se trouvait de ménager ses amis; « Souvenons-nous, « répliqua Brutus, que nous avons tué « César moins à cause du mal qu'il fai- « sait que du mal qu'il laissait faire (1). » A cette époque tomba entre ses mains le rhéteur Théodotus, celui qui avait conseillé au jeune Ptolémée de tuer Pompée; Brutus le livra au dernier supplice (2).

BATAILLE DE PHILIPPES. — AUXILIAIRES PARTHES. — Brutus et Cassius repassèrent l'Hellespont, et peu de jours après se trouvèrent en présence d'Antoine et du jeune César dans les plaines de Philippes (42 av. J.-C.). Jamais deux armées romaines si considérables n'en étaient venues aux mains. Les triumvirs avaient vingt légions très-complètes, c'est-à-dire environ cent mille hommes, et treize mille chevaux; l'armée républicaine se composait de quatre-vingt mille légionnaires presque tous vétérans, et de vingt mille cavaliers auxiliaires (3), parmi lesquels figuraient cinq mille Galates et un corps de quatre mille archers à cheval que Cassius avait obtenus du roi des Parthes; car il était en grande estime chez cette nation, qu'il avait seul combattue avec succès (4). Quoique les légions de Brutus et de Cassius fussent presque entièrement composées d'anciens soldats de César, leurs nouveaux chefs avaient si bien su se les attacher qu'ils les servirent avec une ardeur extraordinaire. La désertion ne se mit dans leurs rangs qu'après le premier combat où périt Cassius (5).

Ce fut aussi alors qu'Amyntas, qui commandait les troupes du roi Déjotarus, passa du côté des triumvirs (6).

RETRAITE DES PARTISANS DE BRUTUS ET DE CASSIUS. — En apprenant le résultat de la bataille, Cassius de

---

(1) Appian., IV, 77-81.
(2) V. plus haut, p. 61. — Appien prétend même que c'était la troisième fois, et que la ville avait encore été détruite par ses habitants au temps de la conquête macédonienne. Mais le fait n'est pas confirmé par les historiens d'Alexandre. V. p. 176.
(3) Appian., IV, 82.

(1) Plut., in Brut.
(2) Id., ibid.
(3) Appian., IV, 88, 108.
(4) Id., VI, 59. — Justin., XLII.
(5) Plut., in Brut.
(6) Dio, XLII, 237.

Parme, qui avait été laissé en Asie avec une flotte et une armée, choisit trente galères rhodiennes, qu'il fit monter par ses soldats, et brûla toutes les autres excepté la galère sacrée. Il fut rejoint par Claudius, que Brutus avait renvoyé à Rhodes avec treize navires, et qui, ayant trouvé l'île en pleine révolte emmena la garnison. Turulius amena aussi quelques vaisseaux et de l'argent; la plupart des chefs du parti qui se trouvaient en Asie, et quelques-uns de ceux qui avaient combattu à Philippes, vinrent chercher asile sur la flotte. Ils partirent tous ensemble, rallièrent en passant Lépidus, qui occupait l'île de Crète, et allèrent retrouver Statius Murcus et Domitius Ahénobarbus, qui stationnaient dans la mer Ionienne. Là il se divisèrent: les uns restèrent auprès de Domitius, les autres, avec Murcus, allèrent grossir la flotte de Sextus Pompée (1).

ANTOINE EN ASIE MINEURE. — Bientôt Antoine descendit à Éphèse. A son arrivée, ceux qui appartenaient au parti vaincu se réfugièrent dans le temple. Il leur pardonna, car il n'était pas naturellement cruel : les seuls contre lesquels il sévit furent Pétronius, qui était du nombre des meurtriers de César, et un certain Quintus (2) qui avait introduit Cassius dans Laodicée.

De toutes parts accoururent les députés apportant la soumission des villes d'Asie; Antoine les réunit; après leur avoir reproché leur ingratitude envers la mémoire de César et les secours qu'ils avaient fournis à ses assassins : « Nous « voulons bien croire, dit-il, que vous « avez cédé à la contrainte, et c'est « pourquoi nous vous faisons grâce « d'un châtiment plus sévère. Mais « vous savez qu'il nous faut de l'argent, « des terres et des villes pour récom- « penser la valeur de nos soldats. Nous « avons vingt-huit légions, qui, avec « les cohortes supplémentaires, font « plus de cent soixante dix mille hommes « sans compter les cavaliers et tout le « reste. Vous pouvez juger par là quel- « les sommes vont nous être nécessaires. « César est allé en Italie : il va distri- « buer aux soldats les terres et les « villes, et, puisqu'il faut le dire, dé- « pouiller les Italiens pour les satisfaire. « Vous serez mieux traités : nous ne « vous prendrons ni vos villes ni vos « champs; vous ne serez pas obligés de « quitter vos tombeaux et vos temples; « nous ne vous demandons que de l'ar- « gent, et une faible portion de votre ar- « gent : ce que vous avez donné en deux « ans à nos ennemis, c'est-à-dire le « montant des contributions de dix an- « nées. Nous nous en contenterons, à « condition que vous le paierez en un « an : car nous sommes dans une né- « cessité pressante. » A peine eut-il achevé que tous les députés, se jetant la face contre terre, le supplièrent de ne pas exiger l'impossible : ils lui représentèrent qu'ils étaient plus à plaindre qu'à blâmer; que Brutus et Cassius leur avaient fait violence; qu'ils avaient tout pris, non-seulement l'argent mais les bijoux et la vaisselle, dont ils avaient fait de la monnaie. Enfin, à force de prières, ils obtinrent de ne payer que neuf années de contributions en deux ans. Les rois et dynastes et les villes libres furent imposés à proportion de leur richesse (1).

Antoine parcourut ensuite toute l'Asie Mineure, distribuant au gré de son caprice les faveurs et les disgrâces, indulgent en général pour ceux qui s'étaient compromis dans la guerre, excepté pour les complices du meurtre de César, qu'Octave et lui poursuivirent impitoyablement, et qui jusqu'au dernier périrent de mort violente (2). Il accorda aux Lyciens l'exemption de toutes les charges, et fit rebâtir la ville de Xanthe. A ceux de Tarse et de Laodicée il donna la liberté et l'immunité; aux Rhodiens Andros, Ténos, Naxos et Mynde; mais il leur ôta peu de temps après ces possessions, parce que leurs sujets se plaignaient de la dureté de leur gouvernement (3). Ariarathe, qui avait succédé en Cappadoce à son frère Ariobarzane, avait pour compétiteur un certain Sisina qui s'était emparé de plu-

(1) Appian., Civ., V, 2.
(2) Id., ibid., 4.

(1) Appian., V, 5, 6.
(2) Plut., in Cæs. — Appian., V, 7, et passim.
(3) Appian., V, 7.

sieurs forteresses (1); Antoine se prononça en faveur de Sisina, par complaisance pour Glaphyra, sa mere, qui lui avait plu (2).

FASTE ET PRODIGALITÉ D'ANTOINE. — SA RENCONTRE AVEC CLÉOPATRE. — Antoine se rendit du reste agréable aux Asiatiques par sa magnificence et son goût pour les cérémonies. Il entra dans Éphèse précédé par des femmes déguisées en bacchantes et de jeunes garçons en Faunes et en Satyres (3). Il se faisait appeler Bacchus, et prenait plaisir à se montrer avec les attributs de ce dieu. Il rétablit les sacrifices solennels de Diane, les célébra lui-même avec une grande pompe (4), et augmenta les franchises du temple. L'enceinte sacrée avait toujours joui du droit d'asile; ce privilège fut étendu par Alexandre jusqu'à un stade à la ronde; par Mithridate, jusqu'à une portée de trait; Antoine doubla cette distance; de sorte qu'une partie de la ville y était comprise. Comme elle était par là livrée à la merci des malfaiteurs, on fut obligé sous Auguste de revenir aux anciennes limites (5). Dans ses voyages le triumvir menait un train somptueux qui plaisait à la populace grecque, mais qui ruinait la province. Il marchait escorté de bouffons, de chanteurs et de baladins à qui il ne refusait rien (6). Il nomma le musicien Anaxénor percepteur des impôts de quatre villes et l'y envoya accompagné de soldats (7); il donna, dit-on, la maison d'un citoyen de Magnésie à un de ses cuisiniers pour prix d'un bon repas. A Tarse il nomma surintendant du gymnase un certain Boëthus qui avait fait des vers en son honneur, et qui, une fois en fonctions, volait jusqu'à l'huile nécessaire aux exercices (1). Enfin il voulut imposer une nouvelle contribution. Le rhéteur Hybréas de Mylasa lui dit : « Si tu as le pouvoir de nous faire payer deux tributs par an, il faut avoir aussi celui de nous donner chaque année deux étés et deux automnes (2). » L'Asie avait déjà payé deux cent mille talents (3); mais tout l'entourage d'Antoine suivait son exemple et gaspillait l'argent avec une sorte de frénésie. Il ignorait la plupart des désordres qui se commettaient en son nom, et s'en montrait affligé quand il les apprenait; mais il était incapable de les prévenir par une surveillance active, et se contentait le plus souvent de réprimander ou de railler les coupables; un bon mot le désarmait (4).

Se proposant de porter la guerre chez les Parthes, il laissa le gouvernement de l'Asie à Plancus, et passa en Cilicie. Ce fut là qu'il vit Cléopâtre, dont l'influence devait lui être si fatale. Leur première rencontre eut lieu à Tarse. « La reine remonta le Cydnus dans un navire dont la poupe était d'or, les voiles de pourpre et les avirons d'argent. Le mouvement des rames était cadencé au son des flûtes, des chalumeaux et des lyres. Magnifiquement parée et telle qu'on le peint Vénus, elle était couchée sous un pavillon tissu d'or. De jeunes enfants, vêtus comme les peintres ont coutume de représenter les Amours, étaient à ses côtés avec des éventails pour la rafraîchir. Ses femmes, toutes parfaitement belles et vêtues en Néréides et en Grâces, étaient les unes au gouvernail, les autres aux cordages. Les deux rives du fleuve étaient embaumées de l'odeur des parfums qu'on brûlait dans ce vaisseau, et couvertes d'une foule immense qui accompagnait Cléopâtre. On accourait de loin pour jouir d'un spectacle si extraordinaire : la ville demeura déserte; on disait de tous côtés que c'était Vénus qui, pour le bonheur de l'Asie venait se divertir chez Bacchus (5). »

---

(1) Strab., XII, p. 537.
(2) Dion Cassius (XLIX, p. 277) confond ce Sisina avec Archélaüs qui régna ensuite en Cappadoce. Mais Strabon, dont l'autorité est concluante pour tout ce qui touche l'Asie Mineure, établit que ce sont deux personnages très-différents.
(3) Plut., *in Ant.*
(4) Appian., V, 4.
(5) Strab., XIV, p. 641.
(6) Plut., *in Ant.*
(7) Strab., XIV, p. 648.

(1) Strab., XIV, 674.
(2) Plut., *in Ant.*
(3) Environ 1100 millions de francs.
(4) Plut., *in Ant.*
(5) Id., *ibid.*

INVASION DES PARTHES SOUS LA CONDUITE DE LABIÉNUS. — L'expédition contre les Parthes fut remise ; Antoine et Cléopâtre allèrent passer l'hiver en Égypte. Ce retard coûta cher à l'Asie. Au printemps suivant (40 av. J.-C.), les Parthes envahirent la Syrie ; ils y étaient appelés par les habitants eux-mêmes qu'Antoine avait révoltés par ses exactions (1); à leur tête marchait un réfugié romain, T. Labiénus, fils de l'ancien lieutenant de César (1). Apaméé, Antioche tombèrent en leur pouvoir ; les garnisons romaines, composées en grande partie d'anciens soldats de Cassius, firent défection (3). Maîtres de la Syrie, les Parthes se répandirent en Cilicie et dans la province d'Asie. Presque nulle part ils ne trouvèrent de résistance. Plancus renonçant à défendre la province s'était réfugié dans les îles. Cependant Stratonicée se défendit avec succès (4) ; un certain Cléon, natif de Gordiu-Côme, en Phrygie, qui faisait le métier de brigand aux environs du mont Olympe, mit en fuite ceux qui levaient des contributions dans ce pays au nom de Labiénus (5) ; le rhéteur Zénon fit soulever la ville de Laodicée du Lycus (6) ; Hybréas, celles de Mylasa et d'Alabanda en Carie, qui massacrèrent leurs garnisons. Mylasa fut prise et détruite ; un grand nombre de citoyens d'Alabanda furent mis à mort (7).

VICTOIRES DE VENTIDIUS. — Antoine, à la nouvelle de l'invasion des Parthes, avait quitté l'Égypte ; mais, arrivé à Tyr, il reçut des lettres de sa femme Fulvie qui lui représentaient une rupture avec César comme imminente (1). Il ne fit que passer en Chypre et à Rhodes, emmena tout ce qu'il put réunir de vaisseaux, se rendit en Grèce, puis en Italie (9). Là, César et lui se réconcilièrent et se partagèrent l'empire romain. Antoine eut pour sa part toutes les provinces à l'est de la mer Ionienne. Il envoya alors Ventidius en Asie.

Labiénus avait renvoyé les Parthes et n'avait plus que les troupes romaines qu'il avait ramassées dans la province : il battit en retraite. Ventidius le rejoignit dans les défilés du mont Taurus, et ils restèrent plusieurs jours en présence, attendant de part et d'autre des renforts. A peine arrivés, les Parthes attaquèrent le camp de Ventidius situé sur une hauteur escarpée ; les Romains sortant brusquement les mirent complétement en déroute. Aussitôt l'armée de Labiénus se dissipa ; il fut réduit à s'enfuir sous un déguisement. Il finit par être pris et mis à mort dans l'île de Chypre (1). Ventidius battit une seconde fois les Parthes près des portes de Syrie dans les monts Amanus ; en cette occasion périt Pharnapat, un de leurs principaux généraux. Enfin l'année suivante (38 av. J.-C.) il remporta près du Zeugma de l'Euphrate une troisième victoire plus complète où périt Pacorus, fils du roi des Parthes et leur général le plus redouté (2). Jaloux de la gloire de son lieutenant, Antoine vint reprendre le commandement ; mais il eut la mortification d'échouer au siége de Samosate, capitale du petit royaume de Commagène. On remarqua de lui comme d'Octave qu'il était plus heureux par ses lieutenants que quand il commandait en personne (3). Car Sosius eut de grands succès en Syrie ; Canidius Crassus qu'il avait envoyé en Arménie subjugua cette contrée, puis pénétra chez les peuples du Caucase en suivant comme avait fait Pompée le cours du fleuve Cyrus, et battit les Albaniens et les Ibères (4).

MORT DE DÉJOTARUS. — NOUVEAUX ROIS CRÉÉS PAR ANTOINE. — Vers le même temps Déjotarus mourut ; son héritage fut partagé entre plusieurs personnes (5). Amyntas lui succéda en qualité de tétrarque, et Antoine lui donna de plus une partie de

---

(1) Appian., V, 10.
(2) Liv., *Epist. lib.* 127.
(3) Dio, XLVIII, 249.
(4) Id., *ibid.*, 250.
(5) Strab., XII, p. 574.
(6) *Id.*, XIV, 660.
(7) Dio, XLVIII, 250.
(8) Plut., *in Ant.*
(9) Appian., V, 52, 55.

(1) Dio, XLVIII, 255, 256.
(2) Id., *ibid.* — Plut., *in Ant.* — Justin., XLII.
(3) Plut., *in Ant.*
(4) Strab., XI, 501.
(5) Strab., XII, 547.

la Lycaonie et de la Pisidie (1) ; Castor, petit-fils du vieux roi, paraît avoir reçu la Paphlagonie, qu'il transmit à son fils Déjotarus Philadelphe (2). Le Pont, ou du moins la partie du Pont qui avait appartenu au roi des Galates, fut donnée à Darius, fils de Pharnace et petit-fils de Mithridate (3). Polémon, fils du rhéteur Zénon de Laodicée, fut aussi fait roi d'une partie de la Cilicie (4) ; plus tard il échangea ce petit royaume contre un plus important dans le Pont (5), le même sans doute qui avait d'abord été donné au fils de Pharnace. La Cappadoce changea aussi de maître. Antoine en disposa en faveur, de cet Archélaüs qui avait été pontife de Comana (6) et que Cicéron avait chassé.

EXPÉDITION D'ANTOINE CHEZ LES PARTHES. — Depuis trois ans Antoine semblait avoir oublié son amour pour Cléopâtre. Cet amour se réveilla tout d'un coup avec une nouvelle fureur, et se signala par de véritables extravagances. Pour marquer la joie qu'il avait de la revoir, il lui donna tout d'abord la Phénicie, la Judée, la Cœlé-Syrie avec l'île de Chypre et une grande partie de la Cilicie (7). Cette passion insensée contribua en grande partie au mauvais succès de l'expédition qu'il entreprit contre les Parthes. Ne pouvant se résoudre à quitter la reine, il entra en campagne dans une saison trop avancée, épuisa ses troupes par des marches forcées, et en s'enfonçant témérairement au cœur du pays ennemi, s'exposa à renouveler le désastre de Crassus. Cependant une fois en face du danger, il retrouva son courage et son activité naturelle : sa retraite à travers la Médie Atropatène mérita d'être comparée à celle des Dix-Mille. Elle ne dura que vingt-sept jours : mais dans cet espace de temps les Romains eurent à soutenir dix-huit combats dont ils sortirent toujours victorieux (8).

(1) Dio, XLIX, 32. — Appian., V, 75. — Strab., XIII, 567, 568, 569.
(2) Strab., XII, 562.
(3) Appian., V, 75.
(4) Id., ibid.
(5) Strab., XI, 499 ; XII, 555.
(6) Id., XII, 540.
(7) Plut., in Ant.
(8) Id., in Ant.

SEXTUS POMPÉE EN ASIE MINEURE. — SA MORT. — Tandis qu'Antoine était chez les Parthes, arriva en Asie Sextus Pompée, qui, après avoir eu pendant près de dix ans l'empire de la mer, venait d'être défait par Octave. Il se présenta d'abord en suppliant à Mitylène dans l'île de Lesbos. Bientôt, apprenant les revers de celui dont il venait chercher la protection, il conçut la pensée de le supplanter ou de recueillir son héritage, et commença à réunir autour de lui ses anciens partisans. Lorsque Antoine revint, il lui envoya une députation ; mais en même temps il était en intelligence secrète avec plusieurs petits princes de Thrace et d'Asie, et faisait même des offres de service au roi des Parthes (1). Ses agents furent pris, conduits à Alexandrie et mis en présence de ceux qu'il avait envoyés auprès d'Antoine (2). Cependant Furnius, qui commandait en Asie, s'alarma des préparatifs de guerre que faisait le fugitif ; il leva quelques troupes dans sa province, en demanda d'autres à Domitius Ahénobarbus, qui gouvernait celle de Bithynie (3), ainsi qu'au roi Amyntas. Sextus protesta qu'on lui faisait injure; mais dans le temps même qu'il était en pourparlers, il essaya de s'emparer de la personne d'Ahénobarbus. L'intrigue étant découverte, il jeta le masque, s'empara par trahison de Lampsaque, où César le dictateur avait établi une colonie, et leva de tous côtés des soldats. Il parvint à former trois légions et un corps de deux cents cavaliers ; échoua dans une attaque contre Cyzique, mais battit Furnius près du port des Achéens (4), s'empara de son camp et dispersa son armée (5). Ce succès lui amena des soldats et le mit en état d'occuper Nicée et Nicomédie. Tel était l'état des choses lorsque Titius, envoyé par Antoine, aborda à Proconnèse avec une armée puissante et une flotte de cent vingt vaisseaux. Il avait reçu pour instructions de réduire Sextus s'il résistait et de le recevoir honorablement

(1) Appian., V, 133.
(2) Id, idid, 136.
(3) Id., ibid., 137. — Id., ibid., 63.
(4) Petite ville sur la Propontide.
(5) Appian., V, 138.

s'il se rendait; mais il était à craindre qu'en apprenant ce qui s'était passé Antoine ne changeât de pensée ; Sextus d'ailleurs n'aimait pas Titius, qu'il regardait comme son ennemi personnel. Il brûla ses vaisseaux, arma ses rameurs, et résolut de fuir. Ses principaux partisans, Fannius, Cassius de Parme et même son beau-père Libon refusèrent de le suivre, et firent leur soumission (1); il partit cependant avec sa petite armée à travers la Bithynie. Titius, Furnius et Amyntas se mirent à sa poursuite, et le rejoignirent ; comme ils n'avaient pas eu le temps de se retrancher, il les attaqua pendant la nuit et leur tua beaucoup de monde ; mais il ne poussa pas jusqu'au bout sa victoire, et n'y gagna qu'un peu d'avance (2). Bientôt, serré de près et manquant de vivres, il entra en pourparlers avec Furnius, qui avait été du nombre des amis de son père; celui-ci le renvoya à Titius, de sorte que la négociation fut rompue (3). Ils étaient alors près de Midœum en Phrygie, sur les bords du fleuve Sangarius. La nuit suivante, après avoir comme de coutume allumé les feux dans le camp, Sextus partit à petit bruit. Au lieu de continuer sa marche vers l'Orient, il se remit en route vers la mer, espérant surprendre et brûler la flotte de Titius. Mais un transfuge le trahit. Amyntas le poursuivit avec quinze cents cavaliers ; à leur approche ses soldats se débandèrent ; resté presque seul, il fut obligé de se rendre. Titius le fit mourir à Milet, soit pour satisfaire un ressentiment personnel soit par l'ordre secret d'Antoine ou de Plancus, gouverneur de Syrie (4).

Conquête de l'Arménie par Antoine. — Il partage l'Orient entre les enfants de Cléopâtre. — Cependant Antoine songeait à recommencer la guerre contre les Parthes. Il résolut d'abord de se venger d'Artavasde, roi d'Arménie, auquel il attribuait son premier échec. A force de sollicitations et de caresses, il l'attira à son camp de Nicopolis ; quand il l'eut entre les mains, il le retint prisonnier, marcha contre son fils Artaxias, que les Arméniens avaient proclamé, le défit et le contraignit de se réfugier chez les Parthes (1). Après avoir conclu une alliance avec le roi des Mèdes, à la fille duquel il fiança son fils, il revint en Égypte, et donna aux Alexandrins le spectacle d'un triomphe. L'orgueil national des Romains en fut blessé ; mais ce qui les irrita encore davantage, ce fut cette cérémonie ridicule dans laquelle il partagea publiquement l'Orient entre les enfants de Cléopâtre. Césarion qui avait eu pour père César le dictateur, fut associé au trône d'Égypte avec le titre de roi des rois. Alexandre, l'aîné des fils qu'elle avait eus d'Antoine, fut couronné roi d'Arménie, de Médie et des Parthes ; Ptolémée, le plus jeune, roi de Syrie, de Phénicie et de Cilicie (2).

Préludes de la guerre civile. — Alliés d'Antoine. — Antoine était du reste en hostilité déclarée avec le jeune César depuis qu'il avait abandonné Octavie, sa sœur, pour revenir à Cléopâtre. Son rival profitait de ses fautes et le voyait avec plaisir se perdre dans l'esprit des Romains. Chacun prévoyait que les armes ne tarderaient pas à trancher la querelle. Antoine conclut avec le roi des Mèdes un nouveau traité par lequel il lui cédait une partie de l'Arménie et lui promettait des secours contre les Parthes, à condition d'en recevoir lui-même contre César. Et en effet, il lui laissa une partie de ses légionnaires et emmena en échange des archers et des cavaliers Mèdes. Polémon, qui avait servi d'intermédiaire, reçut en récompense la Petite-Arménie (3). Cependant les deux consuls de l'année 32, Sosius et Domitius Ahénobarbus s'étaient déclarés en faveur d'Antoine ; ils quittèrent Rome pour venir le rejoindre (4). Ce fut à Éphèse qu'il fit ses préparatifs de guerre. Sa flotte, y compris les vaisseaux de charge, ne montait pas à moins de huit cents voiles ; Cléopâtre lui avait amené deux cents vaisseaux ; le reste fut fourni par l'Asie Mineure et la

---

(1) Appian., V, 139.
(2) Id., ibid., 140.
(3) Id., ibid., 141.
(4) Id., ibid., 142. — Dio, XLIX, p. 271.

(1) Dio, XLIX, p. 280. — Plut., in Ant.
(2) Plut., in Ant.
(3) Dio, XLIX, p. 232.
(4) Id., L, p. 283.

Syrie(1). Tarcondimontus, roi de Cilicie, Amyntas, roi des Galates, Déjotarus Philadelphe, roi de Paphlagonie, Archélaüs, roi de Cappadoce, Polémon, roi de Pont, lui amenèrent des troupes ou en envoyèrent sous les ordres de leurs généraux. Son armée se composait de plus de cent mille hommes (2). On sait avec quelle maladresse il usa de ces immenses ressources. Il perdit son temps et épuisa ses trésors en fêtes et en spectacles. Ses vaisseaux, parmi lesquels on en comptait un grand nombre à huit et dix rangs de rames, étaient décorés comme pour une pompe triomphale ; et quoique ses troupes de terre fissent sa principale force, pour complaire à Cléopâtre il s'obstina à combattre sur mer.

DÉFECTIONS NOMBREUSES. — BATAILLE D'ACTIUM. — Mais ce qu'il y eut de plus fâcheux, c'est que les hauteurs de la reine éloignèrent de lui ses plus fidèles amis. Géminius, Marcus Silanus (3), Dellius l'historien de la guerre des Parthes (4), Plancus, Titius, le consul Domitius (5), passèrent successivement du côté de César. Deux rois alliés Déjotarus et Amyntas suivirent cet exemple (6) ; Tarcondimotus perdit la vie dans un combat qui précéda de quelques jours la bataille d'Actium.

FORTUNE ET MORT DE CLÉON DE GORDIUM. — Avant qu'on ne connût l'issue de la lutte, des troubles éclatèrent en Asie Mineure. Cléon de Gordium se déclara pour César et fit soulever les Mysiens (7). Il en fut libéralement récompensé lorsque le vainqueur vint peu de temps après en Asie : César le nomma pontife de Jupiter Abretténien en Mysie, et lui fit don d'une partie de la province. Bientôt après il lui donna la grande-prêtrise de Comana. L'ancien chef de brigands, devenu prince, enrichit son bourg natal et lui fit prendre le nom de Juliopolis. Mais il ne jouit pas longtemps de sa grandeur, et mourut un mois après son arrivée à Comana, soit des suites de son intempérance, soit, dit Strabon, qu'il se fût attiré la colère de la déesse dont il avait profané le temple en mangeant de la viande de porc dans l'enceinte sacrée (1).

CÉSAR-OCTAVE EN ASIE. — Sans imiter l'entière clémence de son oncle, le second César usa de sa victoire avec assez de modération. Il imposa une contribution aux Asiatiques, priva quelques villes de leurs libertés, déposa Lycomède, pontife de Comana, dont la dépouille fut donnée à Cléon, et refusa aux fils du Cilicien Tarcondimot l'héritage de leur père (2). En revanche Amyntas et Archelaüs virent leurs possessions agrandies, et il ne paraît pas que Polémon ni Déjotarus Philadelphe aient perdu leurs leurs.

LES FILS D'ADIATORIX. — Le seul Asiatique qu'il condamna à mort et qui l'avait mérité fut le Galate Adiatorix. Il avait reçu d'Antoine une partie du territoire d'Héraclée ; peu de temps avant la bataille d'Actium il attaqua pendant la nuit les colons romains établis dans cette ville et les massacra (3). César, après l'avoir fait figurer à son triomphe, ordonna qu'on le fît mourir avec l'aîné de ses fils, ce qui donna lieu à une aventure touchante. Chacun des deux frères voulut être l'aîné. Enfin après une longue contestation, celui qui l'était réellement se laissa persuader que son âge le mettait plus en état de soutenir et de consoler sa mère ; et son jeune frère mourut pour lui. Instruit trop tard de ce trait de générosité, César donna au survivant qui se nommait Dyteutus la grande-prêtrise de Comana. Ce fut lui qui succéda à Cléon. Il était encore pontife au temps où Strabon écrivait (4).

LES GLADIATEURS DE CYZIQUE. — Vers le même temps se place le trait de fidélité des gladiateurs de Cyzique, qui, en apprenant la défaite d'Antoine, leur

---

(1) Plut., in Ant.
(2) Id., ibid.
(3) Id., ibid.
(4) Id. ibid. — Dio, L, 292.
(5) Dio, L, 288.
(6) Id. ibid.
(7) Strab., XII, p. 574. — Dion nomme au lieu de Cléon un certain Médéus dont je ne trouve aucune mention ailleurs.

(1) Strab., XII, p. 574.
(2) Dio, LI, p. 443.
(3) Strab., XII, p. 543.
(4) Id., ibid., p. 558.

maître, partirent au nombre de trois cents pour le rejoindre, traversèrent toute l'Asie Mineure et parvinrent jusqu'aux environs d'Antioche. Là ils furent obligés de se rendre à Didius, gouverneur de Syrie. On les distribua dans les légions, et on les fit périr en détail (1).

CÉSAR-OCTAVE SE REND POPULAIRE EN ASIE. — César passa à Samos et dans la province d'Asie presque tout l'hiver qui suivit la bataille d'Actium, et il y revint encore l'année suivante après avoir subjugué l'Égypte Il rendit à plusieurs villes les objets d'art qu'Antoine leur avait enlevés : aux habitants de Rhétée en Troade la statue d'Ajax (2), aux Éphésiens l'Apollon de Myron, aux Samiens la Minerve et l'Hercule du même sculpteur. Ces deux statues étaient réunies sur le même piédestal avec une troisième, un Jupiter, que César se réserva pour orner le Capitole (3). Il fit pareillement transporter à Rome la Vénus Anadyomène, célèbre tableau qui décorait le temple d'Épidaure de Cos, et qu'il plaça à Rome dans celui de son père adoptif. Il indemnisa la ville de Cos en lui remettant cent talents sur la contribution qu'elle devait payer (4).

Les villes grecques d'Asie avaient d'ailleurs pour avocats auprès du vainqueurs d'Actium les savants, les artistes, les gens de lettres, dont il se faisait honneur de cultiver l'amitié. Le philosophe Xénarque de Séleucie, les rhéteurs Apollodore de Pergame, Athénodore de Tarse (5) sont cités au nombre de ses amis, ainsi que Marcus Pompéius, fils de l'historien Théophane de Lesbos, qu'il envoya plus tard comme procurateur dans la province (6).

(1) Dio, LI, p. 447.
(2) Strab., XIII, p. 595.
(3) Strab., XIV, p. 637.
(4) Strab., XIV, p. 658.
(5) Strab., XIV, p. 625, 674. — La ville de Tarse était alors très-célèbre par ses écoles : Strabon la met au même rang qu'Athènes et Alexandrie. Il remarque que les étrangers s'y portaient moins, mais que les habitants avaient un goût extraordinaire pour l'étude et que peu de villes produisirent plus d'hommes instruits.
(6) Strab., XIII, p. 618.

HONNEURS DIVINS RENDUS AUX DEUX CÉSARS. — Avant de quitter l'Asie, César autorisa la construction de deux temples à Éphèse et à Nicée en l'honneur du divin Jule, son père, et du Génie de Rome ; des citoyens romains en étaient les ministres. Les habitants de Pergame et de Nicomédie sollicitèrent et obtinrent la permission de lui en consacrer un à lui-même (1). C'était un genre d'honneur qui n'était pas nouveau en Asie ; mais l'exemple fut suivi partout, et bientôt toutes les provinces furent remplies d'autels dédiés au maître de l'empire.

Au commencement de l'année 29 avant J.-C. César retourna à Rome pour célébrer son triple triomphe et prendre bientôt avec le nom d'Auguste l'autorité souveraine.

CHAPITRE V.

L'ASIE MINEURE SOUS L'ADMINISTRATION DES EMPEREURS, DEPUIS AUGUSTE JUSQU'A NERVA.

(27 av. J.-C. — 96 ap. J.-C.).

Si jamais une révolution fut justifiée par la nécessité et l'intérêt public, ce fut assurément celle qui changea la constitution de la république romaine et mit l'empire aux mains d'Auguste. Après soixante ans de discordes civiles les Romains firent volontiers le sacrifice de leur orageuse liberté pour obtenir la paix. Auguste prit soin de sauver les apparences ; il épargna au peuple souverain la honte d'une abdication formelle, et ménagea la transition du régime populaire à la monarchie avec une adresse qui assura le succès de cette importante révolution. Les Romains, tout en s'avouant qu'ils avaient un maître, purent encore se parer des dehors de la liberté ; rien n'était changé dans la forme de la république ; l'esprit seul de l'ancien gouvernement avait péri. Tant de précaution n'eût pas été nécessaire avec les peuples de l'Orient. La monarchie est la seule forme de gouvernement que les Orientaux aient jamais comprise. Le changement qui s'accomplit alors dut leur paraître tout na-

(1) Dio, LI, p. 458.

turel; les noms de César et d'Auguste devinrent promptement pour eux synonymes du titre de roi. L'établissement de l'empire fut d'ailleurs pour l'Asie, comme pour toutes les provinces, un bienfait signalé : il les délivra du brigandage des proconsuls et des préteurs; les gouverneurs furent désormais soumis à une exacte surveillance; l'autorité civile et le pouvoir militaire cessèrent de se trouver réunis dans les mêmes mains; les peuples respirèrent, et commencèrent à sentir les bienfaits de la domination romaine, dont ils n'avaient jusqu'alors connu que les maux.

NOUVELLE ORGANISATION DES PROVINCES. — Ce fut le 7 janvier de l'an 27 avant l'ère chrétienne que César, après avoir pour la seconde fois manifesté l'intention de déposer ses pouvoirs, partagea avec le sénat les provinces de l'empire. En Asie Mineure, la Cilicie fut seule attribuée d'abord au prince; l'Asie proprement dite, la Bithynie et le Pont furent rangés parmi les provinces du sénat (1). La première fut une de celles qu'on appelait provinces proconsulaires, et qui étaient réservées spécialement aux anciens consuls (2). Mais tous les gouverneurs des provinces du sénat, qu'ils eussent ou non obtenu le consulat, commencèrent à être désignés sous le nom de proconsuls, tandis que ceux des provinces impériales se contentèrent du titre de propréteurs (3) ou de lieutenants (*legati*).

Les prérogatives des uns et des autres furent rigoureusement définies. Les gouverneurs des provinces proconsulaires, c'est-à-dire de l'Asie et de l'Afrique, avaient douze licteurs; les autres proconsuls, qui n'avaient été que préteurs, en avaient six, selon l'ancienne coutume (4). Leur commission durait un an; ils prenaient, en sortant de Rome les insignes de leur dignité, et les déposaient en y rentrant; mais ils ne devaient pas porter l'épée : ils étaient privés de toute autorité militaire, les provinces qu'ils avaient à gouverner étant réputées pacifiées. Il leur restait le pouvoir administratif et judiciaire. Tacite nous apprend que les affaires des provinces proconsulaires venaient par appel aux consuls et étaient jugées par le sénat (1).

Les gouverneurs des provinces impériales étaient révocables à la volonté de l'empereur; ils avaient six licteurs; la durée de leurs fonctions était indéterminée. Ils en prenaient les marques en arrivant dans la province, et les déposaient dès qu'ils étaient rappelés. Ils recevaient les instructions de l'empereur avant de partir, et ne rendaient compte qu'à lui de leur conduite après qu'ils étaient remplacés (2). Ils avaient le droit de porter l'épée et de commander les troupes; mais dès qu'il y avait plus d'une légion dans la province, le prince envoyait un général avec une commission particulière. Un des points les plus essentiels, c'est que les propréteurs et lieutenants n'avaient plus à s'occuper en aucune façon de la levée des impôts ni du maniement des finances (3). Un fonctionnaire spécial était chargé de cette partie importante de l'administration. C'était le procurateur ou intendant du fisc, personnage sans aucun privilège honorifique, nommé et révoqué par l'empereur, choisi soit parmi les chevaliers, soit parmi les affranchis du prince.

Enfin toutes les fonctions furent salariées. Défense à tous les magistrats ou agents du prince de lever des troupes, et de faire payer aux sujets de Rome plus qu'il n'était ordonné par l'empereur ou le sénat. Ils étaient tous obligés de venir rendre leurs comptes dans un délai de trois mois après avoir été remplacés (4).

Telle fut cette réforme radicale qui rétablit l'équilibre entre les Romains et leurs sujets, et fit un gouvernement régulier de ce qui n'avait été jusqu'alors qu'une sorte d'occupation militaire.

L'histoire particulière des provinces devient à partir de ce moment plus pauvre que jamais. La suppression successive des quelques petits États auxquels

---

(1) Dio, LIII, p. 503.
(2) *Id.*, p. 505.
(3) *Id.*, p. 504.
(4) *Id.*, *ibid.*

(1) Tac., *Ann.*, XIII, c. 14.
(2) Dio, LIII, p. 505.
(3) *Id.*, p. 506.
(4) *Id.*, *ibid.*

on avait laissé un semblant d'indépendance, les voyages des princes en Asie, le passage ou la mort de quelques personnages célèbres, les noms de quelques gouverneurs, çà et là quelques événements politiques dont les provinces d'Asie se trouvent le théâtre sans y être plus directement intéressées que les autres parties de l'empire, voilà à peu près tout ce que nous aurons à relater dans l'histoire des deux premiers siècles de notre ère.

En l'an 26 av. J.-C., Polémon, roi de Pont, obtient, sans doute sur son humble demande, le titre d'ami et d'allié du peuple romain. Il ordonne que dans tous les théâtres de son royaume les premières places soient réservées aux sénateurs (1).

LA GALATIE RÉDUITE EN PROVINCE. — L'année suivante, Amyntas, roi des Galates, mourut. Outre la Galatie, il possédait la Lycaonie, pays de pâturages, où il avait plus de trois cents troupeaux de moutons (2), l'Isaurie, la Pisidie et la Cilicie Trachée, contrées montagneuses dont les habitants avaient toujours vécu de brigandage. Les Romains en avaient fait don au roi des Galates pour s'épargner le soin d'y entretenir des troupes. Amyntas parvint à pacifier l'Isaurie; il détruisit la vieille ville d'Isaura, et fonda à quelque distance une nouvelle ville du même nom, qu'il entoura de murs, et où il se fit bâtir une résidence royale. Un certain Antipater s'était emparé de Derbé et de Laranda : Amyntas le prit et le fit mourir. Enfin il périt dans une expédition contre les Pisidiens. Après s'être emparé de Cremna et de plusieurs autres forteresses dans la montagne, il attaqua les Homonadiens; et il les avait presque entièrement soumis lorsque la femme d'un chef le tua par trahison pour venger la mort de son mari (3). Quoiqu'il laissât des fils, les Romains se saisirent de son héritage. Ils en firent une nouvelle province, dont M. Lollius fut le premier gouverneur (1). Plusieurs villes de Pamphylie qui lui avaient appartenu furent réunies à la province dont elles avaient été détachées (2); la Pisidie et la Cilicie Trachée furent données au roi de Cappadoce Archélaüs (3).

VOYAGE D'AUGUSTE EN ASIE. — Auguste revint à Samos vers la fin de l'an 21 av. J.-C., et y passa l'hiver. Au printemps suivant, il parcourut les provinces de terre ferme, et y fit divers actes d'autorité : car en vertu d'un décret du sénat, il avait une autorité souveraine même dans les provinces sénatoriales, et sa présence y suspendait les pouvoirs des magistrats ordinaires. Il affranchit la ville d'Amisus dans le Pont, qu'un tyran du nom de Straton tenait opprimée (4); accorda la liberté aux Samiens en récompense de l'hospitalité qu'il avait reçue dans leur ville (5), la retira aux habitants de Cyzique (6) pour les punir d'avoir maltraité et mis à mort plusieurs citoyens romains (7), rendit au fils de Tarcondimot l'héritage de son père (8), donna au roi de Cappadoce une partie de la petite Arménie. Dans le même temps la Grande Arménie lui demanda un roi. Ce pays était gouverné depuis le temps de la bataille d'Actium par Artaxias (9) ou Artavasde, fils aîné de celui qu'Antoine avait emmené prisonnier; ses sujets révoltés le mirent à mort : Tibère fut chargé d'installer à sa place son frère Tigrane, qui avait passé toute sa jeunesse à Rome.

TROUBLES DANS LE BOSPHORE. — MORT DU ROI POLÉMON. — En l'année 14 av. J.-C., des troubles s'élevèrent

nétra avec une armée chez ces tribus insoumises, réduisit les Homonadiens par la famine, dépeupla la contrée et emmena quatre mille prisonniers qu'il distribua dans les villes du pays plat. (Strab., XII, 569; Tac., *Ann.*, III, 48.)

(1) Dio, LIII, p. 514.
(2) *Id., ibid.*
(3) Strab., XIV, p. 671.
(4) *Id.*, XII, p. 547.
(5) Dio, LIV, p. 527.
(6) Il la leur rendit cinq ans plus tard (Dio, p. 537).
(7) Dio, LIV, p. 525.
(8) *Id., ibid.*, p. 526.
(9) Tac., *Ann.*, II, 3. Dio, p. 526.

(1) Dio, LIII, p. 513.
(2) Strab., XII, 568.
(3) *Id., ibid.* — Les brigands de ce canton furent châtiés quelques années plus tard par les Romains. Entre l'an 10 et l'an 6 av. J.-C., Sulpicius Quirinius pé-

dans le Bosphore : un certain Scribonius, qui prétendait descendre du roi Mithridate, s'était emparé de ce royaume. Polémon, roi de Pont, fut d'abord chargé de le réduire. Comme il ne pouvait, malgré la mort de l'usurpateur, parvenir à faire reconnaître son autorité, Agrippa, qui commandait alors en Syrie, se dirigea vers le Pont-Euxin ; arrivé à Sinope, il apprit que tout s'était soumis au seul bruit de son approche (1). Polémon mourut peu de temps après dans une expédition contre les Aspurgiens, peuplade barbare des environs du Caucase (2). Sa veuve, Pythodoris, hérita de ses États. C'était, s'il faut en croire Strabon, une femme d'un grand mérite. Elle était fille d'un riche rhéteur de Nysa, établi depuis longtemps à Tralles, où il avait été asiarque, c'est-à-dire intendant des jeux publics (3). Pythodoris se remaria avec Archelaüs, roi de Cappadoce (4). A eux deux ils réunissaient toutes les parties de l'Asie Mineure qui n'étaient pas encore soumises aux Romains. Leurs États s'étendaient depuis le Pont-Euxin jusqu'à la Méditerranée : ils comprenaient d'une part Trébizonde, Pharnacie, le pays des Tibaréniens et une grande partie de l'ancien royaume de Pont ; c'était ce qu'on appelait le Pont Polémoniaque ; la principale ville était Sébasté, l'ancienne Cabira, que Pythodoris avait agrandie et restaurée (5) ; d'un autre côté Archélaüs possédait la petite Arménie, la Cappadoce, la Lycaonie et l'Isaurie, la Cilicie Trachée avec l'île d'Eleussa, où il se fit bâtir une somptueuse résidence (6).

RÉVOLUTIONS D'ARMÉNIE. — Tigrane ne régna pas longtemps en Arménie : cette nation turbulente devait difficilement s'accommoder d'un prince élevé dans l'obéissance de Rome. Son fils lui succéda, mais ne fit que passer sur le trône. Artavasde ou Artabaze, qui régna ensuite, était à peine établi que les Parthes le renversèrent et donnèrent la couronne à un roi de leur choix, qu'ils appelèrent Tigrane (1).

DISGRACE DE TIBÈRE. — SA RETRAITE A RHODES. — Auguste envoya alors Tibère pour châtier les Parthes et faire respecter les volontés de Rome (an 6 av. J.-C.). Mais Tibère, qui voyait avec chagrin croître la faveur des deux fils d'Agrippa, Caïus et Lucius César, prit avec quelque raison cette commission lointaine pour une disgrâce et la refusa. Il se retira à Rhodes pour y vivre en simple particulier. Bientôt il se repentit de sa démarche, mais il était trop tard. Auguste le laissa sept ans entiers dans cette espèce d'exil ; et on crut si bien son crédit perdu, qu'on le traita, en général, avec fort peu d'égard ; beaucoup de gens eurent plus tard à s'en repentir (2). Caïus fut chargé d'aller à sa place pacifier l'Arménie. Le jeune César vint en grande pompe, et s'arrêta quelque temps dans l'île de Chios, où il reçut les hommages des sujets et des alliés de Rome. Tibère lui-même vint rehausser par sa présence le triomphe de son rival, et eut à subir les insolences des courtisans (3).

SUITE DES AFFAIRES D'ARMÉNIE. — MORT DE CAÏUS CÉSAR. — Cependant Phraate, roi des Parthes, se voyant sérieusement menacé, s'humilia, et envoya une ambassade à Rome. Pour toute réponse, on lui ordonna de renoncer à l'Arménie. Mais ce qui le blessa surtout, c'est qu'Auguste lui donnait le titre de roi au lieu de celui de Roi des rois. Il écrivit à l'empereur une nouvelle lettre dans laquelle il prenait cette qualification pompeuse et l'appelait simplement du nom de César (4). Malgré cette bravade, lorsqu'il vit Caïus en Syrie, inquiété d'ailleurs par des troubles domestiques, il demanda la paix et rappela ses troupes d'Arménie. Tigrane

---

(1) Dio, LIV, p. 538. — Ce fut peut-être à cette époque qu'une colonie romaine fut établie à Sinope, comme nous l'apprennent par les médailles et par Strabon (XII, p. 546).
(2) Strab., XII, p. 555.
(3) Id., XIV, p. 648.
(4) Id., XII, p. 555.
(5) Id., XII, p. 557.
(6) Id., XIV, p. 671.

(1) Tac., A., II, 3. — Dio, LV. — Vell. Paterc., II, 100.
(2) Dio, LV, p. 554. — Suet., in Tib., c. 10-13.
(3) Id, p. 54. — Suet., Tib., c. 12.
(4) Dio, p. 554.

n'avait pas attendu jusque-là pour faire sa soumission : il avait écrit à Auguste une humble lettre pour solliciter le trône.

Les historiens ne fournissent que des renseignements très-incomplets sur la suite de cette expédition. Il paraîtrait que Tigrane, invité à se rendre en Syrie auprès de Caïus (1), fut trompé dans ses espérances, peut-être retenu prisonnier (2). Caïus choisit pour roi d'Arménie un certain Ariobarzane, Mède d'origine, qui fut reconnu sans grande résistance (3). Comme on assiégeait la forteresse d'Artagerae sur l'Euphrate, le jeune César, attiré dans un guet-apens par le commandant de la place, reçut une blessure qui altéra profondément sa santé (4). Il fut obligé de déposer son commandement et de renoncer entièrement aux affaires. Il ne put même revenir jusqu'à Rome et mourut à Limyra en Lycie (an 3 apr. J.-C.) (5). Avant de mourir il s'était réconcilié avec Tibère. Leur rapprochement fut fatal à M. Lollius, qu'Auguste avait donné pour conseiller au jeune prince, et que Tibère accusa d'avoir été l'auteur de leur mésintelligence. Ce courtisan ne put supporter sa disgrâce et s'empoisonna (6). Dans le même temps Lucius, frère de Caïus, mourait en Gaule. Tibère se trouva ainsi le plus proche héritier d'Auguste, et passa d'une sorte d'exil à la seconde place de l'empire.

DÉCADENCE SENSIBLE DE L'EMPIRE DES PARTHES. — Quant à l'Arménie, elle était encore loin du terme de ses révolutions : ce malheureux pays, situé entre l'empire romain et celui des Parthes, était destiné à servir longtemps de champ de bataille aux deux nations. A l'époque qui nous occupe, la puissance des Parthes semblait sur son déclin, et les contemporains d'Auguste pouvaient sans présomption supposer que la domination romaine s'étendrait bientôt aussi loin que celle d'Alexandre (1). Phraate, par crainte de ses propres sujets plus encore que des armes romaines, sollicita l'amitié d'Auguste ; il envoya à Rome ses quatre fils en qualité d'otages (2), et rendit les enseignes enlevées à Crassus, ainsi que tous les prisonniers romains. Ce succès attribué au seul ascendant du nom d'Auguste eut plus de retentissement qu'une victoire (3). Après la mort de Phraate, les Parthes, afin de mettre un terme à leurs discordes, demandèrent pour roi un des princes qui vivaient à Rome. On leur envoya Vonones (4).

TESTAMENT D'AUGUSTE. — Tel était en Orient l'état des choses lorsqu'Auguste mourut (an 14 apr. J.-C.). A son testament étaient joints quatre volumes écrits de sa main : le premier renfermait des instructions relatives à ses funérailles ; le second, un exposé de toute sa vie politique, qu'il ordonna de graver sur des tables de bronze devant son tombeau. C'est cette seconde partie du testament politique d'Auguste qu'on a retrouvée vers la fin du dix-septième siècle dans les débris de son temple à Ancyre, et que des fouilles récentes viennent de compléter. La troisième et la quatrième partie n'auraient pas été moins intéressantes à conserver : elles contenaient l'une un état détaillé des forces militaires et des finances de l'empire, l'autre des conseils à son successeur et au peuple romain. Il leur recommandait, entre autres choses, de diminuer le nombre des affranchis ; de ne pas prodiguer le droit de cité ; de ne pas faire reposer tout sur la tête d'un seul homme de peur que sa perte n'entraînât celle de l'empire ; enfin de ne pas chercher à étendre la domination romaine au delà des limites actuelles (5).

(1) Dio, p. 554.
(2) Noris., *ad Cenotaph. Pisan.*, p. 185.
(3) Tac., *Ann.*, II, 4.
(4) Dio; *Frag. ex Zonar.*, p. 539. — Strab., XI, 528.
(5) Dio, *Aug.*, 14; Tib., 13.
(6) Suet., *ibid.* — Pline IX, 58.

(1) Strab., VI, p. 288.

« Ecce parat Cæsar domito quod defuit orbi
« Addere : nunc oriens ultime noster eris ;
« Parthe, dabis poenas.... ·
(Ov., *Art. Amat.*, I, v. 177.)

(2) Tac., II. *A.* 2. — Strab., XVI, p. 748.
(3) Hor., *O.*, III, 5. — Virg., *En.*, VII, 606, etc.
(4) Tac., *A.*, II, 2.
(5) Dio, LVI, p. 591.

RÈGNE DE TIBÈRE. — DISGRACE ET MORT D'ARCHÉLAÜS. — LA CAPPADOCE RÉDUITE EN PROVINCE. — L'oubli des injures n'était pas une des vertus du nouveau prince : il ne tarda pas à faire sentir son ressentiment à ceux dont il avait eu à se plaindre avant de parvenir à l'empire. De ce nombre fut Archélaüs, roi de Cappadoce, qui avait eu l'imprudence de le négliger pendant son séjour à Rhodes et de faire sa cour à Caïus avec trop d'empressement (1). Livie l'attira à Rome par une lettre artificieuse dans laquelle, sans lui dissimuler le mécontentement de son fils, elle l'engageait à venir implorer la clémence impériale. Il fut durement reçu et bientôt après traduit en jugement devant le sénat (2) : on l'accusa d'avoir formé des projets de révolte (3). Le pauvre roi, alors âgé de quatre-vingts ans, impotent et presque imbécile, fut obligé de se faire porter en litière fermée jusque dans la salle des séances. Il n'aurait pas échappé à une condamnation sans le zèle maladroit d'un témoin qui assura qu'on lui avait entendu dire : « Une fois rentré en Cappadoce, je ferai voir à Tibère si j'ai du nerf. » Toute l'assemblée fut prise à ce mot d'un fou rire. Le vieillard se pencha hors de sa litière, bégaya quelques mots d'excuses, et la procédure fut arrêtée (4). Il mourut quelques jours après, peut-être autant de peur que de vieillesse. Son royaume fut réduit en province. Ce n'était pas une acquisition à dédaigner : car tout en diminuant les impôts que le pays payait au roi (5), Tibère en tira un revenu qui lui permit de réduire immédiatement de moitié l'impôt du centième denier qu'Auguste avait établi sur les ventes (6).

GRAND TREMBLEMENT DE TERRE (17 apr. J.-C.). — La troisième année du règne de Tibère, la province d'Asie fut désolée par un violent tremblement de terre. La nature volcanique du sol de ces contrées était depuis longtemps connue. « Tout le pays voisin du Méandre est miné, dit Strabon, par le feu et l'eau. » — Sur les confins de la Lydie et de la Mysie s'étendait un vaste canton appelé *Catacécaumène* ou terre brûlée : « La terre, dit le géographe, y « est friable et d'un aspect semblable à « celui de la cendre; très-chargée de « sel et très-aisément inflammable. Les « roches y paraissent noircies par l'ac- « tion du feu ; il n'y croît aucun arbre, « si ce n'est des vignes qui donnent un « vin très-estimé (1). » On y montrait en plusieurs endroits des gouffres où les eaux se perdaient, des fissures qui passaient pour des soupiraux des enfers (*Charonia*, grottes de Charon ou de Pluton), et d'où s'échappaient des vapeurs empestées. C'était dans ce pays que la tradition plaçait la demeure du géant Typhon, qui vomissait des flammes (2).

Du temps de Mithridate, Apamée avait été détruite; en l'an 15 av. J.-C. Tralles et Laodicée furent très-endommagées, et Paphos, dans l'île de Chypre, entièrement ruinée; libéralement secourue par Auguste, elle prit à cette occasion le nom d'Augusta, qui ne lui fut pas conservé (3). Sous Tibère, la secousse fut terrible : elle se fit sentir surtout le versant occidental de la péninsule, et renversa en une seule nuit douze villes dont Tacite donne les noms (4) : c'étaient Sardes, Magnésie du Sipyle, Temnos, Philadelphie, Ægé, Apollonie, Mostène (en Lydie), Hyrcania, ancienne colonie macédonienne, Hiérocésarée, Myrina, Cyme et Tmolus (5). « Cette catastrophe arriva pendant la nuit, ce

---

(1) Tac., *A.*, II, 42. — Dio, LVII, p. 614.
(2) Tac., *A.*, II, 42.
(3) D'après Philostrate, le gouverneur de Cilicie fut aussi mis en jugement, comme complice d'Archélaüs (Philostr., *Vit. Apollon.*, I, c. 12.)
(4) Dio, LVII, 614.
(5) Tac., *A.*, II, 56.
(6) *Id.*, II, 42.

(1) Strab., XIII, p. 628.
(2) *Id., ibid.* et XII, 578, 579.
(3) Dio, LIV, p. 537.
(4) Tac., *A.*, II, 47.
(5) Eusèbe y ajoute Éphèse (*Chron.*, p. 201); et Nicéphore parle de Cibyra; mais la secousse qui ruina Éphèse paraît se rapporter à l'année suivante; et celle de Cibyra est mentionnée par Tacite six ans plus tard. (Tillemont, *Hist. des Emp.* — Tac., *A.*, IV, 13.)

qui la rendit plus désastreuse. On n'avait pas la ressource de se sauver dans les lieux découverts, car partout la terre s'entr'ouvrait. Plusieurs montagnes s'aplanirent, d'autres se formèrent; on vit des feux sortir du milieu des débris (1). » Tibère envoya aux habitants de Sardes qui avaient le plus souffert une somme de cent millions de sesterces, et leur remit ainsi qu'à tous les autres cinq années d'impôts. M. Aletus, ancien préteur, fut envoyé dans la province pour distribuer des secours. Dans la suite, les Asiatiques reconnaissants élevèrent à Tibère dans le forum romain, devant le temple de Vénus, une statue colossale entourée de quatorze autres statues représentant les villes qu'il avait secourues (2).

NOUVEAUX TROUBLES EN ARMÉNIE. — GERMANICUS EN ORIENT. — Vers la même époque de nouveaux changements survenus en Arménie et chez les Parthes attirèrent l'attention des Romains. Ariobarzane étant mort, les Arméniens furent quelque temps gouvernés par une femme nommée Erato. Ils se trouvaient sans chef, lorsque les Parthes chassèrent Vonones, que ses manières étrangères leur avaient rendu insupportable. Réfugié en Arménie, il fut proclamé roi par une partie de la nation; mais bientôt, désespérant de se maintenir, il chercha un asile auprès du gouverneur de Syrie (3). Tibère, qui depuis qu'il était empereur n'aimait pas à s'éloigner de Rome, chargea Germanicus de régler les affaires d'Orient. Tacite ajoute qu'il saisit avec empressement cette occasion d'éloigner son neveu des légions du Rhin et du théâtre de ses victoires. Quoi qu'il en soit, Germanicus se rendit en Asie muni des pouvoirs les plus étendus (4). Après avoir visité Ilion et l'emplacement de Troie, berceau prétendu de la famille des Césars, il longea les côtes jusqu'à Colophon, où il consulta l'oracle d'Apollon de Claros (5); puis gagna l'île de Rhodes,

(1) Tac., A., II, 47.
(2) Phlégon, De reb. mirab., c. 13.
(3) Tac., A., II, 2, 3.
(4) Id., ibid., I, 43.
(5) Id., ibid., 54.

où il fut rejoint par Pison (1), son ennemi, son espion, et même son assassin, si l'on en croit Tacite. Une fois entré en Asie, son premier soin fut de donner un roi aux Arméniens : il couronna publiquement dans la ville d'Artaxate Zénon, un des fils de Polémon, roi de Pont, qui régna sous le nom d'Artaxias (2). Il s'occupa aussi d'organiser la nouvelle province de Cappadoce, et lui donna pour premier gouverneur le chevalier romain Q. Veranius (3). Tarcondimot Philopator, roi des Ciliciens, venait de mourir (4); les historiens ne nous apprennent pas comment on disposa de son héritage; mais il est probable que le pays resta divisé, comme par le passé, entre un certain nombre de petits tyrans ou chefs de tribu qui, retranchés dans leurs montagnes, vivaient de brigandage et défiaient l'autorité des Romains.

CAPTIVITÉ ET MORT DE VONONES EN CILICIE. — Artaban, le nouveau roi des Parthes, envoya à Germanicus une ambassade amicale, proposa de renouveler l'alliance, et demanda seulement qu'on éloignât Vonones de ses frontières : le prince fugitif fut relégué à Pompéiopolis en Cilicie. L'année suivante il essaya de s'échapper en corrompant ses gardes. Il s'éloigna du bord de la mer sous prétexte d'une partie de chasse, s'enfonça dans les bois, et, poussant son cheval à toute bride, arriva au bord du fleuve Pyrame. Mais déjà, au bruit de son évasion, les ponts étaient rompus. Il fut rejoint : le vétéran spécialement chargé de le garder lui passa son épée au travers du corps comme dans un transport de colère; on pensa plutôt qu'il l'avait tué de peur que sa complicité ne fût découverte (5).

STRABON. — SA FAMILLE, SA VIE. SON OUVRAGE. — Ce fut à cette époque, pendant le séjour de Germanicus en Orient et probablement peu de temps avant sa mort, que Strabon publia sa géographie, ouvrage précieux à quiconque étudie l'antiquité, mais qui nous a

(1) Tac., A. II, 55.
(2) Id., ibid., 56. — Strab., XII, 555.
(3) Tac., A. II, 56.
(4) Id., ibid., 42.
(5) Id., ibid., 68.

été surtout d'un grand secours pour cette histoire particulière. Strabon était né en Asie Mineure. Grâce à lui nous connaissons l'état de cette contrée au temps des Romains plus exactement que son état actuel. Le géographe naquit à Amasia dans le Pont, au confluent de l'Iris et du Lycus (1). Il descendait par sa mère d'un certain Dorylas, général du roi Mithridate Évergète (2). Le neveu et les fils de ce Dorylas furent en grande faveur auprès de Mithridate Eupator, et remplirent les premières charges du royaume, puis tombèrent en disgrâce. Son petit-fils Moapherne, grand-oncle de Strabon, fut, vers la fin du même règne, gouverneur de la Colchide (3). L'aïeul du géographe avait aussi un commandement important; irrité des cruautés de Mithridate, il livra à Lucullus quinze châteaux forts. Il devait être richement récompensé; mais Pompée ayant pris le commandement, désavoua les promesses de son prédécesseur (4). Tels sont les détails que Strabon nous donne sur sa famille. Il ne dit rien de son père. Il fut élevé avec soin : il eut pour premiers maîtres les grammairiens Tyrannion d'Amisus (5) et Aristodème de Nysa (6). Il suivit ensuite les leçons de Xénarque de Séleucie, philosophe péripatéticien (7). Il cite parmi les amis et compagnons de sa jeunesse Boéthus de Sidon (8), le philosophe Athénodore, l'historien Diodore de Sardes (9). Il était lié avec Ælius Gallus, qui fut le premier préfet d'Égypte (10). Il employa une partie considérable de sa vie à voyager, et visita presque toutes les provinces de l'empire romain « depuis l'Arménie jusqu'au golfe de Gênes et depuis le Pont-Euxin jusqu'aux confins de l'Éthiopie (11). » Il avait composé des Mémoires historiques (1) dont la perte est d'autant plus regrettable qu'il y traitait des parties de l'histoire qui nous sont absolument inconnues (2). Sa description du monde connu des Romains est divisée en dix-sept livres dont trois, les XIIe, XIIIe et XIVe, traitent de l'Asie Mineure. Le XIIe livre contient la description de la Cappadoce divisée sous ses rois en dix préfectures, dont il donne les noms (3); du Pont, sur lequel il donne des détails très-étendus puisque c'était son pays natal; de la Paphlagonie, de la Bithynie, de la Galatie, de la Mysie et de la Phrygie; le XIIIe roule sur la Troade, dont il discute longuement la topographie ; le XIVe sur la Lydie, l'Ionie, la Cilicie et les autres contrées situées sur le versant méridional du Taurus. La date de son livre est fixée d'une manière très-précise par ce double fait qu'il parle de la réduction de la Cappadoce en province comme d'un événement récent (4), et qu'ailleurs il nomme Germanicus qui « seconde, dit-il, la vigilance de Tibère son père et l'aide à faire régner l'abondance et la paix dans l'empire (5) ».

Mort de Germanicus. — Descente de Pison en Cilicie. — Peu de temps après son retour d'Égypte, Germanicus tomba malade à Antioche et mourut. A ses derniers moments, il accusa publiquement Pison de l'avoir empoisonné; il lui écrivit une lettre pour lui déclarer qu'il le regardait comme son ennemi et lui ordonner de quitter la province. Pison obéit, mais ne s'éloigna pas des côtes, comme s'il n'attendait que la mort du prince pour revenir (6). Il était à Cos lorsque la nouvelle lui en arriva. Il affecta une joie indécente, visita les temples, et offrit des sacrifices solennels; sa femme Plancine quitta le deuil qu'elle avait pris pour la mort de sa sœur (7). Il avait pris soin de s'attacher par toutes

(1) Strab., XII, p. 547.
(2) Id., X, p. 477; XII, p. 557.
(3) Id., XI, p. 499.
(4) Id., XII, p. 558.
(5) Id., XII, p. 548.
(6) Id., XIV, p. 651.
(7) Id., XIV, p. 670.
(8) Id., XVI, p. 757.
(9) Id., XVI, p. 779; XIII, p. 628.
(10) Id., II, p. 118.
(11) Id., II, p. 117.

(1) Strab., II, p. 13.
(2) Id., XI, p. 515.
(3) Id., XII, p. 535.
(4) Id., XIII, passim.
(5) Id., VI, p. 288.
(6) Tac., A., II, 70.
(7) Id., ibid. 76.

sortes de complaisances les légions de Syrie : un certain nombre de centurions vinrent le joindre à Cos, lui apprirent que Sentius, ami de Germanicus, avait pris le commandement de la province, et l'engagèrent à revenir (1). Il prit ce parti malgré les conseils de son fils, envoya un de ses affidés pour soulever les légions, arma des esclaves, des déserteurs, enleva le drapeau d'un détachement de recrues qui se rendait en Syrie, demanda des secours aux rois ciliciens, et parvint à se faire une petite armée (2). Comme il longeait les côtes de la Lycie ou de la Pamphylie, ses vaisseaux rencontrèrent ceux qui portaient en Italie les cendres de Germanicus; peu s'en fallut que les deux flottes n'en vinssent aux mains; on s'en tint aux injures (3).

La troupe de Pison débarqua en Cilicie et s'empara de Celendris, petit port de mer fortifié. Sentius vint l'attaquer avec un corps de vétérans ; il n'y eut pas de bataille : les Ciliciens lâchèrent pied au premier choc (4). Pison, rentré dans la forteresse, tenta encore de débaucher les soldats de son rival; Sentius coupa court en donnant le signal de l'assaut : la place fut obligée de se rendre (5). On apprit avec surprise à Rome cette équipée, qui rappelait le temps des guerres civiles. Et ce fut là ce qui causa principalement la perte de Pison : car le fait d'empoisonnement ne fut pas bien prouvé; mais Tibère ne lui pardonna pas d'avoir donné le dangereux exemple d'une révolte à main armée (6).

RESTRICTIONS APPORTÉES AU DROIT D'ASILE. — Les années suivantes nous fournissent un petit nombre de faits détachés qui se rapportent à l'histoire de l'Asie Mineure, et qui montrent la surveillance exacte que les empereurs exerçaient sur l'administration des provinces.

En l'an 22 le sénat est invité à faire une enquête sur les abus auxquels le droit d'asile donnait lieu dans plusieurs villes grecques. Les temples servaient de refuge aux malfaiteurs, aux esclaves fugitifs, aux banqueroutiers. Chaque ville fut obligée de faire connaître à Rome par une députation les titres sur lesquels se fondaient ces priviléges incommodes. Éphèse, Magnésie, Aphrodisia, Stratonicée, Hiérocesarée, Smyrne, Ténos, Sardes, Milet furent au nombre des villes mises en cause. La plupart virent restreindre les priviléges de leurs lieux saints (1).

POURSUITES CONTRE PLUSIEURS GOUVERNEURS DE PROVINCES. — C. Silanus, proconsul d'Asie, accusé par ses administrés d'abus de pouvoir et de concussion, est mis en jugement devant le sénat. Il était coupable ; mais l'iniquité avec laquelle la procédure fut conduite attira sur l'accusé un intérêt qu'il ne méritait pas. La province avait envoyé ses rhéteurs les plus habiles pour le poursuivre; leur présence fut inutile : Silanus trouva dans le sénat même des adversaires plus redoutables, un consulaire, un préteur, un édile, qui s'unirent pour l'accuser de lèse-majesté. Son questeur et son lieutenant se joignirent aux accusateurs. Ses esclaves déposèrent contre lui (2). Tibère assista aux séances et interrogea lui-même les témoins et l'accusé. Ce malheureux fut relégué dans une île de l'Archipel (3).

L'année suivante une poursuite plus régulière fut dirigée contre Lucilius Capito, procurateur. La conduite de Tibère fut aussi libérale dans cette affaire qu'elle avait été odieuse dans la précédente : on accusait le procurateur d'avoir employé la force armée et empiété de diverses manières sur les attributions du gouverneur de la province;

---

(1) Tac., A., II, 74.
(2) Id., ibid., 78.
(3) Id., ibid., 79.
(4) Id., ibid., 80.
(5) Id., ibid., 81.
(6) Id., ibid., III, 13, 14.

(1) Tac., A., III, 60-64.
(2) Les lois défendaient de faire déposer les esclaves contre leurs maîtres ; Auguste imagina le premier d'éluder cette disposition par une fiction légale : l'avocat du prince (*actor publicus*) achetait les esclaves de l'accusé, et les mettait alors à la torture pour en tirer des aveux contre celui qui avait cessé d'être leur maître (J. Lips., *Comm. ad Tacit., A.*, III, 68).
(3) Tac., A., III, 66-68.

Tibère renvoya l'affaire au sénat, déclara que son procurateur n'avait autorité que sur les esclaves et les propriétés du fisc, et qu'il méritait d'être puni s'il avait usurpé d'autres pouvoirs (1).

TEMPLE DE TIBÈRE A SMYRNE. — Les Asiatiques témoignèrent leur reconnaissance au prince en lui élevant un temple, qui fut aussi consacré à sa mère et au sénat romain. Douze villes se disputèrent l'honneur de posséder le temple de Tibère. Leurs titres furent sérieusement discutés en présence de l'empereur : Ilion faisait valoir sa fabuleuse parenté avec le peuple romain; Halicarnasse se glorifiait de n'avoir jamais depuis douze cents ans ressenti la moindre atteinte des tremblements de terre, et promettait d'asseoir les fondement du temple sur le roc vif à l'abri de toutes les chances de destruction. Pergame, qui possédait déjà le temple d'Auguste, parut trop ambitieuse; Éphèse, Milet furent écartées parce qu'elles avaient déjà leurs temples en renom. Enfin Smyrne fut choisie en récompense de la fidélité qu'elle avait toujours montrée pour les Romains. M. Lépidus, alors proconsul d'Asie, fut invité à se choisir un lieutenant spécialement chargé de surveiller la construction de l'édifice, et comme il s'excusa modestement, le sénat délégua Valérius Nason ancien préteur (2).

L'exemple encore cette fois donné par l'Asie ne tarda pas à être suivi : les villes d'Espagne se préparèrent à bâtir aussi un temple. Mais Tibère, dégoûté de ce genre de flatterie, leur refusa l'autorisation (3). En revanche, il se montrait fort rigoureux pour les honneurs dûs à son prédécesseur; les habitants de Cyzique furent encore une fois privés de leur liberté pour avoir laissé inachevé le temple qu'ils avaient consacré à Auguste (4).

DERNIÈRES ANNÉES DE TIBÈRE. SES CRUAUTÉS. — FAUX DRUSUS. — Cependant Tibère vieillissait; son humeur commençait à s'aigrir; ses cruautés se multipliaient. Sans avoir jamais été populaire, il avait paru assez estimable dans le commencement de sa vie; la première partie de son règne avait été mêlée de bien et de mal; après qu'il eut fixé sa résidence en Campanie, ses vices éclatèrent en toute liberté (1), encouragés d'ailleurs par la scélératesse de Séjan, digne ministre d'un tel maître. La veuve et les fils de Germanicus furent mis en prison et détenus avec la dernière rigueur; l'aîné, qui se nommait Néron, se donna la mort pour échapper aux tortures; Drusus, son frère, mourut de faim dans les caves du Palatin, après être resté neuf jours sans nourriture et avoir essayé de manger jusqu'à la bourre de son matelas (2). Leur mère les suivit de près; Caligula survécut seul pour faire regretter par ses fureurs le tyran qui l'avait précédé.

Peu de temps avant la mort de Drusus avait paru dans plusieurs villes d'Ionie un jeune homme qui se faisait passer pour lui. Cet aventurier réussit à s'attacher quelques affranchis du vrai Drusus; après avoir inutilement essayé de soulever l'Asie, il passa en Grèce, et fut pris à Nicopolis. On n'entendit plus parler de lui (3).

RÉVOLUTIONS EN ARMÉNIE ET CHEZ LES PARTHES. — Vers la fin de sa vie Tibère, uniquement occupé de ses cruautés et de ses débauches, négligea les affaires de l'État (4); l'Orient s'en ressentit. Artaban, roi des Parthes, encouragé par l'inaction des Romains, renouvela ses prétentions sur l'Arménie, envahit ce pays après la mort du roi Artaxias, y établit Arsace-Orodes, l'aîné de ses fils, et entra même en Cappadoce (5). Il envoya à Tibère un insolent message, par lequel il réclamait les trésors que Vonones avait emportés en Syrie, et annonçait hautement la prétention de reconquérir toute l'Asie et de rétablir l'empire persan tel qu'il avait existé sous les successeurs de Cyrus (6). Mais dans le même temps plusieurs sei-

---

(1) Tac., *A.*, IV, 15.
(2) *Id.*, *A.*, IV, 55, 56.
(3) *Id.*, *A.*, IV, 37.
(4) *Id.*, *A.*, IV, 36. Dio, LVII, 619.

(1) Tac., *A.*, VI, 51.
(2) *Id.*, *A.*, VI, 23, Suét., *Tib.*, 54.
(3) *Id.*, *A.*, V, 10. Dio, LVIII, 637.
(4) Suét., *Tib.*, 41.
(5) Dio, LVIII, p. 637. Joseph., XVIII.
(6) Tac., VI, 31.

gneurs de sa cour conspiraient contre lui et envoyaient secrètement demander à Rome un des fils de Phraate. On leur envoya le dernier, qui portait le même nom que son père; et comme ce Phraate mourut de maladie aussitôt arrivé en Syrie, Tibère envoya à sa place Tiridate, jeune prince de la même famille. Quant à l'Arménie, il l'offrit à Mithridate, frère du roi des Ibères, à condition qu'il se chargerait de la conquérir (1). Les montagnards du Caucase, avec les Sarmates leurs alliés (2), se jetèrent sur cette malheureuse contrée, s'emparèrent d'Artaxate, et remportèrent deux grandes victoires sur les Parthes (3). Pendant ce temps Vitellius, gouverneur de Syrie, rassemblait ses légions, et menaçait la Mésopotamie. La révolte éclata chez les Parthes; Artaban, trahi par la plupart des siens, fut réduit à se sauver en Hyrcanie. Tiridate passa l'Euphrate, escorté par les légions romaines; mais à peine s'était-il fait couronner dans Ctésiphon, que plusieurs de ses partisans, déjà mécontents, rappelèrent Artaban, qui reconquit son royaume aussi rapidement qu'il l'avait perdu (4). Tiridate, sans tenter le sort des armes, s'enfuit en Syrie.

RÉVOLTE DES CLITES. — Il y eut, la même année, une petite guerre en Cilicie : la nation des Clites s'était révoltée contre son roi, qui voulait lui faire payer des impôts et la soumettre au régime romain. Il fallut que le gouverneur de Syrie envoyât quatre mille légionnaires, et on ne vint à bout des révoltés qu'en les affamant dans les positions inaccessibles qu'ils occupaient (5).

RÈGNE DE CALIGULA. — Tibère mourut le 15 mars de l'année suivante (37 apr. J.-C.). Son successeur s'occupa rarement des provinces. Dans le commencement de son règne, il fit don d'une partie de la Cilicie maritime à Antiochus, en faveur duquel il avait rétabli le royaume de Comagène (1); il donna la Petite Arménie à un Thrace nommé Cotys. La reine Pythodoris étant morte apparemment vers cette époque, son fils Polémon demanda et obtint du sénat la permission de recueillir l'héritage de son père; le titre de roi lui fut conféré solennellement dans le forum en présence du peuple, par l'empereur assis entre les deux consuls sous un dais d'étoffe de soie (2) (39 ap. J.-C.).

Caïus avait déjà commencé à faire éclater ses extravagances. Plus tard, quand il se fut mis en tête d'être dieu, il obligea les habitants de Milet de lui consacrer le temple magnifique qu'ils destinaient à Apollon (3). Dans les derniers temps il ôta lui-même à Antiochus de Comagène ce qu'il lui avait donné (4); il déposa Mithridate, roi d'Arménie, le fit amener à Rome et le tint en prison (5), nous ignorons pour quelle offense.

Enfin il se fit amener chargé de chaînes Cassius Longinus, proconsul d'Asie, parce que les Chaldéens l'avaient, dit-on, averti de se défier des Cassius; le jour même où il venait de le condamner à mort, il fut assassiné par Cassius Chéréa (6) (23 janvier 41 après J.-C.).

RÈGNE DE CLAUDE. DISPOSITIONS FAVORABLES AUX PROVINCES. — Claude inaugura son règne par des actes de clémence et de libéralité : il remit Antiochus et Mithridate en possession de leurs États; il donna le royaume du Bosphore à un autre Mithridate qui descendait de l'ancien roi de Pont, et indemnisa Polémon en lui cédant quelques cantons de la Cilicie (7).

Ce prince faible, mais souvent plein de bonnes intentions, s'occupa avec assez de zèle et d'intelligence de l'administration des provinces. Il obligea les gouverneurs annuellement désignés

---

(1) Tac., A., VI, 32.
(2) Josèphe parle des Scythes Alains. C'est la première fois que ce nom se rencontre dans l'histoire.
(3) Tac., A., VI, 34, 36. Joseph., XVIII.
(4) Id., A., VI, 44.
(5) Id., ibid., I, 41.

(1) Dio, LIX, 645. Suét., Caïus, 16.
(2) Dio., LIX, 649.
(3) Id. ibid.., 661.
(4) Id., LX, 670.
(5) Id., ibid. — Tac., A., XI, 8. Senec., de Tranquill., c. 11.
(6) Dio., LIX, 663.
(7) Id., LX, 670.

par le sort de se rendre dans leurs gouvernements avant les kalendes d'avril, et ne voulut pas que ceux qu'il nommait lui fissent de remercîments dans le sénat : « Ils ne m'ont, dit-il, aucune obligation : c'est moi qui dois les remercier de vouloir bien m'aider à supporter le fardeau de l'empire » (1) ; paroles dignes d'un personnage plus sérieux que Claude. Il remit en vigueur la loi qui défendait aux gouverneurs sortant de charge de s'éloigner de Rome avant un certain temps, afin que leurs administrés eussent le loisir de faire entendre leurs plaintes (2). Il exila un préfet convaincu de concussion, et fit vendre à l'encan tout le bien qu'il avait acquis dans sa province.

Voici une aventure qui lui fait moins d'honneur. Junius Cilon, procurateur de Bithynie, était poursuivi par ses administrés et comparaissait devant Claude, qui aimait, comme on sait, à rendre la justice en personne. Comme les accusateurs poussaient de grands cris, le prince demanda ce qu'ils disaient ; Narcisse lui répondit que ces cris étaient poussés en l'honneur de Cilon dont la province était fort contente. « Eh bien dit-il, qu'il soit renommé pour deux ans (3). »

La Lycie réunie a la province romaine. — Claude enleva aux Lyciens et aux Rhodiens la liberté, à cause de leurs séditions continuelles, et pour punir le meurtre de plusieurs citoyens romains ; la confédération lycienne fut réunie à la préfecture de Pamphylie (4). On raconte à cette occasion qu'un Lycien, qui avait obtenu le titre de citoyen romain, fut envoyé à Rome pour plaider la cause de ses compatriotes. Lorsque Claude l'interrogea, il s'aperçut qu'il ne comprenait pas le latin ; il lui ôta à l'instant le droit de cité, en disant qu'on n'était pas Romain quand on ne comprenait pas la langue de Rome (5). Claude était d'ailleurs prodigue de ce titre de citoyen romain :

(1) Dio., LX, p. 672.
(2) Id., ibid., 682. P. Manut. an Cic. Epist. Fam, X, Ep., 1.
(3) Dio., LX, 687.
(4) Id., ibid., 676, 681. Suet., Cl., 25.
(5) Dio., LX 676.

sa femme, ses affranchis le vendaient à tout venant, si bien qu'on disait communément « qu'il ne valait plus un morceau de verre cassé ».

Affaires d'Orient. Avénement de Rhadamiste en Arménie. — Cependant l'Orient était toujours en proie à la discorde. Les Parthes changent sept fois de roi en dix ans (1). Ils avaient envahi l'Arménie, demeurée sans roi par la disgrâce de Mithridate ; celui-ci à son retour est obligé de reconquérir son royaume ; il y parvient avec l'aide des Romains et de son frère, et grâce surtout aux dissensions de ses ennemis. Mais bientôt il est détrôné par son neveu Rhadamiste ; réfugié dans une forteresse appelée Gornée que défendait une garnison romaine, il est trahi par Célius Pollion, commandant de la place, livré à son neveu et mis à mort (2).

Équipée de Julius Pélignus, procurateur de Cappadoce. — Il y avait alors en Cappadoce en qualité de procurateur un certain Julius Pélignus, personnage contrefait et ridicule, ancien ami de Claude et compagnon des grossiers amusements de sa jeunesse ; ce Pélignus se crut appelé à conquérir l'Arménie. Il arma les milices de la province, passa l'Euphrate, et fit plus de mal aux Arméniens qu'aux ennemis. Bientôt abandonné d'une partie des siens et menacé par les Barbares, il prit le parti de s'allier avec ceux qu'il était venu combattre : il encouragea Rhadamiste à prendre le diadème, et assista avec ses soldats à la cérémonie (3).

L'Arménie conquise par les Parthes. — Rhadamiste et Zénobie. — Le gouverneur de Syrie s'empressa de désavouer cette démarche, et envoya une légion ; mais bientôt il rappela ses troupes de peur de se trouver engagé sans l'aveu de l'empereur dans une guerre plus considérable : Vologèse, nouveau roi des Parthes, voyant l'occasion favorable, se préparait à envahir l'Arménie pour la donner à son frère Tiridate.

Les Ibères furent chassés presque

(1) Tac., A., XI, 8, 9, 10 ; XII, 10, 14.
(2) Id., XII, 44-47.
(3) Id., ibid., 49.

sans combat; Artaxate et Tigranocerte furent prises (1). L'hiver et les maladies arrêtèrent les progrès du Parthe et l'obligèrent de faire retraite. Aussitôt Rhadamiste reparut, et signala son retour par de si atroces vengeances que la patience des Arméniens se lassa : ils se révoltèrent; Rhadamiste ne dut son salut qu'à la vitesse de son cheval. « Il s'enfuit avec sa femme Zénobie, qu'il aimait passionnément et qui était alors enceinte. Arrivée au bord de l'Araxe, la malheureuse femme ne put aller plus loin; elle pria son mari de lui ôter la vie pour la dérober aux outrages. Il s'y refuse d'abord; il l'embrasse, la relève, l'encourage : tantôt il s'attendrit sur sa vertu, tantôt il frémit à l'idée de la laisser aux mains d'un autre. Enfin ivre d'amour et de colère, accoutumé depuis longtemps à répandre le sang, il tire son sabre, la frappe, et la jette dans le fleuve pour que ses ennemis n'aient pas même son corps. Zénobie, privée de sentiment, fut sauvée et recueillie par des bergers qui la guérirent et, soupçonnant son rang, la conduisirent à Artaxate. Elle fut de là menée auprès de Tiridate qui la traita en reine (2). »

Les Parthes restèrent maîtres de l'Arménie jusqu'au commencement du règne de Néron.

GUERRE EN CILICIE. — Les dernières années de Claude sont marquées par une nouvelle expédition contre les Clites qui, sous la conduite d'un certain Trosobore, désolaient par leurs incursions le pays plat, rançonnaient les villes et troublaient le commerce. Ils défirent dans leurs montagnes un corps de cavalerie que le gouverneur de Syrie avait envoyé. Le roi Antiochus parvint enfin à semer des divisions parmi ces Barbares; il se rendit maître des principaux chefs et rétablit l'ordre en les faisant périr (3).

AVÉNEMENT DE NÉRON. — SA POPULARITÉ EN ASIE. — MORT DE SILANUS. — En l'année 55 apr. J.-C. Néron succéda à Claude. Son nom était populaire en Asie : à l'âge de seize ans, après avoir achevé ses études sous Sénèque, il avait fait ses débuts oratoires en plaidant devant le prince la cause des Rhodiens, auxquels il fit rendre leurs priviléges, et celle des habitants d'Ilion, qui demandaient l'immunité. Il avait également obtenu l'immunité pour l'île de Cos, et la remise de cinq années d'impôts pour la ville d'Apamée, endommagée par un tremblement de terre (1).

Cependant l'avénement du nouveau prince fut signalé par le meurtre de Junius Silanus, proconsul d'Asie, personnage inoffensif et sans valeur, à qui sa médiocrité avait servi de protection sous les règnes précédents : Caïus avait coutume de l'appeler « la bête dorée ». Son seul crime était de tenir de trop près à la famille des Césars. Agrippine, qui avait fait périr L. Silanus, son frère aîné, craignait qu'il ne songeât à le venger; elle le fit empoisonner par un chevalier romain nommé Celer et par l'affranchi Hélios, intendant des biens de l'empereur dans la province (2). Néron n'apprit que plus tard ce qui s'était passé.

CORBULON SUBJUGUE L'ARMÉNIE. — Heureusement Sénèque et Burrhus s'unirent pour combattre l'influence d'Agrippine; grâce à eux les premières années de Néron furent prospères au dehors comme au dedans. Corbulon fut chargé de délivrer l'Arménie; on mit sous ses ordres les troupes cantonnées en Cappadoce et la moitié de celles de Syrie. Vologèse, alors inquiété par la révolte de son fils Vardanes, s'humilia, retira ses troupes et donna des otages (3). Cependant la guerre n'était que différée : le roi parthe préparait ses forces; Corbulon de son côté eut pendant deux hivers assez de peine à rétablir la discipline parmi les troupes; il fut obligé d'en licencier une partie, et de faire de nouvelles levées en Galatie et en Cappadoce (4).

Au commencement de l'année 59 les hostilités commencèrent. Tiridate faisait une guerre d'escarmouches et prenait soin d'éviter un engagement gé-

---

(1) Tac., A., XII, 50.
(2) Id., ibid., I, 51.
(3) Id., ibid., II, 55.

(1) Tac., A., XII, 58, 61.
(2) Id., A., XIII, 1.
(3) Id., ibid., 7.
(4) Id., ibid., 35.

néral ; il entremêlait les négociations aux combats, dans le but évident de gagner du temps : car son frère, occupé par une révolte des Hyrcaniens, ne pouvait alors le secourir. C'était une raison de plus pour que Corbulon poussât les opérations avec vigueur. Il divisa ses forces, enleva en quelques jours les principales forteresses du pays et se dirigea sur Artaxate : Tiridate le harcela dans sa marche, mais n'osa lui barrer le passage. La ville se rendit ; elle fut rasée parce qu'on n'avait pas assez de troupes pour y mettre une garnison (1). Tigranocerte, l'autre capitale de l'Arménie, fut plus heureuse : elle n'ouvrit ses portes que l'année suivante, quand les Romains étaient plus solidement établis dans le pays, de sorte qu'elle fut épargnée. Tiridate, après avoir vainement essayé de se soutenir avec le secours des Mèdes, fut obligé de renoncer à l'Arménie. On en détacha quelques cantons pour récompenser le zèle de Pharasmane, roi des Ibères, de Polémon, roi de Pont, d'Antiochus, roi de Comagène et d'Aristobule, roi de la petite Arménie ; Néron envoya pour régner sur le reste un Cappadocien, petit-fils d'Archélaüs, qui prit selon l'usage le nom arménien de Tigrane. Corbulon, après l'avoir installé, lui laissa mille légionnaires, trois cohortes auxiliaires et deux compagnies de cavalerie ; puis il partit pour la Syrie, dont le gouvernement lui était donné [61 apr. J.-C.] (2).

NOUVELLE INVASION DES PARTHES. — Le nouveau roi ne sut pas se contenter de ce qu'il devait à la libéralité des Romains ; ses excursions sur le territoire des Parthes provoquèrent une nouvelle guerre plus redoutable que la précédente. Vologèse fit la paix avec les Hyrcaniens pour tourner toutes les forces de son empire contre les Romains et leur protégé. Il couronna solennellement son frère, envoya en Arménie sa garde d'élite commandée par Monéses, et se prépara lui-même à envahir la Syrie (3). Dans ce pressant danger, Corbulon ne crut pas pouvoir quitter les bords de l'Euphrate ; il fit passer en Arménie deux légions et manda à l'empereur d'envoyer promptement un général.

Cependant le roi d'Arménie s'était enfermé dans Tigranocerte avec des troupes et des approvisionnements qui le mettaient en état de tenir longtemps ; les Parthes n'entendaient d'ailleurs rien aux sièges ; l'expédition conduite par Monéses échoua ; Vologèse, qui s'avançait pour le soutenir, ayant reçu en chemin un message assez conciliant de Corbulon, recula, rappela son général, et promit d'envoyer une ambassade à Rome (1).

DÉFAITE DE CÉSENNIUS PÉTUS. — CAPITULATION D'ARSAMOSATE. — La guerre paraissait encore une fois évitée ; Corbulon donna ordre aux troupes romaines d'évacuer l'Arménie, et les fit camper en Cappadoce en attendant Césennius Pétus, que Néron envoyait. Ce général était destiné à faire subir aux armes romaines l'échec le plus humiliant qu'elles eussent essuyé depuis longtemps. Trois légions furent mises sous ses ordres ainsi que les troupes auxiliaires de Galatie, de Cappadoce et du Pont (2).

Peu de temps après son arrivée, les députés que Vologèse avait envoyés à Rome revinrent sans avoir rien fait. Les Parthes entrèrent aussitôt en Arménie. Pétus y entra de son côté avec deux légions, courut le pays, fit quelque butin qu'il gaspilla, fatigua ses soldats par des marches inutiles, et, sans avoir presque vu l'ennemi, adressa à l'empereur une pompeuse relation de ses succès (3). Au moment où il ne songeait plus qu'à prendre ses quartiers d'hiver, il apprit que Vologèse, renonçant à attaquer la Syrie trop bien gardée par Corbulon, portait toutes ses forces vers l'Arménie. Une de ses trois légions était alors loin de lui dans le Pont, et les deux autres étaient fort réduites par les nombreux congés qu'il avait accordés aux soldats. Il marcha pourtant au-devant de l'ennemi, puis se retira précipitamment après avoir

---

(1) Tac., *A.*, XIII, 36-41.
(2) *Id.*, XIV, 23-27.
(3) *Id., A.*, XV, 1, 2.

(1) Tac., *A.*, XV, 3, 4, 5.
(2) *Id., ibid.*, 6.
(3) *Id., ibid.*, 7, 8.

perdu quelques hommes dans une reconnaissance ; puis, ne se voyant pas poursuivi, il reprit une folle confiance, et s'arrêta sur les premières hauteurs du Taurus, près d'une forteresse appelée Arsamosate (1), où il enferma sa femme et son fils sous la garde d'une cohorte ; avec environ quatre mille hommes, il entreprit d'arrêter toute l'armée des Parthes ; à peine ceux qui l'entouraient parvinrent-ils à lui persuader de faire connaître à Corbulon sa situation. Vologèse survint, et écrasa sans peine cette petite troupe. La plupart des soldats se dispersèrent et répandirent leur frayeur dans tout le pays environnant ; un petit nombre s'enferma dans le camp et la citadelle (2).

En apprenant ces nouvelles, Corbulon hâta sa marche, traversa rapidement la Cappadoce et entra en Arménie. Il arrivait trop tard : au bout de quelques jours de siége, Pétus avait capitulé à la condition d'évacuer l'Arménie, de livrer aux Parthes toutes les forteresses occupées par les Romains et tous les approvisionnements. Le bruit courut que les légions avaient passé sous le joug ; la manière dont elles firent en réalité leur retraite ne fut guère moins humiliante : les Parthes exigèrent que Pétus, pour leur commodité, jetât un pont sur le fleuve qui longeait son camp ; ils pénétrèrent dans les retranchements avant le départ des troupes romaines, insultèrent et maltraitèrent les vaincus, et commirent toutes sortes d'insolences, s'emparant brutalement des armes, des chevaux, des esclaves qu'ils prétendaient reconnaître pour leur avoir appartenu (3). Pétus fit quarante milles en un jour, abandonnant en route les blessés qui ne pouvaient pas suivre. Il ne se crut en sûreté que quand il rencontra sur le bord de l'Euphrate l'armée de Corbulon. Il hiverna en Cappadoce (4), pendant que sur la foi de ses prétendues victoires on dressait à Rome des trophées et des arcs de triomphe (5).

SECONDE EXPÉDITION DE CORBULON EN ARMÉNIE. — Au commencement du printemps suivant (64 apr. J.-C.) arriva à Rome une ambassade parthe avec une lettre de Vologèse, qui déclarait que son frère, maître comme il l'était de l'Arménie, consentait à la tenir du consentement de l'empereur. On exigea qu'il vînt chercher ce consentement à Rome ; il refusa ; la guerre recommença. Corbulon en fut cette fois chargé avec des pouvoirs très-étendus (1). Il entra en Arménie avec quatre légions, un grand nombre d'auxiliaires et les contingents des rois alliés, attaqua dans leurs forteresses les seigneurs arméniens qui avaient pris le parti des Parthes, et répandit dans tout le pays la terreur du nom romain (2). Vologèse, intimidé, demanda une trêve ; Tiridate proposa une entrevue. Elle eut lieu presque au même endroit où les Parthes avaient l'année précédente vu fuir devant eux les légions romaines. Les deux généraux s'y rendirent chacun avec vingt cavaliers, et se traitèrent mutuellement avec beaucoup de courtoisie. Il fut convenu que Tiridate déposerait solennellement le diadème aux pieds de la statue de Néron et qu'il irait à Rome le reprendre des mains de l'empereur.

VOYAGE DE TIRIDATE A ROME. — SON RETOUR PAR L'ASIE MINEURE. — La cérémonie eut lieu quelques jours après en présence des deux armées (3) ; Tiridate partit ensuite pour l'Italie avec sa femme, ses enfants, ses neveux, un train magnifique et une escorte de trois mille cavaliers (4). Le roi des Parthes avait stipulé qu'on n'exigerait de son frère aucune démonstration d'obéissance servile, qu'il garderait son sabre, qu'il aurait le droit d'embrasser les gouverneurs de province, et serait admis chez eux sans faire antichambre, enfin qu'à Rome on lui rendrait les mêmes honneurs qu'aux consuls (5). Sa marche à travers les provinces romaines fut une sorte de triomphe. Il en coûta

---

(1) Auj. *Simsat*, près de l'Euphrate (Brotier).
(2) Tac., *A.*, XV, 9, 10, 11.
(3) *Id., ibid.*, V, 15.
(4) *Id., ibid.*, 16, 17.
(5) *Id., ibid.*, 18.

(1) Tac., *A.*, XV, 24, 25.
(2) *Id., ibid.*, 27.
(3) *Id., ibid.*, 29, 30.
(4) *Dio ap. Xiphil.*, LXIII.
(5) Tac., *A.*, XV, 81.

au peuple romain huit mille pièces d'or par jour pendant neuf mois que dura le voyage (1). Car comme Tiridate était mage et que sa religion lui défendait de voyager sur mer, il fit le tour du Pont-Euxin et de la mer Adriatique pour gagner par terre l'Italie. Sa femme fit avec lui tout ce chemin à cheval, la tête couverte d'un casque d'or à visière pour se dérober aux regards des hommes.

Les fêtes qui furent célébrées à Rome en son honneur dépassèrent tout ce qu'on avait vu de plus magnifique. Il en fut médiocrement ému, si l'on en croit les historiens, et vit avec mépris Néron chanter en scène et conduire un char dans le cirque. Il ne pouvait comprendre que Corbulon obéît à un pareil maître; et il dit un jour à Néron lui-même : « Convenez, seigneur, que vous avez en Corbulon un précieux esclave. » Néron prit ce mot pour un compliment (2).

Pour revenir, Tiridate consentit à faire le trajet de Brindes à Dyrrachium, puis à traverser l'Hellespont. Il traversa la Grèce et toute l'Asie Mineure. Il admira particulièrement la fertilité de la province d'Asie, ses villes populeuses et bien fortifiées; et il en parut plus frappé que de toutes les splendeurs de Rome (3). Il ramenait avec lui un grand nombre d'ouvriers d'Occident, les uns qui lui avaient été donnés par Néron, les autres qu'il avait engagés à prix d'argent pour rebâtir Artaxate. Mais Corbulon ne laissa passer en Arménie que ceux dont le départ avait été autorisé par l'empereur (4).

Ainsi parut consommé sous Néron l'abaissement de la puissance des Parthes. Par la voix du frère de leur roi, ils se reconnaissaient sujets, ou du moins vassaux de l'empire; l'Arménie semblait mise au rang de ces anciens royaumes dont Rome laissait la possession nominale aux rois favorisés de son alliance. Néron aurait voulu pour compléter son triomphe faire aussi venir en Italie Vologèse, mais le roi des Parthes s'y refusa obstinément : il répondit qu'il était plus facile à l'empereur qu'à lui de traverser un si grand espace de mer (1).

ADMINISTRATION DE L'ASIE MINEURE SOUS NÉRON.—PROCÈS DE PLUSIEURS GOUVERNEURS DE PROVINCE. — Pendant que ces événements importants s'accomplissent sur les frontières orientales de l'Asie Mineure, l'histoire intérieure de la province se réduit à peu de chose. Nous voyons en l'an 58 P. Céler, procurateur d'Asie, le même qui avait été complice du meurtre de Silanus, cité en justice par ses administrés; Néron ne pouvant l'absoudre, fit traîner la procédure en longueur jusqu'à la fin de la vie de l'accusé (2). Cossutianus Capiton, un des plus fameux délateurs et des hommes les plus décriés de Rome, était vers le même temps procurateur en Cilicie et avait mis la province au pillage. Il fut condamné par le sénat (3) avec un certain Tutor ou Numitor, complice de ses rapines (4). Les Lyciens furent moins heureux dans leurs poursuites contre Eprius Marcellus. Ce personnage méprisable parvint à force d'intrigues à faire condamner comme calomniateurs ceux qui s'étaient chargés de l'accuser (5). L'année suivante un autre procurateur d'Asie, P. Suilius, est encore accusé de péculat; mais ses ennemis obtiennent sa condamnation par d'autres moyens et l'enquête n'est pas continuée (6). En 62, Tarquitius Priscus, autre délateur célèbre, est accusé par les Bithyniens, et condamné (7).

Ainsi même sous Néron l'administration des provinces était surveillée. Ce prince défendit aux gouverneurs de province de donner des jeux publics, et abolit les éloges publics qu'ils avaient coutume de se faire décerner en sortant de charge. Dans les premiers temps de son règne il avait, dit-on, songé à dissoudre les compagnies de publicains et

(1) Dio, LXIII. Suét., *Nér.*, 30.
(2) Dio, *ibid*.
(3) *Id., ibid.*
(4) *Id., ibid.*

(1) Dio, LXIII.
(2) Tac., XIII, 33.
(3) *Id., ibid.*
(4) Juvén., l. III, Sat. 8, v. 92.
(5) Tac., XIII, 33.
(6) *Id., ibid.*, 43.
(7) *Id.*, XIV, 46.

à supprimer les impôts indirects (1). Il ordonna du moins que les tarifs et les rôles des impositions fussent publiés, ce qui n'avait pas lieu jusqu'alors; il attribua aux propréteurs le droit de prononcer extraordinairement sur les réclamations des particuliers contre les publicains; il abolit les droits du quarantième et du cinquantième denier (2), qui n'étaient que des inventions illégales des agents du fisc (3). La plupart de ces réformes durèrent peu : les publicains trouvèrent bientôt moyen de les éluder.

MORT DE RUBELLIUS PLAUTUS ET DE BARÉA SORANUS. — RÉDUCTION DU PONT POLÉMONIAQUE. — En l'an 61 la ville de Laodicée est endommagée par un tremblement de terre (4); elle se relève par ses propres ressources, et ne reçoit de Rome aucun secours. Dans le même temps, la province d'Asie sert de lieu d'exil à Rubellius Plautus (5), dont le seul crime était de tenir à la famille des Césars et de faire par ses vertus un fâcheux contraste aux vices de Néron. Bientôt Tigellinus fit résoudre sa mort. Ses nombreux amis l'avertirent, et le pressèrent de se mettre en défense : on lui conseillait de se réfugier auprès de Corbulon et de soulever les légions; il refusa, et mourut avec une fermeté toute stoïcienne (6).

Une autre victime encore plus illustre du malheur des temps fut Baréa Soranus, proconsul d'Asie. On l'accusa « d'avoir cherché à se faire des partisans dans sa province et d'y avoir encouragé la sédition. » Il avait en effet mérité, par son intégrité et son zèle pour le bien public, la haine de Néron : le port d'Éphèse avait été rouvert par ses soins; un affranchi de l'empereur parcourait la province pour enlever des objets d'art, la municipalité de Pergame osa résister, et le proconsul ne l'en punit pas. Enfin il avait été l'ami de Plautus. Il fut mis en jugement avec Thraséa Pétus le plus vertueux des Romains. « Après avoir égorgé tant de personnages éminents, dit Tacite, Néron s'attaqua à ces deux grands hommes, comme s'il eût voulu assassiner en eux la vertu même (1). »

Vers l'an 65, le roi Polémon deuxième du nom, laisse aux Romains son royaume, qui est réduit en province (2). C'est la seule acquisition du règne de Néron.

LE FAUX NÉRON. — Tant de crimes lassèrent enfin la patience des Romains, Néron fut renversé. Quelque odieux qu'il se fût rendu, on ne vit pas sans douleur s'éteindre en lui la famille des Césars; les révolutions qui suivirent sa mort le firent regretter, surtout dans les provinces, où ses fureurs s'étaient moins fait sentir. Plusieurs imposteurs se firent passer pour lui et trouvèrent des partisans. Le premier était un esclave originaire du Pont. Il assembla quelques déserteurs, quelques soldats en congé, prit la mer et fut jeté par une tempête dans l'île de Cythnos une des Cyclades (3). Déjà on commençait à parler de lui en Grèce et en Asie, lorsque Calpurnius Asprenas, envoyé par Galba dans la Galatie et la Pamphylie en qualité de gouverneur, aborda dans l'île avec deux vaisseaux. Le prétendu Néron essaya de lui débaucher ses soldats; il fut pris et tué, on envoya sa tête à Rome (4).

SOULÈVEMENT DE VESPASIEN. — MUCIEN EN ASIE MINEURE. — En apprenant la mort de Galba, l'avénement d'Othon et la révolte de Vitellius, Vespasien qui commandait l'armée de Judée commença à prétendre à l'empire; le 1er juillet de l'an 70 (5), il fut proclamé empereur dans son camp. Toute l'Asie se déclara pour lui, et pour la première fois l'Orient donna un maître à Rome. Cet honneur coûta cher aux provinces d'Asie : elles furent écrasées de réquisitions; il fallut fournir des soldats, des vaisseaux et surtout

---

(1) Tac., XIII, 50.
(2) Sur les importations et les exportations.
(3) Tac., III, 51.
(4) Eusèbe y ajoute celles de Hiérapolis et de Colosses.
(5) Tac., XIV, 22.
(6) Id., ibid., 58, 59.

(1) Tac., A., XVI, 26.
(2) Suét., Nér., 18; Tac., Hist., III, 47.
(3) Aujourd'hui Thermia. (Brotier.)
(4) Tac., H., II, 89.
(5) Id., ibid., 79.

de l'argent. On ne considérait ni le droit ni l'équité, mais seulement ce qu'on pouvait tirer des contribuables; la délation fut encouragée; dans chaque ville on arrêta les plus riches pour les contraindre à payer et intimider les autres. Mucien, gouverneur de Syrie, avait sacrifié toute sa fortune aux projets de Vespasien; il eut soin de se payer par ses mains; mais parmi ceux qui avaient imité son zèle, fort peu parvinrent à se faire donner des indemnités (1).

Révolte d'Anicet dans le Pont. — Un certain Anicet, affranchi et ancien ministre du roi Polémon, crut l'occasion favorable pour se créer dans son pays une principauté indépendante. Il rassembla quelques troupes au nom de Vitellius, arma les peuplades voisines, et s'empara de la ville de Trapézonte, qui n'était gardée que par une cohorte indigène; il détruisit les vaisseaux de guerre qu'il y trouva dans le port, et fut pendant quelque temps maître du pays. Vespasien envoya un petit corps d'élite qui en peu de jours réduisit l'aventurier à s'enfuir par mer. On le poursuivit avec des vaisseaux construits à la hâte; le roi barbare chez qui il s'était réfugié le livra aux Romains (2).

Villes libres définitivement réduites en provinces. — Ce fut sous Vespasien que disparurent en Asie Mineure les derniers vestiges d'indépendance locale: Rhodes, Samos, la Lycie et la Cilicie, à qui l'on avait tant de fois ôté et rendu la liberté, furent définitivement soumises au régime romain. Les îles formèrent une province particulière dont Rhodes fut la métropole (3). Le petit royaume de Comagène sur les frontières de la Syrie fut également réduit en province. Le dernier roi, accusé d'avoir des intelligences criminelles avec les Parthes, se soumit sans résistance, et se retira d'abord à Tarse; Vespasien lui attribua ensuite pour demeure la ville de Lacédémone avec un revenu proportionné au rang qu'il avait tenu.

Incursions des Scythes. — Les frontières orientales de l'empire furent inquiétées vers la même époque par les incursions des peuplades scythiques auxquelles Josèphe donne le nom d'Alains (1). Les Parthes eurent surtout à souffrir: une de leurs armées fut taillée en pièces et l'Arménie ravagée. Comme la Cappadoce était aussi menacée, Vespasien crut nécessaire d'y cantonner deux légions et d'envoyer un consulaire dans cette province, qui avait été jusqu'alors administrée par un simple chevalier romain (2). Le même prince établit en Asie plusieurs colonies militaires, notamment à Sinope, à Critie en Bithynie, à Euménée en Phrygie. Ces villes portèrent pendant un certain temps le nom de *Flaviana* (3).

Faux Néron soutenu par les Parthes. — La seconde année du règne de Titus c'est-à-dire quatorze ans après la mort de Néron, il y eut encore un imposteur qui voulut se faire passer pour lui. Après avoir causé quelque trouble en Asie et en Syrie, il se sauva chez les Parthes, qui parurent un instant disposés à soutenir ses prétentions (4). Ils étaient en assez mauvaise intelligence avec les Romains depuis que Vespasien avait négligé de leur envoyer des secours contre les Scythes. Vologèse avait écrit à l'empereur une lettre, ainsi intitulée: « *Arsace, Roi des Rois à Flavius Vespasien;* » l'empereur, sans s'émouvoir, mit en tête de sa réponse: «*Flavius Vespasien à Arsace, Roi des Rois;* » mais cette réponse fut telle qu'elle fit renoncer le roi à ses projets de guerre (5).

Règne de Domitien. — Titus mourut en l'an 81 de J.-C. après deux ans de règne; Domitien son frère tyrannisa l'empire pendant quatorze ans. En 85 un proconsul d'Asie nommé Cerealis Civica est mis à mort sous pré-

---

(1) Tacite, II, II, 84.
(2) *Id., ibid.*, III, 47, 48.
(3) Tillemont, *Histoire des Emp.*, t. II, p. 33. — S. Hier., *Chron.* — Suet., *Vesp.*, c. 8. — Serv., *Ruf.*, p. 550.

(1) Jos., *Bell., Jud.*, c. 29. — Dio, LXVI, 752.
(2) Dio., LIII, p. 507.
(3) Tillem., *Hist. des Emp.*, II, p. 43, 44. — Plin., IV, c. 20.
(4) Zonar., p. 195.
(5) Dio., LXV, 750.

texte de rébellion, et en réalité parce que Domitien trouva mauvais qu'il eût accepté le gouvernement qui lui était échu par le sort (1). C'est le seul détail, dans l'histoire de ce règne, qui se rapporte à notre province. On a aussi une lettre de Domitien à un certain Appius Maximus, proconsul de Bithynie (2).

APOLLONIUS DE TYANE. — SA VIE ET SON CARACTÈRE. — Tous les historiens racontent que la mort du tyran fut publiquement annoncée à Éphèse, le jour même et à l'heure précise où elle eut lieu, par le célèbre thaumaturge Apollonius. Ce personnage (3), un des plus singuliers et des plus célèbres de son temps, naquit à Tyane en Cappadoce peu de temps avant Jésus-Christ : car il mourut en l'an 96 de l'ère chrétienne, âgé d'environ cent ans. A quatorze ans il alla étudier à Tarse, et peu après à Éges, qui est aussi en Cilicie. Ce fut là qu'il apprit d'un certain Euxène la philosophie de Pythagore. A seize ans il commença à mener dans une maison de campagne la vie des pythagoriciens, s'abstenant de vin et de viande, ne portant point de souliers, laissant croître ses cheveux, et ne s'habillant que de toile, afin de ne rien tirer des animaux. Il renonça au mariage, et vécut, si l'on en croit son biographe, dans une entière chasteté. De sa maison des champs, il alla demeurer dans un temple d'Esculape à Éges, où beaucoup de malades venaient demander leur guérison; et là il commença à s'ériger en prophète. Ayant perdu son père à l'âge de vingt ans, il céda une partie de son bien à un frère aîné qu'il avait, et, l'ayant gagné par cette libéralité, parvint à le retirer de la vie déréglée qu'il menait. Il distribua le reste à ses parents les plus pauvres et ne se réserva que le strict nécessaire.

Il passa ensuite cinq ans sans parler, selon la pratique des pythagoriciens; et Philostrate assure que sans rompre le silence il arrêta diverses séditions dans la Cilicie et la Pamphylie, notamment dans la ville d'Aspende, où le peuple, soulevé par la famine, voulait brûler le premier magistrat, qui était soupçonné de favoriser les accapareurs. Il entreprit alors un grand voyage en Orient, accompagné de son disciple Damis, qui tenait registre de toutes ses actions. En passant par la Mésopotamie, il apprit à entendre les oracles que les oiseaux rendaient par leur chant. — Ainsi, remarque le judicieux Tillemont, il se donnait bien de la peine à courir le monde pour se charger de toutes les folies particulières à chaque pays. — Dans le pays de Babylone, il conféra seul avec les mages, de qui il apprit de nouveaux secrets de magie, et auxquels il en fit connaître qu'ils ne savaient pas. Le nouveau Pythagore va ensuite chez le roi des Parthes, et de là dans les Indes, où il lutte d'habileté avec les magiciens brachmanes. Il revient par mer et en remontant l'Euphrate, s'arrête à Antioche, se fixe enfin en Ionie, tantôt à Éphèse, tantôt à Smyrne. Il fit encore néanmoins plusieurs voyages, en Grèce, dans l'île de Crète, à Rome, en Afrique, et jusqu'en Espagne; s'appliquant, dit Philostrate, à faire partout régner l'union entre les hommes, et à restaurer le culte des dieux en l'épurant. « C'est « ainsi, ajoute Tillemont, que le démon, « que quelques Pères ont appelé le singe « de Dieu, et qui veut bien que les hom- « mes soient un peu plus réglés à « l'extérieur pourvu qu'ils soient impies « en n'adorant pas leur Créateur, tâchait « de faire faire par son Apollone ce « que J.-C. faisait par ses apôtres, afin « de ruiner, s'il eût pu, l'éclat que la « réformation des mœurs donnait à la « prédication de l'Évangile. »

Le thaumaturge se trouvait à Alexandrie lorsque Vespasien y vint; et Philostrate rapporte en détail les conseils qu'il donna au prince pour bien gouverner. Son biographe le fait voyager ensuite en Éthiopie pour s'entretenir avec les Gymnosophistes. Il raconte que dans l'Hellespont il arrêta un tremblement de terre, que par des talismans il délivra les habitants de Byzance de l'importunité des insectes et du grand nombre de cigognes dont ils étaient incommo-

---

(1) Suét., *Dom.*, c. 10. Tac., v. *Agric.*, 42.

(2) Plin. Jun., l. X, ep. 61.

(3) Tillem., *Hist., des Emp.*, t. II, p. 125 et sq. — D'après Philostrate, Vit. Apollon.

dés; il lui attribue enfin un grand nombre de prophéties et de miracles de toute espèce.

Mais rien n'est si fameux que ses relations avec Domitien. Il était depuis longtemps accusé de conspirer contre l'empereur ; Domitien envoya au proconsul d'Asie l'ordre de l'arrêter ; il prévint cet ordre, et se rendit à Rome dans le temps même que l'on venait d'en bannir les philosophes. Il parla à l'empereur avec la liberté qui convenait à un homme tel que lui, et se défendit toutefois d'avoir formé aucun secret dessein contre son autorité; Domitien lui fit couper sa grande barbe et le mit en prison. Pendant qu'il y était, il assura à son disciple Damis qu'il ne mourrait pas par l'ordre de Domitien, parce que ce n'était pas sa destinée ; et pour lui montrer ce qu'il pouvait, il tira sa jambe de l'anneau de fer qui la tenait et l'y remit. Après avoir comparu une seconde fois devant l'empereur en assemblée publique, il disparut tout d'un coup, et se trouva le soir même à Pouzzoles à cinquante lieues de Rome.

De là, il retourna en Asie en passant par la Sicile et la Grèce, où il se fit voir aux jeux Olympiques.

Il était à Éphèse le jour où Domitien fut assassiné, et faisait un discours au peuple ; « il commença tout à coup à baisser la voix comme un homme fort ému, et continua de parler comme s'il eût fait attention à quelqu'autre chose; puis, s'étant tout à fait tu et regardant fixement à terre, il fit trois ou quatre pas en avant, et se mit à crier : Frappe le tyran! frappe! Et comme tout le monde était étrangement surpris, il ajouta qu'on pouvait se réjouir parce que le tyran venait d'être tué à l'instant même (1). » Voilà ce que racontent comme une chose avérée, non-seulement Philostrate, mais Dion Cassius et tous les historiens.

Un tel homme devait avoir une fin mystérieuse, et il l'eut. Son disciple favori Damis était éloigné de lui quand il cessa de vivre ; il ne put jamais découvrir ni son tombeau ni les circonstances de sa mort.

SUPERSTITIONS QUI RÉGNAIENT

(1) Dio., LXVII, p. 768.

ALORS. — DÉCADENCE DE LA PHILOSOPHIE. — Il faut connaître cette étrange histoire pour se faire une idée de l'état des esprits à cette époque. Le monde romain était infecté de superstitions. Le polythéisme chancelant s'entourait de rites mystérieux sous lesquels se cachaient tantôt des débauches, tantôt des puérilités misérables. Jamais la divination, la magie et les sciences occultes ne furent en plus grande faveur. Tibère avait toujours avec lui le devin Thrasylle, qu'il avait ramené de Rhodes; Néron et Domitien adoraient des fétiches ; Vespasien passa lui-même pour grand magicien : on lui fit faire à Alexandrie deux miracles (1). C'était d'Orient que venaient toutes ces superstitions ; l'Égypte et l'Asie en étaient la grande officine. Les écoles d'Asie Mineure, plus nombreuses qu'au temps de Cicéron, étaient devenues un foyer d'illuminisme. De là sortaient la plupart de ces prétendus philosophes qui encombraient Rome, et que les empereurs se crurent plusieurs fois obligés d'en chasser, tant ils spéculaient audacieusement sur la crédulité publique.

ÉPICTÈTE. — Rappelons toutefois pour l'honneur de l'humanité que le même siècle produisait Sénèque, Tacite, le grand Pline et le sage Épictète. On croit que ce dernier était né à Hiérapolis en Phrygie (2). Il était esclave; et dans cette dure condition, non content de professer la doctrine stoïcienne, il eut à la mettre en pratique. Résistant à l'entraînement général, au lieu de se perdre comme la plupart de ses contemporains dans une métaphysique obscure, il ramena la philosophie à l'étude de la morale. Celle qu'on trouve dans son Manuel est la plus pure, la plus élevée, la plus touchante que l'antiquité ait connue.

(1) Suet., *Vesp.*, c. 7.
(2) A. Gell., I, c. 2 ; II, c. 18. Suid., *E.*, p. 996.

CHAPITRE VI.

L'ASIE MINEURE DEPUIS NERVA ET TRAJAN JUSQU'A LA FIN DU RÈGNE DE DIOCLÉTIEN (96-303).

NERVA. — TRAJAN. PLINE LE JEUNE EN BITHYNIE. — L'Asie Mineure n'aurait pas d'histoire sous Trajan si Pline le Jeune n'eût été gouverneur de Bithynie et du Pont. Cette province avait eu fréquemment à se plaindre de ses gouverneurs. En l'année 100, Julius Bassus, proconsul de Bithynie, est accusé par ses administrés. Pline, qui était son principal défenseur, assure que son plus grave tort avait été d'accepter de menus présents pour les saturnales et le jour de sa naissance (1) ; cependant ses actes publics furent cassés, et le sénat donna à ceux qu'il avait condamnés le droit de réclamer un nouveau jugement (2). Pomponius Rufus Varénus, un des accusateurs de Julius-Bassus, fut appelé l'année suivante au gouvernement de la même province, et se vit à son tour poursuivi (3) ; l'issue de son procès ne nous est pas connue. Quoi qu'il en soit, de nombreux abus régnaient dans la province lorsque Pline y fut envoyé, non pas comme proconsul au nom du sénat, mais comme propréteur et lieutenant de l'empereur avec une commission extraordinaire. De là vient qu'il soumet à l'empereur toutes les difficultés particulières qui se présentent. Cette correspondance entre Pline et Trajan qui compose le dixième livre des Épîtres, nous fait connaître plusieurs détails curieux de l'administration provinciale à cette époque.

CORRESPONDANCE ADMINISTRATIVE DE PLINE ET DE TRAJAN. — FINANCES. — Pline débarque à Éphèse vers le mois de septembre de l'année 103 (4) ; il est retenu quelques jours à Pergame par la fièvre, et en mer par les vents contraires ; il arrive enfin dans sa province le quinzième jour avant les kalendes d'octobre (5). Son premier soin est de réviser les comptes et d'examiner la situation financière des villes. « Plus j'avance dans cet examen, dit-il, plus j'en reconnais la nécessité. D'un côté, des particuliers retiennent sous divers prétextes ce qu'ils doivent à la ville ; de l'autre, on lui fait supporter des dépenses qui ne devraient pas être à sa charge. » Il prie l'empereur de lui envoyer un architecte pour contrôler les devis des travaux publics (1).

La ville d'Apamée avait le privilége de s'administrer sans aucun contrôle. Lorsque Pline s'y présente, les habitants lui déclarent qu'ils lui soumettront volontiers leurs comptes, mais que jamais les proconsuls n'en ont pris connaissance. Il en réfère à l'empereur, qui décide que les comptes seront examinés pour cette fois, par dérogation spéciale aux priviléges de la ville, et sans y porter atteinte pour l'avenir (2).

Cette enquête financière eut pour résultat de faire rentrer dans les caisses des villes des sommes assez considérables ; Pline consulte l'empereur sur le placement qu'il en doit faire : ne trouvant personne qui veuille emprunter aux villes au même taux qu'à des particuliers, il propose ou d'abaisser le taux de l'intérêt, ou d'obliger les décurions à se charger de ces fonds publics. Trajan adopte la première mesure et désapprouve hautement la seconde : « Il ne « convient pas, dit-il, à l'équité qui « doit honorer mon règne, de forcer « les gens à emprunter un argent dont « ils n'ont que faire (3). »

FORCE ARMÉE. — DISCIPLINE MILITAIRE: — Pline, comme les anciens proconsuls, réunissait l'autorité militaire aux pouvoirs civils. Trajan lui recommande de retenir les soldats sous les drapeaux et de les disséminer le moins possible en petits détachements. Gabius Bassus, préfet du Pont maritime, demande qu'on augmente la force armée mise à sa disposition ; sa demande est rejetée : on ne lui laisse dans sa préfecture que dix soldats bénéficiaires, deux cavaliers et un centurion (4).

---

(1) Plin., IV, ep. 9.
(2) Id., X, ep. 64.
(3) Id., V, ep. 20.
(4) Tillemont, *Hist. des Empereurs*, II, p. 184.
(5) Plin., X, ep. 23.

(1) Plin., X, ep. 28.
(2) Id., X, ep. 56, 57.
(3) Id., X, ep. 62, 63.
(4) Id., X, ep. 32, 33. Les *bénéficiaires*

Maximus, affranchi de l'empereur et commis du procurateur, demande des soldats pour aller faire une réquisition de blé en Paphlagonie ; on lui en donne, mais seulement pour la durée de sa commission (1). La petite ville de Juliopolis (l'ancienne Gordiû-Cômé) se plaint des désordres que commettent fréquemment les soldats de passage, et demande un centurion en résidence ; le prince refuse : C'est, dit-il, au gouverneur à protéger les habitants ; si les soldats commettent des désordres, qu'ils soient déférés à leurs chefs et punis ; si ce sont des chefs qui troublent l'ordre, qu'on en instruise l'empereur (2).

Deux esclaves sont trouvés parmi les recrues ; il faut, dit l'empereur, faire une enquête : s'ils se sont offerts volontairement, qu'ils soient punis ; s'ils ont été fournis comme remplaçants, qu'on poursuive ceux qui les ont présentés ; s'ils ont été engagés d'autorité, les recruteurs sont les vrais coupables (3).

JUSTICE ET POLICE. — Il n'y avait pas moins de désordre dans la justice que dans les finances. Aucune police : les prisons étaient fort mal gardées (4) ; un grand nombre de condamnés, au lieu de subir leur peine, étaient employés et rétribués comme esclaves publics (5). La province était pleine de bannis en rupture de ban. Un certain Flavius Archippus demandait en qualité de philosophe à être dispensé de siéger comme juge : en allant aux informations, on découvre qu'il a été condamné aux mines pour crime de faux. Ce malheureux produisit pour sa défense deux lettres de Domitien, dans lesquelles ce prince lui témoignait beaucoup d'estime, des lettres de Nerva et de Trajan lui-même, et un décret des habitants de Prusa qui lui avaient décerné une statue. Trajan lui fit grâce en faveur de tant de témoignages honorables (1). Mais en général il prescrit à son lieutenant une extrême sévérité : « Souvenez-vous, lui écrit-il, que je vous ai envoyé dans cette province précisément parce qu'il y avait beaucoup d'abus (2). »

AFFAIRE DE LÈSE-MAJESTÉ. — Je ne sais si c'est le même Flavius Archippus qui figure comme accusateur dans l'affaire de Dion Cocceianus (3). Si c'est le même, c'était un malhonnête homme : il joue le rôle de délateur, et cherche à signaler son zèle en provoquant un procès de lèse-majesté. Il fait un crime à ce Dion d'avoir placé une statue de l'empereur dans un lieu public où se trouvaient des sépultures. Pline paraît porté à l'indulgence, mais n'ose se prononcer ; la réponse de Trajan est nette et noble : « Vous pouviez, mon cher Pline, vous dispenser de me consulter : Je vous ai fait connaître ma ferme résolution de ne donner suite à aucune accusation de lèse-majesté ; ce n'est pas en inquiétant des malheureux que je prétends rendre mon nom respectable (4). »

TRAVAUX PUBLICS. — Un certain nombre de lettres se rapportent à des travaux d'utilité publique, pour la plupart entrepris par les villes avec l'aide de l'empereur et sous la surveillance de son délégué (5). C'est à Prusa un bain, à Nicée un théâtre et un gymnase, à Claudiopolis (6) un bain, à Nicomédie un aqueduc, à Sinope un aqueduc, à Amastris un cours d'eau qu'il s'agit de couvrir dans l'intérêt de la salubrité. Il est touchant de voir dans cette correspondance administrative, et le zèle du gouverneur, et la sollicitude du prince pour le bien de ses sujets. Avant d'autoriser la construction d'un gymnase ou d'un nouveau bain, il re-

---

étaient des vétérans exemptés des travaux les plus pénibles du service, et qu'on détachait auprès des magistrats pour leur servir de gardes ou d'agents subalternes ; à peu près comme les officiers de police qu'on appelait autrefois en France des *exempts*. (Gessner. Not. ad loc. Plin.)

(1) Plin., X, ep. 36, 37.
(2) *Id., ibid.* 81, 82.
(3) *Id., ibid.* 38, 39.
(4) *Id., ibid.* 30, 31.
(5) *Id., ibid.* 40, 41.

(1) Plin., X, ep. 66, 67, 68.
(2) *Id., ibid.* 41.
(3) *Id., ibid.* 85.
(4) *Id., ibid.* 86.
(5) *Id., ibid.* 34, 35, 46, 47, 48, 49, 75, 76, 91, 92, 99, 100.
(6) Autrefois Bithynium. Ptolém., V, 1.

commande à Pline de régler soigneusement la dépense sur les ressources de la ville, de ne pas souffrir qu'elle s'impose extraordinairement ni qu'elle épuise ses réserves : « Nos Grecs, lui dit-il, ont une passion pour les gymnases; il faut s'en défier et ne pas leur laisser faire de folies (1). »

Trajan aimait les bâtiments et les grands travaux d'art; Pline entre dans ce sentiment de magnificence en lui proposant de joindre le lac de Nicomédie à la mer; ouvrage utile, lui dit-il, et digne en même temps de la splendeur de son règne (2). Nous ignorons si ce projet fut mis à exécution.

DÉTAILS DIVERS. — PRIVILÉGES ET COUTUMES LOCALES. — Dans ses autres lettres Pline demande des instructions à l'empereur sur divers points d'administration ou de législation. Les diplômes ou permis de poste dont le terme est expiré peuvent-ils encore servir ? — Réponse négative (3). A l'empereur, en sa qualité de grand pontife, appartenait le droit d'autoriser les exhumations; ce droit est délégué au gouverneur à cause de l'éloignement de la province (4). C'était un usage très-répandu d'exposer les enfants en bas âge; ceux qui les recueillaient les élevaient pour les vendre ensuite comme esclaves. Mais il arrivait souvent que les parents les réclamaient, et que des difficultés s'élevaient soit sur l'état civil des enfants ainsi réclamés, soit au sujet de l'indemnité à payer pour leur entretien. Plusieurs rescrits impériaux avaient réglé la matière, mais non pas pour la province de Bithynie. La réponse de Trajan est obscure : il paraît placer ces enfants dans la condition d'affranchis, en laissant toutefois ces différends à l'arbitrage du magistrat (5).

Les athlètes couronnés dans les grands jeux de la Grèce avaient le droit d'entrer dans leur ville natale sur un char de triomphe par une brèche ouverte dans les murailles (6). Ils recevaient de plus une rente viagère. Plusieurs Bithyniens prétendaient faire courir cette rente du jour de leur victoire; l'empereur décide, d'accord avec son lieutenant, qu'elle ne court que du jour de leur entrée triomphale. D'autres, ayant été vainqueurs dans des jeux auxquels Trajan avait depuis étendu ce privilége, en réclament le bénéfice; on leur répond que les édits n'ont pas d'effet rétroactif (1). Par une raison analogue, Trajan refuse d'annuler une donation faite par la ville d'Amisus à un particulier, quoique ces sortes de donations fussent expressément interdites par les lois. Comme cette donation remontait à plus de vingt ans, il juge qu'il y a prescription (2).

Un certain Julius Largus, natif du Pont, laissait à Pline par son testament un legs de cinquante mille écus, et le chargeait de disposer du reste de sa fortune en faveur des villes de Tius et d'Héraclée, soit pour y construire des monuments, soit pour y instituer des jeux en l'honneur de Trajan. L'empereur refuse de s'ingérer en rien dans cette affaire : « Puisque le mourant, dit-il, a eu confiance en vous, c'est à vous de voir ce qu'il convient de faire dans l'intérêt de chaque ville et pour mieux honorer la mémoire du donateur (3). »

CONSTITUTION INTÉRIEURE DES VILLES. — SÉNATS MUNICIPAUX. — LÉGISLATION. — Le même esprit d'équité règne dans les décisions relatives à la constitution intérieure des villes.

Pompée en organisant la province avait donné à toutes ces cités bithyniennes la même constitution municipale et les mêmes règlements; depuis lors, il s'était introduit dans divers endroits des usages particuliers auxquels le temps avait donné force de loi; quelquefois aussi des rescrits impériaux avaient élargi certains priviléges ou établi une nouvelle jurisprudence en désaccord avec l'ancienne. Ainsi, d'après la loi Pompéia, tout magistrat sortant de charge était de droit sénateur, et on ne pouvait être ni sénateur ni

---

(1) Plin., X, ep. 35 et 49.
(2) Id., ibid. 50, 51, 69, 70.
(3) Id., ibid. 54, 55.
(4) Id., ibid. 73, 74.
(5) Id., ibid. 71, 72.
(6) Cf. Vitruv., IX ; ludi Iselastici.

(1) Plin., X, ep. 119, 120.
(2) Id., ibid. 111, 112.
(3) Id., ibid. 79, 80.

magistrat avant trente ans; vint ensuite un rescrit d'Auguste qui abaissa la limite d'âge à vingt-deux ans pour les magistratures; Pline demande : 1° Si les magistrats élus avant trente ans en vertu du rescrit d'Auguste doivent être admis dans le sénat aux termes de la loi Pompéia; 2° s'il faut considérer la limite d'âge comme abaissée de trente ans à vingt-deux pour l'entrée au sénat aussi bien que pour l'élection aux magistratures. Il propose un moyen terme, qui est de convenir que l'on pourra être sénateur avant trente ans en passant par les magistratures, et après trente ans seulement si l'on n'a pas été magistrat (1).

L'entrée au sénat avait dans l'origine été gratuite; peu à peu l'on avait pris l'habitude dans un grand nombre de villes de faire payer un droit d'entrée (2). Plusieurs villes s'attribuaient sur les biens de leurs débiteurs un privilége hypothécaire (3); la ville de Nicée réclamait en vertu d'un rescrit d'Auguste le droit de recueillir les successions en déshérence (4). Comme cette dernière question intéressait le trésor, Trajan recommande qu'on remonte à l'origine du privilége; dans la plupart des autres cas, il ordonne qu'on s'en rapporte à l'usage établi.

AVERSION DE TRAJAN POUR LES ASSOCIATIONS. — HÉTAIRIES. — Sur un seul point nous trouvons le gouvernement de Trajan quelque peu ombrageux : c'est en ce qui concerne les associations et confréries. A la suite d'un grand incendie qui avait détruit à Nicomédie deux édifices publics et un grand nombre de maisons, Pline propose d'établir dans cette ville une corporation de cent cinquante ouvriers pour combattre les incendies : l'autorisation est refusée, de peur que cette association ne prenne un caractère politique (5). Les renseignements nous manquent pour juger jusqu'à quel point ces appréhensions étaient fondées. Il paraît qu'il y avait eu dans la province des sociétés de plaisir ou d'assistance qu'on désignait sous le nom d'*hétairies* (1), et qui avaient occasionné de grands troubles. Trajan les interdit absolument; il revient là-dessus à plusieurs reprises, et témoigne un éloignement prononcé pour toute sorte d'association locale. A l'occasion d'un mariage ou de l'inauguration d'un monument, quand on faisait prendre à un jeune homme la robe virile ou qu'on était nommé à quelque magistrature, l'usage était de donner des fêtes où l'on réunissait une très-grande quantité de monde, et de faire au peuple des distributions de vivres ou d'argent; il est recommandé au gouverneur de n'autoriser ces réunions et ces libéralités privées qu'avec beaucoup de réserve (2). Des sociétés de secours mutuels qui existaient à Amisus ne sont maintenues qu'en vertu de leur ancienneté et des priviléges particuliers de la ville (3). Enfin, si les chrétiens sont persécutés, c'est surtout à cause de leurs réunions secrètes : il leur est absolument défendu de s'assembler (4).

Pline resta dans la province un peu moins de deux ans (5). On envoya ensuite en qualité de proconsul un certain Cœlius Clemens (6). A l'effusion avec laquelle Pline remercie l'empereur de l'avoir remplacé, on voit qu'au temps de Trajan le séjour des provinces était encore pénible pour un sénateur habitué à la vie de Rome. L'usage s'introduisit de choisir pour gouverneurs des natifs de la province; mais cet usage avait des inconvénients encore plus graves; au temps de Marc-Aurèle on en reconnut le danger, et l'on fut obligé d'y renoncer.

GUERRE DE TRAJAN CONTRE LES PARTHES. L'ARMÉNIE RÉDUITE EN PROVINCE. — Les victoires de Trajan sur les Daces lui avaient donné le goût de la guerre. Il saisit la première occasion (7) pour attaquer les Parthes, ces

---

(1) Plin., X, ep. 83, 84.
(2) *Id., ibid.* 113, 114.
(3) (Πρωτοπραξία). *Id., ibid.* 109, 110.
(4) *Id. ibid.* 87, 88.
(5) *Id. ibid.* 42, 43.

(1) Plin., X, ep. 43, 97.
(2) *Id., ibid.* 117, 118.
(3) *Id., ibid.* 93, 94.
(4) *Id., ibid.* 97.
(5) *Chistoph. Callar.*, vit., Plin.
(6) Plin., X, ep. 12.
(7) Dio., LXVIII, p. 778.

éternels rivaux des Romains; c'est ce qui l'amena en Asie et l'y retint jusqu'à la fin de sa vie. L'Arménie depuis le temps de Néron était gouvernée par des princes Arsacides sous la protection des Romains; Chosroès, roi des Parthes, ayant couronné Parthamasiris, son frère, de sa propre autorité, au lieu de demander pour lui le diadème, ce fut le motif de la guerre. Trajan ne fit que traverser l'Asie et la Cilicie pour se rendre en Syrie. Au bruit de son approche, le roi Parthe s'empressa de faire sa soumission, et demanda la couronne d'Arménie pour son frère; Trajan renvoya durement ses ambassadeurs, entra en Arménie, et se rendit maître de tout le pays sans rencontrer presque aucune résistance. Parthamasiris vint le trouver dans son camp auprès de la ville d'Elégie. L'empereur le reçut debout sur son tribunal en présence de toute l'armée. Lorsque le roi barbare déposa son diadème comme avait fait autrefois Tiridate, les soldats poussèrent des acclamations si bruyantes qu'il en fut effrayé. Il demanda à entretenir Trajan en particulier; cette grâce lui fut refusée. S'apercevant enfin qu'on ne cherchait qu'à l'humilier, il s'emporta, et dit tout haut « qu'il n'était ni prisonnier ni vaincu, qu'il était venu de son plein gré, qu'il avait cru être, traité avec égards et recevoir le diadème comme autrefois Tiridate l'avait reçu de Néron. » Trajan lui répondit « qu'il avait résolu de ne donner ni à lui ni à personne l'Arménie; qu'elle appartenait à l'Empire, et qu'elle serait désormais gouvernée par un préteur romain; qu'il pouvait du reste se retirer librement sans crainte d'être inquiété » (1). Ainsi l'Arménie fut réduite en province; des garnisons furent laissées dans les principales villes. La ville de Mélitène dans la Petite Arménie, sur la rive droite de l'Euphrate, avait depuis longtemps une garnison romaine; mais Trajan l'agrandit et en fit la métropole de tout le pays. Elle devint dans la suite très-peuplée et très-célèbre (2).

MORT DE TRAJAN. — On peut inférer d'un passage d'Eutrope (1), que Parthamasiris essaya de reconquérir l'Arménie et qu'il périt dans cette guerre. Du reste il ne nous est parvenu presque aucun détail sur les guerres de Trajan. On sait seulement qu'après avoir parcouru en vainqueur toutes les provinces de l'empire des Parthes jusqu'aux frontières de l'Inde, désespérant de les maintenir sous son autorité, il leur donna un roi, en réunissant toutefois à l'empire la Mésopotamie. Atteint d'une hydropisie et d'une paralysie partielle, il se préparait à retourner à Rome; la mort le surprit à Sélinonte, petite ville de la Cilicie maritime, qui prit depuis lors le nom de Trajanopolis (2). (117, apr. J.-C.)

RÈGNE D'ADRIEN. — L'ARMÉNIE ABANDONNÉE. — Adrien commença son règne par un grand acte de modération: il renonça aux conquêtes de Trajan, permit à Chosroès de se rétablir chez les Parthes, lui rendit la Mésopotamie, et donna aux Arméniens un roi de leur nation (3). Pour la première fois le dieu Terme fut contraint de reculer, l'Euphrate redevint la limite de l'empire du côté de l'Orient.

LIBÉRALITÉS D'ADRIEN EN ASIE. LA BITHYNIE DEVIENT PROVINCE IMPÉRIALE. — Presque toute la vie d'Adrien se passa en voyages. Il revint deux fois en Asie, parcourut les diverses provinces de la péninsule et embellit la plupart des villes importantes (4). La ville de Trébizonde lui dut son importance: c'est lui qui fit construire un port artificiel sur cette côte où la nature n'a creusé aucun havre assuré (5).

La Bithynie eut surtout part à ses libéralités. C'était la patrie du trop célèbre Antinoüs: le favori était né à Bithynium petite ville qui portait depuis un siècle le nom de Claudiopolis, et qui prit à cette époque celui d'Adrien (6). Ce prince releva Nicée et Nicomédie, dé-

---

(1) Dio., LXVIII, 779, 780.
(2) Tillemont, II, 198; Procop., de Æif., III, 4.

(1) Eutr., vit. Traj., p. 764. — Tillemont, II, p. 197.
(2) Dio., LXVIII, p. 786.
(3) Eutr., v. Adrian.
(4) Tillemont, II, 260.
(5) Gibbon, Décad. de l'Emp. rom., ch. X. Arrien, p. 129.
(6) Tristan., Numism, I, p. 547.

truites par un tremblement de terre; il fit bâtir des temples, des basiliques, et d'autres grands édifices. Enfin il voulut que la Bithynie fût désormais au rang des provinces impériales, et lui donna pour premier propréteur Julius Severus, qui la gouverna avec tant de sagesse et de bonté que son nom était encore populaire au temps de Dion-Cassius c'est-à-dire près d'un siècle après. La Pamphylie fut attribuée au sénat en échange de la Bithynie (1).

ARRIEN GOUVERNEUR DE CAPPADOCE, PHILOSOPHE, HISTORIEN, STRATÉGISTE. — INCURSION DES ALAINS. — La Cappadoce avait alors pour gouverneur Flavius Arrien (2), le même selon toute apparence, dont il nous reste plusieurs ouvrages de philosophie, d'histoire et de stratégie. Il était de Nicomédie; il avait eu pour maître le sage Épictète. Son éloquence et ses talents l'élevèrent aux plus hautes dignités et jusqu'au consulat (3). Pendant qu'Arrien était en Cappadoce, les Alains, à l'instigation de Pharasmane, roi des Ibères, ravagèrent l'Arménie et la Médie et firent même quelques incursions dans les provinces romaines. Vologèse les éloigna par des présents; Arrien les intimida par son attitude résolue, et obligea Pharasmane d'aller demander grâce à Rome (4). On a conservé l'instruction adressée par lui à son lieutenant pour la marche de l'armée qui devait combattre les Barbares. On y voit le détail des troupes qui composaient cette armée, avec les officiers qui les commandaient (5). Nous avons du même auteur un traité sur la Tactique, une vie d'Alexandre; quatre Livres des Entretiens d'Épictète; le Périple ou relation d'un voyage autour du Pont-Euxin, depuis Trébizonde jusqu'à l'ancienne Dioscuriade, qui portait alors le nom de Sébastopolis; un Périple de la mer Érythrée qu'il faut peut-être attribuer à un auteur plus ancien, et un livre sur les Indes. Il avait de plus écrit une histoire des Parthes en dix-sept

(1) Dio., LXIX, 794.
(2) Id., ibid.
(3) Tillemont, II, 292.
(4) Dion., LXIX, 794, 795.
(5) Tillemont, II, 269, 292, 293.

28ᵉ Livraison. (ASIE MINEURE.)

livres, une de la guerre des Alains, et une de la Bithynie son pays natal; ces ouvrages se sont perdus.

PHLÉGON. — PRINCIPAUX RHÉTEURS D'ASIE AU TEMPS D'ADRIEN. — A la même époque vivait un autre Asiatique très-célèbre par son érudition quoiqu'aujourd'hui assez inconnu : C'était Phlégon de Tralles, auteur d'un Recueil de curiosités (De rebus mirabilibus), d'une vie d'Adrien qui s'est perdue, et d'une Histoire universelle par Olympiades dont il ne reste que quelques fragments. Il était affranchi d'Adrien et en grand crédit auprès de son maître (1).

Il est aussi fait mention de Polémon de Laodicée (2), et d'un certain Denys de Milet (3) qui par sa réputation s'était attiré l'inimitié d'Adrien : car le prince ayant lui-même des prétentions littéraires, était fort jaloux de ceux qui se faisaient un nom. — Son règne fut marqué par une sorte de renaissance philosophique et littéraire; on voit que l'Asie n'y resta pas étrangère.

ANTONIN PROCONSUL D'ASIE. — AVENTURE DU SOPHISTE POLÉMON. — Le successeur d'Adrien était connu d'avance en Asie : il y avait été envoyé en qualité de proconsul vers l'an 122, et s'y était rendu populaire (4). Philostrate raconte l'anecdote suivante : « Étant allé à Smyrne pendant qu'il était proconsul, il se logea dans la maison du sophiste Polémon, qui était la plus belle de la ville. Le sophiste était alors absent. C'était un homme d'une humeur bizarre et mal faite; trouvant à son retour du monde dans sa maison, il se mit à faire de grandes plaintes, comme si on l'eût chassé de chez lui; de sorte qu'Antonin aima mieux sortir de son logis quoique ce fût en pleine nuit, et en aller chercher un autre. Dans la suite Polémon vint à Rome et ne laissa pas d'aller saluer Antonin qui était devenu empereur. Le prince le reçut très-bien et se contenta de lui rappeler d'une manière agréable ce qui s'était passé à Smyrne : en ordonnant

(1) Tillemont, II, 287, 288.
(2) Dio., LXIX, 789.
(3) Philostr., Soph., c. 25.
(4) Hist. Aug., T. Ant. vit., p. 18.

qu'on lui donnât une chambre, il ajouta : « Et que personne ne l'en deloge. » — Un comédien se plaignant de ce que Polémon l'avait chassé du théâtre en plein midi : « Il m'a bien chassé, dit l'empereur, en plein minuit, et je ne me suis pas plaint » (1).

Nous ne savons presque rien de ce bon prince : les règnes heureux n'ont pas d'histoire. Il est seulement fait mention d'un tremblement de terre en Bithynie et dans l'Hellespont, qui renversa la ville de Cyzique (2). Un autre tremblement de terre ruina les villes de Cos et de Rhodes ainsi que plusieurs autres dans la Lycie et la Carie ; l'empereur contribua libéralement à leur reconstruction (3).

MARC-AURÈLE (161). — GUERRE EN ARMÉNIE. DÉFAITE DE SÉVÉRIEN. — Peu de temps après l'avènement de Marc-Aurèle la guerre éclata sur presque toutes les frontières de l'Empire, et particulièrement en Arménie contre Vologèse, roi des Parthes. Sévérien, Gaulois d'origine, qui était alors gouverneur de la Cappadoce ou du moins d'une partie de cette province (4), entra en Arménie sur la foi du célèbre thaumaturge Alexandre, qui lui avait promis la victoire (5). Comme il était campé près d'Élégie, il fut attaqué par les Parthes et périt avec son armée tout entière (6). Cette victoire ouvrit aux Parthes l'Empire : la Syrie fut envahie et son gouverneur battu, la Cappadoce eut aussi à souffrir.

LUCIUS VÉRUS EN ASIE. — SUCCÈS DE PRISCUS ET DE MARTIUS VÉRUS. — Lucius Vérus, que Marc-Aurèle venait d'associer à l'empire, fut chargé de défendre l'Orient. Il en était absolument incapable. Quand les circonstances demandaient tant d'activité, il mit plusieurs mois à faire le voyage, s'arrêtant dans chaque ville pour donner des fêtes, explorant tout à loisir les côtes d'Ionie, de Pamphylie et de Cilicie. Heureusement il avait sous ses ordres trois excellents généraux : Statius Priscus, Avidius Cassius, et Martius Vérus, dont Dion fait un fort bel éloge (1). Pendant que le jeune César ne songeait qu'à se divertir dans Antioche, ces trois braves capitaines dégagèrent les provinces, battirent les Parthes en plusieurs rencontres, et les poursuivirent au delà de l'Euphrate (2). Statius Priscus et après lui Martius Vérus pénétrèrent en Arménie, s'emparèrent d'Artaxate (3), distribuèrent en divers lieux des garnisons, et rétablirent l'ancien roi Soème que Vologèse avait chassé (4).

RÉVOLTE D'AVIDIUS CASSIUS. — Martius Vérus, après la fin de la guerre, conserva pendant plusieurs années le gouvernement de la Cappadoce. Il y était encore lorsqu'Avidius Cassius, qui commandait en Syrie, se souleva contre Marc-Aurèle (175). Ce fut lui qui informa l'empereur de cette révolte, et qui fut chargé de faire les premières démarches pour la comprimer (5). Cassius avait des partisans parmi les troupes cantonnées en Asie-Mineure et particulièrement en Bithynie ; Claudius Albinus parvint à les retenir dans le devoir (6). On se préparait de part et d'autre à une guerre que la puissance de Marc-Aurèle et la valeur de Cassius auraient pu rendre très-sanglante, lorsque Cassius fut tué par un de ses officiers. Martius Vérus le remplaça en Syrie (7).

MARC-AURÈLE EN ASIE. — A la suite de ces événements, Marc-Aurèle fit un voyage en Asie avec son fils Commode et l'impératrice Faustine. Celle-ci fut emportée par une mort subite près du mont Taurus, dans une bourgade nommée Halalé, où l'empereur mit une colonie et dont il fit une ville

---

(1) Tillemont, II, 337. Philostr., Soph., c. 25.
(2) Dio., LXX, 799.
(3) Hist. Aug., T. Ant., p. 20. Pausan., II, p. 273.
(4) Tillemont, II, 384.
(5) Lucien, pseudom., p. 485.
(6) Dion, LXXI, 802. Lucian., loc. cit., Id., p. 357. Hist. Aug.; Luc., Ver. v., p. 37.

(1) Dio., Fragm. ex Suid., Vales., p. 775.
(2) Lucian., passim.
(3) Hist. Aug., M. Aur. vit., c. 9.
(4) Dio., Fragm. ex Suid.
(5) Hist. Aug., Avid. Cas. vit.
(6) Ibid., Albin. vit. C'est le même Albinus qui disputa plus tard l'empire à Septime Sévère.
(7) Dio., LXXI, p. 812.

assez importante sous le nom de Faustinopolis. (1) Marc-Aurèle se rendit ensuite en Syrie et en Égypte où il fit admirer sa modération en pardonnant à tous les partisans de Cassius (2). Soit en allant, soit à son retour, il s'arrêta à Smyrne et voulut entendre le sophiste Aristide, qui avait alors une grande réputation (3). Peu de temps après, la ville ayant été détruite par un tremblement de terre, Aristide adressa à l'empereur une supplique que nous avons encore (4), et qui fut très-admirée. Tant d'éloquence n'était pas nécessaire pour attendrir le vertueux Marc-Aurèle sur les malheurs de ses sujets. Il écrivit lui-même aux habitants de Smyrne pour les consoler et leur promettre son aide ; il leur envoya de l'argent, et délégua un ancien préteur pour présider à la reconstruction de la ville. (5).

GRANDE FAVEUR DES RHÉTEURS ET DES PHILOSOPHES. — On a reproché du reste à Marc-Aurèle son excessive libéralité à l'égard des rhéteurs et des sophistes (6). La plupart se faisaient payer très-cher leur diffuse éloquence et leur métaphysique subtile. Tout en faisant profession de s'exercer à la pauvreté, ces prétendus philosophes recevaient de l'empereur des pensions considérables (7), sans compter les bénéfices qu'ils tiraient de leur enseignement. Chaque ville d'Asie avait plusieurs de ces maîtres en vogue qui se disputaient l'attention du public. Ce qui nous reste de leurs productions justifie bien peu les honneurs dont leurs contemporains les comblaient, ou plutôt témoigne jusqu'à quel point le goût public était alors corrompu. Plutarque et Lucien sont en résumé les deux seuls écrivains vraiment dignes de ce nom qu'ait produits le siècle des Antonins : le premier paraît être né riche, le second mourut pauvre.

(1) Hist. Aug., *M. Aur.* v.
(2) *Id.*, *ibid.*
(3) Philostr., *Soph.*, c. 35.
(4) Arist., *Soph.*, or. 20. (Genev. 1604, p. 455.)
(5) Dio., LXXI, 814. Arist., *Soph.*, or. 21.
(6) Dio., LXXI, 815.
(7) Tatian., p. 157. Philostr., *Soph.*, passim. Plotin., p. 566, 575. Dio., LXXI, p. 802.

LE THAUMATURGE ALEXANDRE DE PAPHLAGONIE. — La superstition était plus triomphante que jamais. Nous avons à propos de la guerre d'Arménie fait mention du thaumaturge Alexandre ; il n'est pas inutile de rapporter en détail son histoire telle que Lucien nous l'a transmise (1), curieux monument de l'extravagance et de l'imbécillité humaine. Ce charlatan de la dernière espèce était natif d'Abonotichos en Paphlagonie. Après avoir passé ses premières années à courir le monde en compagnie d'un disciple d'Apollonius de Tyane, moitié médecin, moitié diseur de bonne aventure, il revint s'établir en qualité de prophète dans son pays natal dont les habitants avaient une réputation proverbiale d'ignorance et de stupidité. Il apportait avec lui un gros serpent familier, et c'est là-dessus qu'il fonda toute son industrie. Il fit annoncer dans tout le pays que le dieu Esculape allait reparaître sur la terre. Au jour marqué, en présence d'un public nombreux, il fit sortir d'un œuf d'oie un petit serpent qu'il y avait logé ; le lendemain il annonça que le serpent divin était tout d'un coup devenu d'une grosseur prodigieuse, et qu'il avait une tête humaine. Au bout de peu de jours il commença à le faire voir. Il avait fabriqué une tête mécanique assez semblable à une face humaine, qui ouvrait la bouche et agitait une langue de serpent ; il la tenait dans ses bras tandis que le serpent dont la véritable tête demeurait cachée était enlacé autour de son corps et traînait jusqu'à terre. Toute la ville accourut pour voir cette merveille ; et après la ville toutes les campagnes des environs, et toute la province. On vint de Bithynie, de Galatie, de Thrace, visiter la nouvelle divinité et lui demander des oracles.

Ce nouveau dieu s'appela Glycon. Un temple lui fut construit ; son image fut répandue à profusion dans toutes les provinces de l'empire. Il trouva des adorateurs en Italie et jusqu'à la cour du philosophe empereur. Un certain Rutilianus, qui avait occupé à Rome les plus hautes dignités, se prit d'un beau zèle pour le dieu Glycon et son prophète.

(1) Luc., *Alexander seu Pseudomantis*.

28.

Ce vieux fou se laissa même persuader à l'âge de soixante ans passés d'épouser une fille que l'imposteur avait, et dont il assurait que la Lune était mère.

Lucien s'était attiré la colère du charlatan en se moquant de lui et en voulant empêcher le vieux Rutilien d'épouser sa fille. Il raconte qu'il faillit un jour être assommé par les dévots parce que le prophète lui ayant donné sa main à baiser selon l'usage, il lui avait mordu le doigt jusqu'au sang. Il ajoute qu'Alexandre fit ensuite semblant de se réconcilier avec lui et lui offrit un vaisseau pour se rendre à Amastris; qu'arrivé en pleine mer, le commandant du vaisseau lui déclara qu'il était chargé de l'assassiner, et qu'enfin il se contenta de le déposer dans une île déserte. Probablement Lucien s'est amusé à embellir son sujet; à un fond de vérité il aura sans doute ajouté beaucoup de contes; mais il n'en est pas moins avéré que ce ridicule personnage abusa de la crédulité publique pendant les règnes d'Antonin et de Marc-Aurèle, et une partie de celui de Commode. On a des médailles d'Antonin et de Lucius Vérus qui portent au revers le nom des Abonotichiens et celui de Glycon avec la figure d'un serpent à tête d'homme (1). Alexandre avait même eu l'insolence de demander à l'Empereur le droit de faire battre de la monnaie avec son effigie d'un côté et celle de son Glycon de l'autre. — L'imposture finit par la mort de l'imposteur, qui, s'étant promis cent cinquante ans de vie, n'en vécut pas tout à fait soixante-dix.

COMMODE 180-193. — LES FRÈRES QUINTILIUS. — L'heureux siècle des Antonins est terminé. Commode fils de Marc-Aurèle dépassa comme on sait, les cruautés et les extravagances de Néron et de Domitien. L'on n'a guère à citer sous son règne que des supplices. Parmi ses innombrables victimes on remarqua les deux Quintilius. Ils étaient de la Troade (2), très-célèbres par leur érudition, leurs talents militaires, leurs richesses, et plus encore par leur tendresse fraternelle. Ils étaient unis en tout, même dans le gouvernement des provinces ; l'un était lieutenant quand l'autre était gouverneur. Ils furent consuls ensemble, gouvernèrent ensemble la Grèce et la Pannonie, accompagnèrent tous deux Marc-Aurèle dans son voyage en Asie; leurs études étaient communes : ils travaillaient ensemble à leurs ouvrages. Enfin devenus suspects à Commode, ils furent tous deux étranglés par son ordre (1). L'un des deux avait un fils nommé Sextus Condianus, qui fut condamné en même temps; il chercha à se faire passer pour mort et erra pendant quelque temps dans les provinces d'Asie. On le chercha avec une extrême diligence, beaucoup de personnes furent mises à mort soit parce qu'elles lui ressemblaient soit parce qu'elles étaient soupçonnées de lui avoir donné asile. Plusieurs têtes furent apportées à Rome pour la sienne. On ne sait pas ce qu'il devint. Après la mort de Commode un aventurier se donna pour ce Sextus Condianus, et trompa beaucoup de monde par son extrême ressemblance, jusqu'au moment où l'on s'aperçut qu'il ne savait pas le grec que Sextus avait appris dès l'enfance (2).

Un certain Saoteros de Nicomédie fut en grande faveur auprès de Commode dans les premières années de son règne. Ses compatriotes sollicitèrent et obtinrent par son entremise l'autorisation de consacrer un temple à l'indigne fils de Marc-Aurèle. Ce favori fut renversé par l'affranchi Cléandre (3).

PESCENNIUS NIGER EN ASIE MINEURE. — Après le règne trop court de Pertinax l'empire fut encore une fois livré à la guerre civile. Aussitôt que Didius Julianus prit possession de l'empire qu'il avait acheté, Pescennius Niger gouverneur de Syrie fut le premier que la voix publique désigna comme le libérateur de Rome. Il fut en effet proclamé empereur par ses légions; toutes les provinces d'Asie le reconnurent. Mais pendant qu'il s'amusait dans Antioche à célébrer des jeux et à recevoir les am-

---

(1) Spanh. liv. III, p. 176, 180. Jacob. Spon. *Miscell.*, Lugdun. A. 1685, p. 525.
(2) Philostr., *Soph.*, c. 27.

(1) Tillemont, II, 356. Dio., LXXII, 819.
(2) Dio., LXXII, 819.
(3) Id., ibid., 822.

bassadeurs des rois de l'Orient (1), Septime Sévère marchait sur Rome à grandes journées, vengeait Pertinax et faisait sanctionner son autorité par le peuple et le sénat. Niger à cette nouvelle passa en Asie Mineure, et s'avança jusqu'à Byzance, dont il s'empara (2). Périnthe, qui n'était qu'à quelques lieues de cette ville, était déjà occupée par un lieutenant de Sévère nommé Héraclius (3).

GUERRE ENTRE NIGER ET SEPTIME-SÉVÈRE. — Sévère, à son arrivée, renonçant à se rendre maître de Byzance, passa la mer et vint attaquer Cyzique (4). Emilien, lieutenant de Niger, fut battu et tué dans une première rencontre sous les murs de cette ville (5). Sévère entra alors en Bithynie. Les deux villes de Nicomédie et de Nicée étaient depuis longtemps rivales et se disputaient le premier rang : Nicomédie ayant ouvert ses portes à Sévère, les habitants de Nicée s'attachèrent d'autant plus au parti de son rival (6). Ce fut entre Nicée et Cionte que se livra la grande bataille qui semblait devoir décider du sort de l'empire. Elle fut très-acharnée ; la victoire, après être longtemps restée incertaine, se déclara pour Sévère (7) ; Niger s'enfuit au-delà du mont Taurus. Il avait fortifié avec un soin extrême les défilés par lesquels on passe de Cappadoce en Cilicie : l'armée victorieuse y fut en effet arrêtée court ; et le passage paraissait infranchissable, lorsqu'éclata un violent orage qui ruina une partie des fortifications ; les soldats de Niger découragés abandonnèrent leurs positions, et la Cilicie fut envahie (8). Niger accourut à la tête des troupes qu'il avait ramassées en Syrie. Défait encore une fois aux gorges d'Issus, il ne lui resta plus d'autre ressource que de s'enfuir chez les Parthes. Il fut atteint et mis à mort ; on envoya sa tête à Sévère, qui était alors devant Byzance.

(1) Hérodian., II, 8, 12.
(2) Hist. Aug., Spartian. Sever. vit., c. 6.
(3) Id., Pesc. Nig. v., c. 5.
(4) Hérodian., III, 2, 12.
(5) Spartian. Sever., 8.
(6) Hérodian., III, 2, 12.
(7) Dio., LXXIV, 842.
(8) Hérodian., III, 3 et 4.

RIGUEURS DE SÉVÈRE. — Le nouvel empereur usa cruellement de sa victoire : il poursuivit avec une extrême rigueur tous les particuliers qui s'étaient compromis en faveur de Niger ; les sénateurs ne furent pas condamnés à mort, mais un grand nombre furent relégués dans les îles, et leurs biens confisqués. Quant aux villes, il exigea d'elles le quadruple des sommes qu'elles avaient payées à son rival soit de gré soit de force (1). Presque toutes les villes d'Asie durent se soumettre à cette contribution exorbitante.

La guerre terminée, Sévère resta en Orient près de deux ans, et porta ses armes chez les Parthes, mais sans grand résultat. Il revint en l'année 198, passa l'Euphrate, entra dans Séleucie et dans Ctésiphon, et se vanta d'avoir subjugué les Parthes, vain succès plus brillant que solide : l'empire était trop affaibli pour pouvoir prétendre à de nouvelles conquêtes ; il allait bientôt avoir à se défendre à son tour. La fin de ce règne fut signalée par de nombreuses cruautés ; Apronien proconsul d'Asie fut condamné à mort par le sénat parce que sa nourrice avait rêvé qu'elle le voyait empereur (2).

ÉCRIVAINS ASIATIQUES DU TEMPS DE SÉVÈRE. — Malgré son naturel dur et farouche, Sévère avait du goût pour les lettres. L'Asie Mineure produisit encore sous lui un certain nombre d'écrivains célèbres :

Galien le médecin, natif de Pergame (3). Il avait beaucoup écrit, non-seulement sur la médecine, mais aussi sur la grammaire, la rhétorique et la philosophie (4).

Diogène de Laërte, ainsi nommé du bourg de Cilicie où il avait pris naissance ; auteur des vies des philosophes, en dix livres ;

Philostrate, auteur de la vie d'Apollonius, qu'il écrivit à la prière de l'impératrice Julia Domna ; de quatre livres sur les sophistes célèbres, d'un traité des héros, et d'une collection de Tableaux ou Descriptions qui furent admirés dans

(1) Dio., LXXIV, 844.
(2) Id., LXXVI, 863.
(3) Galen., lib. de Antiq.
(4) Tillemont, III, 85.

son temps comme des chefs-d'œuvre (1).

On cite encore Hermocrate de Phocée, célèbre rhéteur, et le sophiste Antipater d'Héraclée, secrétaire de Sévère et précepteur de ses enfants. Il fut pendant quelque temps gouverneur de Bithynie (2).

CARACALLA (211-217). — Caracalla n'aimait rien : il persécuta même les savants et les rhéteurs ; toute supériorité lui faisait ombrage. Jusqu'alors les mauvais empereurs n'étaient guère sortis de Rome, de sorte que la capitale de l'Empire avait seule à souffrir de leurs folies ; celui-ci parcourut presque toutes les provinces, et les désola l'une après l'autre, par son avarice autant que par sa cruauté (3). Il doubla l'impôt sur les successions, qui était avant lui du vingtième ; pour enrichir les soldats et satisfaire ses fantaisies déréglées, il ruinait les villes et dépouillait les particuliers. Il fut réduit à faire de la fausse monnaie, réservant la bonne pour les Barbares auxquels il achetait la paix.

ÉDIT DE CARACALLA, ABOLITION DU PRIVILÈGE DE CITOYEN ROMAIN. — C'est cependant par Caracalla que fut rendu l'édit qui donna le titre de citoyens à tous les habitants de l'empire. On devine aisément que cette mesure ne lui fut pas inspirée par l'amour de l'humanité. Elle n'avait d'autre but que d'enrichir le trésor, en étendant à tout l'empire les contributions établies sur les citoyens, et en particulier ce droit du dixième sur les successions. Mais ce qu'il y a de plus révoltant, c'est que jusqu'au règne d'Alexandre Sévère les anciens sujets de Rome devenus citoyens furent soumis aux anciennes taxes en même temps qu'aux nouvelles (4).

CARACALLA EN ASIE. — RÈGNE ET MORT DE MACRIN. — Caracalla vint en Asie en l'an 215. Il visita Ilion, alla consulter à Pergame l'oracle d'Esculape, et passa l'hiver à Nicomédie, où son séjour fut marqué par toutes sortes de cruautés et de profusions. Le printemps venu, il traversa en grande pompe l'Asie Mineure pour aller en Syrie faire la guerre aux Parthes. Heureusement, il n'en revint pas. Macrin son successeur passa en Asie le peu de temps que dura son règne. Il y eut un soulèvement à Pergame parce qu'il avait voulu restreindre les priviléges de la ville ; il donna le gouvernement de Pergame et de Smyrne à l'historien Dion Cassius (1).

Bientôt Élagabal souleva la Syrie. Le complot, tramé par deux femmes et un eunuque, réussit surtout par la lâcheté de Macrin : après avoir longtemps hésité à prendre les armes, il abandonna le premier le champ de bataille où l'on combattait pour lui ; s'enfuit à Antioche, puis à Éges en Cilicie ; prit ensuite la poste sous un déguisement, traversa la Cappadoce, la Galatie, la Bithynie, s'arrêta enfin au petit port d'Eribolos près de Nicomédie. N'osant entrer dans cette dernière ville à cause du gouverneur, dont il se défiait, il gagna Chalcédoine, et fit dire au procurateur de lui envoyer de l'argent. S'étant ainsi fait reconnaître, il fut arrêté et reconduit sous bonne garde jusqu'en Cappadoce, où il fut mis à mort (218) (2).

ÉLAGABAL. — ALEXANDRE SÉVÈRE. — Son vainqueur passa l'hiver suivant à Nicomédie. Ce fut là qu'il étala d'abord sa mollesse et son extravagance ; et pour faire connaître aux Romains quelle sorte d'empereur ils avaient, il s'empressa d'envoyer à Rome son portrait, où il était représenté en costume de pontife, vêtu de soie, fardé et paré comme une femme (3). Pendant plus de quatre ans le nouveau Sardanapale insulta au bon sens aussi bien qu'à la morale publique. Enfin les prétoriens, honteux de leur ouvrage, le massacrèrent, et mirent à sa place son cousin Alexandre Sévère, sous qui l'empire eut un peu de relâche.

DION CASSIUS. — SA VIE ET SES OUVRAGES. — C'est à ce règne que s'arrête l'histoire de Dion Cassius, notre principale source historique depuis

(1) Tillemont, III, 89.
(2) Id. ibid., 85.
(3) Gibbon., Décad. de l'Emp. Rom., c. VI.
(4) Gibbon., Déc. de l'Emp. Rom., c. VI.

(1) Dion., LXXIX, 909.
(2) Id., LXXVIII. 889.
(3) Hérodian., l. V.

l'époque où Tacite nous a manqué. Dion Cassius naquit à Nicée en Bithynie sous le règne de Marc-Aurèle. Apronien, son père, était gouverneur de Cilicie vers le temps où Commode fit mourir les Quintilius (1). Dion fut consul pour la première fois sous Septime-Sévère (2); il le fut une seconde fois comme collègue d'Alexandre Sévère en l'année 229 (3). Envoyé ensuite comme proconsul en Afrique, puis chargé du commandement des légions de Pannonie, son âge et ses infirmités le forcèrent de renoncer aux emplois publics; il se retira dans sa province natale, où il termina ses jours. Son ouvrage, divisé en quatre-vingts livres, embrassait toute l'histoire romaine. Il ne nous reste que dix-neuf livres complets, depuis la fin du 35ᵉ jusqu'au 54ᵉ, c'est-à-dire depuis le temps de Pompée jusque vers la fin du principat d'Auguste. Les livres 55-60 sont mutilés; les autres ne nous sont connus que par l'abrégé de Xiphilin, écrivain byzantin du onzième siècle. Dion avait écrit d'autres ouvrages : la vie de Trajan; celle de son compatriote Arrien; une histoire des Perses, et une histoire des Gètes ou Goths dont Jornandès a eu connaissance (4). Dion est le dernier historien et le dernier écrivain de l'antiquité; après lui il n'y a plus que ténèbres et ignorance. Il mourut à temps pour ne pas voir l'empire romain en pleine dissolution, son pays dévasté, le nord et l'orient déchaînés, les villes grecques d'Asie, après tant de siècles d'une sécurité profonde, livrées à toutes les horreurs d'une invasion barbare.

CHUTE DES ARSACIDES. — NOUVEL EMPIRE PERSAN. — Du temps d'Alexandre Sévère une importante révolution s'accomplit en Orient. Un certain Ardshir (5), Persan de nation, que les Occidentaux ont appelé Artaxercès (6), souleva ses compatriotes ou plutôt ses co-religionnaires et détruisit l'empire des Parthes (7). C'était un homme d'une naissance très-obscure : il était fils ou petit-fils d'un soldat nommé Sassan; d'où est venu le nom de Sassanides donné à la dynastie dont il fut le fondateur. Il se donna pour descendant de Cyrus et prétendit restaurer l'empire persan tel qu'il avait existé jusqu'au temps de la conquête macédonienne.

EXPÉDITION D'ALEXANDRE SÉVÈRE CONTRE LES PERSES. — En apprenant que la Mésopotamie était envahie, la Syrie et la Cappadoce menacées, Alexandre écrivit au nouveau monarque une lettre assez fière : il l'engageait à ne pas entreprendre sur des espérances incertaines une guerre longue et dangereuse; lui disant qu'il trouverait une grande différence entre les peuples qu'il avait vaincus et les Romains; lui rappelant les victoires qu'Auguste, Trajan, Lucius Vérus et Sévère avaient remportées sur les nations de l'Orient (1). Cette démarche n'ayant pas produit d'effet, Alexandre alla en personne combattre les Perses. Le détail de cette guerre ne nous est pas connu, et les historiens présentent même en cet endroit les contradictions les plus singulières : les uns racontent que l'expédition fut conduite avec mollesse et qu'un corps d'armée qui s'était trop avancé fut taillé en pièces par les Perses (2); d'autres prétendent au contraire que les Romains remportèrent une grande victoire, qu'Artaxercès perdit dix mille cavaliers, un grand nombre de fantassins, ses éléphants, ses chariots de guerre et ses bagages (3). Quoi qu'il en soit, les frontières de l'empire furent dégagées et le danger écarté pour quelques années (4).

MAXIMIN, MAXIME, LES GORDIENS. — GORDIEN III EN ASIE. — Après la mort d'Alexandre Sévère (235) l'empire romain tomba dans une affreuse anarchie. Pendant que Maximin, Maxime, Balbin, les Gordiens se disputent l'empire, les provinces d'Orient demeurent sans défense. En 241 Sapor Iᵉʳ, successeur d'Artaxercès, déclara la guerre aux Romains, s'empara de toute la Mésopo-

---

(1) Dio., XXII, 819.
(2) Id., LXXVI, 869.
(3) Tillemont, III, 217.
(4) Suidas, Δ, p. 753. Jornand., Got. I, c. 9.
(5) Abulféda, p. 80.
(6) Dion, Hérodien.
(7) Gibbon, ch. VIII.

(1) Hérodian., VI.
(2) Id., ibid.
(3) Lamprid., Vit. Alex., Hist. Aug., p. 134.
(4) Hérodian., VI.

tamie, envahit la Syrie et pénétra jusqu'à Antioche. Le jeune Gordien se rendit en Asie sous la conduite du sage Misithée son beau-père ; il obtint des succès éclatants, reconquit la Mésopotamie, chassa les Perses et les poursuivit jusqu'à Ctésiphon.

PHILIPPE L'ARABE.—DÉCIUS.—Le cours de ces prospérités fut tout à coup arrêté par la mort de Misithée. Sous Philippe, meurtrier de Gordien (243-249) les provinces d'Asie ne sont inquiétées que par des séditions que provoque le poids insupportable des impôts (1). Sous Décius, l'attention se porte d'un autre côté : les provinces du Danube, depuis longtemps assiégées par les nations du Nord, sont envahies ; la capitale de la Mésie est saccagée, Décius lui-même est vaincu et tué par les Goths (251) ; son successeur achète la paix à prix d'or. Enfin, sous Valérien c'est le tour de l'Asie.

ÉTABLISSEMENT NAVAL DES GOTHS DANS LE BOSPHORE.—SAC DE TRÉBIZONDE. — Les Goths en s'éloignant des bords du Danube se dirigèrent vers la Chersonèse Taurique, et s'établirent sans difficulté dans les pays qu'avaient possédé les anciens rois du Bosphore (2). Cette nouvelle situation leur donna le goût des expéditions maritimes. Les bâtiments du Pont-Euxin étaient d'une construction singulière : c'étaient des bateaux à fond plat, très-légers, construits tout en bois sans aucun mélange de fer ; à l'approche de la tempête, on les couvrait d'une espèce de toit incliné (3). Dans ces cabanes flottantes les Goths s'abandonnaient aux caprices d'une mer inconnue, sous la conduite de quelques marins enlevés à la côte, dont l'adresse et la fidélité auraient dû leur être également suspectes (4). Tout en longeant les côtes orientales du Pont-Euxin, ils arrivèrent à Pityonte (5), dernière limite de la province romaine. Un certain Successien qui commandait la garnison se défendit avec courage et repoussa l'ennemi (257) ; Valérien le récompensa en le choisissant pour préfet du prétoire. Mais dès l'année suivante les Goths reparurent : non contents de s'emparer de Pityonte, ils osèrent attaquer Trapézonte (Trébizonde), la ville la plus considérable de toute cette côte, défendue par une double enceinte de murailles et par dix mille soldats. Grâce à l'extrême indiscipline de la garnison, ils y pénétrèrent par surprise, et se trouvèrent en possession d'un butin immense. Les contrées voisines avaient déposé leurs trésors à Trébizonde comme dans une place de sûreté. Les dépouilles de cette cité opulente chargèrent une grande flotte qui se trouva mouillée dans le port. Les Barbares, libres de dévaster toute la province du Pont, emmenèrent avec eux une quantité prodigieuse de captifs, qu'ils enchaînèrent aux rames de leurs vaisseaux, et ils retournèrent en triomphe dans leurs établissements du Bosphore (1).

LES GOTHS EN BITHYNIE, EN IONIE, EN TROADE. — L'année suivante (259) ils firent un armement plus considérable et prirent une route différente. Se dirigeant cette fois vers l'extrémité occidentale du Pont, ils débarquèrent devant Chalcédoine que défendait une forte garnison : cette garnison eut la lâcheté de livrer la ville aux Barbares, moins nombreux qu'elle. On savait qu'il n'y avait ni merci ni ménagements à attendre de ces impitoyables ennemis, la peur aurait au moins dû donner du courage aux habitants ; il n'en fut rien. Après Chalcédoine, Nicomédie, Nicée, Pruse, Apamée, Cionte, furent saccagées ; les deux premières livrées aux flammes. Les Barbares trouvaient des transfuges pour leur montrer les chemins et les conduire d'une ville à l'autre. Cyzique fut sauvée par une crue subite du Rhyndacus qui barra le passage aux envahisseurs ; mais sa chute n'était que retardée d'une année : les Goths revinrent plus nombreux en 260, détruisirent de fond en comble cette antique cité, et achevèrent de dévaster la Bithynie. De là franchissant l'Hellespont,

---

(1) Zosime, l. I.
(2) Id., idem, p. 28.
(3) On les appelait *Camaræ*. V. Strabon., XI. Tac., *Hist.*, III, 47.
(4) Gibbon., ch. X.
(5) Auj. Pitchinda. (D'Anville, II, p. 115.)

(1) Gibbon, ch. X. Zos, I, p. 30-33 Grég. Thaumat., *Ep.* canon. 5.

les uns s'en allèrent désoler la Grèce, les autres se jetèrent sur l'Ionie, pillèrent plusieurs villes, détruisirent le fameux temple d'Éphèse, et en se retirant, saccagèrent la Troade (1).

LES PERSES EN SYRIE.—CAPTIVITÉ DE VALÉRIEN. — Pendant ce temps Rome avait deux empereurs : le lâche Gallien, plongé dans les délices de l'Italie, ne paraissait pas s'apercevoir des calamités qui désolaient l'empire; Valérien, son malheureux père, était occupé à disputer aux Perses non plus la possession de la Mésopotamie, mais celle de la Syrie. Sapor, après avoir chassé l'Arsacide Tiridate, qui régnait en Arménie, et avoir mis à sa place un roi de son choix (2), envahit les provinces romaines, passa l'Euphrate, et surprit Antioche. La métropole de l'Orient fut détruite de fond en comble; lorsque Valérien accourut, il ne trouva que des ruines. Pendant qu'il s'efforçait de réparer les maux de l'invasion et de mettre la Syrie en état de défense, il apprit que les Goths étaient en Bithynie; il se mit en marche, mais ne put arriver à temps pour les combattre. Pour comble de misère, la peste se mit dans son armée. Enfin en l'année 260 il entreprit de porter la guerre en Mésopotamie : vaincu et affamé par les Perses, réduit à la dernière extrémité, contraint d'accepter une entrevue que proposait le roi barbare, il fut pris, chargé de chaînes et traité avec la dernière inhumanité (3). Ses troupes consternées mirent bas les armes.

LES PERSES EN ASIE MINEURE.— SIÉGE DE CÉSARÉE. — CRUAUTÉS DE SAPOR. — Alors rien n'arrêta plus les Perses. Ils inondèrent l'Asie Mineure et ravagèrent tout ce qui avait échappé aux Goths. Tarse en Cilicie fut ruinée entièrement. Césarée, capitale de la Cappadoce, essaya de résister. Ce n'était qu'une ville de second rang, et elle comptait, dit-on, quatre cent mille habitants (4). Un certain Démosthène prit le commandement et dirigea la défense. Mais un médecin de la ville, qui avait été pris, céda à la violence des tortures, et indiqua aux assiégeants un endroit faible par où ils entrèrent. Tout fut massacré. Démosthène, entouré par les ennemis, qui avaient ordre de le prendre vif, se fit jour à cheval l'épée à la main, et parvint à s'échapper (1). Les chroniqueurs qui nous ont transmis l'histoire de ces temps malheureux, imputent au roi de Perse des cruautés inouïes : ils assurent que les monceaux de corps morts comblaient des vallées et formaient des ponts sur lesquels Sapor prenait plaisir à passer à cheval: qu'on donnait aux prisonniers juste assez de nourriture pour les empêcher de mourir; qu'on les menait à l'eau une fois par jour comme des bestiaux (2). Ils racontent que Valérien était obligé de se coucher à terre sur les mains et les genoux pour servir de marchepied au roi quand il montait à cheval; qu'après qu'il eut longtemps servi de jouet à son féroce vainqueur, sa peau bourrée de paille et teinte en rouge fut suspendue dans un temple, où l'on la montra plus tard aux ambassadeurs romains (3).

Tout en faisant la part de l'exagération, il est certain que cette invasion ramena des calamités dont on n'avait plus l'idée depuis bien des siècles. Désespérant de former dans l'empire un établissement durable, Sapor s'attachait à ne laisser derrière lui que des déserts, et transportait dans ses États les habitants avec les trésors des provinces conquises (4).

RÉSISTANCES ISOLÉES.—BALISTA.— ODENAT.—Quelques villes échappèrent cependant à la destruction. On cite Pompéiopolis, en Cilicie, qui fut sauvée par Anicius Balista, ancien préfet du prétoire (5). Ce vaillant homme s'avança ensuite dans la Lycaonie à la tête d'une petite troupe de soldats qui l'avaient choisi pour chef, et remporta sur les

---

(1) Gibbon, ch. X. Tillemont III, 463. Georges Syncelle. Jornandès, *Goth.*, c. 20.
(2) Zonar., *Vit. Gallian.*
(3) Tillemont, III, p. 409-412.
(4) Zonar., p. 234.

(1) Zonar., p. 234. Tillemont, III, p. 452.
(2) Zonar., 234. Agathias, l. IV.
(3) Agathias, l. IV. Orose, VII, c. 22. Lactant., *de Mort. Persec.*, 5. Tillemont, III, 412.
(4) Gibbon, ch. X.
(5) Zonar., p.235. Georg. Syncell., *Chron.*

Perses quelques avantages que le chroniqueur ne manque pas de représenter comme de grandes victoires (1). En même temps Odenat, souverain de Palmyre, soulevait la Syrie. Ses succès rappelèrent Sapor sur les bords de l'Euphrate; l'Asie Mineure fut ainsi soulagée.

ANARCHIE MILITAIRE. — MACRIEN. — BALISTA. — SATURNINUS. — Dans ce désordre affreux, Gallien ne régnait plus que de nom. De tous côtés s'élevaient des prétendants à l'empire : chaque province, chaque corps d'armée avait le sien. Macrien, préfet du prétoire, ayant rassemblé quelques troupes, se mit d'accord avec Balista, et prit la pourpre en Asie (2). Il entreprit même d'aller chercher Gallien en Occident; mais il ne pénétra que jusqu'en Illyrie, où il fut vaincu par Auréolus (3). Après sa mort, Balista se croyant trop compromis pour être en sûreté, prit à son tour le titre d'empereur, et le garda environ trois ans. Il fut renversé par Odenat (4).

Parmi les usurpateurs sans nombre qui se disputaient les débris de l'empire, on nomme encore un certain Saturninus sans nous faire connaître dans quel pays il a régné; comme d'autre part on sait qu'il y eut un empereur dans le Pont, on peut supposer que c'était ce Saturninus, dont le chroniqueur fait un grand éloge. Peut-être faut-il lui attribuer l'honneur d'avoir repoussé une invasion des Goths (5).

RÉVOLTE DES ISAURIENS. Un certain Trébellianus se fit un parti chez les Isauriens et prit aussi le titre d'Auguste : on a des médailles de lui. Il fut vaincu et tué par un lieutenant de Gallien; mais ses partisans s'obstinèrent dans leur révolte, se fortifièrent dans les montagnes, et reprirent les mœurs sauvages de leurs ancêtres. Ces contrées, qu'on avait eu tant de peine à pacifier sous les premiers empereurs, redevinrent ce qu'elles avaient presque toujours été, un repaire de brigands. Les successeurs de Gallien, hors d'état d'y rétablir leur autorité, prirent le parti d'entourer le pays d'un cordon de forteresses. Bientôt cette barrière fut forcée, les Isauriens s'étendirent par degrés jusqu'au rivage de la mer et s'emparèrent de toute la Cilicie Trachée, ancien refuge des pirates. Ce pays n'a jamais eu depuis lors d'administration régulière (1).

NOUVELLES INCURSIONS DES GOTHS. — MORT D'ODENAT. — Les Goths continuaient toujours leurs déprédations. Les provinces maritimes n'étant plus assez riches, ils pénétrèrent dans la Phrygie et la Cappadoce. Le temple de Pessinonte et tant d'autres enrichis par la superstition de plusieurs siècles, furent mis au pillage (2). Odenat qui était alors le rempart de l'Orient, accourut à la délivrance de l'Asie Mineure. On croit que ce fut là qu'il trouva la mort, et qu'il périt à Héraclée du Pont, assassiné par un de ses neveux (267) (3).

L'EMPEREUR CLAUDE. — DÉFAITE DES GOTHS. — L'année d'après, pendant que les Goths dévastaient les Provinces Danubiennes, ce furent des Hérules qui vinrent piller Cyzique et les îles de l'Ionie, et qui de là passèrent en Grèce. Enfin, en l'année 269 les Barbares mirent en mer une flotte plus puissante que toutes celles qu'on avait vues jusqu'alors sortir du Pont-Euxin. Zosime prétend qu'elle comptait six mille vaisseaux; l'histoire Auguste n'en met que deux mille, et assure qu'ils portaient trois cent mille hommes. Un grand nombre emmenaient avec eux leurs femmes et leurs enfants; ce qui semble indiquer qu'ils avaient cette fois l'intention de former quelques établissements sur les terres de l'empire. Cependant le succès ne répondit pas à la grandeur des préparatifs. Claude, un des plus braves généraux du temps, venait d'être proclamé empereur, et son ardeur s'était répandue dans toutes les armées. Les Goths trouvèrent les villes fermées et en état de défense; après avoir perdu une partie de leurs vaisseaux dans le Bosphore,

---

(1) Tillemont, III, 453.
(2) Id., ibid., 458.
(3) Id., ibid., 464.
(4) Id. ibid., 465.
(5) Id., ibid., 470. Gibbon, ch. X; Note.

(1) Gibbon, ch. X.
(2) Tillemont, III, 475.
(3) Zos., 651. Georg. Sync., p. 382.

ils se répandirent dans la Macédoine, et y rencontrèrent le nouvel empereur qui venait les combattre. Pour la première fois depuis bien longtemps, les légions remportèrent une éclatante victoire; l'armée des Goths fut dispersée, leur flotte détruite, et le Pont-Euxin délivré (1).

PUISSANCE DE ZÉNOBIE. — AURÉLIEN EN ASIE. — Après la mort d'Odenat, la célèbre Zénobie, sa veuve, avait donné à ses enfants le titre d'Augustes et pris elle-même celui de reine de l'Orient. Paisible maîtresse de toute la Syrie, elle y joignit d'un côté l'Égypte, de l'autre une partie considérable de l'Asie Mineure. Déjà sa domination s'étendait jusqu'à Ancyre en Galatie, lorsqu'Aurélien succéda à Claude (270). Zosime dit que les Bithyniens, en apprenant l'élection du nouveau prince, refusèrent de se soumettre à Zénobie; mais il semble d'après Vopisque qu'ils lui aient obéi jusqu'à l'époque où Aurélien vint en Orient (2).

Ce fut en l'année 272 qu'ayant délivré l'Italie et pacifié l'Occident, ce prince entreprit de rattacher à l'empire les provinces où régnait la nouvelle Sémiramis. Il traversa la Bithynie et la Galatie sans trouver de résistance, et reçut la soumission d'Ancyre. Tyane fut la première ville qui ferma ses portes; il y pénétra au bout de quelques jours de siège par la trahison d'un des habitants nommé Héraclammon. Quoiqu'il eût d'abord annoncé l'intention de faire un exemple, il fit grâce à la ville rebelle; le traître fut seul mis à mort. On assura que le grand Apollonius lui était apparu en songe et lui avait ordonné d'épargner sa ville natale. Cette clémence inattendue servit mieux sa cause que n'auraient pu faire toutes les rigueurs : il pénétra sans tirer l'épée jusqu'auprès d'Antioche. Ce fut à quelque distance de cette ville, puis sous les murs d'Émèse, que se livrèrent les deux batailles qui décidèrent du sort de la Syrie. Zénobie, deux fois vaincue, se réfugia dans sa capitale. Après un long siège, elle fut prise comme elle cherchait à s'échapper. Ainsi périt l'empire éphémère qu'elle avait fondé. Un de ses fils nommé Vabalat paraît avoir régné sous la protection d'Aurélien dans quelque canton de l'Arménie (1).

TACITE. — FLORIANUS. — Aurélien revenait en Asie dans l'intention de faire la guerre aux Perses, lorsqu'il mourut assassiné par un de ses officiers (2). Il paraît qu'il était entré en négociations avec plusieurs nations gothiques auxquelles il se proposait d'emprunter des auxiliaires pour son expédition de Perse; après sa mort, ces Barbares descendirent en Asie par la Colchide et s'indemnisèrent des fatigues du voyage en pillant une bonne partie de la péninsule (3). L'empereur Tacite les renvoya chez eux en employant tour à tour l'adresse, l'argent et la force (4). Tacite mourut en Asie Mineure : à Tarse selon l'un des Victors, à Tyane selon l'autre. Florianus son frère, qui l'avait aidé à repousser les Barbares, prit après lui le titre d'empereur, et fut reconnu par une grande partie de l'empire; mais il trouva un concurrent redoutable dans Probus, qui commandait les légions d'Égypte et de Syrie. La Cilicie fut le théâtre de la lutte, qui ne dura pas longtemps : on était au plus fort de l'été, l'armée de Florianus, presque entièrement composée de soldats d'Europe, ne put résister à la chaleur du climat, et fut si affaiblie par les maladies qu'elle renonça à se défendre; pour mettre fin à la guerre, les soldats tuèrent leur empereur (5).

PROBUS. — EXPÉDITION EN ISAURIE. — Les six années du règne de Probus furent employées à combattre les Barbares sur toutes les frontières de l'Empire. Dans la troisième année de son règne, ce prince traversant l'Asie essaya de faire rentrer les Isauriens sous son obéissance. Il conduisit lui-même cette guerre plus pénible que brillante, s'empara de Cremna, transporta une partie des habitants, et établit des colonies de vétérans dans les défilés des montagnes. Il parvint à peine, au prix de

(1) Gibbon, ch. XI.
(2) Tillemont, III, 511. vit.; Vopisc., Aurel. Hist. Aug., p. 216.

(1) Tillemont, III, 523.
(2) Vopisc., Aurel. vit.; hist. Aug., p. 218.
(3) Zonar., p. 240. Zosime, I, 662.
(4) Tillemont, III, 557.
(5) Id., ibid., 564.

beaucoup d'efforts, à ralentir pour quelque temps le brigandage (1).

CARUS.—NUMÉRIEN.—AVÉNEMENT DE DIOCLÉTIEN. — Carus, successeur de Probus, traversa l'Asie Mineure pour aller combattre les Perses. Après avoir obtenu de grands succès et s'être emparé de Séleucie et de Ctésiphon, il périt au moment où il se disposait à passer le Tigre. Son fils Numérien n'avait ni ses talents militaires ni son intrépidité; il trouvait d'ailleurs les soldats découragés par la mort de leur empereur et travaillés (2) par des terreurs superstitieuses : il prit le parti d'abandonner cette entreprise si brillamment commencée, et de regagner l'Occident. Les fatigues de la guerre et la chaleur du climat lui avaient affaibli la vue au point qu'il était obligé de rester toujours enfermé dans sa tente ou sa litière; on chemina ainsi lentement, l'armée mit huit mois à revenir des bords du Tigre aux rives du Bosphore.

La cour avait déjà franchi le détroit, et se trouvait à Héraclée en Europe pendant que le gros des légions était campé à Chalcédoine : tout à coup le bruit se répandit que l'empereur était mort, que le préfet du prétoire Aper cherchait à tenir cette nouvelle secrète, qu'il avait lui-même assassiné Numérien, et se préparait à usurper le souverain pouvoir. Une sédition éclata : les soldats forcèrent l'entrée de la tente impériale et n'y trouvèrent qu'un cadavre. Aussitôt ils entraînèrent Aper chargé de chaînes au camp de Chalcédoine; les généraux et les tribuns furent invités à se réunir en conseil pour nommer un empereur. Après une courte délibération ils annoncèrent à la multitude que leur choix était tombé sur Dioclétien, capitaine des gardes.

Comprenant que l'emploi dont il avait été chargé l'exposait à quelques soupçons, Dioclétien monta sur le tribunal qu'on avait dressé au milieu du camp, se tourna du côté du soleil, et en présence de ce Dieu qui voit tout, protesta solennellement de son innocence. Prenant ensuite le ton d'un souverain et d'un juge, il fait amener Aper au pied du tribunal : « Cet homme, dit-il, est le meurtrier de Numérien »; et sans lui donner le temps d'entrer dans une justification dangereuse, il tire son épée et l'enfonce dans le sein de l'infortuné préfet. Une accusation appuyée d'une preuve si décisive fut admise sans difficulté; les troupes, avec des acclamations bruyantes, reconnurent la justice et l'autorité de l'empereur Dioclétien (1) (17 septembre 284).

POLITIQUE NOUVELLE DE DIOCLÉTIEN. — DÉCENTRALISATION. — COUR FASTUEUSE. — Le règne de Dioclétien forme une époque importante dans l'histoire de l'empire, et en particulier dans celle des provinces d'Asie Mineure. Jusqu'alors Rome avait été de fait comme de nom le centre du monde romain. Quoiqu'on eût vu des empereurs originaires de toutes les provinces, chacun d'eux respectait Rome comme sa patrie adoptive, et bien que la défense des frontières les tînt souvent éloignés de l'Italie, la ville aux sept collines était toujours considérée comme le véritable siége de leur gouvernement. Dioclétien fut le premier qui fixa hors de Rome sa résidence ordinaire; Nicomédie fut élevée par lui au rang de capitale.

Cette nouveauté est moins importante en elle-même que parce qu'elle se rattache à une transformation radicale qui s'accomplit à cette époque dans l'esprit du gouvernement romain. Auguste et ses successeurs avaient pris soin, tout en changeant la constitution de la république, de conserver les anciennes formes et de dissimuler sous des titres modestes l'autorité absolue qu'ils exerçaient; Dioclétien adopta un système tout opposé : il s'environna d'une pompe extraordinaire, et imita le faste des souverains de l'Orient. Les titres de censeur, de tribun, de consul, par lesquels les premiers Césars semblaient vouloir légaliser leur puissance, furent dédaigneusement laissés dans l'oubli : une étiquette savante régna dans le palais; le souverain se rendit invisible ou ne se montra plus qu'avec un appareil imposant, le diadème en tête, vêtu de soie et d'or, étincelant de pierreries (2). « Cepen-

---

(1) Zos., I, p. 666.
(2) Gibbon, ch. XII.

(1) Gibb., ch. XII.
(2) Id., ibid., ch. XIII.

dant Dioclétien était un homme de sens, qui, dans le cours de sa vie publique et privée, s'était formé une juste idée de lui-même et des hommes : il est difficile de croire qu'en substituant les mœurs de la Perse à la simplicité romaine, il ait cédé aux mouvements d'une vanité puérile. Il pensa qu'une certaine magnificence subjuguerait l'imagination de la multitude, et crut, en donnant plus de prestige à l'autorité suprême, la mettre à l'abri de la licence brutale du peuple et des soldats. Son faste fut, comme avait été la simplicité d'Auguste, un jeu de théâtre; il faut seulement confesser que de ces deux comédies la première avait un caractère plus mâle et plus noble que la dernière » (1).

DIVISION DE L'EMPIRE EN QUATRE DÉPARTEMENTS. — DEUX AUGUSTES ET DEUX CÉSARS. — « L'ostentation fut le premier principe du système inauguré par Dioclétien, la division fut le second (2) ». Dès la deuxième année de son règne, il prit pour collègue Maximien son ami et son compagnon d'armes. Six ans plus tard, les frontières étaient menacées et les provinces envahies sur plusieurs points : il crut nécessaire de partager encore son autorité, et d'associer à l'empire avec le titre de Césars deux de ses plus braves généraux, Constance Chlore et Galérius. La cérémonie se fit le 1ᵉʳ mars de l'année 292, dans le champ de manœuvres de Nicomédie, à trois milles de la ville, dans un lieu où l'on dressa depuis une colonne avec une statue de Jupiter (3). En présence du peuple et des légions les deux Césars revêtirent solennellement la pourpre. Afin de mieux resserrer les liens de cette alliance politique, chacun des deux Augustes adopta un des Césars et lui donna sa fille : Constance devint fils de Maximien et Galérius de Dioclétien. « Les quatre princes se partagèrent la vaste étendue de l'empire romain : la défense de la Gaule, de l'Espagne et de la Bretagne fut confiée à Constance, Galérius fut posté sur les bords du Danube, Maximien eut pour département l'Italie et l'Afrique, Dioclétien se réserva avec la Thrace et l'Égypte les riches contrées de l'Asie. Chacun d'eux exerçait dans sa juridiction une autorité absolue; mais leur souveraineté indivise s'étendait sur tout l'empire; leurs édits, rendus en leur commun nom, étaient exécutoires dans toutes les provinces » (1).

Telle fut la nouvelle forme de gouvernement imaginée par Dioclétien. Car « cette réunion de quatre princes pour administrer l'empire n'était pas dans sa pensée un expédient temporaire : son intention était d'en faire une loi fondamentale de la constitution. Les deux princes les plus anciens, distingués par l'usage du diadème et par le titre d'Augustes, devaient régulièrement choisir deux collègues plus jeunes qui leur seraient subordonnés sous le nom de Césars; les Césars s'élevant à leur tour au premier rang, devaient former une succession ininterrompue d'empereurs » (2). Cette machine compliquée fonctionna admirablement pendant quinze ans sous la main de son auteur, et grâce à l'ascendant qu'il avait sur ses trois collègues; dès qu'il fut éloigné, tout se désorganisa; il vécut assez pour voir l'anarchie succéder au bon ordre qu'il avait établi.

PROSPÉRITÉ DE L'ASIE MINEURE. — EMBELLISSEMENTS DE NICOMÉDIE. — L'établissement de ce système eut du moins pour effet immédiat de rendre la sécurité à l'empire, et d'arrêter sur toutes les frontières les progrès menaçants des Barbares. Pendant que Constance défendait le Rhin, Galérius le Danube, et que Maximien pacifiait la Mauritanie, la présence de Dioclétien faisait jouir les provinces d'Asie d'une paix profonde, et les élevait à un degré de prospérité inouï. Nicomédie embellie par ses soins, devint une rivale de Rome : il y construisit un cirque, une basilique, un hôtel des monnaies, un arsenal, deux palais, l'un pour sa femme, l'autre en l'honneur de sa fille (3). Au bout de peu d'années, cette ville située sur la limite de l'Europe et de

(1) Gibbon, ch. XIII.
(2) Id., *ibid*.
(3) Lactant. de *Morte persec.*, c. 19. Tillemont, IV, p. 21.

(1) Gibbon, ch. XIII.
(2) Id., *ibid*.
(3) Tillemont, IV, p. 58.

l'Asie, presque à égale distance du Danube et de l'Euphrate, ne le cédait en magnificence, en étendue et en population qu'à Rome, Antioche et Alexandrie (1).

GUERRE DE PERSE. — Cependant une nouvelle guerre éclata contre les Perses au sujet de l'Arménie. Depuis le temps de Valérien, cette contrée était tombée sous la domination des Sassanides ; Sapor, après avoir pendant près de trente ans combattu Chosroès, qui y régnait sous la protection des Romains, s'était débarrassé de son ennemi par un assassinat ; Tiridate alors enfant, fut sauvé par la fidélité d'un serviteur de son père, et trouva un refuge sur les terres de l'empire (260) (2). En 286 il fut résolu qu'on le rétablirait ; solennellement investi du titre de roi d'Arménie, il passa l'Euphrate avec une armée romaine. Il fut reçu avec transport : la nation tout entière se souleva contre l'étranger ; les Perses furent obligés de se retirer ; Tiridate les poursuivit même jusqu'en Assyrie (3). Les discordes qui affaiblissaient alors les Perses favorisèrent ses succès. Mais lorsque Narsès, petit-fils de Sapor, fut parvenu à faire reconnaître son autorité, les choses changèrent de face : Tiridate, incapable de résister à toutes les forces de l'empire persan, fut une seconde fois obligé d'abandonner ses États (294). Dioclétien s'apprêta aussitôt à soutenir son allié. Il donna à Galérius le commandement de l'armée, et alla lui-même se fixer à Antioche pour être plus près du théâtre de la guerre ; la Mésopotamie fut envahie (296). La première campagne se termina par un désastre : après deux batailles indécises, Galérius fut battu dans ces mêmes plaines de Carrhes, où tant de légions romaines avaient déjà trouvé leur tombeau. Mais dès l'année suivante il entreprit de réparer sa défaite : l'expédition, mieux conduite, fut couronnée d'un plein succès ; les Perses, attirés dans les montagnes d'Arménie et surpris dans leur camp, furent taillés en pièces ; Narsès s'enfuit sans armée, laissant au pouvoir des Romains un butin immense et une infinité de prisonniers, au nombre desquels se trouvaient ses femmes, ses sœurs et ses enfants.

TRAITÉ DE NISIBE. — Cette victoire termina d'un seul coup la guerre. Le roi de Perse demanda la paix ; par un traité conclu à Nisibe, la Mésopotamie, si longtemps disputée, fut abandonnée aux Romains, ainsi que cinq provinces au delà du Tigre ; et comme quatre de ces provinces dépendaient de l'Arménie, Tiridate, rétabli sur son trône, reçut en compensation la Médie Atropatène. Les empereurs romains eurent de plus le droit de donner des rois aux Ibériens (1), nation belliqueuse qui gardait les défilés du Caucase, et dont l'alliance était par conséquent nécessaire pour garantir l'Asie contre les incursions des barbares du nord. Ce traité mémorable, fidèlement observé de part et d'autre pendant quarante ans, assura le repos de l'Orient jusqu'au temps des fils de Constantin (297) (2).

PERSÉCUTION CONTRE LES CHRÉTIENS (303). — L'empire entier était pacifié ; tranquille au dedans, respecté au dehors, il semblait n'avoir jamais été plus florissant. Dioclétien interrompit le cours de ces prospérités, attrista la fin de son règne et ternit sa gloire, en cédant aux importunités de Galérius qui lui arracha dit-on malgré lui son célèbre édit de persécution contre les chrétiens. Nous n'avons jusqu'à présent rien dit de la religion nouvelle qui s'était élevée parmi les ruines du monde grec et romain ; il est nécessaire de revenir sur nos pas pour tracer rapidement l'histoire de son établissement et de ses progrès dans les provinces d'Asie Mineure.

(1) Gibbon, ch. XIII. Lact., *de Morte Persec*, c. 17. Libanius *Orat*. 8.
(2) Gibbon, ch. X. Mos. Choren. Hist. Arm. l. II, c. 71-74.
(3) Gibbon, ch. XIII. Mos. Chor. II, c. 81.

(1) Petr. Patric. *Excerpt. legat*. p. 30.
(2) Gibbon, ch. XIII.

LIVRE V.

L'ASIE MINEURE CHRÉTIENNE.

CHAPITRE PREMIER.

Progrès du Christianisme en Asie Mineure jusqu'à la persécution de Dioclétien.

Prédication de saint Pierre. — Moins de dix ans après la Passion de J.-C., la foi chrétienne pénétra en Asie Mineure. Saint Pierre, après avoir fondé l'église d'Antioche, alla dans le Pont, la Galatie, la Cappadoce et l'Asie. C'était une tradition de l'église d'Amasée dans le Pont, que le prince des apôtres y était venu avant d'aller à Rome, et qu'en partant il avait ordonné évêque un certain Nicet. Les habitants de Sinope assuraient qu'il avait demeuré longtemps parmi eux avec saint André, et montraient des chaises de pierre qui leur avaient, disaient-ils, servi à prêcher l'Évangile (1). Le christianisme paraissait alors n'être qu'une secte juive, et les prédications de saint Pierre ne s'adressaient qu'à ses compatriotes répandus en grand nombre dans toutes les provinces de l'empire : à saint Paul était réservé la plus large part dans le grand ouvrage de la propagation de la foi.

Prédications de saint Paul. — L'apôtre des Gentils naquit d'une famille juive de Tarse en Cilicie. Il était par sa naissance citoyen Romain : car Auguste avait donné ce titre à tous les habitants de Tarse pour les récompenser des maux qu'ils avaient soufferts en résistant à Brutus et Cassius (2). Son véritable nom était Saül. On sait comment, après avoir été un des ennemis les plus acharnés de l'Église naissante, il en devint l'appui. Peu de temps après sa conversion miraculeuse, il revint dans son pays natal, et y séjourna jusqu'à l'année 43 de notre ère, qu'il se rendit à Antioche (1). C'est à partir de cette époque que commence la partie active et brillante de son apostolat. Revenant de Chypre, il débarqua en l'an 45 à Pergé en Pamphilie, avec saint Barnabé et plusieurs disciples, et se rendit à Antioche de Pisidie qui était la ville la plus considérable du pays; puis à Iconium, à Lystra, à Derbé en Lycaonie, tantôt maltraité, tantôt admiré, faisant partout de nombreux prosélytes. — C'est à Lystra que l'Apôtre accomplit le plus fameux de ses miracles, en guérissant un perclus qui n'avait jamais marché :

« Paul voyant que cet homme avait la
« foi qu'il serait guéri, lui dit : « levez-
« vous et allez »; et aussitôt cet homme
« se leva et se mit à courir et à sauter
« de joie. Le peuple ayant vu ce que
« Paul venait de faire, se mit à crier
« dans sa langue : « Des dieux sont
« descendus vers nous sous forme
« d'hommes. Et ils appelaient Barnabé
« Jupiter et Paul Mercure parce que
« c'était lui qui portait la parole. Et
« même le sacrificateur de Jupiter, qui
« était près de là dans la ville, amena
« des taureaux et apporta des couronnes
« devant la porte, voulant aussi bien que
« le peuple, leur sacrifier.

« Ce que voyant, Barnabé et Paul
« déchirèrent leurs vêtements; et s'a-
« vançant au milieu de la foule ils s'é-
« crièrent : Amis, que voulez-vous faire?
« Nous ne sommes que des hommes
« mortels comme vous, qui vous an-
« nonçons un Dieu vivant..... »
« Mais quoi qu'ils pussent dire, ils
« eurent bien de la peine à empêcher

---

(1) Tillemont, *Mém. ecclés.*, t. I, p. 70. Euseb., III, c. 1. Hieron, *Vir. illustr.*, c. 1.
(2) Tillemont, *Ibid.*, I, 83.

(1) Tillemont, *Mém. ecclés.*, I, 88.

« que le peuple ne leur offrît des sa-
« crifices (1) ».

A quelques jours de là il survint des
Juifs d'Iconium et d'Antioche qui soulevèrent le peuple contre les apôtres :
on les poursuivit à coups de pierre, et
saint Paul fut laissé pour mort. Cependant, après avoir été à Derbé (2), ils ne
craignirent pas de repasser par Lystra,
Iconium et Antioche de Pisidie, où ils
établirent les premières églises. Ils s'arrêtèrent également à Pergé, puis à Attalie (3).

Pendant les années suivantes saint
Paul paraît aussi être allé en Cappadoce
et dans le Pont (4). En 51 il revint avec
Silas, son disciple, visiter les églises de
Cilicie et de Lycaonie ; à Lystra il rencontra saint Timothée, alors fort jeune,
et l'emmena avec lui ; il parcourut la
Galatie, la Phrygie, et y laissa plusieurs
de ses disciples, entre autres saint Epa-
phras, qui fonda les églises de Colosses,
de Laodicée et de Hiérapolis (5).

SÉJOUR DE SAINT PAUL A ÉPHÈSE.
TIMOTHÉE PREMIER ÉVÊQUE. — En
54, après avoir converti la Grèce, il
vint à Éphèse, y laissa d'abord Priscille et Aquilas ses hôtes de Corinthe,
puis s'y arrêta lui-même pendant trois
ans. Il prêchait dans l'école d'un sophiste nommé Tyran, devant tous ceux
qui voulaient venir l'écouter, et discu-
tait souvent avec les philosophes ou ceux
qui se mêlaient de magie et de sciences
occultes : « Car s'il demeura plus longtemps à Éphèse qu'en aucun autre lieu,
c'est parce qu'il y trouvait beaucoup
d'erreurs et de superstitions à combattre (6). » — C'était le temps où florissait Apollonius de Tyane ; peut-être
se trouvait-il à Éphèse en même temps
que l'Apôtre ; nous n'apprenons pourtant pas qu'ils se soient jamais trouvés

(1) *Act. Apost.*, ch. XIV, vers. 9-18.
(2) Id., v. 20-22.
(3) Id., v. 24-28.
(4) Tillemont, *Mém. ecclés.*, I, 95.
(5) Id., 97, 98, 125. D'après une autre
tradition, saint Philippe annonça le premier
l'Évangile en Phrygie, et fut enterré à Hiérapolis ; saint Barthélemy fut l'apôtre de la
Lycaonie. (Tillemont, *Mém. ecclés.*, I, 152,
153.)
(6) Tillemont, *Mém. ecclés.*, I, 105, 107.

en présence. — Saint Paul fut chassé
d'Éphèse par une sédition singulière.
Il y avait dans la ville quantité de marchands et d'artisans qui gagnaient leur
vie à faire et à vendre de petites représentations du temple de Diane. Comme les
prédications de l'Apôtre menaçaient de
ruiner leur industrie, ils s'ameutèrent, et
se répandirent dans les rues en criant :
« Vive la grande Diane des Éphésiens » !
Toute la ville fut aussitôt remplie de
tumulte ; on courut au théâtre, qui était
souvent le lieu des assemblées du peuple,
et on y traîna Caïus et Aristarque, deux
des disciples de saint Paul, dans le dessein de les y massacrer (1). Le tumulte
s'apaisa au bout de quelques heures ;
mais les amis de saint Paul l'engagèrent fortement à quitter la ville ; il se
rendit en Macédoine (57).

A son retour il s'arrêta une semaine
dans la ville de Troade, où il y avait
une petite communauté de chrétiens. C'est là qu'il ressuscita un jeune
homme nommé Eutychès, qui en l'écoutant s'était laissé tomber d'un troisième
étage (2). — Il ne voulut pas repasser
par Éphèse, mais fit venir les *anciens*
de l'Église, c'est-à-dire les prêtres, à
Milet, où il séjourna quelques jours. —
Plus tard lorsqu'il est à Rome, on le
voit en correspondance avec les églises
d'Asie Mineure. Ayant rencontré dans
la capitale de l'empire un esclave fugitif
de Phrygie nommé Onésime, il le convertit, et le renvoie à son maître, qui
était chrétien ; il le charge en même temps
d'un message pour les fidèles de Colosses
et de Laodicée. C'est la quatrième Épître
aux Colossiens. Il visita encore l'Asie à
son retour de Rome. Enfin, avant de retourner chercher la mort dans la capitale
de l'empire, il établit Timothée comme
chef et surveillant (3) de l'église d'É-
phèse et de toutes celles de l'Asie (4).

SAINT JEAN A ÉPHÈSE. — LES CÉ-
RINTHIENS. — Éphèse était alors un
des principaux foyers de la lumière
évangélique. Vers l'époque où saint Paul

(1) Tillemont, *Mém. ecclés.*, I, 111. *Act.
Apost.*, XIX, 28, 29.
(2) Tillemont, *Mém. ecclés.*, I, 114. *Act.
Apost.*, XX, 9, 12.
(3) En grec ἐπίσκοπος, évêque.
(4) Tillemont, *Mém. ecclés.*, I, 128.

y instituait l'épiscopat, l'apôtre bien-aimé, saint Jean, vint s'y fixer. On croit qu'il y était déjà venu plusieurs années auparavant, et que la Vierge y était morte. Quoi qu'il en soit, il est certain qu'il y passa la fin de sa longue carrière, parcourant fréquemment les provinces voisines, instituant des évêques, édifiant et soutenant les communautés chrétiennes par ses paroles et par ses écrits, combattant les hérésies qui commençaient à s'élever au sein de l'Église (1).

Le christianisme fut troublé dès ses premières années par deux hérésies opposées qui ont chacune produit un grand nombre de sectes : l'une tendait à nier l'humanité du Christ; c'est de là que sont dérivées toutes les erreurs des gnostiques; l'autre au contraire contestait sa divinité et le mettait au rang des créatures. Cette dernière opinion avait principalement trouvé cours parmi les Juifs convertis qui cherchaient à rattacher la religion nouvelle aux traditions de leurs pères. Un Juif nommé Cérinthe, esprit turbulent et inquiet, après avoir de bonne heure agité l'église de Jérusalem par son attachement aux pratiques de la loi Mosaïque et son intolérance à l'égard des Gentils, alla prêcher dans les provinces d'Asie Mineure une doctrine où se confondaient dans un mélange bizarre les erreurs des gnostiques et celles des sectes judaïsantes (2). Il fit des prosélytes surtout en Phrygie et en Galatie, et l'on croit que c'est lui et ses disciples auxquels saint Paul fait allusion dans ses Épîtres quand il parle de ces faux apôtres, de ces ouvriers trompeurs et perfides qui défigurent la foi de J. C. (3).

L'hérésiarque se trouvait à Éphèse en même temps que saint Jean. On raconte que ce dernier allant un jour aux bains publics, et apprenant que Cérinthe y était, se hâta d'en sortir, de peur, disait-il, que l'édifice ne s'écroulât sur cet ennemi de la vérité (4). Saint Jean vécut à Éphèse jusqu'au temps de la deuxième persécution, que l'on croit avoir commencé en l'an 95, c'est-à-dire dans la quinzième année du règne de Domitien (1).

Premières persécutions, sous Néron et Domitien. — Les historiens ecclésiastiques attribuent la première persécution à Néron sous qui saint Pierre et saint Paul furent exécutés à Rome. Tacite nous apprend d'ailleurs qu'après l'incendie de Rome Néron accusa les chrétiens d'en être les auteurs, et en fit périr un certain nombre dans des supplices atroces (2). Les chrétiens de Rome étaient peu nombreux et leurs doctrines mal connues; Néron fut trop heureux de détourner sur des sectaires obscurs et décriés les soupçons dont il était lui-même l'objet. On peut supposer, comme le fait Gibbon avec quelque vraisemblance, que les Juifs, d'abord menacés, désignèrent eux-mêmes les chrétiens à la cruauté de l'empereur. Ils étaient alors en grand nombre à Rome, et avaient dans le palais deux protecteurs puissants; Poppée, la maîtresse du prince, et le comédien Aliturus son favori (3); il était facile d'insinuer que l'incendie de Rome ne devait pas être attribué aux véritables Israélites, mais qu'il s'était élevé parmi eux une secte nouvelle et dangereuse de *Galiléens* ou *Chrétiens* capables des plus grands crimes (4). — Il n'est du reste ni vraisemblable ni apparent qu'il y ait eu sous Néron une persécution générale ou un dessein formé d'arrêter les progrès de la nouvelle doctrine. Orose, qui vivait au cinquième siècle, est le premier qui dise que Néron fit poursuivre les chrétiens dans les provinces (5).

La persécution de Domitien n'a guère un caractère plus tranché : elle fut dirigée contre les Juifs au moins autant que contre les chrétiens. Les édits dont parle Orose (6) avaient pour objet d'établir une capitation générale sur les Juifs (7); les chrétiens, qui avaient conservé l'usage de la circoncision et les

(1) Tillemont, *Mém. ecclés.*, I, 144.
(2) Id., *Ibid.*, II, 25, 26.
(3) Saint Paul, *Ép. aux Galates.*
(4) Tillemont, *Mém. ecclés.*, I, 144; II, 26.

(1) Tillemont, *Mém. ecclés.*, I, 145.
(2) Tac. *A.*, XV, 44.
(3) Joseph, *De vitâ suâ*, c. 3.
(4) Gibbon, ch. XVI.
(5) Oros., VIII, 5.
(6) Or., VII, 10.
(7) Dio, LXVI, p. 766.

pratiques judaïques, se trouvèrent confondus avec eux (1). On rapporte à ce temps le martyre de saint Antipas, premier évêque de Pergame ; mais on n'en donne aucun détail authentique (2). Saint Timothée, évêque d'Éphèse, ne fut tué que l'année suivante, après la mort de Domitien et la révocation de ses édits. « Les païens faisaient le 22 janvier une fête appelée *Catagogé*, dans laquelle ils portaient en procession les images de leurs dieux et commettaient mille insolences, avec d'autant plus de liberté qu'ils étaient masqués et armés de grosses massues ; saint Timothée s'étant jeté au milieu d'eux pour empêcher cette fête abominable, ils le frappèrent à coups de pierres et de massues jusqu'à lui ôter la vie (3). » Ainsi mourut le premier évêque d'Éphèse.

EXIL ET MORT DE SAINT JEAN. — LES SEPT ÉGLISES DE L'APOCALYPSE. — La plus célèbre victime de la persécution de Domitien fut l'apôtre saint Jean. On raconte qu'il fut attaqué par diverses calomnies qui furent cause que Domitien le bannit d'Éphèse. Il fut mené à Rome et plongé dans une chaudière d'eau bouillante ; mais il en sortit plus sain et plus vigoureux qu'il n'y était entré. On l'envoya alors travailler aux mines dans l'île de Patmos, qui est une des Sporades ; ce fut là qu'il composa son Apocalypse. L'introduction prophétique de ce livre extraordinaire nous fait connaître les noms des sept premières églises d'Asie : Éphèse, Smyrne, Pergame, Thyatire, Sardes, Laodicée et Philadelphie. L'ange d'Éphèse était sans doute saint Timothée ; l'ange de Smyrne est probablement saint Polycarpe, ordonné évêque de cette ville par saint Jean lui-même (4).

Après la mort de Domitien l'apôtre revint à Éphèse ; il trouva en arrivant que Timothée venait de mourir, et fut obligé pour satisfaire au désir et à la prière des fidèles, de prendre soin de cette église, qu'il gouverna jusqu'à sa mort (5). Ce fut dans les dernières années de sa vie qu'il écrivit son évangile. On assure que l'original écrit de sa main se conservait encore à Éphèse au septième siècle. On remarque que c'est des quatre évangiles celui qui insiste le plus sur la divinité du Christ : au lieu de la généalogie humaine de J.-C., par laquelle saint Mathieu commence son évangile, nous trouvons au début de celui de saint Jean un exposé dogmatique de la nature du Verbe incréé ; c'est une réponse aux hérétiques d'Asie, Ébionites et Cérinthiens. — Saint Jean mourut à Éphèse entre les années 100 et 104, âgé d'environ cent ans (1). Ses principaux disciples furent saint Polycarpe, saint Ignace, évêque d'Antioche, et saint Papias, premier évêque de Hiérapolis en Phrygie (2).

PERSÉCUTION DE TRAJAN. — On est étonné de voir figurer le grand Trajan parmi les persécuteurs : il est cependant certain que l'Église compta sous son règne plusieurs martyrs illustres. Ainsi que nous l'avons remarqué plus haut, Trajan était extrêmement jaloux de son autorité, et prenait ombrage de tout ce qui paraissait tendre à l'amoindrir. Les associations particulières lui étaient suspectes ; à ce titre il n'est pas étonnant que les communautés chrétiennes aient attiré son attention. Il voyait les chrétiens répandus dans un grand nombre de villes former un corps organisé et régulièrement discipliné : chaque église ayant dans son évêque un chef absolu, et ces évêques entretenant d'une ville à l'autre une correspondance active. On conçoit qu'une telle puissance lui ait paru menaçante pour le bon ordre et la tranquillité de l'État. Il ne forma cependant aucun plan suivi pour combattre les progrès du christianisme. Nous en avons la preuve manifeste dans cette lettre si souvent citée que Pline lui adressa au sujet des chrétiens de Bithynie : « Je n'ai, dit Pline, jamais as-
« sisté à aucune poursuite contre les
« chrétiens, de sorte que je ne sais ni
« sur quoi on les interroge ni comment
« on les punit. Et je ne suis pas peu en
« peine de savoir si l'on doit mettre
« quelque distinction entre les âges

---

(1) Gibbon, ch. XVI.
(2) Id., *ibid.*, II, 55, 244.
(3) Id., *ibid.*, II, 67.
(4) Tillemont, *Mém. ecclés.*, I, 144 ; II, 149.
(5) Id., I, 146.

(1) Tillemont, *Mém. ecclés.*, I, 149.
(2) Id., I, 151 ; II, 136.

« ou s'il faut traiter les enfants avec « la même rigueur que le reste (1). »
« Ainsi donc Pline, qui avait consacré sa vie entière à l'étude et aux affaires, qui dès l'âge de dix-neuf ans avait plaidé devant les tribunaux, qui avait occupé une place dans le sénat et rempli les fonctions de consul, qui par sa position avait dû se trouver en rapport avec une infinité de personnes de l'Italie et des provinces, Pline ne savait comment procéder à l'égard des chrétiens. Nous en pouvons conclure : qu'il n'y avait aucun décret du sénat, aucune loi en vigueur sur cette matière; qu'aucun empereur n'avait donné à ce sujet d'instructions précises aux gouverneurs de province ; qu'il n'y avait enfin aucun fait d'une autorité suffisante pour servir de règle (2). » La réponse de l'empereur à son lieutenant trahit une grande hésitation : « Il ne faut pas, dit-il, faire « de recherches contre les chrétiens ; « mais si on les défère en justice, le « magistrat doit les punir. » Les apologistes chrétiens n'ont pas manqué de relever cette inconséquence : « Si vous ordonnez, dit Tertullien, la punition d'un crime, pourquoi en défendez-vous la recherche ? Si les chrétiens ne méritent pas d'être poursuivis, comment méritent-ils d'être condamnés (3) » ? De l'aveu de Pline, un certain nombre de chrétiens obstinés dans leur croyance furent envoyés au supplice (4). Il fait dans cette même lettre un tableau très-alarmant des progrès de ce qu'il appelle une superstition détestable : le venin ne s'est pas seulement répandu dans les villes, toute la campagne, dit-il, en est infectée; et il ajoute que déjà les temples étaient désertés et que les victimes ne trouvaient plus d'acheteurs.

MARTYRE DE SAINT IGNACE. — SON VOYAGE A TRAVERS L'ASIE MINEURE. — Dans les autres provinces d'Asie il y eut aussi quelques exécutions : on rapporte à cette époque le martyre de saint Zosime en Pisidie (5). Mais le plus fameux martyr du temps de Trajan fut saint Ignace, évêque d'Antioche de Syrie. Ses Actes ne nous expliquent pas comment il fut poursuivi, si on l'arrêta ou s'il vint de son plein gré se présenter devant l'empereur : nous savons seulement qu'il confessa sa croyance en présence de Trajan, et qu'il fut envoyé à Rome pour y être livré aux bêtes. Ici commence la partie la plus singulière de son histoire : il est conduit enchaîné à travers l'Asie Mineure, et sa marche est un triomphe. Il était gardé nuit et jour par des soldats qu'il appelle lui-même des léopards à cause de leur cruauté (1) ; cependant dans chaque ville où il passe il harangue les fidèles empressés sur son passage ; il reçoit les députations des Églises, qui envoient même des personnes pour l'accompagner. Arrivé à Smyrne, il va voir saint Polycarpe avec lequel il s'entretient de discours, spirituels, en lui témoignant combien il est glorieux de ses chaînes (2). Il est visité par Onésime d'Éphèse, par Damas, évêque de Magnésie, par Polybe, évêque de Tralles, et leur remet des lettres pour leurs églises, lettres dans lesquelles il donne de grandes louanges à la vigilance des pasteurs et à la fidélité du troupeau. Il écrit aussi de Smyrne sa fameuse lettre aux Romains, dans laquelle il leur recommande de ne pas chercher à lui dérober la gloire du martyre (3). Étant à Troade, il apprend que Dieu a rendu la paix à l'église d'Antioche. Trajan y avait arrêté la persécution (4) ; c'est tout ce que nous disent les auteurs ecclésiastiques, sans nous expliquer ni en quoi consistait cette persécution, ni pourquoi, épargnant les chrétiens, l'empereur condamnait leur chef à mort. Le saint martyr s'embarqua à Troade sans avoir eu le temps, comme c'était son dessein, d'écrire à toutes les églises d'Asie pour leur annoncer l'heureux soulagement de celle d'Antioche ; il charge Polycarpe de ce soin et lui recommande ses ouailles (5). Ces faits ne témoignent pas un grand acharnement de la part des persécuteurs ; on serait

---

(1) Pl., L. X, Ep., 97.
(2) Gibbon, ch. XVI.
(3) Tert. Apolog.
(4) Plin., X, Ep., 97.
(5) Tillemont. II, 79.

(1) Ignat. ad Rom., Mém. ecclés., II, 91.
(2) Tillemont, Mém. ecclés., II, 91.
(3) Id., ibid., 92.
(4) Ign. ad Smyrn.
(5) Tillemont. Mém. ecclés., II, 9, 3.

tenté de supposer qu'Ignace s'était attiré son malheur par quelque excès de zèle inconsidéré.

PREMIÈRES APOLOGIES. — RESCRIT D'ADRIEN. — On place sous Adrien la quatrième persécution : non pas que ce prince l'ait ordonnée par un édit formel ; mais son attachement aux superstitions du paganisme encourageait les ennemis des chrétiens (1). A mesure que ces derniers devenaient plus puissants, ils voyaient croître aussi le nombre et l'animosité de leurs persécuteurs. Sous Adrien commence à retentir dans les amphithéâtres ce cri de la foule irritée : « Les chrétiens aux lions ! » — « Si l'empire avait été affligé de quelque calamité récente, d'une peste, d'une famine ou d'une guerre malheureuse, si le Tibre avait débordé ou que le Nil ne se fût pas suffisamment élevé au-dessus de ses rives, si la terre tremblait, si l'ordre des saisons paraissait altéré, les païens superstitieux se persuadaient que les crimes et l'impiété des chrétiens en étaient cause ; ils se plaignaient de la douceur excessive du gouvernement, dénonçaient les chrétiens comme les ennemis des dieux et des hommes ; et souvent, poussant la licence jusqu'à désigner par leurs noms les principaux chefs de cette secte abhorrée, ils exigeaient qu'ils fussent immédiatement saisis et jetés aux bêtes (2) ». — Plusieurs faits de cette nature s'étaient apparemment produits dans la province d'Asie ; Serenius Granianus, proconsul, écrivit à l'empereur Adrien pour lui représenter ce qu'un pareil procédé avait d'odieux. Dans le même temps saint Quadrat, que quelques interprètes croient avoir été évêque de Philadelphie (3), adressa au même empereur la première apologie qui ait été composée en faveur des chrétiens. La réponse d'Adrien fut un rescrit adressé en l'an 126 de notre ère à Minucius Fundanus, successeur du proconsul Granianus : « J'ai reçu, dit-il, « la lettre que votre prédécesseur m'a- « vait écrite. Cette affaire ne me semble « nullement à négliger ; quand ce ne « serait que pour empêcher les troubles « qui en peuvent naître, et ôter aux ca- « lomniateurs l'occasion d'exercer leur « malice. — Si les peuples de votre gou- « vernement ont quelque chose à dire « contre les chrétiens, qu'ils se servent « contre eux des voies juridiques et ne « se contentent pas de les poursuivre « par des clameurs tumultueuses. C'est « à vous à connaître de ces accusations, « et non pas à une assemblée du peuple. « Si quelqu'un se rend accusateur des « chrétiens et fait voir qu'ils agissent « en quelque chose contre les lois, pu- « nissez-les selon la qualité de leur « faute ; mais si quelqu'un se joue à « les accuser par calomnie, ne manquez « pas de le châtier comme sa malice le « mérite (1) ».

Ainsi la qualité de chrétien cessa d'être considérée comme un crime. Lampride assure même qu'Adrien, dans les dernières années de sa vie, avait dessein de faire adorer J.-C., comme un Dieu, et qu'il fit bâtir à cette intention des temples dans toutes les villes sans y mettre aucune statue. Comme ces temples n'étaient consacrés à aucune divinité ils portaient le nom de leur fondateur ; il y avait en Asie un grand nombre de ces *Adrianées* (2).

HÉRÉSIES DE MARCION ET DE MONTANUS. — L'Église continua de prospérer sous le règne d'Antonin ; la paix dont elle jouissait ne fut troublée que par les hérésies qui commençaient à se multiplier. Marcion, qui donna son nom à une des sectes les plus célèbres, était fils d'un saint évêque du Pont, peut-être de la ville de Sinope. Il fut chassé de l'Église pour avoir débauché une vierge, de sorte qu'ayant quitté son pays, il s'engagea dans les erreurs de l'hérésiarque Cerdon ; dans la suite, il les amplifia au point de devenir lui-même chef de secte. On place vers l'an 142 le commencement de son hérésie. Il paraît qu'il fit en peu de temps un grand nombre de prosélytes dans les provinces d'Asie Mineure ; cependant il fut chassé d'Éphèse par les disciples de S. Jean l'Évangéliste (3).

(1) Tillemont, II, 102.
(2) Gibbon, ch. XVI.
(3) Tillemont, II, p. 106.

(1) Eus., *Chron.*, IV, 9 ; Tillemont, *Mém. ecclés.*, II, 109.
(2) Id., *ibid.*, Lamprid. *Alex. vit.*
(3) Tillemont, *Mém. ecclés.*, II, 126, 127.

Un peu plus tard, vers l'an 171, naquit en Phrygie la secte des Montanistes, qu'on nommait aussi Cataphryges à cause de leur origine. Montanus était du bourg d'Ardabab ou Ardabau dans la Mysie Phrygienne. Il eut l'ambition de passer pour prophète; peut-être même parvint-il à se persuader qu'il l'était, et fort peu de temps après sa conversion à la foi chrétienne il commença à parler en homme inspiré, c'est-à-dire à débiter des discours sans suite et sans jugement. Comme le don de prophétie était alors assez commun dans l'Église, les opinions furent d'abord très-partagées à son sujet : les uns voyaient en lui un saint, les autres un démoniaque.

Au nombre de ses partisans les plus déclarés étaient deux femmes nommées Priscille et Maximille, qui prétendaient aussi avoir reçu l'inspiration. Toutes deux, pour obéir à l'esprit de Dieu, abandonnèrent leurs maris, suivirent le prophète, et consacrèrent leur fortune, qui était considérable, à propager la nouvelle doctrine (1).

Le fond de l'hérésie Montaniste était un grand orgueil : non content de s'attribuer le don de prophétie, l'hérésiarque finit par se donner pour envoyé de Dieu; il prenait le titre de Paraclet, et prétendait apporter une lumière nouvelle, supérieure à celle de J.-C. et des apôtres (2). Ses dogmes sont obscurs : on l'accuse d'avoir devancé les erreurs des Sabelliens sur la Trinité; d'autres disent qu'il mêlait à sa doctrine les systèmes des gnostiques, et qu'il admettait les *Éons*, espèce de génies intermédiaires entre Dieu et les hommes (3). Ces rêveries étaient soutenues par des pratiques ascétiques et une morale d'une austérité inouïe. C'est là le côté le plus connu de la doctrine des Montanistes; et ce fut cette rigueur extrême de discipline qui séduisit et attira dans leurs rangs le fougueux Tertullien. Ils condamnaient absolument les secondes noces, et semblaient même n'admettre le mariage que par grâce; ils rejetaient la pénitence et refusaient l'absolution à tous les péchés; ils multipliaient les abstinences et les jeûnes, et avaient mis dans l'année trois carêmes auxquels ils ajoutaient toutes sortes d'austérités (1).

Malgré ce que dit l'Esprit-Saint, que nul n'est prophète en son pays, la nouvelle secte fit des progrès rapides en Phrygie et dans les provinces environnantes. Tous les évêques s'unirent pour la combattre. Zotique de Comana, Julien d'Apamée, se rendirent au bourg de Pépuze, où les prétendues prophétesses opéraient; mais on ne leur permit pas de les examiner. Un concile se réunit à Hiérapolis sous la présidence de S. Apollinaire, évêque du lieu; c'est le premier dont il soit fait mention après celui de Jérusalem sous les apôtres; ce concile, composé de vingt-sept évêques, condamna et excommunia Montanus avec ses principaux adhérents (2). Malgré cette condamnation, suivie de plusieurs autres, les Montanistes continuèrent encore longtemps à diviser l'Asie, et se répandirent même dans les autres parties de l'empire. Vers 250 ils dominaient sans partage dans plusieurs villes, notamment dans celle de Thyatires en Lydie, où ils avaient entièrement éteint la religion catholique (3). Le bourg de Pépuze était pour eux un lieu sacré; ils y allaient en pèlerinage, et y célébraient on ne sait quels mystères. Au temps de Constantin, ils étaient encore assez puissants en Phrygie pour empêcher l'exécution des édits que ce prince avait rendus contre les hérétiques. Ils finirent par se partager en une infinité de sectes obscures, qui subsistèrent longtemps dans les districts ignorés de la Phrygie et de la Galatie (4).

Persécution sous Marc-Aurèle. — Martyre de S. Polycarpe. — La paix de l'Église finit avec le règne d'Antonin. Quoique Marc-Aurèle ne fût pas naturellement porté à la cruauté, les philosophes qui l'entouraient et qui avaient tout crédit sur son esprit, parvinrent à l'armer en faveur de leurs ressentiments : car les philo-

---

(1) Tillemont, *Mém. ecclés.*, II, 192, 193.
(2) Id., *ibid.*, 198.
(3) Id., *ibid.*, 17, 193, 200.

(1) Tillemont, *Mém. ecclés.* 198, 199.
(2) Id., *ibid.* II, 193, 194.
(3) Id., *ibid.*, II, 203.
(4) Id., *ibid.*, 204, 205.

sophes de toute secte étaient les plus acharnés ennemis des chrétiens. La persécution fut surtout violente en Asie, sous le proconsul Statius Quadratus (166 après J.-C.). Douze chrétiens, après avoir subi la torture, furent condamnés à être livrés aux bêtes dans l'amphithéâtre de Smyrne (1). La foule fut émue de leur constance, mais encore moins émue qu'irritée : elle se mit à crier avec fureur : « Qu'on extermine « ces impies! qu'on cherche Polycarpe! » Le saint évêque, cédant aux instances de ses frères, consentit à se cacher dans les environs de la ville. Découvert et amené devant le proconsul, comme on le pressait de jurer par la fortune de César, et de maudire le Christ, il répondit en souriant : « Il y « a quatre-vingt-six ans que je le sers « sans qu'il m'ait jamais fait aucun mal; « comment pourrais-je maudire mon « Roi, qui m'a sauvé et m'a comblé « de tant de faveurs? Au reste si « vous ne savez pas qui je suis, je « vous le déclare hautement, je suis « chrétien. » Le héraut cria par trois fois : « Polycarpe confesse qu'il est « chrétien. » Aussitôt tous ceux qui étaient présents, Juifs et Gentils, demandèrent qu'on le livrât aux bêtes. Comme cela ne se pouvait plus parce que les jeux étaient finis, ils crièrent qu'il fallait le brûler vif. La sentence rendue par le peuple fut prononcée par le juge et aussitôt exécutée (2).

APOLOGISTES ET MARTYRS D'ASIE. — Cette mort parut avoir satisfait la colère des ennemis du christianisme; la persécution se ralentit sans cesser entièrement. Si l'on ne faisait plus mourir les chrétiens, on leur faisait subir des vexations de toute espèce : la délation était encouragée contre eux; leurs biens étaient à la merci de qui voulait les en dépouiller; les magistrats leur refusaient assistance; quelques uns même les mettaient publiquement hors la loi par leurs édits. Ce fut ce qui obligea S. Méliton, évêque de Sardes, d'écrire son Apologie, qu'il adressa à l'empereur Marc-Aurèle vers l'an 170 (1). S. Apollinaire en composa une autre vers le même temps, ou peut-être en l'année 177, époque où la persécution redoubla de violence. On cite parmi les martyrs de cette époque S. Thraséas, évêque d'Euménée en Phrygie, et parmi les nombreux apologistes qui plaidèrent la cause des chrétiens opprimés, Athenagore et Miltiade, que l'on croit aussi avoir été d'Asie Mineure (2).

LES MARTYRS DE LYON. — LEURS RELATIONS AVEC LES ÉGLISES D'ASIE. — Les plus célèbres victimes de cette persécution furent les martyrs de Lyon, S. Pothin et ses compagnons. L'Église de Lyon, d'après une tradition appuyée sur les plus forts témoignages, tirait son origine d'Asie; Grégoire de Tours assure que S. Polycarpe, lors de son voyage à Rome, envoya S. Irénée, son disciple, pour soutenir cette Église naissante (3); plusieurs des compagnons de S. Pothin étaient natifs de Phrygie (4); enfin après leur mort les Églises de Lyon et de Vienne écrivirent une lettre grecque aux fidèles d'Asie pour leur mander les détails de leur martyre, et en même temps pour s'associer à l'opinion des Églises orthodoxes concernant les Montanistes (5).

RÈGNE DE COMMODE. — QUERELLE RELATIVE A LA CÉLÉBRATION DE LA PAQUE. — La persécution continua pendant les premières années du règne de Commode; elle était devenue comme l'état ordinaire de l'Église; les chrétiens exaltés couraient en foule au-devant du martyre. Arrius Antoninus, proconsul d'Asie, las un jour de condamner ceux qui s'accusaient eux-mêmes, s'écriait : « Malheureux, si la vie vous est à charge, manque-t-il de cordes et de précipices? » Cependant Dieu permit que Commode, impitoyable pour le reste des hommes, montrât quelque indulgence pour les chrétiens : Marcia, sa favorite, avait conçu une affection particulière pour la religion nouvelle (6); grâce à

(1) Tillemont, *Mém. ecclés.*, II, 141-143.
(2) Id., *ibid.*, II, 155. — Act. Polycarp., ex Eccles. Smyrn. Epist.

(1) Tillemont, *Mém. ecclés.*, II, 144.
(2) Id., *ibid.*, II, 146, 147, 201.
(3) Id., *ibid.*, II, 156.
(4) Id., *ibid.*, III, 4, 10.
(5) Id., *ibid.*, III, 13.
(6) Id., *ibid.*, III, 24, 25.

cette protection l'Église prospéra et ne fut plus inquiétée que par les hérésies. On place vers cette époque la naissance en Galatie d'une nouvelle secte de gnostiques dont Séleucus et Hermias furent les chefs (1). Une difficulté plus grave fut celle qui s'éleva au sujet de la célébration de la Pâque; elle alla presque jusqu'à faire éclater un schisme entre l'Orient et l'Occident. L'usage de l'Asie Mineure était de placer, cette fête, comme les Juifs, le quatorzième jour de la lune, quel que fût le jour de la semaine; tandis qu'en Occident on croyait ne pouvoir finir le jeûne et solenniser la résurrection que le dimanche. Lorsque Polycarpe était allé à Rome, il s'était entretenu de cette difficulté avec le pape Anicet; après quelque discussion, ils s'en tinrent chacun à leur sentiment sans que leur concorde en fût aucunement troublée (2). La querelle se réveilla sous le pape Victor. Plusieurs synodes provinciaux furent tenus à ce sujet, en Palestine, à Rome, en Grèce, dans les Gaules, dans l'Osrhoène et dans le Pont; tous confirmèrent la coutume établie en Occident (3); le concile du Pont, composé de quatorze évêques et présidé par Palmas, évêque d'Amastris, adopta la coutume suivie par la majorité de l'Église. Cependant les évêques de la province d'Asie, réunis à Éphèse sous la présidence du vénérable Polycrate, refusèrent de se soumettre à la décision commune. L'évêque de Rome se conduisit en cette circonstance avec une violence imprudente : il publia des lettres véhémentes contre les chrétiens d'Asie, et les excommunia (4) Heureusement plusieurs évêques d'Occident, et entre autres S. Irénée, intervinrent dans la querelle, et parvinrent à l'apaiser. Les chrétiens d'Asie Mineure revinrent d'eux-mêmes à la coutume la plus générale. S. Anatole, évêque Syrien, qui écrivait vers l'an 275, parle de ce changement comme d'un fait accompli (5). Mais par une coïncidence singulière, à l'époque même où l'Asie renonçait à son ancien usage, il était adopté dans la Syrie, la Mésopotamie et dans toutes les provinces qui relevaient du patriarcat d'Antioche. Ce point de discipline ne fut définitivement réglé que par le concile de Nicée, qui fit prévaloir la coutume d'Occident (1).

PERSÉCUTION SOUS SEPTIME-SÉVÈRE. — Septime-Sévère se montra d'abord tolérant à l'égard des chrétiens. Mais les progrès croissants du christianisme finirent apparemment par l'inquiéter : en l'année 202 il publia un édit qui défendait sous les peines les plus graves de se faire juif ou chrétien (2). Ce fut le signal d'une persécution nouvelle : car l'édit condamnant les nouveaux convertis, il n'était pas difficile de le tourner contre ceux qui faisaient profession de les convertir. Un certain Claudius Herminianus, gouverneur de Cappadoce, se signala par ses rigueurs, étant fort irrité contre les chrétiens à cause de la conversion de sa femme. Il fut atteint d'une maladie terrible qu'on ne manqua pas d'attribuer à la vengeance céleste. Cependant la persécution continua après sa mort : S. Alexandre de Jérusalem, évêque de Flaviopolis, était encore en prison en l'année 211 (3). On met dans le même temps le martyre d'un autre S. Alexandre et de S. Caïus à Apamée dans la province d'Asie; les Grecs y ajoutent S. Caralampe, qu'ils croient avoir été évêque de Magnésie et avoir souffert la mort à Antioche de Pisidie (4).

On cite cependant plusieurs gouverneurs qui refusèrent de poursuivre les chrétiens; d'autres se faisaient faire des présents par les particuliers et même par les églises, et à cette condition les laissaient en repos. Les Montanistes condamnaient fortement ce genre de transactions; ils ne croyaient même pas qu'il fût permis de fuir ou de se cacher; aussi leur secte fournit-elle à cette époque un grand nombre de martyrs (5).

PAIX DE L'ÉGLISE SOUS LES EM-

---

(1) Tillemont, *Mém. ecclés.*, III, 29.
(2) Id., *ibid.*, II, 152.
(3) Id., *ibid.*, III, 46.
(4) Id., *ibid.*, III, 47.
(5) Id., *ibid.*, 48.

(1) Tillemont, *Mém. ecclés.*, III, 48.
(2) Hist. Aug., *Sev. vit.*, p. 70.
(3) Tillemont, *Mém. ecclés.*, III, 54, 183.
(4) Id., *ibid.*, III, 54.
(5) Id., *ibid.*, III, 56.

PEREURS SYRIENS. — S. GRÉGOIRE LE THAUMATURGE. — Caracalla, occupé de ses autres cruautés, oublia les chrétiens : ainsi la paix fut rendue à l'Église. Elle eut alors trente-huit ans de sécurité, sous les empereurs syriens. Alexandre Sévère professait un grand respect pour la personne du Christ; il avait mis son image dans son oratoire avec celles de Moïse et de Platon. Il permit aux communautés chrétiennes de posséder des maisons et des terres, et on pense que sous son règne furent bâtis les premiers édifices publics consacrés au culte. On vit pour la première fois la religion nouvelle honorée en la personne de ses ministres, les évêques commencèrent à être considérés comme les égaux des magistrats civils (1). Pendant cette période l'église de Cappadoce jeta un grand éclat. Elle compta dans son sein deux prélats célèbres, S. Firmilien, évêque métropolitain de Césarée, qui passait pour un des plus saints et des plus savants hommes de son temps (2), et le grand S. Grégoire, évêque de Néocésarée, qui eut le don des miracles. Son vrai nom était Théodore. Il était d'une famille riche et reçut une éducation très-complète. Se rendant à Béryte en Phénicie pour y étudier le droit romain, il rencontra en Palestine le célèbre Origène, qui le convertit (3). De retour dans son pays, il quitta la ville pour vivre à la campagne; on ajoute même qu'il renonça à tout ce qu'il possédait en faveur de ses parents, et ne voulut avoir d'autres richesses que la vertu et la foi (4). Phédime, évêque d'Amasée, entendit parler si avantageusement de la sainteté de ce jeune homme, qu'il résolut de le consacrer à l'épiscopat; Grégoire en fut effrayé; il se cacha pour éviter cet honneur que tant d'autres ambitionnaient. Enfin Phédime ne pouvant le trouver, déclara qu'en présence de Dieu qui les voyait l'un et l'autre il consacrait Grégoire pour le service de la foi. C'est ainsi qu'il fut ordonné évêque. Il ne crut pas qu'il lui fût permis de résister plus longtemps, et fut le premier pasteur de l'église de Néocésarée. Cette ville, quoique une des plus considérables de la province, ne comptait alors que dix-sept chrétiens; lorsque le saint mourut, d'après Grégoire de Nyssa son panégyriste, il n'y laissa que dix-sept païens (1).

MIRACLES DE S. GRÉGOIRE. — Comme Grégoire se rendait dans sa ville épiscopale, il fut surpris en chemin par la nuit et par la pluie. Il entra avec ceux qui l'accompagnaient dans un temple d'idoles après avoir fait le signe de la croix, et y passa toute la nuit selon sa coutume à prier et à chanter des hymnes. Le lendemain quand il fut parti, les démons déclarèrent qu'ils n'osaient plus rentrer dans le temple; sur quoi le prêtre en colère courut après le saint et le menaça de le déférer aux tribunaux; S. Grégoire lui donna un billet qui commandait aux démons de rentrer; les démons obéirent, et le prêtre, extrêmement surpris, retourna auprès de Grégoire pour lui demander instruction. Cependant ce miracle n'ayant pas suffi pour le convertir, Grégoire fit changer de place une fort grosse pierre par son simple commandement; le prêtre idolâtre ne résista plus et abandonna tout, même sa femme et ses enfants, pour suivre le saint, qui plus tard le fit diacre (2). Arrivé à Néocésarée, Grégoire trouva sur son passage une grande multitude de peuple que la curiosité avait attirée; il passa en silence et les yeux baissés au milieu de cette foule infidèle; dès le premier jour et sur sa seule vue quantité de païens se convertirent (3). Bientôt il fallut bâtir une église : car on en avait alors la liberté, c'était sous le règne de Philippe l'Arabe. Cette église, où le saint fut enterré, échappa à la destruction sous Dioclétien; et un peu plus tard, un tremblement de terre ayant renversé toute la ville, l'édifice sacré resta seul debout (4). — La répu-

---

(1) Tillemont, *Mém. ecclés.*, III, 111.
(2) Id., *ibid.*, IV, 128.
(3) Id., *ibid.*, IV, 133. — Greg. Thaum., *Panegyr. in Orig.*
(4) Tillemont, *Mém. ecclés.*, IV, 135.

(1) Tillemont, *Mém. ecclés.*, IV, 136, 140.
(2) Greg. Nyss. Thaum., *vit.* — Tillemont, *Mém. ecclés.*, IV, 136.
(3) Id., *ibid.*, IV, 137.
(4) Id., *ibid.*

tation du saint évêque faisait que la plupart des particuliers portaient devant lui leurs différends; deux frères ne pouvant s'accorder au sujet d'un étang, il mit l'étang à sec par ses prières; et plus de cent ans après on montrait tout autour la marque des grandes eaux qui l'avaient autrefois rempli, tandis que l'endroit le plus creux, qui en avait été le fond, produisait non des poissons mais du blé (1). Un jour qu'il revenait de Comana à Néocésarée, il rencontra deux Juifs dont l'un faisait le mort tandis que l'autre vint le prier de lui donner quelque chose pour ensevelir son camarade; car on savait que son plus grand soin était d'assister les pauvres; le saint jeta son manteau sur le prétendu mort, qui mourut à l'instant même (2). — Un autre jour les païens étaient assemblés au théâtre pour la fête d'une de leurs idoles; et comme on y était très pressé, le peuple demandait en criant à Jupiter de faire un peu de place; l'évêque leur envoya dire : « Vous aurez bientôt plus de place que « vous n'en souhaitez » En effet il survint une peste furieuse qui enleva un grand nombre d'habitants. Les païens eux-mêmes recoururent à S. Grégoire, et tous ceux qui promirent d'adorer J.-C. furent guéris; ce fut à cette occasion qu'une grande partie de la ville se convertit (3). — On attribue encore au même saint un grand nombre de miracles plus ordinaires, tels que la guérison des infirmes, la vue rendue aux aveugles et les démons chassés du corps des possédés. La seule chose qui doive étonner, c'est qu'il soit resté à Néocésarée dix-sept incrédules.

S. ATHÉNODORE — S. ALEXANDRE LE CHARBONNIER. — Grégoire avait un frère nommé Athénodore, qui fut comme lui converti par Origène et comme lui évêque dans le Pont; nous ne savons dans quelle ville (4). Le premier évêque de Comana du Pont fut ordonné par S. Grégoire d'une manière assez singulière. On lui proposait divers personnages considérables par leur naissance, leur éloquence ou leurs richesses; mais il ne les trouvait pas dignes de l'épiscopat. Enfin comme il hésitait, un des assistants s'avisa de dire : « Est-ce que vous voulez faire évêque Alexandre le charbonnier? » Il releva cette parole, se fit amener l'homme dont on parlait, et le trouva extérieurement tel que devait être un homme de son état, mais au dedans plein d'une vertu toute apostolique. S. Alexandre le charbonnier gouverna avec sagesse l'église de Comana, et couronna sa vie par le martyre (1).

PERSÉCUTIONS DE MAXIMIN ET DE DÉCIUS. S. Grégoire et S. Firmilien étaient tous deux très-liés avec Origène; et ce fut à Césarée que ce prêtre illustre vint chercher un asile lorsqu'il fut poursuivi par ordre de Maximin (236) (2). La Cappadoce fut du reste une des provinces où cette persécution de Maximin se fit le plus sentir. Serénien, qui en était gouverneur, tourmenta les chrétiens au point qu'un grand nombre furent obligés de se réfugier dans les provinces voisines (3). Mais ce n'était que le prélude d'une persécution plus terrible. Celle qui éclata sous le règne de Décius fut la première qui mérita vraiment le nom de persécution. Elle fut conduite avec le dessein arrêté de détruire le christianisme; on publia dans toutes les provinces un édit impérial qui enjoignait aux gouverneurs de poursuivre les chrétiens avec la dernière sévérité, de les obliger tous, sans distinction d'âge ou de sexe, à sacrifier aux dieux, et en cas de refus, de les livrer aux plus cruels supplices (4) (249). Les chrétiens étaient alors si nombreux que cet édit dut produire un trouble étrange dans tout l'empire. S. Grégoire de Nysse en fait un tableau qui rappelle celui des proscriptions de l'ancienne Rome (5). La plupart des évêques furent enlevés à leurs troupeaux ou par l'exil ou par la mort; un grand nombre de prêtres et de laïques scellèrent leur croyance de leur

---

(1) Tillemont, *Mém. ecclés.*, IV, *ibid.*
(2) Id., *ibid.* 138.
(3) Id., *ibid.* 139.
(4) Id., *ibid.* 132.

(1) Tillemont, *Mém. ecclés.* IV, 138.
(2) Id., III, 240.
(3) Id., IV, 129.
(4) Id., III, 135.
(5) Id., *ibid.*, 136.

sang. On cite, dès les premiers jours, S. Pione, prêtre de Smyrne (1); S. Nestor, évêque de Magyde, ville maritime de Pamphylie : il fut amené à Pergé par ordre du proconsul Pollion, et mis à mort avec S. Conon, S. Isidore et plusieurs autres fidèles de son diocèse (2); S. Thyrse et S. Maxime en Bithynie, S. Tryphon et S. Respice à Nicée (3), S. Pierre, S André et plusieurs autres à Lampsaque (4), S. Carpe, évêque de Thyatires (5), S. Christophe en Lycie, S. Julien en Cilicie; a Éphèse les sept dormants (6). S. Mercure en Cappadoce, S. Troade à Néocésarée (7). — S. Grégoire Thaumaturge se cacha pour éviter la persécution, comme firent aussi S. Cyprien en Afrique, S. Denys à Alexandrie et plusieurs autres prélats illustres. Du fond du désert où il était réfugié, il correspondait avec les fidèles et soutenait leur courage (8). Il était du reste fort difficile de se cacher : changer de province était inutile, car la persécution sévissait dans tout l'Empire avec la même violence. Beaucoup de chrétiens faiblirent et renièrent leur foi. On vit même des évêques donner ce scandale, entre autres Eudémon, évêque de Smyrne, qui, après avoir apostasié, se mit au rang des persécuteurs (9).

INCURSIONS DES GOTHS. ÉPITRE CANONIQUE DE S. GRÉGOIRE. — Les souffrances de l'Église durèrent jusque sous le règne de Valérien : car cet empereur, qui avait d'abord paru favorable aux chrétiens, changea bientôt de sentiments, et ordonna par un édit formel de recommencer contre eux les poursuites (10). Sa mort y mit fin; mais alors commencèrent les incursions des Goths. Au milieu des calamités qui désolaient l'Asie Mineure, les chrétiens montraient une sérénité qui étonnait même les vainqueurs. Des prêtres emmenés au nombre des captifs convertirent leurs nouveaux maîtres, et c'est ainsi que les premières lumières de l'Évangile pénétrèrent chez les ennemis de l'Empire romain (1). Les évêques soutenaient le courage des fidèles, et les exhortaient sinon à combattre, du moins à supporter avec résignation ces fléaux qu'ils considéraient comme une marque de la colère divine. On a conservé sous le titre d'Épître canonique une lettre adressée par Grégoire le Thaumaturge à un des évêques de sa juridiction après la première invasion et la prise de Trébizonde (2). La Cappadoce fut saccagée tour à tour par les Goths et par les Perses; les fidèles de Césarée reçurent des consolations et des secours de leurs frères d'Occident. S. Denys, évêque de Rome, leur écrivit, et en fit racheter le plus possible des mains des barbares (3).

AFFAIRE DE PAUL DE SAMOSATE. — Bien que ces épreuves de toute espèce dussent épurer les mœurs des chrétiens en exaltant leur foi, la discipline des premiers temps commençait à se relâcher. Origène et S. Cyprien représentent la persécution de Décius comme un juste châtiment de la corruption du siècle (4). Sous Gallien toute l'Asie fut scandalisée par le faste et les débauches de Paul de Samosate, évêque d'Antioche. Cependant ses désordres seraient peut-être restés impunis, tant il était protégé par le respect qu'inspirait la dignité épiscopale; mais il osa toucher au dogme. Il était en grande faveur auprès de Zénobie, qui régnait alors sur l'Orient. Pour complaire, dit-on, à sa protectrice, qui inclinait vers le judaïsme, il émit des doctrines hétérodoxes concernant la Trinité et l'Incarnation; ce fut ce qui le perdit. Trois conciles

---

(1) Tillemont, Mém. ecclés., III, 163.
(2) Id., ibid., 155.
(3) Id., ibid., 149.
(4) Id., ibid., 151.
(5) Id., ibid., 152.
(6) Id., ibid., 153.
(7) Id., IV, 130, 139.
(8) Id., IV, 139.
(9) Id., III, 139.
(10) Id., IV, 3.

(1) S. Basile parle d'un certain Eutychès de Cappadoce qui s'était acquis un grand crédit parmi les Barbares; et d'après une autre tradition, les ancêtres d'Ulphilas, que les Goths révéraient comme leur apôtre, auraient été des captifs d'Asie. (Tillemont, Mém. eccles., IV, 11, 12.)
(2) Tillemont, Mém. ecclés., V, 141.
(3) Id., ibid., 130.
(4) Id., III, 134.

furent convoqués à ce sujet dans la ville même d'Antioche, et on y vit figurer presque tous les évêques d'Asie : S. Grégoire Thaumaturge et S. Athénodore son frère y assistèrent; S. Firmilien présida le second concile, et mourut avant l'ouverture du troisième, qui fut présidé par Hélénus de Tarse, métropolitain de Cilicie (1). Déposé par ce dernier concile, l'évêque hérétique eut l'audace de se maintenir par force en possession de la maison épiscopale. Il n'en fut chassé qu'à l'arrivée d'Aurélien (272) (2).

COMMENCEMENTS DU RÈGNE DE DIOCLÉTIEN. — L'histoire des Églises d'Asie ne présente aucun incident mémorable depuis cette époque jusqu'à la fin du règne de Dioclétien. Ce prince lui-même se montra d'abord favorable aux chrétiens (3) : son palais en était rempli; sa femme, sa fille, plusieurs eunuques et officiers de sa cour avaient embrassé la foi de J.-C. A mesure que les villes d'Asie sortaient de leurs ruines, des temples s'y élevaient en l'honneur du vrai Dieu ; les évêques tenaient un rang considérable dans les provinces; les magistrats les traitaient avec déférence (4); l'Église était plus florissante qu'elle ne l'avait jamais été, lorsqu'éclata la dernière des persécutions et la plus sanglante.

(1) Tillemont, *Mém. ecclés.*, IV, 123, 124.
(2) Id., *ibid.*, 126.
(3) Il paraît cependant qu'il y eut plusieurs martyrs en Asie au commencement de ce règne : Claude, Astère et Néon souffrirent la mort à Eges en Cilicie sous le proconsul Lysias (Tillemont, *Mém. ecclés.* IV, 172); Pinien, proconsul d'Asie, fit mourir plusieurs chrétiens, et se convertit ensuite avec sa femme Lucine (id., *ibid*, 230). On cite encore d'autres faits du même genre, qu'il faut attribuer ou au fanatisme de la multitude ou à la malice de quelques agents subalternes.
(4) Tillemont, *Mém. ecclés.*, V, 2. — Euseb., VIII, 4. — Gibbon, ch. XVI.

CHAPITRE II.

HISTOIRE DE L'ASIE MINEURE DEPUIS LA PERSÉCUTION DE DIOCLÉTIEN JUSQU'A LA MORT DE THÉODOSE (303-395).

PREMIER ÉDIT CONTRE LES CHRÉTIENS. — Pendant l'hiver de 303 à 304, Galérius, depuis longtemps ennemi déclaré du christianisme, vint habiter avec Dioclétien le palais de Nicomédie, et le sort des chrétiens fut l'objet de leurs délibérations secrètes. Le vieil empereur inclinait vers la douceur; il consentait à exclure les chrétiens de tout emploi à la cour et dans l'armée; mais il ne pouvait se résoudre à condamner à mort un si grand nombre de ses sujets; il sentait dans quels troubles une pareille mesure allait jeter l'empire, et représentait avec force combien le sang versé jusqu'alors avait été inutile, combien il y avait peu d'espoir de réduire par la crainte des tourments des hommes habitués à courir au-devant du martyre. Enfin il convoqua un conseil composé des principaux officiers dans l'ordre civil et dans l'armée; la question leur fut soumise. La plupart, soit par inclination, soit par complaisance, appuyèrent Galérius, et la persécution fut résolue (1).

Le 23 février, jour où l'on célébrait la fête des Terminales, le préfet du prétoire, suivi de plusieurs généraux, tribuns et officiers du fisc, se rendit de très-grand matin à la grande église de Nicomédie, située sur une hauteur dans le quartier le plus peuplé et le plus magnifique de la ville. Les portes furent enfoncées en leur présence ; ils se précipitèrent dans le sanctuaire, y cherchèrent vainement quelque objet visible du culte, et ne purent que livrer aux flammes les saintes Écritures. Les ministres de Dioclétien étaient suivis d'une troupe nombreuse de gardes et

(1) Gibbon., ch. XVI. — Tillemont, *Mém. ecclés.*, V, 9. Lact. *de Mort. Persec.* — Lactance ajoute que Dioclétien, avant de se décider, envoya consulter à Milet l'oracle des Branchides, lequel ne manqua pas de l'encourager dans ses projets sanguinaires.

de pionniers qui marchaient en ordre de bataille, pourvus de tous les instruments dont on se servait pour détruire les villes fortifiées; en quelques heures l'édifice sacré, dont le faîte s'élevait au-dessus du palais impérial et qui avait excité si longtemps l'envie et l'indignation des païens, fut détruit de fond en comble (1). On publia le lendemain l'édit général de persécution. Galérius voulait que tous ceux qui refuseraient de sacrifier aux Dieux fussent brûlés vifs; quoique Dioclétien eût modéré la fureur de son collègue, les châtiments infligés aux chrétiens furent encore assez rigoureux : l'édit ordonnait la démolition des églises dans toute l'étendue de l'empire, et prononçait la peine de mort contre tous ceux qui se rassembleraient secrètement pour l'exercice de leur culte. Il était enjoint aux évêques et aux prêtres de remettre leurs livres sacrés entre les mains des magistrats, lesquels avaient ordre, sous les peines les plus sévères, de les brûler solennellement en public. — Par le même édit toutes les propriétés des églises étaient à la fois confisquées; elles furent ou vendues à l'encan ou réunies au domaine impérial ou données aux villes et aux communautés païennes, ou accordées aux sollicitations des courtisans avides. Après avoir pris des mesures si efficaces pour abolir le culte des chrétiens et dissoudre leur gouvernement, on crut encore nécessaire d'imposer les charges les plus intolérables à ceux qui s'obstineraient dans leur croyance : les personnes de haute naissance furent déclarées incapables de posséder aucune dignité et aucun emploi; les esclaves furent privés pour jamais de l'espoir de la liberté; enfin le corps entier du peuple chrétien fut exclu de la protection des lois : on autorisa les juges à recevoir toute action intentée contre un chrétien; mais les chrétiens n'avaient pas le droit de se plaindre des injures qu'ils avaient souffertes. Ainsi ces malheureux se trouvaient exposés aux sévérités de la justice publique sans pouvoir en partager les avantages; nouveau genre de martyre, pénible et lent, obscur et ignominieux,

(1) Gibbon, ch. XVI.

qui semblait en effet propre à lasser la constance la plus éprouvée (1). Cet édit avait à peine été affiché dans le lieu le plus apparent de Nicomédie, qu'un chrétien l'arracha et le mit en pièces. Il fut aussitôt arrêté et brûlé vif ou plutôt grillé à petit feu. Les bourreaux épuisèrent sur son corps tous les raffinements imaginables de cruauté, sans pouvoir venir à bout de subjuguer sa patience. Eusèbe et Lactance, qui racontent le fait, ne donnent, ni l'un ni l'autre, le nom de ce premier martyre, quoique ce fût, disent-ils, un personnage de marque. Les Grecs l'honorent sous le nom de Jean (2).

INCENDIES DU PALAIS DE NICOMÉDIE. NOMBREUX SUPPLICES. — Cependant une déclaration de guerre si soudaine et si cruelle devait singulièrement échauffer les esprits; et on pouvait supposer que parmi tant de chrétiens frappés de proscription, quelques-uns se porteraient à des excès. Sur ces entrefaites le feu prit au palais de Nicomédie. Les écrivains ecclésiastiques accusent Galérius de l'avoir mis lui-même pour avoir occasion d'en accuser les chrétiens; d'autres disent qu'il avait été allumé par le tonnerre. Quoi qu'il en soit, Dioclétien entra dans de violents transports de colère; il fit aussitôt arrêter tous ceux de ses officiers qui étaient chrétiens, et ordonna qu'on les mît à la question; il assista lui-même avec Galérius aux tortures de ces malheureux. On ne put obtenir aucun éclaircissement. — Moins de quinze jours après, un second incendie éclata. Quoiqu'il eût été promptement éteint, Galérius sortit le jour même de Nicomédie, en déclarant qu'il fuyait de peur d'être brûlé par les chrétiens. Du reste Dioclétien n'avait plus besoin d'être excité : sa fureur était au comble. Il contraignit sa femme et sa fille de sacrifier aux idoles; tous ceux des chrétiens du palais qui hésitèrent à les imiter moururent dans les supplices (3) Du palais, la persécution s'étendit à toute la ville, et de proche

(1) Gibbon, ch. XVI.
(2) Id., *ibid*. — Tillemont, *Mém. ecclés.*, V, 10.
(3) Gibbon, ch. XVI. — Tillemont, *Mém. ecclés.*, V, 11. — Lact., *de M. persec*

en proche à toutes les provinces. S. Anthime, évêque de Nicomédie fut brûlé avec tout son clergé et une infinité d'autres personnes de tout âge et de tout sexe. D'autres furent tués par l'épée; on en mit un grand nombre sur des barques pour les aller noyer en pleine mer. Les esclaves n'étaient pas exempts du supplice; on les jetait à la mer avec une pierre au cou. Les prisons étaient pleines; il y avait des juges dans tous les temples pour contraindre chacun de sacrifier, et envoyer à la mort ceux qui refusaient. On porte à plusieurs milliers le nombre des chrétiens mis à mort à Nicomédie dans les deux premiers mois de la persécution (1).

DEUXIÈME ET TROISIÈME ÉDITS. — Vers le même temps une révolte éclata dans la province de Mélitène, sur les frontières d'Arménie, et une autre en Syrie, où Eugène prit la pourpre et ne la garda qu'un jour. On rendit les chrétiens responsables de ces révoltes comme de l'incendie de Nicomédie, et c'est sans doute ce qui provoqua un second édit plus menaçant que le premier. Il était spécialement dirigé contre les ecclésiastiques; il les condamnait tous à la prison, et ordonnait de les torturer jusqu'à la mort s'ils refusaient de sacrifier (2). Il y eut de nombreuses chutes. Eusèbe de Césarée, l'auteur de la Chronique Ecclésiastique, est accusé d'avoir sauvé sa vie par une apostasie; quand on le lui reprocha plus tard, il ne s'en défendit que par des injures et des violences (3). En revanche un grand nombre de saints prélats donnèrent aux fidèles l'exemple de la constance, et moururent avec courage, ou conservèrent toute leur vie les marques glorieuses de leurs tortures.

Enfin au commencement de l'année 304 parut un dernier édit dont Constantin disait qu'il semblait avoir été écrit avec une plume trempée dans le sang. Tous les chrétiens sans exception étaient condamnés à mort; ordre était donné aux gouverneurs d'employer tous les moyens pour les découvrir et pour dompter leur résistance (1). « Presque tout l'univers, dit un historien, fut teint du sang des martyrs. Car on courait en foule à ces glorieux combats, et on cherchait la mort avec plus d'ambition qu'on ne se dispute aujourd'hui les dignités de l'Église » (2). On assure qu'il y eut dix-sept mille martyrs en un mois dans les diverses provinces de l'Empire (3).

MARTYRS DE GALATIE. — LES VIERGES D'ANCYRE. — Dès la première année la persécution fut extrêmement violente en Galatie, d'après ce qu'en rapportent les actes de S. Théodote. Un certain Théotecne avait obtenu le gouvernement de cette province en promettant qu'il réduirait bientôt tous les chrétiens à l'obéissance. En effet il n'y eut ni violences ni artifices qu'il ne mît en œuvre pour réussir (4). Bientôt les exécutions commencèrent : la plus célèbre est celle des sept vierges d'Ancyre, Técuse, Alexandrie, Phaïne, Claudia, Euphrasie, Matrone et Julitte, qui, après avoir vécu soixante-dix ans dans le jeûne et les mortifications, furent livrées par le gouverneur à la brutalité de la jeunesse. — On trouve dans les Vies des Saints de fréquents exemples de ce genre de supplice, qui paraissait aux vierges chrétiennes cent fois plus cruel que la mort. — En cette circonstance, le ciel ne permit point qu'une telle profanation s'accomplît; les saintes furent noyées dans un étang près de la ville (5). Théodote le Cabaretier, célèbre par sa sainteté et ses bonnes œuvres entre tous les chrétiens d'Ancyre, mérita la gloire du martyre en donnant la sépulture aux sept vierges. Il parvint, avec l'assistance des saints, à enlever leurs corps pendant la nuit quoiqu'ils fussent bien gardés, et les enterra près d'une église qu'on appelait le martyre des Patriarches; mais le lendemain l'homme qui l'avait aidé ayant été arrêté, trahit le secret, et révéla où étaient les corps; les païens les déterrèrent et

---

(1) Tillemont, *Mém. ecclés.*, V, 11.
(2) Id., *ibid.*, 16.
(3) Id., *ibid.*, 17.

(1) Tillemont, *Mém. ecclés.*, V, 22.
(2) Id., *ibid.*, 22.
(3) Sulp. Sévère, II, 46.
(4) Tillemont, *Mém. ecclés.*, V, 20, 83.
(5) Id., *ibid.*, 20, 21. — Bolland., 18 mai.

les réduisirent en cendres. Quant à Théodote, voyant qu'on maltraitait les chrétiens à cause de lui, il se livra volontairement, et périt après avoir subi d'affreuses tortures (1). Inutile de raconter par quel miracle son corps échappa aux flammes du bûcher et comment le bourg de Mala conserva ses saintes reliques : les martyrologes sont pleins de détails du même genre qu'il faut laisser à la légende.

DIVERS MARTYRS D'ASIE MINEURE. — ATTAQUES DES PHILOSOPHES. — Eusèbe (2) rapporte en détail les supplices imaginés contre les chrétiens : En Cappadoce on leur brisait les bras et les jambes; ailleurs on les brûlait à petit feu, on leur coupait le nez, les oreilles, les mains et tous les membres l'un après l'autre; dans le Pont on avait inventé des raffinements de cruauté encore plus affreux. La province de Cilicie avait pour proconsul un certain Numerius Maximus, qui se signala par son acharnement : on place sous son administration les martyres de S. Calliope, de S. Sozon, de S. Doulas, de S. Taraque et de ses compagnons, dont les Actes, copiés sur les registres mêmes du proconsul, ont un caractère remarquable d'authenticité et d'exactitude (3). En Phrygie, on vit le martyre d'une ville entière : les habitants, qui étaient tous chrétiens, avaient apparemment essayé de résister; les soldats mirent le feu à l'église et la consumèrent avec tout le peuple qui s'y était réfugié (4).

Au milieu de tant de cruautés, il se trouva des âmes assez basses pour applaudir les persécuteurs et insulter leurs victimes : un philosophe de Nicomédie publia trois livres contre la doctrine chrétienne; Hiéroclès, qui fut vers cette époque gouverneur de Bithynie et un des bourreaux les plus célèbres, écrivit aussi un ouvrage où les sophismes étaient mêlés de beaucoup d'injures (5). Les païens mêmes furent indignés qu'on

(1) Tillemont, *Mém. ecclés.*, V, 20, 83.
(2) Id., *ibid*, 84, 85.
(3) Eus., l. VIII, c. 12. — Tillemont, *Mém. Ecclés.*, V, 23.
(4) Tillemont, *Mém. Ecclés.*, V, 30, 31, 122.
(5) Id., *ibid*, 23, 92.

choisit pour tourner les chrétiens en ridicule le temps où ils étaient accablés par leurs ennemis (1).

ABDICATION DE DIOCLÉTIEN. — Pendant que ces sanglantes exécutions désolaient tout l'empire, les deux Augustes célébraient à Rome par un triomphe solennel la vingtième année de leur règne (304). En traversant l'Illyrie pour regagner l'Orient, Dioclétien fut atteint d'une maladie de langueur. Quoiqu'il ne marchât qu'à petites journées et qu'il fût porté dans une litière fermée, son état était devenu très-alarmant lorsqu'il arriva vers la fin de l'été à Nicomédie. Il ne sortit pas de son palais durant tout l'hiver, et le bruit se répandit pendant quelque temps qu'il avait rendu le dernier soupir. L'opinion générale était qu'on cachait sa mort pour prévenir les troubles en l'absence de Galérius. Cependant Dioclétien parut encore une fois en public le 1ᵉʳ mars; mais si pâle et si exténué que ceux avec lesquels il avait vécu le plus familièrement auraient eu de la peine à le reconnaître. L'épuisement de sa santé lui fit prendre enfin la résolution de renoncer à l'empire (2). La cérémonie de son abdication eut lieu dans cette même plaine de Nicomédie où Galérius avait été proclamé César. Dioclétien parut avec Galérius, toute la cour, et les principaux officiers de l'armée; s'adressant aux soldats, il leur dit, les larmes aux yeux, que sa faiblesse l'obligeait à chercher du repos et à remettre l'empire aux mains de ses collègues plus jeunes. Lorsqu'il ajouta qu'il fallait créer deux nouveaux Césars, chacun jeta les yeux sur Constantin, fils de Constance Chlore, qui se tenait auprès du trône; on fut étrangement surpris quand le vieil empereur ajouta que les deux Césars étaient Sévère et Maximin : Ils étaient si inconnus l'un et l'autre, qu'on se demandait si c'était le jeune Constantin qui avait changé de nom. Cependant Galérius fit avancer Maximin; Dioclétien lui donna son manteau de pourpre. Se dérobant aussitôt après aux regards de la multitude, il traversa la ville dans un chariot couvert, et partit le jour même pour sa re-

(1) Tillemont, V 21. — Lact., *Instit.*, V, 2
(2) Gibbon, ch. XIII.

sidence de Salones (1). (1ᵉʳ mai 305).

FUITE DE CONSTANTIN. — TYRANNIE DE GALÉRIUS. — L'Asie eut donc pour maître Galérius; mais ce prince ambitieux espérait bientôt étendre sa domination sur tout l'empire : C'est dans ce but qu'il avait désigné au choix de Dioclétien les nouveaux Césars, qui étaient tous deux à sa discrétion (2). Maximin, auquel il donna le gouvernement de la Syrie, était fils de sa sœur; son vrai nom était Daïa ou Daza; c'était un paysan à peine dégrossi, ignorant, ivrogne et superstitieux (3), en qui Galérius espérait trouver un instrument docile. Quant au jeune Constantin, il le retint auprès de sa personne, attendant, selon toute apparence, une occasion favorable pour s'en défaire : car ses qualités personnelles et sa popularité le lui rendaient doublement suspect. Constance Chlore, dont la santé déclinait, demandait instamment qu'on lui renvoyât son fils, Galérius cherchait sans cesse de nouveaux prétextes pour le garder. Enfin il lui accorda la permission de partir et le brevet nécessaire pour prendre les chariots de poste. Il lui avait donné ce brevet sur le soir, en lui disant de partir le lendemain après avoir pris ses ordres ; sans doute il préparait quelque nouvel artifice pour le retenir ; le lendemain, étant resté au lit fort tard, il fit appeler Constantin vers midi : on lui apprit que le prince était parti la veille au soir en le quittant. Galérius entra aussitôt dans une violente colère, et donna ordre de le poursuivre ; mais au premier relai de poste on ne trouva pas de chevaux; le fugitif avait pris soin de tuer ou de mutiler tous ceux qu'il avait trouvés. Il fit une extrême diligence, traversa en poste la Bithynie, la Thrace, la Dacie, la Pannonie, l'Italie et la Gaule, et rejoignit son père au moment où il s'embarquait pour passer en Bretagne (4).

Peu de mois après Constance mourut, et son fils fut proclamé Auguste par les légions. Cet événement déconcertait tous les plans de Galérius. Il en fut tellement irrité qu'il menaça publiquement le messager du nouvel empereur de le faire brûler avec la lettre dont il était porteur (1). Cependant il recula devant une guerre civile, et consentit à reconnaître Constantin, mais en lui donnant seulement le titre de César. Il se vengea de son désappointement sur ses malheureux sujets d'Asie, qu'il soumit, s'il en faut croire Lactance, à une tyrannie intolérable. Il entreprit d'établir de nouvelles taxes sur les terres et les personnes, et fit faire dans ce dessein un dénombrement très-rigoureux qui répandit partout l'effroi et la désolation; le pays n'aurait pas été plus ruiné par une incursion de barbares. On vit des personnes de tout rang mises à la torture parce qu'on les soupçonnait de dissimuler une partie de leur fortune; les indigents n'étaient pas plus en sûreté : il en fit jeter un grand nombre à la mer sous prétexte qu'ils faisaient semblant d'être pauvres afin de s'exempter des tributs (2). Après sa mort il fallut faire une loi pour décharger les habitants des villes de la capitation et de la taille qui leur avaient été imposées, et les rétablir dans les franchises dont ils avaient joui sous Dioclétien (3).

PERSÉCUTION SOUS GALÉRIUS. — SA MORT. — Quant aux chrétiens, leurs souffrances redoublèrent. Galérius leur avait toujours porté une haine violente; dès qu'il fut seul dépositaire de l'autorité suprême, ses instructions vinrent ranimer les persécuteurs. En Cilicie seulement il y eut quatre cent quatre martyrs sous le proconsul Alexandre, successeur du trop fameux Numérius Maximus (4). Nous avons aussi les Actes de plusieurs martyrs mis à mort vers la même époque à Amasée, à Comana dans le Pont, à Chalcédoine (5). Plusieurs gouverneurs, las d'ôter la vie aux chrétiens, imaginèrent de les mutiler: on leur crevait un œil et on leur brûlait un jarret, après quoi on les employait au travail des mines (6).

(1) Tillemont, *Emp.*, IV, 52, 87.
(2) Gibbon, ch. XIV.
(3) Tillemont, *Emp.*, IV, 86.
(4) Id., *ibid.*, 90, 91.

(1) Tillemont, *Emp.*, 93. — Gib., ch. XIV.
(2) Lact. de M. Persec., ch. 21-23. — Tillemont, *Empereurs*, IV, 94.
(3) Id., *Cod. Théod.*, XIII, t. 10.
(4) Id., *Mém. Ecclés.*, V, 34, 35.
(5) Id., *ibid.*, 36, 173.
(6) Id., *ibid.*, 38.

Cependant les événements qui se passaient en Occident avaient jeté une grande confusion dans l'Empire. Il y eut jusqu'à six princes qui s'attribuaient à la fois le titre d'Auguste : Galérius en Asie, Maximin en Syrie, Constantin en Gaule ; en Italie le vieux Maximien, Maxence son fils, et Licinius, que Galérius entreprit de leur opposer. Tel était l'état des choses au commencement de l'année 310, lorsque Galérius fut atteint de ce mal affreux qu'on appelait la maladie pédiculaire. Toutes les fois qu'elle frappait un tyran, les peuples se plaisaient à y voir une marque de la colère divine ; Galérius lui-même crut devoir désarmer le dieu des chrétiens par une réparation tardive : il publia un édit qui fut affiché à Nicomédie le 30 avril 311, par lequel il accordait aux chrétiens le libre exercice de leur religion, leur permettait même de rebâtir leurs églises, et implorait le secours de leurs prières. Un mois après il avait cessé de vivre (1).

RÈGNE DE MAXIMIN, 311-314. — L'Asie tomba au pouvoir de Maximin. Le premier usage qu'il fit de son autorité fut de persécuter indignement la veuve de son oncle et de son bienfaiteur, Valérie fille de Dioclétien. Sans même attendre qu'elle eût quitté le deuil, il lui proposa de l'épouser ; sur son refus, il la fit arrêter avec Prisca sa mère, confisqua tous leurs biens, fit mettre leurs domestiques à la torture afin de pouvoir les charger de crimes imaginaires, et enfin les relégua l'une et l'autre dans les déserts de la Syrie. Le vieux Dioclétien du fond de sa retraite écrivit au nouveau prince et ne put obtenir qu'on lui renvoyât sa fille ni sa femme (2).

Maximin s'était signalé en Syrie par son animosité contre les chrétiens ; lorsqu'il fut le maître de tout l'Orient, la persécution recommença sourdement. Il n'osa révoquer l'édit de Galérius ; mais il chercha par tous les moyens à en détruire l'effet : il se faisait demander par les villes l'autorisation de prendre des mesures répressives contre les chrétiens (1), de sorte que ces malheureux se trouvaient bannis presque de partout ; les gouverneurs, pour plaire à l'empereur, s'attachaient à les tourmenter, et les philosophes imaginaient toutes sortes d'artifices pour décrier leurs mœurs et leurs croyances. Maximin lui-même ordonna de faire apprendre aux enfants dans toutes les écoles de prétendus actes de la vie de Jésus-Christ, qu'on avait remplis à dessein de fables ridicules. Enfin, il y eut de nouvelles exécutions, quoique en petit nombre, dans les diverses provinces qui lui obéissaient (2).

DÉFAITE ET MORT DE MAXIMIN. — Cependant cette longue et dernière épreuve du christianisme touchait à sa fin. Constantin vainqueur de Maxence se déclara hautement en faveur des chrétiens, et publia de concert avec Licinius, d'abord un premier édit daté de Rome, puis son fameux édit de Milan (313). Maximin, auquel le premier édit fut envoyé, en fit un beaucoup moins explicite, mais qui permit enfin aux chrétiens de vivre sans être inquiétés pour leurs croyances (3). Il voyait avec défiance l'union des deux souverains d'Occident, et la chute de Maxence lui inspirait des inquiétudes pour lui-même. Avant la fin de l'hiver, pendant qu'on célébrait à Milan les noces de Licinius avec une sœur de Constantin, il prit soudain les armes, se transporta du fond de la Syrie aux bords du Bosphore de Thrace, non sans perdre en route un grand nombre de soldats par la rigueur de la saison, franchit le détroit, et mit le siège devant Byzance, qui se rendit au bout de onze jours. Héraclée l'arrêta aussi quelque temps ; il venait de s'en rendre maître et marchait sur Andrinople, quand il apprit avec surprise que Licinius était campé à six lieues de lui. La bataille fut acharnée ; enfin les troupes de Maximin lâchèrent pied ; et lui-même se fit plus remarquer par la rapidité de sa fuite que par sa bravoure sur le champ de bataille ; vingt-quatre heures après, il reparut pâle et tremblant, dépouillé de la pourpre impériale, dans la ville de Nicomédie, à plus de cinquante lieues du théâ-

(1) Tillemont, *Mém. Ecclés.*, V, 44. — Id., *Empereurs*, XIV, 116.
(2) Id., *Empereurs*, IV, 117, 118.

(1) Tillemont, *Mém. Ecclés.*, V, 45.
(2) Id., *ibid.*, 46, 47 ; 66-71.
(3) Id., *ibid.*, 49.

tre de sa défaite (1). Il s'enfuit de là en Cappadoce, puis à Tarse, où il mourut presque aussi misérablement que Galérius, après avoir comme lui désavoué ses rigueurs contre les chrétiens et publié un édit de tolérance (2).

CRUAUTÉS DE LICINIUS. — Le nouveau maître de l'Asie était déjà vieux. C'était un ancien ami de Galérius, nourri comme lui dans les camps, très-dur, très-jaloux de son autorité, et par conséquent ennemi des chrétiens; mais son alliance avec Constantin lui faisait une loi de les ménager. Il publia à Nicomédie l'édit de Milan, qui non-seulement assurait aux chrétiens le libre exercice de leur culte, mais même accordait aux églises les priviléges les plus étendus. En même temps que par cette mesure il rendait le repos à l'Asie, Licinius se déshonora par des cruautés odieuses: non content de faire périr la famille et les principaux partisans de Maximin, il mit à mort sans aucune nécessité Sévérien, fils de l'empereur Sévère et Candidien, fils naturel de Galérius; enfin il poussa l'ingratitude jusqu'à tuer la veuve de son bienfaiteur et de son ami. Au premier bruit des revers de Maximin, Valérie avec Prisca sa mère s'était évadée du lieu de son exil; et elle se préparait à gagner Nicomédie lorsqu'elle apprit la fin tragique des deux jeunes princes. Pendant près de quinze mois la femme et la fille de Dioclétien errèrent de province en province sous un déguisement misérable. Arrêtées enfin à Thessalonique, elles eurent la tête tranchée et leurs corps furent jetés dans la mer (3).

LICINIUS PERSÉCUTE LES CHRÉTIENS. — SA CHUTE ET SA MORT (323). — L'empire romain restait partagé entre Licinius et Constantin; mais la jalousie du premier, l'ambition du second devaient bientôt amener une rupture. La première fois qu'ils en vinrent aux mains, ils étaient tous deux mal préparés, la lutte ne fut ni longue ni décisive; enfin en 323, après huit ans d'une concorde apparente et mal assurée, ils rentrèrent en lice avec toutes leurs forces. Licinius avait cent cinquante mille fantassins, et quinze mille cavaliers presque tous tirés de la Cappadoce et de la Phrygie, qui produisaient une excellente race de chevaux; sa flotte se composait de trois cent cinquante galères à trois rangs de rames, dont cent dix étaient tirées des ports de l'Asie Mineure. Depuis le temps d'Octave et d'Antoine on n'avait pas vu un pareil armement (1). Constantin avait beaucoup moins de soldats; il n'avait pour ainsi dire pas de flotte; mais ce qui lui donnait une immense supériorité c'était son alliance intime avec les chrétiens. Licinius leur avait toujours été suspect; il ne l'ignorait pas, et sa haine contre eux en redoublait. Dès sa première prise d'armes en 314, il commença à laisser percer l'aversion qu'ils lui inspiraient: il éloigna de sa personne les officiers qui professaient la foi chrétienne, ensuite il défendit aux évêques de tenir des conciles, de sortir de leurs diocèses, d'avoir ensemble aucune communication. Il voulut intervenir dans la discipline de l'Église; il prétendit, dans l'intérêt des mœurs, obliger les femmes à avoir des temples à part où le service du culte serait fait par des personnes de leur sexe; cette tentative ne servit qu'à lui attirer les railleries du peuple: on trouva plaisant qu'un homme qui passait pour extrêmement débauché se mêlât de donner aux femmes chrétiennes des leçons de chasteté. Il alla ensuite jusqu'à ordonner la fermeture des églises; enfin il en vint à attaquer les personnes: un grand nombre de chrétiens furent privés de leurs emplois, ou bannis, ou condamnés aux mines sans aucun prétexte; des évêques furent arrêtés, sans doute pour avoir violé les édits, et plusieurs furent mis à mort, entre autres S. Basilée, évêque d'Amasée qui périt à Nicomédie. Ainsi, quoique la persécution ne fût pas formellement proclamée, elle devenait de jour en jour plus violente (2). Ce fut ce qui autorisa Constantin à prendre l'offensive. Ses préparatifs étaient faits, il se hâta de porter la guerre dans les États de son rival, sûr de trouver partout des amis zélés et une population nombreuse empressée à le servir. Lici-

---

(1) Gibbon, ch. XIV.
(2) Tillemont, *Mém. eccles.*, V, 50.
(3) Gibbon, ch. XIV.

(1) Gibbon, ch. XIV.
(2) Tillemont, *Mém. ecclés.*, V, 214-218.

nius, après avoir vu son armée défaite devant Andrinople et son immense flotte détruite dans le Bosphore, revint en Bithynie, où il parvint encore à lever près de soixante mille hommes. Une dernière bataille perdue à Chrysopolis (1) le réduisit à implorer la pitié du vainqueur. Constantin, cédant aux prières de sa sœur, promit de lui laisser la vie; il lui fit publiquement déposer la pourpre, et le relégua à Thessalonique; au bout de quelques mois il le fit mettre à mort sur de vagues soupçons.

CONSTANTIN SEUL EMPEREUR. — TRIOMPHE DU CHRISTIANISME. — ÉDIT DE NICOMÉDIE. — Constantin vainqueur fit triompher le christianisme avec lui. A peine entré dans Nicomédie, son premier soin fut de publier un édit très-ample en faveur des chrétiens qui avaient souffert soit dans leur personne soit dans leurs biens : il ordonnait que les confesseurs condamnés aux mines ou à l'exil fussent immédiatement rétablis dans leur premier état; que ceux qui avaient été privés de leurs emplois eussent la liberté d'y rentrer; quant aux morts, leurs biens confisqués devaient être rendus soit à leurs héritiers soit aux églises, à moins qu'ils n'en eussent eux-mêmes réglé la distribution; tous ceux qui se trouvaient en possession de ces biens, et même le fisc, avaient ordre de s'en dessaisir. Il rendait enfin aux églises les maisons, terres et jardins dont elles s'étaient vu déposséder, et particulièrement les lieux où étaient les restes des saints martyrs; ceux qui avaient reçu en don ces terres ou qui les avaient achetées du fisc étaient obligés de les rendre; on faisait espérer aux derniers une indemnité (2). Quelques mois après parut un second édit d'un caractère différent : c'était comme une sorte d'homélie adressée par le prince à ses sujets; il plaignait l'aveuglement des païens, il leur représentait la grossièreté de leurs erreurs et les exhortait à embrasser la foi chrétienne, en témoignant toutefois qu'il ne voulait contraindre personne. Un souverain ne prêche jamais sans succès; les conversions se multiplièrent. La cour surtout fut prompte à se convertir : on savait que c'était le chemin des grâces; les gouvernements de provinces et les offices importants n'étaient plus donnés qu'aux chrétiens; en peu d'années les chrétiens formèrent la grande majorité dans l'empire. Les temples les plus révérés devinrent déserts; l'empereur en fit lui-même fermer ou démolir plusieurs à cause des désordres qui s'y commettaient sous prétexte de religion; de ce nombre fut le temple d'Esculape à Eges, où se trouvait aussi le sanctuaire d'Apollonius de Tyane; les soldats n'en laissèrent pas le moindre vestige (1).

QUERELLE DE L'ARIANISME. — EUSÈBE DE NICOMÉDIE. — Désormais à l'abri des attaques du dehors, les chrétiens n'avaient plus à redouter que leurs propres désordres. Constantin trouva tout l'Orient troublé par l'hérésie naissante d'Arius. Ce prêtre excommunié et banni d'Alexandrie par son évêque en l'année 319, avait trouvé de chauds partisans en Palestine, en Syrie et en Asie Mineure. A la tête de ces sectaires étaient deux asiatiques célèbres par leur esprit, leurs talents, et l'influence qu'ils ont exercée sur les événements; c'étaient les deux Eusèbes. L'un, qui a laissé de nombreux écrits, entre autres la *Chronique ecclésiastique* et la *Vie de Constantin*, était évêque de Césarée en Palestine. Il passait pour l'homme le plus instruit et le plus éloquent de son temps; mais, sans parler de ses opinions que l'Église lui reproche, il a déshonoré son caractère et ses écrits par une basse flatterie; lorsqu'il traite l'histoire contemporaine, c'est moins en historien qu'en panégyriste. L'autre, après avoir gouverné pendant quelques années l'église de Beryte en Phénicie, la quitta pour celle de Nicomédie, contrairement aux canons et à l'usage constant de l'Église, qui regardait ces changements de siége comme une sorte d'adultère spirituel. Plus tard même, lorsque Nicomédie eut cessé d'être la résidence de la cour, Eusèbe suivit la fortune, et passa à Constantinople. C'est le premier des prélats de cour. Il eut bientôt de nombreux imitateurs; ainsi que le remarque

(1) *Auj.* Scutari.
(2) Euseb. Vit. Const. — Tillemont, *Empereurs*, IV, 200.

(1) Tillemont, *Empereurs*, IV, 204, 207.

un historien très-moderne et aussi religieux qu'éclairé, rien ne contribua tant à envenimer la querelle de l'arianisme, que les basses intrigues des prélats courtisans (1). Eusèbe avait su se mettre en faveur auprès de Licinius lors même que ce prince était le plus mal disposé à l'égard des chrétiens; et on prétendait qu'il l'avait activement servi dans sa lutte contre Constantin (2). Cependant, loin d'être entraîné dans sa chute, il trouva moyen de conquérir auprès du vainqueur le même crédit qu'il avait eu à la cour du vaincu. Il dirigeait la conscience de la princesse Constantia, veuve de Licinius et sœur de Constantin ; c'est grâce à cette puissante influence qu'il vint à bout de faire vivre et grandir l'hérésie. C'était chez lui qu'Arius avait cherché un refuge ; il assembla même en sa faveur un synode des évêques de Bithynie, qui approuva les opinions du fugitif et condamna la sévérité excessive de l'évêque d'Alexandrie (3). Celui-ci s'obstina et fit circuler dans tout l'Orient un écrit contre l'hérésie, qu'il proposa à la signature des évêques ; Arius et Eusèbe, de leur côté, notifièrent aux évêques la décision du synode de Bithynie, qui fut approuvée par un certain nombre (4). Ainsi les deux partis étaient en présence lorsque Constantin essaya de rétablir la paix.

INTERVENTION INUTILE DE CONSTANTIN. — CONVOCATION DU CONCILE DE NICÉE. — Ignorant encore combien les querelles théologiques étaient difficiles à apaiser, il écrivit avec douceur aux deux antagonistes Alexandre et Arius. Il paraît dans sa lettre aussi scandalisé comme néophyte qu'affligé comme souverain des discordes de l'Église. « Il comptait, dit-il, sur les prélats d'Orient pour faire cesser en Afrique le schisme des Donatistes ; il voit avec douleur l'Orient travaillé d'une maladie encore plus dangereuse. » — « Et d'où viennent tous ces troubles? D'une dispute subtile et frivole sur un point incompréhensible de doctrine. En matière de foi ne vaudrait-il pas mieux s'abstenir de toutes ces recherches superflues qui sont capables de troubler la paix des fidèles sous prétexte d'exercer leur esprit ? » — Il regrette que des chrétiens puissent être divisés par des distinctions de si peu d'importance, et recommande sérieusement au clergé d'Alexandrie l'exemple des philosophes de la Grèce, qui soutenaient leurs arguments sans colère et conservaient la liberté d'opinions sans manquer aux devoirs de l'amitié (1). — Les esprits étaient déjà trop échauffés pour que cette voix conciliante pût être entendue. Constantin lui-même ne tarda pas à céder au torrent et à se lancer au milieu des discussions religieuses. Arius, condamné par le concile d'Alexandrie, se plaignit à l'empereur ; celui-ci lui répondit par une lettre qui fut rendue publique, et dans laquelle il le réfutait avec une extrême véhémence. Il finissait en menaçant de sa colère quiconque soutiendrait l'hérésie, et invitait Arius lui-même à venir se justifier. L'hérésiarque s'empressa d'obéir ; les explications ambiguës qu'il fournit redoublèrent la perplexité de l'empereur (2). Enfin, pour résoudre cette difficulté qui paraissait de jour en jour plus menaçante, il résolut de recourir à toutes les lumières de l'Église ; c'est ainsi que fut convoqué à Nicée le premier concile œcuménique (325).

ÉVÊQUES D'ASIE MINEURE QUI SIÉGENT AU CONCILE. — La ville de Nicée, quoiqu'elle eût perdu de son importance depuis l'agrandissement de sa rivale, était encore une des villes considérables de la péninsule lorsqu'elle vit rassemblés dans ses murs plus de trois cents évêques (3) venus des points les plus éloignés de l'empire. Presque tous ceux d'Asie durent s'y trouver. Voici ceux dont les noms ont été conservés, soit par la relation de saint Athanase, soit par les subscriptions du concile : — Évêques de Cilicie (relevant

---

(1) Alb. de Broglie, *L'Église et l'Emp. Rom. au quatrième siècle*, vol. III, p. 398, 399.
(2) Tillem., *M. E.*, VI, 107.
(3) *Id., ibid.* 110.
(4) *Id., ibid.*, 111.

(1) Tillem., *M. E.* VI, 97, 98. — Gibbon, ch. XXI.
(2) Tillem., *M. E.* VI, 112.
(3) On en compte trois cent dix-huit, mais le nombre n'est pas certain.

du patriarchat d'Antioche): Lupus, de Tarse, ou Théodore, son successeur; Macedonius, de Mopsueste; Hésychius, de la petite Alexandrie ; Moïse, de Castabala; Nicetas, de Flaviopolis; saint Amphion, d'Épiphanie, confesseur (1). — Évêques de Cappadoce : Léonce, métropolitain de Césarée; Eupsychius, de Tyane; Eutychien, d'Amasée; S. Mélèce, de Sébastopolis; Longien, de Néocésarée. — Deux évêques arméniens : Acritas, de Piosponte, et Héracle, de Zéloné. — De Daphlagonie et de Galatie : S. Hypatius, évêque de Gangrœ ; Marcel, évêque d'Ancyre ; Philadelphe, de Juliopolis; Dicœus, de Tabia ; Eretius, de Plata ; Gorgonius, de Cynna. — De la province d'Asie : Théonas, de Cyzique; Eutychès, de Smyrne ; Marin, de Troade ; Nunéchius, de Laodicée en Phrygie ; S. Nicolas, de Myre en Lycie; Agapet, de Séleucie ; Théodore, de Vasagade (2).

Mettons à part ceux du parti d'Arius. C'étaient : Ménophante, d'Éphèse; Narcisse, de Néroniade (Cilicie) ; Patrophile, de Scythopolis; Théognis, de Nicée; Maris, de Chalcédoine, et Eusèbe, de Nicomédie. Il y avait en outre six évêques de Palestine et de Syrie, et cinq d'Égypte et de Libye, en tout dix-sept prélats déclarés en faveur de l'hérésie Arienne (3).

CONFÉRENCES PRÉLIMINAIRES. — Le concile s'ouvrit le 14 ou le 19 juin, et dura jusqu'au 25 août (4). Les premières séances, qui se tinrent dans la grande église, ne furent que des espèces de conférences préparatoires. « Des laïques, des philosophes, des païens même, attirés par la curiosité ou peut-être par le désir de se railler des divisions de l'Église, se mêlaient à ces entretiens encore sans caractère officiel. Les païens en général, et principalement les philosophes, inclinaient pour Arius dont le système semblait plus conforme aux raisonnements de la dialectique; ils l'appuyaient de leurs arguments, et ne se faisaient pas faute, au besoin, d'invoquer les textes de l'Écriture, que la science païenne commençait à connaître. Ces entretiens donnèrent lieu à des controverses animées, dont la singularité frappa vivement les assistants; et dans la suite, les discussions des philosophes païens avec les Pères de Nicée devinrent le texte soit' de légendes touchantes, soit d'exercices de déclamation sur lesquels la rhétorique chrétienne se donnait carrière. Gélase de Cyzique, auteur du cinquième siècle, a consacré un demi-volume à un dialogue manifestement supposé entre le philosophe Phédon et les évêques les plus savants du concile. Le philosophe y prend la défense du système d'Arius avec une abondance de citations bibliques et une connaissance de la théologie chrétienne qui dépassent la mesure de la vraisemblance. On n'y trouve guère de sensé et de naturel que cette réponse d'un des Pères à une question du philosophe : « O mon très-cher, nous vous avons « averti une fois pour toutes, quand il « s'agit de mystères divins, de ne jamais demander de pourquoi ni de « comment » (1).

SÉANCE D'OUVERTURE. — PREMIERS DÉBATS. — On attendait Constantin, qui était resté à Nicomédie jusqu'au 3 juillet pour célébrer l'anniversaire de sa victoire sur Licinius. Il partit pour Nicée aussitôt après les fêtes, et la séance solennelle fut indiquée pour le lendemain de son arrivée. Le lendemain, en effet, tous les évêques se rendirent au palais. On avait préparé la plus grande salle pour les recevoir, et on y avait disposé des siéges de chaque côté. Lorsqu'ils eurent pris place, on fit entrer la cour ; enfin l'empereur parut, revêtu de la pourpre et tout brillant d'or et de pierreries. Il n'était pas accompagné de sa garde ordinaire, mais seulement de ses officiers chrétiens. Il passa au milieu des prélats jusqu'au haut de la salle, où, après avoir salué l'assemblée il s'assit sur un petit siége doré qu'on lui avait préparé; tous les évêques s'assirent après lui par son ordre. Un instant après, l'évêque qui était assis le premier

---

(1) Tillem., *M. E.*, VI, 273.
(2) *Id., ibid.*, 274.
(3) *Id., ibid.* 276.,
(4) *Id., ibid.*

(1) Alb. de Broglie, *l'Église et l'Emp. Rom*, vol II, pp. 22, 23. — Nous aurions voulu pouvoir emprunter à ce sérieux et brillant ouvrage tout le tableau touchant et animé des premières séances du concile.

du côté droit se leva et adressa à l'empereur un discours étudié, où il rendit grâce à Dieu de toutes les bénédictions dont il avait comblé ce prince. Lorsque ce discours fut terminé, l'empereur parla à son tour; sa harangue, qu'il avait prononcée en latin fut traduite en grec et distribuée aux évêques d'Orient. Il y exprimait la joie qu'il ressentait de se trouver au milieu de cette grande assemblée, la douleur que lui avaient causée les divisions de l'Église, et l'espérance qu'il avait de voir bientôt rétablies par la sagesse des évêques la paix et la concorde (1).

Les débats commencèrent aussitôt, et continuèrent, ainsi que nous l'avons marqué, pendant près de deux mois. On ne sait pas si toutes les séances se tinrent au palais; mais il est certain que Constantin assista aux plus importantes; prenant quelquefois la parole, mais protestant néanmoins qu'il était venu comme simple spectateur, et qu'il ne voulait aucunement influer sur les décisions du concile. Arius comparut, et fut invité à exposer sa doctrine; il le fit avec si peu de ménagement qu'il souleva contre lui presque toute l'assemblée. Il était perdu sans retour s'il avait eu des amis moins adroits. Eusèbe et ses autres adhérents sentirent qu'il fallait faire des concessions; ils ne cherchèrent plus qu'à se sauver par l'ambiguïté des termes, et qu'à se mettre d'accord en apparence avec la majorité, en sacrifiant le moins possible de leurs opinions. Une conciliation était précisément ce que Constantin souhaitait le plus : il vit avec plaisir les dispositions de la minorité arienne, et lorsqu'elle présenta son symbole, il s'empressa de l'approuver. Mais ce symbole, malgré l'art avec lequel les termes en étaient ménagés, ne fut pas accepté. A la tête de la fraction du concile la plus hostile à l'arianisme s'était placé par ses talents plus que par sa dignité Athanase, simple diacre d'Alexandrie, qui avait suivi son évêque ; il dévoila les détours de pensée, les restrictions secrètes qui se cachaient sous la formule proposée par les ariens. Les orthodoxes entreprirent à leur tour de rédiger un symbole ; et après une longue délibération, ils y insérèrent le fameux mot HOMOOUSIOS (Consubstantiel), autour duquel tout le débat ne tarda pas à se concentrer (1).

ACCEPTATION DU SYMBOLE. CONCLUSION DU CONCILE. — Nous avons cru devoir nous abstenir à propos de l'arianisme de toute discussion théologique ; il est cependant nécessaire d'expliquer ici en peu de mots quel était le fond de la question. Tous les chrétiens s'accordent à adorer un seul Dieu ; mais un Dieu en trois personnes : le Père, le Fils engendré par le Père, et le Saint-Esprit, qui procède de l'un et de l'autre ; et ces trois personnes ne sont qu'un même Dieu, créateur, sauveur et conservateur du monde. Tel est, d'après les termes mêmes du symbole adopté par l'Église, le dogme de la Sainte-Trinité, dogme plus facile à accepter qu'à comprendre. Quiconque en a voulu sonder l'obscurité s'est exposé à tomber dans l'hérésie. Les uns ont fait trois Dieux ; les autres, en s'attachant au principe de l'unité de Dieu, ont effacé la distinction des personnes, c'est l'erreur des sabelliens ; d'autres en essayant de distinguer les personnes, ont établi entre elles une certaine inégalité : c'est en quoi a consisté l'arianisme. Arius et ses adhérents tendaient à rabaisser J.-C. au rang des créatures ; ils reconnaissaient en lui le fils engendré de Dieu le père, mais non pas engendré de toute éternité ; ils lui accordaient les attributs du Père, mais non la même substance. C'est précisément à quoi répondait ce mot *homoousios* qui ne laissait aucune prise à l'équivoque. Les orthodoxes s'y attachèrent opiniâtrement. Lorsqu'on en mit aux voix l'adoption, il y eut dix-sept opposants, les dix-sept amis d'Arius. Cependant il fallut céder ou se résigner à une disgrâce inévitable : car Constantin, une fois fixé dans ses incertitudes, entrait avec une ardeur extrême dans le sentiment de la majorité. Les eusébiens, comme on commençait à appeler les membres de la minorité, hésitèrent plusieurs jours avant de signer l'acte qui condamnait leurs opinions ; ils s'y décidèrent enfin, à l'exception de deux

(1) Tillem., *M. E.*, VI, 278.

(1) Tillem., *ibid.*

évêques de Libye déjà condamnés par le concile d'Alexandrie ; ces deux évêques furent déposés. Le concile excommunia solennellement quiconque soutiendrait une doctrine opposée à celle de la Consubstantialité ; Constantin, se croyant obligé d'appuyer de son autorité les décrets de l'Église, relégua Arius et ses adhérents en Galatie ; par un édit exprès il ordonna que ses livres fussent recherchés et brûlés.

Le concile s'occupa ensuite de régler plusieurs questions de discipline, comme celles de la célébration de Pâques, qui avaient longtemps troublé l'Église, mais qui paraissaient peu de chose auprès de la grande difficulté qu'on venait de résoudre. Ses décrets ou Canons, au nombre de vingt, furent envoyés à toutes les Églises de la chrétienté (1).

« Avant que les prélats se séparassent, Constantin voulut leur donner une fête le premier jour de la vingtième année de son règne, qui commençait le 25 juillet 325. Il fit préparer un grand repas dont la magnificence surpassait toute imagination. Dans le vestibule du palais les gardes du corps faisant le cercle se tenaient l'épée nue, pendant que les hommes de Dieu défilaient devant eux pour entrer dans les appartements intérieurs. Les principaux prélats furent admis à manger avec l'empereur ; les autres soupèrent à des tables disposées des deux côtés de la salle. Le coup d'œil était tel qu'Eusèbe de Césarée, qui avait à la vérité un grand faible pour les splendeurs du monde, nous dit qu'il croyait voir une image du règne de Jésus-Christ. Ce qui pouvait contribuer à son enivrement, c'est qu'il fut appelé lui-même dans cette solennité à prononcer devant l'assemblée un panégyrique de Constantin. Nous n'avons pas ce morceau, dont il ne parle qu'avec une secrète complaisance. S'il était de la même longueur et sur un ton d'éloge aussi ampoulé que celui qu'il fit dix ans après dans une circonstance analogue, il dut mettre à une forte épreuve l'admiration et la patience des convives. »

« Mais il n'y avait rien, et surtout aucun éloge quelque long qu'il pût être, qui altérât le contentement parfait de Constantin. Ses gestes, ses propos, témoignaient à tout moment du ravissement de son âme. Il se levait de table pour aller baiser les saintes plaies des confesseurs. Puis, regardant le grand nombre d'évêques qui l'entouraient : « Et moi aussi, disait-il, je suis « évêque. Vous, vous êtes évêques pour « les choses qui se font au dedans de « l'Église ; mais moi, Dieu m'a institué « comme un évêque (1) pour les choses « du dehors. » Sa dernière harangue aux prélats qui prenaient congé, fut touchante et digne malgré quelques traits bizarres : « Entretenez la paix entre vous, « leur disait-il ; n'ayez point de jalousie « ni de discordes. — Que les forts s'ac- « commodent aux faibles avec indul- « gence, car il n'y a rien de parfait en « ce monde, et il faut pardonner quel- « ques faiblesses à l'humanité. — Point « de disputes ; elles prêtent à rire à ceux « qui guettent toujours pour calomnier « la loi divine. — Pas trop de discours ; « les discours ne font pas le même bien « à tout le monde. — Il faut vous ac- « commoder à tout le monde, et comme « un bon médecin, donner à chacun « ce qui lui convient. »

« Puis il leur fit distribuer de nombreux présents, leur donna des lettres adressées aux intendants à l'effet de mettre chaque année à la disposition de l'Église une certaine quantité de blé pour le soutien des ecclésiastiques et des pauvres ; enfin ils se recommanda à leurs prières ; et les prélats partirent émus et joyeux de tant de bontés. (2) »

SUITE DES TROUBLES DE L'ARIANISME. — Constantin se flattait d'avoir rétabli dans l'Église cette unité de dogme qui lui paraissait si précieuse ; il s'aperçut bientôt que la querelle était plutôt assoupie que terminée. Eusèbe de Nicomédie et Théognis de Nicée, tout en souscrivant aux arrêts du concile, avaient conservé au fond du cœur un grand attachement pour la doctrine et la personne d'Arius ; ils ne cessaient d'intriguer pour faire révoquer ou du moins adoucir la sentence qui l'avait

---

(1) Tillem., *M. E.*, VI, 280, 285.

(1) C'est une sorte de jeu de mot : le mot ἐπίσκοπος (évêque) signifie surveillant.
(2) Alb. de Broglie, *l'Église et l'Emp. Rom.*, vol. II, 60-63.

frappé. Ils avaient d'ailleurs à la cour un parti nombreux à la tête duquel était la princesse Constantia. Des schismatiques d'Égypte étant venus à Nicomédie, Eusèbe et Théognis les reçurent, les encouragèrent, et les admirent à la communion. L'empereur en fut informé : il fit aussitôt arrêter les deux évêques et les relégua dans les Gaules ; il adressa aux fidèles de leurs diocèses une lettre véhémente, dans laquelle, après une longue dissertation sur le dogme, il expliquait les trahisons d'Eusèbe, engageait les fidèles à accepter docilement la doctrine du concile, et finissait par menacer les récalcitrants de toute sa colère (1). Ces mesures de rigueur rendirent pour quelques années la paix à l'Église, mais une paix trompeuse et mal assurée. Au bout de trois ans Constantin, vaincu par les sollicitations de sa sœur, de son jeune fils Constance et de tous ceux qui s'intéressaient aux Ariens, rappela les prélats bannis, leur rendit leurs sièges, révoqua même la condamnation d'Arius ; et les troubles recommencèrent.

FONDATION DE CONSTANTINOPLE (330). — Cependant Constantin, après la fermeture du concile, s'était rendu à Rome pour célébrer la fin de sa vingtième année. Il ne fut pas satisfait de l'accueil qu'il y reçut. Le peuple de Rome voyait avec regret le centre des affaires se porter de plus en plus vers l'Orient ; attaché aux anciennes traditions de l'empire, il était en grande partie resté païen, de sorte qu'il était mécontent de la protection accordée au nouveau culte et de l'importance qu'il prenait dans l'État; et comme il avait conservé de son ancienne liberté l'habitude de parler haut, il témoigna son mécontentement par des clameurs qui choquèrent Constantin. Son séjour en Italie fut d'ailleurs attristé par la mort tragique de son fils Crispus que suivit de près celle de l'impératrice Fausta. Toutes ces causes réunies lui rendirent Rome odieuse et le décidèrent à transporter ailleurs le siège de l'empire (2). On assure qu'il songea d'abord à établir sa capitale sur l'emplacement de l'ancienne Troie ; les travaux furent même commencés, et on en voyait les traces plus de deux siècles après(1). Mais bientôt il remarqua la situation vraiment unique de Byzance, et ce fut là qu'avec une rapidité prodigieuse s'éleva la nouvelle Rome. La ville de Nicomédie se vit ainsi déchoir du rang de capitale, et perdit l'importance qu'elle avait acquise depuis cinquante ans : ses évêques, qui tendaient à exercer sur l'Asie Mineure une sorte de primatie, reprirent un rang plus modeste. Constantinople devint dans l'ordre ecclésiastique comme dans l'ordre civil la métropole de l'Orient ; l'ambitieux Eusèbe le sentit, et peu d'années s'écoulèrent avant qu'il eût trouvé moyen de rejoindre la cour et de s'asseoir sur le nouveau siège métropolitain. (2)

PROGRÈS DE L'ARIANISME. — L'ORTHODOXIE PERSÉCUTÉE. — Eusèbe, depuis son retour de l'exil, avait plus de crédit que jamais. Il sut persuader à l'empereur qu'Arius avait été calomnié et mal compris ; que sa doctrine était parfaitement conforme à celle de Nicée ; il obtint qu'on le fît venir, et le présenta lui-même. L'hérésiarque fut reçu à la cour avec le respect qui semblait dû à un innocent opprimé. Bientôt le concile de Jérusalem où tous les évêques ariens s'étaient donné rendez-vous, l'admit à la communion ; un retour se fit en sa faveur, et Constantin commença à persécuter l'orthodoxie : les trois principaux champions de la foi de Nicée, Eustathe d'Antioche, Athanase d'Alexandrie, Paul de Constantinople, furent l'un après l'autre déposés et bannis. Marcel d'Ancyre, qui avait seul combattu l'arianisme au concile de Jérusalem, fut déposé sous prétexte de sabellianisme (3) ; enfin le premier empereur chrétien, le promoteur du concile de Nicée, mourut baptisé par les mains d'Eusèbe de Nicomédie, le chef déclaré de la faction hérétique. Et ce qu'il y a de plus singulier, c'est qu'en

(1) Tillem., *M. E.*, VI, 113, 114.
(2) Gibbon, ch. XVII.

(1) *Id. ibid.*, Tillem., *Emp.* IV, 231.
(2) Constance l'y appela en 338 après que S. Paul l'évêque orthodoxe eût été déposé par un concile hérétique. — Tillem., *M. E.*, VI, 129.
(3) Tillem., *M. E.*, VI, 123, 124.

changeant si complétement d'amis et d'alliés, en devenant le persécuteur de cette même doctrine dont il avait été l'appui, Constantin prétendait ne pas se démentir : il protestait de son zèle inviolable pour la foi de Nicée, et regardait la convocation du grand concile comme la gloire de son règne (1).

MORT DE CONSTANTIN. MASSACRE DE SA FAMILLE. — Constantin mourut en 337. Il avait depuis deux ans réglé le partage de l'empire entre ses héritiers ; et en donnant à son fils Constance l'Orient, c'est-à-dire l'Asie Mineure, la Syrie et l'Égypte, il avait réservé à son neveu Annibalien la possession de la petite Arménie et d'une partie de la Cappadoce, avec le titre de roi. Ainsi qu'il est souvent arrivé aux princes les plus absolus pendant leur vie, ses dernières volontés furent violées aussitôt après sa mort. Les soldats se mutinèrent en criant qu'ils ne voulaient pas d'autres maîtres que les fils de Constantin ; Annibalien fut tué, ainsi que son frère Dalmace et presque tous les membres de la famille impériale ; Julien et son frère Gallus échappèrent seuls au massacre (2). Dans cette catastrophe furent aussi compris deux des principaux officiers de Constantin, le patrice Optat, qui avait épousé une de ses sœurs, et Ablave, préfet du prétoire. Ce dernier s'était rendu depuis longtemps odieux par son orgueil et ses rapines ; Constance le déposa et lui donna ordre de se retirer dans les terres qu'il possédait en Bithynie. Peu de jours après, le prince envoya, dit-on, plusieurs officiers chargés de le mettre à l'épreuve en lui offrant l'empire : il donna dans le piége ; et comme il demandait où était la pourpre, les soldats entrèrent et le mirent en pièces (3).

RÈGNE DE CONSTANCE. AFFAIRES RELIGIEUSES. — Le nouveau maître de l'Orient avait tous les défauts de son père sans en posséder les qualités éminentes. Il eut surtout comme lui l'indiscrète ambition de soumettre à son autorité les questions de dogme, qu'il comprenait à peine. Entouré dès l'enfance par les coryphées du parti arien, il se déclara hautement en faveur de leur doctrine, et il en aurait peut-être déterminé le triomphe, si l'arianisme ne se fût ruiné lui-même par ses divisions. Dès la fin du règne de Constantin on distinguait deux camps : les ariens purs, qu'on nommait aussi *anhoméens* ou dissemblables, parce qu'ils soutenaient que Dieu le Fils n'était ni égal ni semblable à son Père ; et les semi-ariens ou *homoïousiens*, qui reconnaissaient le Fils comme semblable au Père sans accorder qu'il fût de même substance (*homoousios*). Les chefs des semi-ariens étaient les politiques du parti : les deux Eusèbes, et après eux Georges de Laodicée, Basile d'Ancyre, et Macédonius qui fut évêque de Constantinople. Parmi les *anhoméens*, les plus célèbres furent Eudoxe de Germanicée, Acace de Césarée, le diacre Aétius qu'on surnommait l'athée, et Eunome son disciple. La plupart de ces personnages donnèrent plus tard leur nom à des sectes particulières dont les différences d'opinion étaient à peine perceptibles, et qui ne s'en faisaient pas moins une guerre acharnée (1). Paul de Constantinople mérita d'être placé au rang des saints et des martyrs en souffrant la mort pour l'orthodoxie : cinq fois expulsé de son siége, il fut à la fin transporté à Cucuse en Cappadoce, où le préfet Philippe le fit étrangler (350) (2). Le semi-arien Macédonius, resté maître de l'église de Constantinople après plusieurs émeutes sanglantes, poursuivit avec une rigueur impitoyable ceux qui n'étaient pas de sa communion. Cette persécution se fit sentir dans les provinces d'Asie Mineure : on administrait de force les sacrements, on arrachait les enfants des bras de leurs parents pour leur conférer le baptême, on faisait subir aux dissidents toutes sortes de tortures (3). Macédonius, informé qu'un canton de la Paphlagonie nommé Mantinium était presque entièrement habité par des no-

---

(1) Gibbon, ch. XXI.
(2) Tillemont, *Emp.*, IV, 313.
(3) Id., *ibid.*

(1) Tillemont, *Mém. eccles.*, VI, 175, 176.
(2) Id., *ibid.*, 149.
(3) Gibbon, ch. XXI. Tillemont, *Mém. eccles.*, 156, 162, 170.

vatiens orthodoxes, fit entrer dans ce pays quatre mille légionnaires afin de le soumettre à son obéissance. Les paysans novatiens, animés par le désespoir et la fureur religieuse, marchèrent hardiment au-devant des troupes et en firent un grand carnage (1). « On emprisonnait, dit Julien, on persécutait, on bannissait les citoyens; on a égorgé particulièrement à Cyzique et à Samosate des troupes entières de ceux qu'on appelle hérétiques : en Paphlagonie, en Bithynie, en Galatie et dans beaucoup d'autres provinces, on voyait des villes et des villages entiers sans habitants et totalement détruits (2). »

Lorsque Constance fut devenu maître de tout l'empire par la mort de ses deux frères et la défaite de Magnence (351), il porta en Occident son humeur intolérante et sa fureur de dogmatiser. Toute l'Église fut dans une effroyable confusion. Le païen Ammien Marcellin, spectateur impartial ces désordres, en fait une vive peinture : « Constance, dit-il, a défiguré par des superstitions de vieille femme la religion chrétienne, qui en elle-même est claire et simple. Au lieu d'employer son autorité à réconcilier les deux partis, il a envenimé par des disputes de mots les différends qu'a soulevés une vaine curiosité. Les grands chemins étaient constamment couverts d'évêques qui galopaient d'une province à l'autre pour se rendre à ces assemblées, qu'ils appellent synodes ; et ces orgueilleux prélats épuisaient l'établissement des postes par les courses multipliées qu'ils faisaient pour réduire toute la secte à leur opinion particulière (3). »

En effet on compte sous Constance jusqu'à vingt-deux conciles tant ariens qu'orthodoxes (4). La plupart se terminaient par la condamnation de quelques évêques que l'empereur reléguait dans les provinces les plus éloignées de l'empire. L'Asie Mineure servit ainsi de lieu d'exil à plusieurs évêques d'Occident; saint Hilaire de Poitiers, saint Rhodane de Toulouse, passèrent plusieurs

(1) Tillemont, *Mém. ecclés.*, VI, 171.
(2) Julien, *Ep.*, I. II.
(3) Amm. Marc., XXI, 16.
(4) Tillemont, VI, 380.

années en Phrygie. Le premier trace un tableau lamentable de l'état des églises d'Orient : « On y trouvait à peine un petit nombre d'évêques et d'églises qui eussent conservé même imparfaitement la vraie foi : entre tous les évêques des dix provinces d'Asie, si l'on exceptait Eleuse de Cyzique, Basile d'Ancyre, Eustathe de Sébaste et quelques autres semi-ariens recommandables par leur caractère (1), on pouvait dire que le reste ne connaissait pas Dieu. On ne voyait partout que scandale, schisme, perfidie et nouvelles hérésies qui s'élevaient tous les jours (2). »

PERSÉCUTION SEMI-ARIENNE. RUINE DE NICOMÉDIE. — Constance était fort embarrassé de choisir entre les diverses communions ariennes qui se disputaient sa protection. Vers le commencement de l'année 358 il s'était déclaré en faveur des homoïousiens; ceux-ci en profitèrent pour persécuter tous leurs adversaires; ils firent bannir jusqu'à soixante-dix anhoméens : Eudoxe se retira en Arménie, où il était né; Aëtius et Eunome, coupables d'avoir nié la divinité du Christ, purent se rencontrer dans leur exil de Phrygie (3) avec les prélats des Gaules dont le crime était de l'avoir défendue. Quelques mois après, les anhoméens rentrent en crédit, grâce à la puissante protection de l'eunuque Eusèbe ; Eudoxe est traité comme un docteur de l'Église et un martyr de la vérité (4).

Enfin pour mettre un terme à ces dé-

(1) Il faut apparemment comprendre dans cette honorable exception saint Parthène, qui gouvernait l'église de Lampsaque vers 355, et dont on raconte beaucoup de miracles. (V. Tillemont, *Mém. ecclés.*, VI, 166). « Ce qui paraît étrange, dit Tillemont, c'est qu'un si saint évêque n'ait pas pris la défense de l'orthodoxie et qu'il soit resté dans la communion des évêques condamnés par les conciles. » « Il faut croire, ajoute le pieux annaliste, que Dieu ne conduit pas tous ses saints dans la même voie, et ne les éclaire pas tous de la même lumière. » Le saint évêque se contenta de gouverner et d'édifier son église sans se mêler de controverse ; on ne trouve son nom dans les subscriptions d'aucun concile.
(2) Tillemont, *Mém. ecclés.*, VI 169.
(3) Id., *ibid.*, 185.
(4) Id., *ibid.*, 188-189.

chirements, Constance résolut de réunir un nouveau concile œcuménique. Déjà on avait désigné Nicomédie pour le lieu de la réunion, lorsque cette ville fut renversée par un des plus affreux tremblements de terre dont l'histoire fasse mention. Ce tremblement de terre se fit sentir dans tout le Pont et la province d'Asie ; même, dit-on, dans la Macédoine. Nicée fut fort endommagée; quant à l'ancienne capitale de Dioclétien, elle fut littéralement détruite de fond en comble; et cela, en un seul moment, par une secousse si soudaine et si violente que personne n'eut le loisir de fuir pour chercher un lieu de sûreté. Aussitôt s'alluma parmi les décombres un incendie qui dura cinquante jours. On prétend qu'il se sauva à peine quelques centaines d'habitants. Parmi les victimes on remarqua Aristénète, qui avait récemment obtenu la charge de vicaire de la province après l'avoir beaucoup sollicitée, et l'évêque Cécrops, qui périt avec un autre prélat. Cette ville, qui avait été pendant un demi-siècle la quatrième de l'empire, ne se releva jamais d'un si grand désastre. Lorsque Julien y passa en 362, il ne put s'empêcher de pleurer en la voyant dans un état si différent de celui où il l'avait autrefois connue (1).

CONCILE DE SÉLEUCIE — LES ACACIENS; LES EUNOMIENS; LES MACÉDONIENS. — Ce terrible événement fit ajourner le concile; finalement, au lieu d'un il y en eut deux : l'un à Rimini pour l'Occident, l'autre à Séleucie d'Isaurie. Ces conciles ne servirent qu'à faire mieux éclater la confusion qui régnait dans l'Église. Celui de Séleucie fut rompu après quatre séances qui se passèrent en disputes violentes (2). Une nouvelle scission se produisit dans la secte semi-arienne, dont une partie tendait à se rapprocher des opinions extrêmes d'Aétius. Acace de Césarée, que cette fraction reconnaissait pour son chef, parvint à s'emparer de l'oreille de l'empereur ; Macédonius, Basile d'Ancyre, Eustathe de Sébaste, Eleuse de Cyzique, Eortase de Sardes, Dracontius de Pergame, tous ceux qui avaient poursuivi les *anhoméens* avec tant de rigueur, furent persécutés à leur tour par les *acaciens* (1). Eudoxe remplaça Macédonius sur le siége de Constantinople et livra au diacre Eunome celui de Cyzique. Aétius seul, dont les opinions trop tranchées éveillaient les scrupules de l'empereur, fut envoyé en exil à Mopsueste en Cilicie, puis à Amblada, dans un des cantons les plus sauvages de la Pisidie (2).

Cependant le concile de Rimini était parvenu, après de longs débats, à produire un formulaire embrouillé qui se rapprochait beaucoup de la doctrine anhoméenne; un concile acacien tenu à Constantinople approuva ce formulaire, et Constance l'adopta pour règle de foi. Il l'envoya à tous les évêques de l'empire, avec ordre de le signer sous peine de bannissement. Quelques-uns aimèrent mieux subir la déposition et l'exil que de signer. La plupart cédèrent à la crainte ; mais la paix publique n'en fut pas mieux assurée : car il arriva dans certaines villes, notamment à Césarée en Cappadoce, et à Nazianze, où le père de saint Grégoire était évêque, qu'une partie du peuple se montra plus rigide que son pasteur, et crut devoir renoncer à sa communion (3).

Eunome, devenu évêque de Cyzique, y provoqua des troubles encore plus grands : son protecteur Eudoxe fut obligé de le déposer lui-même. On essaya de le faire prêcher à Constantinople : le prédicateur déplut, et reçut l'ordre de se retirer dans le village de Cappadoce où il était né (4). Les historiens ecclésiastiques le représentent comme un de ces intrigants qui fourmillaient alors dans l'Église, et dont toute l'ambition était d'attacher leur nom à quelque nouvelle hérésie. Celui-ci lui satisfait : la secte des *eunomiens* s'ajouta à toutes celles qui divisaient l'Orient (5). Vers le même temps na-

(1) Tillemont, *Emp.*, IV, 435.
(2) Id., *ibid.*, VI, 200-203.

(1) Tillemont, *Ibid.*, VI, 210.
(2) Id., *ibid.*, 209.
(3) Id., *ibid.*, 213.
(4) Il était fils d'un laboureur et natif du village d'Oltistère, près de la ville de Corniaspe, sur les confins de la Galatie. (Tillemont, *Mém. eccles.*, VI, 214.)
(5) Tillemont, *Mém. eccles.*, VI, 214.

quit aussi celle des *macédoniens*, auxquels l'ancien évêque de Constantinople avait communiqué je ne sais quelles erreurs nouvelles sur la troisième personne de la Trinité (1). Tel était l'état de l'Église en 361 lorsque Constance mourut.

GUERRE CONTRE LES PERSES. — GALLUS GOUVERNE L'ASIE EN QUALITÉ DE CÉSAR. — SA CHUTE. — Aux déchirements du dedans se joignaient les dangers extérieurs. Les Perses en paix avec l'empire romain depuis quarante ans reprirent les armes peu de temps avant la mort de Constantin; dès la seconde année de son règne, Constance fut obligé de se transporter en Mésopotamie. La forte place de Nisibe résista aux armes des Perses, qui, après l'avoir assiégée pendant deux mois, se virent contraints de repasser le Tigre. Mais ils reparurent dès l'année suivante, et cette guerre se prolongea presque sans interruption jusqu'au règne suivant. Le détail en est mal connu. Les rhéteurs de cette époque, selon qu'ils se proposent de louer Constance ou de le rabaisser, lui attribuent des succès ou des revers. Il paraît néanmoins que l'ensemble de la guerre ne fut pas avantageux pour les Romains; que plusieurs villes de Mésopotamie retombèrent au pouvoir des Orientaux (2), et que l'Arménie, où régnait un roi allié de l'empire, fut exposée à de fréquentes incursions (3). La nécessité de surveiller perpétuellement cette frontière décida Constance à partager l'empire et à revêtir son cousin Gallus du titre de César. C'était le frère aîné de Julien, auquel il ne ressemblait du reste en rien. Il avait douze ans et Julien six lorsqu'ils échappèrent au massacre général de leur famille. Constance n'osa prononcer la mort de ces deux orphelins; il les fit élever loin de la cour; différentes villes de Bithynie furent successivement choisies pour le lieu de leur résidence ou plutôt de leur exil. Mais dès que leur âge fut susceptible d'éveiller les défiances de l'empereur, il jugea prudent de s'assurer de ces infortunés enfants en les enfermant dans la forteresse de Macellum près de Césarée. Cette forteresse était un ancien palais des rois de Cappadoce; la situation en était riante, les bâtiments magnifiques et l'enceinte spacieuse. Ils firent leurs études et tous leurs exercices sous la conduite des maîtres les plus célèbres, et la nombreuse suite ou plutôt la garde qui composait la maison des neveux de Constantin n'était pas indigne de leur naissance. Mais toute déguisée qu'était leur captivité, les deux jeunes princes ne pouvaient se dissimuler qu'ils étaient à la merci d'un tyran ombrageux. Le 5 mars 351 on vint chercher Gallus, et on le conduisit à la cour. Constance lui fit épouser sa sœur Constantine et lui donna le gouvernement de tout l'Orient avec Antioche pour résidence. Quant à Julien, il obtint les honneurs de son rang, l'apparence de la liberté et la restitution d'un ample patrimoine (1).

Il vint d'abord à Constantinople pour y achever ses études; mais la réputation qu'il acquit excita bientôt l'inquiétude de Constance, et on conseilla au jeune prince de se retirer dans les contrées moins en vue de l'Ionie et de la Bithynie (2).

Gallus avait mal profité des leçons de l'adversité. Il se rendit odieux dans tout l'Orient par ses débauches et ses cruautés. Sa femme n'usait de l'empire qu'elle avait sur lui que pour irriter encore ses mauvais penchants. Sous un pareil prince il était à craindre que les Perses ne fissent des progrès considérables, s'il ne se fût trouvé un général de mérite nommé Ursicinus, qui se chargea de les arrêter (3). Vers la même époque, les Isauriens, profitant de la faiblesse du gouvernement, se répandirent hors de leurs montagnes, dévastèrent le pays plat, la Lycaonie et la Pamphylie; ils eurent même l'audace de mettre le siége devant Séleucie, capitale de la province. Il fallut envoyer une armée sous le commandement du comte Nébride, qui parvint à refouler ces brigands dans leurs repaires (4).

(1) Tillemont, *Emp.*, *Mém. ecclés.*
(2) Id., *ibid.*, VI, 321.
(3) Id., *ibid.*, 319.

(1) Gibbon, ch. XIX
(2) Id., *ibid.*
(3) Amm. Marc., l. XV. — Tillemont, *Emp.*, IV, 401.
(4) Id., 388.

Gallus ne garda le pouvoir que trois ans et demi. De tous côtés des plaintes arrivaient à la cour au sujet de son administration ; enfin il eut la témérité de faire mourir deux officiers que l'empereur lui avait envoyés ; sa perte fut résolue. On l'attira en Italie par des lettres flatteuses ; il partit non sans quelques appréhensions, accompagné de sa femme, sur qui il comptait pour désarmer la colère impériale ; mais elle mourut en chemin dans une bourgade de Bithynie. Arrivé en Thrace, on lui ôta ses officiers, et on le transporta sous escorte à Petovium en Pannonie, où il fut jugé et décapité (décembre 354). Julien, enveloppé dans la disgrâce de son frère, fut enlevé d'Ionie et transféré à Milan, où il resta sept mois dans l'attente de la mort. Enfin la généreuse amitié de l'impératrice Eusébia le sauva : on lui rendit la liberté; on lui assigna pour résidence Athènes, d'où il fut tiré à la fin de l'année suivante pour recevoir le titre de César et le gouvernement des Gaules (1).

NOUVELLES CAMPAGNE CONTRE LES PERSES. — MORT DE CONSTANCE. — Après la chute de Gallus, l'Asie fut gouvernée pendant cinq ans au nom de l'empereur par le préfet Musonien, ancien favori du grand Constantin ; rhéteur habile, médiocre général, moins occupé d'ailleurs de défendre les provinces que de s'enrichir à leurs dépens (2). Cependant comme Sapor, roi des Perses, était occupé à combattre quelques peuplades barbares à l'extrémité orientale de ses États, Musonien crut l'occasion favorable pour parler de paix. Le Persan, que cette démarche flattait dans son orgueil, envoya à l'empereur des Romains un message hautain dans lequel il déclarait qu'héritier de Cyrus et de Darius, la limite naturelle de son empire était le fleuve Strymon en Macédoine, mais qu'il se contenterait des provinces d'Arménie et de Mésopotamie frauduleusement enlevées à ses ancêtres ; que sans cette restitution il n'y avait pas de paix possible (3). Constance répondit avec assez de fierté qu'ayant maintenu les bornes de l'empire romain dans leur intégrité quand il ne possédait que l'Orient, il ne prétendait en rien retrancher maintenant qu'il était seul maître de tout l'empire. Cependant, comme il désirait secrètement la paix, il fit partir à son tour une ambassade composée d'un comte, d'un notaire ou secrétaire d'État, et du sophiste Eustathe de Cappadoce, disciple de Jamblique et ami de saint Basile. Ce dernier, s'il faut en croire le chroniqueur Eunape (1), enchanta le roi persan par les grâces persuasives de son éloquence (2). Néanmoins la négociation échoua ; la Mésopotamie fut encore une fois envahie, et la ville d'Amida saccagée après deux mois et demi d'une vigoureuse résistance. L'année suivante deux autres places fortes, Singara et Bézabde, furent enlevées par les Perses. L'Asie allait se trouver démantelée (3).

Constance était à Césarée en Cappadoce et se disposait à rentrer en Mésopotamie lorsqu'il reçut la première nouvelle du soulèvement des légions de Gaule qui avaient déféré à Julien le titre d'Auguste (360). Cet événement, qu'il avait lui-même provoqué par ses méfiances, le jeta dans un extrême embarras. Il connaissait les talents militaires de son cousin et la popularité qu'il s'était acquise dans l'armée ; d'ailleurs il n'osait marcher à sa rencontre laissant l'Euphrate sans défense. Cependant l'année suivante, les Perses ne paraissant pas disposés à prendre l'offensive, il s'achemina lentement vers le Bosphore pour arrêter Julien, qui était déjà en Thrace. Arrivé à Tarse, il fut pris de la fièvre ; à Mopsucrène, au pied du mont Taurus, son malaise devint si grand qu'il fallut s'arrêter. Il mourut le 3 novembre, après s'être fait baptiser *in extremis* par Euzoïus, évêque arien d'Antioche (4). On dit qu'à ses derniers moments il désigna lui-même Julien pour son successeur ; c'était en effet le dernier rejeton de la famille de Constantin.

(1) Gibbon, ch. XIX.
(2) Tillemont, *Emp.*, IV, 410.
(3) Gibbon, ch. XIX.

(1) Eun., *Vit. Edesei*, p. 44, 47.
(2) Gibbon, ch. XIX.
(3) Tillemont, *Emp.*, IV, 444, 446.
(4) Id., 465.

JULIEN L'APOSTAT. RÉFORME DU PALAIS. TRIBUNAL DE CHALCÉDOINE. — Après avoir rendu les honneurs funèbres à son prédécesseur, le premier soin de Julien fut de réformer la cour. Le faste qui régnait autour des derniers empereurs le choquait ; les intrigues et les déprédations des courtisans lui faisaient horreur. Naturellement porté à l'extrême, il chassa tous ces officiers richement rétribués qui entouraient le prince, et par un seul édit il fit du palais de Constantinople un désert (1). Quant aux ministres et aux favoris qui avaient trafiqué durant tant d'années de l'honneur et du repos de l'empire, non content de les éloigner de ses conseils, il les fit arrêter pour soumettre leur conduite à un examen sévère. Mais cette réforme ne fut guère conduite avec plus de ménagements que la précédente. Il institua une commission spéciale composée de six membres, qui siégea à Chalcédoine sur la rive asiatique du Bosphore. Le président de cette commission était Sallustius Secundus, préfet d'Orient, ami particulier de l'empereur, homme d'un mérite éminent, qui sut dans cette position élevée et difficile se rendre populaire et se concilier l'estime de tous les partis ; quoiqu'il ne fût pas chrétien, saint Grégoire de Nazianze en fait l'éloge (2). Après lui siégeait un autre ami de Julien, Mamertin, consul désigné et préfet d'Illyrie, auquel le véridique Ammien Marcellin attribue aussi du talent et de l'honnêteté ; mais l'influence de ces deux hommes prudents était paralysée par celle des quatre généraux qui complétaient la commission : de ce nombre était Arbétion, depuis longtemps odieux et décrié, et qu'on aurait été moins étonné, dit l'historien, de voir sur la sellette que sur le tribunal (3). Les premiers arrêts prononcés par ce tribunal satisfirent l'opinion publique : l'eunuque Eusèbe, qui avait été l'âme de toutes les intrigues du règne précédent, fut envoyé au supplice, ainsi que deux délateurs célè-

bres, Apodème et Paul qu'on surnommait la Chaîne. Mais bientôt la commission abusa des pleins pouvoirs que l'empereur lui avait donnés ; elle frappa des innocents : entre autres, le préfet du trésor Ursule, à qui Julien avait des obligations personnelles. La violence avec laquelle les procédures étaient conduites donnait même aux plus justes châtiments l'aspect d'une vengeance. Julien supprima enfin ce tribunal redoutable et prononça une amnistie.

RESTAURATION DU PAGANISME. — La réforme des grands offices permit à Julien de soulager les peuples : il se glorifie lui-même (1) d'avoir remis aux débiteurs du trésor les contributions arriérées, et d'avoir réduit les impôts d'un cinquième. Il semble que rien ne devait être plus propre à rendre un prince populaire ; cependant Julien ne le fut jamais : il déplaisait au peuple, qui le trouvait ridicule. Les Orientaux surtout, amis du faste et de la représentation, voyaient avec dégoût un empereur qui affichait les maximes et le costume d'un cynique. Le malheureux Julien avait des vertus ; mais ce n'étaient pas celles de son temps. Il s'était pris d'un enthousiasme naïf pour deux choses qui n'existaient plus qu'à l'état de souvenir : la philosophie des anciens et leur religion. De la philosophie, rien n'était plus commun que le nom : toutes les grandes villes de l'empire étaient pleines de rhéteurs vaniteux et bavards qui prétendaient posséder l'universalité des connaissances humaines. Tels étaient apparemment ce Priscus, ce Maxime d'Éphèse, ce Chrysanthe de Sardes, qui avaient, disait-on, enseigné à Julien la magie, et qui l'avaient poussé à se faire initier aux mystères d'Éleusis. Durant le long séjour que le jeune prince avait fait en Asie et en Grèce, il avait connu un grand nombre de ces prétendus philosophes ; il s'empressa de les appeler à sa cour. On en cite quelques-uns qui eurent la discrétion ou la sagesse de refuser (2) ; mais la plupart accouru-

---

(1) Gibbon, ch. XXII.
(2) Tillemont, Emp., IV, 507.
(3) Gibbon, ch. XXII. Amm. Marc.

(1) Julien, Misopog. — Tillemont, Emp., IV, 510.
(2) Tillemont, IV, 512.

rent comme à la curée ; on vit ces favoris d'une nouvelle espèce montrer autant d'arrogance que les eunuques des règnes précédents (1).

Depuis la naissance du christianisme, la philosophie, en haine des nouvelles doctrines, avait fait alliance avec l'ancienne religion. L'école néoplatonicienne, les Plotin, les Porphyre, les Jamblique, s'étaient efforcés de rajeunir par l'allégorie les fables sur lesquelles reposait le polythéisme ; ils y avaient mêlé quelques dogmes métaphysiques empruntés soit aux ouvrages mystiques du disciple de Socrate, soit aux religions de l'Orient ; ils avaient entouré le culte de mystères ; se rapprochant et par la forme et par le fond de cette religion même à laquelle ils résistaient, subissant malgré eux son influence, et lui empruntant ses armes pour la combattre (2). Vains efforts ! La raison s'allie mal à la fable, et l'allégorie est un expédient qui accuse plutôt qu'il ne déguise la faiblesse des croyances. Le peuple ne sait pas adorer des symboles abstraits. Trop compliquée pour le vulgaire, cette religion factice ne fut jamais enseignée ni professée que dans les écoles. Julien en était un des adeptes les plus fervents. Il serait téméraire de prétendre pénétrer les motifs qui le déterminèrent à changer de croyance ; le spectacle scandaleux des discordes de l'Église y contribua peut-être. Quoi qu'il en soit, dès qu'il fut maître de l'empire, il répudia ouvertement la foi de Constantin, et entreprit de restaurer le paganisme. Il ne songea pas cependant à combattre le christianisme par la violence : il était assez sincèrement philosophe pour comprendre que la modération et la persuasion sont les seules armes qui puissent subjuguer les consciences ; l'expérience de plusieurs siècles avait fait voir comment la persécution exalte le zèle religieux au lieu de l'éteindre ; enfin, au point où les choses étaient arrivées, quand la grande majorité de la population était chrétienne, c'eût été une folie trop visible de prétendre la ramener d'autorité au culte qu'elle avait abjuré. Julien affecta au contraire une entière tolérance ; il publia un édit par lequel il déclarait que tous les sujets de l'empire avaient le droit de choisir leur religion et de l'exercer librement. En même temps, il rappela les évêques bannis de toutes les sectes, et les rétablit sur leurs siéges (1). On assure même qu'il se donna le divertissement de les réunir au palais de Nicée et de les faire discuter en sa présence. La controverse s'échauffa bientôt au point qu'on ne pouvait plus s'entendre ; il fallut que le prince se jetât entre les plus acharnés en leur criant : « Écoutez-moi ! les Francs et les Alemans m'ont bien écouté (2). » Après leur avoir enjoint de vivre en paix les uns avec les autres, il les congédia, persuadé qu'ils étaient incapables de lui obéir, et que le meilleur moyen d'affaiblir les chrétiens était de les abandonner à leurs discordes.

En effet, on voyait souvent en présence dans l'enceinte de la même ville, des catholiques, des anhoméens, des semi-ariens, des novatiens, des donatistes, des macédoniens, des eunomiens ; chaque communion avait son évêque. Sans parler des innombrables divisions de l'arianisme, l'Asie renfermait encore des montanistes, des manichéens, des sabelliens ; toutes les hérésies semblaient s'y être donné rendez-vous. Julien affecta de tenir la balance égale entre tant de partis ennemis (3). Mais il réservait toutes ses préférences pour les adorateurs des anciens dieux ; il combattait de l'exemple d'un zèle ardent ; il ordonnait de rouvrir et de réparer les temples ; il paraissait lui-même dans les cérémonies, il se faisait gloire de remplir en personne les fonctions de sacrificateur, de minis-

---

(1) Gibbon, ch. XXIII.
(2) Id., XIII. — Tillemont, *Mém. ecclés.*, VII, 188.

(1) Tillemont, *Mém. ecclés.*, IV, 223.
(2) Amm. Marc., l. XXII, c. 5. — Sozom., V, 5. — Gibbon, ch. XXIII.
(3) Il les laissa libres de tenir leurs conciles ; il y en eut un grand nombre sous son règne dans les diverses parties de l'empire ; en Asie Mineure, c'étaient surtout des conciles ariens ; on en cite un tenu à Zela, dans le Pont, en 362. (Tillemont, *Mém. ecclés.*, VI, 224, 225.)

tre et d'aruspice; il figurait dévotement dans les processions de Bacchus et s'en montrait édifié (1); en même temps, de nombreux écrits de sa main, circulaires, édits, traités dogmatiques, témoignaient de sa ferveur. Tous ses efforts n'aboutirent qu'à lui attirer les railleries du peuple. Il y eut naturellement quelques conversions parmi ses officiers, mais non pas autant qu'il l'avait espéré (2). Parti de Constantinople au mois de mai 362, il parcourut en pèlerin l'Asie Mineure, visita religieusement le temple de Pessinonte en Phrygie, donna des jeux à Ancyre; partout sur son passage il célébra des fêtes sacrées, enrichit les temples et accorda des priviléges aux prêtres; partout il trouva une grande tiédeur pour ses dieux (3).

COMMENCEMENT DE PERSÉCUTION. MORT DE JULIEN. — Personne ne lui savait gré de sa tolérance. Si le païen Ammien Marcellin l'accuse d'avoir à dessein multiplié les divisions des chrétiens, à plus forte raison ceux-ci devaient s'en plaindre: quelque acharnés qu'ils fussent les uns contre les autres, l'apostat était l'ennemi commun. Dans l'intérêt même de la tolérance, il était nécessaire de punir ceux qui troublaient la paix par des démonstrations indiscrètes; mais une fois qu'on est entré dans cette voie, il est difficile de garder une exacte mesure. Eleuse, évêque arien de Cyzique, avait fait démolir l'église des novatiens; il l'obligea sous peine d'une grosse amende à la faire rebâtir; quelque temps après, à la demande des païens de cette ville, il bannit l'évêque ainsi que plusieurs chrétiens étrangers (peut-être des moines), qui avaient trop de crédit sur le peuple (4). Les habitants de Césarée en Cappadoce s'avisèrent de détruire le dernier temple païen qui restait dans leur ville: c'était celui de la Fortune: à cette nouvelle Julien entra dans une violente colère. Après avoir fait emprisonner, bannir ou même exécuter ceux qui avaient pris part à la destruction du temple, il raya cette cité importante de la liste des villes, ce qui n'était pas une vaine formalité: car il en résulta que tous les habitants chrétiens furent soumis comme paysans aux redevances et à l'impôt terrier (1); il fit enrôler les prêtres chrétiens parmi les archers et soldats de police: enfin il voulut enlever à la ville son nom et lui faire reprendre celui de Mazaca qu'elle avait porté quand elle n'était qu'une bourgade (2).

Il y eut en divers endroits des supplices: on cite un certain Busiris à Ancyre et un prêtre du nom de Basile; Timothée, évêque de Pruse; Eupsyque, évêque de Césarée; à Méra ou Comopolis, en Phrygie, trois chrétiens nommés Macédone, Théodule et Tatien (3); les détails de ces martyres ne sont ni très-authentiques ni parfaitement vraisemblables; mais il est avéré qu'à Antioche saint Théodoret fut condamné à mort par le comte Julien, oncle de l'empereur et préfet d'Orient (4). Enfin on peut compter comme un essai de persécution très-réelle quoique d'un nouveau genre, le fameux édit par lequel Julien défendit aux chrétiens d'enseigner et d'étudier les arts libéraux: la rhétorique, la grammaire, et même la médecine (5). Les résistances qu'il rencontrait de tous côtés l'aigrissaient et le portaient de jour en jour à des mesures plus violentes. On assure qu'il avait fait entendre à plusieurs reprises des menaces contre les chrétiens, et qu'il se proposait de les mettre à exécution après la guerre de Perse (6). Si l'empereur philosophe eût régné plus longtemps, peut-être aurait-il déshonoré son règne par une persécution sanglante. Les chrétiens saluèrent par des actions de grâces la nouvelle de sa mort. On prétend que plusieurs saints en furent in-

(1) Tillemont, *Mém. ecclés.*, VII, 147. — Id., *Emp.*, IV, 555, 557.
(2) Id., *Mém. ecclés.*, VII, 150, 151.
(3) Id., *Emp.*, IV, 518-519. — Id., *Mém. ecclés.*, VII, 169.
(4) Id., *Mém. ecclés.*, VII, 153.

(1) Grég. Naz., or. 3. — Sozom., V, 4.
(2) Tillemont, *Mém. ecclés.*, VII, 167.
(3) Id., *ibid.*, 168-171.
(4) Id., *ibid.*, 177-179.
(5) Id., *ibid.*, 156.
(6) Id., *ibid.*, 190, 155, 167.

formés par des visions, entre autres saint Basile (1). Avec Julien, le paganisme périt sans retour (363).

JOVIEN. VALENTINIEN. — Jovien élu empereur le lendemain de la mort de Julien, se hâta de conclure avec les Perses un traité par lequel il leur abandonnait Nisibe et les provinces acquises sous Dioclétien; puis il ramena l'armée en Asie Mineure. Pendant son règne de quelques mois, Jovien montra des qualités qui le firent regretter. Il était chrétien et penchait pour l'orthodoxie ; il rappela les évêques catholiques proscrits, et les rétablit sur leurs siéges ; il demanda à saint Athanase d'Alexandrie un exposé de la doctrine catholique pour son instruction personnelle (2); mais en même temps il laissa à toutes les communions une entière liberté, et le premier acte de son autorité fut de publier un édit de tolérance. Les chefs de tous les partis s'étaient portés à sa rencontre : il leur fit bon accueil ; mais loin d'entrer dans leurs querelles, il déclara « qu'il haïssait la division ; qu'il n'avait de préférence que pour ceux qui chérissaient la concorde, et qu'il ne voulait prêter l'oreille à aucune sollicitation contre les chrétiens de quelque opinion que ce fût ». — L'aversion que le nouvel empereur témoignait pour les schismes et les troubles, étant bientôt connue de tout le monde, ralentit extrêmement la chaleur de ceux qui ne cherchaient qu'à disputer(3). — Ce prince estimable n'eut pas le temps d'affermir la paix publique : après avoir déposé à Tarse les restes de Julien, il se dirigeait à petites journées vers Constantinople ; il passa le 1ᵉʳ janvier 364 à Ancyre, où il prit les insignes de consul, et arriva le 16 février à Dadastane sur les confins de la Galatie et de la Bithynie ; le lendemain matin on le trouva mort dans son lit. Il n'était âgé que de trente-trois ans. Sa femme, qui accourait au-devant de lui, rencontra en route son cortége funèbre.

Valentinien, proclamé à Nicée après dix jours d'interrègne, annonça les mêmes dispositions tolérantes que son prédécesseur. Mais au bout de quelques mois il partagea l'empire avec son frère Valens, auquel il abandonna l'Orient.

VALENS (365-378). — RÉVOLTE DE PROCOPE. — La première année du nouveau règne fut troublée par une révolte redoutable. Procope était parent de Julien ; c'était son seul mérite et son seul crime. Du rang subalterne de tribun il avait été soudainement promu au commandement de l'armée de Mésopotamie ; on prétendait même que Julien, avant de mourir, l'avait désigné pour son héritier. Il s'efforça de désarmer la jalousie de Jovien par une conduite modeste, résigna son commandement, et se retira avec sa famille dans les terres qu'il possédait en Cappadoce ; il y fut troublé par l'arrivée d'un détachement de soldats qui venait l'arrêter au nom des deux empereurs. Sans essayer de résister, il parut se résigner à son sort, demanda seulement qu'on lui permît d'embrasser ses enfants, se déroba de la maison, s'enfuit en toute diligence, et parvint à gagner la côte du Pont-Euxin, d'où il passa dans le Bosphore. Il resta plusieurs mois dans ces tristes contrées, en proie à tous les maux de l'exil et assiégé par de justes appréhensions ; dans un moment d'impatience et de désespoir, il prit passage sur un vaisseau marchand qui faisait voile pour Constantinople, et conçut le hardi projet de s'emparer du trône, puisqu'il ne lui était pas permis de vivre en sujet. Après avoir pendant quelque temps erré dans les villages de la Bithynie, changeant continuellement de déguisement et de résidence (1), il s'aventura dans la capitale, et y trouva les esprits disposés comme il pouvait le souhaiter : Valens en peu de mois s'était fait mépriser par sa faiblesse et détester par son avarice ; il était passé en Asie au commencement de l'année 365, et se trou-

(1) Tillemont, *Emp.*, IV, 549.
(2) Id., *ibid.*, 590.
(3) Id., *ibid.*, 589.

(1) Un jour entre autres, il se logea dans la maison d'Eunome l'hérétique en l'absence et à l'insu du propriétaire ; ce dernier fut plus tard poursuivi pour ce fait et n'échappa qu'avec peine à une sentence de mort. Philostorge, IX, c. 5, 8.)

vait alors en Cappadoce. Procope se découvrit à deux de ses amis, un sénateur et un eunuque, qui l'encouragèrent dans son dessein; deux cohortes de Gaulois qui passaient par Constantinople furent gagnées; à la pointe du jour elles se postèrent près des bains d'Anastasie, et Procope, revêtu d'un habit de pourpre plus convenable pour un comédien que pour un empereur, se montra aux regards étonnés de la multitude comme un mort sorti du tombeau. Cependant en quelques heures un parti se forma pour lui; les paysans s'armèrent, les troupes se déclarèrent, on ouvrit les prisons, on força les arsenaux, on arrêta les magistrats, on mit des gardes aux portes de la ville et à l'entrée du port; l'usurpateur se trouva maître absolu de la capitale sans qu'une goutte de sang eût été répandue (septembre 365) (1). Au premier bruit de cette singulière révolution, le pusillanime Valens désespéra de sa fortune. Déjà il ne songeait plus qu'à désarmer le ressentiment de son rival par une prompte abdication; ses généraux, ses ministres, lui rendirent un peu de cœur et se chargèrent de le défendre. Procope faisait des progrès rapides : il était descendu en Asie, avait gagné à son parti les premières troupes envoyées pour le combattre, s'était emparé sans coup férir de Chalcédoine et de Nicée, et avait mis le siége devant Cyzique, où le comte Sérénien gardait le trésor de Valens; la place se rendit après une défense honorable. Sérénien s'enfuit en Lydie, où il fut pris quelque temps après et condamné à mort (2). Maître de toute la Bithynie, Procope en donna le gouvernement, avec le titre de proconsul, au Persan réfugié Hormisda (3), qui avait embrassé sa cause. La province d'Asie fut aussi presque entièrement conquise. L'usurpateur avait appelé auprès de lui Faustine, veuve de l'empereur Constance,

(1) Gibbon, ch. XXV.
(2) Tillemont, *Emp.*, V, 81.
(3) Hormisda, prince du sang royal des Sassanides, avait été compromis dans les troubles pendant la minorité de Sapor le Grand, et s'était réfugié à la cour de Constantin. Le proconsul de Bithynie était son fils. (V. Tillemont, *Emp.*, IV, 198; Zos. II, p. 100-102.)

avec sa fille âgée de cinq ans; il avait épousé la mère et adopté l'enfant; il les menait à la suite de son armée, les montrait au peuple et aux soldats, et semblait ainsi légitimer ses prétentions par son alliance avec la famille du grand Constantin. Dans des circonstances si menaçantes, les amis de Valens firent des prodiges de zèle et d'activité. L'ancien préfet Salluste, dont tout l'Orient regrettait la sage administration, fut rétabli; Lupicinus amena des troupes de Syrie; Arinthée, l'Achille de son temps, célèbre dans toutes les armées par sa vigueur, sa beauté, sa vaillance, se présenta avec une poignée d'hommes devant un corps de rebelles, et regardant en face ses anciens soldats, il leur commanda de livrer leur commandant; tel était son ascendant sur les troupes, qu'il fut obéi. Arbétion, vieux vétéran de Constantin, reparut à la tête des armées; au premier engagement, il se jette au-devant des lignes ennemies, montre aux soldats sa tête blanche, les appelle ses amis, ses camarades, ses enfants, et les entraîne de son côté (1). Il n'y eut que deux batailles, qui se livrèrent l'une près de Thyatires, l'autre à Nacosie; Procope, abandonné de ses soldats, s'enfuit; il fut pris, amené au camp impérial, et mis à mort. Un certain Marcel, qui commandait pour lui dans Nicée, essaya de se faire proclamer empereur; cette entreprise insensée ne servit qu'à le perdre (366) (2).

CRUAUTÉS DE VALENS. NOMBREUSES ACCUSATIONS DE MAGIE. — Valens ne méritait pas d'être servi comme il le fut. Rendu cruel par la peur, il poursuivit rigoureusement ceux qui avaient pris part à la révolte, et versa plus de sang sur les échafauds qu'il n'en avait coulé sur le champ de bataille. Ce qui multiplia surtout les supplices, c'est qu'aux accusations de haute trahison se mêlèrent celles de magie. On assurait que Procope avait été poussé à la révolte par les prédictions des devins et qu'il avait dû ses

(1) Gibbon, ch. XXV. — Amm. Marc., XXIV, 6-10. — Zosim., l. IV, p. 203-210.
(2) Tillemont, *Emp.*, V, 83.

succès à des enchantements sacriléges ; beaucoup de gens furent condamnés comme complices de ces crimes imaginaires. Quelques années plus tard (374), une prétendue conspiration qui parut accompagnée des mêmes circonstances, exaspéra les craintes et les fureurs de Valens ; une infinité de personnes de tout rang, de tout âge et de tout sexe furent citées devant des tribunaux, où presque toutes les accusations étaient mortelles (1). Outre le philosophe Maxime, l'ancien maître de Julien, qui passa pour le principal auteur du complot, on cite parmi les victimes plusieurs sophistes d'Asie : quiconque étudiait commençait à être véhémentement soupçonné d'intelligence avec l'enfer ; nous approchons des temps où tout livre deviendra un grimoire. — Diogène, ancien gouverneur de Bithynie, fut mis à mort ; Eutrope, proconsul d'Asie, fut déposé ; Alype, ancien gouverneur de Bretagne et son fils Hiéroclès, disciple de Libanius, n'échappèrent qu'avec peine au supplice. On raconte que saint Jean Chrysostome, ayant trouvé un jour en se promenant un livre de magie, se crut perdu quand il vit venir à lui des soldats, et il lui fut en effet difficile de se justifier (2). Ces redoutables accusations de sortilége répandirent la terreur dans tout l'Orient jusqu'à la fin du règne de Valens.

NOUVEAUX TROUBLES DE L'ÉGLISE. — PERSÉCUTION ARIENNE. — Valens inclinait vers l'arianisme ; et s'il était moins entêté de ses opinions que le fils de Constantin, il était plus faible ; on vit recommencer sous lui les querelles théologiques. En 367 il reçut le baptême des mains de l'évêque semi-arien de Constantinople ; dès lors il se déclara ouvertement en faveur de ce parti et persécuta tous les autres. Aétius, qui avait été rappelé et même fait évêque sous Julien, fut de nouveau banni, ainsi que son disciple Eunome (3). Mais le fort de la persécution tomba sur les catholiques, que leurs adversaires désignaient sous le nom d'*hérétiques athanasiens*. Ce parti, triomphant dans tout l'Occident, commençait à regagner du terrain même en Asie : les macédoniens qui avaient fait de grands progrès et qui formaient alors une communion puissante, tendaient à se rapprocher de l'opinion *homoousienne* ; dans un concile tenu à Tyane (367), la majorité se rallia solennellement à la communion des Occidentaux ; la minorité, composée de trente-quatre évêques, protesta dans un autre concile à Antioche de Carie (1). De leur côté, les ariens se défendaient par de nombreux conciles et par des sentences d'exil ou d'emprisonnement. Ils firent chasser l'évêque catholique de Constantinople ; à cette occasion, une députation de quatre-vingts ecclésiastiques s'étant rendue auprès de l'empereur à Nicomédie, il arriva que le vaisseau qui les ramenait brûla en pleine mer. Leur parti les représenta comme des martyrs, et soutint que Valens avait ordonné cette épouvantable exécution (2).

On l'accuse aussi d'avoir persécuté les moines, d'avoir par un édit obligé ceux qui embrassaient la vie monastique de renoncer à leurs biens, d'avoir ordonné l'enrôlement des jeunes gens enfermés dans les monastères (3). Parmi ces actes, quelques-uns peuvent être défendus, d'autres sont peu avérés ; il est permis de croire que la persécution que subit alors l'Église orthodoxe fut singulièrement exagérée par l'esprit de parti. Valens avait assez de vices réels, sans qu'il soit nécessaire de lui imputer de tels excès d'intolérance. Sa conduite à l'égard de saint Basile témoigne de plus de modération que les écrivains ecclésiastiques ne lui en attribuent. Lorsqu'il visita Césarée, où Basile était évêque, ce dernier lui reprocha hautement son hérésie ; il ne fut cependant ni banni ni emprisonné ; l'empereur assista à la messe dans la cathédrale catholique, et souscrivit pour un hôpital que le saint évêque faisait bâtir. — Enfin on ne voit nulle part que Valens ait promulgué contre ceux qu'il croyait hérétiques des édits

---

(1) Gibbon, ch. XXV.
(2) Tillemont, *Emp.*, V, 107, 110.
(4) Id., *Mém. ecclés.*, VI, 217.

(1) Tillemont, *Mém. ecclés.*, VI, 230-234.
(2) Id., *Emp.*, V, 97.
(3) Id., *Mém. ecclés.*, VI, 238, 240.

semblables à ceux que Théodose lança contre les ariens (1).

MAUVAISE ADMINISTRATION DE L'ASIE. — GUERRE CONTRE LES PERSES. — BRIGANDAGE DES ISAURIENS. — Un reproche plus fondé qu'on lui adresse, c'est d'avoir mal pourvu au bon ordre et à la sécurité des vastes provinces qu'il gouvernait; d'avoir multiplié sans nécessité les subdivisions administratives, d'avoir fait la guerre sans gloire comme sans profit. Il partagea la Cappadoce en deux, et érigea la Lycaonie en province; Tyane et Iconium devinrent les capitales de ces deux divisions nouvelles. Il est difficile de découvrir quel avantage ces mesures pouvaient présenter ; il est évident qu'elles avaient pour premier résultat d'aggraver les charges du peuple (2).

En 372 une nouvelle guerre éclata avec les Perses, toujours au sujet de l'Arménie. Sapor s'était emparé par trahison de la personne du roi Arsace, et l'avait fait mettre à mort. La veuve de ce roi, fille du célèbre Ablave, ministre de Constantin, s'enferma avec son fils Para dans la forteresse d'Artagera, et invoqua la protection des Romains. Artagera fut prise, et la reine tomba au pouvoir des Perses; mais son fils se réfugia dans les montagnes avec quelques partisans; l'armée envoyée par Valens l'aida à se soutenir. La guerre se prolongea pendant plusieurs années, et Para fut à peu près rétabli en possession de l'Arménie. Mais il vint à se brouiller avec le général romain, nous ne savons pour quel motif; Valens le manda auprès de lui, et lui donna rendez-vous à Tarse. Arrivé là, le roi barbare fut informé qu'on voulait le retenir prisonnier ; il s'enfuit, et rentra dans son royaume : Valens le fit assassiner (3). C'était le temps où ses terreurs superstitieuses faisaient assassiner juridiquement tant de malheureux accusés de sortiléges ; un meurtre de plus lui coûtait peu.

Ensanglantée par les supplices, inquiétée par le voisinage de la guerre, ruinée par le poids excessif des impôts, l'Asie Mineure était encore en proie au brigandage. On voit par une lettre de saint Basile (1) qu'il n'y avait plus de sûreté sur les routes, et qu'on ne pouvait sans un danger extrême aller de la Cappadoce à Constantinople : que tout le pays était incessamment plein de maraudeurs et d'ennemis. Les Isauriens en 367 avaient taillé en pièces une armée romaine commandée par Musonien, vicaire d'Asie (2); réprimés de temps en temps, ils se réfugiaient dans leurs rochers inaccessibles, et en sortaient quelques mois après pour porter plus loin leurs ravages. En 376 on marque qu'ils saccagèrent la Lycie et la Pamphylie (3); mais tous les hivers des bandes indisciplinées et à demi sauvages allaient porter la terreur jusque sur les rivages du Pont et dans les provinces les plus reculées de la péninsule (4). Enfin pour mettre le comble à tant de calamités, plusieurs tremblements de terre signalèrent ces années néfastes; Nicée fut renversée ainsi que plusieurs villes de l'Hellespont (5).

TRISTE ÉTAT DE L'EMPIRE. — MORT DE VALENS. — Pendant ce temps les Perses envahissaient l'Arménie, et les Goths ravageaient les provinces d'Europe. Ils devinrent si menaçants que Valens dut quitter l'Asie pour aller les combattre. Il leur livra bataille à Andrinople, fut vaincu et tué (378). Toutes les provinces qui s'étendent de la mer Noire à l'Adriatique furent mises à feu et à sang. L'Asie était menacée de subir le même sort. On y avait fait passer quelques années auparavant un grand nombre de jeunes Goths qu'on avait pris comme otages, et on les avait disséminés dans les villes de la Bithynie; le comte Jule, qui commandait dans la province, craignit que ces enfants ne fussent tentés d'appeler ou d'imiter leurs pères; il les fit tous massacrer (6).

(1) Gibbon, ch. XXV.
(2) Tillemont, *Emp.*, V, 99.
(3) Amm. Marc., l. XXX. — Tillemont, *Emp.*, V, 112.

(1) Bas., *Ep.*, 250.
(2) Tillemont, *Emp.*, V, 90.
(3) Id, *ibid.*, 113.
(4) S. Basile, *loc. cit.* — Tillemont, V, 106.
(5) Id., *ibid.* 92.
(6) Zos. l. IV. — Tillemont, *Emp.*, V, 153.

GRATIEN (378) — THÉODOSE EMPEREUR D'ORIENT. — COLONIES DE GOTHS EN ASIE MINEURE. — Gratien qui régnait en Occident, était accouru au secours de Constantinople; il signala son séjour en Orient par un édit en faveur des catholiques. Bientôt après, désespérant de soutenir seul le fardeau de l'empire, il le partagea avec Théodose (379). Le nouvel empereur parvint par sa prudence autant que par sa valeur à purger les provinces d'Europe des barbares qui les infestaient. Les Goths, presque détruits, acceptèrent avec reconnaissance l'offre qui leur fut faite de s'établir dans les provinces de l'empire. Ils eurent soin toutefois d'exiger la possession exclusive des villages et des districts choisis pour le lieu de leur résidence. Quelques-unes de ces colonies furent établies en Asie, dans les provinces de Lydie et de Phrygie; elles conservèrent leurs mœurs leur langage, leur gouvernement particulier, et reconnurent la souveraineté de l'empereur sans se soumettre aux lois romaines ni à la juridiction des magistrats. Ainsi se préparait, par l'établissement des Barbares sur toutes les frontières, par leur introduction dans les armées, la dissolution générale du monde romain (1).

TRIOMPHE DU CATHOLICISME. — ÉDITS DE THÉODOSE CONTRE LES ARIENS. — L'empire sous Théodose jetait son dernier éclat. L'Asie, ainsi que les autres provinces, dut à ce prince quinze ans de paix et de sécurité; mais elle eut particulièrement à souffrir des effets de son zèle religieux. Tout en rendant justice aux grandes qualités de Théodose, l'histoire doit reconnaître que la reconnaissance de l'Église catholique n'a pas peu contribué à glorifier sa mémoire. Si l'arianisme avait triomphé, ce prince, que les écrivains ecclésiastiques proposent comme modèle aux souverains, nous serait sans doute représenté sous les traits d'un tyran.

Après avoir reçu le baptême des mains de l'évêque orthodoxe de Thessalonique, encore tout plein de la ferveur du néophyte, il dicta un édit ainsi conçu : « Notre bon plaisir est « que toutes les nations qui sont gou- « vernées par notre modération et « notre clémence adhèrent fermement à « la foi qui fut enseignée par saint « Pierre aux Romains, foi qui s'est « conservée par une tradition fidèle et « qui est maintenant professée par le « pontife Damas et par Pierre évêque « d'Alexandrie, homme d'une sainteté « apostolique. Conformément à la « discipline des apôtres et à la doc- « trine de l'Évangile, nous croyons à la « divinité unique du Père, du Fils et du « Saint-Esprit dans leur égale majesté « et leur Trinité sainte. — Nous auto- « risons ceux qui suivent cette doctrine « à prendre le titre de chrétiens catholi- « ques ; et comme nous jugeons que tous « les autres sont des fous extravagants « et furieux, nous les flétrissons du « nom infâme d'hérétiques ; et nous « déclarons que leurs conciliabules n'u- « surperont pas plus longtemps la dé- « nomination respectable d'églises. « Outre la condamnation que la jus- « tice divine leur réserve, ils doivent « s'attendre à subir les peines sévères « que notre autorité, guidée par la sa- « gesse du Ciel, jugera à propos de leur « infliger » (1). (28 février 380). L'exécution suivit de près la menace. Le lendemain de son arrivée à Constantinople, le 25 novembre, Théodose manda l'évêque arien Damophile, et lui déclara qu'il fallait ou souscrire à la foi de Nicée, ou résigner son siége épiscopal. Saint Grégoire de Nazianze fut installé à sa place (2). Environ six semaines après parut un édit qui interdisait aux hérétiques de tenir aucune assemblée dans les villes, et qui livrait tous les temples à leurs adversaires. Cet arrêt fut exécuté en Asie par Sapor, un des lieutenants de l'empereur. « Il fut envoyé, dit l'historien « Théodoret, avec charge expresse de « chasser partout les ariens comme des « loups, des temples sacrés qu'ils oc- « cupaient (3). » Les écrits des ariens,

(1) Jornandès, c. 20. — Gibbon, ch. XXVI.

(1) Cod. Théod., l. XVI, tit. I, leg. 2. — Gibbon, ch. XXVII.
(2) Tillemont, Emp., V, 207.
(3) Théod., Hist. ecclés., l. V, c. 2. — Tillemont, Emp., V, 209.

si on les avait laissés subsister, contiendraient sans doute le tableau lamentable de cette persécution et le récit des souffrances de leurs martyrs.

Le 2 mai de la même année, loi contre les apostats, les manichéens et les eunomiens : ils sont privés du titre de citoyen romain, c'est-à-dire du droit de tester, d'hériter, d'acquérir selon la loi romaine; c'est une sorte de mort civile. Le 19 et le 30 juillet, nouveaux édits plus sévères : toute réunion est interdite aux hérétiques (1). Le 4 février 384, loi qui ordonne de renvoyer les ecclésiastiques au jugement des évêques. Le 21 janvier suivant, recherche très-exacte de tous les prêtres hérétiques de Constantinople : ils sont bannis de la ville (2). En 388 (10 mars), nouvelle loi contre le clergé arien; interdiction absolue du culte (3). En 392 (15 juin), défense expresse aux hérétiques de conférer ou de recevoir l'ordination ecclésiastique sous peine d'une amende de dix livres d'or (4).

La résistance ne paraît pas avoir été aussi violente qu'on aurait pu le supposer. Moins unis ou moins fermes dans leurs croyances, les ariens furent loin d'opposer aux persécutions la même constance que les catholiques avaient déployée sous les règnes précédents (5). Eunome, relégué encore une fois en Cappadoce (6), put assister à la décadence rapide de cette secte qu'il avait vue si florissante. Cet hérésiarque célèbre mourut vers la fin du règne de Théodose. Sous le règne suivant, son corps fut transporté secrètement à Tyane où ses sectateurs étaient encore en assez grand nombre (7).

EXTINCTION DU PAGANISME. — Un ennemi si zélé de l'hérésie devait garder encore moins de ménagements à l'égard des païens. Jusqu'alors on avait respecté les débris de l'ancienne religion, et on lui avait permis de s'éteindre d'elle-même; Théodose la proscrivit. Par plusieurs édits datés des premières années de son règne, il interdit les sacrifices privés aussi bien que publics, et ordonna la fermeture ou la destruction des temples (1). Il y eut en Égypte et en Syrie des émeutes sanglantes; un évêque d'Apamée fut massacré par la populace païenne.

Nous ne voyons pas qu'il se soit passé rien de semblable en Asie; c'était une des contrées où le paganisme avait le plus complétement disparu. Il n'était guère professé que par quelques philosophes et rhéteurs qui confondaient dans leur affection les arts de l'antiquité et ses erreurs. Tels étaient le rhéteur Thémistius, et Libanius, le confident de Julien, le maître et l'ami de saint Basile; Théodose eut assez de modération pour ne pas les inquiéter personnellement; Libanius l'en remercie, et lui fait un mérite de n'avoir pas poussé l'intolérance jusqu'à imposer d'autorité ses croyances à tous ses sujets (2).

SAINT BASILE ET SAINT GRÉGOIRE DE NAZIANZE. — Le triomphe de l'Église était, du reste, ennobli par le mérite éclatant de plusieurs de ses membres. C'est à cette époque, vers la fin du quatrième siècle et le commencement du cinquième, que parurent les plus illustres d'entre les Pères. L'Asie Mineure en produisit deux : saint Basile et saint Grégoire de Nazianze, non moins célèbres par leur amitié toute chrétienne que par leur éloquence et leurs vertus. Saint Basile naquit à Césarée de Cappadoce, peu de temps après le concile de Nicée. Sa famille, originaire du Pont ou de l'Arménie, était une des plus considérables du pays, en même temps qu'une des plus illustres dans l'Église : son père, sa mère, son aïeule maternelle, ont été mis au rang des

---

(1) Tillem., *Emp.*, V, 213.
(2) Id., *ibid.*, 236.
(3) Id., *Mém. Ecc.*, VI, 270.
(4) Id., *ibid.*, 272; *Emp.*, V, 364.
(5) Gibbon, ch. XXVII.
(6) Tillem., *Mém. Ecc.*, VI, 269.
(7) Id., *ibid.*, 218.

(1) Tillem., *Emp.*, V, 215, 230, 235. — Sous les successeurs de Théodose on vit paraître des édits qui autorisaient les habitants des villes à prendre des pierres dans les temples abandonnés pour réparer leurs murailles et leurs édifices civils. (Tillem., *Emp.*, 444. — Cod., Théod., l. XV, t. 1, 36.) — C'est ainsi que périrent jusqu'aux ruines de tant de magnifiques monuments.
(2) Liban., *Pro templis*, p. 32. — Gibbon, ch. XXVIII.

saints; il eut cinq sœurs, dont l'aînée fut une sainte, et trois frères, qui sont saint Grégoire de Nyssa, saint Pierre de Sébaste, et le saint ermite Naucrate. Après la mort de son père, il voyagea pour aller étudier sous les maîtres les plus renommés : il reçut à Constantinople les leçons de Libanius, à Athènes celles du sophiste Proérèse, qui comptait aussi parmi ses auditeurs Julien le futur apostat (1). Ce fut dans cette dernière ville que saint Basile rencontra l'ami dont l'histoire est devenue pour ainsi dire inséparable de la sienne. Grégoire était fils de l'évêque de Nazianze, petite ville de la Cappadoce Tibérine, autrefois nommée Diocésarée (2) ; l'un de ces noms est oublié, l'autre a été rendu célèbre par le personnage éminent qui l'a porté. Comme son ami, Grégoire eut pour mère une sainte; son frère, Saint Césaire, médecin célèbre dans son art, vécut à la cour sous Constance et Julien, et résista courageusement aux tentatives de séduction des deux empereurs. Il finit par abandonner la cour païenne de Julien (3).

Après avoir formé les nœuds d'une indissoluble amitié, Basile dut quitter Athènes pour retourner en Cappadoce. Il enseigna pendant quelque temps la rhétorique dans sa ville natale; bientôt il résolut de renoncer aux lettres profanes et de se consacrer tout entier à Dieu. Il se retira à deux reprises dans le Pont pour y vivre en solitude; son ami vint le visiter dans sa retraite, et partager ses mortifications; saint Basile, qui avait un penchant décidé pour la vie monastique, avait fondé un monastère auquel il avait donné une règle très-sévère. Cependant il ne lui fut pas permis d'y finir ses jours : en l'an 370 il fut élu évêque de Césarée. Cette élévation faillit devenir fatale à l'union des deux saints. Soit que Basile ne fût pas exempt d'orgueil, comme on le lui a reproché, soit qu'il crût nécessaire d'exercer son ami à l'humilité, il le nomma évêque de Sasime. C'était un misérable village sur les confins de la Cappadoce Seconde, sans eau, sans verdure, sans société, où l'on n'entendait que le bruit des voitures et les cris des rouliers : car c'était un lieu de passage, situé à la rencontre de trois grandes routes. Grégoire, qui fait lui-même une peinture si peu attrayante de sa résidence, proteste qu'il ne regarda jamais comme consommé son hymen spirituel avec une fiancée si peu faite pour lui. Il ne dissimule pas dans ses écrits, combien il fut sensible au peu d'égards qu'on lui témoignait; mais il faut dire à sa gloire que parmi ses plaintes, il ne cesse de rendre justice aux talents et aux grandes qualités de son ami (1).

Saint Basile mourut en 379. Quant à saint Grégoire, il quitta son triste diocèse pour retourner à Nazianze auprès de son père, à qui l'âge rendait les fonctions de l'épiscopat trop pénibles. A sa mort, il refusa de lui succéder, et se retira à Séleucie d'Isaurie. C'est là qu'il habitait, lorsqu'à la mort de Valens les catholiques de Constantinople lui proposèrent de venir diriger leur faible et tremblante Église. Là, il eut à endurer pendant deux ans les insultes et les violences des ariens tout-puissants à Constantinople. Comme tous les temples étaient au pouvoir des hérétiques, la communauté opprimée célébrait ses mystères dans une petite maison particulière; ils y furent un jour assaillis à coups de pierres et de bâtons; il y eut un homme tué dans la mêlée. Tout changea de face à l'arrivée de Théodose; et il semblait trop juste de récompenser les efforts persévérants de Grégoire en le maintenant à la tête de cette église qu'il avait soutenue dans les mauvais jours. Mais un siège aussi important que celui de Constantinople excitait trop de convoitises : dans le concile tenu quelques mois après, on attaqua l'élection de Grégoire; dégoûté des intrigues dont le concile était le théâtre, il offrit sa démission qui fut acceptée, et retourna dans son pays natal, où il mourut en 389 ou 390 (2).

Outre ces deux hommes célèbres,

(1) Tillem., *Mém. Ecc.*, IX, 173. — Gibbon, ch. XXVII.
(2) Tillem., *Mém. Ecc.*, IX, 185-238. — Gibbon, ch. XXVII.

(1) Tillem., *Mém. Ecc.*, IX, 1-9.
(2) *Id., ibid.*, 137.
(3) *Id., ibid.*, 148.

l'Asie Mineure comptait encore plusieurs prélats recommandables par leur science et leur piété. On ne peut compter ni Apollinaire ni Eustathe de Sébaste, qui tombèrent dans l'hérésie ; mais Grégoire de Nyssa, théologien et historien, mais Amphiloque d'Iconium disciple et ami de saint Basile (1), et plusieurs autres, sont comptés parmi les gloires de l'Église. On peut croire que l'ascendant de ces hommes vénérables contribua autant que l'autorité du maître de l'empire au triomphe définitif de la vraie foi. Ce triomphe était assuré lorsque Théodose mourut en 395.

CHAPITRE III.

HISTOIRE DE L'ASIE MINEURE DEPUIS LA MORT DE THÉODOSE JUSQU'AU TEMPS D'HÉRACLIUS 395-628.

SÉPARATION DÉFINITIVE DES DEUX EMPIRES. — DIVISION DE L'EMPIRE D'ORIENT. — PROVINCES D'ASIE MINEURE. — A la mort de Théodose, l'Orient se sépara pour toujours de l'Occident. Cette division des deux empires, commencée par Dioclétien et consacrée par la fondation de Constantinople, avait si bien passé en principe, que Valentinien, le jour même de son élection, avait été invité par les soldats à se choisir un collègue. Les deux moitiés de l'Empire furent à peine réunies quelques mois sous Théodose ; dès qu'il eut expiré, Honorius fut couronné à Milan, et Arcadius à Constantinople. Le partage était fait d'avance, et toute l'administration organisée de manière à rendre les deux États indépendants l'un de l'autre. Chacun avait sa capitale, son sénat, ses grands officiers, sa hiérarchie nobiliaire et administrative, dont tous les détails avaient été soigneusement réglés par Constantin. Car c'est surtout à ce prince qu'il faut attribuer la transformation de l'Empire romain et l'établissement de ce système monarchique qui se maintint à Byzance jusqu'à la fin du moyen âge. Nous empruntons à un ouvrage spécial (2) le tableau abrégé des institutions et des divisions de l'Empire à l'histoire duquel se rattache désormais celle de notre province.

« Ce n'est pas à Constantin qu'il faut faire remonter l'origine de la noblesse ; mais il en multiplia les titres, il en accrut les avantages et les biens, il en régla la hiérarchie. Sans inventer des noms nouveaux, il attacha des prérogatives nouvelles, des attributions spéciales à des qualifications vaguement employées jusqu'alors. On peut le regarder comme l'auteur du nobiliaire du Bas-Empire » (1).

Le premier ordre nobiliaire était celui des *nobilissimes* qui comprenait les princes de la famille impériale, les patrices et les consuls ; venaient ensuite les *illustres*, les *spectabiles* et les *clarissimes*. « Les gradations de ces titres n'étaient pas encore marquées avec beaucoup de certitude sous Constantin et ses fils : Constance dans ses lois appelle le préfet du prétoire tantôt *clarissime*, tantôt clarissime et *illustre* à la fois (2). Sous Valentinien les règles deviennent fixes : ceux qui manquent à donner à une personne titrée le nom qui lui appartient sont condamnés à une amende (3). »

Après les trois classes que nous avons nommées, viennent à des degrés inférieurs, les *perfectissimes*, les *chevaliers*, les *egregii* (4). Ces qualifications honorifiques sont distribuées aux courtisans (*comites* ou comtes), aux généraux d'armée, aux gouverneurs de provinces (5). A chaque gouvernement est attaché un certain titre que la fonction confère d'elle-même à quiconque en est revêtu : les consulaires sont *spectabiles* ou *clarissimes*, les présides sont *clarissimes* ou perfectissimes (6).

L'empire d'Orient comprenait deux des anciennes préfectures de Dioclétien : la préfecture d'Orient, et celle d'Illyrie.

---

(1) Tillem., *Mém. Ecc.*, IX, *passim*.
(2) Naudet, *Changements introduits dans l'Empire romain sous Dioclétien, Constantin et Théodose*, Paris, 1817.
(1) Naudet, II, 74.
(2) Id., *ibid.*, 77.
(3) Id., *ibid.*, 75.
(4) Id., *ibid.*, 78.
(5) Id., *ibid.*, 82.
(6) Id., *ibid.* — *Notitia Dignitat.* — *Pancirolus ad Not.*, Lugduni, 1608.

La première, beaucoup plus vaste et plus importante que l'autre, était divisée au temps d'Arcadius en six diocèses ou grands gouvernements, qu'administraient, sous des titres différents, autant de hauts dignitaires qualifiés *spectabiles* : le proconsul d'Asie (trois provinces); le comte du diocèse d'Orient (quinze provinces); le préfet du diocèse d'Égypte (six); le vicaire du diocèse d'Asie (huit); le vicaire du diocèse du Pont (onze); le vicaire du diocèse de Thrace (six). En tout, quarante-neuf provinces, dont vingt-cinq situées dans la péninsule d'Asie Mineure. C'étaient :

Sous le proconsul d'Asie :

l'Asie proconsulaire proprement dite,
l'Hellespont, gouverné par un consulaire,
les Iles, par un préside.

Dans le diocèse d'Orient :

la Cilicie consulaire,
la Cilicie Seconde, gouvernée par un préside *clarissime*,
l'Isaurie, par un préside *perfectissime*.

Dans le diocèse d'Asie :

la Pamphylie ⎫
la Lydie ⎬ gouvernées par des consulaires,
la Lycaonie ⎭
la Pisidie ⎫
la Phygie Pacatiane ⎪
la Phrygie Salutaire (1) ⎬ par des présides.
la Lycie ⎪
la Carie ⎭

Dans le diocèse du Pont :

la Galatie ⎫
la Bithynie ⎬ consulaires,
l'Honoriade (2) ⎭
la Cappadoce Première ⎫
la Cappadoce Seconde ⎪
l'Hellenopont ⎪
le Pont Polémoniaque ⎬ gouvernées par des présides;
l'Arménie Première ⎪
l'Arménie Seconde ⎪
la Galatie Salutaire ⎭

(1) Ainsi nommée à cause de ses sources minérales.
(2) Cette province, fut formée sous Théo-

la Paphlagonie, dont le gouverneur portait le titre de Correcteur, avec le rang de *clarissime* (1).

MISÈRE DES PROVINCES. — Telles étaient les divisions administratives de l'Asie Mineure. Qu'on se représente le gouverneur de chacune de ces provinces entouré d'une suite nombreuse d'officiers et de commis; autour du gouverneur de chaque diocèse, une véritable cour; une autre auprès de chacun des préfets; enfin celle de l'Empereur, avec son luxe tout oriental, ses eunuques, ses sept grands dignitaires et ses légions d'officiers subalternes, une multitude infinie d'employés de finances et de police répandus dans tout l'Empire; les légions divisées, réduites de six mille hommes à quinze cents exprès pour multiplier les grades (2); sans compter les troupes auxiliaires de plus en plus nombreuses, et les corps privilégiés qu'on payait en raison inverse de leur utilité; que l'on considère en même temps le peu de sécurité dont jouissaient les sujets de l'Empire, les fréquentes invasions, les calamités de toute espèce qui le désolaient, l'état de langueur dans lequel l'industrie était tombée; et l'on conviendra que jamais plus mauvais gouvernement ne fut plus chèrement payé. Mais ce qui rendait le système encore plus oppressif, c'était la corruption de ses agents. La vénalité la plus scandaleuse régnait à tous les degrés de la hiérarchie. Des ministres tels que Rufin et son successeur Eutrope vendaient les offices au plus offrant (3), ceux qui les achetaient refaisaient leur fortune aux dépens de leurs administrés, comme aux plus mauvais jours de la république romaine. Les magistratures n'étaient plus que des brigandages autorisés (4).

dose, aux dépens de la Bithynie et de la Paphlagonie : elle comprenait les villes de Claudiopolis, de Prusiade, d'Héraclée, de Tionte, de Cratia et d'Hadrianopolis. — (Lebeau, *Histoire du Bas-Empire*, L. XXV. Ed. Firm. Didot, 1826; augmentée d'après les historiens orientaux par M. de Saint-Martin.)
(1) Pancirol., *ad Notit.*, f. 67.
(2) Gibbon., ch. XVII.
(3) Id., ch. XXIX et XXXII.
(4) Lebeau, L. XXVI. Edition Firmin Didot, t. V, p. 89.

ADMINISTRATION DE RUFIN ET D'EUTROPE. — L'élévation de Rufin est une tache pour la mémoire de Théodose. Ce misérable avait su prendre un incroyable ascendant sur l'esprit de l'empereur. Promotus, maître-général de l'infanterie, le meilleur capitaine de cette époque, fut immolé à sa haine (1).

Tatianus et son fils Proculus étaient, l'un préfet du prétoire, l'autre préfet de Constantinople; Rufin les accusa de concussion, leur nomma des juges, présida lui-même le tribunal, fit mettre à mort le fils et envoya le père en exil; il poussa même l'acharnement contre ces malheureux jusqu'à punir avec eux tous leurs compatriotes : la Lycie, coupable d'avoir donné le jour à Tatianus, fut par une loi expresse dégradée de son rang de province, et les habitants furent déclarés incapables d'exercer aucune charge publique (2). C'est ainsi que Rufin parvint à la première dignité de l'Empire. Il fut sans doute obligé, tant que vécut Théodose, de prendre quelques ménagements et de masquer son avarice; mais sous son imbécile successeur la corruption marcha le front levé.

On cite le trait suivant pour montrer quelles maximes régnaient à la cour d'Arcadius et comment la friponnerie y était en honneur. Euthalius de Laodicée était employé en Lydie et tourmentait la province par ses concussions. Rufin, qui se réservait ce privilège, le fit condamner à une amende de quinze livres d'or, et envoya des officiers fidèles pour l'obliger à payer. Euthalius leur compta la somme et l'enferma dans un sac, qu'il scella du sceau public. Mais il eut l'adresse d'y substituer un autre sac parfaitement semblable. Cette fourberie amusa la cour; on voulut voir Euthalius; ce fut la cause de son avancement : on le nomma gouverneur de la Cyrénaïque (3). — Autre exemple : Lucien fils d'un ancien préfet des Gaules, avait obtenu la dignité de comte d'Orient en abandonnant à Rufin ses plus belles terres. Cependant il remplissait sa charge beaucoup mieux qu'on ne pouvait l'espérer d'un homme qui l'avait achetée. Eucherius, grand-oncle d'Arcadius, lui ayant demandé une chose injuste, fut piqué de son refus et s'en plaignit à l'empereur qui en fit des reproches à Rufin. Celui-ci, trouvant très-mauvais qu'un subalterne qu'il protégeait prétendît être plus honnête homme que lui, part de Constantinople sans rien dire de son dessein, vole à Antioche, où il arrive de nuit, se fait sur-le-champ amener Lucien, et le fait fouetter si cruellement que le malheureux expire au milieu de ce supplice (1). Cette vengeance coûta cher à Rufin; pendant le peu de jours que son absence avait duré, ses ennemis nouèrent l'intrigue qui amena sa chute. Eutrope lui succéda, et trouva moyen d'égaler les vices de son prédécesseur (2). On représente sous lui les provinces mises publiquement à l'encan.

VOYAGE DE THÉODOSE II EN ASIE. — RÉGIME MUNICIPAL. — TERRES MILITAIRES. — Le désordre fut moins criant sous le règne suivant : Anthémius, tuteur du jeune Théodose, et Pulchérie, qui régna ensuite sous son nom, s'efforcèrent de soulager la détresse des sujets de l'empire. En l'année 443, Théodose II fit un voyage dans les provinces d'Asie Mineure. Arrivé à Héraclée du Pont, il trouva les murailles, les aqueducs et les autres édifices publics en ruine parce que la ville manquait de fonds nécessaires pour les entretenir. Toutes les villes étaient à peu près dans le même état de délabrement. Elles possédaient des terres dont le revenu devait fournir aux dépenses des réparations; mais la plupart de ces fonds avaient été aliénés et vendus à des particuliers. Le prince cassa toutes les ventes (3) de ce genre faites depuis trente ans; remède violent, qui montre l'étendue du mal, mais qui ne pouvait

---

(1) Gibbon., ch. XXIX. — Zos., L., IV.
(2) Gibbon, ch. XXIX. — Lebeau, L. XXV, t. V, p. 17. — On peut voir dans le code Théodosien (l. IX, t. 38, leg. 9,) la loi par laquelle Arcadius, après la chute de Rufin, révoqua cette étrange condamnation.
(3) Lebeau, L. XXVI; t. V, p. 90.

(1) Id., ibid., p. 99.
(2) Gibbon, ch. XXXII. — Claud., in Eutrop., V. 192-209.
(3) Lebeau, L. XXXII, t. VI, p. 146. — Tillem., Emp., VI, p. 102. — Cod. Théodos., Nov., t. 30.

le guérir. Les véritables sources de la richesse publique étaient taries : plus d'industrie, plus de culture, les paysans aimaient mieux abandonner leurs terres que d'en payer les redevances. Les notables des villes, rendus responsables de la rentrée des impôts, étaient encore plus à plaindre. Comme ils essayaient par tous les moyens de se dérober à cette condition accablante, il leur était interdit sous les peines les plus sévères de quitter leur ville, de s'engager dans l'armée ou dans le clergé, de remplir aucune des fonctions publiques auxquelles était attachée l'exemption d'impôts. Leurs enfants héritaient de leurs obligations et de leur misère. Ce titre de *décurion* ou *curiale* (1), autrefois envié, était devenu une servitude. Le titre qui concerne les décurions est le plus étendu de tout le code Théodosien : il ne comprend pas moins de cent quatre-vingt-douze lois qui règlent les priviléges illusoires et les obligations très-réelles de ces malheureux (2). Du séjour de Théodose en Asie Mineure datent plusieurs édits destinés à tempérer la rigueur de leur condition. Les curiales qui mouraient sans enfants ne pouvaient disposer par testament que du quart de leurs biens, le reste revenait de droit à la curie; les héritiers mêmes qui n'appartenaient pas à la curie, par exemple les veuves ou filles de curiales qui épousaient un homme non curiale, étaient tenus d'abandonner un quart de ce qui leur appartenait (3). Ces dispositions avaient donné naissance à beaucoup d'abus; par une loi du 9 mars 443, l'empereur permet aux héritiers de partager eux-mêmes la succession en quatre parts à condition de donner le choix à la ville (4). Une autre loi du 17 décembre défend d'inquiéter ceux qui n'étant pas engagés au corps d'une ville y auraient volontairement rempli quelque fonction ou fait quelque libéralité (1). Une autre permet aux curiales de léguer aux enfants naturels les trois quarts de leurs biens en les engageant au service de la ville (2).

A la même époque, l'attention du prince se porta sur la garde des frontières. Elles étaient pour la plupart dégarnies de troupes, tant par la négligence que par l'avarice des officiers qui multipliaient les congés afin de profiter de la ration des absents. On donnait aux soldats des frontières des terres à cultiver, dont ils avaient la jouissance sans payer aucune imposition ; les commandants avaient vendu beaucoup de ces terres. Un des édits publiés en 443 a pour objet de réprimer ces abus. Défense est faite d'aliéner les terres franches militaires ; les ventes de ce genre faites depuis trente ans sont annulées, et les acheteurs sont tenus de restituer, sauf leur recours contre le vendeur. En même temps l'empereur déclare qu'il ne donnera le commandement des frontières qu'à ceux qui auront dans d'autres emplois fait preuve d'intégrité et de vigilance ; il annonce que toute brigue pour obtenir ce grade sera poursuivie comme un crime capital ; il ordonne aux commandants de résider sur les lieux, de tenir leurs compagnies complètes et de les exercer assidûment, de veiller à l'entretien des forteresses et des vaisseaux, d'envoyer tous les ans un état détaillé des troupes et du matériel ; il les exhorte enfin à donner à leurs subalternes l'exemple du désintéressement : mais dans ce même édit, quelques lignes plus haut, il les autorise à prélever un douzième sur la ration des soldats romains, tout en défendant, sous peine de confiscation et de mort, de rien retrancher aux troupes étrangères (3). Rien ne montre mieux l'affaiblissement de la discipline qu'un pareil édit de réformation.

---

(1) Membre de la curie ou sénat municipal. On peut voir dans M. Guizot (*Hist. de la civil. en France*, vol. I, p. 49) un exposé assez ample de la condition des curiales. Ce qui est dit de la Gaule s'applique également aux autres provinces de l'Empire. Constantin avait établi partout le même système administratif.
(2) Gibbon., ch. XVII. — Cod. Théod., l. XII, t. 1.
(3) Guizot., *loc., cit.*
(4) Tillemont, *Emp.*, VI, p. 100.

(1) Tillemont, *Emp.*, tom., VI., p. 103.
(2) Id., *ibid.* — Lebeau, L. XXXII, t. VI, p. 146.
(3) Tillemont, *Emp.*, VI, 103. — Lebeau, L. XXXII, t. VI, p. 147.

AFFAIRES ECCLÉSIASTIQUES. EXIL DE SAINT JEAN CHRYSOSTOME. HÉRÉSIE NESTORIENNE. — L'Église n'était guère mieux gouvernée que l'État. Saint Jean Chrysostôme, évêque de Constantinople sous Arcadius, dans une visite pastorale qu'il fit en Lydie et en Phrygie, fut obligé de déposer treize évêques (1). Sa sévérité, qui n'épargnait pas les vices de la cour, lui suscita de nombreux ennemis. Enfin il s'attira l'inimitié redoutable de l'impératrice Eudoxie; ce fut la cause de sa disgrâce.

Arraché violemment de son siége, il fut envoyé à Cucuse, où il séjourna trois ans; mais on ne le trouvait pas encore assez loin : l'ordre arriva de le conduire à Pityonte, au delà du Phase, aux dernières limites de l'empire; il mourut en route, à Comana (407). Les passions dont il avait été victime une fois éteintes, on reconnut son mérite et son innocence : trente ans après sa mort, à la sollicitation du peuple et du clergé de Constantinople, ses restes furent ramenés dans la ville impériale; et Théodose II s'avança jusqu'à Chalcédoine pour les recevoir.

Sous ce prince faible, et plus dévot qu'éclairé, l'Église fut troublée par l'intolérance, puis par l'hérésie de Nestorius, évêque de Constantinople. Ce prélat avait commencé par déployer une sévérité extrême contre les hérétiques de toute secte. Il les poursuivit par des décrets fulminants dans l'Asie, dans la Lydie, dans la Carie; il s'éleva à ce sujet des séditions sanglantes à Milet et à Sardes (2). On vit à Germe dans l'Hellespont un évêque catholique assassiné par les Macédoniens, qu'il persécutait (3). Après avoir pris avec tant d'ardeur la défense de la foi orthodoxe, Nestorius tomba à son tour dans l'hérésie. Condamné par le concile d'Éphèse (431), il alla mourir dans l'exil; mais sa doctrine lui survécut et se répandit jusqu'aux extrémités de l'Orient.

GUERRES EN ASIE MINEURE. — INVASION DES HUNS. — L'Europe était inondée par les barbares; quoique moins éprouvée, l'Asie ne fut cependant pas exempte des maux de la guerre. Dès la première année du règne d'Arcadius, une tribu de Huns descendit du Caucase. On accusa Rufin de les avoir appelés pour se rendre nécessaire et déterminer son maître à partager avec lui l'empire. Ces barbares saccagèrent l'Arménie, la Cappadoce, la Cilicie, passèrent de là en Syrie et s'avancèrent jusque sous les murs d'Antioche. Cette place les arrêta : après avoir pendant une année ravagé toutes les campagnes et détruit la plupart des villes ouvertes, ils s'en retournèrent sans être inquiétés, traînant ou chassant devant eux une multitude incroyable de prisonniers. L'eunuque Eutrope, qui gouvernait alors l'empire et qui avait des prétentions militaires, fit en Arménie une expédition ridicule qui ne sauva pas un seul captif des mains des barbares. Après leur départ, Arcadius obligea par une loi toutes les villes à se fermer de murailles (1) (396).

RÉVOLTE DE TRIBIGILDE. — Trois ans après, une guerre d'un autre genre désola les provinces occidentales depuis longtemps épargnées. Tribigilde ou Tarbigil, capitaine goth, qui commandait à Nacolie en Phrygie une cohorte de sa nation, se souleva, mit la ville au pillage, et saccagea tout le pays. Le premier général qu'on envoya pour le combattre se tint prudemment en Bithynie sous prétexte de garder cette province; le Goth Gaïnas, qui en fut ensuite chargé, était d'intelligence avec son compatriote; on soupçonne même que c'était lui qui l'avait poussé à la révolte. Il dépêcha des courriers à Tribigilde pour l'inviter à descendre vers l'Hellespont. Si le barbare eût écouté cet avis ou s'il se fût tourné du côté de la Lydie, il eût trouvé sans défense les provinces les plus riches de l'empire; il se dirigea au contraire vers les montagnes, et ravagea la Pisidie. Arrivé près de Selgé en Pamphylie, il fut arrêté par une bande de paysans armés dans un défilé où sa troupe périt presque tout entière; il échappa avec

---

(1) Gibbon., ch. XXXII.
(2) Lebeau, L. XXXI, t. VI. p. 59.
(3) Id., ibid., p. 61.

(1) Lebeau, L. XXVI, t. V, p. 102, 131. Philostorg., l. II, c. 8; — Claudian., in Ruf. II, v. 26-36.

trois cents hommes. Quand on le vit si affaibli, les habitants s'armèrent pour l'achever; il était perdu sans Gaïnas, qui s'entendit avec lui pour lui faire battre un détachement de l'armée romaine : il persuada à Léon, qui commandait en Bithynie, qu'il n'avait qu'à se présenter pour triompher; l'imbécile général donna dans le piége ; trahi par les officiers que Gaïnas lui avait envoyés, il fut surpris et périt dans la déroute. Le succès livra aux révoltés toutes les provinces (1). Sur ces entrefaites Eutrope tomba en disgrâce ; Gaïnas n'ayant pas gagné à cette révolution de palais tout ce qu'il espérait, jeta le masque et se réunit à Tribigilde. On n'avait personne à lui opposer, et déjà de Constantinople on apercevait l'incendie des villages au delà du Bosphore; il fallut traiter, l'empereur eut même l'humiliation de se rendre à Chalcédoine pour conférer avec les rebelles. La conférence eut lieu dans l'église de Sainte-Euphémie aux portes de la ville; on convint que Gaïnas et Tribigilde poseraient les armes ; qu'ils seraient reçus dans Constantinople avec leurs soldats, et pourraient y demeurer en sûreté; que Gaïnas conserverait la qualité de général, et qu'il serait décoré des ornements consulaires. Le traité fut juré de part et d'autre (400) (2).

LES ISAURIENS. — LE GÉNÉRAL HARPAZACE. — A défaut d'autres ennemis, les Isauriens se chargeaient de tenir l'Asie en alarme. Contenues sous le règne du grand Théodose, leurs incursions recommencèrent sous Arcadius, tantôt en Syrie, tantôt du côté du Pont-Euxin (3). En 404, ils se jetèrent sur la Pamphylie déjà ruinée par Tribigilde. On envoya contre eux un général du nom d'Arbazace ou Artabazace, si décrié par son avarice, qu'on l'appelait communément *Harpazace* (4). Il refoula d'abord les pillards dans les montagnes, et leur fit perdre beaucoup de monde ;

mais ceux-ci le gagnèrent en lui offrant une part dans leurs brigandages. On le rappela pour lui faire son procès : il se tira d'affaire en partageant avec l'impératrice Eudoxie (1). Les Isauriens se rendirent si redoutables pendant tout ce règne, qu'Arcadius par un édit daté de ses derniers jours, ordonne de les poursuivre et de les exécuter en tout temps, même pendant le carême et le jour de Pâques (2). Ils continuèrent à désoler l'Asie sous les règnes suivants, jusqu'à ce qu'enfin ils en vinrent au point de se faire payer tribut par les empereurs, et d'élever au trône un des leurs.

RÉUNION DE L'ARMÉNIE OCCIDENTALE A L'EMPIRE. — GUERRES DE PERSE. — INVASIONS BARBARES SOUS THÉODOSE II. — Le faible Théodose, impuissant à défendre son empire, eut pourtant l'honneur d'en reculer les limites. Depuis la fondation de la monarchie persane, le royaume d'Arménie ne se soutenait que par la rivalité des deux grands États auxquels il touchait ; ce fut sous Théodose II qu'il cessa d'exister. Le démembrement était pour ainsi dire résolu, lorsque les deux fils de Chosroës prirent le parti de le prévenir en cédant leur part, l'un aux Romains, l'autre aux Perses (3). Le partage ne se fit pas également : Théodose n'eut guère que le cinquième de l'ancien royaume ; il en fit une province qui reçut le nom de Grande Arménie, par opposition à la Petite Arménie, située sur la rive gauche de l'Euphrate ; et il lui donna pour capitale Théodosiopolis, qui fut fondée exprès dans la Caranitide (canton de Karin) près des sources de l'Euphrate. Cette ville appelée Karin par les Arméniens et Erzeroum par les Turcs est encore aujourd'hui le chef-lieu d'un pachalik. Les Perses mirent d'abord un roi de leur choix dans la

---

(1) Lebeau, L. XXVI; vol. 5, p. 175 et sq.
(2) Id., L. XXXVII, vol. 5, p. 199.
(3) Id., vol. 5, p. 250, note. — Sozom., L. VIII, c. 25. — *Philost.* II, 8.
(4) Synonyme de Harpagon ; [du grec ἁρπάζω, *voler*.

(1) Lebeau, vol. 5, p. 450.
(2) Id., *ibid.* — Tillemont, *Emps.* V, 474
(3) Lebeau, l. XXX, t. V. p. 438. Notes et supplément de M. de S. Martin.
(4) Sous Justinien il y eut jusqu'à quatre provinces d'Arménie qui avaient pour capitales Césarée (de Cappadoce), Mélitène, Trébizonde, Amida et Théodosiopolis. V. la note de M. de S.-Mart. *ibid*, p. 443

partie de l'Arménie qui leur revenait ; mais ils s'en lassèrent bientôt ; en 429 le roi Bahram (Varanès) y envoya un simple lieutenant.

La guerre s'était rallumée, sous ce prince, au sujet des chrétiens, qu'il persécutait et qui se réfugiaient sur les terres de l'empire. Les historiens romains assurent que les généraux de Théodose remportèrent d'éclatantes victoires et contraignirent Bahram de demander la paix (1). Mais vers le même temps nous voyons l'extrémité orientale de l'Asie Mineure insultée par un nouvel ennemi ; les Sannes ou Tzannes descendus du Caucase ravagent le Pont, l'Arménie et la Cappadoce (2). Une autre nation indigène, celle des Lazes, se rend indépendante dans l'ancienne Colchide, qui prend depuis ce temps le nom de Lazique (3). Enfin, comme si ce n'était pas assez des calamités de la guerre, les provinces voisines de l'Hellespont sont désolées par de grands tremblements de terre et par la famine (4).

FORTUNE DES ISAURIENS. LES DEUX ZÉNONS. — Ce fut vers la fin du règne de Théodose le Jeune que les Isauriens parurent à Constantinople. Menacé par les Huns et manquant de généraux ainsi que de soldats, l'empereur imagina d'utiliser la bravoure de ces brigands ; il fit venir avec sa troupe un chef nommé Zénon, et lui confia la défense de la capitale. Zénon gagna les bonnes grâces de Théodose et devint bientôt un des plus puissants personnages de l'empire ; tout païen qu'il était et affectant même un grand zèle pour son idolâtrie, il fut nommé général des armées d'Orient et consul (5). Il mourut sous Marcien, mais la milice turbulente qu'il commandait paraît avoir subsisté. Léon le Thrace, successeur de Marcien (457), ayant à se défendre contre les intrigues d'Aspar, qui l'avait élevé au trône, autant que contre les ennemis du dehors, appela à Constantinople une nouvelle bande d'Isauriens. Leur chef se nommait Trascalissée ou Tarasiscodisée ; il était d'une des familles le plus en renom parmi ces barbares, sans aucun mérite du reste, et même sans courage, mal fait de sa personne, ignorant et grossier. Ce personnage fut fait patrice, capitaine des gardes, général des armées d'Orient, consul ; pour comble de faveur, Léon lui fit épouser Ariadne l'aînée de ses filles. Il changea de nom et prit celui de Zénon que son compatriote avait rendu fameux (1). Cependant le nouveau Zénon ne pouvait espérer de régner. Il était détesté du peuple de Constantinople ; le bruit s'étant répandu que son beau-père songeait à le désigner pour son successeur, il y eut un soulèvement où périrent un grand nombre d'Isauriens. Léon conféra alors le titre d'Auguste à son petit-fils à peine âgé de quatre ans. A sa mort (janvier 474), le jeune prince fut proclamé empereur sans difficulté, et son père fut chargé de sa tutelle. Au bout de quelque temps il fut associé solennellement à l'empire, enfin l'enfant mourut au mois de novembre, non sans soupçon d'empoisonnement, et Zénon l'Isaurien demeura seul maître de l'empire (2).

RÉVOLTE DE BASILISCUS. — Le nouvel empereur réunissait tous les vices de sa première condition avec ceux de la puissance qu'il avait acquise sans la mériter. Cruel, débauché, avide et prodigue, écrasant les provinces de contributions et en dissipant le produit dans des orgies grossières, il croyait racheter tous ses vices par une dévotion ridicule. Il avait, comme son beau-père, une vénération toute particulière pour l'ermite Daniel le Stilite, qui demeurait sur une colonne en plein air à la porte de Constantinople. Il répandait fastueusement de grandes aumônes, qui ne lui coûtaient que des crimes et des confiscations injustes. Il avait eu d'une première femme un fils qu'il destinait à l'empire et qui paraissait encore plus méchant que lui ; heureusement, ce fils mourut jeune.

---

(1) Lebeau L. XXX, t. V, pp. 492-501.
(2) Id., t. VI, p. 129, 132. Il est fait mention de ce peuple des *Sannes* dans Pline, l. VI. c. 4.
(3) Lebeau, l. XXXIII, t. VI, p. 385.
(4) Id. t. v. p. 449, t. IV, 158. — Tillemont *emps*, VI, 63, 103.
(5) Lebeau, l. XXXII, t. VI, p. 170.

(1) Lebeau, l. XXXV, t. VII, p. 18. — Tillemont, *Emp.*, VI, 802.
(2) Lebeau, l. XXXV, t. XII, p. 59.

Ses deux frères ne valaient pas mieux ; l'un n'usait de son pouvoir que pour répandre le sang : c'était un barbare affamé de meurtre et de carnage ; l'autre, nommé Longin, était perdu de débauche (1). Enfin les Isauriens, accourus en foule dans la capitale de l'empire, la traitaient en ville conquise. Quelques mois suffirent pour rendre Zénon tellement odieux que le moindre effort devait le renverser. Vérina, sa belle-mère, qui avait principalement travaillé à son élévation, ne s'en trouvait pas assez récompensée ; elle noua un complot, d'accord avec Basiliscus, son frère, et Harmatius, son cousin ; elle y fit entrer Illus un des principaux chefs Isauriens ; quand tout fut prêt, comptant sur la lâcheté de son gendre pour brusquer la catastrophe, elle courut lui dénoncer le danger qui le menaçait, et l'intimida de telle sorte qu'il quitta sur l'heure son palais pour passer à Chalcédoine. A peine arrivé de l'autre côté du détroit, il apprit que Vérina et Basiliscus étaient à la tête des révoltés. Aussitôt il prit des chevaux de poste malgré la nuit et la pluie, et s'enfuit en Isaurie avec tout l'argent qu'il put emporter. Sa femme et quelques-uns de ses favoris vinrent l'y rejoindre. Au premier bruit de sa fuite, le peuple de Constantinople se jeta sur les Isauriens, et en fit un carnage affreux (2).

RÉTABLISSEMENT DE ZÉNON. — Le rival de Zénon se perdit, comme il avait fait lui-même, par ses extravagances et ses vices ; ceux qui l'avaient élevé furent les premiers à l'abandonner. Réfugié dans son pays natal, Zénon avait trouvé sans peine une armée. Cependant il errait de château en château sans oser tenir la campagne. Illus, chargé de le combattre, le tint plusieurs mois assiégé dans une forteresse inaccessible. Enfin, las des longueurs du siége et informé par Vérina elle-même du mécontentement qui régnait dans la capitale, il résolut de réparer sa première trahison par une nouvelle. Sous sa conduite, l'empereur détrôné s'avança vers le Bosphore. Arrivé à Nicée, il rencontra l'armée ennemie commandée par Harmatius. Le premier engagement ne fut pas heureux pour Zénon, et déjà ce prince pusillanime songeait à fuir ; Illus le rassura, lui représenta qu'Harmatius n'était pas incorruptible, et se chargea de la négociation. Il le vit en effet secrètement, lui promit la charge de maître de la milice de la cour et pour son fils le titre de César avec la succession à l'empire. Harmatius se laissa éblouir ; pour déguiser seulement sa trahison, il prit un chemin différent de celui que l'ennemi devait suivre, et le laissa passer comme par inadvertance. Zénon n'eut qu'à se présenter aux portes de Constantinople ; il y fut reçu comme en triomphe. Vérina, qui n'avait pas eu moins de part à son rétablissement qu'à sa chute, vint au-devant de lui. Basiliscus s'était enfermé avec sa femme et ses enfants dans l'église de Sainte-Irène ; on l'en tira en lui promettant la vie sauve. Le sénat condamna ces malheureux à une prison perpétuelle. On les transporta à Cucuse, lieu rendu célèbre par tant d'exils ; là on les jeta nus dans une citerne vide : telle était la prison que Zénon leur réservait. Au bout de quelques jours on les trouva morts de froid et de faim, se tenant embrassés les uns les autres. Harmatius ne jouit pas longtemps du fruit de son parjure : Zénon lui avait trop promis pour lui tenir parole ; il le fit assassiner. Ses biens furent confisqués. Son fils, épargné par grâce, fut dépouillé du rang de César et ordonné prêtre ; il fut dans la suite évêque de Cyzique (1).

RÉVOLTES DE MARCIEN ET D'ILLUS. — Cette révolte ne devait pas être la dernière du règne de Zénon. En 479 celle de Marcien, beau-frère de l'empereur, échoue par la vigueur et l'adresse d'Illus. Deux batailles se livrent dans les rues de Constantinople ; vainqueur dans la première, vaincu à la seconde, Marcien est ordonné prêtre et envoyé sous bonne garde à Césarée de Cappadoce. Il s'évade, excite des troubles en Galatie, est repris, conduit à Tarse, puis enfermé avec sa femme Léontia dans le château de Papyrius en Isaurie,

---

(1) Lebeau, l. XXXV, t. VII, p. 59.
(2) Id., *ibid.*, p. 73.

(1) Lebeau, liv. XXXVI, tom. VII, p. 83-89.

où il finit ses jours (1). En 484 Illus se révolte à son tour. Ses services l'avaient rendu trop puissant ; il avait d'ailleurs indisposé par ses hauteurs les deux impératrices Vérina et Ariadne, qui essayèrent l'une après l'autre de le faire assassiner. Ne se voyant pas en sûreté à la cour, il se retira en Orient avec son frère Trocondus, ses principaux amis, et un certain Pamprépius, devin et sophiste païen, en qui il avait une confiance aveugle. Les prédictions de cet imposteur le poussèrent enfin à une rebellion ouverte. Il proclama empereur un sénateur du nom de Léonce ; Vérina, qu'il tenait prisonnière, couronna publiquement ce nouvel empereur et adressa une lettre circulaire en sa faveur à tous les gouverneurs de provinces. Illus et Léonce furent pendant environ deux ans maîtres absolus de l'Asie (2) ; ils s'étaient attaché les Isauriens en augmentant leur solde, et avaient entamé des négociations avec le roi de Perse. Longin, frère de l'empereur, qui marcha le premier contre eux, fut entièrement défait, pris et enfermé dans une forteresse. Dans cette extrémité, Zénon fut sauvé par les Goths, alliés de l'empire. Trois chefs goths passèrent en Asie avec leurs troupes : Cottaïs, Jean le Scythe, et Théodoric Amale, le même qui fonda quelques années plus tard le royaume des Ostrogoths d'Italie. Après avoir vaincu les rebelles dans une grande bataille près de Séleucie d'Isaurie, ils les assiégèrent dans le château de Papyrius. Après un blocus qui ne dura pas moins de trois ans, les Goths furent introduits par trahison dans la place. Illus et Léonce furent décapités ; leurs têtes, portées à Constantinople, furent promenées dans le cirque et plantées sur des pieux (488). Troconde avait péri dès les premiers jours du siège : sorti pour aller chercher du renfort, il était tombé dans les mains des assiégeants ; Pamprépius, convaincu d'imposture et soupçonné de trahison, avait été mis en pièces par ses compagnons. Ainsi fut étouffée cette révolte, plus aisément qu'on ne l'aurait cru. Pour regagner les Isauriens, chez qui le nom d'Illus était populaire, Zénon crut prudent de leur assigner sur l'épargne une pension annuelle de cinq mille livres d'or (1).

ANASTASE. GUERRE D'ISAURIE (492-497). — A la mort de Zénon (491), son frère Longin espérait, avec l'appui de ses compatriotes, s'emparer de l'autorité souveraine : l'impératrice Ariadne déjoua ses desseins et plaça sur le trône Anastase le Silentiaire. Le nouvel empereur ne jouissait que d'un pouvoir précaire tant qu'il laissait la garde de sa capitale et de son palais aux mains d'une milice insolente et dévouée aux intérêts de ses ennemis. Après avoir réuni en secret des forces considérables, il fit arrêter Longin, et l'envoya en Égypte pour être ordonné prêtre ; aussitôt après son départ, l'ordre fut donné aux Isauriens de quitter Constantinople et de retourner dans leur pays ; leur paye était réduite, et la pension que Zénon leur avait faite, supprimée. Cet affront les mit en fureur ; mais toutes les précautions étaient prises pour les détruire s'ils résistaient ; ils sortirent de la ville en menaçant, conduits par deux autres Longins, dont l'un était maître des offices et l'autre avait un grade élevé dans l'armée. Arrivés en Phrygie, ils s'arrêtèrent, grossirent leurs rangs de tout ce qu'il y avait de brigands et de barbares errants dans les provinces voisines, firent venir d'Isaurie les armes et les trésors que Zénon y avait mis en réserve, et entrèrent en révolte ouverte. A leurs premiers chefs se joignirent Lilingis, que Zénon avait fait gouverneur d'Isaurie ; Athénodore, qu'il avait élevé au rang de sénateur ; Indès, un des principaux chefs de la nation, et Conon, évêque d'Apamée, qui abandonna son diocèse pour retourner au métier des armes. Les Isauriens, en quittant leurs montagnes, avaient apparemment beaucoup perdu de leur valeur ; ils furent défaits dans les plaines de Cotyée en Phrygie par ce même Jean le Scythe qui avait vaincu Illus. Ce général porta ensuite la guerre dans leur pays ; entreprise vraiment difficile et qui fut conduite avec une habileté remarquable. Les troupes impériales rem-

---

(1) Lebeau, l. XXXVI, t. VII, p. 83-89.
(2) Id., ibid., p. 139, Note.

(1) Lebeau, l. XXXVI. t. VII, p. 140.

portèrent une seconde victoire sous les murs de Claudiopolis, ville située dans la plaine entre le Taurus et l'Anti-Taurus. Athénodore et un des deux Longins furent pris par Jean le Scythe, qui envoya leurs têtes à Constantinople ; l'autre Longin s'était enfermé avec Indès dans Antioche du Cragus, ville maritime de Cilicie par où les montagnards recevaient leurs approvisionnements ; cette place fut emportée d'assaut par Jean le Bossu, autre chef des Goths; les deux généraux isauriens furent menés vivants à Constantinople et périrent dans les supplices. Tous les châteaux forts du Taurus tombèrent l'un après l'autre; un certain nombre d'Isauriens furent transportés en Thrace; le reste se soumit; on envoya un comte en Isaurie, deux préteurs en Lycaonie et en Pisidie avec des corps de troupes suffisants pour prévenir les soulèvements. Ainsi finit la puissance que les Isauriens s'étaient acquise aux dépens de la sécurité publique. Confinés dans leurs montagnes, ils conservèrent leur naturel indocile et leurs mœurs à demi barbares, mais cessèrent de désoler les contrées environnantes. La jeunesse, enlevée soit de gré soit de force, alla recruter les armées impériales, mais on évita d'en former un corps séparé et de leur donner des chefs de leur nation (1).

INCURSIONS DES TZANNES ET DES HUNS. — LES PORTES CASPIENNES. — Après cette expédition importante, les provinces occidentales de l'Asie Mineure sont pour longtemps en repos; l'orient de la péninsule a encore à souffrir les incursions des peuples du Caucase : en 505, celle des Tzannes dans le Pont (2); en 515 celle des Huns Sabirs. Ces barbares habitaient au nord de la chaîne du Caucase, rempart naturel qui a toujours protégé contre les ravages des hordes du nord les contrées les plus civilisées de l'Asie. Les passages sont difficiles et peu nombreux; ils se réduisent même à vrai dire, à deux : les autres sont impraticables pour les chevaux et inaccessibles pour d'autres que les indigènes. Le premier, situé dans l'Albanie, le long de la mer Caspienne, avait reçu depuis longtemps le nom de Portes Albaniennes; on l'appelle actuellement la Porte de Fer ou le défilé de Derbend. L'autre passage, plus célèbre et d'une plus haute importance, était au milieu du Caucase, près des frontières de l'Ibérie, au point où les montagnes sont le plus élevées et le plus étendues. C'est un long et étroit écartement de la chaîne Caucasienne, de la longueur de cinquante stades; il aboutit à une montagne qui semble insurmontable et ne paraît présenter aucune issue; il s'y trouve cependant une porte qu'on croirait pratiquée par l'art quoiqu'elle ait été ouverte par la nature. Deux cours d'eau partant presque du même point, descendent l'un vers la mer Noire, l'autre vers la vallée de l'Euphrate, et ne laissent entre leurs sources que l'étroite issue dont j'ai parlé. C'est là que s'élevait un château très-fort destiné à défendre l'entrée de la basse Asie. Depuis longtemps ce défilé était connu sous le nom de Portes Caspiennes, que l'on continua de lui donner pendant plusieurs siècles concurremment avec les dénominations plus précises de Portes Caucasiennes ou des Alains (1). La défense de ce passage intéressait également les Romains et les Persans ; mais comme il était situé sur les terres du roi de Perse, on laissait à ce dernier le soin d'y pourvoir. Vers 508, Ambasuc, chef d'une tribu de Huns, s'en saisit, et proposa de le vendre aux Romains. Anastase, considérant la difficulté d'entretenir une garnison dans un lieu désert et stérile séparé du territoire de l'empire, n'accepta pas cette offre. Son refus fut loué pour lors comme l'effet d'une sage politique; on le blâma sept ans après comme un défaut de prévoyance. Les Huns, s'étant de nouveau emparés du défilé, se répandirent dans les deux empires; ils pillèrent l'Arménie, la Cappadoce, le Pont, la Galatie et pénétrèrent jusqu'aux frontières de la Lycaonie. On était pris au dépourvu; tout ce qu'on sut faire fut de fortifier après leur dé-

---

(1) Lebeau, liv. XXXVIII, tom. VII, p. 229-238. — Gibbon, ch. XL.
(2) Lebeau, liv. XXXIX, t. VII, p. 384.

(1) Lebeau, *ibid.*, *Suppl. de M. de Saint-Martin*, vol. VII, p. 397.

part les villes de Cappadoce pour les mettre à l'abri en cas de nouvelle invasion (1).

Progrès des Perses sous Phocas (602-610). — Depuis cette époque jusqu'à la fin du sixième siècle, c'est-à-dire pendant les règnes de Justinien, des deux Justins, de Tibère et de Maurice, l'Asie Mineure est tranquille malgré la guerre qui sévit autour de toutes ses frontières, en Mésopotamie, en Syrie, en Arménie et dans la Lazique. Enfin sous le règne de Phocas, Chosroès Nouschirvan subjugue l'Arménie romaine, et de là pénètre en Asie Mineure (2). A partir de l'année 604, les Perses renouvellent leurs incursions chaque été; en 609, après avoir pris Édesse longtemps réputée imprenable, ils dispersent deux armées romaines, parcourent librement toute la péninsule et se montrent aux portes de Chalcédoine (3). Leurs ravages continuent pendant les dix premières années du règne d'Héraclius. En 616 Chalcédoine est assiégée, prise et détruite par Saïs ou Schahin, un des principaux généraux de Chosroès. Héraclius essaie d'obtenir la paix; ses ambassadeurs sont retenus au mépris du droit des gens, et après plusieurs années de captivité, ils sont massacrés (4). Dans cette extrémité Héraclius se voyait sans armée, sans argent, sans généraux; la Syrie, l'Égypte étaient au pouvoir des Perses; l'empire des Césars semblait toucher à ses derniers moments. L'imminence du danger inspira enfin à Héraclius la résolution de se mettre à la tête des armées, et c'est alors que se révélèrent dans ce prince des talents militaires dont le moindre résultat fut la délivrance de l'Asie Mineure.

Campagnes d'Héraclius, 622-628. — Il avait donné le gouvernement de la Cappadoce à Crispus, gendre de Phocas, qui avait laissé piller la capitale même de la province sans tenter aucune résistance; après s'être assuré par ses yeux de son incapacité et de son mauvais vouloir, il le déposa et mit en sa place son propre frère Théodore (1). Lui-même passa une année entière à réorganiser, à discipliner ses troupes. Vers la fin de l'année 622, il entra en Arménie, et y prit ses quartiers d'hiver, après avoir remporté une première et éclatante victoire (2). L'année suivante il pénètre dans la Médie Atropatène, bat Chosroès en personne, et détruit les temples de Ganzac et de Thébarmès où brûlait le feu perpétuel des mages (3). La campagne de 624 sur les frontières de Perse et d'Albanie est marquée par quatre grandes victoires (4). En 625 le théâtre de la guerre est transporté en Asie Mineure. Shaharbarz, le plus fameux des généraux persans, s'était chargé de faire diversion en se dirigeant vers Constantinople : Héraclius vient l'attendre en Cilicie; il se poste à Adana sur le Sarus, et y livre un brillant combat où il paye de sa personne : son intrépidité décide la victoire (5). Vaincus mais non découragés, les Perses préparent pour la campagne suivante un effort général et mettent sur pied trois armées : l'une garde les frontières; la seconde sous Saïs tiendra tête à Héraclius, pendant que la troisième commandée par Shaharbarz, ira, d'accord avec les Avares, attaquer Constantinople. Instruit de ces dispositions, Héraclius conçoit un plan hardi mais décisif. Il partage aussi ses forces en trois corps, met sa capitale en état de défense, laisse une armée en Cappadoce sous son frère Théodore, et s'enfonce lui-même dans la Lazique pour aller susciter aux Perses de nouveaux ennemis. Tout réussit au gré de ses espérances : Saïs est vaincu et survit peu de jours à sa défaite (6); Shaharbarz trouve une résistance inattendue devant Chalcédoine dont les murailles avaient été relevées et la garnison renforcée; il manquait d'ailleurs de navires pour passer le Bosphore : il est témoin des désastres de ses alliés les Avares, qui,

---

(1) Lebeau, vol. VII, p. 433.
(2) Id., liv. LV, vol. X, p. 423.
(3) Id., ibid., p. 441.
(4) Id., liv. LVI, vol. XI, p. 15, 17; liv. LVII, 95.

(1) Lebeau, liv. LVII, vol. XI, p. 87.
(2) Id., ibid., p. 90.
(3) Id., ibid., p. 94-100.
(4) Id., ibid., p. 101-107.
(5) Id., ibid., p. 107-111.
(6) Id., ibid., p. 114.

après treize jours d'assauts furieux et deux tentatives inutiles pour le joindre, se retirent en désordre (1). Il passe l'hiver sous les murs de Chalcédoine ; pendant ce temps Héraclius avec les Khazares, ses nouveaux alliés, rentre dans l'Atropatène, qu'il trouve presque sans défense ; l'année suivante (627) il pénètre dans l'Assyrie, et détruit la dernière armée persane à la bataille du grand Zab (12 décembre). Chosroès fuit de ville en ville devant l'armée romaine, qui ne s'arrête que pour piller et livrer aux flammes ses résidences royales ; il rappelle en toute hâte Shaharbarz ; ses messages sont interceptés ; croyant enfin à une rébellion, il fait partir un agent chargé de faire périr le général ; les Romains saisissent cet agent, montrent à Shaharbarz l'ordre de son maître et le poussent effectivement à se révolter. Il traite avec les lieutenants de l'empereur, lève le siége de Chalcédoine et s'achemine vers la Perse : il apprend en route que le vieux roi vient d'être détrôné par son fils Siroès (628) (2). Le nouveau monarque s'empressa de demander la paix : Héraclius l'accorda à des conditions équitables : les deux empires reprirent leurs anciennes limites ; non-seulement l'Asie Mineure mais la Syrie et la Mésopotamie furent évacuées. L'armée de Chalcédoine, en traversant l'Arménie pour regagner la Perse, fut presque entièrement détruite par les seigneurs du pays (3). Après avoir traversé toutes les provinces d'Asie, rétablissant l'ordre dans les villes et la sûreté dans les campagnes, Héraclius rentra en triomphe à Constantinople.

CHAPITRE IV.

HISTOIRE ABRÉGÉE DE L'ASIE MINEURE DEPUIS HÉRACLIUS JUSQU'A L'ÉTABLISSEMENT DE LA DOMINATION OTTOMANE.

PREMIÈRES CONQUÊTES DES MUSULMANS. — Si l'histoire de ces temps nous avait été transmise par des écrivains plus sincères ou plus judicieux, ils nous expliqueraient peut-être comment ce prince, qui avait fait revivre après tant de siècles la gloire des armes romaines, retomba dans une lâche inaction et opposa si peu de résistance au nouvel ennemi qui menaçait l'Orient. Dès 622 les sectateurs de Mahomet s'étaient rencontrés avec les troupes romaines à Muta sur les frontières de Syrie (1). Cependant du vivant du prophète ses armes ni sa doctrine ne se répandirent guère au delà des limites de la péninsule Arabique ; aussitôt après sa mort, les conquêtes commencèrent, et se succédèrent avec une rapidité inouïe. En 633, dans une seule campagne, Bostra, Palmyre, toutes les places frontières sont prises, Damas assiégé, le frère de l'empereur battu ; en 634 les deux grandes victoires d'Aïnazdin et d'Emèse ouvrent aux Musulmans les portes de Damas ; Emèse, Jérusalem, Alep Antioche tombent successivement en leur pouvoir ; en 638 la Syrie est entièrement perdue pour les Romains. La Mésopotamie est conquise en une seule campagne, l'Égypte en deux ans (639-641) ; à la mort d'Héraclius l'empire presque réduit en Europe aux faubourgs de Constantinople, ne comprend plus de l'autre côté du détroit que la péninsule d'Asie Mineure.

Elle ne tarda pas à être envahie à son tour. Heureusement pour les Romains, la ferveur conquérante des Musulmans commençait à se ralentir ; le schisme qui les divisa après la mort du khalife Othman contribua encore à retarder leurs progrès. Malgré leurs fréquentes incursions sur le territoire de l'empire, ils n'y formèrent pas d'établissement durable.

PREMIÈRES INCURSIONS DES MUSULMANS EN ASIE MINEURE. — En 639 ils avaient paru pour la première fois en Arménie et avaient pénétré jusque chez les peuples du Caucase qu'ils avaient soumis à un tribut (2).

En 648 Moawiah s'empare de l'île de Chypre ; en même temps un de ses lieu-

(1) Lebeau, vol. XI, p. 110-128.
(2) Id., ibid., 130-145.
(3) Id., ibid., p. 162. Suppl. de M. de Saint-Martin.

(1) Lebeau, vol. XI, p. 78.
(2) Id., ibid., p. 33. Suppl. de M. de Saint-Martin.

tenants franchit le mont Amanus, ravage la Cilicie et l'Isaurie, et emmène cinq mille captifs (1). Quelques années plus tard Moawiah, appelé en Arménie par le parti ennemi des Romains, traverse la Cappadoce et assiége Césarée qui se rachète en payant tribut (2). Bientôt les Sarrasins commencent à se hasarder sur mer : une flottille de douze cents barques soumet les îles de Cos et de Rhodes (651) ; en 655 une vraie flotte, sortie du port de Tripoli de Syrie, rencontre près du mont Phénix, sur les côtes de Lycie, la flotte impériale montée par l'empereur en personne ; l'empereur est défait et n'échappe qu'avec peine (3).

C'est à cette époque, lorsque Constantinople se voyait déjà menacée que la querelle de Moawiah et d'Ali vint affaiblir les Musulmans et suspendre le cours de leurs conquêtes. En 667, appelés dans l'empire par le traître Sapor, ils reparaissent en Asie Mineure : une armée puissante commandée par Phadalas et par Yezid, fils du khalife, s'avance jusque sous les murs de Chalcédoine et laisse garnison dans la ville d'Amorium en Galatie (4). Constant II épouvanté abandonne sa capitale et transporte sa résidence en Sicile. Enfin sous Constantin Pogonat son successeur, une grande flotte musulmane, après avoir ravagé les côtes d'Ionie, vient mettre le siège devant Constantinople (673).

SIEGE DE CONSTANTINOPLE. — RETRAITE DE L'ARMÉE MUSULMANE. — Constantinople dut son salut au feu grégeois et au peu d'expérience des Sarrasins, qui, n'assiégeant les villes que pendant l'été, leur laissaient le temps de l'hiver pour réparer leurs pertes et se préparer à une nouvelle défense. Après cinq mois d'attaques infructueuses, ils allèrent attaquer Cyzique, s'en emparèrent et en firent leur place d'armes. La guerre dura sept ans ; ils revenaient tous les ans au mois d'avril devant Constantinople et retournaient à Cyzique au mois de septembre. Enfin, décimés par la peste autant que par les combats, ils se rebutèrent. Comme le feu grégeois avait détruit la plupart de leurs vaisseaux, ils ne purent embarquer toutes leurs troupes, et trente mille hommes sous la conduite de Sofian prirent la route de terre. La flotte fut brisée par une tempête au promontoire de Sylée en Pamphylie : l'armée de terre, poursuivie par les généraux de l'empereur, fut taillée en pièces près de Cibyra (679). Le khalife humilié consentit à payer tribut à l'empire : il s'engagea à payer tous les ans trois mille livres d'or, à rendre cinquante prisonniers et à donner autant de chevaux arabes de la meilleure race. A ces conditions la paix fut conclue pour trente ans (1). Ce succès éclatant releva la confiance des Romains, découragea leurs adversaires, et retarda pour longtemps la chute de l'empire Byzantin.

DIVISION DE L'EMPIRE EN THÈMES. — C'est dans l'intervalle écoulé entre la fin du règne d'Héraclius et les dernières années de Constantin Pogonat, que fut établie la nouvelle division de l'empire en thèmes. Dès le temps de Maurice on donnait ce nom aux corps de troupes cantonnés dans chaque province ; on le donna dans la suite aux cantons mêmes (2), et l'empire fut divisé en vingt-neuf thèmes, dont dix-sept étaient contenus dans la partie orientale depuis les côtes de l'Archipel jusqu'à l'Euphrate. En voici la liste telle que la donne Constantin Porphyrogénète, qui régnait au dixième siècle.

1. Thème d'Anatolie (3) (Phrygie et Pisidie).
2. Thème des Arméniens (Pont Polémoniaque, ch.-l. Amasée).

(1) Lebeau, l. LXI, vol. XI, p. 423-428.
(2) Id., ibid., p. 460. — Mauric. Strateg., liv. II, c. 2, 7. — Leo in Tactic, c. 18 ; Théophan., Héracl. — Plus tard, ce mot prit un sens plus général, et ne désigna plus une province, mais le district d'une ville ou une étendue quelconque de pays. (V. Ann. Comn., Alexiad., liv., XIII, p. 412)
(3) Ce nom, qui signifie l'Orient, commença à s'appliquer à la péninsule d'Asie Mineure après qu'on eut perdu la Syrie.

(1) Lebeau, vol. XI, 339, 360.
(2) Id., ibid., p. 352, liv. LX
(3) Id., ibid., 369.
(4) Id., ibid., liv. LX, vol. XI, p. 403.

3. Thème des Thraces (Asie proconsulaire et petite Phrygie).
4. Thème Obsequium (1) (Hellespont et Mysie).
5. Thème Optimatum ou des Princes (Bithynie).
6. Thème des Buccellaires (Bithynie orientale et grande Phrygie).
7. Thème des Paphlagoniens (Paphagonie).
8. Thème de Chaldée (Pont; ch.-l. Trapezonte).
9. Thème de Mésopotamie (2).
10. Thème de Colone (Cappadoce pontique).
11. Thème de Sébaste (Cappadoce).
12. Thème de Lycande (provinces de Mélitène et de Samosate (3).
13. Thème de Séleucie (Isaurie).
14. Thème de Cibyrrha (Lycie et Pamphylie).
15. Préfecture de Chypre (4).
16. Thème de Samos ou d'Ionie, comprenant, outre l'île de Samos, Éphèse, Magnésie, Tralles, Myrina, Téos, Lebedos, et tout le pays jusqu'à Adramytte; ch.-l. et quartier-général à Smyrne.
17. Thème de la mer Égée (Les îles) (5).

LES MARDAÏTES. — JUSTINIEN II. — GUERRE EN CILICIE. — CONQUÊTE DE L'ARMÉNIE. — Justinien II, monté sur le trône en 686, rompit la paix. Après avoir inutilement dévasté l'Arménie, il accepta les propositions du khalife et signa un nouveau traité; pour mieux le cimenter, il aida même les Sarrasins à se débarrasser des Mardaïtes et des Maronites, qui, cantonnés dans les montagnes du Liban, ne cessaient d'inquiéter les nouveaux maîtres de la Syrie. Léonce, général de l'empereur fit assassiner dans une entrevue le principal chef des Mardaïtes; étant ensuite parvenu à force de négociations à calmer le ressentiment de ces peuples, il les engagea au service de l'empire, et emmena hors du pays douze mille des plus braves, qu'il établit dans diverses provinces, mais principalement en Pamphylie, où ils eurent dans la suite un chef sous le nom de capitaine (1), qui résidait dans Attalie. Tous les écrivains du temps parlent de cette dispersion des Mardaïtes comme d'une faute capitale de Justinien et d'une plaie mortelle faite à l'empire. Ces peuples guerriers protégeaient les frontières du côté de la Syrie; leurs courses continuelles avaient forcé les Sarrasins à évacuer toutes les villes depuis Mopsueste en Cilicie jusqu'à la quatrième Arménie, et ce pays réduit en désert servait de barrière à l'empire. Les Sarrasins s'y rétablirent; les hauteurs du mont Amanus et du Taurus leur servirent de forteresses pour désoler les provinces romaines (2). Cependant le présomptueux Justinien renouvela lui-même la guerre. Il avait transporté des bords du Danube en Bithynie une colonie d'Esclavons ou Slaves; il leva parmi eux un corps de trente mille hommes dont il renforça son armée. Arrivé en présence de l'ennemi, près de Sébastopolis en Cilicie vis-à-vis de l'île d'Eleussa, ce corps tout entier fit défection; l'armée romaine fut taillée en pièces; l'empereur se vengea de cette trahison en exterminant toute la colonie esclavonne : vieillards, femmes et enfants furent précipités à la mer du haut d'un rocher dans le golfe de Nicomédie. Non content de s'affranchir du tribut qu'il s'était engagé à payer, le khalife profita de sa victoire pour soumettre définitivement l'Arménie (3).

CHUTE DE JUSTINIEN II. — PROGRÈS DES SARRASINS. — Justinien II est détrôné, rétabli après dix ans d'exil, puis renversé une seconde fois; ces événements n'ont qu'une médiocre

(1) En grec ὀψίκιον, Opsicium.
(2) Ce thème, formé de quelques cantons au delà de l'Euphrate, ne fut créé qu'au commencement du dixième siècle sous Léon le philosophe, ainsi qu'on le verra plus loin.
(3) Ce thème ne date aussi que du règne de Léon.
(4) L'île de Chypre, envahie par les Musulmans dès le temps des premiers khalifes, avait été reconquise sous Basile le Macédonien; elle était déjà perdue du temps de Constantin Porphyrogénète.
(5) Constant. Porphyrog., De Themat., Par. Prim.

(1) Ὁ κατεπάνω Μαρδαϊτῶν Ἀτταλίας. Const. Porphyrog., De Adm. imp., c. 50.
(2) Lebeau, liv., LXII, vol. XII, p. 7-10.
(3) Id., ibid., p. 21-32.

importance pour l'Asie; cependant la dernière révolution, qui ôte définitivement à ce tyran le trône et la vie, s'accomplit sur les rivages du Pont-Euxin. Les habitants de Cherson avaient irrité l'empereur par leurs railleries au temps de son exil; remonté sur le trône, il les menaça d'une entière destruction; ils se révoltèrent et offrirent la couronne à un exilé nommé Bardane. A la nouvelle de cette révolte, Justinien fit partir une flotte, qui fit défection, et ramena à Constantinople le nouvel empereur. Justinien, inquiet, était passé en Asie. Arrivé près de Sinope, il découvre au large sa flotte voguant vers le Bosphore; il revient précipitamment sur ses pas; mais son rival l'avait prévenu et envoyait déjà un corps d'armée pour le combattre. Abandonné de ses troupes, Justinien fut pris et mis à mort à Damatrys en Bithynie, entre Chalcédoine et Nicomédie (1) (711).

Pendant ce temps les Sarrasins parcouraient librement l'Asie Mineure. Une de leurs armées fut défaite en Cappadoce (709); mais cet échec ne les empêcha pas la même année de s'emparer de Tyane. Cette ville, riche et peuplée, capitale de la seconde Cappadoce, demeura abandonnée, et ne conserva que son nom et ses évêques (2). Toute la Cappadoce fut saccagée. Les Barbares avaient conçu tant de confiance et tant de mépris pour les Romains, qu'une compagnie de trente Sarrasins osa traverser toute l'Asie Mineure, s'avança jusqu'à Chrysopolis, vis-à-vis de Constantinople, égorgea les habitants, mit le feu aux vaisseaux qui se trouvaient dans le port, et rejoignit le gros de l'armée sans avoir été inquiétée (3).

RÉVOLTE DE LA FLOTTE. — AVÉNEMENT DE LÉON L'ISAURIEN. — Anastase II, qui régna après Bardane, fut renversé dans des circonstances singulières qui montrent ce qu'était devenue la discipline militaire et jusqu'à quel point l'empire était dégradé. Une flotte impériale stationnée à Rhodes et mécontente de sa paie, se mutina, massacra son général, et se dirigea vers Constantinople. Arrivés au port d'Adramytte en Mycie, les rebelles enlevèrent le premier individu qu'ils rencontrèrent sur le rivage; c'était un percepteur d'impôts, nommé Théodose; ils en firent un empereur, mirent le siége devant la capitale de l'empire et y pénétrèrent par surprise. Un autre détachement assiégeait Nicée, où l'empereur Anastase se tenait enfermé; après une longue défense, il se rendit, renonça à l'empire, qu'il avait possédé deux ans, et fut ordonné prêtre. Le règne de son rival fut encore plus court: l'Isaurien Léon, commandant des troupes d'Orient, refusa de le reconnaître, se fit proclamer empereur par son armée, et entra quelques mois après dans Constantinople (25 mars 717) (1).

RÈGNE DE LÉON. — COMMENCEMENT DE L'HÉRÉSIE ICONOCLASTE. — Ce règne, plus long que les précédents, est signalé par de nouveaux désastres. Les Sarrasins assiégent une seconde fois Constantinople et échouent plus complètement encore que la première (2); mais l'Asie est sans cesse exposée à leurs ravages. En 726, ils s'emparent de Césarée en Cappadoce et de Néocésarée, dont tous les habitants sont vendus comme esclaves (3). Bientôt aux calamités de la guerre se joignirent de nouvelles querelles de religion. On raconte que Léon, voyageant un jour dans son pays, du temps qu'il était encore enfant et portait le nom de Conon, rencontra plusieurs juifs de Syrie qui vinrent à parler de religion et déclamèrent fortement contre le culte que les chrétiens rendaient aux images des saints; un de ces juifs lui dit en plaisantant: « N'est-il pas vrai, mon ami, que si tu es jamais empereur tu détruiras toutes ces idoles? » Le jeune Conon répondit sur le même ton en jurant qu'il n'en laisserait pas subsister une seule. Il tint parole. D'autres assurent que ces juifs prédirent sérieusement à Conon qu'il monterait sur le trône, et lui firent promettre avec serment d'abolir les images (4). Quoi qu'il en soit, on vit

(1) Lebeau, LXII, vol. LXII, p. 83.
(2) Id., ibid., p. 66, 68.
(3) Id., ibid., p. 72.

(1) Lebeau, l. LXIII, vol. XII, p. 101-108.
(2) Id., ibid., p. 113-123.
(3) Id., ibid., p. 130.
(4) Id, ibid., p. 130.

pour la première fois un empereur hérésiarque. Léon publia en 726 avec grande solennité un édit qui défendait d'exposer à la vénération du peuple les images ainsi que les reliques des saints. Il est aisé d'imaginer quel trouble cette innovation causa dans l'empire. Il y eut des révoltes en Grèce et dans les provinces d'Italie qui obéissaient encore aux empereurs grecs. Les Sarrasins profitèrent de ces discordes. Ils firent des progrès en Cappadoce, assiégèrent Nicée, et défirent une armée romaine en Paphlagonie (1). De 733 à 739, ils ne cessèrent de parcourir ces provinces tant de fois ravagées. Une défaite essuyée près d'Acroïnum en Phrygie par un de leurs détachements les décida enfin à se retirer (739).

CONSTANTIN COPRONYME. — RÉVOLTE D'ARTABAZE. — PERSÉCUTION ICONOCLASTE. — Constantin V Copronyme avait hérité des doctrines de son père, et y ajoutait encore d'autres erreurs. Il voulait supprimer le culte de la Vierge et les ordres monastiques. Les écrivains orthodoxes le peignent sous les traits les plus odieux : ils l'accusent de sorcellerie, d'athéisme, de paganisme. Dès le début de son règne, Artabaze, europalate et comte du thème Obsequium, se révolta, comptant sur le mécontentement public. La Phrygie et la Lycie furent le théâtre de cette guerre, qui acheva d'épuiser les forces de l'empire. Les troupes arméniennes, qui formaient alors l'élite des armées Romaines, y périrent presque entièrement. Les deux rivaux étaient si acharnés l'un contre l'autre qu'ils imploraient à l'envi le secours des plus mortels ennemis de l'empire ; le khalife répondit à leurs avances en faisant ravager les provinces qu'ils se disputaient. Enfin Artabaze fut défait dans la plaine de Cilbiane, près de Sardes ; son fils Nicétas perdit à Comopolis en Bithynie une seconde bataille ; après avoir vainement essayé de défendre Constantinople, Artabaze s'enfuit à Nicée, et fut pris. De cruelles exécutions signalèrent le triomphe de Constantin Copronyme (2). Plus entêté que jamais de ses opinions religieuses, il avait résolu de les soutenir par les moyens les plus violents. Bientôt commença une terrible persécution, qui s'étendit à toutes les provinces : car on n'obtenait ni dignités ni gouvernements qu'en faisant preuve de zèle contre les images. Michel Mélissène en Phrygie, Lachanodracon en Asie, Manès en Galatie, se signalèrent par leur brutalité : profanant les églises, dispersant les reliques, poursuivant avec acharnement les religieux (1). Pendant ce temps les Sarrasins, sous la nouvelle dynastie des Abassides, recommençaient à menacer l'empire : ils prenaient Mélitène (758), battaient une armée romaine en Pamphylie (759) (2), s'emparaient de Germanicie et de Samosate, et ravageaient à loisir tout le pays. Banacas, un de leurs principaux chefs, se trouve cerné par les généraux de l'empereur près de Sycé en Cilicie, dans une position désavantageuse ; il semble perdu ; mais les Romains, habitués à fuir, se débandent au seul cri de l'ennemi (3).

LÉON IV. — CONSTANTIN VI. — IRÈNE. NICÉPHORE. — PROGRÈS DES MUSULMANS SOUS HAROUN-AL-RASCHID. — Léon IV, en 778, tenta un grand effort pour délivrer l'Asie ; il mit en campagne une armée de cent mille hommes commandée par les meilleurs généraux de l'empire : Michel Lachanodracon, gouverneur du thème des Thraces, et sous ses ordres quatre Arméniens, Artavasde du thème anatolique, Tatzatès du thème des Buccellaires, Caristérotzès du thème Arméniaque, et Grégoire, fils de Mouzalacius, du thème Obsequium. Cette grande expédition avorta : le siége de Germanicie traîna en longueur, et échoua finalement par la trahison de Lachanodracon (4). L'année suivante les Sarrasins assiégèrent à leur tour Dorylée sans plus de succès. En 780 Haroun fils du khalife, pénétra jusque dans la province de Pont et se rendit maître d'une place forte nommée Samalou (5), après

(1) Lebeau, vol. XII, 143, 169, 174, 175.
(2) Id., ibid., liv. LXIV, 194-198.

(1) Lebeau, vol. XII, 257, 283.
(2) Id., ibid., 289.
(3) Id., ibid., 285.
(4) Id., ibid., 311, 312, liv. LXV.
(5) Id., ibid. 315 ; Théophan., p. 382.

trente-huit jours de siége, pendant qu'un autre général du nom d'Othman se faisait battre dans les provinces occidentales. Ainsi les succès se balancent. Au commencement du règne de Constantin VI, les Sarrasins obtiennent un avantage décisif : Lachanodracon perd en Lydie une grande bataille, pendant que Haroun s'avance jusqu'au Bosphore et qu'une troisième armée musulmane assiége Nacolie en Phrygie. On voit un gouverneur de province, le patrice Tatzatès, passer à l'ennemi et se faire musulman. Le renégat rend toutefois à l'empire un dernier service en lui faisant obtenir la paix, mais une paix ignominieuse ; l'empereur s'engage à payer tribut au khalife et à pratiquer des chemins commodes pour le départ des armées musulmanes, avec des colonnes pour indiquer la route de Syrie (1) (782). Cinq ans après cette campagne Haroun monte sur le trône des khalifes. Durant ce règne, qui est comme on sait l'apogée de la puissance musulmane, les Sarrasins ne quittent pour ainsi dire pas l'Asie Mineure. Ils battent une armée en Phrygie (789) et une flotte romaine dans le golfe d'Attalie (790). Le jeune Constantin, qui ne manquait pas de courage, marche plusieurs fois en personne contre les Sarrasins ; mais sans expérience par lui-même, mal guidé ou trahi, il n'obtient aucun avantage important (2). La révolte des troupes arméniennes expose encore l'Asie à de nouvelles calamités. Les rebelles soutiennent deux combats sanglants contre les généraux de l'empereur ; on parvient enfin à les réduire en gagnant une partie d'entre eux par des promesses ; le corps est dissous ; mille des plus mutins sont déportés dans les îles. Bientôt après, ceux qui avaient trahi, se voyant frustrés des récompenses qu'on leur avait promises, passent aux Sarrasins et leur livrent la place de Kamakh (3).

En 797 l'ambitieuse Irène, ne pouvant se résigner à partager le pouvoir, renverse son fils. Les écrivains byzantins attribuent à Irène de grandes qualités ; ils vantent la douceur et la sagesse de son administration. On peut croire que le zèle religieux a surtout dicté ces louanges. Irène s'était prononcée contre l'hérésie iconoclaste, et avait convoqué en 786 à Nicée le septième concile général, qui rétablit le culte des images (1) ; la reconnaissance de l'Église orthodoxe grecque a été jusqu'à mettre au rang des saintes cette mère dénaturée. Devenue maîtresse absolue de l'empire, Irène essaya mais en vain d'obtenir la paix ; les Sarrasins continuèrent à dévaster l'Asie ; c'est même de cette époque que date leur premier établissement dans la péninsule. Les régions montueuses qui séparent la Syrie et la Mésopotamie de la Cilicie, ainsi que les parties de cette dernière province occupées par les musulmans, dépendaient des gouverneurs de Mésopotamie et de Kinesrin en Syrie ; Haroun leur ôta ces cantons et en forma une nouvelle province appelée Awasem ; il fit remettre en état les places fortes, renforça les garnisons, releva Tarse, qui devint le chef lieu de la province, et mit à Anazarbe (2) une colonie d'hommes du Khorasan (3).

Nicéphore, qui détrôna Irène (802) se crut de tiné à venger les injures de l'empire. Il adressa au khalife le message suivant : « Nicéphore empereur « des Romains à Haroun roi des Arabes. « — Irène vous a payé une somme dont « vous auriez dû payer le double. C'est « un effet de la faiblesse et de la sottise « de son sexe. Aussitôt après la lecture « de cette lettre, ayez soin de me ren- « voyer ce que vous avez reçu, sinon « l'épée décidera notre querelle. » Le khalife lui renvoya sa lettre avec cette apostille : « Je vais moi-même vous porter ma réponse. » Il partit aussitôt, répandant devant lui la terreur. Nicéphore, aussi faible que présomptueux, s'empressa de demander la paix, et s'engagea à payer tribut. Le premier terme arrivé, il refuse de payer ; nouvelle expédition, nouveaux ravages, nouvelle soumission. Cependant ayant

(1) Lebeau, *ibid.*, 327, 328, liv. LXVI.
(2) Id., *ibid.*, 357, 365, 369.
(3) Id., *ibid.*, 362.

(1) Lebeau, *ibid.*, 339.
(2) Auj. Anavarza sur le *Djihan* (ancien Pyrame.)
(3) Lebeau, liv. LVI, vol. XII, p. 374.

rassemblé toutes ses forces, Nicéphore se mit lui-même à la tête de l'armée et livra une grande bataille près de Crasus en Phrygie. Il la perdit ; il lui fallut, pour mettre un terme aux ravages du vainqueur, solliciter de nouveau la paix et payer tribut. Le traité ayant été encore une fois violé, Haroun porta le tribut à trente mille pièces d'or par an. Mais ce qu'il y eut de plus humiliant, c'est qu'il exigea par-dessus cette somme trois pièces d'or pour la tête de l'empereur et autant pour celle de son fils. Ainsi le chef de l'empire reconnaissait la souveraineté du khalife par une sorte de capitation et d'hommage (1). Il lui était de plus interdit de relever les forteresses détruites par les Sarrasins. La violation de ce dernier article attira de nouvelles calamités sur l'Asie : les îles de Chypre et Rhodes furent saccagées ainsi que la ville de Myre en Lycie (2). La mort du grand Haroun-al-Raschid et les discordes qui suivirent, procurèrent enfin à l'empire un peu de répit.

LÉON L'ARMÉNIEN, MICHEL LE BÈGUE. — PERSÉCUTION ICONOCLASTE. RÉVOLTE DE THOMAS. — La seconde année du règne de Nicéphore, Bardane surnommé le Turc, patrice et gouverneur général des cinq thèmes de l'Orient (3), se révolta. On raconte qu'en passant à Philomelium en Phrygie, il alla consulter un reclus qui passait pour prophète, lequel lui annonça le mauvais succès de son entreprise. Il lui prédit en même temps, que deux de ses écuyers, Léon l'Arménien et Michel le Bègue monteraient sur le trône, et que Thomas un de ses officiers, échouerait dans l'entreprise qu'il formerait pour y parvenir. Les chroniqueurs byzantins sont pleins de ces sortes de prédictions : il n'y a guère un empereur né dans une condition privée à qui son élévation future n'ait été miraculeusement annoncée. Les trois officiers dont nous venons de parler étaient natifs d'Asie Mineure : Michel était d'Amorium en Phrygie, Thomas était né sur les bords du lac de Gaziura en Cappadoce, Léon était fils d'un ancien général des troupes arméniennes tombé en disgrâce et retiré dans son pays natal (1). Il abandonna le parti de Bardane, et obtint pour récompense le gouvernement du thème arméniaque. Bien qu'il ne manquât pas de mérite et qu'il se fût élevé par son courage, il s'acquitta mal de cet emploi. Un jour qu'il avait reçu treize cents livres pesant d'argent pour payer les troupes, un parti de Sarrazins informé de cette circonstance, se jeta sur la ville d'Euchaïtes, où il résidait, surprit la garnison et s'empara de la caisse. Léon fut pour ce fait battu de verges et envoyé en exil (2). Michel Rhangabé successeur de Nicéphore, le rappela, le fit patrice et commandant général des troupes d'Orient. Léon reconnut ses bienfaits en le renversant du trône. (813).

L'empire eût été assez prospère sous Léon l'Arménien si cet empereur n'eût rallumé la malheureuse querelle des images. Il convoqua à Constantinople un concile hérétique, dont les décrets furent exécutés par l'autorité séculière avec une extrême violence. Une des victimes les plus connues de la persécution iconoclaste fut Théophane abbé du monastère de Sigriane en Bithynie, auteur de la Chronographie ou histoire de l'empire depuis Dioclétien jusqu'à Léon. Malade depuis un an, il fut enlevé de son monastère, conduit à Constantinople et jeté en prison ; au bout de deux ans on le transporta dans l'île de Samothrace, où il ne vécut que vingt-trois jours. L'église orthodoxe l'honore du titre de confesseur (3). Michel le Bègue meurtrier et successeur de Léon, continua la persécution, moins encore par zèle religieux que par penchant naturel pour la tyrannie. C'était un soldat ignorant et brutal ; on assure qu'il ne savait même pas l'alphabet, et qu'il trouvait mauvais qu'on apprît à lire aux enfants (4). Thomas, qui commandait les troupes d'Orient, se crut en état de renverser un prince si mépri-

---

(1) Lebeau, liv. LXVII, vol. XII, p. 419, 421, 428.
(2) Id. ibid., 480.
(3) Théophan., Contin. p. 4.

(1) Lebeau, liv. LXVII, vol. XII, p. 405.
(2) Id., ibid., 444.
(3) Id., liv. LXVIII, vol. XIII, p. 30.
(4) Id., ibid., 43.

sable et de venger le meurtre de Léon l'Arménien. Presque toute l'Asie prit parti pour lui. Le thème Obsequium et celui des Arméniens restèrent seuls fidèles à la cause de Michel. Thomas fit même alliance avec les Sarrasins, qui armèrent en sa faveur. Ce secours paraît lui avoir été plus nuisible qu'utile : les soldats musulmans le rendirent odieux par les dévastations qu'ils commettaient en son nom. Il franchit l'Hellespont et se présenta devant Constantinople ; mais il fut deux fois repoussé ; défait par les Bulgares que Michel avait appelés à son secours, abandonné de ses soldats, il fut pris et mis à mort (1).

RÈGNE DE THÉOPHILE (829-842). GUERRE CONTRE LES SARRASINS. RUINE D'AMORIUM. — Théophile, un des princes les plus estimables de ces temps malheureux, combattit presque perpétuellement les infidèles, avec plus de courage que de succès. Il était secondé par deux officiers de mérite, Manuel, Arménien d'origine, et Théophobe, qui passait pour descendre des anciens rois de Perse (2). Il arriva qu'un Persan nommé Babec, après s'être révolté contre le khalife et avoir soutenu la guerre pendant cinq ans, se réfugia à Sinope avec sept mille hommes qui lui restaient, et s'engagea au service de l'empire. Théophile en composa un corps qui, grossi par de nouveaux réfugiés, monta au nombre de quatorze mille puis de trente mille hommes (3). Ce corps commandé par Théophobe et passionnément attaché à son chef, fit la force des armées de Théophile, jusqu'au jour où on fut obligé de le dissoudre. Les soldats se révoltèrent et offrirent l'empire à leur général. Théophobe, loin d'encourager la sédition, s'enfuit de son armée pour échapper à l'honneur dangereux dont on le voulait revêtir. Sur sa demande, l'empereur fit grâce aux rebelles ; mais on les divisa en détachements de deux mille hommes qu'on distribua dans les différentes provinces, en leur donnant des officiers grecs (4).

Malgré la valeur du prince, de ses lieutenants et de ses soldats, les Grecs essuyèrent de grands revers. Sous les khalifes Al-Mamoun et Motasem, l'empire des Abassides n'avait encore rien perdu de sa vigueur. La Cilicie, la Cappadoce, les Cyclades sont tour à tour le théâtre de la guerre ; des partis sarrasins pénètrent même jusqu'au cœur des provinces d'Europe (1); celles d'Asie sont incessamment parcourues par leurs armées. En 837 Théophile pénètre en Syrie, prend et pille Samosate, détruit entièrement Sozopétra, où le khalife était né. Celui-ci résolut de venger cet affront sur Amorium, patrie de Théophile, qui était alors la ville la plus grande, la plus peuplée et la plus riche de l'Asie. Il envahit les terres de l'empire à la tête de l'armée la plus nombreuse que les musulmans eussent réunie depuis longtemps : il avait fait venir des troupes du fond même de l'Afrique, et tous les soldats portaient écrit sur leurs boucliers le nom d'Amorium. Cette armée, divisée en trois corps, envahit à la fois la Cappadoce et la Galatie, prit Ancyre et Nyssa, se réunit tout entière à Dazimène sur les frontières de Phrygie pour livrer bataille à l'empereur, le battit, vint mettre le siège devant Amorium, et s'en empara au bout de treize jours selon les uns, de cinquante-cinq jours suivant les autres Une bonne partie de la population fut massacrée, le reste fut mis aux fers et destiné à l'esclavage. On mit ensuite le feu aux édifices, et il ne resta de cette grande ville qu'un monceau de cendres et de ruines (2). Ce désastre accabla Théophile de douleur. Il envoya proposer le rachat des captifs ; ses ambassadeurs furent reçus avec insulte et ne purent rien obtenir. Le khalife retourna en Syrie traînant avec lui ses trente mille prisonniers au nombre desquels se trouvaient quarante-deux officiers de marque. Il avait mis ceux-ci à part pour les engager à se faire mahométans et les employer dans ses armées ; ils résistèrent courageusement, et subirent le martyre sous le succes-

(1) Lebeau, vol. XIII, p. 59.
(2) Id., *ibid.*, p. 95.
(3) Id., *ibid.* 96.
(4) Id., *ibid.*, 137.

(1) Lebeau, *ibid.*, 93.
(2) Id., *ibid.*; p 135-145.

seur de Motasem, après sept ans de captivité (1).

MICHEL L'IVROGNE. LES PAULICIENS. — Théophile mourut laissant un fils en bas âge sous la tutelle de l'impératrice Théodora. La minorité et tout le règne honteux de Michel l'Ivrogne, furent signalés par de nouvelles calamités. Dans le cours du septième siècle, une nouvelle hérésie avait pris naissance en Asie. C'était celle des Pauliciens. On n'est pas d'accord sur l'origine de ce nom de Pauliciens : suivant les uns, c'était le nom d'un de leurs chefs; selon d'autres, ils l'avaient pris à cause de leur attachement particulier aux doctrines de saint Paul. Comme leur histoire a été écrite par leurs adversaires, et avec la passion qu'inspirent les dissentiments religieux, il faut beaucoup rabattre de toutes les noirceurs que les chroniqueurs leur imputent. Cependant l'opinion publique paraît s'être violemment déchaînée contre eux. Aux erreurs des anciens gnostiques concernant l'incarnation, ils joignaient des doctrines manichéennes; ils admettaient l'éternité de la matière, et la lutte du bon et du mauvais principe. Ce mélange du magisme avec la religion chrétienne, plusieurs fois tenté par différentes sectes et sous divers noms, n'a jamais réussi : en Occident comme en Orient les sectes manichéennes se sont attiré les persécutions de l'Église et ont fini par succomber. Les Pauliciens étaient assez nombreux vers la fin du septième siècle dans l'Arménie, la Cappadoce et le Pont; le diacre Sylvain, leur premier apôtre, avait établi sa résidence à Colonée sur le Lycus, au-dessus de Néocésarée. Il prêchait depuis vingt-sept ans, lorsque les progrès de sa doctrine éveillèrent la sollicitude des empereurs; un officier nommé Siméon fut envoyé pour étouffer l'hérésie; il arrêta Sylvain avec bon nombre de ses coreligionnaires, et voulut forcer ceux-ci de lapider eux-mêmes leur chef. Il se trouva parmi les prisonniers un traître qui consentit à commettre ce parricide; le reste résista aux menaces et aux tourments; si bien que Siméon, ému de leur courage, se convertit à la foi qu'il était chargé de combattre (1). La persécution continua sous Justinien II et les règnes suivants. Les empereurs iconoclastes se croyaient obligés de déployer plus de rigueur que les autres contre les malheureux hérétiques de peur de paraître leurs complices (2). Tout montaniste ou manichéen était condamné à mort; leurs livres, partout où l'on pourrait les saisir, devaient être livrés aux flammes; ceux mêmes qui recélaient les livres condamnés ou cachaient les hérétiques étaient passibles des mêmes peines (3). Les rigueurs redoublèrent sous le gouvernement de l'impératrice Théodora. Cette princesse, chère à l'église orthodoxe pour avoir mis fin à l'hérésie des images, enveloppa dans une même proscription manichéens et iconoclastes. La secte, animée par les rigueurs qu'on déployait pour la détruire, se multipliait de jour en jour et se vengeait par des assassinats : ils avaient massacré Thomas, évêque de Néocésarée, et Paracondace, gouverneur de la province; Théodora résolut de les convertir ou de les exterminer. Elle envoya dans ce dessein Léon, fils d'Argyre, Andronic Ducas, et Sudalis, qui portèrent chez ce malheureux peuple les supplices et la mort. Ils en firent, dit-on, périr cent mille dont les biens furent confisqués. Le reste, fugitif et caché dans les bois, menait une vie sauvage. Le Pont, la Cappadoce, la petite Arménie étaient infestés de leurs brigandages (4). Enfin le désespoir les poussa à prendre les armes. Un certain Carbéas, secrétaire du gouverneur du thème anatolique, réunit cinq mille hommes, et alla demander du secours aux Musulmans. Le khalife leur assigna pour résidence le mont Argée en Cappadoce, et chargea l'émir de Mélitène de leur prêter main-forte. Bientôt cet asile ouvert à la secte proscrite ne fut plus suffisant : après avoir bâti deux villes au mont Argée (5), Carbéas en

(1) Lebeau, vol. XIII, 147-150.

(1) Petrus Sicul. Maxim., *Biblioth. Patr. Ingoldstadt*, 1604, t. XVI, p, 754, 756. Gibbon, ch. LIV.
(2) Gibbon, *ibid.*
(3) Gibbon, *ibid.*, Petr. Sic., p. 759.
(4) Lebeau, l. LXX, vol. XIII, p. 178.
(5) Theophan., *Continuat.*, p. 103.

fonda une troisième nommée Téphrique ou Tibrique, sur les confins du thème de Colone, dans une position très-forte. Il est à croire que beaucoup de gens sans aveu y cherchèrent un refuge sous prétexte de religion; Téphrique devint un repaire de brigands; les Pauliciens unis aux Sarrazins répandirent la terreur dans toutes les provinces d'Asie. Le grand-domestique Pétronas, frère de l'impératrice, qui fut envoyé le premier pour les combattre, dut se tenir sur la défensive (1); Léon, qui commanda ensuite, obtint quelques succès : mais tandis qu'il passait l'Euphrate et portait ses armes sur le territoire musulman, Omar, l'émir de Mélitène, n'en désolait pas moins la Cappadoce et le Pont, poussait jusqu'en Bithynie (2), et emmenait des milliers de prisonniers; Fadhl, émir d'Édesse, et Ali, fils de Yahia, dévastaient la Cilicie romaine et s'emparaient d'Antioche (3). Michel, indifférent à tant de revers, se plongeait dans la plus grossière débauche, et renouvelait les extravagances de Néron. Un jour qu'il se préparait à courir dans le cirque (car c'était un de ses divertissements ordinaires), il aperçut des feux allumés sur la colline de Saint-Auxence de l'autre côté du Bosphore : c'était un signal qui annonçait l'incursion des Sarrazins. Dès qu'ils paraissaient en Asie, on allumait des feux sur les hauteurs, qui portaient la nouvelle de proche en proche jusqu'à la capitale et avertissaient les habitants des campagnes de se retirer dans les places de sûreté. Craignant que l'attention des spectateurs ne fût distraite par ces signaux d'alarme, Michel ordonna de les supprimer à l'avenir (4). Cependant, en l'année 858, il se décida à marcher en personne contre les ennemis de l'empire; ce ne fut que pour essuyer une sanglante défaite sous les murs de Samosate (5). Léon fut pris avec une centaine d'officiers de marque, et mourut dans les fers. Une seconde expédition, tentée deux ans après, ne réussit pas mieux. Battu près d'Amasée, l'empereur lui-même eût été pris sans la valeur du vieux Manuel, qui le fit passer au travers de l'armée ennemie (862) (1).

BASILE LE MACÉDONIEN (867-886). REVERS DES MUSULMANS. DESTRUCTION DE TÉPHRIQUE ET DES PAULICIENS. — Cette bataille d'Amasée fut le dernier succès des armes musulmanes. Après la mort du khalife Motassem, l'empire des Abassides tombe dans une prompte décadence; ainsi, grâce à l'affaiblissement de ses ennemis, l'empire grec se relève sous la dynastie macédonienne : Basile défend l'Asie avec succès, et sous les règnes suivants la Syrie est en partie reconquise.

Omar, le terrible émir de Mélitène, succomba en 862 : Pétronas, oncle de l'empereur Michel eut la gloire de vaincre ce redoutable ennemi. Il l'enferma dans une vallée profonde d'où l'on ne sortait que par trois défilés; l'armée musulmane y périt tout entière avec son chef. (862). Ali, qui voulut venger Omar, eut le même sort (2). Cependant les Pauliciens continuaient leurs ravages : Nicée, Nicomédie, Éphèse, furent prises et pillées par eux au commencement du règne de Basile. Carbéas étant mort, ils avaient mis à leur tête son fils Chrysochir, qui se rendit encore plus fameux. L'empereur entra en pourparlers avec ce rebelle. Pierre de Sicile, de qui l'on a conservé un petit ouvrage spécial sur les Pauliciens, fut envoyé en ambassade pour traiter du rachat des prisonniers et proposer la paix; Chrysochir déclara que si l'empereur voulait la paix, il devait renoncer à l'Orient et se contenter de ce qu'il possédait au delà du Bosphore (3). Basile marcha contre les rebelles. La première année (871) il n'eut que de médiocres succès, battit la campagne et se montra sous les murs de Téphrique, mais sans oser l'assiéger. L'année suivante il tourna ses armes contre les Sarrazins alliés de Chrysochir, prit Sozopetra et Samosate, et remporta une victoire

---

(1) Lebeau, l. LXX, vol. XIII, p. 180.
(2) Id., *ibid.*, p. 199.
(3) Id., *ibid.*, p. 223.
(4) Id., *ibid.*, 199.
(5) Id., *ibid.*, 220.

(1) Lebeau, *ibid*, 222.
(2) Id., *ibid.*, 226. — *Aboulféda*, II, 209.
(3) Lebeau, l. LXXI, vol. XIII, p. 276.

sous les murs de Malatia, où résidait l'émir. La troisième campagne mit fin à la guerre d'une manière tout imprévue : Chrysochir avait envahi la Cappadoce ; on lui avait opposé une petite armée qui avait à peine hasardé quelques escarmouches ; il reprenait, chargé de butin, la route de Téphrique, lorsqu'un détachement de deux cohortes, chargé de surveiller sa retraite, l'attaqua la nuit dans une position désavantageuse ; le désordre se mit dans son armée ; lui-même fut tué dans la déroute par un de ses anciens prisonniers. On porta sa tête à Constantinople. Aussitôt le général grec, profitant de cet avantage inespéré, marcha sur Téphrique. Les habitants s'étaient enfuis frappés de terreur ; on trouva la ville déserte, et on la détruisit de fond en comble (873) (1). Ainsi périt tout d'un coup cette nation naissante qui depuis vingt-cinq ans faisait trembler l'Asie. Une partie des Pauliciens se réfugia en Syrie ; d'autres se soumirent. L'empereur fit entrer les plus braves dans ses armées ; on voit quelques années plus tard un corps composé de ces anciens rebelles se signaler dans la guerre contre les Sarrasins de Sicile (2).

GUERRES AVEC LES SARRASINS SOUS LÉON LE PHILOSOPHE, CONSTANTIN PORPHYROGÉNÈTE ET ROMAIN. — Les succès des armées grecques se soutiennent jusqu'à la fin du règne de Basile : elles prennent l'offensive, poursuivent en Cilicie les débris de la secte paulicienne, détruisent Castabala, s'emparent du fort de Lulé aux portes de Tarse, et remportent une grande victoire sur les bords du fleuve Podande (3). Le khalife envoie une nouvelle armée ; elle est surprise et taillée en pièces (4) ; les Sarrasins renoncent pour plusieurs années à se montrer sur les terres de l'empire.

Ils reparaissent sous Léon le Philosophe, et recommencent à inquiéter d'un côté les frontières de Cappadoce, de l'autre les rivages de l'Archipel. Ils s'emparent de Séleucie Trachée, sur la côte de Cilicie, et saccagent l'île de Lemnos. Leurs ravages se portent également sur les provinces d'Europe : en 904 un renégat, nommé Léon le Tripolitain, natif d'Attalie en Pamphylie, s'empare de Thessalonique, une des villes les plus florissantes de l'empire (1). Vers le même temps et par compensation, trois frères qui possédaient des terres au delà de l'Euphrate au-dessous de Mélitène, se donnent à l'empereur, qui, pour illustrer cette acquisition, fait de ce petit canton une province sous le nom imposant de thème de Mésopotamie (2).

L'état de guerre est permanent : il ne se passe guère d'année que les flottes grecques et sarrasines ne se rencontrent : les succès sont balancés. Une trêve est conclue en 915 (3) : trêve mal observée et bientôt rompue. Vers 927 la guerre reprend une certaine activité en Cappadoce ; l'Arménien Jean Curcuas, commandant des armées d'Orient, obtient plusieurs avantages signalés et s'empare deux fois de Malatia. La première fois, l'émir et les principaux de la ville avaient obtenu une capitulation et s'étaient engagés à servir l'empire, même contre les Sarrasins. « Ils tinrent parole ; et pendant plusieurs années ce fut, dit l'historien, un spectacle singulier et flatteur pour les Grecs de voir ces Sarrasins entrer dans Constantinople avec des bandes de leurs compatriotes qu'ils amenaient prisonniers ; ainsi qu'on se sert de certains animaux apprivoisés pour prendre et dompter ceux de leur espèce (4). » Après la mort de l'émir, Malatia secoua le joug des Grecs ; Curcuas assiégea de nouveau la ville, la prit de force et la détruisit de fond en comble, ainsi que plusieurs places des environs ; toute la petite Arménie rentra sous la domination impériale. Curcuas pénétra ensuite dans la grande Arménie jusqu'au lac de Van, et y remporta, s'il faut en croire ses historiographes, des victoires non moins éclatantes (5).

---

(1) Lebeau, l. LXXI, vol. XIII, 275-284.
(2) Id., ibid., 320.
(3) Id., ibid., 286, 290, 293.
(4) Id., ibid., 310.

(1) Id., l. LXXII, vol. XIII, 370.
(2) Id., ibid., 386.
(3) Id., l. LXXIII, 409.
(4) Id., ibid., 444.
(5) Id., ibid., 447.

INVASION DES RUSSES. — EXPLOITS ET DISGRACE DES DEUX CURCUAS. — En 941 l'Asie Mineure et la capitale même de l'empire furent menacées par un danger imprévu : les Russes, qui venaient tous les ans des bouches du Borysthène vendre leurs fourrures à Constantinople, parurent cette année-là avec dix mille barques, non plus en marchands, mais en envahisseurs. Les côtes de Bithynie où ils descendirent furent cruellement saccagées ; le feu grégeois détruisit leur flottille ; Curcuas, accouru de l'extrémité orientale de la péninsule, poursuivit et extermina leurs troupes de terre (1). Ce vaillant homme était l'appui de l'empire. Depuis près de vingt ans il travaillait à en assurer les frontières ; dignement secondé par son frère Théophile, patrice et duc du thème de Chaldée. Ils avaient ensemble enlevé aux Sarrasins plus de mille places, et les avaient refoulés des bords de l'Halys jusqu'au Tigre. Ils couronnèrent leurs exploits par une brillante campagne dans le Diarbekir. Eux-mêmes mirent au nombre de leurs plus importantes conquêtes celle du fameux voile d'Édesse, sur lequel on voyait la face de Jésus-Christ imprimée, disait-on, par lui-même et envoyée au roi Abgare. La précieuse relique fut portée à Constantinople, et déposée en grande pompe à l'église de Sainte-Sophie puis dans le palais. Malgré tant de succès éclatants, les deux Curcuas finirent leurs jours dans la disgrâce ; une intrigue de cour se trama contre eux ; l'empereur Romain Lécapène, cédant aux obsessions de ses proches, leur ôta leurs emplois (942) (2).

NICÉPHORE PHOCAS ET JEAN ZIMISCÈS. — Vers la fin du règne de Constantin Porphyrogénète et sous son successeur, parurent à la tête des armées deux autres hommes que leur valeur éleva successivement à l'empire : Nicéphore Phocas et Jean Tchemchkik, que les Grecs appellent Zimiscès. Le premier appartenait à une famille puissante : il avait succédé à son père dans la charge de grand-domestique. Ses deux frères, Léon et Constantin, étaient l'un gouverneur de Cappadoce, l'autre préfet de Séleucie. Constantin fut pris et tué par les Musulmans ; mais Léon eut part à toutes les victoires de son frère et lui survécut. De 954 à 963 ils soutinrent une guerre acharnée contre les Sarrasins et particulièrement contre Hamdan, émir d'Alep et d'Émèse ; l'un s'empara de Samosate (958), l'autre prit Candie après dix mois de blocus, et reconquit toute l'île de Crète (1), qui, depuis trois siècles, était un nid de pirates musulmans (961). Enfin Nicéphore envahit la Syrie avec une puissante armée, prit ou ruina soixante places fortes, battit l'émir, et s'empara d'Alep, sa résidence (962) (2). Quelques mois après il rentrait en triomphe dans Constantinople où régnaient deux enfants sous la tutelle de l'impératrice Théophano et de l'eunuque Phocas. Rendu populaire par tant de victoires, il s'empara sans peine de l'autorité, et partagea le trône avec les deux jeunes empereurs (963). Zimiscès était Arménien de naissance et d'origine, petit-fils de Théophile Curcuas, et par sa mère cousin des Phocas (3). Il commença à se distinguer sous Léon Phocas à la bataille livrée devant Samosate, où, ayant été chargé de la poursuite des fuyards, il en prit un grand nombre, et rentra dans Constantinople suivi de dix-sept cents prisonniers bien montés et bien équipés (4). Nicéphore, devenu empereur, lui donna le commandement des troupes d'Orient (5) ; il inaugura le nouveau règne par une grande victoire qu'il remporta sur les Sarrasins près d'Adana en Cilicie. Nicéphore, piqué d'émulation, se remit à la tête des troupes. La première année il reprit Anazarbe et Adana ; l'année suivante Mopsueste succomba ainsi que Tarse, depuis si longtemps le boulevard des Musulmans ; les mosquées furent détruites et la croix rétablie dans toute la péninsule d'Asie Mineure. Dans sa troisième

---

(1) Lebeau, l. LXXIII, vol. XIII, 459.
(2) Id., ibid. 462.

(1) Lebeau, l. LXXIV, vol. XIV, pp. 24-34, 43-52.
(2) Id., ibid., 54.
(3) Id., ibid., 101.
(4) Id., ibid., 34.
(5) Id., ibid., 65, l. LXXV.

campagne (966), Nicéphore parcourut en vainqueur toute la Syrie; Laodicée, Membig (l'ancienne Hiérapolis), Alep, Arca, Émèse tombèrent en son pouvoir; Damas et Tripoli se soumirent à payer tribut; Antioche enfin, l'antique capitale de l'Orient, fut enlevée par surprise dans le courant de l'hiver par un de ses lieutenants (1). La Mésopotamie fut à son tour envahie; Nisibe attaquée, Édesse réduite en cendres firent trembler jusque dans Bagdad le faible héritier des khalifes (2). — Malgré tant de succès éclatants, Nicéphore s'était rendu impopulaire par son orgueil et son avarice. Jean Zimiscès, dont les services avaient été récompensés par une disgrâce, conspira contre lui d'accord avec l'impératrice, et l'assassina. Ce crime le mit sur le trône (969).

La mort de Nicéphore mettait en danger toutes ses conquêtes. Toutes les nations musulmanes avaient formé une ligue pour ressaisir la Syrie; une armée de cent mille hommes, Égyptiens, Perses, Arabes et Maures, s'avançait pour assiéger Antioche. Une seule victoire remportée par l'eunuque Nicolas délivra la Syrie et rompit la ligue (3).

Zimiscès triompha avec le même bonheur de la révolte des Phocas. Léon et ses fils avaient été exilés, le père à Lesbos, l'aîné des fils à Imbros, l'autre à Amasée dans le Pont. Ce dernier se forma une petite armée, prit le diadème et se mit en révolte ouverte. Mais à l'approche de l'armée impériale, ses soldats l'abandonnèrent; il fut pris, tonsuré et relégué dans l'île de Chio; son père et son frère, arrêtés avant d'avoir pu fuir, furent enfermés plus étroitement dans l'île de Lesbos (4).

Zimiscès reprit les armes contre les Sarrasins en 973, avec le dessein de les chasser entièrement de la Syrie et de leur enlever Jérusalem; le fort de la guerre se porta d'abord du côté de la Mésopotamie: Nisibe et Diarbekir (l'ancienne Amida) furent prises, et l'armée grecque s'avançant même au delà du Tigre, menaça Bagdad et Tauris.

L'année suivante l'empereur rentra en Syrie, enleva successivement Membig, Apamée, Émèse, Balbeck, soumit Damas à un tribut, descendit en Phénicie, soumit Sidon, Balanée, Béryte, et mit le siége devant Tripoli. Les historiens arméniens assurent même qu'il pénétra jusqu'à Jérusalem.

Cependant une maladie qui lui survint l'obligea de renoncer au siége de Tripoli et de revenir sur les terres de l'empire. Arrivé en Bithynie, sa maladie changea tout à coup de caractère : on assure que l'eunuque Basile l'avait empoisonné. Il eut à peine le temps de rentrer à Constantinople où il expira (976) (1).

BASILE II ET CONSTANTIN VIII. — RÉVOLTES DE SCLÉRUS ET DE BARDAS PHOCAS. — La mort de Jean Zimiscès mit fin aux grands succès des Grecs. Les deux fils de Romain Lécapène, qui restaient seuls maîtres de l'empire, étaient à peine sortis de l'enfance; l'eunuque Basile se promettait de régner sous leur nom. L'insolence de ce ministre provoqua une révolte dangereuse qui troubla longtemps et affaiblit l'empire. Bardas Sclérus, commandant des troupes d'Orient, un des généraux les plus populaires dans l'armée, se fit proclamer empereur par ses soldats. Les Arméniens lui fournirent des secours ainsi que les Sarrazins. Vainqueur une première fois, près de Lycande en Cappadoce, puis à Cotyée en Phrygie (2), Sclérus s'avançait vers le Bosphore; le ministre Basile imagina de lui opposer ce Bardas Phocas qui s'était révolté six ans auparavant contre Zimiscès et dont Sclérus lui-même avait été chargé de comprimer la révolte. Ces deux hommes de guerre, les plus remarquables de leur temps, déployèrent dans cette guerre civile une bravoure et des talents qui eussent été mieux employés à la défense de l'empire : Phocas emprunta le secours des Ibères, Sclérus celui des Sarrasins; défait enfin sur les bords du fleuve Halys, il s'enfuit auprès du khalife, qui le retint prisonnier. Bardas Phocas reçut à sa

---

(1) Lebeau, l. LXXV, vol. XIV, 69-75.
(2) Id., ibid., 90.
(3) Id., ibid., p. 107.
(4) Id., ibid., 112-114.

(1) Lebeau, 134-142.
(2) Id., ibid., l. LXXVI, vol. XIV, p. 149, 152.

place le commandement des troupes d'Orient (1). En 987 Phocas se révolte à son tour. En même temps Sclérus, échappé de prison, reprend la pourpre. Cette double rébellion, si menaçante pour Basile II, se dissipa pour ainsi dire d'elle-même : Phocas fut frappé de mort subite au moment de livrer bataille sous les murs d'Abydos à l'armée impériale; quant à Sclérus, il se soumit et en fut récompensé par la dignité de curopalate (2).

GUERRES CONTRE LES SARRAZINS D'ASIE SOUS BASILE II ET SES SUCCESSEURS. — Si les Sarrazins avaient été moins affaiblis, ils auraient profité de ces troubles civils pour enlever à l'empire ses dernières conquêtes; mais eux-mêmes étaient plus divisés que les Grecs : le khalife se voyait réduit à l'impuissance, les émirs faisaient la guerre ou contractaient des alliances comme s'ils eussent été souverains. L'émir d'Alep, assiégé par le soudan d'Égypte, demanda du secours à l'empereur. Basile II profita de cette occasion pour faire une course en Syrie et en Phénicie : il mit le siége devant Tripoli, qu'il abandonna après quarante jours d'attaques inutiles (3). Bientôt tous les efforts de ce prince guerrier se tournèrent du côté de la Bulgarie; les frontières orientales furent négligées. Après sa mort les Sarrasins devinrent plus entreprenants; plusieurs places retombèrent en leur pouvoir. L'empereur Romain Argyre ne se mit en campagne que pour se faire battre honteusement aux environs d'Alep (4). Sous Michel IV, on voit les Sarrasins reparaître en Asie Mineure et piller la ville de Myre en Lycie, tandis qu'une de leurs flottes ravage les Cyclades (5). Bientôt s'accomplit en Asie une révolution importante qui, rajeunissant l'islamisme et réveillant sa ferveur conquérante, devait être fatale à l'empire byzantin.

COMMENCEMENTS DES TURCS SELDJOUCIDES. — Originaires, comme les Huns et les Hongrois, de ces vastes déserts qui s'étendent à l'est de la mer Caspienne, les Turcs menaçaient depuis longtemps l'Orient : leurs milices mercenaires tenaient en servitude les khalifes de Bagdad, et c'était à des aventuriers de leur nation qu'appartenaient la plupart des petites principautés formées du démembrement de l'empire des Abassides. A la fin du dixième siècle Mahmoud, fils de Sebectagi, sultan de Ghazna, étendit sa domination des bords de l'Oxus jusqu'au delà d'Ispahan, subjugua toute la Perse, entreprit ensuite la conquête des Indes et l'acheva en douze campagnes (1). Cependant le vaste empire qu'il avait fondé ne pouvait tarder à se dissoudre. Les nomades habitants du Turkestan étaient accourus en foule auprès du Ghaznévide; ils les avait reçus à la seule condition d'embrasser l'islamisme, et leur avait permis de s'établir dans le Khorassan. Après sa mort ces hordes indociles se révoltèrent contre son fils Massoud, et Togrul-beg, petit-fils de Seldjouk, devint le chef d'une nouvelle dynastie turque (1038). Maître du Khorassan et de la Perse, lorsque le khalife Cayem implora sa protection contre les émirs révoltés, il saisit avec empressement cette occasion d'étendre son empire. Il marcha sur Bagdad, et délivra le khalife du joug des Bowides pour lui imposer le sien. Sa suprématie, universellement reconnue par les vassaux des khalifes, s'étendit des bords de l'Euphrate aux bouches de l'Indus (2). Dès les premiers temps de son établissement dans le Khorassan, Togrul-beg avait attaqué l'Arménie; il revint à la charge à plusieurs reprises. En 1048 son lieutenant Ibrahim s'empara d'Arzen (3), et remporta une grande victoire sur les troupes impériales jointes aux Ibériens alliés. Peu d'années après, il envahit en personne les provinces arméniennes, et échoue au siége de Malazkerd; mais chaque année, depuis cette époque, les Turcs renouvellent leurs in-

---

(1) Lebeau, l. LXXVI, vol. XIV, 159.
(2) Id., ibid., 179.
(3) Id., ibid., 187.
(4) Id., ibid. l. LXXVII, vol. XIV, p. 244.
(5) Id. ibid., 275.

(1) Gibbon, ch. LVII.
(2) Id., ibid.
(3) Auj. *Erzeroum* ; c'était alors un bourg très-riche et très-peuplé, près de Théodosiopolis, capitale nominale de la province.

cursions; ils dévastent l'Ibérie, la Chaldée, la Mésopotamie, les provinces de Mélitène et de Colonée et tous les bords de l'Euphrate (1).

PROGRÈS DES TURCS SOUS ALP-ARSLAN. L'ASIE MINEURE ENVAHIE. ROMAIN-DIOGÈNE, 1068-1071. — Togrul-beg mourut en 1063, et eut pour successeur Alp-Arslan (*le fier Lion*), qui justifia son nom par ses exploits. Il acheva d'abord la conquête de l'Arménie et de la Géorgie. En l'année 1067, il passa l'Euphrate à la tête de la cavalerie turque, dispersa une armée grecque postée aux environs de Mélitène, et, ravageant tout sur son passage, s'avança vers Césarée. La métropole de la Cappadoce fut livrée sans défense à ces barbares dont la cruauté était encore exaltée par le zèle religieux (2). Les uns passèrent de là en Cilicie, d'où ils revinrent vers Alep après avoir dévasté le territoire d'Antioche; les autres poussèrent vers le nord, et, après avoir achevé de soumettre la Géorgie et l'Arménie, prirent leurs quartiers d'hiver dans le Pont (3). L'empire était alors gouverné par une femme; en présence d'un si grand danger, Eudocie se décida à partager le trône, et elle jeta les yeux sur Romain Diogène, que son courage rendait digne de ce périlleux honneur. Il n'y avait plus d'armées; depuis cinquante ans on les avait laissées dépérir; on n'avait plus guère sous les armes que des mercenaires recrutés parmi les anciens ennemis de l'empire, mal payés, et habitués à vivre de pillage : Uzes, Varanges ou Francs. Ceux qu'on désignait sous ce dernier nom étaient des Normands venus d'Italie, ou quelques-uns de ces pèlerins armés dont les visites en terre sainte préludaient alors aux croisades, et qui se mettaient volontiers au service de l'empire, pour gagner aux dépens des infidèles de quoi retourner dans leur pays (4). Diogène réunit ces bandes, fit de nouvelles levées dans la Cappadoce et les provinces d'Europe, et arma toute la Phrygie. Il employa la plus grande partie de la première année à former et à discipliner ses troupes. Il traversait la Cappadoce et marchait vers Lycande à petites journées dans le dessein de passer en Syrie pour dégager Antioche : il apprit en route que les Turcs avaient surpris Néocésarée, et qu'après l'avoir saccagée et détruite, ils traînaient les habitants en esclavage. Cette nouvelle lui fit rebrousser chemin. Laissant à Sébaste ses bagages et sa grosse infanterie, il prit avec lui les soldats les plus vaillants et les plus alertes, traversa les montagnes, arriva à Téphrique sur le passage des Turcs et les mit en déroute. Il continua ensuite sa marche vers la Syrie, s'empara de Hiéraple ou Membig, et répara la défaite d'un de ses lieutenants en dispersant par une attaque nocturne l'armée victorieuse de l'émir d'Alep (1). Mais il ne pouvait suffire seul à tout : en repassant le Taurus, il apprit que les Turcs étaient rentrés derrière lui en Asie Mineure et avaient saccagé Amorium. L'épuisement de ses troupes l'obligea d'attendre la campagne suivante pour venger cette insulte (2). Au retour du printemps, il battit les Turcs près de Césarée, mais ne put les empêcher de piller Iconium, capitale de la Lycaonie; l'année suivante, il confie une partie de ses troupes au curopalate Manuel Comnène, qui est battu et pris; les Turcs vainqueurs dévastent Khone ou Colosse, une des villes les plus opulentes de la Phrygie (3). Ainsi, malgré tous ses efforts, mal secondé par ses officiers et par ses soldats, le malheureux prince succombait à la tâche. Tout en combattant les barbares, il avait encore à se défendre contre la trahison et les intrigues de cour (4); il fallait lutter contre l'indiscipline de ses soldats, l'humeur querelleuse et indocile des auxiliaires Latins et la jalousie nationale des Grecs. Pendant l'hiver qui suivit sa première campagne, on lui annonça que Robert Crépin, un des principaux chefs normands, s'était révolté.

---

(1) Lebeau, l. LXXVIII, vol. XIV, pp. 352, 357, 383, 436.
(2) Id., l. LXXIX, vol. XIV, p. 460. — Gibbon, ch. LVII.
(3) Lebeau, vol. XIV, 469.
(4) Id., *ibid.*, 477.

(1) Lebeau, vol. XIV, 470.
(2) Id., *ibid.*, 475.
(3) Id., *ibid.*, 480-485.
(4) Id., *ibid.*, 486.

Cette nouvelle n'était pas exacte : le Normand mettait, il est vrai, le pays à contribution, mais c'était pour faire vivre ses soldats, qui ne recevaient pas de paye. Ce prétendu rebelle battait les corps envoyés pour le réduire, mais il prenait soin des soldats blessés et les renvoyait guéris; et dans le temps même qu'on l'accusait de trahison, il taillait en pièces une bande turque. Ce fait d'armes le justifia; l'empereur lui promit amnistie, et le reçut avec honneur. Mais peu de temps après, les courtisans parvinrent à le noircir; il fut dépouillé du commandement et envoyé en exil à Abydos. Les Francs, cantonnés à Malazkerd en Arménie, se révoltèrent, et se jetèrent sur la Mésopotamie, qu'ils dévastèrent pour venger leur chef (1).

BATAILLE DE MALAZKERD. CAPTIVITÉ, CHUTE ET MORT DE ROMAIN DIOGÈNE. — Cependant, loin de perdre courage, Diogène avait résolu de rassembler toutes les forces de l'empire pour tenter un effort décisif. L'armée grecque, qui montait à plus de cent mille hommes, pénétra en Arménie et emporta de vive force Malazkerd, récemment prise par le sultan. Mal informé ou partageant la vaine présomption de ses courtisans, l'empereur, après ce premier succès, eut l'imprudence de diviser ses forces; il fit partir en avant les auxiliaires francs sous les ordres d'Oursel Baliol, pour occuper Aklath sur le lac de Van; un second détachement, formé de l'élite de la cavalerie, venait de partir dans la même direction lorsque l'ennemi parut. On crut d'abord avoir affaire à une bande de fourrageurs : c'était Alp-Arslan à la tête de quarante mille cavaliers. Une sanglante escarmouche s'engagea dans laquelle Nicéphore Bryenne, général des troupes d'occident, fut blessé; l'Arménien Basilace, envoyé pour le soutenir, fut pris. Toute la nuit les barbares voltigèrent à l'entour du camp, poussant des cris affreux et faisant pleuvoir les traits dans le retranchement, en sorte que les troupes grecques ne purent prendre aucun repos. Le lendemain matin on vit un grand corps de cavaliers Uzes, campés à l'extrémité du camp sortir avec son commandant et s'aller rendre à l'ennemi. Diogène commençait à sentir la gravité du péril; il fit partir des courriers pour rappeler les Francs; ceux-ci, à la nouvelle de l'arrivée du sultan, avaient précipitamment regagné les bords du Tigre. L'empereur résolut de livrer bataille. Au moment où il commençait à ranger ses troupes, arrivèrent des députés du sultan qui apportaient des propositions de paix. Très-supérieur, de l'aveu même des historiens byzantins, et à ses compatriotes et à la plupart de ses contemporains, Alp-Arslan souhaitait sincèrement d'éviter l'effusion du sang, ainsi que la suite le fit bien voir; sa démarche fut interprétée autrement : on crut y voir ou un piège ou une marque de faiblesse; Diogène renvoya les députés avec hauteur et se hâta d'engager le combat. Le sultan, après avoir fait dévotement sa prière, fit publier permission à tous ceux qui craignaient le danger de se retirer avant la bataille. Il lia lui-même la queue de son cheval, quitta son arc et ses flèches pour ne prendre que son sabre et sa massue, se revêtit d'un habit blanc, et s'étant parfumé comme pour la sépulture : « Si je suis vaincu, dit-il, c'est ici mon tombeau ». C'était un vendredi, 26 août 1071. L'armée grecque ne formait qu'une seule masse; le sultan divisa la sienne en plusieurs corps qui se déployèrent en forme de croissant pour harceler l'armée grecque de tous les côtés. Jusqu'à la fin du jour les Turcs reculèrent lentement devant les Grecs; tout changea de face lorsque Diogène entreprit de revenir à son camp; une retraite devant l'ennemi est toujours difficile : elle fut rendue encore plus désastreuse en cette occasion par la trahison d'Andronic Ducas, qui commandait la réserve. Il s'écria que l'empereur fuyait; aussitôt tout se débanda; les Turcs, profitant du désordre, massacrent les uns, écrasent les autres sous les pieds de leurs chevaux. Cependant Diogène, resté presque seul au centre, se défendait avec une valeur héroïque. Il se lança plusieurs fois sur les ennemis et en tua de sa main un grand nombre. Enfin blessé et renversé avec son cheval, il fut pris par un esclave turc nommé Schady, qui le connaissait

(1) Lebeau, vol. XIV, 479.

pour avoir été à Constantinople, et qui, s'étant prosterné à ses pieds, le conduisit au camp du sultan. Il était déjà tard ; l'empereur passa cette nuit sur la terre nue comme un prisonnier du dernier ordre, Schady ne voulant pas le faire connaître de peur qu'on ne l'arrachât de ses mains. Le lendemain, couvert encore de sang et de poussière, il fut présenté au sultan, qui, malgré le témoignage de plusieurs officiers, doutait que ce fût l'empereur, et n'en fut persuadé que lorsqu'il vit Basilace se jeter en pleurant aux pieds du prisonnier. Alors, sautant à bas de son trône, il renversa par terre Diogène et lui mit le pied sur le cou. C'était le traitement en usage dans tout l'Orient et même à Constantinople à l'égard des princes vaincus et prisonniers. Aussitôt après il lui tendit la main, le releva, l'embrassa, lui fit dresser une tente et ordonna qu'il fût servi selon son rang. Pendant les huit jours qu'il le retint dans son camp, il lui rendit visite deux fois par jour, s'entretenant avec lui comme avec un ami, le consolant, l'avertissant des fautes qu'il lui avait vu faire dans la bataille, et lui reprochant avec douceur le refus de la paix. Dans ces conversations le prince barbare avait toujours l'avantage de la générosité. « Qu'auriez-vous fait, dit-il un jour, si j'avais été votre prisonnier ? » L'empereur répondit brusquement qu'il l'aurait fait déchirer à coups de verges. « Et moi, répliqua le sultan, je vous ferai un traitement plus conforme aux maximes de votre loi : car j'entends dire que votre législateur recommande l'humanité et l'oubli des injures. » En effet les conditions qu'il dicta étaient plus modérées qu'on n'eût osé l'espérer après un si grand désastre : il exigeait quinze cent mille pièces d'or pour la rançon de l'empereur et un tribut annuel de trois cent soixante mille pièces ; les prisonniers devaient être rendus de part et d'autre ; un traité fixait les limites des deux empires ; l'empereur et le sultan cimentaient leur alliance par le mariage de leurs enfants (1).

Pendant qu'un Tartare donnait aux princes chrétiens l'exemple de la générosité et de la modération, on ne s'inquiétait à Constantinople ni du sort de l'empereur ni de la défense de l'empire : l'unique soin des courtisans était de savoir qui s'emparerait du titre d'empereur. De retour dans ses États, Diogène trouva un Ducas sur le trône et fut reçu en rebelle.

Défait une première fois sous les murs d'Amasée, il parvint cependant à gagner la Cilicie, où il se reforma une armée. Ses adversaires proposèrent un accommodement, il le refusa. On se rencontra près d'Adana. En tête de l'armée des Ducas marchait ce Robert Crépin qui depuis son injuste exil était l'ennemi personnel de Diogène ; la fougue impétueuse de ses Normands décida en un moment la victoire : l'Arménien Khatchatour, qui commandait pour le prince détrôné, fut pris ; Diogène lui-même, assiégé dans Adana et voyant ses soldats découragés, fut contraint de se rendre. On lui promit la vie sauve, et trois archevêques se rendirent même auprès de lui pour lui garantir l'exécution de cette promesse ; une fois qu'il se fut livré, l'ordre arriva de Constantinople de lui crever les yeux et de le transporter dans l'île de Proté. On défendit de panser ses blessures ; il mourut au bout de quelques jours des suites de cette cruelle exécution. Ainsi finit ce prince, un de ceux dont le caractère relève un peu la triste histoire de l'empire byzantin. Lorsqu'il avait vu sa fortune désespérée, il avait réuni tout l'argent qui lui restait, y avait joint un gros diamant, et avait envoyé le tout au sultan avec une lettre ainsi conçue : « Quand j'étais empereur, je suis convenu avec vous de quinze cent mille pièces d'or pour ma rançon ; dépouillé aujourd'hui de l'empire, je vous en envoie deux cent mille et ce diamant que je vous prie de recevoir comme un gage de ma reconnaissance : c'est le reste de ma fortune (1). »

CONQUÊTE DE L'ASIE MINEURE PAR LES TURCS SELDJOUCIDES. — La générosité d'accord avec l'ambition aurait peut-être poussé Alp-Arslan à venger son allié ; mais il périt l'année suivante

(1) Lebeau, vol. XIV, 487-500. — Gibbon, ch. LVII.

(1) Lebeau, vol. XIV, 500-510.

(1072). Son fils aîné Malek-Schah lui succéda, non sans contestation : il fallut qu'une triple victoire confirmât ses droits. Cinq frères, issus de la race royale de Seldjouk, lui disputaient encore le trône. « Les deux armées étaient déjà en présence, lorsque le vicaire vénéré du prophète, le khalife, sortant de l'ombre où sa grandeur le tenait habituellement caché, interposa sa médiation : « Au lieu de verser le sang de vos frères, de vos frères par le sang et par la foi, unissez plutôt vos forces, dit-il, pour la sainte guerre; allez combattre les Grecs ennemis de Dieu et du prophète ». Le sultan et les rebelles s'embrassèrent; l'aîné des cinq frères, le vaillant Soliman, reçut des mains du chef de sa maison l'étendard royal, qui lui conférait la possession héréditaire des provinces de l'empire romain depuis Erzeroum jusqu'à Constantinople, ainsi que de toutes les contrées inconnues de l'Occident (1). » Il en commença aussitôt la conquête. Depuis longtemps l'Asie Mineure était accoutumée aux incursions passagères des barbares d'Orient; cette fois les Grecs les virent avec terreur s'installer dans les citadelles, imposer aux villes un tribut régulier, fortifier les passages des rivières et les défilés des montagnes; tout annonçait une prise de possession définitive. Sur le trône de Constantinople siégeait alors Michel Ducas, que l'histoire flétrit du surnom d'accapareur (2); plus occupé de dérober aux provinces leur subsistance que de les défendre contre l'invasion. Deux valeureux frères, Isaac et Alexis Comnène étaient à la tête des armées, mais mal obéis et mal soutenus. Oursel Baliol avec ses Normands se mit en révolte ouverte, et tint un instant prisonnier le César Jean Ducas, dont il voulait faire un empereur (3). Pendant ce temps, les Turcs pénétraient jusqu'à l'extrémité de la péninsule : les deux généraux de l'empereur se voyaient assiégés dans un château des environs de Nicomédie (4); Oursel et l'empereur marchandaient à l'envi l'alliance des musulmans. Enfin le Normand fut livré et jeté en prison; ses soldats n'en continuèrent pas moins à courir le pays et à dévaster ce que le Turc avait épargné (1). En 1077 les troupes grecques d'Europe et celles d'Asie se révoltèrent à la fois, et proclamèrent empereurs leurs deux généraux, Nicéphore Bryenne en Europe et Nicéphore Botoniate en Asie. Soliman, également sollicité par l'empereur et par le prétendant, se déclara en faveur du dernier. Après avoir traversé l'Asie avec une armée de trois cents hommes, Nicéphore fut reçu dans Nicée aux acclamations de tout le peuple; aussitôt un soulèvement éclata à Constantinople, et il y entra, le 3 avril 1078, sans avoir, depuis six mois qu'il était en révolte ouverte, versé une seule goutte de sang pour soutenir ses prétentions (2). Allié du nouveau monarque, le sultan fut reçu hospitalièrement à Chrysopolis, en vue de la capitale de l'empire; un corps de deux mille Turcs passa en Europe et contribua puissamment à la défaite de Nicéphore Bryenne. Mais accepter cette alliance c'était renoncer à l'Asie (3). La possession en était devenue, du reste, purement nominale; de tous côtés erraient des bandes indisciplinées qui ne connaissaient d'autre autorité que celle de leur chef. Un certain Philarète, Arménien de naissance, ancien officier de Romain Diogène, avait refusé de reconnaître le successeur de ce prince; depuis lors il entretenait de pillage une troupe considérable de bandits de toute nation, avec lesquels il s'était emparé de plusieurs places de la haute Cilicie. Après l'avénement de Nicéphore Botoniate, craignant d'être poursuivi, cet aventurier fit sa soumission à l'empereur (4). Plusieurs seigneurs arméniens alliés à la famille des anciens rois et chassés de leur pays par l'invasion des Turcs, s'étaient déjà, du consentement des empereurs, fixés en Cilicie, et y possédaient des espèces de principautés indépendantes (5).

(1) Gibbon, ch. LVII.
(2) Michel Parapinace (en grec Παραπινάτης).
(3) Lebeau, l. LXXX, vol. XV, p. 14-19.
(4) Id., *ibid.*, 10.

(1) Lebeau, vol. XV, 20, 27.
(2) Id., *ibid.*, 45-52.
(3) Gibbon, ch. LVII.
(4) Lebeau, vol. XV, 72, *et Suppl.*
(5) Id., *ibid.*, p. 11, 77, *Suppl.*

En 1080, la révolte de Nicéphore Mélissène acheva de ruiner l'empire. Ce nouveau prétendant se mit absolument à la discrétion des Turcs, qui occupèrent en son nom presque toutes les villes des provinces occidentales depuis la Cilicie jusqu'à l'Hellespont. Il résidait à Nicée sous la protection de ces étranges alliés; eux seuls levaient les tributs dans les villes et les campagnes; ils établirent même un bureau en face de Constantinople, où ils exigeaient un péage de tous ceux qui traversaient le Bosphore (1). Quand Alexis Comnène monta sur le trône, l'empire s'arrêtait au Bosphore. Anne, sa fille et son historienne, lui fait un grand mérite d'avoir, par adresse autant que par force, reculé la frontière jusqu'au delà de Nicomédie (2).

EMPIRE SELDJOUCIDE DE ROUM. KILIDJ-ARSLAN OU SOLIMAN II. — Sous ses nouveaux maîtres l'Asie Mineure perd son nom avec sa religion. Depuis le temps d'Héraclius on avait commencé à la désigner sous le nom d'Anatolie; les Turcs l'appellent le pays de Roum, c'est-à-dire des Romains. L'État fondé par sultan Soliman figure sous ce nom dans les géographies orientales (3). Il y est décrit comme s'étendant de l'Euphrate au Bosphore et de la mer Noire aux cousins de la Syrie; c'est, dit le géographe, un pays riche en mines d'argent et de fer, d'alun et de cuivre, fertile en blé et en vin, produisant beaucoup de bétail et d'excellentes races de chevaux (4).

Après tant de conquêtes qui lui avaient mérité le surnom de *Ghazi*, champion de la foi, sultan Soliman s'en alla mourir obscurément en Syrie dans une guerre contre l'émir d'Alep. Sa mort fit éclore en Asie un grand nombre de petits tyrans. La plupart de ses officiers se rendirent indépendants dans leurs gouvernements, sans vouloir relever d'aucun autre que du sultan de Perse. Ce fut alors que l'empereur grec parvint à se remettre en possession de Nicomédie, ainsi que de Sinope et de plusieurs autres villes maritimes (1). Les choses restèrent en cet état jusqu'à la mort de Malek-Schach, 1092. Avec lui finit la grandeur et l'unité de l'empire turc. Des divers États formés de son démembrement, la sultanie de Roum fut la plus importante après celle de Perse; elle tomba aux mains de Kilidj-Arslan, fils aîné de Soliman. Échappé de la prison où Malek-Shah l'avait retenu, ce prince fut accueilli comme en triomphe par les sujets de son père; il fit reconnaître son autorité dans toute la péninsule, et acheva de réduire les quelques places isolées qui étaient encore occupées par les Grecs. Les historiens des croisades l'appellent habituellement Soliman comme son père (2). C'est lui qui régnait à Nicée lorsque la première de ces grandes invasions chrétiennes vint fondre sur l'Asie.

PREMIÈRE CROISADE. — Vers le milieu de l'année 1096 arrivèrent les premières bandes sous Gautier Sans-Avoir et Pierre l'Hermite; ramas confus de soldats, de prêtres, de moines, de femmes et d'enfants. L'empereur grec, pour se délivrer de ces hôtes malfaisants, se hâta de leur faire passer le Bosphore; on les transporta à Nicomédie, d'où ils gagnèrent le port de Cibotus, que les historiens latins appellent Civitot. Bientôt ils commencèrent à courir le pays; une troupe s'avança jusqu'aux portes de Nicée; une autre s'empara du château de Xérigordon, un peu au delà de cette ville. Tout à coup le sultan parut avec une armée qu'il avait levée dans les provinces du centre; il reprit de vive force le château, passa au fil de l'épée ceux qui l'occupaient, s'avança ensuite vers Cibotus, tailla en pièces le corps principal qui marchait à sa rencontre, força le camp, massacra ou prit tout ce qu'il y trouva. Il ne resta de cette expédition que trois mille Français environ qui s'étaient enfermés dans un fort au bord de la mer, et à qui l'empereur envoya des vaisseaux pour re-

---

(1) Lebeau, vol. XV, 38, 82.
(2) Id., *ibid.*, 124. — Gibbon, ch. LVII.
(3) Aboulféda, *Géogr. climat.*, XVII, p. 301-305. — *Hist. Arménienne des Tartares*, de Haiton. *Collection Bergeron*, citée par Gibbon.
(4) Gibbon, ch. LVII.

(1) Lebeau, l. LXXXII, vol. XV, p. 184-194.
(2) Id., *ibid.*, 200.

gagner Constantinople (1). Tel fut le prélude de la croisade. La véritable armée, celle des princes et des chevaliers, commençait alors à se mettre en route; elle arriva à Constantinople par détachements successifs, qu'Alexis prit soin de faire à mesure passer en Asie. Au mois de mai 1097 cent mille chevaux étaient campés autour de Chalcédoine avec une multitude d'hommes à pied que les estimations les plus modérées portent à six cent mille (2). Rien ne pouvait résister à ce torrent : Nicée fut bientôt obligée de se rendre; les Grecs eurent l'adresse de pénétrer seuls dans la ville et de s'en réserver la possession. Kilidj-Arslan avait inutilement essayé de défendre sa capitale; il ne put forcer le camp des chrétiens et fut défait le lendemain dans une grande bataille. Il attaqua l'armée chrétienne en marche dans les plaines de Dorylée en Phrygie (1er juillet), et fut encore plus complétement battu. Deux autres batailles se livrèrent avec le même succès en Pisidie et en Lycaonie; plus de quarante villes tombèrent au pouvoir des chrétiens. Les princes arméniens de Cilicie les reçurent en libérateurs; Beaudoin franchit l'Euphrate avec un corps d'armée et s'établit à Édesse, qui devint le siège de la première principauté chrétienne. Cependant ces succès coûtaient cher aux croisés : l'Asie Mineure ravagée plutôt que conquise, la grande armée se trouva réduite de moitié, tant par la faim, la soif et les privations que par les armes des Turcs (3).

ARRIÈRE-GARDE DE LA CROISADE. — Ce n'est pas tout : à la suite comme en tête de la grande expédition arrivèrent plusieurs corps moins considérables ou moins régulièrement organisés, mais dont l'ensemble ne monte pas à moins de quatre cent mille hommes : presque tous vinrent se perdre en Asie Mineure. Quand les croisés étaient encore sous les murs d'Antioche, Suénon, prince de Danemark, passa le Bosphore avec quinze mille hommes; comme il traversait la Phrygie, attaqué pendant la nuit dans son camp, il fut massacré par les Turcs avec tous les siens. Les Latins attribuèrent ce désastre à la trahison d'Alexis, qui avait, disaient-ils, averti Kilidj-Arslan de la marche de ce prince (1). Mathieu d'Édesse parle de deux troupes de croisés, l'une sous les ordres du comte de Saint-Gilles, qui, après avoir été en butte aux menées perfides d'Alexis, fut exterminée près de Nicée par Kilidj-Arslan, l'autre sous la conduite du comte Beaudoin, qui se fondit en détail dans son voyage à travers l'empire grec, et fut anéantie par le sultan turc dans la plaine d'Avlos, que l'on croit être Utch-Kapou aux environs de Nigdé (2). En 1102, une troupe de trente mille Lombards ayant pour chef Anselme, archevêque de Milan, traversa l'empire grec en commettant mille brigandages; vers le même temps arrivèrent deux mille Allemands conduits par un certain Conrad, connétable de l'empereur d'Allemagne, puis Étienne, comte de Chartres, qui, honteux d'avoir abandonné ses compagnons d'armes, revenait accomplir son vœu. Ces différents corps, réunis et grossis d'une multitude confuse d'aventuriers de toute nation, s'engagèrent dans l'intérieur du pays, prirent Ancyre en Galatie, qui fut rendue à l'empereur, passèrent le fleuve Halys et marchèrent dans la direction d'Amasée. Ils ne purent y arriver : mourant de faim dans ces contrées dépeuplées, harcelés par la cavalerie turque, après avoir livré en Cappadoce une grande bataille où succombèrent, dit-on, cinquante mille chrétiens, ils revinrent sur leurs pas; Raymond, comte de Toulouse, qui s'était joint à cette folle expédition, en ramena à peine quelques débris à Constantinople (3). Peu de temps après, Guillaume, comte de Nevers amena quinze mille Français, qui périrent par la faim, la soif et le sabre des Turcs : resté presque seul et dépouillé par ses guides, il parvint à Antioche à pied et couvert de haillons. Enfin Étienne, comte de Bourgogne, Guillaume, comte de Poitiers et duc d'Aquitaine, et Hu-

(1) Lebeau, l. LXXXIII, vol. XV, pp. 310-313.
(2) Gibbon, ch. LVIII.
(3) Lebeau, l. LXXXIV, pp. 338-348.

(1) Id., ibid., 349.
(2) Id., ibid., p. 361; Suppl.
(3) Lebeau, ibid., 361-364.

gues le Grand, frère du roi de France, qui avait déjà fait partie de la première expédition, revinrent avec une armée de cent cinquante mille hommes, qui eut le même sort que les précédentes : Hugues le Grand mourut à Tarse ; le comte de Poitiers, dénué de tout et mendiant son pain par les chemins, entra dans Antioche avec six compagnons. Il revint seul en France ; les comtes de Chartres et de Bourgogne, arrivés par mer en Palestine, y périrent les armes à la main (1).

SUITES DE LA PREMIÈRE CROISADE. LES GRECS SE RÉTABLISSENT EN ASIE. — Les Grecs avaient suivi de loin la grande armée chrétienne dans l'espérance de profiter de ses conquêtes. Une flotte et une armée, sous la conduite de Jean Ducas, beau-frère de l'empereur, parcoururent les côtes et les îles de l'archipel et en chassèrent les pirates musulmans qui depuis vingt-cinq ans s'y étaient établis ; Rhodes et Chio, Smyrne, Éphèse, Sardes, Philadelphie, Laodicée de Phrygie rentrèrent ainsi sous la domination grecque (2). Alexis lui-même s'était mis en campagne pour répondre aux instances des croisés, qui l'invitaient à venir partager les fatigues du siége d'Antioche ; mais il n'alla que jusqu'à Philomélium en Phrygie. Là il apprit par Étienne de Chartres et les autres déserteurs de la croisade comment les chrétiens, à peine entrés dans la ville s'y étaient vus assiégés à leur tour par Kerboga, sultan de Mossoul à la tête de quatre cent mille musulmans. L'empereur, effrayé, croyant avoir déjà sur les bras les Turcs victorieux, retourna en diligence à Constantinople, brûlant tout le pays derrière lui pour ôter aux ennemis le moyen de le poursuivre (3). Cependant Kerboga fut vaincu ; Antioche délivrée resta au pouvoir du Normand Bohémond, qui se forma sur les confins de l'Asie Mineure et de la Syrie une principauté puissante. L'empereur grec se crut dépouillé ; les princes latins, en passant par Constantinople, lui avaient prêté serment d'allégeance et avaient promis de lui rendre les villes enlevées par les Turcs à l'empire ; de son côté Alexis s'était engagé à leur prêter secours ; comme il n'avait pas tenu sa promesse, les croisés se croyaient dégagés envers lui et ne dissimulaient plus l'intention qu'ils avaient de garder leurs conquêtes. Sans rompre entièrement avec les croisés, Alexis essaya de reprendre ou par intrigue ou par force plusieurs villes de Syrie et de Cilicie (1). Grâce à la captivité de Bohémond et au feu grégeois, dont les occidentaux ignoraient la composition, les Grecs obtinrent des avantages assez considérables (2) ; Bohémond repassa en Europe pour y chercher des renforts contre l'empereur de Byzance, qu'il accusait hautement de trahison. La guerre dura entre eux jusqu'en 1108 tant en Asie qu'en Épire. Enfin Bohémond signa un acte par lequel il se reconnaissait vassal de l'empereur ; ses héritiers lui succédèrent à Antioche, mais les villes de Tarse et de Malmistra avec une bonne partie de la Cilicie rentrèrent sous l'obéissance de l'empereur (3). Malgré les fréquentes incursions des Turcs et la mauvaise volonté des Latins, les Grecs, sous les successeurs d'Alexis Comnène, se remirent en possession de presque tout le littoral depuis Trébizonde jusqu'aux portes de Syrie, pendant que les sultans seldjoucides de Roum, éloignés de tous les côtés de la mer et isolés de leurs frères musulmans, affaiblis par les victoires et même par les défaites des Francs, régnaient obscurément à Iconium ou Konieh. Telles furent pour l'Asie Mineure les conséquences de la première croisade (4).

SECONDE CROISADE. — Le premier Comnène avait été soupçonné d'intelligence avec les ennemis de la chrétienté ; Manuel, son petit-fils, est formellement accusé d'avoir trahi les croisés. Au premier bruit de la nouvelle croisade qui se préparait, il avait conclu avec le sultan d'Iconium une trêve de douze ans. Louis VII lui écrivit pour lui deman-

(1) Lebeau, vol. XV, 366.
(2) Id., ibid., 357. — Gibbon, ch. LIX.
(3) Lebeau, vol. XV, 353.

(1) Lebeau, vol. XV, 356, 370 et sq.
(2) Id., ibid., 372-377.
(3) Id., ibid., 400-422. — Id., vol. XVI, p. 29.
(4) Gibbon, ch. LIX et XLVIII.

der passage et le prier de concourir à une expédition entreprise contre ses ennemis naturels; Manuel répondit par une longue lettre pleine de flatteries, où il traitait le roi de France de saint, d'ami, de frère, et lui faisait les plus belles promesses; mais tandis qu'il amusait Louis par ces fausses protestations, il donnait avis au sultan du danger qui le menaçait (1). Ni les Grecs, ni leur empereur n'avaient oublié les violences, les insultes des premiers croisés; il y avait entre eux ou un accord tacite ou des ordres secrets pour décourager ces nouveaux pèlerins en leur suscitant toute sorte de difficultés. L'empereur Conrad, qui parut le premier avec ses Allemands, en vint aux mains plusieurs fois avec les Grecs. En Asie, les guides que Manuel lui avait donnés, au lieu de le conduire par les provinces occidentales sous la protection des garnisons grecques, lui firent traverser les plaines arides de la Cappadoce. A peine les Allemands furent-ils sortis de Nicomédie qu'ils se virent traités en ennemis. Des soldats grecs, postés en embuscade le long des chemins, tuaient sans miséricorde tous ceux qui s'écartaient du gros de l'armée. On leur fermait les portes des villes; pour leur vendre des vivres, on les obligeait de mettre d'abord leur argent dans des paniers qu'on leur descendait du haut des murs, et après l'avoir reçu souvent on ne leur renvoyait que des railleries. On mêlait de la chaux aux farines qu'on leur vendait; on leur donnait de la fausse monnaie, qui était refusée un peu plus loin. Enfin leurs guides, après les avoir engagés dans les défilés du Taurus, disparurent et les abandonnèrent à la merci des Turcs, qui, voltigeant autour d'eux avec leur cavalerie légère, les accablant de traits et échappant à la poursuite, réduisirent cette grande armée en tel état qu'il n'en restait pas la dixième partie (2.) Pendant ce temps le roi de France était arrivé à Constantinople; tout en le comblant de caresses, Manuel, pour hâter son départ, fit répandre le bruit que les Allemands avaient battu les Turcs et étaient déjà maîtres d'Iconium. Louis fut bientôt détrompé par Conrad lui-même qui vint le rejoindre à Nicée. Arrivé à Éphèse, le monarque allemand, honteux de se voir presque seul à la suite du roi de France, retourna à Constantinople, d'où il gagna la Palestine par mer; Louis après avoir mis en déroute une armée turque sur les bords du Méandre, se dirigea vers Satalie. Pendant cette marche qui dura quinze jours, il n'y eut sorte d'injure ni de trahison qu'il n'eût à essuyer de la part des Grecs : d'accord avec les Turcs pour faire mourir de faim les Français, ils brûlaient et détruisaient tout sur leur passage. L'armée vaincue au Méandre trouva un refuge dans Antioche de Pisidie. On espérait faire halte à Laodicée de Phrygie (1) et s'y pourvoir de vivres; on trouva la ville déserte : les habitants avaient fui emportant tout avec eux et la garnison s'était allée joindre aux Turcs. Égarée dans les montagnes de la Pisidie, l'armée française fut coupée par les Turcs qui en firent un horrible carnage; le roi lui-même ne se sauva que par des prodiges de valeur. Enfin à Satalie on lui offrit de le transporter par mer en Syrie; mais on lui fournit si peu de vaisseaux qu'il fut obligé de laisser derrière lui son infanterie et ses malades. Les Grecs s'obligèrent pour une grande somme d'argent à soigner les malades et à escorter l'infanterie; dès que le roi fut parti, ils appelèrent les Turcs, qui égorgèrent les malades et taillèrent l'infanterie en pièces (2).

TROISIÈME CROISADE. — FRÉDÉRIC BARBEROUSSE. — Aussi déloyal et plus lâche que Manuel, Isaac l'Ange qui régnait au temps de la troisième croisade, employa les mêmes moyens pour ruiner l'entreprise de Frédéric Barberousse. Les historiens arabes nous ont conservé la connaissance d'une lettre curieuse adressée par lui à Saladin et dans laquelle il se vante d'avoir fait tout ce qui était en son pouvoir pour retarder la marche des croisés et même

---

(1) Lebeau, l. LXXXVII, vol. XVI, p. 99.
(2) Id., *ibid.*, 112.

(1) (Nommée la Liche par l'historien de la croisade.)
(2) Lebeau, vol. XVI, 115.

pour les détruire (1). Frédéric moins crédule ou plus résolu que ses devanciers, s'ouvrit un passage les armes à la main à travers l'empire grec, obligea l'empereur de lui donner des otages et de lui prêter des vaisseaux pour passer en Asie. Il dédaigna de visiter Constantinople et traversa la mer à Gallipoli.

Depuis Lampsaque où il prit terre jusqu'à Laodicée où il quitta le territoire de l'empire, il eut constamment à se défendre contre les embuscades des Grecs (2). Azzeddin, sultan d'Iconium, s'était humilié à l'exemple du monarque byzantin et sans doute aussi sincèrement : il avait envoyé des ambassadeurs au-devant de l'empereur d'Allemagne jusqu'à Andrinople pour lui offrir un libre passage à travers ses États ; la révolte d'un de ses fils le mit hors d'état de remplir ses engagements. A peu de distance au delà de Laodicée, les ambassadeurs du sultan s'échappèrent, et la cavalerie turque commença à voltiger autour de l'armée. Il y eut un grand combat près de Philomélium, qui fut détruite ; un autre devant un château nommé Cingulaire ; une troisième bataille s'engagea à l'entrée d'un défilé où les Turcs attendaient l'armée ; l'empereur sut attirer l'ennemi dans la plaine, et le tailla en pièces. Il marcha ensuite sur Iconium, y entra après six heures de combat, et y séjourna plusieurs jours, laissant le sultan enfermé dans la citadelle. Il faisait régner dans son armée une si exacte discipline que dans cette ville ennemie emportée de vive force il n'y eut pas un instant de pillage ; la plus grande partie des troupes campa dans les faubourgs. Les habitants, soit par reconnaissance soit par crainte, s'empressèrent de lui fournir les vivres dont il avait besoin ; le sultan lui envoya des otages et des guides (3). Une expédition si bien conduite semblait promettre des résultats importants pour la chrétienté. Tout l'Orient musulman était en alarmes. Les Grecs avaient déjà découvert des prophéties assorties aux circonstances ; un astrologue avait prédit que l'année où la fête de l'Annonciation tomberait le jour de Pâques (ce qui arrivait justement cette année), les chrétiens s'empareraient de Jérusalem et de Bagdad. Les Turcs avaient aussi leurs prophètes qui ne leur annonçaient que des malheurs ; ils publiaient que dans l'espace de trois ans une partie des Turcs périrait par l'épée, qu'une autre fuirait en Perse, que le reste se ferait baptiser. Ces prédictions avaient pris tant de crédit, que Saladin voulant repeupler la Palestine, ne trouvait aucun Turc qu'il pût engager à s'y établir (1). On sait comment les espérances des chrétiens et les alarmes de leurs adversaires furent dissipées par la mort de Frédéric : il se noya dans le Calycadnus ou Sélef, qui passe à Séleucie Trachée, que les Turcs appellent Sélefkeh. L'armée chrétienne qu'il conduisait fut la dernière qui traversa l'Asie Mineure.

QUATRIÈME CROISADE. EMPIRES DE NICÉE ET DE TRÉBIZONDE. — L'expédition désignée sous le nom de quatrième croisade vint, comme on sait, se terminer à Constantinople, et eut pour résultat de faire asseoir un Français sur le trône de Constantin. L'Asie Mineure sentit le contre-coup de cette révolution. Les Turcs en profitèrent pour s'étendre. Cependant un grand nombre de seigneurs grecs, voyant la capitale au pouvoir des Latins, se réfugièrent de l'autre côté du détroit et s'efforcèrent de recueillir les débris de l'empire, chacun se saisissant des places qu'il trouvait à sa bienséance. Celui qui se fit le plus grand rôle et qui perpétua chez les Grecs la succession impériale fut Théodore Lascaris. Il avait osé prétendre à l'empire après la fuite de l'usurpateur Murzuphle, quand la ville était déjà prise. Réduit à fuir, il passa le Bosphore avec sa femme Anne Comnène fille d'Alexis l'Ange, et s'annonça comme lieutenant de son beau-père sous le titre de *despote*. Il réunit quelques fugitifs, en forma une petite armée, sollicita les secours du sultan d'Iconium, et parvint par ce moyen à se rendre maître de Nicée, de Pruse et de presque toute la Bithynie (2). Il y fut bientôt attaqué par les conqué-

---

(1) Lebeau, l. XCII, vol. XV, p. 418. *Suppl.* de Brosset.
(2) Id., *ibid.*, 433.
(4) Id., *ibid.*, 438.

(1) Lebeau, vol. XVI, 432.
(2) Id. l. XCV, vol. XVII, p. 202.

rants français qui prétendaient implanter le régime féodal sur toutes les terres de l'empire. Louis comte de Blois, investi du titre de duc de Nicée, envoya cent chevaliers sous Pierre de Bracheux et Payen d'Orléans, qui battirent les Grecs près de Pénamène et les réduisirent à s'enfermer dans leurs places fortes. Un autre détachement conduit par Macaire de Sainte-Menehould, Mathieu de Valincourt et Robert de Ronçoy, occupa Nicomédie ; un troisième, commandé par Henri de Hainaut frère de l'empereur Beaudoin, prit Adramytte et remporta sous les murs de cette ville une victoire signalée. Mais bientôt, menacés en Europe par la révolte des Grecs et les armes des Bulgares, les Français furent contraints d'abandonner l'Asie (1). Après leur retraite Lascaris se mit en possession de la Lydie, des côtes de l'Archipel jusqu'à Éphèse et d'une partie de la Phrygie. De l'autre côté, sa domination ne s'étendait pas au delà de Nicomédie et du fleuve Sangar ; le reste de la péninsule était divisé en un grand nombre de principautés grecques et musulmanes : dans tout l'intérieur les Turcs, sous divers émirs, dont plusieurs prenaient le titre de sultan et méconnaissaient la suzeraineté de celui d'Iconium ; en Cilicie les Arméniens. En Phrygie, Manuel Maurozome s'était constitué un petit État sous la protection du sultan d'Iconium ; Lascaris fut obligé de lui laisser Khones, Laodicée et plusieurs places sur le Méandre (2). Aldobrandin, Italien de naissance, avait occupé Attalie qui lui fut un peu plus tard enlevée par le sultan (3).

Un certain Théodore, qu'on appelait Morothéodore, ou Théodore le Fou s'était emparé de Philadelphie ; Lascaris l'en chassa. Sabbas, ancien gouverneur du Pont, s'était érigé en souverain dans la ville de Samsoun. Enfin les deux frères Alexis et David Comnène avaient fondé sur les rivages du Pont-Euxin un État plus important et plus durable ; ils résidaient le premier à Trébizonde (l'ancienne Trapézonte), l'autre à Héraclée en Paphlagonie, et portaient le titre de ducs. Les deux principautés furent réunies après la mort de David Comnène ; et les successeurs d'Alexis prirent le titre ambitieux d'empereurs d'Orient. Telle fut l'origine de cet empire de Trébizonde si fameux dans les romans de chevalerie. Ce frêle empire, enveloppé de tous côtés par les musulmans, leur échappa jusqu'à la fin du quinzième siècle, et survécut même de quelques années à la prise de Constantinople (1).

EMPEREURS DE NICÉE : LASCARIS, VATACE, LASCARIS II, MICHEL PALÉOLOGUE. — Lascaris se fit couronner empereur à Nicée en 1206, et régna jusqu'en 1222. Possesseur d'un si petit État, avec des armées qui ne dépassaient guère quinze cents ou deux mille hommes, entouré d'ennemis ou d'alliés peu sûrs, il déploya des qualités qui auraient mérité de paraître sur un plus grand théâtre ; il passa pour un des plus vaillants princes et des meilleurs politiques de son temps. Toujours battu par les Français, obligé de leur céder les côtes de la Propontide, il profite cependant de leurs fautes : leurs efforts pour réunir l'Église grecque à l'Église latine lui amènent beaucoup de partisans (2). Il repousse les entreprises de David duc de Paphlagonie, soutenu par les Français ; il s'allie avec le roi des Bulgares, leur plus redoutable allié (3). Il lui faut encore soutenir une guerre contre Alexis son beau-père et contre les Turcs, qui soutiennent les prétentions surannées de ce prince ; il se tire de ce danger par un merveilleux coup du sort, s'il faut en croire le récit du chroniqueur. Les Turcs étaient devant Antioche du Méandre avec vingt mille hommes, Lascaris n'avait que deux mille soldats, dont huit cents déserteurs français qu'il avait attirés à lui par une forte paye ; il marche hardiment à l'ennemi. Les huit cents Latins s'élancent avec leur furie ordinaire, percent l'armée turque, mais sont écrasés au retour ; le reste de l'armée grecque est défait en un moment. Cependant Lascaris en-

---

(1) Lebeau, l. XCV, vol. XVII, p. 203-206.
(2) Id., ibid., l. XCVI, p. 253.
(3) Id., ibid., p. 287.

(1) Lebeau, ibid., 255.
(2) Id., ibid., 297.
(3) Id., ibid., 256, 260.

touré d'un petit nombre de braves, disputait sa vie avec un grand courage; le sultan, qui le cherchait, court à lui le sabre haut, et lui décharge un coup terrible; la bonne trempe de son casque lui sauve la vie, mais il tombe à terre. Tandis que Gaiatheddin s'écrie: « Qu'on le saisisse », il est déjà relevé; il tranche d'un revers les jarrets du cheval de son ennemi, et l'ayant abattu à son tour, il lui coupe la tête, qu'il plante au bout de sa lance. A cette vue les Grecs se rallient, et toute l'armée turque s'enfuit (1).

Lascaris mourut en 1222; il eut pour successeur Jean Ducas Vatace, son gendre, qui continua et affermit son ouvrage. Il fallait d'abord de l'audace pour brusquer la fougue française; elle se trouva dans Lascaris. Vatace apporta la prudence et une vigueur soutenue propre à donner au nouvel empire une assiette solide (2). Vatace eut la gloire, deux ans après son avénement, de vaincre pour la première fois les Français. La victoire de Pénamène lui rendit la Troade, les côtes de la Propontide et l'île de Lesbos (3); bientôt après il y ajouta celles de Chio, de Samos, d'Icarie, de Cos et de Rhodes (4); il ne resta plus aux Français en Asie que la presqu'île de Chalcédoine, qui fait face à Constantinople (5). En même temps Vatace portait la guerre en Europe, s'avançant jusqu'à Andrinople et menaçait la capitale de l'empire. En 1235 et 1236 il l'assiège de concert avec Asan, roi des Bulgares; mais leur attaque est par deux fois repoussée; Vatace n'en conserve pas moins un pied en Europe, et il enlève aux Français leurs dernières possessions d'Asie.

Dans les dernières années de son règne, il s'agrandit encore aux dépens des Bulgares et des Latins, prend aux uns Serres, aux autres Zurule (auj. Chiorli), détruit le petit État grec de Thessalonique, et s'empare d'une partie de la Thessalie; l'empire français presque réduit à Constantinople et à ses faubourgs, est comme bloqué de toutes parts (1).

Ce prince vigilant et habile ne mérite pas moins par sa bonne administration que par ses conquêtes les éloges des historiens. On assure qu'il gouvernait sans impôts, vivant du revenu de ses terres et du produit de ses fermes. On a souvent cité, depuis Montesquieu, ce capitulaire de Charlemagne qui ordonnait de vendre les herbes de ses basses-cours; c'est par la même économie que Vatace soutenait son petit empire. Comme la cour riait de le voir descendre aux moindres détails de l'exploitation rustique, on raconte qu'il mit à part le produit de la vente des œufs, et en fit faire pour l'impératrice une couronne d'or enrichie de pierreries d'un grand prix (2). Sous son gouvernement paternel, les provinces refleurirent malgré les charges de la guerre et le voisinage menaçant des Tartares Mongols. En vue de ce dernier danger, Vatace s'était allié avec le sultan d'Iconium. Cette ligue n'aurait sans doute pas arrêté les conquérants tartares s'ils avaient poussé jusqu'à l'extrémité de la péninsule; mais ils s'arrêtèrent en Cappadoce; le sultan s'empressa de les désarmer en leur payant tribut. L'alliance du Turc servit seulement à enrichir les provinces grecques en augmentant leur sécurité et en facilitant le commerce (3).

Vatace mourut en 1255. Théodore Lascaris II, son fils, ne régna que quatre ans; il maintint la dignité de l'empire et conserva les conquêtes de son père sans avoir le temps de les étendre (4). Il laissait pour successeur un enfant de six ans sous la tutelle du grand domestique George Muzalon et du patriarche de Nicée. Muzalon, détesté comme

---

(1) Id., ibid., 290. — Cette aventure est racontée tout différemment par les historiens musulmans. Gaiatheddin, disent-ils après avoir vaincu Lascaris, fut tué sur le champ de bataille par un Franc. (de Hammer. Hist. de l'emp. ottom. l., Ier.)
(2) Lebeau, l. XCVII, p. 328.
(3) Id., ibid., 333.
(4) Id., ibid., 359.
(5) Id., ibid., 337.
(6) Id., L. XCVIII, p. 395.

(1) Lebeau, l. XCVIII, 423, 426, 432, 438.
(2) Id., ibid., 414.—Gregoras, l. II, c. 6; Acrop. c. 41.
(3) Lebeau, ibid., 415, 416.
(4) Lebeau, l. XCIX, vol. XVIII, p. 1-34.

l'est toujours un favori, fut renversé par une conspiration des grands, et remplacé par Michel Paléologue. Ce dernier, issu d'une famille qui occupait depuis plusieurs générations les plus hauts emplois de la cour, avait déjà laissé percer son ambition. Deux fois disgracié sous Lascaris II, il avait su deux fois dissiper les soupçons dont il était l'objet. Devenu le tuteur du jeune prince, il se fit déférer successivement les titres de grand-duc, de despote, puis d'empereur (1). Peu de temps après son avénement il reçut à Nymphée deux ambassades : l'une du sultan d'Iconium, qui sollicitait son alliance, l'autre de l'empereur latin Beaudoin II. Ce dernier espérait profiter de la position équivoque du nouveau prince pour obtenir quelques concessions. Ses ambassadeurs furent reçus avec honneur et comblés de caresses ; mais quand ils exposèrent l'objet de leur mission, ils trouvèrent le prince grec moins complaisant qu'ils ne s'y étaient attendus. Ils réclamaient Thessalonique; Michel leur répondit en souriant qu'il ne pouvait sans déshonneur abandonner une ville où il avait passé son enfance et où se trouvait la sépulture de son père; les ambassadeurs réduisaient leurs prétentions à la ville de Serres ; « c'est une ville qui m'est trop chère, répondit Michel : j'y ai fait mes premières armes et c'est le premier gouvernement que j'ai reçu de l'empereur mon oncle; » ils demandaient enfin le canton de Bolères sur les confins de Macédoine; « C'est, dit le prince, un trop beau pays pour la chasse. » — « Que nous donnerez-vous donc ? » reprirent les ambassadeurs? — « Rien ; mais si vous voulez la paix payez-moi un tribut à peu près égal au profit que votre maître retire du commerce de Constantinople. Sinon, attendez-vous à la guerre (2). » L'année suivante le César Stratégopule, en passant près de Constantinople pour aller faire la guerre au despote d'Épire, trouva l'occasion d'entrer par surprise dans la ville; Beaudoin s'enfuit ; ainsi fut renversé sans aucun effort l'empire latin de Constantinople, cinquante-sept ans après sa fondation. Michel fit son entrée dans la capitale le 15 août 1261.

DÉCADENCE ET CHUTE DE L'EMPIRE SELDJOUCIDE. CONQUÊTE MONGOLE. — Il semble que les empereurs grecs aient épuisé pendant leur séjour à Nicée tout ce qui leur restait d'énergie. Rentrés dans leur capitale, ils oublièrent le pays qui les avait recueillis dans l'exil ; les provinces d'Asie retombèrent dans leur ancien état de délaissement, de misère ; les Turcs les envahirent sans trouver la moindre résistance : à la fin du treizième siècle les possessions de l'empereur Byzantin en Asie ne s'étendent pas au delà de l'horizon de Constantinople (1).

Ce ne furent pas toutefois les sultans d'Iconium qui recueillirent l'héritage des Lascaris : leur empire était en pleine dissolution. La puissance des Seldjoucides paraît avoir été à son apogée sous Azzeddin-Kilidj-Arslan, qui régna de 1156 à 1188. Après avoir pris Sivas, Kaisarieh, Malatia, et avoir dépossédé la dynastie des Danischmend, qui régnait en Cappadoce, ce prince partagea ses États entre ses dix fils, ruinant ainsi l'empire qu'il venait d'édifier. Ce fut ce partage qui favorisa les succès de Frédéric Barberousse et lui permit de s'emparer d'Iconium (2). Après quinze années de guerres civiles, Gaïatheddin, le dernier survivant des fils d'Azzeddin, recueillit les débris de l'héritage paternel ; nous avons vu comment il périt dans la guerre contre Théodore Lascaris. Après lui régnèrent successivement ses deux fils Azzeddin-Kaïkavous et Alaeddin-Kaïkobad; les historiens orientaux accordent au dernier le surnom de Grand à cause de ses conquêtes en Géorgie, en Mésopotamie et en Arménie (3). Les historiens musulmans le font mourir empoisonné par son fils ; les Arméniens racontent qu'à l'approche des Mongols il avait envoyé sa mère et sa sœur au roi Constant d'Arménie;

---

(1) Lebeau, vol. XVIII, 58.
(2) Id., ibid., 62.

(1) De Hammer, Hist., de l'emp. ottom., t. Ier, p. 52, 92-95, L. I et II.
(2) De Hammer, Hist. des Ottom., I. Ier.
(3) C'est-à-dire en Cilicie. Nous avons déjà dit quelques mots des principautés Arméniennes de Cilicie; nous y reviendrons plus loin.

que celui-ci les livra aux Tartares; qu'une guerre s'ensuivit, et qu'Azzeddin mourut devant Tarse, qu'il assiégeait (1).

Ce fut la septième année du règne de son fils Gaiatheddin Kaïkosrou II que les Mongols entrèrent en Asie Mineure (2). Sivas et Kaisarieh furent dévastées; après une rencontre dans laquelle les Turcs lâchèrent pied sans combat, le sultan se soumit à payer tribut (1244). Ses deux fils Azzeddin et Rokneddin régnèrent sous la suzeraineté des Mongols, ou plutôt un gouverneur mongol régna sous leur nom. Le premier, devenu suspect au khan, s'enfuit et chercha un asile auprès de l'empereur grec, qui n'osa le recevoir; Michel Paléologue devenu empereur l'appela à sa cour mais le retint prisonnier. Rokneddin son frère fut étranglé en 1267 par ordre du khan; le titre de sultan fut donné à son fils Gaiatheddin encore enfant, puis à Masoud fils d'Azzeddin (1283); enfin Alaeddin III (1297) fut le dernier des souverains seldjoucides; il fut mis à mort ainsi que son fils en 1307 (3).

LES DIX ÉMIRS. — COMMENCEMENTS DES TURCS OTTOMANS. — L'empire des Mongols de Perse, qui avait causé la ruine de celui des Seldjoucides d'Iconium, touchait lui-même à sa fin. Trop faibles pour gouverner les pays qu'ils avaient ravagés, les souverains mongols furent obligés d'en abandonner la possession à des chefs Turcomans. C'est ainsi que l'empire seldjoucide de Roum se trouva divisé après la mort du dernier sultan en dix États indépendants dont la plupart conservèrent les noms de leurs premiers souverains. Ces dix princes, comme ceux qui après la mort d'Alexandre se partagèrent en Europe et en Asie les débris de son empire, sont appelés *rois des peuples* par les historiens orientaux. C'étaient : Karasi dans l'ancienne Mysie, avec Berghama (Pergame) pour capitale; Sarou-Khan et Aïdin en Lydie; Menteschéen Carie; Tekké dans la Lycie et la Pamphylie, Hamid dans la Pisidie et l'Isaurie; Karaman en Lycaonie; Othman dans la Galatie et la Bithynie. Les deux autres principautés ne portèrent pas les noms de leurs fondateurs : celle de Kermian, qui répond à une partie de la Phrygie, emprunta son nom à une ancienne capitale de la province (Forum Ceramorum) (1) située près de Kutahieh; la Paphlagonie s'appelait par une raison semblable province de Kastemouni, Ali-Oumour-beg en fut le premier prince souverain. Ghazi Tchelebi, cousin du dernier sultan, vint aussi s'y établir, et régna pendant près d'un demi-siècle à Sinope. Après lui tout le pays revint aux fils d'Oumour-beg, appelés aussi Kisil-Ahmedli (les Ahmeds Rouges) (2).

Parmi ces dix principautés, celle qui devait absorber toutes les autres, n'était pas dans le principe la plus considérable. L'origine des Turcs ottomans est, comme celle de toutes les nations, enveloppée de beaucoup de fables; leur histoire véritable commence à Soliman-Shah aïeul d'Othman, qui habitait avec sa tribu dans le Khorassan. Il en fut chassé par l'invasion mongole. Après sa mort (vers 1230), la tribu se démembra; une partie de ceux qui la composaient retournèrent dans le Khorassan; quatre cents familles se dirigèrent vers l'ouest sous la conduite de ses fils Ertogrul et Dundar. Leurs historiens racontent qu'Ertogrul avec ses guerriers arriva dans une plaine où deux armées étaient en présence; il prit parti pour la plus faible et lui assura la victoire. Les vaincus étaient des Mongols, et le vainqueur, Alaeddin le Grand, sultan de Konieh. Ertogrul se mit à son service et s'établit d'abord dans les monts Karadjataghs ou Montagnes noires, aux environs d'Ancyre. A la suite d'un combat où ses cavaliers avaient formé le front de l'armée et avaient décidé la victoire, Alaeddin lui concéda à titre de fief héréditaire le district d'Eskischer (l'ancienne Dorylée), auquel il donna le

---

(1) *L'Art de vérif. les dates; Rois chrét. d'Arm.* vol. I, p. 462.
(2) De Hammer, l. I.
(3) De Hammer, l. Ier; — *Art. de vér. les dates*; *sultans d'Icon.*, vol. I, pp. 482-486.

(1) V. Rennel, *Illustrations of the expedition of Cyrus*, p. 26-31.
(2) De Hammer, L. 1, T. I, p. 53.

nom de Sultan-OEni (front du Sultan). Ce canton, qui fut le berceau de la puissance ottomane, forme aujourd'hui un des dix-sept sandjaks de l'Anatolie; les pèlerins turcs y viennent visiter pieusement les tombeaux des premiers chefs de leur nation (1). Les Ottomans avaient conservé dans ce pays les habitudes nomades de leurs pères : on les voit encore sous Othman passer l'été dans les montagnes et redescendre l'hiver dans la plaine. Quand ils s'éloignaient au printemps, ils déposaient ce qu'ils possédaient de plus précieux dans quelque forteresse alliée; au retour, ils payaient le dépositaire en lui apportant des peaux de chèvres, des fromages, des outres de miel et des tapis de couleur semblables à ceux qui se fabriquent encore dans ces contrées (2).

PROGRÈS DES OTTOMANS JUSQU'A AMURAT 1er. — Ertogrul vécut jusque sous le règne du dernier Alaeddin. Mais de son vivant Othman son fils avait déjà commencé à étendre ses domaines aux dépens des Grecs. Lorsqu'il se fut rendu maître de Karadjahissar (3), le sultan lui envoya les insignes de beg : le drapeau, la timbale et la queue de cheval. Othman s'empara ensuite des forteresses de Biledjik (Belocôma), Yarhissar et Aïnegœl (Angelocôma). L'année même où il venait de faire ces dernières conquêtes, mourut le dernier sultan d'Iconium; Othman, comme les autres begs, s'attribua les prérogatives souveraines, le droit de battre monnaie et de se faire nommer dans la prière publique. Sa domination ne s'étendait pas alors au delà du mont Olympe. Grâce à la négligence du gouvernement grec, qui ne songeait à ses possessions d'Asie que pour les mettre à contribution, il saisit sans beaucoup de peine la plupart des forteresses qui bordaient le Sangar, et s'avança jusqu'aux portes de Nicée où il éleva à son tour des châteaux forts qui furent pour la ville une menace perpétuelle. Il occupa de même les abords de Brousse (l'ancienne Prusa), et attendit patiemment que la lâcheté des Grecs lui livrât l'une ou l'autre de ces villes importantes. Brousse succomba la première, et sa conquête ne coûta pas aux Turcs un seul homme : dès qu'on sut qu'ils préparaient une attaque sérieuse, l'empereur grec envoya au gouverneur l'ordre de se rendre. Moyennant trente mille ducats les habitants obtinrent la liberté de sortir avec tous leurs biens. Les Byzantins racontent qu'au moment où les habitants se préparaient à partir, Orkhan déclara que les enfants n'étaient pas compris dans la capitulation. Il ajouta ensuite qu'ils devaient conserver leur héritage, et retint sous ce prétexte la plus grande partie des objets précieux; de sorte que la plupart des habitants se décidèrent à rester dans la ville.

Othman était mourant lorsqu'on vint lui apprendre la reddition de Brousse : il ordonna qu'on y transportât ses restes; son fils Orkhan y établit sa résidence.

Le même prince s'empare d'Aïdos et de Semendra sur la Propontide, soumet tout le pays entre Nicomédie et le Bosphore, prend Nicomédie en 1327, Nicée en 1330, et bientôt après Kemlik, ville maritime de la Propontide qui répond suivant les uns à l'ancienne Cionte, suivant d'autres au port de Civitot du temps des croisés (1). De ce règne enfin datent l'institution des janissaires, la première descente des Ottomans en Europe, la prise de Gallipoli, et la destruction de la principauté de Karasi, la première qui fut absorbée par la puissance croissante des Ottomans. Le fondateur de ce petit État avait laissé deux fils qui se disputèrent son héritage; l'un d'eux, soutenu par Orkhan, fut assassiné par son frère; le fils d'Othman punit le fratricide en confisquant ses États (2).

Mourad ou Amurat son successeur fit des progrès encore plus rapides. En Europe, il prit Andrinople et porta ses armes victorieuses jusqu'au Danube. En Asie, tout plia sous l'ascendant du petit-fils d'Othman : il donna pour

---

(1) De Hammer, L. II, vol. I, p. 56-61.
(2) Id., ibid., 71.
(3) Le Château noir; que les Grecs appelaient Melangeia.

(Art de vérif. les dates T. I, p. 495.
(1) Hammer, t. I, p. 147; V. une Dissert. de M. Hase dans le Journ. Asiatique, mai 1826.
(2) Hammer, l. III, t. I, p. 151.

épouse à son fils Bajazet la fille du prince de Kermian : elle apporta en dot quatre villes importantes, au nombre desquelles était Kutahieh la capitale actuelle de tout le gouvernement d'Anatolie (1). Le prince de Hamid fut obligé de vendre à Amurat la plus belle partie de ses domaines pour en conserver une faible partie (2).

LES KARAMANIDES. — DESTRUCTION DU ROYAUME ARMÉNIEN DE CILICIE. — Ainsi trois des États formés du démembrement de l'empire seldjoucide avaient déjà disparu. Le plus puissant parmi ceux qui restaient, et le seul capable de résister aux entreprises de la race conquérante d'Othman, était l'État de Karaman.

Les princes de cette maison s'étaient étendus dans le sud de la péninsule comme les Ottomans dans le nord, aux dépens et des Grecs et des Tartares et des princes chrétiens d'Arménie. L'un d'eux, à la mort du dernier des Seldjoucides, avait eu l'adresse de suborner un prétendant, et s'était emparé sous son nom de l'ancienne résidence des sultans. La Karamanie comprenait les anciennes provinces de Lycaonie, d'Isaurie, de Pamphylie, et la plus grande partie de la Cilicie (3).

Les princes arméniens se défendirent dans cette dernière province avec une incroyable persévérance. Isolés du reste de la chrétienté, ils ne pouvaient se soutenir que par les divisions des princes musulmans. Ils ne cessaient d'invoquer les secours de l'Occident. Pour mieux intéresser les Latins à leur cause, ils s'étaient réunis solennellement à l'Église romaine, mais les papes essayèrent inutilement d'armer l'Europe en leur faveur ; le zèle des croisades était éteint. Quelques secours d'argent furent tout ce qu'ils purent obtenir : on trouve dans les archives des rois de France une lettre de Philippe de Valois ordonnant de délivrer à l'ambassadeur du roi d'Arménie une somme de dix mille florins d'or. Pour résister aux sultans d'Iconium, les malheureux Arméniens s'étaient alliés avec les Mongols ; mais lorsque les Mongols se furent éloignés, ils restèrent abandonnés à eux-mêmes et entourés d'ennemis. En 1344 la descendance directe de leurs rois s'étant éteinte, ils offrirent la couronne à Guy de Lusignan, roi dépossédé de Chypre. Quatre princes français se succédèrent encore sur ce trône chancelant. On ignore de l'un d'eux jusqu'à son nom. Le dernier, qui s'appelait Livon V de Lusignan, fut dépossédé en 1378. Il se retira en France et mourut à Saint-Ouen près de Saint-Denis. Son tombeau subsistait encore il y a un siècle dans l'église des Célestins de Paris (1).

CONQUÊTE DE L'ASIE MINEURE PAR LES OTTOMANS SOUS AMURAT ET BAJAZET. — La croix était donc entièrement bannie de la péninsule d'Asie Mineure. C'était désormais aux princes musulmans à s'en disputer la possession. Dès le commencement du règne d'Amurat, Alaeddin, prince de Karaman avait fait soulever les seigneurs des environs d'Angora (l'ancienne Ancyre) ; la révolte avait été comprimée avant qu'il eût le temps de la soutenir. En 1386 la guerre éclate. Une grande bataille s'engage dans les plaines d'Iconium, le prince de Karaman vaincu et assiégé dans sa capitale, s'humilie et baise la main du vainqueur en signe d'hommage.

Un des officiers d'Amurat lui conseillait de profiter de l'occasion pour incorporer à l'empire le petit État de Tekké ; Amurat répliqua fièrement : « Le prince de Tekké est trop pauvre : il ne possède que les villes d'Istenos et d'Antalia ; il serait honteux de lui faire la guerre : le lion ne s'amuse pas à chasser des mouches. » Le seigneur de Tekké comprit l'avertissement ; et pour conserver au moins ces deux villes il abandonna tous ses autres châteaux (2). Bajazet Ier surnommé l'Éclair (*Bayezid Ilderim*) poursuivit l'œuvre de son père et de son aïeul. Les empereurs de Byzance, cernés de toute part et comme assiégés par les Turcs, ne subsistaient plus que par le bon plaisir de ces voi-

---

(1) Hammer, l. V, t. I, p. 246.
(2) Id., *ibid.*, 247.
(3) Id., *ibid.*, 262-264.

(1) *Art de vérif. les dat. Rois chrétiens d'Arm.* vol. I, p. 458-568.
(2) Hammer, l. V, t. I, p. 269.

sins redoutables ; Manuel Paléologue, qui régnait alors, donna un exemple inouï de faiblesse et d'abjection. Une ville était restée grecque au milieu des établissements turcs d'Asie Mineure, c'était Philadelphie, aujourd'hui appelée Alascher; le sultan chargea Manuel de la lui conquérir ; et comme le gouverneur grec refusa de se rendre, on vit l'empereur de Constantinople monter à l'assaut de cette ville chrétienne pour la livrer aux barbares (1). Le prince d'Aïdin, voisin et allié des Grecs d'Alascher, se soumit comme avait fait celui de Tekké, abandonna Éphèse, sa capitale, se reconnut vassal du sultan ottoman, et renonça formellement aux prérogatives souveraines. Le prince ottoman n'avait désormais plus rien à ménager : il signifia aux princes de Saroukhan et de Menteschéleur arrêt de déchéance ; ils n'essayèrent pas de résister, mais cherchèrent tous deux un refuge auprès de Bayezid Kœtouroum (Bajazet le Perclus), souverain de Sinope et de Kastemouni. Restait avec ce dernier prince celui de Karaman, déjà soumis et allié ; Bajazet le trouva encore trop puissant ; il l'attaqua brusquement et mit le siége devant Konieh. Après s'être emparé de cette ville et de plusieurs places voisines, il accorda la paix au prince de Karaman en lui laissant pour tout domaine les gorges du Taurus. Cette paix ne dura pas longtemps. A peine Bajazet fut-il retourné en Europe que Karaman se révolta, traversa rapidement toute l'Asie Mineure, arriva jusque dans le voisinage de Brousse, se jeta sur les troupes ottomanes, les mit en déroute, et fit prisonnier le beglerbeg.

Au premier bruit de ce soulèvement, Bajazet avait repassé le Bosphore, et déjà il marchait au devant de l'ennemi. Il l'atteignit dans la plaine d'Aktschaï, dans la province de Kermian. Karaman pris avec ses deux fils, fut mis à mort après la bataille (2). Bajazet avait résolu d'en finir avec l'Asie ; une seule année lui suffit pour en achever la conquête. Quelques chefs turcomans s'étaient créé des souverainetés indépendantes à l'extrémité orientale de la péninsule ; le sultan ottoman n'eut qu'à se montrer pour les réduire. Bourhaneddin, qui régnait à Sivas et à Kaisarieh, s'enfuit, ses États furent réunis à l'empire ; Kara Youlouk fondateur de la dynastie du Mouton-blanc, établi près des sources de l'Euphrate, fit sa soumission. Enfin Kastemouni fut envahi ; après avoir vu tomber ses plus fortes places, Samsoun (Amisus) Djanik et Osmandjik, Bayezid Kœtouroum s'enfuit avec les princes dépossédés, ses hôtes, auprès du Tartare Timour, que les Européens appellent Tamerlan.

RAVAGES DE TAMERLAN. BATAILLE D'ANCYRE. — CONCLUSION. — Ce fameux conquérant, émule de Gengis et sorti comme lui des steppes de l'Asie centrale, dévastait le monde depuis déjà trente ans ; il avait subjugué le Turkestan et le Mogolistan, le Khowaresm, le Khorassan, l'Inde entière, l'Irak Persan et l'Irak Arabique. Il revenait de faire la conquête de la Géorgie, conquête aussi pénible que peu fructueuse, lorsque les princes dépouillés par Bajazet vinrent lui demander vengeance. Il envoya au sultan ottoman une ambassade menaçante : Bajazet la reçut avec insulte. Aussitôt Timour marcha vers l'Occident ; et, guidé par le Turcoman Kara-Youlouk, il vint mettre le siége devant Sivas. La ville fut prise après dix-huit jours de combats acharnés, et la garnison traitée avec une atroce cruauté. Un fils de Bajazet y périt. Les horreurs qui avaient signalé la prise de Sivas n'étaient que le prélude de celles dont Timour allait épouvanter l'Asie. Le sultan d'Égypte attira sur lui ce fléau en insultant les ambassadeurs du Tartare. La Syrie fut envahie, l'armée égyptienne taillée en pièces devant Alep, et la ville saccagée sans pitié, comme l'avaient été Ispahan et Tiflis, Astrakhan et Delhi, comme le furent peu après Damas et Bagdad. De Syrie, Timour revint en Asie Mineure, et douze jours après avoir quitté Sivas, il rencontra l'armée ottomane auprès d'Angora. C'était là que devait se vider cette grande querelle. Jamais peut-être on ne vit s'entre-choquer de pareilles masses d'hommes ; les deux armées étaient encore plus redoutables

(1) Hammer, L. VI, p. 299.
(2) Id., ib. 308.

par leur discipline que par leur nombre : car Timour, véritable barbare sous bien des rapports, avait porté au plus haut point de perfection tout ce qui regardait l'art de la guerre et l'organisation des armées. Bajazet de son côté avait réuni toutes les forces de son vaste empire. La bataille dura tout un jour avec un acharnement sans égal (20 juillet 1402); le sultan demeura prisonnier, son armée fut anéantie. Cependant cette célèbre journée eut des résultats moins décisifs qu'on ne l'aurait attendu : le vainqueur, après avoir mis à feu et à sang toutes les contrées situées entre l'Euphrate et la Méditerranée, s'éloigna et alla se perdre dans l'extrême Orient; la puissance ottomane qui semblait devoir succomber à ce choc terrible, se releva en quelques années; les provinces rendues par Timour aux princes fugitifs, furent reconquises par le dernier des fils de Bajazet ; et bientôt son arrière-petit-fils couronna l'édifice de la puissance ottomane en s'emparant de Constantinople.

L'invasion de Timour est la dernière qui ait désolé l'Asie Mineure. Soumises depuis lors au joug énervant des Turcs, et revenues à cet état voisin de la barbarie d'où elles avaient été tirées par les Grecs et les Romains, ces provinces autrefois si riches, si peuplées, si industrieuses, si éclairées, languissent avec tout l'Orient musulman dans un repos léthargique, oubliées de l'Europe et étrangères au mouvement de la civilisation.

FIN.

TABLE DES CHAPITRES.

LIVRE PREMIER.

L'ASIE MINEURE AVANT LA DOMINATION PERSANE.

Chapitres.		Pages.
I.	Aperçu géographique.	1
II.	Origine du nom d'Asie Mineure.	7
III.	L'Asie Mineure conquise par les rois d'Égypte.	9
IV.	L'Asie Mineure sous la domination scythique. — Les Amazones.	12
V.	Divisions géographiques de l'Asie Mineure.	18
VI.	Populations primitives de l'Asie Mineure.	21
	§ 1. Populations scythiques.	22
	§ 2. Populations sémitiques.	23
	§ 3. Populations thraciques.	25
	§ 4. Pélasges-Lélèges.	27
VII.	Colonies et royaumes fondés en Asie Mineure pendant la domination des Scythes.	29
VIII.	L'Asie Mineure sous la domination des rois d'Assyrie.	31
IX.	Expédition des Argonautes.	33
X.	Guerre de Troie.	35
XI.	L'Asie Mineure à l'époque de la guerre de Troie.	38
XII.	Établissement des colonies helléniques sur les côtes de l'Asie Mineure.	42
XIII.	L'Asie Mineure sous la domination des rois de Lydie.	49
XIV.	Le royaume de Lydie conquis par Cyrus.	53
XV.	Conquête des colonies grecques par Cyrus.	56

LIVRE II.

L'ASIE MINEURE SOUS LES ROIS DE PERSE.

I.	Organisation politique de l'Asie Mineure sous les rois de Perse.	61
	§ I. Subdivisions ou satrapies.	61
	§ II. Divisions ou grandes satrapies.	67
II.	L'Asie Mineure pendant le règne de Cambyse.	69
III.	Avénement de Darius. — Crimes d'Orétès. — Son châtiment et sa mort. — Syloson devient tyran de Samos avec l'aide des Perses. — Expédition de Darius contre les Scythes.	73
IV.	Préludes de la révolte de l'Ionie.	79
VI.	La révolte de l'Ionie est comprimée.	87
VII.	Depuis le commencement des guerres médiques jusqu'au passage de l'Hellespont par l'armée de Xerxès.	92
VIII.	Depuis le passage de l'Hellespont jusqu'à la bataille de Platée.	95
IX.	Bataille de Mycale. Prise de Sestos. Fin des guerres médiques.	ib.
X.	La guerre recommence. — Victoires de Cimon.	103
XI.	L'Asie Mineure pendant la guerre du Peloponèse.	112
XII.	Expédition de Cyrus le jeune.	130
XIII.	Retraite des dix-mille (401).	139
XIV.	Depuis la retraite des dix-mille jusqu'à la paix d'Antalcidas (400-387).	146
XV.	Depuis la paix d'Antalcidas jusqu'à la révolte des villes maritimes (387-361).	155
XVI.	Révolte des satrapes et des villes de l'Asie Mineure.	159

LIVRE III.

L'ASIE MINEURE SOUS ALEXANDRE ET SOUS SES SUCCESSEURS.

I.	Conquête de l'Asie Mineure par Alexandre.	166
II.	Depuis la mort d'Alexandre jusqu'à la mort d'Antipatros (323-418).	183
III.	Depuis la mort d'Antipatros jusqu'à la mort d'Eumènes (318-315).	190
IV.	Depuis la mort d'Eumènes jusqu'au traité de 311 (315-311.)	196

Chapitres		Pages
V.	Depuis le traité de 311 jusqu'à la bataille d'Ipsos (311-301).	204
VI.	Depuis la bataille d'Ipsos jusqu'à la mort de Lysimaque (301-281).	214
VII.	L'Asie Mineure pendant la suprématie des rois de Syrie, et leur antagonisme contre les rois d'Égypte et de Pergame jusqu'au règne d'Antiochos III (281-223).	222
VIII.	L'Asie Mineure depuis le commencement du règne d'Antiochos III jusqu'à la mort d'Achæos (223-214).	238
X.	Guerres d'Antiochos avec Rome et avec le roi de Pergame, jusqu'à la bataille de Magnésie (196-190).	267
XI.	Expédition de Cn. Manlius contre les Galates (189 av. J.-C.).	314
XII.	L'Asie Mineure depuis le traité de paix d'Antiochos avec les Romains jusqu'à la mort d'Aristonicos (187-129).	328

LIVRE IV.

L'ASIE MINEURE SOUS LES ROMAINS JUSQU'À L'ÉTABLISSEMENT DU CHRISTIANISME.

I.	Depuis la création de la province d'Asie jusqu'au commencement de la guerre de Mithridate (129-88).	361

Chapitres		Pages
II.	Première guerre de Mithridate (88-84).	368
III.	Deuxième et troisième guerre de Mithridate (84-63).	376
IV.	Depuis la fin des guerres de Mithridate jusqu'à la bataille d'Actium (63-30).	391
V.	L'Asie Mineure sous l'administration des empereurs, depuis Auguste jusqu'à Nerva (27 av. J.-C. — 96 ap. J.-C.).	408
VI.	L'Asie Mineure depuis Nerva et Trajan jusqu'à la fin du règne de Dioclétien (96-303).	428

LIVRE V.

L'ASIE MINEURE CHRÉTIENNE.

I.	Progrès du christianisme en Asie Mineure jusqu'à la persécution de Dioclétien.	447
II.	Histoire de l'Asie Mineure depuis la persécution de Dioclétien jusqu'à la mort de Théodose (303-395).	459
III.	Histoire de l'Asie Mineure depuis la mort de Théodose jusqu'au temps d'Héraclius (395-628).	487
IV.	Histoire abrégée de l'Asie Mineure depuis Héraclius jusqu'à l'établissement de la domination ottomane.	498

FIN DE LA TABLE DES CHAPITRES.